民 事 诉 讼 法

Civil Procedure

美国法律文库

T HE A MERICAN L AW L IBRARY

民 事 诉 讼 法
Civil Procedure
第三版

杰克·**H**·弗兰德泰尔

玛丽·凯·凯恩　　　　著

阿瑟·**R**·米勒

Jack H. Friedenthal

Mary Kay Kane

Arthur R. Miller

夏登峻　黄娟　唐前宏　王衡　译

夏登峻　校

中国政法大学出版社

民 事 诉 讼 法

Civil Procedure

By Jack H. Friedenthal，Mary Kay Kane

and Arthur R. Miller

Copyright ⓒ 1999 by West Group

All Rights Reserved

本书的翻译出版由美国驻华大使馆新闻文化处资助

中文版版权属中国政法大学出版社，2003 年

版权登记号：图字：01－2004－2117

出版说明

    "美国法律文库"系根据中华人民共和国主席江泽民在 1997 年 10 月访美期间与美国总统克林顿达成的"中美元首法治计划"（Presidential Rule of Law Initiative），由美国新闻署策划主办、中国政法大学出版社翻译出版的一大型法律图书翻译项目。"文库"所选书目均以能够体现美国法律教育的基本模式以及法学理论研究的最高水平为标准，计划书目约上百种，既包括经典法学教科书，也包括经典法学专著。他山之石，可以攻玉，相信"文库"的出版不仅有助于促进中美文化交流，亦将为建立和完善中国的法治体系提供重要的理论借鉴。

美国法律文库编委会

2001 年 3 月

译者前言

说实话，我们没有意思也没这个水平来对本书作些评论，而是在翻译本书以后深深感到该书确实有些特点。首先，它有大量的援引、脚注、有关民事诉讼的论文以及许多著名判例都是阅读、研究不可或缺和非常有用的法律资源。从该书本文的内容来看，比耶鲁大学著名民事诉讼法教授 James Hazard 1985 年著的《民事诉讼法》（L. B. 公司出版）多两章，约 30 万字。正如本书作者在序文中所说："第三版的目的是使这一卷本包括重大变动和发展的内容都能跟上形势，确实内容丰富、翔实。"

其次，书内有附录《西方法律出版公司民事诉讼法检索》，共有八章，导言除外。告诉读者 Westlaw 有关民诉的联邦和州的规则、法令、法规、判例法、判例和论著、评论等等数据库以及多种检索方法。只要我们有 Westlaw 联网关系，就可随时检索你需要的详细资料。同时还让你可把握新的动态，给你提供新的数据库，仅用你的指端就可拥有法律文献检索资源，这是本书的一大特色。

此外，在翻译中统一为一种体例：

· 将美国最高法院一律译成"联邦最高法院"，以区别美国绝大多数州最高法院的名称。

· 联邦最高法院或州最高法院法官名称一律不译，保持原文。

· 判例第一次出现时，全部保持原文照写。第二次出现时，则译中文名，后括有原文。第三次出现及以后均用中文名。其目的是便于利用本书后附录中的数据库，进行检索。同时还可在《牛津美国联邦最高法院概览》（the Oxford Companion to the Supreme Court of the United States, Oxford University Press 1992.）一书中查阅，该书将于近期由法律出版社正式出版。

· 翻译分工

黄　娟　第十二、十三、十四、十五、十六章

唐前宏　第一、二、三、四章

王　衡　第五、六、九、十、十一章

夏登峻　第七、八章

　　　　附录：西方法律出版社公司的《民事诉讼法检索》（与马登科合译）

　　　　索引

　　　　全书统稿校订

　　最后必须说明我们的翻译水平不高，译文难免会有错误，望读者批评指正。另外，我们要向所有给予我们支持、帮助和关心的人士表示衷心的感谢，同时还要特别感谢中国政法大学出版社为繁荣我国法学学术和为"美国法律文库"的出版事业表现出的执着精神和对中美法学交流的贡献。

译　者

2003.12.18

原 书 序

就这本法律课本寿命而言，在有些情况下 6 年应算是长的。1993 年我们这本基础教材正式出版以来在民事诉讼法领域已有不少重大变动和发展。第三版的目的是使这一卷本包括这些变动都能跟上形势。同时，还要保持在前两版所使用过的基本框架。我们已经收到来自前两版的广泛范围用户的评论，认为我们过去采取的方法是成功的。

作为约有 60 年的判例，其中首先提出的是许多重大诉讼程序的变动，而且有时在联邦法院体系内这是独有的。1993 年《联邦民事诉讼规则》的更改已经证明并得到较充分的评价，特别在审前调查取证的领域和执行合乎道德上的要求方面有些已引起了不满，其中那些更改实际上已产生影响，而且新的规则草案最近业已公开。另外已提出有关联邦集团诉讼和其他的复杂民事诉讼形式等重要问题，联邦最高法院就涉及陪审团审判的权利和法官与陪审团的关系已经作出几个重要决定。对这些问题我们已作了深入细致探讨。然而，最重要的是应该承认我们的目的一定要去鉴别和讨论州和联邦民事诉讼法的一些重要的问题，而不能仅仅因为各个体系都未回答相同方面的问题就被吓倒而不去解决这些重要问题。

在州和联邦司法体制之间的复杂的相互关系上我们竭力以相关联的和系统的方式给予充分关注。我们的探讨在时间上是连贯的，以主张司法审判权但又回避它为起点、继而通过拟具一些必然涉诉的问题向前发展、诉讼当事人的合并、和审理准备、以及继续了解判决：这些判决的约束力、执行、以及这些判决的上诉复审。

最后一章是按年代顺序之外的微小差别。我们这个时代的一个基本挑战是司法体制如何妥善处理日益增长的复杂且有多方当事人参加诉讼的案件负担，而这些正威胁着我们现今的诉讼程序机制临于崩溃。人们还必须承认这种机制的目的在于解决较简单的争议，而这个问题一直贯穿诉讼的始终。因此，我们已决定在各章内集中所有的特点，而不是将其分布并贯穿全部课本。这会完全冒着对其失去视野的风险，或者，至少削弱其重要性。

我们的目的是为法律专业大学生、律师、法官、以及需要了解有关民事诉讼法的各类研究人员提供一项重要资源。因而，这部课本可能远比任何法学院《民事诉讼法》教程更为全面。结果，我们在法学院课程中包含了没有探讨过的或只是作为边缘对待的许多重大论题。因此，我们已集中注意到广泛意义上的《民事诉讼法》，囊括的一些论题和争议，这些是否是象征性地已被包括到法学院而且这些是否来源于州或联邦。我们也注意到这方面的历史，并尽力将政策与已执行的诉讼程序实际相结合以导致它们超时地发展。

当然，我们并不要求将每一已引起或将来可能引起诉讼程序上的问题进行认别，也不会对讨论每一问题作出回答。但是我们试图认别重要的争点并给予读者足够的知情资料，让他们了解什么问题是处于危急之中以及为什么。在许多情况下该课本只是个起点，需要深入一步了解的读者可以获得适用其他更为详细的资料出处，从中可以再追索调查。我们要求对于西方集团的多卷本专题论文—《联邦实务和诉讼程序》以及贯穿该书卷本的许多实例给予特别注意。由查尔斯·A·赖特（Charles A. Wright）与本书的两位作者—阿瑟·R·米勒（Arthur R. Miller）和玛丽·凯·凯恩（Mary Kay Kane），以及，艾德华 H·库柏（Edward H. Cooper）、肯尼思·W·格雷厄姆（Kenneth W. Graham）、米歇尔·H·格雷哈姆（Micheal H. Gramham）和维克多·戈尔德（Victor Gold）等合作写成的这部著作。为了简明的原因，贯穿该书的援引均省略其完整标题，而只参阅其特有卷号、提及的该书作者、涉及刑事、民事、管辖权或证据的专题论文的单元以及在该卷本内的特定章节。

最后，当然并非不重要。我们对于乔治·华盛顿大学法学院大学生学术研究助理乔舒亚·E·加德纳（Joshua E. Gardner）和哈斯丁法律学院的丽贝卡·福克斯（Rebecca Fewkes）提供的帮助表示衷心感谢。没有他们的帮助，要完成复审和使覆盖全部课文中广泛范围资料和科目能适应当前形势的任务实际上是不可能的。此外，还要感谢乔·安妮·弗兰德泰尔（Jo Anne Friedenthal）。他的鼓励和支持在本卷本的著作过程中始终充满着活力。

杰克·H·弗兰德泰尔

玛丽·凯·凯恩

阿瑟·R·米勒

1999 年 5 月

/目录/

▼
▼
▼

第一章

引 言 *

本章目录

1. 1 **民事诉讼程序定义**

本书内容为民事诉讼程序。因此，本书要探讨民事纠纷[1]在法院[2]得以解决的各个原则，同时分析律师在起诉或应诉过程中可使用的各种手段。与实体事项相区别，以下各章研讨的民事诉讼程序问题之重点是律师如何组织案件、以正确地将其提交到一个特定的法院，个案如何经历从起诉到最后判决以及判决执行的过程。上诉的可能性、各种判决的范围及后果也在讨论之中。

总而言之，本书揭示了民事司法体制运作的各个方面。要理解程序性规则，必须掌握两点：第一，在任何司法制度中，大多数民事诉讼程序性规则设立的目的都在于促使民事争端得到公正、高效和经济的解决。[3] 这并不是说上述目标都将实现、或者它们总是协调一致，本书不少案例表明，法官和律师们有时似乎

---

　* 本书脚注以节排序。——编者

　〔1〕刑事、行政和其他争议解决程序另有不同的程序规则体系。虽然在所有领域有共同的方法和技术，但民事诉讼程序规则与其他规则体系的差别巨大。其他争议解决制度不在本书讨论范围之内。

　〔2〕对审判程序的经典描述，见 Fuller, The Forms and Limits of Adjudication, 92 Harv. L. Rev. 353 (1978).

　虽然民事程序传统上集中于法院程序和规则，但是法院负担过重的问题引起了法官和评认者们对可以解决私人争议的替代性办法的注意。有关纠纷的替代性解决方法的优秀作品集，见 Alternative Methods of Dispute Settlement, Compiled by the Special Comm. on Alternative Means of Dispute Resolution, American Bar Association (May, 1982).

　〔3〕规范在联邦地区法院进行的民事诉讼的《联邦民事诉讼规则》第1条规定，"这些规则应当围绕确保每一民事诉讼得到公正、及时和经济的解决的目的来解释。" 见 American Bar Association, The Improvement of the Administration of Justice 2 – 3 (5th ed. 1971). See also Pound, The Causess of Popular Dissatisfaction with the Administration of Justice, 29 A. B. A. Rep. 395, 416 – 17 (1906).

对这些目标视而不见。但是，它们依然是现行程序规则赖以建立的基础，正如以后各章所要展示的那样，当代许多诉讼程序改革方案的目的也正是为了实现它们。[4]

2　　　应当记住的第二点是英美法系司法制度的基础是对抗制。这与大陆法系纠问制相区别。[5] 按照纠问制的要求，法院要独立进行积极的调查以决定案件的是非曲直。这就包括要求法官询问和对证人加以质疑，刻意探寻一定的事实。[6] 对抗制的主要特征是当事人（或他们的律师）控制和引导诉讼，影响各种诉讼程序的进程。传统观点认为，法官只需坐在法庭，决定那些通常是法律与程序方面的争议。如果问题没有提出，反对没有表达，争议焦点没有列出，就意味着放弃。诉讼进程仅仅是对当事人的要求作出的反应。因此，对抗制必然将重点和责任置于律师的肩上；法院在诉讼过程中保持消极。

　　　现代社会越来越大的压力使对抗制日益完善。[7] 很多法官已扮演着更加积
3 极的角色指挥诉讼。[8] 这表现在和解程序、庭前会议中法官的参与，[9] 表现在法院为应付庞大的、指控歧视的集团诉讼、证券欺诈、环境损害赔偿、涉及整个工业行业、教育和监狱制度的重组等各种复杂的现代诉讼[10] 而发展起来的各种

---

〔4〕 例如，20多年来人们提出了许多建议以简化披露程序、防止律师利用披露程序拖延和骚扰对方，有些建议已被采纳。见《美国联邦民事诉讼规则》第26条，该条要求律师确认有关披露要求、答复及其提出的异议均是善意作出，没有拖延诉讼的目的，不会给对方造成不合理的负担和开支；1993年对这一规则又作出修改，规定了必须交换的特定信息。对披露程序的讨论见本书第7章。

〔5〕 虽然"纠问"一语使人想到虐待和没有真正辩护机会的审判，但这样的想法不能适用于本文。正如美国第二巡回法院法官弗雷德利在国会作证时所说的那样，"将欧洲大陆法律制度概括为'纠问'的人极大地损害了积极的法律思想。如果以'询问'代之就可以纠正这一错误。对抗制并非发现真相的惟一的途径；事实上它就是双方为隐藏真相而奋力进行的一场游戏。对此，希望到2000年时，我们可以懂得如何去其糟粕、取其精华。"Hearings Before Comission on Revision of the Federal Appellate System, Second phase, vo. II, at 205 (1974).

〔6〕 对两种不同的纠问制的描述，请见 Kaplan, von Mehren & Schaefer, Phases of German Civil Procedure I, II, 71 Harv. L. Rev. 1193, 1443 (1958), and Osakwe, The Public Interest and the Role of the Procurator in Soviet Civil Litigation: A Critical Analysis, 18 Tex. Int'l L. J. 37, 37–49 (1983).

〔7〕 Frankel, The Search for Truth: An Umpireal View, 123 U. Pa. L. Rev. 1031 (1975); Miller, The Adversary System: Dinosaur or Phoenix, 69 Minn. L. Rev. 1 (1984).

〔8〕 为了帮助面对复杂案件的法官和律师，联邦司法中心对此编写了《复杂诉讼手册》，已出数版，概括了联邦法院用以控制"大案"和规制审前程序、确保尽早结案的程序。

〔9〕 规定审前会议的《联邦民事诉讼规则》第16条于1983和1993被两度修改，以鼓励法官在联邦法院诉讼的所有审前阶段都进行积极管理和日程安排。见第八章。

〔10〕 在反托拉斯、证券欺诈、涉毒侵权等诉讼中，法官开始估计依赖治安法官和特别助理组织和推进审前程序。如果对美国政府对美国电话电报公司提起的反托拉斯诉讼中特别助理的作用有兴趣，请见 Hazard & Price, Judicial Management of the Pretrial Process in Massive Litigation: Special Masters as Case Managers, 1982 ABF Res. J. 375.

管理技巧。[11] 对此，争议很大并将持续下去，因为这些变化重新评估了、并在一定程度上削弱了对抗制。尽管如此，在绝大多数民事诉讼中，推动案件进程的最终责任仍在于律师，至关重要的是律师必须充分掌握所有可以适用的程序规则，才能有效地履行代理职责。本书探讨了诉讼各阶段的各种规则，意在帮助读者避免陷入盲目境地，忽略了他们有责任提出的那些程序性事项和异议。

民事诉讼程序的范围不可能比上述广泛的描述更加准确地定义。这一领域不可避免地要与其他事项交叉，那些事项更直接地关系到当事人是否具有法定权利去主张或否认。本书许多地方都将讨论实体与程序之间的这种时隐时现的界线。[12]

还应当注意的是，准备起诉的律师必须从满足当事人的需要出发，考虑什么是可能的最好的法律救济。虽然这一问题通常要求对一定程序规则加以研究，但一般而言，它并不是法院制度研究的组成部分，所以也不是本书重点。

当然，并非从来就是如此。历史上，寻求的救济类型常常决定着一个当事人应当到哪一个法院去寻求补救。如适用普通法的、衡平法的和教会法的等特别法院被各自建立，以提供特定类型的救济或者审判某类案件。[13] 然而，今天的美国法院并不如是分工。现代民事法院系统几乎没有例外地[14]被授权可以根据证据决定任何合适的救济方式。[15] 虽然法律救济方式的选择对如何进行诉讼十分重要，但它不是作为一个规则影响对法院的选择。

本书主要讲述今天的民事诉讼程序，也要对相关或有用的史实稍作回顾。选择何种救济方式如何被一定的事实所决定，或者，它如何影响到特定程序的使用等等，都不在本书论述的范围之内。[16] 不过，记住陪审团的历史极为重要；所要寻求的救济方式的影响和要求陪审审判的权利的历史将在以后的章节中深入

〔11〕 In Chayes, The Role of the Judge in Public Law Litigation, 89 Harv. L. Rev. 1281 (1976). 作者强调，传统模式不足以应付现代公共法律诉讼，法院必须适应并非产生于两个私人之间的新的诉讼形式。In Chayes, Public Law Litigation and the Burger Court, 96 Harv. L. Rev. 4 (1982)，他描述司法如何回应并适应这些新的挑战的。另见 Aronow, The Special Master in School Desegregation Cases: The Evolution of Roles in the Reformation of Public Institutions Through Litigation, 7 Hast. Con. L. Q. 739 (1980); Brazil, Special Masters in the Pretrial Development of Big Cases: Potential and Problems, 1982 ABF Res. J. 287.

〔12〕 见第四章"支配性法律"，法律第五章，讨论如何为救济而起诉；第十四章，从一事不再理原则出发提出救济请求的范围。

〔13〕 有关各类法院历史分工的优秀论述，见 R. Millar, Civil Procedure of the Trial Court in Historical Perspective (1952).

〔14〕 一些特别的法院只能审判特定事项，因此也能提出特定形式的救济。例如，遗嘱认证法院可以发出各种命令分配某人的遗产。它不得作出让某人或某个企业对死者财产所造成的损害予以赔偿的判决。

〔15〕 胜诉方应当获得有证据支持的而不是其诉答中要求的救济和赔偿，这一概念一般规定于司法制度的程序性规则之中。见《美国联邦民事诉讼规则》第 54 条第 3 款。

〔16〕 See generally D. Dobbs, Remedies (2d ed. 1993).

讨论。[17]

1.2 法院制度概述

50 个州和哥伦比亚特区都有自己的法院系统，此外，还有一个联邦法院系统及其他美国属地的法院。正如以后的章节将会讨论的那样，一个已知争端可以向不止一个法院起诉，这种可能性使当事人面临一些最为重要、常常也是最难解决的问题。

例如，在联邦法院与州法院之间选择时，许多策略必须细细斟酌。一个律师可能更倾向于联邦而不是州法院，以便于利用联邦民事程序规则的某些特点。其中以宽松的披露程序最为引人注目。这个律师可能相信联邦法官和陪审团比地方法院的同行素质更高。或者，她只是企图利用联邦法院排得满满的审判日程，以拖延战术搞垮对手。相反，一个律师可能期待着州法院法官和陪审团对其委托人和案件更富同情心，从而选择到州法院起诉。如果委托人是当地居民，或者，当律师想避免诸如宽松的披露程序、联邦法官就证据问题提示陪审团的权力等在联邦法院进行诉讼的某一显著特征时，尤其如此。最后，许多律师选择一个法院系统而不是另一个，只是因为他们在那里经验更多一些或者感到自在一些。在不同的州法院之间进行选择时，也会有同样的考虑。无论如何，这些复杂的策略性问题必须根据那些决定着在各法院系统如何诉讼的规则和相关立法而加以考虑。[1]本节只描述现有法院之间一些共性和区别。

美国绝大多数法院系统早期都由两层结构、即由初审法院与上诉法院组成。[2] 少数州至今依然如此。[3] 随着人口和诉讼的增加，法院系统演变为三层结构，即由一个初审法院，一个对上诉案件进行复审、对绝大多数案件而言是终审的上诉法院，以及一个有权自主选择案件予以审理的终审法院。联邦法院系统与今天大多数州法院系统一样，即由此组成。虽然名称各异，[4] 但功能基本相似。对联邦法院结构的简要介绍可以说明各层次法院之间的关系。[5]

---

〔17〕 见本书第十一章。

〔1〕 见本书第二、三章。

〔2〕 在联邦法院系统，第一个《司法法》在最高法院之下创立了地区法院和巡回法院，不过那时的巡回法院没有自己的法官（向地区法院和最高法院借用），并且既有初审又有上诉管辖权。与现在的上诉法院相近似的巡回上诉法院创始于 1991 年，巡回法院的初审功能才得以废止。See 13 C. Wright, A. Miller & E. Cooper, Jurisdiction and Related Matters 2d3503 – 06.

〔3〕 E. g., Nebraska.

〔4〕 例如，在纽约，初审法院被称为 the Supreme Court，中级法院是 the Appellate Division，最高一级的上诉法院名为 the Court of Appeals。在加州，初审法院是 the Superior Court，中级法院是 the Court of Appeal，终审法院名称与联邦法院系统的一样，被称为 the Supreme Court.

〔5〕 联邦法院的结构与组织由美国法典（Title 28 of the United States Code）规定，通常称为司法法典（the Judicial Code）。对联邦法院系统更全面的讨论请见 13 C. Wright, A. Miller & E. Cooper, Jurisdiction and Related Matters 2d3501 – 10.

　　联邦初审法院被冠以美国地区法院之名。现在全美有 91 个司法地区，各有 1 个法院。此外，波多黎、关岛、维尔京群岛、马里亚纳群岛也有地区法院。每个州及哥伦比亚特区至少有 1 个司法地区，较大的州则被分为 2 到 3 个，甚至 4 个司法地区（如德克萨斯、纽约和加里福利亚州）。议会将某一州划分为不止一个司法地区的依据是人口、地理及案件负担。[6] 管辖整个州或像阿拉斯加那样的较大区域的地区法院通常在不同的地方设有派出机构审判案件。

　　联邦地区法院有普通审判权，也称初审管辖权。因此，无论民事或刑事，它们对联邦法院系统的几乎所有案件都可作出一审裁判。[7] 联邦法院的个案审判权往往与州一审法院并存或对应，[8] 所以当事人常常可以就诉至联邦还是州法院作出选择。

6

　　在联邦地区法院败诉的当事人可以上诉到该地区法院所在的巡回审判区的美国上诉法庭。[9] 现在全美被划分为 11 个巡回审判区，每 1 个区均由 1 个较大的地理区划组成，包括 3 到 10 个州或属地。[10] 另外，哥伦比亚特区有一个上诉法庭，专门处理如专利纠纷等特定案由的上诉以及来自特定的联邦裁判机构如联邦申诉法院的上诉。每 1 个上诉法庭有 4 到 5 名法官，每 1 个案件由 3 位法官组成合议庭审理。除了受理来自地区法院的上诉案件外，上诉法庭通常负有对立法授权的联邦行政行为进行司法复审的职责。[11]

　　联邦法院系统的最高处为 9 位大法官组成的美国最高法院。除非不再胜任或疾病在身，所有大法官都要参与作出该院的每个决定。最高法院自主决定是否向联邦上诉法院或各州最高法院发出调取案件予以复审的令状，[12] 对涉及大使、部长和领事及州与州之间的争端有初审管辖权。

---

　　〔6〕 通常，联邦司法地区并不横穿州界。一个例外是 Wyoming 地区，包括了黄石国家公园，就覆盖了 Montana 和 Idaho 的小块区域。

　　〔7〕 国会创立了一些特别法院处理特别类型的诉讼对象，如美国税务法院。州法院也一样，有处理遗嘱认证、不动产、监护、离婚或家庭事务的专门审判机构。

　　〔8〕 在某些实体法领域，国会授权联邦法院对某些事务享有专属管辖权。见本书第二章第 2 节。

　　〔9〕 1948 年司法法典通过之前，联邦上诉法院名为"上诉巡回法院"的原因在于法官们曾经骑马在辖区各地巡回审判。

　　〔10〕 过去，共有 10 个巡回法院。1981 年第五巡回法院被一分为二，新的第十一巡回法院成立，包括了 Alabama, Florida, and Georgia. Act of Oct. 14, 1980, Pub. L. 96－452, 94 Stat. 1994. 由于第九巡回法院负担过重，有人建议设立第十二巡回法院。Commission on Revision of the Federal Court Appellate System, The Geographical Boundaries of the Several Judicial Circuits: Recommendations for Change, 62 F. R. D. 223（1973）. 也有人反对这一提议。如果这一提议付诸实践，第九巡回法院会被一分为二。

　　〔11〕 通常，上诉人可以向哥伦比亚特区上诉法院或上诉人居住或主要经营地的巡回区内的上诉法院申请司法审查。See 16 C. Wright, A. Miller & E. Cooper, Jurisdiction and Related Matters 2d3940.

　　〔12〕 有关向最高法院提起上诉的标准的立法规定是 28 U. S. C. A. 1252－58. See 16BC. Wright, A. Miller & E. Cooper, Jurisdiction and Related Matters 2d4003－04. 特定的上诉案件最高法院必须受理，相关规定于 1988 年被国会废止。

虽然多数州也有与联邦法院系统相似的三层模式，不同州的终审法院的角色仍有所不同。[13] 例如，在加利福利亚州，只有被判死刑的刑事案件才有权上诉至州最高法院，其他上诉是否被受理则由该院自由裁量。[14] 州最高法院借此可以控制审判负担，并选择它认为需要它作出决定的上诉案件进行审判，即那些可能修改法律，或者有关问题与事实涉及重大公共利益的案件。其他对初审裁判不满的当事人只能寄希望于加州中级上诉法院的全面复审。

纽约是相反的州法院系统的例证。立法规定，绝大多数案件有权上诉到州最高法院。[15] 纽约最高法院的主要任务不是审查下级法院法律适用上的混淆，而只是确保个案审理中决定的正确性。[16]

无论不同的司法系统之内诉讼程序如何不同，各法院基本的诉讼过程是相同的：诉答，证据开示，审前动议，然后庭审，其间证据要出示，证言要聆听，决定要作出，最后，判决要下达。虽然当事人有权至少上诉一次，但大多数败诉者因为相信上诉没有多大希望获胜，或者因为成本过高，从而服从了一审法院的判决。一旦上诉，复审的范围是明确的。正如以后的章节详细论述的那样，[17] 初审法院应当依法就法律问题作出决定，不应有所差异；上诉法院的任务就是纠正适用法律上的错误，有时，甚至宣布新的法律规则。相反，对纯粹的事实问题，如果没有陪审团，初审法院法官作为事实的判断者，是至高无上的。除非有重大的错误，他们对事实的认定不可撤消。

---

〔13〕 联邦法院被赋予的角色之一是解决巡回法院之间的冲突，监督下级法院确保联邦法律的统一适用。随着受理案件数量的增长，能否继续有效地担此重任成为最高法院面临的严峻问题。为此，有人建议设立一个全国上诉法院来指导下级联邦法院。Freund, Report of the Study Group on the Caseload of the Supreme Court, 57 F. R. D. 573 (1972). See also Haworth & Meador, A Proposed New Federal Intremediate Appellate Court, 12 Mich. J. L. Ref. 201 (1979). 这一建议被几位评论人士批评。See, e. g., Black, The National Court of Appeals: An Unwise Proposal, 83 Yale L. J. 883 (1974); Swygert, The Proposed National Court of Appeals: A Threat to Judicial Symmetry, 51 Ind. L. Rev. 327 (1976). 最近几年来，由于最高法院削减了受理案件数量，这一建议逐渐消亡。

〔14〕 West's Ann. Cal. Const. Art. 6, 11.

〔15〕 N. Y. - McKinney's CPLR5601.

〔16〕 例如，中级的上诉法院判决时，只要有一位法官就法律问题作出了有利于上诉一方的反对意见，该当事人就可以向纽约最高法院提起上诉。

〔17〕 见本书第 13 章。

▼
▼
▼

第二章

诉讼标的管辖与地域管辖

本章目录

2.1 概述

在决定到何处起诉时，首要问题之一就是所选择的法院是否有权裁判特定的纠纷。这一要求经常被表述为法院对此纠纷是否有诉讼标的管辖权。与对人管辖相区别，后者指法院对特定身份的被告有无作出判决的权力。[1]

诉讼标的管辖一般是由联邦或州宪法和立法所规定，特定法院由此得以对一定类型的案件行使管辖权。[2] 这些规定在一个司法系统内的多个法院之间分配管辖权，并在此意义上控制了案件在法院之间的流动。[3] 有些特定类型的诉讼或争端被单独列出、并交由特别裁判机构审理。[4] 大多数州的遗嘱认证和家事关系就是如此。限制司法权最常见的方法是规定一定的法院只能审判标的为一定金额或低于一定最高金额的案件。例如，在加利福尼亚州，标的额不到 25 000 美元的大多数案件只能在城市法院审判；[5] 超过 25 000 美元的案件则被分给高等法院。[6] 无论如何，提起诉讼请求的法院应当被认为具有"初审"管辖权。其他特别设立的法院则被授予"上诉"管辖权，其职责就是复审初审法院作出的判决。

因此，在决定到哪里起诉之前，要了解有关规定，才能确保某一法院有权管辖特定事项。在联邦和州法院之间选择时，认真的了解尤为重要，因为联邦法院的管辖权被立法和宪法第 3 条严加限制（下一节要讨论此问题）。本章重点描述联邦诉讼标的管辖权，它充分展现了在同样拥有初审管辖权法院之间权力分配中出现的各种问题，还揭示了联邦主义的一些重要特征。[7]

在一个特定的法院系统之内，除了那些有关诉讼标的管辖的规定之外，还有特别的规则在同类法院之间分配案件。这些规则被称为地域管辖规则。无论在联邦还是地方，美国任何一个法院系统都有地域管辖的立法，将诉讼引向某一特定的法院，既方便当事人和证人，又能使司法管理更有效率。地域管辖规则最普遍的意义就在于限制原告对法院的选择，以确保诉讼地与当事人或诉讼标的有一定的逻辑联系。[8]

---

〔1〕 对人管辖在本书第三章讨论。

〔2〕 以成文的立法规定诉讼标的管辖权的一个例外是联邦法院发展起来的补充管辖原则。但是这一法官所造之法后来还是被立法所取代。见本章第 12 到 14 节。

〔3〕 See generally Sunderland, Problems Connected with the Operation of a State Court System, 1950 Wis. L. Rev. 585.

〔4〕 遗嘱和家庭关系交由特别裁判机构处理的做法，可以追溯到曾将这些事务交付教会法庭审判的英格兰。T. Plucknett, A Concise History of the Common Law 177 (2d ed. 1936). 这一历史的影响力如此强大，以致即使这些案件在其他方面都符合联邦立法规定的条件，联邦最高法院仍坚持不予受理。

〔5〕 West's Ann. Cal. Code Civ. Proc. 86.

〔6〕 West's Ann. Cal. Const. Art. 6, 10.

〔7〕 见 2. 2 – 2. 14, below.

〔8〕 当管辖法院地是根据法院与争议标的之间的关系来确定时，原告起诉的能力也依赖于法院所在州的长臂法（规定本州法院对与本州有某种联邦的非本州居民行使对人管辖权的州立法）是否可将被告纳入该州法院之对人管辖之内。See Comment, Federal Venue Amendment – Service of Process, Erie, and Other Limitations, 16 Cath. U. L. Rev. 297 (1967).

地域管辖必须与管辖权仔细区分。管辖权是一个法院受理和驳回一个已知案 10
件的权力；在联邦法院系统里，它涉及到司法权在州与州法院之间、联邦与州法
院之间的基本划分这一宪法问题。地域管辖显然没有如此重要；它仅仅以成文立
法的形式作出规定，旨在尽可能地方便当事人和证人，有效地配置司法资源，并
且，在这两个目标之间寻求平衡。[9]

尽管不如管辖权重要，决定到何处起诉时也必须考虑地域管辖。[10] 即使已
被选定的法院能够满足立法有关地域管辖的要求，但是否方便的一般要求有时也
可用以改变审判的法院。[11] 这种情形发生的条件将在本章有进一步描述。

A. 联邦诉讼标的管辖权

2. 2 联邦法院的性质

要理解联邦法院诉讼标的管辖权的性质，首先要了解其历史。[1] 联邦法院
现在的定位出自两个基础性文件：美国《宪法》第 3 条和 1789 年《司法法》。
后来有关管辖权的立法和法院判决对联邦法院管辖权有所修正，但立国之初确定
的基本原则保留至今。

《宪法》第 3 条第 1 款规定："合众国司法权属于最高法院和国会随时制定
与设立的低级法院"。第 2 款则列举了联邦诉讼标的管辖权行使的领域，由此确
定了联邦司法权的范围。[2] 国会无权在第 3 条规定之外扩展联邦法院诉讼标的
管辖权限。[3] 从这个意义上说，如果国会在这些领域之外授予联邦法院管辖权，
就违反了《宪法》。[4]

然而，为弘扬《宪法》第 3 条之下蕴含的立法精神，联邦管辖权实际上早 11
已扩展到宪法并没有明确列举的一些领域。例如，成文法规定，原本在州法院起
诉的某些案件应当移送到联邦法院审理；但是，这种被移送的诉讼也应在《宪

---

〔9〕 管辖是含义广泛；但地域管辖与其完全不同。从现代和一个管辖区内的角度观察，地域管辖只
涉及一管辖区内地理上的进一步划分的实务和程序，可以被弃而不用。Paige v. Sinclair, 237 Mass. 482,
483 - 84, 130 N. E. 177, 178 - 79 (1921). See also Neirbo Co. v. Bethlehem Shipbuilding Corp., 308 U.
S. 165, 167 - 68, 60 S. Ct. 153, 154, 84 L. Ed. 167 (1939).

〔10〕 见 15 - 16, below.

〔11〕 见 17, below.

〔1〕 对联邦法院历史的论述，见 F. Frankfurter & J. Landis, The Business of the Supreme Court
(1928).

〔2〕《宪法》第 11 条修订案使 Chisholm v. George 一案判决失效，联邦法院不得再对一州公民或外
国人诉另一州的案件行使管辖权，2 U. S. (2 Dall.) 419, 1 L. Ed. 440 (1793).

〔3〕 See 13 C. Wright, A. Miller & E. Cooper, Jurisdiction and Related Matters 2d3521.

〔4〕 Hodgson v. Bowerbank, 9 U. S. (5 Cranch) 303, 3 L. Ed. 108 (1809)（因为宪法仅仅授权联邦
法院管辖外国人与美国公民之间的诉讼，所以立法不能授予联邦法院管辖所有涉及外国人的诉讼）。

法》规定的联邦法院初审管辖权限范围之内。[5] 此外，现在被新的立法以补充管辖所取代的附带管辖和未决管辖理论在司法实践中得到发展，允许联邦法院对依州法产生、从而在联邦法院管辖之外的、一定的诉讼请求行使管辖权，因为这样可以更全面和有效地处理那些与《宪法》第3条规定的联邦法院权限范围内的相关事项。[6] 最后，有些权威人士认为，《宪法》第1条如同第3条一样授权国会为联邦法院创设管辖权，以实现一定的立法目的。[7]

1789年的《司法法》[8] 是联邦司法系统的第二块历史性基石，意义十分重大。国会借此就其对宪法第3条的理解第一次作出了最权威的表达。通过它，第一届国会创立了最高法院之下的联邦法院系统，这是《宪法》所给与国会的权利而非义务。国会也授予最高法院之下的联邦法院以宪法第3条所规定的管辖权中的部分而不是全部。由此确立了一个基本原则，即虽然联邦司法管辖权已被《宪法》明确地界定，实际界线却由国会适时通过有关管辖的立法而划定。因此，在《宪法》第3条所标示的最大范围内，国会可以随心所欲地扩大或缩小联邦法院诉讼标的管辖权。对此，尽管联邦最高法院大法官斯托里（Story）曾在判决意见中予以反对，[9] 现在却被人们深信不疑。[10] 正如一位联邦地区法官所说，"在授予和剥夺联邦法院的管辖权时，国会无疑改变了宪法条文的原意。"[11]

12　　以上所述的两个原则，即《宪法》第3条规定了联邦诉讼标的管辖权可能的范围，和国会可通过立法随时界定实际的范围，使联邦管辖权在本质上受到节制。[12] 实际的后果是一个不利于联邦管辖的推定：对于那些州法院依据一般管辖有权审理的案件，如果当事人想要主张联邦管辖，一开始就必须证明联邦法院

---

〔5〕　See2. 11, below.

〔6〕　See2. 12 - 14. 2. 11, below.

〔7〕　National Mut. Ins. Co. of District of Columbia v. Tidewater Transfer Co., 337 U. S. 582, 69 S. Ct. 1173, 93 L. Ed. 1556 (1949) (Jackson, J.). 大法官杰克逊的意见仅为另两个大法官赞同且这两个法官仅仅是在结论上一致的事实使其对《宪法》第1条的理解多少让人产生怀疑。

〔8〕　Judiciary Act. Act of Sept. 24, 1789, 1 Stat. 73, c. 20. 介绍第一个司法条例出台背景最有名的书是 Warren, New Light on the Federal Judiciary Act of 1789, 37 Harv. L. Rev. 49 (1923).

〔9〕　Martin v. Hunter's Lessee, 14 U. S. (1 Wheat.) 304, 4 L. Ed. 97 (1816).

〔10〕　Palmore v. U. S., 411 U. S. 389, 93 S. Ct. 1670, 36 L. Ed 342 (1973); Kline v. Burke Constr. Co., 260 U. S. 226, 43 S. Ct. 79, 67 L. Ed. 226 (1922); Sheldon v. Sill, 49 U. S. (8 How.) 441, 12 L. Ed. 1147 (1850); Turner v. Bank of North America, 4 U. S.. (4 Dall.) 8, 1 L. Ed. 718 (1799).

〔11〕　Senate Select Comm. on Presidential Campaign Activities v. Nixon, 366 F. Supp. 51, 55 (D. D. C. 1973) (Sirica, J.).

〔12〕　See generally 13 C. Wright, A. Miller & E. Cooper, Jurisdiction and Related Matters 2d3522.

对此案有诉讼标的管辖权。[13] 这种管辖既不可因当事人协议而获得,[14] 也不会因当事人的放弃而消灭。[15] 如果诉讼标的管辖权存在瑕疵,异议可以在任何时候、包括上诉时提出。即使当事人没有发现瑕疵,法院也有责任指出。[16]

早期的 Capron v. Van Noorden 一案[17] 可以说明上述原则的适用。原告在北卡罗来纳州的联邦法院提起侵权之诉。因陪审团裁决被告胜诉,原告又以多个理由上诉。理由之一就是一审法院缺乏诉讼标的管辖权,因为在诉答程序中只确认了被告是北卡罗来纳州的居民,而没有明确原告的州籍。联邦最高法院撤消了判决,并指出:只有当原告与被告住所地不在同一州时,联邦法院才有管辖权,而本案双方当事人是否来自不同的州并未明确。这一案例是联邦法院管辖权限的极好例证:选择了联邦法院的原告有权在第一次上诉时质疑自己所选法院的管辖权。实际上,联邦最高法院声称,听任轻率粗心的原告躲避对其不利的陪审团判决,的确浪费了此前的司法资源,但违反宪法和立法规定、扩大联邦法院管辖权限的错误则更加严重。

联邦法院行使诉讼标的管辖权主要是联邦问题案件[18] 和不同州籍的当事人之间的纠纷。[19] 此外,联邦法院还有权管辖以美国为一方当事人的案件,[20] 海事海商诉讼,[21] 两个或更多的州之间的纠纷,[22] 和有限的另外几种案件。一般说来,联邦法院和各州法院都有诉讼标的管辖权。这就意味着联邦和州法院对多数案件都可进行审判。但是,国会已授予联邦法院对某些种类的案件以排他性的管辖权,这些诉讼就只能在联邦法院进行。[23] 在排他性的管辖授权之外,联邦与州法院的诉讼标的管辖权并存。

13

---

[13] McNutt v. General Moters Acceptance Corp., 298 U. S. 178, 56 S. Ct. 780, 80 L. Ed. 1135 (1936); Turner v. Bank of North America, 4 U. S. (4 Dall.) 8, 11, 1 L. Ed. 718 (1799). 《联邦民事诉讼规则》第 8 条第 1 款第 1 项要求原告在起诉状中必须说明主张联邦管辖的理由。

[14] 例如,People's Bank v. Calhoun, 102 U. S. (120 Otto) 256, 260 – 61, 26 L. Ed. 101 (1880) 一案判决认为被移送的案件的管辖权不得以当事人的书面协议为基础。

[15] Mitchell v. Maurer, 293 U. S. 237, 244, 55 S. Ct. 162, 164, 79 L. Ed. 338 (1934).

[16] Louisville & Nashville Rty. Co. v. Mottley, 211 U. S. 149, 29 S. Ct. 42, 53 L. Ed. 126 (1908).

[17] 6 U. S. (2 Cranch) 126, 2 L. Ed. 229 (1804).

[18] See 2. 3 – 4, below.

[19] See 2. 5 – 7, below.

[20] See 2. 10, below.

[21] See 2. 10, below.

[22] 州与州之间的纠纷的初审管辖权属于联邦最高法院所有。见 13 C. Wright, A. Miller & E. Cooper, Jurisdiction and Related Matters 2d3524.

[23] 排他管辖权的例子如下,破产,28 U. S. C. A. 1334;专利与版权纠纷,28 U. S. C. A. 1338 (a);领事与副领事为被告的案件,28 U. S. C. A. 1351;联邦犯罪,18 U. S. C. A. 3231;一定的反托拉斯立法规定的诉讼,15 U. S. C. A. 15, 26.

上文已经强调，联邦法院管辖权有限，并应当狭义地理解、以确保其不超出相应的界线。但是，一旦联邦法院已经作出终审判决，就必须考虑管辖的排他性学说维护稳定性的基本要求，以及一个法院系统应当承认另一系统法院判决的法理原则。[24] 这两者的分量要重于对联邦法院管辖权的限制。所以，尽管对诉讼标的管辖权的质疑甚至可向联邦最高法院提出、并且可能得到支持，但正如 Capron 案所表明的那样，[25] 除非有相反的极端情形出现，在后来的程序中以诉讼标的管辖权瑕疵为由附带攻击联邦法院判决的做法不会得到支持。[26] 即使联邦法院的管辖权来自某一立法而该立法后来被判违宪，也是如此。[27]

2.3 联邦问题管辖权

联邦问题管辖权源自《宪法》。《宪法》规定美利坚合众国司法权"应当及于依据本宪法、合众国法律、与合众国已签订或将要签订的条约而产生的一切普通法和衡平法上的案件"。[1] 在 1789 年的《司法法》中，国会并未授予联邦法院对上述初审管辖权。1801 年，联邦党人控制的国会在任期届满之前，通过所谓的午夜法官法，将联邦问题管辖权授予联邦法院，[2] 但一年后，不信任联邦政府的杰佛逊的追随者赢得大选，这一立法随即被废止。[3] 于是，联邦法规定的事务交由州法院管辖，直到 1875 年，联邦法院拥有联邦问题管辖权才被确立，并成为长期奉行的基本原则。[4]

联邦问题管辖权以联邦法院应当有权解释和适用联邦法律这一原则为根据。只有联邦法院才能理解联邦法律、适用联邦法律以解决纠纷、并通过司法的立法功能填补联邦立法留下的缝隙。同时，联邦法院在实施联邦法律方面也处于最佳位置，当某一联邦法律在审判所在州不受欢迎之时尤其如此。有关公民权利的立法在美国一些地方的遭遇即是一例。因此，无论是确保联邦法律的统一适用，还是维护现有的法定权利，联邦法院都有其特有的优势。随着联邦政府在国家生活

---

〔24〕 See Chapter 14, below.

〔25〕 见以上注 17 的讨论。

〔26〕 Des Moines Navigation & R. Co. v. Iowa Homestead Co., 123 U. S. 552, 8 S. Ct. 217, 31 L. Ed. 202 (1887). 极端的例子之一是允许以诉讼标的管辖上的一处瑕疵为由而提出附带性攻击。See Kalb v. Feuerstein, 308 U. S. 433, 60 S. Ct. 343, 84 L. Ed. 370 (1940).

〔27〕 Chicot County Drainage Dist. v. Baxter State Bank, 308 U. S. 371, 60 S. Ct. 317, 84 L. Ed. 329 (1940).

〔1〕 U. S. Const. Art. Ⅲ, 2.

〔2〕 Act of Feb. 13, 1801, 11, 2 Stat. 89, 92.

〔3〕 Act of March 8, 1802, 1, 2 Stat. 132.

〔4〕 Act of March 3, 1, 18 Stat. 470.

所有领域的更多介入，这一优势不断得以加强。[5]

现行的关于联邦问题管辖权的一般规定见于直接继承了 1875 年法令内容的司法法典第 1331 节。此外，还有司法法典或其他许多的成文法，都授予联邦法院诉讼标的管辖权，处理根据许多联邦法律而产生的案件。[6] 这些关于联邦问题管辖的特别授权包括对行政机关的行政行为进行司法审查的规定。审查对象或者针对大量的成文法律规定或授权行政机关采取的行政管理行为，或者针对例如证券、[7] 公民权利[8] 等一定类型的诉讼的裁判行为。[9] 多数情况下，联邦诉讼标的管辖权与州法院诉讼标的管辖权并存；在破产[10]和专利[11]等有限的几个领域内，联邦法院则有排他性的管辖权。

无论是依据一般性的联邦问题立法还是特殊的管辖授权，在决定联邦管辖是 15 否存在时，最棘手的问题是认定联邦法律与一个案件的关系是否正是所谓的"根据联邦法律而产生"。这一要求来自宪法的强制性规定。一般性的联邦问题法律使用了《宪法》第 3 条第 2 款关于"由依据宪法、法律和合众国的条约"而产生的"民事案件"这样的语言。"依据而产生"的限制通过暗示也同样适用于被特别的立法所授予的联邦问题管辖权。[12]

因此，"依据而产生"一语就有双重含义，一从宪法角度看，国会无权将不是依据联邦法律而产生的案件的管辖权授予联邦法院；二从立法的角度看，1875 年国会首次通过有关联邦问题的立法和此后通过同样名称的法案时，国会并不打算将不是依据联邦法律而产生的案件的管辖权授予联邦法院。解释"依据而产生"引发了许多问题，因为宪法性权力问题与立法意图的问题难以区别开来。

第一个对"依据而产生"进行解释的判决想要解决的是宪法意义上的难题。

---

〔5〕 对联邦联邦问题管辖的目的及其遇到的难题等的讨论，见 American Law Institute, Study of the Division of Jurisdiction Between State and Federal Courts, Official Draft, 162 – 82, 482 – 88 (1969); Chadbourn & Levin, Original Jurisdiction of Federal Questions, 90 U. Pa. L. Rev. 639 (1942); Cohen, The Broken Compass: The Requirement that a Case Arise "Directly" Under Federal Law, 115 U. Pa. L. Rev. 890 (1967); Fraser, Some Problems in Federal Question Jurisdiction, 49 Mich. L. Rev. 73 (1950); London, "Federal Question" Jurisdiction—A Snare and a Delusion, 57 Mich. L. Rev. 835 (1959); Mishhin, The Federal "Question" in the District Courts, 53 Colum. L. Rev. 157 (1953); Shapiro, Jurisdiction and Discretion, 60 N. Y. U. L. Rev. 543 (1985).

〔6〕 特别管辖授权和一般联邦联邦问题立法之间的主要区别在于后者规定有 10 000 美元的争议金额。不过，第 1331 节被修改，取消了那个要求。See 2.. 8, below.

〔7〕 15 U. S. C. A. 77v, 77vvv (b), 78aa, 79y, 80a – 43, 80b – 14.

〔8〕 28 U. S. C. A. 1343.

〔9〕 对联邦问题管辖的各种特别授权的分析，见 13B C. Wright, A. Miller, & E. Cooper, Jurisdiction and Related Matters 2d3568 – 85.

〔10〕 28 U. S. C. A. 1334.

〔11〕 28 U. S. C. A. 1338.

〔12〕 See, e. g., Carlson v. Coca = Cola Co., 483 F. 2d 279 (9th Cir. 1973).

Osborn v. Bank of United States[13] 一案判决认定：合众国银行是联邦法律创设的公司，涉及该公司的诉讼根据这一联邦法律的规定应当由联邦法院管辖，这一立法符合宪法。联邦最高法院支持这一立法。首席大法官马歇尔（Marshall）认为，由于该银行由联邦法律创立，其所有行为均必然出自创立并授予它的法律，该法律使其拥有全部权利与能力。因为银行的诉讼权利完全依赖于这些法律，与银行相关的每一个案件均在性质上是依据合众国法律而产生的，即使在本案中，双方对该银行提出诉讼请求的权利实际上没有或很可能没有任何争议。本案中，联邦法律问题最多与实际争议只有间接关系这一事实没有让马歇尔法官有所怀疑和动摇。

"虽然案件可能涉及其他法律与事实争议，但只要宪法规定属联邦法院管辖的一个问题构成了最初的起诉理由的要件之一，国会就有权赋予巡回法院对该案的管辖权。"[14]

16　　奥斯本（Osborn）案判决是以国会享有的宪法权力为理由作出的，这一理由不容置疑。但是，随着 1875 年一般联邦问题立法通过后，对联邦法院而言，区别奥斯本案判决宽泛的语言与法规所划定的较窄的管辖范围就变得十分紧迫。当然联邦法院也并不总是做如此区别。例如，在 the Pacific Railroad Removal cases 中，[15] 最高法院将奥斯本案判决的宪法理由机械地适用于解释联邦问题立法这一完全不同的问题，并且认为依联邦法律成立的公司的诉讼事实上就是立法所称的依据合众国法律而产生的诉讼。但是，这一判决已经被视为一个法律"玩笑"，[16] 现在，并非每一涉及联邦法律问题的案件都为上述立法中"依据而产生"的言辞所覆盖，已成共识。[17]

如果奥斯本案的"要件"理论现在已被否定，取而代之的则是如何解释"依据而产生"一语。一些判决考虑了这一问题并划出了一条不很明确的界线。有一组判决关注联邦法律是否是原告所主张的权利的依据。这一方法在 American Well Works Company v. Layne & Bowler Company 案[18] 中被大法官霍尔姆斯

---

〔13〕 22 U. S. (9 Whert.) 738, 6 L. Ed. 204 (1824).

〔14〕 22U. S. (9 Wheat.) at 823. See also Cohens v. Virginia, 19 U. S. (6 Wheat.) 164, 5 L. Ed. 257 (1821) (Marshall, C. J.).

〔15〕 115 U. S. 1, 5 S. Ct. 1113, 29 L. Ed. 319 (1885).

〔16〕 Mishhin, The Federal "Question" in the District Courts, 53 Colum. L. Rev. 157, 160 n. 24 (1953).

〔17〕 See, e. g., Romero v. International Terminal Operating Co., 358 U. S. 354, 379, 79 S. Ct. 468, 484, 3 L. Ed2d 368 (1959) (Frankfurter, J.). See also People of Puerto Rico v. Russell & Co., 288 U. S. 476, 53 S. Ct. 447, 77 L. Ed. 903 (1933); Shoshone Mining Co. v. Rutter, 177 U. S. 505, 20 S. Ct. 726, 44 L. Ed 864 (1900).

〔18〕 241 U. S. 257, 260, 36 S. Ct. 585, 586, 60 L. Ed. 987 (1916).

（Holmes）准确界定。该案原告认为，被告诽谤其侵犯了被告的专利权，要求被告赔偿其诽谤行为给原告经营造成的损失。专利法问题当然在联邦法院排他性管辖之内，该问题显然也是本案的要件之一。但是，原告对诽谤行为的诉因却为州普通法所规定；因此，联邦最高法院认为本案不是依据联邦法律而产生的。

　　一个联邦立法也可能允许当事人提出与联邦实体法问题或诉因无必然联系的诉讼。因此，即使诉讼权利为联邦立法所创立，但诉讼本身却也并不必然是依据联邦法律而产生的，例如，联邦法律授予矿工提起"对方所有权之诉"以主张其拥有矿业所有权，但矿工对争议财产的权利只能根据当地采矿法律和习惯来确定，因此，这一根据联邦立法提出的诉讼并非依据联邦法律而产生。[19] 同样，一个实体法上的权利可能是联邦法规定的，然而权利之源可能如此遥远，以致其失去了通过诉讼目的加以确认的联邦法的性质。例如，争议土地的所有权可能追溯到联邦政府和联邦法律，但单是这一事实并不足以获得联邦问题管辖。[20] 否则，中西部和西部各州所有确认土地所有权的诉讼都是依据联邦法律而产生的。

　　在 Smith v. Kansas City Title & Trust Company 案[21] 中，尽管大法官霍尔姆斯强烈反对，多数大法官认定本案中联邦问题管辖权成立。该案原告为一个股东，以某一债券得以发行的依据是一个违宪的立法为由，请求禁止其公司不得购买该债券。这一诉讼原因出自州法的规定，但联邦最高法院多数意见认为，因为该案关键在于一个联邦立法是否符合宪法，所以联邦法院有管辖权。史密斯案（Smith）曾被援引于后来的判决附带意见之中，受到赞许，[22] 但时至今日，它并没有获得更多的支持。

　　不同判决中不同的倾向性意见难以调和。决定个案是否依据联邦法律而产生的最好办法是感觉，具体地分析每一个案件中联邦法律与争议事项之间关系的亲疏远近。这也是大法官卡多佐（Cardozo）在 Gully v. First National Bank in Meridian 案[23] 中所采用的方法。密西西比州税务局以银行拖欠税款为由起诉银行，古利（Gully）被牵涉其中。银行声称，因为联邦立法有在一定条件下对国家银行起诉的规定，本案依据联邦法律而产生，所以请求联邦法院管辖。联邦最高法院

---

　　[19]　Shoshone Mining Co. v. Rutter, 177 U. S. 505, 20 S. Ct. 726, 44 L. Ed. 864（1900）。正如大法官布鲁威尔（Brewer）所说，"规定一种诉讼以保护一种权利的立法与创设一种权利的立法是不相同的。根据前一种立法提起诉讼不会对该立法的范围和后果带来争议，而在后一种诉讼中必然会有争议，因为需要决定的事项就是立法所赋予的权利的范围。" 177 U. S. at 510, 20 S. Ct. at 728.

　　[20]　Shulthis v. McDougal, 225 U. S. 561, 32 S. Ct. 704, 56 L. Ed. 1205（1912）.

　　[21]　225 U. S. 180, 41 S. Ct. 243, 65 L. Ed 577（1921）.

　　[22]　T. B. Harms Co. v. Eliscu, 339 F. 2d 823（2d Cir. 1964），（Friendly, J.），cert. Denied 381 U. S. 915. 最高法院在 Merrell Dow Pharmaceuticals Inc. v. Thompson 案中仔细讨论了史密斯案，见 478 U. S. 804, 106 S. Ct. 3229, 92 L. Ed. 2d 650（1986）.

　　[23]　299 U. S. 109, 57 S. Ct. 96, 81 L. Ed. 70（1936）.

驳回了这一请求。一个联邦立法可能规定了某种诉因，但本案原告对税款请求的根据是州法规定的权利，源自密西西比州议会的立法。州法规定的权利要得以执行可能必须得到联邦的认可，但从本质上看，该权利来自州法而不是联邦法。[24]

在古利案中，联邦最高法院已注意到联邦法律问题可能潜藏其中。但是，它决定，联邦法院不必也不要试图探寻案件与联邦法律的每一种可能的联系，当这种关系并不密切或可能性很少时尤其如此。确切地说，"在基本的与间接的争议之间，在必然的和只是可能的纠纷之间，法院已经划出了界限。"[25]

联邦法律之中有几处渊源为如何确认特定的案件应当依据一般联邦问题立法向联邦法院起诉奠定了基础。那些直接引起宪法性争议的和依赖于对宪法的解释才能解决的案件，显然就在这一立法范围之内。[26] 虽然宪法并没有规定有原告所寻求的救济，但只要当事人提出的诉讼请求确有宪法意义，联邦法院就有管辖权。[27]

《宪法》中只有一条规定与原告诉讼请求之间的关系没有直接满足"依据而产生"的要求，所以不能单独用作联邦问题管辖的依据。《宪法》第4条第1款规定：各州对于其他各州的公共法令、记录和司法程序给予完全的信赖与尊重。[28] 当州和联邦法院在审理其诉讼标的管辖范围内的案件并遇到另一州的法律或司法程序性问题时，该条款是必须遵守的裁判准则；[29] 如果这一条款被认可为联邦管辖权的基础，结果就是所有要到另一个州执行一个州的法令或判决的诉讼都应到联邦法院进行。[30]

---

〔24〕 See People of Puerto Rico v. Russell & Co. , 288 U. S. 476, 483, 53 S. Ct. 447, 450, 77 L. Ed. 903 (1933); McGoon v. Northern Pacific Ry. Co. , 204 Fed. 998 (D. C. N. D. 1913).

〔25〕 299 U. S. at 117 – 18, 57 S. Ct. at 100. 例如，最高法院在 Merrel Dow Pharmaceuticals Inc. v. Thompson〔478 U. S. 804, 106 S. Ct 3229, 92 L. Ed. 2d 650 (1986)〕案判决中认为，寻求赔偿的原告必须根据州的侵权法证明被告违反了《联邦食品、药品和化妆品法》（the Food, Drug & Cosmetic Act），所以，这一联邦立法没有规定任何联邦问题。最高法院还认为，国会通过这一立法时并没有设立一个单独的诉讼原因。

〔26〕 See Powell v. McCormack, 395 U. S. 486, 516, 89 S. Ct. 1944, 1961, 23 L. Ed. 2d 491 (1969); Hays v. Port of Seattle, 251 U. S. 233, 40 S. Ct. 125, 64 L. Ed. 243 (1920).

〔27〕 如果问题在于原告所寻求的救济在宪法并没有规定，驳回起诉的原因就在于未向州法院起诉而不是联邦法院无诉讼标的管辖权。Bell v. Hood, 327 U. S. 678, 66 S. Ct. 773, 90 L. Ed. 939 (1946); Keaukaha—Panaewa Community Ass'n v. Hawaiian Homes Comm'n, 588 F. 2d 1216, 1227 (9th Cir. 1978), cert. Denied 444 U. S. 826.

〔28〕 U. S. Const. Art. Ⅳ, 1.

〔29〕 Minnesota v. Northern Secs. Co. , 194 U. S. 48, 72, 24 S. Ct. 598, 605, 48 L. Ed. 870 (1904).

〔30〕 California ex rel. McColgan v. Bruce, 129 F. 2d 421, 424 (9th Cir. 1942), cert. Denied 317 U. S. 678.

联邦立法、[31] 行政法规、行政命令根据国会法而制定,[32] 一般都被视为宪法和第 28 标题第 1331 条所指的"合众国法律"。[33] 除此制定法外,联邦普通法也有问题管辖权的来源。联邦法院已经发展出几个保护国家根本利益和政策、[34] 或解释现行立法的重要法律。在联邦问题立法中,这种法律也被视为合众国法律的组成部分。[35]

联邦重要法律在海事海商领域没有为联邦问题管辖权提供依据。不过,在 Romero v. International Terminal Operating Company 案中,[36] 最高法院认为,最早的联邦问题管辖立法者无视海商法具有的不容置疑的联邦性质,不愿将传统的海商管辖权授予联邦法院。基于一般海事法(与依据诸如约翰条例等特别海事立法相区别)[37] 之上的诉讼请求就不能引用 1331 节提出,而只能依据授予联邦法院海事管辖权的第 1333 节而提起。由于海商案件中不适用陪审审判,这一区别十分重大。[38]

最后,对依据合众国所签条约而产生的请求或权利的有关诉讼,第 1331 节明确地授予地区法院管辖权。[39] 然而,这是联邦管辖权一个不很重要的来源,因为条约与原告诉讼请求之间通常并不能直接满足"依据而产生"的要求。[40]

19

---

〔31〕 Verlinden B. V. v. Central Bank of Nigeria, 461 U. S. 480, 103 S. Ct. 1962, 76 L. Ed. 2d 81 (1983); Montana – Dakota Utilities Co. v. Northwestern Public Serv. Co., 341 U. S. 246, 249, 71 S. Ct. 692, 694, 95L. Ed. 912 (1951).

〔32〕 Farmer v. Philadelphia Elec. Co., 329 F. 2d 3, 7 – 8 (3d Cir. 1964).

〔33〕 但是, 国会专门为哥伦比亚特区通过的立法是地方性的, 不能在全美普遍适用, 从而不能成为主张联邦管辖权的依据。American Sec. & Trust Co. v. Commissioners of District of Columbia, 224 U. S. 491, 32 S. Ct. 553, 56 L. Ed 856 (1912).

〔34〕 See, e. g., Textile Workers Union of America v. Lincoln Mills, 353 U. S. 448, 77 S. Ct. 912, 1 L. Ed. 2d 972 (1957) (有关劳动合同的联邦普通法发展实现了国家的劳工政策)。对联邦普通法更详尽的讨论见第 4 章第 7 节。

〔35〕 Illinois v. City of Milwaukee, 406 U. S. 91, 92 S. Ct. 1385, 31 L. Ed. 2d 712 (1972); Texas v. Pankey, 441 F. 2d 236 (10th Cir. 1971); Ivy Broadcasting Co. v. American Tel. & Tel. Co., 391 F. 2d 486 (2d Cir. 1968).

〔36〕 358 U. S. 354, 79 S. Ct. 468, 3 L. Ed. 2d 368 (1959). 因为大法官福兰克福特 (Justice Frankfurter) 的意见涉及联邦诉讼标的管辖中的许多难点问题, 该案引起了学术界的广泛关注。See, e. g., Currie, The Silver Oar and All That: A Study of the Romero Case, 27 U. Chi. L. Rev. 1 (1959); Kurland, The Romero Case and Some Problems of Federal Jurisdiction, 73 Harv. L. Rev. 817 (1960).

〔37〕 46 U. S. C. A. 688. 琼斯法 (The Jones Act) 规定船员在受雇期间遭受损害或死亡的, 可起诉要求赔偿。起诉在一般联邦问题管辖范围之内, 因为这样的诉讼产生于规范州际贸易的法律, 也可根据 28 U. S. C. A. 1337 提出。

〔38〕 对海事管辖权的简介, 请见本章第 10 节。

〔39〕 Continental Dredging Co. v. County of Los Angeles, 366 F. Supp. 1133, 1137 (C. D. Cal. 1973).

〔40〕 因为原告的诉讼请求与条约之间的关系并不紧密, 联邦管辖未能成立的案例有: Buechold v. Ortiz, 401 F. 2d 371 (9th Cir. 1968); Republic of Iraq v. First Nat. Bank, 350 F. 2d 645 (7th Cir. 1965), cert. Denied 382 U. S. 982.

2.4 联邦问题管辖权——起诉理由充分原则

对于主张一般联邦问题管辖权的当事人而言,[1] 有两点非常必要：案件依据《宪法》或其他联邦法律而产生,[2] 并且，起诉理由要充分*（well - pleaded complaint）,[3] 被告在答辩中提出的问题，原告在诉状中预测被告会提出的问题，均与管辖无关。即使十分重要、甚至对诉讼起着决定性作用的联邦法律在以后的诉讼阶段可能出现，但只要基本的联邦问题没有成为原告自己救济请求的有机组成部分，联邦立法规定的联邦问题管辖权就不能成立。[4]

Louisville & Nashville Railroad Company v. Mottley 一案[5] 表明了这些原则的适用。摩特勒（Mottley）先生及其夫人在铁路事故中受伤。作为和解的条件之一，铁路同意让他们在有生之年免费乘车。铁路最初给他们 29 年的免费乘车证，1907 年一个联邦立法禁止铁路发出免费乘车证之后，铁路拒绝继续给他们发免费乘车证。摩特勒夫妇到联邦法院起诉铁路要求其继续履行。他们主张，该立法并不适用于他们，适用就是违宪地剥夺了他们的财产权。初审法院判决原告胜诉，被告提起上诉。

联邦最高法院没有就案件本身的是非曲直作出判断。相反，它另辟蹊径，提出联邦诉讼标的管辖问题，认为联邦法院没有管辖权。用大法官穆迪（Moody）的话来说，"原告仅仅是在预期被告对其提出的诉讼原因会如何答辩、并且主张该答辩违反了合众国宪法规定而无效，这是不够的。"[6] 原告对其诉讼原因的主张必须建立在联邦法律和宪法的基础上。虽然原告的起诉提出了联邦法律的解释问题和合宪性的重要问题，但是他们自己的诉因是一个常规的预防性诉讼，即根据州法规定要求强制对方履行合同。其中的联邦问题仅仅是原告对被告会以联邦立法的规定为理由进行答辩所作的预先判断。

---

〔1〕 起诉理由充分原则仅仅适用于依据 28 U. S. C. A. 1331 提起的诉讼，或依据这一立法可从州法院移送到联邦法院管辖的诉讼。Verlinden B. V. v. Central Bank of Nigeria, 461 U. S. 480, 494 – 95, 103 S. Ct. 1962, 1972, 76 L. Ed. 2d 81 (1983); Romero v. International Terminal Operating Co. , 358 U. S. 354, 379, 79 S. Ct. 468, 484, 3 L. Ed2d 468 (1959).

〔2〕 See 2. 3, above.

* 译者注：主张一般联邦问题管辖权的原告必须在起诉状中明确指出诉讼所涉及的联邦问题。

〔3〕 对此起诉理由充分原则的更加详细的讨论，见 13B C. Wright, A. Miller, & E. Cooper, Jurisdiction and Related Matters 2d3566.

〔4〕 Franchise Tax Bd. v. Construction Laborers Vacation Trust for Southern California, 463 U. S. 1, 103 S. Ct. 2841, 77 L. Ed2d 420 (1983); Phillips Petroleum Co. v. Texaco, Inc. , 415 U. S. 125, 94 S. Ct. 1002, 39 L. Ed2d 209 (1974); Skelly Oil Co. v. Phillips Petroleum Co. , 339 U. S. 667, 70 S. Ct. 876, 94 L. Ed. 1194 (1950); Louisville & Nashville R. R. Co. v. Mottley, 211 U. S. 149, 29 S. Ct. 42, 53 L. Ed. 126 (1908); Metcalf v. City of Watertown, 128 U. S. 586, 9 S. Ct. 173, 32 L. Ed. 543 (1888).

〔5〕 211 U. S. 149, 29 S. Ct. 42, 53 L. Ed. 126 (1908).

〔6〕 211 U. S. at 152, 29 S. Ct at 43.

在此推理基础上，联邦最高法院撤消并发回此案，诉讼因而将在一个州法院进行。正如人们所料，联邦法和宪法问题在州法院出现，最终还是上诉至联邦最高法院。联邦最高法院最后依照实体法驳回起诉。[7] 早就预见了最终结果的联邦最高法院宁愿花掉相当的司法资源和当事人成本，使同一案经历二次诉讼。这一事实强有力地表明了联邦法院管辖权有限、并且不能被当事人左右这一原则多么重要。

当然，过于严格地坚持任何原则都会带来麻烦。有时，在那些不容置疑地涉及联邦法律问题的案件中，起诉理由充分原则使联邦管辖权转变为高度技术性的诉答规则，转变为在别的联邦程序中早已丧失了重要性的诉讼形式的古代原则。[8] 例如，当土地所有权是一个联邦法律问题时，联邦法院有权听审一个要求别人不得使用土地的诉讼，[9] 但是，因为驱逐诉讼是要求不得在诉状中提出所有权的占有权诉讼，所以联邦法院无管辖权。[10]

原告提起确认之诉时，适用起诉理由充分规则很可能遭遇最严峻的考验。[11] 通常，因为能够预见被告会另行起诉，原告在起诉时就刻意设防。广义上看，只要原告要求法院就某一联邦立法是否应当适用、州或联邦法律是否违宪作出确认判决，这一规则就支持联邦管辖。[12] 但是，主要因为联邦最高法院在 Skelly Oil Company v. Phillips Petroleum Companyg 一案判决的附带意见，[13] 对该规则的狭义解释得以确立。[14] 由此，只有在已经提起强制性诉讼、确认性救济不能支持

---

〔7〕 Louisville & Nashville R. R. Co. v. Mottley, 219 U. S. 467, 31 S. Ct. 265, 55 L. Ed. 297 (1911).

〔8〕 American Law Institue, Study of the Division of Jurisdiction Between State and Federal Courts, Official Draft, 169 – 70 (1969). See also Doernberg, There's No Reason for It; It's Just Our Policy: Why the Well – Pleaded Complaint Rule Sabotages the Purposes of Federal Question Jurisdiction, 38 Hast. L. J. 597 (1987).

〔9〕 Lancaster v. Kathleen Oil Col, 241 U. S. 551, 36 S. Ct. 711, 60 L. Ed. 1161 (1961).

〔10〕 Taylor v. Anderson, 234 U. S. 74, 34 S. Ct. 724, 58 L. Ed. 1218 (1914). But see Oneida Indian Nation v. County of Oneida, 414 U. S. 661 94 S. Ct. 772, 39 L. Ed. 2d 73 (1974) (如果土地所有权一直为联邦法律所规定，例如印第案人依条约而享有的土地所有权，那么联邦法院就对因该土地而产生的收回土地之诉有管辖权)。

〔11〕 对确认之诉中的合理原则的更全面的讨论，见 10B C. Wright, A. Miller & M. Kane, Civil 3d2767.

〔12〕 有的法院似乎适用了这一广义的解释。See, e. g., St. Louis Southwestern Ry. Co. v. City of Tyler, Texas, 375 F. 2d 938 (5ᵗʰ Cir. 1967); Regents of New Mexico v. Albuquerque Broadcasting Co. , 158 F. 2d 900 (10ᵗʰ Cir. 1947).

〔13〕 339 U. S. 667, 673 –74, 70 S. Ct. 876, 880, 94 L. Ed. 1194 (1950). See also Public Serv. Comm'n of Utah v. Wycoff Co. , 344 U. S. 237, 248 – 49, 73 S. Ct. 236, 242 – 43, 97 L. Ed. 291 (1952).

〔14〕 最高法院在 Tranchise Tax Bd. v. Construction Laborers Vacation Trust for Southern California (463 U. S. 1, 103 S. Ct. 2841, 77 L. Ed2d 420 (1983)) 案判决中重申坚持这一狭义观点。
Federal Jurisdiction voer Preemption Claims: A Post – Franchise Tax Board Analysis, 62 Texas L. Rev. 893 (1984).

22　联邦管辖权成立的情况下，才会出现联邦问题管辖。使用这一办法，在摩特勒案中铁路一方就不再能够向联邦法院起诉、要求确认 1907 年的立法禁止其再向摩特勒夫妇发免费乘车证，因为铁路对禁止令诉讼不可能有请求权；惟一可能的强制执行诉讼只能由摩特勒夫妇提出，即申请强制履行合同。而这一诉讼请求只涉及州法问题。

　　起诉理由充分规则有用而且必要。由于联邦诉讼标的管辖权受限，联邦管辖是否存在应当在诉讼开始时就确定，而不能悬而不决、留待诉讼其他阶段解决。起诉理由充分规则要求联邦问题应当在诉状中提出，从而实现了这一目标。但是，因为一般联邦问题管辖只有在起诉理由充分时就提出联邦问题时才能成立，联邦法院就只能将许多案件中出现的重要联邦法律问题留给州法院裁决。这一事实给起诉理由充分规则的意义蒙上了阴影。因此，这一规则招致了许多直截了当的抨击，并不让人感到意外。[15]

　　起诉时提出的联邦问题必须是实体问题的要求与起诉理由充分规则相关，也主要来自于对案件必须表明其依据联邦法律而产生的要求。如果向联邦法院提出作为管辖权基础的请求无关痛痒或不是实体问题，实体性要求的法理会使联邦法院以缺乏诉讼标的管辖权为由驳回起诉。[16] 联邦最高法院认为，如果一个起诉"显然不涉及案件实质"，或者"该法院以前的判决已经排除了这一争议、起诉提出的问题无法推断为争议焦点问题"，那么，看似提出了联邦法律问题的起诉"显然并不涉及实体问题"。[17] 在决定管辖问题时，一个诉讼请求与案件实质之间仅仅有可疑或不可靠的联系不能被视为是实体意义上的请求；如果一个请求不能说明借此依法可获得救济[18] 因而其实体性质足以使其获得联邦管辖权，该请求就会被驳回。[19]

---

〔15〕　See, e. g., Cohen, The Broden Compass: The Requirement That a Case Arise "Directly" Under Federal Law, 115 U. Pa. L. Rev. 890 (1967); Fraser, Some Problems in Federal Question Jurisdiction, 49 Mich. L. Rev. 73 (1950).

〔16〕　对实体性原则和过去一些判决对其所做的系统阐述，见 Hagans v. Lavine, 415 U. S. 528, 536 –38, 94 S. Ct. 1372, 1378 –79, 39 L. Ed 577 (1974).

〔17〕　Levering & Garrigues Co. v. Morrin, 289 U. S. 103, 105 –06, 53 S. Ct. 549, 550, 77 L. Ed. 1062 (1933).

〔18〕　Fed. Civ. Proc. Rule 12 (b) (6). Compare Wheeldin v. Wheeler, 373 U. S. 647, 83 S. Ct. 1441, 10 L. Ed. 2d 605 (1963) (no federal cause of action for violation of plaintiff's Fourth Amendment rights by an employee of House Unamerican Activities Committee), with Bivens v. Six Unknown Named Agents of Federal Bureau of Narcotics, 403 (1971) (因联邦机构违反第四修正案产生联邦诉因) 这两类案件中，因为原告依宪法提出的诉讼请求是实体性的，联邦管辖成立。

〔19〕　Rosado v. Wyman, 397 U. S. 397, 90 S. Ct. 1207, 25 L. Ed. 2d 442 (1970); Bell v. Hood, 327 U. S. 678, 66 S. Ct. 773, 90 L. Ed939 (1946). 如果增加了补充请求，这一区别就可能很重要。因为如果驳回是因为案件实体问题而非管辖不成立，那么法院有权审理增加的补充请求。见本章 12 到 14 节。

　　起诉理由充分规则推演出的另一个独立的结论就是有关"原告不能故意不　23
提必要的联邦问题从而防止案件移送联邦法院"的原则。[20]　因此，在一个联邦
法院认定一个在州法院起诉的原告以此技术性方法起诉、规避联邦法院管辖，那
么，即使该原告向州法院提交的诉状中没有出现联邦问题，联邦法院也可要求州
法院移送此案。[21]

2.5　异籍管辖权——概说

　　异籍管辖是联邦司法权中最古老的形式之一，迄今依然最富争议。《宪法》
规定："合众国司法权及于各州公民之间的诉讼，一州或其公民与外国国家或外
国公民或属民之间的诉讼。"[1]　在 1789 年的《司法法》中，第一届国会修改了
对司法权的规定，授权联邦巡回法院管辖"一州居民在本州起诉另一州居民的
案件以及涉及外国人的案件"。[2]　1875 年，一方当事人应当是该联邦法院所在
州的居民的要求被删除，[3]　后来的立法都授权联邦法院管辖符合一定条件的、
不同州的公民之间所有民事诉讼。其中最明显的条件就是要有明确的立法要求，
规定一个联邦法院只能对不同州公民之间、标的超过一定最低金额的争议行使管
辖权。[4]

　　长期以来，宪法起草人将异籍管辖权规定写入宪法的动机一直存在学术争
议。大法官马歇尔在 Bank of United States v. Deveaux 一案判决[5]中对异籍管辖
的理念作出了明晰的阐述。他强调指出，异籍管辖可以消除州法院对外州当事人　24
的偏见，减少外州当事人对偏见的担忧和恐惧。这一点即使未经充分论证也能肯
定。然而，制宪会议和第一届国会中支持异籍管辖的人真正关心的是经济利益，
而非避免抽象的地方的或州的偏见。在有民主倾向的州立法机关看来，联邦法院
可以保护商业团体免受其较低社会地位所招致的歧视，另一方面，州立法机关可
能向州法院施压，迫使其作出敌视工商业和预期土地收益的判决。根据这个观

---

　　[20]　Rivet v. Regions Bank of Louisiana, 522 U. S. 470, 118 S. Ct. 921d, 925, 139 L. Ed. 2d 912
(1998), quoting Franchise Tax Bd. of California v. Construction Laborers Vacation Trust for Southern California,
463 U. S. 1, 22, 103 S. Ct. 2841, 2853, 77. Ed. 2d 420 (1983).

　　[21]　Rivet v. Regions Bank of Louisiana, 522 U. S. 470, 118 S. Ct. 921, 925, 139 L. Ed. 2d 912
(1998). See generally Miller Artful Pleading: A Doctrine in Search of Definition, 76 Texas L. Rev. 1781
(1998); 见本章第 11 节。

　　[1]　U. S. Const. Art. Ⅲ, 2.

　　[2]　Act of Sept. 24, 1789, 11, 1 Sat. 73, 78. 国会并没有被要求、也确实从来没有将完全的管辖
权授予联邦法院，虽然根据宪法国会有权这么做。See 2.2, above.

　　[3]　Act of March 3, 1875, 1, 18 Stat. 470.

　　[4]　See 2.8, below. 对异籍管辖的其他限制在以下注释第 20 – 25 中讨论。

　　[5]　9 U. S. (5 Cranch) 61, 3 L. Ed. 38 (1809).

点，异籍管辖所要克服的不是州与州之间的排斥，而是社会各阶层之间的敌视。[6]

在激烈程度上，有关异籍管辖设立的动机的争论超过、或者至少相当于现在是否长期保留这一联邦管辖的分歧。[7] 反对者称异籍管辖不合时宜，有损司法效率，且易被滥用，破坏法制统一性。批评者认为，低效来自于异籍管辖的几个副作用。其中，最显而易见的是它增加了联邦法院的工作负担。由于联邦问题管辖案件的急剧上升，联邦法院的审判日程已经饱和。[8] 其次，Erie Railroad Company v. Tompkins 一案[9]判决确定的原则要求联邦法院在异籍诉讼中适用最低联系州* (the forum state) 的实体法，导致了审判异籍案件的联邦管辖权被最小化，以及对联邦法院在这些案件上费时费力的合理性的怀疑。[10]

25　　除了效率低下和浪费资源外，批评者还认为异籍管辖增加了滥用职权和司法不公的可能。[11] 再者，异籍管辖仅仅允许那些偶然与对方当事人不同州籍的公民到最低联系州的联邦法院诉讼，也不公正。[12] 当案件实质上完全相同，一些人可以到联邦法院、而另一些人被迫只能到州法院诉讼时，人们难免要质疑前者的特权是否正当。

---

〔6〕 Frank, Historical Bases of the Federal Judicial System, 13 Law & Contemp. Prob. 3, 22 – 28 (1948); Frankfurter, Distribution of Judicial Power Between United States and State Courts, 13 Cornell L. Q. 499, 521 – 22 (1928); Friendly, The Historic Basis of Diversity Jurisdiction, 41 Harv. L. Rev. 483 (1982).

〔7〕 对争论的参与者们提出的异籍管辖继续存在的利与弊的代表性观点，参见：Justice Frankfurter's concurring opinion in Lumbermen's Mut. Cas. Co. v. Elbert, 348 U. S. 48, 53 – 60, 75 S. Ct. 151, 155 – 58, 99 L. Ed. 59 (1954); Doub, Time for Repevaluation: Shall We Curtail Diversity Jurisdiction?, 44 A. B. A. J. 243 (1958); Frank, For Maintaining Diversity Jurisdiction, 73 Yale L. J. 7 (1963); Moore & Weckstein, Diversity Jurisdiction: Past, Present, and Future, 43 Texas L. Rev. 1 (1964); Parker, Dual Sovereignty and the Federal Courts, 51 Nw. U. L. Rev. 407 (1956); Wechsler, Federal Jurisdiction and the Revision of the Judicial Code, 13 Law & Contemp. Prob. 216, 234 – 40 (1948); Yntema, The Jurisdiction of the Federal Courts in Controversies Between Citizens of Different State, 19 A. B. A. J. 71, 149, 265 (1933).

〔8〕 Frankfurter, Distribution of Judicial Power Between United States and State Courts, 13 Cornell L. Q. 499, 523 (1928). 1960 年到 1980 年，联邦法院异籍管辖案件在收案总数中的比例稳步下降，此后几年相对稳定。1990 年以后又呈下降趋势。在 1997 统计年度，联邦地区法院受案 272 027 件，其中，异籍案件 55 278 件 (20. 3%)。见 Annual Report of the Director of the Administrative Office of the United States Courts, Table C2 (1998).

〔9〕 304 U. S. 64, 58 S. Ct. 817, 82 L. Ed. 1188 (1938). 见第四章对伊利原则的全面讨论。

* 译者注："最低联系州"指一方当事人因居住、经营、拥有不动产、实施侵权行为等合理原因、足以与该州产生最低限度的联系，从而导致该州法院有权管辖。

〔10〕 See Wright, The Federal Courts and the Nature and Quality of State Law, 13 Wayner L. Rev. 317, 321 – 26 (1967). 据说，处理异籍案件的联邦法官已变成了最低联系州法院"口技表演的替身"了。Richardson v. Commissioner of Internal Revenue, 126 F. 2d 562, 567 (2d Cir. 1942) (Frank, J.), cited in Wechsler, Federal Jurisdiction and the Revision of the Judicial Code, 13 Law & Contemp. Prob. 216, 238 – 39 (1948).

〔11〕 利用一定策略技巧处理异籍问题的好处，See 2. 7, below.

〔12〕 当事人在使自己获得这样的权利时可能不择手段。See 2. 7, below.

支持者坚持认为，异籍管辖完全消除了外州当事人对一州法院可能存有偏见的担忧。[13] 此外，他们还指出到联邦法院诉讼的其他优势，包括联邦法官素质一般较高，可以适用《联邦民事诉讼规则》。并且，两个并行的法院系统共同拥有对异籍案件的管辖权，使两者观念得以交流，司法水平得以提高。[14] 最后，以统一商法典为代表的各州采纳统一立法的做法，使联邦法院对商法的解释得以在全国范围内适用，实现了异籍管辖权最初的功能之一。[15]

在完全取消异籍管辖与维护现状两个极端之间，有人、至少其支持者们建议改良，即保留其有效功能，革除其不好的方面。美国法律协会的提议最有意义：无论对方当事人的州籍，禁止最低联系州的公民在本州主张异籍管辖权。[16] 因为最低联系州的居民确实不能指称其所在的州对其有偏见，异籍管辖最根本的理由就不存在。1978 年国会关注这一提议。[17] 1979 年，完全取消异籍管辖的提议也曾被考虑。[18] 虽然20 世纪70 年代晚期国会似乎对废除异籍管辖有过认真的考虑，但现在看来，兴趣已经消退。[19]

在转而讨论异籍管辖立法的适用之前，必须注意的是即使完全具备了异籍管辖的条件，联邦法院也从未在以下两个实体法领域行使管辖权。这就是家庭关系和遗嘱认证。在家庭关系领域，联邦法院确立了不审判涉及婚姻关系的案件的原则。任何一个联邦法院都不会裁决离婚，给予扶养费，或去解决小孩监护纠纷。[20] 理由在于家庭关系只涉及州法和州的利益，联邦法院不应插足。不过，联邦法院根据一个州法院终审离婚判决，有权强制不履行义务的配偶履行义

26

---

〔13〕　See Brown, The Jurisdiction of the Federal Courts Based on Diversity of Cityizenship, 78 U. Pa. L. Rev. 179 (1928); Moore & Weckstein Jurisdiction: Past, Present, and Future, 43 Texas L. Rev. 1, 16 (1964).

〔14〕　Frank, For Maintaining Diversity Jurisdiction, 73 Yale L. J. 7, 11 – 12 (1963).

〔15〕　Wright, The Federal Courts and the Nature and Quality of State Law, 13 Wayne L. Rev. 317 (1967).

〔16〕　American Law Institute, Study of the Division of Jurisdiction Between State and Federal Courts, Official Draft, 99 – 110 (1969). 该研究所的其他改革方案将使公司主张异籍管辖变得更困难，也有利于阻止当事人为了异籍方面的目的而不当利用州籍问题。

〔17〕　S. 2094, 95th Cong., 2d Sess. (1978).

〔18〕　H. R. 130 and 2202, 96th Cong., 1st Sess. (1979).

〔19〕　1983 年，国会议员卡斯特恩梅尔（Kastenmeier）提出了减少异籍管辖的5 个法案，但都不得未通过该委员会。此后几年来偶尔也有类似法案出现。虽然减少的意图肯定仍然存在，但在如何限制异籍管辖问题上仍未见一致的对策提出。

〔20〕　Ohio ex rel. Popovici v. Agler, 280 U. S. 379, 50 S. Ct. 154, 74 L. Ed. 489 (1930); Ex parte Burrus, 136 U. S. 586, 10 S. Ct. 850, 34 L. Ed. 500 (1890); Barber v. Barber. 62 U. S. (21 How.) 582, 16 L. Ed. 226 (1858).

务。[21] 异籍管辖的这一例外受到了一个著名法学家的批评，[22] 但联邦法院并未理会。

遗嘱认证不在异籍管辖之内，乃是基于"当财产被一个有管辖权的法庭实际控制时，此控制不应被另一个法庭的程序所干扰"这一原则。[23] 由于遗产涉及到已在州遗嘱认证法院管辖之下的财产权，一个联邦法院既不能认证遗嘱，也不能任命遗产管理人。[24] 不过，联邦法院可以审判对不动产提出权利请求、以遗嘱管理人、执行人或其他债权人为被告的异籍管辖案件，属于联邦法院一般的衡平法管辖权的范围。只要联邦法院不干涉州遗嘱认证程序，不试图控制州法院监护之下的财产权，它就有权通过对人判决就不同州的公民应得的遗产份额作出裁决。[25]

最后，联邦诉讼标的管辖有限性及其不存在的不利推定导致了一个直接后果：[26] 诉讼各方当事人州籍问题的举证责任在于主张异籍管辖的一方当事人。[27] 各方州籍在诉讼状中就必须予以明确。[28] 一旦异籍管辖被提出异议，举证责任仍然在主张联邦管辖权的一方，[29] 且必须用优势证据加以证明。[30]

决定异籍管辖是否成立的关键时刻就在诉讼启动之初；《联邦民事诉讼规则》规定的时间就是向联邦地区法院提交起诉状之时。[31] 一旦异籍管辖被认可，

27

---

〔21〕 Sutton v. Leib, 342 U. S. 402, 72 S. Ct. 398, 96 L. Ed. 448 (1952); Barber v. Barber, 62 U. S. (21 How.) 582, 16 L. Ed. 226 (1858). The scope of the exception is explored more fully in Note, The Domestic Relations Exception to Diversity Jurisdiction, 83 Colum. L. Rev. 1824 (1983).

〔22〕 See Spindel v. Spindel, 283 F. Supp. 797 (E. D. N. Y. 1968) (Weinstein, J.).

〔23〕 Byers v. McAuley, 149 U. S. 608, 614, 13 S. Ct 906, 908, 37 L. Ed. 867 (1839).

〔24〕 O'Callaghan v. O'Brien, 199 U. S. 89, 25 S. Ct. 727, 50 L. Ed. 101 (1905); Ellis v. Davis, 109 U. S. 485, 3 S. Ct 327, 27 L. Ed. 1006 (1883); In re Broderick's Will, 88 U. S. (21 Wall.) 503, 22 L. Ed. 599 (1874).

〔25〕 Markham v. Allen, 326 U. S. 490, 66 S. Ct. 296, 90 L. Ed. 256 (1946); Waterman v. Canal – Louisiana Bank & Trust Co., 215 U. S. 33, 45, 30 S. Ct. 10, 13, 54 L. Ed. 80 (1909); Lamberg v. Callahan, 455 F. 2d 1213 (2d Cir. 1972).

〔26〕 See 2. 2, above.

〔27〕 Cameron v. Hodges, 127 U. S. 322, 8 S. Ct. 1154, 32 L. Ed. 132 (1888).

〔28〕 虽然诉答时就必须明确提出表明异籍存在的事实，但是如果法院认为还不足以使异籍管辖成立，法院就将审查整个记录，再作出决定。Anderson v. Watt, 138 U. S. 694, 702, 11 S. Ct. 449, 451, 34 L. Ed. 1078 (1891).

〔29〕 Mas v. Perry, 489 F. 2d 1396 (5ᵗʰ Cir. 1974), cert. Denied 419 U. S. 842; Janzen v. Goos, 302 F. 2d 421 (8ᵗʰ Cir. 1962). 有几个合理的前提条件之一成立，就可免除原告的举证责任。例如，一旦住所地确定以后就假定没有改变，在一州居住的证据就是州籍的初步证据，军人的住所地就是其加入军队时的住所地。

〔30〕 Welsh v. American Sur. Co. of New York, 186 F. 2d 1205 (1951). 州籍的含义见2. 6, below.

〔31〕 Fed. Civ. Proc. Rule 3.

一方当事人以后对住所地的质疑也不能推翻。[32] 正如首席大法官马歇尔所说，"一旦决定，它（管辖权）就不可变更。"[33] 这一规则的基本理由在于审判实践需要一个简易而明确的认定标准，以裁断管辖权是否成立。这一规则的另一方面也出自同样的明确而统一的需要：如果异籍在诉讼伊始就不成立，以后发生的事也不能使之成立。[34]

2.6 异籍管辖权——异籍要求的适用

异籍管辖立法概括地将"不同州籍的公民之间"所有民事诉讼的管辖权授予联邦法院，条件是要符合管辖金额的要求。[1] 但是，法院对此所作出的一些至关重要的解释把一些涉及不同州的公民之间的诉讼置于联邦法院之外，从而调整和缩小了异籍管辖的范围。

这些解释中最为重要的是完全异籍规则，这一规则最早被首席大法官马歇尔通过 Strawbrideg v. Curtiss 一案阐明。[2] 斯佐布瑞奇（Strawbridge）案分析了1789 年的《司法法》后指出，当纠纷一方与另一方的任何人同为一州居民时就不存在异籍管辖。在多方诉讼中，只要有一个原告与任何一个被告同一州籍就足以使异籍管辖不能成立。[3] 据报道，大法官马歇尔后来对他对此案的决定懊悔不已。[4] 这一判决也备受指责。[5] 然而，根据第 1332 条的要求，完全异籍管辖要求仍适用于所有异籍管辖诉讼。[6]

异籍管辖的范围还进一步受到重新定位程序的影响。[7] 一个联邦法院对非异籍当事人之间的案件以异籍为由行使管辖（假设联邦法院没有别的管辖理由）

---

〔32〕 Smith v. Sperling, 354 U. S. 91, 77 S. Ct. 1112, 1 L. Ed. 2d 1205 (1957)；Smith v. Potomac Edison Co. , 165 F. Supp. 681 (D. Md. 1958).

〔33〕 Mollan v. Torrance, 22 U. S. (9 Wheat.) 537, 539, 6 L. Ed. 154 (1824).

〔34〕 Slarghter v. Toye Bros. Yellow Cab Co. , 359 F. 2d 954 (5th Cir. 1966)；Lyons v. Weltmer, 174 F. 2d 473 (4th Cir. 1949), cert. Denied 338 U. S. 850.

〔1〕 28 U. S. C. A. 1332 (A) (1). See2. 8, 2. 9, below，讨论管辖金额要求。

〔2〕 7 U. S. (3 Cranch) 267, 2 L. Ed. 435 (1806). 对完全异籍要求进一步的讨论见 13B C. Wright, A. Miller & E. Cooper, Jurisdiction and Related Matters 2d3605.

〔3〕 Soderstrom v. Jungsholm Baking Co. , 189 F. 2d 1008, 1013 – 14 (7th Cir. 1951).

〔4〕 Louisville, C. & C. R. R. Co. v. Letson, 43 U. S. (2 How.) 497, 555, 11 L. Ed. 353 (1844).

〔5〕 See, e. g. , Curried, The Federal Courts and the American Law Institute, 36 U. Chi. L. Rev. 1, 18 – 21 (1968).

〔6〕 完全异籍要求不能适用于根据确定竞合权利诉讼立法的诉讼, 28 U. S. C. A1335. State Farm Fire & Cas. Co. v. Tashire, 386 U. S. 523, 87 S. Ct. 1199, 18 L. Ed. 2d 270 (1967). 对确定竞合权利诉讼管辖权的讨论, see 16. 12. 各种各样的立法对完全异籍规则作出了例外规定。包括补充管辖原则，在一定情况下允许非异籍当事人的合并（See 2. 13, below）；追加当事人管辖的规则，同样允许非异籍当事人的合并（See 2. 14, below）；在许多集团诉讼中，名义上的代表人的州籍决定异籍管辖是否成立的规则（See 16. 4, below）。

〔7〕 See 13 B C. Wright, A. Milldr & E. Cooper, Jurisdiction and Related Matters 2d 3607.

28

是违宪的，法院必须审慎地检查争端的性质，并在必要时给案件当事人重新定位以反映其实际的利益纷争。被重新定位的当事人的州籍将决定所需要的完全异籍是否成立。

决定当事人是否应当被重新定位所适用的是"最后利益"原则，目的在于"不受当事人诉答的局限、根据其在纠纷中的地位重新给他们定位"。[8] 在当事人利益多元、复杂和部分交错时，重新定位就很困难。[9] 例如，在 City of Indianapolis v. Chase National Bank 案中，[10] 原告（银行和抵押合同的第三债务人）起诉该市及其出押人煤气公司。煤气公司因抵押对原告欠有共同债务，同时也与原告一样享有共同债权，获得该市保证煤气公司过去的客户履行义务的承诺。这些义务包括将应向公司支付的利息基于抵押而支付给原告。在此复杂关系之下，由大法官法兰克福特执笔的联邦最高法院多数意见认定，煤气公司应当被确定为一个原告，因为它和原来的原告在该市的责任问题上有共同的利益。但是有四位大法官认为，如果原来的原告胜诉，煤气公司将为超过 100 万美元的利息支付承担责任，原告和煤气公司立场是对立的。[11]

由于州籍是决定异籍管辖是否成立的关键，所以理解立法对自然人与公司州籍的规定至关重要。对合众国公民而言，因异籍管辖而在联邦法院起诉或被起诉，必须满足联邦法院所要求的两个基本条件。第一，该当事人必须在一州定

---

[8] City of Dawson v. Columbia Ave. Sav. Fund, Safe Deposit, Title & Trust Co., 197 U. S. 178, 180, 25 S. Ct. 420, 421, 49 L. Ed. 713 (1905) (Holmes, J.). 在此案中，受押人起诉强制履行其出押人（一家水厂）与该市之间的合同。原告是宾夕法尼亚州的公司，该市与水厂在佐治亚州。显然，最高法院认为出押人应被调整为原告，因为它与其受押人之间"没有任何利益区别与冲突"。另见 Lee v. Lehigh Valley Coal Co., 267 U. S. 542, 45 S. Ct. 385, 69 L. Ed. 782 (1925) (为了保持完全异籍，在以承租人为被告的诉讼中，对房地产有一半利益的所有人必须与别的所有人一起作为原告，不能作为被告)。

[9] 股东代位诉讼中调整所遇到的特别问题，See 16.9, below.

[10] 314 U. S. 63, 62 S. Ct. 15, 86 L. Ed. 47 (1941).

[11] 因为重新定位引起取消异籍的后果，大法官法兰克福特（Frankfurter）的动机可能部分地源于他对异籍管辖的反对立场。见 Frankurter, Distribution of Judicial Power Between United States and State Courts, 13 Cornell L. Q. 499 (1928). See also Justice Frankfurter's concurring opinion in Lumbermen's Mut. Cas. Co. v. Elbert, 348 U. S. 48, 53 - 60, 75 S. Ct. 151, 155 - 58, 99 L. Ed. 59 (1954).

居。[12] 自然人的州籍被视为个人的住所地之所在。[13] 第二，必须是美国公民。[14] 两者必须同时满足。如果一个人定居在一个州却不是美国公民，就不能主张异籍管辖；[15] 一个美国公民没有在任何一州定居，也不能满足制定法所规定的异籍条件。[16]

住所地被定义为事实上的定居地，目的在于将居住地视为无限期的居家所在。[17] 两个因素应当同时具备。仅仅在某一州居住这一事实，虽然通常为住所地就在该州提供了初步证据，但还不足构成住所地；同样，表达了迁移的愿望但并未实际迁移，也并不足以表明住所地发生了变化。[18] 换言之，住所地有物理的和心理的两个要素，即一个人不仅在此有个真实固定的家和主要的住宅，而且，当她不在时，她想要回来居住。因此，即使一个人可以拥有多个可居之处（例如季节性的住宅）或涉及不同的事务，但在任何时间通常却只有一个住所地。[19] 进而言之，除非而且只有在得到一个新的住所地的情况下，一个住所地一旦成立就会一直持续下去。[20] 法律上的后果是，现有住所地已成为假定的事实，如果当事人主张住所地发生了变化，则必须举证推翻这一事实。[21]

因为住所地的检验标准包括"意欲保持"这一要素，针对市民身份的争执和怀疑的解决之道可能变得十分复杂。其中涉及多方面的证据要求，且没有一个

---

〔12〕 Gibert v. David, 235 U. S. 561, 35 S. Ct. 164, 59 L. Ed. 360 (1915)；Janzen v. Goos, 302 F. 2d 421 (8th Cir. 1962). 对第一个《司法法》(Judiciary Act) 的早期解释中，"州"被狭义地解释，将哥伦比亚特区和美国属地的居民排除在外。见 Corporation of New Orleans v. Winter, 14 U. S. (1 Wheat.) 91, 4 L. Ed. 44 (1816)；Hepburn & Dundas v. Ellzey, 6 U. S. (2 Cranch) 445, 2 L. Ed. 332 (1805). 在1940年，国会通过了一个立法，将管辖明确扩展适用于那些当事人：Act of April 20, 1940, 54 Stat. 143, presently codified in 28 U. S. C. A1332 (d). 这一立法的有效性被法院判决所支持，见 National Mut. Ins. Co. of District of Columbia v. Tidewater Transfer Co., 337 U. S. 582, 69 S. Ct. 1173, 93 L. Ed. 1556 (1949).

〔13〕 Ellis v. Southeast Constr. Co., 260 F. 2d 280 (8th Cir. 1958). See generally 13B C. Wright, A. Miller & E. Cooper, Jurisdiction and Related Matters 2d3611.

〔14〕 Scott v. Sanford, 60 U. S. (19 How.) 393, 15 L. Ed. 691 (1856).

〔15〕 然而，不是美国公民的人可以根据 28 U. S. C. A1332 (a) (2) 主张外国人管辖。见以下注第 34 - 40。

〔16〕 Twentieth Century - Fox Film Corp. v. Taylor, 239 F. Supp. 913 (S. D. N. Y. 1965).

〔17〕 Gilber v. David, 235 U. S. 561, 35 S. Ct. 164, 59 L. Ed. 360 (1915)；Stine v. Moore, 213 F. 2d 446 (5th Cir. 1954).

〔18〕 Krasnov v. Dinan, 465 F. 2d 1298 (3d Cir. 1972). See also Steigleder v. McQuesten, 198 U. S. 141, 25 S. Ct 616, 49 L. Ed. 986 (1905)；Hendry v. Masonite Corp., 455 F. 2d 955 (5th Cir. 1972), cert. denied 409 U. S. 1023.

〔19〕 Williamson v. Osenton, 232 U. S. 619, 34 S. Ct. 442, 58 L. Ed. 758 (1914). 有许多原则规范州籍问题以确定异籍管辖是否成立。大法官霍尔姆斯的判决意见是对这些原则的简明概括。

〔20〕 Mitchell v. U. S., 88 U. S. (21 Wall.) 350, 22 L. Ed. 584 (1875).

〔21〕 Janzen v. Goos, 302 F. 2d 421 (8th Cir. 1962)；Maple Island Farm, Inc. v. Bitterling, 196 F. 2d 55 (8th Cir. 1952), cert. denied 344 U. S. 832.

方面必定可以控制。这些方面可能包括：现在所住之处；投票或自动登记之处；动产与不动产或其他经济利益所在地，例如经营所得所在地；交易股票或银行账户所在地；工作所在地；当事人为成员之一的工会、教堂、俱乐部或其他协会所在地；参与市政公共事务所在地；有时，还有本人对其住所地的声明。[22]

另外，还有针对不同分类的个人适用的特殊规则，每一规则都体现了从法律和事实两方面来确定住所地的基本原则之间的折中。因为历史上对丈夫和妻子法律确认的原因，丈夫的住所地就被认定为其妻子的住所地，即使他们事实上已经分居。[23] 当然，这一规则在那些婚姻关系破裂的案件中已被大大弱化。[24] 甚至，还有迹象表明，对待婚姻和其他社会模型的态度的变化正进一步侵蚀着这一规则。[25] 普通法认为未成年人没有独立的法律地位，其住所地就是供养他们的父母所住所地。[26] 因此，到外州求学的学生一般被视为仍然保留其学前的住所地，通常也就是其家庭所在地。当然，基于法律或年龄原因，他们在学校所在地可以获得一个住所地。[27]

因为住所地的确定必须包括有本人无限期居住的意愿在内，所以被强迫的或其他任何不情愿的改变都将不予考虑。法律后果之一就是军事人员[28]或囚犯[29]的住所地传统上被认为是他们从军或被关进监狱之前的所在。此外，被判无法律行为能力者的住所地被推定为被判无行为能力前的最后一个住所地，也不管他们后来是否迁移。[30]

当代理人为他人利益或死者遗产而提起诉讼时，有趣的问题就出现了。由于多种原因，长期以来的规定是：只在名义上或形式上为当事人、但在诉讼中无利

---

〔22〕 13B C. Wright, A. Miller & E. Cooper, Jurisdiction and Related Matters 2d3612, at 530 – 33. See generally Note, Evidentiary Factors in the Determination of Domicile, 61 Harv. L. Rev. 1232 (1948).

〔23〕 Anderson v. Watt, 138 U. S. 694, 11 S. Ct. 449, 34 L. Ed. 1078 (1891).

〔24〕 Williamson v. Osenton, 232 U. S. 619, 34 S. Ct. 442, 58 L. Ed. 758 (1914); Gallagher v. Philadelphia Transp. Co., 185 F. 2d 543 (3d Cir. 1950).

〔25〕 See Napletana v. Hillsdale College, 385 F. 2d 871 (6ᵗʰ Cir. 1967) (在俄亥俄州有工作、其丈夫在密歇根州工作的妇女在异籍管辖问题上被视为俄亥俄州居民); Taylor v. Milam, 89 F. Supp. 880 (W. D. Ark. 1950).

〔26〕 Delaware, L. & W. Ry. Co. v. Petrowsky, 250 Fed. 554 (2d Cir. 1918), cert. denied 247 U. S. 508.

〔27〕 Mallon v. Lutz, 217 F. Supp. 454 (E. D. Mich. 1963).

〔28〕 Ellis v. Southeast Constr. Co., 260 F. 2d 280 (8ᵗʰ Cir. 1958); Bowman v. Dubose, 267 F. Supp. 312 (D. S. C. 1967).

〔29〕 White v. Fawcett Publications, 324 F. Supp. 403 (W. D. Mo. 1970). But see Stifel v. Hopkins, 477 F. 2d 1116 (6ᵗʰ Cir. 1973), noted in 20 Wayne L. Rev. 1177 (1974). Stifel 一案的判决意见是对本节所讨论的大多数原则的十分有趣的概括和重新评估。

〔30〕 Foster v. Carlin, 200 F. 2d 943 (4ᵗʰ Cir. 1952). 否定个人住所地有所变化的推定是可推翻的。

益者，法院不为异籍管辖问题考虑其州籍。[31] 但在代理人对诉讼所涉事务拥有实际控制权的时候，则是另一回事。例如，在受托人代表受益人的诉讼中，是受托人的住所地而不是受益人的住所地决定管辖。[32] 不过，这并不适用于遗嘱执行人或遗产管理人因遗产而提起的诉讼。1988 年，美国国会规定，"死者遗产的法定代表人的居民身份只能是死者所在的州。"国会还规定，婴儿或无行为能力人的法定代表人应被视为与婴儿或无行为能力人为同一州的居民。[33] 这些变化目的就是为了减少欺诈、避免过分复杂；不过，它们没有改变其他类型的代理人诉讼。

利用第 1332 条（a）（2），没有美国公民权的人可以获得联邦法院管辖权，该条规定了外国人与美国任何一州公民之间诉讼的管辖权问题。[34] 为了与第 1332 条（a）（1）所规定的不同州的公民之间的管辖相区别，这种管辖通常被称为外国人管辖。[35] 在这种管辖权的规定中，适用于美国公民的居民与住所地的规则与刚才所讨论过的一样：针对外国人提起诉讼的必须是美国公民，且住所地在美国任一州内。只有当一个人根据一个外国法律是该外国的公民或臣民时，他或她才能依据外国人管辖权，可在美国联邦法院提起诉讼或被起诉。[36] 因此，由于既无跨州居民管辖权、也无跨国公民管辖权上的依据，无国籍人不能在联邦法院起诉或被诉。[37]

1988 年，第 1332 条（a）被修改，规定"一个被美国承认有永久居留权的外国人应被视为其拥有住所地的州的居民"，这在一定程度上限制外国人管辖权。[38] 在这一修正案通过之前，有美国永久居留权并在密执安州有住所的外国人可以根据外国人管辖在联邦法院提起以住所地在密执安州的美国公民的诉讼，然而，根据修改后的法律，在同样的情形下，这个外国人不可再援引联邦管辖规

---

〔31〕 Salem Trust Co. v. Manufacturers' Finance Co. , 264 U. S. 182, 44 S. Ct 266, 68 L. Ed. 628 (1924)；Walden v. Skinner, 101 U. S. (11 Otto) 577, 25 L. Ed. 963 (1880).

〔32〕 Mexican Cent. Ry. Co. v. Eckman, 187 U. S. 429, 23 S. Ct. 211, 47 L. Ed. 245 (1903)；Janzen v. Goos, 302 F. 2d 421 (8th Cir. 1962). 代理人的委托导致管辖的成立或消灭, See 2. 7, below.

〔33〕 28 U. S. C. A. 1332 (c) (2).

〔34〕 自 Mossman v. Higginsong (4 U. S. (4 Dall.) 12, 1 L. Ed. 720 (1800)) 案以后，最高法院一直拒绝受理外国人之间的案件，一是以宪法没有授权其对这些诉讼行使管辖为由，后来又增加了一条理由，即宪法没有授予其这种管辖权。但是，在 1976 年《外国主权豁免法》(Foregin Immunities Act) 中，国会至少是对外国政府间的诉讼做了由联邦法院管辖的规定, 28 U. S. C. A. 1330. 几年后，最高法院认为这一立法是合宪的。Verlinden B. V. v. Central Bank of Nigeria, 461 U. S. 480, 103 S. Ct. 1962, 76 L. Ed. 2d 81 (1983).

〔35〕 See generally 13B C. Wright, A. Miller & E. Cooper, Jurisdiction and Related Matters 2d3604.

〔36〕 13B C. Wright, A. Miller & E. Cooper, Jurisdiction and Related Matters 2d3611, See Murarka v. Bachrack Bros. , Inc. , 215 F. 2d 547 (2d Cir. 1954).

〔37〕 Blair Holdings Corp. v. Rubinstein, 133 F. Supp. 496 (S. D. N. Y. 1955).

〔38〕 28 U. S. C. A. 1332 (a).

定了。另一方面，这一修改允许一个永久居留的外国人援引异籍管辖起诉另一个拥有永久居留权、在另一州有住所地的外国人，或起诉一个没有居留权的外国人。至少从理论上看，这一修改又扩大了异籍管辖的范围。这一修正案的适用将会取消如果双方当事人均是外国人则不存在异籍管辖这一长期适用的规则。[39] 但是，由于《宪法》第 3 条第 2 款并没有授权国会扩大联邦法院对外国人之间争端的管辖权，这一修正案对联邦法院的授权可能构成违宪。所以，尽管此立法用意如此明确，但也许是出于合宪性考虑，迄今还没有法院在上述情形下行使管辖权。[40]

33　　　异籍管辖立法有关公司州籍问题的规定的演变勾画出司法适应社会和经济变化的过程，表现了对异籍管辖价值与范围的重新认识。最初，公司被视为一个"单纯的法人"，不是任何一个州的居民。[41] 公司的诉讼被视为其组成人员（股东）的诉讼，决定是否存在异籍管辖的关键在于所有个人股东的州籍。

　　19 世纪早期，大多数公司规模小，只在某地经营，上述解释没有引起任何问题。但是当公司组织形式和公司性质发生巨变时，公司不是任何一个州的居民的概念往往使公司及其对方当事人被拦在联邦法院大门之外，这令人难以接受。1844 年，联邦最高法院对此作出了反应，宣布一州特许经营的公司在诉讼之时就是该州居民。[42] 9 年后，最高法院又否定了其对公司州籍所做的直接认定，代之以一个推论：一个公司所有股东都是其设立公司所有的州的居民。[43] 当然，

---

　　[39] Hodgson v. Bowerban, 9 U. S. (5 Cranch) 303, 3 L. Ed 108 (1809).

　　[40] 在 Singh v. DaimlerBenz AG, [9 F. 3d 303 (3d Cir. 1993)], 案中，一个外国人在美国获得永久居留权，并在弗吉尼亚州定居。其财产管理人在州法院以一德国汽车公司及其在特拉华和新泽西的分支机构提起产品质量诉讼。诉讼被移送到联邦法院。第三巡回上诉法院认定，此案为一弗吉尼亚居民对新泽西和特拉华的居民的诉讼，并且 1988 年的修正案使国会授予联邦法院在最低异籍情况下行使管辖权继续有效，因此，联邦管辖因存在最低限度的异籍而成立。这也正是本节注 2 所讨论过的、最高法院在 Strawbridge v. Coutis 案所说的国会在 1789 年《司法法》中所未做的。在双方当事人均是外国人的情况下，则不存在最低异籍。首席大法官斯洛维特（Sloviter）写道，"宪法问题在一开始并不能得到明确的解决。一般认为，最高法院在 Hodgson v. Bowerban 案中异籍管辖不能及于外国人之间的诉讼的判决是对《宪法》第 3 条异籍管辖的解释。但是，即使这一普遍观点成立，也并不必然地排除国会以别的宪法性规定为基础授予联邦法院对外国人之间的诉讼行使管辖权。" 9 F. 3d at 312. 一些法院不认同 Singh v. DaimlerBenz AGSingh v. DaimlerBenz AG 案的观点，认为 1988 年的修正案并没有取消完全异籍要求，而是废除了联邦法院对同一州的公民与有永久居留权的外国人之间诉讼的管辖权。See, e. g., Saadeh v. Farouke, 107 F. 3d 52 (D. C. Cir. 1997); Engstrom v. Hornseth, 959 F. Supp. 545 (D. Puerto Rico 1997), Buti v. Impressa Perosa, S. R. L., 935 F. Supp. 458 (S. D. N. Y. 1996), affirmed on other grounds 139 F. 3d 98 (2d Cir. 1998), cert. Denied_ U. S. _ , 119 S. Ct. 73.

　　[41] Bank of U. S. v. Deveaux, 9 U. S. (5 Cranch) 61, 3 L. Ed. 38 (1809).

　　[42] Louisville, Cincinnati, Charleston R. R. Co. v. Letson, 43 U. S. (2 How.) 497, 11 L. Ed. 353 (1844).

　　[43] Marshall v. Baltimore & Ohio R. R. Co., 57 U. S. (16 How.) 314, 14 L. Ed. 953 (1853). 对这一结论性推定的使用的批评，见 McGovney, A Supreme Court Fiction, 56 Harv. L. Rev. 853 (1943).

在许多案件中，这一方法完全只是一个虚拟，但它满足了如何确定公司州籍的需要。这一推论反映的是对异籍管辖权偏向和赞赏的观点，即异籍管辖是一个宝贵的权利，它不应当因为对公司是否能成为公民这一形而上学的怀疑而被剥夺。

随着异籍管辖显著优势的逐渐削弱，司法与立法作出了调整，[44] 但是，公司州籍就使其被许可地的推定保留至今。1958 年增加的第 28 标题第 1332 条（c）带来的变化十分重大，[45] 它规定公司应被视为其成立所在州的居民或其主营业务地所在州的居民。这样，除非其主营业务地就是其成立地，一个公司就有双重州籍。通过扩大解释公司州籍的概念，第 1332 条（c）就限制了异籍管辖的范围[46]并在一定程度上减轻了联邦法院的工作负担。这一联邦立法还纠正了两种滥用权利的行为。一个完全地方性的公司仅仅为了税务等目的而在另一个州成立的事实，不再能够成为该公司主张异籍管辖的理由了。[47] 相反，在外国注册、主要经营地方性业务的公司只能受州法院管辖，不能到联邦法院诉讼。[48] 结果，与公司关系最为密切的州的居民相比，因公司经营而产生的案件更可能在州法院审判。[49]

因为许多企业四处经营，第 1332 条（c）明确要求每个公司都必须、而且只能有一个主营业务地，[50] 如何认定十分困难。[51] 联邦法院对此形成了三个标准。一是"公司神经中枢"，即看公司决策所在地，公司设计与行政功能所在地。[52] 二是"公司肌肉组织"标准，以此确认公司主营业务、即其主要的产品与服务活动发生地，通常就是公司主要财产所在地。[53] 最近发展起来并且日趋

---

〔44〕 Doub, Time for Re‑evaluation: Shall We Curtail Diversity Jurisdiction?, 44 A. B. A. J. 243, 279 –84 (1958); Warren, Corporations and Diversity of Citizenship, 19 Va. L. Rev. 661 (1933).

〔45〕 28 U. S. C. A. 1332 (c), as amended by Act of July 25, 1958, 2, 72 Stat. 415.

〔46〕 例如，如果一公司在新泽西成立，主营业务地在纽约，而对方又是新泽西或纽约居民，异籍就不成立，它就不能在联邦法院起诉或被诉。

〔47〕 Riley v. Gulf, Mobile & Ohio R. R. Co., 173 F. Supp. 416 (S. D. Ⅲ. 1959).

〔48〕 第 1332 节第 3 条规定，双重州籍的公司要适用规定诉讼从州法院向联邦法院移送的 28 U. S. C. A. 1442.

〔49〕 1958 年修正案所带来的影响，见 Friedenthal, New Limitations on Federal Jurisdiction, 11 Stan. L. Rev. 213 (1959); Moore & Weckstein, Corporations and Diversity of Citizenship Jurisdiction: A Supreme Court Fiction Re‑visited, 77 Harv. L. Rev. 1426 (1964).

〔50〕 Egan v. American Airlines, Inc., 324 F. 2D 565 (2d Cir. 1963); Campbell v. Associated Press, 223 F. Supp. 151 (E. D. Pa. 1963).

〔51〕 See generally 13B C. Wright, A Miller & E. Cooper, Jurisdiction and Related Matters 2d3625; Note, A Corporation's Principal Place of Business for Federal Diversity Jurisdiction, 38 N. Y. U. L. Rev. 148 (1963).

〔52〕 Scot Typewriter Co. v. Underwood Corp., 170 F. Supp. 862 (S. D. N. Y. 1959) 该案是这一方法的指导性案例，以"神经中枢"标准著称。See also J. A. Olson Co. v. City of Winona, 818 F. 2d 401 (5ᵗʰ Cir. 1987)（"全部活动"标准）。

〔53〕 Kellyt v. U. S. Steel Corp., 284 F. 2d 850 (3d Cir. 1960).

35   通行的标准是"公司活动"标准。这一标准是另两个标准的综合，要考虑所有
与公司业务相关的细节以决定什么是其主要营业地。[54] 在这些案件中形成一个
以生产与服务的主要场所为主的模式；只有当公司经营活动相对分散在几个州
时，公司总部才起决定性作用。[55]

   另一令人不快的问题是公司在不止一个州设立：从异籍问题的角度看，该公
司是所有成立地所在州的居民？如果不是，它是哪一个州的？法院对此难题的解
决办法十分混乱，甚至自相矛盾，[56] 但自从 Chicago & N. W. Railway Company
v. Whitton's Administrator 一案判决以后，[57] 这些解决办法就使一种或另一种所
谓"诉讼地原则"成为必要。这一原则要求，如果一个公司到其一个成立地所
在州的联邦法院诉讼，那么，决定是否存在异籍管辖时，它就被视为该州居民。
这样，如果公司在该州成立而对方当事人不是该州居民，公司则可在该州联邦法
院起诉或被起诉；即使对方当事人事实上是另一州的居民而公司也在那一个州成
立，也不影响异籍管辖。[58] 诉讼地原则与 Strawbrige v. Curtiss 案所要求的完全
异籍要求并不一致，[59] 它在许多方面[60] 反映出人们对现有解决办法的普遍
不满。

36   另一个问题是外国公司。一个外国公司传统上被单纯地视为成立地所在国的

---

〔54〕 White v. Halstead Indus., Inc., 750 F. Supp. 395 (E. D. Ark. 1990). See 13B C. Wright, A.
Miller & E. Cooper, Jurisdiction and Related Matters 2d3625.

〔55〕 See United Nuclear Corp. v. Moki Oil & Rare Mertals Co., 364 F. 2d 568 (10th Cir. 1966), cert.
Denied 385 U. S. 960; Fellers v. Atchison, Topeka & Santa Fe Ry. Co., 330 F. Supp. 405 (N. D. Cal.
1970); Mahoney v. Northwestern Bell Tel. Co., 258 F. Supp. 500 (D. Neb. 1966), affirmed per curiam 377
F. 2d 549 (8th Cir. 1967).

〔56〕 See 13B C. Wright, A. Miller & E. Cooper, Jurisdiction and Related Matters 2d3626; Friedenthal,
New Limits on Federal Jurisdiction, 11 Stan. L. Rev. 213, 225 – 41 (1959); Weckstein, Multi – state Corpo-
rations and Diversity of Citizenship: A Field Day for Fictions, 31 Tenn. L. Rev. 195 (1964); Comment, Cor-
porate Diversity of Citizenship Under 28 U. S. C. 1332 (c), 26 Baylor L. Rev. 211 (1974); Note, Citizen-
ship of Multi – State Corporations for Diversity Jurisdiction Purposes, 48 Iowa L. Rev. 410 (1963).

〔57〕 80 U. S. (13 Wall.) 270, 20 L. Ed. 571 (1871).

〔58〕 Jacobson v. New York, New Haven & Hartford R. R. Co., 347 U. S. 909, 74 S. Ct. 474, 98 L.
Ed. 1067 (1954) (per curiam); Lake Shore & M. S. Ry. Co. v. Eder, 174 Fed. 944 (6th Cir. 1909);
Hudak v. Port Authority Trans – Hudson Corp., 238 F. Supp. 790 (S. D. N. Y. 1965). But compare Lang v.
Colonial Pipeline Co., 266 F. Supp. 552 (E. D. Pa. 1967), Affirmed per curiam 383 F. 2d 986 (3d Cir.
1967); Dodrill v. New York Cent. R. R. Co., 253 F. Supp. 564 (S. D. Ohio 1966); Evans – Hailey Co.
v. Crane Co., 207 F. Supp. 193 (M. D. Tenn. 1962), appeal dismissed 382 U. S. 801.

〔59〕 7 U. S. (3 Cranch) 267, 2 L. Ed. 435 (1806). 见以上注2。

〔60〕 See, e. g., Patch v. Wabash R. R. Co., 207 U. S. 277, 28 S. Ct. 80, 52 L. Ed. 204
(1907) (在几个州成立的公司，被视为诉讼原因发生所在的那个州的居民); Louisville, N. A. & C. Ry.
Co. v. Louisville Trust Co., 174 U. S. 552, 19 S. Ct. 817, 43 L. Ed. 1081 (1899) (公司在几个州成立，
其州籍被视为最早设立公司的州); See also the catalogue of variations on the forum doctrine in Gavin v. Hudson
& Manhattan R. R. Co., 185 F. 2D 104 (3d Cir. 1950) and in the articles cited in note 56, above.

居民。[61] 多数联邦法院认为，因为 1958 年立法已经被广泛地理解为没有触动"诉讼地原则"，所以第 1332 条（c）不适用于那条规则。由此，以主营业务地确定籍贯的标准不适用于外国公司；只有外国公司的成立地所在国才与异籍管辖有关。[62]

1964 年异籍立法修正案[63]针对责任保险公司的直接诉讼进一步限制了异籍管辖。[64] 修正案规定，如果被保险人不是共同被告的一方，作为被告的保险公司"应被视为被保险人所在州的居民，或其他保险公司成立地所在州和其主营业务所在州。"这是针对异籍管辖泛滥而增加的规定。路易斯安娜州立法允许侵权诉讼原告从侵权行为人的保险公司直接寻求救济。由于保险公司通常不是在该州成立、在该州也没有主营业务地，原告可以基于异籍管辖而到联邦法院诉讼。这就让他们规避了路易斯安娜州程序法，因为根据该程序，州上诉法院对陪审团裁决有着比联邦法院系统更大的审查余地。后果使对法院的选择如同对商品的选购，事实上所有路易斯安娜州的个人损害诉讼都在联邦法院审判。至少，当一个受害方当事人与侵权人不是同一方当事人时，修正后的第 1332 条（c）使保险公司至少成为三个州的居民。[65] 这样法院就必须考虑特定的被保险人居住地，以及保险公司成立地和主营业务地所在地。

最后，非法人团体作为当事人也会引起一些异籍管辖问题。与对待公司法人的态度不同，非法人团体成员的州籍一直不得预设任何推定。第一次表明这一态度的是 Chapman v. Barney 案，[66] 联邦最高法院认为，当记录未能表明一个股份公司所有股东的州籍时，该公司不能以纽约州居民身份到联邦法院起诉。这一原则被适用于工会、[67] 合伙、[68] 宗教或慈善组织。[69] 在所有这些案件中，如果这些组织有一个成员与对方当事人州籍相同，完全异籍的要求[70]就未能得到满足。

37

---

[61] National S. S. Co. v. Tugman, 106 U. S. 118, 1 S. Ct. 58, 27 L. Ed 87 (1882).

[62] Eisenberg v. Commercial Union Assurance Co. , 189 F. Supp. 500 (S. D. N. Y. 1960).

[63] 28 U. S. C. A. 1332 (c), as amended by Act of August 14, 1964, Pub. L. 88–439, 78 Stat. 445.

[64] 直接诉讼被限制在受害人直接起诉保险公司（有时加上投保的侵权人，有时省略了该侵权人）的案件范围内。

[65] 界定"直接诉讼"、"责任保险公司"的含义和范围所遇到的问题，见 13B C. Wright, A. Miller & E. Cooper, Jurisdiction and Related Matters 2d3629.

[66] 129 U. S. 677, 682, 9 S. Ct. 426, 428, 32 L. Ed. 800 (1889).

[67] United Steelworkers of America, AFL–CIL v. R. H. Bouligny, Inc. , 382 U. S. 145, 86 S. Ct. 272, 15 L. Ed. 2d 217 (1965).

[68] Great Southern Fire Proof Hotel Co. v. Jones, 177 U. S. 449, 20 S. Ct. 690, 44 L. Ed. 842 (1900).

[69] Lawson v. United House of Prayer, 252 F. Supp. 52 (E. D. Pa. 1966).

[70] 见以上注 2。

联邦最高法院一度似乎倾向于改变这一做法，并且采取了一种更灵活的标准，考虑一个特定的非法人团体基本属性及其是否拥有独有的法律人格，在异籍管辖问题上足以得到与法人公司一样的对待。[71] 但是，在 United Steelworkers of American AFL‑CIO v. R. H. Bouligny, Inc. 案的判决中，[72] 最高法院再次确认法人公司与非法人团体在异籍问题上的重大区分。在宝里格利（Bouligny）案中，工会在北卡罗来纳小镇因诽谤一个有组织的兜风聚会（an organizing drive）而被起诉。上述区分不适用于该案的理由非常充分：不仅就工会和其他团体往往"在实际的功能与结构上区别于法人公司"的抗辩，[73] 还存在着工会受到州法院偏见的显而易见的可能—而这正是传统上联邦异籍管辖成立的根本理由。不过，联邦最高法院认为，只有国会才能更改异籍管辖的原则或扩大其适用范围。[74]

几年前，联邦最高法院再度宣告这一立场。在 Carden v. Arkoma Associates 一案的判决中，[75] 最高法院认为有限合伙与公司不一样，不是一个法律意义上的人。无论有限合伙还是一般合伙，所有合伙人的州籍都应当考虑。最高法院多数意见重申：遵从国会对非法人团体州籍问题的决定权。卡顿（Carden）案的判决意味着法院将按照非法人团体而不是法人公司来对待所有其他形式的商业实体。

2.7 异籍管辖权——异籍的产生和消除办法

有许多有效而适当的策略性的理由使当事人选择联邦法院而不是州法院，反之亦然。对联邦与州法院都有管辖权的某些案件，律师们经常面临选择。但是，如果一方当事人的选择不是出于正当合法的理由、或者企图避免对方请求移送联邦管辖时，操纵或滥用就会随之而来。要人为地设立或消除异籍管辖，当事人就要跨越法律所允许的策略与被称为"法律诈欺"的行为之间的界线。[1] 捏造异籍是对联邦法院有限管辖这一基本原则的严重破坏。[2] 人为的消除异籍则剥夺

38

---

〔71〕 People of Puerto Rico v. Russell & Co., 288 U. S. 476, 53 S. Ct. 447, 77 L. Ed. 903 (1933). See also Mason v. American Express Co., 334 F. 2d 392 (2d Cir. 1964).

〔72〕 382 U. S. 145, 86 S. Ct. 272, 15 L. Ed. 2d 217 (1965).

〔73〕 382 U. S. at 149, 86 S. Ct. at 274.

〔74〕 虽然宝里格利（Bouligny）案的后果限制了涉及非法人团体在联邦法院被起诉的案件数量，但大多数涉及工会的纠纷都会提出联邦问题，所以，其不能主张异籍管辖通常意义不大。同时，这一限制也能通过援引《联邦民事诉讼规则》第23条第2款对集团诉讼的授权而加以规避，因为在决定那些案件中异籍是否成立时，只考虑代表人。Tunstall v. Brotherhood of Locomotive Firemen & Enginemen, 148 F. 2d 403 (4th Cir. 1945). See generally 7C C. Wright, A. Miller & M. Kane, Civil 2d1861, for a discussion of action using Rule 23. 2.

〔75〕 494 U. S. 185, 110 S. Ct. 1015, 108 L. Ed. 2d 157 (1990).

〔1〕 Morris v. Gilmer, 129 U. S. 315, 9 S. Ct. 289, 32 L. Ed. 690.

〔2〕 See 2. 2, above.

了对方当事人到联邦法院诉讼的权利。

有些用以产生异籍的手段简单明了，联邦法院的反应也直截了当。例如，捏造异籍最粗劣的方法就是以一个异籍当事人名义起诉。然而，联邦法院一直遵守着诉讼只能由利害关系人提起，[3] 且其州籍才是决定异籍管辖权是否存在的决定性因素的原则。[4] 如果在案件当事人仅仅是形式或名义上的、而真正的有利害关系的当事人与其对方为同一州公民，联邦法院就没有管辖权。捏造异籍的简单方法就是原告在其起诉状中列出其利益相对方，使异籍管辖理由充分。但是，正如已经指出的那样，一个联邦法院并不会受原告正式列出了当事人的起诉状的约束；如果必要，法院将给当事人重新定位以便找出那些在受判决结果影响其利益的当事人。[5] 最后，如果一位当事人是必须参加共同诉讼、且为非异籍的，原告不得随意将其漏掉以规避立法的要求。[6] 其他捏造或消除异籍的方法已经给法院带来更大的麻烦，法院对此的态度在以后详细讨论。

对捏造异籍的主要遏制手段来自于反对共谋串通的法律规定，即第 28 标题第 1359 条，[7] 规定"对任何当事人被不当胁迫、或共谋以主张该法院管辖的案件，联邦地区法院不得受理"。虽然法院最初在适用 1359 条以反对共谋管辖时并不坚定，[8] 然而，后来就倾向于积极利用这一法律以限制那些在以后的诉讼程序中才提出异籍管辖的案件。[9] 从一些判决可以看出，为了决定是否应当适用反对共谋的法律规定，代理人的指定、约定或住所地的变更都被法院严加审查。

相对而言，决定一个陈述是否共谋的标准很直接。[10] 如果受让人仅仅是名义上的当事人，而让与人才与诉讼有实在的实体利益，法院可能会发现这一让与

---

〔3〕 This requirement is embodied in Fed. Civ. Rule 17（a）. For a discussion of Rule 17（a），see6. 3，below，and 6A C. Wright，A. Miller & M. Kane，Civil 2d1541 – 58.

〔4〕 See 6A C. Wright，A. Miller & M. Kane，Civil 2d1556.

〔5〕 See 2. 6，above.

〔6〕 This is mandated by Fed. Civ. Proc. Rule19. 对第 19 条和必不可少的当事人的概念的讨论，See 6. 5.

〔7〕 国会反对滥用异籍的第一次努力就是针对串通起来通过诉讼转让动产，见 Act of Sept. 24，1789，c. 20，11，1 Stat. 73，79. 1975 年的立法允许法院驳回"不当或串通地捏造或合并当事人"的案件，见 Act of March 3，1875，c. 137，5，18 Stat. 470，472，codified as 28 U. S. C. A 80. 这两个立法在 1948 年合并为现在的反串通法（the anti – collusion statute）.

〔8〕 See，e. g.，Corabi v. Auto Racing，Inc. 264 F. 2d 784（3d Cir. 1959）.

〔9〕 See，e. g.，Bishop v. Hendricks，495 F. 2d 289（4th Cir. 1974），cert. Denied 419 U. S. 1056；Rogers v. Bates，k 431 F. 2d 16（8th Cir. 1970）. See also Comment，Manufactured Federal Diversity Jurisdiction and Section 1359，69 Colum. L. Rev. 706（1969）.

〔10〕 See 14 C. Wright，A. Miller & E. Cooper，Jurisdiction and Related Matters 3d3639；Comment，Assignments and Transfers Affecting Federal Diversity Jurisdiction，47 Wash. L. Rev. 681（1972）.

是共谋的。[11] 要考虑的另一因素是受让人在受让之前是否有独立的利益或诉权；如果是，法院很可能对此起诉有管辖权。[12] 虽然并非决定性的、但也与此相关的是让予人是否通过诉讼费用的控制、对受让人行为的控制等要求诉讼。[13] 正如联邦最高法院已经指出的那样，当受让人仅仅充当着让与人的收款者时，当事人主张的让与很可能被认定为共谋，并被判无效以否定其异籍管辖主张。[14]

40   另一个捏造异籍的常见方法就是纯粹为了到联邦法院诉讼，委托外州代理人代表与被告同属一州的原告提起诉讼。[15] 传统的规则是为异籍管辖而委托的代理人的州籍、[16] 委托代理人的目标动机均与管辖无关。[17] 虽然有充分的理由不对委托动机进行可能既困难又费时的调查，但是，简单地认可委托的实际做法将会引起不断的麻烦。

最初，法院不愿意使用第 1359 条去取消这一实际做法，在很大程度上，因为第三巡回法院判决[18] 给法律中"共谋"一词以狭义的解释，而无视避免不正当地主张联邦管辖的立法所有的广义的立法目的。经由 McSparran v. Weist 一案，[19] 第三巡回法院推翻了自己的早期判决，并且认为：如果为了实现其设立异籍管辖的目的，非同一州居民为未成年人担任监护人的，联邦法院依据第 1359 条应当拒绝行使管辖权。在 McSparran（迈克斯潘恩）案中，法院区别了两种委托，一是委托真正的财产信托人，以依法履行其较大职责进行诉讼，另一种是仅仅为异籍目的委托虚假的财产信托人。

---

〔11〕 Little v. Giles, 118 U. S. 596, 7 S. Ct 32, 30 L. Ed. 269（1886）；Farmington Village Corp. v. Pillsbury, 114 U. S. 138, 5 S. Ct. 807, 29 L. Ed. 114（1885）.

〔12〕 Wheeler v. City & County of Denver, 229 U. S. 342, 33 S. Ct. 842, 57 L. Ed. 1219（1913）.

〔13〕 Cashman v. Amador & Sacramento Canal Co. , 118 U. S. 58, 6 S. Ct 926, 30 L. Ed. 72（1886）. Cf. Wheeler v. City & County of Denver, 229 U. S. 342, 33 S. Ct. 842, 57 L. Ed. 1219（1913）.

〔14〕 Kramer v. Caribbean Mills, Inc. , 394 U. S. 823, 89 S. Ct. 1487, 23 L. Ed. 2d 9（1969）.

〔15〕 See 14 C. Wright, A. Miller & E. Cooper, Juridiction and Related Matters 3d 3640；Comment, Appointment of Nonresident Administrator to Create Diversity Jurisdiction, 73 Yale L. J. 873（1964）.

〔16〕 这条规则的一个例外是诉讼中，决定异籍是否存在时不考虑监护人的州籍。

〔17〕 Lang v. Elm City Constr. Co. , 324 F. 2d 235（2d Cir. 1963）；Janzen v. Goos, 302 F. 2d 421（8th Cir. 1962）；Corabi v. Auto Racing, Inc. , 264 F. 2d 784（3d Cir. 1959）.

〔18〕 Corabi v. Auto Racing, Inc. , 264 F. 2d 784（3d Cir. 1959）. But see Caribbean Mills. Inc. v. Kramer, 392 F. 2d 387（5th Cir. 1968）, affirmed 394 U. S. 823, 89 S. Ct. 1487, 23 L. Ed. 2d 9（1969）.

〔19〕 402 F. 2d 867（3d Cir. 1968）, cert. denied 395 U. S. 903, NOTED IN 69 Colum. L. Rev. 706（1969）, 44 N. Y. U. L. Rev. 212（1969）, 44 Notre Dame Law. 643（1969）, 47 Texas L. Rev. 1233（1969）.

迈克斯潘恩一案判决所使用的方法为一些联邦法院所追随。[20] 采用这一方法的法官考虑了诸如委托原因、诉讼性质、代理人及其与被代理人的关系、代理权限范围、可能被视为对相关利益来说更"自然"的代理人的非异籍人士的存在等等因素。[21] 此外，正如在以前所讨论过的那样，通过为婴儿委托代理人的办法捏造异籍所带来的问题，以及其他的代理中出现的问题，最终由国会通过修改异籍立法而解决，修正案要求异籍标准取决于被代理人而非代理人的州籍。

或许，设计异籍最直接的办法莫过于起诉前、潜在的当事人从潜在被告所在州移居他处。为了使居所的变更有效地导致住所地以及州籍的变更，当事人必须有在新的地方定居的明确意思。[22] 当一个自然人确有变更其住所地的意愿时，即使此变更的意愿中包含有异籍管辖的愿望，法院通常不会质疑其变更动机。[23] 然而，如果移居的当事人将无限期地居住在新地方居住得不到证据的支持，州籍的变化是无效的，起诉会因缺乏异籍管辖而被驳回。[24]

法人在一州解散而到另一州重新成立，与自然人移居、伪装改变州籍相类似。[25] 因为解散与重新成立仅仅需要纸张的传递，所以公司以此方法设计异籍是极其容易的。1958 年第 28 标题第 1332 条（c）的修正案有助于制止这种让公司既有主营业务地又有成立地州籍的做法。[26]

上述有关设计异籍管辖的方法也同样适用于消除异籍、使案件在州法院审判。然而，在产生与消除异籍之间，有两个重大区别。第一，禁止共谋的有关法

---

〔20〕 Bishop v. Hendricks, 495 F. 2D 289 (4th Cir. 1974), cert. Denied 419 U. S. 1056; Kenebrew v. Columbia Land & Timber Co. , 454 F. 2d 1146 (5th Cir. 1972); Groh v. Broods, 421 F. 2d 1030 (2d Cir. 1969). See also Ferrara v. Philadelphia Labs. , Inc. , 272 F. Supp. 1000 (D. Vt. 1967), affirmed per curiam 393 F. 2d 934 (2d Cir. 1968), an excellent district court opinion that foreshadowed the reasoning of McSparran. Compare Miller v. Perry, 456 F. 2d 63 (4th Cir. 1972) （州法对委托一居民作为外州死者的不法致死诉讼的代理人的要求没有阻止为死者财产而对侵权人提起异籍诉讼）

〔21〕 Groh v. Broods, 421 F. 2d 589 (3d Cir. 1970). 这类因素的分析极其费时。比较一下美国法学会 （American Law Institue) 的建议，见 Study of the Division of Juridiction of Jurisdiction Between State and Federal Courts1301 (b) (4) and at 117 – 19 (1969)，即在所有诉讼中被代理人的州籍都被代理人的州籍替代。See also Judge Haynsworth's support of the Institue's recommendation in Lester v. McFaddon, 415 F. 2d 1101 (4th Cir. 1969), which contains an excellent and provocative discussion of the purposes and proper application of 1359.

〔22〕 See 2. 6, above.

〔23〕 Williamson v. Osenton, 232 U. S. 619, 34 S. Ct. 442, 58 L. Ed. 758 (1914); Janzen v. Goos, 302 F. 2d 421 (8th Cir. 1962).

〔24〕 Compare Janzen v. Goos, 302 F. 2d 421 (8th Cir. 1962) （管辖存在）, with Korn v. Korn, 398 F. 2d 689 (3d Cir. 1968) （管辖不存在）。

〔25〕 Black & White Taxicab & Transfer Co. v. Brown & Yellow Taxicab & Transfer Co. , 276 U. S. 518, 48 S. Ct 404, 72 L. Ed. 681 (1928). 该案判决允许一个肯塔基公司为了针对其肯塔基竞争对手提起异籍管辖诉讼而在田纳西再次成立。这一做法已被严重背离。见 Greater Dev. Co. of Connecticut, Inc. v. Amelung, 471 F. 2d 338 (1st Cir. 1973).

〔26〕 See 2. 6, above.

规规定仅仅适用于异籍无合法理由而产生，没有立法禁止使用消灭异籍的方法；[27] 第二，反对扩大异籍管辖的政策既来自于联邦主义的理论倾向，也有减少联邦法院负担的实际考虑，但该政策不适用于异籍管辖被判无效的情形。另一方面，避免实际的或可能的偏见是异籍管辖的根本依据，如果其依然有效，那么联邦法院应当保护其法定的管辖范围及当事人主张异籍管辖的合法权利。[28]

消除异籍管辖的一个可能的办法是让一名与原告有相同州籍的被告参加诉讼。对此，联邦法院查明一个无异籍的共同被告与诉讼没有直接关联之后，决定剥开无异籍的伪装，并通过移送行使异籍管辖权。[29]

除了财产管理人、婴儿或其他无行为能力的代理人、债务转移给非异籍当事人之外，委托非异籍的代理人也可用以消灭异籍管辖权。过去，联邦法院对这些策略并不十分在意。Mecom v. Fitzsimmons Drilling Company 一案[30]有力地支持了法院不调查委托代理人的动机的立场，即使委托动机就只是为了消除异籍管辖，也是如此。不过，这一原则原是建立在尊重州法院在制定和认可委托关系方面的权威基础之上的，现在，即使在那些共谋控制州籍以决定管辖未被作为争点提出的案件中，这一原则已有被打破的迹象。[31] 可以期待：随着时光流逝，会有更多的法院乐于采纳美国法学会的建议，即将那些意在躲避联邦法院管辖的债务转移和委托代理按照对付共谋异籍管辖那样处理。[32]

2.8 争议金额要求

联邦法院早期诉讼标的管辖的先决条件之一是达到一个最低争议金额。虽然宪法没有规定联邦法院管辖的起点金额，但是，至少对某些类型的案件，国会一直为联邦法院管辖设置了最低争议金额。1789 年，《司法法》提出 500 美元争议金额的要求，[1] 紧随其后的管辖法规提高了这一指标以应对联邦法院急剧膨胀

---

[27] 一些法院援引《联邦民事诉讼规则》第 11 条以制裁串通一气捏造异籍。See, e. g., Wojan v. General Motors Corp., 851 F. 2d 969 (7th Cir. 1988).

[28] 当一个潜在的原告想到一个特定的州法院诉讼，但没有任何潜在的被告是那一州居民时，捏造异籍的冲动就产生了。对此，非异籍被告为了避免到原告选择的州法院诉讼，可以将该案移送到联邦法院。See 2.11 有关移送管辖的内容。原告只能通过消灭异籍的办法才可阻止移送。

[29] Wilson v. Republic Iron & Steel Co., 257 U. S. 92, 42 S. Ct. 35, 66 L. Ed. 144 (1921); Wecker v. National Enameling & Stamping Co., 204 U. S. 176, 186, 27 S. Ct 184, 188, 51 L. Ed. 430 (1907); Williams v. Atlantic Coast Line R. R. Co., 294 F. Supp. 815 (S. D. Ga. 1968). See B., Inc v. Miller Brewing Co., 663 F. 2d 545 (5th Cir. 1981).

[30] 284 U. S. 183, 52 S. Ct. 84, 76 L. Ed. 233 (1931).

[31] See Miller v. Perry, 456 F. 2d 63 (4th Cir. 1972).

[32] American Law Institue, Study of the Division of Jurisdiction Between State and Federal Courts, Official Draft, 1307 (b) and at 160 – 61 (1969).

[1] Act of Sept. 24, 1789, 11, 1 Stat. 73, 78.

的工作负担。[2] 1958 年指标升至 1 万美元。[3] 1988 年，国会又提高到 5 万美元。[4] 这一变化意在缓和那些维护和想完全废除异籍管辖者之间的紧张关系。最近，1966 年，争议金额要求再次上升至 75 000 美元。[5]

1980 年以前，争议金额的要求既适用于一般联邦问题管辖，[6] 也适用于异籍管辖。[7] 1980 年，几乎所有联邦问题案件都不适用争议金额要求。[8] 由此，除异籍管辖外，只有诸如确定权利竞合诉讼[9]等一些法定特别类型的联邦问题诉讼方有管辖金额的特别要求。[10]

根据异籍管辖立法，只要"争议标的总额或总价值超过 75 000 美元，利益和费用除外"时才可主张异籍管辖。对此要按照字面意义解释。如果争议标的正好价值 75 000 美元，或低于此数，则无联邦管辖。[11] 费用与利息也不能计算在内。[12] 不过，如果根据法规规定或合同约定律师费是起诉的基础，其费用可以构成管辖金额的组成部分。[13] 如果利息本身就是主要诉讼请求的组成部分（例如在到期之前的本票利息），就不在被排队之列。但是，因延期支付而增加的利息，或者是与其主要诉讼请求无必然联系的利息，不能计入管辖金额。[14]

后来，管辖金额要求立法的目的在于设定一个数字，即"不太高以致使联 44

---

〔2〕 1887 年，金额被提高到 2 000 美元，Act of March 3, 1887, 24 Stat. 552. 在 1911 年增至 3,000 美元。Act of March 3, 1911, 36 Stat. 1091.

〔3〕 Act of July 25, 1958, 72 Stat. 415.

〔4〕 Act of Nov. 19, 1988, 201, 102 Stat. 4642, 28 U. S. C. A1332 (a).

〔5〕 Federal Courts Improvement Act of 1996, Act of Oct. 19, 1996, Pub. L. 104 – 317, 205, 110 Stat. 3847, 3850.

〔6〕 See 2. 3, above.

〔7〕 See 2. 5, above.

〔8〕 在 1976 年，国会将根据第 1331 条提起的联邦问题案件的争议金额要求限定于不是针对联邦官员和机构的诉讼范围内。Act of Oct. 21, 1976, Pub. L. 94 – 574, 90 Stat. 2721. 在 1980 年，这种要求全部被废止。Act of Dec. 1, 1980, Pub. L. 96 – 486, 94 Stat. 2369.

〔9〕 28 U. S. C. A. 1335. 立法要求确定权利竞合诉讼管辖金额为 500 美元。见本书第 16 章第 12 节对确定权利竞合诉讼的讨论。

〔10〕 例如，只有当争议金额不超过 1 万美元时，以合众国为被告、不是根据国内税收法律以及非民事侵权性质的诉讼请求才能在地区法院审理；超过此数的则应到联邦权利申诉法院审理。28 U. S. C. A. 1346. 只有在争议金额超过 1 万美元时，因运输迟延、货物丢失或损害为由到州法院起诉承运人的诉讼才可以移送到联邦法院。28 U. S. C. A. 1445 (b).

〔11〕 See, e. g., LeBlanc v. Spector, 378 F. Supp. 301, 307 (D. Conn. 1973).

〔12〕 See 14B C. Wright, A. Miller & E. Cooper, Jurisdiction and Related Matters 3d 3712; Note, The "Interest" and "Costs" Excluded in Determining Federal Jurisdiction, 45 Iowa L. Rev. 832 (1960).

〔13〕 Missouri State Life Ins. Co. v. Jones, 290 U. S. 199, 54 S. Ct. 133, 78 L. Ed. 267 (1933); Springstead v. Crawfordsville State Bank, 231 U. S. 541, 34 S. Ct. 195, 58 L. Ed. 354 (1913).

〔14〕 Brown v. Webster, 156 U. S. 328, 15 S. Ct. 377, 39 L. Ed. 440 (1895); Regan v. Marshall, 309 F. 2d 677 (1st Cir. 1962).

邦法院成为大额诉讼法院，也不要太低以至于让小额争议浪费它们的时间"。[15]从理论和实务上看，这一限制联邦法院管辖的目标都是正确的，但评论者质疑是否最终应当采用仲裁的金额标准要求。[16]

尽管有这些考虑，国会仍保留坚持异籍案件的一般管辖金额要求，并通过了惩罚性条款以制止不符合管辖最低金额的起诉。从 1958 年起，异籍立法规定，在不计抵销的债权、因反诉而应向被告支付的金额以及利息费用的情况下，如果一个胜诉的原告仅仅得到低于管辖金额标准的赔偿，该原告可能受到被拒绝赔偿其费用或被责令支付费用的惩罚。[17] 这一法规造成了消极影响，但是，只要原告起诉时表现出一点诚意，法官们往往就不愿行使他们的这一自由裁量权。[18]

对于个案争议金额是否达到管辖最低标准的问题，法官们要考虑对立的两个因素。一方面，联邦法院负担的增加和联邦管辖不得超越议会授权范围的原则要求严格执行最低标准。[19] 另一方面，对原告主张金额这一初步的管辖问题进行的详细调查很可能使之变成对案件实体的审判，从而浪费法院时间、增加了诉讼成本。[20] 与此相关还有一个因素，即联邦标的管辖权存在与否应当在诉讼伊始决定的原则也必须考虑。较早作出决定也要求法院简单审查管辖金额即可，反对就是否达到管辖最低金额的问题进行耗时费力的调查。

联邦最高法院在 St. Paul Mercury Indemnity Corporation v. Red Cab Company 一案中仔细斟酌这些因素，[21] 并明确地表达了对争议金额所规定的新标准。"如果提出的诉讼请求显然出自诚信，那么原告主张的数额就成立。只有对请求数额

---

〔15〕 Sen. Rep. No. 1830, 85 Cong. , 2d Sess. 4 (1958), reprinted in 1958 U. S. Code Cong. & Ad-im. News 3099, 3101.

〔16〕 American Law Institue, Study of the Division of Jurisdiction Between State and Federal Courts, Official Draft, 1311, at 172 – 76 (1969); Friedenthal, New Limitations on Federal Jurisdiction, 11 Stan. L. Rev. 213, 216 – 18 (1959); Wechsler, Federal Jurisdiction and the Revision of the Judicial Code, 13 Law & Contemp. Prob. 216, 225 – 26 (1948).

〔17〕 28 U. S. C. A. 1332 (b). See, e. g., McCord v. Moore – McCormack Lines, Inc. , 242 F. Supp. 493 (S. D. N. Y. 1965). See also Zimmer v. Wells Management Corp. , 366 F. Supp. 215 (S. D. N. Y. 1973).

〔18〕 Sturmon v. Jetco, Inc. , 510 F. Supp. 578 (E. D. Mo. 1981), modified on other grounds 670 F. 2d 101 (8th Cir. 1982); Lutz v. McNair, 233 F. Supp. 871 (E. D. Va. 1964), affirmed per curiam 340 F. 2d 709 (4th Cir. 1965); Bochenek v. Germann, 191 F. Supp. 104 (E. D. Mich. 1960). 与英国不同，在美国，另一个因素可能会减损这一制裁的意义，即这部分成本不包括律师费，因此在总的诉讼成本中仅为一小部分。

〔19〕 See Note, Federal Jurisdictional Amount: Determination of the Matter in Controversy, 73 Harv. L. Rev. 1369 (1960). 更多的讨论见 14B C. Wright, A. Miller & E. Cooper, Jurisdiction and Related Matters 3d 3702.

〔20〕 Deutsch v. Hewes St. Realty Corp. , 359 F. 2d 96 (2d Cir. 1966). But cf. Nelson v. Keefer, 451 F. 2d 289 (3d Cir. 1971).

〔21〕 303 U. S. 283, 58 S. Ct. 586, 82 L. Ed 845 (1938).

确实低于最低管辖标准有法律上的确定性时，驳回才是合理的。"[22] 联邦最高法院进一步还认为："即使原告不能达到足以满足法院管辖最低标准，也并不表明其请求出自欺骗，或者恶意主张管辖",[23] "即使诉讼启动之后发生的事件将可赔偿金额减少到立法标准之下，也不影响管辖。"[24]

除了原告根本不可能获得其要求的赔偿金额的专利案件外，圣保罗水星（St. Paul Mercury）案设立的"法律上的确定性"标准有效制止了驳回的使用。因此，达不到最低管辖标准的只有少数几种已被明确界定的情形。例如，立法规定了某一诉讼事由的最高赔偿限额为 75 000 美元及 75 000 美元以下，或者原告主张 6 000 美元的实际损失和 7 万美元的惩罚性赔偿，而相应的实体法对这一特定案件类型排除了适用惩罚性赔偿的可能性（法院对实体法作此解释的判决最近才作出，暂未受到质疑），这时，就可以从法律上确定原告不能达到管辖最低金额，案件应当予以驳回。[25] 有时，当独立的事实表明当事人仅仅为了获得联邦管辖、严重夸大请求的赔偿金额时，起诉应当被驳回。[26] 当然，一般说来，"法律上的确定"标准极其宽松，在许多类型的案件、尤其是未清偿债务的侵权诉讼中，这一标准根本就不构成障碍。[27]

起诉时，原告有义务证明争议金额大于法定最低标准,[28] 但她可以用简单的正式声明的方式履行这一义务。[29] 法律上的确定性等同于原告对损害的诚实陈述。[30] 只有当被告或法院质疑原告所主张的争议金额时，原告才必须在正式

46

〔22〕 303 U. S. at 288 – 89 S. Ct. at 590（Roberts, J.）. 有关"诚信"和"法律上的确定性"标准适用上的问题，见 Note, Determination of Federal Jurisdicitional Amount in Suits on Unliquidated Claims, 64 Mich. L. Rev. 930 (1966).

〔23〕 303 U. S. at 289, 58 S. Ct at 590.

〔24〕 303 U. S. at 289 – 90, 58 S. Ct. at 590 – 91.

〔25〕 See Ringsby Truck Lines, Inc. v. Beardsley, 331 F. 2d 14 (8th Cir. 1964).

〔26〕 See, e. g., Arnold v. Troccoli, 344 F. 2d 842 (2d Cir. 1965); Brown v. Bodak, 188 F. Supp. 532 (S. D. N. Y. 1960).

〔27〕 See, e. g., Santiesteban v. Goodyear Tire & Rrbber Co., 306 F. 2d 9 (5th Cir. 1962)（因被告公开收回原告汽车的轮胎而导致了原告的精神损害和失眠两个晚上，需要治疗。原告请求的赔偿额超过 10 000 美元，管辖成立）. But compare Turner v. Wilson Line of Massachusetts, Inc., 142 F. Supp. 264 (D. Mass. 1956), affirmed 242 F. 2d 414 (1st Cir. 1957)（7 或 8 个小时的疼痛并不足以使患者无法工作，或使其认为事态严重，并不能保证获得 3 000 美元的赔偿裁决，这是当时的管辖金额要求）.

〔28〕 McNutt v. General Motero Acceptance Corp., 298 U. S. 178, 56 S. Ct. 780, 80 L. Ed. 1135 (1936); Hedberg v. State Farm Mut. Automobile Ins. Co., 350 F. 2d 924 (8th Cir. 1965). 如果未能满足这一要求还可通过适当的修正以避免驳回。

〔29〕 KVOS, Inc. v. Associated Press, 299 U. S. 269, 57 S. Ct. 197, 81 L. Ed. 183 (1936); Molokai Homesteaders Cooperative Ass'n v. Morton, 506 F. 2d 572 (9th Cir. 1974); Hupp v. Port Brownsville Shipyard, Inc., 515 F. Supp. 546 (S. D. Tex. 1981).

〔30〕 Jones v. Landry, 387 F. 2d 102 (5th Cir. 1967). See also Fehling v. Cantonwine, 522 F. 2d 604 (10th Cir. 1975).

的声明之外以事实来支持其联邦管辖的主张。[31] 甚至，只要法院认为管辖成立，原告最终只获得了低于管辖最低标准的赔偿额这一事实也不影响判决的有效。[32]

当原告寻求禁令或强制履行的救济时，确定争议金额时会遇到困难。有无联邦管辖取决于原告寻求法院保护、反对被告干扰的权利的价值，这是请求禁令之诉的一般原则。[33] 例如，路易斯安娜州有一个申请制止商号侵权的诉讼，争议金额就被认定为原告所主张的、在那个州禁止该名称被使用的权利的价值。[34] 虽然规则很清楚，但适用起来往往很难。

在许多申请禁令的诉讼中，原告寻求保护的权利本质上不能以金钱来估量。联邦最高法院在一个较早的案例[35]中认为，它对分居的双亲之间的监护权纠纷没有管辖权。依据在于争议事项"完全不可能简化成任何经济方面的价值标准"，[36] 因此，也就谈不上它超过了最低管辖标准。这些权利如此珍贵，不能以任何金钱等价物估量，如果仅仅因此就认为其价值低于立法最低标准，当然不妥，也不合逻辑，但这一办法仍被联邦法院广泛遵循。[37]

申请禁令获得救济之诉的第二个难题涉及到争议金额估计方法。原告有权要求的价值与被告不得不履行或服从的禁令要求的成本并非完全一致。结果，案件争议金额会因某一方的金额计算方法被采纳而有所不同。

联邦最高法院早期处理这一难题的努力使混浊之水更加混浊。Mississippi & Missouri Railroad Company v. Ward 案[38]由一轮船主提起，他认为被告所有的横跨密西西比河的桥梁妨碍了公众利益。法院宣称："障碍物的消除是本案争议焦点，标的价值应当确定。"[39] 法官勒尼德·汉德（Learned Hand）称这一表述为"绝妙的含混"，[40] 因为它提出了许多问题，却没有解决其中任何一个。什么是

---

〔31〕 Gibbs v. Buck, 307 U. S. 66, 59 S. Ct. 725, 83 L. Ed 1111 (1939); Opelika Nursing Home, Inc. v. Richardson, 448 F. 2d 658 (5ᵗʰ Cir. 1971).

〔32〕 See, e. g., Buffington v. Amchem Prods., Inc., 489 F. 2d 1053 (8ᵗʰ Cir. 1974). 不过，原告可能因此受到否认或强行指定成本等制裁。见注 17－18。

〔33〕 McNutt v. General Motors Acceptance Corp., 298 U. S. 178, 56 S. Ct. 780, 80 L. Ed. 1135 (1936); Kimball v. Callahan, 493 F. 2d 564 (9ᵗʰ Cir. 1974), cert. Denied 419 U. S. 1019.

〔34〕 Seaboard Finance Co. v. Martin, 244 F. 2d 329 (5ᵗʰ Cir. 1957).

〔35〕 Barry v. Mercein, 46 U. S. (5 How.) 103, 12 L. Ed 70 (1847).

〔36〕 46 U. S. (5 How.) at 120.

〔37〕 在那些根据一般联邦问题管辖涉及宪法权利的案件中，将这一方法适用于无形财产权引起了极大的困难。28 U. S. C. A. 1331. See Comment, A Federal Question Question: Does Priceless Mean Worthless?, 14 St. Louis U. L. J. 268 (1969). See also Comment, A Dollars and Sense Approach to the Amount－in－Controversy Requirement, 57 Iowa L. Rev. 530 (1971). 1980 年的修正案删除了联邦问题管辖案件中的争议金额要求，很大程度上解决了这一问题。

〔38〕 67 U. S. (2 Black) 485, 17 L. Ed. 311 (1862).

〔39〕 67 U. S. (2 Black) at 492 (Catron, J.).

〔40〕 M & M Transportation Co., v. City of New York, 186 F. 2d 157 (2d Cir. 1950).

所谓的"标的的价值"？一是被告移去障碍物的成本，是原告因此而得到的好处，还是桥梁本身的价值？法院的意见没有回答这一问题。

后来出现了较合理的标准。虽然有些判决认为原告或者被告的主张都可采纳，[41] 但多数判决确定的规则是以原告寻求得到的标的价值为管辖金额标准。[42] 例如 Glenwood Light & Water Company v. Mutual Light , Heat & Power Company 一案，[43] 原告为公益企业，要求另一公益企业移走妨碍原告工作的设施。最高法院认为，地区联邦法院的错误在于以被告移走其柱子、电缆等的成本和为避免妨害而重新安装这些设施的成本来决定管辖。被告提出的移走成本与原告提出的相冲突和抵触。正如大法官皮特尼（Pitney）所解释的那样，原告要求的是其工作免受被告不当阻碍的权利。因此，"寻求的救济就是对权利的保护，无论是现在还是未来，是那种保护的价值决定管辖。"[44] 原告主张原则的优点是提供了一个统一而非变化莫测的标准，并与依据起诉内容来决定联邦管辖是否存在的一般方法完全一致。

确定以原告主张为准之后，法院在决定是否符合管辖金额标准时还必须考虑损害类型。在计算争议金额时，法院不会考虑那些不沾边的、臆想或间接的损害；诉讼标的管辖范围不能以未得到证据支持的猜测为基础而扩大。因此，在拒绝缴纳据称是违宪征收的州税的诉讼中，争议金额就是税款金额，而不是原告可能蒙受的经营损失，也不是因税款未缴而可能征收的罚金额。[45]

另一方面，诸如有争执的侵权索赔等一些类型的损害，其性质使确定准确的金额十分困难、甚至全无可能。法院对此要求很宽松；原告仅需表示如果胜诉，

48

---

〔41〕 See, e. g. , McCarty v. Amoco Pipeline Co. , 595 F. 2d 389 (7th Cir. 1979); Ronzio v. Denver & R. G W. Ry. Co. , 116 F. 2d 604 (10th Cir. 1940).

〔42〕 Glenwood Light & Water Co. v. Mutual Light, Heat & Power Co. , 239 U. S. 121, 36 S. Ct 30, 60 L. Ed. 174 (1915); Massachusetts State Pharmaceutical Ass'n v. Federal Prescription Serv. , Inc. , 431 F. 2d 130 (8th Cir. 1970); Central Mexico Light & Power Co. v. Munch, 116 F. 2d 85 (2d Cir. 1940); Hirsch v. Jewish War Veterans of U. S. , 537 f. Supp. 242 (E. D. Pa. 1982); Ehrenfeld v. Webber, 499 F. Supp. 1283 (D. Me. 1980); Zep Mfg. Corp. v. Haber, 202 F. Supp. 847 (S. D. Texs. 1962).) 对于被告要求移送管辖的案件中原告观点原则的推定，见 Inman v. Milwhite Co. , 261 F. Supp. 703 (E. D. Ark. 1966); Thomas v. General Elec. Co. , 207 F. Supp. 792 (W. D. Ky. 1962).

〔43〕 239 U. S. 121, 36 S. Ct. 30, 60 L. Ed 174 (1915).

〔44〕 239 U. S. at 126, 36 S. Ct. at 32.

〔45〕 Healy v. Ratta, 292 U. S. 263, 54 S. Ct. 700, 78 L. Ed. 1248 (1934); May v. Supreme Court of Colorado, 508 F. 2d 136 (10th Cir. 1974), cert. Denied 422 U. S. 1008. 与上述强制执行规则相同的是，当有关经营的规定被质疑时，"问题不在于经营的价值或纯利润，而是免受这一规则约束的权利的价值，如果有损失则可以用损失来确定。"Kroger Grocery & Baking Co. v. Lutz, 299 U. S. 300, 301, 57 S. Ct. 215, 215, 81 L. Ed. 251 (1936). 只有规定导致原告完全不能经营的情况下，才应当适用经营价值。

其"很可能"而不是一定会得到超过管辖标准额的赔偿。[46] 这种宽泛的审查标准的用心与适用于原告诚实起诉的"法律上确定"规则的用心相同：即使有的案件请求金额被夸大，也要确保所有的案件有适当的机会被提交到联邦法院。这总比劳神费力地查实夸大的金额、或向应当受理的案件关上联邦法院的大门好得多。[47]

2. 9 争议金额要求——增加诉讼请求和当事人的后果

在诉讼开始阶段，对管辖金额的各种要求的适用在只有一个原告、一个被告和一个诉讼请求这一传统普通法的语境下进行讨论。然而，联邦法律规范的现代民事诉讼往往是多个诉讼请求、多个当事人间产生的纠纷，对此普通法时代的法律工作者闻所未闻。追加请求与当事人的合并诉讼必须导致争议金额的计算问题，一系列综合规则随之而来。虽然这些规则条理性、逻辑性都不很强，却对法院的判决发挥着指导作用。[1]

这些规则可以表述如下。当单个原告诉单个被告时，原告可以为了满足管辖金额的要求，同时提出几个诉讼请求而不管这些请求之间的相互关系。[2] 当针对同一被告的两个原告中的任何一个原告起诉金额不足以请求联邦管辖时，如果这些请求是"可分和明显不同的"，[3] 合并就不会得到许可。即使他们的请求相似，并在事实上相关，如同乘一车的原告因在同一交通事故中的损害而起诉一个被告，即是如此。[4] 只有当诉讼请求被相应的实体法从技术上狭义地定义为

---

〔46〕 Aetna Cas. & Sur. Co. v. Flowers, 330 U. S. 464, 67 S. Ct. 798, 91 L. Ed 1024 (1947). 工作繁重的联邦法院鼓励一些法院会仔细审查原告的主张，对侵权诉讼尤其如此。See Burns v. Anderson, 502 F. 2d 289, 295 (3d Cir. 1971), noted in 47 N. Y. U. L. Rev. 349 (1972), 26 Sw. L. J. 461 (1972), 45 Temple L. Q. 305 (1972).

〔47〕 Deutsch v. Hewes St. Realty Corp. , 359 F. 2d 96 (2d Cir. 1966)；Wade v. Rogala, 270 F. 2d 280 (3d Cir. 1959).

〔1〕 对诉讼请求的合并一般规则的讨论请见 14B C. Wright, A. Miller & E. Cooper, Jurisdiction and Related Matters 3d 3704；Note, The Federal Jurisdictional Amount and Rule 20 Joinder of Parties：Aggregation of Claims, 53 Minn. L. Rev. 94 (1968).

〔2〕 Edwards v. Bates County, 163 U. S. 269, 16 S. Ct 967, 41 L. Ed. 155 (1896)；Lloyd v. Kull, 329 F. 2d 168 (7th Cir. 1964)；Rake v. City Lumber Co. of Bridgeport, 283 F. Supp. 870, 872 (D. Or. 1967).

〔3〕 Clark v. Paul Gray, Inc. , 306 U. S. 583, 59 S. Ct. 744, 83 L. Ed. 1001 (1939)；Pinel v. Pinel, 240 U. S. 594, 36 S. Ct. 416, 60 L. Ed. 817 (1916)；Troy Bank v. G. A. Whitehead & Co. , 222 U. S. 39, 32 S. Ct. 9, 56 L. Ed. 81 (1911).

〔4〕 Thomson v. Gaskill, 315 U. S. 442, 447, 62 S. Ct. 673, 675, 86 L. Ed. 951 (1942)："不能仅仅因为原告们的诉讼请求来自同一法律文件或因为原告们有共同利益，就合并原告们的诉讼请求。"

共同、且不可分的利益时，[5] 多个原告才可合并起诉以满足争议金额要求。[6]
同理，当单一的原告因孤立而明显不同的原因起诉多个被告时，针对每一个被告
的诉讼请求都必须足以达到联邦管辖金额；除非被告们对此原告负有连带责任，
否则合并不被许可。[7]

因此，只要出现多方当事人，[8] 识别的办法就是看诉讼请求之间有着共同、
且不可分的利益，还是孤立且明显不同。[9] 不幸的是，这一形式与概念上的区
别远不明确，如果联邦法院坚持这一区别标准，就难以避免适用的困难和玄奥的
判决。[10]

这样，增加诉讼请求的问题将完全取决于一个或多个原告起诉的结果。现代
民事诉讼也允许被告对原告提出反诉，一个当事人对同一方另一当事人提起交叉
诉讼，以及针对第三人的诉讼请求。[11] 这些类型案件的管辖问题也必须得到解
决。[12] 因被告一方提出诉讼请求所产生的管辖问题的解决往往依赖于这些请求
是否属于审理本诉的联邦法院补充管辖权限范围之内。[13] 如果是，它们就无须
满足管辖金额要求。[14] 否则，就必须适用争议金额标准。[15]

已经出现的另一问题是原告请求金额不足以主张联邦管辖时，可否与强制反

50

---

〔5〕　合伙组织为 8 万美元起诉就是普遍的不可分的利益的一个例子。即使该合伙仅由两名权利平等
的合伙人组成，每一合伙人在诉讼请求中仅有 4 万美元的利益，合并也应许可。

〔6〕　Troy Bank v. G. A. Whitehead & Co., 222 U. S. 39, 32 S. Ct. 9, 56 L. Ed 81 (1911)；Ber-
man v. Narragansett Racing Ass'n, 414 F. 2d 311 (1st Cir. 1969), cert. denied 396 U. S. 1037.

〔7〕　Jwewll v. Grain Dealers Mut. Ins. Co., 290 F. 2d 11 (5th Cir. 1961)；Cornell v. Mabe, 206 F.
2d 514 (5th Cir. 1953). A case in which aggregation against multiple defendants would bepermitted is an action to
recover a single tract of land claimed by the several defendants under a common title source. The matter in controver-
sy would be the value of the entire tract of land.

〔8〕　合并规则适用于集团诉讼，See 16. 4, below. 它们在股东代位诉讼中未遇到困难，因为那种情
况下争议金额标准是"被告公司所承受的损失"。Koster v. (American Lumbermens Mut. Cas. Co., 330 U.
S. 518, 523, 67 S. Ct. 828, 831, 91 L. Ed 1067 (1947).

〔9〕　例如有的案件中，法院发现当事人有普通的未分的利益或裁定其利益应当区分。见 14B C.
Wright, A. Miller & E. Cooper, Jurisdiction and Related Matters 3d3704.

〔10〕　这一区分已备受批评。See, e. g., Note, Aggregation of Claims in Class Actions, 68 Colum. L.
Rev. 1554, 1558 – 62 (1968).

〔11〕　See 6. 7 – 6. 9, below.

〔12〕　See generally 14B C. Wright, A. Miller & E. Cooper, Jurisdiction and Related Matters 3d3706；
Note, Federal Jurisdictional Amount: Determination of the Matter in Controversy, 73 Harv. L. Rev. 1369, 1376
– 81 (1960).

〔13〕　补充管辖的讨论，see 2. 13 – 2. 14, below.

〔14〕　E. g., Dery v. Wyer, 265 F. 2d 804 (2d Cir. 1959) (三方诉讼)；Coastal Air Lines, Inc. v.
Dockery, 180 F. 2d 874 (8th Cir. 1950) (交叉诉讼)；Arvey Corp. v. Peterson, 178 F. Supp. 132 (E. D.
Pa. 1959) (强制性反诉).

〔15〕　例如，一个单一的被告提出几个可允许的反诉可以合并，一个单一的原告提出的多个请求也是
如此。See McKnight v. Halliburton Oil Well Cementing Co., 20 F. R. D. 563 (N. D. W. Va. 1957).

诉金额合起来以满足管辖金额要求。[16] 对此，联邦最高法院大法官们 1961 年在 Horton v. Liberty Mutual Insurance Company 案中以 5：4 的表决作出一个令人惊讶的决定。[17] 霍顿（Horton）在一次生产事故中受伤，他向德克萨斯工业事故委员会提起工人赔偿诉讼，要求其雇主的保险人—自由互助公司赔偿 14 035 美元。但是委员会只判给他 1 050 美元。当委员会宣判时，自由互助公司提出联邦异籍管辖诉讼，以摆脱这一赔偿，并声称霍顿已经、正在和以后仍会要求 14 035 美元的赔偿；而保险公司则认为他不应得到任何赔偿。一周后，霍顿向州法院起诉要求判决委员会决定无效并赔偿其 14 035 美元。他还向联邦法院提出驳回自由互助公司起诉的动议，理由在于既然委员会决定只赔 1 050 美元，就没有达到联邦法院争议金额标准；同时，他提出请求金额为 14 035 美元的"附条件的强制性反诉"。

51 　　最高法院认为 1 万美元的争议金额要求已经达到。代表多数大法官撰写判决理由的大法官布莱克（Black）指出，该争议实际上涉及 14 035 美元。由于应当适用的德州实体法允许对霍顿整个诉讼请求予以二次审判，这一请求事实上与保险公司在联邦法院的诉讼请求相矛盾。[18]

　　大法官克拉克（Clark）强烈反对这一判决。他认为，自由互助公司预测霍顿想要为 14 035 美元提出反诉，将联邦法院管辖权建立在这一预测基础之上，抛弃了联邦法院管辖必须以原告起诉为基础的基本原则。[19] 允许原告以对反诉的预测来主张联邦管辖就会导致保险公司，正如霍顿一案一样，强迫囊中羞涩的工人在联邦法院进行成本高昂的诉讼，违反了国会有关禁止州工人赔偿案件移送的规定。[20]

　　该案事实特征限制了霍顿案判决的影响。一些低级法院将其视为德州工人赔偿法的独特性及二次审判规定的直接反映，并将其内容限制在同类案件中。[21] 此外，毫无疑问，霍顿事实上既向州法院请求获赔 14 035 美元、又为同一金额的赔偿额向联邦法院提出附条件的强制性反诉这一事实影响了多数大法官。自由

---

〔16〕 See generally 14B C. Wright, A. Miller & E. Cooper, Jurisdiction and Related Matters 3d3706.

〔17〕 367 U. S. 348, 81 S. Ct. 1570, 6 L. Ed. 2d 890 (1961).

〔18〕 367 U. S. at 354, 81 S. Ct. at 1574.

〔19〕 法院在一个相互关联的问题上存在分歧，即当原告的诉讼请求低于立法规定的管辖最低标准、而被告强制反诉的金额超过这一标准，被告能否将此案移送到联邦法院。Compare National Upholstery Corp. v. Corley, 144 F. Supp. 658 (M. D. N. C. 1956)（移送被许可），with Burton Lines, Inc. v. Mansky, 265 F. Supp. 489 (N. D. N. C. 1967)（移送被驳回）。见本章第 11 节对移送的讨论。

〔20〕 1958 年，国会禁止劳动赔偿诉讼的移送，以帮助原告和减轻联邦法院工作负担。See 28 U. S. C. A. 1445 (c).

〔21〕 See, e. g., Insurance Co. of North Americ v. Keeling, 360 F. 2d 88 (5ᵗʰ Cir. 1966), cert. denied 385 U. S. 840.

互助公司的诉讼也可被视为一个寻求宣告性判决的诉讼，其标的是霍顿最初所请求的 14 035 美元不负任何责任的宣告。诚然，本案仅涉及一个诉讼原因；通常，起诉与反诉的提出却涉及两个。然而，这一判决的问题出在它对一个相当独特的法律与事实问题给予的关注不成比例，其简单的分析可能导致联邦诉讼标的管辖的根本原则受到削弱。[22]

2. 10 以美国为一方当事人的诉讼与海事、商事案件

除了联邦问题与异籍管辖之外，联邦司法权力还及于两类主要领域，即以美国为一方当事人的诉讼与海事海商案件。对这两个联邦诉讼标的管辖领域，本书只介绍其存在及基本原则，不作详细阐述。

合众国提起的大多数民事诉讼都以第 28 标题第 1345 条为起诉依据，它规定"地区法院对所有合众国或国会明确授权的合众国机关和官员提起的所有民事诉讼和程序都有管辖权。"[1] 没有争议金额要求的立法规定。[2] 根据第 1345 条规定，不得将合众国名义使用于任何获取私人利益的诉讼，就是对合众国这一能力的惟一的限制。[3] 然而，单是合众国进行的诉讼使某个公民获得了利益这一事实并不使诉讼不在联邦管辖立法规定之外。此外，政府的利益也不必一定是金钱或财产；它可以依法诉讼以确保其政策和特定事项的顺利实施，[4] 维护"公共利益"，[5] 防止宪法权利受到侵犯，[6] 或者保卫主权利益。[7] 但是，合众国提起的大多数诉讼与私人当事人提起的诉讼很相似，例如要求收款之诉、确权之诉、因对方违反合同或侵权而要求补偿的诉讼。

虽然合众国提起的诉讼肯定由联邦法院管辖，但是，因为主权豁免原则防止了未经联邦政府同意便对其进行起诉，以合众国为被告的诉讼的管辖就十分复

52

---

[22] For a further dicussion of Horton, see Note, The Effect of the Horton Case on the Determination of the Amount in Controversy under Statutes Limiting Federal Court Jurisdiction, 17 Rutgers L. Rev. 200 (1962). See also the case notes in 11 Amer. U. L. Rev. 102 (1961) Duke L. J. 123, 46 Minn. L. Rev. 960 (1962).

[1] 详细的讨论见 14 C Wright, A. Miller & E. Cooper, Jurisdiction and Related Matters 3d 3651 - 3653.

[2] See 2. 8, above, 对争议金额要求的内容。

[3] U. S v. San Jacinto Tin Co. , 125 U. S. 273, 8 s. Ct. 850, 31 L. Ed, 747 (1888). 这一限制实际上是一个资格问题，即如果起诉不是为了合众国利益，则合众国没有资格提起诉讼。See 6. 3, below.

[4] Wyandotte Transportation Co. v. U. S. , 389 U. S. 191, 88 S. Ct. 379, 19 L. Ed. 2d 407 (1967).

[5] In re Ddbs, 158 U. S. 564, 584, 15 S. Ct. 900, 906, 39 L. Ed. 1092 (1895).

[6] U. S. v. City of Jackson, Mississippi, 318 F. 2d 1 (5th Cir. 1963).

[7] U. S. v. Marchetti, 466 F. 2d 1309 (4th Cir. 1972), cert. Denied 409 U. S. 1063.

杂。[8] 只有国会可以放弃合众国的主权豁免，[9] 而且立法有关放弃的规定通常被加以严格解释。[10] 国会已经通过几个法规放弃了主权豁免，[11] 并且，在最高法院对 Lane v. Pena 案作出判决之前，[12] 因为不赞成在损害赔偿案件中适用主权豁免，许多法院对以主权豁免为由提出的抗辩严加审查。但是，在林恩（Lane）一案的判决中，最高法院确立了明确声明原则以判断合众国是否同意其被起诉，从而再次强调了主权豁免原则。据此，除非一个立法对主权豁免的放弃作出明确直接规定，否则，国会就没有同意联邦政府可以被起诉。

主权豁免原则继续被严格地适用于请求特定救济的诉讼之中。法院对损害赔偿、禁止令案件一如林恩案以前，予以特殊对待的理由被首席大法官文森（Vinson）在 Larson v. Domestic & Foreign Commerce Corporation 一案的判决中予以恰当的概括：[13]

"向一个被政府错误对待的公民提供一种获得赔偿的办法是一回事。而允许一个法院行使其强制权力限制政府作为或强迫其不作为，则完全是另一回事。政府代表全社会行事，不能因任何个别原告提出财产或合同权利争议而受到阻止。"[14]

当一个争议的行为是以政府的名义作出的时候，主权豁免原则也适用于针对合众国机关和官员提出的起诉。结果，针对联邦政府机关和官员的诉讼往往必须在有关放弃主权豁免条款的法规中找到管辖的依据。对此，主要的例外情况是一个联邦官员或自作主张、或在权限之外行事，这时，起诉针对的就是自作主张的官员本人；或者，起诉针对的是该作为本身或该作为所依据的立法、命令是违宪的。[15] 如果没有这样的例外存在，并且没有特别的立法放弃主权豁免，管辖权

---

〔8〕 U. S. v. Sherwood, 312 U. S. 584, 61 S. Ct. 767, 85 L. Ed. 1058（1941）；Turner v. U. S., 51 Ct. Cl. 125（1916），Affirmed 248 U. S. 354, 39 S. Ct. 109, 63 L. Ed. 291（1919）.

〔9〕 Minnesota v. U. S., 305 U. S. 382, 59 S. Ct. 292, 83 L. Ed. 235（1939）.

〔10〕 McMahon v. U. S., 342 U. S. 25, 72 S. Ct. 17, 96 L. Ed. 26（1951）；Nickerson v. U. S., 513 F. 2d 31（1st Cir. 1975）.

〔11〕 立法规定的各种主权豁免的例外情形参见 14 C. Wright, A. Miller & E. Cooper, Jurisdiction and other matters 3d 3656 – 59. 最为重要的有两个立法文件，一是《扩大权利申诉法院管辖法》（Tucker Act），允许以宪法为依据起诉，或非因侵权行为而提起其他损害赔偿之诉, 28 U. S. C. A. 1346（a）（2），1491，二是《联邦侵权赔偿法》（Federal Tort Claims Act），允许对联邦雇员和机关履行公务中的过失提起损害赔偿之诉, 28 U. S. C. A. 2401 – 02, 2671 – 80.

〔12〕 518 U. S. 187, 116 S. Ct. 2092, 135 L. De. 2d 486（1996）.

〔13〕 337 U. S. 682, 69 S. CT. 1457, 93 L. Ed. 1628（1949）.

〔14〕 337 U. S. at 703 – 04, 69 S. Ct. at 1468 – 69.

〔15〕 Larson v. Domestic & Foreign Commerce Corp., 337 U. S. 682, 69 S. Ct. 1457, 93 L. Ed. 1628,（1949）.

就不存在，起诉必须被驳回。[16]

对海事和海商案件的联邦管辖问题更为复杂。[17] 因为有关海商的实体法和海事管辖权不是由制定法界定、而主要由普通法发展而来。[18]

授予联邦法院海事管辖权的现行法规是《司法法典》第1333条。它规定了"对与海商海事管辖有关的所有民事案件、请求人通过其他方式获得了救济请求权的案件的初审管辖权。"这一法规的最后一款以海事管辖权例外条款而著称，因这一款，对海事海商案件的联邦管辖权没有被排除；相反，只要普通法许可，起诉人还有权寻求普通法上的救济。这就意味着提起对人（而不是对物或责任限制）[19] 之诉的原告既可提起海事诉讼，也可提起普通的民事诉讼。[20]

联邦海事管辖不要求异籍或最低争议金额。如果完全异籍和管辖金额要求同时被满足，原告可以依据第1332条到联邦地区法院起诉，[21] 也可以到州法院起诉。[22]

第1333条规定的首要问题是决定一个案件是否应当属于"海商海事管辖"。在 DeLovio v. Boit[23] 这一早期的决定性案件中，大法官斯托里（Story）认定，联邦海事管辖权不应当局限于美国《宪法》生效时英国法院所奉行的范围狭隘的海事管辖权。[24] 其论断如下：

---

〔16〕 有关主权豁免的概述及其在以联邦机构与官员为被告的案件中如何适用的更详细的讨论请见14 C. Wright, A. Miller & E. Cooper, Jurisdiction and Related Matters 3d 3654 – 55.

〔17〕 请见14A C. WRIGHT, A. Miller & E. Cooper, Jurisdiction and Related Matters 3d 3671 – 79.

〔18〕 In The Lottawanna, 88 U. S. (21 Wall.) 558, 576, 22 L. Ed. 654 (1875)，联邦最高法院宣称海事海商案件管辖权的限制"完全是个司法问题"。虽然这个包罗一切的排他性司法权已不再出现，最高法院最近指出，"国会在很大程度上已经将制定海事法的责任交给了法院"。Fitzgerald v. U. S. Lines Co. , 374 U. S. 16, 20, 83 S. Ct. 1646, 1650, 10 L. Ed. 2d 720 (1963).

〔19〕 尽管有"海事管辖权例外"条款，在对物诉讼中保留排他性联邦海事管辖的根本理由，在于对物诉讼程序不是1789《司法法》（Judiciary Act）所规定的海事管辖权例外条款中的"普通法上的救济"。请见 The Moses Taylor, 71 U. S. (4 Wall.) 411, 18 L. Ed. 397 (1866). Setions 183 – 189 of Title 46 provide for exclusive federal jurisdiction over limitation of liability proceedings.

〔20〕 Panama R. Co. v. Vasquez, 271 U. S. 557, 46 S. Ct. 596, 70 L. Ed. 1085 (1926); Rounds v. Cloverport Foundry & Mach. Co. , 237 U. S. 303, 35 S. Ct. 596, 59 L. Ed. 966 (1915).

〔21〕 Atlantic & Gulf Stevedores, Inc. v. Ellerman Lines, Ltd. , 369 U. S. 355, 82 S. Ct. 780, 7 L. Ed. 2d 798 (1962).

〔22〕 依据一般法律或是依据海事法起诉，程序上的后果十分重大。最为特别的是，根据第1333条，联邦法院审判海事案件时没有陪审团。Waring v. Clarke, 46 U. S. (5 How.) 441, 460, 12 L. Ed. 226 (1847). 陪审团审判只适用于根据海事管辖权例外条款的对人诉讼。Atlantic & Gulf Stevedores, Inc. v. Ellerman Lines, Ltd. , 369 U. S. 355, 82 S. Ct. 780, 7 L. Ed. 2d 798 (1962). 海事诉讼的经典著作是 G. Gilmore & C. Black, The Law of Admiralty (2d ed. 1975).

〔23〕 7 Fed. Cas. 41d8 (C. C. D. Mass. 1815) (No. 3, 776).

〔24〕 对海事问题立法和司法的统一给合众国商业和航行带来的种种利益使我们坚信，国家政策和司法逻辑要样，要求我们对宪法的这一条作如此解释，即它包含了的所有的海事合同、侵权和损害赔偿，换言之，在任何立法给予限制之前，所有这些诉因最初并在本质上就属于海事领域。

55 海事管辖涵盖所有海事合同，侵权和伤害。对后者的管辖必须取决于发生地；前者及于所有与航海、海洋生产与贸易有关的合同（不管他们可能在何处订立或履行，也不管它们以何种形式约定）。[25]

联邦法院遵循这一广义的解释行使海事管辖权。两类基本的海事管辖案件来源一直很明确：（1）发生在《宪法》授权准予航行的一定类型的水域的事件；（2）历史上由海事海商法庭管辖的一定类型的案件。不过，海事管辖的外延依然不明。除了准确定义哪一类水域在此范围内的难题之外，[26] 联邦法院和国会对合众国海事实体法的修改和补充，也影响了联邦法院的管辖权。

然而，一般而言，在海事管辖案件中，被起诉的过失与海事活动之间必须有一定的联系。仅仅因为一个侵权发生在可航行的水域并不一定就是海商海事案件。Executive Jet Aviation, Inc. v. City of Cleveland 案即是例证。[27] 案件事实很有趣。一架从克利夫兰市起飞的喷气机在跑道上空撞上几只海鸥，导致其丧失了几乎全部动力。在栽进跑道尽头外的伊利湖之前，飞机撞击了一处篱笆和一辆卡车。飞机所有人以克利夫兰市、联邦航空管制当局等人为被告、指称其过失在于没有保证跑道免受飞鸟侵扰、或警示飞鸟的存在，并且以飞机坠落于可航行的水域为由，主张海事管辖。联邦最高法院裁定：联邦管辖并不成立。尽管最高法院也承认如果一个侵权行为"发生于可航行的水域之上，案件当由海事管辖。"[28] 但它提出这种"严格的发生地"标准引起了"不合理的、近乎诡辩的含混"，并且对现代航空侵权尤其不恰当。最高法院结论是，"过失行为要与传统的海事活动有重要关联的要求更加符合海事审判的历史与目的。"[29]

另一方面，如果被诉行为与可航行水域关系密切，即使没有任何一方当事人56 从事商业性质的海事活动，海事管辖也成立。在两只游船在可航行水域碰撞引起非正常死亡的案件中，联邦最高法院坚持海事管辖权。判决结果为五比四，大法官马歇尔（Marshall）代表多数撰写意见，得出的结论是："只有用统一的行为准则规范可航行水域上的所有航行者"，[30] 保护海事商贸这一联邦利益才能得到充分维护。

---

[25] 7 Fed. Cas. at 444.

[26] 海事管辖包括"这个国家所有可航行水域"。Southern S. S. Co. v. NLRB, 316 U. S. 31, 41, 62 S. Ct. 886, 892m 86 L. Ed. 1246 (1942). "可航行水域"被进一步定义为"一般或通常被用作贸易与农业目的的水流"。The Montello, 87 U. S. (20 Wall.) 430, 44f2, 22 L. Ed. 391 (1874).

[27] 409 U. S. 249, 93 S. Ct. 493, 34 L. Ed. 2d 454 (d1972).

[28] 409 U. S. at 253, 93 S. Ct at 497.

[29] 409 U. S. at 268, 93 S. Ct. at 505. Rubin v. Power Authority of New York, 356 F. Supp. 1169 (W. D. N. Y. 1973).

[30] Foremost Ins. Co. v. Richardson, 457 U. S. 668M 675, 102 S. CT. 2654, 2659, 73 L. Ed. 2d 300 (1982).

2. 11 移送管辖

移送管辖允许被告迫使原告到联邦法院而不是原告最初选择的州法院进行某些诉讼。[1] 在当事人异籍的案件中，因为非本州居民的被告是"外人"，移送管辖可保护其免于遭受在州法院可能遇到的地方偏见。在依据联邦法律起诉的案件中，移送管辖平衡了双方当事人的能力，使联邦问题的诉讼得以在"其应当在"的地方进行。

宪法没有对移送管辖作任何规定。不过，1789 年最早的《司法法》以后，[2] 就案件从州法院移送到联邦法院的法规不断出台。[3] 虽然其削减了州法院的司法权，但联邦移送管辖的合宪性得到了坚决一致的遵循。[4] 因为移送管辖的渊源完全是制定法，移送的权利及行使这一权利的方法就完全取决于国会的意愿。[5]

《美国法典》第 28 标题下第 1441 条是立法关于移送管辖的一般规定。规范移送管辖的基本原则在第 1441 条（a）得以阐述。它强调，除一些立法规定的例外之外，移送管辖的根本属性在于只有当案件原本就应当在联邦法院起诉时，才可移送。另三个特征也应当注意。第一，案件可从一州法院到一联邦法院；不能将诉至联邦法院的案件移送到州法院，或从一个州法院移送到另一个州的法

57

---

〔1〕 移送管辖及程序的详细的论述，请见 14B & 14C C. Wright, A. Miller & E. Cooper,. Jurisdiction and Related Matters 3d 3721 – 40. 有关复杂诉讼中的移送问题，请见 American Law Institute, Complex Litigaiton: Statutory Recommendations and Analysis with Reporter's Study, 217 – 56 (1994).

〔2〕 Act of Sept. 24, 1789, c. 20, 12, 1 Stat. 73.

〔3〕 这部分讨论一般移送法规。另有其他种种规定特定案件移送的法规。例如，涉及联邦官员在州法院案件的移送权，见 28 U. S. C. A. 1442；起诉武装部队成员依据军事当局授权的行为，请见 28 U. S. C. A. 1442；起诉联邦雇员在其职权范围内驾驶汽车引起的人身损害赔偿案件，请见 28 U. S. C. A. 2679（d）；涉及到合众国拥有留置权的财产的案件，请见 28 U. S. C. A. 1444；被告民事权利在州法院不能得到保障的案件，请见 28 U. S. C. A. 1443. 法律特别规定不可移送的其他案件，如 the Federal Employers'Liability Act 规定的诉讼，28 U. S. C. A. 1445（a）；the Jones Act, 46 U. S. C. A. 688；及州劳工赔偿法，28 U. S. C. A. 1445（c）.

〔4〕 Tennessee v. Davis, 100 U. S. (10 Otto) 257, 25 L. Ed. 648 (1879); Gaines v. Fuentes, 92 U. S. (2 Otto) 10, 23 L. Ed. 524 (1876); Chicago & N. W. Ry. Co. v. Whitton's Adm'r, 80 U. S. (13 Wall.) 270, 20 L. Ed. 571 (1871). 宪法依据请见 the Judicial Power Clause, Art. Ⅲ, and the Necessary and Proper Clause, Art. Ⅰ, 8, cl. 18.

〔5〕 Great Northern Ry. Co. v. Alexander, 246 U. S. 276, 280, 38 S. Ct. 237, 239, 62 L. Ed. 713 (1918).

院。第二，一般的移送规定限于民事诉讼，除立法另有规定外，[6] 刑事的和可能给予罚金处罚的案件不得移送。最后，移送权限于被告。[7]

为了与限制联邦管辖的一般政策相一致，管辖立法被狭义地解释，只有被告才可以移送的原则被严格地遵守。在 Shamrock Oil & Gas Corporation v. SHeets 这一指导性判例中，[8] 联邦最高法院重申了移送管辖立法中"被告"一词仅仅是指经送达程序被起诉的一方当事人这一原来的理解。[9] 在州法院提起反诉并不能使原告为了移送管辖目的而反对反诉、进而成为"被告"。[10]

如果反诉作为一个独立的诉而提出，另一方无疑有权移送。但沙姆罗克（Shamrock）案判决结果杜绝了这种移送，所以备受指责。[11] 另一方面，这一判决也有充分理由。因为到州法院起诉表明原告自愿选择了州法院管辖，并且，移送管辖的立法史反映了国会限制联邦移送管辖范围的明确愿望。

58　　在考虑一个州法院案件是否本应在联邦法院起诉从而应当移送时，以前章节所论述的规范联邦问题管辖、异籍管辖和争议金额的基本原则仍然适用。因此，如果移送的主张基于异籍或外国人，例如两个外国人之间的诉讼就不能移送，因为这种案件本来就不在联邦法院异籍或外国人管辖范围之内。[12] 不仅如此，根据起诉理由充分原则，移送的基本理由必须是原告起诉的组成部分，这样当以联邦问题为由提出移送时，原告在起诉状中就必须从实体上提出联邦问题。[13] 虽然通常原告诉状中对金额的主张是决定性的，但是争议金额要求的适用也有一些

---

〔6〕 Tasner v. U. S. Industries, Inc., 379 F. Supp. 803 (N. D. Ⅲ 1974); Quinn v. A book Named "Sixty Erotic Drawings from Juliette," 316 F. Supp. 289 (D. Mass. 1970); Rand v. Arkansas, 191 F. supp. 20 (W. D. Ark. 1961). "民事诉讼"一语被理解为完成意在扣押冻结财产或得到判决的程序，或强制执行、确认或推翻仲裁裁决的行为。Chicago, R. I. & P. R. Co. v. Stude, 346 U. S. 574, 74 S. Ct. 290, 98 L. Ed. 317 (1954); Johnson v. England, 356 F. 2d 44 (9th) Cir. 1966), cert. Denied 384 U. S. 961; Stoll v. Hawkeye Cas. Co., 185 F. 2d 96 (8th Cir. 1950). See generally Moore & VanDercreek, Federal Remoal Jurisdiction – Civil Action Brought in a State Court, 14 Sw. L. j. 297 (1960).

〔7〕 1875 年，原告与被告一样，也获得了移送权，但这一做法实行时间不长。在 1887 年的 28 U. S. C. A. 1441 再次将移送权限定于被告。

〔8〕 313 U. S. 100, 61 S. Ct. 868, 85 L. Ed. 1214 (1941).

〔9〕 West v. Aurora City, 73 U. S. (6 Wall.) 139, 18 L. Ed. 819 (1868).

〔10〕 被告基于反诉、交互诉讼或第三人诉讼而提出移送的问题，请见注释第36。

〔11〕 See American Law Institute, Study of the Division of Jurisdiction Between State and Federal Courts, Official Draft, 1304 (c), at 147–48 (1969). 当被告的反诉基于不相关的事项却得到许可时，结果尤其不当。

〔12〕 Kavourgias v. Nicholaou Co., 148 F. 2d 96 (9th Cir. 1945).

〔13〕 Rivet v. Regions Bank of Louisiana, 522 U. S. 470, 118 S. Ct. 921d, 139 L. Ed. 2d 912 (1998); Great Northern Ry. Co. v. Alexander, 246 U. S. 276, 38 S. Ct. 237, 62 L. Ed. 713 (1918); Burgess v. Charlottesville Sav. & Loan Ass'n, 477 F. 2d 40 (4th Cir. 1973); Old Reading Brewery, Inc. v. Lebanon Valley Brewing Co., 102 F. Supp. 434 (M. D. Pa. 1952).

难题。[14]

尽管移送只是被告的选择权，但是原告对何处诉讼依然有不可忽视的控制力。如果原告未能提起联邦管辖的诉讼，或者没有加入有权移送整个诉讼的一方，或者加入的是非异籍的一方，或者要求的金额低于联邦管辖标准，被告就不能以原告也可依据轮流次序主张移送为由移送。[15] 当然，当原告因为欺诈、错漏而隐瞒了移送的合法理由时，就会出现不同的后果。[16] 一旦案件移送正当，原告就不能通过减少争议金额或加入非异籍一方当事人来推翻联邦管辖。[17]

对原告选择法院的另一限制是技术性起诉原则，它阻止原告通过"必要的联邦问题而否决移送"。[18] 如果法院认定原告对起诉进行了技术性处理，就可以不顾起诉理由充分原则而允许移送。[19] 然而，由于这样危及了原告有权决定如何起诉的原则，所以技术处理起诉原则的适用被限制在以下两种情形：（1）国会明确规定一定领域内联邦法完全优先于相应的州法，并且联邦法上的诉讼请求取代了州法上的诉讼请求；（2）州法规定的诉因实质上涉及联邦的实体问题。[20] 后一种援引技术处理起诉原则的情况很少运用。[21]

除了联邦初审管辖之外，过去，移送也一直要求受理案件的州法院对诉讼有

59

---

[14] Davenport v. Proctor & Gamble Mfg. Co., 241 F. 2d 511, 514 (2d Cir. 1957). 在两种情况下问题最严重：（1）当联邦法院所在的州并没有要求起诉状一定要包含有特定的金额的请求，或者明文禁止这种请求，或者仅仅要求请求要超过一定金额；（2）当地法院司法实践中允许赔偿额超过诉状所请求赔偿的最高金额，并且，原告所请求的低于移送所必需的管辖金额。移送管辖中与争议金额要求有关的这些及其他问题，请见 14C C. Wright, A. Miller & E Cooper, Jurisdiction and Related Matters 3d 3725.

[15] Greenshields v. Warren Petroleum Corp., 248 F. 2d 61, 65 (10th Cir. 1957), cert. Denied 355 U. S. 907.

[16] City of Galvestion v. International Organization of Masters, Mates & Pilots, 338 F. Supp. 907, 909 (S. D. Tex. 1972). See also Avco Corp. v. Aero Lodge No. 735, Int'l Ass'n of Machinists & Aerospace Workers, 376 F. 2d 337 (6th Cir. 1967), affirmed 390 U. S. 557, 88 S. Ct. 1235, 20 L. Ed. 2d 126 (1968). 取消异籍的方法的讨论见 2. 7, above.

[17] Albright v. R. J. Reynolds Tobacco Co., 531F. 2d 132 (3d Cir. 1976), cert. Denied426 U. S. 907; southern Pac. Co. v. Haight, 126 F. 2d 900, 903 (9th Cir. 1942), cert. Denied 317 U. S. 676; Stanhope v. Ford Motor Credit Co., 483 F. Supp. 275 (W. D. Ark. 1980).

[18] Franchise Tax Bd. of California v. Construction Laborers Vacation Trust for Southern California, 463 U. S. 1. 22, 103 S. Ct. 2841, 2853, 77 L. Ed. 2d 420 (1983).

[19] Rivet v. Regions Bank of Louisiana, 522 U. S. 470, 118 S. Ct. 921, 925, 139 L. Ed. 2d 912 (1998).

[20] Merrell Dow Pharmaceuticals Inc. v. Thompson, 478 U. S. 804, 106 S. Ct. 3229, 92 L. Ed. 2d 650 (1986); AVCO Corp. v. Aero Lodge No. 735, Int'l Ass'n of Machinists & Aerospace Workers, 390 U. S. 557, 88 S. Ct. 1235, 20 L. Ed. 2d 126 (1968). 技术性起诉原则，请见 Miller, Artful Pleading: A Doctrine in Search of Definition, 76 Texas L. Rev. 1781 (1998).

[21] City of Park City v. Rural Water District, 960 F. Supp. 255 (D. Kan. 1997).

初审管辖权。[22] 其法理在于移送管辖在某种意义上是一种派生之物。如果州法院缺乏诉讼标的管辖权，受移送的联邦法院不得要求管辖。这就导致了一些不正常的后果。[23] 例如，如果一个原告向州法院起诉诸如专利或反托拉斯等本来完全属于联邦法院有排他性管辖权的案件，从技术上讲移送是不合适的，联邦法院将被迫驳回移送，让原告不得不到联邦法院起诉。[24] 为解决这一问题，1986 年增加的第 1441 条（e）规定：联邦法院"不应被禁止审理和裁判那些民事诉讼请求，因为州法院对这些请求没有管辖权"。甚至，一旦案件被移送，起诉状可以修改，增加在州法院起诉时没有提及的诉讼请求。[25]

60　由于移送是一种由联邦法律所创设的特殊权利，州无权以任何方式对其加以限制。[26] 例如，一个州不能以合宪的方法制定法律，以一外国公司得以在该州经营为条件强行获得放弃移送的声明。[27] 另一方面，一方当事人预先承诺在诉讼中放弃移送权利的私人合同得到认可。[28]

在决定移送的一般规则时，联邦问题案件与异籍案件之间有着重大的区别。移送总则第 1441 条（b）规定，只有当任何一个被告都不是受理法院所在州的居民时，该案方可基于异籍而移送。结果，如果一个密西西比州公民在衣阿华州法院起诉一衣阿华州公民，且异籍又只是主张联邦管辖的惟一理由，那么被告不能移送。这一增加的限制之所以正当，是因为衣阿华州的被告不能认为在本州法院会受到针对外州人的歧视，因此联邦管辖权就没有理由及于此案。[29] 在联邦问题案件中，被告可以无视当事人是否异籍而移送。

---

〔22〕　See, e. g., Garden Homes, Inc. v. Mason, 238 F. 2d 651（1st Cir. 1956）（因为送达程序不当，州法院缺乏对人管辖权）；Dunn v. Cedar Rapids Engineering Co., 152 F. 2d 733（9th Cir. 1945）（州法院对外国公司没有对人管辖权）；Keay v. Eastern Air Lines, Inc., 267 F. Supp. 77（D. Mass. 1967）（对仲裁裁决，州法院没有诉讼标的管辖权）。

〔23〕　大法官布 Brandeis 在 Lambert Run Coal Co. v. Baltimore & Ohio R. R. Co. 案中对此规则的系统阐述最为闻名，请见 258 U. S. 377, 382, 42 S. Ct. 394, 351, 66 L. Ed. 671（1922）。

〔24〕　General Inv. Co. v. Lake Shore & M. S. Ry. Co., 260 U. S. 261. 43 S. Ct. 106, 67 L. Ed. 244（1922）（Sherman and Clayton Acts）；Koppers Co. Continental Cas. Co., 337 F. 2d 499（8th Cir. 1964）（Miller Act）；Leesona Corp. v. Concordia Mfg. Co., 312 F. Supp. 392（D. R. I. 1970）（由于禁止移送那些只能在联邦法院起诉的案件，该规则受到尖锐批评）。See, e. g., Washington v. American League of Professional Baseball Clubs, 460 F. 2d 654, 658－59（9th Cir. 1972）。

〔25〕　Freeman v. Bee Mach. Co., 319 U. S. 448, 63 S. CT. 1146, 87 L. Ed. 1509（1943）. 移送案件适用与最初在联邦法院起诉案件同样的程序与规则。见 14C C. Wright, A. Miller & E. Cooper, Jurisdiction and Related Matters 3d 3738。

〔26〕　Harrison v. St. Louis & S. F. R. R. Co., 232 U. S. 318, 34 S. Ct 333, 58 L. Ed. 621（1914）；Fresquez v. Fransworth & Chambers Co., 238 F. 2d 709, 712（10th Cir. 1956）。

〔27〕　Terral v. Burke Constr. Co., 257 U. S. 529, 42 S. Ct. 188, 66 L. Ed. 352（1992）。

〔28〕　Monte v. Southern Delaware County Authority, 32d1 F. 2d 870（3d Cir. 1963）。

〔29〕　非当地居民主张异籍管辖的可能性使担忧当地歧视的外州当事人受到保护。但是，对歧视的担忧之说并不能解释为什么本州原告在起诉别州居民时也有权向本州所在的联邦法院主张异籍管辖。

在决定一个异籍诉讼是否可以依据第 1441 条（b）予以移送时，有许多规则需要考虑。作为基本原则，移送的可否要根据移送通知被提交时的案卷记录作出。[30] 然而，异籍要成为移送管辖的基础，则它必须既存在于诉讼最初向州法院提出时，也存在于移送要求被提出时；被告在州法院诉讼启动后不能改变住所地以主张异籍。[31] 另一方面，例如，如果原告起诉一个外国被告和一个当地被告，诉讼之初移送不能成立。因为所有被告相对于原告而言都必须是异籍[32]且不是受理法院所在州居民。但是，如果原告后来修改诉状、去掉了当地被告，外国被告就有权移送。[33] 这种情况下，非异籍被告的排除必须出于原告的自愿：如果对当地被告的排除并非出于自愿，例如，因一个有利的简易判决，异籍被告的移送要求就得不到许可。[34] 区分自愿与否的原理从未得到很明确的解释，但是，在当地被告的排除尚未被州法院最终决定且可能被上诉撤消时，这一区分发挥了防止移送的目的。自愿作出的排除是终局性的，因此，联邦法院对其余的当事人拥有不容置疑的管辖权。[35]

如果个案当中既有根据以上所述原则可移送的诉讼请求，也有不可移送的诉讼请求，难题就会出现。[36] 1866 年通过的一个成文法规规定，如果不同州籍的居民之间"可分离的争议"存在于一个较大的诉讼之内，该争议可以移送，其余部分仍在最初起诉的州法院审判。[37] 1875 年这一法规被修改，允许这种争议中的被告移送整个诉讼。[38] "可分离的争议"标准适用至 1948 年[39]才被《美国

---

[30]　Salem Trust Co. v. Manufacturers' Finance Co., 264 U. S. 182, 189 - 90, 44 S. Ct. 266, 267, 68 L. Ed. 628 (1924).

[31]　Jackson v. Allen, 132 U. S. 27, 10 S. Ct. 9, 33 L. Ed. 249 (1889); Carlton Properties, Inc. v. Crescent City Leasing Corp., 212 F. Supp. 370 (E. D. Pa. 1962).

[32]　Strawbridge v. Curtiss, 7 U. S. (3 Cranch) 267, 2 L. Ed. 435 (1806). 请参阅以上本章第二节的讨论。

[33]　Powers v. Chesapeake & Ohio Ry. Co., 169 U. S. 92, 18 S. Ct. 264, 42 L. Ed. 673 (1898). 这种情况现在在 28 U. S. C. A 1446 (b) 中有明确规定。

[34]　Southern Ry. Co. v. Lloyd, 239 U. S. 496, 36 S. Ct. 210 60 L. Ed. 402 (1916).

[35]　Weems v. Louis Dreyfus Corp., 380 F. 2d 545 (5th Cir. 1967). 起诉理由充分原则的适用禁止在前两种情况下移送，因为这种诉讼不是在联邦法院提出的。不过，当管辖似乎基于被告有理由提出的针对第三人的诉讼时，且符合 28 U. S. C. A 1441 (c) 规定的条件，就可以移送。E. g., Carl Heck Engineers, Inc. v. Lafourche Parish Police Jury, 622 F. 2d 133 (5th Cir. 1980); Industrial Lithographic Co. v. Mendelsohn, 119 F. Supp. 284 (D. N. J. 1954).

[36]　问题之一是一个被告是否能够基于反诉、交叉请求、第三人诉讼而移送。

[37]　Act of July 27, 1866, 14 Stat. 306.

[38]　Act of March 3, 1875, 18 Stat. 470, 正如联邦最高法院在 Barney v. Latham 案中解释的那样，见 103 U. S. (13 Otto) 205, 26 L. Ed. 514 (1881).

[39]　"可分的争议"的标准，见 Holms, The Separabel Controversy — A Federal Removal Concept, 12 Miss. L. J. 163 (1939); Keefe & Lacey, The Separable Controversy — A Federal Concept, 33 Cornell L. Q. 261 (1947).

法典》第 28 标题第 1441 条（c）所取代。现行的法规规定，"只要一个可分的、独立的（非异籍）的诉讼请求或诉因与一个或多个不可移送的诉讼请求或诉因并存"，可以移送整个诉讼。联邦法院拥有自由裁量权审判整个诉讼，或者只要求移送"联邦法律优先的所有事项"。

第 1441 条（c）给予联邦地区法院自由裁量权、决定是否审判那些并没有移送的诉讼请求乃是出于两个策略性的理由。第一，当其他并未移送的请求与可移送的请求之间在实体上有事实与证据方面的重复时，由地区法院一并审判可以避免州法院另行审判带来的浪费、节约司法成本。第二方面的考虑也许更为重要，即如果地区法院不审判整个诉讼，被告就被迫在两个分离的诉讼中进行诉讼。为避免此种情形，被告很可能根本就不行使移送权，为当事人提供到联邦法院诉讼机会的联邦利益就会落空。

适用第 1441 条（c）的主要难点在于决定一个诉讼请求或诉因是否"可分且独立"、进而可移送。对此问题发挥指导性作用的判例是 American Fire & Casualty Company v. Finn 一案,[40] 德克萨斯人芬恩（Finn）在本州起诉两个外国保险公司及作为其在德克萨斯州的代理人的另一德克萨斯州人。起诉状提出两者必居其一的诉讼请求，或依据其中一家保险公司有关规定赔偿火灾给原告造成的损失，或者，由于当地代理人未能使原告的财产保险得以持续而承担责任。两家外国保险公司根据第 1441 条（c）将此案移送到联邦法院。陪审团作出不利于其中一家保险公司的裁决后，该保险公司以其移送主张未经深思熟虑、联邦法院并无管辖权为由提出判决无效。联邦最高法院对此予以认可。它认为，这一法规的语言较之过去的立法文件更加严格。尤其是"'独立'一词的增加强调了国会旨在要求在联邦诉讼和移送之前、只能在州法院进行的诉讼程序之间更明确的界线。"[41]

在努力界定"诉因"这一含混不清的概念之后，最高法院提出"在一系列连锁事件中，只要原告遭受的是一个单独的过错行为并因此寻求救济，那么，第 1441 条（c）所指的可分且独立的请求或诉因就不存在。"[42] 将此标准适用于该案事实，联邦最高法院发现只有惟一的过错行为，即未能支付原告，只有一个问题、即三个被告之间的责任不明。因此，地区法院不应当接受移送管辖。

芬恩一案对"可分且独立"的解释造成的主要影响在于限制了有多方当事

---

[40] 341 U. S. 6, 71 S. Ct. 534, 95 L. Ed. 702d (1951).
[41] 341 U. S. at 12, 71 S. Ct. at 539.
[42] 341 U. S. at 14, 71 S. Ct. at 540.

人的异籍案件的移送,[43] 而这些案件根据当时法规的字面意义在理论上是可以移送的。1990 年，国会专门修改了第 1441 条（c），废止了该条对异籍案件的适用，将有可分且独立的诉讼请求从而可以移送的案件范围限定于涉及联邦问题的诉讼请求之内。[44] 在那些诉讼中，当一个涉及联邦问题的诉讼请求与一个可分离的、根据州法提出的诉讼请求并存时，根据第 1441 条（c）移送可以成立。这种情形会发生在那些只有一个原告和一个被告的案件中，芬恩案出现的因当事人多而产生的难题不复存在。然而，在此情况下适用第 1441 条（c）会引起别的问题。一是"可分且独立"从而可移送的诉讼请求与那些与可移送的请求有密切的关系、并符合补充管辖条件的诉讼请求之间的关系。[45]

有两种可能性。如果根据联邦和州法提出的诉讼请求是可分且独立的，那么依据 1441 条（c）案件就是可移送的；如果它们不是可分且独立的，依据 1441 条（b），该案可移送，因州法提起的诉讼获得联邦补充管辖。但是，这可能过于简单了。可能有的诉讼请求关系过于密切以致无法依据第 1441 条（c）予以移送，同时，又不足以满足补充管辖对诉讼请求的要求。对此，判例没有作出回答。另一个合宪性问题引起很大争议：如果界定了补充管辖的联邦判例反映了宪法对联邦诉讼标的管辖的限制，而第 1441 条（c）却允许移送不是异籍的被告提出的、与联邦问题无关的诉讼请求，那么，第 1441 条（c）就是违宪的。[46]

移送法规第 1446 条规定了要求移送的被告所应当遵守的程序。[47] 基本步骤如下。被告（通常在接受诉状后的 30 日内）向应当移送的联邦地区法院提交移送通知，阐述能够证明移送正当性的事实。过去，为了保护原告免受被告错误移送之苦，被告要交纳一笔保证金。保证金包括了原告的成本和因错误移送导致的支出。1988 年，国会取消了保证金要求。国会认定：第 1447 条（c）授予地区

63

---

[43] E. g., Clarence E. Morris, Inc. v. Vitek, 412 F. 2d 1174, 1176 (9th Cir. 1969) （"如果多个诉讼诉讼请求出自于一个过错行为，则这些请求不是可分且独立的。"）。Anderson v. Union Pac. Coal Co., 332 F. Supp. 605 (D. Wyo. 1971) (54 个以前雇用的监督人员起诉要求履行支付退休金的口头协议，原告中有 4 人与被告为同一州居民)；South Carolina Elec. & Gas Co. v. Aetna Ins. Co., 114 F. Supp. 79 (E. D. S. C. 1953) (根据提供比例责任的 38 份独立的保单，为一个损失而起诉 38 个保险商)。

[44] Dec. 1, 1990, Pub. L. 101 - 650, 312, 104 Stat. 5089.

[45] 有关补充管辖及未决诉讼请求的讨论，请见 2. 13, below.

[46] Compare Lewin, The Federal Courts' Hospitable Back Door — Removal of "Separate and Independent" Non – Federal Causes of Action, 66 Harv. L. Rev. 423 (1953) (Section 1441 (c) is unconstitutional), with Moore & VanDercreek, Multi – party, Multi – claim Removal Problems：The Separate and Independent Claim under Section 1441 (c), 46 Iowa L. Rev. 489 (1961) (Section 1441 (c) is constitutional). See also Cohen, Problems in the Removal of a "Separate and Independent Claim or Cause of Action," 46 Minn. L. Rev. (1961) (the statute is constitutional but of onlyt marginal utility)；Steimnan, Removaval, Remand, and Review in Pendent Claim and Pendent Party Cases, 41 Vand. L. Rev. 923 (1988).

[47] 对移送程序更加详细的论述，请见 14C C. Wright, A. Miller & E. Cooper, Jurisdiction and Related Matters 3d 3730 - 37.

法院发回移送请求、裁定被告支付成本和费用的自由裁量权，而规则第11条中的制裁规定又提出保证金要求，两者造成不必要的重复。被告还必须将书面的移送通知交原告，将该通知的附本一份交州法院。提交文件之后，第1446条明文规定，禁止州法院进一步审理该案，除非并且只有等到该案被发回。即使该案移送不当，只要未被发回，州法院在移送后进行的任何诉讼行为均自始无效。

原告如果想推翻移送，可以向受移送的联邦法院提出发回动议。[48] 尽管是原告提出了驳回动议，但是提供必要事实、证明移送管辖成立的责任在于被告，这与推定联邦诉讼标的管辖权不成立的原则是一致的。[49] 如果管辖十分可疑，受移送法院必须将其发回州法院。[50] 只要联邦法院认为移送不当，在最终判决作出之前的任何时间都可主动将其发回。[51] 如同那些否决申请发回移送的动议的裁定一样，将移送发回到州法院的裁定一般是不能上诉的。[52]

最后，被告在请求移送之前，可以在州法院采取实体上的抗辩性诉讼行为，[53] 如提出反诉或着力于调查取证等，而不行使移送权。同样，一个原告也可以放弃反对移送的权利。例如，一旦被移送案件被裁决，未能及时针对移送程序中的瑕疵或移送的合法性提出反对的原告就失去了她原有的异议权。[54] 当然，这并不意味着放弃对移送法院诉讼标的管辖权的瑕疵的异议权，这种异议权随时都可提出。

2. 12 补充管辖——历史

州法院拥有普通管辖权，与此相对，联邦法院只有有限管辖权，即只有权审

---

〔48〕 28 U. S. C. A 1447 (c). See Meredith v. Van Oosterhout, 286 F. 2d 216 (8th Cir. 1960), cert. Denied 365 U. S. 835. 更详细的论述请见 14C C. Wright, A. Miller & E. Cooper, Jurisdiction and Related Matters 3d 3739.

〔49〕 R. G. Barry Corp. v. Mushroom Makers Inc., 612 F, 2d 651 (2d Cir. 1979); Jerro v. Home Lines, Inc., 377 F. Supp. 670 (S. D. N. Y. 1974); Lassiter v. State Farm Mut. Auto. Ins. Co., 371 F. Supp. 1221 (E. D. Ark. 1974).

〔50〕 Williams v. Tri-County Community Center, 323 F. Supp. 286 (S. D. Miss. 1971), affirmed 452 F. 2d 221 (5th Cir. 1971); Pabst v. Roxana Petroleum Co., 30 F. 2d 953 (S. D. Tex. 1929). 如果发回，联邦法院会确定移送一方支付"合理费用"；这可从提出移送请求时交的保证金中得到执行。见 28 U. S. C. A 1447 (c).

〔51〕 In re MacNeil Bros. Co., 259 F. 2d 386 (1st Cir. 1958); Pettit v. Arkansas Louisiana Gas Co., 377 F. Supp. 108 (E. D. Okl. 1974).

〔52〕 Things Remembered, Inc. v. Petrarca, 516 U. S. 124, 116 S. Ct. 494, 133 L. Ed. 2d 461 (1995).

〔53〕 Texas Wool & Mohair Marketing Ass'n v. Standard Acc. Ins. Co., 175 F. 2d 835 (5th Cir. 1949); Briggs v. Miami Window Corp., 158 F. Supp. 229 (M. D. Ga. 1956). 如果被告的加入不具实体意义，弃权不会发生。请见 Hildreth v. General Instrument, Inc., 258 F. Supp. 29 (D. S. C. 1966).

〔54〕 Grubbs v. General Elec. Credit Corp., 405 U. S. 699, 92 S. Ct. 1344, 31 L. Ed. 2d 612 (1972); McLeod v. Cities Service Gas Co., 233 F2d 242 (10th Cir. 1956).

判《宪法》第 3 条[1]所列举的案件和国会授权其审判的案件。[2] 但是，联邦法 65
院审理的许多案件中，有的诉讼请求和争议问题本身不符合联邦管辖的条件、不
能被联邦法院审理。联邦法院成立之初，法官们就努力适应这种要求、审判从技
术上本不属于联邦诉讼标的管辖范围的事项。为了满足这一需要，将特定的非联
邦管辖事项作为法院有效行使宪法和法律所赋予联邦法院的司法权，联邦法院终
于建立了两种形式的联邦管辖，即附带管辖与未决事项管辖。[3] 多年以来，这
两种理论丰富了有限的联邦法院诉讼标的管辖内容，使联邦法院得以兼顾公平对
待当事人和有效节约司法资源的要求，审判整个案件。联邦法院与州法院之间鸡
零狗碎的诉讼也得以避免。

评价法院创立的附带管辖与未决事项管辖对于理解其继任者——补充管辖十
分必要，虽然附带管辖与未决事项管辖具有相似性，[4] 但是这两种理论"各自
不同的发展引导着大多数联邦法院对它们加以区分。"[5] 本节也将其看作不同的
概念。

最初，附带管辖概念内涵较小，仅限于必要事项。Freeman v. Howe 这一早
期案例即为例证。[6] 弗雷曼（Freeman）是美国执法官，提起联邦异籍诉讼，并
依据该联邦法院扣押令状扣押了一些铁路客车。随后，铁路的受押人、与弗雷曼
同州的另一居民，以弗雷曼为被告，在州法院成功提起返还原物之诉。在审查州 66
法院决定后，联邦最高法院认为，州法院无权过问已在联邦法院控制之下的财
产。但是，如果州法院无权给予受押人寻求的救济，而受押人又不能主张异籍管
辖，受押人对铁路客车的请求就无处可提。因此，最高法院认为受押人可到联邦
法院主张其权利。在最高法院看来，受押人的请求"不是初始的，而是附带和
从属的，仅仅是对初始诉讼的补充。"[7] 由此看来，当一个争议"事实上、或

---

〔1〕 美国《宪法》第 3 条第 2 款规定，"司法权的范围及于依据本宪法、合众国法律和根据合众国
权力已缔结或将缔结的条约而产生的有关普通法和衡平法的一切案件；涉及大使、公使和领事的一切案
件；关于海事法和海事管辖权的一切案件；合众国为一方当事人的诉讼；两个或两个以上州之间的诉讼；
一州与他州公民之间的诉讼；不同州公民之间的诉讼；同州公民之间对不同州转让与土地所有权的诉讼；
一州或其公民与外国国家或外国公民或臣民之间的诉讼。"

〔2〕 美国《宪法》第 1 条第 8 款第九项（"国会有权设立最高法院以下之各级法院"），第 3 条第 1
款（"合众国的司法权属于最高法院和国会可不时规定和设立的下级法院"）。

〔3〕 对附带诉讼的讨论，另见 13C. Wright, A. Miller & E. Cooper, Jurisdiction and Related Mat-
ters2d3523；Note, Ancillary Jurisdiction of the Federal Courts, 48 Iowa L. Rev. 383 (1963).

〔4〕 对附带诉讼与未决事项诉讼相互关系的更多争论，见 Comment, Pendent and Amcillary Jurisdeic-
tion: Towards a Synthesis of Two Doctrines, 22 U. C. L. A. L. Rev. 1263 (1975).

〔5〕 见 Mouchawar, The Congressional Resurrection of Supplemental Jurisdiction in the Post – Finley Era,
42 Hast. L. J 1611 (1991).

〔6〕 65 U. S. (24 How.) 450, 16 L. Ed. 749 (1860).

〔7〕 65 U. S. (24 How.) at 640.

者可以推定其与法院因主诉而占有或控制的财产或资产有直接关系时，它才是附带的。"[8]

1926 年，附带管辖的范围因 Moore v. New York Cotton Exchange 案[9]而显著扩大。联邦最高法院认为，虽然被告的强制性反诉并不涉及联邦问题，并且也不存在异籍管辖，但是，该反诉与构成原告联邦法律诉讼基础的事实之间的内在关系足以使附带管辖成立。[10]

但是，附带管辖最重大的发展是 1938 年《联邦民事诉讼规则》的通过所带来的。虽然该《规则》第 82 条明确宣称这些规则"不能被解释为扩大或者缩小了合众国地区法院的管辖权，"但是，通过有关诉讼请求与诉讼当事人的合并的宽松的规定，这些规则的后果之一就是扩大了诉讼参与人的范围。灵活的制度为附带管辖的适用留下了广阔的空间，导致了个别当事人加入联邦诉讼更加容易。虽然初始的起诉以联邦诉讼标的管辖为依据，但如果没有附带管辖作为联邦诉讼标的的管辖的补充以使法院可以审判往往涉及新增当事人的诉讼请求，该规则有关合并的规定将丧失实际意义。[11] 这样，附带管辖使那些没有独立理由要求联邦法院行使诉讼标的管辖权的诉讼请求能够在联邦法院得到审判；通常，这种情况发生在那些因为涉及一个或多个非异籍当事方或达不到管辖金额要求，案件从技术上看无法主张联邦管辖的案件中。[12]

要决定对某一诉讼请求有无附带管辖权，联邦地区法院首先要决定该请求是否"附属"于使诉讼标的管辖成立的诉讼请求。判断是否附属的公式就是看这一诉讼请求与单独导致联邦管辖成立的诉讼请求所依据的重要事实之间有无本质上的逻辑联系。[13] 总的来说，如果这两个请求依据的是"同一重要事实核心"或者"初始请求赖以产生的事实核心使被告方获得的、另外的、舍此就无从主

---

[8] Fulton Nat. Bank of Atlanta v. Hozier, 267 U. S. 276, 280, 45 S. Ct. 261, 262, 69 L. Ed. 609 (1925).

[9] 270 U. S. 593, 46 S. Ct. 367, 70 L. Ed. 750 (1926).

[10] "起诉与反诉之间关系如此密切，前者的失败就是后者成立的基础。" 270 U. S. at 610, 46 S. Ct. at 371. The "mirror image" test that this quotation suggests also is used in Great Lakes Rubber Corp. v. Herbert Cooper Co., 286 F. 2d 631 (3d Cir. 1961).

[11] 法官 Charles E. Clark 是该规则的主要设计者。他辩称，适当运用附带管辖实现该规则的要求并不是不合法地扩大了联邦管辖权。见 Lesnik v. Public Industrials Corp., 144 F. 2d 968 (2d Cir. 1944).

[12] 异籍管辖见 2. 5 – 2. 6, above, 管辖金额要求见 2. 8 – 2. 9, above.

[13] Revere Copper & Brass Inc. v. Aetna Cas. & Sur. Co., 426 F. 2d 709, 714 (5th Cir. 1970). 在审查增加的诉讼请求或增加的当事人是否属于附带管辖范围时，虽然多数现代法院采取的是逻辑关系这一术语，其标准与目的与未决管辖成立、法院审查诉讼请求是否以重要事实核心的标准、目的相同。最高法院的确注意到这一巧合，见 Owen Equipment & Erection Co. v. Kroger, 437 U. S. 365, 98 S. Ct. 2396, 57 L. Ed. 2d 274 (1978)。此案及未决管辖还将在本节加以讨论。

张的权利"。[14]

在《联邦民事诉讼规则》里有几处使用了附带管辖的另一种语言概括：与已经向法院提出的诉讼标的请求出于同一行为或事件的请求。[15] 以行为为标准的联邦法院认为，附带管辖适用于强制反诉，[16] 交叉请求，[17] 加入到强制诉讼与交叉请求的第三人，[18] 被告寻求将原告未起诉的第三人作为被告的诉讼。[19] 此外，附带诉讼还用于权利竞合诉讼[20] 和第三人对诉讼标的的主张权利而介入的诉讼；[21] 但不能扩展到该《规则》第 24 条第 2 款所规定的被许可的第三人介入，[22] 该《规则》第 19 条所规定的不是可有可无的当事人，[23] 第 20 条规定的当事人加入，[24] 以及除非反诉是以纯粹的抵销作为理由、[25] 附带管辖可以成立的其他许可的反诉。[26]

虽然联邦法院的确有权得到它所认定的附带的诉讼请求的管辖权，但这并非

68

---

〔14〕 Revere Copper & Brass Inc. v. Aetna Cas. & Sur. Co. , 426 F. 2d 709, 715 (5ᵗʰ Cir. 1970).

〔15〕 E. g. , Fed. Civ. Proc. Rules 13 (a), 13 (g), 13 (h), and 14 (a).

〔16〕 Fed. Civ. Pro. Rule 13 (a); U. S. for Use & Benefit of D'Agostino Excavations, Inc. v. Heyward – Robinson Co. , 430 F. 2d 1077 (2d Cir. 1970), cert. Denied 400 U. S. 1021; Berger v. Reynolds Metals Co. , 39 F. R. D. 313 (E. D. Pa. 1966).

〔17〕 Fed. Civ. Proc. Rule 13 (g); Amco Constr. Co. v. Mississippi State Bldg. Comm'n, 602 F. 2d 730 (5ᵗʰ Cir. 1979); City of Boston v. Boston Edison Co. , 260 F. 2d 872, 874 – 75 (1ˢᵗ Cir. 1958); Hoosier Cas. Co. v. Fox, 102 F. Supp. 214 (N. D. Iowa 1952).

〔18〕 Fed. Civ. Proc. Rule 13 (h); United Artists Corp. v. Masterpiece Productions, Inc. , 221 F. 2d 213 (2d Cir. 1955); Hoosier Cas. Co. v. Fox, 102 F. Supp. 214 (N. D. Iowa 1952).

〔19〕 Fed. Cir. Proc. Rule 14 (a); Pennsylvania R. R. Co. v. Erie Ave. Warehouse Co. , 302 F. 2d 843, 845 (3d Cir. 1962); Dery v. Wyer, 265 F. 2d 804 (2d Cir. 1959).

〔20〕 Fed. Civ. Proc. Rule 22; Walmac Co. v. Isaacs, 220 F. 2d 108 (1ˢᵗ Cir. 1955).

〔21〕 Fed. Civ. Proc. Rule 24 (a); Lenz v. Wagner, 240 F. 3d 666 (5ᵗʰ Cir. 1957). Subsequent to the enactment of 28 U. S. C. A. 1367, intervenors as of right require an independent basis of jurisdiction. See the discussion of Section 1367 in 2. 13, below.

〔22〕 Hougen v. Merkel, 47 F. R. D. 528 (D. Minn. 1969).

〔23〕 Chance v. County Bd. of School Trustees of McHenry Country, Illois, 332 F. 2d 971 (7ᵗʰ Cir. 1964).

〔24〕 将依据《规则》第 20 条加入的当事人的管辖称为"未决当事人管辖"更为妥当，see 2. 14, below.

〔25〕 对附带管辖和联邦民事诉讼规则的更详细论述，见 Fraser, Ancillary Jurisdiction and the Joinder of Claims in the Federal Courts, 33 F. R. D. 27 (1964); Goldberg, Influence of Procedural Rules on Federal Jurisdiction, 28 Stan. L. Rev. 968 (1951); Developments in the Law — Multiparty Litigation in the Federal Courts, 71 Harv. L. Rev. 874 (1958); Note, Ancillary Jurisdiction of the Federal Courts, 48 Iowa L. Rev. 383 (1963); Note, Rule 14 Claims and Ancillary Jurisdiction, 57 Vba. L. Rev. 265 (1971).

〔26〕 Fraser v. Astra S. S. Corp. , 18 F. R. D. 240 (S. D. N. Y. 1955). 抵销作为例外主要因历史原因并仅仅适用于依据合同或判决书而提出的数额确定的赔偿请求。见 Marks v. Spitz, 4 F. R. D. 348 (D. A. Mass. 1945).

其义务。[27] 附带管辖权的行使取决于法院的自由裁量权，作出决定时，法院通常要考虑司法资源是否有效利用、本来联邦管辖理由充分的诉讼请求会不会因附带管辖而变得复杂或有所改变。利弊的权衡犹如宪法和法规的限制，影响到是否同意行使附带管辖。《联邦民事诉讼规则》第 14 条有关第三方被告和最初起诉的原告之间诉讼请求的处理办法，就是很好的例证。

1978 年，联邦最高法院在 Owen Equipment & Erection Company v. Kroger 一案中断定，[28] 即使最初的原告针对第三方被告提出的诉讼请求符合《联邦民事诉讼规则》第 14 条的规定、与最初的诉讼请求有关联性，也必须有独立的管辖根据。联邦最高法院注意到：在不影响异籍的情况下，原告不能作为一个最初的共同被告加入第三方被告。允许附带管辖就使原告通过迂回手段达到了同样的效果，从而与完全异籍原则相矛盾。具有讽刺意味的是，一些下级法院认为，第三方被告针对最初的原告提出的有关联性的诉讼请求［这与克罗杰（Kroger）案的情形恰恰相反］当属联邦法院附带管辖。虽然有些案件结论相反或者管辖被驳回，[29] 这些决定并没有宪法和法律根据。[30] 相反，在这些案件中，法院引人注目地得出了增加的诉讼请求使诉讼更加复杂并且有悖原告初衷的结论。这样，这些决定来自这样一个前提：法院可以自由裁量是否对第三方被告提出的新增请求行使附带管辖，以便新的请求不与最初请求一起审判。

最后应当注意，当一联邦法院对一诉讼请求或一当事人有附带管辖权时，诉讼就不必符合通常的地域管辖要求。另一方面，如果法院有附带管辖权的诉讼请求针对的是新增的被告、如第三方被告，附带管辖不能取消法院对此被告要有对人管辖权的要求，即法院仍要遵循对人管辖和送达的准则。[31]

未决管辖的概念由首席大法官马歇尔在 Osborn v. Bank of United States 案中

---

[27] 对一些案件，法院会简单地宣布其不会行使管辖权。另一些案件中，什么构成了"行为"将决定管辖的限制。例如，地区法院（LASA per L'Industria Del Marmo Societa Per Azioni of Lasa, Italy v. Southern Bvuilders, Inc., of Tennessee, 45 F. R. D. 435（w. d. Tenn. 1967））将行为狭义地理解为原告与被告之间特定的合同，而第六巡回法院撤消了并将行为定义所有因此工程而产生的纠纷［414 F. 2d 143（6th Cir. 1969）］.

[28] 437 U. S. 365, 98 S. Ct. 2396, 57 L. Ed. 2d 274 (1978). See 2. 13, below.

[29] Evra Corp. v. Swiss Bank Corp., 673 F. 2d 951 (7th Cir. 1982), cert. Denied 459 U. S. 1017; Revere Copper & Brass Inc. v. Aetna Cas. & Sur. Co., 426 F. 2d 709 (5th Cir. 1970); Finkel v. U. S., 385 F. Supp. 333 (S. D. N. Y. 1974); Union Bank & Trust Co. v. St. Paul Fire & Marine Ins. Co., 38 F. R. D. 486 (D. Neb. 1965); Heintz & Co. v. Provident Tradesmens Bank & Trust Co., 30 F. R. D. 171 (E. D. Pa. 1962).

[30] James King & Son, Inc. v. Indemnity Ins. Co. of North America, 178 F. Supp. 146, 148 (S. D. N. Y. 1959).

[31] See, e. g., James Talcott, Inc. v. Allahabad Bank, Ltd., 444 F. 2d 451, 464 n. 11 (5th Cir. 1971), cert. Denied 404 U. S. 940; Doebler v. Stadium Productions Ltd., 91d F. R. D. 211 (W. D. Mich, 1981); U. S. v. Rhoades, 14F. R. D. 373 (D. Colo. 1953).

最早提出：[32]

"即使可能涉及其他法律或事实问题，只要宪法所规定的合众国司法权管辖所及的问题构成了最初诉因的一个要素，就应被视为国会已经授予巡回法院对此诉因的管辖权。"[33]

这一论述表明了司法所公认的原则：除非最初管辖的联邦法院有权决定个案提出的所有问题，否则该法院就不能有效地审判。未决管辖在 Siler v. Louisville & Nashville Railroad Company 一案中得到发展。[34] 在此案判决中，联邦最高法院指出，一个联邦法院不必对该院管辖权所赖以成立的联邦问题的诉讼请求作出决定，相反，可以解决建立在未决的、依据州法提出的诉讼请求之上的所有争议。这一规则与认为联邦法院不能有效发挥作用的奥斯本（Osborn）案原则有所不同。然而，因为它在可能的情况下避免对宪法问题作出决定，[35] 并且为在一次诉讼中解决全部争议提供了可能，所以十分有用。

随着这一理论的成熟，未决管辖多数情况下是当原告针对非异籍被告提起联邦问题诉讼请求，在同一诉讼中又针对同一被告提出一个依据州法而产生的诉讼请求。[36] 如同附带管辖，未决管辖使一个联邦法院审判一个与该法院法定管辖范围内的诉讼紧密相关的诉讼请求，虽然这一诉讼请求本身并不符合诉讼标的管辖的要求。结果，未决管辖通过取消诉讼在州法院的重复，促进了司法的经济、方便和公正。

另外，未决管辖还使原告因联邦法而产生的诉讼请求在联邦法院审判的权利得以实现——这是在附带管辖中通常不会提出的理论的基本理由。如果没有未决管辖，对同一被告既提出联邦诉讼请求、又有与之关系紧密的州法请求的原告只能面对三个令人不快的选择：首先，原告可以在联邦法院提出联邦请求，在州法院提出州法请求。除了两个诉讼同时进行所带来的成本和不便之外，先前裁判的原则也使这一选择变得更加复杂。[37] 首先被最终判决的诉讼请求中被解决的争

70

---

[32] 22 U. S. (9 Wheat.) 738, 6 L. Ed. 204 (1824).

[33] 22 U. S. (9 Wheat.) at 823.

[34] 213 U. S. 175, 29 S. Ct. 451, 53 L. Ed. 753 (1909).

[35] 茜拉案判决的这一方面在 Hagans v. Lavine 案中重新得到强调。415 U. S. 528, 546 – 47, 94 S. Ct. 1372, 1383 – 84, 39 L. Ed. 2d 577 (1974).

[36] See, e. g., Romero v. International Terminal Operating Co., 358 U. S. 354, 79 S. Ct. 468, 3 L. Ed. 2d 368 (1959)（根据28 U. S. C. A1331，《琼斯法》为海事请求可向联邦法院要求未决管辖奠定了基础）The Romero case and Some Problems of Federal Jurisdiction, 73 Harv. L. Rev. 817, 833 – 50 (1960). Cf. Lefson v. Esperdy, 211 F. Supp. 769 (S. D. N. Y. 1962)（alien's action to review denial of application for adjustment of status, which normally would be heard by district court, could be heard by court of appeal as pendent to the latter's review of a deportation order）. 当州法请求仅仅因不符合争议金额要求而不能使联邦管辖成立时，它可以根据争议金额累计原则（the rules of aggregation）得以受理，而不必主张未决管辖。

[37] 见 2. 14.

议事项很可能对另一诉讼请求导致的并行诉讼有约束力。其次，原告彻底放弃一个诉讼请求，保留一个到联邦或州法院诉讼。如果两个诉讼请求都是实体的，这一选择的代价可能过大。如果有不同性质的损害，这种情况很可能发生。不过，为了没有困难地进行两个并行的诉讼，原告可能作出第三种选择——到一州法院既提出州法请求又提出联邦请求（假设后者不在排他性的联邦管辖范围内），[38] 这样使自己丧失了联邦法院审判其提出的联邦请求的机会——而国会已将此权利授予她。

71
　　管辖理由成立的诉讼请求与未决诉讼请求之间要构成何种关系才能使后者获得未决管辖？这一关键问题在 Hurn v. Oursler 案中受到关注。[39] 联邦最高法院认为，如果一个原告提出来一个州法一个联邦法"两个不同的事实根据"以"支持一个单一的诉因"，联邦法院对整个诉讼都有管辖权；但是如果原告的主张构成"两个可分且不同的诉因"，联邦法院就只对联邦法上的"诉因"有管辖权。[40] 因其抽象和完全的概念化的特征，这一未决管辖标准引起了不少问题。尤其是"诉因"一词，本身就被认为极难定义，理论上对支持同一诉因的并存的事实根据和可分的诉因加以区别远比实际运用要容易得多。另外，1938 年《联邦民事诉讼规则》颁布实施，以实用的"诉讼请求"概念代替了"诉因"概念，赫恩（Hurn）一案确立的标准已经过时。重建工作完成于 1966 年 United Mine Workers of America v. Gibbs 这一标志性判例。[41]

　　吉布斯（Gibbs）到联邦法院起诉工会，以工会违反了塔夫特—哈特莱法为由提出联邦法上的诉讼请求，以工会非法干涉其雇佣合同为由依田纳西州法提出诉讼请求，大法官布伦南（Brennan）代表联邦最高法院撰写判决书，对依州法而提出的诉讼请求联邦法院有未决管辖权，抛弃了赫恩案的判决意见并提出了两个步骤标准。第一，联邦法院对未决的请求有无管辖权？第二，如果有，行使完整的自由裁量权就意味着联邦法院应当确认这一管辖？

　　由于第一个问题涉及到审理未决请求的权力，因此，联邦最高法院把注意力放在联邦与非联邦请求之间的关系上，提出"州和联邦请求必须产生于同一基本事实的核心，"[42] 进而断定，如果联邦问题是实体性的，并且如果"原告的请求是原告按常理期待能在一个司法程序中解决的"，那么，联邦就有权审理依

---

〔38〕　排他性的联邦管辖适用的主要领域见 2.3，above.

〔39〕　289 U. S. 238, 53 S. Ct. 586, 77 L. Ed. 1148 (1933). See generally Note, The Evolution and Scope of the Doctrine of Pendent Jurisdiction in the Federal Courts, 62 Colum. L. Rev. 1018 (1962).

〔40〕　289 U. S. at 246, 53 S. Ct. at 589.

〔41〕　383 U. S. 715, 86 s. Ct. 1130, 16 L. Ed. 2d 21d8 (1966).

〔42〕　383 U. S. at 725, 86 S. Ct. at 1138.

州法提出的诉讼请求。[43] 如果联邦请求根本不是实体性的、不能成为联邦问题管辖的基础，那么未决管辖也不能适用于别的诉讼请求。[44] 但是，如果联邦管辖因实体意义的联邦请求而成立，[45] 如果"产生于同一基本事实内核"的其他请求又可在一个诉讼程序中解决，那么联邦对这些请求的未决管辖就成立。这些请求通常如何审判的问题要求考虑先判原则。如果对一个请求先行判决一般会导致既判力或间接再诉禁止原则的适用，从而影响此后对另一个诉讼请求的审理，那么它们通常会在一个诉讼程序中审判。[46]

一旦认定联邦法院有管辖权，吉布斯案判决意见要求在决定是否审理未决请求时要考虑几个因素。[47] 司法经济、方便和公正的要求可否因未决管辖的行使而实现？是依州法而产生的争议占支配地位，还是这一请求与联邦问题关系如此密切，以致联邦法院应当管辖？在具体的案件中，是根据联邦主义的要求避免对州法问题作出判决重要，还是联邦法院决定与联邦法律的适用密切相关的问题更重要？最后，将联邦与州法上的诉讼请求合并于一个审判之中，是否会让陪审团感到迷惑糊涂？

是否受理未决请求的决定通常会在诉答阶段作出，但在诉讼过程的其他任何阶段也可决定。法院在解决未决的州法请求的任何时候，只要认为不明智，就可以无偏见地予以驳回，让适当的州法院去解决。虽然吉布斯案的判决用有力的语言强调如果联邦请求在审判前被驳回，对州法请求的管辖也不应当行使，[48] 但是，许多法院仅将此种情况作为作出最终的自由裁量决定前所要考虑的因素之一。[49]

总的来说，吉布斯案扩大了未决管辖，[50] 部分原因在于这一判决提出主张

72

---

[43] 383 U. S. at 725, 86 S. Ct. at 1138.

[44] See Rivera v. Chapel, 493 F. 2d 1302 (1st Cir. 1974)；Warrington Sewer Co. v. Tracy, 463 F. 2d 771 (3d Cir. 1972).

[45] 从管辖的角度看，一个联邦请求何时被认为是"实体的"，see 2. 4 at note 16, above.

[46] See Chapter 14, below.

[47] 自由裁量的因素列举见 383 U. S. at 726 - 27, 86 S. Ct. at 1139 - 40.

[48] 383 U. S. at 726, 86 S. Ct. at 1139.

[49] 见 Brunswick v. Regent, 462 F. 2d 1205 (5th Cir. 1972)；Springfield Television, Inc. v. Springfield, Missouri, 462 F. 2d 21 (8th Cir. 1972)；Gray v. International Ass'n of Heat & Frost Insulators & Asbestos Workers, 447 F. 2d 1118 (6th Cir. 1971). 甚至在联邦请求被驳回后，继续对未决请求加以审判的做法被联邦最高法院对 Rosado v. Wyman 一案的判决意见所支持，见 397 U. S. 397, 402 - 05, 90 S. Ct. 1207, 1212 - 14, 25 L. Ed. 2d 442 (1970), 此案中，在主要的、宪法上的诉讼请求被宣布尚未决定时，未决管辖依然成立。

[50] See Shakman, The New Pendent Jurisdiction of the Federal Courts, 20 Stan. L. Rev. 262 (1968)；Note, UMW v. Gibbs and Pendent Jurisdiction, 81 Harv. L. Rev. 657 (1968). For a very expansive interpretation of Gibbs, see Baker, Toward a Relaxed View of Federal Ancillary and Pendent Jurisdiction, 3f3 U. Pitt. L. Rev. 759 (1972).

未决管辖的新方法之后、联邦实体法近年来的急剧增长。吉布斯案方法的灵活性，使联邦法院适应了社会的变化。较之赫恩案，吉布斯案更为广泛地赋予联邦法院对未决请求的受理权。更重要的是，虽然吉布斯案罗列出了具体案件中为什么不该行使自由裁量权的一大堆理由、可能使联邦法院实际需要决定的未决请求案件减少，但这并非其后果。一个原告提出的、能够满足来自同一基本事实核心要求的诉讼请求之间一般都有松散的事实上的关联。[51] 仅仅有一些法院使用了自由裁量权、驳回未决请求。[52]

2.13 补充管辖——诉讼请求的合并

由于减少了诉讼在州法院重复进行，附带管辖和未决管辖因有助于实现司法的经济、方便和公正的目标而备受赞誉，[1] 但也因为不当扩张了联邦诉讼标的管辖权而受到指责。[2] 最高法院也有同样担忧，1989 年，尽管这两种理论长期以来已被接受并运用于司法实践，[3] 在 Finley v. United States 案的判决中，[4] 联邦最高法院大大地缩小了联邦法院的未决管辖和附带管辖权限。

芬勒（Finley）案中，原告芬勒夫人因为飞机在圣地亚哥机场着陆时撞上电缆导致其丈夫和孩子遇害，到州法院起诉该市和公用设备公司。此后又根据《联邦侵权赔偿法》，以合众国为被告向联邦法院提起诉讼，理由是联邦航空管理局未能规定足够的跑道照明灯光。芬勒后来想将州法请求附加到根据《联邦侵权赔偿法》提出的联邦诉讼请求上。结果，要求联邦最高法院必须决定的问题是：联邦法院对以联邦航空管理局为被告的请求有排他管辖权，而这一请求与州请求产生于同一系列事实，联邦法院是否因此就有权管辖一个以非异籍一方为被告的、非异籍的诉讼请求？因为联邦和州请求密切相关且联邦请求不能在州法

〔51〕 See, e. g., Vanderboom v. Sexton, 422 F. 2d 1233 (8ᵗʰ Cir. 1970), cert. Denied 400 U. S. 852（因违反联邦证券交易法而使普通法上欺诈之诉获得未决管辖）; Knuth v. Erie – Crawford Dairy Coop. Ass'n, 395 F. 2d 420 (3d Cir. 1968)（基于欺诈性的占有获益、侵权性地干预商业关系或违反州牛奶管制法律的诉讼请求，可以作为以《谢尔曼法》为依据的联邦请求的未决请求）; Bowman v. Hartig, 334 F. Supp. 1323 (S. D. N. Y. 1971)（消费者因经纪人违反合同、过错、违反受托人义务而提出的诉讼请求，作为依据联邦证券法律而提出的请求的未决请求）。

〔52〕 See, e. g., Moor v. County of Alameda, 411 U. S. 693, 715 – 17, 93 S. Ct. 1785, 1799, 36 L. Ed. 2d 596 (1973); Global Indus., Inc. v. Harris, 376 F. Supp. 1379, 1385 – 86 (N. D. Ga. 1974); Hattell v. Public Serv. Co., 350 F. Supp. 240 (D. Colo. 1972); Catalano v. Department of Hosps. of City of New York, 299 F. Supp. 166, 175 – 76 (S. D. N. Y. 1969)。

〔1〕 见 2.12 的讨论。

〔2〕 See, e. g., Judge Lumbard's dissent in Dery v. Wyer, 265 F. 2d 804, 810 – 11 (2d Cir. 1959). 拉姆伯德在其异议的别的地方承认，有更有力的理由为强制反诉援引附带管辖，否则该当事人就被一事不再理的原则剥夺了到另一法院提出这些诉讼请求的机会了。See 14.6 有关一事不再审原则的讨论。

〔3〕 See Mengler, Burbank & Rowe, Congress Accepts Supreme Court's Invitation to Codify Supplemental Jurisdiction, 74 Judicature 213 (1991)。

〔4〕 490 U. S. 545, 109 S. Ct. 2003, 104 L. Ed. 2d 593 (1989)。

院审理，此案得以上诉至联邦最高法院。

　　大法官斯卡利亚（Scalia）代表微弱多数撰写判决意见，断定：因为国会并
没有明确授权联邦法院对原告提出的州法请求行使诉讼标的管辖，因此附带管辖
与未决管辖的概念反映的是"一种权力篡夺，是违宪的"。[5] 芬勒案判决意见
总的语气表明，多数大法官希望大大削弱联邦法院对未决和附带请求行使管辖的
能力，减少当事人获得附带管辖的可能；[6] 此案也似乎要终止联邦法院使用未
决管辖的权力。[7] 然而，同时，联邦最高法院又提出国会就这些形式的管辖的
存在采取行动的必要性。"我们对管辖范围的认定当然能够为国会所改变。最重
要的是国会能够立法制定明确的解释性规则，因此国会可以知道它所使用的语言
的效果。"[8]

　　芬勒案判决之后的第 17 个月，1990 年 10 月 28 日，国会对联邦最高法院的
提议作出回应，通过了《美国法典》第 28 标题第 1367 条。这一立法适用于所
有 1990 年 12 月 1 日以后提起的民事诉讼，[9] 主要内容就是将芬勒以前的附带
和未决管辖理论法典化，并统称为"补充管辖"。第 1367 条（a）规定，"如果
一个诉讼请求与联邦初始管辖范围的诉讼请求关系如此密切，以致共同成为美国
《宪法》第 3 条范围之内的同一诉讼或争议焦点的组成部分，"[10] 联邦法院就可
以对其行使补充管辖权。结果，第 1367 条不仅包含了过去的附带和未决管辖理
论及其在这些案件中的理解和适用，还为联邦法院提供一个决定是否审判依附于

74

---

　　〔5〕　See Perdue, Finley v. United States: Unstringing Pendent Jurisdiction, 76 Va. L. Rev. 539, 567
（1990）.

　　〔6〕　芬勒案判决对附带和未决管辖的影响，请见 Mouchawar, Congressional Resurrection of Supplemen-
tal Jurisdiction in the Post－Finley Era, 42 Hast. L. J 1611 （1991）.

　　〔7〕　See 2. 14, below.

　　〔8〕　490 U. S. at 556, 109 S. Ct. at 2007.

　　〔9〕　立法文件仅仅适用于它生效日被确定以后启动的诉讼，见 Port Allen Marine Servs., Inc. v. Cho-
tin, 765 F. Supp. 887, 891 （M. D. La. 1991），此案中，尽管第 1367 条推翻了这条规则，法院仍然遵
循了芬勒案的"未决当事人管辖并不存在"的意见。

　　〔10〕　See, e. g., Hollman v. U. S., 783 F. Supp. 221 （M. D. Pa. 1992）（联邦法院对一个"滑
倒"的受害人状告联邦财产所有人有管辖权。对该受害人以与联邦政府有合同、为本案所涉的建筑物提供
管理服务的一个私人为被告的起诉，因为根据第 28 U. S. C. A. 1367，与前一个起诉组成了同一诉讼或
争议，所以联邦补充管辖成立）；Meritor Sav. Bank v. Camelback Canyon Investors, 783 F. Supp. 455 （D.
Ariz. 1991）（根据 1367 条（a），在一个有关本票的诉讼中，地区法院有权审判一个被告针对另一被告的
交叉请求，即使交叉请求中并无异籍管辖）；Operative Plasterers & Canada, AFL－CIO v. Benjamin, 776 F.
Supp. 1360 （N. D. Ind. 1991）（地区法院依据联邦劳工法对工会针对其官员的诉讼有管辖权，也能对工
会依据州法提出的损害赔偿之诉行使补充管辖权）。

联邦请求的非联邦请求的标准，从而消除了附带和未决管辖在理论和程序上的区
别。[11] 虽然这一立法没有对联邦法院权力的宪法限制作出任何规定，但人们普
通认为，第1367条（a）体现了对联合矿工工会诉吉布斯案所做的宪法分析。[12]

尽管第1367条（a）所规定的补充管辖范围广泛，[13] 但是其（b）采纳了
欧文诉设备与安装公司诉克罗杰案的结论及其蕴含的广泛的原则，从而限制了它
在异籍案件中的适用。[14] 特别是最初的原告针对第三人被告提出的诉讼请求，
必须要求具有独立的管辖事实根据，即使这些请求相互关联、符合联邦民事诉讼
规则的要求。国会同意联邦最高法院意见，即许可这种情况下的补充管辖会与完
全异籍原则的要求相左，其结果就是：作为最初的共同被告，最初的原告仅仅为
了规避法定要求、以间接的方式达到同样的目的，不能在没有消灭异籍管辖的情
况下加入第三方被告。根据1367条（b）的规定，补充管辖不得适用于原告通
过合并诉讼方式以任何其他案外人为被告而提出的诉讼请求，包括根据《联邦
民事诉讼规则》第14条（第三人参加诉讼），第9条（强制合并），第20条
（许可合并），和第24条（对诉讼标的主张权益的第三人诉讼）。允许原告这样
做就违背了完全异籍原则的要求。

如前所述，是接受或拒绝附带或未决管辖申请，联邦法院有自由裁量权。第
1367条（c）列举了联邦法院在决定是否行使补充管辖时应当判断把握的一些因
素，从而保留了过去的做法。吉布斯案判决所考虑的因素为联邦法院决定是认可
还是拒绝对一个未决请求行使管辖权指明了方向，而这一条款则有效地将吉布斯
案的方法以立法形式予以确立。第1367条（c）特别规定，对"一个提出新奇
或疑难的州法问题"的请求，对从实体上支配了联邦法院有初审管辖权的诉讼
请求的请求，对"联邦地区法院已经驳回了有初审管辖权的所有请求后提出的

---

〔11〕 But see Stevedoring Servs. of America, Inc. v. Egger, 953 F. 2d 552 (9th Cir. 1992), cert. De-
nied 505 U. S. 1230 and Harris v. Blue Cross/Blue Shield of Alabama, Inc., 951 F. 2d 325 (11th Cir. 1992)
(citing United Mine Workers of America v. Gibbs)，在这些案件中，两个法院都在分析未决管辖的适当使用，
而不是补充管辖。

〔12〕 See, e. g., Urban v. King, 783 F. Supp. 560 (D. Kan. 1992)，此案中，由于原告们所受损
害的性质使原告们要求多个请求合并审判，州法上的请求获得了联邦补充管辖。

〔13〕 See, e. g., Jones v. Villa Park, 784 F. Supp. 533 (N. D. Ⅲ. 1992). 该案判决认为，即使
惟一的联邦请求被驳回，但是当州请求与以村镇警方为被告的未决请求有实体上的关系时，地区法院对以
村镇为被告的州请求有管辖权。

〔14〕 见本章第12节。

请求",[15] 或者"在例外情况下有其他充分理由拒绝管辖的请求",[16] 联邦法院 76
都可以拒绝行使补充管辖权。对于那些补充管辖理由不充分、联邦法院拒绝行使
管辖权并予以驳回的诉讼请求，第1367条还作出了通行规定，使当事人得以到
州法院寻求救济。

应当注意的是，第1367条因其粗糙简陋、十分混乱和限制太多而备受批
评。[17] 因为这一立法生效时间才几年，判例也需要时间才得以确立，所以这些
否定性的评判是否正确尚需时间检验。但可以肯定的是，立法跟随芬勒案判决、
授予了联邦法院一种诉讼标的管辖权，而这一权力对联邦法院有效发挥审判职能
至关重要。[18]

2. 14 补充管辖——当事人的合并

纵观历史，大多数时候，未决管辖被限制适用于一个原告针对同一被告增加
提出的管辖理由不充分的的请求。[1] 但是，后来，一些低级法院将其范围扩大
到增加当事人的请求，否则这些请求就不在联邦诉讼标的管辖之内。[2] 未决当
事人管辖的概念适用于三种不同的情况。[3]

在第一种情况下，一些法院认为，如果异籍管辖成立，请求超过最低争议金
额要求，法院就可以审判另一方提出的、或以另一方为被告而提出的、不足最低
争议金额要求的请求。[4] 在这种情况下，将增加的原告或被告并入诉讼的惟一 77

---

〔15〕 See, e. g., Manela v. Gottlieb, 784 F. Supp. 84 (S. D. N. Y. 1992)（当法院驳回了没有完
全异籍、初审管辖只建立在联邦请求之上的请求之后，法院对于未决的州请求拒绝行使管辖权）；Imperia-
le v. Hahnemann Univ., 776 F. Supp. 189 (E. D. Pa. 1991), affirmed 966 F. 2d 125 (3d Cir. 1992),
（由于州请求尚在初期阶段并且发回到州法院不会给任何当事人造成不公，惟一的联邦请求提出的责任被
判决不能成立之后，联邦法院拒绝对前述判决之后的州法请求行使补充管辖）。

〔16〕 See also American Pfauter, Ltd. v. Freeman Decorating Co., 772 F. Supp. 1071, 1073 (N. D.
Ⅲ. 1991).

〔17〕 See Freer, Compounding Confusion and Hampering Diversity: Life after Finley and the Supplemental Ju-
risdiction Statue, 40 Emory L. J. 445 (1991).

〔18〕 See, e. g., Mengler, Burbank & Rowe, Congress Accepts Supreme Court's Invitation to Codify Sup-
plemental Jurisdiction, 74 Judicature 213 (1991).

〔1〕 See 2. 12, above.

〔2〕 这一扩大经由 United Mine Workers v. Gibbs 一案判决的附带意见而完成，383 U. S. 715, 724,
86 S. Ct. 1130, 1138, 16 L. Ed. 2d 218 (1966)："根据联邦规则，认定诉讼可能的最大范围的愿望与司
法的公正性相符；诉讼请求、当事人和救济的合并以得到了有力的支持。"

〔3〕 See 13B C. Wright, A. Miller & E. Cooper, Jurisdiction and Related Matters 2d3567; Note, Federal
Pendent Party Jurisdiction and United Mine Workers v. Gibbs – Federal Question and Diversity Cases, 62 Va. L.
Rev. 194 (1976).

See also Steinman, Crosscurrents: Supplemental Jurisdiction, Removal, and the ALI Revision Project, 74
Ind. L. J. 75 (1998).

〔4〕 F. C. Stiles Contracting Co. v. Home Ins. Co., 431 F. 2d 917 (6th Cir. 1970); Hatridge v. Aetna
Cas. & Sur. Co., 415 F. 2d 809 (8th Cir. 1969); Stone v. Stone, 405 F. 2d 94 (4th Cir. 1968); Jacobson
v. Atlantic City Hosp., 392 F. 2d 149 (3d Cir. 1968).

障碍就是立法对争议金额的要求，[5] 但是，最高法院在 Zahn v. International Paper Company 案判决[6]中强烈质疑这种未决当事人管辖权的正确性。

未决当事人管辖也被用于允许已向一个被告提出联邦问题请求的原告又以另一人为被告提出关系密切的州法请求，而不考虑州籍和争议金额要求。可以推论，这种情况是适用未决当事人管辖最具正当性的代表。[7] 然而，联邦最高法院在 Aldinger v. Howard 案[8]中对这种情况下主张未决管辖的合法性提出严重质疑。

安丁加尔（Aldinger）案中的原告已经以县政府官员为被告提出了联邦民权诉讼，又寻求增加一个以县政府本身为被告的密切相关的州请求，该州请求因无异籍要素而不具备独立的联邦管辖基础。联邦最高法院维持了下级法院拒绝对上述州请求行使联邦管辖的决定，并将美国联合矿工工会诉吉布斯案[9]与之相区别，认为吉布斯案主张的未决请求的被告"由于案件性质、是联邦法院具有管辖权的案件中的一方当事人"。[10] 在联邦最高法院看来，把联邦管辖范围扩及未决当事人的做法导致了严重的宪法问题："与具有普通管辖权的州法院相反，联邦法院只具备国会所授予的有限管辖权。这是一条既定原则，增加新的当事人的做法与这一原则背道而驰。"[11]

安丁加尔案判决并没有从类别上否定未决当事人管辖。判决特意强调："其他立法授权和其他情况下当事人、诉讼请求的增加可能应当得出不同的结果。"[12] 例如，联邦最高法院注意到，如果联邦请求在联邦法院排他管辖权限范围内，"司法经济与方便的争论可以与增加的争议综合起来考虑，只有联邦法院才能合并审判所有请求"。[13] 但是，在安丁加尔案中，联邦和州法院对联邦请求

〔5〕 See 2. 8－2. 9, above.

〔6〕 414 U. S. 291, 94 S. Ct. 505, 38 L. Ed. 2d 511 (1973). 此案将在16. 4讨论。此案对于未决当事人管辖的影响，参见 United Pacific/Reliance Ins. Cos. v. City of Lewiston, 372 F. Supp. 700 D. Idaho 1974）; Bratton, Pendent Jurisdiction in Diversity Cases－Some Doubts, 11 San Diego L. Rev. 296, 322－23 (1974); Note, Federal pendent Party Jurisdiction and United Mine Workers v. Gibbs — Federal Question and Diversity Cases, 62 Va. L. Rev. 194, 231－36. (1976).

〔7〕 See Fortune, Pendent Jurisdiction — The Problem of "Pendending Parties," 34 U. Pitt. L. Rev. 1 (1972). See also Note, Federal Pendent Subject Matter Jurisdiction — The Doctrine of United Mine Workers v. Gibbs Extended to Persons Not Party to the Jurisdiction — Conferring Claim, 73 Colum. L. Rev. 153 (1973). But see Comment, The Extension of Pendent Jurisdiction to Parties Not in the Jurisdiction — Conferring Suit, 20 Loy. L. Rev. 176 (1974).

〔8〕 427 U. S. 1, 96 S. Ct. 2413, 49 L. Ed. 2d 276 (1976).

〔9〕 对吉布斯案更全面的讨论，见 2. 12, above.

〔10〕 427 U. S. at 14, 96 S. Ct. at 2430.

〔11〕 427 U. S. at 15, 96 S. Ct. at 2420.

〔12〕 427 U. S. at 18, 96 S. Ct. at 2422.

〔13〕 Ibid.

都有管辖权；结果，联邦最高法院决定将两个请求都交给州法院审判可以避免诉讼在联邦和州法院零星进行。但是，行使未决当事人管辖的有效性似乎必须用联邦最高法院最后的解释加以衡量，管辖必须符合《宪法》第 3 条的要求，绝对不能与管辖立法中明示或暗示的规定相悖。

安丁加尔案确立的未决当事人管辖标准不久就被运用于一个异籍管辖案件。此案中，非异籍第三人被告被诉，[14] 原来案件的原告于是试图对此提出异议。这是未决当事人管辖适用的第三种情况。在以前讨论的欧文设备与安装公司诉克罗杰案中，[15] 联邦最高法院规定，即使一个原告针对第三方被告提出的新请求与符合异籍要求的主诉出自同一事由，对此新请求的未决管辖[16]也不成立。这样，最高法院通过断定这种管辖违反了完全异籍要求，结束了下级法院之间过去在这种管辖是否合法问题上的分歧和争论。[17] 最后，最高法院还将坚持对第三人诉讼、交叉请求和反诉适用附带管辖的案件与未决管辖区别对待，没有否定和削弱。[18]

虽然安丁加尔案和克罗杰案很清楚地强调了对未决当事人管辖极大限制，但究竟限制到何种程度，联邦最高法院未予明确。直到芬勒诉合众国[19]才得以解决。该案原告提出一个联邦法院有排他性管辖权的请求，此后又寻求增加一个非异籍被告的相关的州请求。此案中，对安丁加尔案所得出的除非国会予以否定、未决当事人管辖就可以行使的结论，最高法院未予采纳。相反，它认为，一个联邦法院必须发现明确的国会授权，才能对没有诉讼标的管辖依据的请求行使管辖。进一步，最高法院排除了安丁加尔案判决的一个观点：对联邦请求的排他性管辖就足以支持对未决当事人管辖权的行使。总的看来，芬勒案判决的后果之一就是将未决当事人管辖限制适用于那些国会规定的特别授予了这种管辖权的情形之中。事实上，有的法院如此严格地解释芬恩案带来的限制，以使完全取消了联邦法院行使未决当事人管辖的能力。[20]

---

〔14〕　第三方请求可以主张附带管辖。See 2. 12，above.

〔15〕　437 U. S. 365，98 S. Ct. 2396，57 L. Ed. 2d 274（1978）.

〔16〕　因为克罗杰案是一异籍诉讼，对新增的请求所主张的管辖可以被视为附带管辖和一种未决当事人管辖。如前所述，当两者的标准相似时，准确的名称并不重要。See 2. 12，above.

〔17〕　Compare Kenrose Mfg. Co. v. Fred Whitaker Co.，512 F. 2d 890（4th Cir. 1972），and McPherson v. Hoffman，275 F. 2d 466（6th Cir. 1960）（管辖得以成立），with CCF Industrial Park，Inc. v. Hastings Indus.，392 F. Supp. 1259（E. D. Pa. 1975），and Buresch v. American LaFrance，290 F. Supp. 265（W. D. Pa. 1968）（管辖被拒绝）.

〔18〕　437 U. S. at 376 - 77，98 S. Ct at 2403 - 04.

〔19〕　对此案及其影响的更彻底的论述，见 2. 13，above.

〔20〕　See，e. g.，Sarmiento v. Texas Bd. of Veterinary Medical Examiners，939 F. 2d 1242，1247（5th Cir. 1991）（"这个法院与其他法院一样，从芬勒案的判决里听到了为未决当事人管辖而敲响的丧钟"）.

　　如前一节所述，1990 年国会对芬勒案判决作出回应，通过了《美国法典》第 28 标题第 1367 条，授予联邦法院补充管辖权。第 1367 条（a）特别指出补充管辖"将包括涉及增加当事人的介入或合并"。但是，只有当最初的诉讼全部或部分地以联邦问题为基础时，才对未决当事人行使补充管辖。为了与克罗杰案判决相一致，当联邦管辖以异籍基础时，对以非异籍第三人为被告的非联邦问题的请求不能适用补充管辖。但是，对于在其他方面主张联邦管辖理由不充分的当事人，无论联邦问题管辖并存还是排他，补充管辖都可行使。结果，这一新的立法重要的目标之一就是明确了未决当事人管辖在所有联邦问题管辖案件中都可行使。如果法院发现授予最初管辖权的联邦立法特别禁止补充管辖的行使，就是惟一的例外。

B. 地域管辖

2. 15 地域管辖的要求

　　如前所述，[1] 地域管辖的要求完全由制定法规定。地域管辖的设计必须为特定类型的纠纷的解决提供方便，但有关要求仍因管辖区域不同而各不相同。尽管如此，从任何角度观察，地域管辖要求还是存在共性。

　　用以确定一定类型的诉应当在哪里审判的因素有很多。有的管辖区域以一个因素起决定性作用，有的则是具备几个因素中的任一个即可。有些因素出于实用；有的则仅仅是历史的遗留。从实用性出发，立法规定确定初审法院的依据是：（1）诉讼标的所在地；（2）诉讼根据（的事实）发生地；（3）被告住所地，包括经营或代理商所在地；（4）原告住所地，或者（5）如果涉及政府机构，政府办公所在地。

　　多数规定既要为诉讼当事一方提供方便，也要有助于审判的有关证据程序的完成，由此增加公正解决案件的可能性。相反，有的立法列举了非实用的标准确定管辖法院：包括（1）案件相关事实发生地；（2）被告可被找到地；（3）被告可被送达地；（4）起诉状所指的县；（5）任何县。[2]

　　确定联邦初审法院、现行的主要立法是《美国法典》第 28 标题第 1391

---

　　〔1〕 See 2. 1, above.

　　〔2〕 See Stevens, Venue Statutes: Diagnosis and Proposed Cure, 49 Mich. L. Rev. 307 (1951), 内有对这些因素详细讨论和改革建议。

条。〔3〕 其主要规定可以概括于下。〔4〕 异籍诉讼中，管辖法院所在地应当是：居住于同一个州的所有被告中之任一被告所在地区，引起诉讼请求的事件或过错行为的实体部分发生的或成为诉讼标的的财产权的实体部分所在地区，被告都应受到对人管辖的一个地区。〔5〕 联邦问题案件中，如果所有被告居住在同一州，管辖权属任一被告所在的地区的联邦法院，或者引起请求的事件的实体部分的发生地、或成为诉讼标的的财产权的实体部分所在的地区法院，或者可以找到被告的地区的联邦法院。当然，对异籍与联邦问题管辖之间确定管辖初审法院的轻微区别何以存在并不清楚。〔6〕

决定管辖法院的立法中居住地的概念是否等同于有关异籍管辖的立法中的州籍的概念导致重大分歧。〔7〕 如果这两个词同义，那么用于决定是否异籍所用的住所地标准〔8〕也可用于决定居住地以确定管辖法院。如此则导致一个结果，即在某一地区居住、但在另一州或地区有法律上的住所地也就有另一州籍的一个人不能在其所居住的地区起诉或应诉。〔9〕 这与确定管辖法院的方便原则相矛盾，因为当事人多会认为其居住的地方进行诉讼才方便。这一推理明显导致给居住地一个较之住所地而言更宽泛的适用范围。但是，将两个概念之间等同起来并不能避免混淆，因为来自规定异籍问题的法律和为确定居住地从而确定管辖法院的法

〔3〕 有很多特别的立法适用于特定的诉讼。（版权与专利诉讼）（立法规定的确定权利竞合诉讼）（《琼斯法》事项）其中一些立法扩大了原告对初审法院的选择权）。

〔4〕 除了本书讨论的规定外，这一立法规定在任何一个联邦地区法院都可提起对外国人的起诉。28 U. S. C. A1391（d）. 如果一外国人是原告，如果所有被告居住于同一州则可在任一被告住所地法院起诉；在引起请求的事件或过错行为的实体部分发生或成为诉讼标的的财产权的实体部分发生的地区的法院管辖；在被告受制于对人管辖的地区的法院管辖。而且，针对机关、官员和联邦政府雇员的诉讼的管辖法院由专门的条款28 U. S. C. A. 1391（a）规定。以联邦官员为被告的诉讼的管辖法院，见15C. Wright, A. Miller & E. Cooper, Jurisdiction and Related Matters 2d3814 – 15.

〔5〕 1990年前，异籍案件也可在原告居住地法院审判。对异籍案件和联邦问题案件在初审法院确定上加以区别的理由并不明确。而且，有关管辖法院的立法反常地规定提起联邦问题之诉较之异籍诉讼要严格得多。30年前美国法律学会建议取消异籍案件原告地法院管辖的规定。American Law Institute, Stuey of the Division of Jurisdiction Between State and Federal Courts1303（a）（1969）. 事实上，除非原告住所地所在的地区正好是导致原告起诉的过错行为发生的地区，否则在原告所在地区被告经常不服从司法程序，所以上述区别在实践中并不重要。See Korbel, The Law of Federal Venue and Choince of the Most Convenient Forum, 15 Rutgers L. R. ev. 607, 609（1961）.

〔6〕 联邦问题管辖第三个确定管辖法院的标准是可以"找到"被告，这是一个仅仅在管辖法院既不能依所有被告住所地、也不能以引起请求的事件或过错行为的实体部分为基础来确定时才适用的"让步"条款。

〔7〕 Townsend v. Bucyrus – Erie Co.，144 F. 2d 106（10th Cir. 1944）（居住与州籍相关，但不同一）（居住属于住所地）Lee v. Hunt, 410 F. Supp. 329, 332（M. D. La. 1976）（州籍与居住地均属于住所地）；Schultz v. McAfee, 160 F. Supp. 210, 212（D. Me. 1958）. See also Ex parte Shaw, 145 U. S. 444, 449, 12 S. Ct. 935, 937, 36 L. Ed. 768（1892）（附带意见）.

〔8〕 对用于决定州籍的住所地标准的讨论，see 2. 6, above.

〔9〕 See macNeil v. Whittemore, 254 F. 2d 820（2d Cir. 1958）.

律并不相同。

在 1990 年地域管辖立法修改之前，法院与立法机关面临着确定"诉讼请求产生于何处"的难题。[10] 下级法院千方百计寻找用于决定诉讼请求产生地的方法。在原告声称其所受的损害不是身体上的从而不易确定，或者被告作出的导致该损害产生的行为不是单一的情况下，尤其如此。[11] 然而，1990 年修改以后，针对异籍案件的第 1391 条（a）（2），针对联邦问题的第 1391 条（b）（2），以联邦官员和机构的第 1391 条（e）（2）都允许"引起请求的、实质性事件或不作为的发生地区为管辖法院地"。[12] 这就采用了"美国法律学会"建议的表述并使立法的适用更加容易。[13] 甚至在第 1391 条修改之前，有的下级法院已经用美国法律学会使用的语言来解释这一立法了。[14]

联邦地域管辖立法也特别为以公司为被告的诉讼作出了规定。[15] 最初，为确定地域管辖，一个公司仅仅被视为其成立地的居民。[16] 这一概念为那些要状告在许多州都从事经营的公司的原告施加了不正当的限制。因此，1939 年，在 Neirbo Company v. Bethlehem Shipbuilding Corporation 这一指导性判例中，[17] 联邦最高法院将地域管辖扩大，只要根据州法，一个公司在一地区有代理人接受送达，就允许在该地区起诉该公司。1948 年这一做法被修正[18]为：公司居住地不

---

〔10〕 1963 年，国会开始规定诉讼请求产生地法院管辖、但将这一改动限于汽车侵权诉讼。此后，规定诉讼请求产生地法院管辖的条款已被多次修改。Act of Dec. 23, 1963, 77 Stat. 473. 1966 年，诉讼请求产生地法院管辖被增加为一般性规定后这一规定被废止。1990 年 12 月 1 日，开始适用引起诉讼请求的事件或过错行为的实体部分或作为诉讼标的的财产权实体部分的发生地标准。

〔11〕 See Comment, Federal Venue: Locting the place where the Claim Arose, 54 Texas L. Rev. 392 (1976). Compared Sheffield v. Texas, 411 F. Supp. 709（N. D. Tex. 1976）（"损害地"标准），with Lamont v. Haig, 590 F. 2d 1124, 1134（D. C. Cir. 1978）（"实质性事件"标准）。

〔12〕 Act of Dec. 1, 1990, Pub. L. 101 –650, 311.

〔13〕 American Law Institute, Study of the Division of Jurisdiction between State and Federal Courts, Official Draft, 1303（a）（1），1314（a）（1），1326（a）（1）（1969）。

〔14〕 See, e. g., Lamont v. Haig, 590 F. 2d 1124（D. C. Cir. 1978）（在管辖不仅以异籍为基础的民事诉讼中，引起请求的作为或不作为的实质部分发生所在的地区可以是管辖法院地；为了诉讼的有效进行，只要实际的事件的实质部分决定于对其后果的评估，也可以在其他地区）。See also Missouri Housing Dev. Comm'n v. Brice, 919 F. 2d 1306, 1310（8th Cir. 1990）。

〔15〕 1988 年第 1391 条（c）被修正以后，这一立法的适用范围限定于以公司为被告的诉讼。

〔16〕 1988 年第 1391 条（c）被修正后，不再提及公司"成立"地了。现在这只在决定该公司在一个地区是否受属人管辖时，作为一个考虑的因素。如果一公司在一个州成立，但是与一特定地区并无足够多的联系以致不在该地区法院属人管辖之列，则该公司被认为是其联系最多的州的居民。See 15 C. Wright, A. Miller & E. Cooper, Jurisdiction and Related Matters 2d3811.

〔17〕 308 U. S. 165, 60 S. Ct. 153, 84 L. Ed. 167 (1939).

〔18〕 Act of June 25, 1948, 62 Stat. 935.

仅包括公司成立地，也包括该公司被许可经营或实际营业的任何地方。[19] 1988
年这一法规再次被修改，因此，公司被视为居住于诉讼提起之时其所受属人管辖
的任何一个司法区。这样就统一了属人管辖与地域管辖标准。[20] 为明确地域管
辖而对居住地进行判断时，工会等非法人团体被视为公司，并且可以在它们活动
的任何司法区被起诉。[21]

　　由于地域管辖仅仅基于诉讼方便而非出自宪法对法院权力的限制，要对某一
地域管辖提出异议就必须及时，否则会被视为放弃。[22] 一般认为，移送到联邦
法院审判的诉讼不必满足联邦地域管辖的要求。[23] 被告有权反对地域管辖也可
放弃，这就意味着当被告提出移送联邦法院审判时就放弃了对地域管辖的异议
权。[24] 对于本在联邦法院补充管辖范围内的诉讼请求，通常的地域管辖条件也
被省略。[25] 尽管这些诉讼请求在立法限定的联邦法院管辖权之外，却仍得以在
联邦法院审理。基于同样的程序性理由，这些诉讼请求更无必要考虑地域管辖的

---

〔19〕 在第 1391 条 (c) 规定的公司居住地的定义被看作一个特别的地域管辖条款。See, e. g.,
Pure Oil Co. v. Suarez, 384 U. S. 202, 86 S. Ct. 1394, 16 L. Ed. 2d 474 (1966) (琼斯法案例)。从历
史上看，这不包括根据 28 U. S. C. A. 1400 (b) 提起的专利侵权诉讼。See, e. g., Fourco Glass Co.
v. Transmirra Prods. Corp., 353 U. S. 222, 77 S. Ct. 787, 1 L. Ed. 2d 786 (1957). 不过，1988 年，28
U. S. C. A. 1391 (c) 的修正案规定，以公司为被告的诉讼可以到该公司受属人管辖的任何地区法院提
出。这一规定适用于专利侵权诉讼并修改了 28 U. S. C. A. 1400 (b). See, e. g., VE Holding Corp. v.
Johnson Gas Appliance Co., 917 F. 2d 1574 (Fed. Cir. 1990). cert. Denied 499 U. S. 922; Regents of Uni-
versity of California v. Eli Lilly & Co., 734 F. Supp. 911 (N. D. Cal. 1990); Century Wrecker Corp. v.
Vulcan Equipment Co., 733 F. Supp. 1170 (E. D. Tenn. 1989), affirmed 923 F. 2d 870 (Fed. Cir.
1990). See also 15 C. Wright, A. Miller & E. Cooper, Jurisdiction and Related Matters 2d3823.
　　〔20〕 1988 年修改以后，1391 节 (c) 不再提及公司被许可的经营地。Act of Nov. 19, 1988, Pub.
L. 100 - 702, 1013, 102 Stat. 4624, 4669. 现在它仅仅是法院决定公司是否受其属人管辖时要考虑的因素
之一了。如果一个公司被许可在整个州从事经营，但它实际上只在该州某一个司法区经营，则它会被视为
该司法区的居民。See Oakley, Recent Statutory Changes in the Law of Federal Jurisdiction and Venue: The Judi-
cial Improvements Acts of 1988 and 1990, 24 U. C. Davis L. Rev. 735, 770 - 74 (1991); Siegel, Changes
in Federal Jurisdiction and Practice Under the New Federal Judicial Improvements and Access to Justice Act, 123 F.
R. D. 399, 405 - 08 (1989); Welkowitz, Some Thoughts on Corporate Venue and Other Foibles, 10 Whittier
L. Rev. 721 (1989).
　　〔21〕 Denver & R. G. W. R. R. Co. v. Brotherhood of R. R Traimnen, 387 U. S. 556, 87 S. Ct.
1746, 18 L. Ed. 2d 954 (1967). 与之形成对比的是：异籍管辖中非法人团体不被视为公司。See 2. 6,
above.
　　〔22〕 在联邦法院，地域管辖不当的抗辩必须在答辩中提出，或答辩之前就提出动议，否则视为弃
权。Fed. Cir. Proc. Rule 12 (h) (1). See 15C. Wright, A. Miller & E. Cooper, Jurisdiction and Related
Matters 2d3829.
　　〔23〕 Lee v. Chesapeake & Ohio Ry. Co., 260 U. S. 653, 43 S. Ct. 230, 67 L. Ed. 443 (1923);
General Inv. Co. v. Lake Shore & M. S. Ry. Co., 260 U. S. 261, 43 S. Ct. 106, 67 L. Ed. 244 (1922).
一般而言，一个移送案件的审判地就是包括了诉讼最初提出的州法院的该地区。28U. S. C. A. 1441
(a). See 2. 11, above.
　　〔24〕 General Inv. Co. v. Lake Shore & M. S. Ry. Co., 260 U. S. 261, 275 - 76, 43 S. Ct. 106,
113, 67 L. Ed. 244 (1922).
　　〔25〕 见 2. 12 - 2. 14 补充管辖。

要求。[26]

84

2. 16 属地诉讼和追身诉讼

地域管辖中最棘手的问题之一就是"属地"诉讼与"追身"诉讼的区分。属地的概念含义模糊，但通常指涉及不动产的诉讼，特别是起诉获得土地占有权，取消留置权，确认土地权利。诸如非法侵入土地、违反转让合同等影响地产权益的诉讼通常也被归于这一概念之内。由于涉及必定处于特定地理区域内的一块土地，因此这些诉讼被认为是"属地"的。与此相对，如殴打或违反买卖合同等理论上可发生于任何地方有诉讼，就被视为"追身"诉讼。

这一区分在实践中的意义在于：在大多数管辖中，属地诉讼只能在标的物所在地提起；追身诉讼可以在任何对被告有属人管辖的地方提起。[1] 在 Reasor-Hill Corporation v. Harrison 案判决意见中，[2] 阿肯色州最高法院根据传统为此区分找到三个理由。第一，一个法院不能对其管辖的地理区域之外的土地权益作出判决。第二，应当鼓励原告在被告离开诉讼标的所在地前寻求救济。第三，对非本地居民针对本地居民提起的诉讼有很强的抵触的趋势，如果外国法院不提供任何补偿时尤其如此。这种情况有必要予以纠正。阿肯色州最高法院发现，虽然这些理由可以支持历史上的属地诉讼原则，但并不足以保证其继续存在，至少属地诉讼原则不能适用于在合众国内的侵权之诉。但是，无论是司法裁判[3]还是有关地域管辖的立法仍以这一区分为基础。[4]

除了几次偏差之外，[5] 联邦地域管辖立法从未以属地与追身诉讼来表达。

---

[26] See, e. g., Pelinske v. Goodyear Tire & Rubber Co., 499 F. Supp. 1092（N. D. Ⅲ. 1980）（Rule 14 claim）；Payne v. AHFI Netherlands, B. V., 482 F. Supp. 1158（N. D. Ⅲ. 1980）（Rule 13 (a) claim）；R. E. Linder Steel Erection Co. v. Alumisteel Sys., Inc., 88 F. R. D. 629（D. Md. 1980）（Rule 13 (g) claim）.

〔1〕 属地诉讼对审判地的严格限制最早可以追溯到早期英国陪审团的性质。在封建的英格兰，陪审团由熟悉当事人及其纠纷的邻居组成，当然要求审判在诉讼标的所在地举行。最初，因为中世纪以来土地就是财富的主要形式，也就是早期诉讼最常见的标的，所以所有的诉讼都是"属地"的，随着中世纪经济的发展，14世纪时追身诉讼出现。因为无法为这些诉讼确定一个地理所在，使其"属地"的基础也就不复存在。对属地与追身诉讼的历史的进一步了解，参见 T. Plucknett, A Concise History of the Common Law 123－25（4th ed. 1948）；Blume, Place of Trial in Civil Cases, 48 Mich. L. Rve. 1（1949）；Wicker, The Development of the Distinction Between Local and Transitory Actions, 4 Tenn. L. Rev. 55（1925）.

〔2〕 220 Ark. 521, 249 S. W. 2d 994（1952）.

〔3〕 见以下注10。

〔4〕 E. g., West's Ann. Cal. Code Cir. Proc. 392（1）；Mich. Comp. Laws Ann. 600. 1605；N. Y. －McKinney's CPLR 507.

〔5〕 Section 1392（a）of Title 28 规定，"被告们居住于同一州内不同司法区、性质上不是属地诉讼的所有民事诉讼均可在上述司法区中的任何一个司法区提起。"Section 1392（b）规定，"所涉财产处于同一州内不同司法区、非属地性质的所有民事诉讼均可在上述司法区中任何一个司法区提起。Section 1393（a）也是对非属地性质的诉讼所做的规定。

然而，属地诉讼的原则早期通过 Livingston v. Jefferson[6]这一著名案例而进入联 85
邦管辖领地。原告到弗吉尼亚联邦法院起诉一位弗吉尼亚人、前总统托马斯·杰
弗逊（Thomas Jefferson）侵入原告在路易斯安那州的土地疆界。此案是对人之诉
而非对物之诉。但是，传统上认为侵入土地之诉是属地诉讼，结果法院认为该案
应到土地所在地、即路易斯安那州起诉。在路易斯安那州，由于原告又不能主张
对杰弗逊的对人管辖，导致原告无处可诉。当时作为巡回法官的联邦法院首席大
法官 Marshall 认为，在这些情况下适用属地规则"使明确的权利却得不到救
济"，[7]但由于英国先例的约束，只能驳回原告的起诉。[8]

属地诉讼原则的不公显而易见：它经常让一个难以避免的地域管辖瑕疵阻止
原告到其惟一能到的法院寻求救济。近三十多年来，各州长臂法中对人管辖概念
的扩大导致属地诉讼原则的严重衰落。[9]不过，绝大多数美国司法管辖区仍继
续坚持这一原则本身及其在侵入等对人诉讼中的适用。[10]少数州则认为对土地
的侵入是追身诉讼而非属地诉讼，从而减小了这一原则的负面影响。[11]

现在，属地诉讼原则的性质属于真正的管辖还是仅仅是地域管辖的原则还不
清楚。如果是后者，它及其适用就可废止。[12]但是，如果它是对诉讼标的管辖 86
的限制，因此以主权的因素为基础，则不可废弃，与之相抵触的起诉就必须予以
驳回。早期的判例认为，不在土地所在地的司法区提起属地诉讼的错误导致管辖

---

〔6〕　15 Fed. Cas. 660（C. C. Va. 1811）（No. 8411）. 对该案历史及当事人策略分析，见 Degnan,
Livingston v. Jefferson – A Freestanding Footnote, 75 Calif. L. Rev. 115（1987）.

〔7〕　15 Fed. Cas. at 665.

〔8〕　一般联邦地域管辖立法并不适用于属地诉讼，这反映在首席大法官 Waite 在 Casey v. Adams 案
的判决意见中，见 102 U. S.（12 Otto）66，67–78，26 L. Ed. 52（1880）. 属地诉讼规则对联邦法院实
践的影响，见 15 C. Wright, A. Miller & E. Cooper, Jurisdiction and Related Matters 2d3822；Note, Local
Actions in the Federal Courts, 70 Harv. L. Rev. 708（1957）.

〔9〕　例如，设想 D 未经 P 许可到 P 的土地上砍伐并销售木材。这在一些州是属地管辖，如果 P 没
有向 D 送达土地所在地的法院签发的传票，他将不能获得救济。不过，如果这个州有长臂法授权管辖因本
州财产所产生的诉讼，P 就可以向 D 送达传票并使其起诉得以在土地所在地的法院审判。这与属地诉讼原
则相一致。对属人管辖和长臂法的讨论见 3. 1–3. 13, below.

〔10〕　See Annot. , 42 A. L. R. 196；Annot. , 30 A. L. R. 2d 1219.

〔11〕　Reasor – Hill Corp. v. Harrison, 220 Ark. 521, 249 S. W. 2d 994（1952）；Little v. Chicago, St.
P. , M. & O. Ry. Co. , 65 Minn. 48, 67 N. W. 846（1896）；Ingram v. Great Lakes Pipe Line Co. , 153 S.
W. 2d 547（Mo. App. 1941）；Jacobus v. Colgate, 217 N. Y. 235, 111 N. E. 837（1916）.

〔12〕　在加州，属地诉讼原则写进法典，明确规定：诉讼之初没有以属地诉讼为由提出反对的视为对
属地诉讼的放弃。West's Ann. Cal. Code Civ. Proc. 392（1）.

不能成立。[13] 然而，最近的案例却倾向于把它看作一个地域管辖问题。[14]

2. 17 不便审理的法院和移送管辖

适用于特定法院系统的地域管辖安排通常足以保证诉讼在方便和合适的地方进行。但是，当某种原因导致在某地审判并不合适时，功能完善的地域管辖体系就必须有变更审判地的规定。原告在不恰当的审判地起诉，被告及时提出反对，正是地域管辖中最需要变更审判地的情形。[1] 驳回这类诉讼往往导致不公正的结果：原告起诉后其诉讼请求为立法所限，仅仅因为不符合那些本为方便当事人而制定的程序性技术要求，原告就可能永远不能获得补救。

长期以来，州法院系统一直有将在不恰当的地方起诉的案件移送到适当的管辖法院的规定。根据这些规定，移送通常应当指向对当事人和证人最为方便的法院。在联邦法院，由于通常涉及一个完全不同的州，移送在一定程度上更为困难。但是，根据1948年《司法法典》第1406条（a）的规定及其1949年的修改，联邦法院被授权跨州移送。[2] 对起诉于不适当之地的案件，虽然法院既可驳回又可移送，但出于对公正的考虑，法院通常认为将案件移送到适当的地方比驳回恰当。当然，移送只能发生在同一法院系统内部；联邦法院只能向联邦法院移送案件，州法院也只能向同一州的另一法院移送。

87　　联邦最高法院对 Goldlawr, Inc. Heiman 案[3] 作出令人意外的决定，允许一个对被告没有对人管辖权的法院根据第1406条（a）移送案件。[4] 只要在受移送的司法区可以送达，且地域管辖适当，则移送就是适当的。[5] 这一规则进一步实现了便于对案件进行实体审判这一基本目标，而不仅仅追求程序的完美；不

〔13〕 See, e. g., Ellenwood v. Marietta Chair Co., 158 U. S. 105 S. Ct. 771, 39 L. Ed. Cal. Code Civ. Proc. 392 (1).

〔14〕 Wheatley v. Phillips, 228 F. Supp. 439 (W. D. N. C. 1964); Eddington v. Texas & New Orleans R. Co., 83 F. Supp. 230 (S. D. Tex. 1949); O'Shaughnessy v. Marchese, 60 A. D. 2d 882, 401 N. Y. S. 2d 285 (1978). But see Minichiello Realty Assocs., Inc. v. Britt, 460 F. Supp. 896 (D. N. J. 1978), affirmed without opinion 605 F. 2d 1196 (3d Cir. 1979) （法院可以主动提出属地诉讼异议）In Note, Local Actions in the Federal Courts, 70 Harv. L. Rev. 708, 712 - 13 (1957), it is suggested that variances with the local action rule be treated as venue defects in actions in personam but as jurisdictional defects in actions in rem.

〔1〕 See 2. 15 at n. 22, above.

〔2〕 Act of May 24, 1949, c. 139, 81, 63 Stat. 101.

〔3〕 369 U. S. 463, 466, 82 S. Ct. 913, 916, 8 L. Ed. 2d 39 (1962). 对该案后果的分析见 Note, Change of Venue in Absence of Personal Jurisdiction Under 28 U. S. C. A. 1404 (a) and 1406 (a), 30 U. Chi. L. Rev. 735 (1963); Comment, Personal Jurisdiction Requirements Under Federal Change of Vneue Statutes, 1962 Wis. L. Rev. 342.

〔4〕 对第1406条（a）的讨论见 15 C. Wright, A. Miller & E. Cooper, Jurisdiction and Related Matters 2d3827.

〔5〕 See Hydrotherm, Inc. v. BastianMorley Co., 207 F. Supp. 744, 745 (E. D. N. Y. 1962).

过，它也可以被视为是对联邦法院对人管辖重要性的不当削弱。[6]

合同对管辖法院的约定条款也提出了地域管辖的问题。一般而言，联邦和大多数州法院系统都将执行这些条款，都认为对法院的选择是有效或可价值的商业行为，当事人可以借此更准确地估计可能出现的诉讼成本。至少在理论上，减少商业风险中这种不确定性因素会让当事人向合同相对人开出较低的价格，从而最终有利于消费者。[7]

因此，虽然管辖法院的约定依然要受制于立法限制，[8] 但在大多数法院诉讼时，这些条款都具有很强的有效推定性质。当合同双方的代理人势均力敌、同样有讨价还价的余地时尤其如此。[9] 虽然法院选择条款并非自然具有强制执行效力，但要避开法院选择条款的当事人就要证明本案情况下该条款不合理，或者说明该条款的订立就不公正，举证责任十分沉重。[10] 法院往往采用联邦最高法院在 Bremen v. Zapata Off – Shore Company 一案判决建立的标准，考虑（1）法院选择条款的订立是否出于欺诈；（2）寻求不执行这一条款的当事人是否会因法院的选择遭受极大的不便与不公；（3）所选择的法律是否严重不公以致原告被剥夺了救济的可能；或者（4）选择法院的条款是否与该法院所在州的公共政策发生严重冲突。[11]

最后要考虑的因素是选择法院的条款是否"兼容"，即它容许在一个可能有或除此之外可能没有对人管辖或地域管辖权的某一法院诉讼，但又不排除在其他法院审理，或者该条款是否"排他"，即此条款预先规定条款所指诉讼不得向指定法院以外的法院提起。[12]

原告对法院的选择符合立法对于地域管辖的要求这一事实并不必然意味着从方便和高效的角度看，被选择的法院就是最合适，或就是当事人所期待的。例

88

---

〔6〕　See generally Chapter 3, below.

〔7〕　See Carnival Cruise Lines, Inc. v. Shute, 499 U. S. 585, 593 – 594, 111 S. Ct. 1522, 1527, 113 L. Ed. 2d 622 (1991); The Bremen v. Zapata Off – Shore Co., 407 U. S. 1, 10, 92 S. Ct. 1907, 1913, 32 L. Ed. 2d 513 (1972).

〔8〕　See, e. g., Idaho Code 29 – 110, Mont. Code. Ann. 28 – 2 – 708. 对现代管辖中法院选择条款的分析见 Heiser, Forum Selection Clauses in Federal Courts: Limitations on Enforcement After Stewart and Carnival Cruise, 45 Fla. L. Rev. 553 (1993).

〔9〕　The Bremen v. Zapata Off – Shore Co., 407 U. S. 1, 15, 92 S. Ct. 1907, 1916, 32 L. Ed. 2d 513 (1972).

〔10〕　Stewart Organization, Inc. v. Ricoh Corp., 487 U. S. 22, 23, 108 S. Ct. 2239, 2249 – 2250, 101 L. Ed. 2d 22 (1988). 此案被概括在 Haynsworth v. Lloyd's of London, 121 F. 3d 956 (5ᵗʰ Cir. 1997).

〔11〕　407 U. S. 1, 12 –13, 15, 18, 92 S. Ct. 1907, 1914 –1915, 1916, 1917, 32 L. Ed. 2d 513 (1972).

〔12〕　提出这种区分的案例，See, e. g., Caldas & Sons, Inc. v. Willingham, 17 F. 3d 123 (5ᵗʰ Cir. 1994).

如，原告可能在一个司法区起诉，从技术上看，因为一个公司被告有最低限度的经营活动发生在该司法区。但是这一法院可能与构成诉讼基础的有法律意义的事件全无关联。

要解决这一正确但并不方便的问题，传统的应对之道就是不方便法院审理理论。[13] 当诉讼在另一法院进行更为适当时，它允许一个有管辖权的法院拒绝行使管辖权。运用这一理论的指导性判例是 Gulf Oil Corporation v. Gilbert 一案。[14] 吉尔伯特（Gilbert）是弗吉尼亚州人，到纽约联邦法院起诉海湾公司（Gulf Oil Corporation）在向原告位于弗吉尼亚的五金店运送汽油时过失引起火灾，从而给原告造成了损失。海湾公司是一家宾夕法尼亚的公司，在纽约和弗吉尼亚州都有经营许可。根据一般地域管辖立法规定，[15] 纽约联邦法院是适当的管辖法院。但联邦最高法院在地域管辖适当性之外还发现纽约与本案事实之间根本没有联系。诉称的损害发生于弗吉尼亚，除可能的专家证人之外，所有可能的证人都住在弗吉尼亚，用于确定责任的法律是弗吉尼亚州法。纽约联邦法院应当行使自由裁量权驳回起诉，让原告在本地法院而不是在一个不方便的法院诉讼。

必须强调，不方便审理的法院必须是本来就有地域管辖权的法院。正如联邦最高法院在吉尔伯特案中所指出的那样：

"应当承认，合众国地域管辖立法允许原告到纽约南部地区法院起诉，该法院也有权受理。但是，这并不意味该法院必须受理。不方便审理法院理论从来不能适用于那些本来就没有管辖权或者错误行使管辖权的情况。"[16]

不方便审理的法院理论允许法院行使自由裁量权，以避免机械地尊重原告对法院的选择权而可能给原告带来的压制和烦恼。不过，以此为由驳回起诉的前提是另有法院可以进行这一诉讼。[17] 在推测的更加方便审判的法院，所有当事人的诉讼权利必须得以保证，完全的救济可以获得。[18] 至少在有些州，人们认为当原告是本州居民时，州法院不能援引该理论，因为州法院的功能之一就是为本

---

[13] See generally 15 C. Wright, A. Miller & E. Cooper, Jurisdiction and Related Matters 2d3828; Barrett, The Doctrice of Forum Non Conveniens, 35 Calif. L. Rev. 380 (1947); Braucher, The Incovenient Federal Forum, 60 Harv. L. Rev. 908 (1947).

[14] 330 U. S. 501, 67 S. Ct. 839, 91 L. Ed. 1055 (1947).

[15] 见 2. 15, above, 有关以公司为被告的诉讼的地域管辖问题。

[16] 330 U. S. at 504, 67 S. Ct. at 840 – 41.

[17] See Note, Reurirement of a Second Form for Application of Forum Non Conveniens, 43 Minn. L. Rev. 1199 (1959). 有关适用这一理论的有趣的例证，见 Stangvik v. Shiley, Inc. , 54 Cal. 3d 744, 1 Cal. Rptr. 2d 556, 819 P. 2d 14 (1991) （外国原告对本国被告提起的诉讼被驳回）。

[18] Noarth Branch Prods. , Inc. v. Fisher, 284 F. 2d 611 (D. C. Cir. 1960), cert. Denied 365 U. S. 827.

州居民提供一个司法救济的场所。[19] 但是，在许多情况下，应当考虑在方便所有当事人之间取得平衡，只要交由另一法院审判切实可行，就不能排除以不方便审理为由驳回的可能性。

在受理案件的法院与可替代法院之间平衡所有因素的要求被联邦最高法院对Piper Aircraft Company v. Reyno 案的判决所强化。[20] 因飞机在苏格兰失事，几个苏格兰人以非法致死为由，以飞机的制造商——宾夕法尼亚的一家公司和飞机螺旋推进器的制造商——一家俄亥俄州公司为被告，到加州法院起诉。被告提出动议，使诉讼被移送并转至宾夕法尼亚州中部司法区联邦法院审理。其后被告又以不方便审理为由使该案被驳回。第三巡回法院以苏格兰法不承认严格责任，对原告较为不利为由撤消驳回。联邦最高法院又撤消了巡回上诉法院的裁定。

大法官马歇尔（Marshall）代表联邦最高法院撰写判决，指出"在考虑不方便审理法院原则的适用时，适用不同的实体法的可能性通常并非决定性因素"。[21] 接着他得出结论："虽然死者亲属可能不能援引严格责任理论，虽然其可能得到的赔偿金额要小一些，但是他们不会受到不公正的对待，不会被剥夺获得救济的权利。"[22] 因此，初审法院可以考虑更方便的法院是在外国、该国法律与起诉地法院相比对原告较为不利的事实，但这些事实都不是决定性的。它们必须与那些支持驳回的因素放到一起加以权衡。[23]

不方便审理原则往往是一把过于锋利的刀，不可频繁使用。当立法对在不方便法院未决的诉讼有所限制之时，驳回原告起诉就很可能就切断原告获得救济的所有路径。[24] 因此，1948 年的《司法法典》不仅将司法实践中形成的不方便审

90

---

〔19〕 E. g., Ferreira v. Ferreira, 9 Cal. 3d 824, 109 Cal. Rptr. 80, 512 P. 2d 304 (1973); Goodwine v. Superior Court, 63 Cal. 2d 481, 47 Cal. Rptr. 201, 407 P. 2d 1 (1965).

〔20〕 454 U. S. 235, 102 S. Ct. 252, 70 L. Ed. 2d 419 (1981).

〔21〕 454 U. S. at 247, 102 S. Ct. at 261.

〔22〕 454 U. S. at 255, 102 S. Ct. at 265.

〔23〕 以不方便审理为由驳回起诉要考虑的因素包括证据所在地、证人成本、有关法律渊源、强制不愿出庭的证人出庭的可能性、不能加重纳税人和与本案关系不密切法院所在的法系统的负担。一般而言，如果在当事人及其最初选择法院之间有一点联邦系，州法院就不愿援引不方便审理法院理论移送案件。当原告就是该州居民时尤其如此。见以上注 19。法院如何平衡这些因素，见 Silver v. Great Am. Ins. Co., 29 N. Y. 2d 356, 328 N. Y. S. 2d 398, 278 N. E. 2d 619 (1972); Thomson v. Continental Ins. Co., 66 Cal. 2d 738, 59 Cal. Rptr. 101, 427 P. 2d 765 (1967); Lonergan v. Crucible Steel Co. of America, 37 Ⅲ. 2d 599, 229 N. E. 2d 536 (1967); Goodwine v. Superior Court of Los Angeles, 63 Cal. 2d 481, 47Cal. Rptr. 201, 407 P. 2d 1 (1965).

〔24〕 对此难题，一个缓解的方法是法院以被告同意到另一法院审判为依据作出附条件的驳回起诉裁定。See, e. g., Wendel v. Hoffman, 259 App. Div. 732, 18 N. Y. S. 2d 96 (1940), appeal dismissed 284 N. Y. 588, 29 N. E. 2d 664 (1940). See also Vargas v. A. H. Bull S. S. Co., 44 N. J. Super. 536, 131 A. 2d 857 (1957), cert. Denied 355 U. S. 958. 附加条件与下列原则相吻合：只有在一个替代的法院肯定可行时，以不方便为由予以驳回才是"符合公正的要求"。

理法院理论载入法典，而且，对那些到不方便审理法院提起的诉讼还作出审判地变更而不是驳回的规定，从而大大减缓了这一原则的刚性。第 1404 条（a）是操作性条款，[25] 要求移送的"目的在于方便当事人和证人"和"实现公正"。[26] 符合这一要求，联邦法院就可以将其移送到"其他任何该诉讼应当提起的司法地区"。

91　　现在，按照第 1404 条（a）的规定，移送诉讼只需要一定程度上表明不方便即可，不如按照不方便审理法院原则就完全驳回那么严格。[27] 的确，这一联邦移送立法的实施以后，不便审理法院理论在联邦法院的适用极为有限。如果另一联邦法院审理更方便，只需移送，毋须驳回。[28] 只有当更方便审理的法院是外国法院，[29] 或极少见的情况下是州法院时，[30] 到有管辖权的联邦法院提起的诉讼才会被其以不方便审理为由予以驳回。相反，因为一州法院不得将案件移送至另一州法院，不方便审理法院理论在州法院系统仍然发挥着重要作用。

　　适用第 1404 条（a）时出现的诸多问题之一是如何作出移送是否可行的决定。特别是如何理解这一立法中"任何该诉讼应当提出的司法区"的含义？联邦最高法院在 Hoffman v. Blaski 一案[31] 中对此问题予以关注。该案原告是伊利诺斯州人，到位于德克萨斯州南部司法区的联邦地区法院以专利侵权为由起诉德克萨斯州的被告。被告根据第 1404 条（a）提出应改由位于伊利诺斯州的北部司法区的联邦法院审判。在德州联邦法院准许、第五巡回上诉法庭维持这一移送

---

〔25〕 该条款的历史及其意义被 15 C. Wright, A. Miller & E. Cooper, Jurisdiction and Related Matters 2d3841 所概括。对该立法其他方面的详细的讨论请见 3842 - 55.

〔26〕 对可能影响法官作出移送许可决定的诸多因素的出色分析和对这一立法的尖锐批评，见 Kitch, Section 1404（a）of the Judicial Code: In the Interest of Justice or Injustice? 40 Ind. L. J. 99 (1965)。对移送实务的其他讨论，见 Kaufman, Observation on Transfers Under Section 1404（a）of the New Judicial Code, 10 F. R. D. 595 (1951); Kaufman, Further Observations on Transfers Under Section 1404（a）, 56 Colum. L. Rev. 1 (1956); Korbel, The Law of Federal Venue and Choice of the Most Convenient Forum, 15 Rutgers L. Rev. 607 (1961).

〔27〕 Norwood v. Kirkpatrick, 349 U. S. 29, 32, 75 S. Ct. 544, 546, 99 L. Ed 789 (1955). See also All States Freight, Inc. v. Modarelle, 196 F. 2d 1010 (3d Cir. 1952).

〔28〕 Collins v. American Auto. Ins. Co., 230 F. 2d 416, 418 (2d Cir. 1956), cert. Dismeissed 352 U. S. 802.

〔29〕 See, e. g., Yerostathis v. A. Luisi, Ltd., 380 F. 2d 377 (9th Cir. 1967); In re Union Carbide Corp. Gas Plant Disaster at Bhopal, India in December, 1984, 634 F. Supp. 842 (S. D. N. Y. 1986), MODIFIED AND AFFIRMED 809 F. 2d 195 (2d Cir. 1987), cert. Denied 484 U. S. 871 (以不方便审理法院为由，以被告同意在印度采用合众国发现程序、同意属人管辖并放弃以立法限制另行起诉为由抗辩为条件，驳回起诉)。

〔30〕 See, e. g., Gross v. Owen, 221 F. 2d 94 (D. C. Cir. 1955).

〔31〕 363 U. S. 335, 80 S. Ct. 1084, 4 L. Ed. 2d 1254 (1960).

请求后，原告向伊利诺斯州的联邦地区法院提出将此案发回德州的动议。[32] 地区法院驳回这一动议，但第七巡回上诉法庭又撤消了驳回并将此案发回德州的联邦地区法院。最高法院维持了第七巡回上诉法庭的裁定，认为：如果原告最初不能到某一司法区的法院提起诉讼，那么，对该诉讼有管辖权的法院不能根据第1404条（a）将案件移送到该司法区。

霍夫曼（Hoffman）一案中，被告不受伊利诺斯北部司法区管辖，因此，根据第1400条（b）有关专利侵权纠纷地域管辖的特别规定，以他们为被告的诉讼就不能在那里进行。伊利诺斯北部司法区就是原告"可以提起诉讼"的司法区。被告愿意放弃其有关地域管辖和属人管辖的异议权、愿在伊州诉讼的事实被认为并不重要："我们不认为第1404条（a）'可以提起诉讼的司法区'这一短语可以被解释为'如果有被告的同意，即为可以重新提起诉讼的司法区'"。[33]

霍夫曼案的判决可能受到批评，因为它不必要地限制了第1404条（a）有关只要为公正审判和方便当事人及证人所需，就可以变更地域管辖这一规定的适用。[34] 但是，这一立法单方面地向被告"选购"法院的机会而对原告极为不利。即原告只能根据诉讼标的管辖、对人管辖和地域管辖的要求向合适的法院起诉，且其起诉可能经其同意或未经其同意就被移送到一个更方便的法院审理。而且，被告可以同意诉讼移送到一个更方便的法院审理，但是，一旦被告不同意，法院就不能将诉讼转到一个最初不能受理此案的法院，无论后者审理有多么方便。[35]

根据第1401条（a），原告和被告一样有权要求变更地域管辖。[36] 因此，原告可以修改起诉状以增加新发现的被告，对这些被告，最初受理此案的法院本来无权管辖。[37] 最初的混乱之后一个原则得以确立：诉讼不能因原告的动议而转

92

---

〔32〕 这一冲突很大程度上应归咎于于第五巡回上诉法院对专利诉讼中专利所有人的偏好甚于对方便审理的考虑。

〔33〕 363 U. S. at 342－43，80 S. Ct. at 1089.

〔34〕 不少评论家严厉批评霍夫曼一案的判决。See Korbel, The Law of Federal Venue and Choice of the Most Convenient Forum, 15 Rutgers L. Rev. 607, 613－15 (1961); Masington, Venue in the Federal Courts—The Problem of the Inconvenient Forum, 15 U. Miami L. Rev. 237 (1961); Note, Transfer of Actions Under 28 U. C. 1401 (a) of the Judicial Code: The Meaning of Minn. L. Rev. 680 (1961); Case Comment, 46 Iowa L. Rev. 661 (1961), 对霍夫曼案后果的讨论，见15C. Wright, A. Miller & E. Cooper, Jurisdiction and Related Matters 2d3845.

〔35〕 这种不利见于霍夫曼案判决多数法官的意见之中。363 U. S. at 344，80 S. Ct. at 1090.

〔36〕 Philip Carey Mfg. Co. v. Taylor, 286 F. 2d 782, 784 (6th Cir. 1961), cert. Denied 366 U. S. 948. See Korbel, Plaintiff's Right to Change of Venue in Federal Courts, 38 U. Det. L. J. 137 (1960).

〔37〕 E. G., Torres v. Walsh, 221 F. 2d 319 (2d Cir. 1955), cert. Denied 350 U. S. 836.

到对被告无管辖权，因而也就不得获得属人管辖权的司法区。[38] 这一原则的必要性在于当被告没有放弃属人管辖时，可以有效防止了原告通过后门获得属人管辖。

最后，有关移送的另一特别立法值得注意。1968 年通过的《司法法典》第1407 条[39] 将在不同司法区、涉及一个或多个共同事实问题的两个或两个以上的未决民事诉讼暂时移送到一个司法区"以协调和统一审前程序"。这一立法还设立了一个特别的跨区诉讼合议庭，就特定案件是否应当移送、移送到哪一司法区最为合适、谁担任被移送案件的法官等问题作出决定。该立法的历史演变表明了它的目的在于"在法院的监督下集中管理跨区诉讼审前程序，以实现诉讼公正和高效。"[40] 案件的移送可以杜绝或减少在发现及其他审前程序的冲突与重复。因此，这一立法在复杂案件中的适用[41] 就以即公正对待了当事人、又最有效地利用司法资源的形式促进了案件公正和高效的处理。

根据这一立法，跨区诉讼合议庭可以主动决定移送，也可根据被认为需要协调的多个诉讼中任何一个当事人要求移送的申请作出决定。但是，只有当该合议庭认为三个法定条件已经得到满足时才会移送：（1）有共同事实问题；（2）移送会"方便当事人和证人"；（3）移送将"促进被协调案件得到公正和高效的审理"。[42] 不过，这些条件全部被满足并不意味着自动移送。例如，如果认定提出移送申请的当事人怀有诸如规避对人管辖条件等不良动机，该合议庭就会拒绝作出合并审前程序的决定。[43]

与根据一般移送立法进行的移送不同，根据 1407 条移送的诉讼与通常的地域管辖要求无关。[44] 但是，受移送法院的选择显然由作出移送决定的条件和考

---

[38] Foster - Milburn Co. v. Knight, 181 F. 2d 949 (2d Cir. 1950). 最高法院在 Hoffman v. Blaski 一案的判决中隐含着对这一原则的赞同。见以上注 31 所引材料。

[39] Act of April 29, 1968, 82 Stat. 109.

[40] House Rep., No. 1130, 90th Cong., 2d Sess. 2, reprinted in 1968 U. S. Code Cong. & Admin. News 1898, 1899 – 1900.

[41] 立法本身并没有就其适用于哪些特定类型的案件作出专门规定，不过，众议院的立法报告指出反托拉斯、共同灾难、专利与商标、产品责任和违反证券法的诉讼应需要协调审前程序。House Rep. No. 1130, 90th Cong., 2d Sess. 3, reprinted in 1968 U. S. Code Cong. & Admin. News 1898, 1900.

[42] 跨区诉讼合议庭据此标准所作出的决定的例子，见 In re Air Disaster at Lockerbie, Sxotland, 709 F. Supp. 231 (Jud. Pan. Mult. Lit. 1989); In re Union Carbide Corp. Gas Plant Disaster at Bhopal, India in December, 1984, 634 F. Supp. 842 (S. D. N. Y. 1986). modified and affirmed 809 F. 2d 195 (2d Cir. 1987), cert. Denied 484 U. S. 871; In re A. H. Robins Co., "Dalkon Shiefl" Litigation, 505 F. Supp. 221 (Jud. Pan. Mult. Lit. 1981). See generally 15 C. Wright, A. Miller & E. Cooper, Jurisdiction and Related Matters 2d3862 – 67.

[43] In re Truck Acc. Near Alamagordo, New Mexico, 387 F. Supp. 732 (Jud. Pan. Mult. Lit. 1975).

[44] In re Revenue Properties Co., 309 F. Supp. 1002, 1004 (Jud. Pan. Mult. Lit. 1970).

虑所限定。虽然第 1407 条明确规定所有被移送的诉讼在审前程序结束后"应当 94
转回",但是许多年来,受移送法院或者取得有关当事人的同意,或者在第 1404
条(a)规定的条件得到满足的情况下、又根据 1404 条(a)的规定将案件的管
辖权移送给他们自己,对被移送的诉讼实际行使了审判权。对此,联邦最高法院
在 Lexecon, Inc. v. Milberg Weiss Bershad Hynes & Lerach 一案判决[45]中明确宣
布这一做法无效。联邦最高法院沿用立法简朴的措辞,认为"应当"一词就将
根据第 1407 条的要求发回诉讼规定为跨区诉讼合议庭必须履行的职责。

　　有了这样不容折中的结论,可以想见,即使有关各方当事人都同意案件交由
被移送的法院审判,但跨区诉讼合议庭仍然必须将被合并的案件发回最初受理的
法院。然而,联邦最高法院又补充说,"从第 1407 条(a)立法原意来看,诉讼
被发回到最初受理的法院之后,如果能够满足第 1407 条(a)规定的条件,诉
讼可以移送。"因此,至少在所有当事人都同意的案件中,联邦最高法院的决定
不过就是增加了一个额外的步骤而已;在跨区诉讼合议庭把受移送案件从受移送
法院发回原受理法院,如果后者认为根据第 1404 条(a)的规定符合地域管辖
要求,可以再将案件转到受移送的法院。但是受移送法院不能把符合第 1407 节
第 1 条规定的案件移送给它们自己,否则就使跨区诉讼合议庭无法履行其发回受
移送案件的职责了。[46]

---

〔45〕 523 U. S. 26, 118 S. Ct. 956, 140 L. Ed. 2d 62 (1998).
〔46〕 对第 1407 条所规定的跨区诉讼的详细讨论见 15 C. Wright, A. Miller & E. Cooper, Jurisdiction
and Related Matters 2d3861 - 68. See also Note, The Jurisdiction Panel and the Conduct of Multidistrict Litigation,
87 Harv. L. Rev. 1001 (1974).

▼
▼
▼

第三章

对人管辖

本章目录

96

3．1 概述

审判个案之前，一个法院不仅必有诉讼标的管辖权，[1] 还必须对诉讼所涉及的人和物有管辖权。后一种管辖被称为对人管辖，或属地管辖。[2] 联邦宪法界定了一个州对其州界之外的人和事可行使的权力，规定了某一类法院对人管辖的范围。各州对此也有补充性的限制。除非权力系立法授予、又被宪法认可，一州不能对任何人和任何财产行使审判权。历史告诉我们，对人管辖曾经建立在涉及诉讼的人或物在某一法院管辖地域内出现、或者当事人同意的基础之上。[3] 现代对人管辖立法的基础建立在对交易发生地、当事人和起诉所在的州界之间的

---

〔1〕　See Chapter 2, above.

〔2〕　属地管辖一词被提出并使用于 Restatement Second of Judgment 55（1982）.

〔3〕　See 3. 2 – 3. 9, below.

关系的审查之上。[4]

除了找到针对特定被告或特定财产拥有对人管辖权的制定法和宪法依据之外，正当程序概念还要求法院在行使裁判权之前必须向利害关系人提供充分的通知和被听审的机会，[5] 否则判决无效。因此，主张对人或财产有管辖权的法院必须考虑到程序性的正当程序原则，行使管辖权的方法必须能够满足这些程序性的要求。

本章要详细探讨行使属地管辖权的法律和宪法要求，提供充分的通知和被听审的机会的要求和方法。其中还包括当事人在这些条件和要求未能得到满足时提出管辖异议的方法。[6]

A. 管辖权原理的历史发展

1. 传统的管辖基础

3.2 管辖分类

行使对人管辖权的历史前提是一个法院的权力及于某一特定的被告或被告的财产，由此该法院可以强制被告履行法定义务。反之，每个法院的权力又受到包括该法院在内的政府所管辖的疆界和地理区划的限制。[1] 在这些限制之下，对被告的三种管辖、即对人、对物和准对物管辖演化而来。

一个法院对一个被告行使管辖权的最早的基础是被告实际上就在该法院管辖区域内。由于普通法中许多对人诉讼都具有准刑事的性质，[2] 所以，没有最先获得对被告的人身控制，法院就无从执行其判决。由此，对被告的人身的实际控制是作出一个有效判决的前提。[3] 通常，被告人因逮捕令而被带到法院，在其缴纳一笔足以满足原告诉讼请求及诉讼费用的保释金之前会被一直羁押在法院。[4] 一些历史学者认为，属地管辖的概念正是从这一法院实际人身控制的观念演变而来。按照这一理论，只要当被告在一个法院管辖区域内可以被送达、[5]

---

〔4〕 See 3.10 - 3.11, and 3.14 - 3.15, below.

〔5〕 See 3.19 - 3.21, below.

〔6〕 See 3.25 - 3.27, below.

〔1〕 See generally Ehrenzweig, The Transient Rule of Personal Jurisdiction: The "Power" Myth and Forum Conveniens, 65 Yale L. J. 289 (1965); Developments in the Law - State - Court Jurisdiction, 73 Harv. L. Rev. 909, 915 (1960).

〔2〕 3 Holdsworth, A History of English Law 626 (5th ed. 1942).

〔3〕 McDonal v. Mabee, 243 U. S. 90, 37 S. Ct. 343, 61 L. Ed. 608 (1917).

〔4〕 Mills v. Duryee, 11 U. S. (7 Cranch) 481, 484, 3 L. Ed. 411, 413 (1813); Barrell v. Benjamin, 15 Mass. 354 (1819).

〔5〕 Buchanan v. Rucker, 103 Eng. Rep. 546 (K. B. 1808). See generally Hazard, A General Theory of State Court Jurisdiction, 1965 Sup. Ct. Rev. 241, 252.

或者同意被其管辖时，[6] 该法院才能对其行使审判权。当一个判决以对被告的地域控制为基础而作出时，作出判决的法院就被认为是在行使对人管辖权。

一些法院也认为其有权对被告的土地予查封以执行判决。早期美国法庭认为这种管辖基于财产本身，是对物管辖，与法院对人的管辖权相区别。[7] 属地权力的传统理论延伸到财产，使法院对位于其管辖区域内的财产的法律地位和所有权归属行使裁判权，而无视对此财产主张权益的人在何处。虽然有关财产的判决肯定会影响那些主张权益的人的权利和义务，但人们认为对物管辖直接针对财产本身、与请求人仅为间接关系。因此，与对人判决不同的是，人们认为法院作出的对物判决不能约束被告人身。[8]

普通法法院行使的第三种管辖被概括称为"扣押管辖"。[9] 因为被告被他人提起对人诉讼，法院可直接向司法行政官签发扣押令状扣押取得被告的动产，以确保被告出庭受审。[10] 首先，扣押目的仅是为了迫使其到庭，因为如其缺席，审判不得进行。[11] 后来，被告一直不到庭导致法院支持原告的诉讼请求，将被扣押的财产转为原告财产。[12] 这种管辖在美国演变为准对物管辖。[13]

美国法院对位于其管辖区域内的财产行使准对物管辖权的目的在于处理一个通常与财产本无关联的对人诉讼。准对物管辖乃是对物管辖与对人管辖的混合物。与对物管辖相同之处在于，准对物管辖建立在法院的权力及于被告财产而非被告本人之上。与对人管辖相同之处在于，准对物管辖使法院有权裁判针对被告的起诉，判决受到扣押财产的价值的严格限制。[14] 下一节所讨论的联邦最高法院对 Pennoyer v. Neff 一案的判决概括了这三种管辖形式之间的区别。

99

［6］ See generally Ross, The Shifting Basis of Jurisdiction, 17 Minn. L. Rev. 146, 148 (1933).

［7］ Kibbe v. Kibbe, 1 Kirby 119, 126 (Conn. 1786); Phelps v. Holker, 1 U. S. (1 Dall.) 261, 264, 1 L. Ed. 128 (1788); Fenton v. Garlick, 8 Johns 194, 197 (N. Y. 1811).

［8］ Freeman v. Alderson, 119 U. S. 185, 7 S. Ct. 165, 30 L. Ed. 372 (1886); Boswell's Lessee v. Otis, 50 U. S. (9 How.) 336, 13 L. Ed. 164 (1850).

［9］ 对扣押管辖历史发展的论述，见 Levy, Mesne Process in Personal Actions at Common Law and the Power Doctrine, 78 Yale L. J. 52, 58 - 79 (1968).

［10］ See generally R. Miller, Civil Procedure of the Trial Court in Historical Perspective 74 (1952).

［11］ 2 F. Pollock & F. Maitland, The History of English Law 594 - 95 (2d ed. 1959).

［12］ See C. Drake, A treatise on the Law of Suits by Attachment in the United States 1 - 2 (6th ed. 1885).

［13］ See generally Silberman, Shaffer v. Heitner: The End of an Era, 53 N. Y. U. L. Rev. 33, 39 - 53 (1978).

［14］ Freeman v. Alderson, 119 U. S. 185, 7 S. Ct. 165, 30 L. Ed. 372 (1886); Cooper v. Reynolds, 77 U. S. (10 Wall.) 308, 19 L. Ed. 931 (1870).

2. 人身在场原则

3. 3 彭诺耶诉内夫（Pennoyer v. Neff）

早期，许多美国法官采用管辖的属地原则。[1] 但是直到 1877 年，联邦最高法院通过至今仍很出名的彭诺耶诉内夫一案的判决[2] 才对此概念给予宪法性的认可。

彭诺耶案是涉及到内夫这位加利福尼亚州居民的第二个诉讼。1866 年，一位名叫米切尔（Mitchell）的俄勒冈州律师到俄勒冈州法院起诉内夫，要求其支付未付的法律费用。米切尔根据州立法有关对非本州居民被告应予"公告送达"的规定，在一家俄勒冈报纸上刊登了诉讼开始的通知书。内夫个人没有被送达。在内夫没有到庭的情况下，法院作出了不利于他的缺席判决。为执行判决，法院查封了内夫根据俄勒冈州捐赠法购买的一块土地。这块土地被司法行政官按照执行程序卖给了彭诺耶，并将价款补偿给米切尔。

9 年后，内夫在位于俄勒冈州的联邦法院向彭诺耶提起收回土地之诉。内夫诉称其所有权依据俄勒冈州捐赠法而取得；彭诺耶辩称其土地系经司法程序取得，有契据为证。对此，内夫提出，俄勒冈州法院对他及他的财产都无管辖权，故米切尔诉内夫案的判决无效，彭诺耶的所有权不能得到支持。

联邦最高法院支持内夫的请求，宣布俄勒冈州法院将内夫的土地卖给彭诺耶无效。在判决的多数意见中，大法官菲尔德（Field）阐述了此后存在了近一个世纪的州法院管辖权的"领土理论"。他将这一理论建立在两个相互关联的"公法原则"基础之上：首先，"各州对其疆界内的人和物拥有排他的管辖权和主权，"[3] 第二，"每一个州都不得对于其疆界以外的人和物行使管辖权"。[4] 因此，每个州对其管辖区域内的人和财产都有排他的权力，对所有位于其管辖区域外的人和财产都绝对没有管辖权。大法官菲尔德认为，这些原则来自这样一个事实，即各州犹如独立国家。但是菲尔德大法官承认，联邦主义制度对各州所有的对其本州的人和物的排他性权力必然给予限制。虽然一个州法院不能在行使权力时干涉另一州对自己人民和财产拥有的排他性权力，但是，当本州居民与非本州居民交往时，本州法院有义务保护本州居民的权益。[5] 结果，每一州的法院都有权要求非本州居民被告服从其判决。

---

〔1〕 See, e. g., Mills v. Duryee, 11 U. S.（7 Cranch）481, 486, 3 L. Ed. 411（1813）（大法官 Johnson 持反对意见）.

〔2〕 95 U. S.（5 Otto）714, 24 L. Ed. 565（1877）.

〔3〕 95 U. S. at 722.

〔4〕 Ibid.

〔5〕 95 U. S. at 723.

只有当一个不愿参加审判的非本州居民被告在本州之内被个别地进行了送达，或者其自愿到庭接受审判时，一个州法院才能对其作出有约束力的对人判决。对被告进行的个别送达足以使该州对其行使管辖权、又起到了通知被告诉讼开始的作用。如果没有在本州内的个别送达，该州就不得主张其对非本州居民被告有对人管辖权。米切尔没有在俄勒冈州向内夫送达，因此，俄勒冈法院无权作出不利于内夫的判决。

大法官菲尔德也注意到，在诉讼伊始，发现和扣押位于本州之内、属于非本州居民的被告的财产，也使法院获得了对此被告的间接管辖权。诉讼开始时就扣押财产不仅使法院权力及于此财产，同时还有通知被告其财产处于监管之下的作用。由于扣押本身就是一种形式的通知，联邦最高法院认为，"公告送达和其他任何法定的送达形式已足以实现通知当事人诉讼的目的"。[6]

彭诺耶案中，联邦最高法院没有要求将被扣押的财产与原告的诉讼请求联系起来。然而，这的确将原告从缺席的非本州居民被告处可获得的赔偿限定在能够在本州边界之内所发现和扣押的财产的价值范围之内。[7] 直到该案判决作出以后，米切尔都没有扣押内夫的财产，[8] 因此，对于内夫，俄勒冈州法院甚至从未获得间接的管辖权，判决当然无效。

彭诺耶案判决为州法院创设了两种管辖权，一是对在本州的人的权力，一是对在本州的财产的权力。一个州法院通过向就在本州之内的被告个别送达，就可行使对人管辖权；通过扣押被告在本州之内的财产，就可行使对物或准对物管辖。两种管辖要求的通知程度不一：虽然公告对于对物管辖中有限的个人责任而言已经足够，但是，当一个州法院要使一个不同意管辖的非本州居民完全承担对人责任时，只有个别的送达才能符合通知的要求。[9]

大法官菲尔德继续断言，州法院管辖权的双重结构根源于宪法第四修正案的正当程序条款。[10] 由于米切尔诉内夫案判决作出时宪法第四修正案并未生效，所以，严格说来，这仅为他的个人意见。但是，大法官菲尔德的分析有效地将正当程序条款与《宪法》第6条充分信任和尊重条款结合起来，为州法院的对人管辖权找到了宪法意义上的标尺。如果一个州法院没有以适当的方式行使该管辖权或通知诉讼，其判决就会因违反正当程序而无效。任何这样的判决将得不到美

---

〔6〕 95 U. S. at 727.

〔7〕 95 U. S. at 726.

〔8〕 事实上，米切尔并不能扣押内夫的财产以使管辖成立，因为内夫是在1866年3月，即米切尔诉内夫案判决作出的1个月以后才获得这一财产的产权的。

〔9〕 See 3. 19－3. 20, below.

〔10〕 95 U. S. at 733.

国其他任何一个州的信赖与尊重，就是在作出判决的州也不能得到执行。

彭诺耶案的判决创造了一个人身在场的严格规则，就为分析所有州法院管辖权是否符合宪法建立了一个简单的形式主义框架。只有当一个非本州居民被告被单独送达，或其在本州内的财产已被扣押时，该州法院才有权审判涉及该非本州居民的这一纠纷。联邦最高法院在彭诺耶案的判决意见中也承认，诸如家庭纠纷和非本州籍的商业企业等有些类型的案件或许要求适用较为宽松的规则。[11] 这一判决所认可的每一种管辖不久就表现出其他十分明显的缺陷了。

3. 对人管辖：人身在场规则的例外

3.4 在场标准：一些问题和限制

无论被告在某处停留多短时间，人身在场这一彭诺耶规则都将被告本人就在诉讼地作为对其行使对人管辖的充分基础。[1] 甚至当一个非本州居民被告开车或乘飞机旅行、经过此地时，这一形而上学的教条也认为可以对其送达传票。[2] 当全社会流动性不断增强时，这一原则导致了州法院管辖权行使的偶然。

或许更为严重的问题在于在越来越多包含州际因素的民事争议面前，彭诺耶规则束手无策。正如一位评论家所说：

"当民事纠纷的审判遭遇州际因素时，还要坚持某一法院对某事有排他性管辖权就十分愚蠢了。管辖问题之所以存在，正是因为没有哪一个法院在一定的地域拥有排他的管辖权。"[3]

就在彭诺耶规则诞生之初，审判彭诺耶案的初审法院也曾被迫承认例外的存在。这些例外为克服彭诺耶案所确立的刚性的属地理论留下了少许的空间，使法院在行使管辖权时能够适应交通通讯的变化和经济发展的需要。法院依赖于同意、居住、住所地的概念，并将它们作为州法院行使对人管辖权的基础。[4]

将彭诺耶规则适用于公司则需有所补充。要决定对一个公司适用对人管辖，法院必须决定是否该公司的"人身存在"于一个特定的司法管辖区域内。对国内（指在本州设立的）公司这并不困难。因为公司注册所在的州当然对其设立、受其管制的公司拥有管辖权，[5] 所以，无论诉讼原因为何，国内公司在其成立

---

[11] 95 U. S. at 735.

〔1〕 See, e. g., Barrell v. Benjamin, 15 Mass. 354 (1819).

〔2〕 Grace v. MacArthur, 170 F. Supp. 442 (E. D. Ark. 1959).

〔3〕 Hazard, A General Theory of State Court Jurisdiction, 1965 Sup. Ct. Rev. 241, 265.

〔4〕 对有关自然人案件的例外的充分讨论，See 3. 5－3. 6, below.

〔5〕 See Pennoyer v. Neff, 95 U. S. (5 Otto) 714, 734, 24 L. Ed. 565, 573 (1877).

地都可以被起诉。[6] 作为拟制的人，公司被视为由其所在领土之内的主权所创立，[7] 所以，为送达传票将公司看作就在其成立的州，不过是彭诺耶原则的逻辑延伸。

然而，当公司开始在其成立所在州之外的州从事经营活动时，上述推理就遇到了障碍。无论在另一州的经营活动如何活跃，从法律上看，这些"外国公司"仅仅存在于其注册所在的州。[8] 而且，只有在公司注册所在的州向公司首席执行官进行了个别送达，对公司的对人管辖权才能成立。[9] 这使问题更加复杂。离开了公司注册所在的州的公司官员就不被视为具有公务身份，[10] 所以，州法院就总是不能对一"外国"公司行使对人管辖权，即使该法院能够在其管辖领域内对其首席执行官进行个别送达。

面对公司的经营遍及全国各地这一现实，各州法院不得不开始进行管辖拟制，以对那些在其管辖领域内从事经营的"外国"公司行使对人管辖权。以后要讨论的"明示或默示的同意"、"公司人身在场"和"经营"的概念[11]变成了使当地私人企业在州法院起诉"外国"公司或被"外国"公司起诉的手段。

3.5 基于同意的管辖——合意管辖

当事人一般都认可法院有权对其作出有约束力的判决。由此，彭诺耶规则的最大的例外或许就是身在一州之外的被告同意该州法院的管辖。同意的概念迄今依然有效。同意可以在诉前、也可在起诉之后作出，也可通过起诉作出。同意有时明示、有时默示。从不同形式的同意中可以看出同意对管辖权的成立有多么重要。

诉讼之前，被告就可以承诺服从一个法院管辖，这种同意需要明示。例如，被告自愿服从其与他人协商的仲裁地的法院的管辖。[1] 合同当事人也可专门约

---

〔6〕 See E. Scoles & P. Hay, Conflict of Laws 9.2 (2d ed. 1992); A. Scott, Fundamentals of Procedure 47 (1922).

〔7〕 Bank of Augusta v. Earle, 38 U.S. (13 Pet.) 519, 588, 10 L. Ed. 274 (1839).

〔8〕 Ibid.

〔9〕 1 Kyd, Corporations 272 (1793).

〔10〕 McQueen v. Middletown Mfg. Co., 16 Johns. 5, 7 (N.Y. Sup. Ct. 1819). 见 Riverside & Dan River Cotton Mills v. Menefee, 237 U.S. 189, 195, 35 S. Ct. 579, 581, 59 L. Ed. 910 (1915), 此案中，对一个居住在本地的外国公司的总裁的送达被判无效。

〔11〕 See 3.5 and 3.7, below.

〔1〕 Farr & Co. v. Cia. Intercontinental de Navegacion de Cuba, S.A., 243 F. 2d 342 (2d Cir. 1957); Frey & Horgan Corp. v. Superior Court, 5 Cal. 2d 401, 55 P. 2d 203 (1936); cert. Denied 298 U.S. 684; Gilbert v. Burnstine, 255 N.Y. 348, 174 N.E. 706 (1931).

定因合同而产生的一切纠纷均由特定地方的法院审判。[2] 与此相应，在因合同而产生的诉讼中，合同当事人还可在当地委托一个代理人接受传票。[3]

104

在合同中明确表示同意接受对人管辖的一种形式是借贷合同中的认债条款。根据这样的条款，当债务人未能清偿债务时，债权人有权利用其中的判决认诺规定使不利于被告的判决在没有对被告进行任何通知的情况下作出。认债条款在一些管辖区域得到支持，[4] 即使执行判决的州本身并不承认认债条款，[5] 以此条款为基础的判决也得到了完全的信赖和尊重。另外一些州则已经通过立法禁止执行认债条款。[6] 联邦最高法院指出，虽然债权人与债务人讨价还价的能力、当事人订合同的知识、能力和主观意志等因素都与某一认债条款的合法性密切相关，但是，认债条款本身并不违反正当程序。[7]

除在合同或认债条款之中明示同意外，第二种获得认可的明示同意在彭诺耶诉内夫案之后接踵而至。作为允许其在一个州管辖区域内从事一定活动的条件，该州实际上可以要求一个公司委托一个代理人接受传票的送达。在 Lafayette Insurance Company v. French[8] 和 St. Clair v. Cox[9] 案中，联邦最高法院认为，如果代理人会向公司告知传票送达，一州有权以公司可在其境内经营为条件，要求公司同意为接受传票送达的目的而特别指定一个代理人。[10] 这一规则依赖于一个前提条件，即公司不是合众国宪法特权与豁免条款所指的公民。[11] 因而它并不当然拥有在成立所在的州之外的其他地方经营的权利。这一论点含混不清，

---

〔2〕 M/S Bremen & Unterweser Reederei v. Zapata Off – Shore Co., 407 U. S. 1, 92 S. Ct. 1907, 32 L. Ed. 2d 513 (1972)（一休斯顿公司和一德国公司合同约定所有纠纷到一伦敦法院解决）；Muller & Co. v. Swedish American Line Ltd., 224 F. 2d 806 (2d Cir. 1955), cert. Denied 350 U. S. 903（虽然一个法院不会因一个合同而丧失管辖权，但它可以拒绝并将当事人交给合同约定的法院管辖）；Smith, Valentino & Smith, Inc. v. Superior Court, 17 Cal. 3d 491, 131 Cal. Rptr. 374, 551 P. 2d 1206 (1976).

〔3〕 National Equipment Rental, Ltd. v. Szukhent, 375 U. S. 311, 84 S. Ct. 411, 11 L. Ed. 2d 354 (1964), noted 1964 U. Ⅲ. L. F. 443. 这一问题将在 3. 20 详细讨论。

〔4〕 Swarb v. Lennox, 314 F. Supp. 1091 (E. D. Pa. 1970), affirmed 405 U. S. 191, 92 S. Ct. 767, 31 L. Ed 138 (1972).

〔5〕 McDade v. Moynihan, 330 Mass. 437, 115 N. E. 2d 372 (1953). But see Atlas Credit Co. v. Ezrine, 25 N. Y. 2d 219, 303 N. Y. S. 2d 382, 250 N. E. 2d 474 (1969).

〔6〕 Chapter 227 of the Indiana Acts of 1927 规定刑事轻罪认债书可以执行。Comment, The Indiana Cognovit Note Statute, 5 Ind. L. J. 208 (1930).

〔7〕 D. H. Overmyer Co. v. Frick Co., 405 U. S. 174, 92 S. Ct. 775, 31 L. Ed. 2d 124 (1972). See also Swarb v. Lennox, 314 F. Supp. 1091 (E. D. Pa. 1970), affirmed 405 U. S. 191, 92 S. Ct. 767, 31 L. Ed. 2d 138 (1972); Kosches & Son v. Nichols, 68 Misc. 2d 795, 327 N. Y. S. 2D 968 (1971).

〔8〕 59 U. S. (18 How.) 404, 15 L. Ed. 451 (1856).

〔9〕 106 U. S. (16 Otto) 350, 1 S. Ct. 354, 27 L. Ed. 222 (1882).

〔10〕 Commercial Mut. Acc. Co. v. Davis, 213 U. S. 245, 29 S. Ct. 445, 53 L. Ed. 782 (1909).

〔11〕 Blake v. McClung, 172 U. S. 239, 19 S. Ct. 165, 43 L. Ed. 432 (1898); Paul v. Virginia, 75 U. S. (8 Wall.) 168, 19 L. Ed. 357 (1869).

不过，联邦最高法院的其他判决对此做了说明：依据宪法，一州不能禁止一个外国公司在其疆界内从事跨州经营。[12] 如果该州不能排斥公司，它也就不应当强求公司的同意。[13]

尽管公司同意的理论缺乏有力支持，但是，同意的概念仍在发展，在有的案件中，外国公司事实上在一州范围内经营的事实被视为默示同意受该州管辖。[14] 公司在一州经营，就被视为已经以默示的方式委托了该州指定的代理人—如州务卿—代为接受任何因在该州经营而引起的任何诉讼的传票送达。

默示的同意理论的基本理由是充分的。一个未在当地注册成立的公司，又拒绝提供明示同意以接受当地的管辖，其处境不会比那些同意管辖的公司好。[15] 不过，默示同意理论并非没有矛盾。[16] 例如，一个已经明确同意受一州管辖的公司对在该州之内非因其经营活动而产生的诉讼也要承担责任，[17] 另一方面，如果一个公司仅仅通过其经营活动默示其同意管辖，则针对该公司的诉讼请求被局限于因其经营活动而产生的范围之内。[18] 大法官霍尔姆斯这样解释被告明示的同意何以导致管辖范围更广：

"当一种权力为书面文件所授予时，执行文件的当事人就要承担法院会对此文件进行解释所带来的风险。执行乃是被告的自愿的行为。"[19]

法官卡多佐认为，区别存在于"真实的同意和推论或默示的同意之间"；换言之，存在于"事实与虚构之间"。[20] 但是，即使同意出于默示，如果在州内传票送达给了合适的公司官员或代理人，该州法院可以对公司非经营活动引起的诉讼行使管辖权。[21]

---

〔12〕 Davis v. Farmers' Co - op. Equity Co., 262 U. S. 312, 43 S. Ct. 556, 67 L. Ed. 996（1923）; Sioux Remedy Co. v. Cope, 235 U. S. 197, 35 S. Ct 57, 59 L. Ed. 193（1914）; International Text — Book Co. v. Pigg, 217 U. S. 91, 30 S. Ct. 481, 54 L. Ed. 678（1910）; Pensacola Telegraph Co. Western Union Telegraph Co., 96 U. S.（6 Otto）1, 24 L. Ed. 708（1878）.

〔13〕 Kurland, The Supreme Court, the Due Process Clause and the In Personam Jurisdiction of State Courts — From Pennoyer to Denckla: A Review, 25 U. Chi. L. Rev. 569, 581（1958）.

〔14〕 St. Clair v. Cox, 106 U. S.（16 Otto）350, 356, 1 S. Ct. 354, 360, 27 L. Ed. 222（1882）.

〔15〕 J. Beale, Conflict of Laws 377 n. 2（1935）.

〔16〕 Kurland, The Supreme Court, the Due Process Clause and the In Personam Jurisdiction of State Courts — From Pennoyer to Denckla: A Review, 25 U. Chi. L. Rev 569, 578（1958）.

〔17〕 Bagdon v. Philadelphia & Reading Coal & Iron Co., 217 N. Y. 432, 111 N. E. 1975（1916）.

〔18〕 Simon v. Southern R. Co., 236 U. S. 115, 35 S. Ct. 255, 59 L. Ed. 492（1915）; Old Wayne Mut. Life Ass'n v. McDonough, 204 U. S. 8, 27 S. Ct. 236, 51 L. Ed. 345（1907）.

〔19〕 Pennsylvania Fire Ins. Co. v. Gold Issue Mining & Milling Co., 243 U. S. 93, 96, 37 S. Ct. 344, 345, 61 L. Ed. 610（1917）. See also Smolik v. Philadelphia & Reading Coal & Iron Co., 222 Fed. 148（S. D. N. Y. 1915）.

〔20〕 Bagdon v. Philadelphia & Reading Coal & Iron Co., 217 N. Y. 432, 437, 111 N. E. 1075, 1076（1916）.

〔21〕 Tauza v. Susquehanna Coal Co., 220 N. Y. 259, 115 N. E. 915（1917）.

106 在为法院对外国公司行使管辖权提供理论基础的同时，同意的观念演变发展，使管辖及于一些不在本州居住的侵权行为人。1916 年在 Kane v. New Jersey（凯恩诉新泽西案）[22] 的判决中，联邦最高法院维持新泽西州的一个法规的合宪性。该法规要求非本州居民的驾车人正式委托本州州务卿为代理人、接受因驾驶在本州登记的汽车而引起的诉讼的传票送达。联邦最高法院认为，汽车驾驶"对公众构成持续而严重的危险"，[23] 对不负责任的驾车人予以惩罚对执法至关重要。根据联邦最高法院的这一观点，"一州规范在其高速公路上的车辆的权力"[24] 就以可在本州使用汽车为条件，获得了其他州的居民服从本州及本州法院管辖的同意。

  但是，如果一州凭借其警察权、以可在本州驾车为条件就可强求对其管辖的明示同意，那么，只要非本州驾车人在本州驾车，该州也可认为其已默示同意指定一个当地官员作为其接受传票送达人的代理人。反映这一观点的默示同意立法很快出现。1927 年，联邦最高法院判决 Hess v. Pawloske（赫斯诉波洛斯克）一案[25] 程序合法。联邦最高法院认为，只要立法规定了下述送送应告知被告，那么，一州就有权规定使用本州高速公路的非居民驾驶人被视为已委托当地一个官员代其接受因在本州内使用汽车所引起的诉讼的传票送达。[26] 联邦最高法院还再次强调汽车对人身和财产安全所构成的内在危险并将公共安全这一特别利益的概念作为行使管辖权的基础。[27]

  赫斯（Hess）案判决所表现出的是一种在各州警察权与公民受正当程序保护及其在全美自由旅行权之间寻求巧妙平衡的主观努力。不过法院并不愿意将默示同意的概念扩展到自然人所有的活动上去。在 1919 年 Flexner v. Farson 案[28] 的判决中，联邦最高法院拒绝支持对一个在肯塔基州经营的外州合伙企业中的合伙成员行使的管辖。根据肯塔基州立法有关可向外州合伙组织、团体和合股公司的经理和代理人进行送达的规定，本案被告即合伙组织的成员被起诉。肯塔基州

107 的法院认为，被告在该州经营就意味着同意被送达，联邦最高法院没有认同这一解释，而是认为：对于合伙组织，默示的同意不过是一种"纯粹的虚构"[29] 一个州固然可以禁止一些外国公司在其境内从事经营，但却没有权力禁止非本州

---

 [22] 242 U. S. 160, 37 S. Ct. 30, 61 L. Ed. 222 (1916).

 [23] 242 U. S. at 167, 37 S. Ct. at 32.

 [24] 242 U. S. at 167, 37 S. Ct. at 31.

 [25] 274 U. S. 352, 47 S. Ct. 632, 71 L. Ed. 1091 (1927).

 [26] 见 3. 19 - 3. 20 对通知的讨论。

 [27] 274 U. S. at 356, 47 S. Ct. at 633.

 [28] 248 U. S. 289, 39 S. Ct. 97, 63 L. Ed. 250 (1919).

 [29] 248 U. S. at 293, 39 S. Ct. at 98.

的合伙人，因为后者是自然人，受合众国《宪法》第 4 条第 2 款（译注：原文为第 1 款，应为第 2 款）特权与豁免权条款的保护。

根据联邦最高法院在赫斯一案的判决，[30] 尽管默示的同意并没有被扩展适用于"纯粹的商业行为"，但该案为各州管辖那些较之驾驶车辆范围更广的"危险活动"提供了先例。适用于驾驶飞机、[31] 轮船[32] 以及建筑[33] 的管辖立法随即经州议会通过，为法院所支持。还有许多法院被鼓起勇气，对已有的管辖法规作出了较之过去更为广义的解释。驾驶车辆的法规被适用到原告与被告都不是交通事故发生地所在州的居民的案件上，[34] 适用到被告是已故驾驶人的代理人的案件上，[35] 甚至适用到不是本州居民、也从未到过本州的车主身上，只要其授权别人在本州使用车辆。[36]

弗莱克斯纳诉法森（Flexner v. Farson）一案判决的效力如果不能说被多尔蒂诉古德曼（Dherty v. Goodman）判决[37] 所推翻，至少也是被大大削弱了。后者支持对在本州内销售公司证券的一非本州居民被告的地区经理进行送达。在推动默示同意理论支持管辖成立的同时，联邦最高法院再次强调公司证券的"例外"性质和危险性，以及各州通过立法保护其公民的利益。

应当注意，联邦最高法院反复提到"州的利益"[38] 使一些法院相信，从赫斯案到 Doherty 案一系列的判决都把州的利益而不是默示同意的概念作为管辖权的真正基础。[39] 这一观点不断得到后来判决的支持。有关"经商"的州制定法规定：如果特定诉讼中的商业行为受特定的州法规规制，那么州就有权对非居民

108

---

〔30〕 274 U. S. 352, 355, 47 S. Ct. 632, 633, 71 L. Ed. 1091（1927）. But see Nelson v. Miller, 11 Ⅲ. 2d 378, 143 N. E. 2d 673（1957），因为 Flexner v. Farson 一案的观点已被此案判决暗含的意义所推翻。

〔31〕 2 P. S. 1410（Pa.）. See also Peters v. Robin Airlines, 281 App. Div. 903, 120 N. Y. S. 2d 1（1953）（纽约将有关非本地飞机的立法适用于纽约之外发生的事故，被认定为违宪）。

〔32〕 La. Stat. Ann. R. S. 13：3479 et seq., as amended Acts 1954, No. 137, 1, upheld as constitutional in Goltzman v. Rougeot, 122 F. Supp. 700（W. D. La. 1954）.

〔33〕 Sugg v. Hendrix, 142 F. 2d 740（5ᵗʰ Cir. 1944），rehearing denied 153 F. 2d 240（5ᵗʰ Cir. 1946）.

〔34〕 Dart Transit Co. v. Wiggins, 1 Ⅲ. App. 2d 126, 117 N. E2d 314（1953）.

〔35〕 Milam v. Sol Newman Co., 205 F. Supp. 649（N. D. Ala. 1962）.

〔36〕 Davis v. St. Paul‐Mercury Indem. Co., 294 F. 2d 641（4ᵗʰ Cir. 1961）.

〔37〕 294 U. S. 623, 55 S. Ct. 553, 79 L. Ed. 1097（1935）.

〔38〕 E. g. International Shoe Co. v. Washington, 326 U. S. 310, 66 S. Ct. 154, 90 L. Ed. 95（1945）.

〔39〕 Olberding v. Illinois Cent. R. Co., 346 U. S. 338, 74 S. Ct. 83, 98 L. Ed 39（1953）；D. Currie, The Growth of the Long Arm：Eight Years of Extended Jurisdiction in Illinois, 1963 U. Ⅲ. L. F. 533, 540.

的自然人经商者行使管辖权。[40]

总之，当严格适用以人身在场为基础的属地管辖就会排除管辖时，在诉讼之前的默示同意就成为支持对驾车者或经商者行使对人管辖权的主要手段。因为默示同意理论毕竟出自拟制，法院将严格的通知义务作为行使管辖的方法[41]的必要条件，同时将其适用限定在公司和州制定法所保护的利益极其重要的范围内，从而以最大的谨慎避免了对被告不应有的不公。

本节所讨论的是被告在诉讼前同意管辖的种种情况。同意也可以在诉讼启动后经当事人的行为而默示作出。例如，一个非本州居民的原告起诉的行为会被认为其已经同意法院因被告可能提出的反诉而对其行使管辖权。[42] 一般来说，无论有意还是无意，只要被告未能严格按照规定提出管辖异议，就会构成异议的放弃。换言之，弃权就意味着默示同意。[43]

3.6 基于住所地和居住地的管辖

虽然明示或默示的同意给予法院扩充其对人管辖范围以最大的灵活性，但它还不是法院为此打下的第一根观念上的定界木桩。一个自然人被告的住所地这一概念是彭诺耶案"人身在场"规则的第一个例外。住所地由两个要素确定：某人想使其成为永久的居家所在，且事实表明此当事人就住在那里。[1]

法院对住所在其辖区、但人在辖区之外也就无法送达的被告有对人管辖权，这并不是新观念。19世纪早期，英国法院就从大陆法系借鉴了住所地概念作为管辖依据，这一原则也为一些美国州法院所接受。[2] 1917年，联邦最高法院在判决的附带意见中提到以住所地加上州外个别送达为基础的管辖是有效的。[3] 在后来的 Blackmer v. United States[4] 和 Milliken v. Meyer[5] 案的判决中，联邦最高法院明确指出住所地和领土外送达足以使对人管辖成立。这两个案件中，该

---

〔40〕 Davis v. Nugent, 90 F. Supp. 522 (S. D. Miss. 1950); Armi v. Huckabee, 266 Ala. 91, 94 So. 2d 380 (1957); Ritholz v. Dodge, 210 Ark, 404, 196 S. W. 2d 479 (1946). 对管辖中有关经商理论的更详细的讨论，参见 3. 19 –3. 20, below.

〔41〕 See 3. 19 –3. 20, below.

〔42〕 In Adam v. Saenger, 303 U. S. 59, 68, 58 S. Ct. 454, 458, 82 L. Ed. 649 (1938), 法院裁定，原告公司提起诉讼的行为表明其已默示同意了管辖，并称"这是法院接受原告起诉的条件"。

〔43〕 See 3. 25 –3. 26, below.

〔1〕 See Restatement Second of Conflict of Laws 11, 12 (1971). See also Bergner & Engel Brewing Co. v. Dreyfus, 172 Mass. 154, 157, 51 N. E. 531, 532 (1898).

〔2〕 Glover v. Glover, 18 Ala, 367 (1850); In re Denick's Estate, 71 N. Y. St. Rep. 549, 92 Hun 161, 36 N. Y. S. 518 (1895) (公民与定居者)。

〔3〕 McDonald v. Mabee, 243 U. S. 90, 37 S. Ct. 343, 61 L. Ed. 608 (1917).

〔4〕 284 U. S. 421, 52 S. Ct. 252, 76 L. Ed. 375 (1932).

〔5〕 311 U. S. 457, 61 S. Ct. 339, 85 L. Ed. 278 (1940). See also Arakaki v. Arakaki, 54 Hawaii 60, 502 P. 2d 380 (1972).

院关注的是以住所或公民身份为对人管辖的基础是否符合正当程序的要求，而不是如何将这些情形适用于彭诺耶案判决的领土主权原则的手段与方法。[6]

　　在布莱克曼案（Blackmer）中，原告是一美国公民，曾被法院以其藐视行为而传唤。原因是他拒绝服从联邦法院因著名的 Teapot Dome Scandal 丑闻案（译者注：美国 20 世纪 20 年代初内，政部长 Albert Fall 向两家私人公司分别出租位于怀俄明州的 Teapot Dome 和加州的 Elk Hills 两处国家储备油田而受贿）对其发出、并在法国予以送达的传票。境外送达有联邦法规为据，联邦最高法院也认定这种送达方式并未违反正当程序。在米利肯（Milliken）案中，布莱克曼案的原则被适用到州法院的案件中。米利肯在怀俄明州法院起诉一怀俄明州公民迈耶（Meyer）。根据怀俄明州法规，对不在本州的本州居民可以以境外送达代替公告送达。因此，个别的送达在科罗拉多州完成。迈耶没有到庭并被缺席判决。4 年之后迈耶请求科罗拉多州法院阻止怀俄明州法院判决的执行。最后，联邦最高法院认定怀俄明州判决有效，应予充分信任与尊重。联邦最高法院认为：

　　"虽然此人不在该州，但仅因住所在该州的事实就足以使法院在通过适当的替代送达方式的前提下，对其行使对人管辖权。……一州对其公民的管辖权不会因其不在该州的事实而终止。因为有此依据，州授予其权利、对其人身与财产提供保护，也就有权要求其履行相应的义务。"[7]

　　住所一直是行使管辖权的基础。[8] 被告住所适宜于确定地点，保证了被告总可在某一地被诉。[9] 即使在起诉前被告就已迁居他处，但管辖总可因纠纷发生时被告居所地就在此地而成立。[10] 一旦住所地确定就"不会变更，除非为新的住所地取替"。[11] 因此，虽然一个人可能因事业或娱乐等原因而长期不在本州，或者正迁往他处，但本州的管辖权仍然成立。[12]

　　有人提议以居住地取代住所作为对人管辖的基础更加容易确定。[13] 一些法

110

　　〔6〕　这些关注正当程序而非单纯的领土理论的判例可以被视为最终在 International Shoe Co. v. Washington 案中得以完成的理论的直接先驱。326 U. S. 310, 66 S. Ct. 154, 90 L. Ed. 95 (1945). See 3. 10, below.

　　〔7〕　311 U. S. at 264 - 63, 61 S. Ct. at 342 - 43.

　　〔8〕　在对人管辖上，州籍与住所地是被视为一致的，因此依据联邦制定法州籍也使管辖权成立。E. g., Blackmer v. U. S., 284 U. S. 421, 52 S. Ct. 252, 76 L. Ed. 375 (1932). See Note, Citizenship as a Ground for Personal Jurisdiction, 27 Harv. L. Rev. 464 (1914).

　　〔9〕　See Restatement Second of Conflict of Laws 29 (1971).

　　〔10〕　Owens v. Superior Court of Los Angeles County, 52 Cal. 2d 822, 345 P. 2d 921 (1959).

　　〔11〕　Stucky v. Stucky, 186 Neb. 636, 185 N. W. 2d 656, 659 (1971).

　　〔12〕　Alvord & Alvord v. Patenotre, 196 Misc. 524, 92 N. Y. S. 2d 514 (1949).

　　〔13〕　Myrick v. Superior Court, 256 P. 2d 348 (Cal. App. 1953), writ discharged 41 Cal. 2d 519, 261 P. 2d 255 (1953).

院也支持以被告居住地来确定管辖，[14] 对离婚诉讼尤其如此。[15] 显然，米利肯案确立的在某州有住所的人与该州权利义务对等的理论也可以适用于居住在该州的人。另一方面，当被告拥有多个居住地，并且，在每一个州其居住地都可作为管辖权成立的依据时，原告就可以选择法院，由此可能给被告带来相当的不便。[16] 无论居住地可以在何种程度上成为管辖权的基础，多数法院把用居住地这一术语起草的法规解释为对住所的要求，坚持管辖的依据在于住所。[17]

3.7 基于公司在场和"经营"为基础的管辖

对于公司，不能说其身在何处，所以彭诺耶案适用于自然人的对人管辖规则就很难适用于公司。最初，公司仅受其成立地所在州的法院管辖，在此区域之外就没有法律意义上的存在。[1] 但面对公司跨州经营的事实，在继续受到彭诺耶案规则约束的同时，法院不得不寻找新的管辖理论。第一就是已在前面讨论过的同意理论。[2] 第二是公司在场理论，它填补了同意理论留下的空白。从这两种理论中又产生了第三种理论—管辖上的"经营"概念—这是在场和同意理论的基础。

公司在场理论认为，只有当一外国公司在本州的经营多到足以证明其在本州的存在时，它才应当被视为同意本州管辖。[3] 自然人的人身所在即使漂浮不定，但可通过"追踪"以确定对人管辖。公司之在场与否就必须以其持续经营的证据来证明。[4] 例如，人们认为，公司雇员在本州从事短暂经营这一事实不足以支持对人管辖权的成立，[5] 另一方面，如果公司被认为在本州存在，那么管辖将及于与其在当地的经营活动无关的诉讼请求。[6] 这与默示的同意理论并不相

111

---

〔14〕 Stucky v. Stucky, 186 Neb. 636, 185 N. W. 2d 656 (1971); Fishman v. Sanders, 15 N. Y. 2d 298, 258 N. Y. S. 2d 380, 206 N. E. 2d 326 (1965).

〔15〕 Sachs v. Sachs, 278 Ala. 464, 179 So. 2d 46 (1965); Wheat v. Wheat, 229 Ark. 842, 318 S. W. 2d 793 (1958).

〔16〕 Developments in the Law — State — Court Jurisdiction, 73 Harv. L. Rev. 909, 942 (1960).

〔17〕 See, e. g., Hartford v. Superior Court, 47 Cal. 2d 447, 304 P. 2d 1 (1956).

〔1〕 Bank of Augusta v. Earle, 38 U. S. (13 Pet.) 519, 10 L. Ed. 274 (1839). See 3. 4, above.

〔2〕 See 3. 5, above.

〔3〕 Philadelphia & Reading R. Co. v. McKibbin, 243 U. S. 264, 37 S. Ct. 280, 61 L. Ed. 710 (1917); International Harvester Co. of America v. Kentucky, 234 U. S. 579, 34 S. Ct. 944, 58 L. Ed. 1479 (1914); Bomze v. Nardis Sportswear, Inc. , 165 F. 2d 33 (2d Cir. 1948); Hutchinson v. Chase & Gilbert, 45 F. 2d 139 (2d Cir. 1930). See also Frummer v. Hilton Hotels Int'l, Inc. , 19 N. Y. 2d 533, 281 N. Y. S. 2d 41, 227 N. E. 2d 851 (1967).

〔4〕 Hutchinson v. Chase & Gilbert, 45 F. 2d 139 (2d Cir. 1930).

〔5〕 James — Dickinson Farm Mortgage Co. v. Harry, 273 U. S. 119, 47 S. Ct. 308, 71 L. Ed. 569 (1927).

〔6〕 Kurland, The Supreme Court, the Due Process Clause and the In Personam Jurisdiction of State Courts — From Pennoyer to Denckla: A Review, 25 U. Chi. L. Rev. 569, 583 (1958).

符。但是，一旦公司在一州停止经营，就不再具备管辖意义上的存在。当以前的经营活动引发纠纷时，公司可停止经营以逃避该州管辖。[7] 这是同意理论所没有的漏洞。[8]

此外，公司在场理论还存在其他问题。首先，基于公司在场的管辖与公司在其成立地所在州之外就没有法律意义上的存在这一理论相矛盾。而且，要多少持续经营活动才足以构成公司在场很难量化，所以也无法预期。公司在当地经营活动的多少往往成为争讼的首要案件事实问题。[9] 在场理论绝非灵丹妙药，事实上，在场是一个"结论性术语"，它"只是提出了需要解答的问题"。[10]

"在场"是结论，这一结论必须从发现公司在某地有足够多的经营活动的事实推断而来。[11] 法院因此就不得不对外国公司的经营做定额的分析，并以"经营"理论本身作为管辖的基础。[12] 然而，"经营"标准也难以捉摸。在州内常规性的采购不被看作经营，[13] 但辅之以其他经营活动的招徕生意行为则是经营。[14] 办公、谈判场所的保持，合同的履行，子公司的经营活动15]都是需要考虑的因素；它们提供了指南，但难以构成固定和可靠的规则。

最后一个困扰法院的问题是在如何对待母子公司，以达到决定它们的一个或另一个就可以、或者两者一起才能满足公司在场或经营的标准的目的。很明显，对母公司的管辖并不必须及于其子公司，[16] 对一个子公司的管辖也不意味着对母公司有管辖权。[17] 仅仅占有另一公司股份不足使管辖成立。例如，如果有代

112

---

〔7〕　Robert Mitchell Furniture Co. v. Selden Breck Constr. Co., 257 U. S. 213, 42 S. Ct. 84, 66 L. Ed. 201 (1921).

〔8〕　Simon v. Southern Ry. Co., 236 U. S. 115, 35 S. Ct. 255, 59 L. Ed. 492 (1915)；Tauza v. Susquehanna Coal Co., 220 N. Y. 259, 115 N. E. 915 (1917).

〔9〕　Hutchinson v. Chase & Gilbert, 45 F. 2d 139 (2d Cir. 1930).

〔10〕　45 F. 2d at 141.

〔11〕　正如法官汉德（Hand）在判决意见中所预见的那样，"在当地持续经营；足以要求审判不在其成立地进行。……这最后出现、并被简洁地表达为'在场'一词的观念，成为支配性的因素，法官要了解公司在发生纠纷的州经营的范围和持续情况，才能决定是否应当管辖。还必须判断对它的适用在诉讼之地给被告辩驳带来的不便。"Hutchinson v. Chase & Gilbert, 45 F. 2d 139, 141 (2d Cir. 1930).

〔12〕　与司法制度的发展而适应，一些州采用了"经营"立法规定了那些情形下管辖成立。See 3. 13, below.

〔13〕　Rosenberg Bros. & Co. v. Curtis Brown Co., 260 U. S. 516, 43 S. Ct. 170, 67 L. Ed. 372 (1923).

〔14〕　St. Louis Sw. Ry. Co. v. Alexander, 227 U. S. 218, 33 S. Ct. 245, 57 L. Ed. 486 (1913).

〔15〕　Hutchinson v. Chase & Gilbert, 45 F. 2d 139 (2d Cir. 1930).

〔16〕　See, e. g., Blount v. Peerless Chemicals (P. R.) Inc., 316 F. 2d 695 (2d Cir. 1963), cert. Denied 375 U. S. 831；Associated Metals & Minerals Corp. v. S. S. Rialto, 280 F. Supp. 207 (S. D. N. Y. 1967).

〔17〕　Cannon Mfg. Co. v. Cudahy Packing Co., 267 U. S. 333, 45 S. Ct. 250, 69 L. Ed 634 (1925)；Velandra v. Regie Nationale Des Usines Renault, 336 F. 2d 292 (6ᵗʰ Cir. 1964).

理关系存在,[18] 或者母公司控制了该子公司的经济和经营，导致经济依赖关系存在,[19] 那么，对两者之一有管辖权，对另一个也同样有。

4. 对财产的管辖

3. 8 对物和准对物管辖：传统理论

在彭诺耶诉内夫案中，联邦最高法院宣称各州法院有权裁判州内财产权，但对州界之外的财产则不能行使管辖。[1] 对物管辖权使法院得以决定财产的法律地位、权益和产权归属。因为对物管辖裁判对象为当地财产纠纷，法院通过扣押已将财产置于实际控制之下，正当程序不要求法院要传票通知、甚至确定其权益可能受到判决影响的人。对物判决可以有效"对抗全世界"。[2] 海事、[3] 遗嘱认证、[4] 财产被收归公用、[5] 征用、[6] 没收、[7] 财产登记、[8] 共同财产划分或分割、[9] 宣告破产、[10] 土地复归[11]以及占有公司股份[12]等，因为包含着对财产的裁判，都可归于对物管辖之中。

家庭关系[13]等一些涉及人身关系的诉讼程序也被视为对物管辖程序。其最

---

[18] Luce & Co., S. en C. v. Alimentos Boringquenos, S. A., 283 F. Supp. 81 (D. Puerto Rico 1968).

[19] Cannon Mfg. Co. v. Cudahy Packing Co., 267 U. S. 333, 45 S. Ct. 250, 69 L. Ed. 634 (1925); Mas v. Orange – Crush Co., 99 F. 2d 675 (4th Cir. 1938); Thys Co. v. Harvard Indus., Inc., 205 Pa. Super. 472, 210 A. 2d 913 (1965).

[1] 95 U. S. (5 Otto) 714, 723, 24 L. Ed. 565, 569 (1877).

[2] Arndt v. Griggs, 134 U. S. 316, 10 S. Ct. 557, 33 L. Ed. 918 (1890); Tyler v. Judges of the Court of Registration, 175 Mass. 71, 55 N. E. 812 (1900), writ of error dismissed 179 U. S. 405, 21 S. Ct. 206, 45 L. Ed. 252 (1900).

[3] The Hime v. Trevor, 71 U. S. (4 Wall.) 555, 18 L. Ed 451 (1866); The Moses Taylor, 71 U. S. (4 Wall.) 411, 18 L. Ed. 397 (1866); New v. Yacht Relaxin, 212 F. Supp. 703 (S. D. Cal. 1962).

[4] In re Estate of Nilson, 126 Neb. 541, 253 N. W. 675 (1934); In re Shew's Estate, 48 Wn. 2d 732, 296 P. 2d 667 (1956). See also Simes, The Administration of a Decedent's Estate as a Proceeding in Rem, 43 Mic. L. Rev. 675 (1945).

[5] Housing Authority of City of Butte v. Bjork, 109 Mont. 552, 98 P. 2d 324 (1940).

[6] Huling v. Kaw Valley Ry. & Improvement Co., 130 U. S. 559, 9 S. Ct. 603, 32 L. Ed. 1045 (1889).

[7] The Confiscation Cases, 87 U. S. (20 Wall.) 92, 22 L. Ed. 320 (1874).

[8] Tyler v. Judges of the Court of Registration, 175 Mass. 71, 55 N. E. 812 (1900).

[9] Freeman v. Alderson, 119 U. S. 185, 7 S. Ct. 165, 30 L. Ed. 372 (1886); Solomon v. Redona, 52 Cal. App. 300, 198 P. 643 (1921).

[10] Bank of Marin v. England, 385 U. S. 99, 87 S. Ct. 274, 17 L. Ed. 2d 197 (1966).

[11] Texas v. New Jersey, 379 U. S. 674, 85 S. Ct. 626, 13 L. Ed. 2d 596 (1965), opinion supplemented 380 U. S. 518, 85 S. Ct. 1136, 14 L. Ed. 2d 49 (1965); Western Union Tel. Co. v. Pennsylvania, 368 U. S. 71, 82 S. Ct. 199, 7 L. Ed. 2d 139 (1961).

[12] Franz v. Buder, 11 F. 2d 854 (8th Cir. 1926), cert. Denied 273 U. S. 756; First Trust Co. v. Matheson, 187 Minn. 468, 246 N. W. 1 (1932).

[13] See generally A. Ehrenzweig, Conflict of Laws 71 – 81 (1962); E. Scoles & P. Hay, Conflict of Laws 15. 4 (2d ed. 1992).

初的理由在于：各州最为关心的是诸如两个居民之间的婚姻关系、境内定居的小孩的监护等特定人身关系，各州也就应当有权裁判这些人身关系。不过，在为管辖的目的而要决定这些有争议的关系或"标的物"位于何处时，法院遇到了极大的困难。这些困难部分地可归咎于基本实体法发生的变化。

特别是近几十年来，各州解除婚姻关系的权力经历了天翻地覆的变化。婚姻住所州——双方当事人结婚后最后共同居住的州——度被视为婚姻存在之"地"，所以只有该州才能行使婚姻管辖权。[14] 但现在，只要当事人双方中任一方在某地有住所，该州法院就有权审理这一婚姻案件。[15] 在一些州，只要任何一方在当地明确居住了一段时间，就足以使法院有权依一方申请对婚姻状态作出裁决[16]——法院甚至可以在另一方未出庭的情况下改变一方的婚姻状态。对这些案件，正当程序要求缺席的配偶应当得到适当的诉讼通知送达。[17]

然而，把单方申请的离婚程序看作纯粹的对物管辖是一种误导，因为一州不能仅因提起离婚诉讼的一方在本州居住就有权对缺席的配偶获得经济补偿的权利作出裁判。要对缺席配偶与婚姻有关的财产权利作出裁判，该州法院或者要对缺席方的对人管辖权，或者对可能受到判决影响的财产权有准对物管辖权。[18] 同理，法院对被告要有对人管辖权才能对给付扶养费[19]和指定监护[20]作出有效的判决，因为这既是对物的判决也是对人的判决。所以，各州对离婚案件的管辖权往往被称为对物管辖，但将其视为一种特殊的管辖形式最为妥当。[21]

与对物诉讼不同，准对物诉讼针对已知的人而非财产。原告提出准对物管辖，是要"寻求将特定的人的一定的财产权置于其提出的诉讼请求之下"。[22] 一个准对物判决只影响在特定财产之上、属于本案诉讼另一方的那部分权益，[23] 而不会影响其他所有已知或未知的人在该特定财产上的权益。[24]

---

[14] Haddock v. Haddock, 201 U. S. 562, 26 S. Ct. 525, 50 L. Ed. 867 (1906).

[15] Williams v. North Carolina, 317 U. S. 287, 63 S. Ct. 207, 87 L. Ed. 279 (1942). 不过，审理Williams 案的法院注意到了"这一诉讼并不单纯是对人诉讼"。317 U. S. at 297, 63 S. Ct. at 213.

[16] Sachs v. Sachs, 278 Ala. 464, 179 So. 2d 46 (1965).

[17] Mullane v. Central Hanover Bank & Trust Co., 339 U. S. 306, 70 S. Ct. 652, 94 L. Ed. 865 (1950). 对通知的讨论见3. 19–3. 20, below.

[18] Vanderbilt v. Vanderbilt, 354 U. S. 416, 77 S. Ct. 1360, 1 L. Ed. 2d 1456 (1957).

[19] Baldwin v. Baldwin, 28 Cal. 2d 406, 170 P. 2d 670 (1946).

[20] May v. Anderson, 345 U. S. 528, 73 S. Ct. 840, 97 L. Ed. 1221 (1953).

[21] Restatement Second of Judgments 7 (1982).

[22] Freeman v. Alderson, 119 U. S. 185, 187, 7 S. Ct. 165, 166–67, 30 L. Ed. 372, 373 (1886).

[23] 119 U. S. at 188, 7 S. Ct. at 67.

[24] Gassert v. Strong, 38 Mont. 18, 98 P. 497 (1908), appeal dimissed 215 U. S. 583, 30 S. Ct. 403, 54 L. Ed. 338 (1909).

法院可以两种不同方式行使准对物管辖。当原告既提出其对特定财产上原有权益的诉讼请求，又提出取消或建立对同一财产其他类似权益的诉讼请求时，法院可以对此财产行使准对物管辖。请求消除所有权瑕疵、[25] 确认欺诈性转让财产无效、[26] 请求取消违约买主对不动产的衡平法权利、[27] 申请强制按约履行转让不动产之诉[28] 等都属于这类管辖。它们很像对物诉讼但另有一个要素，即当事人另有基础性争议，而财产仅仅与对此争议的救济相关。

115

准对物管辖概念权的第二种适用方式与对人管辖相似。通常因为非本州居民被告不在本州，原告寻求法院管辖被告在本州的财产，以替代法院对被告本人的对人管辖权。以这种方式运用的准对物管辖，往往又被称为扣押管辖。[29] 原告对被告在被扣押财产上的权利并无异议；原告只想利用被告在本州的财产作为管辖通道，与被告进行与财产无关的对人诉讼。

因此，即使原告诉请的当地法院对被告并无对人管辖权，原告也可通过扣押被告在当地拥有的财产、并将扣押通知被告的方式在当地起诉。一旦财产被法院以扣押、冻结被告债权、衡平法上争议财产暂管等方式所控制，法院就有权对诉讼所涉及的各个方面予以裁判。被告只能选择是到庭应诉，还是放弃抗辩、丢掉财产。[30] 如果被告缺席或虽未缺席但原告仍然全面胜诉，被扣押的财产将被拍卖，价款将给予原告，以部分或全部地执行判决。

原告利用扣押管辖有两个明显的好处。首先，请求法院扣押了被告在本州的财产之后，原告迫使被告或者亲自到庭应诉，或者就甘冒丧失财产之险而缺席。其次，财产扣押确保了原告的诉讼请求得到部分或全部的实现。

另一方面，法院准对物管辖权力的有限对原告也有不利之处。法院准对物管辖权基于财产价值，而准对物判决也就被严格限定在这一财产的价值之内。[31] 如果原告的请求超过了这一价值，除非在此准对物诉讼过程中被告自愿接受对人管辖，法院不得就其差额[32] 作出判决。[33] 当然，如果财产价值超过判决的金

116

---

〔25〕 Arndt v. Griggs, 134 U. S. 316, 10 S. Ct. 557, 33 L. Ed. 918 (1890).

〔26〕 State ex rel. Hill v. District Court, 79 N. M. 33, 439 P. 2d 551 (1968).

〔27〕 Prudential Ins. Co. v. Berry, 153 S. C. 496, 151 S. E. 63 (1930). See also Roller v. Holly, 176 U. S. 398, 20 S. Ct. 410, 44 L. Ed. 520 (1899).

〔28〕 Garfein v. McInnis, 248 N. Y. 261, 162 N. E. 73 (1928).

〔29〕 See Restatement Second of Judgments 8 (1982).

〔30〕 到庭的后果的讨论见后文 3. 27。See also Simpson v. Loehmann, 21 N. Y. 2d 990, 290 N. Y. S. 2d 914, 238 N. E. 2d 319 (1968)（到庭应诉并不意味着被告要对超过被扣押财产价值的债务承担责任）。

〔31〕 Freeman v. Alderson, 119 U. S. 185, 7 S. Ct. 165, 30 L. Ed. 372 (1886)；Cooper v. Reynolds, 77 U. S. (10 Wall.) 308, 19 L. Ed. 931 (1870).

〔32〕 See, e. g., Cheshire Nat. Bank v. Jaynes, 224 Mass. 14, 112 N. E. 500 (1916).

〔33〕 被告放弃管辖异议的方式在 3. 25 - 3. 26 有解释。

额，扣减之后，法院将把余额还给被告。

法院准对物管辖权的有限性还体现在其判决对后来提出的同样的对人请求之诉没有约束力和既判力。[34] 理论上，准对物判决仅仅包括了诉讼当事人对使管辖得以成立的特定财产的利益。既判力原则禁止胜诉的原告再次针对同一财产提起同样的对人请求。如果原告扣押了被告另外的财产，就可以在同一法院或其他法院，对被告再次通过准对物诉讼提起同样的对人请求，以得到其请求的总金额与第一次胜诉后所得金额之间的差额。如果原告再次胜诉，第一次已判决的金额将被扣减。[35] 如果第二次诉讼中被告胜诉，原告也不会被要求归还第一次判决后的执行所得。[36] 只有当原告可以请求法院对被告行使对人管辖时，才可再次起诉。[37]

在彭诺耶案的年代里，准对物管辖的扣押形式为改变排他的领土主权概念的影响提供了一定的灵活性。在债务人逃避债务的情况下，为相对而言流动性不大的债权人提供了救济程序，法院也可通过直接对其管辖区域内的居民行使对人管辖，在不侵害另一州领土主权的情况下为被非本州居民侵害的当地原告提供程序上的保护。[38] 因为公司在其成立所在州之外不能以对人管辖名义被诉，[39] 所以准对物管辖就为当地居民债权人在当地法院起诉外国公司拒不还债或人身损害提供了惟一的救济方式。当州际旅行昂贵而艰辛时，如果没有准对物管辖为原告提供比较公正的手段，原告就只好外出追寻曾在本地伤害了他们的非本地居民被告。

审判彭诺耶案的法院并未将准对物管辖的方法与公正的概念联系在一起。因此，法院适用这种管辖并非基于对被告与当地持续联系的判断，而是基于被告财产是否在当地。当公正的标准而非纯粹的领土概念支配着对人管辖法则时，[40] 许多人争辩说：对人、对物和准对物管辖的区别促进了不同的技术标准的产生，从而可以对州法院行使其对被告本人和财产的管辖权的有效性作出评判。扣押管辖的合宪性问题在实体法和程序正当原则两个方面都受到质疑，其发展将在下一节中论述。

117

---

[34] Cheshire Nat. Bank v. Jaynes, 224 Mass. 14, 112 N. E. 500 (1916); Restatement Second of Judgments 32 (1982). 见 14. 9, below 有关给予准对物判决被限制在先前的判决效力上的讨论。

[35] Restatement Second of Judgments 32, comment c (1982).

[36] Restatement First of Judgments 34, comment h (1942).

[37] 虽然同一诉讼请求反复提出，在理论上是可以，实践中极少见。

[38] Zammit, Quasi – in – Rem Jurisdiction: Outmoded and Unconstitutional? 49 St. John's L. Rev. 668, 670 (1975).

[39] 见 3. 7, above 的讨论。

[40] 见 3. 10, below。

3．9 传统理论存在的问题：压力下的准对物管辖

彭诺耶与内夫一案[1]为分析州法院对被告的管辖建立了一个统一但刻板的概念模式。如果被告本人就在本州、且被直接送达，该州法院即可对其行使对人管辖权。[2] 诉讼启动之时，如果法院扣押了属被告所有、且位于本州的财产，就可对被告行使准对物管辖权。一旦该被告接到通知，就不得不承受标的额不会超过该项财产的判决。[3]

一开始，彭诺耶案判决指导下的扣押管辖应用稳定，也可预见。虽然不同意接受对人管辖的非本州居民被告不得不从老远的地方来到本州，为保卫财产而出庭应诉，但人们不认为这有何不公，因为在本州拥有这一财产就已使被告在本州获得了益处。

在 International Shoe Company v. State of Washington[4] 一案中，判决将对人管辖的要点从一州对被告的人身控制转移到被告与该州的最低程度的联系上。[5] 在 Hanson v. Denckla 的判决中，[6] 联邦最高法院要求被告与州之间的联系必须是有目的的关联，从而使对人管辖的扩大适用受到限制。[7] 虽然国际鞋业案（International Shoe Company）和汉森（Hanson）案彻底改变了对人管辖理论，但并未触动对物与准对物管辖。这两种管辖形式仍将重点放在州的实际控制权上，逐渐变得不合时宜，对被告依正当程序要求而享有的权利无动于衷。[8] 准对物案件中，对无形财产予以扣押取决于法院发现财产的地点，可能产生荒唐和偶然的结果。古老的准对物管辖观念被勉强适用到了临界点。对其所遇到的困难稍加分析就可看出，传统的扣押管辖已经接近崩溃的边缘。

如果根据准对物管辖扣押的财产是不动产或有形财产，确定其所在地并无困难。有形财产的法律处所就是其实际位置所在的州。但是，要决定像本票、债券

---

[1] 95 U. S. (5 Otto) 714, 24 L. Ed. 565 (1877).

[2] See 3. 3, above.

[3] See 3. 8, above.

[4] 326 U. S. 310, 66 S. Ct. 154, 90 L. Ed. 95 (1945).

[5] See 3. 10, below.

[6] 357 U. S. 235, 78 S. Ct. 1228, 2 L. Ed. 2d 1283 (1958).

[7] See 3. 11, below.

[8] See Carington, The Modern Utility of Quasi in Rem Jurisdiction, 76 Harv. L. Rev. 303 (1962); B. Currie, Attachment and Garnishment in the Federal Courts, 59 Mich. L. Rev. 337 (1961); Elliot & Green, Quasi in Rem Jurisdiction in Federal Courts: The Porposed Amendments to Rule 4, 48 Iowa L. Rev. 300 (1963).

和债务等无形财产的处所，法院深感为难与困惑。[9] 无形物的处所为法律拟制，"为一个目的而确定的处所不可用于决定其他目的"。[10] 例如，虽然一张保单的处所通常就是保单本身所在的地方，但若是为了对退保所得的现金征税，那么，是纳税人居住地而不是单据本身所在地为处所。[11]

出于商业便利，人们认为文件和其他载有商业义务的书面文契的处所只能是其本身所在地。因此，只要发现并扣押了文件，管辖通常就可成立。[12] 在决定公司证券的处所时，问题更加复杂。[13] 根据普通法，股票的处所被认为就是公司的住所地。[14] 股权证（书面）仅仅被视为拥有股权的证据，而不是财产本身的具体化。因此，为管辖的目的、在本州扣押了股权证被认为并不足以将实际的财产带到了本州。

普通法确定公司证券处所的方法引起不少棘手的问题。只有公司成立所在的州有权决定股权证是所有权的表现，或仅仅是所有权的证据。如果根据公司所在州的立法，股份所有权就包含于股权证中，那么在股权证所在的州予以扣押就可成为准对物管辖的依据。为避免不可靠的管辖和可能的多重责任，一些州采纳了《统一股份转让法》第 13 条，该条为扣押目的而特别规定股份的处所就是股权证被发现的地方。要使扣押有效，就必须对书面的文契予以实际扣留，或者向持有人下达不得转移股份的禁令。[15]

当一种无形财产权益没有包含于一个书面文契之中时，会产生其他问题。彭诺耶案判决规定的准对物管辖制度要求为扣押的目的、给权益指定一个拟制的所在。Harris v. Balk[16] 一案又确立一个原则：为管辖的目的，债务的处所就是债

119

---

〔9〕 Andrews, Situs of Intangibles in Suits Against Nonresident Claimants, 49 Yale L. J. 241 (1939); Carpenter, Jurisdiction voer Debts for the Purpose of Administration. Garnishment & Taxation, 31 Harv. L. Rev. 905 (1918). Powell, Bausiness Situs of Credits, 28 W. Va. L. Q. 89 (1922); Developments in the Law——State Court Jurisdiction. 73 Harv. L. Rev. 909, 950 – 953 (1960). See also U. S. v. First Nat. City Bank, 379 U. S. 378, 385, 404 – 409, 85 S. Ct. 528, 532, 542 – 545, 13 L. Ed. 2d 365 (1965)（对判决的反对意见）（应付款项之处所）。

〔10〕 Bankers Trust Co. v. Equitable Life Assurance Soc., 19 N. Y. 2d 552, 281 N. Y. S. 2d 57, 227 N. E. 2d 863 (1967).

〔11〕 Ibid.

〔12〕 First Trust Co. v. Matheson, 187 Minn. 468, 246 N. W. 1 (1932)（无记名债券）. See also Restatement Second of Conflict of Laws61 (1969).

〔13〕 See generally Pomerance, The "Situs" of Stock. 17 Cornell L. Q. 43 (1931).

〔14〕 See, e. g., 15 Purdon's Statutes301.

〔15〕 Mills v. Jacobs, 333 Pa. 231, 4 A. 2d 152 (1939). See also Union Chemical & Materials Corp. v. Cannon, 38 Del. Ch. 203, 148 A. 2d 348 (1959), noted 59 Colum. L. Rev. 803 (1959); Note, Attachment of Corporate Stock: The Conflicting Approaches of Delaware and the Uniform Stock Transfer Act, 73 Harv. L. Rev. 1579 (1960).

〔16〕 198 U. S. 215, 25 S. Ct. 625, 49 L. Ed. 1023 (1905).

务人所在地。

北卡罗莱纳州居民哈里斯（Harris）欠另一北卡罗莱纳州居民鲍克（Balk）180 美元。爱泼斯坦是马里兰州巴尔的摩市人，又起诉鲍克欠他 340 美元。当哈里斯造访巴尔的摩时，艾泼斯坦对其个别送达了扣押其所欠鲍克的债务的扣押令。根据马里兰州程序规定，对鲍克的通知则是在巴尔的摩法院大门外张贴公告。尽管双方事实上都得到了通知，但第三债务人哈里斯和主债务人鲍克均未到庭。马里兰州法院缺席判决鲍克负有 180 美元债务，并命令哈里斯向爱泼斯坦支付这笔钱。

为了 180 美元的债权，鲍克后来到北卡罗莱纳州法院起诉哈里斯，哈里斯以马里兰州的判决为抗辩现由。鲍克予反驳，认为对马里兰州法院没有管辖权而作出的判决，北卡罗莱纳州不应给予充分的信任与尊重。因为两个北卡罗莱纳人之间的债务又产生于北卡罗莱纳州，所以债务的处所就是本州，因此马里兰州扣押无效。北卡罗莱纳州法院拒绝认可马里兰州法院判决，但联邦最高法院撤消了北卡罗莱纳法院判决，认为马里兰州法院判决有效，北卡罗莱纳法院应予充分信任与尊重。

联邦最高法院的理由在于清偿债务是一种无形的义务，"无论债务人到哪儿，它都如影随形。"[17] 因此，当哈里斯欠鲍克的债务跟随哈里斯"旅行"到了马里兰时，它可以被扣押。通过向身处马里兰的哈里斯直接送达，马里兰州法院就获得了对鲍克财产—哈里斯所欠债务—的准对物管辖权。[18]

120 哈里斯诉鲍克案判决允许州法院对身处该州、但本人及其活动均与该州无任何逻辑关系的被告行使管辖权，招致广泛批评。[19] 这一判例的推理意味着一个债权人为了得到全部或部分的清偿，可以主张获得对其债务人的债务人的对人管辖权，这不仅可迫使被告在其被个别送达之地、或其不动产与动产所在之处应诉，还可迫使被告在其债务人偶然所到的任何地方应诉。对于公司债务人而言，这一问题尤为突出。如果原告在被告公司的债务人经营的地方对这些债务人的财产予以扣押，那么，被告可能因为准对物管辖而被迫到许多州应诉。[20] 原告可

[17] 198 U. S. at 222, 25 S. Ct. at 626.

[18] 第三债务人有义务将扣押程序通知其债主，使其可与申请扣押人直接诉讼。第三债务人未能履行通知义务，也不影响确定原告及其债主之间关系的判决的有效性。但是，如果以后第三债务人被其债主起诉还款，第三债务人就不能以债务已经在前一诉讼中清偿为由来抗辩了。因此，未向债权人履行通知义务会导致第三债务人两次偿还同一债务。

[19] Beale, The Exercise of Jurisdiction in Rem to Compel Payment of a Debt, 27 Harv. L. Rev. 107 (1913). But see the defense of Harris in Carpenter, Jurisdiction over Debts for the Purpose of Administration, Garnishment and Taxation, 31 Har. L. Rev, 905 (1918).

[20] See, e. g., Steele v. G. D. Searle & Co., 483 F. 2d 339 (5th Cir. 1973), cert. Denied 415 U. S. 958 (产品责任诉讼)。

以寻求诉讼地程序和实体上的优势，对被告进行无休止的骚扰。

尽管有争论，哈里斯诉鲍克案的原则仍得到广泛应用，在合同之债方面甚至走向极端。在 Seider v. Roth 案中，[21] 两个纽约居民在佛蒙特州因一起汽车交通事故受伤，被告为加拿大人，其在加拿大投保的保险公司也在纽约从事保险业务。原告在纽约扣押了被告的交通事故保险单，从而获得了对被告的准对物管辖权。纽约上诉法院认为保险公司对此加拿大人的责任构成了一个纽约州法律规定可以扣押的债务。[22]

在塞德（Seider）一案中，债务仅仅来自预期和推测：保险公司偿付被告的债务的性质和数额都取决于诉讼的结果。因此，该案判决体现了哈里斯诉鲍克案扣押管辖理论的扩张适用。审理塞德一案的多数法官认为，事故发生之时保险人的偿付责任就产生了，如果原告败诉或根本没有起诉，此责任就不复存在。不过，纽约法院没有考虑程序的合宪性，也没有看到被告面临的两难：被告保单在一州被扣押，但是，如果被告不同意法院对其行使完全的对人管辖，该州又不让他出庭应诉。[23] 多数保单都规定被保险人应当到庭应诉，否则就不能起诉保险公司。以扣押保单为准对物管辖的依据，原告得以迫使被告出庭并接受法院的充分管辖。这种程序将哈里斯案判决对债务的拟制适用于可能从未存在过的"债务"上，使法院最终获得了对被告的对人管辖权。

在后来的几年里，纽约上诉法院和联邦第二巡回上诉法庭都努力限制和修正塞德一案判决的适用，以平息对其合宪性的质疑。例如，斯德一案判决的范围被限定在被扣押的保单所载明的金额之内，同类案件中被告一定条件下不到庭的权利得到了法院的承认。[24] 此外，原告必须是纽约居民或者诉讼原因必须发生于纽约。[25] 即便如此限制，对塞德一案的判决的争议仍然很大。[26] 一些州追随纽

---

〔21〕 17 N. Y. 2d 111, 269 N. Y. S. 2d 99, 216 N. E. 2d 312 (1966), noted in 33 Brooklyn L. Rev. 368 (1967), 67 Colum. L. Rev. 550 (1967), 18 Syracuse L. Rev. 631 (1967), 35 U. Cinn. L. Rev. 691 (1966), 51 Minn. L. Rev 158 (1966).

〔22〕 N. Y. —McKinney's CPLR 5201, 6202.

〔23〕 到庭条件的讨论见 3. 27, below.

〔24〕 Simpson v. Loehmann, 21 N. Y. 2d 305, 287 N. Y. S. 2d 633, 234 N. E. 2d 669 (1967).

〔25〕 Minichiello v. Rosenberg, 410 F. 2d 106 (2d Cir. 1968), on rehearing en banc 410 F. 2d 117 (2d Cir. 1968), 调取案卷复审申请被驳回 396 U. S. 844.

〔26〕 See generally Stein, Jurisdiction by Attachment of Liability Insurance, 43 N. Y. U. L. Rev. 1075 (1968); Comment, Garnishment of Intangibles: Contingent Obligations and the Interstate Corporation, 67 Colum. L. Rev. 550 (1967).

约的做法,[27] 而多数州迄今依然拒绝如此扩大适用准对物管辖的范围。[28]

B. 当代管辖概念：对人管辖

1. 宪法的要求

3. 10 国际鞋业案基本规则：最低联系、公平对待和实体正义要求

法院对人身在场规则[1]的种种例外适用反映了法官们裁剪 19 世纪管辖理论以适应 20 世纪现实的努力。1945 年，在国际鞋业公司诉华盛顿州（International Shoe v. State of Washington）一案判决中,[2] 联邦最高法院承认彭诺耶规则已经过时，为使管辖理论与标准更好地适应流动性越来越大的社会需要，采用了更加灵活的标准以行使对人管辖权。

国际鞋业公司成立于特拉华州，其主营业务地在密苏里州。公司雇佣华盛顿州人在华盛顿州从事销售工作。州政府以该公司每年支付给销售人员佣金为由，要求公司支付失业补偿税。公司拒付，州税务专员根据华盛顿州制定法签发了命令和征收通知，直接送达于当地的一个销售商，并向密苏里的公司总部邮寄送达。

国际鞋业公司除了质疑其在该州的纳税义务之外，还对税务专员诉讼书状的送达程序提出异议。公司认为，华盛顿州的销售商并非公司代理人，适用该州制定法授权邮寄送达的规定违反了宪法正当程序条款。州税务机关、初审法院和州最高法院都认为：根据州制定法，该送达并未违反宪法，州法院对该公司有管辖权。

联邦最高法院维持州法院的裁定。在首席大法官斯通撰写的判决意见中，联邦最高法院提出了继续成为决定一州是否对一个非居民拥有管辖权的标准："被告不在一州领土之内，但与该州有最低程度的联系，因此，诉讼没有违反'公平和实体正义的传统观念'。这就是正当程序对于对被告行使对人管辖的要

---

〔27〕 E. g., Rintala v. Shoemaker, 362 F. Supp. 1044 (D. Minn. 1973); Forbes v. Boynton, 113 N. H. 617, 313 A. 2d 129 (1973).

〔28〕 E. g., Javorek v. Superior Court, 17 Cal. 3d 629, 131 Cal. Rptr. 768, 552 P. 2d 728 (1976); State ex rel. Government Employees Ins. Co. v. Lasky, 454 S. W. 2d 942 (Mo. App. 1970); Howard v. Allen, 254 S. C. 455, 176 S. E. 2d 127 (1970); De Rentiis v. Lewis, 106 R. I. 240, 258 A. 2d 464 (1969); Housley v. Anaconda Co., 19 Utah 2d 124, 427 P. 2d 390 (1967).

〔1〕 See3. 4 - 3. 7, above.

〔2〕 326 U. S. 310, 66 S. Ct. 154, 90 L. Ed. 95 (1945), analyzed in Kurland, The Supreme Court, the Due Process Clause and In Personam Jurisdiction of the State Courts — From Pennoyer to Dencla: A Review, 25 U. Chi. L. Rev. 569, 586 (1958).

求。"[3] 针对公司提出的它不在该州境内，因此该州对其无管辖权的抗辩理由，联邦最高法院指出，如果被告在该州从事经营活动，"该州法院认为采取了满足正当程序的要求的措施"，那么，作为行使管辖权标准的被告在场理论的基本条件就已经具备。[4]

除了"在场"使管辖权成立的这一法律拟制之外，国际鞋业案的决定直接将其重心放在了对特定案件中特定被告行使管辖权是否符合正当程序的要求上。大法官斯通（Stone）写道，"正当程序的要求已被满足。因为公司与该州的这些联系，使法院有权要求公司在该州应诉。"[5] 联邦最高法院最后认为：当被告与该州有最低程度的联系时，对人管辖权的行使符合正当程序的要求。得出这一结论的前提是一个非本州居民被告享有在该州从事经营的权利，同时也就给他带来了在该州应诉的义务。[6] 决定一个被告是否与一州有足够的联系以使该州有权对其行使管辖的标准，"不能被简化为机械的和数量的"，相反，它只能基于被告"活动的质量与性质，而与公正和严谨地执法相关联"。[7] 所有的正当程序都必然如此。

国际鞋业一案判决明确阐释的标准[8] 被联邦最高法院、其他联邦和州法院反复地解释和修正。其中，"最低程度的联系"的概念从"公平和实体正义"概念中分离出来，导致了对正当程序的两步分析：首先，法院要决定被告在一个州是否有最低联系；如果有，再决定行使管辖权是否"与传统的公平对待和实体正义"概念相一致。[9]

适用国际鞋业判决标准的第一个磨合点即最低联系要求的案件，可以根据首

123

---

[3] 326 U. S. at 316, 66 S. Ct. at 158, quoting Milliken v. Meyer, 311 U. S. 457, 463, 61 S. Ct. 339, 343, 85 L. Ed. 278 (1940).

[4] 326 U. S. at 319, 66 S. Ct. at 160.

[5] 326 U. S. at 317, 66 S. Ct. at 158.

[6] 326 U. S. at 319, 66 S. Ct. at 160. See also Hanson v. Denckla, 357 U. S. 235, 78 S. Ct. 1228, 2 L. Ed. 2d 1283 (1958)，见 3. 11 的讨论。联邦最高法院认为，被告有目的地获得在该州经营的权利所带来的利益就是该州法院对其行使管辖权的条件。

[7] 326 U. S. at 316, 66 S. Ct. at 158.

[8] See Hazard, A General Theory of State Court Jurisdiction, 1965 Sup. Ct. Rev. 241；Kurland, The Supreme Court, the Due Process Clause and In Personam Jurisdiction of the State Courts — From Pennoyer to Denckla: A Review, 25 U. Chi. L. Rev. 569 (1958).

[9] 国际鞋业案判决意见建立了"公平对待与实体正义"的公式，以克服满足于对最低联系予以度量的做法，这样力图合并两个标准。后来许多下级法院的判决似乎将这一标准变成了包含着前后两个步骤的标准。它们很含混，既未明确表示要对此加以更改，也没有将此标准一分为二的意图。其他适用国际鞋业案标准的案件则或多或少地继续采用正如大法官斯通（Stone）撰写的意见中所描述的笼统的办法。In World - Wide Volkswagen Corp. v. Woodson, 444 U. S. 286, 100 S. Ct. 559, 62 L. Ed. 2d 490 (1980)，联邦最高法院明确地采用了两个步骤标准，将最低联系的要求作为第一个问题，即只要当认定最低联系存在后，才对公平对待和实体正义的要求予以考虑。见 3. 11 对 World - Wide Volkswagen 一案有详细讨论。

席大法官斯通（Stone）在国际鞋业判决中提出的四项原则来加以分类。虽然力戒机械地处理管辖问题，但是，联邦最高法院从以前的判例中发现有一定的标准可以用来判定被告是否在拥有管辖权的某一州之内。从这些判例中，联邦最高法院就如何适用"最低联系"要求得出四个准则：[10]（1）被告在一州的活动是持续而系统、且在该州引起了诉讼原因的，则属该州管辖；（2）在一州被告仅有零星或偶然的活动或者单独孤立的行为，诉讼也与这些活动无关，则不属该州管辖；（3）即使诉讼原因与被告在当地的活动无关，但其在当地持续的活动具有某种性质使州法院获得管辖权；（4）被告在当地零星甚至是单一的活动引起了诉讼，在特定情况下州法院仍有管辖权。因此，最低联系分析法总是从两个问题开始进行的：第一，被告在当地的活动是持续而系统的还是零星和偶然的；第二，诉讼原因与被告在当地的活动有无关系。[11]

第一个原则——当被告在当地的活动是持续而系统、且诉讼原因与该活动有关时，管辖可以成立——已被国际鞋业案本身多次引证。正当联邦最高法院已指出的那样，公司在华盛顿州的活动是持续和系统的，营业量很大，导致公司对直接产生于这些商业活动的诉讼的应诉义务。因此，公司建立了"与当地的充分联系，法院根据公平对待与实体正义这一传统概念，要求公司履行公司招致的义务是合理、公正的"。[12]

第二个原则——被告在当地有零星、偶然的活动，诉讼原因与这些活动无关，当地法院不能行使管辖权——被联邦最高法院 Hanson v. Denckla 案[13] 的判决所说明。该案判决认为被告与当地的联系微不足道，更重要的是，这些联系没有目的性，管辖不能成立。[14]

第三个原则所适用的案件涉及到对特定案件事实进行高质量的评估，因为这一原则要求对被告与当地的联系的性质和实质性价值进行评估。该原则规定，当被告在当地的持续活动与原告提出的诉讼的原因没有关系，但被告与当地的联系有相当的实质性价值、足以使当地法院的管辖合理时，法院就可以对此被告行使管辖权。联邦最高法院往往把这类案件是否可以管辖的自由裁量权留给了

---

〔10〕 326 U. S. at 317, 318, 66 S. Ct. at 159.

〔11〕 在后来的一个判决中，联邦最高法院强调了一开始就考虑这两个问题的必要性。见 Helicopteros Nacionales de Colombia, S. A. v. Hall, 466 U. S. 408, 104 S. Ct. 1868, 80 L. Ed. 2d 404 (1984).

〔12〕 326 U. S. at 320, 66 S. Ct. 160.

〔13〕 357 U. S. 235, 78 S. Ct. 1228, 2 L. Ed. 2d 1283 (1958), 见 3. 11 的讨论。

〔14〕 But cf. Bryant v. Finnish Nat. Airline, 15 N. Y. 2d 426 N. Y. S. 2d 625, 208 N. E. 2d 439 (1965), 在注 30 中讨论。此案中，诉讼原因与被告在当地的少许的活动无关，但出于对公平与方便的考虑，纽约上诉法院维持管辖成立的裁定。

各州。[15]

第四个原则规定，即使被告在当地只有零星活动或单一行为，但诉讼原因产 125
生于这种零星活动或单一行为，当地法院可以对此被告行使管辖权。以外州驾车
人为被告的侵权诉讼中适用这一原则的例子比比皆是。[16] 在 McGee v. Interna-
tional Life Insurance Company 案[17]中，联邦最高法院确认了州法院对非本州居民
被告的管辖权，而该被告与当地的惟一联系是其向本州一个居民发出保单、出具
了证明此居民向公司支付保费的收据。

1984 年，通过 Helicopteros Nacionales de Colombia, S. A. v. Hall 一案的判
决，[18] 联邦最高法院对如何适用后两个原则作出了修正。在这一判决中，联邦
最高法院承认一些法院对"一般管辖"与"特殊管辖"所作出的区别。[19] 当诉
讼属于第三条标准规定的情形、诉讼原因不是来自被告在当地的活动时，适用一
般管辖；当被告与当地只有零星联系，但诉讼原因来自于这种联系时，适用特殊
管辖。[20] 这一区别意义十分重大，因为适用一般管辖的前提是被告在当地的活
动必须是实质性的。在考虑方便和一般性的公正要求之前，适用一般管辖的案件
必须满足最低联系的要求要高于适用特殊管辖的案件的那些要求。联邦最高法院
对适用于南美哥伦比亚全国直升机运输公司一案（Helicopteros Nacionales de Co-
lombia, S. A.）的事实的标准进行分析时说明了这一点。

南美哥伦比亚全国直升机运输公司案是一起诉至德克萨斯州法院的不法致死 126
损害赔偿案。哥伦比亚公司是被告之一，诉讼原因是该公司的一架直升机秘鲁坠
毁事故。有证据表明，该被告在南美向石油和建筑行业提供直升机运输服务，死
者为美国公民，为秘鲁一企业集团工作，该集团属于总部设在德州的合营企业的
代办机构。被告获得了运输员工、材料及设备出入建筑区域的合同。被告与德州
的以下四项联系被确认：（1）被告的首席执行官应企业集团的要求，飞到休斯

---

〔15〕 See, e. g., Perkings v. Benguet Consolidated Mining Co., 342 U. S. 437, 72 S. Ct. 413, 96 L.
Ed. 485 (1952). 另见 3. 13 对案例的讨论。

〔16〕 在国际鞋业案之前的一个判例确立的原则，Hess v. Pawloske, 274 U. S. 352, 47 S. Ct. 632,
71 L. Ed. 1091 (1927), 在 3. 5 at note 25 中讨论。该原则将州强行获得非居民驾车人默示的同意而行使
管辖权，从而符合现代管辖标准要求。不过，该州必须向非居民驾车人送达通知、提供听证机会。

〔17〕 355 U. S. 220, 78 S. Ct. 199, 2 L. Ed. 2d 223 (1957), 该案在 3. 11 讨论。

〔18〕 466 U. S. 408, 104 S. Ct. 1868, 80 L. Ed. 2d 404 (1984).

〔19〕 See, e. g., Cornelison v. Chaney, 16 Cal. 3d. 143, 127 Cal. Rptr. 352, 545 P. 2d 264
(1976).

〔20〕 大法官 Brennan 在其反对意见中争辩道，如果被告与当地的联系仅与诉讼原因有关但不是产生
于诉讼原因，那么应被视为特殊管辖。466 U. S. at 419, 104 S. Ct. at 1875. 多数意见拒绝对此作出评
判，声称这一问题提出不当，原因在于当事人和下级法院将此作为一个"产生于"的标准问题。466 U.
S. at 416 n. 10, 104 S. Ct. at 1873 n. 10. 因此，对于那些被告在当地的联系与诉讼原因有关但不是产生
于诉讼原因的案件，是否应有第三种管辖形式的问题没有解决。See 3. 11 at note 59.

顿谈判运输合同。（2）被告大多数直升机是一个较长时期以来向位于德州沃思堡的贝尔直升机公司购买的。（3）被告向贝尔公司派遣预备飞行员和管理人员接受培训。（4）支付运输费用的支票在德州银行开具，转入一个纽约账户支付。

联邦最高法院判定德州法院无管辖权，而将此案作为一个请求一般管辖的案件。因为在下级法院中，双方以一般管辖为基础，对德州法院是否有管辖权存在争议。[21] 其结论是被告与德州的联系并不是持续和系统的。公司首席执行官只到德州一次，当然是零星的，可以忽略。被告接受集团公司从德州银行开出的支票这一事实"意义不大"。[22] 最后，也许最为重要的是联邦最高法院判定：虽然从贝尔购买直升机是每隔一定时间进行的，但由于诉讼原因与这些购买活动无关，所以购买仍不足以支持该州对非本州公司对人管辖权的成立。[23] 按此思路，联邦最高法院将预备飞行员的培训看作"所购买的一揽子商品与服务的组成部分"，因此与管辖问题没有重要联系。总之，联邦最高法院视被告与德州的联系无关大局，也未考虑这些联系的整体后果，坚定地认为只有实体性的联系才能使一般管辖成立。

此外，必须记住，作出被告与诉讼地有最低联系的判断仅仅是分析管辖的行使是否符合正当程序要求的第一步。法院接着还必须考虑管辖是否符合"传统的公平对待和实体正义的要求"。[24] 国际鞋业案判决意见对这一模糊的短语未予关注，只是指出在特定法院诉讼的公正性部分地取决于各方当事人在此地诉讼是否较为方便。即使一个非居民被告与当地有些联系，但强迫其到不方便的地方进行诉讼是不适当的负担，且与正当程序的要求不符。

对法院评价国际鞋业案判决的这一部分的标准时所考虑的因素进行详细的讨论不属本书的范围。[25] 但有理由对一些最重要和普遍的因素进行研究。在 Travelers Health Association v. Commonwealth of Virginia[26] 中，非居民保险公司使用邮件向当地居民招揽生意，意见有分歧的联邦最高法院维持管辖成立。虽然本案诉讼原因来自被告在当地的活动，但较之国际鞋业案而言，被告与当地的联系的实体性质还要弱一些。联邦最高法院基于对公正与方便的考虑，得出了弗吉尼

---

〔21〕 466 U. S. at 415, 104 S. Ct. at 1872.

〔22〕 466 U. S. at 416, 104 S. Ct. at 1873. 法院注意到，支票从什么银行支取是出票人的自由，是出票人的单方行为，这一问题不能构成被告方与当地的联系。什么是被告有目的的行为，见3. 11, below.

〔23〕 466 U. S. at 418, 104 S. Ct. at 1874.

〔24〕 International Shoe Co. v. Washington, 326 U. S. 310, 316, 66 S. Ct. 154, 158, 90 L. Ed. 95 (1945).

〔25〕 适用了国际鞋业案标准的案件清单，见4 C. Wright & A. Miller, Civil 2d1069.

〔26〕 339 U. S. 643, 70 S. Ct. 927, 94 L. Ed. 1154 (1950).

亚州对该公司的管辖符合正当程序要求的结论。该案初审法院必须考虑是否公正这一因素就是州在裁判其居民与在该州经营的保险公司纠纷中的利益。该州的利益通过州立法有关在该州从事保险业的公司资质要求得以证明。[27] 该院也强调指出，如果当地法院对在该州经营而产生的合同无管辖权，将会给当地原告带来不便与不公。[28] 该案判决由此提出了依据国际鞋业案判决所定标准、作为以后评判管辖公正性所必须考虑的三个要素：被告从事经营所在的州规范管制这类经营活动的利益；州要为其居民提供方便的审判地的利益；在替代的审判地对诉讼各方相对的方便性。[29]

　　一个法院在作出公正竞赛和实体正义的概念要求本州对非居民被告行使管辖权的结论时，缺乏替代的审判地这一因素可能起了决定性作用。在 Bryant v. Finnish National Airline 案中，[30] 一纽约居民到纽约法院状告一外国公司，该公司在纽约只有一个销售办公室，这也是其在美国的惟一的办公室。虽然原告的诉讼请求与被告在当地的活动全无关联，但因为除了纽约法院之外原告再不能在美国找到可替代的法院以获得救济，纽约上诉法院判定纽约行使管辖权符合正当程序要求。[31]

　　另一方面，法院可能发现即使被告在当地有系统而连续的活动，管辖也可能不合理。在 Metropolitan Life Insurance Company v. Robertson – Ceco Corporation 一案中，[32] 联邦第二巡回上诉法院认为，管辖对最低联系州和原告均无利益可言，所以最低联系州行使一般管辖权不合理。争端起自在佛罗里达州原告建筑物上进行的工作。保险公司起诉两个在佛蒙特州有系统而连续活动、足以使一般管辖成立的被告。法院认为，在佛蒙特州解决争议对佛蒙特州和保险公司来说都不能获得任何利益；而有关事实发生于其他州，证据、证人都不在佛蒙特，各方当事人的主营业务地也在别处。公司选择佛蒙特州为审判地的原因在于其他州的立法限制了公司的诉讼请求这一事实，法院没有考虑到这涉及到合理性问题。结果，法院断定由佛蒙特法院审理本案既无效率、又不合理。然而，对一般管辖而言什么是合理的问题，联邦最高法院没有直接面对并解答。

128

---

[27] 339 U. S. at 648, 70 S. Ct. at 930.

[28] 339 U. S. at 649, 70 S. Ct. at 930.

[29] Accord, McGee v. International Life Ins. Co. , 355 U. S. 220, 78 S. Ct. 199, 2 L. Ed. 2d 223 (1957).

[30] 15 N. Y. 2d 426, 260 N. Y. S. 2d 625, 208 N. E. 2d 439 (1965).

[31] 布赖恩特（Bryant）一案被视作国际鞋业案第二个原则的例外。该原则是指当被告在当地的活动仅仅是"偶然的"且诉讼原因与这些活动无关时，管辖不能成立。或者，该案可被视为被告与当地有轻微但持续的联系，因此属于第二个原则规定的情形。无论是上述哪种情形，布赖恩特案判决都认为当公平对待和实体正义更倾向于当地法院的管辖时，无论多么轻微的联系都可以使管辖成立。

[32] 84 F. 3d 560 (2d Cir. 1996), cert. denied_ U. S. _ , 117 S. Ct. 508.

因为"公平竞赛和实体正义"标准具有内在和必然的灵活性，所以，要一一列举那些影响法院就对人管辖争议作出决定的因素就十分困难。为此，在 Fisher Governor Company v. Superior Court 这一加州判例中，大法官罗杰·特雷纳（Roger Traynor）在撰写这一著名判决意见时开出了一份相当全面的清单：[33]"州为其居民提供审判地的利益；或者规范相应行业的利益；在此地而非彼地诉讼，获取证据的难易、起诉与答辩的负担；替代的审判地是否易得；免于诉讼的重复和裁判的矛盾；诉讼原因在何种程度上来自被告在当地的活动等等。所有这些都需要弄清。"

3.11 基本标准的完善：有目的的行为和可预见性之要求

最低联系、公平对待和实体正义标准的适用使法院和州立法机关将州法院的管辖权大大扩张。McGee v. International Life Insurance Company[1]一案判决即为一例。该案被告是德克萨斯州的一家保险公司，该公司为一加州居民再保险。第一次保险的保单由亚利桑那州保险公司发出，其保险义务转由被告承担。保险凭证被寄给了加州的被保险人；被保险人则从其在加州的家里将保险费寄给保险公司在德州的办公室。保险公司在加州从未有过办公室或代理商，也无证据表明除了本案保单之外，公司还在加州招揽或做成过任何保险业务。被保险人过世后，公司拒绝支付保险收益。加州的受益人在该州起诉，根据州法规定完成送达。州法规定，对不能在加州完成送达的外国保险公司，与本州居民有保险合同的以挂号邮件方式送达。受益人胜诉，并以此判决为基础向德州法院起诉。德州法院拒绝执行此判决，认为加州法院对公司无管辖权，其判决无效。

联邦最高法院意见一致地撤消了德州法院的裁定，认为所有的正当程序要件均得到满足。联邦最高法院指出，"诉讼以一个与该州法院有实体联系的合同为基础，这已足以符合正当程序的目的的要求。"[2]这样，管辖只建立在有被告参与的单一的行为或单个的合同之上。

麦吉（McGee）案判决提出了州法院拥有新的无限管辖权，但一年之后，联邦最高法院又提醒州法院：彭诺耶案中的地域限制仍然有关："但是，认为国际鞋业案的判决意在终结对州法院对人管辖权的种种限制的观点是错误的。……那些限制是使人们免于不便与路途遥远的诉讼的保证，是相应的州权在地域方面的有限性的后果。无论在其他州的法庭上为自己辩护的负担有多轻，被告都有权不

---

〔33〕 53 Cal. 2d 222, 225–26, 1 Cal. Rptr. 1, 3–4, 347 P. 2d 1, 3–4 (1959).

〔1〕 355 U. S. 220, 78 S. Ct. 199, 2 L. Ed. 2d 223 (1957).

〔2〕 355 U. S. at 223, 78 S. Ct. at 201.

被传唤到庭，除非其与该州有最低联系从而使该州对其可行使管辖权。"[3] 这段话出自于联邦最高法院对 Hanson v. Denckla 一案的判决意见。[4] 该案中，一个宾夕法尼亚人在特拉华州制作了一份信托文契，指定一特拉华银行为受托人。该文契给此信托人在其有生之年以一定的权力，包括指定分配此信托中剩余财产的权力。此信托人后来迁居佛罗里达州之后，她决定行使其财产分配权，即将此信托中的大部分财产转至此前设立的另外两个信托上。这两个信托另有一特拉华州受托人，为其两个孙子的利益而创立。

信托人去世后，根据其遗嘱，剩余财产受遗赠人在佛罗里达州起诉，提出其财产分配权没有有效行使，其中所涉及的财产应属信托人剩余财产。对特拉华州受托人或者其他有关当事人的个别送达佛罗里达州无效。因此，跨州的送达通过邮寄和公告完成。几个被告均质疑佛罗里达州法院的管辖权。佛州法院判定，对特拉华州的受托人有管辖权，信托无效，信托人分配财产的行为无效。结果信托财产应按遗嘱执行。

在佛州法院作出判决前，一个并行的诉讼在特拉华州拉开帷幕。信托人的一个女儿提出一个确权之诉，请求法院根据信托行为确认委托人分配财产的有效性。此案当事人与在佛州法院进行诉讼的当事人相同。佛州法院判决之后，特拉华州法院认定信托有效、分配权的行使有效，拒绝承认佛州判决的约束力。

意见分歧的联邦最高法院认为，特拉华州的受托人与佛州无最低联系，而这正是一州法院对一方当事人行使管辖权的前提。根据佛州法律，对受托人即本案中不可或缺的一方当事人的管辖权不能成立，所以，佛州法院的判决不能得到特拉华州法院充分的信任与尊重。联邦最高法院指出，信托公司在佛州既无办公场所，也未从事交易，信托财产也从未在该州获得或管理，信托公司没有派人或通过邮件到佛州招揽生意。联邦最高法院进一步宣称，诉讼原因与在佛州完成的行为或交易无关，但涉及到一份分配财产协议的有效性。该协议签定时完全与佛州无关。

联邦最高法院认为，至少就受益人是否受佛州法院管辖一事而言，信托人、多数被指定的财产受益人和信托受益人均以佛州为住所地这一事实并不重要。再者，信托人在佛州行使其分配财产权这一单方行为也不足以使佛州对受托人的管辖权成立。相反，代表多数撰写判决意见的首席大法官沃伦（Warren）断定，至关重要的是"要有被告是有目的地追求在最低联系州的经营权、依当地法律

130

131

〔3〕 Hanson v. Denckla, 357 U. S. 235, 251, 78 S. Ct. 1228, 1238, 2 L. Ed. 2d 1283（1958）（per Warren, C. J.）.

〔4〕 Ibid.

而受益和受当地法律保护的行为。"[5] 在汉森案（Hanson）中，联邦最高法院没有发现被告信托公司有如此的有目的的行为。这与麦吉案中外国保险公司有意识地争取与加州的被保险人签订保险合同的情况截然不同。

联邦最高法院强调发现被告一方有目的的行为以支持管辖成立十分重要，因为这不仅仅是对最低联系标准可以作出的解释。的确，持反对意见的大法官布莱克（Black）及大法官布伦南（Brennan）和伯顿（Burton）阐述了从最低联系州获益的行为本身就已构成足以支持管辖成立的联系这一观点。[6] 按此观点，对不方便审理的法院和法律的选择原则就与国际鞋业案标准的适用有关。但是多数意见特别反对这一观点，宣称一个法院"不能因为与争端有'最密切联系'或诉讼最方便而获得……管辖"。[7]

汉森案以后的几年里，联邦最高法院继续重申被告在评价对财产的管辖时合理预见的重要性，继续以节制州法院管辖权的扩张的方式来解释国际鞋业案判决的标准。[8] 限制法院对物管辖与准对物管辖权的判决在其他地方讨论。[9]

Kulko v. Superior Court[10] 和 World – Wide Volkswagen Corporation v. Woodson[11] 是后来的两个对人管辖案。从中可以看出联邦最高法院关于州法院对人管辖权有更大外延的观点，在此界线之外各州也不会冒违反宪法的风险。在决定管辖是否成立时，联邦最高法院在这两个判决中不再强调最低联系州和原告的利益与正当程序的一致性，而是将汉森案判决有关被告有目的地使自己从当地获益的要求置于显要位置。根据国际鞋业案判决的标准，其他应考虑的因素，如审判地是否方便、诉讼各方经济负担如何等都被放到次要位置。它们可能影响到表明管辖是否适当的诸因素之间的平衡，但是，如果未能发现被告与当地的充分联系，单是这些考虑不能使当地法院的管辖成立。

132　　在库尔科诉高等法院（Kulko v. Superior Court）一案[12] 中，一位居住在加州的离婚后的妻子为取得孩子的扶养费、增加被告对孩子的养育义务而起诉住所地在纽约的前夫。离婚前，夫妇就已有分居协议，约定他们的一对儿女应与丈夫一起在纽约生活，在加州母亲处度过假期。当女儿表达了要与母亲永久生活在一

---

〔5〕 357 U. S. at 253, 78 S. Ct. at 1240.

〔6〕 357 U. S. at 258, 78 S. Ct. at 1242.

〔7〕 357 S. S. at 254, 78 S. Ct. at 1240.

〔8〕 See generally Nordenberg, State Courts, Personal Jurisdiction and the Evolutionary Process, 54 N. D. Law. 587 (1969).

〔9〕 See 3. 14 –3. 15, below.

〔10〕 436 U. S. 84, 98 S. Ct. 1690, 56 L. Ed. 2d 132 (1978).

〔11〕 444 U. S. 286, 100 S. Ct. 559, 62 L. Ed. 2d 490 (1980).

〔12〕 436 U. S. 84, 98 S. Ct. 1690, 56 L. Ed. 2d 132 (1978).

起的愿望时，被告同意并为其支付了到加州的机票费。后来，儿子在其父亲既未同意也未帮助的情况下跟着他的姐姐到了加州。加州最高法院判定就增加对孩子的养育义务而言，对非居民的父亲的对人管辖权成立，认为被告在加州之外送其女与其妻一起生活的行为已经在加州引起了一个"后果"，由此他有目的地借此从加州获益。该院还进一步判定：因为加州对以女儿为对象的养育子女的诉讼有管辖权，加州同时审判对儿子的养育义务是公正的。

联邦最高法院撤消了加州法院的裁定，断定单是送女到加州的行为既没有包含从加州获取、又无得到一定利益的期望。[13] 联邦最高法院的判决意见还指出，被告的行为不是出自本人的目的和意志；它只构成了对该州法律保护的一种默认结果；诉讼原因不是产生于被告的跨州的商业行为，而是其个人的家庭关系。[14] 他并不想要从其孩子移居加州中获得任何经济利益；他本人的家庭支出减少了，但这不是因为孩子在加州，而是因为孩子们不在纽约。联邦最高法院最后得出结论："理性的父母绝不会希望通过许可其女儿到其母亲处生活，而导致重大的经济负担和在 3 000 英里之外为子女扶养问题进行费力的诉讼，因此，我们没有发现表明上诉人合乎情理地参与了'导致加州法院行使管辖权的行为'"。[15] 是被告的子女，而不是被告获得了加州法律的保护。某人声称其与被告有一定关系的单方行为不能看作是被告自己的行为。[16]

最后，联邦最高法院指出，对此问题的任何其他解决方法都将阻止父母协商达成对子女利益作出最好安排的监护协议。因此，本诉讼的要害在于州法院在行使管辖之前要发现被告一方明确的有目的的行为。[17]

审理库尔科案时，联邦最高法院充分考虑了诉讼中加州的利益。它首先指出在确保居住在加州的小孩获得扶养的加州利益可以通过替代的实施办法而实现有效辩护。[18] 不过，更为重要的是，联邦最高法院强调：虽然州的利益是实体的和合理的，但并不能使加州成为公平的管辖地。[19] 虽然最低联系州的利益应当与原告选择审判地的利益一起考虑，但是被告与最低联系州之间的关系依然是基

133

---

〔13〕 See Note, The Long – Arm Reach of the Courts Under the Effects Test After Kulko v. Superior Court, 65 Va. L. Rev. 175 (1979).

〔14〕 436 U. S. at 97, 98 S. Ct. at 1699.

〔15〕 436 U. S. at 97, 98 S. Ct. at 1699 – 1700.

〔16〕 436 U. S. at 94, 98 S. Ct. at 1698.

〔17〕 436 U. S. at 93, 98 S. Ct. at 1698. See generally Bodenheimer & Neeley Kvarmem Jurisdiction Over Child Custody and Adoption after Shaffer and Kulko, 12 U. Cal. Davis L. Rev. 229 (1979).

〔18〕 母亲在纽约起诉其丈夫更合适。436 U. S. at 98, n. 13. 98 S. Ct. at 1700. 甚至，根据州立法，小孩扶养诉讼的审判应适用统一扶养相互执行法（Uniform Reciprocal Enforement of Support Act），据此，任何一方当事人都不应被要求在其住所地之外的地方诉讼。

〔19〕 436 U. S. at 101, 98 S. Ct. at 1701.

本的管辖依据。

世界大众公司诉伍得森（World – Wide Volkswagen Corporation v. Woodson）一案[20]为两个纽约居民哈瑞（Harry）和凯·鲁宾逊（Kay Robinson）在俄克拉荷马州法院提起产品质量诉讼，被告有卖汽车给原告的纽约汽车零售商和奥迪汽车纽约、康涅狄格州和新泽西大区分销商。[21]鲁宾逊一家在俄克拉荷马州的高速公路上向亚利桑那州的新家行驶，他们的奥迪车因被一汽车追尾，油箱破裂起火。他们根据俄州长臂法，[22]主张对该州法院对两个纽约被告有管辖权。被告认为俄州法院对纽约被告无对人管辖权而提出动议。初审法院驳回被告动议后，被告又向俄州最高法院寻求禁令。俄州最高法院又予以驳回，认为根据俄州立法，管辖正确。理由在于：被告从售出一直在俄州不时使用的汽车中获得实际利益，同时还涉嫌在该州之外实施了导致损害后果发生于该州之内的侵权行为。[23]

联邦最高法院撤消俄州最高法院的裁定。认为最低联系标准有两个功能：保护被告和确保各州主权不被侵犯。[24]虽然全国经济一体化已使各州疆界的意义大为降低，但仍应忠实于宪法制定者们采用联邦制度的意图。要实现最低联系标准的双重目的，法院应当首先审查被告与当地的联系。在遥远的地方诉讼但未给被告带来实际的负担，即使原告选择的诉讼地是证人及证据所在之处从而使诉讼方便，只要法院未能发现被告与当地的联系，上述事实都与管辖无关。[25]对于诉讼原因来自俄州，联邦最高法院未予重视，实际上也无视诉讼与最低联系州的关系。

联邦最高法院的分析中特别重要的是它没有发现俄州与两个纽约被告之间的联系这一事实。而被告应当能够预见其奥迪车会出入俄州的事实是不充分的：没有被告借以使自己获得最低联系州法律权利和利益的"密切联系"事由，不能使管辖成立。否则，"每个汽车或牲畜的销售者在实际上会被视为指定了汽车或牲畜为其接受送达的机构……（这样）汽车或牲畜所到之处，被告都必须接受当地法院管辖"[26]——对此，可参见哈里斯诉鲍克（Harris v. Balk）一案备受

〔20〕 444 U. S. 286, 100 S. Ct. 559, 62 L. Ed. 2d 490 (1980).

〔21〕 德国汽车制造商 Audi NSU Auto Union Aktiengesellschaft, 及其在美国的全资子公司，进口商，Volswagen of American, 但它们在最高法院都未对管辖提出异议。

〔22〕 12 Okl. Stat. Ann. 1701. 01 et seq. (repealed 1984).

〔23〕 World – Wide Volkswagen Corp. v. Woodson, 585 P. 2d 351 (Okl. 1978), reversed 444 U. S. 286, 100 S. Ct. 559, 62 L. Ed. 2d 490 (1980). 州最高法院主要关注的是对俄州立法的解释，将其分析集中于被诉的侵权行为是州内还是州外，对管辖行使的公正性一带而过。

〔24〕 444 U. S. at 291 - 92, 100 S. Ct. at 564.

〔25〕 444 U. S. at 294, 100 S. Ct. 565 - 66.

〔26〕 444 U. S. at 296, 100 S. Ct. 566.

质疑的分析。[27] 奥迪车在俄州的存在是原告单方行为的结果，而非来自被告的努力。正当程序要求可能的被告能够"以最低程度的自信引导他们基本的行为以使其在当地的管辖之内或之外。"[28]

大众公司案中多数大法官拒绝认可只对地方汽车零售商和地区分销商的管辖。在附带意见中，联邦最高法院赞同对本案的另外两个被告——奥迪国际制造商和本国进口商行使管辖权。[29] 如果被告有意获取全国市场，通过自己或自己的中间商的努力在全国销售产品，那么，任何一个其产品出现瑕疵的州都可对被告行使管辖权。[30] 管辖之所以公正，是因为国内或国际制造商从全美范围内的市场获得了经济利益，从而他们可以预见其应受每一个州管辖。

因此，大众公司案判决要求法院必须发现有目的的行为，或是被告在诉讼所在州的直接行动，或是虽然发生在该州之外但其性质使被告可以预见此行动将会在该州引起诉讼。尽管其产品的性质是可移动的，[31] 但被告只在当地经营，无法预见产品最终会到达何地。当产品发生故障时，如无更多的有目的的行为，被告就不应受遥远的法院的管辖。

虽然大众公司案采用的方法可以被视为对汉森诉邓克拉（Hanson v. Denckla）一案所清楚表达的标准的重申，但多数判决意见中的一些内容又提出了新的问题。首先，大法官怀特（White）在他的意见中提出，下级法院已经忘记了最低联系标准的两个功能；它不仅要保护被告，也要维持联邦制理念、承认各州主权。他认为，如果本案对纽约的零售商和地区分销商行使管辖权，则上述功能就不复存在。在他指出与州主权相关的独立因素也需要考虑之后，其余的大法官还讨论了俄克拉荷马州诉讼中被告有目的的行为和可预见性的缺乏。这也留下了联邦制观念如何区别于被告有关的正当程序权利、以及联邦最高法院是否提出在最低联系标准中还包含有新的因素等问题。[32]

上述问题在后来的 Insurance Corporation of Ireland, Ltd. v. Compagnie des

---

[27] 见3.9对哈里斯诉鲍克案的讨论。

[28] 444 U. S. at 297, 100 S. Ct. at 567.

[29] 此案后一些下级法院继续坚持对制造商行使管辖权。See, e. g., Oswalt v. Scripto, Inc. 616 F. 2d 191 (5th Cir. 1980); Novinger v. E. I. DuPont deNemours & Co., 89 F. R. D. 588 (M. D. Pa. 1981).

[30] 444 U. S. at 297, 100 S. Ct. at 567.

[31] 大法官布布莱克门（Blackmun）在判决反对意见中提出，考虑到所涉产品的性质，管辖是适当的。他得出结论说，汽车的流动性由其本质决定，一个商人必定知道且应当预见汽车会在有限的地域之外使用，这使其有义务在其所在州之外的法院应诉。

[32] See Comment, Federalism, Due Process, and Minimun Contacts：World – Wide Volkswagen Corp. v. Woodson, 80 Colum. L. Rev. 1341 (1980).

Bauxites de Guinee 一案判决[33]的一个脚注中得到了答案。在判决意见中，大法官（White）阐述道："但是，大众公司案所述的对州主权的限制最终必须被看作是正当程序条款对个人自由的利益的保护。这个条款是对人管辖的惟一源泉，但它本身并未提及联邦体制。"[34] 由此可见，联邦最高法院无意在分析中嵌入一个新的因素。相反，被告的行为依然是中心。因为要求有明确的证据表明被告有目的的行为，被告的个人自由的利益受到保护，同时，各州也得以恰当地尊重相互平等的主权。

大众公司案判决所引起的第二个问题来自多数大法官对可预见性的处理意见。他们将其看作决定是否达到最低联系标准的关键性因素。在大众公司案中，被告设立的目的就是只在本地或特定区域内经营，原告居住在被告经营地时购买了汽车。如果俄克拉荷马人临时在纽约买车，并告知被告零售商他们来自俄州并准备将车开到俄州使用呢？即使被告并未在俄州招揽生意，卖车给俄州人纯粹只是满足购车人要求，但是，如果销售时知道商品将在何处使用，是否就意味着被告已预见了会在俄州被诉，因此应受俄州管辖？

答案并不清楚。一方面，零售商完全知道并从销售中获得了利益。但是这种情形可与库尔科（Kulko）案相比拟。在库尔科一案中，父亲知道其女将迁至加州，并因子女不在纽约与其居住、生活开支得以减少从而获"益"。联邦最高法院在此案中认定，发生于外地、并在外地引起损害后果的行为不足以支持管辖成立。不过，判决库尔科案时，联邦最高法院认为产品质量责任案件另当别论，因为家事法领域的实体规定为鼓励当事人就监护问题达成协议而设置了管辖障碍，很大程度上否定了管辖。在产品责任领域，则趋向于增加产品责任和在损害发生地诉讼。[35] 的确，大众公司案判决本身提出制造商不能免于管辖，因为其有意进入美国市场。同理，零售商有意在俄州销售。然而，因为并未有意进行本案中的销售，也无预见可能，地区分销商则在俄州管辖之外。

公司案判决并不意味着当被告没有有意与诉讼地所在州发生直接联系时，就不能发现可预见性。相反，可预见性的概念是有所限制的，即它"不仅仅是产品可能会发现进入诉讼地所在州的渠道的可能性。相反，它是指被告的行为和与诉讼地所在州的联系足以使其可以合理预见会受到该州管辖。"[36] 借此定义，我们假定的纽约零售商应当预见俄州的诉讼，最低联系的标准已能满足，必须考虑的是俄州是否能为此纠纷提供公正的审判。

---

[33] 456 U. S. 694, 102 S. Ct. 2099, 72 L. Ed. 2d 492 (1982).

[34] 456 U. S. at 702 n. 10, 102 S. Ct. at 2104 – 05 n. 10.

[35] 见 3. 13 对产品责任诉讼中长臂管辖的讨论。

[36] 444 U. S. at 297, 100 S. Ct. at 567.

　　大法官布伦南（Brennan）在大众公司案判决的反对意见中，批评多数意见对最低联系州的利益的漠视和赋予被告"对适当管辖的不合理的否决权"。[37]自从汉森案以后明确的趋势是将行使管辖权的门槛提高，将预见性和确定性加入原本宽泛的衡量标准。[38]在所有最近的管辖裁定中，联邦最高法院拒绝将别人的活动结果视为被告与诉讼地所在州之间的"联系"。联系的定义与被告的期待联在一起：被告是否明确知道如果其以一定方式行事就会导致在其住所地所在州之外的地方的管辖？

　　被告可以预见的要求并不总会导致复杂的主观调查。许多实例对此问题已做明确回答，例如，当一个故意的侵权行为发生时，被告显然可以预见后果。[39]对被告的管辖也完全适当。

　　联邦最高法院在更近的判决中进一步明确：如果被告的活动满足最低联系的标准，其他因素就不大可能推翻平衡而判定管辖不公正。在 Keeton v. Hustler Magazine 中，[40]法院判定原告不是诉讼地所在州的居民、原告选择该州管辖仅仅因为该州立法规定特别长的诉讼时效，并不能将此视为不公而否定。[41]

　　大众公司案判决形成的标准要求首先审查被告与最低联系州的联系而不要急于同时平衡几种利益，这样可能更容易适用和预测。不过，绝对的可预见性是不可能的。正当大法官马歇尔在库尔科一案的多数判决意见中所确认的那样，国际鞋业案判决提出的"最低联系"标准是"一个无法一清二楚地写出答案的问题。种种灰暗之色占据主要地位，甚至灰色与灰色之间还有不计其数的阴影。"[42]

　　随着法院在产品质量案件中放宽甚至取消了对原告与被告之间关系的要求的标准，国际鞋业案判决中提出的标准也因此得到进一步的完善。[43]早期，一些遵循国际鞋业案判决标准的法院认为，虽然生产商并不准确知道其产品最终会在何处被购买和使用，而只是将产品投入"商业洪流"之中，但只要产品在某地引起损害，法院应倾向于此地的管辖成立。例如，在 Gray v. American Radiator &

---

　　〔37〕　444 U. S. at 286, 312, 100 S. Ct. at 580, 587.

　　〔38〕　Louis, The Grasp of Long – Arm Jurisdiction Finally Exceeds Its Reach: A Comment on World – Wide Volkswagen Gorp. v. Woodson and Rush v. Savchuk, 58 N. C. L. Rev. 409 (1980).

　　〔39〕　In Calder v. Jones, 465 U. S. 783, 104 S. Ct. 1482, 79 L. Ed. 2d 804 (1984)，联邦最高法院维持对因诽谤而被起诉的外州记者与编辑的管辖。

　　〔40〕　465 U. S. 770, 104 S. Ct. 1473, 79 L. Ed. 2d 790 (1984).

　　〔41〕　In Metropolitan Life Ins. Co. v. Robertson – Ceco Corp., 84 F. 3d 560 (2d Cir. 1996), cert. denied_ U. S. _ , 117 S. Ct. 508, 在3. 10, at note 32, above 讨论：第二巡回上诉法院因不同主张而引用 Keeton 案：如果一个原告的请求在除一处外的所有司法管辖地都因诉讼时效而应被驳回，那么，即使被告属上述惟一例外的地方的一般管辖，公正原则并不支持此地法院行使管辖权。

　　〔42〕　436 U. S. at 92, 98 S. Ct. at 1697.

　　〔43〕　对侵权法在产品责任领域的历史演变的讨论，见 Prosser & Keeton on Torts 95 – 104A (Dobbs, Keeton, Owen & Keeton ed. 1984).

138 Standard Sanitary Corporation[44] 一案中，原告是伊利诺伊州居民，因热水器中一个有质量问题的阀门爆炸而受伤。热水器是她从该州一零售商处购得。阀门则由位于俄亥俄州的巨人阀门制造公司生产，该公司将送至宾夕法尼亚州由美洲散热器及标准卫生设备公司（American Radiator & Standard Sanitary Corporation）将阀门安装到热水器上。加热器从宾州运到包括伊利诺伊在内的全美各州的零售商，卖给最终的消费者。原告在伊州法院起诉，诉称根据伊州长臂法，伊州法院对巨人公司有管辖权。

伊州最高法院认定巨人公司具有足够的"最低联系"，下级法院行使管辖正当。即使巨人公司并未在伊州从事销售，也无任何其他活动，但法院认为发生于该州的"交易直接影响了该公司的经营"，[45] 并且，该公司从伊州法律对包括阀门在内的热水器营销的保护中获"益"。[46] 法院得出结论说，"如果一个公司选择到另一州销售其产品给消费者，这些产品的瑕疵又导致了损害发生，那么，法院要求公司应诉不是不公正的。"[47]

联邦最高法院在此前讨论过[48]的大众公司案判决[49]中考虑了"商业洪流"的问题。在其判决意见中，联邦最高法院对商业洪流加以分析，正如其在格雷案（Gray）中所明确表述的那样："对一个将其产品投向商业洪流、希望它们被诉讼地所在州的消费者购买的被告"来说，诉讼地所在州行使管辖权是合乎宪法的。[50] 联邦最高法院认为伍德森（Woodson）一案中的被告没有这种期望，因此俄克拉荷马州法院对其不能行使对人管辖权。汽车之所以在俄州完全由原告所致。即使被告可以"预见"在纽约售出的汽车可能被开到俄州，法院也认为这种消费者"单方"的行为"不能满足被告与最低联系州关系的要求"，而这种要求为对人管辖所必需。[51]

联邦最高法院最近有关"商业洪流"理论的表述出现在 Asahi Metal Industry

139 Company v. Superior Court[52] 一案中，此案原告及其乘客均为加州居民，因他们所骑摩托车的一个轮胎爆炸而受伤。原告以台湾诚兴橡胶工业公司生产的轮胎质量瑕疵为由向加州高等法院提起产品质量责任之诉。诚兴公司以阿萨埃金属工业

---

〔44〕 22 Ⅲ. 2d 432, 176 N. E. 2d 761 (1961). See 3. 13, below.

〔45〕 22 Ⅲ. 2d at 442, 176 N. E. 2d at 766.

〔46〕 22 Ⅲ. 2d at 442, 176 N. E. 2d at 766.

〔47〕 22 Ⅲ. 2d at 442, 176 N. E. 2d at 766.

〔48〕 444 U. S. 286, 100 S. Ct. 559, 62 L. Ed. 2d 490 (1980).

〔49〕 见注 20 - 30 有关此案判决的讨论。

〔50〕 444 U. S. at 297 - 98, 100 S. Ct. at 567 (citing Gray v. American Radiator & Standard Sanitary Corp.).

〔51〕 444 U. S. at 297 - 98, 100 S. Ct. at 567.

〔52〕 480 U. S. 102, 107 S. Ct. 1026, 94 L. Ed. 2d 92 (1987).

公司（Asahi）即日本的轮胎阀门生产商为被告提出交叉请求，要求其赔偿。原告后来与诚兴公司和解，剩下诚兴公司与阿萨埃金属工业公司的交叉请求。

联邦最高法院大法官们一致认为，加州法院不能对阿萨埃金属工业公司行使管辖权。该院按以前判例所确定的两步法进行分析：首先，审查被告与诉讼所在地法院的联系的充分性，然后，根据公正原则的要求，审查这些联系以决定管辖权的行使是否合理。

大法官奥康纳（O'Connor）在其撰写的相对多数判决意见（译注：指上诉审作出判决时，持此意见的法官多于持其他意见的法官，但不到法官总数的一半）中提出，大众公司案判决的经验在于：较之于纯粹只是将产品投入商业洪流而言，制造商"与诉讼所在州必须要有更具目的性的直接联系"。[53] 在她看来，阿萨埃金属工业公司仅仅知道其出售给诚兴公司的阀门组合件最终会到加州的目的性并不充分，未达到最低联系标准。大法官布伦南在其同意意见中提出，在大众公司案判决中，在将产品置于"从生产到分配至零售这一常规的、可预见的产品流通链"之外，看不出还有什么"另外的行为"的要求。[54] 因为阿萨埃金属工业公司知道其产品在加州正常销售，已与加州建立了"最低联系"。他还注意到，在加州诉讼的可能性对阿萨埃公司而言，"既非意外"，也不能被视为阿萨埃公司的不曾有任何相应利益的负担。[55]

就本案事实而言，多数大法官同意大法官布伦南的意见，认为阿萨埃公司与加州确有最低联系。不过，结论为何却有尖锐分歧。三位大法官支持大法官奥康纳得出的结论。鉴于分歧的存在和联邦最高法院组成上的变化，究竟什么才是用以决定制造商已与诉讼所在州建立了"最低联系"的问题尚未得到解决。

在有最低联系的情况下行使管辖是否合理的问题上联邦最高法院意见较为一致。八位大法官一致认为加州法院对阿萨埃公司的管辖不合理。在平衡了包括"诉讼地所在州的利益"、"与被告负担相对立的原告获得救济的利益"在内的"几个因素"后，联邦最高法院得出上述了结论。[56] 虽然最初的事故在加州产生，但诉讼请求涉及的两个公司的关系却来自外国，所以联邦最高法院认为，在诉讼中加州的利益微不足道。[57] 同时，联邦最高法院还认为：尤其在存在着其他可替代的审判地时，诚兴公司在加州诉讼的意义不大。相反，联邦最高法院发现，如果阿萨埃公司被迫在加州法院应诉，其负担会很大。联邦最高法院注意到

140

---

〔53〕 480 U. S. at 110, 107 S. Ct. at 1031.

〔54〕 480 U. S. at 117, 107 S. Ct. at 1035（Brennan, J., 并存判决意见）。

〔55〕 480 U. S. at 117, 107 S. Ct. at 1035.

〔56〕 480 U. S. at 113, 107 S. Ct. at 1033 - 34.

〔57〕 480 U. S. at 114 - 15, 107 S. Ct. at 1034.

本案的国际背景，指出决定是否审理这一涉外案件时必须慎重。[58]

今天的法院典型的做法是采用三步法决定特定对人管辖是否符合宪法。首先，被告是否有目的地使自己从诉讼所在州获益？第二，诉讼原因是否产生于被告与最低联系州的联系？最后，对人管辖的行使是否合理？

最近，通过放宽三步法对"联系"的要求，一些法院扩大了管辖范围。例如，在 Vons Companies v. Seabest Foods, Inc. 中，[59] 诉讼并不直接产生于诉讼所在州，但在实体上与该州有关，加州最高法院判定对两个被告的特定对人管辖成立。该案发生在与快餐汉堡包中的细菌有关的疾病和死亡爆发的消息广为公布之后，被告中有快餐特许权人和食用肉供应商冯氏公司，两者的主营业务地都在加州。冯氏（Vons）以未能正确制作汉堡包为由，对两个州外的特许经营人，即海洋珍奇食品公司（Seabest Foods, Inc.）和华盛顿饭店管理公司提起交叉诉讼。后两者与加州无足够联系以使一般管辖成立，但是它们与加州特许权人之间正在履行期间的合同关系表明它们有意使自己获益。但是，被诉的侵权行为并非直接来自与特许权人之间的合同，海洋珍奇食品公司与管理公司的合同又与冯氏无关。然而，加州最高法院认为，在实体上，冯氏的诉讼请求与加州特许权人和两家特许经营人之间的联系"在实体上有联系"。因此，加州可以行使特定对人管辖权。联邦最高法院注意到真正的问题不在于海洋珍奇与管理公司与冯氏有充分的联系，而在于它们是否与加州有足够的联系。至于公正性，该院指出：审判本案对加州有很重要的利益，同时，由于海洋珍奇公司和华盛顿公司与加州特许权人协商一致、后者也要应诉并补偿它们，海洋珍奇与管理公司的应诉负担得以减轻。

141

加州最高法院发现，联邦第六和第七巡回上诉法院的判决是对本案结论的支持，冯氏案的结果暗示着一个发展的趋势：在诉讼原因"产生于"被告与诉讼地的联系这一特定管辖条件的严格解释已经松动。加州最高法院小心地指出合众国最高法院从未关注过最低联系理论所要求的某种程度的"联系"；为了与国际鞋业案判决的一般理由一致，加州最高法院选择了以合理性和公正性而不是中心。

最后，应当记住，本节所讨论的联邦最高法院判决仅仅指明了各州在对非居民被告主张管辖权的路上可以走多远。根据正当程序条款，各州身我约束。当

---

〔58〕 480 U. S. at 115－16, 107 S. Ct at 1035.

〔59〕 14 Cal. 4th 434, 58 Cal. Rptr. 2d 899, 926 P. 2d 1085 (1996), 申请调卷令_ U. S. _, 118 S. Ct. 47.

然，如此的克制很罕见。[60] 同样，一些州已经发现除正当程序条款外，还有宪法条款约束州法院管辖权的行使，[61] 如商业条款。[62] 但是，这些增加的限制还未得到进一步发展。也许，在联邦主义对大众公司案和汉森案中，联邦最高法院对州管辖权的再度遏制使上述限制已不必要。

2. 制定法上的要求

3. 12 长臂法的增加和使用

联邦最高法院在 Hess v. Pawloski 的判决中，[1] 确认了对非居民驾车者行使管辖权有关立法的有效性；在 Doherty & Company v. Goodman 一案中，[2] 确认了对从事公司证券销售的非居民个人的管辖权。这两个判例毫无疑问地鼓励各州通过立法，对内容广泛的、有危险性的活动行使管辖权。但是，依据正当程序条款，有效扩大州法院管辖权的国际鞋业案的判决激励了各州立法机关通过了广泛覆盖当地非居民被告的管辖立法。[3] 这些长臂和单一行为立法将依据非居民被告与当地的种种联系来作为管辖的基础，如商业交易和列举出的一系列行为，包括侵权、获得财产、签订合同，甚至还有发生在诉讼地所在州之外、但在诉讼地引起了后果的特定行为。

1956 年，伊利诺伊州通过了第一部单一行为法规，被视为将该州法院的对人管辖权扩大到了"正当程序条款所允许的程度"。[4] 最早的伊利诺伊州法规是大多数州通过的长臂立法的一个例证，它有如下规定："（1）无论是否为本州公民、或本州居民的任何人，亲自或通过代理实施了以下行为之一，且诉讼原因产生于以下行为的，本州法院有管辖权：①本州内从事任何商业交易；②本州侵权行为的代理；③获得位于本州的任何不动产的所有权、使用权和占有权；④为

142

---

〔60〕 例如，在纽约，诽谤是被专门排除于长臂法关于侵权的规定之外的。N. Y. —McKinney's CPLR 302 (a) (2), (3). 对各种长臂法所规定限制，参见 3. 12–3. 13.

〔61〕 一些下级法院一度发现宪法第一修正案就对对人管辖有所限制。See, e. g., New York Times Co. v. Connor, 365 F. 2d 567 (5th Cir. 1966), noted 52 Iowa L. Rev. 1034 (1967), 20 Vand. L. Rev. 921 (1967). 但是联邦最高法院现在明确第一修正案所关心的并非对管辖的审查。Calder v. Jones, 465 U. S. 783, 104 S. Ct. 1482, 79 L. Ed. 2d 804 (1984).

〔62〕 See, e. g., Erlanger Mills, Inc. v. Cohoes Fibre Mills, Inc., 239 F. 2d 502 (4th Cir. 1956).

〔1〕 274 U. S. 352, 47 S. Ct. 632, 71 L. Ed. 1091 (1927).

〔2〕 294 U. S. 623, 55 S. Ct. 553, 79 L. Ed. 1097 (1935).

〔3〕 D. Currie, The Growth of the Long–Arm: Eight Years of Extended Jurisdiction in Illinois, 1963 U. Ⅲ. L. F. 533; Homburger, The Reach of New York's Long–Arm Statute: Today and Tomorrow, 15 Buffalo L. Rev. 61 (1965); Thode, In Personam Jurisdiction; Article 203b, the Texas "Long–Arm" Statute; and the Appearance to Challenge Jurisdiction in Texas and Elsewhere, 42 Texas L. Rev. 279 (1964).

〔4〕 O'Hare Int'l Bank v. Hampton, 437 F. 2d 1173, 1176 (7th Cir. 1971); Nelson v. Miller, 11 Ⅲ. 2d 378, 143 N. E. 2d 673 (1957).

位于本州的任何人、财产和风险签订保险合同。"[5] 该法规于 1967 年被修改，增加规定了在离婚夫妻扶养、子女扶养和财产分割诉讼中，州法院对曾为本州居民者有管辖权。[6]

以上援引的伊利诺伊州法规是其他各州长臂立法的典型，但不等同于其他各州立法。例如，在合同纠纷中，有的州制定的长臂法仅适用于与本州居民签订、且"全部或部分"由一方在本州履行的合同；[7] 伊利诺伊州等其他许多州则允许诉讼原因产生于本州的"商业交易"。[8] 各式各样的长臂法的特别规定将在下一节探讨。

143

不过，罗得岛的制定法完全不同。该州长臂立法是按照该州及联邦最高法院对正当程序的解释来起草的。[9] 它有如下规定："与本州有必要的最低联系的被告应当受本州管辖，只要不与合众国宪法和法律相违背，本州法院将对每一个被告行使管辖。"

加州长臂法与罗得岛相仿。[10] 由于加州罗得岛模式立法简便，不是特别具体，避免了制订规定具体的单一行为法规所面临的种种困难和风险。[11] 然而，这种灵活的代价是可预见性的削弱，并且，在一定意义上，还把每个管辖问题都变成了宪法问题。[12]

现代长臂法中出现管辖飓风，目的在于确保本州居民在因非本州居民的活动而产生的诉因中能够在当地进行诉讼；当然，提供给本州居民的这种方便往往要以非本州居民被告的不方便为代价。

在有多个诉讼请求的诉讼中，法院必须仔细审查每个诉讼请求，以确定法院审理每个诉讼请求时是否对被告有管辖权。被告到庭应诉，也仅仅意味着法院有

---

〔5〕 Ⅲ. — Smith — Hurd Ann. 735 ILCS 5/2 – 209（ORIGINAL VERSION AT CH. 110, ¶ 17 (1956). 有的州明确排除了其在诽谤诉讼中的适用。See, e. g., Ga. Code9 – 10 – 91（2）；N. Y. — McKinney's CPLR 302（A）（2），（3）.

〔6〕 Ⅲ. — Smith — Hurd Ann. 735 ILCS 5/2 – 209（A）（5）（original version at ch. 110, ¶ 17（1）(e)（1967）.

〔7〕 E. g., Miss. Code Ann. 13 – 3 – 57；Tex. Civ. Prac. & Rem. Code Ann. 17. 042（1）.

〔8〕 E. g., Ⅲ — Smith — Hurd Ann. 735 ILCS 5/2 – 209（A）（1）；N. Y. — McKinney's CPLR 302 (a)（1）.

〔9〕 R. I. Gen. Laws 1956, 9 – 5 – 33.

〔10〕 West's Ann. Cal. Code Cir. Proc. 410. 10（"只要不违反美国及本州宪法，本州法院得行使一切管辖权"）

〔11〕 对更详细的长臂法的解释性问题的讨论，参见 3. 13, below.

〔12〕 为制订一个范本以指导各州立法、统一处理管辖问题，统一州际与国际程序法应运而生（the Uniform Interstate and International Procedure Act 1. 03, 9B Uniform Laws Ann. 307）。在密歇根、北卡罗来那和威斯康星州模仿伊利诺伊州立法之后，统一州际与国际程序法已为俄克拉荷马、阿肯色、和维京群岛立法所采纳，并作为范本为另外一些州所使用。

权审判长臂法所覆盖的诉讼请求；[13] 管辖并不因此扩张到制定法规定的范围之外的诉讼请求。

一般而言，要根据可适用的长臂法获得对被告的管辖，原告必须越过三重障碍。第一，立法语言必须能够适用于所指称的诉讼原因。例如，侵犯隐私权的诉讼不在此列，长臂法的规定限于人身损害案件。第二，即使立法语言包括了特定的诉讼原因，还必须满足法院在适用法规审判案件过程中发展起来的标准。[14] 例如，特定审判地法院的法官为原告敞开大门之前可能要求其说明本案涉及相当的本州利益。因此，必须考虑判例法以了解该法院如何解释其适用的长臂法。最后，管辖的行使方式必须符合联邦和本州的宪法性标准。实际上，对宪法的掌握最为重要：几乎 20 个州已经通过了明确规定对人管辖权可以在宪法所允许的最大范围内行使；另外 25 个或多一点的州已经通过的长臂立法则被解释为必须全部或部分地在宪法的限制内行使管辖权。[15]

3. 13 长臂法的特别适用

多数州的长臂法都对特定类型的案件和被告作出了特殊规定。[1] 对这些不同的规定及其各不相同的解释予以全面研讨不属本书讨论范围。不过，对立法解释遇到的一般性困难予以简要的讨论，可以说明不同的州所主张的长臂管辖范围各不相同。

许多长臂法规使用"人"这一术语，但未言明其仅仅适用于自然人，还是应被解释为自然人、合伙、公司及非法人团体。[2] 因此，这一表述意味着长臂管辖既适用于自然人被告、也适用于公司被告。但是，对于以自然人为当事人的案件，法院对制定法的解释可能更加严格。例如，衣阿华州修改后的长臂法规定："如果一个非本州居民……在本州对一个当地居民全部或部分地实施了一个侵权行为，此行为应视为此人在本州从事经营活动，应当受本州管辖。"[3] 这一规定被理解为不能对那些已经迁出本州的自然人被告行使管辖。[4] 但是，在宾

---

〔13〕 See N. Y. — McKinney's CPLR 302（c）.

〔14〕 See 3. 13, below.

〔15〕 See, e. g., Glover v. Western Air Lines, Inc. 745 P. 2d 1365（Alaska 1987）; Valspar Corp. v. Lukken Color Corp., 495 N. W. 2d 408（Minn. 1992）; CSR Limited v. Link, 925 S. W. 2d 591（Tex. 1996）.

〔1〕 这种类型的一些例外如同在的州实行的一样，罗得岛和加州等一些州则不同，它们基本上直接采用宪法规定作为其管辖的惟一限制。See 3. 12 at nn. 9 – 10, above. 另需注意的是许多州长臂法被理解为宪法限制。See 3. 12 at n. 15.

〔2〕 But see, e. g., Ark. Code Ann. 16 – 4 – 101（A）; Del. Code Ann. Tit. 10, 3104（a）; N. C. Gen. Stat. 1 – 75. 2（1）.

〔3〕 42 Iowa Code Ann. 617. 3.

〔4〕 Fagan v. Fletcher, 257 Iowa 449, 451, 133 N. W. 2d 116, 118（1965）.

夕法尼亚州的一个案例中，在诉讼原因产生时一个外科医生作为合伙组织成员之
一尚在执业，当原告起诉时已从合伙中退休。[5] 有关立法规定，管辖及于不是
本州居民但在本州"从业"的"任何人"。此外科医生的名字仍被保留在合伙人
名册里，而且他还在收取欠款，但是，法院认为这些活动未达到在本州从业的管
辖标准，从而拒绝管辖。

尽管立法语言的差异会带来不同的问题，但是，不同的制定法模式都允许法
院对侵权诉讼行使管辖权。共同之处在于：如果被告"在本州境内"侵权，则
管辖成立。[6] 当非居民被告在本州实施被诉侵权行为、且对本州原告造成损害
时，例如在当地驾车过失引起交通事故，殴打或当地诽谤原告等，管辖的适用没
有任何问题。

但是，当被告在外州的行为被控在本州造成了损害时，不同的法院对是否符
合立法规定的标准得出了不同的结论。在 Gray v. American Radiator & Standard
Sanitary Corporation 中，[7] 伊利诺伊州最高法院作出了伊利诺伊州的解释：侵权
发生于州外、损害后果产生在州内的行为，为制定法语义所涵盖。[8] 其他法院
对侵权行为（通常是过失侵权）发生地和损害后果发生地加以区分，得出了长
臂管辖规定不能延伸至外州发生的侵权行为的行为。[9] 对侵权行为作出其他区
别的也有。尽管原告为本州居民、在本州购买瑕疵产品、但在州外使用时发生损
害的案件，有一个法院拒绝管辖，[10] 而另一法院却行使了管辖权。[11]

为解决这些问题，包括纽约在内的许多州议会都修改了制定法，以减少有关
侵权行为地规定中的含混。[12] 其他的州则转而使用诸如"全部或部分地"在本

---

〔5〕 Zalevsky v. Casillo, 421 Pa. 294, 218 A. 2d 771 (1966).

〔6〕 E. g., Ⅲ—Smith—Hurd Ann. 735 ILCS 5/2–209 (a)(2); N. Y. —McKinney's CPLR 302 (a)(2).

〔7〕 22. 2d 432, 176 N. E. 2d 761 (1961). 对这一案件的充分讨论，见 3. 11 at notes 44–47, a-bove.

〔8〕 其他法院遵循这一解释的，见 Scanlan v. Norma Projektil Fabrik, 345 F. Supp. 292 (D. Mont. 1972); Coe & Payne Co. v. Wood Mosaic Corp., 230 Ga. 58, 195 S. E. 2d 399 (1973); Myers v. Brickwedel, 259 Or. 457, 486 P. 2d 1286 (1971); l Nixon v. Cohn, 62 Wn. 2d 987, 385 P. 2d 305 (1963).

〔9〕 Lichina v. Futura, Inc., 260 F. Supp. 252 (D. Colo. 1966); Feathers v. McLucas, 15 N. Y. 2d 443, 261 N. Y. S. 2d 8, 209 N. E. 2d 68 (1965), cert. denied 382 U. S. 905 (N. Y. —McKinney's CPLR 302 (a)(2), amended in 1966).

〔10〕 Black v. Oberle Rentals, Inc., 55 Misc. 2d 398, 285 N. Y. S. 2d 226 (1967).

〔11〕 Callahan v. Keystone Fireworks Mfg. Co., 72 Wn. 2d 823, 435 P. 2d 626 (1967).

〔12〕 现行纽约立法规定，对犯有侵权行为的任何被告无需在州内导致人身伤害或财产损失，即可对其行使管辖权。如果被告在本州内从事商业、在州际之间或者跨国经营，则应预见其行为在本州的后果。N. Y. —McKinney's CPLR 302 (a)(3). 解释这一规定的困难见 l J. Weinstein, H. Korn & A. Miller, New York Civil Practice ¶¶ 302. 10–10a.

州"实施了侵权行为"这样的表述[13]以避免就什么是侵权或侵权行为而争论不休。

在解释长臂法规关于侵权行为的规定时，法院面临的另一难题是"侵权行 146 为的实施"是否包括不作为。例如，一般认为，公司董事未能在本州履行职责的，不构成侵权。[14]解决这一特殊难题的一种尝试是采用"在外州的作为或不作为导致侵权损害后果发生于本州之内"的表述。[15]在本州蒙受的经济损失是否属于立法规定的损害，也引起了一些问题。[16]

长臂法对合同之诉所规定的管辖范围像侵权之诉一样，取决于立法所使用的特定语言和诉讼地法院所做的解释。例如，一些制定法规定，与本州居民所签订、任何一方应当"全部或部分地"在本州境内履行的合同受本州法院管辖。[17]其他的州立法则规定：管辖及于本州内"提供服务和货物"之合同。[18]

根据上述模式解释这些表述的困难集中体现在"签订"和"履行"的含义上。一般认为，如果导致合同成为一种有约束力的义务的最后的、必要的行为发生在本州，即如果承诺在本州作出，合同就是在本州"签订"的。[19]如果谈判在本州进行、合同草案通过邮件交换，但合同未在本州被接受，从长臂立法的规定看，它未在本州"签订"，管辖就不能成立。[20]同样，为了满足长臂法有关合同履行于本州的要求，法院要求提供合同在本州得到实质性履行的证明。[21]

Bowman v. Curt G. Joa, Inc.[22]是对上述限定的最好例证。此案中一北卡罗来纳公司起诉威斯康星州一家机械制造商违约。当时，北卡罗来纳州长臂法允 147 许对诉讼原因"来自在本州签订或在本州履行的合同"的案件行使管辖权。[23]本案中，谈判在北卡罗来纳进行，约定原告在其北卡罗来的工厂里自己安装购自被告的设备，被告提供对安装进行监督指导的服务；贸易术语为威斯康星州被告生产地离岸价，原告承担运费用及运杂费。

---

[13] E. g., Tex. Civ. Prac. & Rem. Code Ann. 17. 042 (2).

[14] Platt Corp. v. Platt, 17 N. Y. 2d 234, 270 N. Y. S. 2d 408, 217 N. E. 2d 134 (1966). But see Nelson v. Miller, 11 Ⅲ. 2d 378, 393, 143 N. E. 2d 673 (1957).

[15] Unifrom Interstate and International Procedure Act 1. 03 (4), 9B Uniform Laws Ann. 307, 310.

[16] Engine Specialties, Inc. v. Bombardier Ltd., 454 F. 2d 527 (1ˢᵗ Cir. 1972) (经营损失). Cf. American Eutectic Welding Alloys Sales Co. v. Dytron Alloys Corp., 439 F. 2d 428 (2d Cir. 1971) (利润损失是派生的商业损害).

[17] E. g., Miss. Code Ann. 13 – 3 – 57; Tex. Civ. Prac. & Rem. Code Ann. 17. 042 (1).

[18] Uniform Interstate and International Procedure Act1. 03 (2). 9B Uniform Laws Ann. 307, 310.

[19] Byham v. National Cibo House Corp., 265 N. C. 50, 143 S. E. 2d 225, 233 (1965).

[20] Bowman v. Curt G. Joa, Inc., 361 F. 2d 706 (4ᵗʰ Cir. 1966).

[21] Ibid.

[22] Ibid.

[23] N. C. Gen. Stat. 55 – 145 (repealed 1989).

第四巡回上诉法庭维持联邦地区法院的裁定：本案中，导致法律文件生效的最后行为是被告在威斯康星州接受合同的签章，因此合同不是在北卡罗来纳州"签订"的。与其他立法之中合同"全部或部分地"在受理法院所在地履行的表述不同，第四巡回上诉法庭将立法语言解释为要求合同在受理法院所在地得到"实质程度"的履行。尽管卖方同意派出一名技师到北卡罗来州向原告提供咨询和监督、帮助原告安装。但是，因为合同内容是生产一定的机器设备，所以该合同的实质履行是在威斯康星。

长臂法赋予州法院对合同纠纷行使管辖权的另一对象是在本地无住所地、但在本地有"经营业务"的人。[24] 这一规定已经被解释适用于合同之诉与侵权之诉。[25] 当然，对救济的请求必须因被告在本州的活动而产生。[26] 何为经营业务与包括合同谈判、[27] 生效、[28] 履行地，[29] 以及谁提出交易[30] 在内的一组因素有关。一般而言，单是合同在本州生效不会被视为交易，[31] 但是，生效再加上另外的联系就可视为充分；[32] 当然，对于管辖的成立，生效也并非不可或缺的因素。[33] 诸如通过长途电话拍卖[34] 这样单一的"有目的的行为"在有的州可以使管辖成立；但在别的一些州，经营业务要求必须是"实质性的"，"持续的"，

〔24〕 E. g., Ⅲ—Smith—Hurd Ann. 735 ILCS 5/2－209（a）（1）；N. Y.—McKinney's CPLR 302（a）（1）.

〔25〕 Kramer v. Vogl, 17 N. Y. 2d 27, 267 N. Y. S. 2d 900, 215 N. E. 2d 159（1966）；Singer v. Walker, 15 N. Y. 2d 443, 464, 261 N. Y. S. 2d 8, 24, 209 N. E. 2d 68（1965）, cert. denied 382 U. S. 905.

〔26〕 Longines－Wittnauer Watch Co. v. Barnes & Reinecke, Inc., 15 N. Y. 2d 443, 455, 261 N. Y. S. 2d 8, 17, 209 N. E. 2d 68（1965）, cert. denied 382 U. S. 905.

〔27〕 National Gas Appliance Corp. v. AB Electrolux, 270 F. 2d 472（7th Cir. 1959）, 调取案卷复审令申请被驳回 361 U. S. 959；Dahlberg Co. v. Western Hearing Aid Center, Ltd., 259 Minn. 330, 107 N. W. 2d 381（1961）, 调取案卷复审令申请被驳回 366 U. S. 961.

〔28〕 Iroquois Gas Corp. v. Collins, 42 Misc. 2d 632, 248 N. Y. S. 2d 494（1964）, affirmed 23 A. D. 2d 823, 258 N. Y. S. 2d 376（1965）.

〔29〕 E. g., Lingines－Wittnauer Watch Co. v. Barnes－Reinecke, Inc., 15 N. Y. 2d 443, 445, 261 N. Y. S. 2d 8, 17, 209 N. E. 2d 68（1965）, cert. Denied 382 U. S. 905.

〔30〕 Conn v. Whitmore, 9 Utah 2d 250, 342 P. 2d 871（1959）（当所有联系均由原告向被告发出时，管辖是不适当的）。Cf. Agrashell, Inc. v. Bernard Sirotta Co., 344 F. 2d 583, 587（2d Cir. 1965）（非居民被告通过邮件和电话与纽约居民谈判货物买卖合同并不导致从纽约得到利益和保护）。

〔31〕 Aurea Jewelry Creations, Inc. v. Lissona, 344 F. Supp. 179（S. D. N. Y. 1972）；Green & White Constr. Co. v. Columbus Asphalt Co., 293 F. Supp. 279（S. D. N. Y. 1968）. See also Keats v. Cates, 100 Ⅲ. App. 2d 177, 241 N. E. 2d 645（1968）.

〔32〕 Atlantic Steamers Supply Co. v. Innternational Maritime Supplies Co., 268 F. Supp. 1009（S. D. N. Y. 1967）. See also Byham v. National Cibo House Corp., 265 N. C. 50, 143 S. E. 2d 225（1965）.

〔33〕 Longines—Wittnauer Watch Co. v. Barnes & Reinecke, Inc., 15 N. Y. 2d 443, 261 N. Y. S. 2d 8, 209 N. E. 2d 68（1965）, cert. Denied 382 U. S. 905.

〔34〕 Parke—Bernet Galleries, Inc. v. Franklyn, 26 N. Y. 2d 13, 308 N. Y. S. 2d 337, 256 N. E. 2d 506（1970）.

"系统的"和"经常的"。[35]

在 Burger King Corporation v. Rudzewicz 中，[36] 联邦最高法院视"一个合同是否、或在何种程度上构成了正当程序分析所要求的'合同'"为本案的一个焦点。[37] 本案中，鲁兹威茨（Rudzewicz）、一个密歇根人和伯格王公司（Burger King Corporation）和一家弗罗里达公司为在密歇根州开设一家快餐店而签订了为期 20 年的特许合同。合同在密歇根由伯格王的代表草拟，鲁兹威茨从未与佛罗里达有关任何直接联系。不过，他所签订的合同规定特许经营关系在佛罗里达"成立"，受佛罗里达州法律管辖，鲁兹威茨每月应向佛罗里达伯格王总部支付月租和特许经营使用费。当鲁兹威茨拖欠支付时，伯格王因此终止了特许经营，以被告违反了合同义务为由，向位于佛罗里达州的联邦法院提起异籍管辖诉讼。该院裁定管辖成立，因为在该州违约属于该州长臂法规定的管辖范围。[38]

代表多数撰写判决意见的大法官布伦南认为：将长臂管辖适用于鲁兹威茨并没有违反正当程序。他采用了一种"最低联系"两步分析法得出这一结论。第一要审查被告是否"有意在审判地所在州建立'最低的联系'"。[39] 联邦最高法院认为，在合同纠纷案件中必须考虑的因素包括当事人"以前的协商"，合同关系中"预期发生的后果"，"合同条款"，以及"当事人之间实际的经营过程"。[40] 大法官布伦南写道，如果存在以上联系为基础，管辖应被推定为合理。但是，如果在第二步中发现这一对人管辖与"公平对待和实体正义"的要求不符，上述推定可被推翻。[41] 大法官布伦南指出，对公平的考虑应当包括被告的负担、诉讼地所在州审判这一纠纷中的利益、原告能否获得方便和有效的救济的权利、司法系统最有效地解决这样的州际纠纷的利益、以及在推进实体性的重大社会政策过程中不同州的利益。[42]

该院将这一分析适用于本案，判定鲁兹威茨已建立起宪法所要求的"有意义的'联系或关系'"。[43] 法院认为，鲁兹威茨自愿地与佛罗里达的伯格王达成

149

---

〔35〕 Bowman v. Curt G. Joa, Inc., 361 F. 2d 706, 714 (4ᵗʰ Cir. 1966).

〔36〕 471 U. S. 462, 105 S. Ct. 2174, 85 L. Ed. 2d 528 (1985).

〔37〕 471 U. S. at 478, 105 S. Ct. 2185.

〔38〕 West's Fla. Stat. Ann. 48. 193 (1) (g) (Supp. 1984).

〔39〕 471 U. S. at 474, 105 S. Ct. at 2183（援引 International Shoe Co. v. Washington, 326 U. S. 310, 316, 66 S. Ct. 154, 158, 90 L. Ed. 95 (1945)）。国际鞋业案判决标准已在 3. 10 讨论。

〔40〕 471 U. S. at 479, 105 S. Ct. at 2185.

〔41〕 471 U. S. at 476, 105 S. Ct. at 2184.

〔42〕 471 U. S. at 476, 105 S. Ct. at 2184. 这份清单实际是从最高法院早期的一个判决中得来的，见 World–Wide Volkswagen Corp. v. Woodson, 444 U. S. 286, 292, 100 S. Ct. 559, 564, 62 L. Ed. 2d 490 (1980). 对此案及判决的讨论，see 3. 11, above.

〔43〕 471 U. S. at 472, 105 S. Ct. at 2181.

了一个"认真的"、"长期的"协议。[44] 由此，他与佛罗里达的特许权人就建立了一种"实体的、持续的关系"，得以从佛罗里达州法律中"有目的地获得利益和保护"。法院也注意到鲁兹威茨是个"老练、经验丰富的"商人，合同中有关"法律选择"和协议的地点的规定已经就其可能当然地受到佛罗里达法院的管辖一事给予了"公允的警告"。

鲁兹威茨提出，佛罗里达在审判本案中的利益甚微，同时依佛罗里达州法，其在佛罗里达应诉负担过重。但是，法院未能从其案卷中发现对此主张的任何支持。该院得出结论，鲁兹威茨未能证明"该州的管辖有何重大不公"，[45] 所以，他不能推翻佛罗里达管辖合理这一推定。

许多长臂法中还有另一种规定：对因在本州使用和拥有财产所带来的利益而引起的诉讼可以行使对人管辖权。[46] 在这些规定中，有的将管辖限定于不动产使用权或所有权的纠纷；[47] 而另一些则规定：对产生于对"任何财产利益的所有或占有"的诉讼原因都有管辖权。[48] 适用这些规定遇到的最主要的解释困难在于哪些类型的财产利益在管辖范围内。例如，从管辖的角度分析，一般认为，在一个针对因承租人违约而提出请求赔偿损失的诉讼中，租赁合同的担保人并未"拥有、使用和占有"财产。[49] 同理，在请求赔偿被损坏的财产的诉讼中，在汽车旅馆内过了一夜的客人被判定没有"使用"不动产，管辖不能成立。[50] 但是，一个签订了购买合同的买主就已经获得了在违约之诉中足以使管辖成立的一种"利益"。[51]

应当注意，为了回应法院对待公司被告态度的发展变化，[52] 一些州通过了"经营"的法规，迄今仍是对公司的管辖的重要基础。[53] 这些立法也被适用于对非法人团体的管辖。[54] 最为典型的是如果"经营和活动是连续的"，[55] 即使

150

---

[44] 471 U. S. at 479 - 80, 105 S. Ct. 2186.

[45] 471 U. S. at 487, 105 S. Ct. at 2190.

[46] See Deleo v. Childs, 304 F. Supp. 593 (D. Mass. 1969).

[47] E. g., Ⅲ — Smith — Hurd Ann. 735 ILCS 5/2 - 209 (a) (4).

[48] Tenn. Code Ann. 20 - 2 - 214 (a) (3).

[49] Weinstein v. Talevi, 4 Conn. Cir. 330, 231 A. 2d 660 (1966).

[50] Messick v. Gordon, 434 Pa. 30, 252 A. 2d 627 (1969).

[51] Carmichael v. Snyder, 209 Va. 451, 164 S. E. 2d 703 (1968).

[52] See 3. 7, above.

[53] E. g., Kan. Stat. Ann. 17 - 7303; N. Y. — McKinny's Bus. Corp. Law 1301 (b); 15 Pa. Consol. Stat. Ann. 4122 (a).

[54] E. g., Schluter v. Trentonian Pub. Co., 4 N. Y. Super. 294, 67 A. 2d 189 (1949).

[55] Dykes v. Reliable Furniture & Carpet, 3 Utah 2d 34, 37, 277 P. 2d 969, 972 (1954).

诉讼原因与公司在当地从事的特定商业行为无关，公司也可因此在当地被诉。[56] 结果，当根据"长臂"法规中针对具体行为的规定使管辖无法成立时（如前所述），这一类规定就成了对公司被告行使管辖权的依据。

最后，因特网带来了如何对远距离被告行使管辖权的新问题。评论家们已经抓住了这一创造性课题，并且广泛阐述了这一新型媒体的意义。[57] 也有几个法院处理过这类问题，[58] 但确定的答案尚付阙如。因为因特网通信更低的价格和常规障碍容易克服，个人现在获得了新的机会与全球观众保持联系，这就提出了什么时候可以根据长臂法对通信者行使管辖权的问题。许多传统媒体的特点被因特网集于其灵活多变的一身：它允许的通信方式有广播的或定向的，单向或双向的，消极的与互动的，同步的与不同步的，音频的与视频的，低速与高速的，或者任何上述特点的结合。因此，因特网是一个电子变色龙，难以放进任何一种分析框架之中。另外，因特网的"地理"与地理边界并不对应，因此异地的法院对因特网使用者的控制、甚至了解和联系都十分困难。此外，界定行为地可能遇到的所有困难在这一抽象的电子世界里都被放大了。

对因特网的活动适用长臂法的第一批案件裁判结果各异。一个法院认为，一个为全国各地均有机会进入的被动网站就在审判地所在州构成了"商业招揽"，根据该州长臂法符合最低联系要求。[59] 另一个法院认为，在审判所在地的州，被动的网站并未构成该州长臂立法所规定的在该州的侵权行为。[60] 第三个法院采用了浮动制的办法，根据网站的互动性和商业性质做决定。[61] 这些判例无一能够提供一个完全令人满意的方法：明确的规则对如此灵活和成长中的媒体过于迟钝，因为"消极"与"互动"、"商业"与"非商业"在这无所不在的因特网上很难界定，一个兼顾两面的标准因无法预见而使有计划的目的无法采用。在未

〔56〕　E. g. , Hoffman v. Air India, 393 F. 2d 507 (5th Cir. 1968), cert. Denied 393 U. S. 924; Gelfand v. Tanner Motor Tours, Ltdl, 385 F. 2d 116 (2d Cir. 1967), cert. Denied 390 U. S. 996.

〔57〕　E. g. , Johnson & Post, Law and Borders — The Rise of Law in Cyberspace, 48 Stan. L. Rev. 1367 (1996) （论点为一般的"电脑空间"不应被视为地理上界定的领土） Sheehan, Prdicting the Future: Personal Jurisdiction for the Twenty – First Century, 66 U. Cinc. L. Rev. 385 (1998) （提出持续的可预见的领土概念）; Symposium, Jurisdiction in Cyberspace, 41 Vill. L. Rev. 1 (1996). 虽然较早的通信媒体，如邮件、电报、电话和传真的发送已提出了这些问题，但它们从未如因特网一样获得极大的关注。

〔58〕　E. g. , Bensusan Restaurant Corp. v. King, 126 F. 3d 25 (2d Cir. 1997); Compu – Serve, Inc. v. Patterson, 89 F. 3d 1257 (6th Cir. 1996); Zippo Mfg. Co. v. Zippo Dot Com, Inc. , 952 F. Supp. 1119 (W. D. Pa. 1997); Maritz, Inc. v. Cybergold, 947 F. Supp. 1328 (E. D. Mo. 1996); Inset Sys. , Inc. v. Instruction Set. Inc. , 937 F. Supp. 161 (D. Conn. 1996).

〔59〕　Inset Sys. , Inc. v. Instruction Set, Inc. , 937 F. Supp. 161 (D. Conn. 1996). 康涅狄格州法院特别提到：因为马萨诸塞州被告在地理上接近康涅狄格州，且其行为与康州法律有关，所以对人管辖是"公正的"。

〔60〕　Bensusan Pestaurant Corp. v. King, 126 F. 3d 25 (2d Cir. 1997).

〔61〕　Zippo Mfg. Co. v. Zippo Dot Com, Inc. , 952 F. Supp. 1119 (W. D. Pa. 1997).

来的年代里，因特网的活动会给法院提供许多机会以更好地适用各州长臂法，同时界定出最低联系和公平对待的宪法含义。

C. 当代管辖概念：对物和准对物管辖

3. 14 国际鞋业案的成功：统一的管辖标准

在国际鞋业公司诉华盛顿州一案[1]判决之后，联邦最高法院几次暗示：在使用最低联系分析法评估行使对人管辖权的适当性与保留拟制的"物之所在地"概念以决定准对物管辖的有效性之间，存在着不当的矛盾。例如，在 Mullane v. Central Hanover Bank & Trust Company 一案中，[2] 联邦最高法院指出，传统的管辖分类已经过时，正当程序所要求的通知并不取决于历史上的分类中的诉讼类型。

联邦最高法院还数次表示以所在地概念作为管辖基础很困难。在 Western U-nion Telegraph Company v. Commonwealth of Pennsylvania[3] 和 State of Texas v. State of New Jersey[4] 判决中，联邦最高法院特别指出，至少在土地征用诉讼中，所在地标准的适用将不公正的多重责任强加之于被告，因为使用不同的所在地理论的几个州曾将同一个无形财产予以征用。对公司股份的所在地，也存在类似的问题。[5]

评论家们也看到这些困难，催促着消除对人管辖与对物管辖之间正当程序标准的自相矛盾。[6] 在加州的一个判例，即 Atkinson v. Superior Court 一案中，[7] 对管辖分类的最严厉的批评者之一、首席大法官罗杰·特雷纳没有采用所在地的分析方法，而代之以他所称为"适用对人和对物的管辖的普遍原则"。[8] 然而，就在对阿特金森诉高等法院一案（Atkinson v. Superior Court）拒绝发出调取案卷

---

〔1〕 326 U. S. 310, 66 S. Ct. 154, 90 L. Ed. 95 (1945). 对此案的讨论见 3. 10, above.

〔2〕 339 U. S. 306, 70 S. Ct. 652, 94 L. Ed. 865 (1950). 对此案的讨论见 3. 19, below.

〔3〕 38 U. S. 71, 82 S. Ct. 199, 7 L. Ed. 2d 139 (1961).

〔4〕 379 U. S. 674. 85 S. Ct. 626, 13 L. Ed. 2d 596 (1965), opinion supplemented 380 U. S. 518, 85 S. Ct. 1136, 14 L. Ed. 2d 49 (1965). See also Pennsylvania v. New York, 407 U. S. 206, 92 S. Ct. 2075, 32 L. Ed. 2d 693 (1972).

〔5〕 Mills v. Jacobs, 333 Pa. 231, 4 A. 2d 152 (1939).

〔6〕 Hazard, A General Theory of State Court Jurisdiction, 1965 Sup. Ct. Rev. 241; von mehren & Trautman, Jurisdiction to Adjudicate: A Suggested Analysis, 79 Harv. L. Rev. 1121 (1966).

〔7〕 49 Cal. 2d 338, 316 P. 2d 960 (1957), cert. denied 357 U. S. 569 noted 46 Cal. L. Rev. 637 (1958).

〔8〕 49 Cal. 2d at 345, 216 P. 2d at 964. See also Traynor, Is This Conflict Really Necessary? 37 Texas L. Rev. 657 (1959).

复审的令状一周以前，联邦最高法院对汉森诉邓克拉案（Hanson v. Denckla）[9] 又按照传统的管辖分类撰写判决意见，似乎重新确认了三种管辖之间的区别。[10]

直到 1977 年，在 Shaffer v. Heitner 一案中，[11] 联邦最高法院才最终判定国际鞋业案标准应当适用于所有形式的管辖。不过，谢弗诉海特纳案（Shaffer v. Heitner）判决并没有取消三种管辖分类，而是消除了存在于有关三种管辖形式的宪法要求中的矛盾之处。

谢弗一案中，海特纳向特拉华州的衡平法院提起股东代位诉讼，[12] 28 个自然人被告均是现任或前任的灰狗公司及其子公司灰狗运输公司的官员和董事。[13] 原告认为：上述自然人被告违反受托职责，使公司在俄勒冈的活动导致严重不利的反托拉斯判决和刑事藐视罚金。虽然灰狗公司在特拉华州成立，其主营业务地却在亚利桑那州。原告和 28 名自然人被告都不是特拉华州的居民或在特拉华州有住所地。的确，案卷之中没有任何证据表明任何被告曾在特拉华州住过，[14] 也无人主张导致反托拉斯责任的行为发生在特拉华州。[15]

根据特拉华州法，通过扣押位于该州的被告财产，州法院可以对诉讼行使准对物管辖权。[16] 同时，该州另一部立法规定，在决定扣押时，无论所有权证书何在，在本州成立的公司所发行的证券的法律上的所在地就在本州。[17] 海特纳通过获得对价值 120 万美元的约 82 000 股灰狗股份和期权的扣押令，取得对 28 个被告中的 21 人的管辖权。州扣押立法没有向被告提供在扣押前听证和有限的

153

---

[9]　357 U. S. 235, 78 S. Ct. 1228, 2 L. Ed. 2d 1283 (1958). See generally Kurland, The Supreme Court, the Due Process Clause and the In Personam Jurisdiction of State Courts — From Pennoyer to Denckla: A Review, 25 U. Chi. L. Rev. 569, 610 (1958).

[10]　汉森一案在 3. 11 讨论。

[11]　433 U. S. 186, 97 S. Ct. 2569, 53 L. Ed. 2d 683 (1977). 各种评论家对此案进行了分析。See generally Cased, Shaffer v. Heitner: An End to Ambivalence in Jurisdiction Theory? 26 Kan. L. Rev. 61 (1977); Reisenfeld, Shaffer v. Heitner: Holding, Implications, Forebodings, 30 Hast. L. J. 1183 (1979); Silberman, Shaffer v. Heitner: The End of an Era, 53 N. Y. U. L. Rev. 33 (1978); Zammit, Reflections on Shaffer v. Heitner, 5 Hast. Con. L. Q. 15 (1978).

[12]　当公司董事会拒绝起诉时，股东代位诉讼允许股东代表公司提起诉讼，以维护公司的利益。原告被视为股东的代表，并必须满足几个前提条件。See 16. 9, below.

[13]　Greyhound Corp. and Greyhound Lines, Inc. 在本案中为公司被告。

[14]　433 U. S. at 213, 97 S. Ct. at 2585.

[15]　Ibid.

[16]　10 Del. Code 366. 对此立法后来的发展，see 3. 17 at note 6, below.

[17]　8 Del. Code 169. 正如其他的 49 个州一样，特拉华也采用了《统一商法典》。但未采用其中的 8 - 317 或者统一股份转让法的第 13 节（section 13 of the Uniform Stock Transfer Act），它们规定，只有扣押于包含了"证券"的文件时，"证券"才可被扣押。特拉华州的立法却明显反常，并招致了许多人的批评。See Folk & Moyer, Sequestration in Delaware: A Constitutional Analysis, 73 Colum. L. Rev. 749, 749 - 50 (1973); Note, Attachment of Corporate Stock: The Conflicting Approaches of Delaware and the Uniform Stock Transfer Act, Harv. L. Rev. 1579 (1960).

应诉机会。[18] 财产被扣押的非居民被告或者完全接受该州对人管辖、到庭应诉，或者不到庭应诉、失去被扣财产，此外别无选择。

154　　财产被扣的 21 位被告质疑管辖。他们认为，股份被置于该州只是根据例外的所在地立法，所以股份在该州不能被扣押；依单方扣押程序并不能使其符合并满足任何正当程序要求的程序保障；[19] 根据国际鞋业案判决，他们与特拉华州并无足够的最低联系可以支持管辖成立。在确认了扣押程序合法后，特拉华法院驳回了被告的辩解。由于本案涉及准对物管辖而非对人管辖，被告所援引的最低联系被视为与本案无关。[20]

　　联邦最高法院撤消了特拉华州法院的裁定，理由是该州将股份所在地界定在该州的立法无效，同时，该州扣押立法因未提供充分的程序保障而违宪。[21] 由大法官马歇尔执笔的判决意见认为，由于管辖权的行使仅仅基于对股份的扣押而没有考虑被告与该州有无其他联系，违反了正当程序。联邦最高法院果然同意三种管辖之间的区别是都是人为的说法，因为"所有的程序实际上都是针对人的"。[22] 鉴于对某物的管辖仅仅是"对某人在某物之上的利益的管辖的一种简便说法"，[23] 联邦最高法院推断出一个直截简便的结论：对某物的管辖应当采用与对该物有利益的人的管辖同样的标准来进行。[24] 如果一个法院没有违反正当程序的要求也不能对财产的所有人直接行使管辖权，那么，该法院也不应当通过对被告的财产行使准对物管辖权来间接地得到对人管辖权。[25]

　　在宣称使用分立的管辖标准既不合逻辑、也与正当程序相悖之后，联邦最高法院作出了彻底的决断，要将州法院对人与对物管辖的分裂的状况统一到最低联系标准上来："因此我们得出结论：州法院的管辖权必须根据国际鞋业案及此后

---

　　〔18〕　对有限的应诉的讨论，见 3. 27.

　　〔19〕　特拉华法院将注意力放在上诉人的这一论点上：因为有关扣押的州立法没有规定扣押公司股份前应当通知或听审，就违反了 Sniadach v. Family Finance Corp. 案及其后的判例所规定的程序上的正当程序的要求，Sniadach v. Family Family Finance Corp. , 395 U. S. 337, 89 S. Ct. 1820, 23 L. Ed. 2d 349 (1969)。见 3. 21 对这一问题的讨论。

　　〔20〕　Greyhound Corp. v. Heitner, 361 A. 2d 225, 229 (Del. 1976).

　　〔21〕　433 U. S. at 194 n. 10, 97 S. Ct. at 2575 n. 10.

　　〔22〕　433 U. S. at 207, 97 S. Ct. at 2581.

　　〔23〕　Ibid.

　　〔24〕　Ibid.

　　〔25〕　"对物管辖不是对财产所有人的管辖这一幻觉——惟一的功能就是允许州法院行使对被告毫无公正可言的管辖。" 433 U. S. at 207, 97 S. Ct. at 2584.

遵循该案判决的判例所确立的标准加以评判。"[26] 借此，谢弗一案的判决意见宣告了以国际鞋业案判决为基础的州法院管辖权的一般理论的胜利，这一理论取代而不是补充了难以摆脱的彭诺耶诉内夫一案有关缺席被告的概念结构。[27]

155

联邦最高法院在谢弗案判决意见的最后部分将最低联系标准适用于本案的具体事实。尽管被告的财产在该州内，但该院多数大法官没有发现在被告、诉讼与特拉华州之间存在着的联系足以支持该州对被告行使管辖权。根据国际鞋业案判决标准评判谢弗一案的事实为如何解释和适用这一标准指明了方向。谢弗一案判决意义极为重大，原因有二：首先，它将国际鞋业案标准适用于管辖的所有领域；其次，它进一步展示了这一标准应当如何被普遍适用。

3.15 国际鞋业案规则在对物与准对物管辖中的适用

最低联系标准适用于谢弗诉海特纳案的事实，导致管辖不能成立。代表多数写判决意见的大法官马歇尔特别提到被扣押的财产即股份，与原告的诉讼原因没有关系，仅仅因为州立法规定股份所在地是特拉华州，不足以支持管辖成立。[1] 根据他的分析，作为被告的董事们在该州并无任何行为、也未导致在州内的任何事件可以使管辖成立。仅仅是被告们在灰狗公司担任董事职务的这一事实并不能证明其有从该州获得利益的目的。[2] 因为没有州制定法专门规定特拉华州在对其公司的官员的管辖中的利益，[3] 所以，联邦最高法院判定：诉讼结果所涉及到的州利益既不允许管辖权的行使，也不能使该州成为这一诉讼的公正审判地。最后，联邦最高法院得出结论说，没有上述这类的制定法，被告就"没有理由预见其应受该州管辖"。[4] 总之，根据多数大法官意见，由于被告与特拉华州之间无直接联系，被告无从预见其可能受该州管辖，这一案件不能行使管辖是十分清楚的。诉讼原因产生于俄勒冈的活动。而且，有公正的审判地可以替代。[5]

---

〔26〕 433 U. S. at 212, 97 S. Ct. at 2584 – 85. 谢弗案判决一年后，联邦最高法院对库尔克诉高等法院案的判决，The Court's decision in Kulko v. Superior Court, 436 U. S. 84, 98 S. Ct. 1690, 56 L. Ed. 2d 132 (1978)，紧随谢弗案对国际鞋业案标准的解释，在一个小孩扶养的案件中，否决了加州法院对一纽约居民的管辖权，从而确认了该院意在建立单一的判断标准适用于管辖的全部领域。见 3.11 对库尔科案的讨论。

〔27〕 在后来的伯纳姆诉高等法院案（Burnham v. Superior Court, 495 U. S. 604, 110 S. Ct. 2105, 109 L. Ed. 2d 631 (1990)）的判决意见中，联邦最高法院阐明其在谢弗一案中的广泛的陈述并不是要暗示在当地供职者也必须满足最低联系标准才能受当地法院管辖。本汉姆案在 3.17 讨论。

〔1〕 433 U. S. 186, 213, 97 S. Ct. 2569, 2584, 53 L. Ed. 2d 683 (1977).

〔2〕 433 U. S. at 213 – 14, 97 S. Ct. at 2584 – 85.

〔3〕 433 U. S. at 214, 97 S. Ct. at 2585.

〔4〕 433 U. S. at 216, 97 S. Ct. at 2586.

〔5〕 原告可在俄勒冈作为其诉讼请求的基础的活动所在地起诉，也可在亚利桑那州即灰狗公司的主营业务地起诉。联邦最高法院在注脚中特别指出其并未面临诉讼只能在某一个审判地审判的境地。433 U. S. at 21 n. 37, 97 S. Ct. at 2583 n. 37.

156　　　虽然大法官马歇尔曾在谢弗案中指出单是财产在审判地所在州存在这一事实不能使管辖成立，但他接着又指出这一事实也并非没有关联性。在有的案件中，财产的存在就意味着必然和充分的联系使管辖得以确立。在有的纠纷中，被告在当地的有形或无形的财产利益直接与原告的诉讼原因相关。

　　有两种纠纷明显属于这一类案件。第一，在当地的财产本身就是诉讼标的，在特定的原告之间，既构成典型的对物诉讼，又构成了准对物诉讼。[6] 谢弗案判决指出，由于这类纠纷之中的被告、财产所在地和诉讼之间必然存在着紧密的关系，由财产所在地法院审判这类案件不是不公正的。被告在审判地诉求财产权益的事实表明他们期望获得该州法律的保护。而且，因为该州通常要确保其境内的财产正常的流通秩序，提供一个平和地解决这些纠纷的程序符合州的利益要求。[7] 从系统的观点来看，证人和书证在财产所在地更容易得到，因此，在财产所在地审判既方便又合理。联邦最高法院在谢弗案判决中提示，它无意干扰这类典型的对物管辖权和准对物管辖权的行使。基于同样的原因，该院还宣称：由于其性质，对法律地位的裁判应当由创立该法律地位的州来作出。[8]

　　只要财产在当地就构成了充分的联系、足以支持当地法院准对物管辖权的第二类案件是原告的诉讼请求与产生于非居民被告在当地的财产所有权相关联的案件。例如，原告在被告的不动产上受到损害，或者因被告使用动产不慎而遭受损害。[9] 值得注意的是，在这类诉讼中，准对物管辖虽然可得，但属多余，因为大多数州长臂法规定：对于因非居民被告行使对当地财产的所有权、使用权和占

157 有权而引起的诉讼，州法院有完全的对人管辖权。[10] 因为诉讼原因来自当地，许多案件中的原告是当地居民，通常有大量的联系存在于纠纷与当地之间，足以使对人管辖成立。许多情况下，由于非居民被告对当地财产的所有权与当地构成的有目的性、有意愿和持续的联系，原告的诉讼原因也由此产生，所以，对这类诉讼行使管辖必然能够满足国际鞋业案判决标准。[11]

　　当原告的诉讼原因与作为管辖基础的财产完全无关时，准对物管辖受到国际鞋业案标准的实际影响最大。在这些案件中，准对物管辖作为一种从法院伸出的

---

　　〔6〕 See 3. 8, above.

　　〔7〕 433 U. S. at 208, 97 S. Ct. at 2580.

　　〔8〕 433 U. S. at 208 n. 30, 97 S. Ct. at 2582 n. 30.

　　〔9〕 433 U. S. at 208, 97 S. Ct. at 2582, citing Dubin v. City of Philadelphia, 34 Pa. D. & C. 61 (Com. Pl. 1939).

　　〔10〕 See, e. g., N. Y. — McKinney's CPLR 302. See 3. 13 at nn. 46–51, above.

　　〔11〕 "一个公司行使其在一个州内从事经营活动的权利，它就享有该州法律的利益和保护。这一权利的行使可能引起义务，并且，在这些来自其在该州的义务与其在该州的活动有关的范围之内，要求公司应承担以履行其义务的诉讼程序在多数情况下很难说是不正当的。" International Shoe Co. v. Washington, 326 U. S. 310, 319, 66 S. Ct. 154, 160, 90 L. Ed. 95 (1945). See 3. 10, above.

长臂在行使管辖，因为"财产所扮演的惟一的角色就是提供将被告带到法庭的基础。……在这些案件中，如果对被告直接行使对人管辖权将违反宪法，那么，管辖权的间接行使同样也是不能容许的。"[12] 联邦最高法院在谢弗案中得出的结论就是这类管辖不符合国际鞋业案判决中的公正标准。

虽然联邦最高法院决定管辖不得基于事实而行使，但是，它是否想要彻底废除财产与诉讼请求无关时的准对物管辖权，谢弗案的判决并未予以明确。[13] 联邦最高法院特别提到即使完全与诉讼原因无关，被告财产在当地的存在就可能表明被告与当地以及允许行使的管辖权之间有其他联系。[14] 不幸的是，这一判决意见没有举出合理的、不言而喻的案例。[15]

下级联邦法院对联邦最高法院的这一含糊之处的解释各异。一般认为，谢弗案要求：被告财产在当地的存在必须被视为仅仅是与该州的一个联系，法院必须将此联系与其他联系一起加以考虑，以决定管辖权的行使是否符合公平对待和实体正义的传统观念。[16] 但是，至少在涉及不动产的扣押的诉讼中，财产的性质可能被视为能够产生与当地的联系并足以导致当地对财产所有人的管辖。实际上，对谢弗一案判决结果，有两位大法官同意持并存意见。对于被扣押财产是那种其"所在地是无可争议地、永久性地坐落于当地"时，行使准对物管辖权以审判一个与被扣财产无关的诉讼请求是否有效的问题，他们明确地持保留意见。[17] 虽然这类财产的典型是不动产，但由于财产的有形特征的淡化，法院之间对如何划出界线存在分歧。

例如，在 Feder v. Turkish Airlines 一案中，[18] 纽约联邦地区法院认为，通过扣押该外国航空公司在纽约银行所开账户，可以获得对此外国公司的准对物管辖权，即使诉讼原因与此财产全然无关。法院认为，被告自愿在纽约开设银行帐户以利于其开展业务，能够合理预见其应受当地管辖。另一方面，第二巡回上诉法庭在附带意见中提出，[19] 在被告与当地无任何其他联系时，一个银行账户不足

158

---

[12] 433 U. S. at 209, 97 S. Ct. at 2583.

[13] 433 U. S. at 212 n. 39, 97 S. Ct. at 2584 n. 39.

[14] 433 U. S. at 209, 97 S. Ct. at 2582.

[15] 注意这类管辖权的行使和另一类的比较，见 Perkings v. Benguet Consolidated Mining Co. ，342 U. S. 437，72 S. Ct. 413，96 L. Ed. 485 (1952)（在一个州有系统而持续的活动的公司可以在当地被起诉，即使诉讼请求与其在当地的活动无关）。

[16] See Interneat, Inc. v. American Poultry, Inc. ，575 F. 2d 1017 (2d Cir. 1978).

[17] 大法官鲍威尔（Powell）和斯蒂文斯（Stevens）都撰写了同意意见。433 U. S. at 217，97 S. Ct. at 2586，2587.

[18] 441 F. Supp. 1273 (S. D. N. Y. 1977).

[19] O'Connor v. Lee – Hy Paving Corp. ，579 F. 2d 194，198 (2d Cir. 1978)，cert. denied 439 U. S. 1034.

以成为法院对与此账户无关的诉讼请求行使准对物管辖权的依据。

虽然纽约上诉法院在 Saider v. Roth 一案中遵循了谢弗案的判决，但是，几年以来，对谢弗案判决根据对保险人合同义务的扣押而行使的准对物管辖权对非居民被告的合法权益的影响争论不休。[20] 因为谢弗案禁止仅仅基于对位于当地的财产的扣押行使管辖，似乎拆除了塞德（Saider）案这一车轮的宪法之轴。但是，有的人认为塞德案难免幸免于谢弗案的影响。[21] 他们争辩说，塞德一案真正的问题是原告有因对非居民被告的保单提起诉讼的权利，而真正的被告是控制应诉的保险公司，以及与当地有最低联系的人。在 Rush v. Savchuk 一案中，[22] 联邦最高法院制止了这种推测，取消了扣押管辖这一矛盾形式，直接适用最低联系的方法来确定管辖。

最后，应当注意到，对被告财产的扣押、对案外债务人财产的扣押和财产暂管的初衷是为判决的执行提供保障，谢弗案判决并没有影响到扣押的这一功能。谢弗案判决中的多数意见特别指出：即使本州与其财产位于本州的所有权人不存在最低联系，如果扣押是为一个在别处进行的、以财产所有人为被告的对人诉讼的判决提供保证，州法院仍可以按照国际鞋业案标准的要求对该财产予以扣押。[23] 这样可以防止被告为逃避有效的对人判决而将其财产从与他们有其他联系的州转移到他们没有联系的州。[24]

虽然谢弗案判决意见将国际鞋业案标准扩展到所有管辖领域，但扣押管辖与对人管辖之间仍有质的差别。这一差别可能破坏最低联系、公平对待和实体正义因素之间的原有的平衡。赞同不同标准的主要依据在于准对物判决和对人判决之

159

---

〔20〕 17 N. Y. 2d 111, 269 N. Y. S. 2d 99, 216 N. E. 2d 312 (1966). 这类扣押管辖见 3. 9, above.

〔21〕 See generally Williams, The Validity of Assuming Jurisdiction by the Attachment of Automobile Liability Insurance Obligations: The Impact of Shaffer v. Heitnerupon Seider v. Roth, 9 Rut. – Camden L. J. 241, 269 (1977). 在谢弗案后，第二巡回上诉法院在另一案中判定塞德一案符合宪法：O'Connor v. Lee – Hy Paving Corp., 579 F. 2d 194 (2d Cir. 1978), cert. denied 439 U. S. 1034.

〔22〕 444 U. S. 320, 100 S. Ct. 571, 62 L. Ed. 2d 516 (1980).

〔23〕 Shaffer v. Heitner, 433 U. S. 186, 210, 97 S. Ct. 2569, 2583, 53 L. Ed. 2d 683 (1977).

〔24〕 例如，尽管被告（一家法国公司）与加州的联系不足以使加州对其行使对人管辖，北加州地区法院依一家加州公司的请求允许对被告的债权予以扣押。因为在北加州法院的原告以该法国公司为被告的对人诉讼正在进行，原告提请扣押，仅仅是作为了实现有效的有人判决的保障，法院依据谢弗案认为扣押成立。法国公司在加州的"财产"与原告在纽约的诉讼完全无关，但是，法院的扣押之意不在于对诉讼请求予以审判，而是防止被告将财产转移到别的国家。Carolina Power & Light Co. v. Uranex, 451 F. Supp. 1044 (N. D. Cal. 1977). See generally Reisenfeld, Shaffer v. Heitner: Holding Implications, Forebodings, 30 Hast. L. J. 1183, 1196 (1979).

间的不同后果。[25] 管辖标准的统一并不一定要求所有管辖权的行使都得以相同"量"的联系为依据。可以论证，根据公平对待和实体正义标准，一个金额被限定在所扣押财产价值之内的判决对被告与当地的联系要求较低，而作出一个全面的对人判决的要求就高。至少，在所涉财产价值没有超过或低于诉讼请求金额时，这一论断不容怀疑。在被告不同意接受完全的对人管辖的情况下，如果法院允许被告有限到庭以辨是非，就进一步满足了公平的要求。[26]

　　适用不同的最低联系起点的合理性还不明确。但它与联邦最高法院在国际鞋业案判决中有关是否行使管辖权必须取决于案件具体事实、必须对具体事实进行质的分析的论述是一致的。[27] 从全面的观点来看，这一区别的嵌入当然带来了不确定性，导致了对这些标准是否公正、协调的担忧。除非最高法院做进一步阐述，否则争议很可能一直延续。

3.16 财产扣押：条件和定义

　　法院行使准对物管辖或对物管辖的权力的前提是原告起诉时被告在这一法院所辖区域内有财产。[1] 在彭诺耶诉内夫（Pennoyer v. Neff）[2] 和 Pennington v. Fourth National Bank 中，[3] 联邦最高法院指出，判决之前采取"扣押或其他强制措施"对于法院获得对诉讼的准对物管辖权十分必要。在彭诺耶案中，大法官菲尔德推断，对财产的扣押服务于三个目的。第一，它正式宣布法院对此财产的控制，也为判决后的没收和拍卖提供了合法依据。第二，扣押强化了传统的公告通知。这一概念认为，无论直接告知本人还是通过代理其管理财产的人告知，财产所有人可以获悉"其不动产所处状态及其可能的后果"，[4] 并且，张贴于财产之上的扣押令会引起财产所有人的注意。第三，扣押表明了法院保证控制财产、并为原告执行判决提供财产来源。没有这种控制，被告可在诉讼过程中卖掉

160

---

　　[25]　对人判决将对诉讼请求的全部价值予以裁判，其后果是有既判力和间接再诉禁止，并且，其判决内容在全美各州都受到完全的信赖和尊重。准对物判决效力仅及于在当地被扣押的财产金额，既判力有限，无间接禁止再诉后果，不能得到完全的信任和尊重。见3.2的概括性论述。

　　[26]　See 3.27, below.

　　[27]　International Shoe Co. v. Washington, 326 U. S. 310, 66 S. Ct. 154, 90 L. Ed. 95 (1945). 联邦最高法院在以下所引判例中明确地赞同在对人管辖中适用不同的最低联系起点标准。Burger King Corp. Rudzewicz, 471 U. S. 462, 477, 105 S. Ct. 2174, 2184, 85 L. Ed 528 (1985)（"在不能达到最低联系标准时，对公正性的考虑有时被用以证明管辖的合理性"）。

　　[1]　Closson v. Chase, 158 Wis. 346, 149 N. W. 26 (1914).

　　[2]　95 U. S. (5 Otto) 714, 24 L. Ed. 565 (1877).

　　[3]　243 U. S. 269, 37 S. Ct. 282, 61 L. Ed. 713 (1917). See generally Note, The Requirement of Seizure in Quasi in Rem Jurisdiction: Pennoyer v. Neff Re‑Examined, 63 Harv. L. Rev. 657 (1950); 1 J. Weinstein, H. Korn & A. Miller, New York Civil Practice ¶ 314. 18.

　　[4]　Ballard v. Hunter, 204 U. S. 241, 27 S. Ct. 261, 51 L. Ed. 461 (1907).

财产，使诉讼及其判决丧失实际意义。[5]

虽然实用方便，但准对物管辖中的诉前扣押并非宪法的要求。[6] 大法官亨特（Hunt）在其对彭诺耶诉内夫一案判决[7]提出的反对意见中指出，合理的通知和答辩的机会就使管辖符合了宪法的要求。[8] 因此，在要求取消法定或约定的担保权和留置权的诉讼中，一般认为，管辖权不需要通过扣押取得。[9] 根据这一观点，扣押的作用在于使留置成立，而不是使管辖成立。当留置权已经存在时，如同财产因扣押或执行而已被查封，法院可强行执行。

虽然诉前扣押可能不是宪法要求，但是一些州[10]仍然要求进行扣押以行使准对物管辖权。[11] 很明显，诉前扣押有操作上的优势。它防止被告在当地法院诉讼过程中将财产转移出该法院的辖区，从而减少了原告的风险[12]和法院潜在的尴尬。因此，大多数原告通常都通过扣押财产而启动准对物管辖程序，而扣押是否必要的问题则很少提出，当属情理之中。[13]

程序性讨论已涉及财产的扣押是否为准对物管辖权的行使所必需。但是，什么行为就是扣押的问题也十分重要。[14] 处于管辖之下的财产并不需要被置于法院的实际控制之下。例如，扣押土地只需根据扣押令作出书面扣押，且将通知张贴在不动产处，就使该财产处于法院的管辖之下。[15] 法院还可以通过向适当的公司官员送达扣押令状和押扣通知将股票置于管辖之下。[16]

---

〔5〕 See, e. g., Union Chemical & Materials Corp. v. Cannon, 38 Del. Ch. 203, 148 A. 2d 348 (1959), noted in 59 Colum. L. Rev. 803 (1959) （当所扣押的股份因兼并并转移时，法院的管辖不成立）。

〔6〕 而为了管辖的目的在判决之前扣押是否符合正当程序有关通知和提供听审机会的要求，在3. 21讨论。

〔7〕 95 U. S. (5 Otto) 714, 736, 24 L. Ed. 565 (1877).

〔8〕 从扣押制度设立的目的在于确保法院行使管辖权的意义上看，管辖成立标准向强调被告与当地的联系这一变化就意味着扣押已不再那么重要了。见3. 14。

〔9〕 Roller v. Holly, 176 U. S. 398, 20 S. Ct. 410, 44 L. Ed. 520 (1900).

〔10〕 See, e. g., Closson v. Chase, 158 Wis. 346, 149 N. W. 26 (1914); Gallun v. Weil. 116 Wis. 236, 92 N. W. 1091 (1903).

〔11〕 N. Y. — McKinney's CPLR 314.

〔12〕 See 4A C. Wright & A. Miller, Civil 2d1121. See also Deredito v. Winn, 23 A. D. 2d 849, 259 N. Y. S. 2d 200 (1965) （若诉前未对被告财产采取扣押，则不能公告送达）。

〔13〕 在联邦法院，当对人管辖不能成立时，联邦民事诉讼规则第4条（n）（2）规定，因扣押被告在此法院辖区内的财产而启动的诉讼程序适用州法关于送达的规定。然而，正如这一规则的咨询委员会报告中所指出的那样，长臂法宽松的管辖规定已使准对物管辖完全变成了不合时宜之物了。See generally 4A C. Wright & A. Miller, Civil 2d1119 - 21.

〔14〕 对扣押程序的讨论，见15. 2。

〔15〕 Cooper v. Beynolds, 77 U. S. (10 Wall.) 308, 19 L. Ed. 931 (1870).

〔16〕 See, e. g., Woods v. Spoturno, 37 Del. (W. W. Harr.) 295, 183 A. 319 (1936), RE-VERSED ON OTHER GROUNDS 38 Del. (W. W. Harr.) 378, 192 A. 689 (1937).

从管辖的角度看，负债也被视为财产，可以扣押。[17] 为了扣押，或者更恰 162
当地说，为了扣押被告的债权，原告向被告的债务人送达扣押令状，通知其债务
被扣押用以满足原告的诉讼请求。[18] 法院命令被告债务人向原告清偿债务也是
一种扣押行为。例如，在佩宁顿诉第四国家银行案（Pennington v. Fourth Nation-
al Bank）中，[19] 一个起诉其丈夫、要求离婚的原告获得法院裁定，命令这家银
行用其丈夫存在这家银行的资产向原告清偿债务。选择哪一种扣押行为主要取决
于州法的有关规定。

D. "谢弗诉海特纳案"
对"彭诺耶案"判决推理的影响

3. 17 同意、住所地和短暂停留理论的现实意义

彭诺耶案判决意见就领土权的一般理论认定了三个推论：一州可以对同意该
州管辖的被告行使管辖权，[1] 可以对在该州有住所地的被告行使管辖权，[2] 可
以对正在该州区域内短暂停留的人进行个别送达后对其行使管辖权。[3] 尽管根
据这些推论行使的管辖权并没有最低联系或基本公正的要求，但是，在国际鞋业
案以后这三个推论仍被遵循。它们的主要优势在于适用的简单和确定。原告们可
以援引这些规则选择审判地，避开那些管辖可能受到有力挑战的地方；同时，被
告利用这些推论来决定他们是否可以对来自远方的传票置之不理。因为谢弗诉海
特纳案判决要求所有州法院行使管辖权时都要适用国际鞋业案标准，每一个推论
的规则能否继续有效都必须予以重新的审视。

被告总是可以同意管辖的理论与联邦最高法院在谢弗案判决中采用最低联系
标准作为评判所有管辖是否成立的宪法标准的决定并不是不相容的。如同国际鞋
业案一样，谢弗案仅仅向法院提出了宪法性的限制，指出了被告何时可以依法拒
绝某一特定法院的管辖。如果被告不想拒绝，管辖当然可以成立。

值得注意的是，谢弗案多数意见拒绝认同董事被告们在一家特拉华成立的公 163
司担任董事职务就应视为默示同意了特拉华州的管辖的判断。[4] 同时，联邦最
高法院指出，规定"将接受董事职位视为同意本州管辖"的州制定法足以使管

---

[17] Pennington v. Fourth Nat. Bank, 243 U. S. 269, 37 S. Ct. 282, 61 L. Ed. 713 (1917).

[18] Harris v. Balk, 198 U. S. 215, 25 S. Ct. 625, 49 L. Ed. 1023 (1905).

[19] 243 U. S. 269, 37 S. Ct. 282, 61 L. Ed. 713 (1917).

[1] See 3. 5, above.

[2] See 3. 6, above.

[3] See 3. 3, above.

[4] Shaffer v. Heitner, 433 U. S. 186, 216, 97 S. Ct. 2569, 2586, 53 L. Ed. 2d 683 (1977).

辖及于个人被告，即使这些被告与该州无其他联系。[5] 联邦最高法院推理的结果可能是各州只需简单废除现行有效的准对物管辖，代之以规定一定行为（例如，被告接受董事之职）即等同于同意的立法，就将非居民被告与当地的联系从一种被告不曾想到、也不情愿的关系转变为一种有意识、也自愿的关系。[6] 开始，这似乎不过是另一个管辖的把戏。不过，其正当性的基础在于联邦最高法院在谢弗案中允许各州以立法形式宣告被告一定的行为构成对州法院管辖的同意，以保护州的重大利益。例如，将接受董事职务贴上同意的标签就意味着被告的这类行为意在为自己从该州法律中获得利益与保护。自 Hess v. Pawloski [7] 以后，运用默示同意的立法以保护至关重要的州利益的做法已经历史性地得到联邦最高法院的认同。结果，至少在那些已经表明其立法要规制其居民和非本州居民的行为的州，默示同意的虚拟可能继续被作为管辖的基础而继续存在。

基于住所地的管辖也十分可能作为一般规则而继续存在，因为"一个人在一州之内的住所地是使其接受当地管辖的公正和合理的基础"[8] 这一基本原则。作为管辖的基础，住所地对司法制度的作用在于其"确保了有一个地方可以对一个人一直拥有管辖权"。[9] 不过，谢弗案提出：在异常或不公正的情况下，即使住所地主人不在，[10] 但仅仅是住所地就足以使管辖成立的技术原则应被摒弃。例如，如果一方当事人已经离开其住所地但尚未设立一个新的，其住所地所在州的对人管辖可能被认为并不恰当。在那些案件中，尽管被告离开其住所地以后就与当地别无持续和系统的联系，在传统上，被告仍被作为当地定居者。[11] 在被告长期不在住所地，特别是被告并无回去之表示、并且有其他审判地可替代住所地时，如果适用国际鞋业案标准于上述事实，其最初住所地所在州对被告的管辖就不公正。被告在一个州有住所地的事实就成为其与当地许多可能的联系之一、可能有助于管辖的成立。

类似的观点也适用于"短暂停留"规则。属地管辖理论的严格适用允许州法院通过个别送达，对仅仅是经过本州、[12] 且与本地及诉讼之间并无逻辑关系

---

　〔5〕　Ibid.

　〔6〕　实际上，谢弗案以后，特拉华州通过了立法，规定接受特拉华州公司董事职位即构成了对该州法院管辖任何因该董事所在公司的活动引起的诉讼的同意。10 Del. Code3114.

　〔7〕　274 U. S. 352, 47 S. Ct. 632, 71 L. Ed. 1091 (1927). 对默示同意理论的讨论，见 3. 5, a-bove.

　〔8〕　Restatement Second of Conflict of Laws29, comment a (1971).

　〔9〕　Ibid.

　〔10〕　Milliken v. Meyer, 311 U. S. 457, 61 S. Ct. 339, 85 L. Ed. 278 (1940).

　〔11〕　Mas v. Perry, 489 F. 2d 1396, 1400 (5th Cir. 1974), cert. denied 419 U. S. 842.

　〔12〕　International Shoe Co. v. Washington, 326 U. S. 310, 316, 66 S. Ct. 154, 158, 90 L. Ed. 95 (1945).

的被告行使完全的对人管辖权。[13] 虽然联邦最高法院在国际鞋业案中并没有直接涉及过境管辖，但是，谢弗案判决主张，"州法院所有管辖权的行使都必须根据国际鞋业案及受其影响的判例所确立的标准加以评判"。[14] 这一判决可以解释为"最低联系"标准必须适用于州法院对在本州出现的自然人行使对人管辖权的情形。实际上，这正是许多评论家的理解，也与《冲突法第二次重述》1989年修订本采取的立场一致。[15]

在 Burnham v. Superior Court of California 一案中，[16] 联邦最高法院得到机会表明过境管辖的生命力。伯纳姆（Burnham）是新泽西人，在加州短暂停留处理商务和看望子女时被送达传票。诉讼标的并非在加州引起，也与其在加州的活动无关。伯纳姆质疑法院对其行使管辖权，认为其与加州无足够的"最低联系"。

所有大法官最终认为加州法院对伯纳姆的对人管辖是符合宪法的。不过，在联邦最高法院的成员之间在得出这一结论的分析方法上却存在严重的分歧。代表法院撰写本案判决的大法官斯卡利亚（Scalia）[17] 写道，传统的过境管辖理论依然可以作为对人管辖权的有力基础而存在。他从历史发展的角度分析了属地原则，并特别提出"本州法院对在本州境内已予送达的自然人行使管辖权仍是我们法律制度中未曾间断的传统"，因此它完全符合"公平对待和实体正义的传统观念"。由此，大法官斯卡利亚得出的结论认为是仅仅基于[18]"人身在场"的事实而行使管辖权，并不违反正当程序，不必拘泥于国际鞋业案判决的"最低联系"要求。他补充说，"最低联系"标准是对被告本人在当地这一标准的替代物而发展起来的，将"最低联系"当作"管辖的试金石"是本末倒置。[19]

大法官布伦南[20]同意判决的并存意见中提出了不同的理由。他承认在本州内对被告的直接送达通常是对人管辖成立的充分条件，但同时他又强调不能将此原则绝对化。对有的案件，过境管辖的行使可能不合理、违反正当程序，应当适

165

---

〔13〕 See, e. g., Grace v. MacArthur, 170 F. Supp. 442（E. D. Ark. 1959）（在飞越阿肯色州的飞机上向被告作出的送达，被视为被告"在"该州期间的送达，由此该州对被告行使对人管辖权）Nielsen v. Braland, 264 Minn. 481, 119 N. W. 2d 737（1963）（非居民被告在经过明尼苏达州时被送达，他对此过境管辖提出的反对未受理会）.

〔14〕 Shaffer v. Heitner, 433 U. S. 186, 212, 97 S. Ct. 2569, 2584, 53 L. Ed. 2d 683（1977）.

〔15〕 一州有权对在其领域之内的自然人行使管辖权，除非此人与该州的关系如此淡薄以至于管辖权的行使不合理。Restatement Second of Conflicts of Laws28（1989）.

〔16〕 495 U. S. 604, 110 S. Ct. 2105, 109 L. Ed. 2d 631.

〔17〕 大法官斯卡利亚的观点为首席大法官伦奎斯特（Rehnquist）、大法官肯尼迪（Kennedy）和怀特（White）所赞同。

〔18〕 495 U. S. at 619, 110 S. Ct. at 2115（1990）.

〔19〕 Ibid.

〔20〕 大法官马歇尔（Marshall）、布莱克门（Blackmun）和奥康纳（O'Connor）赞同大法官布伦南（Brennan）的观点。

用"州法院所有管辖的行使"都必须采用"最低联系"标准。虽然传统的过境管辖理论未起决定性作用，但与这一标准有关。例如，一个自然人应当预见当地法院可能对其行使管辖权。

大法官斯卡利亚所主张的原则有确定性、可预见性和效率高等优点，对与"最低联系"标准有关的多种因素进行逐案分析也不再必要。只要被告被锁定在本州，该州法院就可对其行使管辖。但是，正如任何其他的绝对原则一样，其机械性导致一些案件审理不公的可能性使其无法免于批评。[21] 此外，比起被告的债务人和其无形资产在本州而言，能够向在本州短暂停留的非居民被告送达传票更加侥幸，而且，大法官斯卡利亚提出的原则的有效性实际上是否比这一原则可能引起的不公正性更重要，这一点尚不清楚。

E. 诉讼的服从

3.18 适用法律的渊源

美国政府领土主权及于全国，一如各州主权及于全州。毫无疑问，国会有权规定每一联邦地区法院均可在任何一州行使权力。[1] 但是，国会没有这样做。因为现行法律规定每个联邦法院的权力只限于其所在的州，[2] 既没有联邦立法[3]和规则，[4] 也没有可适用的州立法对联邦法院的司法管辖权予以扩大或缩小。[5]

几年前，在一个以公司为被告的案件中，人们就联邦法院对其所在州法所不及的被告是否可以自由地适用联邦管辖标准这一问题进行了充分辩论。显然，如果在联邦法院起诉的依据联邦法律所规定的权利，在不违反正当程序要求的条件下，必须适用相应的联邦立法和一般性的联邦法律。[6]

---

〔21〕 See, e. g., Ehrenzweig, The Transient Rule of Personal Jurisdiction: The "Power" Myth and Forum Conveniens, 65 Yale L. J. 289 (1956). 适用不方便审理法院的原则 (See 2. 17, above) 或许可以避免这种严重的不公。

〔1〕 Mississippi Pub. Corp. v. Murphree, 326 U. S. 438, 66 S. Ct. 242, 90 L. Ed. 185 (1946); Robertson v. Railroad Labor Bd., 268 U. S. 619, 45 S. Ct. 621, 69 L. Ed. 1119 (1925). See generally 4 C. Wright & A. Miller, Civil 2d1075.

〔2〕 Robertson v. Railroad Labor Bd., 268 U. S. 619, 45 S. Ct. 621, 69 L. Ed. 1119 (1925).

〔3〕 E. g., 28 U. S. C. A. 2361 (在联邦确定竞合权利诉讼的诉讼中全国范围内送达); 15 U. S. C. A. 5, 22, 25 (在反托拉斯诉讼中全国范围内送达).

〔4〕 E. g., Fed. Civ. Proc. Rule 4 (k). See generally 4A C. Wright & Miller, Civil 2d1124 - 29.

〔5〕《联邦民事诉讼规则》4 (e), 4 (k) (1) (A) 对联邦法院使用州的诉讼程序作出了特殊规定。See generally 4A C. Wright & A. MILLER, Civil 2d1112 - 16.

〔6〕 Fraley v. Chesapeake & O. Ry. Co., 397 F. 2d 1 (3d Cir. 1968) (FELA suit); LoneStar Package Car Co. v. Baltimore & O. R. Co., 212 F. 2d 147 (5th Cir. 1954) (action under Carmack Amendment, 49 U. S. C. A. 20 (11); Goldberg v. Mutual Readers League, Inc., 195 F. Supp. 778 (E. D. Pa. 1961) (Fair Labor Standards Act).

进而言之，已有人建议，在将最低联系标准适用诸如反托拉斯法、[7] 或以外国人为被告[8]等诉讼时，法院可以考虑被告与作为一个整体的合众国的总的联系，而不仅仅是与诉讼所在州的联系。这个标准承认，诉讼请求的性质（联邦立法规范的对象）涉及全国性的活动，是《宪法》第五修正案正当程序条款而非第十四修正案限制了联邦管辖权的行使。

但是，在 Omni Capital International v. Rudolf Wolff & Company 一案中，[9] 联邦最高法院认为，在一定情况下，审判联邦立法创设的权利案、行使合众国主权的联邦法院应当受到各州依第十四修正案所设的限制性规定的约束。奥姆尼案（Omni Capital International v. Rudolf Wolff & Company）中原告以一外国居民违反商品交易法为由起诉。当时有效的联邦送达规则规定：只要相应的联邦立法或者所在州的管辖法律规定有境外送达的，就可对境外被告送达。[10] 本案中，由于相应的联邦立法即商品交易法没有含有长臂条款，法院只能在其所在地路易斯安那州的法律中寻找依据。该州长臂法规定，对外国被告不得进行传票送达，因此联邦法院不能行使管辖权。[11] 虽然这一结果有些反常，但联邦最高法院明确地拒绝根据第五修正案制订专门的传票送达规则，从而将这一责任留给了"国会"和"起草《联邦民事诉讼规则》的人"。[12]

1993 年对《联邦民事诉讼规则》第 4 条（k）的修改是国会对联邦最高法院建议的回应，并且明确地填补了奥姆里案揭示的"空白"。该款第 1 段主要反映了奥姆里案中使用的旧规则：它明确地规定，经联邦制定法授权或与联邦地区法院所在州的长臂法相一致时，该联邦地区法院可以行使对人管辖权。第 2 段是补充管辖空白的新规则，不是美国居民的被告与某一州没有该州长臂法规定的足够联系，或者不符合国际鞋业案判决标准使州管辖权成立的，只要其与美国的联系足以使美国法律适用、符合联邦管辖标准，联邦法院就可对其行使管辖。这一新规则起到了联邦长臂法的作用，使之得以对任何与作为整体的美国有最低联

---

〔7〕 See Black v. Acme Markets, Inc., 564 F. 2d 681 (5th Cir. 1977); Leasco Data Processing Equip. Corp. v. Maxwell, 468 F. 2d 1326 (2d Cir. 1972); Hovenkamp, Personal Jurisdiction and Venue in Private Antitrust Actions in the Federal Courts: A Policy Analysis, 67 Iowa L. Rev. 485, 498 (1982).

〔8〕 See Texas Trading & Milling Corp. v. Federal Republic of Nigeria, 647 F. 2d 300, 314 (2d Cir. 1981), cert. denied 454 U. S. 1148; Kane, Suing Foreign Sovereigns: A Procedureal Compass, 34 Stan. L. Rev. 385, 402 (1982); Comment, National Contacts as a Basis for In Personam Jurisdiction Over Aliens in Federal Question Suits, 70 Calif. L. Rev. 686 (1982); Note, Alien Corporations and Aggregate Contacts: A Genuinely Federal Jurisdictional Standard, 95 Harv. L. Rev. 470 (1981).

〔9〕 484 U. S. 97, 108 S. Ct. 404, 98 L. Ed. 2d 415 (1987).

〔10〕 See generally 4 C. Wright & A. Miller, Civil 2d1067–69.

〔11〕 484 U. S. at 108, 108 S. Ct. at 411.

〔12〕 484 U. S. at 111, 108 S. Ct. at 413.

系、而不是与某一单独的州有最低联系的被告都受联邦法院管辖。因此，在援引与美国有最低联系的理论之前，一个法院有必要审查几个州的长臂法，包括用国际鞋业案判决标准以决定每一个州的管辖适当与否。第 2 段以第五修正案而不是第十四修正案为基础；可以推断，与美国有最低联系的理论包括了"公平对待与实体正义"要求，这与第十四修正案的要求相似。

168

现存的一个争议之源是行使补充对人管辖权中一些具体问题的适当性。[13] 当原告同时提出联邦与州法上的诉讼请求、被告缺乏与该州的最低联系而联邦法上的管辖成立时，该联邦法院是否可以就原告州法上的诉讼请求对此被告行使对人管辖权？[14] 第 1367 节使补充诉讼标的管辖写入法典，但无论从其字面意义还是从立法历史来看，都没有支持国会用其扩大对人管辖的意图，而且，补充对人管辖似乎违反了包含在最低联系标准内的被告依据第四修正案享有的权利。然而，有几个法院[15]一直坚持这个理论；而联邦最高法院还没有考虑实务中存在的这个问题。

当起诉所要维护的权利为州法所规定、诉讼标的管辖又取决于异籍问题时，由什么法律来规定对人管辖权的问题变得更加复杂。当州选择将其管辖权扩大到宪法所能允许的范围时，是适用州法还是联邦法无关紧要。[16] 但是，当州决定不最大限度地使用其管辖权时，联邦法院是否可适用联邦标准、行使比其所在州的法院更大的管辖权？回答这一问题的最好方法莫过于回顾一下第二巡回上诉法庭对此问题的著名争论。

第二巡回上诉法庭最初坚持 Jaftex Corporation v. Randolph Mills, Inc. [17] 一案判决的联邦标准，撤消了自己 3 年前对 Arrowsmith v. United Press International [18] 的判决。杰夫特克斯公司案（Jaftex Corporation v. Randolph Mills, Inc.）是纽约南区联邦法院受理的人身损害异籍诉讼，第三人被告伦道夫矿业公司（Randolph Mills）是一家北卡罗来纳州公司，以其未在纽约经营因此不应在纽约诉讼为由，请求法院裁定送达无效并驳回针对它的诉讼请求。联邦地区法院裁定其动议成立，但第二巡回上诉法庭主张以纽约和联邦法律为据裁定送达成立。代表多数撰写判决意见的法官克拉克（Clark）认定：一家外国公司是否在一地区

---

〔13〕 See 4A C. Wright & A. Miller, Civil 2d1125.

〔14〕 当然，一个联邦法院在审判之前，必须既有对人管辖又有诉讼标的管辖权。对补充诉讼标的管辖权的讨论，见 2. 12 – 14, above.

〔15〕 E. g., Rice v. Nova Biomediacl Corp. , 38 F. 3d 909（7th Cir. 1994）, cert. denied 514 U. S. 1111；IUE AFL – CIO v. Herrmann, 9 F. 3d 1049（2d Cir. 1993）, cert. denied 513 U. S. 822.

〔16〕 对各种长臂立法范围的讨论，见 3. 12 – 3. 13, above.

〔17〕 282 F. 2d 508（2d Cir. 1960）.

〔18〕 320 F. 2d 219, 6 A. L. R. 3d 1072（2d Cir. 1963）.

并接受该地区法院送达传票是一个联邦法律问题。[19]

阿罗史密斯案（Arrowsmith v. United Press International）原告为马里兰州居民，在佛蒙特州联邦地区法院对国际联合出版公司提起诽谤诉讼。诉讼标的管辖基于异籍，根据以前的《联邦民事诉讼规则》第 4 条（d）（3），即现行的第 4 条（i）（2），向国际联合出版公司在佛蒙特的经理作出了送达。该地区法院以起诉未能提出需要救济的诉讼请求为由予以驳回，原告上诉。上诉法庭全体法官审理此案，重新审查了杰夫特克斯公司案的判决原则。

由法官弗兰德利（Friendly）执笔的多数判决意见指出，该庭没有发现应当适用联邦标准以决定异籍诉讼是否能对被告行使管辖权的理由，它认为《联邦民事诉讼规则》第 4 条仅仅是对联邦法院进行诉讼时所应当采用的送达方式，而不是公司应当接受联邦诉讼程序的管辖。"阅读《联邦民事诉讼规则》的任何人都不会得出这样的印象，即该规则第 4 条（d）（3）特许联邦法院就一外国公司是否必须应诉作出规定，规则第 4 条（d）（7）的效果是州法规定的标准可以替代适用。"[20]

异籍诉讼中的外国公司被告是否必须到联邦地区法院应诉，只能根据联邦地区法院所在的州的法律决定——第二巡回上诉法庭的这一结论已经被其他巡回法庭一致采纳。[21] 移送管辖是派生于、因此也就取决于诉讼开始时州法院的对人管辖权。[22]《联邦民事诉讼规则》第 4 条（k）（1）允许联邦法院以州法作为管辖基础，当管辖权行使依据于此项规定时，结论很明确。

虽然阿罗史密斯原则得以牢固的确立，另一个受管辖问题依然存在：在异籍管辖中，依据《联邦民事诉讼规则》第 4 条（k）（1）（B）这一特别的 100 英里条款、允许对多方当事人的诉讼中的部分当事人进行境外送达。送达完成以后，应当适用哪一州的法律来决定对人管辖权的行使呢？[23] 第二巡回上诉法庭采纳了这一观点：当外州送达人以此 100 英里条款为据时，无论审判所在州还是送达实际进行的州的法律均可适用。[24] 增补了这一所谓的"肿胀"条款的《联邦民事诉讼规则》第 4 条意在鼓励在半径 100 英里的范围内发现必须参加诉讼的

---

〔19〕 282 F. 2d at 516.

〔20〕 320 F. 2d at 226. 以前的规则 4（d）（7）相当于现行规则 4（e）（1）.

〔21〕 See, e. g., Donahue v. Far Eastern Air Transport Corp., 652 F. 2d 1032（D. C. CIR. 1981）; Wilkerson v. Fortuna Corp., 554 F. 2d 745（5th Cir. 1977）, cert. denied 434 U. S. 939; Amba Marketing Systems, Inc. v. Jobar Int'l, Inc., 551 F. 2d 784（9th Cir. 1977）; Davis H. Elliot Co. v. Caribbean Utilities Co., 513 F. 2d 1176（6th Cir. 1975）; Pujol v. U. S. Life Ins. Co., 396 F. 2d 430（1st Cir. 1968）.

〔22〕 Electric Regulator Corp. v. Sterling Extruder Corp., 280 F. Supp. 550（D. Conn. 1968）; Southern New England Distributing Corp. v. Berkeley Finance Corp., 30 F. R. D. 43（D. Conn. 1962）.

〔23〕 See 4 C. Wright & A. Miller, Civil 2d1075.

〔24〕 Coleman v. American Export Isbrandtsen Lines, Inc., 405 F. 2d 250（2d Cir. 1968）.

第三人、[25] 从而使复杂的纠纷尽可能在一个诉讼中得到解决，因此，通过遵循审判所在州的法律、对被告接受管辖的限制将会使上述规则的目的落空。无论如何，随着近期联邦长臂立法条款的设立，再加上行使任何可适用的联邦立法或审判所在州长臂法行使管辖权的能力，依据《联邦民事诉讼规则》第4条（k），联邦法院拥有广泛的对人管辖权。

最后，管辖权的行使是否与《宪法》第五或第十四修正案规定的正当程序相吻合，始终是个联邦法律问题。[26] 因此，一个非居民是否应受某一联邦法院管辖的问题需要从两个不同的方面来分析回答。第一，该州程序规则或立法是否对具体案件的被告规定了管辖权的行使？这是一个州法问题。[27] 第二，如果州制定法的规定宽泛、根据本案事实管辖能够成立，或者，如果没有任何一州的法律支持管辖成立，因此只能适用联邦长臂规定，管辖的行使是否符合正当程序的要求？后者则是联邦法问题。[28]

F. 通知与受听审的机会

1. 正当程序要求

3. 19 合理通知的条件

正当程序不仅要求法院必须有权审判，还要求被告应当得到以其为被告的诉讼程序开始的通知。向被告提供适当的通知和被听审的机会的宪法义务，是正当程序对法院行使管辖权予以限制的一个补充方面。[1] 如果被告没有接到适当的通知，法院审判纠纷的权力是不完善的，法院的判决在另一个司法程序中很容易受到间接攻击而被认定为无效。[2] 随着符合宪法要求的、对被告人身或财产行使管辖的基础得以建立健全，通知的法定要求也逐渐备受重视。由于以最低联系为基础的管辖权的演变发展已使越来越多的人为应诉而不得不奔赴他乡，进行通

---

[25] 405 F. 2d at 252.

[26] Arrowsmith v. United Press Int'l, 320 F. 2d 219 (2d Cir. 1963); Partin v. Michaels Art Bronze Co., 202 F. 2d 541 (3d Cir. 1953); Pulson v. American Rolling Mill Co., 170 F. 2d 193 (1st Cir. 1948).

[27] Kansas City Structural Steel Co. v. Arkansas, 269 U. S. 148, 150, 46 S. Ct. 59, 60, 70 L. Ed. 204 (1925) （"对于根据阿肯色州法律在该州何为经营的问题，我们尊重阿肯色州最高法院的决定"） (Butler, J.).

[28] Pulson v. American Rolling Mill Co., 170 F. 2d 193 (1st Cir. 1948); Bomze v. Nardis Sportswear, Inc., 165 F. 2d 33 (2d Cir. 1948).

〔1〕 "当通知是一个人的应尽义务之时，仅仅作出告知的姿态不符合正当程序要求。" Mullane v. Central Hanover Bank & Trust Co., 339 U. S. 306, 314, 70 S. Ct. 652, 657, 94 L. Ed. 865 (1950) (Jackson, J.). See also 4 C. Wright & A. Miller, Civil 2d1074; Developments in the Law—State Court Jurisdiction, 73 Harv. L. Rev. 909, 987–91 (1960).

〔2〕 Smith v. U. S., 403 F. 2d 448 (7th Cir. 1968). See also Wuchter v. Pizzutti, 276 U. S. 13, 48 S. Ct. 259, 72 L. Ed. 446 (1928).

知的新标准也随之发展起来、以确保被告知悉并有机会参加诉讼。

一般而论，当被告收到名为"诉讼书状"的系列文书时，被告得到了通知。 171
诉讼书状包括一张以缺席判决为惩罚、要求被告到庭的传票，如果相应的程序规
则要求，还包括一份起诉状副本。诉讼书状必须适当送达，被告对未决诉讼必须
得到正当程序所要求的充分通知，这是法院裁判有效的前提。通常，遵守如何送
达诉讼书状的规则就是要发出通知，但有时也并非如此。

由于送达的意义在于尽可能地保证被告收到诉讼通知，所以，公告送达对人
诉讼通常被认为不符合宪法要求。[3] 在对人诉讼中，只要当某州有住所地者别
无其他送达方法[4]或者当某州居民故意隐匿自己以躲避送达时，公告送达才是
适当的。[5] 仅仅让被告知道未决诉讼并不能满足通知的要求，但是，如果被告
有意躲避送达而通过个人信函或媒体公告方式已让其知道诉讼，这样的通知符合
要求。[6]

彭诺耶案诉内夫一案[7]判决已经明确：对被告财产的扣押、辅之以通知诉
讼的公告，在对物或准对物管辖中构成了完全符合宪法的适当通知。无论是根据
针对财产本身的诉讼使被告不必出庭的理论，还是根据财产所有人总是知道涉及
其财产的事件并因此能够获释其财产被扣押和卷入诉讼的理论，有被告的姓名和
住址即可，法院只要求最低限度的通知。[8] 马拉恩诉中央汉若威银行信托公司
（Mullane v. Central Hanover Bank & Trust Company）一案[9]挑战上述臆断，在此
标志性判例以后，使用公告送达的可能性已极大地减小了。

在马拉恩（Mullane）案中，诉讼标的为300万美元的共同信托基金，由中 172
央汉若威银行为受托人进行管理。基金由113个较小的信托财产依据一个纽约金
融法规集合而成。立法目的在于使小规模投资者集中起来获得他们个别所不能负
担的专业的资金管理人提供的服务。银行根据州法规定，请求纽约遗嘱检验法庭

----

〔3〕　Greene v. Lindsey, 456 U. S. 444, 102 S. Ct. 1874, 72 L. Ed. 2d 249（1982）；Polansky v.
Richardson, 351 F. Supp. 1066（E. D. N. Y. 1972）（虽然诉讼文书的实际收到不为正当程序和充分信
任和尊重原则所要求，但它却是"通知对方面应当采用的一个合理步骤"）。

〔4〕　Dobkin v. Cahpman, 21 N. Y. 2d 490, 289 N. Y. S. 2d 161, 236 N. E. 2d451（1968）（邮
寄被退回之后采用公告送达，被认为有效）。

〔5〕　Butler v. McKey, 138 F. 2d 373（9th Cir. 1943），调取案卷复审申请令状被驳回 321 U. S.
780.

〔6〕　Chaplin v. Superior Court of Los Angeles Country, 81 Cal. App. 367, 253 P. 954（1927）.

〔7〕　95 U. S.（5 Otto）714, 24 L. Ed. 565（1877），见3. 3 的讨论。See also Note, Requirements of
Notice In Rem Proceedings, 70 Harv. L. Rev. 1257（1957）.

〔8〕　Developments in the Law—State Court Jurisdiction, 73 Harv. L. Rev. 909, 989（1960）.

〔9〕　339 U. S. 306, 70 S. Ct. 652, 94 L. Ed. 865（1950），noted in 36 Cornell L. Q. 541（1951），
50 Mich. L. Rev. 124（1951），100 U. Pa. L. Rev. 305（1951），36 Iowa L. Rev. 47（1950），25 N. Y.
N. L. Rev. 896（1950）Wis. L. Rev. 688.

确立和审查其作为共同信托基金受托人的第一批账户的适当性，并在当地报纸上将此遗嘱检验法庭的程序向受益人予以公告。在每个受益人都加入了共同基金的第一批投资时（有的受益人则在 12 或 15 个月前就已加入），为使受托人行为获得司法认可的诉讼通知科邮寄给已知的受益人。

根据立法规定，遗嘱检验法庭指定马拉恩为特别监管人和律师，代表所有对该普通信托基金的收入有利益的人；一个单独的监管人，被上诉人沃恩（Vaughan）被指定为对基金的本金有权益者代表。由于法庭裁决的后果将是"解决所有有关普通信托基金管理事务的问题"以及以前管理费用的处理，它将排除此后受益人为其资金管理事务而提出任何质疑。

马拉恩提出两个理由反对纽约法院管辖。第一，他认为，由于诉讼的目的在于通过使受托人免于因过失或违反信托而受到起诉，对非居民受益人的个人权利作出裁决，因此，这一程序必然是对人诉讼程序。由于对这些非受益人未进行个别送达，因此，根据彭诺耶案，法院对他们无对人管辖权。第二，他指出，公告送达未能满足正当程序对通知的要求。

联邦最高法院认为，为决定州法院是否有权裁决此案而对程序的性质进行精确分类并不必要。进而言之，该院认为正当程序要求的通知并不依赖于是对人诉讼还是对物诉讼的分类。代表联邦最高法院撰写判决的大法官杰克逊（Jackson）没有宣布通知有何一般准则，而是指出："在任何诉讼之中，正当程序必备的、基本的要求是在任何情况下合理安排通知，告知未决诉讼利害关系方并给予他们反对的机会。……通知必须具备合理传达所需信息的性质……它必须为那些要出庭的人提供合理时间……所采用的方法必须是力图并且实际上能够使缺席者得以获知并做好准备。"[10] 将这一标准适用于本案事实可见：法定的公告通知被视为只能对未知且缺席的受益人使用，或者是程序启动之时那些可推断的权利人；而对那些受托人已经知道其姓名和地址的受益人、或经过合理的努力可以确定的受益人，法院认定，至少必须使用邮寄送达才符合要求。

马拉恩案判决的主要影响在于它的分析方法。联邦最高法院首先将司法权问题从通知中剥离出来。然后根据本案的具体情况分析了充分通知的构成要件，平衡了确保所有利害关系人应被通知、或当确认或通知每个可能的受益人有实际困难时利害关系人应有代表的需要。[11] 由于监督受托人对基金的管理的所有的基金收入受益人和基金本金受益人的利益是一致的，所以，每一个受益人都被通知

---

〔10〕 339 U. S. at 314－15, 70 S. Ct. at 657－58.

〔11〕 "对正当程序条款所作的解释如果为诉讼设置了不可能跨越或无法操作的障碍，是不合理的。我们不仅要考虑州的利益，还必须在州的利益与第十四修正案所保护的个人利益之间保持平衡。" 339 U. S. at 313－14, 70 S. Ct. at 657.

并不重要；"有理由地确信"通知到达多数利害关系人很可能被认为已经保证了所有人的利益。联邦最高法院认为：以正当程序的名义要求"不切实际的和大范围的寻找"受益人并无必要。[12] 该院比较了对个别受益人的直接通知的重要性与个别通知所引起的信托的成本及管理困难之后，要求与谨慎的基金财务管理相一致的最大限度的通知。

虽然马拉恩一案所涉及的普通信托基金诉讼程序如此特殊以致本案判决只能适用于本案事实，后来的案件表明马拉恩标准能够适用于其他类型的诉讼。[13] 在 Walker v. City of Hutchinson 这一要求对被征用财产给予补偿的诉讼中，[14] 联邦最高法院判定，当财产所有人已被直接通知，在该市官方报纸上公告通知并不充分。同样，在国家征用土地之诉中，当该市已经较为容易的知悉了受到影响的河岸土地所有权人的姓名和地址时，公示与在土地上公告的通知也被认为是不充分的。[15] 当该州知道被告在监狱时，将没收程序的通知邮寄到被告的住宅被认为并不是通知被告诉讼的合理方式。[16] 最后，在非法强行进入他人不动产和扣留之诉中，在试图向承租人直接送达之后将通知贴在公寓大门上，被认为不能满足于正当程序的最低标准，因为邮寄的通知可以使用，张贴的通知在其目的实现之前往往被小孩和别的承租人拿走。[17] 因此，当原告实际上知道或其应当知道（尤其是从公共记录里）被告的身份或地址时，就很难说以推定性的公告形式通知被告符合宪法。

虽然通知的标准是"具体案情中的合理性"，然而，只要被告事实上被告知，法院就对通知的形式倾向于采取宽容的态度。[18] 而且，一方当事人可以明知且自愿的放弃通知。[19] 在不存在附合合同或合同双方当事人间谈判能力不平

174

---

〔12〕 339 U. S. at 317 – 18, 70 S. Ct. at 659.

〔13〕 集团诉讼对马拉恩标准的适用，见16. 6.

〔14〕 352 U. S. 112, 77 S. Ct. 200, 1 L. Ed. 2d 178 (1956). See also Hazard, A General Theory of State—Court Jurisdiction, 1965 Sup. Ct. Rev. 241, 248 – 52; Developments in the Law—State Court Jurisdiction, 73 Harv. L. Rev. 909, 987 – 91 (1960); Comment, in Rem Actions—Adequacy of Notice, 25 Tenn. L. Rev. 495 (1958).

〔15〕 Schroeder v. City of New York, 371 U. S. 208, 83 S. Ct. 279, 9 L. Ed. 2d 255 (1962). See also City of New York v. New York, N. H. & H. R. R. Co., 344 U. S. 293, 73 S. Ct. 299, 97 L. Ed. 333 (1953)（破产程序）; Polansky v. Richardson, 351 F. Supp. 1066 (E. D. N. Y. 1972)（离婚判决无效）。

〔16〕 Robinson v. Hanrahan, 409 U. S. 38, 93 S. Ct. 30, 34 L. Ed. 2d 47 (1972).

〔17〕 Greene v. Lindsey, 456 U. S. 444, 102 S. Ct. 1874, 72 L. Ed. 2d 249 (1982); Sterling v. Environmental Bd. of the City of New York, 793 F. 2d 52 (2d Cir. 1986), cert. denied 479 U. S. 987.

〔18〕 Nowell v. Nowell, 385 F. 2d 951 (5th Cir. 1967), cert. denied 390 U. S. 956; Clemones v. Alabama Power Co., 250 F. Supp. 433 (N. D. Ga. 1966).

〔19〕 National Equipment Rental, Ltd. v. Szukhent, 375 U. S. 311, 84 S. Ct. 411, 11 L. Ed. 2d 354 (1964).

等的情况下，[20] 根据如承诺条款[21]等合同约定而作出的弃权并不当然被视为对正当程序的违反。

3. 20 作为通知方式的诉讼书状送达

传统的通知方式是"直接送达"，即由行政司法官、执法官或被法律授权的其他人亲手将传票交给被告。在彭诺耶诉内夫案中，[1] 联邦最高法院认定审判地所在州通过对被告直接送达可以获得对被告的管辖权；在该州的送达行为既提供了被告就在本州的证据，又将诉讼通知了被告。至今，直接送达依然是充分的、一定程度上最好的通知方式。[2] 因此，根据"经营"和长臂法，在审判地
175 所在州之外对被告的直接送达构成了适当的通知。[3]《联邦民事诉讼规则》第4条（e）明确规定了联邦法院在所在州内外的直接送达；[4] 第6条（f）授权联邦法院在合众国境外的个别送达。[5]

正当程序并不要求对被告直接送达。许多州立法现在规定了"替代的"或"推定的"送达方式，包括：将诉讼书状留在被告家里，邮寄给被告，在严格限制的情况下在报纸上按法定次数公布传票内容。在联邦法院，原告可以在几种送达方式之间作出选择：规则第4条（e）（2）规定了在被告常住所的留置诉讼书状，第1条（e）（1）规定要依据联邦地区法院所在州或送达发生地所在州的立法来对被告个人进行送达。但是，法院对这些方法的使用总是仔细审查，以确保通知公平公正。在早期判例 McDonald v. Mabee 中，[6] 大法官霍尔姆斯提出了审查这些替代性送达方式的标准："实质正义的底线要求取代直接送达的替代方式是最可能到达被告的送达方式。"[7]

在以自然人为被告的诉讼中，最常用的替代送达方式要求将传票副本交给在被告"经常居住地"的"年纪适当并且能够负责"[8] 的人，往往是配偶或成年

---

〔20〕 D. H. Overmyer Co. v. Frick Co., 405 U. S. 174, 92 S. Ct. 775, 31 L. Ed. 2d 124（1972）；Kosches v. Nichols, 68 Misc. 2d 795, 327 N. Y. S. 2d 968（1971）（在并无异常的情况下，卖方不能单方申请获得命令以扣押房屋物品）。

〔21〕 对承诺条款的讨论，见3. 5.

〔1〕 95 U. S.（5 Otto）714, 24 L. Ed. 565（1877）.

〔2〕 See generally Milliken v. Meyer, 311 U. S. 457, 61 S. Ct339, 85 L. Ed. 278（1940）；Hagen v. Payne, 222 F. Supp. 548（W. D. Ark. 1963）.

〔3〕 Milliden v. Meyer, 311 U. S. 457, 61 S. Ct. 339, 85 L. Ed. 278（1940）；Hagen v. Payne, 222 F. Supp. 548（W. D. Ark. 1963）；Dobkin v. Chapman, 21 N. Y. 2d 490, 289 N. Y. S. 2d 161, 236 N. E. 2d 451（1968）.

〔4〕 See generally 4A C. Wright & A. Miller, Civil 2d1094 – 18.

〔5〕 See generally 4A C. Wright & A. Miller, Civil 2d1133 – 36.

〔6〕 243 U. S. 90, 37 S. Ct. 343, 61 L. Ed 608（1917）.

〔7〕 243 U. S. at 92, 37 S. Ct. at 344.

〔8〕 N. Y. —McKinney's CPLR（替代性的送达既可在被告经常居住地，也可在被告实际经营地）；Fed. Civ. Proc. Rule 4（e）（2）.

子女。根据有关立法，这种送达方式总是优先选择的对象；在使用替代性送达方式前，原告不必表明不可能通过专门的投递完成送达。[9] 当送达通过将诉讼书状留在被告家里而完成时，送达回证必须显示送达地点适当，并且接受人"年纪适当、能够负责"。[10]

在司法实务中，决定谁是年纪适当且能负责者是送达的官员。然而，如果被告要将此问题作为争议焦点之一提出，则由法官对此作出最后的裁判。[11] 如果法官认为诉讼书状被留给了不适当的人，送达会被判无效。例如，向未受教育的少女送达曾被判定为不恰当。[12] 另一方面，接受送达者不必非得成人不可，如将文件交给被告16岁的女儿的送达曾被判成立。[13] 总而言之，替代的送达对象必须是与被告很"亲近"的人以至于此人通知被告的可能性极大。

使用替代性的送达方式，为保证实现诉讼书状通知诉讼的功能而严格遵循立法为此规定的相应的手续特别重要。[14] 只要被告已得到通知，即使被告实际上没有收到诉讼书状，替代性送达也可被视为有效。[15] 但是，原告不能完全依赖替代的送达，因为即使被告实际上收到诉讼书状，送达也可能因为未能满足法定条件而被认定为无效。[16] 法院通常会对"经常居住地"和"年纪适当并且能够负责"作出严格解释，防止对替代送达的可能的滥用。[17] 因此，除非有立法许可，在被告工作的地方留置送达被判无效。[18] 同理，如果立法要求接受诉讼书状的人应当"居住"在被告家里，那么，将诉讼书状交给被告寓所提供非全日

176

---

〔9〕 N. Y. —McKinney's CPLR 308（2-4）.

〔10〕 Scheerger v. Wiencek, 34 F. Supp. 805（W. D. N. Y. 1940）.

〔11〕 In re Carwell, 323 F. Supp. 590（E. D. La. 1971）.

〔12〕 See, e. g., joyce v. Bauman, 11 N. J. Misc. 237, 165 A. 425（1933）.

〔13〕 De George v. Mandata Poultry Co., 196 F. Supp. 192（E. D. Pa. 1961）.

〔14〕 Varra v. Superior Court, 181 Cal. App. 2d 12, 4 Cal. Rptr. 920（1960）; Southern Mills, Inc. v. Armstrong, 223 N. C. 495, 496, 27 S. E. 2d 281（1943）.

〔15〕 Smith v. Kincaid, 249 F. 2d 243（6th Cir. 1957）; Adams v. School Bd. of Wyoming Valley West School District, 53 F. R. D. 267（M. D. Pa. 1971）（虽然案卷显示受送达人为当时并不存在的秘书，但被告得到实际的通知）.

〔16〕 Maryland State Firemen's Ass'n v. Chaves, 166 F. R. D. 353（D. Md. 1996），在本章第22节讨论; Chilcote v. Shertzer, 372 F. Supp. 86（E. D. Wis. 1974）（州长臂法规定，未经努力向被告本人送达而替代送达至一非居民被告的父亲的居所，被判无效）.

〔17〕 Grammenos v. Lemos, 457 F. 2d 1067（2d Cir. 1972）（当无证据表明被告常在其姐姐家居住时，将诉讼书状送达并留置于其姐姐家被判为无效）; First Nat. Bank & Trust Co. of Tulsa v. Ingerton, 207 F. 2d 793（10th Cir. 1953）（被告不在时将诉讼书状送到其在丹佛的家交给其子的送达被判无效，因为被告的经常居住所是新墨西哥的一家旅馆）. See generally 4A C. Wright & A. Miller, Civil 2d1096.

〔18〕 Bell v. Hosse, 31 F. R. D. 181（M. D. Tenn. 1962）. See also Rabiolo v. Weinstein, 357 F. 2d 167（7th Cir. 1966）, cert. denied 391 U. S. 923.

劳务的人的送达被判无效。[19]

在以公司或其他单位为被告的诉讼中，详细的程序规则通常对如何完成诉讼书状的直接送达作出了专门的规定，即规定对谁有资格代表单位接受诉讼书状的送达。[20] 多数情况下，只要能合理地预期和保证公司实际上能够知晓通知，向公司的官员或代理人进行直接送达而该官员或代理人向公司的适当官员告知此事以及诉讼书状的内容，就可被视为向公司作出了送达。[21] 同理，对合伙或者别的非法人团体被告的送达方式可以是将传票和起诉状交给任何一个合伙人或者社团的官员，或者合伙组织的代理人。[22]

除了各种替代性的送达方式外，通过登记或带有回执的邮寄等推定的送达也被视为符合宪法要求的送达。[23] 为保证被告收到诉讼书状，一些立法规定推定的方法必须要有签名的送达回执。[24] 根据现行的《联邦民事诉讼规则》第 4 条（d）的规定，使用一级邮件[25]的意义不仅在于允准替代性送达取代直接送达，更重要的是减少了送达成本。规则第 4 条（d）用于告知被告并要求其放弃正式送达，而同时，被告必须得到另一份通知副本、要求其放弃的文件以及有关提供放弃声明所需要费用预付方式的说明。规则为鼓励被告放弃正式送达，采取了"胡萝卜"加"大棒"政策，软硬兼施：（1）如果放弃，被告有 60 天（如果被告不在合众国境内，则为 90 天）的答辩时间，而规则第 12 条允许的一般答辩时间仅为 20 天；（2）如果不放弃，除非有正当理由，否则被告必须承担正式送达

---

〔19〕 Zuckerman v. McCulley, 7 F. R. D. 739 (E. D. Mo. 1947), appeal dismissed 170 F. 2d 1015 (8th Cir. 1948).

〔20〕 E. g., Fed. Civ. Rroc. Rule 4 (h); Conn, Gen. Stat. Ann. 52 - 57; N. Y. —McKinney's CPLR 308 (3).

〔21〕 Commercial Mut. Acc. Co. v. Davis, 213 U. S. 245, 29 S. Ct. 445, 53 L. Ed. 782 (1909); Diapulse Corp. of America v. Birtcher Corp., 362 F. 2d 736 (2d Cir. 1966), cert. dismissed 385 U. S. 801 (1966). But cf. Paramount Packaging Corp. v. H. B. Fuller Co., 190 F. Supp. 178 (E. D. Pa. 1960) （向电话台交换员而不是办公室负责人的送达根据宾夕法尼亚州法规定被认定为无效）. See generally 4A C. Wright & A. Miller, Civil 2d1100 - 05.

〔22〕 See, e. g., Ⅲ. —Smith - Hurd Ann. 735 ILCS 5/2 - 205; Williams v. Egan, 308 P. 2d 273 (Okl. 1957).

〔23〕 Hess v. Pawloske, 274 U. S. 352, 47 S. Ct. 632, 71 L. Ed. 1091 (1972); Miller v. Steinbach, 43 F. R. D. 275 (S. D. N. Y. 1967); Durfee v. Durfee, 293 Mass. 472, 200 N. E. 395 (1936).

〔24〕 Yox v. Durgan, 302 F. Supp. 1262 (E. D. Tenn. 1969) （田纳西州法要求要有回执，因此，由于被告并未接受经证明的诉讼文书副本，这一送达瑕疵导致起诉被驳回）. But see Speir v. Robert C. Herd & Co., 189 F. Supp. 432 (D. Md. 1960) （对外国公司的替代性送达在宪法意义上，并未要求有回执）.

〔25〕 《联邦民事诉讼规则》第 4 条（d）（2）（B）承认传真机和私人快递公司，因此允许送达可采用"其他可靠方式"。但是，规则 第 4 条（d）（2）（G）又要求另外提供需要预付费用的书面起诉书，从而对电子函件的使用表示怀疑。

的费用。[26] 根据规则，从原告寄出放弃要求之日起被告至少有 30 天时间（如果被告不在合众国境内则有 60 天）寄回放弃声明;[27] 放弃送达并不意味着放弃了对地域管辖和对人管辖权的异议。[28]

过去，长臂法对非居民驾车人为被告的起诉曾要求在向州外被告邮寄送达的同时，还要向本州有关官员送达诉讼书状。现在，对本州官员的送达被看作拟制的默示同意的组成部分，并无多大通知价值，一般的长臂法通常不再作此要求。[29] 但是，如有立法仍有此规定，显然仍须遵守。[30]

最后，应当注意，当事人可以约定并无其他规则所规定的特定送达方式。当被告事先约定管辖法院时，诉讼书状送达可以采用符合正当程序要求的任何方式。[31] 因此，联邦最高法院认定：在联邦法院，如果送达依据《联邦民事诉讼规则》第 4 条（e）（2）作出，合同双方约定的接受送达的代理人不必一定为被告所了解，只要该代理人实际上将未决之诉讼通知了被告既可。[32]

3. 21 通知的时间和受听审的机会

正当程序要求被告有获得听审的机会的权利。[1] 在马拉恩诉中央汉诺威银行和信托公司案中，[2] 联邦最高法院曾宣称，"被听审的权利的现实意义和价值甚微，除非获悉一未决事项之人可在到庭与缺席、承认与抗辩之间自主选择。"[3] 如果未能及时行使，被听审的权利被严加限制。例如，对有资格享有福利费的抗辩权只能在有关福利决定之前的听审中行使。[4]

欠债不还的被告受听审的权利与通过扣押或返还原物之诉以期追回赊销商品或实现债权的原告债权人的利益相对立。如果原告必须等到被告被通知和听审的

---

〔26〕 不过，婴儿、无民事行为能力人和政府没有义务放弃送达。但咨询委员会评注（Advisory Committee Note）对政府的这一权利提供了两个并不充分的理由：（1）政府邮件收发部门不能胜任；（2）政府不应当面临承担送达费用的可能性。

〔27〕 Fed. Civ. Proc. Rule 4 (d) (2).

〔28〕 Fed. Civ. Proc. Rule 4 (d) (1).

〔29〕 See, e. g., Olberding v. Illinois Central R. R. Co., 346 U. S. 338, 340 – 41, 74 S. Ct. 83, 98 L. Ed. 39 (1953). See also Scott, Jurisdiction over Non – resident Motorists, 39 Harv. L. Rev. 563 (1926).

〔30〕 Bookout v. Beck, 354 F. 2d 823 (9th Cir. 1965); Peterson v. Dickison, 334 F. Supp. 551 (W. D. Pa. 1971).

〔31〕 Lawn v. Franklin, 328 F. Supp. 791 (S. D. N. Y. 1971). See also AAMCO Automatic Transmissions, Inc. v. Hagenbarth, 296 F. Supp. 1142 (E. D. Pa. 1968) (虽然送达不符合联邦规则的有关标准，但已足以满足合同约定的要求，因此被判定有效)。

〔32〕 National Equipment Rental, Ltd. v. Szukhent, 375 U. S. 311, 84 S. Ct. 411, 11 L. Ed. 2d 354 (1964).

〔1〕 Grannis v. Ordean, 234 U. S. 385, 394, 34 S. Ct. 779, 783, 58 L. Ed. 1363 (1914).

〔2〕 339 U. S. 306, 70 S. Ct. 652, 94 L. Ed. 865 (1950).

〔3〕 399 U. S. at 314, 70 S. Ct. at 657.

〔4〕 Goldberg v. Kelly, 397 U. S. 254, 90 S. Ct. 1011, 25 L. Ed. 2d 287 (1970).

诉讼程序结果才可得到救济，涉案商品可能被损坏或消失，或者因债务人的持续使用而贬值。同理，资金可能已从银行取出而不复可得、工作职位可能丧失以致薪水难以获得，最后的判决无法兑现。在准对物管辖中也有类似问题。[5] 如果起诉前未对财产采取扣押措施，财产可能被转移，法院管辖落空。广而言之，对被告获得听审机会的过分重视可能产生负面影响：法院的作用可能如同家长，其代价是牺牲个人自由，或者，债权人因讼累所致的高昂成本而无法继续经营，最终减小穷人获得赊销好处的机会。在冲突的利益之间打破平衡就会产生一些问题。

1932 年，联邦最高法院在 American Surety Company v. Baldwin[6] 一案中宣布正当程序要求给予任何可能的抗辩；但是抗辩不必一定在判决登记前进行。"[7] 本案中，法院就该担保公司提供的保函作出不利于该公司的登记判决命令，但没有通知该公司。该公司提出反对。州的司法惯例规定：对保函的解释应在登记判决之后通过上诉提出听审要求。联邦最高法院判定这一惯例符合宪法。

将近 40 年后，联邦最高法院在涉及威斯康星州判决前扣押程序的案件中重新认识这一问题并得出了不同结论。该程序允许债权人在审判前冻结债务人的薪水。在 Sniadach v. Family Finance Corporation 一案中，[8] 大法官道格拉斯（Douglas）代表联邦最高法院撰写的判决意见指出：法定扣押程序的后果就是"将一个依赖工资糊口的家庭逼到绝境"。[9] "这一判决前的扣押程序剥夺财产的性质如此严重，毋庸置疑，如果缺乏通知和听审，它违反了正当程序的基本原则。"[10]

斯奈达奇案（Sniadach v. Family Finance Corporation）判决 2 年之后，联邦最高法院将事先听审的要求扩展适用于州追回原物之诉程序。在 Fuentes v. Shevin 一案中，[11] 联邦最高法院认定：允许未经听审而强行追回财产的佛罗里达州和宾夕法尼亚州制定法是违宪的。联邦最高法院指出，即使财产所有人可以通过交付保证金而重新获得财产，但是，有关追回财产之诉的立法对一般公共利益的保护并不足以成为迟迟不为被告提供听审机会的正当理由。从广义来理解，

---

〔5〕 See 3. 16, above.

〔6〕 287 U. S. 156, 53 S. Ct. 98, 77 L. Ed. 231 (1932).

〔7〕 287 U. S. at 168, 53 S. Ct. at 102 (Brandeis, J.).

〔8〕 395 U. S. 337, 89 S. Ct. 1820, 23 L. Ed. 2d 349 (1969), noted 70 Colum. L. Rev. 942 (1970), 68 Mich. L. Rev. 986 (1970).

〔9〕 395 U. S. at 341-42, 89 S. Ct. at 1823.

〔10〕 395 U. S. at 342, 89 S. Ct. at 1832.

〔11〕 407 U. S. 67, 92 S. Ct. 1983, 32 L. Ed. 2d 556 (1972), noted 86 Harv. L. Rev. 85 (1972). See also Gardner, Fuentes v. Shevin: The New York Creditor and Replevin, 22 Buffalo L. Rev. 17 (1972).

富恩蒂斯案（Fuentes v. Shevin）似乎表明，任何没有事先通知并提供听审机会的判决前扣押程序都有违宪之嫌。

然而，在1974年Mitchell v. W. T. Grant Company一案中，[12] 联邦最高法院似乎又重新看待富恩蒂斯一案的判决。米切尔案（Mitchell v. W. T. Grant Company）以5：4作出判决，认可了路易斯安那州避免财产被损耗和转让的扣押程序。联邦最高法院多数判决意见认为本案与富恩蒂斯案不同，路易斯安那州令状为涉及卖主留置权的扣押令状设置了司法复审。这一程序既可使买主得以立即收回所有权，也要求原告为扣押措施提供理由，而不再仅仅依据推断性的主张作为扣押依据。联邦最高法院认定，这些增加的措施适当地保护了债务人的利益。

为了符合正当程序要求，是否必须采取所有的这些措施尚不明确。米切尔案判决1年后，联邦最高法院再次提出这一问题，否定了佐治亚州的扣押立法。该法允许根据原告的推断性宣誓证词和相当于双倍于债权金额的保证金为基础而查封公司被告的银行账户。[13] 虽然被告能够以反担保保证金重新支配其资产，法院书记官在未提供听审机会的情况下签发了查封令状。联邦最高法院对此案的判决再次强调了在米切尔案判决提出的程序保障的重要意义。

最近，Connecticut v. Doehr案中，[14] 一如对待其他正当程序案件，联邦最高法院采用了一种平衡原则，否定了原告提出对被告的地产适用康涅狄格州的判决前扣押程序的立法，以保证这一企图伤害和殴击案件未来可能的判决的执行。这部立法仅仅要求原告提交"有很大的可能保证原告请求的正当"的宣誓证词。联邦最高法院得出结论：因为这一立法规定只要原告相信被告应当承担责任、原告的起诉看似正当，就允许扣押被告的财产，这一立法对被告的财产权予以"错误剥夺的风险太大"。米切尔案不同之处在于其原告对于被扣押的财产有卖主留置权需要保护，由于财产的收回不过是只需书证即就可证明的简单事项，并且原告还必须交付保证金，因而错误的风险很小。[15] 最后，联邦最高法院指出原告在多尔（Doehr）的土地上并无利益，其扣押土地仅仅是为了当其胜诉时判决能够得以执行。该院认为，由于无人提出被告在诉讼期间要转移或抵押其土地，因此，扣押意义不大。[16]

180

---

〔12〕 416 U. S. 600, 94 S. Ct. 1895, 40 L. Ed. 2d 406（1974），noted 88 Harv. L. Rev. 41, 71（1974）. 联邦最高法院人员组成的变化对富恩蒂斯案和米切尔案判决的差别有一定影响。

〔13〕 North Georgia Finishing, Inc. v. DiChem, Inc., 419 U. S. 601, 95 S. Ct. 719, 42 L. Ed. 2d 751（1975）.

〔14〕 501 U. S. 1, 111 S. Ct. 2105, 115 L. Ed. 2d 1（1991）.

〔15〕 501 U. S. at 15, 111 S. Ct. at 2115.

〔16〕 501 U. S. at 16, 111 S. Ct. at 2115.

由于这一系列的判例，一个重要的问题依然没有解决：为主张准对物管辖而采取判决前扣押是否能经受合宪性审查。[17] 正如本书在别处已讨论过的那样，行使准对物管辖权的必要条件是在诉讼之初、在任何听审之前就将被告的财产予以扣押。[18] 在富恩蒂斯诉谢文案中，联邦最高法院提出在紧迫的情况下，可以不通知、不举行扣押前听证。对此，该院援引了其早期的一个判例，[19] 其中，"为确保州法院的管辖这一最基本和最重要的公共利益而必须采取扣押措施"。[20] 为管辖成立而采取的扣押必须满足米切尔标准，或者被视为这一并不明确的标准的例外。联邦最高法院在谢弗诉海特纳案[21]中面对这一问题，但它没有对此作出规定，而是以被告与审判法院所在州没有达到最低联系要求为由，认定管辖的行使违反《宪法》。

如同其他所有正当程序权利一样，被告可以放弃在扣押之前获得通知和听审机会。在 D. H. Overmyer Co. v. Frick Company 案中，[22] 联邦最高法院认为：承诺条款使债权人有权利用如果被告支付不能就接受法庭缺席判决的规定、在不通知被告的情况下作出不利于债务人的判决。这种条款本身并不违反正当程序。该院认为以下事实事关重大：被告的弃权是知情和自觉的情况下作出的，它是具备同样讨价还价能力的双方协商一致的结果，是债务人提供的，俄亥俄州规定了在有效抗辩的基础上撤消上述判决的程序。然而，在另一个案件中，[23] 联邦最高法院提出其不赞成执行承诺条款，当被告收入有限时尤其如此。因此，虽然法院可以根据个案的具体情况将未向被告提供事先的通知和听审机会的程序认定为无效，但是，米切尔和奥弗耶案（Overmyer）消除了这些程序本身违反正当程序的观念。

2. 诉讼书状送达的要求及限制

3. 22 诉讼书状送达的规范与充分

不同州规定的送达法律形式各不相同，必须严格遵循。[1] 虽然没有附上起

---

〔17〕 See Note, Quasi in Rem Jurisdiction and Due Process Requirements, 82 Yale L. J. 1023 (1973).

〔18〕 See 3. 16, above.

〔19〕 Ownbey v. Morgan, 256 U. S. 94, 41 S. Ct. 433, 65 L. Ed. 837 (1921).

〔20〕 470 U. S. at 91 n. 23, 92 S. Ct. at 1999 n. 23.

〔21〕 433 U. S. 186, 97 S. Ct. 2569, 53 L. Ed. 2d 683 (1977). 此案在 3. 14 已经讨论。

〔22〕 405 U. S. 174, 92 S. Ct. 775, 31 L. Ed. 2d 124 (1972).

〔23〕 Swarb v. Lennox, 405 U. S. 191, 92 S. Ct. 767, 31 L. Ed. 2d 138 (1972). See generally Countryman, The Bill of Rights and the Bill Collector, 15 Ariz. L. Rev. 521, 557 (1973).

〔1〕 See, e. g., Chaney v. Reddin, 201 Okl. 264, 205 P. 2d 310 (1949)（如果州法要求副本必须送给每一个被告，那么，只给夫妻两人或共同被告一份传票和起诉状的做法被判定为不符合条件的送达）。

诉状的传票的直接送达被认定合乎宪法，[2] 但是，多数州的惯例都要求诉讼书 182
状必须要有传票和起诉状副本。[3] 在联邦法院，联邦规则强调传票和诉状必须
一起送达；[4] 没有诉状、只有传票的送达是无效的。[5]

在许多州法院，诉讼书状由行政司法官或代理人送达；有些州则允许达到一
定年纪、不是本案当事人的私人为诉讼书状送达人。[6] 在联邦法院，除了特定
的诉讼外，只要不是当事人且年满 18 周岁的人都可以担任诉讼书状送达工
作。[7] 如果被告在 120 天内没有被送达，联邦法院可以驳回原告起诉。[8] 送达
的完成通常由送达者及时返回填写完毕并经签名认可的送达回证证明。行政司法
官的陈述一度被视为送达完成的证据，后被认定为有违第十四修正案。[9] 不过，
现代的法院认为送达回证并无决定意义；它仅仅是表明其所载事实的有力证据而
已，可能因证明其有错误而被推翻。[10]

传票通常就是一页指明当事人及原告律师的格式文件。[11] 它也包含了一个
通知，要求被告在接受送达后的规定时间内必须向法院书记员提交书面答辩意
见，否则会被缺席判决以满足原告起诉状所要求的赔偿或其他救济。[12] 作为送
达证明的格式文件通常印在传票背面，写明被告姓名和地址，送达日期，送达费
用，传票送达人以及法院书记员的姓名。在联邦法院，如果送达未被放弃，规则
第 4 条（L）只是要求执行送达者要做好与送达"相关的证据"。

对送达是否充分符合条件的异议就是对送达表格中的错误、即对传票内容及

---

〔2〕 在准对物管辖案件中，当地法律决定送达方法。例如，在加州，在签发传票之前不得签发扣押
令状。见 Rower v. Stoddard, 15 Cal. App. 2d 440, 59 P. 2d 423 (1936).

〔3〕 Owens v. I. F. P. Corporation, 374 F. Supp. 1032 (W. D. Ky. 1974), affirmed without opinion
419 U. S. 807, 95 S. Ct. 23, 42 L. Ed. 2d 36 (1974).

〔4〕 Fed. Civ. Proc. Rule 4 (c) (1).

〔5〕 Phillips v. Murchison, 194 F. Supp. 620 (S. D. N. Y. 1961).

〔6〕 See, e. g., N. Y. —McKinney's CPLR 2103 (a); West's Ann. Cal. Code Civ. Proc. 414.
10.

〔7〕 Fed. Civ. Proc. Rule 4 (c) (2). 法院对原告有关由合众国执法官来对被告进行送达的要求有
自由裁量权，但是，当原告为贫民身份或作为海员提起诉讼时，法院必须委任一个执法官、代理人或其他
人向被告送达。See 28 U. S. C. A. 1915 – 16.

〔8〕 Fed. Civ. Pro. Rule 4 (m). 如果送达地为外国，或者原告另有正当理由，则不适用这一时间
限制。

〔9〕 Miedreich v. Lauenstein, 232 U. S. 236, 34 S. Ct. 309, 58 L. Ed. 584 (1914).

〔10〕 See Gottlieb v. Sandia Am. Corp., 452 F. 2d 510 (3d Cir. 1971), cert. denied 404 U. S. 938;
Taft v. Donellan Jerome, Inc., 407 F. 2d 807 (7ᵗʰ Cir. 1969).

〔11〕 See 4A C. Wright & A. Miller, Civil 2d1087.

〔12〕 See, e. g., Peterson v. W. Davis & Sons, 216 Minn. 60, 11 N. W. 2d 800 (1943).

183 其完成情况的抨击。人名地名有误〔13〕或者填写不当〔14〕等形式上的错误〔15〕的传票会被法院判定为无效。

然而，在被告交通肇事后逃逸等情况下，原告不知被告姓名或下落。许多州法采用了"假定名"的立法，使原告得以仅在诉状中描述被告即可，在认定被告及其下落后再对诉状进行修改。〔16〕这一程序允许被告自诉讼提起之时就成为一方当事人，诉讼时效也就从最初以假定名"某甲"起诉时中止。〔17〕

如果诉讼时效期间未过，法院可允许原告更正传票所确定的诸如人名地名〔18〕或指称当事人时所犯的其他未引起损害的细微错误。〔19〕但是，法院不会许可原告修改传票中诸如未写上其已知的被告姓名等重大错误。〔20〕如果法院不允许修改，原告的起诉可能因不符合要求的传票而被无偏见地（with prejudice）驳回。当然，原告可以另行起诉，但要冒诉讼时效已过的风险。

在诉讼书状不符合要求与诉讼书状的送达不符合要求之间，区别十分重要。所谓诉讼书状不符合条件，通常就是传票内容有误，或被不适当地填写，导致传票无效，起诉会被无偏向地（with prejudice）驳回。〔21〕但是，如果诉讼书状不184 符合条件是因为它未被正确送达给被告，那么法院就对被告无管辖权。〔22〕起诉可以因诉讼书状的送达不当而被驳回。如果诉讼时效已过，任何起诉或后来的其

---

〔13〕 E. g., Harris v. Louisiana State Supreme Court, 334 F. Supp. 1289（E. D. La. 1971）; Tharp v. Tharp, 228 Minn. 23, 36 N. W. 2d 1 (1949).

〔14〕 See Schiavone v. Fortune, 477 U. S. 21, 106 S. Ct. 2379, 91 L. Ed. 2d 18 (1986)（传票说明部分载明被告为"财富"而不是"时代周刊公司"，虽然时代周刊公司的代理人收到了诉状且肯定知道时代周刊公司出版财富杂志，但这一通知仍被判不符合送达要求）。

〔15〕 Pinkham v. Jennings, 123 Me. 343, 122 A. 873 (1923)（令状未经书记员签名）; Rockefeller v. Hein, 176 Misc. 659, 28 N. Y. S. 2d 266 (1941)（被告的名字被遗漏）.

〔16〕 E. g., Mass. Gen. Laws Ann. C. 223, 19.

〔17〕 Austin v. Massachusetts Bonding & Ins. Co., 56 Cal. 2d 596, 15 Cal. Rptr. 817, 364 P. 2d 681 (1961).

〔18〕 Tharp v. Tharp, 228 Minn. 23, 36 N. W. 2d 1 (1949). 除非材料错误会导致被损害送达人的权利，《联邦民事诉讼规则》第4条（a）允许送达证明的修正，并被用以降低传票形式上的技术错误的意义。See 4A C. Wright & A. Miller, Civil 2d1088, 1131 – 32.

〔19〕 Roe v. Borup, 500 F. Supp. 127（E. D. Wis. 1980）; Vega Matta v. Alvarez, 440 F. Supp. 246（D. Puerto Rico 1977）, affirmed without opinion 577 F. 2d 722 (1st Cir. 1978).

〔20〕 Rockefeller v. Hein, 176 Misc. 659, 28 N. Y. S. 2d 266 (1941). See also Summerlott v. GoodyeaR tire & Rubber Co., 253 Iowa 121, 111 N. W. 2d 251 (1961)（通知被告到错误的法庭出庭的送达被认定为致命的错误）; Pinkham v. Jennings, 123 Me. 343, 122 A. 873 (1923)（书记员未签名）; M. Fisher, Sons & Co. v. Crowley, 57 W. Va. 312, 50 S. E. 422 (1905)（令状未在法律规定的时间返回，无效且不能再修正）.

〔21〕 See Higgins v. Hampshire Prods., Inc., 319 Mich. 674, 30 N. W. 2d 390 (1948)（一审法院错误地驳回诉讼，但是正确地撤消了送达；传票可以被撤消）。

〔22〕 See, e. g., Bell v. Hosse, 31 F. R. D. 181 (M. D. Tenn. 1962).

他起诉都会被无偏向地（without prejudice）驳回。[23] 的确，因为不适当的送达导致管辖的瑕疵会使对被告的缺席判决失效。[24]

在 Firemen's Association v. Chaves 一案中，[25] 虽然被告事实上得到了诉讼的通知，但是，因为送达不当，法院撤消缺席判决。原告用一级邮件向被告送达传票和诉状，双方律师通过电话三次交谈。此后，被告再也没有音讯。因为原告从未正式向被告作出送达，被告也从未放弃过获得送达的权利，法院缺乏管辖权并拒绝作出不利于被告的判决。

对不符合条件的诉讼书状及其送达，被告可以提出动议要求撤消或宣布送达无效，[26] 或者提出抗辩以撤消原告的起诉。例如，被告可以声称其被原告设下圈套骗到审判法院所在地。[27] 在有的州[28]和联邦法院，[29] 驳回起诉动议既可用于质疑传票的适当性，也可用于质疑诉讼书状送达的充分性。

3.23 不允许使用诉讼书状送达

管辖不能建立暴力或欺诈的送达基础之上。例如，如果原告设下圈套，诱使被告到其起诉法院所在州后予以送达，那么，对原告有利的判决会被认定为无效，在以后其他诉讼中遭受间接攻击。[1] 同理，诱骗被告使其将财物置于某州后进行的扣押也会被解除。[2] 以此类推，当被告受邀到法院所在州就诉讼之中的纠纷与原告谈判、寻求和解时，原告也不能向被告送达诉讼书状。[3] 在被告为与原告进行谈判而来到当地、离开当地以及在当地逗留期间，均不能对其送达

185

---

〔23〕 Bond v. Golden, 273 F. 2d 265 (10th Cir. 1959).

〔24〕 Chaney v. Reddin, 201 Okl. 264, 205 P. 2d 310 (1949). Cf. State ex rel. Rakowsky v. Bates, 286 S. W. 420 (Mo. App. 1926)（当传票未能正确地指明被告应当出庭的法院时，禁止作出缺席判决）。被告通常必须在判决作出后的一定时间内提出送达有瑕疵，否则被视为放弃权利。See Myers v. Mooney Aireraft, Inc., 429 Pa. 177, 240 A. 2d 505 (1967). 关于判决救济的讨论，见12.6 below.

〔25〕 166 F. R. D. 353 (D. Md. 1996).

〔26〕 E. g., Grabner v. Willys Motors, Inc., 282 F. 2d 644 (9th Cir. 1960); Higgins v. Hampshire Prods., Inc., 319 Mich. 674, 30 N. W. 2d 390 (1948); M. Fisher, Sons & Co. v. Crowley, 57 W. Va. 312, 50 S. E. 422 (1905).

〔27〕 Goss v. Hall, 125 Ind. App. 25, 117 N. E. 2d 649 (1954).

〔28〕 Lendsay v. Cotton, 123 So. 2d 745 (Fla. App. 1960).

〔29〕 Fed. Civ. Proc. Rule 12 (b) (4), (b) (5). See generally 5A C. Wright & Miller, Civil 2d1353.

〔1〕 Wyman v. Newhouse, 93 F. 2d 313 (2d Cir. 1937), cert. denied 303 U. S. 664. See generally A. Ehrenzweig, Conflict of Laws32 (1962); Note, Jurisdiction by Trickery: Enticement for Service of Process, 7 Duke L. J. 52 (1957); Comment, Jurisdiction over Persons Brought into a State by Force or Fraud, 39 Yale L. J. 889 (1930).

〔2〕 Forbess v. George Morgan Pontiac Co., 135 So. 2d 594 (La. App. 1961). Delaney Co. v. Freedman Co., 93 N. J. L. 456, 108 A. 435 (1919); Sessoms Grocery Co. v. International Sugar Feed Co., 188 Ala. 232, 66 So. 479 (1914); Pakas v. Steel Ball Co., 34 Misc. 811, 68 N. Y. S. 397 (1901).

〔3〕 Western States Refining Co. v. Berry, 6 Utah 2d 336, 313 P. 2d 480 (1957).

诉讼书状，即使送达一般也会被判无效。

但是，设下圈套完成的诉讼书状送达并不当然无效。对隐匿在本地的被告，可以用圈套使其现身。[4] 法院可以考虑被告在多大程度上会自愿出现以接受送达。例如，在 Nowell v. Nowell 一案中，[5] 被告得知在康涅狄格州，诉讼书状不会在星期日送达。因此他在一个周日的下午返回以前的家处理个人事务。接受其妻一起用茶的邀请后，被告闲逛并于日落之后被行政司法官送达。这一送达为当地法律所允许。由于被告回到该州时并没有受到欺诈，送达被判定为有效。同样，一个案外人为了原告诉讼之外的目的、劝说被告进入管辖区域，对其送达诉讼文书被认定有效。[6] 非居民被告指示代理银行在本州售出其旅行支票后，因支票售出而产生的银行对被告的债务被予以扣押，对此，法院认为原告的行为没有任何欺诈并因此判定被告没有被诱将其财产置于本州的管辖之内。[7]

暴力和欺诈规则的理论基础是个有争议的话题。一些法院宣称当送达已圈套达成时法院就没有管辖权。[8] 另一些法院则认为管辖权存在，但应当拒绝行使。[9] 这些差别有时会导致不同结果。根据法院有管辖权但应拒绝行使的观点，186 被告可以使诉讼被驳回。但是，如果被告未能质疑法院的管辖权，任何对其不利的判决都是有效的，在别的地方诉讼时不会受到间接攻击。[10] 如果按照法院缺乏管辖权的观点来看，结果相反。被告不必在诉讼开始阶段质疑法院的管辖权，而可以在此诉讼过程、或者在其他法院寻求执行本案判决时，对此案判决进行间接攻击。[11]

在很大程度上，由于广泛适用的长臂法已使原告借助于圈套以向被告送达诉讼书状的做法变得不再必要。[12] 这些立法使原告在当地不进行送达就能获得对被告的管辖，从而不必为送达的目的千方百计地不愿服从的被告进入本州。

3. 24 免于送达的诉讼书状

诉讼书状免于送达的原则保护非居民被告为参加司法和准司法程序而进入、

---

〔4〕 Gumperz v. Hofmann, 245 App. Div. 622, 283 N. Y. S. 823 (1935), AFFIRMED 271 N. Y. 544, 2 N. E. 2d 687 (1936)（送达者冒充本票持票人）。

〔5〕 24 Conn. Sup. 314, 190 A. 2d 233 (1963).

〔6〕 Ex parte Taylor, 29 R. I. 129, 69 A. 553 (1908).

〔7〕 Siro v. American Express Co., 99 Conn. 95, 121 A. 280 (1923). See generally Annot., 98 A. L. R. 2d 551 (1964).

〔8〕 Wyman v. Newhouse, 93 F. 2d 313 (2d Cir. 1937), cert. denied 303 U. S. 664; Blandin v. Ostrander, 239 Fed. 700 (2d Cir. 1917).

〔9〕 See, e. g., Commercial Mut. Acc. Co. v. Davis, 213 U. S. 245, 29 S. Ct. 445, 53 L. Ed. 782 (1909).

〔10〕 Restatement of Judgments, 15, comment b (1942).

〔11〕 Wyman v. Newhouse, 93 F. 2d 313 (2d Cir. 1937), cert. denied 303 U. S. 664.

〔12〕 对长臂法的讨论，见 3. 12－3. 13, above.

留在和离开一个司法管辖区时免于送达。[1] 免除是法院所给予的特权，服从于推动诉讼进程的需要，而非被告固有的权利。"如果原告为送达所烦恼，诉讼可能会更加复杂甚至被中断"，而被告直接参加诉讼无疑有利于司法。[2] 此外，为维护法院权威，[3] 免于送达也鼓励了必要的当事人和证人自觉到庭。[4] "任何普通法法院都应开放、方便、不受干涉，并能向每一个求助于它的人提供保护。"[5] 因此，只要当事人、证人和律师不是因与诉讼无关的个人事务而到庭，法院就可免除送达。[6] 此外，免除送达还适用于出庭[7]和诸如提取书面证词[8]和上诉[9]等有关程序。

最近几年来，免除理论适用得更为严格，特别是在送达是为了要求一个非本州居民到庭时尤其如此。这种情况下提出限制免除的根本理由在于防止非居民被告从有多个诉讼标的的诉讼中选择部分诉讼标的出庭应诉，导致对方当事人在诉讼中陷入困境。例如，在 Velkov v. Superior Court[10] 这一加州判例中，原告认为代理其进行婚姻诉讼的律师们在根据转让合同从原告的石油财产收入中收取律师法律服务费时违法，向州律师协会提起职业惩戒程序。律师们则提起确权之诉要求法院确认转让合同中当事人的权利。为此，当原告在州律师协会宣誓作证时，律师们向其送达。法院认定送达有效，理由在于原告是最初提起职业惩戒程序的当事人，并且该程序与律师们提起的确权之诉有共同的诉讼标的。同样，只要需要送达传票的诉讼与当事人要求免除送达的程序的诉讼标的相关，法院就不仅会

187

〔1〕 Stewart v. Ramsay, 242 U. S. 128, 37 S. Ct. 44, 61 L. Ed. 192 (1916). See also Mertens v. McMahon, 334 Mo. 175, 66 S. W. 2d 127 (1933). See generally 4 C. Wright & A. Miller, Civil 2d 1076 – 81; Keeffe & Roscia, Immunity and Sentimentality, 32 Cornell L. Q. 471 (1947); Nole, Immunity of Non – Resident Participants in a Judicial Proceeding from Service of Process — A Proposal for Renovation, 26 Ind. L. J. 459 (1951).

〔2〕 Stewart v. Ramsay, 242 U. S. 128, 130, 37 S. Ct. 44, 45 61 L. Ed. 192 (1916) (Pitney, J.).

〔3〕 Parker v. Marco, 136 N. Y. 585, 32 N. E. 989 (1893).

〔4〕 Lamb v. Schmitt, 285 U. S. 222, 52 S. Ct. 317, 76 L. Ed. 720 (1932); Page Co. v. MacDonald, 261 U. S. 446, 43 S. Ct. 416, 67 L. Ed. 737 (1923); Stratton v. Hughes, 211 Fed. 557 (D. N. J. 1914).

〔5〕 Stewart v. Ramsay, 242 U. S. 128, 129, 37 S. Ct. 44, 45, 61 L. Ed. 192 (1916).

〔6〕 Hammons v. Superior Court, 63 Cal. App. 700, 219 P. 1037 (1923).

〔7〕 Ibid.

〔8〕 Russell v. Landau, 127 Cal. App. 2d 682, 274 P. 2d 681 (1954).

〔9〕 Chase Nat. Bank v. Turner, 269 N. Y. 397, 199 N. E. 636 (1936).

〔10〕 40 Cal. 2d 289, 253 P. 2d 25 (1953).

拒绝原告提出的免除送达请求,[11] 也不为被告[12]甚至原告律师[13]的这一请求所动。

免除送达早期使用的本义在于当一方当事人或一个证人被迫离开法庭时,避免即将进行的审判受阻。现在,免除不再必要。[14] 早在 1888 年,一个法院在承认将免除送达扩大适用于证人仍然有效的同时,提出非居民原告不需要免除,[15] "我们认为非居民原告或被告的精神仅仅因为传票的送达而大受影响的可能性……以及由此导致的对司法公正的不良影响都是微乎其微的。"[16]

然而,在刑事程序中免予送达受到尖锐批评。刑事被告人通常被关押在本州而使其不能如愿出庭应诉,因此,保护刑事诉讼的被告人在民事诉讼中免于送达并没有通过鼓励其自愿出庭而达到推动诉讼进程的目的。[17] 当非居民刑事被告人在被指控的犯罪行为地被逮捕时,此人在此地的民事诉讼中提出的免除送达的请求被拒绝,而在其被羁押期间或被释放之后,[18] 或者在其被引渡之后的羁押期间,[19] 仍可对其送达民事书状。另一方面,如果刑事被告人自愿返回审判地提供保证金或接受审判,法院则会免于对其送达民事传票,以鼓励这一自愿的行为。[20]

G. 管辖异议

3. 25 管辖异议——引言

因为对人管辖权与正当程序赋予被告的权利密切相关,被告有权放弃反对法

---

[11] Eberlin v. Pennsylvania R. R. Co., 402 Pa. 520, 167 A. 2d 155 (1961).

[12] St. John v. Superior Court, 178 Cal. App. 2d 794, 3 Cal. Rptr. 535 (1960) （被告出席取消一个与股份有关的行政许可证的听证会,提起诉讼要求判决出售该批股份无效的原告在听证时可以对被告作出送达). Cf. Grundy v. Refior, 312 Mich. 428, 20 N. W. 2d 261 (1945). （原告起诉提供会计服务的被告,被告起诉公司以取消公司股票。两个诉讼的关系不够密切,原告免于被告送达的请求遭到拒绝）。

[13] Lamb v. Schmitt, 285 U. S. 222, 52 S. Ct. 317, 76 L. Ed. 720 (1932).

[14] Mertens v. McMahon, 334 Mo. 175, 66 S. W. 2d 127 (1933).

[15] Baldwin v. Emerson, 16 R. I. 304, 15 A. 83 (1888).

[16] 16 R. I. at 307, 308, 15 A. at 84, 85 (Matteson, J.).

[17] Ryan v. Ebecke, 102 Conn. 12, 128 A. 14 (1925).

[18] State ex rel. Sivnksty v. Duffield, 137 W. Va. 112, 71 S. E. 2d 113 (1952); State ex rel. Alexander - Coplin & Co. v. Superior Court for King County, 186 Wash. 354, 57 P. 2d 1262 (1936); Husby v. Emmons, 148 Wash. 333, 268 P. 886 (1928).

[19] Rutledge v. Krauss, 73 N. J. Law 397, 63 A. 988 (1906); Williams v. Bacon, 10 Wend. 636 (N. Y. 1834). But see Weale v. Clinton Circuit Judge, 158 Mich. 563, 123 N. W. 31 (1909) （刑事诉讼被驳回后,被告被免于民事传票的送达）。

[20] Church v. Church, 270 Fed. 361 (D. C. Cir. 1921); Benesch v. Foss, 31 F. 2d 118 (D. Mass. 1929); In re Hall, 296 Fed. 780 (S. D. N. Y. 1924). But see Netograph Mfg. Co. v. Scrugham, 197 N. Y. 377, 90 N. E. 962 (1910) （当刑事判决无罪、被告自愿出庭参加民事诉讼时,送达被认定为不可免除）。

院对其行使的权力。[1] 因此，有必要确定被告参与诉讼至何种程度时就可以认为其默示同意了放弃提出管辖异议、接受管辖。最普遍使用的方法就是就被告如何提出管辖异议制定一些规则，并认定未能遵守这些特别规则就构成同意。虽然提出管辖异议的具体方法因各州而不同，但以下两种方法却被共同采用：专门到庭提出管辖异议，使用审前动议要求驳回管辖。

在探讨提出管辖异议的方法之前，必须了解一旦被告提出异议，原告就有证明管辖成立的责任。[2] 被告的异议以及随之而来的原告证明责任很容易理解，其提出的事实问题也很简单。例如，被告可能主张他从未收到过起诉状副本，原告必须证明诉状的确已送达给被告。但是，证明责任的分配是个更加复杂的问题，因为当事人之间的证明责任可能来回转移。[3]

3. 26 提出管辖异议的方法

对州法院的对人管辖权提出管辖异议的一般方法是"专门到庭"。[1] 想要反对法院对人管辖的被告必须为此专门到庭，通常不得在此前或同时提出其他答辩。[2] 否则，会被视为"一般意义上的到庭"应诉，放弃了对管辖的异议。[3]

由此，当被告不是对管辖提出异议，而是对原告的诉状予以答辩，[4] 或者要求原告对其请求予以更为明确的说明，[5] 或者要求延期审理，[6] 或者对原告

---

〔1〕 See 3. 5, above.

〔2〕 Tice v. Wilmington Chem. Corp. , 259 Iowa 27, 141 N. W. 2d 616 (1966), opinion supplemented 259 Iowa 27, 143 N. W. 2d 86 (1966). See also Waukesha Bldg. Corp. v. Jameson, 246 F. Supp. 183 (W. D. Ark. 1965).

〔3〕 See, e. g., Buckeye Boiler Co. v. Superior Court of Los Angeles County, 71 Cal. 2d 893, 80 Cal. Rptr. 113, 458 P. 2d 57 (1969); Gray v. American Radiator & Standard Sanitary Corp. , 22 Ⅲ. 2d 432, 176 N. E. 2d 761 (1961). 因为 World – Wide Volkswagen Corp. v. Woodson, —444 U. S. 286, 100 S. Ct. 559, 62 L. Ed 490 (1980) 一案的判决不明确，证明责任在何种程度上转移到被告可能无法预见。

〔1〕 Harkness v. Hyde, 98 U. S. (8 Otto) 476, 25 L. Ed. 237 (1879). See generally Thode, In Personam Jurisdiction and Appearance to Challenge Jurisdiction, 42 Texas L. Rev. 279 (1964); Developments in the Law—State—Court Jurisdiction, 73 Harv. L. Rev. 909, 991 (1960).

〔2〕 See State ex rel. Dial Press, Inc. v. Sisemore, 263 Or. 460, 502 P. 2d 1365 (1972).

〔3〕 没有法院的许可，一般意义的到庭不能撤消。Chapman v. Chapman, 284 App. Div. 504, 132 N. Y. S. 2d 707 (1954). 即使原告修改诉状以增加新的诉讼原因也是如此。Everitt v. Everitt, 4 N. Y. 2d 13, 171 N. Y. S. 2d 836, 148 N. E. 2d 891 (1958). But see Johnston v. Federal Land Bank of Omaha, 226 Iowa 496, 284 N. W. 393 (1939). 然而，被告"一般到庭"只限于最初的诉讼。因为被告已经放弃了对原告提出的诉讼请求的对人管辖权提出异议，因此，其他的权利人，如诉讼中加入诉讼的原告，不能针对被告提出新的诉讼请求。Ex parte Indiana Transp. Co. , 244 U. S. 456, 37 S. Ct. 717, 61 L. Ed. 1253 (1917).

〔4〕 Goodwine v. Superior Court of Los Angeles, 63 Cal. 2d 481, 47 Cal. Rptr. 201, 407 P. 2d 1 (1965).

〔5〕 Long v. Newhouse, 57 Ohio St. 348, 49 N. E. 79 (1897).

〔6〕 Pfeiffer v. Ash, 92 Cal. App. 2d 102, 206 P. 2d 438 (1949).

起诉资格提出异议，[7] 被告就被认为一般意义上的到庭应诉。专门到庭限制被告只能就对人管辖权提出异议的惟一例外是被告同时也可对法院诉讼标的管辖权提出异议。[8] 被告可以在反对法院对人管辖权的同时，对法院的诉讼标的管辖权提出异议。[9] 此外，被告专门到庭提出对对人管辖权的异议的同时请求将案件从州法院移送至联邦法院，并不构成一般到庭。[10]

一州不必允许被告专门到庭提出管辖异议。[11] 根据一个非常古老的联邦最高法院判例，将任何到庭的行为视为对管辖的同意的州法并不违反正当程序。[12] 被告可以选择：不仅根本不到庭，而且当判决以无效送达或不当管辖为基础作出后，还可在这有缺陷的判决被强制执行而提起的任何诉讼中间接攻击管辖的错误从而推翻判决。[13]

作为一个实务问题，自从德克萨斯州[14]和密西西比州[15]规定了专门到庭之后，被告以一定形式的到庭对州法院的对人管辖权提出异议的权利为所有各州所承认，但是，如果一审法院否决被告的异议，各州对被告可以或必须做什么以保留其异议各有不同的规定。在有的州，一旦被告的管辖异议被否决，他必须作出选择：或者听任初审法院作出缺席判决，然后通过上诉争取推翻初审法院的管辖，或者放弃管辖异议、就案件实体问题作出答辩。[16] 对此，有的州允许通过立即提出中间上诉或者特别令状立即复审管辖裁定以缓解被告的困境。[17] 如果允许被告中间上诉，而被告没有行使这一权利，一旦实体判决作出，重新审理管辖异议的机会就不复存在。管辖裁定也将成为终局的，对其他诉讼程序有约束

〔7〕 Davis v. Davis, 305 U. S. 32, 59 S. Ct. 3, 83 L. Ed. 26 (1938).

〔8〕 诉讼标的管辖在本书第二章讨论。

〔9〕 Goodwine v. Superior Court of Los Angeles, 63 Cal. 2d 481, 47 Cal. Rptr. 201, 407 P. 2d 1 (1965). But see Smith v. Hoover, 39 Ohio St. 249 (1883); Handy v. Insurance Co., 37 Ohio St. 366 (1881).

〔10〕 Lambert Run Coal Co. v. Baltimore & O. R. Co., 258 U. S. 377, 42 S. Ct. 349, 66 L. Ed. 671 (1992); Cain v. Commercial Pub. Co., 232 U. S. 124, 34 S. Ct. 284, 58 L. Ed. 534 (1914); Commercial Mut. Acc. Co. v. Davis, 213 U. S. 245, 29 S. Ct. 445, 53 L. Ed. 782 (1909).

〔11〕 Western Life Indem. Co. v. Rupp, 235 U. S. 261, 35 S. Ct. 37, 59 L. Ed. 220 (1914).

〔12〕 York v. Texas, 137 U. S. 15, 11 S. Ct. 9, 34 L. Ed. 604 (1890).

〔13〕 Thompson v. Whitman, 85 U. S. (18 Wall.) 457, 21 L. Ed. 897 (1874); Davis v. St. Paul Mercury Indem., Co., 294 F. 2d 641 (4ᵗʰ Cir. 1961).

〔14〕 Vernon's Ann. Tex. C. C. P. art. 120a.

〔15〕 Mladinich v. Kohn, 250 Miss. 138, 164 So. 2d 785 (1964).

〔16〕 Corbett v. Physicians' Cas. Ass'n of America, 135 Wis. 505, 115 N. W. 365 (1908). 威斯康星州规则于 1976 年修改，现在联邦的规定被仿效。Wis. Stat. Ann. 802. 06.

〔17〕 See, e. g., West's Ann. Cal. Code Civ. Proc. 418. 10 (c).

力。[18] 此外，只要被告同意对没有管辖争议的判决进行复审，管辖异议就已放弃。[19]

在大多数州和联邦法院系统，被告可以在未能成功地使管辖异议成立之后、在不放弃管辖异议的同时，就案件的实体问题进行抗辩。在遭受不利于己的判决之后，被告可以就管辖问题提出上诉。如果胜诉，就会导致判决被撤消、起诉被驳回。[20]

在联邦法院和采用了联邦民事诉讼规则的州法院，一般到庭与专门到庭之间的区别已被取消。[21] 不再要求被告专门为提出管辖异议而到庭，而是允许被告在答辩状中或在审前动议中提出反对。[22] 被告的选择主要受时间限制。因此，被告可以将其管辖异议与对实体问题的抗辩合并于答辩之中，而不需要在答辩之前提出动议。[23] 如果管辖异议及时提出，会被记录在案，并且被告可以在得到不利判决之后在上诉状中提出。[24] 只有被告在审前提出其他抗辩事由、要求驳回时没有提出管辖异议，[25] 或者，既没有提出任何庭前动议、也没有在答辩时提出管辖异议的时候，[26] 才会导致对管辖异议的完全放弃。

3.27 准对物诉讼中的有限到庭

正如被告在并不同意法院一般管辖权时可以专门到庭提出对人管辖异议一样，[1] 在准对物诉讼中，被告在不认可法院完全的对人管辖的同时，当然完全可以到庭就法院扣押其财产或债权的合法性提出异议。一些州法院判定，只要被告到庭，诉讼就转变为对人诉讼。[2] 另一些州法院则认为：一旦被告就案件实体问题进行抗辩，他就将自己置于法院对人管辖权之下。[3] 这些州允许被告参

191

---

〔18〕 Baldwin v. Iowa State Traveling men's Ass'n 283 U. S. 522, 51 S. Ct. 517, 75 L. Ed. 1244 (1931); Wayside Transp. Co. v. Marcell's Motor Express, Inc., 284 F. 2d 868 (1ˢᵗ Cir. 1960).

〔19〕 E. g., Western Life Indem. Co. of Illinois v. Rupp, 235 U. S. 261, 35 S. Ct. 37, 59 L. Ed. 220 (1914).

〔20〕 Toledo Rys. & Light Co. v. Hill, 244 U. S. 49, 37 S. Ct. 591, 61 L. Ed. 982 (1917); Harkness v. Hyde, 98 U. S. (8 Otto) 476, 25 L. Ed. 237 (1878).

〔21〕 See 5A C. Wright & A. Miller, Civil 2d1344.

〔22〕 See Fed. Civ. Proc. Rule 12 (b).

〔23〕 "在答辩或动议中，两个或多个抗辩和异议合在一起并不意味着放弃了任何一个抗辩和异议。" Fed. Civ. Proc. Rule 12 (b); Mertens v. McMahon, 334 Mo. 175, 66 S. W. 2d 127 (1933).

〔24〕 Harkness v. Hyde, 98 U. S. (8 Otto) 476, 25 L. Ed. 237 (1878).

〔25〕 Fed. Civ. Proc. Rule 12 (g). See generally 5A C. Wright & A. Miller, Civil 2d1384 – 89.

〔26〕 Fed. Civ. Proc. Rule 12 (h) (1). See generally 5A C. Wright & A. Miller, Civil 2d 1391.

〔1〕 See 3.25 – 3.26, below.

〔2〕 See, e. g., Johnson v. Holt's Adm'r, 235 Ky. 518, 31 S. W. 2d 895 (1930) (对扣押提出异议的动议就授予法院对人管辖权)。

〔3〕 See, e. g., Sands v. Lefcourt Realty Corp., 35 Del. Ch. 340, 117 A. 2d 365 (1955); State ex rel. Methodist Old People's Home v. Crawford, 159 Or. 377, 80 P. 2d 873 (1938) (对原告诉状的答辩授予法院对人管辖权)。

192 与对案件实体问题的审理、然而又将其赔偿责任限定于所扣财产或债权价值之内，此即所谓"有限到庭"。[4] 不过，即使在那些规定了有限到庭的州，被告也可以采取积极的步骤，通过提出把听审的范围限制在被扣押财产价值以内的动议、确保自己的这一权利。[5]

对有限到庭是否适当已有很多争论，同时，对有限到庭的价值存在着尖锐分歧。[6] 支持者认为，强迫被告或者不到庭从而放弃被扣押财产，或者为保护自己的财产、冒着得到标的超过其被扣财产价值的不利判决的风险到庭应诉，在这两者之间作出选择是不公平的。因为管辖只是基于法院对财产的控制，法院所在地对诉讼当事人而言也许并不方便，也与当事人之间的争议没有任何联系。甚至还有人提出，拒绝认可有限到庭的州在没有提供听审机会的情况下剥夺被告财产，侵犯了被告的正当程序权利。[7]

反对者认为，拒绝有限到庭意味着一个案件应当在一个程序中完全判明其是非曲直、避免重复诉讼、同一争议重复诉讼，违反一事不再理的原则和司法经济的目的。同时，也防止了不同的法院对准对物诉讼中基本的个人权利作出不同裁判的风险；当一个原告要在一个以上的法院所在地扣押被告拥有的财产时，可能导致冲突的判决。最后，能够到庭保护自己财产的被告表明其在该法院应付原告全部诉讼请求的能力；既然被告已接受法院全部的对人管辖权，也就不存在更多的不便。

《联邦民事诉讼规则》第 4 条（n）授权联邦地区法院在不得已时可以根据其所在州的法律行使准对物管辖权，但在是否允许有限到庭的问题上，该规定却

---

〔4〕 Miller Bros. Co. v. State, 201 Md. 535, 95 A. 2d 286 (1953), reversed on other grounds 347 U. S. 340, 74 S. Ct. 535, 98 L. Ed. 744 (1954); Cheshire Nat. Bank v. Jaynes, 224 Mass. 14, 112 N. E. 500 (1916).

〔5〕 Salmon Falls Mfg. Co. v. Midland Tire & Rubber Co., 285 Fed. 214, 217 (6th Cir. 1922)（如果被告在其财产价值之外寻求救济，则会被视为同意法院对他行使对人管辖权）。

〔6〕 Commentators favoring the limited appearance are: B. Currie, Attachment & Garnishment in the Federal Courts, 59 Mich. L. Rev. 337 (1961); Taintor, Foreign Judgment In – Rem; Full Faith and Credit v. Res Judiciata In Personam, 8 U. Pit. L. Rev. 232 (1942). Commentators opposing the limited appearance are: Blume, Actions Quasi – in – Rem Under Section 1655, Title 28 U. S. C., 50 Mich. L. Rev. 1 (1951); Note, Effect of a General Appearance to the In Rem Cause in a Quasi – in – Rem Action, 25 Iowa L. Rev. 329 (1940).

〔7〕 Developments in the Law—State Court Jurisdiction, 73 Harv. L. Rev. 909, 954 (1960).

保持缄默。[8] 因此，联邦法官们有的允许，[9] 有的拒绝，[10] 裁判相互矛盾。联 193
邦法院是否应当适用所在州有关有限到庭的立法，或者自行制定联邦规则，法
院[11]和评论家们[12]都莫衷一是。允许有限到庭是程序性问题，因此也是统一的
联邦司法实务的适当议题。然而，联邦尚无政策取向，与此有关的只有州法中有
关一事不再理和服从管辖的实体法原则，所以联邦法院应当适用州法规则。

被告到庭之后，是否允许原告修改诉状以增加救济请求，这给那些不允许有
限到庭的法院带来了麻烦。[13] 原告的困境在于考虑到被告可能为解除财产扣押
而到庭应诉，就不得不估计其在诉状中可能承担的责任。当然，如果被告完全了
解原告请求，他可能宁愿缺席，放弃被扣押的财产。

基于这些考虑，当被告为对物诉讼而到庭后，有的法院认为允许修改即增加
诉讼原因会导致阻拦一般到庭，因此拒绝允许原告修改起诉状以寻求对人诉讼救
济。[14] 有的法院则允许原告在此情况下修改最初的诉讼请求，但是，也允许被
告对法院的对人管辖权提出异议。[15] 根据修改的诉讼请求，至少在准对物扣押
仍被可以作为提起诉讼的手段时，有的法院允许修改。因此，当财产被扣的被告
到庭应诉、进行答辩之后，原告可以修改其诉讼请求，遭受损失的诉讼原因虽然

---

〔8〕 然而，Fed. Civ. Proc. Rule 13（a）规定，如果诉讼因扣押而起，被告不必提出不言而明的反
诉。See generally 4A C. Wright & A. Miller, Civil 2d1123.

在海商海事诉讼中，补充规则E（8）规定，到庭"可以被明确地限定在对这一诉讼诉讼请求的抗辩，
并且不得将出庭解释为任何其他诉讼请求，以那些诉讼请求为内容的诉讼书状或者无法签发，或者尚未送
达。"对这一规则咨询委员会评论道：不适用这一规则的案件中，有限到庭的问题则留待以后的案例发展。

〔9〕 See, e. g., McQuillen v. National Cash Register Co., 112 F. 2d 877（4th Cir. 1940），cert, de-
nied 311 U. S. 695；Salmon Falls Mfg. Co. v. Midland Tire & Rubber Co., 285 Fed. 185（6th Cir. 1922），调
取复审申请令状被驳回 260 U. S. 735.

〔10〕 See, e. g., Norris, Inc. v. M. H. Reed & Co., 278 Fed. 19（5th Cir. 1922）；Anderson v.
Benson, 117 F. Supp. 765（D. Neb. 1953），appeal dismissed 215 F. 2d 752（8th Cir. 1954）；Campbell v.
Murdock, 90 F. Supp. 297（N. D. Ohio 1950）；Bede Steam Shipping Co. v. New York Trust Co., 54 F. 2d
658（S. D. N. Y. 1931）.

〔11〕 Compare Dry Clime Lamp Corp. v. Edwards, 389 F. 2d 590（5th Cir. 1968）（未适用州法），with
U. S. Industries, Inc. v. Gregg, 58 F. R. D. 469（D. Del. 1973）（适用的州法）。

〔12〕 Compare B. Currie, Attachment & Garnishment in the Federal Courts, 59 Mich. L. Rev. 337
（1961）（argument for state law），with Carrington, The Modern Utility of Quasi－In－Rem Jurisdiction, 76
Harv. L. Rev. 303（1962）（联邦法的争议）。

〔13〕 Frumer, Jurisdiction and Limited Appearance in New York：Dilemma of the Nonresident Defendant, 18
Ford. L. Rev. 73（1949）.

〔14〕 river Farms, Inc. v. Superior Court of San Bernadino County, 252 Cal. App. 2d 604, 60 Cal.
Rptr. 665（1967）；Alkalaj v. Alkalaj, 190 Misc. 326, 73 N. Y. S. 2d 678（1947）.

〔15〕 Fiedelity & Cas. Co. v. Bank of Plymouth, 213 Iowa 1058, 237 N. W. 234（1931）.

194　是重复的，但可增加对被告不当终止代理合同的指控、提出另外的赔偿请求。[16] 在出现这种情况的案件中，法院还没有发现原告提出不同的诉讼原因。

有的评论家建议，当原告选择的法院是合理时，法院就不应当允许被告有限到庭，而是保护被告免受原告修改诉讼请求以增加新的诉讼原因的风险。[17] 这种诉讼的判决应当有完全的约束力。

应当注意，是否需要有限到庭制度的许多争议、原告修改诉状与被告决定是拒绝到庭还是在准对物诉讼中一般到庭这两种权利之间的关系在今天都变得更为重要。当法院的对人管辖权被限定于一定疆界之内时，准对物管辖的意义在于提供了使身处外州、且拒不合作的被告受到管辖的可行办法。[18] 然而，长臂管辖的广泛应用已经削弱了对准对物管辖的这种依赖。《联邦民事诉讼规则》第4条（k）使联邦法院管辖权得到扩张，[19] 再加上第4条（n）有关将准对物诉讼作为最后的管辖手段的要求，使有限到庭成为纯粹的学术问题。此外，正如已经讨论过后那样，[20] 联邦最高法院对谢弗诉海特纳[21]一案作出判决，要求所有准对物管辖权的行使都要如同对人管辖一样地满足同样的正当程序标准，因此两种管辖之间的差别已被大大减少。对准对物管辖权的依赖只被适用于极少的案件，而且，这些案件中对最低联系和公正对待和实体正义标准的适用，又意味着有限到庭不再被认为是保护被告免受准对物诉讼带来的不公正的惟一的制度保障。

3.28 保护被告免受恶意诉讼

由于现有制度、尤其在长臂法之下存在着的宽泛的管辖依据，启动诉讼容易，有必要保护被告免受过度的诉讼负担和恶意诉讼的骚扰。[1] 为此，无论在
195　准对物管辖还是对人管辖案件，法院都为被告提供了一系列有效保护措施。例如，原告在两个地方起诉，当其中任何一个法院认为另一法院更适合审理此案时，就有权中止自己正在审理的案件。[2] 在准对管辖诉讼中，法院中止诉讼不

---

〔16〕 Nicholas & Co. v. Societe Anonyme, 189 Misc. 863, 73 N. Y. S. 2d 155 (1947), affirmed mem. 272 App. Div. 1002, 74 N. Y. S. 2d 403 (1947), 驳回上诉 272 App. Div. 1047, 75 N. Y. S. 2d 285 (1947).

〔17〕 E. g., Developments in the Laq—State—Court Jurisdiction, 73 Harv. L. Rev. 909, 954 (1960).

〔18〕 See 3. 8, above.

〔19〕 See 3. 18, above.

〔20〕 See 3. 14, above.

〔21〕 433 U. S. 186, 97 S. Ct. 2569, 53 L. Ed. 2d 683 (1977).

〔1〕 应当记住，地域管辖要求无论向联邦法院还是州法院起诉，法院所在地应当与争议或当事人有某种联系，从而为被告提供一定的保护。地域管辖在 2. 15－2. 16 讨论。

〔2〕 Fitch v. Whaples, 220 A. 2d 170 (Me. 1966). Cf. Filtrol Corp. v. Kelleher, 467 F. 2d 242 (9th Cir. 1972)，调取复审令申请被驳回 409 U. S. 1110（为了审理在加州的专利侵权争议中动议中止在康涅狄格州对有关被拒绝认可的专利的合法性的审理）。

影响扣押,[3] 驳回起诉则会解除扣押。

虽然并不是可行、或得到令人满意的救济，被告可以争取禁止原告在别处重复起诉。[4] 即使一个州法院能够禁止其公民到另一州起诉,[5] 但它不能禁止一个依据《联邦雇主责任法》在另一州的起诉。[6] 联邦法院一般也不得禁止当事人到州法院起诉。[7] 更为重要的是，法院禁令的对象只能是当事人而非法院。因此，尽管有禁令存在，但法院有权进行被另一法院禁止的诉讼。[8] 最初审理的法院甚至可以签发一个反禁令，阻止被告执行其从第二个法院获得的禁令，从而在两个法院之间制造争执。[9]

如果原告只起诉一次但其选择的法院对被告极不方便，法院可以以不方便审理为由驳回起诉以保护被告,[10] 或者将案件移交到方便审理的法院。[11] 限制法院滥用权力的这两种方法的规则已在别处详细讨论。[12]

---

〔3〕 Fitch v. Whaples, 220 A. 2d 170 (Me. 1966).

〔4〕 James v. Grand Trunk Western R. R. Co. , 14 Ⅲ. 2d 356, 152 N. E. 2d 858 (1958), cert. denied 358 U. S. 915, Noted 43 Minn. L. Rev. 1249 (1959).

〔5〕 Pope v. Atlantic Coast Line R. Co. , 345 U. S. 379, 73 S. Ct. 749, 97 L. Ed. 1094 (1953).

〔6〕 Ibid.

〔7〕 28 U. S. C. A. 2283.

〔8〕 Keck v. Keck, 8 Ⅲ. App. 3d 277, 290 N. E. 2d 385 (1972), reversed on other grounds 56 Ⅲ. 2d 508, 309 N. E. 2d 217 (1974).

〔9〕 E. g. , James v. Grand Trunk Western R. R. Co. , 14 Ⅲ. 2d 356, 152 N. E. 2d 858 (1958), cert. denied 358 U. S. 915.

〔10〕 Plum v. Tampax, Inc. , 402 Pa. 616, 168 A. 2d 315 (1961), cert. denied 368 U. S. 826.

〔11〕 Jarvik v. Magic Mountain Corp. , 290 F. Supp. 998 (S. D. N. Y. 1968).

〔12〕 See 2. 17, above.

▼
▼
▼

第四章

确定可适用的法律

196

本章目录

A. 联邦法院

4.1《判决依据法》和斯威夫特诉泰森案（Swift v. Tyson）

了解联邦法院如何适用法律必须从 1789 年《司法法》第 34 节入手。[1] 该法也被称为《判决依据法》，其规定如下："除非宪法、条约或合众国制定法另有要求或规定，各州的法律都应被视为在合众国法院依据普通法进行判决所适用的规则。"

---

[1] 1 Stat. 92 (1789). The Rules of Decision Act is now found in 28 U. S. C. A. 1652. 自从 1789 年通过以后，除了"民事诉讼"一词被"普通法审判"一语所代替外，这一法规没有重大改动。

1842 年前，联邦最高法院未能对此规定作出统一的解释。[2] 特别是当诉讼标的与宪法、条约或联邦法规的解释和适用无关时，就应当适用上述"各州的法律"。联邦法院对这一表述是否包括了州制定法、州宪法以及州法院的判决有不同认识。Swift v. Tyson[3] 案的判决表明，联邦最高法院试图解决这一问题。在代表多数法官的意见中，大法官斯托里（Story）写道："一个州的法律更多地被理解为由立法机关所公布的规则和制定法，以及长期以来具有法律效力的地方惯例。"[4] 结果，审理异籍管辖案件的联邦法官在适用一州之法律的同时，不必受到州法院以前的判例所约束。[5]

斯威夫特案（Swift v. Tyson）所要决定的问题是一个以前就存在的债务是否构成了汇票背书转让的充分对价，从而使原告受让人成为通常的持票人。债务已经作为欺诈转让位于缅因州的财产的一部分，为被告所接受。虽然纽约州法院不会将此债务视为充分的对价，但是，联邦最高法院却认为，统一的商法涉及联邦的利益，即使得出相反的结论，联邦法院也有必要作出自己的判断。[6] 用大法官斯托里的话来说，"有关流通票据的法律不仅可被宣布为一个国家的法律，在很大程度上更是一个商业世界的法律。"[7]

除了促进一个全国统一的商业交易法的发展的目的之外，大法官斯托里相信，联邦法院应当建立广泛的实体法作为州法院的样本，鼓励州法院适用统一的法律。[8] 有的评论家也建议斯威夫特一案判决产生的部分原因是缺乏适当的州法院案例汇编制度，妨碍了联邦法院获悉州法院的判例内容。[9]

作为斯威夫特案判决的结果之一，州法中的州宪法、州制定法以及法院对宪法和立法的解释被视为《司法法》第 34 节所规定的可以用作联邦法院判决依据的法律。联邦法院应当遵循它们以及涉及土地、其他不动产和所有纯粹的"地方性"问题的州法院判例。相反，当缺乏有效的州法可以适用时，所谓"一般性"问题就由联邦法院根据他们所理解的广泛应用的法理予以解决。因此，确

---

〔2〕　Compare Brown v. Van Braam, 3 U. S. (3 Dall.) 344, 1 L. Ed. 629 (1797（, with Sim's Lessee v. Irvine, 3 U. S. (3 Dall.) 425, 1 L. Ed. 665 (1799), and Robinson v. Campbell, 16 U. S. (3 Wheat.) 212, 4 L. Ed. 372 (1818), with Eheaton v. Peters, 33 U. S. (8 Pet.) 591, 8 L. Ed. 1055 (1834). 概括性的讨论见 2 W. Crosskey, Politics and the Constitution in the History of the United States 822 – 62 (1953).

〔3〕　41 U. S. (16 Pet.) 1, 10 L. Ed. 865 (1842).

〔4〕　41 U. S. at 12 – 13.

〔5〕　41 U. S. at 18.

〔6〕　"当地法院对这些案由的判例有资格并且也会受到本院的极大关注与尊重。但是，它们不能提供可以约束我们判决的明确规则和结论性意见。" 41 U. S. at 13.

〔7〕　Ibid.

〔8〕　Ibid.

〔9〕　H. Hart & H. Wechsler, The Federal Courts and the Federal System 679 (Fallon, Meltzer & Shapiro, 4th ed. 1996).

198 定可适用的法律通常依赖于对"地方性"和"一般性"问题的区分，联邦法院对前者的判决要受相应的州法院判例的约束；对后者，联邦法院能够独立地创立自己的实体法规范。

这一区分带来的问题出现于 Gelpcke v. City of Dubuque[10] 一案之中。该案焦点在于与铁路建设有关的市政债券是否有效。因为异籍管辖原因，当事人诉至衣阿华州联邦法院。衣阿华州最高法院推翻了一系列早期判例，根据州宪法认定这些债券无效。虽然该州这一判决建立在对州宪法的解释之上，但是，联邦最高法院拒绝承认该判决的约束力，而是认定债券有效。这一立场表明，对一些例外案件，联邦法院有权无视州法院判例，而适用他们自己的"真理、正义和法律"观。[11]

格尔普科案（Gelpcke v. Cityh of Dubuque）判决激起了巨大的反对声浪。批评者指出，越来越多的州法院判例从《判决依据法》中的"法律"中被排除，导致联邦法院恣意干涉明确属于州法规范的事务。[12] 查尔斯·沃伦（Charles Warren）教授发表了一篇文章，谈及《司法法》第 34 节以前的草稿，使批评更加有力。[13] 沃伦（Warren）教授指出，与大法官斯托里在斯威夫特案中的立场相反，这一草稿显示出 1789 年的国会将州法院判决与州宪法和州议会制定法一起规定为联邦法院判决依据的意图。[14]

斯威夫特案判决提出的理论的实施并未如大法官斯托里所希望的那样使联邦法院的执法得以统一、使州法院法官以联邦判例为范本。联邦法院创立统一的法律进程受阻，不是因为"一般性"的问题种类的膨胀，而是因为许多涉及"地方性"问题的案件不是联邦法院司法自由裁量权的对象。此外，州法院经常未

199 能遵循联邦普通法判例。[15] 最后，对于"一般性"问题，许多联邦法院以其所在的管辖区内的普通法判例为基础作出判决，这就意味着不同的联邦法院在处理同样的问题时也相互矛盾。

---

〔10〕 68 U. S.（1 Wall.）175, 17 L. Ed. 520（1864）.

〔11〕 68 U. S. at 206，在衣阿华州最高法院近来的判决中，多数法官将格尔普科案（Gelpcke）的例外情况视为特例。该院强调有争议的债券是在最近的衣阿华判例之前发行的，没有其溯及力，从而大大限制了这一判决的适用。

〔12〕 Kuhn v. Fairmont Coal Co., 215 U. S. 349, 370 −72, 30 S. Ct. 140, 147 −48, 54 L. Ed. 228（1910）（大法官霍尔姆斯持反对意见）.

〔13〕 Warren. New Light on the History of the Federal Judiciary Act of 1789, 37 Harv. L. Rev. 49（1923）.

〔14〕 不同意沃伦教授的解释的评论，见 2 W. Crosskey, Politics and the Constitution in the History of the United States 867（1953）.

〔15〕 Frankfurter, Distribution of Judicial Power Between United States and State Courts, 13 Cornell L. Q. 499, 529 n. 150（1928）.

斯威夫特案判决执行所带来的问题在 1938 年 Black & White Taxicab & Transfer Company v. Brown & Yellow Taxicab & Transfer Company[16] 一案判决中得到最富戏剧性的暴露。此案中，一家以前的肯塔基公司以其与铁路公司的排他性合同为依据，起诉要求禁止另一家肯塔基公司在一个火车站经营出租车业务。由于肯塔基州法院一向认为排他性经营合同违反了公共政策而无强制执行力，[17] 原告要规避该州法院，就在肯塔基州解散自己，在田纳西州重新成立从而可以向地处肯塔基州的联邦法院提起异籍管辖诉讼。虽然原告制造异籍管辖以规避对其不利的肯塔基法律这一意图十分明显，[18] 但是，联邦最高法院还是判定联邦法院对本案的管辖成立，而且还以本案事关"一般性"商业规范、完全属于联邦法院事务为由，支持其下级法院有关不必适用肯塔基州法的决定。[19]

联邦最高法院对黑白出租运输公司案（Black & White Taxicab v. Brown & Yellow Taxicab & Transfer Company）的多数意见引发的反对要比杰尔普科案来得直接、强烈得多。批评者指责联邦最高法院的判决会助长当事人为规避特定的州法而选择联邦法院进行诉讼。大法官奥利弗·温德尔·霍尔姆斯（Oliver Wendell Holmes）在其言辞激烈的反对意见中将多数意见斥之为"违宪地假定了美国联邦法院权力"。[20] 虽然联邦最高法院在此后的异籍案件中通过较为严格地限制联邦法院的自由裁量权，[21] 从而对这些批评作出了回应，但是，大法官布兰代斯（Brandeis）和斯通（Stone）所赞同的大法官霍尔姆斯的反对意见，成为 10 年之后被斯威夫特案判决理论的终止所证明的预言。 **200**

4.2 伊利铁路公司诉汤普金斯案

1938 年有两起极其重要的事件发生，后来彻底改变了联邦法院民事诉讼的性质、联邦和州政府之间司法权在制订判决依据上的分配。第一件事是《联邦

---

[16] 276 U. S. 518, 48 S. Ct. 404, 72 L. Ed. 681 (1928).

[17] 276 U. S. at 526, 48 S. Ct. at 407.

[18] 见 2.7 对寻求异籍管辖的方法的讨论。

[19] 276 U. S. at 530, 48 S. Ct. at 407.

[20] 276 U. S. at 533, 48 S. Ct. at 408. 大法官霍尔姆斯表达了他个人对斯威夫特理论中的一般原则的反对，但他极其尖锐地批评了他所说的这一理论对出租公司案的错误适用。他认为这一争议涉及到对一州土地之内经营活动的规范，其性质传统上就属于"地方性"的问题，因此联邦法院应受州判例的约束。276 U. S. at 536, 48 S. Ct. at 410.

[21] Burns Mortgage Co. v. Fried, 292 U. S. 487, 54 S. Ct. 813, 78 L. Ed. 1380 (1934)（州法院根据统一流通票据法作出的判决被认为对联邦法院有约束力）；Mutual Life Ins. Co. v. Johnson, 293 U. S. 335, 55 S. Ct. 154, 79 L. Ed. 398 (1934)（当对实体法律问题达不成多数意见时，应当适用适当的州法院作出的判决）。

民事诉讼规则》通过，所有的联邦法院第一次有了统一程序规则。[1] 第二件事是联邦最高法院对 Erie Railroad Company v. Tompkins[2] 一案作出判决，该案被称为"美国法律史上最重要的判例之一"。[3]

　　伊利一案（Erie Railroad Company v. Tompkins）判决如同其重要意义一样，出乎意料。事实与争议焦点都十分明确。[4] 哈里·汤普金斯（Tompkins）沿着位于宾夕法尼亚州休斯镇的伊利市铁路公司的铁路线行走时，被一辆过往火车所伤，于是提起侵权之诉。因为汤普金斯被看作一个违法侵入者，根据宾州普通法，铁路公司仅对其显著且有意的疏忽行为承担责任。根据联邦法院"一般性"法律，汤姆金斯被视为获得许可进入的人，因此铁路公司要为一般的疏忽行为承担责任。汤普金斯是宾州人，因被告是伊利市、纽约人，基于异籍管辖，就在纽约的联邦地区法院起诉。[5] 该院认为本案争议为"一般性"问题而不是斯威夫特案[6]判决中所界定的"地方性"问题，所以应当适用联邦法。庭审之后，陪审团裁决铁路公司有过失，应赔付汤普金斯3万美元。第二巡回上诉法庭予以维持。[7] 铁路公司不服，再次上诉，联邦最高法院接受并发出调取复审令。

201　　大法官布兰代斯代表多数法官为伊利案撰写的判决使当事人和法律界均感意外。[8] 双方当事人都无意推翻斯威夫特原则，并且分别都建议采纳他们各自对斯威夫特案原则的特定解释。然而，联邦最高法院撤消了下级法院的决定，宣称"不存在联邦一般性的普通法"，[9] 并将此案发回第二巡回上诉法庭以适用宾州法律重审。重审时上诉法院认定铁路公司不承担责任，汤普金斯不能得到30 000美元的赔偿。[10]

　　联邦最高法院大法官布兰代斯以三点理由推翻斯威夫特案判决原则，认为根据《司法法》第34节，审理异籍诉讼的联邦法院既要适用州宪法和立法，也必

---

　　〔1〕 规则于1938年9月16日生效，根据《立法法》公布，c. 651 48 Stat. 1064（1934）（现行版本见28 U. S. C. A. 2072）. 这部法规的通过、这些规则的公布以及它们对联邦司法的重要性见4 C. Wright & A. Miller, Civil 2d1003 - 08.

　　〔2〕 304 U. S. 64, 58 S. Ct. 817, 82 L. Ed. 1188（1983）.

　　〔3〕 Black, Address, 13 Mo. B. J. 173, 174（1942）.

　　〔4〕 要了解这一有趣的、内容广泛的诉讼本身，见 Younger, What happened in Erie, 56 Texas L. Rev. 1011（1978）.

　　〔5〕 有关为什么纽约联邦地区法院考虑宾州而非纽约的实体法的讨论，见3. 5, above.

　　〔6〕 41 U. S. (16 Pet.) 1, 10 L. Ed. 865（1842）. See 3. 1, above.

　　〔7〕 90 . 2d 603, 604（2d Cir. 1937）.

　　〔8〕 大法官巴特勒（Butler）在其对判决的反对意见中指出，本案涉及一个联邦立法是否违反宪法，因此根据联邦法律，联邦最高法院应当而没有通知合众国总检察长、并为其提供出庭机会。304 U. S. at 80, 88 - 89, 58 S. Ct. at 823, 827. 联邦最高法院认为，不是联邦立法本身，而是联邦最高法院自己的审理过程有违宪之嫌，因此这一反对没有什么意义。

　　〔9〕 304 U. S. at 78, 58 S. Ct. at 822.

　　〔10〕 Tompkins v. Erie R. R. Co., 98 F. 2d 49（2d Cir. 1938）, cert. denied 305 U. S. 637.

须适用法院判例所创造的实体法。大法官布兰代斯为此提出了三个理由。（1）大法官指出："优秀的学者最新的研究"[11] 表明大法官斯托里对第34节的解释是错误的，正确的理解是除了联邦制定法规范的事项之外，无论是成文还是不成文的州法均应适用。斯威夫特规则的支柱因此被拆除。（2）大法官布兰代斯回顾了法院遵循斯威夫特原则的判决结果，发现"适用斯威夫特原则的经验揭示出这一原则的政治与社会错误，而遵循这一规则的预期利益从未出现。"[12] 联邦法院并未建立一个统一的联邦法，州法院又坚持无视联邦判例而只适用他们本州的法律原则，由此产生了两个实体法：一为适用于联邦法院处理异籍诉讼的当事人之间的关系，另一为适用于州法院处理同一州的当事人之间的关系。（3）通过选择诉讼地，异籍诉讼的原告能够选择是适用联邦法还是州法解决争议，由此给联邦法院和州法院的当事人造成了适用法律上的歧视或不公。[13] "这一意在促进全美法律的统一的原则实际上却在对待州法的问题上阻止了统一。"[14] 大法官布兰代斯得出结论：这些不足，再加上从地方性问题中区别出一般问题的巨大困难，使法律提供平等保护的目的难以实现。他提出应当重新评价斯威夫特案判决对第34节所做的解释。

　　然而，伊利案判决最令人惊讶的方面在于其指出斯威夫特案判决在错误解释《司法法》之外所犯错误的意见。实际上，大法官布兰代斯提出上述理由不能成为推翻1996年以来联邦法院遵循斯威夫特原则的司法实践的正当理由。[15] 使斯威夫特原则终结不可避免的真正原因是该案判决"诉讼过程的违宪性已十分明确。"[16]

　　伊利案判决意见最后部分认为斯威夫特案判决对第34节予以解释本身就是违宪的意见，立即成为大法官布兰代斯为此判决所作出的最重要和最具争议的理由。[17] 力图确定究竟是什么宪法规定被斯威夫特判决所违反耗费了大量的时间，

202

---

　　[11]　304 U. S. at 73, 58 S. Ct. at 819. The Court's reference was to Warren, New Light on the History of the Federal Judiciary Act of 1789, 37 Harv. L. Rev. 49 (1923).

　　[12]　304 U. S. at 74, 58 S. Ct. at 820.

　　[13]　在3.1见对这些后果的讨论。

　　[14]　304 U. S. at 74 – 75, 58 S. Ct. at 820 – 21.

　　[15]　304 U. S. at 77 – 78, 58 S. Ct. at 822.

　　[16]　Ibid. 对伊利案宪法基础的较完整的讨论，见19 C. Wright, A. Miller & E. Cooper, Jurisdiction and Related Matters 2d4505.

　　[17]　大法官布兰代斯在以前的案件中坚持：只要还存在其他解决争议的方法，就要避免对宪法性问题作出裁决。因此，他在伊利案中却要决定宪法性问题的做法本身就令人惊讶。Ashwander v. TVA, 297 U. S. 288, 346 – 48, 56 S. Ct. 466, 482 – 84, 80 L. Ed. 688 (1936) (Brandeis, J., 并存意见)。

学者们对大法官布兰代斯分析的合法性也存在重大分歧。[18] 应当注意，大法官布兰代斯并未指出斯威夫特判决违反了哪一条宪法规定。然而，他引用了斯威夫特案判决中持反对意见的大法官菲尔德（Field）和霍尔姆斯的共同语言。[19] 不幸的是，这两个案件中的这种意见都没有指出具体的违宪之处，因此这种引用对确定其意见的具体内容并无帮助。

第 34 节本身并没有被认为违宪这一事实或许可以对此给予一定的提示。确切地说，"适用斯威夫特原则的联邦最高法院和下级法院侵犯了在我们看来已被宪法留给各州的权利"，[20] 因此，违反宪法的是联邦最高法院没有根据这一联邦法规将州法院实体法判例作为其判决依据。从这些言辞中可以得出的最明显的结论是斯威夫特判决违反了第十修正案，它规定宪法未明确授予联邦政府权力的领域即留给州权。对伊利案判决宪法依据的这一解释在后来联邦最高法院对 Hanna v. Plumer[21] 一案的判决中得到支持。联邦最高法院在此案判决中指出："伊利案判决意见提醒我们，国会和联邦法院都不能以为联邦法院建立判决依据法为托词、采用没有得到《宪法》第 1 条或其他宪法规定所授予的联邦权力支持的规则。在这些领域之内，除了州法之外别无其他法律。"[22]

但是，这一推理并不能完全反驳大法官里德（Reed）在其保留其个人理由的同意意见中提出的观点，即创立联邦法院管辖权的《宪法》第 3 条第 2 款与第 1 条第 8 款规定的必要和正当条款一起，授予国会为联邦法院制订实体法的权力。[23] 如果回顾一下首席大法官马歇尔在 McCulloch v. Maryland 一案中的意见，这一观点尤其有说服力。[24] 马歇尔大法官指出必要和正当条款没有限制国会在绝对必要时采取行动，而是授权国会采取一切其认为合理的手段以实现宪法目的。在海事案件中适用这一原则，联邦最高法院发现国会的确有权通过实体法规则。[25] 从这个观点来看，斯威夫特判决的违宪之处似乎在于联邦法院没有国会

203

---

〔18〕 Compare Frendly, In Praise of Erie—And of the New Federal Common Law, 39 N. Y. U. L. Rev. 383 (1964)，支持大法官布兰代斯意见，with Keeffe, In Praise of Joseph Story, Swift v. Tyson and "The" True National Common Law, 18 Am. U. L. Rev. 316 (1969)，反对大法官布兰代斯和弗里德利（Friendly）的意见。

〔19〕 See Baltimore & O. R. R. Co. v. Baugh, 149 U. S. 368, 391, 13 S. Ct. 914, 923, 37 L. Ed. 772 (1893)（Field, J., dissenting）；Black & White Taxicab & Transfer Co. v. Brown & Yellow Taxicab & Transfer Co., 276 U. S. 518, 533, 48 S. Ct. 404, 408, 72 L. Ed. 681 (1928)（Holmes, J., dissenting）。

〔20〕 304 U. S. at 79–80, 58 S. Ct. at 823.

〔21〕 380 U. S. 460, 85 S. Ct. 1136, 14 L. Ed. 2d 8 (1965). 汉娜一案在 4. 3 予以更全面的讨论。

〔22〕 280 U. S. at 471–72, 85 S. Ct. at 1144.

〔23〕 304 U. S. AT 91–92, 58 S. Ct. at 828.

〔24〕 17 U. S. (4 Wheat.) 316, 324–25, 4 L. Ed. 579 (1819).

〔25〕 Southern Pa. Co. v. Jensen, 244 U. S. 205, 37 S. Ct. 524, 61 L. Ed. 1086 (1917).

授权就制订实体法，严重违反权力分立原则。

虽然对伊利案判决的正当性已有多种解释，[26] 大法官布兰代斯在其判决意见中提出的宪法问题依然没有得到解决。[27] 尽管有此缺陷，然而，联邦最高法院对伊利市铁路公司诉汤姆普肯斯一案的判决无疑是美国法律史上最为重要的判决之一。[28] 这一判决将联邦法院已经行使了近一个世纪的权力还给了州法院，触及了联邦与州政府之间关系的核心。

4.3 伊利原则的演变

伊利铁路公司诉汤普金斯[1]判决的理论基础已经被联邦最高法院以三个标志性判例予以实质性的重新阐述。[2] 第一个判例是 1945 年的 Guaranty Trust Company v. York 一案。[3] 这一异籍诉讼是集团诉讼，一些持票人向纽约的联邦法院起诉担保公司（Guaranty Trust Company）提出交换要约时未能保护他们的利益。该案事实复杂，但这里所要讨论的关键问题在于对于要求衡平法上的救济的诉讼，联邦法院是否必须适用州的诉讼时效法，而此法会终止诉讼，而灵活的联邦衡平法却可能允许诉讼进行。联邦最高法院承认伊利案判决没有特别关注审判衡平法诉讼的联邦法院的判决依据问题，但同时注意到国会为衡平法诉讼所规定的独立发展的"形式和诉讼模式"，[4] 因此，判定联邦法院审判异籍案件时必须适用州法决定包括衡平法事项在内的有关实体权利。[5]

204

---

〔26〕　一个有趣的观点认为，伊利案的宪法依据是第 1 条第 9 款禁止有溯及力的法律和褫夺公民权法案的规定。这种观点以斯威夫特案及其他遵循斯威夫特案判决的判例为根据，提出由于是适用州还是联邦法律难以预测导致法律关系的巨大的不确定性以致《宪法》第 1 条第 9 款已被违反。参见 A. Von Mehren & D. Trautman, Law of Multistate Problems 1051 (1965)。在 Hanna v. Plumer (380 U. S. 460, 85 S. Ct. 1136, 14 L. Ed. 2d 8 (1965)) 一案中，大法官哈伦（Harlan）同意判决结论、但提出不同理由的语言，被用于支持这一观点。"伊利案承认：不应当并存着规范公民重要行为的两种相互冲突的法律制度，因为这种可以选择的权威必定引起日常事务管理的不确定性。" Id. At 474 -75, 85 S. Ct. at 1145 -46.

〔27〕　对伊利案的宪法意义的最佳概括，见 Ely, The Irrepressible Myth of Erie, 87 Harv. L. Rev. 693 (1974)。一种不合常规则和历史的观点，见 Westen & Lehman, Is There Life for Erie after the Death of Diversity?, 78 Mich. L. Rev. 311 (1980).

〔28〕　此案及追随此案判决的判例已经引起不计其数的文章进行讨论。见 19 C. Wright, A. Miller & E. Cooper, Jurisdiction and Related Matters 2d 4501 -15，以及所有与之有关的援引文章。

〔1〕　304 U. S. 64, 58 S. Ct. 817, 82 L. Ed. 1188 (1938).

〔2〕　详细的讨论见于 19 C. Wright, A. Miller & E. Cooper, Jurisdiction and Related Matters 2d4504.

〔3〕　326 U. S. 99, 65 S. Ct. 1464, 89 L. Ed. 2079 (1945).

〔4〕　1792 年 5 月 8 日的法案（ch. 362, 1 Stat. 275, 276）规定衡平法诉讼程序要采用衡平法院现有的原则和惯例，并授权联邦最高法院对此通过衡平法规则进行必要的改革。联邦最高法院 1822 年首次通过衡平法规则。1842 年通过并实施第二批规则，直到 1912 年《衡平法诉讼程序规则》（Equity Rules）通过并实施。1938 年《联邦民事诉讼规则》取而代之。

〔5〕　326 U. S. at 108 -09, 65 S. Ct. at 1469 -70.

联邦最高法院没有就诉讼时效法是实体的还是程序性立法作出结论。[6] 相反，它认为对伊利案而言，纽约州立法的性质问题可以转化为下列问题："如果一个联邦法院无视同样的当事人在州法院进行的同样的诉讼请求应当适用的州法，是否会严重影响诉讼结果？"[7] 从与选择可适用的法律的目的来看，州法院将诉讼时效法认定为实体的还是程序的并不重要。相反，联邦最高法院关注伊利案判决的目的，认为它意在避免州和联邦的法院可能作出不同的判决。在担保公司案（Guaranty Trust Company v. York）中，如果联邦法院无视在州法院可能完全阻止诉讼的州制定法，而且原告胜诉，那么这一案件的结果无疑受到了严重影响了。因而，联邦最高法院裁定适用纽约州法规。

约克（York）一案判决标志着诉讼结果标准的出现。这一标准力图防止对于类似的案件、联邦法院作出与州法院不同的判决。代表多数撰写判决的大法官法兰克福特（Frankfurter）显然认为这才是伊利案判决的要旨。他评论说："伊利铁路公司诉汤普金斯案判决依据的核心在于：为同样的行为，一个非居民碰巧在联邦法院而不是在州法院起诉，也不应该导致实体上不同的判决结果。"[8] 以此观之，伊利案判决反映了对纵向的统一的追求，即一州之内的联邦法院和州法院应一致适用地方的实体法。斯威夫特诉泰森[9]案判决想要通过联邦法院系统实现法制的横向统一的目标已被放弃。此外，法兰克福特大法官想要打消异籍当事人任意选择法院的企图，至少想杜绝其在州法院与联邦法院之间的选择。[10]

适用约克案判决的诉讼结果标准所带来的问题不久就出现了。如果严格按字面意义适用这一方法，在异籍诉讼中，几乎所有的联邦程序规则都不得不被任何与之不同的州法取代，因为所有的程序规则都在一定程度上影响案件的判决结果。[11] 这种一刀切的解释不会是纽约案判决的原意。不过，由于该判决所提出

---

〔6〕 326 U. S. at 109, 65 S. Ct. at 1470. 在伊利案判决中大法官布兰代斯宣称国会无权宣布"在州法院适用的普通法实体规则"，这导致了实体与程序之争的突然出现。304 U. S. at 78, 58 S. Ct. at 822，但是，大法官里德在其同意判决并保留意见中指出"无人怀疑联邦对程序问题拥有的权力，"304 U. S. at 92, 58 S. Ct. at 828. 后来的案件似乎依赖于实体与程序领域的区别。See Cities Serv. Oil Co. v. Dunlap, 308 U. S. 208, 60 S. Ct. 201, 84 L. Ed. 196 (1939)（在一个确权诉讼中的举证责任涉及一种实体权利，有必要适用州法）and Palmer v. Hoffman, 318 U. S. 109, 63 S. Ct. 477, 87 L. Ed. 645 (1943)（证明共同过失的责任分配是一个联邦法院所必须适用的州法问题）。

〔7〕 326 U. S. at 109, 65 S. Ct. at 1470.

〔8〕 Ibid.

〔9〕 41 U. S. (16 Pet.) 1, 10 L. Ed. 865 (1842), see 3. 1, above.

〔10〕 326 U. S. at 109, 65 S. Ct. at 1470. 纵向的统一可能并不能完全阻止对法院的选择。因为不同的程序规则，审判负担沉重，可否提起中间上诉，以及法官的人品和能力都可能影响当事人的选择。See Hill, The Erie Doctrine and the Donstitution, 53 Nw. U. L. Rev. 427, 451 (1958).

〔11〕 诉讼结果标准的适用导致了对联邦规则的削弱。1949 年，这一事实至少部分地被最高法院的三个涉及该标准与联邦规则冲突的案件所证实。联邦最高法院在这三个案件中都裁定应当适用州法。对这三个案件的讨论见 3. 4 at notes 9 - 27, below.

的标准含混不清，联邦法院面临着为此标界定具体界线的问题。[12] 诉讼之初，当事人的事实依据和法律依据并未准确确定，要预测特定的联邦规则的适用与否对案件实体判决的影响是十分困难的。

　　然而，对大法官法兰克福特在约克案中阐述的判决意见进行仔细的分析，可以发现适用诉讼结果标准的一些限制。例如，他指出，在异籍案件中，无论州法院可否提供同样的救济，[13] 联邦法院都可以继续提供传统的联邦衡平法救济，[14] 例如禁令。他进一步指出，有关的联邦程序规则必须对诉讼结果有"相当的影响"才应为与之不同的州程序规则所取代。[15] 不过，这些不确切的表述没有什么指导意义，一些评论家因此断言每一联邦民事诉讼的规则都被约克案判决置于危险之中。[16]

　　1958 年，联邦最高法院在 Byrd v. Blue Ridge Rural Electric Cooperative, Inc.[17] 案中重新阐述了伊利原则。联邦最高法院在这一案件中发现：仅有一个联邦诉讼程序规则改变异籍案件判决结果的可能性并不能决定是否适用联邦或州法。联邦最高法院要求对与特定案件争议事项有关的联邦和州法对案件的影响做比较分析。

　　伯德案（Byrd v. Blue Ridge Rural Electric Cooperative Inc.）是以被告过失造成原告人身损害为由在南卡罗来纳联邦法院提起的一起异籍诉讼案件。被告主张：由于原告是其雇员，根据南卡罗来纳工人赔偿法，法院应当驳回起诉，原告获得救济的惟一方法是向适当的行政机构提出赔偿要求。南卡罗来纳最高法院认定，原告是否是法定的雇员是一个由法官而不是陪审团来确定的问题。然而，联邦最高法院裁定在联邦法院陪审团可以决定这一问题。

　　大法官布伦南（Brennan）代表联邦最高法院六位大法官撰写判决意见，他将这一法官与陪审团争议分成三个部分。[18] 他首先提出伊利判决所陈述的原则、即联邦法院在异籍诉讼中应当尊重州法院确定州权的方式。联邦最高法院认识到，在南卡罗来纳是由法官而非陪审团来根据立法决定雇员法律地位，这一规则

〔12〕 Hart, The Relations Between State and Federal Law, 54 Colum. L. Rev. 489, 512 (1954).

〔13〕 326 U. S. at 105 – 06, 65 S. Ct. at 1468 – 69.

〔14〕 对衡平法上的救济权力及其在现代的生命力，见 19 C. Wright, A. Miller & E. Cooper, Jurisdiction and Related Matters 2d4513.

〔15〕 326 U. S. at 109, 65 S. Ct. at 1470.

〔16〕 See generally Ely, The Irrepressible Myth of Erie, 87 Harv. L. Rev. 693 (1974); Hill, The Erie Doctrine and the Constitutions, 53 Nw. U. L. Rev. 427 (1958); Merrigan, Erie to York to Ragan—A Triple Play on the Federal Rules, 3 Vand. L. Rev. 711 (1950).

〔17〕 356 U. S 525, 78 S. Ct. 893, 2 L. Ed. 2d 953 (1958).

〔18〕 大法官惠特克（Whittaker）对适用的法律论点表示不同意。大法官法兰克福特和哈伦不同意另一要点，在其意见中也没有讨论伊利问题。

与州立法所规定的当事人的权利义务无关。[19] 而且，南卡罗来纳最高法院创立这一规则仅仅出于诉讼程序和管理性目的，别无更有力的理由来支持它。

其次，大法官布伦南承认可以适用约克案的最后决定标准，但是他认为对这一标准应当根据"对审理本案的利弊的考虑"而予以重新评价。[20] 这样的考虑之一是南卡罗来纳的规则可能会破坏联邦司法系统内法官和陪审团分工。虽然联邦最高法院没有言明宪法第七修正案有关陪审审判的权利可以用以解决伯德案的事实争议，但是该院认可这一修正案表明了"联邦法律反对州法规则损坏联邦法院法官与陪审团关系这一鲜明立场"。[21]

在判决意见的第三部分，布伦南大法官回到了诉讼结果标准并对其作出了新的理解。他指出，在决定诉讼的结果是否会受到联邦法而不是州法的严重影响时，必须分析联邦诉讼程序而非州程序规则导致的不同结果实际发生的确定性和可预见性。在伯德案本身，由陪审团而不是法官来决定争议严重影响诉讼结果的可能性不大。[22] 可以肯定，无法预测可能发生的不同结果。因此，不必为了诉讼结果的统一性而以州的程序规则代替联邦程序规则。

伯德案判决提出的标准要求权衡联邦和州规则之下的原则。伯德案中倾向于由法官来解决雇佣问题的州的规则被认为不是原则的，与相关立法关系不密切。而这一规则却与宪法第七修正案中的联邦法原则相抵触，再加上陪审团的使用导致不同结果的可能性也不是很大的事实，使布伦南大法官得出了应优先适用联邦法院规则的结论。[23]

评论家们欢迎伯德案判决及其使用权衡的方法，从而在联邦和州的利益之间重新建立适当的平衡。他们认为这一平衡自约克案判决以来就不稳定。[24] 但是，

---

〔19〕 356 U. S. at 536, 78 S. Ct. at 900. 可将此判决中联邦最高法院的判决语言与 Ragan v. Merchants Transfer & Warehouse Co. 案中对州立法的讨论进行比较。337 U. S. 530, 533－34, 69 S. Ct. 1233, 1235, 93 L. Ed. 1520 (1949). 对里根案（Ragan）的讨论见 3. 4.

〔20〕 356 U. S. at 537, 78 S. Ct. at 901.

〔21〕 356 U. S. at 537, 78 S. Ct. at 901.

〔22〕 356 U. S. at 537, 78 S. Ct. at 902.

〔23〕 356 U. S. at 537－38, 78 S. Ct. at 901.

〔24〕 See generally Friendly, In Praise of Erie—And the New Federal Common Law, 39 N. Y. U. L. Rev. 383 (1964); Smith, Blue Ridge and Beyond: A Byre's－Eye View of Federalism in Diversity Litigation, 36 Tul. L. Rev. 443 (1962); Note, Of Lawyers and Laymen: A Study of Federalism, the Judicial Process and Erie, 71 Yale L. J. 344 (1961).

因为没有客观的标准以评估相应的规则，一些法院难以适用伯德原则。[25] 一个联邦法院可以总的认为一个特定的州法或联邦法原则更重要，而另一个法院、甚至同一个法院在不同的时间可能对同样的原则不予重视。

　　例如，在 Jaftex Corporation v. Randolph Mills, Inc.[26] 案中，第二巡回上诉法庭合议庭认为一个外国公司是否"在"纽约、从而应在那里诉讼的问题应按联邦标准确定。法官克拉克（Clark）在其代表多数法官撰写的判决意见中认为《宪法》第 3 条建立异籍管辖权就意味着向当事人作出了"根据联邦法确定审判要素"的保证。[27] 他还提出联邦地域管辖立法和规定了传票送达程序的《联邦民事诉讼规则》第 4 条表明了用统一的联邦标准确定管辖的原则。[28] 法官克拉克发现：对此联邦利益，没有重要的州利益与之相对立；无论依据纽约州还是联邦的标准，本案中的诉讼书状送达都不可能有效。[29] 3 年后，同一个法院的全体法官审理 Arrowsmith v. United Press International[30] 一案时推翻了杰夫特克斯案（Jaftex Corporation v. Randolph Mills, Inc.）判决，认为州立法限制对人管辖及于外国公司的事实反映了不愿在本州阻止公司活动这一州法政策。这一政策的重要性超过了联邦法院为管辖创立联邦标准的理由。[31]

　　1965 年，联邦最高法院在 Hanna v. Plumer[32] 一案中再次检讨了伊利原则。首席大法官沃伦代表联邦最高法院撰写判决书。该案为异籍案件，根据相关的州法本案应当亲手送达。根据《联邦民事诉讼规则》第 4 条（d）（1），可以其他送达方式替代。被告认为，由于送达未能适当地完成，相应的州的诉讼会被驳回。因此联邦法院允许诉讼继续进行就违反了从伊利案到约克案确定的诉讼结果原则。联邦最高法院维持了替代方式的有效性，并拒绝了被告的理由："诉讼结果原则从来不是符咒。……事实上，约克案判决本身发出的讯号是：在州法与联

---

〔25〕 下级法院如何适用伯德标准的一个例子与弥补法律漏洞的立法有关。在 Szantay v. BeechAircraft Corp. 349 F. 2d 60 (4ᵗʰ Cir. 1965) 案中，一个伊利诺州人在南卡罗来纳起诉一个特拉华公司，诉因来自田纳西州。在南卡罗来纳州法院，该州的一部立法会阻止这一诉讼进行。然而，联邦第四巡回上诉法院确认此案包含三个重要的联邦利益在内，因此不应适用州法：（1）联邦《宪法》第 3 条以异籍管辖诉讼防止州法院对非居民的歧视；（2）联邦宪法有充分尊重与信赖这一规定，要求各州应对兄弟州所规定的权利以最大可能的实施；（3）联邦法要求鼓励合并诉讼，因为被告之一不能在南卡罗来纳外送达。由于该院没有发现有更为重要的州法原则支持该州弥补法律漏洞的立法，上述联邦利益比州拥有这一立法的利益更为重要。

〔26〕 282 F. 2d 508 (2d Cir. 1960).

〔27〕 282 F. 2d at 513.

〔28〕 282 F. 2d at 512.

〔29〕 282 F. 2d at 511.

〔30〕 320 F. 2d 219 (2d Cir. 1963).

〔31〕 320 F. 2d at 229 - 30. 第二巡回上诉法庭明确表明：尽管有伊利原则，但国会可以授权联邦法院对公司行使州法院所不能行使的管辖权。

〔32〕 380 U. S. 460, 85 S. Ct. 1136, 14 L. Ed. 2d 8 (1965).

邦法之间并没有一个自动的"石蕊试纸"般的标准可以适用，而是必须根据伊利原则之下的原则在州法与联邦法之间作出选择。"[33] 伊利规则的目的在于阻止对法院的选择和避免法律的不统一。联邦最高法院通过将约克案中的诉讼结果标准分解为伊利规则之下提炼并结成的两个原则。[34] 进而言之，在伊利案判决提到的平等保护问题出现之前，就有有关行使州法所赋予的权利的实体法存在。[35]根据《联邦民事诉讼规则》第 4 条（d）（1）采用替代送达，根据州法应当亲手送达，两者之间的细微区别不可能给非居民原告带来极大的利益，以致其要在州和联邦法院之间选择。

正如在下一节将要讨论的那样，首席大法官沃伦主张为联邦地区法院保持统一的诉讼程序规则有着重大的国家利益，并以此作为另一个支持适用《联邦民事诉讼规则》第 4 条的理由。首席大法官指出：宪法授权给国会以创立和规范联邦法院，[36] 使其完成《规则制定授权法》[37] 中所规定的诉讼程序事项，即使一些联邦规则可能不同于相应的州的程序规则，也允许将其适用于异籍案件中。[38]

虽然同意判决结果，但大法官哈伦不赞同首席大法官沃伦提出的两个理由。他认为"伊利原则不仅仅是对选择法院和不公正地实施法律的担心"，[39] 他继续指出，在拒绝约克案判决的"诉讼结果"标准、建立一个新的"程序性的因而也是宪法性的"标准的同时，联邦最高法院将伊利规则过于简单化。[40] 他相信，而这一缺陷可以通过认真总结相关的联邦和州法院的有关司法实践而补救。尽管与联邦规则相悖，如果"州的重要判例涉及的是我们的宪政制度留给州法规范的人的行为"，[41] 那么就应当适用州的程序规则。

大法官哈伦要求联邦法院决定哪些是规范当地公民的主要行为和事务的法律，这一方法提出了所有困扰伯德案判决平衡标准的不明确、不客观的问题。事实上，它所要求的仅仅是一个"实体"的定义。相反，沃伦首席大法官在判决意见中已经提出要保护联邦规则在异籍诉讼中免遭与之冲突的州法的侵扰，最终为伊利一案认定联邦程序规则的有效性提供了简明的标准。[42] 这一意见备受

---

[33] 380 U. S. at 466 – 67, 85 S. Ct. at 1141.

[34] 380 U. S. at 467 – 68, 85 S. Ct. at 1142.

[35] 380 U. S. at 468 – 69, 85 S. Ct. at 1142 – 43.

[36] U. S. Const. Art. Ⅲ, 2.

[37] 28 U. S. C. A. 2072.

[38] 380 U. S. at 471 – 74, 85 S. Ct. at 1144 – 45.

[39] 380 U. S. at 474, 85 S. Ct. at 1145.

[40] 380 U. S. at 476, 85 S. Ct. at 1146 – 47.

[41] 380 U. S. at 475, 85 S. Ct. at 1146.

[42] See generally Ely, The Irrepressible Myth of Erie, 87 Harv. L. Rev. 693 (1974).

称赞。

4.4 伊利原则和联邦规则

在1938年《联邦民事诉讼规则》颁布之前，联邦法院的诉讼程序由1872年制定的《一致法》（Conformity Act）规范。[1] 它规定，每一个联邦地区法院的诉讼程序应当与其所在的州法院保持一致。这一原则带来几个问题。该立法原意是使一州之内所有的法院适用统一的程序，但是，一出现例外，联邦法院就无州法规则可寻。[2] 此外，该法将为联邦法院建立程序规则的责任交给了州立法机关，而没有交给更能胜任这一使命的联邦法院。[3]

因为存在这些缺陷，国会在1934年通过了《规则制定授权法》，授权联邦最高法院为联邦法院起草并公布独立的程序规则。[4] 于是，杰出的法官、律师和学者组成的一个咨询委员会被任命以协助联邦最高法院准备新的程序立法。1937年12月20日，规则被联邦最高法院多数意见通过，并于1938年9月1日生效。

一套独立的统一的联邦规则的采用完成了从当年联邦最高法院对伊利市铁路公司诉汤普金斯案的判决开始的联邦法院诉讼程序的转型。[5] 伊利案的判决与联邦最高法院《联邦民事诉讼规则》的颁布，共同昭示了联邦法院将在异籍诉讼中适用其所在州的实体法和联邦民事诉讼规则所规定的程序法。

7年以后，这一看似简单的做法在联邦最高法院对担保信托公司诉约克一案作出判决时就变得不那么简单了。[6] 大法官法兰克福特拒绝了对实体与程序的普遍区分，而认为州法不得不适用于那些通常被认为是程序性的事项上，理由在于"只要诉讼结果由法律规则所决定，在联邦法院诉讼的结果应当与同一案件在州法院诉讼的结果一致。"[7] 当然，不少的评论者都表述了他们的担忧，即由于程序规则总在一定程度上会影响案件结果，许多联邦规则会在异籍诉讼中被相

211

---

〔1〕　Act of June 1, 1872, ch. 255, 5, 17 Stat. 197 (1872) (repealed 1934).

〔2〕　该法规并未要求联邦法院在衡平法的诉讼和海事诉讼中适用州的程序。对那些案件另有独立的衡平法和海事法规则可适用。这不仅有损于程序的统一性目标，也使普通法与衡平法诉讼的人为的分立得以长期存在。甚至，在那些已有统一的法院系统的州内也是如此。

〔3〕　对《联邦民事诉讼规则》之前的联邦法院程序，见4 C. Wright & A. Miller, Civil 2d1001 - 04.

〔4〕　Act of June 19, 1934, ch. 651, 48 Stat. 1064 (codified at 28 U. S. C. A. 2072). 对这一《规则制定授权法》的完整的历史，见 Burbank, Rules Enabling Act, 130 U. Pa. L. Rev. 1015 (1982).

〔5〕　304 U. S. 64, 58 S. Ct. 817, 82 L. Ed. 1188 (1938). See 4. 2, above.

〔6〕　326 U. S. 99, 65 S. Ct. 1464, 89 L. Ed. 2079.

〔7〕　326 U. S. AT 109, 65 S. Ct. at 1470.

应的州法规定所取代。[8]

这种担忧被联邦最高法院 1949 年的同一天里所作出的三个判决所强化：Woods v. Interstate Realty Company,[9] Cohen v. Beneficial Industrial Loan Corporation,[10] 和 Ragan v. Merchants Transfer & Warehouse Company。[11] 从上述每一个判决中，联邦法院都被告知要适用州法，而不要理会对州法的适用会对程序统一这一联邦利益造成严重的损害的观点。

在伍兹诉州际不动产公司案（Woods v. Interstate Realty Company）中,[12] 原告称其帮助被告出售了位于密西西比的不动产，起诉要求索回经纪人佣金。根据密西西比州法，像原告这样的外国公司如果没有委托接受送达的代理人，诉讼应当予以驳回。联邦最高法院认为，如果原告收回财产的诉讼在州法院被阻止，则不能在联邦法院提起异籍诉讼。[13] 该院将约克案的前提解释为"如果当地法律创立了一种权利而又没有为此权利规定相对应的救济，那么，在异籍诉讼中它就根本不是一种权利。"[14] 否则，将会让那些侥幸能够提起异籍诉讼的人获得不公正的利益。[15]

科恩诉有益工业贷款公司案（Cohen v. Beneficial Industrial Loan Corporation）[16] 是一个股东代位诉讼，以公司的经理们为被告在新泽西州联邦法院起诉。经理们被指控共谋牺牲公司利益而使他们自己获利。原告是一个只拥有小部分公司股份的股东。由于被告们认为原告会败诉且诉讼会给他们造成损失，庭审之前根据一部新泽西州的立法规定，被告要求原告寄出一份补偿保证书。[17]

---

〔8〕 Gavit, States's Rights and Federal Prodedure, 25 Ind. L. J. 1 (1949); Merrigan, Erie to York to Ragan — A Triple Play on the Federal Rules, 3 Vand. L. Rev. 711 (1950); Note, Federal Procedure: The "Outcome" Test Applied in Actions based on Diversity of Cityzenship, 35 Cornell L. Q. 420, 423 (1950); Note, Substance, Procedure and Uniformity — Recent Extensions of Guaranty Trust Co. v. York, 38 Geo. L. J. 115, 128 – 30 (1949).

〔9〕 337 U. S. 535, 69 S. Ct. 1235, 93 L. Ed. 1524 (1949).

〔10〕 337 U. S. 541, 69 S. Ct. 1221, 93 L. Ed. 1528.

〔11〕 337 U. S. 530, 69 S. Ct. 1233, 93 L. Ed. 1520 (1949).

〔12〕 337 U. S. 535, 69 S. Ct. 1235, 93 L. Ed. 1524 (1949).

〔13〕 该院在以下的判决中使用了大法官法兰克福特的表述，Angel v. Bullington, 330 U. S. 183, 187, 67 S. Ct 657, 659, 91 L. Ed. 832 (1947), quoting Graranty Trust York, 326 U. S. 99, 108, 65 S. Ct. 1464, 1469, 89 L. Ed. 2079 (1945), "就异籍管辖而言，一个联邦法院不过是一个州的另一个法院。"

〔14〕 337 U. S. at 538, 69 S. Ct. at 1237.

〔15〕 Ibid.

〔16〕 337 U. S. 541, 69 S. Ct. 1221, 93 L. Ed. 1528 (1949).

〔17〕 新泽西州制定法规定，在公司中只有很小利益的股东代位诉讼的原告在败诉后应当赔偿公司被告所有为诉讼而支出的费用。这一立法也赋予公司在股东代位诉讼庭审之前要求补偿保证书。337 U. S. at 544 n. 1, 69 S. Ct. at 1224 n. 1.

联邦地区法院认为，由于诉讼应当按照《联邦民事诉讼规则》[18] 有关股东   212
代位诉讼的规定[19] 进行，不能适用州法。第三巡回上诉法庭撤消了这一裁
定。[20] 联邦最高法院维持了上诉法院的决定。该院认为，新泽西州的这一立法
"不仅仅是程序规范。"[21] 相反，它将一种新的责任加之于原告身上，以保证在
原告未能胜诉时、为诉讼而遭受损失的公司被告能够获得赔偿："我们不认为联
邦法院可以将这部为股东诉讼作出如此规定的州立法当作纯粹的程序原则而置之
不理"。[22]

第三起案件是因一起在高速公路发生的交通事故而向堪萨斯州的联邦法院提
起的异籍诉讼案件，即里根诉商业运输和仓储公司（Ragan v. Merchants Transfer
& Warehouse Company）。[23] 该州诉讼时效为 2 年，至起诉时止。州法规定诉讼
的开始于传票向被告送达。但是，《联邦民事诉讼规则》第 3 条规定向法院提交
诉状即为诉讼开始。原告在事故发生的 2 年内起诉，完全符合联邦规则的要求。
然而，2 年后传票的送达才完成。

联邦最高法院以诉讼的开始与堪萨斯州诉讼时效法规定不符为由，作出驳回
起诉的最后裁决。大法官道格拉斯（Douglas）在其代表联邦最高法院撰写的判
决意见书中写道，这一裁决是因为"诉讼原因是州法规定的，对其的审理只能
依据州法。……州法宣告其产生和终结。……一旦州法创设或者消灭它，联邦法
院必须遵从。否则，法院之间对同一诉讼原因的评判就各不相同，违背了伊利铁
路公司诉汤普金斯案的原则。[24]

对约克案抱有疑虑的评论家们立即指出里根、科恩和伍兹三个判决进一步地
威胁了在以州法为基础的诉讼中对联邦规则的继续适用。十多年前参与联邦规则
咨询委员会起草联邦民事诉讼规则的著名撰写人、第二巡回上诉法庭法官查尔斯
·E·克拉克（Charles E· Clark）认为，"这三个判例之后，《联邦民事诉讼规   213
则》之中没有任何一条可以经受善辩的律师和顺从的下级法院的攻击。"[25] 同
样，其他学者也断言，因这三个判例，律师们也无法确定《联邦民事诉讼规则》

---

〔18〕 这一规则是《联邦民事诉讼规则》23（b），现在为该规则之 23. 1.

〔19〕 7 F. R. D. 352, 356（D. N. J. 1947）. 该地区法院也相信大法官法兰克福特在其对约克案
的诉讼结果决定性标准的分析中所提出的保留联邦衡平法程序的独立性的意见。从历史上看，股东代位诉
讼是衡平法上的诉讼。See Guaranty Trust Co. v. York, 326 U. S. at 105－06, 65 S. Ct. at 1468.

〔20〕 170 F. 2d 44, 54（3d Cir. 1948）.

〔21〕 337 U. S. at 555, 69 S. Ct. at 1230.

〔22〕 337 U. S. at 556, 69 S. Ct. at 1230.

〔23〕 337 U. S. 530, 69 S. Ct. 1233, 93 L. Ed. 1520（1949）.

〔24〕 337 U. S. at 533, 69 S. Ct. at 1235.

〔25〕 Clark, Book Review, 36 Cornell L. Q. 181, 183（1950）.

中哪些规定还"有效"。[26]

现在看来，这些评论都言过其实了。虽然里根和科恩案的确将州实体法加之于联邦规则的适用之上，但他们没有如有人所提议的那样，使《联邦民事诉讼规则》第3条或以前的第23条（b）失效。联邦最高法院事实上没有以州法取代联邦法，而是想使州实体法原则与联邦程序法原则融合一体。里根一案判决不认为联邦规则第3条是不可适用的，相反，它认为，为了尊重州法创立的权利，除了适用有关联邦诉讼程序规则外，有必要满足州的程序性要求。同样，科恩案判决指出一个州有权为将诉至本州法院的股东代位诉讼增加联邦规则所没有规定的受理条件，但位于该州内的联邦法院则必须遵守这些联邦规则的要求和有关联邦规则所规定的条件。因此，里根、科恩和伍兹三个判决可以被视为联邦和州法之间假想冲突的范例。包含在联邦和州程序之内的实体原则同时被实现了，州和联邦的程序并不相互排斥。[27]

对《联邦民事诉讼规则》在伊利规则之后不复存在的担忧在一定程度上被伯德一案的判决[28]所缓解。虽然没有涉及一个联邦规则，但是该案判决似乎认为联邦民事诉讼规则与伊利规则可以并存——最后决定不再是联邦法院适用的惟一标准。联邦最高法院承认了联邦法院的独立性质，认为像法官与陪审团职能分工这样的重大联邦原则即使与州程序法相冲突，也必须得到维护。

214

然而，正如以前所指出的，虽然伯德案因摆脱了约克案判决的迟钝而备受欢迎，但是伯德案判决提出的平衡标准含混、抽象，导致了下级联邦法院的迷惑与矛盾。例如，第五巡回上诉法庭[29]认为联邦法院内有关举证的程序对联邦制度而言有重大利益，但是第七巡回上诉法庭[30]却视之为一般的联邦利益，重要性相对较小。缺乏一个绝对的尺度以检验州与联邦原则孰轻孰重，平衡就导致了随意。[31]

---

〔26〕 Merrigan, Erie to York to Ragan — A Triple Play on the Federal Rules, 3 Vand. L. Rev. 711, 712 n. 5 (1950). See also Note, Substance, Procedure and Uniformity — Recent Extensions of Guaranty Trust Co. v. York, 38 Geo. L. J. 115, 118–24 (1949).

〔27〕 有两个附加的解释可以在此提供。联邦最高法院可能已经根据《规则制定授权法》指出，如果一个联邦规则的"实体性"要素与重要的州法原则相冲突，则不得适用。对此，见 Ely, The Irrepressible Myth of Erie, 87 Harv. L. Rev. 693, 729–32 (1974). 其次，至少在里根案中，联邦最高法院暗示《联邦民事诉讼规则》第3条并不反映任何重要的联邦法原则，不需要在异籍诉讼中坚决适用。

〔28〕 356 U. S. 525, 78 S. Ct. 893, 2 L. Ed. 2d 953 (1958). 见4. 3对伯德案的较详细的讨论。

〔29〕 Monarch Ins. Co. v. Spach, 281 F. 2d 401, 407 (5th Cir. 1960). Accord Dallas County v. Commercial Union Assurance Co., 286 F. 2d 388, 393 (5th Cir. 1961) (根据联邦标准决定传闻证据的可采性)。

〔30〕 Allatate Ins. Co. v. Charneski, 286 F. 2d 238 (7th Cir. 1960) (禁止对保险公司不承担责任作出宣告判决的特别州法原则比赋于地区法院是否作出宣告判决救济的联邦规则更重要)。

〔31〕 适用伯德判决中的平衡标准的困难的例证，见4. 3.

在汉纳诉卢默一案（Hanna v. Plumer）中，[32] 联邦最高法院打消了人们对《联邦民事诉讼规则》生命力的担忧，在判决中联邦最高法院宣称："只要《联邦民事诉讼规则》改变州法所创立的权利的实施方式、该规则就不能适用的观点是错误的，它背离了《宪法》对国会在民事诉讼领域的授权和国会在《规则制定授权法》中对这种权力的执行。"[33] 据此，联邦最高法院认为：除非能够证明联邦民事诉讼规则咨询委员会、联邦最高法院和国会都错误地将一个被质疑的规则置于《规则制定授权法》授权的范围，该联邦原则就应当适用。[34]

代表联邦最高法院撰写判决的是首席大法官沃伦在 Sibbach v. Wilson & Company[35] 案中发现了支持一个联邦规则有效性的假定。在该案中，联邦最高法院认为《联邦民事诉讼规则》第 35 条授权命令当事人接受身体检查的这一规定，是联邦最高法院对国会所授予的程序规则制定权的合法行使。《联邦民事诉讼规则》第 35 条并没有缩小、修改或扩大当事人的实体权利，它仅仅是在落实州实体法所承认和创立的权利与义务。沃伦首席大法官也借鉴了 Mississippi Publishing Corporation v. Murphree[36] 一案的判决。在该案中，联邦最高法院认定，《联邦民事诉讼规则》第 4 条（e）对联邦法院在其所在州内的送达的规定没有扩大联邦法院的管辖权，没有违反《联邦民事诉讼规则》第 82 条和《规则制定授权法》；相反，它仅仅是在行使国会授予地区法院的管辖权力。

在汉纳案判决中联邦最高法院提出了决定特定的联邦民事诉讼规则的适用的三步分析法。首先要根据具体案情，审查联邦规则是否在事实上规范本案遇到的情况；如果是，那么联邦法院应当决定联邦与州的程序规则是否相冲突，或者联邦规则覆盖的范围比州规则小、从而允许在不影响联邦规则适用的前提下另外适用州法规定。首席大法官指出，里根与科恩案了判决代表了以后的发展。这两个判例中，有关的联邦规则的适用范围都小于相应的州法规定，因此州法另外规定

215

---

〔32〕 380 U. S. 460, 85 S. Ct. 1136, 14 L. Ed. 2d 8 (1965). 见4. 3 at note 32－42 有关汉纳案的事实与联邦最高法院的推理的概括。

〔33〕 380 U. S. at 473－74, 85 S. Ct. at 1143.

〔34〕 380 U. S. at 471, 85 S. Ct. at 1144.

〔35〕 312 U. S. 1, 61 S. Ct. 422, 85 L. Ed. 479 (1941). The Sibbach case and Rule 35 are discussed in 8A C. Wright, A. Miller & R. Marcus, Civil 2d2231 and in Notes, 29 Calif. L. Rev. 543 (1941), 15 Tul. L. Rev. 612 (1941), and 27 Va. L. Rev. 706 (1941).

〔36〕 326 U. S. 438, 445, 66 S. Ct. 242, 90 L. Ed. 185 (1946).

的要求就能够在不违反联邦规则的情况下适用。[37] 然而，如果州的诉讼程序法
与联邦规则有直接的冲突，法院就必须决定后者是否是《规则制定授权法》授
予联邦最高法院的权力的行使。最后这一个步骤并未阻隔联邦法的适用，原因正
如首席大法官沃伦在汉纳案判决中所指出的那样，对于联邦法院而言，联邦规则
被推定为联邦最高法院制定程序规则这一权力的有效行使。

至少在理论上，联邦规则规定的事项不再是从伊利案到约克案诉讼结果决定
性标准或法院选择法分析的对象。[38] 如果一个联邦程序规则对争议事项有所规
定，如果它是对国会根据《宪法》第1条和第3条授予联邦最高法院的权力的
行使，那么它应当被适用。州法中与之不同的规定不能取代联邦规则。只有当没
有直接规范争议事项的联邦规则、或者州和联邦法可能同时适用时，才有必要审
查相应的州法和联邦法的程序规定是否违反伊利案判决的双重目的——避免当事
人选择法院和法律的统一适用。[39]

虽然汉纳案判决使与联邦规则有关的法律适用方法变得明确，但是联邦最高
法院的推理还未被普遍接受。正如在以前的章节中指出的那样，哈伦大法官同意
汉纳案的判决意见但同时保留了不同的理由，他认为多数大法官"论证的程序
性的因此也就是宪法性的"标准过于宽泛，并且未能觉察伊利原则的真谛。[40]
他进一步指出，根据汉纳案判决来决定什么时候一个联邦规则与州诉讼程序直接
冲突、并且当该规则超越了联邦最高法院规则制定权是十分困难的。因为界定某
一规则适当的适用范围通常并不容易，因此决定一个联邦规则是否可适用的这一

---

〔37〕 在汉纳案之后出现了对里根案判决有效性的争论。联邦最高法院通过 Walker v. Armco Steel
Corp., 446 U. S. 740, 100 S. Ct. 1978, 64 L. Ed. 2d 659 (1980) 解决了这一问题。联邦最高法院认定
里根案的判决依然有效，《联邦民事诉讼规则》第3条没有与州制定法直接冲突。该州法规描述的诉讼
"开始"就是指送达完成时。因此，审理异籍诉讼的联邦法院在此情形下必须适用州法，不能援引汉纳案
分析方法或有最高效力的《联邦民事诉讼规则》第3条。

联邦最高法院在 Burlington Northern R. R. Co. v. Woods, 480 U. S. 1, 107 S. Ct. 967, 94L. Ed. 2d
1 (1987) 中重申了汉纳案判决中提出的决定一个联邦规则是否有效的标准。联邦最高法院认为《联邦上
诉程序规则》第38条"宽容得足以"与一个专门对二审维持一审判决的上诉人规定了一定的处罚的州立
法相冲突，联邦规则必须适用，因为它代表的是以《宪法》和《规则制定授权法》为依据的"国会立法
权的有效行使"。联邦最高法院注意到《联邦民事诉讼规则》第38条是一个程序规则，因而"也是宪法
性的"，能够"满足《规则制定授权法》的法定条件"。480 U. S. at 9, 107 S. Ct. at 971.

〔38〕 See, e. g., Neifeld v. Steinberg, 438 F. 2d 423, 426 (3d Cir. 1971) (Rules 12 (b) and 12 (h)
applicable in lieu of Pennsylvania procedural law on an issue raised by a permissive counterclaim); Har—Pen Truck
Lines, Inc. v. Mills, 378 F. 2d 705, 708 (5ᵗʰ Cir. 1967) (佐治亚州立法禁止一个合同之诉与侵权之诉的
合并，被判不得适用，因为合并问题由联邦民事诉讼规则规范)。

〔39〕 See Kuchenig v. California Co., 350 F. 2d 551, 554 - 55 (5ᵗʰ Cir. 1965)，调取案卷复审令申请
被驳回382 U. S. 985. 其中，法官的结论认为，必要性的问题要求普通的伊利—伯德衡平标准。对此衡平
方法的讨论，参见 4.3。

〔40〕 380 U. S. at 476, 85 S. Ct. at 1146 - 47。

难题依然存在。[41]

例如，在 Gasperini v. Center for Humanities[42] 一案中，联邦最高法院最近面临的难题就是决定一个联邦规则的范围。该案提出的问题是：一个联邦法院是否不得不适用其所在州（纽约）对陪审团在异籍诉讼中裁决的损害赔偿的法定的司法审查标准。

新闻记者威廉·加斯伯里尼（Gasperini）起诉人道中心（Center for Humanities）丢失了他的摄影胶卷，陪审团裁决的赔偿金额高于原告请求的金额，被告对此不服，提出联邦地区法院应当适用纽约的一部立法。根据此立法，根据当事人要求重新审判的动议，州初审法院和上诉法院应当审查陪审团的赔偿裁决，其审查标准比传统上联邦法院的审查标准严格得多。[43] 联邦地区法院法官拒绝适用州的审查标准，但是其裁定被第二巡回上诉法庭撤消，认为应当适用纽约州的制定法。

联邦最高法院发出调卷复审令并审查了两个问题：首先，地区法院是否应当适用纽约州立法，其次，第二巡回上诉法庭再次审查陪审团裁决是否违反了第七修正案。对第一个问题，代表联邦最高法院撰写判决的大法官金斯伯格（Ginsburg）采用了汉纳案判决所解释的伊利案判决的双重目标理由。由于联邦地区法院和纽约初审法院有关赔偿的实体法规定不同会鼓励当事人选择法院，他推导出联邦标准的适用将会违反第一个目标的结论。适用联邦审查标准也会违反汉纳案判决的第二个目标即努力阻止在联邦与州法院之间法律适用的不统一。然而，三位大法官持有异议，认为汉纳案判决"双重目标"标准不能适用，因为初审法院的审查标准在《联邦民事诉讼规则》第 59 条所允许的司法自由裁量权范围之内。根据汉纳案判决对《规则制定授权法》的解释，应当适用联邦规则。[44]

虽然纽约州立法也要求州上诉法院可以减少陪审团的裁决金额，但是联邦最高法院拒绝将此上诉规定适用于联邦异籍诉讼。该院明确采用了伯德案判决的平衡标准，在包含于第七修正案"重新审理条款"中的联邦利益与州法有关上诉

217

---

〔41〕 对决定规则适当范围的问题的讨论，见 19 C. Wright, A. Miller & E. Cooper, Jurisdiction and Related Matters 2d4310.

〔42〕 518 U. S. 415, 116 S. Ct. 2211, 135 L. Ed. 2d 659 (1996). N. Y. – McKinney's CPLR 5501 ⓒ.

〔43〕 根据纽约州制定法，如果赔偿金额"严重背离了合理的补偿"，即为赔偿过多。N. Y. – McKinney's Cplr 5501 (c)；更有约束力的联邦判例规则允许陪审裁决成立，除非它"震惊了法庭的良知"。116 S. Ct. at 2211, 2236, 518 U. S. at 415, 459.

〔44〕 116 S. Ct. 2211, 2229, 518 U. S. 415, 448 (Scalia, J., dissenting, joined by Thomas, J. and Rehnquist, C. J.). 另见 4. 3 – 4. 4 节对汉纳案判决对伊利问题的"指导性"的阐述。

的规定之下的原则相比较。联邦最高法院得到了应适用联邦规则的结论。[45]

对加斯伯里尼案发表评论的人注意到了以下引人注目的两个事实：联邦最高法院的判决在对第一个"伊利问题"——是否适用州的审查标准——的讨论中根本没有援引伯德案判决；也在考虑第二个伊利问题——通过上诉再次审查纽约州初审法院对陪审裁决的审查标准是否危及第七修正案——时也没有对汉纳案判决进行讨论。[46] 不幸的是，联邦最高法院对加斯伯里尼案作出判决时没有解释为什么这两个问题要求对伊利案判决作出两种不同的分析。从更普遍的意义来看，对一个特定的问题而言，是否要决定其中一个分析比另一个分析更有关联，联邦最高法院对此没有提供任何指南。在涉及重新审理条款和纽约州法有关上诉的规定的第二个问题中，该院发现，"联邦法院系统的一个基本特征"的存在引起了对伯德案判决方法的需要，因为那种思维模式可以较好地指导那些提出了"补偿联邦利益"的案件。[47] 即使如此，该院没有解释如何识别补偿利益的存在，或者，为什么又没有这种补偿利益存在从而使联邦最高法院对第一个问题适用纽约州标准而不是《联邦民事诉讼规则》第59条规定的标准。

无论如何，当涉及联邦规则时，只要评价法律适用问题的特殊情况与标准符合大法官布兰代斯在伊利案判决中表达的宪法要求，就是正当的。因为伊利案判决不仅表达了对规范一定实体问题的州的利益的充分尊重，还指出联邦最高法院根据斯威夫特诉泰森案判决发展联邦普通法的行为超越了《判决依据法》所赋予法院的权限。但是，当一个联邦规则存在时，又涉及到另一部制定法即《规则制定授权法》。这一法规包含了国会特别授予联邦最高法院以制定规范联邦法院诉讼程序的权力。[48]

4. 5 决定适用哪一州的法律

本章已经分析了一个联邦法院如何决定其是否必须适用州法，还是自由决定适用联邦法判决某一案件。但是，对于任何涉及多个州因素的案件，还有另一个法律选择问题要解决，即适用哪一州的法律。面对当事人或有关事件越过了州界的诉讼，联邦法院必须回答几个法律选择问题：（1）是联邦法还是州法为决定适用哪一个州的法律规定了原则；（2）对于特别适用的法律，这些法律原则的

---

〔45〕 U. S. Const. Am. Ⅶ（"在合众国，陪审团审判的事实只能根据普通法规则予以审查"）。另见11. 3–11. 6节对第七修正案的详细讨论。

〔46〕 See, e. g., Freer, The State of Erie after Gasperini, 76 Texas L. Rev. 1637 (1998); Rowe, Not Bad for Government Work: Does Anyone Else Think the Supreme Court Is Doing a Halfway Decent Job in its Erie - Hanna Jurisdiction Ⅱ, 73 Notre Dame L. Rev. 963 (1998).

〔47〕 116 S. Ct. at 2211, 2276, 518 U. S. 415, 459.

〔48〕 有关伊利案判决所反映的权力分立的讨论，见 Degnan, Law of Federal Evidence Reform, 76 Harv. L. Rev. 275 (1962).

选择决定了什么；（3）一旦一个特定的州法被选择后，联邦法院就不得不优先适用这一法律而不适用联邦法吗？前几节已就回答最后这个问题的标准做了充分的探讨，第二个问题要求对规范州与州之间法律决定选择的原则进行分析，这超出了本书的范围。[1] 然而，因为第一个问题涉及到支配伊利原则的联邦主义观念，所以本节要加以论述。但是，结论并不一定相同。[2]

在伊利铁路公司诉汤普金斯案中，[3] 纽约联邦法院审判的诉讼原因来自宾夕法尼亚州居民原告在该州所遭受的一次事故。虽然大法官布兰代斯明确宣称在纽约的联邦法院不能无视宾州有关铁路公司对闯入铁路线者的责任的普通法规定，但他并没有解释为什么适用的是宾州而不是纽约州的法律。

大法官布兰代斯的结论认为适用宾州法律就意味着联邦最高法院适用了联邦法律选择原则，并由此决定发生于宾州、涉及宾州居民的侵权诉讼应当适用该州法律。[4] 另一种可能是这位大法官可能认为纽约的州法院根据自己的冲突法规则，因事故发生地在宾州而决定适用宾州法律。这个分析表明当地冲突法规则对联邦异籍案件的审判具有约束力。

从伊利案判决的语言很难发现大法官布兰代斯意见的理论基础。[5] 因此，在伊利案判决之后，联邦法院不知应当采用其所在州的冲突法规则，还是为联邦法院建立法律选择理论。在这一时期，以 1940 年第一巡回上诉法庭对 Sampson v. Channell[6] 案的判决最有影响。法官马格鲁德（Magruder）所写的判决意见认为，伊利案判决要求联邦地区法院适用所在州的法律选择规则。

值得注意的是，在这一点上，桑姆普森案（Sampson v. Channell）判决意见的产生并非必然。既无判例也无宪法强制如此。判决依据法[7] 仅仅提到"在各州所适用的法律"，没有提及对特定案件适用哪一个州的法律的问题。同样，《宪法》也没有规定一个联邦法院在异籍管辖案中必须适用州的冲突法。事实上，有人曾指出，《宪法》第 4 条第 1 款充分信赖与尊重条款和第 3 条对法院的

---

〔1〕 See generally E. Scoles & P. Hay, Conflict of Laws (1992).

〔2〕 有关联邦异籍诉讼解决适用哪一州法律的问题的标准的完整的讨论，见 19 C. Wright, A. Miller & Cooper, Jurisdiction and Related Matters 2d4506.

〔3〕 304 U. S. 64, 58 S. Ct. 817, 82 L. Ed. 1188 (1938).

〔4〕 Hart, The Relations Between State and Federal Law, 54 Colum. L. Rev. 489, 514 n. 84 (1954).

〔5〕 在伊利案判决后的一周，联邦最高法院判决了另一案件，但正如其所承认的那样，完全避免了这个法律问题的选择。Ruhlin v. New York Life Ins. Co., 304 U. S. 202, 208 n. 2, 58 S. Ct. 860, 862 n. 2, 82 L. Ed. 1290 (1938).

〔6〕 "如果在马萨诸塞州的联邦法院无视该州最高法院（Supreme Judicial Court）制定的冲突法，而要将自己的观点作为'普通性的法律'，那么，斯威夫特诉泰森案判决的阴魂……就仍在四处游荡，它的个头较小，但贻害更大。" 110 F. 2d 754, 761 (1ˢᵗ Cir. 1940), cert. denied 310 U. S. 650.

〔7〕 78 U. S. C. A. 1652.

授权含义都为联邦法院独立决定冲突法问题提供了宪法性基础。[8]

1941 年，联邦最高法院对西巴奇诉威尔逊公司（Sibbach v. Wilson & Company）案的判决[9]似乎倾向于采用联邦冲突规则。然而，在当年开庭期结束之前，联邦最高法院抛弃了异籍案件联邦冲突规则的想法。在同一天宣判的两个案件中，它认为审理异籍诉讼的联邦法院必须遵循其所在地的州法院所遵循的法律选择规则。

Klaxon Company v. Stentor Electric Manufacturing Company[10] 是第一个案件。这是在特拉华州的联邦法院提起的违约之诉，合同在一方当事人成立地纽约生效。第三巡回上诉法庭裁定，应当适用规定有合同诉讼中的利益的纽约州立法，而没有审查特拉华州的立法。但联邦最高法院撤消了这一裁定，判定适用联邦地区法院所在地、即特拉华州的冲突法。大法官里德为意见一致的法院代言，他写道，"任何别的决定都将违反汤普金斯案判决所赖以存在的原则，即一州之内的法律统一性。这一原则可能会在不同州的联邦法院之间产生法律适用的不统一，但这种不统一源自于我们的联邦制。在宪法所允许的范围之内，联邦制给予各州制定与其他州法律不同的地方性法律的权力。联邦法院不能以执行一个独立的、"普适性的"冲突法。[11] 这一结论没有考虑以下的反对理由：判决依据法、充分信赖与尊重条款以及《宪法》第 3 条对司法权的授予的规定允许联邦法院制定自己的冲突法规则。

第二个案件是 Griffin v. McCoach[12] 一案，联邦最高法院的判决更明确地要求适用所在州的冲突法。一个遗产管理人在德克萨斯州联邦法院起诉要求得到死者人寿保险的保单。死者为德州人，生前也居住在德州。被告保险公司提交确定权利竞合诉状，要求所有其他对保单利益主张权利的人都进入同一诉讼（以在他们与本案原告中确定谁有权得到保险金）。这一请求被法院支持，保险公司退出诉讼。由于保单在纽约发出，联邦地区法院认定适用纽约州法，并将保险收益

---

[8] Cheatham, Federal Control of Conflict of Laws, 6 Vand. L. Rev. 581 (1953). See also American Law Institute, Study of the Division of Jurisdiction Between State and Federal Courts 442 – 48 (1969); Friendly, In Praise of Erie — And of the New Federal Common Law, 39 N. Y. U. L. Rev. 383, 398 – 405 (1964); Hill, The Erie Doctrine and the Constitution：Ⅱ, 53 Nw. U. L. Rev. 541 (1958); Jackon, Full Faith and Credit – The Lawyer's Clause of the Constitution, 45 Colum. L. Rev. 1 (1945).

[9] 312 U. S. 1, 61 S. Ct. 422, 85 L. Ed. 479 (1941). 联邦最高法院指出，如果不接受披露规则所规定的人身检查的权利是实体性的，那么，判决依据法就要求位于伊利诺伊州的联邦地区法院适用诉讼原因产生所在地、即印第安纳州的法律并要求检查。312 U. S. at 10 – 11, 61 S. Ct. at 425. 这一表述意思似乎提出：当一个争议没有有效的联邦规则可适用时，联邦法院应当适用侵权行为地法而不是其所在地的州的法律。

[10] 313 U. S. 487, 61 S. Ct. 1020, 85 L. Ed. 1477 (1941).

[11] 313 U. S. at 496, 61 S. Ct. at 1021 – 22.

[12] 313 U. S. 498, 61 S. Ct. 1023, 85 L. Ed. 1481 (1941).

判给一个专门成立收取保险收益的辛迪加组织的成员。联邦最高法院撤消这一判　221
决，理由在于：德克萨斯州已通过一个很不寻常的法律，禁止像本案中的辛迪加
组织这样、在人寿保险中没有利益的人收取保单收益。根据德州冲突法规则，德
州法院会对在另一司法管辖区制定的合同适用上述法律，从而拒绝向辛迪加组织
成员支付。此案被发回以作出与德州法律一致的判决。

在克拉克森（Klaxon Company v. Stentor Electric Manufacturing Company）和
格里芬案（Griffin v. McCoach）[13] 判决中的推理遭到许多学者和律师的批
评。[14] 虽然在州法院和位于同一州的联邦法院一致适用该州的冲突法规则的确
减少了纵向的法院选择，[15] 横向的法律选择—即在地处不同州的联邦法院之
间—产生了。哪里的冲突法规则最利于自己，当事人就向那里的联邦法院起诉
即可。[16]

尤其不幸的是联邦法院被捆住手脚不能建立独立的冲突法。从逻辑上分析，
因其联邦性质、相对中立的态度、普遍较高的法官素质，他们应该是创立州际冲
突法规则的法院。克拉克森和格里芬案使联邦宥于地方的冲突法，扼杀了出现出
现这种有利局面的机会。

尽管备受指责，联邦最高法院和下级联邦法院继续遵从克拉森原则。在
Bernhardt v. Polygraphic Company[17]一案判决中，联邦最高法院重申了这一原则。

---

〔13〕　对格里芬案判决还有特别的抨击，因为有全国范围送达规定的法定的确认权利竞合诉讼程序是
法定的，其性质就决定了别无其他州可以替代诉讼所在州成为审判地，因此也就不存在对选择法院的担忧
与考虑。对克拉克森和格里芬两个案件判决原则对确认权利竞合诉讼的法律问题的意义，见 7 C. Wright,
A. Miller & M. Kane, Civil 2d1713。一些评论家提出，只要一个诉讼当事人因某一特定联邦法规而成为联邦
法院的一个当事人，且州法院对其无对人管辖权，就应当适用联邦冲突法。See Friendly, In Praise of Er-
ie—And of the New Federal Common Law, 39 N. Y. U. L. Rev. 383, 402 (1964); Horowitz, Toward a Fed-
eral Common Law of Choice of Law, 14 U. C. L. A. L. Rev. 1191 (1967); Weintraub, The Erie Doctrine
and State Conflict of Laws Rules, 39 Ind. L. J. 228 (1964)。各州长臂法规的大量增加大大削弱了这一论点
的意义。See 3. 12－3. 13。

〔14〕　See Baxter, Choice of Law and the Federal System, 16 Stan. L. Rev. 1 (1963); Cheatham, Feder-
al Control of Conflict of Laws, 6 Vand. L. Rev. 581 (1953); Cook, The Federal Courts and the Conflict of
Laws, 36 Ⅲ. L. Rev. 493 (1942); Friendly, In Praise of Erie—And of the New Federal Common Law, 39 N.
Y. U. L. Rev. 383, 402 (1964). Hart, The Relations Between State and Federal Law, 54 Colum. L. Rev.
489, 513－15 (1954); Horowitz, Toward a Federal Common Law of Choice of Law, 14 U. C. L. A. L. Rev.
1191 (1967). See also American law Institute, Study of the Division of Jurisdiction Between State and Federal
Courts, Official Draft, Commentary—Memorandum C 442 (1969).

〔15〕　考虑到冲突法的不断变化，克拉克森案还会刺激在同一司法区内的联邦法院与州法院之间的法
院选择。Ideal Structures Corp. v. Levine Huntsville Dev. Corp., 396 F. 2d 917 (5th Cir. 1968)。一个当事人
可能被鼓励去选择因克拉克森案过时的州冲突原则可能会被机械适用的联邦法院，或者，选择一个冲突规
则可能被修改或废止的州法院。

〔16〕　Weintraub, The Erie Doctrine and State Conflict of Laws Rules, 39 Ind. L. J. 228, 241－46
(1946).

〔17〕　350 U. S. 198, 76 S. Ct. 273, 100 L. Ed. 199 (1956).

222 佛蒙特州法规定仲裁协议不可强制执行。该院认为该法必须适用于一个于纽约签定、在佛蒙特执行的雇佣合同。为了打消任何怀疑，联邦最高法院在 1975 年的 Day & Zimmermann, Inc. v. Challoner[18] 一案的判决中再次重申克拉克森原则。此案是因为柬埔寨的一次弹药爆炸致死和致伤而在德克萨斯州请求赔偿的异籍诉讼案件。联邦最高法院认为由德州州法院的冲突法规则决定本案应当适用的实体法。由此，适用了柬埔寨法、即诉讼原因产生的地方的实体法。

应当注意，克拉克森案判决所及范围受到两个方面的限制。第一，被适用的州冲突规则必须是有效的，不得违反宪法规定的充分尊重与信赖条款和宪法的正当程序条款。[19] 第二，如果在当地法院没有判例指明选择法律的原则，那么，联邦法院可以推定该州会遵循被大多数司法区所普通接受的冲突规则。[20] 这至少可以让联邦法院根据广泛认同的冲突法规则中作出选择。

联邦最高法院有几个判决总结提炼了克拉克森和格里芬案的原则。Nolan v. Transocean Air Lines[21] 案是一起由纽约居民因为发生在加州的一起非法致死事件而向位于纽约的联邦法院提起的诉讼。按纽约州的法律选择规则规定，适用加州实体法。联邦最高法院指出，在这种情况下，联邦法院适用的不是该联邦法院所理解的加州法律，而是纽约州所理解的加州法律。[22]

克拉克森案的另一个新的观点被最高法院引用于 Van Dusen v. Barrack[23] 案判决之中。该案的争议在于：如果案件根据《美国法典》第 28 标题第 1404（a）而跨州移送，可适用的州法是否也要相应地改变。[24] 联邦最高法院认为，法院根据被告的动议而移送，受移送的法院必须适用作出移送的将适用的法律。法院的变化仅仅意味着法庭而不是法律的变化。在 Ferens v. John Deere Company[25] 一案中该院再次严明重申这一观点。五位大法官构成的多数判决意见认为，如果

223

---

〔18〕 423 U. S. 3, 96 S. Ct. 167, 46 L. Ed. 2d 3 (1975).

〔19〕 See generally Hughes v. Fetter, 341 U. S. 609, 71 S. Ct. 980, 95 L. Ed. 1212 (1951). 但是在多数案件中，充分尊重与信赖条款对各州建立其认为的适合的冲突法规则的能力不构成任何限制。See All - state Ins. Co. v. Hague, 449 U. S. 302, 101 S. Ct. 633, 66 L. Ed. 2d 521 (1981).

〔20〕 Gates v. P. F. Collier, Inc., 378 F. 2d 888 (9th Cir. 1967), cert. denied 389 U. S. 1038. See 4. 6, below.

〔21〕 365 U. S. 293, 81 S. Ct. 555 L. Ed. 2d 571 (1961).

〔22〕 365 U. S. at 295 - 96, 81 S. Ct. at 557. 在法官弗兰德利为第二巡回上诉法庭所撰写洛兰（Nolan）一案判决的著名的陈述中，他指出，联邦最高法院所要求的程序是不现实的，即要求在纽约的联邦法院"决定纽约的法院所认为的加州法律如何对待其没有遇到的问题"。Nolan v. Transocean Air Lines, 276 F. 2d 280, 281 (2d Cir. 1960), vacated and remanded 365 U. S. 293, 81 S. Ct. 555, 5 L. Ed. 2d 571 (1961).

〔23〕 376 U. S 612, 84 S. Ct. 805, 11 L. Ed. 2d 945 (1964). 对韦恩·杜森案的讨论，见 Note, Choice of Law after Transfer of Venue, 75 Yale L. J. 90 (1965).

〔24〕 对移送的讨论见 2. 17 above.

〔25〕 494 U. S 516, 110 S. Ct. 1274, 108 L. Ed. 2d 443 (1990).

原告依据第 1404 节（a）提出移送动议，也适用同样的规则。联邦最高法院推断，作出任何不同的判决都会"以严重的方式破坏伊利规则"，并会导致州法院和联邦法院适用不同的法律来审判异籍案件。[26] 然而，大法官斯卡利亚（Scalia）代表四位持反对意见的大法官提出，这一判决损害了克拉森案判决以及克拉克森判决所称的《判决依据法》所包含的"一州之内法律统一适用的原则"。该原则允许原告选择远处的联邦法院而不是州法院、从而"导致适用不同的实体法"。[27] 因此，当案件根据第 1404 节（a）移送时，原告最初对审判的选择，即使不合适，[28] 也将决定适用哪个州的法律。当案件依据第 1406 节（a）缺乏地域管辖权而被移送，或者当一个移送案件的法院应当以不方便审理为由驳回最初的起诉时，虽然联邦最高法院在费恩斯案（Ferens v. John Deere Company）判决中的分歧可能导致适用作出移送的法院的法律，但是在受移送的法院应当适用什么法律还不清楚。

国会是否无权改变克拉克森规则？结论是：宪法没有授权国会制定独立的联邦法律选择规则与国会有权管理联邦法院系统的权力是矛盾的。在冲突法领域，为什么合众国的司法权应当比单个州所受到更多的限制这一问题也难以回答。[29] 不过，在此领域国会采取行动的可能性不大，联邦最高法院已经明确，至少在没有得到国会指示的时候，联邦法院必须适用州的冲突法原则。[30]

4.6 决定州法的内容

一旦决定了适用什么州法解决纠纷，联邦法院就必须确定这一法律的具体内容。[1] 在伊利市铁路公司诉汤普金斯 [2] 案判决中，大法官布兰代斯宣称联邦法

224

---

〔26〕 494 U. S. at 526, 110 S. Ct. 1276.

〔27〕 494 U. S. at 539, 110 S. Ct. at 1286. 在费恩斯案中，密西西比州冲突法规则的适用导致了对宾州的侵权诉讼适用宾州实体法和密西西比州的诉讼时效法。然而，其他州的法律选择规则可能要求其实体法被适用于一个被移送的案件。

〔28〕 大多数人认为，原告们在密西西比州提起侵权诉讼的目的仅仅在于希望获得了该州较长的诉讼时效之后，立即将诉讼请求移送到宾州的联邦法院，与他们在那里以同样事实为基础而提出的合同及担保诉讼合并审理。

〔29〕 See American Law Institute, Study of the Division of Jurisdiction Between State and Federal Courts, Official Draft, Commentary—Memorandum C, 442 (1969).

〔30〕 当国会对某事"发言"时，即使与州法相悖，联邦法院也必须适用国会制定的规则。In Stewart Organization, Inc. v. Ricoh Corp., 487 U. S. 22, 108 S. Ct. 2239, 101 L. Ed. 2d 22 (1988), 联邦最高法院认为：尽管审判所在州有反对合同约定法院选择条款，但这些条款应作为法院根据第 1404 节第 1 款决定移送是否公正与方便的因素之一加以权衡；因为第 1404 节第 1 款"代表着国会的宪法权力的有效行使"，且其内容足以覆盖本案争议事项，所以必须适用，无需顾及州的强烈反对。487 U. S. at 31－32, 108 S. Ct. at 2245.

〔1〕 对确定州法问题的较详细的讨论，见 C. Wright, A. Miller & E. Cooper, Jurisdiction and Related Matters 2d4507.

〔2〕 304 U. S. 64, 58 S. Ct. 817, 82 L. Ed. 1188 (1938).

院适用的法律应当是"由其州立法机关以制定法形式或为该州最高法院宣布"。[3] 然而，对确定州法的这一准则被联邦最高法院几个极富争议的判决作了重大修改，其中以 Fidelity Union Trust Company v. Field 一案判决最为重要。[4]

为了理解诚信联邦信托案（Fidelity Union Trust Company v. Field）案情，有必要了解其背景知识。最初，新泽西州法禁止设立暂时信托。当银行存款是存款人为了他人、以自己的名义为受托人，在自己的银行存款上设立信托时，这类信托即已建立。存款人在其死亡之前可随时撤消。[5] 1932 年州法被一些立法所修改、允许使用这种信托。1935 年，尹迪丝·佩克（Edith Peck）为艾舍尔·费尔德（Field）在诚信联邦信托存了一笔钱。当佩克小姐不久去世后，费尔德小姐起诉要求银行结付其存款余额。

联邦地区法院审查了新泽西州法，发现该州一个中级法院的两名法官已在别的案件中认为该州允许暂时信托的立法"令人困惑"、"难以理解"，裁定这种信托在新泽西州仍然无效。[6] 于是，联邦法院适用这些判例，认定艾舍尔·费尔德不能得到这笔钱。第三巡回上诉法庭认为州法明确地允许这种信托，撤消了原判。该上诉法院相信，因为该州最高法院并没有对此事作出了判决，联邦法院有权以自己认为适当的方式解释州法。[7]

联邦最高法院撤消了上诉法院的判决并指出，像新泽西衡平法院这样的州中级法院是作为州的机关宣布和适用州法的。因此，虽然州最高法院尚未对某一特定事项作出裁决，但州中级法院的判决对联邦法院仍有约束力。[8]

225　联邦最高法院的判决迅速招致批评。在费尔德案刚刚判决之后第二巡回上诉法庭的一个判决中，法官弗兰克（Frank）指出，现在的联邦法官将不得不"为某些特定州法院扮演口技表演者的替身"。[9] 法官克拉克在提及费尔德案时评论道，"我毫不犹豫地说，在所有建立在汤普金斯案判决基础上的案件中，这一个导致的后果最麻烦、最令人不满。"[10] 联邦最高法院强迫联邦法院对一个特定的法律问题适用任何已有的州法院判决意见，也就意味着在异籍诉讼中，联邦法院将不得不适用那些一个州自己的法院系统之内都没有判例价值的判决。这尤其让

---

〔3〕　304 U. S. at 78, 58 S. Ct. at 822.

〔4〕　311 U. S. 169, 61 S. Ct. 176, 85 L. Ed. 109 (1940).

〔5〕　对暂时信托性质的详细论述，见 G. Bogert, The Law of Trust and Trustees, 47, at 333 – 36 (2d ed. 1965).

〔6〕　311 U. S. at 176, 61 S. Ct. at 177.

〔7〕　108 F. 2d 521 (3d Cir. 1939).

〔8〕　311 U. S. at 177 – 78, 61 S. Ct. at 178.

〔9〕　Richardson v. Commissioner of Internal Revenue, 126 F. 2d 562, 567 (2d Cir. 1942).

〔10〕　Clark, State Law in the Federal Courts: The Brooding Omnipresence of Erie v. Tompkins, 55 Yale L. J. 267, 290 (1946).

人难以接受。例如，在费尔德案中，衡平法院代理主审法官的那个判决对新泽泽西州任何其他法官均无约束力。[11]

尽管遭到反对，联邦法院继续在异籍案件中适用费尔德规则。事实上，一些下级法院将此规则发挥到了极致。例如，在 Gustin v. Sun Life Assurance Company[12] 案中，第六巡回上诉法庭认为，对于某一特定问题，当惟一可得的州法信息是一个没有报道的州法院判决时，审理异籍案件的联邦法院也要适用这一判决。[13]

1948 年，在 King v. Order of United Commircial Travelers of America[14] 案的判决中，联邦最高法院在费尔德案判决的立场似乎有所动摇。此案中，大法官文森（Vinson）宣称，费尔德案判决并没有创立一个普遍性的准则，要求遵循州初审法院的判决。在认定南卡罗来纳普通法院的一个未报道的判决对联邦法院不具约束力时，这位首席大法官指出，"认为联邦法院要受到一个对任何州法院都无约束力的判决的约束，这的确不适当。"[15] 不过，联邦最高法院指出，"其他情况之下可能会出现不同的结果"，这又告诫联邦法院不要认为所有的州初审法院的判决都可以不予理睬。[16]

联邦法院确定州法的职责并不止于判决的作出。在费尔德案一年后的一个判决中，联邦最高法院判定一个联邦上诉法庭必须适用最新的州判例，即使这些初审法院作出判决的事项正在上诉法院复审之中也要如此适用。[17] 正如大法官里德所指出的，"任何别的结论都只会因联邦和州法院对州法的不同解释而引起长期的困惑和不公正。"[18]

这一判决影响深远，因为它使联邦法院与州上诉法院处于同等地位——即能

226

---

　　[11]　当后来新泽西州最高法院关注在费尔德案判决中提出的这一问题时，它采纳了第三巡回上诉法庭的意见允许暂时信托。这与新泽西州衡平法院法官的意见相左，而后者却被联邦最高法院要求联邦法院要予以适用。See Hickey v. Kahl, 129 N. J. Eq. 233, 19 A. 2d 33 (1941).

　　[12]　154 F. 2d 961 (6th Cir. 1946), cert. denied 328 U. S. 866.

　　[13]　在格斯廷案（Gustin）判决意见中，艾伦（Allen）法官提出，没有理由认为上诉法院会改变其判决或俄亥俄最高法院会对其判决予以审查，因此，所有俄州上诉法院没有汇编的判例应予适用。154 F. 2d at 962.

　　[14]　333 U. S. 153, 68 S. Ct. 482, 92 L. Ed. 608 (1948).

　　[15]　333 U. S. at 161, 68 S. Ct. at 493.

　　[16]　333 U. S. at 162, 68 S. Ct. at 493.

　　[17]　Vandenbark v. Owens – Illinois Glass Co., 311 U. S. 538, 61 S. Ct. 347, 85 L. Ed. 327 (1941). See also Nolan v. Transocean Air Lines, 365 U. S. 293, 81 S. Ct. 555, 5 L. Ed. 2d 571 (1961).

　　[18]　311 U. S. at 543, 61 S. Ct. at 350.

够纠正下级法院的错误判决。[19] 然而，它又提出了新的问题。无论现有的州法院判决多么过时或可疑，审理异籍案件的联邦法院是否都必须适用？或者，是否可任意修订将要但尚未被州法院正式宣布的州法？1957 年第一巡回上诉法庭审判的 Mason v. American Emery Wheel Works[20] 一案就例证了联邦法院面临的这一问题。原告为一个密西西比州人，被告是一个罗得岛的公司，原告在罗得岛的联邦法院起诉被告制造金刚砂轮时的过失给原告造成损害。由于损害发生在密西西比州，联邦地区法院适用密西西比州法决定公司的侵权责任。[21] 该地区法院勉强地认定：虽然要求使用人与制造商之间要有合同关系的 1928 年密州法院判决与合众国法律相悖，但对其有约束力。上诉法庭撤消了这一认定。法官马格鲁德代表法院撰写的判决意见认为，在密州最高法院最近判决的附带意见中，有证据表明 1928 年的密州法院判决将被撤消。同样，代表第二巡回上诉法庭撰写判决的法官弗兰克指出，联邦法官在审理异籍案件中应当追问"理性、智慧并且身居纽约终审法院法官高位、完全通晓纽约州法理学的律师会作出什么样的决定？"[22]

并非所有法院都同意联邦法院可以拥有如此灵活的解释权。例如，第五巡回上诉法庭法官琼斯（Jones）就否认了这种方法并认为它是"对州法院法官进行精神分析法诊断，而不是使其判决合理化。"[23] 该院宣称，"佐治亚州的法院可以推翻其从前的判决，但联邦法院不能。"[24]

联邦最高法院对 Bernhardt v. Polygraphic Company of America[25] 案的判决给这一问题的解决投射下一道曙光。伯恩哈特（Bernhardt）支持联邦法官在适当

227

---

〔19〕 但是，这一做法会导致不公正的结果。例如，在 Atkins v. Schmutz Mfg. Co. — 372 F. 2d 762（6ᵗʰ Cir. 1967），调取案卷复审令申请被驳回 389 U. S. 829 — 原告提出，有三个肯塔基州的案件认定，如果诉讼原因发生于外国管辖区域，就应当适用外国的诉讼时效法。在该案在肯塔基州的联邦法院庭审之前，该州上诉法院推翻了上述认定。虽然原告的依据是被推翻的案例，虽然原告在联邦法院起诉后不久这些案例就被推翻，但是，联邦上诉法院被迫驳回起诉。当原告后来到弗吉尼亚的联邦法院提起同样的诉讼时，这一不公正的结果得以避免。第四巡回上诉法庭全体法官审理并决定：鉴于本案特殊的事实，在肯塔基州的诉讼中止了弗吉尼亚的诉讼时效，因此，弗吉尼亚的诉讼没有时间障碍。435 F. 2d 527（4ᵗʰ Cir. 1970）。

〔20〕 241 F. 2d 906（1ˢᵗ Cir. 1957），cert, denied 355 U. S. 815.

〔21〕 见 4. 5 有关决定适用哪一州法律的讨论。

〔22〕 Cooper v. American Airlines, Inc., 149 F. 2d 355, 359（2d Cir. 1945）.

〔23〕 Polk County, Georgia v. Lincoln Nat. Life Ins. Co., 262 F. 2d 486, 489（5ᵗʰ Cir. 1959），该院很特别地指出，地区法院有关佐治亚州最高法院大法官的人事变动会很快导致州法的变化的结论是不合理的。

〔24〕 262 F. 2d at 490. See also the Eight Circuit's decision in Yoder v. Nu - Enamel Corp., 117 F. 2d 488, 489（8ᵗʰ Cir. 1941），在此案中，该院认为联邦法院不仅适用该州法院的"终局性"判决，还要考虑判决的附带意见和"其他明显的表述和提示"。

〔25〕 350 U. S. 198, 76 S. Ct. 273, 100 L. Ed. 199（1956）.

的情况下站在州最高法院的角度而先行修改州法。联邦最高法院认为，在本案中，一个 1910 年由佛蒙特最高法院作出的判决对 1956 年的联邦初审法院有约束力。大法官道格拉斯发现"在佛蒙特的判决中没有混淆，没有对判决原则投下阴影的隐患，佛蒙特的法官对判决解决的问题所发表的意见中没有附带意见，没有怀疑和含混，也看不到立法机关想要推翻这一判决规则的趋势"，这一判决当然应当适用。[26] 这些评论提出，一个联邦法院应当在考虑了这些因素之后决定是否适用以前的州法院判例。[27]

联邦最高法院对这一问题的最后解决由 Commissioner of Internal Revenue v. Estate of Bosch[28] 一案判决完成。该案判定：如果州最高法院对某一特定法律问题没有发表任何意见，中级法院所作出的判决就有很高的可适用性，但是这些判决并不具有权威地解释州法的效力。[29] 作为博希案（Commissioner of Internal Revenue v. Estate of Bosch）的结果，联邦法院在审理异籍案件时要自由运用所有可得的信息来确定他们所在州的终审法院会如何决定审理中有争议的法律规则。

联邦法院在为异籍案件的审理确定适用的州法时，必须在两个极端之间小心地保持平衡。一方面，他们必须避免成为州法院系统也已不再承认其效力的过时的州法规则的呆板的执行者。另一方面，联邦地区法院法官必须抵制住过早地改变州法的诱惑，选择他们认为适当的规则而不是州法官们实际适用的规则。[30] 联邦法院确认州法的修改跟上州法原则的变化是极其重要的。否则，如果联邦法院被迫拘泥于州法院都摒弃的过时的州法院判例，当事人对法院的选择就不可避免。此外，正如一位学者所指出的那样，如果联邦法院被州法的解释束缚得过紧，"在这些事项中联邦的正义都注定成为次等的正义，州法院体系也将丧失联

228

〔26〕 350 U. S. at 205, 76 S. Ct. at 277.

〔27〕 大法官法兰克福特同意伯恩哈特案的判决意见但同时保留不同的判决理由，他认为联邦法院能够判断一个州法院在盲目适用判例规则之前是否接受自己判例的约束。350 U. S. at 209, 76 S. Ct. at 279.

〔28〕 387 U. S. 456, 87 S. Ct. 1776, 18 L. Ed. 2d 886 (1967), noted 81 Harv. L. Rev. 69 (1967). 虽然不是异籍案件，联邦最高法院还是认为其争议需要视为异籍诉讼中的争议一样对待，因此考虑了费尔德和伯恩哈特案判决提出的问题。

〔29〕 在博希判决之前同意联邦最高法院结论的文章，见 Corbin, The Laws of the Several States, 50 Yale L. J. 762 (1941); Corbin, The Common Law of the United States, 47 Yale L. J. 1351 (1938); Kurland, Mr. Justice Frankfurter, The Supreme Court and the Erie Doctrine in Diversity Cases, 67 Yale L. J. 187 (1957).

〔30〕 法官 Wyzanski 在 Pomerantz v. Clark — 101 F. Supp. 341 (D. Mass. 1951) 一案中的评述被援引："一个审理异籍案件的联邦法官不是根据他自己的或他相信正确的观点来审判案件和发展法律。他的问题哲学成分少，心理学成分多。他的任务是预测州法院法官的观点。" 101 F. Supp. at 345 – 46.

邦法院参与发展这些规则的宝贵利益。"[31]

后来的案件总结提炼了伯恩哈特和博希案判决提出的决定州法内容的方法。因而，虽然判决附带意见仅仅被作为实际的州法的说明而考虑，但是经深思熟虑的附带意见则与实际的州法院判决一样对联邦法院审理异籍案件有约束力。[32]另外，州总检察长对一特定法律问题的意见没有约束力，但是会被认真的加以考虑。[33] 对州的相关法律问题负有解释和实施职责的州政府机关长期惯常做法，也是决定所适用的州法律内容的良好指南。[34]

联邦法院遭遇的最困难的情形是对于某个法律问题，没有州立法和州法院判例可循。联邦最高法院在 Meredith v. City of Winter Haven[35] 的判决中认为，一个联邦法院不能以没有可确认适用的州法而拒绝行使管辖权。如果该州有一个程序、联邦法院借以将其遇到的重大但不明确的州法问题交给州终审法院回答，联邦法院就获得了对有关州法问题的权威陈述。[36] 如果州终审法院不可能予以确认，联邦法院就可以考虑所有可能的法律渊源。包括法学论文等学者著述，教科书，条约，法律重述和其他州法院的判决，联邦法院判决，等等。然而，正如已指出的那样，对于某一未决事项，联邦法院必须小心翼翼地决定在它看来州法院将适用的法律，而不是联邦法院法官自己认为的最好的法律。

作为一个实际问题，一旦联邦地区法院决定了适用什么州法，它很可能就不会受到上诉法院的反对了。地区法院法官通常是其法院所在州律师协会的成员，因此，他们比多数联邦上诉法官熟悉得多。事实上，很多年以来上诉法院将地区法官对州法的确定视同为事实问题，因此只在极少的情况下才予以复审，只有当初审法官犯了"显而易见的错误"时才予以撤消。[37] 但是，多数人还是认为，

〔31〕 Hart, The Relations Between State and Federal Law, 54 Colum. L. Rev. 489, 510 (1954). See also Boner, Erie v. Tompkins: A Study in Judicial Precedent, Ⅱ, 40 Texas L. Rev. 619 (1962).

〔32〕 Kirk v. Hanes Corp. of North Carolina, 16 F. 3d 705 (6th Cir. 1994); Rocky Mountain Fire & Cas. Co. v. Dairyland Ins. Co., 452 F. 2d 603 (9th Cir. 1971); Doucet v. Middleton, 328 F. 2d 97 (5th Cir. 1964); Hartford Acc. & Indem. Co. v. First Nat. Bank & Trust Co. of Tulsa, Oklahoma, 287 F. 2d 69 (10th Cir. 1961); U. S. Fidelity & Guar. Co. v. Anderson Constr. Co., 260 F. 2d 172 (9th Cir. 1958).

〔33〕 E. g., Bostick v. Smoot Sand & Gravel Corp., 260 F. 2d 534, 541 (4th Cir. 1958).

〔34〕 Orme v. Lendahand Co., 128 F. 2d 756 (D. C. Cir. 1942); See also Rosenfeld, Administrative Determinations as State Law under Erie v. Tompkins, 24 N. Y. U. L. Rev. 319 (1949). But see the decision in Mogis v. Lyman – Richey Sand & Gravel Corp., 189 F. 2d 130 (8th Cir. 1951), cert. denied 342 U. S. 877 (行政机关对某一争议的处理办法在州议会修改了法律之后就不再视为对州法的阐明了)。

〔35〕 320 U. S. 228, 64 S. Ct. 7, 88 L. Ed. 9 (1943).

〔36〕 See generally Madden v. Creative Serv., Inc., 24 F. 3d 394 (2d Cir. 1994); Strange v. Krebs, 658 F. 2d 268 (5th Cir. 1981); Flannery v. U. S., 649 F. 2d 270 (4th Cir. 1981).

〔37〕 See, e. g., Christensen v. Osakis Silo Co., 424 F. 2d 1301 (8th Cir. 1970); Rudd – Melikian, Inc. v. Merritt, 282 F. 2d 924 (6th Cir. 1960); Bower v. Bower, 255 F. 2d 618 (9th Cir. 1958).

虽然地区法官的结论值得相当的尊重，但其作为初审法官的判断应当像任何其他的法律问题一样受到上诉审查。[38]

最后，在 Salve Regina College v. Russell[39] 一案判决中，联邦最高法院认为，上诉法院应当再次审查地区法院对州法的确定。如果上诉法院听任地区法院确定州法内容，就会导致一州之内的联邦地区法院之间适用不同的州法，并且，对州法诉讼请求的审查机会的丧失又会导致了对州法权利的双重实施机制，即对争议所适用的实体规则可能要依赖于法院的选择，这样就完全背离了伊利案判决的双重目标——消除对法院的选择和避免法律的不同适用。[40] 联邦最高法院还推断，对法律问题保留独立的上诉审查可以保证原则的一致性和司法实施的经济性这两个目标的实现，因为与地区法院可以更好地解决事实问题，而上诉法院能够更好地处理复杂的法律问题。[41]

4.7 联邦普通法

联邦最高法院在伊利案的判决中明确宣称"除了联邦宪法或者国会立法规定的事项之外，所有案件都应当适用州法"，[1] "不存在普遍性的联邦普通法"[2] 但是，对此不可完全照字面理解。虽然大法官布兰代斯宣称没有"普遍的联邦普通法"，然而，很明显，他的确知道"联邦普通法"。[3]

自伊利案以后发展起来的联邦普通法在三个基本方面与联邦法院根据斯威夫特诉泰森[4]案所适用的普遍性的联邦普通法不同。第一，联邦普通法取代了州立法和州判例法；伊利案之前的普遍性的联邦普通法取代了州法院的判例。[5] 第二，当联邦普通法对一特定问题作出了规定时，无论案件在联邦还是州法院，

230

〔38〕 Bernhardt v. Polygraphic Co. of America, 350 U. S. 198, 204, 76 S. Ct. 273, 277, 100 L. Ed. 199 (1956); Ward v. Hobart Mfg. Co., 450 F. 2d 1176 (5th Cir. 1971). See also Kurland, Mr. Justice Frankfurter, The Supreme Court and the Erie Doctrine in Diversity Cases, 67 Yale L. J. 187, 216 – 18 (1957), 有关于联邦最高法院对下级联邦法院试图确定并适用州法的案件进行复审的讨论。

〔39〕 499 U. S. 225, 111 S. Ct. 1217, 113 L. Ed. 2d 190 (1991).

〔40〕 499 U. S. at 234, 111 S. Ct. at 1222.

〔41〕 499 U. S. at 231, 111 S. Ct. at 1221. 萨尔沃案 (Salve Regina) 判决的依据被最高法院用于对下级法院在 Leavitt v. Jane L. —518 U. S. 137, 116 S. Ct. 2068, 135 L. Ed. 2d 443 (1996) 一案中对州法的确定的复审之中。

〔1〕 304 U. S. 64, 58 S. Ct. 817, 82 L. Ed. 1188 (1938).

〔2〕 304 U. S. at 78, 58 S. Ct. at 822.

〔3〕 Hinderlider v. La Plata River & Cherry Creek Ditch Co. —304 U. S. 92, 110, 58 S. Ct. 803, 82 L. Ed. 1202 (1938) 一该案与伊利案于同一天宣判，大法官布兰代斯写道："一条跨州的河流必须在两个州之间划定，这是一个'联邦普通法'的问题，两个州的立法和判决对此都无能为力。" See Meltzer, State Court Forfeitures of Federal Rights, 99 Harv. L. Rev. 1128 (1986).

〔4〕 41 U. S. (16 Pet.) 1, 10 L. Ed. 865 (1842). 见4.1对斯威夫特案的讨论。

〔5〕 See, e. g., Cleafield Trust Co. v. U. S., 318 U. S. 363, 63 S. Ct. 573, 87 L. Ed. 838 (1943); Hinderlider v. La Plata River & Cherry Creek Ditch Co., 304 U. S. 92, 58 S. Ct. 803, 82 L. Ed. 1202 (1938).

它就必须被适用。[6] 此外，"依据联邦普通法而产生"的案件在联邦法院的联邦问题管辖范围之内，[7] 联邦法院审理这些案件不必以当事人异籍为条件。最后，对所有依据斯威夫特案划分标准区别于"地方性"法律而存在的"普遍性"事项，联邦法院不能自由地在建立联邦普通法，其权限被限定于宪法对联邦政府授权范围之内关系到重大国家利益的事项上。[8] 然而，在这些基本原则之外，联邦普通法的范围含混不清。

231　　联邦法院适用联邦普通法的范围通常包括：（1）海事与海商案件；（2）州与州之间的纠纷；（3）涉及国际关系的诉讼；（4）没有联邦立法规定的诉讼；（5）涉及合众国法律关系和财产利益的案件。这些分类既不全面，也缺乏逻辑上的精确。[9] 然而，上述每一类案件都有有力的理由允许联邦法院不考虑州法，而是建立独立的联邦实体法规范。要求适用州法的理论基础——当地实体法逻辑的统一以解决当地的纠纷，维护重要的州法原则，已成熟的州法适用的条理性和确定性——在上述领域通常都不可适用。[10] 此外，还有各种联邦因素要考虑——在明确存在联邦利益的领域统一适用法律的愿望，孕育和促进联邦原则的需要，让处于最有利位置以建立支持联邦原则的判例法的联邦法院来作出决定的偏好。但是，正如以后论述的那样，联邦地区法院自由地建立联邦实体法这一事实并不意味着州法不可能被选中成为解决特定问题的最合逻辑的规则。

　　第一个适用联邦普通法的领域是海事法。在 South Pacific Company v. Jensen

---

〔6〕 See, e. g., Yiatchos v. Yiatchos, 376 U. S. 306, 84 S. Ct. 742, 11 L. Ed. 2d 724 (1964); Banco National de Cuba v. Sabbatino, 376 U. S. 398, 84 S. Ct. 923, 11 L. Ed. 2d 804 (1964); Local 174, Teamsters, Chauffeurs, Warehousemen & Helpers of America v. Lucas Flour Co., 369 U. S 95, 82 S. Ct. 571, 7 L. Ed 593 (1962). In Comment, Federal Common Law and Article Ⅲ: A Jurisdictional Approach to Erie, 74 Yale L. J. 325, 329 (1964)，这一系列的判例要求在同一管辖区内的州和联邦法院适用同样的法律，以实现伊利案判决原则——避免当事人挑选法院。

〔7〕 28 U. S. C. A. 1331 (a). 诉讼标的管辖权的基础在 2．3 讨论。

〔8〕 See generally Friendly, In Praise of Erie — And of the New Federal Common Law, 39 N. Y. U. L. Rev. 383 (1964); Hart, The Relations Between State and Federal Law, 54 Colum. L. Rev. 489 (1954); Hill, The Law — Making Power of the Federal Courts: Constitutional Preemption, 67 Colum. L. Rev. 1024 (1967); Mishkin, The Variousness of "Federal Law": Competence and Discretion in the Choice of National and State Rules for Decision, 105 U. Pa. L. Rev. 797 (1957); Note, The Federal Common Law, 82 Harv. L. Rev. 1512 (1969); Note, The Competence of Federal Courts to Formulate Rules of Decision, 77 Harv. L. Rev. 1084 (1964); Note, Federal Common Law and Article Ⅲ: A Jurisdictional Approach to Erie, 74 Yale L. J. 325 (1964); Comment, Rules of Decision in Nondiversity Suits, 69 Yale L. J. 1428 (1960).

〔9〕 有关联邦普通法的发展演变的更详细的论述，见 19 C. Wright, A. Miller & E. Cooper, Jurisdiction and Related Maters 2d4514 – 19.

〔10〕 See Note, The Federal Common Law, 82 Harv. L. Rev. 1512, 1517 – 31 (1969).

案中,[11] 联邦最高法院判定,《宪法》第3条所赋予的海事管辖权使联邦法院有权建立一个统一的实体性质的联邦海事法体系,构成"国家法"的一部分。詹逊案（South Pacific Company v. Jensen）中的反对意见反驳说,"《宪法》第3条第2款的表述仅仅是指管辖成立,并没有规定管辖行使的方式或行使管辖时所应适用的实体法。"[12] 詹逊案判决之后,对宪法的这个解释又出现在伊利案判决中。大法官布兰代斯在该案判决意见中明确宣称,宪法赋予异籍管辖权本身并不能成为法院立法权的充分基础。不过,詹逊案判决中的多数意见在伊利案之后再次获得了肯定,海事案件要适用联邦立法和普通法的原则被牢固地树立起来。[13]

虽然人们对联邦最高法院判决詹逊案时所依据的权力来源可能有不同看法,但是,在海事领域,联邦普通法的适用与伊利原则的基本哲学是一致的。基于同样的行为而诉讼的当事人不应当因为在海事法院而不是在一般管辖区内的联邦法院或州法院诉讼而遭受可能的不同对待。另外,保持海商事法律制度的统一这一国家利益也是詹逊案判决的理由。在海事领域,联邦法应当有更强的专业性,联邦法官更能胜任。

联邦普通法适用的另一实体领域就是两个或两个以上的州之间的纠纷。虽然联邦最高法院从未确定联邦法院在此领域拥有立法权的宪法依据何在,但是,人们普遍相信《宪法》第3条第2款授予了管辖州与州争端的司法权。联邦普通立法权力的建立也反映了一个共识:如果用一特定的州法来解决两个州之间的争议,与各州之间的平等和准主权关系不相协调。[14] 正如联邦最高法院在 State of Kansas v. State of Colorado[15] 一案中所宣称的那样:"当……一个州的行为通过自然法则的力量进入另一州的疆域时,两个州的权利的范围及其限制的问题就成为一个可以司法方式处理的争议。这一个法院被要求能够以承认两者平等权、同

232

---

[11] 244 U. S. 205, 214-15, 37 S. Ct. 524, 528, 61 L. Ed. 1086 (1917). See also Chelentis v. Luckenbach S. S. Co., 247 U. S 372, 38 S. Ct. 501, 62 L. Ed. 1171 (1918)（州法院在审理海事案件时也必须适用联邦普通海事法）。

[12] 244 U. S. at 227, 37 S. Ct. 533 (Pitney, J., dissenting).

[13] See Kossick v. United Fruit Co., 365 U. S. 731, 81 S. Ct. 886, 6 L. Ed. 2d 56 (1961); Romero v. International Terminal Operating Co., 358 U. S. 354, 360-61, 79 S. Ct. 468, 474, 3 L. Ed. 2d 368 (1959). But see Wilburn Boat Co. v. Fireman's Fund Ins. Co., 348 U. S. 310, 75 S. Ct. 368, 99 L. Ed. 337 (1955), 认为:当缺乏联邦立法和联邦法院建立的冲突法规则时,海事保险的规则就由州法确定。该案受到严厉批评,见 G. Gilmore & C. Black, The Law of Admiralty Jurisdictiuon 44-55 (1957), and Currie, Federalism and the Admiralty: The Devil's Own Mess, 1960 Sup. Ct. Rev. 158, 215-18. 斯威夫特案时代的海上保险法律史,见 Fletcher, The General Common Law and Section 34 of the Judiciary Act of 1789: The Example of Marine Insurance, 97 Harv. L. Rev. 1513 (1984).

[14] New Jersey v. New York, 283 U. S. 336, 51 S. Ct. 478, 75 L. Ed. 1104 (1931). See generally Note, The Federal Common Law, 82 Harv. L. Rev. 1512, 1520 (1960).

[15] 206 U. S. 46, 27 S. Ct. 655, 51 L. Ed. 956 (1907).

时为他们实现正义的方式平息其争议。换言之，通过连续解决这种纠纷，这个法院实际上正在创立一种法律制度。将这种制度称之为州际普通法也许并无不当。"[16]

因为联邦最高法院对州与州之间的诉讼有初始、排他的管辖权，[17] 允许发展联邦普通法以决定这些争议的判决即没有给予当事人挑选法院的可乘之机，也没有对一个案件可能适用不一致的实体法的危险。[18] 因此，联邦最高法院对伊利案作出判决时有关联邦普通法适用于这些争议事项会侵犯州的合法权力的担忧并不存在。[19]

第三个适用联邦普通法的领域是合众国的国际关系。指导性的判例是 1964 年 Banco Nacional de Cuba v. Sabbatino[20] 案。作为古巴政府的金融代理商的银行起诉，要求赔偿一船糖的收益。糖和被告所有的财产都被古巴政府所征收。联邦地区法院允准简易判决，认为古巴政府的征收违反了国际法，万科·纳西翁纳尔（Banco Nacional）败诉。结果，在法律上，糖所有权并未转至古巴政府。联邦最高法院撤消了判决，认为在这一联邦普通法问题上，国家行为原则禁止合众国法院质疑一个外国政府在其领土之内的公共行为是否合法，也禁止法院反对古巴政府的征收命令。大法官哈伦在其代表联邦最高法院撰写的多数判决意见中认为，如果适用州法其结果也是一样，因为纽约州也承认国家行为原则。然而，他推论道，这个问题涉及联邦行政与司法机关对影响美国对外关系有关事项的决定权，所以必须将其视为联邦法所排他性管辖的对象。[21]

萨巴蒂诺案（Banco Nacional de Cuba v. Sabbatino）对于联邦普通法范围的

---

[16] 206 U. S. at 97-99, 27 S. Ct. at 667.

[17] 28 U. S. C. A. 1251 (a) (1).

[18] See Note, Federal Common Law and Interstate Pollution, 85 Harv. L. Rev. 1439, 1447-51 (1972); Note, The Original Jurisdiction of the United States Supreme Court, 11 Stan. L. Rev. 665, 683-85 (1959).

[19] 伊利判决中的另一个担忧是联邦法院未经授权而擅自行事的事实。这是关于分权的争议。在允许联邦法院创立联邦州际普通法制度时，国会的沉默的重要性得到以下判例的再次强调：City of Milwaukee v. Illinois, 451 U. S. 304, 101 S. Ct. 1784, 68 L. Ed. 2d 114 (1981)，此案涉及州与州之间的水污染。诉讼始于 1972 年，当事人主张联邦最高法院有初审管辖权。406 U. S. 91, 92 S. Ct. 1385, 31 L. Ed. 2d 712 (1972). 同时，联邦最高法院判定，适用联邦普通法因此当事人可以主张一般联邦问题管辖，并指示当事人到下级联邦法院诉讼。此后不久，国会针对水污染通过了新的法律。1981 年当该案回到联邦最高法院时，该院判定国会制定法取代联邦普通法。大法官伦奎斯特撰写判决意见，他强调"联邦普通法服从国会的至上权威"。451 U. S. at 313, 101 S. Ct. at 1791.

[20] 376 U. S. 398, 84 S. Ct. 923, 11 L. Ed. 2d 804 (1964). 对本案和有关对外关系的联邦普通法的讨论，见 Edwards, The Erie Doctrine in Foreign Affairs Cases, 42 N. Y. U. L. Rev. 674 (1967); Henkin, The Foreign Affairs Power of the Federal Courts: Sabbatino, 64 Colum. L. Rev. 805 (1964); Hill, The Law-Making Power of the Federal Courts: Constitutional Preemption, 67 Colum. L. Rev 1024 (1967).

[21] 376 U. S. at 425-26, 84 S. Ct. at 939.

确定十分重要。与水的分配或州与州的疆界争端不同之处在于：联邦最高法院承
认《宪法》和国会制定法都未规定在国际关系领域适用联邦普通法。然而，大
法官哈伦发现："国家行为原则……有'宪法上'的依据。它产生于分权体制中政
府不同机关之间的基本关系。它关系到不同的机关在国际关系领域作出和执行一
定决定的能力。无论有何因素需要优先考虑，有关问题在性质上均属联邦范
畴。"[22] 萨巴蒂诺案判决在 United States v. Curtiss - Wright[23] 一案中作了详尽表
述，即处理国际关系的权力没有分别授予各州，而是整体地授予了合众国政府。
因此，国际关系的权力是属于联邦政府的主权。[24]

当国会通过法规或立法方案明示或暗示地授权时，联邦法院也应使普通法与
国会的要求相适应。对此，法院有两种创立法律的权力。第一，是基于国会制定
法不可能详尽到覆盖到一切可能产生的解释和适用问题这一事实。因此，联邦法
院常常要对法规含混的言辞作出解释，[25] 制定被省略的程序规则，[26] 或者，当
国会以非常一般化的术语所规定的诉讼原因的各个条件成就之后，联邦法院还要
对当事人提出的诉讼请求与答辩的可靠性作出判断。[27] 这是联邦普通立法权的
通行形式，当联邦法规没有包含诉讼时效规定时，这种权力出现得最为频繁。[28]

---

〔22〕 376 U. S. at 423 - 24, 84 S. Ct. at 938.

〔23〕 299 U. S. 304, 57 S. Ct. 216, 81 L. Ed. 255 (1936).

〔24〕 一些评论人士对萨巴蒂斯那案判决可能导致的联邦法院立法权力表示担忧。See, e. g., Henkin, The Foreign Affairs Power of the Federal Courts: Sabbatino, 64 Colum. L. Rev. 805, 831 (1964). Compare Horowitz, Toward a Federal Common Law of Choice of Law, 14 U. C. L. A. Rev. 1191, 1200 - 03 (1967), 其中，作者引用了萨巴蒂诺案论点以支持"联邦普通法有关法律选择规则的发展"。

〔25〕 E. g., Urie v. Thompson, 337 U. S. 163, 69 S. Ct. 1018, 93 L. Ed. 1282 (1949).

〔26〕 Note, Federal Statutes Without Limitations Provisions, 53 Colum. L. Rev. 68 (1953).

〔27〕 E. g., Lear, Inc. v. Adkins, 395 U. S. 653, 89 S. Ct. 1902, 23 L. Ed. 2d 610 (1969).

〔28〕 直到 1985 年，适用于以《美国法典》第 42 标题卷第 1983 节为依据提起的民事权利诉讼的诉讼时效法一般都是类似的州法请求所适用的州的诉讼时效法。这与联邦立法缺乏时效规定的普遍做法一样。这会导致州和联邦地区法院对依据第 1983 节提起的诉讼适用不同的时效规则而产生的不一致。为此，联邦最高法院在 Wilosn v. Garcia 案中创立了统一的规则，要求所有依据第 1983 节提出的诉讼均应为着选择适当的时效期限而视为有关人身损害的诉讼。但是，联邦最高法院未能直接回答的问题是在有不止一个人身损害诉讼时效立法的州又如何适用。471 U. S. 261, 105 S. Ct. 1938, 85 L. Ed. 2d 254 (1985).

在另一判决中，DelCostello v. International Bhd. of Teamsters, 462 U. S. 151, 103 S. Ct. 2281, 76 L. Ed. 2d 476 (1983)，联邦最高法院对雇主联盟集体谈判和仲裁协议的案件适用了一个类似的联邦时效立法。该院认为"当出自其他联邦法律（《全美劳资关系法》National Labour Relations Act）的规则明确提供了一个比可得的有关州立法关系更为紧密的类推规定时，当濒临危险的联邦原则和诉讼的实际情况使得这一联邦规则可以更好地填补立法的空隙时，我们会毫不犹豫地将州法放到一边。" 462 U. S. at 172, 103 S. Ct. at 2294. See also Lampf, Pleva, Lipkind, Prupis & Petigrow v. Gilbertson, 501 U. S. 350, 111 S. Ct. 2773, 115 L. Ed. 2d 321 (1991).

当一个联邦法院借用州的或另一个联邦制定法有关诉讼时效的规定时，它不必也借用时效中止的规定。见 West v. Conrail, 481 U. S. 35, 107 S. Ct. 1538, 95 L. Ed. 2d 32 (1987).

1990 年，国会通过了一个规定诉讼时效为 4 年的法规，适用于此后所有以联邦制定法为依据的诉讼。28 U. S. C. A. 1658. 这将缓解本脚注中描述的许多问题。

235   第二种立法授权发生于国会拟定了立法方案并允许联邦法院据以制订具体的实体法规范。这一默示授权的最重要的联邦最高法院的判例是 Textile Workers Union v. Lincoln Mills of Alabama[29] 一案。一个雇主诉称其因不合法的罢工而遭受了损失，起诉工会要求赔偿。国会已通过立法方案，指出产业稳定为联邦利益、维护劳资谈判机制的平稳运行的政策。在大法官道格拉斯撰写的判决意见中，联邦最高法院要求联邦法院应在国会规定的框架内改进联邦劳工实体法制度。在此后的案件中，联邦最高法院也认为州法院有义务无视州法的规定而一律适用这种由联邦法院创立的联邦法。[30]

    阿拉巴马林肯企业集团（Textile Workers Union v. Lincoln Mills of Alabama）一案判决意义十分重大，它为联邦法院在国会通过了一般性的立法方案的许多领域造法打开了大门。例如，根据立法制定且由证券交易委员会实施的规则就被用作跳板，由此发展出了证券管理和公司责任领域内的联邦普通法。[31] 在一个更早的判例中，一个下级法院认定，虽然国会的立法既未明示也未默示提出私人救济的问题，但个体公民能够以联邦普通法诉讼原因起诉电话公司。所以法院可以基于电话公司的正常运行关系中的重大的国家利益作出决定。[32]

236   另一方面，在 Wheeldin v. Wheeler[33] 案中，联邦最高法院又以特别谨慎的态度对待联邦普通法的创立，认为国会无意于针对联邦官员滥用联邦传唤权力而创立私人诉讼原因。因此，这类案件中要判决承担任何责任都只能以州法为依据。大法官道格拉斯代表联邦最高法院撰写的判决意见，他指出："至于联邦法院对普通法权利的创立，也许不必再强调我们并没有生活在伊利诉汤普金斯一案之前自由自在的年代……我们很难认定现在仅仅授予传票签发权的立法文件默示了起诉那种滥用权力的诉讼原因。"[34] 最近，联邦最高法院的判决表明，其不愿

---

    [29]   353 U. S. 448, 77 S. Ct. 912, 1 L. Ed. 2d 972 (1957). 有利于此判决的讨论，见 Note, The Federal Common Law, 82 Harv. L. Rev. 1512, 1531-35 (1969)。反对意见，见 Bvickel & Wellington, Legislative Purpose and the Judicial Process: The Lincoln Mills Case, 71 Harv. L. Rev. 1 (1957).

    [30]   Local 174, Teamsters, Chauffeurs, Warehousemen & Helpers of America v. Lucas Flour Co., 369 U. S. 95, 82 S. Ct. 571, 7 L. Ed. 2d 593 (1962).

    [31]   对这种诉讼的讨论，可见 L. Loss & J. Seligman, Securities Regulation 2111-19, 3404-48 (3d ed. 1989, and Supp. 1998).

    [32]   Ivy Broadcasting Co. v. American Tel. Co., 391 F. 2d 486 (2d Cir. 1968), noted 37 Geo. Wash. L. Rev. 425 (1968). 82 Harv. L. Rev. 479 (1968), 43 Tul. L. Rev. 168 (1968), 47 N. C. L. Rev. 447 (1969). 这一判决受到一些作者的批评。

    [33]   373 U. S 647, 83 S. Ct. 1441, 10 L. Ed. 2d 605 (1963). See also Bell v. Hood, 327 U. S. 678, 684, 66 S. Ct. 773, 777, 90 L. Ed. 939 (1946).

    [34]   373 U. S. at 651, 83 S. Ct. at 1445.

从国会制定法中推论确认私人救济诉讼的程度正在加剧。[35]

一个相关问题是当国会在相关领域保持沉默时，为了落实宪法规定的权利，一个联邦法院是否有权建立联邦普通法。Bivens v. Six Unknown Named Agents[36] 案的判决提及这一问题。其中，联邦最高法院认为，当公民根据《宪法》第四修正案所享有的权利受到侵犯时，根据联邦普通法以侵权人为被告的起诉应当被受理。[37] 在此判决基础上，联邦法院发展了意义深远的法律理论。

最后，决定或确认政府法律关系和经济利益的有关事项时适用联邦普通法的要求也得到认同。[38] 这一制定法律的权力获得方式多种多样。例如，这种权力来自国会制定的法规对联邦法院的授权，这种法规构成了合众国介入多数法律关系的基础；或者，在联邦政府或其执行机构之一成为诉讼当事人时，联邦法院不言而喻拥有这种权力；或者，由于在这些案件中的政府履行的是《宪法》或联邦法规定的职责，这种权力还因为联邦主义的发展所致。[39] 最后一种方式在法院的判决中获得了最广泛的支持。

---

〔35〕 E. g., Northwest Airlines, Inc. v. County of Kent, Michigan, 510 U. S. 355, 114 S. Ct. 855, 127 L. Ed. 2d 183 (1994); Midlesex County Sewerage Authority v. Noational Sea Clammers Ass'n, 453 U. S. 1, 101 S. Ct. 2615, 69 L. Ed. 2d 435 (1981); Northwest Airlines, Inc. v. Transport Workers Union of A-merica, AFL－CIO, 451 U. S. 451 U. S. 77, 101 S. Ct. 1571, 67 L. Ed. 2d 750 (1981); Touche Ross & Co. v. Redington, 442 U. S. 560, 99 S. Ct. 2479, 61 L. Ed. 2d 82 (1979). See also American Airlines, Inc. v. Wolens, 513 U. S. 219, 115 S. Ct. 817, 130 L. Ed. 2d 715 (1995).

在科特诉阿希案 (Cort v. Ash), see 422 U. S. 66, 95 S. Ct. 2080, 45 L. Ed. 2d 26 (1975), 联邦最高法院的提出了一种四步标准，以决定并未明确规定私人救济的联邦制定法是否隐含对私人利益之诉的规定。"第一，原告是否'是联邦制定法所保护的特别利益群体中的一员'——如果是，该制定法是否创设了一种有利于原告的联邦权利？第二，是否有明示或默示的立法意图的表示以创设或否定这种救济？……第三，默示有利于原告的这种救济是否与立法的基本目的一致？……第四，在主要涉及合众国的领域，该诉讼原因是否是一种传统的州法诉讼原因，因此，仅仅基于联邦法律认定一个诉讼原因是否并不适当？"Id. at 78, 95 S. Ct. at 2088.

〔36〕 403 U. S. 388, 91 S. Ct. 1999, 29 L. Ed. 2d 619 (1971).

〔37〕 正如伊利铁路公司诉汤姆普肯斯案判决所指出的那样，联邦法院仅仅根据《宪法》第3条第2款所授予的普通管辖权创立普通法的行为是违宪的。比文斯案 (Bivens) 认为宪法另有条款授权法院在没有国会认可的司法权。这两个案件的区别后来变成了为联邦最高法院所援引的宪法权力的来源，与第十修正案涉及州的利益相平衡。如同在比文斯案中一样，当联邦宪法权利被直接援引时，第十修正案就不那么重要了。

〔38〕 See Hill, The Law－Making Power of the Federal Courts: Constitutional Preemption, 67 Colum. L. Rev. 1024, 1041－42 (1967). See also Mishkin, The Variousness of "Federal Law": Competence and Discretion in the Choice of National and State Rules for Decision, 105 U. Pa. L. Rev. 797 (1957).

〔39〕 在 U. S. V. McCabe Co. —261 F. 2d539, 543 (8th Cir. 1958) 一案中，法院断定，当合众国"进入一个要求统一管理的大规模交易时，伊利诉汤普金斯案的原则不能适用，"理由在于：在这种情况下，"权利与义务问题必须由联邦法律统一确定。"Compare Jackson v. Johns－Manville Sales Corp., 750 F. 2d 1314 (5th Cir. 1985) (en banc), cert. denied 478 U. S. 1022 (有关石棉诉讼提出的问题是石棉工业的资源如何适当分配，这不是联邦普通法的适用领域，因为它与国会的政策无关，也不涉及作为主权者的合众国的权力与义务)。

在这类适用联邦普通法的判例中，以 Clearfield Trust Company v. United States[40] 一案最为有名。该案中，合众国印制的支票被盗，并由伪造的背书取走现金。接受支票的银行为以前的背书提供担保并将其交美国财政部支付。支付了支票利益之后，美国政府才知背书系伪造，遂以银行为后者担保为由起诉银行要求收回所付金额。根据宾夕法尼亚州法律，无论交易在何处发生，因为合众国未能及时将伪造背书之事通知银行，合众国均无法胜诉。然而，联邦最高法院判定，因为政府商业票据之上的权利与义务应当适用联邦普通法，合众国应当获赔。大法官道格拉斯代表联邦最高法院撰写的法院判决中写道：“签发支票的权力源自宪法和合众国的法规，与宾州或其他任何一州的法律无关。……因签发行为而导致的合众国的责任与履行这一责任所要求的权利都同样只能从联邦法律渊源中加以确定。”[41] 因此，联邦法院根据其自己的标准制定用以适用的法律规则。

涉及到政府合同关系的克利尔费尔德（Clearfield）原则已被适用到政府侵权诉讼之中。在 United States v. Standard Oil Company of California[42] 案中，联邦最高法院认定伤害美国士兵的侵权责任应依据联邦普通法确定。相反，在 Howard v. Lyons[43] 案中，联邦最高法院认为，被控在执行公务过程中侵权的联邦官员的抗辩的合理性不得不依据联邦普通法来确定。霍华德一案（Howard v. Lyons）判决影响重大，因为它是两个私人之间的异籍诉讼，当事人既非政府也不是其下属机构。然而，联邦最高法院决定适用联邦普通法，因为“一个联邦官员的权力来自联邦法律渊源，法律承认官员在适当情况下履行职务过程中的特权，意在促进联邦政府的有效运转。”[44]

一个法律领域被认可适用联邦普通法的事实，并不意味着州法会被弃而不用。联邦法院在其自由裁量权内可以决定对某一特定事项适用州法是最佳选择，并将此州法规则作为联邦判决依据而采用。采用州法的决定基于以下几个因素：（1）表现于法规或立法史之中的国会意图；（2）州的实体法上的利益会因适用当地法而实现；（3）州法与联邦法紧密相关的事实；（4）衡平的需要；（5）当

---

〔40〕 318 U. S. 363, 63 S. Ct. 573, 87 L. Ed. 838 (1943).

〔41〕 318 U. S at 366, 63 S. Ct. at 575.

〔42〕 332 U. S 301, 305, 67 S. Ct. 1604, 1607, 91 L. Ed. 2067 (1947).

〔43〕 360 U. S. 593, 79 S. Ct. 1331, 3 L. Ed. 2d 1454 (1959). See also Boyle v. United Technologies Corp., 487 U. S. 500, 108 S. Ct. 2510, 101 L. Ed. 442 (1988); Barry v. Matteo, 360 U. . S 564, 79 S. Ct. 1335, 3 L. Ed. 2d 1434 (1959).

〔44〕 360 U. S. at 597, 79 S. Ct. 1334.

联邦法对某一问题没有做相应规定时，适用州法方便。[45]

在上述情况下，州法的使用不应与伊利案判决原则所要求适用州的情况相混淆。当州法被作为联邦判决依据、适用于联邦普通法规范的范畴时，联邦地区法院不仅仅是"另一个州法院"，因此不被以前州法院对有此法律问题的解释所约束。[46] 联邦法官在确定州法的性质时有很大的灵活性。[47] 正如米什金（Mishkin）教授评论的那样，"在决定采纳州法以后，联邦法院仍有控制采纳州法的目的与手段的余地。当适用州法的决定作出以后，采纳州法的目的与手段还不存在。"[48] 此外，与适用伊利原则的案件不同的是，州法院被联邦法院就联邦普通法有关事项所作出的判决所约束，即使这些判决来自于州法或对州法的解释也是如此。[49]

239

联邦与州利益的错综复杂的性质，联邦法官在创立保护这些利益的法律时所需要的十分谨慎，都在 Bank of America National Trust & Savings Association v. Parnell[50] 案的判决中得到了体现。与克利尔费尔德案（Clearfield Trust Company v. United States）相同之处在于都涉及合众国商业票据。不同之处在于诉讼在两方私人当事人之间进行。银行联邦债券失窃，帕纳尔（Parnell）以此债券从银行取现，银行起诉要求其归还。问题之一是这些未到期、但已被回赎的债券是否已经"过期"。另两个问题是帕纳尔在兑换债券时是否诚信，是他还是银行对诚信的有无负举证责任。在大法官法兰克福特代表联邦最高法院撰写的判决意见书中认

---

〔45〕 在 U. S. v. Kimbell Foods, Inc. —440 U. S. 715, 99 S. Ct. 1448, 59 L. Ed. 2d 711（1979）一案中，联邦最高法院认为来自联邦小企业管理局和农业家庭管理贷款的留置权的优先执行是个联邦法律问题，但是，联邦法院可以自行将州法作为联邦法来适用。联邦最高法院推论，在此问题上，"没有必要建立一个全国性的统一法律制度"，并提出了两个决定州法是否应当适用的问题，现在已为下级联邦法院所采用。E. g., FDIC v. Jenkins, 888 F. 2d 1537（11ᵗʰ Cir. 1989），（1）州法是否会破坏联邦事务的目的？（2）一个联邦法律规则是否破坏了州法所保护的商业关系？See also Atherton v. Federal Deposit Ins. Corp., 519 U. S. 213, 117 S. Ct. 666, 136 L. Ed. 2d 656（1997）；Kamen v. Kemper Financial Servs., Inc., 500 U. S. 90, 111 S. Ct. 1711, 114 L. Ed. 2d 152（1991）；McCarthy v. Azure, 22 F. 3d 351（1ˢᵗ Cir. 1994）.

〔46〕 See De Sylva v. Ballentine, 351 U. S. 570, 581, 76 S. Ct. 974, 980, 100 L. Ed. 1415（1956）（虽然根据版权法州法应当适用于一定的目的，一个州不被允许对"儿童"一词以完全不同于"日常用法"的方式予以界定；对这一普通概念惟一许可的变动就是使其成为州法定义的部分而采）. See also Holmberg v. Armbreacht, 327 U. S. 392, 66 S. Ct. 582, 90 L. Ed. 743（1946）（联邦衡平法上的时效中止规则适用于州诉讼时效法）.

〔47〕 Commissioner of Internal Revenue v. Estate of Bosch, 387 U. S. 456, 465, 87 S. Ct. 1776, 1782, 18 L. Ed. 2d 886（1967）.

〔48〕 Mishkin, The Variousness of "Fdeeral Law"：Competence and Discretion in the Choice of National and State Rules for Decision, 105 U. Pa. L. Rev. 797, 804（1957）. See also Comment, Rules of Decision in Non-diversity Suits, 69 Yale L. J. 1428, 1449（1960）.

〔49〕 Ibid.

〔50〕 352 U. S. 29, 77 S. Ct. 119, 1 L. Ed. 2d 93（1956）. See also O'Melveny & Myers v. Federal Depoit Ins. Corp., 512 U. S. 79, 114 S. Ct. 2048, 129 L. Ed. 2d 67（1994）（联邦利益太遥远）.

定，第一个问题适用联邦法律，因为它最终取决于合众国商业票据所创立的权利义务的性质。但是证明责任与诚信问题则被认为"属于私人交易范畴",[51] 因此应当根据交易行为发生地所在州的法律作出决定。[52]

在 United States v. Yazell[53] 案中，联邦最高法院进一步详述了这种分析。小企业管理局与被告有贷款合同。合众国起诉亚泽尔夫人要求其归还其丈夫已从贷款合同中获得的利益。联邦最高法院驳回合众国的归还请求。规定已婚妇女无民事能力的法律仍然存在于本案所涉交易发生地所在州。除非有法院命令，该法阻止已婚妇女处理财产。联邦最高法院认定不得不适用这不合时宜的法律，强调本案中的合同是当事人之间个别协商、生效的，合同起草人对该州的这一法律十分清楚。这与克利尔费尔德案中数以千计的支票被签发的情况不同，也与帕纳尔案（Parnell）中数以千计的合众国债券牵涉其中的情况不同。大法官 Fortas 代表联邦最高法院撰写亚泽尔案（United States v. Yazel）的判决书，他没有认定是否《判决依据法》要求在本案问题上适用州法，或者将州法规定采纳为联邦原则。

从这些案例中可以看出，无论是诉讼标的管辖的基础即当事人的认同，还是争议的权利的性质，都不是支持或阻止联邦法院建立联邦普通法的充分条件。无论是创立并适用联邦规则，还是采用州法来判决联邦普通法范围之内的事项，都要求对特定的争议中特定的事实和问题、案件的解决对互相缠绕在一起联邦与州的利益的影响进行深入的分析。

B. 州法院

4.8 州法院中的联邦法

《宪法》第 3 条授权国会在联邦政府司法权限内的所有事项设立联邦法院排他性管辖权。[1] 然而，联邦法院的排他管辖权仅限于国会明确授权的事项，国会没有在所有事项上都明确授权。因此，对于所有涉及国会没有授予联邦法院排他性管辖权的联邦法律事项的争议，州法院与联邦法院同时具有管辖权。[2]

---

〔51〕 352 U. S. at 34, 77 S. Ct. at 122.

〔52〕 352 U. S. at 33–34, 77 S. Ct. at 121.

〔53〕 382 U. S. 341, 352, 86 S. Ct. 500, 507, 15 L. Ed. 2d 404 (1966). 大法官福塔斯（Fortas）写道："每个州都有自己的家庭及家庭财产安排。……我们没有保护已婚妇女独立财产的相关联邦法律。我们不应当……创立任何原则，从而在相关类型的诉讼中不信任 11 个其他州有关已婚妇女契约地位的法律规定。正如我们对政府信念告诫我们的那样，我们对现在这个案件的判决将产生重大影响。"

〔1〕 See 2.2, above.

〔2〕 Claflin v. Houseman, 93 U. S. (3 Otto) 130, 23 L. Ed. 833 (1876). See generally Cullison, State Courts, State Law and Concurrent Jurisdiction of Federal Questions, 48 Iowa L. Rev. 230 (1963).

因为有共同管辖权，一个州法院经常不得不解释和适用联邦法律。[3] 这就意味着州法院必须努力追求与联邦法理一致的结果。由于这一做法与联邦法院依据伊利原则在审理异籍案件时必须解释和适用州法相似，州法院对联邦法律的实施被称为"逆向伊利"原则。[4]

虽然从 1789 年以后州法院有权审判各种联邦诉讼请求，但是 1912 年之前，州法院是否必须审理这些案件的疑虑一直存在。然而，在第二雇主责任（Second Employers' Liability Cases）[5] 案件中，联邦最高法院判定：只要州法院能够裁决《联邦雇主责任法》（the Federal Employers' liability Act）所规定的权利，它就没有是否审理这种请求的自由裁量权。康涅狄格州法院已裁定，其不能审理因联邦雇主责任法而产生的诉讼请求，否则与该州政策相悖。案件到了联邦最高法院。该院否定了上述推理并宣称，当国会对一特定问题制定了全国性的政策时，就废止了与之相悖的个别的州的政策。全国性的政策对州法院而言，有如州议会通过的法规，也是其执法的指南。[6]

国会通过的法规创立了许多可在州法院起诉的诉讼原因。在某些情况下，原告对法院的选择是终局性的。[7] 在州法院裁判根据联邦立法提出的诉讼请求案件中，最高条款即联邦《宪法》第 6 条要求适用联邦法律。[8] 而且，在 Local

---

〔3〕 联邦法律也经由答辩答辩的方法被引入州的程序。因此，在 Sola Elec. Co. v. Jefferson Elec. Co. —317 U. S. 173, 63 S. Ct. 172, 87 L. Ed. 165 (1942) 一案中，原告因被告未支付根据合同使用一个联邦专利所应缴纳的使用费。联邦最高法院认为，一个州法院的被告可以根据联邦版权或专利法主张合同无效，或者以原告版权或专利权的使用已违反联邦反托拉斯法为由提出抗辩。虽然根据版权或专利法提出的诉讼请求一般都在联邦法院的排他管辖权范围之内，但这个结果会被允许。

〔4〕 See Friendly, In Praise of Erie — And of the New Federal Common Law, 39 N. Y. U. L. Rev. 383 (1964); Hill, Substance and Procedure in State FELA Actions — The Converse of the Erie Problem?, 17 Ohio St. L. J. 384 (1956). See also Note, State Enforcement of Federally Created Rights, 73 Harv. L. Rev. 1551, 1561 –64 (1960).

〔5〕 223 U. S. 1, 32 S. Ct. 169, 56 L. Ed. 327 (1912).

〔6〕 223 U. S. at 57 –58, 32 S. Ct. at 178.

〔7〕 例如，根据联邦雇主责任法可以在州法院也可在联邦法院提起诉讼。45 U. S. C. A. 56. 然而，如果原告已选择了州法院，被告就不能将案件移到联邦法院。28 U. S. C. A. 1445 (a). 根据联邦雇主责任法向州法院起诉的程序以及由此带来的问题，见 generally Hill, Substance and Procedure in State FELA Actions—The Converse of the Erie Problem? 17 Ohio St. L. J. 384 (1956); Note, State Enforcement of Federally Created Rights, 73 Harv. L. Rev. 1551, 1561 –64 (1960).

〔8〕 Testa v. Katt, 330 U. S. 386, 67 S. Ct. 810, 91 L. Ed 967 (1947). 在特斯塔一案中，罗得岛最高法院拒绝执行《联邦物价紧急控制法》规定的惩罚条款，宣称对罗得岛而言，"国与国的私人之间"的领域的联邦法律是"外国法"，因此，其没有义务执行一个外国政府的刑事法律。联邦最高法院撤消此认定，大法官布莱克代表该院撰写的意见否定了合众国是"外国"的观点。See Note, Utilization of State Courts to Enforce Federal Penal and Criminal Statutes: Development in Judicial Federalism. 60 Harv. L. Rev. 966 (1947). 联邦最高法院对特斯塔案的判决受到批评: Sandalow, Henry v. Mississippi and the Adequate State Ground: Proposals for a Revised Doctrine, 1965 Sup. Ct. Rev. 187, 203 –07 (1965).

174, Teamsters, Chauffeurs, Warehousemen & Helpers of America v. Lucas Flour Company[9]一案判决要求州法院如同实施联邦制定法一样，实施法院创立的联邦普通法。

当州法院对依据联邦法提出的请求或答辩作出裁决时，其遇到的一个问题是他们在何种程度上可以适用自己的程序规则。尽管联邦最高法院判定，一个州法院在审判依据联邦法提出的诉讼请求时，可以使用自己的程序规则，但是，这种自由被限定在纯粹的程序问题上，以保护联邦法规定的权利在州法院得到维护。特别在涉及《联邦雇主责任法》的案件中尤其如此。例如，在 Brown v. Western Railway of Alabama[10]案判决中，联邦最高法院判定，一个州不能适用自己的一般规则以对诉答人不利的方式来解释其提交的诉答文书。为了防止《联邦雇主责任法》规定的联邦权利落空，州法院被要求要与联邦法院一样，以对提出诉答文书人有利的方式来解释诉答文书。在 Dice v. Akron, Canton & Youngstown Railroad Company[11]一案判决中，联邦最高法院甚至更加明确要废止州的程序要求以保护联邦创立的权利。[12] 在此案中，一个俄亥俄州法院遵循该州的衡平法传统，以判决推翻了陪审裁决。因为在获得原告的签字时采用了欺诈手段，该原告签名的转让合同无效。根据俄亥俄州法律，欺诈问题应当由法官裁决。联邦最高法院撤消了该法院的判决，命令将此问题交由陪审团决定。理由在于：获得陪审审判的权利是《联邦雇主责任法》规定的实质性权利，它如此重要以致在州法院诉讼时也不得取消。实际上，在戴斯案（Dice v. Akron, Canton & Youngstown Railroad Company）后，在依据《联邦雇主责任法》而产生的诉讼中，要求州法院坚持适用联邦法的标准来理解法官与陪审团的关系。[13]

一些学者试图限制戴斯案的意义，提出戴斯案反映的是联邦最高法院保护因《联邦雇主责任法》而产生的权利的意图，这一判决也应当限制在因这一立法而

---

〔9〕 369 U. S. 95, 82 S. Ct. 571, 7 L. Ed. 2d 593 (1962). 联邦最高法院认为，根据301 (a) of the Taft－Hartley Act, 29 U. S. C. A. 185 (a)，由联邦法院建立的联邦劳工法实体规则对州法院有约束力。对劳工领域的联邦普通法的讨论，见4. 7 at notes 29－30, above.

〔10〕 338 U. S. 294, 70 S. Ct. 105, 94 L. Ed. 100 (1949).

〔11〕 342 U. S. 359, 72 S. Ct. 312, 96 L. Ed. 398 (1952). See further decision in Bowman v. Illinois Cent. R. R. Co., 11 Ⅲ. 2d 186, 142 N. E. 2d 104 (1957), cert. denied 355 U. S. 837, 此案中，伊利诺斯州最高法院判定对于因《联邦雇主责任法》而起诉的案件，上诉复审的范围的确定适用联邦法律。

〔12〕 戴斯一案的事实与联邦最高法院的判决意见，见11. 8, below.

〔13〕 Contrast the Dice result with the decision in Byrd v. Blue Ridge Rural Elec. Co－op., Inc., 356 U. S. 525, 78 S. Ct. 893, 2 L. Ed. 2d 953 (1958), 在此案中，联邦最高法院决定，在异籍诉讼中，不要求联邦法院采用其所在州的法官—陪审团关系模式，但是，即使当诉讼请求的依据是州法时，联邦法院也可对此类问题自由地适用联邦法的观点。对伯德案（Byrd）完整的讨论，见4. 3－4. 4, above.

产生的案件中。[14] 虽然联邦最高法院传统上坚决保护有关《联邦雇主责任法》的权利，但也没有迹象表明戴斯案的判决只能适用于这个特别的联邦法规。总之，戴斯案判决所明确支持的主张是一旦涉及联邦法规定的诉讼请求，国会就应当行使《宪法》所赋予的立法权，以规范州法院审判中的机械主义。[15]

4. 9－5. 0 被保留以供补充资料之用。

---

[14] See Hill, Substance and Procedure in State FELA Actions — The Converse of Erie Problems, 17 Ohio St. L. JL 384, 397－98 (1956).

[15] See generally Note, Procedural Protection for Federal Rights in State Courts, 30 U. Cin. L. Rev. 184 (1961).

▼
▼
▼

第五章

现代诉辩

本章目录

5. 1 导言

在普通法中，整个程序体系与所谓令状制度紧密地结合[1]一个诉讼在法院签发令状命令被告出庭答辩时开始。就普通法法院案件而言，并不存在一套条理分明的诉辩规则体系。每个类型案件都具有其各自的令状、诉辩以及其他程序规则。因此，诉辩的要求受到调整法律关系的实体法的约束。衡平法法院中诉辩的进行则有所不同。在此情况下，诉辩文书由当事人的详细声明书组成，声明书在很大程度上形成了当事人的主张并提出了作为案件判决基础的证据。[2]

19 世纪下半叶美国和英国的程序改革使诉辩得以从其与其他程序和实体事项的纠缠中解放出来，并且赋予了诉辩一个明确的功能。现代诉辩将阐明当事人的事实主张以便在案件未决时自始至终引导法庭和当事人。诉辩将成为实现公正判决的手段。[3]通过简化诉辩，希望案件依其实质的是非曲直而定，而非如同过去普通法体系下一样取决于律师的专业技能和策略。[4]

---

[1] F. Maitland, The Forms of Action at Common Law（1948）.

[2] B. Shipman, Handbook of Common Law Pleading 11（3d ed. 1923）.

[3] C. Clark, Code Pleading 54（2d ed. 1947）.

[4] N. Y. Laws 1847. c. 59, 8. 同时参见 New York, First Report of the Commissioners on Practice and Pleading 146, 147（1848）.

诉辩改革中一个至关重要的方面是，不论实质案由属于何种性质，所有案件均适用一套统一的规则。[5] 令状被废除，而普通法案件与衡平法诉讼间诉辩的区别也不复存在。[6]

245

这些发展并非在任何地点都是同时或者同步进行的。在一些司法管辖区，尤其是在纽约州和加利福尼亚州，改革早在 1848 年和 1850 年就开始进行并且比较彻底。[7] 到 20 世纪 30 年代末，大多数州亦跟随纽约州，并采纳了众所周知的法典方法。[8] 另一方面，直到 1947 年，至少 7 个州仍保留了普通法习惯的大量痕迹。[9]

联邦法院并不是改革运动的早期领导者。尽管 1912 年《衡平法规则》采纳了一套简化的现代诉辩制度以适用于衡平法案件，[10] 但是直到 1938 年普通法案件程序才由《一致法》调整，[11] 要求各联邦法院适用其所在州的州法院诉讼程序规则。适用于所有联邦法院诉讼的统一诉辩制度直到 1938 年《联邦民事诉讼规则》颁布时方得以确立。[12] 稍晚时间进行的联邦改革被证明是极其重要的，因为它代表了一种新的诉辩方法，仅仅要求对权利主张或者答辩进行合理告知，较州法院改革而言更为强调简洁性。

因此，在当今美国，实质上存在着两种类型的诉辩，通常被称为"事实"诉辩和"告知"诉辩。作为以 1848 年正式通过的纽约州诉讼法典为开端的改革的组成部分，事实诉辩逐渐形成。[13]《联邦民事诉讼规则》提出了告知诉辩。尽管现在大多数州已经通过制定法或者规则并采用了告知诉辩规定，该规定实质上与联邦法院所适用规定相同，[14] 但是不少州依然坚持原有的法典诉辩表达方

---

〔5〕 New York, First Report of the Commissioners on Practice and Pleading 146–47 (1848); J. Pomeroy, Remedies and Remedial Rights 13 (4ᵗʰ ed. 1910); Clark, The Code Cause of Action, 33 Yale L. J. 817 (1924).

〔6〕 New York, First Report of the Commissioners on Practice and Pleading, 67–87 (1848); J. Pomeroy, Remedies and Remedial Rights 4, 10 (4ᵗʰ ed. 1910).

〔7〕 C. Hepburn, The Historical Development of Code Pleading 88, 89 (1897).

〔8〕 参见 C. Clark, Code Pleading 8 (2d ed. 1947).

〔9〕 这些州是特拉华州、佛罗里达州、缅因州、罗得岛州、田纳西州、佛蒙特州以及西弗吉尼亚州。

〔10〕 226 U. S. 627 (1912).

〔11〕 Act June 1, 1872, c. 255, 17 Stat. 197.

〔12〕 Sunderland, The New Federal Rules, 45 W. Va. L. Q. 5 (1938).

〔13〕 N. Y. Laws 1848, c. 379.

〔14〕 例如，阿拉巴马州、阿拉斯加州、亚利桑那州、科罗拉多州、特拉华州、佛罗里达州、佐治亚州、夏威夷州、爱达荷州、印第安那州、堪萨斯州、肯塔基州、缅因州、马萨诸塞州、明尼苏达州、密苏里州、蒙大拿州、内华达州、新泽西州、新墨西哥州、北卡罗来纳州、北达科他州、俄亥俄州、罗得岛州、南达科他州、田纳西州、犹他州、佛蒙特州、华盛顿州、西弗吉尼亚州、威斯康星州以及怀俄明州。

式，即使其程序体系的诸多其他方面已经与联邦规则保持一致。[15] 本章将略为详细地探讨这两种形式的诉辩，并在适当时指出其与普通法诉辩的一些区别。

5．2　现代诉辩的功能与有效性

一般而言，诉辩具有两种功能。首先，它们允许不予考虑不具有法律意义的主张。因而，如果原告提出了法律并未对其提供救济的一项权利主张，此事项应当立即被驳回；没有必要进行庭审以决定所声称的支持权利主张的事实是否属实。同样的逻辑适用于这样的问题，即有瑕疵的主张是否构成原告主张或者被告答辩的全部或者一部分。在一个主张不会影响结果的程度内，它应当立即被驳回。

但是，以此种方式使用诉辩文书不仅仅是一种对考虑不周的权利主张和答辩予以驳回的方式，这些权利主张和答辩只会给法庭和诉讼当事人带来不必要的费用和延误。它亦是将注意力集中于困难法律问题之上的一种公正有效的方法，这有助于使现代诉辩的发展符合社会需要。譬如，一个受伤的原告可能基于一种法学新理论或者一种过去曾被抛弃但是现在根据技术或者社会发展而具有实质吸引力的法学理论来寻求救济。假设存在判例，初审法院可以根据对方当事人的异议而将此问题从案件中排除。当上述情况发生时，此事项将在诉讼记录中得到公正的记载以使其构成上诉复审的基础，并且，如果上诉法院考虑其是适当的，那么将产生一种新的法律理论。

现代诉辩的第二种目的是在案件过程中引导当事人和法官。如果没有被充分地告知对方当事人的主张，一位诉讼当事人就难以为庭审做准备。同样，告知法院也是极为重要的。除非法院知晓各方当事人的主张，否则法院不能对诉讼进行控制。当有关特定证据的相关性的问题出现时，而这些问题或者涉及关于审前披露的动议或者涉及要求在庭审中就可采性作出裁决，此时法院必须知道案件所涉及的内容否则它将不能作出判决。相似的是，除非法院将诉辩文书所提供的框架作为指导，否则要求驳回所有或者部分主张、答辩的动议将是毫无意义的。

就告知而言，确定各方当事人均认为已经发生的事实，以及决定存在争议的事项是同样重要的。如果一项被主张的事实为对方当事人所承认，法院将认为该事实已经确立；法院将在此基础上作出法律裁决，各方当事人将不会被允许——更不会被要求——提交有关该事实存在的证据。

自从现代诉辩体系取代了普通法诉辩原理以来，就在多大程度上依赖诉辩文书以实施这些功能这一问题存在着相当多的争论。一些人士认为，诉辩文书应当

---

〔15〕 例如，尽管加利福尼亚州和内布拉斯加州已经采取了联邦类型的披露规定，它们的制定法依然要求"事实"诉辩。

247 在指引案件以及清除无关问题中担当重任。[1] 这些人士主张，如果没有一套规则并且严格适用这些规则，未被证明其正当性的案件将会妨碍法院的运作，一些案件本不应当被提起，而一些案件不能依照法律进行答辩。而所进行的庭审将是一些草率的事项，以及采信那些充其量不过与争议中的真正问题存在疏远联系的证言证据。

与上述观点相对的是，有人士认为，对普通法体系进行改革的需要是由于该体系规则过于僵化而产生的，该体系使得案件的结果取决于程序的技术性事项，而非取决于基础的事实或者案件的是非曲直。因此，诉辩文书应当仅仅成为一般性的指引。其他方法，譬如审前披露、简易判决以及审前会议，应当被采纳以便协助使得案件进入正式审判程序，但是即使这些方法也应当被灵活地采用从而避免使得判决取决于律师的技术性错误。[2] 此外，一套更为严格的诉辩规则被认为可能有利于清除不适当的问题，但这些人士主张是难以实现的，因为任何胜任的法学专业人员均能轻易地提出符合要求的主张。实际上，这样的一个体系将助长不诚实；诉讼当事人越不择手段，越容易提出必需的主张以便避免诉辩阶段的质疑。

上述争论已经并非仅仅是一种学术问题。一般说来，任何特定州的诉辩改革的性质已经取决于改革发生时该州法官和律师中何种观点处于领先地位。但是，无论通过突变性变革还是长时间持续的调整，绝大多数美国法院目前是在一个更为灵活的诉辩体系下进行运作，而此诉辩体系在很大程度上依靠其他方法来协助确定诉讼轮廓并对诉讼加以控制。[3]

5. 3 诉辩文书的类型

现代诉辩规则对诉辩文书的数量与类型加以限制。起始的诉辩文书是民事起诉状或者起诉状，原告会在其中提出主张以及法律救济请求。紧随民事起诉状之后的是答辩状，被告将答辩状中对民事起诉状中的主张予以否认，并且被告可能另外提出有关答辩和反请求的肯定性主张。

---

〔1〕 例如，Fee, The Lost Horizon in Pleading Under the Federal Rules of Civil Procedure, 48 Colum. L. Rev. 491 (1948)；McCaskill, Actions and Causes of Action, 34 Yale L. J. 614, 641 (1935)。同时参见 Claim or Cause of Action, 13 F. R. D. 253 (1952).

〔2〕 C. Clark, Code Pleading 57 (2d ed. 1947)；Clark, Simplified Pleading, 2 F. R. D. 456 (1943). 同时参见 Pike & Willis, The New Federal Deposition – Discovery Procedure, 38 Colum. L. Rev. 1179 (1938). 主要参见 James, The Revival of Bills of Particulars under the Federal Rules, 71 Harv. L. Rev. 1473 (1958)；Comment, Federal Rule 12 (e)：Motion for More Definite Statement – History, Operation and Efficiency, 61 Mich. L. Rev. 1126 (1963).

〔3〕 Sutherland, Fact Pleading v. Notice Pleading：The Eternal Debate, 22 Loy. L. Rev. 47, 69 – 70 (1975 – 76). 关于影响联邦法院当前实践之诉辩争论的其他方面的讨论，参见 Marcus, the Puzzling Persistence of Pleading Practice, 76 Texas L. Rev. 1749 (1998).

　　不同司法管辖区的规则恰恰是在答辩状以后的诉辩文书问题上表现出不同，　248
而这在很大程度上取决于答辩状所包含的内容。如果答辩状仅对原告的主张予以
否认，为庭审勾画出争点，那么进一步的诉辩文书并不能解决问题。但是，如果
答辩状中含有提出答辩的肯定性主张，那么要求原告就此作出答辩是合乎逻辑
的。实际上，依次而言，如果原告的上述答辩又包含有肯定性主张，那么逻辑上
会要求被告就这些主张进行反驳，如此下去，直到最终的诉辩文书仅含有反驳为
止。这通常是过去普通法上的习惯。[1] 这被证明是如此的形式主义和不现实，
以至于现代诉辩规则的起草者决定限制诉辩文书的数量，同时将争点的排除和勾
画工作交由其他方法加以解决。

　　就何处划分分界线而言，现代各法院间存在着分歧。最初，大多数现代诉辩
规则曾要求原告就被告的肯定性主张提交答辩状，并且排除了此后的所有诉辩文
书。现在，许多司法管辖区切断了答辩状以后的诉辩文书，只有在法院有权发出
特定命令这一少有发生的情况下，才会要求原告提交答辩状。[2] 如果一方当事
人试图提交未经授权的答辩状，有利的主张将被视为诉辩文书中不相关的冗词赘
句，同时受到删除申请的限制，而不利的陈述将在该陈述构成承认的程度内被用
于对抗提交该答辩状的当事人。[3]

　　除针对原告的主张提出抗辩外，被告可以利用答辩状从而以自己的名义提出
肯定性权利主张。这些可能是针对原告提起的反请求，针对共同被告提起的交叉
请求，或者针对此前并未加入诉讼的人所提起的第三人权利主张。实际上在每个
司法管辖区，无论它是否对答辩文书作出规定，均应当由这样的肯定性主张所针
对的当事人对此主张进行答复。[4] 此类答复可以被称作一份"答辩状"，它也
可被称为一份原告对被告或第三人的"答复书"。

　　如果针对一个反请求、交叉请求或者第三人权利主张进行的答辩本身试图提
出肯定性救济的权利主张，这会出现许多不同的问题。首先，通过特别地切断诉
答文书，一些司法管辖区的规则可能会被理解为完全禁止这样的权利主张。但
是，一般而言，这类司法管辖区的法院已经开明地对其规则进行诠释以便允许提

　　〔1〕　J. Koffler & A. Reppy, Common Law Pleading 292 – 94 (1969); B. Shipman, Common Law Plea-
ding 31 (3d ed. 1923); H. Stephen, Principles of Pleading 82 (1824).

　　〔2〕　Fed. Civ. Proc. Rule 7 (a). 参见，例如，Moviecolor Ltd. v. Eastman Kodak Co., 24 F. R. D.
325, 326 (S. D. N. Y. 1959); Beckstrom v. Coastwise Line, 13 F. R. D. 480 (D. Alaska 1953); Keller
– Dorian Colorfilm Corp. v. Eastman Kodak Co., 10 F. R. D. 39 (S. D. N. Y. 1950); Commentary, Effect
of Unauthorized Reply, 4 Fed. R. Serv. 888 (1941). 加利福尼亚州甚至并未授予法院发出命令要求提交答
辩书的这一权力。West's Ann. Cal. Code Civ. Proc. 422. 10.

　　〔3〕　Berger v. State Farm Mut. Auto. Ins. Co., 291 F. 2d 666, 668 (10th Cir. 1961). 同时参见 C.
Clark, Code Pleading 691 (2d ed. 1947).

　　〔4〕　Fed. Civ. Proc. Rule 7 (a); N. Y. – McKinney's CPLR 3011.

249　出这样的权利主张。[5] 如果此权利请求是由原告向被告提出，那么情况并非很严重，因为原告可以寻求获得修改最初起诉状的许可，以便将新的权利主张写入起诉状。但是，如果新的权利主张是由非原告的其他当事人提出，那就难以采用上述替代办法。看上去比较清楚的是，如果一个人被要求进行答辩，而且她本人希望提出肯定性权利主张，那么不应当仅仅因为针对她的权利主张碰巧是一个交叉请求而非一份最初的起诉状而禁止她提出肯定性权利主张。[6] 因而，在此类情况下，追加性的诉辩应当是适当的。

　　另一个问题是，这类要求肯定性救济的权利主张所针对的当事人是否能够或者必须对此权利主张作出答辩。另一方面，诉辩规则常对此未作出规定，或者规定含糊。例如，《联邦民事诉讼规则》第 7 条（a）明文规定应当"对被称为反请求的反请求提交一份答辩书"，但是，就针对答辩书所包含的反请求或者交叉请求作出答复这一问题，它没有具体规定。同时，此规则进一步规定，除了特别列举为"应当被允许"的诉辩文书外，其他的诉辩文书将不被允许。尽管为避免过于繁杂而在特定点上切断诉辩文书有其合理理由，但是现代诉辩体系的总体安排是要求对每项肯定性权利主张均进行答辩；因为事实上，任何要求获得救济的新的权利主张都是一份起诉状，对此作出答辩通常被认为是必要的。[7]

　　最后，在少数司法管辖区中，一项法律抗辩，即就一份起诉状或者答辩状的法律上的不充分性提出异议，被称为一份"诉辩文书"。[8] 但是，大多数法院将"诉辩文书"一词仅仅限定于提出事实主张或者否认事实的文件。针对一份诉辩文书的法律异议自身是否被视为一份诉辩文书并没有多大实质作用；但是，它可能决定诸如何时可提出异议并得到听审等程序性事项。

A. 诉辩要求

1. 法典诉辩

5.4 诉因的诉辩：定义

　　依照法典规定，一位诉讼当事人被特别要求"就构成诉讼（答辩或者反请

---

　　〔5〕 Southeastern Industrial Tire Co. v. Duraprene Corp., 70 F. R. D. 585, 586 n. 2（E. D. Pa. 1976）; Joseph Bancroft & Sons v. M. Lowenstein & Sons, Inc., 50 F. R. D. 415, 418（D. Del. 1970）; Gretener, A. G. v. Dyson – Kissner Corp., 298 F. Supp. 350（S. D. N. Y. 1969）. 但是，可参见 Cornell v. Chase Brass & Copper Co., 48 F. Supp. 979, 980 – 81（S. D. N. Y. 1943），维持原判 142 F. 2d 157（2d Cir. 1944）. 同时参见 West's Ann. Cal. Code Civ. Proc. 420. 10, 431. 30.

　　〔6〕 5 C. Wright & A. Miller, Civil 2d 1188.

　　〔7〕 Millar, Counterclaim Against Counterclaim, 48 Nw. U. L. Rev. 671, 690（1954）.

　　〔8〕 例如，West's Ann. Cal. Code Civ. Proc. 422. 10.

求）的每个原因的事实提出一个简明陈述，并避免不必要的重复"。[1] 但是，250
此种貌似简单的表述已经被证明是靠不住的，因为法院在对"诉因"以及"事实"进行界定时业已遇到诸多问题。这些难题是如此的严重以至于它们已大大降低了法典诉辩改革所期待的效力。

在普通法中，过去诉辩人首先需要选择一种适当涵盖一组综合事实的令状，而其所寻求的救济正是建立在这些事实的基础之上。令状曾决定了实体权利和程序性权利。如果所主张并被证实的事实属于令状的适当范围内，倘若诉辩人已经遵循了该令状所要求的诉讼程序，则可被赋予依照该令状可获得的救济。

法典已经废除了令状，并代之以统一的程序体系，但是并未对与程序体系紧密相连的实体问题作出具体规定。法典并不意图改变实体法，同时，曾被设想的是，程序改革后一方当事人获得救济的权利将和过去保持一致。[2] 但是，此种设想只是避免了一些问题，其中包括为确立一个获得救济的权利而应当在一份诉辩文书中阐明那些内容。

"诉因"这一术语过于含糊，以致难以提供有意义的指导。就一个极端而言，诉因陈述所要求的主张可能和普通法中一个适当令状所要求的主张完全相同。但是这难以减缓普通法诉辩的技术性问题。从另一个极端上看，诉因陈述会仅仅要求作出一个结论，即诉辩人有权在诉讼中获得胜诉。依照此观点，即使这些主张并未说明有关争议事件的具体事实，但将足以陈述一个"诉因"。例如，一份起诉状可能只不过写到，"原告因被告的行为而受伤，此行为使得原告有权依照法律获得救济。"此观点会使得诉辩文书在诉讼过程中不可能担当任何有意义的角色。

基于诸方面原因，定义问题难以适用单一的解决方法。首先，法官和学者完全不能就定义达成一致。其次，"诉因"一词曾在法典中数处被使用，它并非只是与提出主张问题相关。"诉因"的概念还控制着其他一些事项，诸如当事人的合并、诉讼请求的合并、以及一事不再理原则的适用（一事不再理是指一个诉讼中的判决会使得基于同样或者相关一组事实而提起另外的诉讼成为不可能的法律原则）。律师们曾倾向于以同样的方式界定"诉因"，而不受语境的影响，这实际上回复到了普通法令状下曾经适用的体系。

尽管存在此类难题，但是出现了对"诉因"的两种定义，这使得法院有机会以一种有意义的方式利用诉辩文书，而不至于倒退到普通法中的技术性问题中去。第一种是由波默罗伊（Pomeroy）教授所提出的"主权利"（"primary

〔1〕 N. Y. Laws 1851, c. 479, 1.
〔2〕 New York, First Report of the Commissioners on Practice and Pleading 146, 147 (1848).

251　right"）理论。[3] 依此观点，一个诉因与声称已遭到的伤害的性质相关。因而，一个人享有一项主权利以使其不动产免受损害，享有其他权利以使其免受违约行为的损害，享有其他权利以使其名誉免受伤害，等等。此主张的优点在于它关注损害，而非造成损害的行为或者具体救济。一位诉辩人可能会阐明已经发生的事实，并且要求获得她可能有权得到的所有救济，即使这些要求原本不能在普通法中一个单一令状的范围中被提出并予以主张。

　　但是，主权利理论有其自身的难题。简单而言，什么是一项主权利？它包括什么内容？假设未能适当维护的铁路机车放出火花使得原告邻近的两块不动产起火。这会出现多少个诉因？如果不动产间相距一英里，会有影响吗？假若一周后同一辆铁路机车又造成另一场火灾，这会出现什么情况？并且，如果同样的火灾也毁坏了原告的农场设备，一个单独的诉讼会接踵而来吗？这些疑问提出了有关便利和成本的实际问题。

　　最终，许多此类问题已经通过灵活的规则得以解决，该规则使诉因的概念与诉讼请求合并、当事人合并相分离，因此允许合并而不受诉因不同这一事实的影响。但是，即使在今天，诉因的"主权利"观点可能仍在决定一位曾起诉且诉讼已进入了结的原告是否能够就一种不同类型的损害再提起一个单独之讼问题上具有重要意义。[4]

　　有关诉因的另一种重要观点是所谓"产生法律效果的总体事实"（"aggregate of operative facts"）理论。[5] 按照此主张，一个诉因并不是通过适用实体法定义，或由寻求救济性质定义，亦并非由所遭受损害的类型定义，而是完全由事件定义，这些事件引起了一项或者多项要求获得救济的权利主张。就诉辩文书而言，一个人只需要阐明相关的一组事实。在证明这些事实后，诉辩人可以获得法律所提供的每个类型的救济。这就仿佛是诉辩人已经被允许加入每一个可以适用

---

〔3〕　J. Pomeroy, Code Remedies 347 (4ᵗʰ ed. 1904)，在 Stone v. Case, 34 Okl. 5, 15, 21, 124 P. 960, 963, 964 (1912) 一案中被认可；Hurt v. Haering, 190 Cal. 198, 211 P. 228 (1923)；State v. P. Lorillard Co., 181 Wis. 347, 193 N. W. 613 (1923)；Comment, Code Pleading: Nature of a " Cause of Action", 12 Calif. L. Rev. 303 (1924).

〔4〕　参见 Blume, The Scope of a Civil Action, 42 Mich. L. Rev. 257 (1943)；Shopflacher, What is a Single Cause of Action For the Purpose of the Doctrine of Res Judicata, 21 Or. L. Rev. 319 (1942)；Comment, Res Judicata in California, 40 Calif. L. Rev. 412, 419 (1952). 试比较 Wulfjen v. Dolton, 24 Cal. 2d 891, 151 P. 2d 846 (1944), with Holmes v. David H. Bricker, Inc., 71 Cal. Rptr. 562 (1968)，维持原判 70 Cal. 2d 786, 76 Cal. Rptr. 431, 452 P. 2d 647 (1969). 就一事不再理而言，诉因的范围在以下 14. 4 - 14. 5 中讨论。

〔5〕　参见 C. Clark, Code Pleading 137 (2d ed. 1947)；Phillips, Code Pleading 187 (2d ed. 1932)；Harris, What Is a Cause of Action?, 16 Calif. L. Rev. 459 (1928). 同时参见 Elliott v. Mosgrove, 162 Or. 507, 93 P. 2d 1070 (1939)；Otto v. Village of Highland Park, 204 Mich. 74, 80, 169 N. W. 904, 906 (1918).

的令状（以及每个相关的衡平法上的诉讼）而并不需要普通法所要求的技术性诉辩文书。

此观点显然提供了一种简单而直截了当的准则。但是，它也因为几方面原因而遇到了相当大的阻力。首先，它没有将被主张应适用的具体法律告知给对方当事人和法院。那么对方当事人将如何进行准备以便处理可能适用的"所有法律"呢？其次，一个人如何将"产生法律效果的事实"限定为对一个单一诉因进行定义？定义一个诉因时常常使用的语言是指所有"产生于相同行为或事件或者一组行为或事件"的这些事项。然而，它回避了问题，因为它仅仅是将不确定性转移到了对"相同"一词的定义上。

关于依照"产生法律效果的总体事实"理论一个单一诉因应包含到何种程度的这种不确定性，它对于一事不再理原则的重要性要远远大于它对于诉辩的重要性。诉辩中的主要危险在于，一个当事人在试图确保囊括所有可能的法律权利时，其主张远远超出必要的事实。正如改革者从历史上衡平法的做法中所得知的一样，在当事人趋向于一再地陈述其主张直到最终他们的诉辩文书发展成为冗长报告时，这是一种非常真实的危险。因为这些衡平法上的"诉辩文书"在案件中也构成证据，过去这就存在着一个强有力的动力，即一个当事人确保自己的事实能被御前大臣知晓和理解。

法典已经预料到诉辩文书冗长的问题，因为法典专门要求"简明"诉辩，"并不必重复"。可用多种方式来防止冗长陈述这一问题的发生。这些方式包括：对已经报道的案件中所阐明的简明诉辩文书予以认可、对于常规事项采用标准的诉辩格式、申请删除与案件不相关的冗词赘句，以及可适用于一项至关重要的主张被遗漏之情形下的一个仁慈的修改程序。

法官和对方当事人将无法确定应当适用何种法律——这在相对较低程度上也是一个与"主权利"理论相关的问题——这种关注导致一些法院采用所谓"以诉辩意旨为准"原理，它要求诉辩人制作的诉辩文书适合一个特定的法律理论。[6] 此原则的存在理由大概来源于确保在争点的性质上法官或者对方当事人均不会被误导的这一期望。实际上，"以诉辩意旨为准"原理被证明只不过是又回复到了普通法体系。

依照普通法，一位诉辩人通过选择一个令状自动地选择法律理论，而案件将

---

〔6〕　例如，Vandalia R. R. Co. v. State, 166 Ind. 219, 76 N. E. 980 (1906), writ dismissed 207 U. S. 359 (1907); Mescall v. Tully, 91 Ind. 96, 99 (1883). 主要参见 C. Clark, Code Pleading 43 (2d ed. 1947); Alberts - worth, The Theory of Pleading in Code States, 10 Calif. L. Rev. 202 (1922); Page, Application of the Derogation Rule to the Code of Civil Procedure, 1955 Wis. L. Rev. 91; Whittier, The Theory of a Pleading, 8 Colum. L. Rev. 523 (1908).

按此理论进行诉讼程序。选择了错误令状的一方当事人将只能撤诉并另行起诉。废除令状并且用事实诉辩取代似乎彻底改变了这种状况。如果依照任何普通法上的（或者衡平法上的）理论，适当主张的事实均能阐明一个有效诉因，那么这种诉辩在法律上就是充足的。案件可以继续进行。如果依照一种以上的理论，事实可以证明获得救济是正当的，那么当事人可以基于所有这些理论继续诉讼。很多法官采纳这种主张，同时并没有遇到多大问题或者重大难题。因此，相当令人吃惊的是，不少法官曾转向适用"以诉辩意旨为准"原理。

"以诉辩意旨为准"原理的运用曾使得具有有效权利主张的当事人因误解为收回权益的适当法律依据而处于不利地位。当法律不够清晰或者没有先例存在时，它曾不公平地对待寻求救济的当事人。在一些案件中，当可以运用多个理论时，可被认为，法官应当确定原告实际上已决定基于什么理论进行诉讼。[7] 如果法官选取了一个理论而原告按照此理论最终未能获得救济，那么即使依照其他理论存在着一种明确的可获得救济的权利，原告也将败诉。

完全没有必要坚持这种僵化刻板。一位被告如果希望探究原告的主张的法律基础，她可通过对起诉状在法律上的充足性提出质疑的方式来达到这一目的。因而原告必须表明至少存在着一种理论，而她可能会基于此理论而胜诉。只有在一种情况下才可能出现一个严重的问题，此情况就是一个当事人寻求基于一种崭新而又不同的理论来进行诉讼，即使支持该理论的事实已出现在起诉书之中，在此之前被告和（或者）法官仍没有预见到该理论。在此情况下，通过诉讼延期以及其他方式，法官可以消除否则可能产生的偏见。[8] 幸运的是，"以诉辩意旨为准"原理已经普遍地处于消逝过程中。然而，在遵循该原则的那些司法管辖区中，此原则已经限制了法典改革的效力。

奉行关于诉因诉辩的法典程式的大多数法院是依照灵活的规则来运行的，这些规则只要求对事实的基本陈述，该规则既不关注技术性的诉辩文书，也不关注主张在何种程度上可以或者不能超出其他语境中所使用的"诉因"概念。但是，诉因概念的一个重要方面影响了诉辩人主张的充分性。在陈述一项诉讼请求或者答辩时，当事人必须提出一项主张，涵盖该诉讼请求或者答辩的每一个因素。例如，在一个诽谤案件中，一个重要因素是声称的书面诽谤或者口头诽谤已经被"公开"，也就是说，为第三方所获悉。即使原告主张被告已经作出了一个关于他的虚假陈述且已造成严重损害，如果原告未能对公开行为进行主张，这将导致

---

〔7〕 Supervisors of Kewaunee County v. Decker, 30 Wis. 624, 633 (1872).
〔8〕 如果要增加新的事实，那么将适用调整修订程序的《联邦民事诉讼规则》第15条或其在州立法中的对应部分。参见下文5. 26—5. 27.

起诉状欠缺法律要件。[9] 法院将不会从其他主张中默示这种被遗漏的主张。

但是，这种法律要件的欠缺并非总是严重的，因为现代程序规则通常允许原告修改起诉状以增加被遗漏的事实。[10] 然而，在一些情况下，这样的一个诉辩失误可能造成严重后果。[11] 此外，当再加上由"事实"定义所产生的诉辩问题时，"诉因"要求的确会带来不必要的技术性问题，这会导致昂贵的法庭竞争，而这种法庭竞争完全是一种浪费，并且可能向更富有的诉讼当事人提供了一种相对于不够富裕的对方当事人的不正当的策略优势。

5.5 法典诉辩制度中"事实"的不确定含义

在普通法中，一位诉辩人曾被要求按照适用案件的特定令状来阐明事实。但是，此类"事实"与其说是对诉辩人实际认为已发生情况的一个明确陈述，还不如说是符合规定形式的一组主张，而这些主张长期被认为是为了满足特定令状所要求的诉辩技术性问题所必需的。[1] 有时，这些主张与案件实际事实完全不同。

正如法典草拟者所看到的一样，改革的一个关键方面是诉辩人阐明案件所涉及的实际事实这一要求。[2] 此要求是对衡平法诉辩的改进，同时也存在着一个实质区别。在衡平法中，诉辩文书需经过宣誓，并且也在诉讼中构成证据；衡平法法院不会听审口头证言。[3] 结果，衡平法中的诉辩文书数量巨大并且大量重复。法典起草者无意鼓励提交类似的冗长诉辩文书。他们希望的是对诉因的陈述，但是希望它简短明了。同时，仅仅作出被告应向原告承担赔偿责任并支付所称金额的损害赔偿金这样的书面陈述并不能达到他们的要求。[4]

正如法官和评论者所经常表明的，诉辩人被要求只阐明基本事实，而无需陈述证据事实和法律结论。[5] 有理由认为法典起草者曾意识到作出这种区分常常会是比较困难的，同时应当被合理要求的是作出一份可为一个普通人所理解的陈

---

〔9〕 参见 Collins v. Oklahoma State Hosp., 76 Okl. 229, 184 P. 946 (1916); Penry v. Dozier, 161 Ala. 292, 49 So. 909 (1909); Schoepflin v. Coffey, 162 N. Y. 12, 56 N. E. 502 (1900). 同时参见 West 's Ann. Cal. Code Civ. Proc. 460; 12 Okl. Stat. Ann. 1441; Hall, Pleading Libel Actions in California, 12 So. Calif. L. Rev. 225 (1939).

〔10〕 参见下文 5. 26.

〔11〕 例如，一个缺席判决可能被宣布为无效。Ness v. Greater Arizona Realty, Inc. 21 Ariz. App. 231, 517 P. 2d 1278 (1974); Wayne Creamery v. Suyak, 10 Mich. App. 41, 158 N. W. 2d 825 (1968); Thompson v. Hickman, 164 Ark. 469, 262 S. W. 20 (1924).

〔1〕 J. Koffler & A. Reppy, Common Law Pleading 21 (1969).

〔2〕 New York, First Report of the Commissioners on Practice and Pleading 137 (1848).

〔3〕 C. Langedell, Equity Pleading (2d ed. 1883); F. Maitland, Equity (2d ed. 1936).

〔4〕 New York, First Report of the Commissioners on Practice and Pleading 147 (1848).

〔5〕 同上 at 141 – 44.

255 述。[6] 然而，在诉讼律师的煽动下，法官将"事实"诉辩要求转变成了在一些司法管辖区中几乎摧毁了改革效力的一场恶梦。[7]

在一项"基本"事实和一项"证据"事实之间，或者在一项"证据"事实和一个"法律结论"之间，简直不存在清晰的分界线。正如许多作者已经提到的，[8] 各范畴之间的区别是程度问题。因而，法典体系下一个特定主张的充分性经常由审理该事项的法官的具体观点所决定，而只有通过将争点上诉至司法管辖区的最高级别法院的方式才能实现下级法官间的意见统一。[9] 通过上诉到州最高法院而进入逐项解决诉辩事项的司法系统中的成本是高昂的，并且看上去难以物有所值。与诉辩改革所期待结果形成强烈对照的是，将程序焦点从基于事项的实质是非曲直来公正解决该事项转移到了关于起诉书或者答辩书中陈述格式的技术性裁判。

尽管存在这些批评，对基本事实这一检验标准仍然在不少司法管辖区继续被运用。因此，对确定什么是一项基本事实的一些问题进行简要探究是适当的。

法官经常不能就一个特定的主张是否构成一项基本事实达成一致看法。[10] 例如，被告的行为属于其工作范围内的这样一项概括性主张已经被一些法官认定为是对基本事实的一个适当陈述，同时有其他法官将其视为一个不适当的法律结论。[11] 同样的结果也发生在以下情形中：诽谤之诉中被告行为"出于恶意"[12] 的这一概括性主张，或者主张诉辩人是一位"继承人"的陈述，[13] 或者主张一个允诺是为了换取"一个充分对价"而作出的。[14] 考虑到这种不确定性，除非在相关司法管辖区存在着关于该事项的一个清晰裁定，否则，对于诉辩人而言明

---

〔6〕 同上 at 141, 150–51.

〔7〕 参见 C. Clark, Code Pleading 38, at 226 (2d ed. 1947); Cook, Statements of Fact in Pleading Under the Codes, 21 Colum. L. Rev. 416 (1921).

〔8〕 C. Clark, Code Pleading 233–36 (2d ed. 1947); Cook, Statements of Fact in Pleading Under the Codes, 21 Colum. L. Rev. 416–19 (1921); Gavit, Legal Conclusions, 16 Minn. L. Rev. 378 (1932); Morris, Law and Fact, 55 Harv. L. Rev. 1303 (1942); Wheaton, Manner of Stating Cause of Action, 20 Cornell L. Q. 185 (1935).

〔9〕 参见 Cook, Statements of Fact in Pleading Under the Codes, 21 Colum. L. Rev. 416–19 (1921).

〔10〕 出处同上。

〔11〕 试比较 Howell v. Simon, 225 Ark. 535, 283 S. W. 2d 680 (1955)（法律结论）和 Ledman v. Calvert Iron Works, Inc., 92 Ga. App. 733, 89 S. E. 2d 832 (1955)（基本事实）。

〔12〕 比较 Holden v. Pioneer Broadcasting Co., 228 Or. 405, 365 P. 2d 845 (1961), 要求调阅案卷的上诉申请被驳回 370 U. S. 157（法律结论）, with Boston Nutrition Soc'y v. Stare, 342 Mass. 439, 173 N. E. 2d 812 (1961)（对"恶意"的概括性主张是适当的）。

〔13〕 试比较 Dibble v. Winter, 247 Ill. 243, 93 N. E. 145 (1910)（事实陈述），和 Combs v. Cardwell, 164 Ky. 542, 175 S. W. 1009 (1915)（法律陈述）。

〔14〕 试比较 Andersen v. Charles, 52 Cal. App. 290, 198 P. 641 (1912)（被认为不充分）和 Bank of River Falls v. German American Ins. Co., 72 Wis. 535, 40 N. W. 506 (1888)（可有效对抗一般法律抗辩）。

智的是，既提出"结论"又对更为详细的事实进行陈述。

在某些情形下，在确定什么是适当应答的"基本事实"时所遇到的困难看上去使律师处于一种"难以获胜"的境界；无论对主张如何措辞，均可以利用判例对诉辩文书提出异议。譬如，在一个侵害之诉中，如果原告主张她"有权占有财产"，她可能因被认为是陈述了一项法律结论而受到质疑。[15] 如果她将此权利主张修改为陈述她"已经签订一份合同以购买该财产，原所有权人已将契据正式交付给她，但是原所有权人拒绝将占有移交给她"，那么起诉书可能被认为是不充分的，因为她只阐明了证据而并未对所有权和占有权等基本事实进行陈述。[16] 尽管单个法官的裁决未必使得一个当事人不可能陈述具有合法权利的主张，但是寻找一个适当的程式会成本高昂且相当耗时；[17] 主持庭审的法官所作的一个错误选择可能为上诉的无辜当事人带来灾难。

在许多案件中，有关诉辩文书充分性的裁判相对较少地集中在一个具体的主张上，它相对更多地集中在整个文书上，这就产生了一个问题，即为了满足法典要求，通常而言必有多少数量的信息被传递给对方当事人。与努力对一项特定主张进行分类相比，这是一项更有意义的调查；它与诉辩义书的根本目的以及其在诉讼过程中所担任的角色有关。试想，例如，在一个案件中原告主张：

在 1959 年 5 月 5 日和 1959 年 5 月 6 日或者大约这个时候，在没有原因或正当理由的情况下，被告恶意突临和非法侵入原告所占有的作为居所的房地产，同时通过针对原告使用刺耳和威胁性语言以及身体力量对原告进行恐吓，这使得原告处于极大的恐惧中，并且通过使她遭受公开嘲笑和愚弄而使她感到屈辱和窘迫，导致她如同因犯一般被扣押、在公众面前被展示以及被监禁在公开监狱中，所有这些行为均对她造成巨大的耻辱、窘迫和伤害。[18]

法院裁决此诉辩是不充足的，因为它只是阐明了法律结论而没有说明"发生了什么，它在何时发生，它在何地发生，谁做了什么"等等。

这些细节（以及为何它们没有形成对证据的诉辩？）应当在诉辩文书中规定吗或者它们应当通过正式披露方式进行确定？关于原告的主张是否缺乏事实基础的一项裁定应当在诉辩阶段，或者在原告和被告均已享有搜寻证据的进一步机会后的某个时间作出？

无论是基于与诉辩文书的理想角色相关的理性原因，还是出于为接近理想而产生的，与法官缺乏对"事实"这一术语进行定义的能力相关的现实原因，许多

---

〔15〕 Sheridan v. Jackson, 72 N. Y. 170 (1878).

〔16〕 McCaughey v. Schuette 117 Cal. 223, 489 1088 (1897).

〔17〕 参见 Kirkpatric, Procedural Reform in Oregon, 56 Or. L. Rev. 539, 558–62 1977.

〔18〕 Gillispie v. Goodyear Sew. Stores, 258 N. C. 487, 128 SE 2d 762 (1963).

近来的法典诉辩案件已经放松了对事实诉辩的要求，实际上几乎等于要求将案件的一般性质公正地告知对方当事人和法官。因而，在一起案件中，一个简洁的主张被法院肯定为充分的主张，该主张是"在 1956 年 7 月 1 日或者该日期左右，在纽约州布法罗市阿默斯特街，被告在没有任何激怒或者正当理由的情况下侵犯、殴打和攻击原告"。[19]

依照一个相似的脉络，不适当地就证据事实或者法律结论进行诉辩所导致的后果已经发生了变化。最初依照法典运作的法院曾趋向于在不适当诉辩问题上持有一种严厉的观点。有关证据事实或者法律结论的主张曾基于针对诉辩的异议而被驳回。[20] 如果这些不适当的主张对于陈述一项诉因或者答辩理由而言是不可缺少的，那么该诉辩会被认定为是不充足的。

此观点已经发生了重大的改变，与证据诉辩相关的观点更是如此。当所欠缺的法律要件是证据事实的诉辩，并且基本事实必然从该证据事实中得出，现在大多数法官不会维持一项针对诉辩充足性的异议。[21] 因而，如果诉辩人阐明了确立一个占有权的所有事实，那么未能明确主张占有权的情形将会得到原谅。[22]考虑到什么是基本事实的不确定性，该规则明显是有意义的。仅有的危险是，一些诉辩人可能倾向于包容过多的内容。但是，鉴于律师具有不披露超出必要程度的证据和辩词这一自然倾向，并且法官具有删除多余主张以及要求一位诉辩人消除不确定和含糊意思的能力，这则不是一个严重问题。[23]

尽管一些法官已经将一个法律结论作为一个不存在的主张来对待，[24] 但是许多现代法官已经采取了这样的态度，即在决定起诉书是否通知了诉因的存在时，可以对这类主张予以考虑。[25] 如果的确如此的话，就起诉书的充足性提起的异议将会被驳回。这种欠缺完全被作为一种形式来加以对待，只有认为该诉辩

〔19〕 D'Auria v. Niemiec, 15 Misc. 2d 449, 450, 182 N. Y. S. 2d 378, 379 (1959). 同时参见 M. G. Chamberlain & Co. v. Simpson, 173 Cal. App. 2d 263, 343 P. 2d 438 (1959); Augustine v. Trucco, 124 Cal. App. 2d 229, 268 P. 2d 780 (1954).

〔20〕 Metropolis Trust & Savs. Bank v. Monnier, 169 Cal. 592, 147 P. 265 (1915); McCaughey v. Schuette, 117 Cal. 223, 48 P. 1088 (1897).

〔21〕 但是，可参见 Curry v. Meier, 15 Misc. 2d 418, 179 N. Y. S. 2d 549 (1958); O'Regan v. Schermerhorn, 25 N. J. Misc. 1, 50 A. 2d 10 (1946).

〔22〕 Robinson v. Meyer, 135 Conn. 691, 693－94, 68 A. 2d 142, 143 (1949).

〔23〕 参见 Fed. Civ. Proc. Rule 12 (f); N. Y. － McKinney's CPLR 3024 (a); Utah Rules Civ. Proc., Rule 12 (f). 同时参见下文5. 23.

〔24〕 Cousins v. Wilson, 94 Okl. 29, 220 P. 923 (1923); Smith v. Abel, 211 Or. 571, 577, 316 P. 2d 793, 796 (1957); Callahan v. Broderick, 124 Cal. 80, 56 P. 782 (1899).

〔25〕 参见，例如 Rembold v. City & County of San Francisco, 113 Cal. App. 2d 795, 249 P. 2d 58 (1952). 同时可参见 Krug v. Meehan, 109 Cal. App. 2d 274, 240 P. 2d 732 (1952).

不明确或者不确定的异议才能对它提出质疑。[26]

5.6 基于不明确、含糊、不确定性提出的异议

就基于一份诉辩文书不确定或意思含糊这一理由而质疑该诉辩形式问题，几乎所有普通法和衡平法已经融合的州都作出了一些规定。这可能是借助于一种特殊类别的法律抗辩[1]或者采用要求其更为明确和确定的一项申请。[2] 在针对诉辩形式的异议和针对诉辩实体充足性的异议之间存在着一些重要区别。后者（通常被称为一项"一般法律抗辩"）或者因为未能阐明一项权利主张或者答辩而提出的驳回（原告）起诉的申请，在庭审之前和庭审期间的任何时候甚至可能在上诉时均可以提出。[3] 除非在最早机会提起，否则对形式的质疑权将被放弃。[4] 此外，如果作为缺席判决基础的起诉书未能阐明诉因，该缺席判决可以被撤消。[5] 但是，如果法律要件的欠缺只是被视为一种形式，则不能撤消该缺席判决。[6]

2. 告知诉辩

5.7 告知诉辩的基本要求

当联邦最高法院于1938年发布了适用于所有联邦案件的一套统一程序规则时，该改革的一个主要特征是采用了《联邦民事诉讼规则》第8条，该条规定沿袭了衡平法中关于诉辩的简洁规则。[1]《联邦民事诉讼规则》第8条不仅彻底变革了联邦法院中普通法案件的惯常做法，而且被证明是推动许多州法院改革的一个重要催化剂，其中包括不少很早以前就已采纳法典诉辩体系的司法管辖区。[2] 关键的规定是《联邦民事诉讼规则》第8条（a）（2），它要求一个当事人"对表明诉辩人有权获得救济的诉讼请求做一个简明陈述"。尽管这似乎与法典中"对构成诉因的事实陈述"的要求比较相近，但这种相似性是具有欺骗性

---

〔26〕 Fleischmann v. Lotito, 6 Cal. 2d 365, 57 P. 2d 922 (1936); Campbell v. Genshlea, 180 Cal. 213, 180 P. 336 (1919). Cf. Jerry v. Borden Co., 45 A. D. 2d 344, 358 N. Y. S. 2d 426 (1974) (依照 N. Y. – McKinney's CPLR 3013).

〔1〕 West's Ann. Cal. Code Civ. Proc. 430. 10 (g).

〔2〕 Neb. Rev. Stat. 25 –833.

〔3〕 West's Ann. Cal. Code Civ. Proc. 430. 80. 参见下文 5. 22; C. Clark, Code Pleading 85a (2d ed. 1947).

〔4〕 Mass. Rules Civ. Proc., Rule 12 (h). 参见下文 5. 24; C. Clark, Code Pleading 85 (2d ed. 1947).

〔5〕 C & H Transp. Co. v. Wright, 396 S. W. 2d 443 (Tex. Civ. App. 1965). 参见 Comment, Attacking a Default Judgment in California on the Grounds that the Complaint Failed to State a Cause of Action, 1 U. C. L. A. L. Rev. 195 (1954); Note, 49 Mich. L. Rev. 446 (1951); Note, 36 Texas L. Rev. 243 (1957).

〔6〕 参见 Ramey v. Myers, 111 Cal. App. 2d 679, 245 P. 2d 360 (1952).

〔1〕 参见 Federal Equity Rule 25.

〔2〕 参见上文 5. 1 注释14。

的，因为依照联邦规则，诉辩技术性问题的最后残余已被扫除，而"告知"诉辩这一概念已经牢牢确立。[3]

259　优点是明显的。首先，该规则消除了关于什么构成"诉因"以及相对于单纯证据或法律结论而言什么是"事实"的看似无尽的争论。[4] 争论点转而成为对方当事人是否得到了关于诉讼请求（或者答辩）的充足告知从而能够进行应对准备。[5] 其次，该规则避免了"以诉辩意旨为准"原理带来的严重问题。[6] 此原理在联邦系统中已无立锥之地，联邦系统废除了就"诉因"陈述的要求。正如联邦案件所一贯坚持的，无论她在何时拥有一项有效的权利主张，即使她的律师在诉辩阶段未能认识到该权利主张的适当根据，当事人仍然会被允许获得救济。[7]

真实的是，告知诉辩相对而言不大可能使得诉辩文书本身能为庭审缩小争点并且为方便地清除恶意虚假诉求和答辩做准备。但是，一个严格诉辩体系所设想的这些优势并没有在法典下实现。仅通过使用先前判决所表明的一些基本事实，一位细心谋略者就几乎总能提出一个适当的"诉因"。采纳法典诉辩的各州的法院已经被迫通过其他程序方法来缩小争点并清除虚假恶意事项。[8] 通过正式吸纳大量披露规则[9]以及一条精心制订的有关简易判决[10]的规定，联邦规则足以填补由任何并非十分严厉的诉辩要求所留下的漏洞。[11]

不少评论者已经反对使用"告知诉辩"一词来描述《联邦民事诉讼规则》第8条项下的诉辩，而更愿意使用"现代诉辩"或者"简式诉辩"这样的措辞。[12] 他们担心，"告知"将被认为意味着仅仅要求作出这样的描述，即一个案件已经被提起并且要求获得损害赔偿金；然而与此相反的是，诉辩人必须要指出作为权利主张或者答辩基础的情况和事件。诉辩人不必担心陈述的特定形式，也无需担忧该陈述未能主张一个特定事实以便覆盖相关实体法的每个要素。只要

---

〔3〕 就在一个采用法典诉辩的州中，有关法典项下诉辩与联邦规则项下诉辩之间区别的讨论，参见 Christianson v. Educational Serv. Unit, 243 Neb. 553, 501 N. W. 2d 281 (1993).

〔4〕 参见上文 5. 5.

〔5〕 Leatherman v. Tarrant County Narcotics Intelligence & Coordination Unit, 507 U. S. 163, 113 S. Ct. 1160, 122 L. Ed. 2d 517 (1993)；Conley v. Gibson, 355 U. S. 41, 78 S. Ct. 99, 2 L. Ed. 2d 80 (1957)；Dioguardi v. Durning, 139 F. 2d 774 (2d Cir. 1944).

〔6〕 见上文 5. 4.

〔7〕 5 C. Wright & A. Miller, Civil 2d 1219.

〔8〕 参见 C. Clark, Code Pleading 86, 88 (2d ed. 1947).

〔9〕 Fed. Civ. Proc. Rules 26–37. 主要参见下文第7章。

〔10〕 Fed. Civ. Proc. Rules 56. 主要参见下文9. 1–9. 3.

〔11〕 参见 C. Code Pleading 88, at 566 (2d ed. 1947).

〔12〕 Clark, Pleading Under the Federal Rules, 12 Wyo. L. J. 177, 181 (1958).

对方当事人和法官能够基本认识所提出的权利主张，这就已经达到了要求。[13]
但重要的是，应当注意，确实出现了一些案件，其中法官们在下列问题上意见不
一：细节说明的数量是否足以陈述一项权利主张，以及是否应当要求提供更多事
实以便向对方当事人进行"公正的告知"。[14]

《联邦民事诉讼规则》第 8 条（f）强调消除技术性问题，它仅仅阐明"所
有诉辩文书应当如此解释以实现实质正义。"因为没有词语能完全适当精确地描
述简洁与详述之间的平衡，《联邦民事诉讼规则》之后附有一份《格式附录》，
其中许多格式是法律要件充足的各种起诉书和答辩书。这些简洁的形式为在联邦
法院进行诉讼的当事人提供了重要的指导。

5.8 联邦法院和州法院对告知诉辩的调整

实现从更为严格的诉辩体系向告知诉辩转变在一些联邦法院[1]和采纳联邦
诉辩规则的州法院[2]并非没有阻力。在为数不多的个别案件中，联邦法院中主
持庭审的法官甚至曾拒绝接受那些依照《联邦民事诉讼规则》所附《格式附录》
规定的格式制作的诉辩文书，其根据是后者不具有拘束力和要求提供补充事
实。[3] 为了澄清此问题，《联邦民事诉讼规则》第 84 条于 1946 年作出修改并规
定此类格式具有充足的法律要件。[4] 而这些格式本身没有被变动。

涉及《联邦民事诉讼规则》第 8 条解释的一个最为重要的案件是 1944 年判
决的 Dioguardi v. Durning 一案[5]。在该案中，原告似乎对所有律师都不信任，

---

〔13〕 Leatherman v. Tarrant County Narcotics Intelligence & Coordination Unit, 507 U. S. 163, 113 S.
Ct. 1160, 122 L. Ed. 2d517 (1993); Hospital Bldg. Co. v. Trustees of Rex Hosp. , 425 U. S. 738, 96 S.
Ct. 1848, 48 L. Ed. 2d 338 (1976); Conley v. Gibson, 335 U. S. 41, 78 S. Ct. 99, 2 L. Ed. 2d 80
(1957). 参见 McCardle, A Short Plain Statement: The Significance of Leatherman v. Tarrant County, 72 U.
Det. Mercy L. Rev. 19 (1994).

〔14〕 例如，参见 Kyle v. Morton High School, 144 F. 3d 448 (7ᵗʰ Cir. 1998)（起诉被驳回）一案中多
数判决意见及持异议意见。Kyle 一案中的多数判决意见引用了 Chaveriat v. Williams Pipe Line Co. , 11 F.
3d 1420, 1430 (7ᵗʰ Cir. 1993)，在引用的这个案件中法庭认为"真实的是，《联邦民事诉讼规则》的最初
理论在于，最终审前会议以前，原告应当被允许在一份仅有基本框架的起诉书的弹性边界内四处摸索以搜
寻一项具有合法权利的主张。在这样一个大量待审案件的时期，没有法官或者律师会对此理论完全当真
……"。Kyle 一案中持异议意见的法官，在提到《联邦民事诉讼规则》第 8 条并不要求对事实进行陈述
时，指出"除非毫无疑问不存在证明救济正当性的一组事实，否则准予一项驳回起诉的申请是不适当的。
多数法官关于此原则已终结的叙述……完全言过其实"。144 F. 3d at 459.

〔1〕 例如，Employers'Mut. Liability Ins. Co. v. Blue Line Transfer Co. , 2 F. R. D. 121（W. D.
Mo. 1941）; Washburn v. Moorman Mfg. Co. , 25 F. Supp. 546（S. D. Cal. 1938）.

〔2〕 例如，Walden, The "New Rules" in New Mexico, 25 F. R. D. 107, 108 - 11 (1960).

〔3〕 Employers'Mut. Liability Ins. Co. v. Blue Line Transfer Co. , 2 F. R. D. 121（W. D. Mo.
1941）; Washburn v. Moorman Mfg. Co. , 25 F. Supp. 546（S. D. Cal. 1938）.

〔4〕 参见 Advisory Committee on Rules for Civil Procedure, Report of Proposed Amendments to Rules of Civ-
il Procedure, 5 F. R. D. 433, 498 (1946).

〔5〕 139 F. 2d 774 (2d Cir. 1994).

260

他用混乱而糟糕的英语为自己制作了起诉状。初审法院运用了已被新规则所取代的法典表述语言，认为其未能"陈述足以构成诉因的事实"而驳回了起诉。联邦第二巡回法院撤消了该裁定。它作出裁决认为，原告的起诉书尽管难以理解且不够清晰，但该起诉书的确揭示了他与被告之间争议的基本性质以及作为该起诉书基础的特定事件。

Dioguardi 一案遭到了严厉的批评[6]并且成为新规则反对者攻击的焦点。批评者指出，当案件随后进入正式庭审时，原告将不能证明他的权利主张并且会在案件的实质问题上败诉。[7] 当然，后一个事实已经偏题了。一个又一个经过适当诉辩的主张在庭审中遭遇了失败。恰恰是相反的问题引起了更大的关注。法院如何才能避免具有合法权利的诉求和答辩不会因程序上的技术性错误而面临败诉？

尽管批评者坚持了一段时间，试图重新确立联邦诉辩的法典模式，[8] 但是他们最终没有成功。然而，他们的努力并非完全白费，因为持续争议显然对各州的改革产生了影响。一些已采纳了很多其他联邦程序规则的司法管辖区保持了法典诉辩要求。[9] 此外，在某些采纳了《联邦民事诉讼规则》第 8 条的州中，关于该条款解释的争论妨碍了诉辩体系的转变；至少在初期，一些州法院中主持庭审的法官将新规则仅仅视为是对先前法典规定的一种重述，并且依然适用所有的技术性要求。[10] 但是，州法院后期的判决也倾向于依照联邦法院对新规则所做的解释来遵守这些规则。[11] 少数几个州最初就意识到了向告知诉辩转变中所存在的潜在问题，并努力避免这些问题。譬如，科罗拉多州增加了《联邦民事诉讼规则》第 8 条中未规定的一项条款，它特别阐明，诉辩文书不会仅仅因为其未能陈述不同于法律结论的基本事实而被认定为不充分。[12]

最终，应当牢记的是，并非每个已放宽其诉辩规则限制的司法管辖区都充分运用了告知诉辩。例如，1962 年纽约州废除了其传统的法典诉辩规则，并且以

---

〔6〕 McCaskill, The Modern Philosophy of Pleading: A Dialogue Outside the Shades, 38 A. B. J. 123 (1952).

〔7〕 出处同上.

〔8〕 参见 Claim or Cause of Action, 13 F. R. D. 253 (1953).

〔9〕 参见上文 5. 1 注释 15.

〔10〕 例如，Walden, The "New Rules" in New Mexico, 25 F. R. D. 107, 108 – 11 (1960)

〔11〕 参见 Cole v. Cole Tomato Sales, Inc. , 293 Ala. 731, 734, 310 So. 2d 210, 212 (1975); Gardner v. Hollifield, 96 Idaho 609, 611, 533 P. 2d 730, 732 (1975); Slife v. Kundtz Propertides, Inc. , 40 Ohio App. 2d 179, 318 N. E. 2d 557 (1974); Seattle Professional Photographers Ass'n v. Sears Roebuck Co. , 9 Wn. App. 656, 662, 513 P. 2d 840, 844 (1973); Davidson v. Dill, 180 Colo. 123, 131, 503 P. 2d 157, 162 (1972); Hall v. Kim, 53 Hawaii 215, 219, 491 P. 2d 541, 544 (1971); Brewer v. Hawaii 215, 219, 491 P. 2d 541, 544 (1971); Brewer v. Harris, 279 N. C. 288, 292, 182 S. E. 2d 345, 347 (1971).

〔12〕 Colo. Rules Civ. Proc. , Rule 8 (e) (1).

如下的"3013 号规则"（Rule 3013）取而代之：

一份诉辩文书中的陈述应当充分详细以便向法院和当事人告知其计划加以证明的事项（transactions）、事件、或者一系列事项、事件、以及每项诉因或者每项答辩原因的实质要素。[13]

尽管联邦类型的告知诉辩无疑是趋势所向，但是并不清楚的是此条款究竟提出了什么样的要求，纽约州各法院的态度也存在着相当大的不同。[14] 另一条折衷规定则揭示了一种类似的既吸取联邦模式又借鉴法典模式的尝试。在佛罗里达州，原告必须提出"对表明诉辩人有权获得救济这一基本事实的一项简短而清楚的陈述"。[15]

5.9 适用于具体案情和事实的特殊规则

依照告知诉辩运作的法官们时常主张，并且在罕见情况下会裁定，要求更多详细说明和细节的特殊诉辩规则应当适用于某些案件，特别是那些涉及很多争点，同一方的多个当事人，或者复杂法律问题的案件。[1] 就诸如囚犯状告政府官员的民权案件这类通常被证明不具有合法权利的案件种类而言，类似的主张也

---

〔13〕 N. Y. – Mckinney's CPLR 3013.

〔14〕 试比较 Gross v. Eannace, 44 Misc. 2d 797, 255 N. Y. S. 2d 625（1964）和 Card v. Budini, 29 A. D. 2d 35, 285 N. Y. S. 2d 734（1967）。

〔15〕 Fla. – West's F. S. A. Rules Civ. Proc., Rule 1. 110（b）（2）.

〔1〕 参见 Baim & Blank, Inc. v. Warren – Connelly Co., 19 F. R. D. 108, 109 – 10（S. D. N. Y. 1956）；5 C. Wright & A. Miller, Civil 2d 1221；Marcus, the Puzzling Persistence of Pleading Practice, 76 Texas L. Rev. 1749（1998）。

至少在一种涉及证券诉讼情况下，国会已就提高诉辩要求作出规定，这种更高的诉辩要求与《联邦民事诉讼规则》第8条（a）（2）和《联邦民事诉讼规则》第9条（b）最后一句并不一致。参见 Private Securities Litigation Reform Act of 1995, Pub. L. 104 – 52, 109 Stat. 737。一个联邦法院已采纳了一条与《联邦民事诉讼规则》第8条（a）（2）不一致的地方规则，在《反勒索及受贿组织法》（RICO）项下的诉讼中要求进行详细的诉辩。参见 Heiser, A Critical Review of the Local Rules of the United States Court for the Southern District of California, 33 San Diego L. Rev. 555, 560 – 70（1996）。

被提出。[2] 但是，大体上，法院已经对这种特殊诉辩要求进行了抵制。[3] 规则并未授权这种特殊诉辩，并且在它会产生任何益处这一点上是值得怀疑的。诉辩文书可被用于限制一个诉讼的规模和范围这一看法在逻辑上是站不住脚的。无论规定什么诉辩要求，一位聪明而有谋略的人均能成功地把全部所需内容包括在内。无论是否存在实体权利，聘请了不适当律师的委托人均会处于不利地位。这并不意味着不应该存在针对复杂诉讼的特殊处理方法。[4] 但是，改变诉辩规则看上去显然不是正确的解决办法。[5]

考虑到弱化诉辩技术性问题的这一明显趋势，相当令人吃惊的是，联邦类型的诉辩规则的确包括了一条特别规定，即《联邦民事诉讼规则》第9条，此规

---

〔2〕 民权案件，特别是那些起诉政府雇员的民权案件，已经引起特别关注，这是因为很多案件是没有意义的。因而，在这类案件中一些联邦法院开始要求诸如详细诉辩的这类更高要求的诉辩，其想法是很多案件可能会因为诉辩文书问题而被驳回。对这种特殊标准发展状态的分析，参见 Wingate, A Special Pleading Rule for Civil Rights Complaints: A Step Forward or a Step Back? 49 Mo. L. Rev. 677 (1984)。联邦最高法院看来似乎终止了 Leatherman v. Terrant County Narcotics & Intelligence Unit, 507 U. S. 163, 113 S. Ct. 1160, 122 L. Ed. 2d 517 (1993) 一案中的做法，裁定只有《联邦民事诉讼规则》第 9 条 (b) 中列明的那些事项才要求进行详细诉辩；其他所有事项则由《联邦民事诉讼规则》第 8 条 (a)(2) 中的诉辩标准进行调整。参见 McCardle, A Short Plain Statement: The Significance of Leatherman v. *Terrant County*, 72 U. Det. Mercy L. Rev. 19 (1994)。但是，莱瑟曼（Leatherman）一案是状告一个地方自治体的诉讼，并且数个联邦上诉法院已经拒绝在关于有限豁免答辩的状告个人之诉中遵循该案例。参见 Comment, *Schultea II —Fifth Circuit's Answer to Leatherman* – Rule 7 Reply: More Questions Than Answers in Civil Rights Cases? 37 So. Tex. L. Rev. 413, 439 –41 (1996)。此外，在 Schultea v. Wood, 47 F. 3d 1427 (5th Cir. 1995) 案件中，联邦第五巡回法院已通过作出以下裁定的方式增加了一项新办法，它裁定，尽管存在莱瑟曼一案，联邦法院中主持庭审的法官可以依照《联邦民事诉讼规则》第 7 条 (a) 命令原告针对被告所提出的有限豁免这一积极答辩进行答复，并且至少在被告已经在答辩中提出了事实细节这样的范围内，可要求原告在答复中对细节进行诉辩。该法院持有以下立场，即《联邦民事诉讼规则》第 8 条 (a)(2) 项下的告知诉辩仅适用于起诉书，而答复只受到《联邦民事诉讼规则》第 8 条 (e)(1) 的调整，要求诉辩文书应当"简洁、清楚和直接"。

在 Crawford – El v. Britton, 523 U. S. 574, 118 S. Ct. 1584, 1596 –97, 140 L. Ed. 2d 759 (1998) 一案中，联邦最高法院看上去已对联邦第五巡回法院的方法给予了一定支持，同时大体上提高了民权案件中的诉辩要求，它认为"法院可以依照《联邦民事诉讼规则》……第 7 条 (a) 命令对被告的……答辩作出答复，或者按照《联邦民事诉讼规则》第 12 条 (e) 准予被告所提出的要求作出更为明确陈述的申请。因而，法院可能坚持认为原告应'提出特定的，非推断性的事实'主张……以避免披露程序前驳回诉讼的申请……。"对《联邦民事诉讼规则》第 12 条 (e) 的援引遭到了特别的质疑，因为该规则只适用于这样的情形，即一份诉辩文书是如此的意思含糊或者不确定以至于被要求对其进行答复的当事人无法进行回复。参见下文 5. 23 注释 9.

〔3〕 参见 Walker Distributing Co. v. Lucky Lager Brewing Co., 323 F. 2d 1, 3 (9th Cir. 1963); Nagler v. Admiral Corp., 248 F. 2d 319 (2d Cir. 1957); 5 C. Wright & A. Miller, Civil 2d 1221.

〔4〕 例如，"多地区诉讼专门合议庭"已经出版了一份指南并提出了一套适用于复杂案件庭审的建议性的一般程序。这些程序集中在披露、审前会议以及其他审前决议等技术性问题上。参见 Manual for Complex Litigation, Third (1995).

〔5〕 参见 Report to the Judicial Conference of the United States, Procedure in Antitrust and Other Protracted Cases, 13 F. R. D. 62, 66 – 68 (1953); Clark, Special Pleading in the "Big Case," 21 F. R. D. 45 (1958); Freund, the Pleading and Pre – Trial of an Antitrust Claim, 46 Cornell L. Q. 555 (1961); Recent Developments, 58 Colum. L. Rev. 408 (1958).

定要求对少量具体事项进行详细的诉辩。[6]《联邦民事诉讼规则》第9条（b）规定，"在所有欺诈或者错误的事实主张中，对构成欺诈或者错误的情况应当进行附有细节说明的陈述"，并且《联邦民事诉讼规则》第9条（g）要求"当就数项特定损害提出主张时，应对其进行明确陈述"。某些州甚至走的更远。例如，在威斯康星州，它的上述第9条（b）版本要求，在货物销售交付或者劳务及服务履行之诉中，经被告请求，原告应提出一份关于原告起诉书中的每个项目及其合理价值的陈述。[7]

要证明此类对现代诉辩一般原理的背离是合理的绝非易事，这在很大程度上是因为其所追求的细节可通过正式披露的方式获得。从历史的角度看，有关欺诈的要求是可以理解的。在普通法上，欺诈是一种所谓的"受冷遇之诉"，因为它提出了有关被告的道德问题。特定诉辩要求的实施致力于排除缺乏正当性的权利主张，并且依照法典运作的法官曾发扬了这种严厉态度。[8]支持特殊诉辩可适用于欺诈和错误情形的另外一个论据是这样的一个事实，即这些欺诈和错误是使合同无效、推翻法庭命令以及类似事项的根据，并且不应当轻率地宣布合同、法庭命令及类似事项无效。尽管如此，利用诉辩文书来实现实体法目的是不合理的。

至少在联邦法院中，特殊要求一般仅具有有限的影响。尽管某些案件已经因为诉辩所陈述的细节太少而裁定涉及欺诈的起诉书是不充足的，但是大多数法院业已接受了概括的陈述。[9]法官们已经注意到，《联邦民事诉讼规则》第9条（b）只要求对欺诈的"情况"进行陈述；它不是使对"事实"进行陈述这一要求重新生效。[10]"正式格式13"恐怕更能说明问题，它包含了一份请求撤消欺诈

264

---

〔6〕 事实上，《联邦民事诉讼规则》第9条通过允许大体作出一些事实主张的方式对诉辩予以简化，这些主张的实例包括对先决条件的履行和发生，一个人的精神状态，以及此前存在一个相关判决。参见5 C. Wright & A. Miller, Civil 2d 1291. 关于对这些特殊事项的详细分析，包括对《联邦民事诉讼规则》第9条（g）的讨论，参见下文5.16.

〔7〕 Wisconsin Stat. Ann. 802. 03（7）.

〔8〕 参见 Chamberlain Mach. Wach. Works v. U. S., 270 U. S. 347, 46 S. Ct. 225, 70 L Ed. 619 (1926)；Stearns v. Page, 48 U. S.（7 How.）819, 829, 12 L. Ed. 928（1849）；Duane v. Altenburg, 297 F. 2d 515, 518（7th Cir. 1962）；Chicago Title & Trust Co. v. Fox Theatres Corp., 182 F. Supp. 18, 31（S. D. N. Y. 1960）. 同时参见 C. Clark, Code Pleading 311－12, 617（2d ed. 1947）.

〔9〕 参见 Massey－Ferguson, Inc. v. Bent Equip. Co., 283 F. 2d 12, 15（5th Cir. 1960）；Futre Tech Int'l v. Tae Il Media, Ltd., 944 F. Supp. 1538, 1570－72（S. D. Fla. 1996）；Textile Banking Co. v. S. Starensier, Inc., 38 F. R. D. 492（D. Mass. 1965）；Gottlieb v. Sandia Am. Corp., 35 F. R. D. 223 (E. D. Pa. 21964)；McMahon Bros. Realty Co. v. U. S. Fidelity & Guar. Co., 217 F. Supp. 567（D. Del. 1963）；Lynn v. Valentine, 19 F. R. D. 250, 254（S. D. N. Y. 1956）. 同时参见 Glus v. Brooklyn Eastern District Terminal, 359 U. S. 231, 79 S. Ct. 760, 3 L. Ed. 2d 770（1959）；Commentary, Requirement of Particularity in Pleading Fraud, 6 F. R. Serv. 739（1943）.

〔10〕 Consumers Time Credit, Inc. v. Remark Corp., 227 F. Supp. 263（E. D. Pa. 1964）.

性转让之诉的示范主张。它的关键性语言仅仅是主张被告"将他的所有财产转让"给了第三人，"其目的在于欺骗原告以及阻止或延误债务的收取"，该债务是指被告所欠原告的债务。十分明显，虽然特殊诉辩要求的确给法院对特定主张充足性的审查方式产生了一些影响，但州法院的判决间存在着相当差异。[11]

5.10 阐明诉辩文书动议的作用

尽管依照现代诉辩规则，总体上诉辩文书足以陈述一项有效的权利请求，但是大多数实行告知诉辩的司法管辖区都提供了一种对不确定或者意思含糊的诉辩文书加以阐明的方法。这类规定的范围和解释是极其重要的，因为它们可能被利用而成为重建迫使诉辩人陈述基本事实甚至法律理论的这一传统诉辩要求的一种手段。

《联邦民事诉讼规则》第12条（e）为已经采纳了告知诉辩的各司法管辖区树立了典范。在1946年对该规则进行彻底修改之前，此规则规定，不是一项要求获得更明确陈述的申请就是一份详情诉状以便使提出申请的当事人能够起草一份应答答辩或者为庭审做准备。通过此形式，该规则被一些法官用于削弱《联邦民事诉讼规则》第8条所包含的宽松的诉辩规定。这些法官强调了规则中关于庭审准备的一面，并且要求诉讼当事人提出作为最初主张之基础的详细事实，因而将详情诉状作为一种披露模式来使用。[1]尽管大多数联邦法官将《联邦民事诉讼规则》第12条项下申请的准许仅限于以下情况，即诉辩文书是如此不清楚或意思含糊以至于提出申请的当事人无法作出一个适当的应答，[2]但是，该规则是造成大量不确定性的原因并频繁遭到严厉批评。[3]

在其修订后的形式下，《联邦民事诉讼规则》第12条（e）的范围是有限的。它仅规定对诉辩文书进行阐明，这类诉辩文书是如此不确定以至于难以制作一份适当的应答；它不能被用作披露的替代物。[4]无需就对方当事人的诉辩作出应答的当事人不能运用该规则，即使该诉辩可能是不清楚的。

即使存在这些限制，一些评论者和法官仍认为该规则应当被废除，因为他们

---

〔11〕 例如，Marcucilli v. Alicon Corp., 41 A. D. 2d 932 343 N. Y. S. 2d 367 (1973).

〔1〕 例如，Graham v. New York & Cuba Mail S. S. Co., 25 F. Supp. 224 (E. D. N. Y. 1938).

〔2〕 Colonial Hardwood Flooring Co. v. International Union United Furniture Workers, 76 F. Supp. 493 (D. Neb. 1947); Miller & Hart, Inc. v. Morris Packing Co., 7 F. R. D. 592 (W. D. Mo. 1947).

〔3〕 主要参见 5A C. Wright & A. Miller, Civil 2d 1374–79; Comment, Federal Civil Procedure – Federal Rule 12 (E): Motion for More Definite Statement – History Operation and Efficacy, 61 Mich. L. Rev. 1126 (1963).

〔4〕 Amoco Chemical Co. v. Tex Tin Corp., 925 F. Supp. 1192, 1212 (S. D. Tex. 1996); Tagare v. NYNEX Network Sys. Co., 921 F. Supp. 1146, 1153 (S. D. N. Y. 1996).

将此规定视为主要用于拖延的一种方法。[5] 其他人士则注意到在几种情况下请求能发挥有效作用。[6] 首先,它提供了一种手段,法院可以运用该手段来实施诸如《联邦民事诉讼规则》第9条中特殊诉辩规定这样的特殊诉辩规则。如果一份起诉书已依照一般诉辩规则陈述了权利主张但却未能包括特殊诉辩规定所要求的细节,那么运用一份阐明申请有助于减轻准许驳回起诉的申请所面临的压力。其次,要求进行更为明确陈述的申请能够协助所谓"启始答辩"的确立,"启始答辩"可允许某些案件立即被终止。例如,如果被告知道诉讼时效法会阻却原告的权利主张,而原告没有说明该权利主张产生的日期,那么一份要求进行更为明确陈述的申请能够强制原告对该日期予以阐明,这就会带来起诉被驳回的结果。如果答辩是建立在防止欺诈法的基础上,那么也可达到相似的结果。尽管同样的结果可通过简易判决申请的方式获得,但是后者会涉及到在简单案件中可能被忽略的一个更为复杂的程序。[7] 看上去,依照《联邦民事诉讼规则》第12条(e)所进行的实践似乎已经实现了"咨询委员会"在提议进行规定修改时所预期的许多结果。[8] 此外,《联邦民事诉讼规则》第12条(e)并未成为拖延策略所采用的工具,因为法官已经对该规定的适用予以限制。[9]

3. 诉辩中的真实性

266

5. 11 确保诉辩公正的方法

律师们常常面对一些问题,而这些问题涉及到如何完全不偏不倚地主张一项特定诉求或答辩,同时又要对一个特定的庭审争点予以支持。例如,当决定一位被告律师是否能够仅基于从其委托人处所获得的信息而公正地对原告起诉书中特定主张予以否认时,就可能产生这个问题。换个角度看,原告律师能否提交一份明知省略了特定不利事实的起诉书,这些不利事实对于代表其委托人陈述一项充分诉求而言并非必需?

这些问题答案并不总是不言而喻的。通过禁止提交进行骚扰或者恶意伤害的虚假诉辩文书,《美国律师协会模范律师职业行为规则》的一篇正式评论提供了一些指导。[1] 尽管对诉辩环境中所出现的伦理问题的全面探讨超越了本书的范

〔5〕 例如,Blane v. Losh, 10 F. R. D. 273(N. D. Ohio 1950); Walling v. American S. S. Co., 4 F. R. D. 355, 358(W. D. N. Y. 1945)。参见 Comment, Federal Civil Procedure – Federal Rule 12 (E); Motion for More Definite Statement – History, Operation and Efficacy, 61 Mich. L. Rev. 1126, 1138 – 39 (1963).

〔6〕 参见 5A C . Wright & A. Miller, Civil 2d 1376.

〔7〕 参见 Fed. Civ. Proc. Rule 56; 10A C. Wright, A. Miller, & M. Kane, Civil 3d 2719.

〔8〕 参见 5A C. Wright & A. Miller, Civil 2d 1377.

〔9〕 Scarbrough v. R – Way Furniture Co. , 105 F. R. D. 90(E. D. Wis. 1985); Shore v. Cornell – Dubilier Elec. Corp. , 33 F. R. D. 5(D. Mass. 1963).

〔1〕 ABA Model Rules of Professional Conduct, Rule 3. 1, Comment, adopted August 2, 1983.

围，但是司法系统已经采用了各种方法来确保诉辩文书的真实性与善意制作。本节将讨论各司法管辖区为促进诉辩公正性而采用的两种最为常见方式：律师签名要求以及宣誓证实。

在很多司法管辖区中，诉辩规则每份诉辩文书均应被签署，签署人通常为律师，或者，如果一方当事人未委托代理的，则应由提交该诉辩文书的当事人签署该诉辩文书。[2] 如果一份诉辩文书没有被适当地签署，它可能被剔除；[3] 但是，这种欠缺是一种技术性缺陷，法官允许在诉讼程序期间的任何时间对其修正。[4]

签名要求的首要目的在于确保诉辩文书真实性，并因而防止无意义的诉讼。[5]《联邦民事诉讼规则》第11条的最初版本已经为许多州所采纳，[6] 它规定，律师通过签署一份诉辩文书来确认他已经检查了此诉辩文书并认为存在支持它的充分理由，而且它不是为了拖延而提出。此规则进一步规定，如果对诉辩文书的签署是有意使此规则的目的落空，那么该诉辩文书可以被视为恶意虚假，且可命令案件继续进行而此诉辩文书好似未被提出。未委托代理的当事人已经签署了自己的诉辩文书，而此规定对未委托代理的当事人的影响含糊不清，因为此规则的最初制定者曾拒绝了使后者的签名等同于律师签名的这一提议。[7] 至少有一个采纳了《联邦民事诉讼规则》第11条最初版本的州，即新泽西州，制定了一项条款使未委托代理的当事人的签名成为对善意的一种确认。[8]

《联邦民事诉讼规则》第11条的最初版本所带来的结果是为律师设置了一项实际上不可强制执行的义务，该义务要求律师确信诉讼或者答辩在法律上存在着充分的理由。[9] 因为很多签名规则并未对制裁予以规定，因此不足为奇的是这些规则对于实际行为影响甚微。[10] 这类规则主要是提醒律师们注意他们所承担的对法律体系和公正的利益的义务。甚至在这种情况下，这些规则的能力也是

---

〔2〕 例如，Fed. Civ. Proc. Rule 11；West's Ann. Cal. Code Civ. Proc 446；Ind. Trial Proc. Rule 11 (A)；Vernon's Ann. Tex. Rules Civ. Prov. , Rules 45, 57.

〔3〕 Fed. Civ. Proc. Rule 11；Or. Rules Civ. Proc. Rule 17B.

〔4〕 Holley Coal Co. v. Globe Indem. Co. , 186 F. 2d 291 (4th Cir. 1950)；Burak v. Pennsylvania, 339 F, Supp. 534 (E. D. Pa. 1972).

〔5〕 "联邦地区法院更多的关注对诉辩和申请的滥用行为，并且在适当时进行制裁，这将阻止拖延或者滥用策略，并可通过减少无意义诉求和答辩来提高诉讼过程的效率。" Advisory Committee's Note to the 1983 amendments to Rule 11, reprinted in 97 F. R. D. 165, 198.

〔6〕 参见，例如，Colo. Rules Civ. Proc. , Rule 11；N. M. Civ. Proc. Rules, Rules, Rule 1 –011.

〔7〕 Final Report of the Advisory Committee 10 (Nov. 1937).

〔8〕 N. J. Civ. Prac. Rule 1：4 – 8.

〔9〕 参见5A C. Wright & A. Miller, Civil 2d 1334.

〔10〕 参见 Risinger, Honesty in Pleading and Its Enforcement：Some "Striking" Problems with Federal Rule of Civil Procedure 11, 61 Minn. L. Rev. 1 (1976).

值得怀疑的。在要求律师进行何种程度的调查以确保一份诉辩文书不是不真实的这一问题上，并没有明确的裁断。一般认为，不应当存在超出委托人指令的义务；不时提出的关于应当要求进行一些调查的建议则遇到了反对，反对意见认为结果并不能证明委托人的费用承担是正当的。[11]

尽管在 1983 年以前可以制裁，但是法官们却不大愿意实施这种制裁。当然，被证明故意提交一份虚假诉辩文书的律师可能会受到惩戒处分。但是，实际上，对故意不法行为作出证明是困难的。依照《联邦民事诉讼规则》第 11 条最初版本的规定，仅仅在很少的案件中给予纪律处分。在一个极端恶劣的情况下，一位联邦主持庭审的法官命令取消一位律师的律师执业资格。[12] 但是，此命令后被撤消，因为初审法院没有通知律师也未给予律师一个接受听审的机会。[13]

另一种可能的制裁是删除包含有明显虚假主张的一份诉辩文书。[14] 不过，如果该诉辩文书含有任何有效的权利主张或者答辩时，法官不会作出这样的制裁，这是因为，至少在过错归咎于律师而非归咎于处于不利地位的当事人时，在具有合法权利的案件中败诉或者输掉一起拥有合法答辩的案件都被视为一种过于严厉的惩罚。[15] 此外，尽管法院已经对故意违反确认或者签名要求的行为处以要求支付诉讼费用甚至律师费的制裁，[16] 但是这类强制执行措施并未经常使用。

在承认实施这些问题的情况下，1983 年对《联邦民事诉讼规则》第 11 条进行了一些重要修改。上述修改后的规则也同样难以令人满意，因此 1993 年《联邦民事诉讼规则》第 11 条的新版本开始生效，它又对原有规定进行较大调整。可是，1993 年的规则自身被证明是具有相当大的争议，并且有提议要求再对其进行修改，其中许多提议要求恢复 1983 年版本的规定。[17]

1983 年的规则要求在所有诉辩文书和申请上签名，并且将此签署要求延伸适用于披露请求与应答。通过签名，一个人证明他（1）已经检查了此文件，

---

〔11〕 Recent Decision, 47Va. L. Rev. 1434 (1961), criticizing Freeman v. Kirby, 27 F. R. D. 395 (S. D. N. Y. 1961).

〔12〕 关于 Lavine, 126 F. Supp. 39 (S. D. Cal. 1954), 以下列名义被撤消（reversed sub nom）。关于 LosAngeles County Pioneer Soc. , 217 F. 2d 190 (9th Cir. 1954).

〔13〕 关于 Los Angeles County Pioneer Soc. , 217 F. 2d 190 (9th Cir. 1954).

〔14〕 例如，Brown v. District Unemployment Compensation Bd. , 411 F. Supp. 1001 (D. D. C. 1975).

〔15〕 参见 Charm Promotions, Ltd. v. Travelers Indem. Co. , 489 F. 2d 1092 (7th Cir. 1973)，要求调阅案卷的上诉申请被驳回 416 U. S. 986; Lewis v. Wells, 382 (S. D. N. Y. 1971); Radtke Patents Corp. v. C. J. Tagliabue Mfg. Co. , 31 F. Supp. 226 (E. D. N. Y. 1939); Northridge Co - op. Section No. 1, Inc. v. 32nd Ave. Corp. , 15 Misc. 2d 927, 181 N. Y. S. 2d 608 (1958)，维持原判 10 A. D. 2d 244, 197 N. Y. S. 2d 991 (1960).

〔16〕 参见，例如，Hedison Mfg. Co. v. NLRB, 643 F. 2d 32 (1st Cir. 1981); Anderson v. Allstate Ins. Co. , 630 F. 2d 677 (9th Cir. 1980).

〔17〕 Tobias, Reforming Common Sense Legal Reforms, 30 Conn. L. Rev. 537, 533 - 55 (1998).

（2）在对事实和法律进行合理调查后，已经断定，尽其所知所获信息及所确信而言，该诉辩文书或者申请具有充分根据，以及（3）已经善意行事，并无任何不适当的动机。1993 年的规则对 1983 年的规则中的表述作出了许多重要修改。[18] 首先，1993 年的规则将义务延伸适用于出现在法庭上的每一份"诉辩文书，书面申请以及其他文件"，而无论其是以签署、提交、呈送方式出现，还是通过随后提出一项主张的方式出现。[19] 1983 年的规则只有在一份诉辩文书或者申请被签署时才会对其加以考虑。1993 年的规则要求一个可能已经善意地签署了一份诉辩文书或者申请的人应当不再坚持一项他已认识到在法律或者事实上站不脚的主张。其次，它不再适用于披露事项，因为这类事项是由它们自己的具体规定加以调整。[20] 再次，它特别授权个人提交一份附有事实主张的文件，该事实主张"如果以此方式特别指出，在给予其进一步调查或者披露的合理机会后可能获得证据支持"。[21] 1983 年的规则要求，签署文件者在签名时应当有理由相信该诉辩文书或者申请具有充足根据。有人士认为，该规定使得某些处于不利地位的诉讼当事人善意地相信他们能够详尽阐述支持其主张展开的事实，但是他们只能在获得正式披露后才能作出这种阐述。[22] 然而，现行规定并不切实可行。[23] 一个人如何知道何时一项事实主张"可能"得到证据支持？法院如何裁定这样的一项权利主张是否正当？

1983 年的规则没有规定对违反规定要求之人进行制裁。因此，对制裁的请求，主要是对费用和律师费的请求，常常被写入提出的一份诉辩文书或和其他申请一起提出。根据《联邦民事诉讼规则》第 11 条，这就出现了一种增加异议的

---

〔18〕 对于《联邦民事诉讼规则》第 11 条的 1983 年和 1993 年版本之间区别的全面分析，参见 Comment, A Practitioner's Guide to the 1993 Amendment to Federal Rule of Civil Procedure 11, 67 Temple L. Rev. 265（1994）。同时参见 Proposed Rules, Preliminary Draft of Proposed Amendments to the Federal Rules of Civil Procedure and the Federal Rules of Evidence, 137 F. R. D. 53, 74 - 82（Advisory Committee notes on the proposed 1993 version of Rule 11）.

〔19〕 Fed. Civ. Proc. Rule 11（b）.

〔20〕 Fed. Civ. Proc. Rule 11（d）.

〔21〕 Fed. Civ. Proc. Rule 11（b）（3）.

〔22〕 参见 Proposed Rules, Preliminary Draft of Proposed Amendments to the Federal Rules of Civil Procedures and the Federal Rules of Evidence, 137 F. R. D. 53, 78 - 79（1991）（"咨询委员会"对提议中的 1993 年规定所做的评注）.

〔23〕 参见 Pandrom, Predicting the Unpredictable Under Rule 11（B）（3）; When Are Allegations "Likely" To Have Evidentiary Support?, 43 UCLA L. Rev. 1393（1996）.

倾向，并且带来了相当多的"卫星诉讼"。[24] 更不用说的是各对手方律师间充满了敌意情绪。1993 年的规则通过要求寻求制裁的当事人应当以提出单独申请并将其送达被认为违反规定者的方式解决了这个问题。[25] 而后者可以享有 21 天的"安全港"期间，在该期间她能撤回或修改被质疑的主张或者予以否认。只有在 21 天的期间期满后仍未采取修正行为时，此申请方能被呈交至法院。[26] 该规则变化充满争议。一些著名法官和执业律师主张，这会带来更多《联邦民事诉讼规则》第 11 条项下的异议，并使得本已严峻的情况更为糟糕。[27] 此外，有人士指出，"安全港"规定实际上会增加无意义的诉讼数量，因为律师们可泰然地提起这类诉讼，并且知道如果被提出异议，他们只需在 21 日期间内撤回或者修改其起诉书。[28] 依照 1993 年的规则，法院依然保留了主动实施《联邦民事诉讼规则》第 11 条的权力，但是这种实施只能在发出一项要求说明理由的命令后进行，[29] 而该命令将允许被质疑的个人作出应答以及采取措施消除问题。

　　《联邦民事诉讼规则》第 11 条的 1983 年版本与 1993 年版本之间一些最引人注目的区别在于有关制裁的条款。1993 年的规则阐明了制裁的目的是防止不良行为，而并非给予对方当事人赔偿。[30] 这同样也是颇有争议的。实际上，斯卡利亚（Scalia）法官以及托马斯（Thomas）法官均不赞同采纳 1993 年的规则，其部分原因在于该规定不再重视对一个对方当事人进行赔偿的重要性。[31] 1983 年的规则要求，在法院查明一个违反规定行为已发生时应当对其进行制裁。1993 年的规则赋予法官以自由裁量权，[32] 因而允许法官宽恕某些无关紧要的违反规

270

---

〔24〕 参见 Bench－Bar Proposal To Revise Civil Procedure Rule 11，137 F. R. D. 159（1991）（法院被"淹没在"1983 年规定项下的"卫星诉讼中"）。对附属诉讼的关注——产生于对制裁的可适用性的确定问题——反映在 Cooter & Gell v. Hartmarx Corp.，496 U. S. 384，110 S. Ct. 2447，110 L. Ed. 2d 359（1990）。在 Cooter 一案中，联邦最高法院裁定该规则并未授权对赔偿上诉所产生的费用，并推断说如允许赔偿该费用将会助长卫星诉讼（satellite litigation）。同上 at 409，110 S. Ct. at 2463.

〔25〕 Fed. Civ. Proc. Rule 11（c）（1）（A）.

〔26〕 出处同上。参见 Corley v. Rosewood Care Center, Inc.，142 F. 3d 1041，1057－58（7th Cir. 1998）（在"安全港"规则没有被遵守时就进行制裁是对自由裁量权的一种滥用）。

〔27〕 Bench－Bar Proposal To Revise Civil Procedure Rule 11，137 F. R. D. 159（1991）.

〔28〕 Ripps & Drowatsky，Federal Rule 11：Are the Federal District Courts Usurping the Disciplinary Functions of the Bar?，32 Valparaiso L. Rev. 67，89（1997）（advocating elimination of the "safe－harbor" provision）.

〔29〕 Fed. Civ. Proc. Rule 11（c）（1）（B）.

〔30〕 Fed. Civ. Proc. Rule 11（c）（2）. 参见 Forbes v. Merrill, Lynch, Fenner & Smith, Inc.，179 F. R. D. 107，111（S. D. N. Y. 1998）.

〔31〕 Amendments to the Federal Rules of Civil Procedure，146 F. R. D. 401，507（Scalia 法官对判决的异议意见）.

〔32〕 Fed. Civ. Proc. Rule 11（c）；法官继续保留了有关所实施制裁性质方面的实质自由裁量权。参见 Shepherdson v. Nigro，179 F. R. D. 150（E. D. Pa. 1998）（法官对律师的警告被认为足以防止今后出现相似行为）。

定行为。1983 年的规则自身因缺乏统一性而受到抨击，因为在什么构成违反规定的行为以及应当适用什么制裁的问题上，各法院有不同看法。[33] 1993 年的规则只是使得这种不确定性有增无减。令人担心的是，律师将不敢进行有偏向性的辩护或者代表委托人提出标新立异的主张，[34] 即使其他法官可能认定此律师的行为是适当的或者该违反规定的行为是无关紧要的，他仍担忧会因这些行为接受法官审理而该法官将裁决其行为不适当并应接受制裁。

1983 年的规则被认为只适用于签署了被质疑文件的特定个人[35]——律师或者当事人——而 1993 年的规则规定，在通常情况下一家律师事务所可能被裁定对其合伙人、受雇律师或者雇员所犯的违反规定的行为承担连带责任。[36] 最后，1993 年的规则对可实施何种制裁规定了一些限制。例如，不能因为无意义的法律辩论而对委托代理的当事人处以罚款惩罚；[37] 应由律师为无意义的法律辩论承担责任。在一般情况下，法官不能自己主动要求实施罚款惩罚。[38] 同时，当进行罚款惩罚时，仅限于律师费和作为违反规定行为直接后果而产生的费用。[39]

271

1983 年规则的支持者反对这些修改，他们主张 1983 年的规则可更为有效地防止无意义诉讼（以此节约司法资源并因而实现该规则的首要目的），对恶意诉讼的受害者予以赔偿，并且向律师界提供有关适当行为标准的信息。[40] 甚至有某些曾对该规则进行批评的人士认为在可行标准的制定方面已有所进步，并主张联邦法官需要更多时间来对其实施加以改进。[41] 尚不明确的是，较为宽松的

---

〔33〕 例如，Schwarzer, Rule 11 Revisited, 101 Harv. L. Rev. 1013, 1015（1988）（"在解释和适用《联邦民事诉讼规则》第 11 条时，法官们已成为一座名副其实的巴别塔［Tower of Babel, 指《旧约·创世记》中古巴比伦人因建筑者不能理解彼此之间语言而未能建成的通天塔"，喻指空想计划或混乱喧闹声——译者注］）。

〔34〕 参见 Ripps & Dowatsky, Federal Rule 11: Are the Federal Distrect Courts Usurping the Disciplinary Function of the Bar?, 32 Valparaiso L. Rev. 67, 79-80（1997）；Nelken, Sanctions Under Amended Federal Rule 11 - Some "Chilling" Probtion and Punishment, 74 Geo. L. J. 1313, 1338-43（1986）；Note, Plausible Pleadings: Developing Standards for Rule 11 Sanctions, 100 Harv. L. Rev. 630, 632（1987）。

〔35〕 Pavelic & LeFlore v. Marvel Entertainment Group, 493 U. S. 120, 110 S. Ct. 456, 107 L. Ed. 2d 438（1989）（依照 1983 年的规则，不能因律师事务所成员的行为而转而对律师事务所实施制裁）。

〔36〕 Fed. Civ. Proc. Rule 11 (c)。

〔37〕 Fed. Civ. Proc. Rule 11 (c) (2) (A)。

〔38〕 Fed. Civ. Proc. Rule 11 (c) (2) (A)。

〔39〕 Fed. Civ. Proc. Rule 11 (c) (2)。

〔40〕 参见 Amendments to the Federal Rules of Civil Procedure, 146 F. R. D. 401, 509（1991）（Scalia 法官对判决的异议意见）；Parness, Groundless Pleading and Certifying Attorneys in the Federal Courts, 1985 Utah L. Rev. 325；Untereiner, A Uniform Approach to Rule 11 Sanctions, 97 Yale L. J. 901, 902（1988）；Note, Litigation Responsibility: Federal Rule of Civil Procedure 11 and Its Application, 27 B. C. L. Rev. 385, 406（1986）。

〔41〕 例如，Miller, The New Certification Standard Under Rule 11, 130 F. R. D. 479, 505（1990）（关于 1983 年规则的确认要求的诸多惯常作法已经"固化成为一种合理协调和可行的标准"）。

1993 年规则是否会和 1983 年规则同样有效，能否大量消除卫星诉讼以及对代表委托人提出主张时的创新行为所产生的冷却效果。

各司法管辖区用于确保诉辩公正的第二个工具是一项宣誓证实要求。正如纽约州于 1848 年首先采纳法典诉辩体系中，[42] 一个当事人被要求对所有诉辩文书进行宣誓证实，即对于除当事人享有庭审作证豁免权的事项以外的主张的真实性进行宣誓。

1949 年对此要求进行了重大修改，在修改后它为每个当事人均提供了诉辩文书宣誓证实选择权。[43] 但是，一旦一方当事人已行使此选择权，双方当事人均需对此后所有的诉辩文书进行宣誓证实。因而后一条规定给予了一方当事人一个机会以"探寻他的对手的良心"。[44] 当然，它为原告提供了一种实质优势，如其已选择不进行宣誓证实，则被告不能要求原告对其起诉书进行宣誓证实。

大体上，现在美国法院均采用了三种模式中的一种。一些法院实际上已经废除了宣誓证实。[45] 少数州要求几乎所有的诉辩文书均需宣誓证实。[46] 许多保留了事实诉辩的其他法院则遵循了纽约州所采纳的选择性宣誓证实方案，[47] 尽管它们可能在特殊案件要求进行宣誓证实。[48] 从根本上讲，这些制定法允许原告通过行使选择权并宣誓证实起诉书来要求被告对答辩进行宣誓证实，从而阻止被告进行只有一句话的概括否认答辩。相反，被告必须具体地对原告的主张予以承认或者否认。[49]

一项选择性宣誓证实安排所具有的价值是值得怀疑的。首先，正如已经提到的一样，它给予原告一种策略优势。其次，经宣誓证实的诉辩文书的实际效用是作为庭审中的一项证据被用于对抗宣誓证实的当事人，以及被用于指出诉辩文书中的陈述与该方证人陈述之间的矛盾。这种倾向就过分强调诉辩文书，而诉辩文书是在所有信息被收集和整理之前的诉讼初期阶段制作的。实际上，宣誓证实成

272

〔42〕 N. Y. Laws 1848, c. 379, 133. 直至今日纽约州仍保留了这样的规定。参见 N. Y. - McKinney's CPLR 3020.

〔43〕 N. Y. Laws 1848, c. 379, 133. New York retains such a provision today. 参见 N. Y. - McKinney's CPLR 3020.

〔44〕 C. Clark, Code Pleading 36, at 217 (2d ed. 1947).

〔45〕 除少数特殊情况外，《联邦民事诉讼规则》以及采纳类似规定各州的规则均废除了宣誓证实。例如, Fed. Civ. Proc. Rules 11, 23. 1, 65 (b); Del. Super. Ct. Civ. Rule 11.

〔46〕 参见, Pa. Rules Civ. Proc., Rule 1024.

〔47〕 West's Ann. Cal. Code Civ. Proc. 446; Official Code Ga. Ann. 9 - 10 - 11; Ill. - Smith - Hurd Ann. 735 ILCS 5/2 - 605.

〔48〕 West's Ann. Cal. Code Civ. Proc. 446; Official Code Ga. Ann. 19 - 5 - 5, 9 - 10 - 110.

〔49〕 West's Ann. Cal. Code Civ. Proc. 431. 30 (d); Official Code Ga. Ann. 9 - 10 - 111 (仅适用于非存卷法院); Ill. - Smith - Hurd Ann. 735 ILCS 5/2 - 605. 参见 Huckaby v. Oklahoma Office Bldg. Co., 201 Okl. 141, 202 P. 2d 996 (1949).

为了一种使被告陷入具体主张之中的策略武器。再次，如果一方当事人选择不宣誓证实，那么他或她所享有余地的问题就产生了。如果宣誓证实被设计用于引出真实诉辩，那么不宣誓证实的选择就会被视为允许提出未经证实主张的许可。

具有签名要求的各司法管辖区仍然在对真实诉辩文书予以确认的努力有其正当理由的情况保留了特定的宣誓证实要求。例如，在联邦法院，一起股东代位诉讼中的起诉状必须被宣誓证实，[50] 而只有基于一份表明无法弥补损害可能性的宣誓书或者经宣誓证实的起诉书才能授予临时禁令。[51] 各州法院的特殊宣誓证实规定各有不同，然而可能包括离婚起诉书、[52] 扣押诉讼中的所有诉辩文书，[53] 逐出租地之诉中否认占有的事实主张或者对所有权或权益的请求，[54] 以及否认一份书面证明具备生效要件。[55]

依照标准法典规定，[56] 除某些特殊情况外，宣誓证实必须由各当事人中的一方当事人（或者一方当事人的一位职位担当人或经营代理人）作出。[57] 对一份诉辩文书进行宣誓证实的个人必须证明他拥有有关被主张事实的由其本人亲自获得的信息，或者证明他具有与事实相关的信息，并且基于该根据而相信该事实真实。[58] 一位诉辩人也可以根据信息和确信而宣誓证实一项对事实的否认，尽管普通法上是不允许这样做的。[59]

这些规则必然容易弱化宣誓证实的价值，但是在一些情况下这些规则是必需的，即在要求宣誓证实时，和除非当事人的诉辩被认为充分而使得她可以披露，否则她将没有充分机会确认事实时。在事实是官方记录事项或者必然可为诉辩人所获得的情形下采取拒绝接受基于信息和确信的诉辩文书，则可在一定程度上抑制滥用行为。[60]

如果公正的利益不能通过制裁予以实现，现代法院就会拒绝对违反宣誓证实规则的技术性违反行为实施制裁。首创判例可能是 Surowitz v. Hilton Hotels Cor-

---

[50] Fed. Civ. Proc. Rule 23. 1.

[51] Fed. Civ. Proc. Rule 65 (b).

[52] Official Code Ga. Ann. 19 - 5 - 5.

[53] Ill. - Smith - Hurd Ann. 735 ILCS 5/4 - 104, 5/4 - 131.

[54] Ill. - Smith - Hurd Ann. 735 ILCS 5/6 - 118.

[55] Ill. - Smith - Hurd Ann. 735 ILCS 5/2 - 605 (b).

[56] 在仅在特殊情况下才要求宣誓证实的法院中，这种规则往往没有规定由谁宣誓证实。参见，例如，Fed. Civ. Proc. Rule 23. 1。据推测，任何知道事实的人可能都可以宣誓证实。参见 Surowitz v. Hilton Hotels Corp., 383 U. S. 363, 86 S. Ct. 845, 15 L. Ed. 2d 807 (1966) (Harlan 法官对判决持同意意见)。

[57] Ill. - Smith - Hurd Ann. 735 ILCS 5/2 - 605.

[58] West's Ann. Cal. Code Civ. Proc. 446；Ill. - Smith - Hurd Ann. 735 ILCS 5/2 - 605.

[59] C. Clark, Code Pleading 36, at 220 (2d ed. 1947).

[60] Oliver v. Swiss Club Tell, 222 Cal. App. 2d 528, 35 Cal. Rptr. 324 (1963).

poration 一案,[61] 该案中联邦最高法院撤消了对一起股东代位诉讼的驳回裁定,在此案中尽管随后看来她对案件的认识完全是基于其女婿向她所作的陈述,但是原告已经按照联邦规则对起诉书进行了宣誓证实。法院注意到该女婿是一位律师,他只是为原告及其他股东的权益着想,并裁决认为宣誓证实规则不应被用作一种驳回具有合法权利的案件的"陷阱"。该宣誓证实得到了支持,因为原告信赖她所获得的意见是合理的,并且没有迹象表明该诉讼被提起并非出于善意。

4. 选择性主张和不一致主张

5.12 提出选择性主张和不一致主张的能力

在普通法上,一个当事人不能基于假定提出诉辩或者提出选择性诉辩。[1] 因而,一个"被告已书面表达和出版了诽谤文字,或者促使该诽谤文字的书面表达和出版"的主张将被视为妨诉抗辩"不确定的",并会遭到特别法律抗辩的反对。[2] 该规则的目的是要求诉辩人清楚而简明地陈述其主张,以使对方当事人能准确地知道她所提出的权利主张是什么。一个同样准确的应答将使庭审能够聚焦于各当事人间存在争议的少数事实上。虽然该规定看似直截了当而且合符逻辑,但是可能在实践中带来实质上的不公平,特别是当诉辩人在案件之初无法查明准确事实时更是如此。实际上,原告被要求在可选择的几组事实和法律理论之间进行抉择,即使只有对方当事人才知道信息时亦同样如此。如果诉辩人作出了一项错误选择,他将面临败诉结果,即使证据表明若采用另一条可选择的路线就会胜诉。当诉辩人有意或无意地通过使用意思含糊的主张而包含了不确定的选择性主张时,普通法会变得更为严厉;基于每个当事人均以最有利于其自己的方式陈述证据和主张的这一理论,它会以最不利于诉辩人的方式对该诉辩文书进行解释。[3]

如同最初所起草和解释的一样,法典采纳了与普通法相同的这类原则,[4] 除非法院采用了一条对诉辩人有利而非不利的规则来解释模糊含义。[5] 此外,至少某些法院提供了一种方法以回避这种禁止选择性主张存在的规定,即如果这

274

---

〔61〕 383 U. S. 363, 86 S. Ct. 845, 15 L. Ed. 2d 807 (1966).

〔1〕 一个假定的诉辩是指使用一种"如果……则……"主张的诉辩,而选择性的诉辩则涉及一种"不是…就是…"的方法。这种区分是机械的。参见 5 C. Wright & A. Miller, Civil 2d 1282.

〔2〕 J. Koffler & A. Reppy, Common Law Pleading 71 (1969).

〔3〕 同上 at70.

〔4〕 Pavalon v. Thomas Holmes Corp. , 25 Wis. 2d 540, 131 N. W. 2d 331 (1964); Hartzell v. Bank of Murray, 211 Ky. 263, 277 S. W. 270 (1925); McCrossin v. Noyes Bros. & Cutler, 143 Minn. 181, 173 N. W. 566 (1919); Hankin, Alternative and Hypothetical Pleadings, 33 Yale L. J. 365 (1924).

〔5〕 Jones v. Monson, 137 Wis. 478, 119 N. W. 179 (1909); Emerson v. Nash, 124 Wis. 369, 102 N. W. 921 (1905). 但是, 可参见 Smith v. Monroe, 82 Ga. App. 118, 60 S. E. 2d 790 Ga. App. 722, 29 S. E. 2d 300 (1944).

些选择性主张是在完全不同的诉讼理由中提出，法院就会允许存在不一致的权利主张。于是，在单一诉讼中，只要各权利主张被相互分开，诉辩人就可以基于违反有效合同而提出一项主张，同时基于同一合同无效而主张撤消合同。[6] 在此诉辩文书按照法典得到准许的这一范围内，则难以处理且模糊不清，[7] 同时存在疑问的是，如果诉辩文书已经宣誓证实，那么不一致的分开陈述是否适当。[8]

　　一种符合逻辑且直截了当的方法会允许一个当事人在单独诉讼理由中根据她所掌握事实坦白地提出选择性主张。许多采纳法典的司法管辖区已承认选择性诉辩文书的正当性，并出台了准许该类诉辩文书的特别规定。[9] 这样的一条特别规定在采纳告知诉辩的司法管辖区中似乎是不必要的。然而，为许多州所遵循的《联邦民事诉讼规则》第 8 条（e）（2）特别规定，[10] 只要权利主张和答辩系善意提出，基于假定所作出的、选择性的或者相互不一致的权利主张和答辩均可获得准许。

　　鉴于诉讼变得日益复杂的这一事实，并且考虑到某些类别的信息极难在起诉前获得，消除为善意的选择性诉辩所设置的障碍不仅适当，而且必要。一旦一方当事人已经提起诉讼并且通过正式披露程序获得信息，[11] 她就可以开始确定其案情的适当范围。此后，通过诉讼协议、披露、简易判决和审前会议，对方当事人可以消除那些虽被写入最初诉辩文书但已不再有争议的事项。

　　因为大多数现代司法管辖区现已允许提出选择性或者不一致的主张和诉求，这就产生了如果必须在主张和诉求中进行选择，当事人应何时进行选择的问题。这个问题会在三种不同的情况下出现。第一种情形是，在案件中一方当事人可能希望主张选择性法律理论，而没有否认理由的是，依据其中每项理论她均会胜诉。譬如，在原告以诽谤和侵犯隐私权为依据，要求因名誉受损而获得损害赔偿时，就可能出现这个问题。[12] 尽管重要的是确保不对同一损害进行双重赔偿，但没有理由要求原告在实体判决之前选择出一种理论。事实审理者应按照每项理论来确定事实，但是应当在损害赔偿方面得到细致的指示，以便对原告进行裁断时不会给予双重损害赔偿。

　　第二种情形发生在原告提出了不相容的诉求，因而只能就一项诉求获得胜诉的情况下，在此情形下产生了关于原告是否应该在选择性理论中进行选择的问

---

〔6〕　参见 Bischoff v. Hustisford State Bank, 195 Wis. 312, 218 N. W. 353 (1928).

〔7〕　C. Clark, Code Pleading 257 (2d ed. 1947).

〔8〕　参见 Bell v. Brown, 22 Cal. 671, 678 (1863)。同时参见上文 5. 11.

〔9〕　Ill. – Smith – Hurd Ann. 735 ILCS 5/2 –613; Vernon's Ann. Tex. Rules Civ. Proc., Rule 48.

〔10〕　参见上文 5. 1 注释 14。

〔11〕　主要参见下文第 7 章。

〔12〕　参见 Brink v. Griffith, 65 Wn. 2d 253, 396 P. 2d 793 (1964).

题。在 Wallace v. Bounds 一案中，[13] 原告作为遗产管理人提起诉讼，该案涉及一起死者与被告间车祸给死者所带来的侵害。如果死者的死亡是该车祸所造成的结果，那么原告可依照该州不法致死法的规定主张排他性的救济。如果该死亡是由某些其他原因导致的，原告则只能依据遗存诉因法主张权利，该法将死者如未死亡时所本应享有的权利原封不动地授予生存者。因为死亡是否由车祸造成这一问题尚不明朗，原告试图同时提出上述两项诉求，并且等待事实审理者对该事项进行裁断。但是，法院要求原告在将主张提交给陪审团之前挑选出一种理论。该案裁定被告胜诉，上诉后判决维持原判。

这样的结果看来相当不合时宜。完全没有正当理由来要求进行这种选择。本应同时依据两种理论提出主张，并允许事实审理者判断原告是否可根据其中一种理论而获得胜诉。[14] 这种选择要求只不过是回复到了深受怀疑的"以诉辩意旨为准"原理。[15] 因而，可能并不令人吃惊的是，审理其他同类案件中的法院会认为有必要允许原告基于所有依法陈述的诉因继续进行诉讼，并相应地不要求进行选择。[16]

当原告已在相互矛盾的救济措施中作出选择时，就会产生涉及选择性主张或不一致主张的第三种情况。例如，当一方当事人已受到欺诈而被引诱签署一份合同时就会出现这种情形。原告不是确认该合同并诉请获得合同项下的权利，就是要求撤消合同并诉请获得损害赔偿金或者解除合同。正是在这个充满争议的领域中，所谓"救济选择"学说可以适用，而原告可能不得不进行一种选择。这个难题涉及到再诉禁止的问题。在某些点上对方当事人有权知道他是否应该履行合同。所以，什么构成一种选择是一个实体法事项，该事项与被告何时会因被告主张的变化而受到损害这一问题有关。常常在案件起诉之前很早时就会遇到这个问题。[17] 从诉辩的角度看，仅有的问题在于，原告是否已作出最终选择，如果原告并未以其行为作出，那么必须在其首次诉辩中作出。尽管各判决对此存在意见分歧，[18] 但是现代的趋势并不会要求原告在起诉书中作出一个有拘束力的选择，[19] 同时会要求被告将此问题作为一项积极答辩提出。[20] 即使原告最初要求

276

---

[13]　369 S. W. 2d 138 (Mo. 1963).

[14]　参见 C. Clark, Code Pleading 77 (2d ed. 1947).

[15]　参见上文 5. 4 注释6。

[16]　例如，McCormick v. Kopmann, 23 Ill. App. 2d 189, 161 N. E. 2d 720 (1959).

[17]　参见 C. Clark, Code Pleading 77, at 496 (2d ed. 1947).

[18]　参见 Annot. , 6 A. L. R. 2d 10 (1949).

[19]　例如，Walton v. Walton, 31 Cal. App. 4th 277, 292–93, 36 Cal. Rptr. 2d 901, 908 (1995)。参见 Fines, The Doctrine of Election of Remedies in Missouri, 63 U. Mo. K. C. L. Rev. 599, 606 (1994).

[20]　出处同上。

一种形式的救济，除非表明对被告造成某些实际损害，否则原告仍能够修改起诉书以改变其主张并要求获得一项不一致的救济。[21]

5.13 提出选择性主张和不一致主张的方式；以参引方式并入主张

因为关于选择性主张和不一致主张的一个主要顾虑在于告知对方当事人和可能给对方当事人造成损害的问题，所以，在法典诉辩体系中，准许选择性诉辩的各规则通常包括一些规定来要求每项诉因或者答辩原因均应"分开地被诉辩、标识和编号"。[1] 这些规定的目的在于确保诉辩文书的简洁，并明确争点。[2] 令人遗憾的是，对"诉因"这一术语作为分开陈述的基础加以强调，这不但不能使起诉书或者反请求变得清晰反而使其更加混乱。每一"诉因"范围被认为具有各自的法律理论以适用于同一组事实[3] 或者同一组事实的每项变更，无论其变更多么微小，而分开陈述则会导致包含无数个诉因的冗长起诉书，但这和在单一陈述中对事实进行简洁而直接的书面说明并没有区别。

更为近期的各规则以《联邦民事诉讼规则》第10条（b）为模型，[4] 它们明确将案件实体方面与诉辩清晰要求相分离。因而，《联邦民事诉讼规则》第10条（b）要求，在可行的情况下，每个"单一的一组情况"均应以单独段落阐明。只有在"分离便于清楚说明所提出的事项"时才会要求分离成建立于各单独事项之上的各项不同诉因和答辩原因。显然，依照这些近期的规定，当事人无需将时间耗费于各种起诉书和答辩书中主张与再主张同样的事实上。在一个简单案件中，尽管存在着数项法律理论均可适用的事实，但是一个单一陈述应当足以达到要求。

尽管现代规则只规定了有限的要求，但是许多案件在适用这些规则时已经要求，在单一的一组事实引起了几种不同理论下的救济措施时，至少在法院认为分离有利于理解诉求时，诉辩人应当提出单独的权利主张。[5] 某些案件亦要求，

277

---

〔21〕 Adelman & Grossman, Civil Practice Annual of New York 3002 (1982); C. Clark, Code Pleading 77, at 497–98 (2d ed. 1947).

〔1〕 参见 Ill.–Smith–Hurd Ann. 735 ILCS 5/2–603。同时参见，同上 at 5/2–613.

〔2〕 C. Clark, Code Pleading 458 (2d ed. 1947).

〔3〕 相关例证参见以下注释5。

〔4〕 例如，Fla.–West's F. S. A. Rules Civ. Proc., Rule 1. 110 (f); Mass. Rules Civ. Proc., Rule 10 (b); N. M. Dist. Ct. Rules Civ. Proc., Rules 1–010 (B); Ohio Rules Civ. Proc., Rule 10 (b); Wn. Civ. Rule 10 (b).

〔5〕 Hare v. Family Publications Serv., Inc., 342 F. Supp. 678, 686 (D. Md. 1972); Woody v. Sterling Aluminum Prods., Inc., 243 F. Supp. 755 (E. D. Mo. 1965), 基于其他根据而被维持原判365 F. 2d 448 (8ᵗʰ Cir. 1966), 要求调阅案卷的上诉申请被驳回386 U. S. 957 (不一致主张必须分开陈述); Harzfeld's, Inc. v. Otis Elevator Co., 116 F. Supp. 512 (W. D. Mo. 1953) (针对放任肆意行为的权利主张和针对过失的权利主张); Ingenuities Corp. of America v. Trau, 1 F. R. D. 578 (S. D. N. Y. 1941); Chambers v. National Battery Co., 34 F. Supp. 834 (W. D. Mo. 1940).

在诉讼是由多个原告提出或者是状告多个被告时，即使基本权利主张仅涉及到一组事实，仍应当进行分开陈述以便于阐明各当事人的权利和责任。[6] 虽然《联邦民事诉讼规则》第 10 条（b）的规定以及各州的类似规定均未特别要求在此类情况下进行分开陈述，但是这种实用主义的方法，如果被适当地运用，将具有相当大的意义。

法院必须依据固有权力要求各当事人修改其诉辩文书以对各项诉求和答辩进行分开陈述。目前尚没有实施此要求的专门规定。尽管各州的具体要求可能各有不同，但在遵循传统法典观点的司法管辖区和已采纳了《联邦民事诉讼规则》第 10 条（b）的司法管辖区中均是如此。[7] 无论会出现何种挑战，它均要求提交一组经修改的主张并对缺陷加以矫正。如果一方当事人未对要求作更改，其主张就可能被驳回。[8]

分开陈述要求并不需要提交冗长或者重复的诉辩文书。一旦事实已经被主张，一方当事人就能通过将该主张并入同一诉辩文书的其他部分的方式来避免不必要的重复。如同法典诉辩体系下的大多数案件一样，《联邦民事诉讼规则》第 10 条（c）及各州的相关规定明确地准许并入。[9] 对此只存在一个限制。除极个别例外情况外，[10] 法院认定，只有当存在对所包括材料的一个直接和明确的参引时，一份诉辩文书的其他部分的主张才会被并入。[11]

一个颇为相似的情况出现在一个诉辩人希望将诉辩文书以外的文件所包含的信息并入时。依照法典，如果诉辩文书包括了对信息的一个明确参引并清楚地使其成为主张的不可分割部分，同时该文件被作为展示证据附于诉辩文书时，大多

278

---

〔6〕 例如，Pamela Amusement Co. v. Scoott Jewelry Co., 22 F. R. D. 255（D. Mass. 1958）；Townsend v. Fletcher, 9 F. R. D. 711（N. D. Ohio 1949）.

〔7〕 譬如，存在有（1）分开申请. Trussell v. United Underwriters, Ltd., 228 F. Supp. 757, 777（D. Colo. 1964）；1951 Conn. Prac. Book 309（Form 252）；（2）删除申请. Erspamer v. Oliver Iron Mining Co., 179 Minn. 475, 229 N. W. 583（1930）；以及（3）法律抗辩. Heath v. Kirkman, 240 N. C. 303, 82 S. E. 2d 104（1954）.

〔8〕 Benoit v. Ocwen Financial Corp., 960 F. Supp. 287（S. D. Fla. 1997）. 参见 Sawyer v. Sawyer, 181 Okl. 566, 75 P. 2d 423（1937）.

〔9〕 例如，N. Y. – McKinney's CPLR 3014；Vernon's Ann. Tex. Rules Civ. Proc., Rule 58. 参见，例如，Ogier v. Pacific Oil & Gas Dev. Corp., 132 Cal. App. 2d 496, 282 P. 2d 574（1955）.

〔10〕 参见 N. Y. – McKinney's CPLR 3014.

〔11〕 Heintz & Co. v. Provident Tradesmens Bank & Trust Co., 29 F. R. D. 144（E. D. Pa. 1961）（并入的进行必须具有一定的透明度，以使应答当事人能够查明并入的性质与范围）. Aktiebolaget Stille – Werner v. Stille – Scanlan, Inc., 1 F. R. D. 395（S. D. N. Y. 1940）；Dry Milk Co. v. Dairy Prods. Co., 171 App. Div. 296, 156 N. Y. S. 869（1916）；Florida Cent. & Pacific R. R. Co. v. Foxworth, 41 Fla. 1, 25 So. 338（1899）；Treweek v. Howard, 105 Cal. 434, 39 P. 20（1895）；Rose v. Jackson, 40 Mich. 29（1879）；Crawford v. New Jersey R. & Transp. Co., 28 N. J. L. 479（1860）.

数法院会准许并入。[12] 诸如《联邦民事诉讼规则》第 10 条（c）之类的现代规则准许以参引方式并入；但是，在对确切的并入语言的要求方面，这些规则有点含糊不清。例如，《联邦民事诉讼规则》第 10 条（c）的最后一句规定"就所有目的而言，作为一份诉辩文书之展示证据的任何书面文据的副本是该诉辩文书的一部分。"尽管存在着要求对该文件进行直接参引的某些暗示，但这会表明只要附上一份文件就足以满足要求。[13] 这个问题比较重要，因为该暗示可能被用于有利于或者不利于诉辩人的用途。如果所附的展示证据显示一份起诉书存在着重大瑕疵，一些法院裁定驳回起诉。[14] 此外，假若一份诉辩文书中的主张与展示证据不一致，则以该展示证据为准。[15]

最后一个疑问是，如果参引是清楚的并且法院和各当事人可获得该文件，诉辩人可否并入未作为展示证据附上的该文件中的信息。一般而言，回答似乎是否定的。规则并没有对此类并入作出规定，而法官并不愿意准许这种并入。[16] 惟一的例外是，在案件的前期过程中，所涉及的这类文件已经被提交过。[17] 在这种情况下，一些法院准许以参引方式进行并入。

B. 起 诉 书

5. 14 格式要求；起诉书的基本要素

地方规则对起诉书的格式要求进行了严格的调整，而这些地方规则又会因城

---

〔12〕 M. G. Chamberlain & Co. v. Simpson, 173 Cal. App. 2d 263, 343 P. 2d 438 (1959). 一些法典甚至规定，在任何基于书面记录或者其他书面债务文书所提起的收取未偿付之债的诉讼中，文契必须被附上和并入。例如，Neb. Rev. St. 25－832.

〔13〕 参见 Heintz & Co. v. Provident Tradesmens Bank & Trust Co., 29 F. R. D. 144 (E. D. Pa. 1961); Oppenheimer v. F. J. Young & Co., 3 F. R. D. 220 (S. D. N. Y. 1943), 基于其他根据而被修正 144 F. 2d 387 (2d Cir. 1944); Michelson v. Shell Union Oil Corp., 1 F. R. D. 183 (D. Mass. 1940).

〔14〕 例如，Kolbeck v. LIT America, Inc., 923 F. Supp. 557, 565 (S. D. N. Y. 1996); Simmons v. Peavy－Welsh Lumber Co., 113 F. 2d 812 (5th Cir. 1940), 要求调阅案卷的上诉申请被驳回 311 U. S. 685.

〔15〕 例如，Olpin v. Ideal Nat. Ins. Co., 419 F. 2d 1250 (10th Cir. 1969), 要求调阅案卷的上诉申请被驳回 397 U. S. 1074; General Guar. Ins. Co. v. Parkerson, 369 F. 2d 821 (5th Cir. 1966); Consolidated Jewelers, Inc. v. Standard Financial Corp., 325 F. 2d 31 (6th Cir. 1963); Banco Del Estado v. Navistar Int'l Transp. Corp., 942 F. Supp. 1176, 1179 (N. D. Ill. 1996).

〔16〕 Oppenheimer v. F. J. Young & Co., 3 F. R. D. 220 (S. D. N. Y. 1943), 基于其他根据而被修正 144 F. 2d 387 (2d Cir. 1944); Michelson v. Shell Union Oil Corp., 1 F. R. D. 183 (D. Mass. 1940).

〔17〕 Woody v. Sterling Aluminum Prods., Inc., 243 F. Supp. 755 (E. D. Mo. 1965), 基于其他根据而被维持原判 365 F. 2d 448 (8th Cir. 1966), 要求调阅案卷的上诉申请被驳回 386 U. S. 957; Ogier v. Pacific Oil & Gas Dev. Corp., 132 Cal. App. 2d 496, 282 P. 2d 574 (1955). 但是，试比较 Hill v. Hill Spinning Co., 244 N. C. 554, 94 S. E. 2d 677 (1956)（在以前案件中所提交的文件不能并入）。

市不同而有所差别。在一些情况下，州司法委员会或者其他类似机构已经起草了一些可供使用的正式格式。[1] 使用这类格式无疑将能够达到地方的格式要求。因而，有必要在草拟起诉书时考虑受案法院的地方规则。尽管缺乏一致性，但是存在着一些应当具备的必需要素，以下依次对这类规则进行简短探讨。

首先，所有的司法管辖权均要求起诉书应当具有指明法院名称的标题、诉讼的标题以及当事人的名称。[2] 标题中的错误将被视为形式问题而非实体问题，并可通过修改加以纠正。这在一个当事人被误称或者被错误地标明身份时的确如此。但是，必须区分原告以错误名称起诉适格被告和原告起诉错误的被告这两种情况。在后一种情况下，这种错误并不只是形式上的，而原告引入正确被告的能力将在很大程度上取决于是否已过诉讼时效。[3]

起诉书的另一个要素是管辖权主张。在起诉书是否必须提出事实以表明其选择的法院为适当审理案件法院这一问题上，各法院之间存在着实质性不同。在许多州，存在着这样的一般假定，即所选择的法院是适当的；因而，原告在起诉书中不必考虑此事项，而任何欠缺必须由被告提出。[4] 另一方面，特别是在低级法院中，各州的规定经常要求在起诉书中阐明该法院的管辖权。[5] 而一些规定甚至要求原告作出有关审判地的陈述。[6]

在联邦法院，要求必须提交管辖权主张。[7] 因为联邦法院只拥有有限的事物管辖权，所以认为一个联邦法院是适当的这一普遍假定并不存在。[8] 诉辩要求有利于确保联邦法院不会因为错误或者疏漏而对不属于其权限范围内的案件进行裁判。

尽管不要求对确定管辖权的事实进行技术性诉辩，联邦法院有时似乎采取一种限制的观点，要求不仅仅限于对所主张的管辖权存在的告知。于是，就异籍民事诉讼的管辖权而言，"原告和被告是不同州的公民"这一主张已经被认为是不

280

---

〔1〕　在加利福尼亚州，司法委员会为下列最常见的诉因制定了格式：人身伤害、财产损失、不法致死、不法占有、违约以及欺诈。West's Ann. Cal. Code Civ. Proc. 425. 12.

〔2〕　例如，Fed. Civ. Proc. Rule 10 (a)；Colo. Rules Civ. Proc.，Rule 10 (a)。同时参见 C. Clark, Code Pleading 35 (2d ed. 1947).

〔3〕　参见下文 5. 27.

〔4〕　参见 Civil Code Study Commission, State of Indiana, Indiana Rules of Civil Procedure at 34 (1968 年 8 月).

〔5〕　例如，West's Ann. Cal. Code Civ. Proc. 396a.

〔6〕　Official Code Ga. Ann. 9 – 11 – 8 (a).

〔7〕　Fed. Civ. Proc. Rule 8 (a) (1).

〔8〕　5 C. Wright & A. Miller, Civil 2d 1206.

充分的，并且缺少对作为公民的各当事人所在各特定州的主张，[9] 同时，有许多案件裁定对"居住地"的主张并不足以阐明"公民身份"。[10] 相似的是，在确认一个公司当事人的公民身份时，仅仅宣称该公司是某一州或多个州的公民并不能达到要求；[11] 必须对设立地州和主要营业地进行具体陈述。[12] 在基于联邦问题管辖权的案件中，法院通常会持有一种较为宽松的态度，认为任何清楚地表明该诉讼是基于联邦的主张都是充分的，这甚至在没有特别指明或者表明其所依赖的规定时也是如此。[13]

281　　如果管辖权要求达到一定的争议金额，根据管辖权制定法而仅仅作出"除诉讼费用和利息外，请求的数额超过了 75 000 美元"的惟一主张[14]足以达到要求，除非起诉书的剩余部分表明此主张不可靠。但是，主张必须清晰指出所要求的法定金额。因而，宣称该案涉及"无价权利"的诉讼主张会被认为是不充分的。[15] 应当记住，在包括集团诉讼在内的涉及多个当事人的案件中，每位原告的权利主张均应达到管辖金额[16]并且诉辩文书必须通过相应措辞表达这一主张。

　　无论何时显示出一个法院缺乏事物管辖权，传统观点认为该法院必须主动地

---

〔9〕 Hammes v. AAMCO Transmissions, Inc., 33 F. 3d 774, 778 (7th Cir. 1994); Gerstman v. Poole, 88 F. Supp. 733 (E. D. Pa. 1950); Cooper v. Globe Indem. Co., 9 F. R. D. 430 (W. D. La. 1949). 对存在联邦问题管辖权的诉辩方式的讨论，参见 Miller, Artful Pleading: A Doctrine in Search of Definition, 76 Texas L. Rev. 1781 (1998).

〔10〕 例如，Prescription Plan Serv. Corp. v. Franco, 552 F. 2d 493, 498 n. 6 (2d Cir. 1977); DeVries v. Starr, 393 F. 2d 9 (10th Cir. 1968); Congress of Racial Equality v. Clemmons, 323 F. 2d 54 (5th Cir. 1963), 要求调阅案卷的上诉申请被驳回 375 U. S. 992.

〔11〕 Thomas v. Board of Trustees of Ohio State Univ., 195 U. S. 207, 217 – 18, 25 S. Ct. 24, 49 L. Ed. 160 (1904); Fifty Assocs. v. Prudential Ins. Co. of America, 446 F. 2d 1187 (9th Cir. 1970).

〔12〕 例如，Veeck v. Commodity Enterprises Inc., 487 F. 2D 423 (9th Cir. 1973); Moore v. Sylvania Elec. Prods., Inc., 454 F. 2d 81 (3d Cir. 1972); Fawvor v. Texaco, Inc., 387 F. Supp. 626 (E. D. Tex. 1975), 基于其他根据而被发回重审 546 F. 2d 636 (5th Cir. 1977).

在是否必须特别阐明主要营业地位置的问题上存在着某些不确定性。试比较 Moore v. Sylvania Elec. Prods., Inc., 454 F. 2d 81 (3d Cir. 1972) (应同时对设立地州和主要营业地进行明确主张) 与 Guerrino v. Ohio Cas. Ins. Co., 423 F. 2d 419, 421 (3d Cir. 1970) (只有当所有原告均为宾夕法尼亚州公民时，被告在俄亥俄州设立而其主要营业地位于其他地点的这一主张才是足以满足要求的)，以及 Cherry v. Alcoa S. S. Co., 202 F. Supp. 663, 664 (D. Md. 1962) (准予修改起诉书以对被告主要营业地位于马里兰州这一可能性予以否定)。"正式格式 2"似乎暗示，没有必要对准确位置进行严格的诉辩。

〔13〕 例如，Hammes v. AAMCO Transmissions, Inc., 33 F. 3d 774, 778 – 79 (7th Cir. 1994); Blue v. Craig, 505 F. 2d 830, 844 n. 31 (4th Cir. 1974); Williams v. U. S., 405 F. 2d 951 (9th Cir. 1969); Maple v. Citizens Nat. Bank & Trust Co., 437 F. Supp. 66 (W. D. Okl. 1997).

〔14〕 参见 28 U. S. C. A. 1332 (a).

〔15〕 Giancana v. Johnson, 335 F. 2d 366, 371 (7th Cir. 1964), 要求调阅案卷的上诉申请被驳回 379 U. S. 1001.

〔16〕 Zahn v. International Paper Co., 414 U. S. 291, 94 S. Ct. 505, 38 L. Ed. 2d 511 (1973); Snyder v. Harris, 394 U. S. 332, 89 S. Ct. 1053, 22 L. Ed. 2d 319 (1969).

终结诉讼，[17] 或者在州法允许或要求的情况下，将该案移送给适宜行使事物管辖权的同一州的其他法院。[18] 此缺陷不能被免除，并且在诉讼中的任何时间即使上诉时亦可提出。[19] 当这种瑕疵只不过是诉辩瑕疵，实际上管辖权也是适当时，进行修改是合理的并且无论在庭审阶段还是上诉阶段都会顺利地获得准许。[20]

起诉书的第三个要素和主要要素是主张部分，它由诉因或者要求获得救济的诉求的原因所组成。正如已讨论过的一样，[21] 界定起诉书的此部分应包括什么内容并非总是易事，因此，原告所面临的最艰巨的诉辩问题就是如何充分地陈述此要素。随后两节将对这些问题和关注进行探讨。

起诉书的最后一个部分是诉讼请求，它包含救济请求，而诉辩人认为他或她有权获得这样的救济。该请求并不构成实体权利主张的不可分割的部分；因而，如果实体主张表明某一其他救济形式将是适当的，那么选择了一项不适当的救济形式将不会导致起诉书因未能阐明一项诉求或者诉因而被驳回。[22]

在大多数司法管辖区，救济请求只是在被告庭审缺席的案件中具有重要影响。在这些情况中，根据制定法或者规则，原告所获得的救济不能超出或者在类别上不同于诉讼请求中所主张的救济。[23] 这是通过确保被告不会因判决无法预料而处于不利地位来鼓励被告不出席某些案件，在这些案件中诉求具有正当理由。事实上，这些条款对故意庭审缺席并没有什么影响。当一位被告的处境是如此不利以致他自愿庭审缺席时，他通常在起诉前很早时就会就该案件进行和解。

如果该案件进行诉讼，原告将被判决获得她有权得到的所有救济，而无论该救济是否是其请求的一部分。[24] 此规则只适用于基于各当事人在案件审理时所预见范围内权利主张的一些救济。它不适用于同时也显然不应适用于这样的情

282

---

〔17〕 Morgan v. Melchar, 442 F. 2d 1082 (3d Cir. 1971)，撤消判决 405 U. S. 1014，92 S. Ct. 1280，31 L. Ed. 2d 477 (1972)；Kamsler v. Zaslawsky, 355 F. 2d 526 (7th Cir. 1966)；Thomas v. St. Luke's Health Systems, Inc., 869 F. Supp. 1413, 1424 - 25 (N. D. Iowa 1994)，维持原判 61 F. 3d 908 (8th Cir. 1995). 参见 Berry v. Consumer Credit of Valdosta, Inc., 131 Ga. App. 147, 205 S. E. 2d 533 (1974)；Roby v. South Park Comm'rs, 215 Ill. 200, 74 N. E. 125 (1905).

〔18〕 West's Ann. Cal. Code Civ. Proc. 396, 396a；Ill. – Smith – Hurd Ann. 735 ILCS 5/2 – 106.

〔19〕 Fed. Civ. Proc. Rule 12 (h) (3). 同时参见 Capron v. Van Noorden, 6 U. S. (2 Cranch) 126, 2 L. Ed. 229 (1804).

〔20〕 参见 28 U. S. C. A. 1653.

〔21〕 参见上文 5. 4 – 5. 5 和 5. 7.

〔22〕 5 C. Wright & A. Miller, Civil 2d 1255.

〔23〕 例如，Fed. Civ. Proc. Rule 54 (c)；Official Code Ga. Ann. 9 – 11 – 54 (c) (1). 但是，在确定损害赔偿金的听审时，原告被判决获得的数额可能低于其请求的数额。参见 10 C. Wright, A. Miller & M. Kane, Civil 3d 2663.

〔24〕 Fed. Civ. Proc. Rule 54 (c)；Colo. Rules Civ. Proc., Rule 54 (c).

况，即已提出的诉求而被采信的证据也有助于确立一项未被提出且被告没有认识到和进行答辩的权利主张。[25]

重要的是，应当注意到某些法院已经对一般规则加以抵制，并且即使在有对抗性意见的案件中也禁止给予超出请求的救济。[26] 但是，即使在这些法院中，如裁定超出了一位诉讼当事人的请求，法院可依自由裁量权准许该当事人修改诉讼请求以使其与证据相一致，这样可使当事人获得全面的救济。[27] 因为如果修改会对被告构成损害，该修改可能不会被接受，所以此规则带来了一种令人遗憾的结果，即鼓励原告无限制地扩充其诉求以确保不会错过一份对其有利裁定的任何部分中的利益。

除赔偿额之外，救济请求同样可能对法院的管辖权和受陪审团审判的权利产生影响。在不要求提出单独的管辖权陈述的州法院中，经常存在两组或者更多组的初审法院，这些法院的管辖权取决于原告所寻求救济的性质或者金额。[28] 此外，在大多数司法管辖区中，受陪审团审判的权利仅存在于寻求普通法上救济（通常而言，损害赔偿）的案件中，而不适用于只要求诸如强制令、特定履行或者撤消等衡平法上救济的案件。[29]

近年来，不少法官和评论者已经对有关救济请求的要求表示不满，[30] 并认为其弊大于利。法官已经关注到这一事实，即损害赔偿请求已经被扩充并超出了合理范围，这种扩充是希望通过法庭上的直接陈述或者通过庭外的宣传使陪审团受到一些对原告有利的影响。一些联邦法官在这类情况下已经命令该请求应被排除。[31] 加利福尼亚州甚至制定了一项成文法，禁止原告在人身伤害案件中陈述其所请求的金额。[32] 尽管避免陪审员知晓请求数额的这一更为严厉的规则在案件中似乎是一个足以解决问题的对策，将请求予以排除不致造成实质上的困难。

283

---

[25] Old Republic Ins. Co. v. Employers Reinsurance Corp., 144 F. 3d 1077 (7th Cir. 1998)；Convertible Top Replacement Co. v. Aro Mfg. Co., 312 F. 2d 52 (1st Cir. 1962)，基于其他依据而被修正 377 U. S. 476，84 S. Ct. 1526，12 L. Ed. 2d 457 (1964)；Official Code Ga. Ann. 9 – 11 – 54 (c) (1). 同时参见上文 Fed. Civ. Proc. Rule 15 (b) and 5. 26.

[26] 例如，Stromberg v. Crowl, 257 Iowa 348, 353, 132 N. W. 2d 462, 465 (1965).

[27] Haney v. Burgin, 106 N. H. 213 208 A. 2d 448 (1965).

[28] 例如，在加利福尼亚州，都市法庭的管辖权限于涉及金额为 25 000 美元及该金额以下，同时不涉及衡平法上救济的案件。West's Ann. Cal. Code Civ. Proc. 86.

[29] 参见 C. Clark, Code Pleading 16 (2d ed. 1947). 总体参见以下第 11 章，对受陪审团审判的权利的分析。

[30] 例如，Bail v. Cunningham Bros., Inc., 452 F. 2d 182, 190 (7th Cir. 1971). 同时参见 10 C. Wright, A. Miller & Kane, Civil 3d 2663.

[31] Mitchell v. American Tobacco Co., 28 F. R. D. 315 (M. D. Pa. 1961).

[32] West's Ann. Cal. Code Civ. Proc. 425. 10 (b). 参见同上 425. 11. 在大多数案件中，密执安州禁止陈述具体金额，Mich. Ct. Rules 1985, 2. 111 (B) (2)，但是其他州已只是在医疗责任事故案件中才对其加以禁止。N. Y. – McKinney's CPLR 3017 (c).

关于法院管辖权和受陪审团审判的权利的事项可通过一般主张的方式解决，而一般主张可以避免陈述特定的金额。

5.15 提出救济权的诉辩

尽管法院在主张应详细到何种程度以及应依照何种格式进行措辞方面立场不一，但是在每个诉辩体系下，原告（或者提起反请求、交叉请求或第三方请求的当事人）必须提出充足信息以主张其享有获得救济权。[1] 为此，诉辩人首先需要明确作为他的一项或者多项权利主张之基础的基本要件。即使在最简单的案件中，都存在着不少的潜在控制因素。例如，在本票之诉中，催收可能取决于该本票的存在与适当履行生效手续、本票是否到期、是否已经支付、原告是否已经接受代替支付的其他对价、原告此前是否曾提起单独诉讼以强制执行相同权利主张、是否已过诉讼时效，同时还可能取决于多个其他事项。

原告并不被要求主张每项可能影响诉讼结果的因素存在与否；某些事项被认为属于应由被告在答辩书中提出的答辩。重要问题在于，一个当事人如何在寻求救济的当事人所必须提出的因素和构成答辩的因素之间予以区分？

通常规则是，当事人应当对他将在庭审中举证的事项承担诉辩的责任。此规则背后的理论很简单；如果当事人不能举出必要证据，那么该当事人将不能善意地对此争点进行诉辩，而此争点严格讲不能成为案件的一部分。如果该争点对于追偿而言极为关键，该起诉书可能被驳回并且避免进行无谓的庭审。如果此争点是被告必须确立的一个事项，它将只有在被告提出它时才能成为一个因素。原告和被告之间这样的责任划分是合理的。若要求原告在起诉书中提出并推翻每项可能的答辩，那么不仅会使起诉书变得过分冗长和复杂，同时一个人无法确定究竟何种答辩属于其真正的主张。

关于何方当事人必须在庭审中举证的这一判断主要是一个实体政策问题。通常，寻求救济的当事人必须确立居于权利主张的核心地位的这些因素，它们在被准许获得救济时被认为是至关重要的。答辩当事人负有义务证明那些对救济加以限制或者阻止的特别事项。最后，寻求救济的当事人必须承担责任来确立任何补充事项以使答辩当事人所确立的答辩无效。后面的这种无效问题只有当存在对答辩书的回答时才会被主张。[2] 当不允许作出这类回答时，可依照认为答辩书在每一项实质性问题上均已被反对和认为无效的这一通常规定，对无效问题进行主张。[3]

284

---

〔1〕 Fed. Civ. Proc. Rule 8 (a) (2)；West's Ann. Cal. Code Civ. Proc. 425. 10; N. Y. Civ. Proc. Rules, Rule 8 (a) (1).

〔2〕 关于对回答的要求，参见上文5.3.

〔3〕 Fed. Civ. Proc. Rule 8 (d).

在何种争点对于权利主张是如此重要以致寻求救济的当事人必须对其加以证明和主张的问题上，虽然法院经常意见一致，但仍存在重大争议。[4] 在某些孤立的案件中，出于历史或者实践上的原因，即使一旦该事项被提出对方当事人就应当承担证明责任，当事人仍可能不得不对某些因素进行诉辩。一个最明显的案件可能是原告提起诉讼，要求依据本票进行付款。通常规则是，本票的付款是一项由被告进行证明的答辩事项，而被告通常会持有收据或者其他证明手段。[5] 然而，拒绝支付则必须由原告进行主张，原因很简单，如果没有这一主张，起诉书实际上将空洞无物。[6] 幸运的是，这类情况相对较少，并且在其所适用的特定司法管辖区中为律师所周知。

一个更为严重的问题有时在实体规则要求原告承担证明责任时已经出现，原告当然也需承担诉辩责任，但程序规则却将此事项列为一种由被告所提出的积极答辩。这就会导致严重的混乱。[7] 譬如，如果不存在混合过失是原告获得救济权的一项基本要素，但是诉辩规则将混合过失列为一项答辩，假若被告遗漏了这一争点那会发生什么情况呢？原告是否仍需证明不存在过失以便获得救济，或者是否已放弃此争点？既然诉辩规则应当有利于避免混乱，那么合理的对策应当是对诉辩规则进行修改。但是，法院不愿意这样做，因而这种不确定性只能通过司法干预加以解决，以此希望使其成为惯例，并且使产生特定问题的案件所涉及的全部律师都能知晓。[8]

有时，一份诉辩文书在其字面上表明诉辩人自身的权利主张或者答辩存在着缺陷。最为常见的实例是：如原告的起诉书显示诉讼时效法规对案件构成阻碍，或者显示其所诉称的被告不当行为应当免责。在一些案件中，法院坚持认为，如果主张中含有通常应由被告提出和证明的预先否认答辩，那么这些主张是不相关的冗词赘句，均应不予理睬。[9] 但是，大多数法院已经裁定，如果一个诉辩文书中含有缺陷并且未能进一步表明如何消除此缺陷，则该诉辩文书会因未能对一

---

〔4〕 例如，在基于过失的人身伤害案件中，大多数法院将原告的混合过错视为一项应由被告证明和主张的答辩。例如，Hoffman v. Southern Pacific Co. , 84 Cal. App. 337, 258 P. 397 (1927). 但是，一些司法管辖区已要求原告将不存在过错作为要求获得救济之诉求的不可分割部分来予以主张和证明。例如，Hardware State Bank v. Cotner, 55 Ill. 2d 240, 302 N. E. 2d 257 (1973).

〔5〕 例如，Pasten v. Pardini, 135 Cal. 431, 434, 67P. 681, 682 (1902).

〔6〕 例如，Fancher v. Brunger, 94 Cal. App. 2d 727, 730, 211 P. 2d 633, 636 (1949).

〔7〕 参见 Cleary, Presuming and Pleading: An Essay on Juristic Immaturity, 12 Stan. L. Rev. 5 (1959).

〔8〕 同上 at 14 – 15.

〔9〕 参见 Ellis v. Black Diamond Coal Mining Co. , 265 Ala. 264, 90 So. 2d 770 (1956). 同时参见 C. Clark, Code Pleading82, at 522 – 23 (2d ed. 1947).

项诉求或者答辩进行陈述而受到质疑。[10]

大多数意见认为，在为消除缺陷所必需的陈述充分性方面会出现一个问题。在认定对于责任的一般主张足以推翻预先否认事项这一问题上，采用告知诉辩体系的法院倾向于持有极其宽松的态度。于是，一个案件中对口头诽谤的主张包含了一些陈述：表明除非是恶意发表言论，否则该言论应当享有特权，而原告未能对恶意进行主张并不会被认定为承认答辩的有效性。正如法庭所裁定的一样，

当所提出的各项主张足以为有限制特权的答辩提供支撑时，一般而言该主张也将足以允许提出有助于证明滥用该特权或者存在实际恶意的证据。……足以对证明该答辩的证据予以采信的各项主张……也足以对否定该答辩的证据予以采信。[11]

当然，如果所表明的特权是无限制的，并且无法撤消该特权，那么此起诉书就会被认为是有缺陷的。[12]

正如所预期的一样，在依照法典诉辩体系运作的各州中，认定预先否认的答辩无效会要求对基本事实进行具体陈述。法院将不会认为，对答辩本身的主张足以允许提出证据以证明其无效。[13]

5. 16 特定案件中的特殊诉辩问题

286

不可能的是，为每个司法管辖区提出足以陈述每类案件的诉求或诉因的特定主张。这样的一种努力可能难以有所收获，因为许多州效仿联邦法院，提供了对律师进行引导的一套正式格式。[1] 但是，还存在着一定数量的特定事项，这些事项提出了特别的诉辩问题，有必要对她们加以特别考虑。

首先是对于先决条件的诉辩。为了确立基于合同或者其他义务的一项获得救济权，原告必须表明被告义务的所有先决条件均已发生或履行。[2] 在事实诉辩体系下，对这些条件的诉辩可能被证明是相当繁重的，因为在一个特定合同中可能存在相当数量的条件。而且，详细诉辩常常是不经济的，因为被告可能并不打算主张所有的或者几乎所有的这些条件尚未满足。即使如此，如果原告无意忘记

---

〔10〕 例如，Baggett v. Chavous, 107 Ga, App. 642, 131 S. E. 2d 109（1963）；Marks v. McCune Constr. Co., 370 P. 2d 560（Okl. 1962）.

〔11〕 Garcia v. Hilton Hotels Int'l, Inc., 97 F. Supp. 5, 9（D. Puerto Rico 1951）.

〔12〕 Garcia 一案中，就该案自身而言，有关绝对特权的一项答辩不能被推翻，而起诉书的相应诉讼理由被排除。97 F. Supp. at 10.

〔13〕 例如，Wright v. Hix, 203 Ala. 425, 83 So. 341（1919）；Sternstein c. Heit, 186 App. Div. 45, 173 N. Y. S. 808（1919）.

〔1〕 例如，Fed. Civ Proc. Rules, Appendix of Forms；Colo. Civ. Proc. Rules, Appendix of Forms；Fla. -West's F. S. A. rules Civ. Proc., Forms；Mo. Civ. Proc. Forms；N. Y. -Mckinney's CPLR, Forms.

〔2〕 West's Ann. Cal. Code Civ. Proc. 457.

提出一些事实来证明已满足任何一项条件，那么可以依据不充分这一理由对起诉书成功地提出异议。

通过进一步将条件认定为解除条件并作为一项答辩来加以主张和证明，或者认定为一项并不影响被告在合同项下义务的独立允诺，法院试图消除这些问题。[3] 为了避免对条件类别和诉辩充分性的技术性争论，一些采用法典诉辩体系的司法管辖区已经制定了特别法，准许原告陈述一项简洁的"结论"，即所有的先决条件已被适当履行。[4] 于是，转由被告承担对该陈述予以否认的责任，而在此情况下被告必须承担证明责任。[5] 正如在告知诉辩体系中所预期的那样，对该履行的一项概括陈述会得到特别准许。[6] 另一方面，当原告意图依靠一项条件的解脱理由（excuse）或者放弃来对抗履行要求时，通常规则是原告必须对该解脱理由或者放弃进行主张；原告不能仅依靠一项对履行或者发生的概括陈述。[7]

287 如果被告只需通过笼统地否认原告的履行主张就可以迫使原告对包括被告并无异议的先决条件在内的每项先决条件的履行加以证明，那么适用于先决条件的这些特殊诉辩规则所具有主要优点将不复存在。因而，准许原告对履行或者发生进行概括性主张的这一规则在大多数司法管辖区都具有配套规定，此配套规定要求被告应当对进行"具体而详细的"否认。[8] 原告只需在履行或者发生问题确实存在争议时进行证明。

在另一种情况中，存在着对事实诉辩通常规定的具体性要求的背离，这种情况是指对所谓一般诉因的运用。在普通法中令状体系下，可以通过提出非常简单的主张来陈述一项应付金钱之诉，无论债是明示的还是默示的（债务人承诺偿还或履行），也无论其是因为贷款偿还，为已出售和交付的货物付款（依其所值），为已履行的劳务付款（合理金额），还是由于不当得利（被告取得和收到原应付给原告的款项）。所规定的这种主张实质上包括了一句话式的请求（a one

---

〔3〕 C. Clark, Code Pleading 45, at 280－82 (2d ed. 1947). 在一项先决条件和一项解除条件之间的区分在很大程度上取决于表达该义务的方式，并且从实体角度看，这种区分没有多大实际意义。例如，参见 5 Williston, Contracts 667A, at 148, 151－52 (3d ed. 1961).

〔4〕 例如，West's Ann. Cal. Code Civ. Proc. 457; 12 Okl. Stat. Ann. 2009.

〔5〕 例如，12 Okl. Stat. Ann. 2009.

〔6〕 Fed. Civ. Proc. Rule 9 (c).

〔7〕 参见 Redfield v. Continental Cas. Corp., 818 F. 2d 596 (7th Cir. 1987); Pearl Assur. Co. v. First Liberty Nat. Bank, 140 F. 2d 200 (5th Cir. 1944); Winter & Giordano Landscape Contracting Corp. v. Colaizzo, 17 Misc. 2d 450, 191 N. Y. S. 2d 565 (1959). 但是，参见 Erskine v. Upham, 56 Cal. App. 2d 235, 132 P. 2d 219 (1942). 主要参见 5 C Wright & A. Miller, Civil 2d 1303.

〔8〕 Fed. Civ. Proc. Rule 9 (c); N. J. Civ. Proc. Rule 4：5－8 (b); N. Y. － McKinney's CPLR 3015 (a).

sentence claim），而该请求并没有指出特定情况的细节或者事实。[9]

在法典被通过时，上述一般诉因就产生了问题。因为这些主张包含的只是简单的结论，它们不符合事实诉辩中的通常要求，许多评论者认为其应被认定为是不充分的。[10] 但是，它们得到了公认且简便易行，以至于对其的运用得到了普遍的[11]支持。尽管告知诉辩规定并没有提及一般诉因，但是《联邦民事诉讼规则》所附的"正式格式"显然准许对其加以运用。[12] 因而，从策略角度看，无论何时原告就应付款项提起诉讼，即使是基于一份明示订立的合同，如果准许的话，她应当加入一项一般诉因以避免起诉被驳回。如果详细陈述之中存在着重大缺陷，那么一般诉因则可以保全该起诉书。[13]

在确定过失之诉中所要求的诉辩具体性标准时，同样也存在着一些难题。[14] 无论是何种诉辩体系，只要起诉书对情况的性质及其时间和地点进行了公正的告知，各法院一般会较为宽容地准许对过失进行概括主张。但是，采用事实诉辩体系的司法管辖区中的一些法院坚持认为，应当对具体过失行为进行详细陈述。[15] 这种对事实诉辩要求的刻板适用容易产生相反结果；无论证人如何作证，原告可能会以每种可能的方式对每个细节作出陈述，以避免庭审时在确立一项主张方面遇到阻碍。依照现代诉辩原理，更为合理的是准许进行概括的诉辩；细节可通过审前调查取证来详尽阐述。[16]

过去已经造成某些问题的另一情况涉及到"事情本身说明"原理的运用问题。在某些法院，对具体过失行为的陈述被认定为禁止原告依赖此原理，此认定的理论基础是，如果原告知道所发生的情况，那么该原理就不能适用。[17] 然而，

288

---

〔9〕 J. Koffler&A. Reppy, Common Law Pleading 175 (1969).

〔10〕 J. Pomeroy, Code Remedies 436－38 (5th ed. 1929). 同时参见 1 J. Kerr, Pleading and Practice in the Western States 26 (1919); Note, Contract in an Action upon an Implied Contract, 3 Cornell L. Q. 145 (1918).

〔11〕 例如, Leoni v. Delany, 83 Cal. App. 2d 303, 188 P. 2d 765 (1948); 参见, C. Clark, Code Pleading 46, at 290 (2d ed. 1947).

〔12〕 Fed. Civ. Proc. Rules Appeddix of Forms, Forms 5, 6, 8.

〔13〕 一些法院已经裁定, 如果一项明示的诉因不能成立 (fail), 那么基于相同事实的一般诉因同样必定不能成立。例如, Rose v. Ames, 53 Cal. App. 2d 583, 128 P. 2d 65 (1942); Hays v. Temple, 23 Cal. App. 2d 690, 73 P. 2d 1248 (1937). 但是这一结论并不是必然的, 因为一般诉因极少被用于强制执行一项与明示合同诉因相同的债。例如, Leoni v. Delany, 83 Cal. App. 2d 303, 188 P. 2d 765 (1984).

〔14〕 对混合过失存在与否的诉辩方面的问题在上文 5. 15 注释 7 中进行了讨论。

〔15〕 Mirto v. News－Journan Co., 50 Del. (11 Terry) 103, 123 A. 2d 863 (1956); Sheing v. Remington Arms Co., 48 Del. (9 Terry) 591, 108 A. 2d Ned. 15, 504 N. W. 2d 76 (1993).

〔16〕 参见 C. Clark, Code Pleading47, at 300－03 (2d ed. 1947).

〔17〕 主要参见 Niles, Pleading Res Ipsa Loquitur; 7 N. Y. U. L. Rev. 415 (1929); Comment, The Effect of Specific Allegations on the Application of Res Ipsa Loquitur, 27 Fordham L. Rev. 411 (1958); Annot., 2 A. L. R. 3d 1335 (1965); Annot., 160 A. L. R. 1450 (1946).

大多数法院并没有实施这种限制。[18] 不合理的是，使得原告因为担心不能依赖"事情本身说明"原理而被迫只能进行笼统的诉辩。

到现在为止，讨论已涉及到了一些情况，其中即使在坚持事实诉辩的司法系统中，概括陈述亦更为有利。但在一些场合下存在着相反情况，即使在采纳告知诉辩的体系中，这类场合也要求具有相对较高程度的具体性。在关于何种类型诉讼要求进行这类详细诉辩的问题上，各司法管辖区之间存在着不同。譬如，纽约州在分居之诉中要求原告详细说明"被告不当行为的性质和情况，以及被起诉的每项行为发生的时间和地点"[19] 要求具有较高程度具体性的最常见领域是欺诈和错误之诉、损害名誉之诉，以及要求获得特定损害赔偿的案件。

在普通法中以及在事实诉辩体系下，要求原告对欺诈细节进行具体阐释。[20] 一般而言，这类要求现已被扩展，并将错误纳入在内。即使在宽松的告知诉辩规则下，一项特殊规定要求通过详情叙述来阐明欺诈和错误的情况。[21] 欺诈之诉遭到冷遇，因为该类诉讼涉及对不道德行为的陈述。[22] 此外，欺诈和错误是撤消契据、合同和其他相似文件的手段，而契据、合同和其他相似文件均是细心设计的结果，不应当被轻率地撤消。正是基于这些原因，一个更高的诉辩门槛看上去是正当的。然而，关于欺诈的特殊诉辩要求并没有能够对该类诉讼进行有效的阻碍。特别是在采纳告知诉辩体系的司法管辖区中，对原告诉求进行公正告知的这一概括陈述一贯得到肯定。[23] 只要作出"欺诈"或"错误"这一结论的一项陈述，就无疑易于被提起驳回起诉的申请。[24]

在普通法中，损害名誉之诉同样也受到冷遇，并且要服从许多诉辩技术细节要求。[25] 采用法典诉辩体系的各州通常已放宽了这些要求，特别是放宽了普通

[18] Comment, The Effect of Specific Allegations on the Applicationg of Res Ipsa Loquitur, 27 Fordham L. Rev. 411 (1958). 参见 Niles. Pleading Res Ipsa Loquitur, 7 N. Y. U. L. Rev. 415 (1929).

[19] N. Y. – McKinney's CPLR 3016 (c).

[20] C. Clark, Code Pleading48, at 311 – 13 (2d ed. 1947); J. Koffler & A. Reppy, Common Law Pleading93, at 194 (1969).

[21] Fed. Civ. Proc. Rule 9 (b). 参见上文 5. 9 中注释 6 – 10.

[22] C. Clark, Code Pleading 48, at 311 – 13 (2d ed. 1947).

[23] 例如, Brady v. Games, 128 F. 2d 754, 755 (D. C. Cir. 1942); Cincinnati Gas & Elec. Co. v. General Elec. Co., 656 F. Supp. 49 (S. D. Ohio 1986); Gardner v. Surnamer, 599 F. Supp. 477 (E. D. Pa. 1984); Consumers Time Credit, Inc. v. Remark Corp., 227 F. Supp. 263 (E. D. Pa. 1964)。同时参见 Fed. Civ. Proc. Rules Appendix of Forms, Form 13.

[24] Hayduk v. Lanna, 775 F, 2d 441 (1st Cir. 1985); C. I. T. Corp. v. Tyree, 268 N. C. 562, 151 S. E. 2d 42 (1966); R. G. Wilmott Coal Co. v. State Purchasing Comm'n, 246 Ky. 115, 54 S. W. 2d 634 (1932).

[25] C. Clark, Code Pleading 48, at 315 (2d ed. 1947); J. Koffler & A. Reppy, Common Law Pleading93, at 195 – 96 (1969).

法上表明发表的言论旨在针对原告的这一详细主张要求。[26] 但是，对于损害名誉之诉依然是不欢迎的态度，这体现在必须精确地阐明诽谤性言论这一普遍设置的要求上。[27] 即使在采用告知诉辩体系的司法管辖区中，一些法官似乎认为，未能提出详细主张将证明驳回起诉是正当的，或者至少证明要求进行更为明确的陈述是正当的。[28]

在特定损害赔偿诉辩中对更高具体性的要求产生于特定损害赔偿本身的特性。特定损害赔偿的概念是在两种不同的背景下产生的。首先，在诸如口头诽谤、商业诽谤、恶意控告的某些类型的诉讼中，特定损害赔偿——被定义为对某人的个人或者商业声誉的具体损害——必须加以诉辩和证明。[29] 如果假定被告从事诉称的行为，事实审理者无权裁定被告的行为必然导致对原告的某些损害，不能通过事实审理者依其一般经验所认为的可能损害情况这一一般估计来衡量原告所受损害。在此情况下，未能主张特定损害赔偿将会导致起诉书因未能陈述一项诉求或诉因而被驳回。[30]

其次，在其他案件中，对一般损害赔偿和特定损害赔偿进行了区分，前者是作为诉称的被告行为所导致的自然和预期的结果，而后者是被告行为的直接结果。但是，它只会因原告的特定情况而产生。[31] 因为特定损害赔偿就其性质而言只有在原告的情况下才会出现，所以重要的是应当使被告知道诉求的内容。因而，尽管不必对有关一般损害赔偿的事实进行主张，[32] 但是必须对特定损害赔

290

---

〔26〕 例如，West's Ann. Cal. Code Civ. Proc. 460; N. Y. – McKinney's CPLR 3016.

〔27〕 Holiday v. Great Atl. & Pac. Tea Co. , 256 F. 2d 297 (8th Cir. 1958). 参见 Nazeri v. Missouri Valley College, 860 S. W. 2d 303, 313 (Mo. 1993)（必须对书面诽谤陈述而非口头诽谤陈述的确切词句进行诉辩主张）。

〔28〕 Holiday v. Great Atl. & Pac. Tea Co. , 256 F. 2d 297 (8th Cir. 1958); Garcia v. Hilton Hotels Int 'l, Inc. , 97 F. Supp. 5 (D. Puerto Rico 1951). 在 Holiday 一案中，原告只是主张了被告的雇员所用词句的含义，而没有对其所使用的具体词句进行陈述。法院维持了一项在口头诽谤问题上有利于被告的指示裁断，并裁决原告不仅对所使用的实际词句必须主张和证明，而且还需对这些词句的虚假性提出主张和证明。尽管近期的联邦案件通常并不要求对所使用的具体词句提出主张，参见，例如 Levine v. McLeskey 881 F. Supp. 1030, 1048 (E. D. Va. 1995)，部分被维持原判，部分基于其他依据被撤消 164 F. 3d 210 (4th Cir. 1998); Thompson v. Campbell, 845 F. Supp. 665, 679–80 (D. Minn. 1994), 存在着值得注意的例外情况. 参见 Ersek v. Township of Springfield, 822 F. Supp. 218, 223 (E. D. Pa. 1993), 维持原判, 102 F. 3d 79 (3d Cir. 1996).

〔29〕 参见 C. Clark, Code Pleading51, at 330 (2d ed. 1947); 5 C. Wright & A. Miller, Civil 2d 1310.

〔30〕 例如，Weiss v. Nippe, 5 A. D. 2d 789, 170 N. Y. S. 2d 642 (1958).

〔31〕 Roberts v. Graham, 73 U. S. (6Wall.) 578, 579, 18 L. Ed. 791 (1867); Burlington Transp. Co. v. Josephson, 153 F. 2d 372 (8th Cir. 1946).

〔32〕 U. S. ex rel. Nourse v. Light, 3 F. R. D. 3 (M. D. Pa. 1946).

偿进行详细陈述。[33] 不仅在采纳法典诉辩体系的司法管辖区中是这样，而且依照告知诉辩规则同样如此。[34] 未能以必要的具体说明对特定损害进行主张的原告将在提出证据方面遇到障碍，并因此不能恢复其损害赔偿之主张。[35]

对于何种损害赔偿是一般损害赔偿以及何种损害赔偿是特定损害赔偿这一问题的判断并不像人们所希望的那样清晰。从实践角度看似乎是特定行为之自然结果可能在理论意义上并非如此。例如，在一起人身伤害案件中，痛苦与创伤被视为是一般损害赔偿，但是至少在绝大多数司法管辖区中住院和医疗账单并不认为是一般损害赔偿。[36] 相似的是，收入能力的丧失作为一般损害赔偿对待，然而利润损失并不这样对待。[37] 在合同之诉中，这种区别更为清晰，因为实体法自身就要说明这一问题。于是，交易利益的一般损失构成一般损害赔偿，而作为特定损害赔偿的额外损失只有在被告有理由预见到其可能因违约而产生时才会得以赔偿。[38]

遗憾的是，法院使得此问题更加模糊不清，而法院自身并没有充分理解这种区别。这种情况典型地出现在人身伤害案件中，在这类案件中，原告已相当详细地阐明了他所遭受的人身伤害的性质和程度，并且在庭审时设法证明起诉书中没有提及的一些额外因素。因为人身伤害及其所导致的痛苦与创伤构成一般损害赔偿，所以诉辩文书中关于该伤害的细节说明已成为不相关的冗词赘句，并且该细节说明不应当阻碍损害赔偿的获得。[39] 但是，有时法院并没有考虑到这一事实，而且将详细说明的特定损害赔偿称为"特殊的"，因而对有关额外因素的证明加以阻止。[40] 假若原告仅仅主张"严重的人身伤害，痛苦和创伤"，那么就不会出现这样的问题。

在准确判断什么是特定损害赔偿方面所存在的困难将无疑导致原告为稳妥起

---

〔33〕 Roberts v. Graham, 73 U. S. (6Wall.) 578, 579, 18 L. Ed. 791 (1867); Radio Electronic Corp., 32 F. Supp. 431 (S. D. N. Y. 1940). 主要参见 C. Clark, Code Pleading 51 (2d ed. 1947); Note, The Definition and Pleading of Special Damages Under the Federal Rules of Civil Procedure, 55 Va. L. Rev. 542 (1969).

〔34〕 Fed. Civ. Proc. Rule 9 (g); C. Clark, Code Pleading 51 (2d ed. 1947).
主张特定损害赔偿时所要求细节说明的数量取决于案件的性质，所涉及损害的类别，以及法院对于诉辩具体性的态度。虽然必须对每项特定损害赔偿给予特别注意十分必要，但遵循告知诉辩规则的法院倾向于放宽要求。参见 5 C. Wright & A. Miller, Civil 2d 1311.

〔35〕 Kendall v. Stokes, 44 U. S. (3 How.) 87, 102, 11 L. Ed. 506 (1845). 如果不涉及实质性偏见，缺陷可以通过修改来弥补，即使在庭审阶段也同样如此。参见下文 5. 26.

〔36〕 主要参见 Annot., 98 A. L. R. 2d 746 (1964).

〔37〕 Shaw v. Southern Pac. R. R. Co., 157 Cal. 240, 107 P. 108 (1910).

〔38〕 参见 5 A. Corbin, Contracts1007, 1011 (1964).

〔39〕 Ephrem v. Phillips, 99 So. 2d 257, 260 – 61 (Fla. App. 1957).

〔40〕 例如，Ziervogel v. Royal Packing Co., 225 S. W. 2d 789 (Mo. App. 1949).

见而对其可能寻求之损害赔偿的所有因素进行相当详细的阐述。这令人对特殊诉辩要求的正当性产生严重质疑，同时也引起为何不应删除这一疑问，在一些管辖区中，这种疑问更为突出，在这些管辖区中，否则就遵循告知诉辩规则，并且大量依靠调查取证来确定一些事项的争论点。

应当注意的是，法院有时会对惩罚性损害赔偿的主张予以关注，并且担忧若公布起诉状，它会不公正地破坏某些诉讼当事人的声誉，胁迫一些诉讼当事人进行不公正的和解，甚至对陪审员产生影响。因而，某些州通过成文法禁止在起诉书中提出惩罚性损害赔偿的主张。只有在此后举行听审以决定这类损害赔偿主张是否存在胜诉的合理可能性时，一个当事人才被允许修改起诉书以便将这些主张包括在请求之中。[41]

C. 答 辩 书

5. 17 一般规则

依照现代诉辩原理，答辩书既可用于确定被告打算在庭审时对起诉书中的那些主张进行答辩，也可允许被告将补充事项作为答辩理由或者权利主张提出。[1] 此外，它准许被告提出某些技术性答辩，而不涉及案件是非曲直，但可对一些事项——诸如法院管辖权或管辖区域、错误的共同诉讼或缺乏对诉因和当事人的合并，以及诉讼书送达的有效性——提出异议。[2] 对于这些答辩或者肯定性权利主张有关的问题将在其他地方讨论。[3] 以下三节将围绕针对原告诉求的实质依据所提出的答辩的这些规则展开讨论。

在对答辩书的各项因素进行研究之前，重要的是要注意到，特定司法管辖区中生效的一般诉辩规则对肯定性主张所要求的详尽程度，[4] 以及应在何种范围内对单独答辩进行分开陈述加以调整。[5] 此外，每个司法管辖区均规定了提交答辩书的期限。[6] 但此期间并不是司法权的问题，因而，通过获得对方当事人

292

---

〔41〕　Ill. – Smith – Hurd Ann. 735 ILCS 5/2 – 604. 1；Kan. Stat. Ann 60 – 3703. 参见 Fla. – West's F. S. A. 768. 72.

〔1〕　Fed Civ. Proc. Rules 8（b），8（c）；West's Ann. Cal. Code Civ. Proc. 431. 20，431. 30；Ill – Smith – Hurd Ann. 735 ILCS 5/2 – 610，5/2 – 613（d）；Mo. Civ. Proc. Rules，Rules 55. 07 – 55. 09.

〔2〕　Fed. Civ. Proc. Rules 8（b），12（b）；Mo. Civ. Proc. Rules，Rule 55. 27；12 Okla. Stat. Ann. 2012.

〔3〕　参见下文 5. 23 – 5. 24.

〔4〕　参见上文 5. 4，5. 7.

〔5〕　Fed. Civ. Proc. Rule 10（b）；Ill. – Smith – Hurd Ann. 735 ILCS 5/2 – 613；Vernon's Ann. Mo. Civ. Prov. Rule 55. 10.

〔6〕　例如，Fed. Civ. Proc. Rule 12（a）；Or. Rules Civ. Proc.，Rule 6（b）.

的同意或提出申请，它可以延长并经常延长。[7] 未能按时提交答辩书的当事人将受到不应诉登记，并且最终会收到不应诉判决。[8]

5.18 承认

对于起诉书中的主张，被告可通过在答辩书中表明该主张的真实性，或因没有适当否认该主张，而对起诉书中的主张予以承认。[1] 除非答辩书被修改，否则这些承认将在庭审时使被告受到约束，同时使得原告不必就被承认的事项出示证据。[2]

被告之所以从容承认原告的主张有两种原因。首先是当事人有义务进行善意应答这一事实；如果起诉书中的主张是真实的，它们应当得到承认。其次，基于策略上的原因当事人对一些主张加以承认，而他原本可以合法地对这些主张进行反驳。譬如，如果某一情形下被告的行为在道义上应当受到谴责，但是该行为并不必定足以使他依法承担责任，可是被告可能对责任予以承认以便将庭审限定在损害赔偿问题上；陪审团如果没有觉察到被告的"糟糕"行为，就可能在判决中给予原告相对较少的损害赔偿金。

被告有时会错误地对起诉书中的主张予以承认，这不是因为她出于疏忽而完全没有对该主张进行答辩，就是因为她所作出的否认存在缺陷。但是，这样的错误并不是致命的。在大多数案件中，谨慎行事的被告可以通过修改答辩书来弥补该缺陷。[3]

5.19 否认

被告答辩书中否认的概念看似简单，它容易使人产生误解。被告希望予以主张的事项应当被否认。而在实践中，进行否认时所应采用的准确形式却要复杂得多。首先，否认存在着两种基本形式，即概括否认与特定否认。[1] 概括否认由一句话组成，这句话只是表明"被告对原告起诉书中的每个主张均予以否认"。特定否认则含有对起诉书的逐句或者逐段的分析，它只对被告打算予以反驳的主

293

---

〔7〕参见 Fed. Civ. Proc. Rule 6（b）; Colo Rules Civ. Proc. , Rule 6（b）.

〔8〕Fed. Civ. Proc. Rule 55. 主要参见下文9.4.

〔1〕Fed. Civ. Proc. Rule 8（d）; West's Ann. Cal. Code Civ. Proc. 431. 20; Ill. - Smith - Hurd Ann. 735 ILCS 5/2 -610; Vernon's Ann. Mo. Civ. Proc. Rule 55. 09; N. Y. - McKin - ney's CPLR 3018.

〔2〕C. Clark, Code Pleading91, at 579 - 80（2d ed. 1947）. 参见 Budget Rent - A - Car of Atlanta, Inc. v. Webb, 220 Ga. App. 278, 469 S. E. 2d 712（1996）; Rembold v. City & County of San Francisco, 113 Cal. App. 2d 795, 249 P. 2d 58（1952）; Fed. Civ. Proc. Rule 8（d）; West's Ann. Cal. Code Civ. Proc. 431. 20.

〔3〕参见下文5. 26.

〔1〕参见 C Clark, Code Pleading 92, at 581（2d ed. 1947）. 参见 West's Ann. Cal. Code Civ. Proc. 431. 30; Colo. Rule Civ. Proc. , Rule 8（b）.

张进行否认。[2]

从策略角度看，概括否认具有几方面的优点。第一，它颇为简洁，并且可以避免特定否认所可能涉及的技术性错误，而这种错误可导致出于疏忽的承认。第二，在某些司法管辖区中，即使起诉书中的一些主张是真实的，概括否认仍可以在被告对起诉书的基本要点进行反驳时使用。[3] 这使得原告无法准确地得知被告将对那些争点进行反驳，因而容易使被告处于有利地位。

因为概括否认可能使庭审中的争点变得模糊不清而非明确这些争点的范围，所以包括联邦法院在内的相当多的法院明确地将概括否认的使用限制于某些案件中，在这些案件中，被告实际上打算对原告的每项主张予以否认。[4] 这实质上排除了对概括否认的使用，因为其所主张的事实无一真实的起诉书是极为罕见的。[5] 在某些法典诉辩体系中，禁止在经宣誓证实的答辩书中进行概括否认。[6] 因为在这些司法管辖区中，如果原告选择对起诉书进行宣誓证实，则答辩书也同样应当被宣誓证实，[7] 这就赋予了原告一个机会来要求被告满足具体性要求，但原告只有在愿意对自己所提出之主张的真实性进行宣誓时才会获得这种机会。[8]

当一项概括否认未得到许可或者不适当时，被告必须进行特定否认。然而，这并不意味着被告应当逐行地对起诉书中的每句话进行答复。被告经常可以对整段进行否认，同时被允许以列出这些段落编号的方式来对整段予以否认。[9] 因而，除对被承认为真实并因此无异议的事项给予单独对待外，特定否认不会比概括否认详细很多。

即使考虑到上述灵活性，当构成原告主张之基础的一些事实不在被告的即时控制中或者被告没有第一手信息时，在起草答辩书时也会出现一些难题。因而，大多数司法管辖区特别规定，当事人可根据信息和确信而否认对方当事人的主张，或者也可以基于缺乏信息和确信而否认对方当事人的主张。[10] 在必须对答

294

---

〔2〕 C. Clark, Code Pleading 92, at 581, 587 (2d ed. 1947). 参见 West's Ann. Cal. Code Civ. Proc. 431. 30; Colo. Rules Civ. Proc., Rule 8 (b).

〔3〕 J. Koffler & A. Reppy, Common Law Pleading 224, at 457－58 (1969).

〔4〕 Fed. Civ. Proc. Rule 8 (b); Ind. Trial Proc. Rule 8 (B); N. C. Civ. Proc. Rules., Rule 8 (b). 参见 5 C. Wright & A. Miller, Civil 2d 1265.

〔5〕 参见 Sunderland, The New Federal Rules, 45 W. Va. L. Q. 5, 13 (1938).

〔6〕 West's Ann. Cal. Code Civ. Proc. 431. 30 (d).

〔7〕 West's Ann. Cal. Code Civ. Proc. 446.

〔8〕 对宣誓证实的讨论，参见上文5. 11.

〔9〕 C. Clark, Code Pleading 92, at 587 (2d ed. 1947); 5 C. Wright & A. Miller, Civil 2d 1266.

〔10〕 Fed. Civ. Proc. Rule 8 (b); West's Ann. Cal. Code Civ. Proc. 431. 30 (d) － (e); N. Y. － McKinney's CPLR 3018; Iowa Rules Civ. Proc., Rules 72.

辩书进行宣誓证实时，此类规定特别重要；有时被告可能需要在认识事实之前进行大量调查，例如，此情况可能出现在案件是基于被认为由被告代理人在受雇范围内实施的行为而提起时。一个当事人不能仅仅因为在要求提出答辩书时缺乏充足信息而加以明确否认，而要求他或她由于不应诉而败诉。[11]

当然，根据信息和确信的否认，或者基于缺乏信息和确信的否认都应当善意地作出，并且不能被当作一种侵扰或者拖延的手段。一般而言，法院会在出现一些情况时认为此类否认是不适当的，这些情况是否认涉及官方记录事项，或者涉及诸如当事人本人所说所为这种当事人被推定知晓的事实。[12] 即使在这种情况下，如果当事人能够说明怎样以及为什么不能作出一个明确否认（或者承认），这种基于缺乏信息所做的否认也将会被接受。[13]

因为建立在信息或者缺乏信息之上的否认的确提供了一种滥用诉辩程序的机会，一些法院，尤其是过去的法院，已经极其严格地根据法律来要求使用各制定法所规定的特定词句方面。因而，在一个案件中"被告不具有充足信息来作出答辩"的表述会被认为是一项不充分的否认，因为该表述没有使用"被告不具有信息或者确信……来足以使得他能够进行答辩"这一制定法上的程式化语句。[14] 然而，大多数法院采取了一个更为宽松的态度，因为严格依照法律作出的裁判只会处罚那些聘用了粗心大意的律师的当事人，而不一定会对那些恶意行事的当事人产生影响。[15]

尽管如此，最重要的是，被告应当进行适当形式的否认。如同此前所提到的一样，一项主张除非被否认，否则该主张就可得到承认。[16] 因为一项不适当的否认会被当作完全没有否认来对待，所以这将导致对本试图否认之事实的一种出于疏忽的承认。一项基于信息和确信的否认如果存在缺陷，该否认就可能被忽视，而对方当事人的主张可能被视为已得到承认。[17] 由司法管辖区中现行的诉

295

---

〔11〕 参见 Low's Inc. v. Makinson, 10 F. R. D. 36（N. D. Ohio 1950）；Societe Norgan v. Schering Corp., 6 F. R. D. 367（D. N. J. 1946）；Ice Plant Equip. Co. v. Martocello, 43 F. Supp. 281（E. D. Pa. 1939）；Nordman v. Johson City, 1 F. R. D. 51（E. D. Ill. 1939）.

〔12〕 例如，American Photocopy Equip. Co. v. Rovico, Inc., 359 F. 2d 745（7th Cir. 1966）；Harvey Aluminum（Inc.）v. NLRB, 335 F. 2d 749, 758（9th Cir. 1964）；Mesirow v. Duggan, 240 F. 2d 751（8th Cir. 1957），以基于其他依据而被修正的名义 Green v. Duggan, 243 F. 2d 109（8th Cir. 1957），要求调阅案卷的上诉申请被驳回 355 U. S. 864；David v. Crompton & Knowles Corp., 58 F. R. D. 444（E. D. Pa. 1973）.

〔13〕 参见 Oliver v. Swiss Club Tell, 222 Cal. App. 2d 528, 35 Cal. Rptr. 324（1963）；C. Clark, Code Pleading 93, at 595－97（2d ed. 1947）；5 C. Wright & A. Miller, Civil 2d 1262.

〔14〕 Oliver v. Swiss Club Tell, 222 Cal. App. 2d 528, 541, 35 Cal. Rptr. 324, 331（1963）.

〔15〕 C. Clark, Code Pleading 93, at 595, 596n 66（2d ed. 1947）.

〔16〕 参见上文 5. 18 中的讨论。

〔17〕 参见上文注释 13 中所引用的案件。

辩体系类别而定，存在着一些其他各种不同的以及普遍认可的不适当否认的种类，也应当避免作出这些种类的不适当否认。

首先，（只有在主张无一真实时才准许提出此类否认的一个司法管辖区中的）一位恶意提出概括否认的被告，或者在有关宣誓证实的法律禁止作出此否认时提交一项概括否认的被告均可能导致排除其所提出的否认，而原告的主张被认为是得到了承认。[18] 但是，即使诉辩错误看上去是经过仔细考虑的并且是恶意作出的，法院也很不愿意使案件结果取决于诉辩错误。因而，各法院可能假定该否认是善意作出的，[19] 或者它们可对答辩书进行诠释以使其不会把明显真实的事实包括在内。[20] 但是，无法确保各法院会采用这种宽松的态度。[21]

如果答辩书中包含了相互矛盾的应答或者含糊其辞，否认同样可能被认为是不适当的。例如，被告有时会概括地对起诉书中的所有主张予以否定，但另一方面又会特别承认某些主张真实。在这些案件中，法院会遵循具体主张优于概括主张这一规则，并且这类承认会被认定为有效。[22] 此规则也会在被告同时作出概括否认和特定否认的案件中得到适用。法院认为，应当忽略概括否认，而所有未被特别否认的事实会得到承认。[23] 后一结果似乎很苛刻且过于严格地适用法律；然而，它可作为一种手段来防止被告为了确保不承认任何主张而在每一份答辩书中"随意插入"一项概括否认。

被告拒绝承认或者否认原告主张，并要求原告在庭审时证明其主张的这类案件更加引人关注。此类含糊其辞的否认普遍未得到准许，这经常依照成文法不予允准，而此种否认也会导致原告主张的承认。[24] 有人主张，对于被告非常不公平的是，要求被告对一系列的主张进行答复，甚至要求被告对虽然真实但原告无法证实的一些主张予以承认。[25] 这些主张总是容易将具有明确的沉默权的刑事

296

---

[18]　例如，Vrooman Floor Covering Inc. v. Dorsey, 267 Minn. 318, 126 N. W. 2d 377 (1964).

[19]　参见 U. S. v. Long, 10 F. R. D. 443, 445 (D. Neb. 1950).

[20]　参见 Biggs v. Public Serv. Coordinated Transp. , 280 F. 2d 311, 313 – 14 (3d Cir. 1960).

[21]　一位提出概括否认的当事人同样应承担《联邦民事诉讼规则》第 11 条中所规定的诚实义务。U. S. v. Minisee, 113 F. R. D. 121 (S. D. Ohio 1986) (《联邦民事诉讼规则》第 11 条中的制裁适用于某些被告律师，这些律师签署了对起诉书的概括否认而该起诉书中含有某些显然是真实的主张)。《联邦民事诉讼规则》第 11 条对该规则的行为进行制裁，这可能会减少滥用概括否认的情形。对于 1983 年和 1993 年对《联邦民事诉讼规则》第 11 条的修改及其效果的讨论，参见上文 5. 11.

[22]　参见 Johnson v. School Dist. No. 3, 168 Neb. 547, 96 N. W. 2d 623 (1959).

[23]　Fewcett v. Miller, 172 N. E. 2d 328 (Ohio App . 1961).

[24]　Mahanor v. U. S. , 192 F. 2d 873 (Iˢᵗ Cir. 1951); Reed v. Hickey, 2 F. R. D. 92 (E. D. Pa. 1941); Burnette v. McCarter, 211 Ga. App. 781, 440 S. E. 2d 488 (1994); Rahal v. Titus, 107 Ga. App. 844, 131 S. E. 2d 659 (1963); Sheldon, Hoyt & Co. v. Middleton, 10 Iowa 17 (1859), 同时参见 Ill. – Smith – Hurd Ann. 735 ILCS 5/2 – 610.

[25]　参见 Green, Restore the General Issue in Pleading, 42 Ill. B. J. 302, 303 (1954).

被告人所具有的权利，与民事诉讼中可被对方当事人要求在庭审时作证的被告相混淆。

因为在随后的刑事起诉中答辩书本身可被用于对抗被告，所以在被告拒绝对起诉书中的一项主张作出答复时，存在着不同的情况。合法行使不自证其罪特权将不被视为是一项否认，因此，这种拒绝答复也不会导致承认或者其他的制裁。[26] 但应当注意的是，被告不能完全不做任何答复；被告必须对起诉书中不属于特权主张范围的部分进行答辩。[27]

在高度强调技术性诉辩的时期存在着以下三种类型的否认，这些否认使得不谨慎的应答当事人陷入困境之中：可争议的否认、蕴涵肯定之否定、联合否认。尽管现代法院通常反对依照技术性规则进行判案而这些否认也不再像过去那样构成威胁，但是审慎的律师应当对这些否认加以注意，并避免陷入这样的否认。

可争议的否认是指，并不直接否认对方当事人所主张的事实，但却认为存在着不一致事实的一种否认。例如，如果原告声称在某一特定日期时被告身处旧金山，而被告的答辩书却主张当天他在波士顿，那么被告的应答将被认为是可争议的。在一些依照法典所判决的较早案件中，可争议的否认被认定为存在缺陷。[28] 但是，现在不大可能的是，任何法院不会将这样的一项否认视为针对对方当事人主张提出的充分有效质疑。[29] 即使如此，可能存在着一些这样的危险，即该应答当事人可能被视为在该争点上已经承担了证明责任，而通常本应由对方当事人来证明该争点。[30]

297

当一个应答当事人以如此的细节说明来对一项主张予以否认，以致仅仅在起诉书中的非实质性主张上存在着争议时，蕴涵肯定之否定就会产生。常见的情况（尽管时间或者地点也可能被涉及）出现在原告主张某一金额的债款到期应支付，而被告否认欠有该特定金额的债款。[31] 在此情况下，如果原告的主张被证

---

〔26〕 参见 de Antonio v. Solomon, 42 F. R. D. 320（D. Mass. 1967），modifying 41 F. R. D. 447（D. Mass. 1966）; State v. Myers, 244 Miss. 778, 146 So. 2d 334（1962）.

〔27〕 5 C. Wright & A. Miller, Civil 2d 1280.

〔28〕 Zwerling v. Annenberg. 38 Misc. 169, 77 N. Y. S. 275（1902）; Rullen v. Seaboard Trading Co., 165 App. Div. 117, 150 N. Y. S. 719（1914）; Altman v. Cochrance, 131 App. Div. 233, 115 N. Y. S. 870（1909）.

〔29〕 参见 C. Clark, Code Pleading 92, at 591 – 92（2d ed. 1947）; 5 C. Wright & A. Miller, Civil 2d 1268.

〔30〕 一个"被告自愿地对某一事实提出主张，而该事实本来同样可以通过一个简单的否认来予以证明，他这样做大概是出于使其答辩看上去更为有力和更加强烈的这一想法，同时他诱使法院作出这样的指示，即他在该特定争点上已经持有肯定态度。"同时参见 Comment, Effect of Unnecessary Affirmative Pleading upon the Burden of Proof, 39 Yale L. J. 117（1929）; Recent Cases: Evidence – Burden of Proof on Sub – issue Raised by Improper Pleadings, 4 U. Chi. L. Rev. 498（1937）.

〔31〕 例如，Janeway & Carpender v. Long Beach Paper & Paint Co., 190 Cal. 150, 211 P. 6（1922）.

明是与实际所欠金额多计或少计 1 美元时，被告的否认是无意义的。于是，如果原告提出他借给被告 9 000 美元，而被告知道所借金额为 8 999 美元，那么一项针对"原告借出 9 000 美元"的否认，尽管在技术上是正确的，但的确相当容易令人产生误解。为了符合实际，被告应当否认原告没有向他借出任何超过 8 999 美元的款项。

当原告对一系列事件提出主张而被告对该系列所有事件予以否认时，就会产生联合否认。[32] 例如，原告可能主张被告"于今年 4 月 16 日从原告处定购了价值 50 000 美元的货物，原告将价值 50 000 美元的货物交付给被告，被告以零售方式将该货物转售，但被告从未向原告支付货物价款"。如果被告只是如同原告一样使用相同的措辞来否认存在所主张的行为，那么至少在理论上，可能除了一个所主张的行为以外，所有其他被主张的行为全都是真实的。这样的否认可能仅仅是基于这样的事实，即所诉称的具体日期不正确，或者没有进行转售。因为这些都是无关紧要的事实，此类否认将非常容易产生误导。被告应当明确说明——如果存在——那些个别事实是真实的以及那些个别事实是不真实的。

许多较早的案例认为蕴涵肯定之否定和联合否认是无效的，同时对这些否认所意图否定之主张的真实性予以承认。[33] 这易于使不谨慎的或者无知的诉辩人，以及少数故意含糊其辞的诉辩人处于不利地位。法典诉辩体系和告知诉辩体系均不认为对诉辩规则的这种技术性适用是正当的，[34] 并且大多数法院或者忽视这种缺陷，将否认认定为能够达到要求，或者准许作出修改来弥补缺陷。[35]

5. 20 积极抗辩

即使原告的所有主张都是真实的，被告也能够提出补充事实来确立一项答辩。在这种情况下，这种答辩被称为一项积极答辩，而被告必须在答辩书中对其予以主张以便使原告知道该主张并且有机会为应对该主张而进行准备。除非提出一项积极答辩，否则它不能在庭审时被证实，[1] 尽管法院可以依照其自由裁量权许可被告修改答辩书以便在任何时候添加答辩。[2]

因为不对一项积极答辩提出主张就可能导致放弃该积极答辩，所以最为重要的是准确判断什么构成一项积极答辩。特别是应当将积极答辩与否认、妨诉抗辩，以及与可能的反请求、交叉请求相区别。

298

---

[32] 例如，Janeway & Carpender v. Long Beach Paper & Paint Co. , 190 Cal. 150, 211 P. 6 (1922).

[33] 参见 C. Clark , Code Pleading 92 , at 588 – 91 (2d ed. 1947).

[34] C. Clark, Code Pleading 92 , at 590 (2d ed. 1947); 5 C. Wright & A. Miller, Civil 2d 1267.

[35] 例如，Frank v. Solomon, 94 Ariz. 55, 381 P. 2d 591 (1963).

〔1〕 参见 C. Clark, Code Pleading 96 , at 607 (2d ed. 1947).

〔2〕 Fed. Civ. Proc. Rule 15；Ariz Rules Civ. Proc. , Rule 15. 参见下文 5. 26.

为否认而提出事项与为作出一项积极答辩而提出事项之间区别的最佳理解途径莫过于仔细考虑所涉及争点的诉辩责任和证明责任问题。如前所述，在大多数案件中，诉辩责任是由就该争点负有证明责任的当事人来承担。[3] 如果一个事实对原告获得救济至关重要但却未构成原告主张的一部分，在通常过程中它将成为积极答辩的一部分，并且只有当被告对其予以主张时它才会成为争议问题。[4] 因此，从逻辑角度看，仅仅需要判断特定事实是否对原告的一项主张予以反对，或者判断该事实是否涉及全新的事项并且原告诉求是否真实与该事项毫无关系，人们就可以将必须通过积极答辩提出的事项与可通过否认提出的事项加以区分。

遗憾的是，因为不承认被告提出的新事实与否认原告主张之事实的直接证据这两者之间的区别，一些法院无谓地使得此情况更加复杂。[5] 后者与积极答辩无关，因为对原告的一项主张的否认手段与特定情况下谁应承担诉辩责任这一问题并不存在关联。例如，如果原告主张他是某一块土地的所有权人，被告在对原告的所有权提出否认后，在庭审时应当能凭借任何表明原告主张不真实的证据对原告主张提出质疑。因而，被告应当能够对原告所有权的存在进行驳斥，或者证明第三方当事人具有优先产权。即使后者的证据没有直接反驳原告提出的关于其购买土地的证据，但它仍然否认了原告关于所有权的主张。[6]

在被告的证据没有直接反驳原告所提出证据，但却能够推翻原告主张的直接证据的一些案件中，一些法院不正确地采取了这样的态度，即被告正在提出涉及一项积极答辩的证据，而该积极答辩，如果没有被提出，就不能被证实。譬如，此情况发生在某些案件中，在这类案件中原告对被告过失行为的主张遇到了一些证据，该证据表明被告的活动是"不可避免的"，或者是由"不可抗力"或"紧迫事件"所引起的。[7]

存在争议的是，即使该证据事宜是对被告已否认的起诉书中的基本主张予以驳斥，也会要求被告对任何可能对原告构成奇袭的证据事宜提出积极主张。有一个州，纽约州，[8] 已经采纳了具有此要求的一项规则。但是，这似乎弊大于利。

299

---

〔3〕 参见上文5.15。

〔4〕 C. Clark, Code Pleading 96 (2d ed. 1947); J. Pomeroy, Code Remedies 548, 567 (5th ed., Carrington, 1929).

〔5〕 例如，Young v. Marlas, 243 Iowa 367, 51 N. W. 2d 443 (1952). 同时参见 C. Clark, Code Pleading 96, at 606 - 10 (2d ed. 1947).

〔6〕 Denham v. Cuddeback, 210 Or. 485, 311 P. 2d 1014 (1957); Caldwell v. Bruggerman, 4 Minn. 270 (1860).

〔7〕 Young v. Marlas, 243 Iowa 367, 376, 51 N. W. 2d 443, 448 (1952)（不可抗力）; Fontana v. State Farm Mut. Auto. Ins. Co., 173 So. 2d 284 (La. App. 1965)（紧迫事件）; Ashworth v. Morrison, 93 Ohio L. Abs. 503, 196 N. E. 2d 465 (Ohio App. 1963)（不可避免的）.

〔8〕 N. Y. - McKinney's CPLR 3018 (b).

因为从未有人能够准确知晓法院会把什么认定为一项"奇袭",所以一位谨慎的诉辩人必定会阐明她可能想要证明的每一项可想到的事实。与鼓励详尽且无所不包的诉辩文书相比,依靠原告运用现代披露技术的这种能力似乎要明智的多。

当然,存在着许多属于新事项但却未对原告主张进行驳斥的明确的积极答辩。因而,关于免除或者一事不再理的事项,或者诉讼时效法规适用事项必须由希望依靠上述事项来避免承担责任的被告提出。[9] 重要的是,要注意到,作为一个实体法事项,一个司法管辖区中的积极答辩可能在另一个司法管辖区中却不属于积极答辩。举例而言,在某些州中,为了获得救济,原告可能被迫将没有混合过失作为其主张的一部分来加以提出和证明,[10] 而在其他司法管辖区中,混合过失可能是一种必须由被告提出的完整的答辩或者局部的答辩。[11]

一个被告经常会提出一项异议,该异议与诉求的实质依据无关,却惟独涉及法院的管辖权或管辖区域问题,或者涉及其他的一些程序事项。这样的一项异议被称作妨诉答辩。各司法管辖区通过特别规则对妨诉答辩的提出方式加以调整。在某些司法管辖区,妨诉答辩必须在案件起始时以申请的方式提出。[12]《联邦民事诉讼规则》以及各州的类似规定均授予被告选择权,即或通过申请的方式提出妨诉答辩,或者将该妨诉答辩作为积极答辩并入答辩书中。[13] 当后一方式被使用时,被告必须阐明作为该妨诉答辩之基础的事实,并且应当如同她基于实体根据提出积极答辩一样采用同样形式和态度来阐明该事实。

在大多数案件中,妨诉答辩应当先于诉讼的实质部分进行听审;只有在就实体争点所提出之证据与针对该妨诉答辩所提出之证据是同样的证据时,[14] 将程序问题推迟到实体审理时进行处理才是有意义的。不明智的是,为了以审判地不适当为由驳回起诉而对一个案件进行实体审判。正是基于以上原因,许多司法管

300

---

〔9〕 适用的规则或者制定法将这些事项作为积极答辩的示例予以规定。例如,Fed. Civ. Proc. Rule 8 (c); Colo. Rules Civ. Proc., Rule 8 (c).

〔10〕 Hardware State Bank v. Cotner, 55 Ill. 2d 240, 302 N. E. 2d 257 (1973). 参见上文 5. 15 中注释 7。

〔11〕 Martinelli v. Poley, 210 Cal. 450, 292 P. 451 (1930). 同时参见 Gyerman v. U. S. Lines Co., 7 Cal. 3d 488, 102 Cal. Rptr. 795, 498 P. 2d 1043 (1972).

〔12〕 West^th's Ann. Cal. Code Civ. Proc 396, 418. 10; Ill. – Smith – Hurd Ann. 735 ILCS 5/2 – 104, 5/2 – 301.

〔13〕 Fed. Civ. Proc. Rule 12; Del. Super. Ct. Civ. Rule 12 (b). 如果一个此类事项是通过申请提出,所有未通过该申请提出的这类事项,除规则特别保护者(即事物管辖权或者未能合并一个必不可少当事人)外,均被放弃;对这些事项而言,不得一项事项由申请提出而另一项事项通过答辩书提出,也不得在两份单独的申请中提出。Fed. Civ. Proc. Rule 12 (g). 参见下文 5. 24。

〔14〕 譬如,此情况可能出现在向所宣称的代理人送达时,代理是一项实体问题。参见 Fed. Civ. Proc. Rule 12 (d); West's Ann. Cal. Code Civ. Proc. 597.

辖区，包括联邦法院，明确准许在正式庭审之前对终止诉讼事项进行特别听审。[15]

一般而言，针对原告提出的反请求或者针对共同被告提出的交叉请求都随着答辩书一并提出。因为这些诉辩文书并非答辩书的一部分但却构成了一项状告其所针对之当事人的新的起诉书，对反请求和交叉请求的处理方式完全不同于对积极答辩的处理方式。例如，必须通过一份答复诉辩文书对反请求和交叉请求进行答辩，[16] 相反，在大多数司法管辖区中，一项积极答辩将视为已被否认而无需原告进行任何进一步诉辩。[17] 尽管在反请求、交叉请求和积极答辩之间进行区分是很重要的，但是，错误冠名却不是致命的。如果被告错误地将反请求或者交叉请求称为一项积极答辩，反之亦然，法院会将该主张按照其实际情况处理，并会忽略这种错误的标记。[18]

最后，应当注意的是，希望在答辩书中阐明积极答辩的被告应当在进行此类阐明时达到一定程度的具体性和详尽性，此程度应当等于原告在起诉书中被要求达到的程度。当然，这将取决于特定司法管辖区中现行的诉辩体系类别。[19]

在原告已经在起诉书中预先否认了积极答辩，并且寻求推翻该积极答辩的情况下，会出现一个潜在的问题。在没有将这类主张视为不相关的冗词赘句对待的大多数司法管辖区中，[20] 一项否认应当足以提出此争点。可是，如果预先否认的答辩书被视为是多余的并被忽视，这为被告设置了一个陷阱，被告本应已经对原告诉称的任何宣告无效进行否认。一些法院已经裁定，仅仅对多余主张进行否认并不足以提出该争点。[21] 在这类司法管辖区中，尽管原告已经预先否认了积极答辩并且试图证明其无效，被告仍不得不亲自提出积极答辩。从逻辑角度看，同时也是为了避免不必要的技术性问题，即便它本应已通过积极答辩提出，但被告对原告的任何主张的否认应当足以使该争点得以保存下来。[22]

D. 答复与随后的诉辩文书

5. 21 起诉书和答辩书以外的诉辩文书的适当性

从逻辑角度看，如果被告通过积极答辩、交叉请求或者反请求提出肯定性

---

[15] Fed. Civ. Proc. Rule 12 (d)；Wyo. Rules Civ. Proc.，Rule 12 (d).

[16] Fed. Civ. Proc. Rule 7 (a)；Fla. － West's F. S. A. Rules Civ. Proc.，Rule 1. 100 (a).

[17] Fed. Civ. Proc. Rule 8 (d)；Ariz. Rules Civ. Proc.，Rule 8 (e). 主要参见下文 5. 21.

[18] Fed. Civ. Proc. Rule 8 (c)；Ariz. Rules Civ. Proc.，Rule 8 (d).

[19] 总体而言，参见上文 5. 4 和 5. 7.

[20] 参见上文 5. 16.

[21] 参看 Ellis v. Black Diamond Coal Mining Co.，265 Ala. 264，90 So. 2d 770 (1956) (即使起诉书在其表面上说明诉因受到诉讼时效法规的阻止，不能通过作出全面否认答辩的方式来提出积极答辩).

[22] 参见 C. Clark, Code Pleading 40，at 250－52，98，at 621 (2d ed. 1947).

主张，原告以及该主张所针对的其他当事人应当作出应答，以便使被告可以知道那些内容被承认，那些内容被否认，以及庭审时会提出那些追加事项来推翻这些新主张。对肯定性主张的应答程序会持续到最后的诉辩文书时为止，而最后的诉辩文书只提出否认。这曾是普通法上的程序。[1] 但是，从实践的角度讲，这样一种时间过长的诉辩体系收效甚微，[2] 它为基于技术性问题作出裁决提供了机会，但却在弄清庭审争点方面难以有所帮助。因而，当今在几乎所有的司法管辖区中，诉辩文书的数量已经被严格限制。[3] 在原告被准许或者被要求对被告在答辩书中的主张进行应答的这一范围内，原告的新诉辩文书被称为一项答复。[4]

依照《联邦民事诉讼规则》和大多数司法管辖区中的相似规定，通常不允许原告对被告答辩书中所阐明的一项积极答辩进行应答。[5] 答辩书中的主张分别被予以否认和认定无效。[6] 在庭审时，原告不仅可以提出证据以否认被告主张的真实性，而且即使这些主张是真实的，也可以提出关于新事项的证据以压倒这些主张。[7] 在一些司法管辖区，禁止针对一项积极答辩作出答复。[8] 然而，依照大多数的程序规则，或根据法庭的命令，可以准许提出一项答复或者要求提出一份答复，[9] 由此给予了主持庭审的法官一定的灵活性，使他在答复被证明有利于确定争点时可运用答复。实际上，法院很少会发出命令要求提交一份答复。[10]

在一些州，存在着一个相反的规则。原告被要求对积极答辩中的肯定性主张进行应答。[11] 如果没有依此照办，将会导致承认被告主张的真实性。[12] 然而，即使在这些州中，也存在着对诉辩文书数量的限制；如果原告在一份答复中提出了肯定性主张，被告不会被准许对其进行应答，至少在没有特定的法庭命令时情况是这样。[13] 这些肯定性主张会被予以否认和认定无效。

302

---

〔1〕 参见上文 5. 3 中的讨论。

〔2〕 参见上文 5. 3 中的讨论。

〔3〕 参见上文 5. 3 中的讨论。参见 Fed. Civ. Proc. Rule 7 (a); West's Ann. Cal. Code Civ. Proc. 422. 10.

〔4〕 Fed. Civ. Proc. Rule 7 (a); Ariz. Rules Civ. Proc. , Rule 7 (a).

〔5〕 Fed. Civ. Proc. Rule 7 (a); Me. Rules Civ. Proc. , Rule 7 (a).

〔6〕 Fed. Civ. Proc. Rule 8 (d); Me. Rules Civ. Proc. , Rule 8 (d).

〔7〕 Vaughn v. Jonas, 31 Cal. 2d 586, 191 P. 2d 432 (1948); Walter v. Libby, 72 Cal. App. 2d 138, 164 P. 2d 21 (1945); Kenfield v. Weir, 16 Cal. App. 2d 501, 60 P, 2d 885 (1936).

〔8〕 General Credit Corp. v. Pichel, 44 Cal. App. 3d 844, 118 Cal Rptr. 913 (1975); West's Ann. Cal. Code Civ. Proc. 422. 10, 431. 30.

〔9〕 Fed. Civ. Proc. Rule 7 (a); Wis. Stat. Ann. 802. 01 (1).

〔10〕 参见上文 5. 3.

〔11〕 Ill. – Smith – Hurd Ann. 735 ILCS 5/2 – 602.

〔12〕 参见 Hudson v. Mandabach. 22 Ill. App. 2d 296, 160 N. Y. 2d 715 (1959).

〔13〕 Ill. – Smith – Hurd Ann. 735 ILCS 5/2 – 602; Neb.

　　各诉讼当事人并没有因为这样的规则而遭遇多大的难题。对积极答辩的回复数量进行限制是实体法的问题。一个当事人可能不知道对方当事人在庭审时会针对最后诉辩文书提出什么主张，该当事人可以利用现代披露方法来确定对方当事人会提出什么主张。

　　但是，当被告的答辩书中含有一项反请求或者交叉请求时，随后的诉辩文书是必需的。依照现代规则，一项反请求或者交叉请求会被视如同最初起诉书一般来加以考虑。[14] 因而，它所指向的当事人必须进行应答，否则该主张会被认为是真实的。[15] 如果这样的一项权利主张是针对原告提出的，那么原告的应答通常被称为是一份答复；如果该权利主张是针对一位共同被告或者一个新当事人提出的，该应答通常被认为是称作一份答辩书。[16]

　　一个当事人就针对他而提出的一项反请求或者交叉请求进行应答的这一要求是符合逻辑的。对处于被告地位的一个当事人而言，有各种各样的答辩可供其选择，因而重要的是，后者应向申诉方告知什么将会被否认，什么将得到承认，以及会依赖那些积极答辩。应答当事人应承担同样的责任，如同反请求或者交叉请求已作为一项独立之诉提出的一样。

E. 针对诉辩文书的异议

5.22 对诉辩文书实体充足性提出异议的方式

　　在普通法下和依照法典规定，把对一项起诉书或者答辩书的实体充足性提出的异议称为"一般法律抗辩"。[1] 依照《联邦民事诉讼规则》和追随其的各州之规定，法律抗辩已经被废除。[2] 取而代之的是法院采纳以未能陈述诉求为由而要求驳回的申请，[3] 以及删除一份不充分答辩书的申请。[4] 从功能的角度看，后面提到的这些申请与针对起诉书或者答辩书而提出的一般法律抗辩在运行方面是完全一样的。它们均在考察，如果所有的主张都是真实的话，诉辩人是否

303

---

〔14〕 参见上文 5.3.

〔15〕 Fed. Civ. Proc. Rule 8 (d); West's Ann. Cal. Code Civ. Proc. 431. 20; Me. Rules Civ. Proc., Rule 8 (d).

〔16〕 Fed. Civ. Proc. Rule 7 (a); N. J. Civ. Prac. Rule 4; 5-1.

〔1〕 J. Koffler & A. Reppy, Common Law Pleading 198 (1969); B. Shipman, Common Law Pleading 279 (3d ed. Ballantine, 1923).

〔2〕 Fed. Civ. Proc. Rule 7 (c); Vt. Rules Civ. Proc., Rule 12.

〔3〕 Fed. Civ. Proc. Rule 12 (b) (6).

〔4〕 N. C. Gen. Stat. 1A-1, Rules Civ. Proc., Rule 12.

依法对一项有效的诉求或者答辩进行了陈述。[5]

在许多司法管辖区中,依照规则或者按照实践做法,就对方当事人诉辩文书的充足性提出质疑的另一种选择性方式是"根据诉辩文书作出判决的申请"。[6]不同于一般法律抗辩或者以未能陈述诉求或未能提出答辩为由而要求驳回的申请,根据诉辩文书作出判决的申请可以保留至全部诉辩文书均已完成时为止。[7]然而,在其他方面,它提出的争点和其他类型异议所提出的争点完全相同,并且法院会以同样的方式来处理。[8]

重要的是,应当注意到,若一方当事人未能充分地对一项诉求或者答辩进行陈述,这并不必然是致命的。现在,所有的司法管辖区都采取了极其宽松的规则,只要诉辩人能善意地对诉辩文书进行调整以便弥补缺陷,则一个当事人会被准许对被认为有缺陷的诉辩文书进行修改。[9]

同时,也可以对一份诉辩文书的一部分提出一项异议,例如针对一项权利主张或者一项答辩提出异议。[10]在大多数司法管辖区中,对诉辩文书充足性的一般异议足以将任何有缺陷的部分予以驳回。[11]但是,在一些司法管辖区中,法院只有在整个诉辩文书都有缺陷时,才会对一般异议予以支持。[12]在这些司法管辖区中,一位诉讼当事人只有通过明确指出被质疑的诉辩文书的特定部分,才能对一份起诉书或者答辩书的有缺陷的部分予以驳回。[13]例如,若原告向两位被告提出诉讼,向每位被告主张多项诉讼理由,如果这些诉讼理由中的任何一项陈述了针对任何一位被告的一项有效权利主张,那么由一位被告所提出的一项一般法律抗辩将会被驳回。[14]

304

---

〔5〕"法律抗辩"这一术语被删除以利于确保普通法和法典诉辩中的技术性问题不再存在。鉴于法律抗辩与因未能对作为寻求救济基础的诉求进行陈述而要求驳回的申请在功能上具有相似性,所作出的这种术语变化看上去主要是出于心理上的原因。参见5A C. Wright & A. Miller, Civil 2d 1355.

〔6〕 Fed. Civ. Proc. Rule 12 (c); Official Code Ga. Ann. 9 – 11 – 12 (c).

〔7〕 Fed. Civ. Proc. Rule 12 (c); Ind. Trial Proc. Rule 12 (c).

〔8〕 参见 C. Clark, Code Pleading 87 at 554 – 56 (2d ed. 1947); 5A C. Wright & A. Miller, Civil 2d 1367.

〔9〕 参见下文5. 26.

〔10〕 C. Clark, Code Pleading 79, at 509 (2d ed. 1947).

〔11〕 或者,一项删除申请可被用于对这样的一份诉辩文书的一部分提出异议,这种部分包括一项诉求的数种变体中的一种变体等。例如, Garcia v. Hilton Hotels Int'l, Inc. , 97 F. Supp. 5 (D. Puerto Rico 1951).

〔12〕 参见 C. Clark, Code Pleading 79, at 509, 511 – 12 (2d ed. 1947)。同时参见, John Day Co. v. Alvine & Assocs. , 1 Neb. App. 954, 510 N. W. 2d 462 (1993); Cooper v. National R. R. Passenger Corp. , 45 Cal. App. 3d 389, 119 Cal. Rptr. 541 (1975); Brunson v. Babb, 145 Cal. App. 2d 214, 302 P. 2d 647 (1956).

〔13〕 Lord v. Garland, 27 Cal. 2d 840, 168 P. 2d 5 (1946); Donahue v. Stockton Gas & Elec. Co. , 6 Cal. App. 276, 92 P. 196 (1907).

〔14〕 C. Clark, Code Pleading 79, at 511 (2d ed. 1947).

当一个当事人希望就对方当事人诉辩文书的实体充足性提出异议时，传统的规则准许该异议仅仅是基于该诉辩文书的字面而提出。不允许提出外在事项来证实数项权利主张或者答辩虽然从其表面看来是有效的，但它们实际上并未得到证据的支持。[15] 从技术上看，甚至在现代大多数司法管辖区中，这依然作为规则存在。[16] 然而，在当今大多数法院中，存在着一种不同的程序，该程序被称为要求作出简易判决的申请，[17] 可以运用该程序对一份表面上足以陈述一项诉求或答辩的诉辩文书的事实基础提出异议。按照《联邦民事诉讼规则》和相似的各州规则，在一项针对诉辩文书提出的异议和一项要求作出简易判决的申请之间的区别是模糊的，因为如果提出外部事项的话，一项针对诉辩文书提出的异议完全被当作一项要求作出简易判决的申请来对待。[18]

限制对诉辩文书表面提出异议的规则有一种例外情况，这存在于法院可能会予以司法认知的事项中。传统上，法院已经接受了特定无可争辩的事实的存在，即使各方当事人没有提出关于该事实的证据，仍将该事实视为已得到证据证实。[19] 其目的在于避免就该事项提交证据所带来耗时耗力的问题，而无人可依照法律对该事项的真实性提出异议。这些事项可能包括众所周知事件的日期、公共建筑的所在地、法庭案卷中文件的存在，以及一系列类似事项。[20] 在何种事项不能予以司法认知问题上，各司法管辖区之间存在分歧。[21] 就诉辩文书而言，重要的是，应当注意到，在考察一项针对一个主张的充足性提出的异议时，法院不仅应考虑诉辩文书表面的内容，而且应当考虑它予以司法认知的事实。[22] 譬如，如果原告的起诉书在表面上陈述了一项有效的诉求，但是法院知道原告此前

---

〔15〕 参见 C. Clark, Code Pleading 80, at 514 (2d ed. 1947); J. Koffler & A. Reppy, Common Law Pleading 195 (1969).

〔16〕 参见 Niece v. Sears, Roebuck & Co., 293 F. Supp. 792 (N. D. Okl. 1968). 同时参见, 5A C. Wright & A. Miller, Civil 2d 1357.

〔17〕 Fed. Civ. Proc. Rule 56; N. Y. - McKinney's CPLR 3212; Utah Rules Civ. Proc., Rule 56. 关于对简易判决的详细讨论, 参见下文 9. 1 - 9. 3.

〔18〕 Fed. Civ. Proc. Rules 12 (b), 12 (c); R. I. Rules Civ. Proc., Rules 12 (b), 12 (c).

〔19〕 参见 C. Clark, Code Pleading 80, at 513 (2d ed. 1947); J. Koffler & A. Reppy, Common Law Pleading 195, 199 (1969). 参见, 例如, Lousisville & N. R. Co. v. Palmes, 109 U. S. 244, 3 S. Ct. 193, 27 L. Ed. 922 (1883); Masline v. New York, N. H. & H. R. Co., 95 Conn. 702, 112A, 639 (1921).

〔20〕 例如, West's Ann. Cal. Evid. Code 451 - 53; Kan. Stat. Ann. 60 - 409; N. Y. - McKinney's CPLR 4511.

〔21〕 比较 Suren v. Oceanic S. S. Co., 85 F. 2d 324, 325 (9ᵗʰ Cir. 1936), 要求调阅案卷的上诉申请被驳回 300 U. S. 653 (法院会对基于同样事实在先之诉中自己的诉讼记录予以司法认知) 与 James v. Unknown Trustees, 203 Okl. 312, 314, 220 P. 2d 831, 833 - 34 (1950) (拒绝对同一当事人先前在同一法院提起的另一个诉讼予以司法认知).

〔22〕 Colvig v. RKO General, Inc., 232 Cal. App. 2d 56, 63 - 64, 42 Cal. Rptr. 473, 478 (1965).

已经就同样的诉求提起了诉讼且该诉讼已经作出结论，法院可以考虑到先前进行 305 的诉讼而裁定依照一事不再理原则不允许进行当前的诉讼。[23] 即使该诉辩文书在表面上没有缺陷，该诉讼仍然可能被驳回。

依照相同的脉络，当一个当事人就对方当事人的诉辩文书提出异议时，法院将会在被质疑的诉辩文书之外考虑案件中其他诉辩文书已经表明的任何事实，包括提出该异议的当事人的主张。[24] 具体而言，如果其他诉辩文书提出之事实弥补了作为异议基础的缺陷，法院将考虑被质疑的诉辩文书必然包括这些事实，并且将驳回该异议。

最后，针对一份诉辩文书的实体充足性所提出的异议绝不会被放弃。在庭审前的任何时间甚至在庭审期间，可准许一个当事人以诉辩文书未能依法陈述一项权利主张或者以答辩为由而就对方当事人的诉辩文书提出异议。没有意义的是允许就某些权利主张或者答辩引入证据，这些权利主张或者答辩即使被证实也不会对案件产生实质影响。此外，不适当的是，由于没有指出一项缺陷而认为该缺陷已经被放弃，这是因为最终结果会是基于不存在的诉因而获得救济，或者是基于不存在的答辩而拒绝给予救济。因此，在几乎所有的司法管辖区中，都存在着明确规定来反对放弃各项基于一份诉辩文书实体充足性的异议。[25] 如果一个案件实际上进入争点的庭审时，该事项可以通过驳回诉讼申请[26]或者指示裁断的申请[27]而提出。甚至可以在上诉时才第一次提出该事项。[28]

另一方面，如果案件进入正式庭审，而且尽管未提出主张，但所提交的证据在事实上证实了一项诉因或者一项答辩的存在，诉辩文书的缺陷将被视为已经得到弥补。[29] 事实上如果证据证实有效的权利主张存在，以权利主张在法律上不充分为根据而对该权利主张予以否决是不合理的。通过提交证据的方式对有缺陷

---

〔23〕 参见 Iacaponi v. New Amsterdam 要求调阅案卷的上诉申请被驳回 389 U. S. 1054.

〔24〕 C. Clark, Code Pleading 119, at 735 – 36 (2d ed. 1947); J. Koffler & A. Reppy, Common Law Pleading 200 (1969); H. Stephen, Principles of Pleading in Civil Actions 160 (Tyler ed. 1882). 参见 Roberts v. Fuquay – Varina, Tobacco Bd. of Trade, Inc., 223 F. Supp. 212 (E. D. N. C. 1963), 被修正 332 F. 2d 521 (4th Cir. 1964) (作出了不利于提出申请的当事人的简易判决)。

〔25〕 NLRB v. Weathercraft Co. of Topeka, Inc., 832 F. 2d 1229 (10th Cir. 1987); Gaynor v. Metals Reserve Co., 166 F. 2d 1011 (8th Cir. 1948), 要求调阅案卷的上诉申请被驳回 338 U. S. 909; Van Voorhis v. District of Columbia, 240 F. Supp. 822 (D. D. C. 1965); Fed. Civ. Proc. Rule 12 (h) (2); West's Ann. Cal. Code Civ. Proc. 430. 80; Mass. Rules Civ. Proc., Rule 12 (h); N. Y. – McKinney's CPLR 3211 (e).

〔26〕 West's Ann. Cal. Code Civ. Proc. 581c; Conn. Gen. Stat. Ann. 52 – 210. 参见下文 9. 5.

〔27〕 Fed. Civ. Proc. Rule 50 (a); Colo. Rules Civ. Proc., Rule 50. 参见下文 12. 3.

〔28〕 Southard v. Southard, 305 F. 2d 730 (2d Cir. 1962).

〔29〕 参见 Fed. Civ. Proc. Rule 15 (b); West's Ann. Cal. Code Civ. Proc. 473; C. Clark, Code Pleading 119, at 736 – 37 (2d ed. 1947)。参见下文 5. 26.

诉辩文书进行的矫正通常被称为"通过裁断的帮助"。[30]

5. 23 对不确定性或者意思含糊提出异议的方式

在某些情况下，一份诉辩文书足以陈述一项权利主张或者一项答辩，但是却在一些详情方面是如此的不确定或者含糊不清以至于对方当事人不能准确地确定其所主张的内容。尽管此情况可能出现在所有的法院中，但是它更可能在采纳告知诉辩体系的司法管辖区中出现，在这类司法管辖区中所有诉辩人均必须做的是，就她在庭审时所意图依赖之权利主张或者答辩的基本性质给出一个一般概念。

对不确定的或者意思含糊的诉辩文书提出异议的传统方式是使用一项"特别法律抗辩"，[1] 这与一般法律抗辩不同，后者是对实体问题提出异议。[2] 现代法院，包括采用《联邦民事诉讼规则》的法院，已经对法律抗辩的运用予以废除，[3] 它们取而代之以要求更为明确和确定的申请。[4] 在一些采用法典诉辩体系的州中，一份起诉书可能因为不确定或者意思含糊而被提出异议。[5] 依照《联邦民事诉讼规则》以及在许多州中的相似规定，这样的一项异议只能基于该诉辩文书是如此模糊或者意思含糊以致提出异议的当事人不能合理制作一份应答的诉辩文书作为根据而提出。[6] 因而，在不要求作出应答时就不能运用该申请来对一份诉辩文书提出异议；大多数情况下，这意味着只有被告才能利用该申请，因为如前所述，[7] 大多数司法管辖区并不要求原告对一份答辩文书作出应答。

就意思含糊或者不确定性提出的异议的范围，在各司法管辖区之间存在着不同，部分原因在于其所涉及的目的有所不同。在准许对任何诉辩文书提出异议的司法管辖区中，其宗旨是确保各个当事人均能得到关于对方当事人权利主张的告知，这不仅是旨在确保可以提交一份应答的诉辩文书，而且也是为了帮助当事人

---

〔30〕 C. Clark, Code Pleading 119, at 736－37（2ded. 1947）; J. Koffler & A. Reppy. Common Low Pleading 299（1969）.

〔1〕 Cameron v. Evans Securities Corp. , 119 Cal. App. 164, 6 P. 2d 272（1931）. 参见 West'sAnn. Cal. Code Civ. Proc 430. 10 (f), 430. 60; C. Clark, Code Pleading 79, at 507－09（2d ed. 1947）; J. Koffler & A. Reppy, Common Low Pleading 198（1969）.

〔2〕 参见上文5. 22.

〔3〕 Fed. Civ. Proc. Rule 7 (c); Idaho Rules Civ. Proc. , Rule 7 (c).

〔4〕 Fed. Civ. Proc. Rule 12 (e); Ala. Rules Civ. Proc. , Rule 12 (e).

〔5〕 例如，West's Ann Cal. Code Civ. Proc. 430. 10.

〔6〕 Fed. Civ. Proc. Rule12 (e); N. J. Civ. Proc. , Rule4：6－4. 同时参见 Elliott v. Perez, 751 F. 2d 1472（5th Cir. 1985）.

〔7〕 参见上文5. 21.

进行案件调查与准备。[8] 具有更强限制性规定的司法管辖区采纳了这样的立场，即诉讼当事人应当弄清庭审所必需的事实，但这不是通过对诉辩文书提出异议的方式实现，而应当通过运用各种可利用的调查取证方法来实现。[9] 实际上，有一个州在采纳联邦类型的诉辩规则时，有意删除了要求作出一份更为明确陈述的申请，该州认为此申请是不经济的和不必要的。[10]

与一项实体性异议不同，一项基于不确定性或者意思含糊的法律抗辩或者申请必须在最早机会时提出———一般在提交一份应答的诉辩文书之前提出，[11] 或者，如果不要求进行应答，则在一段特定的日期内提出。[12] 否则，这样一个缺陷会被视为已被放弃。[13] 法院不应当在案件已被讨论后很久才为提出技术性异议而费心。

如果一项异议是及时的并且符合要求，那么应当给予诉辩人一个合理的机会来对诉辩文书进行修改以便弥补缺陷。[14] 未能照此行事将会最终导致作出有利于对方当事人的判决。

5. 24 就形式和其他违反程序规则行为提出异议的方式

除可针对对方当事人的权利主张或者答辩提出异议外，也可以对诉辩文书中所出现的其他程序性问题提出各种各样的异议。在每个司法管辖区中，都存在着一些适用于诉辩文书提起的技术性细节。例如，存在着一些时间限制，答辩书和其他应答的诉辩文书必须在这些时间期限内提交。[1] 特定类型的已修改的诉辩文书或者答复常常只有经法庭许可后才能提交。[2] 如果一份诉辩文书的提交违

---

〔8〕 主要参见 Landau v. Salam, 4 Cal. 3d 901, 95 Cal. Rptr. 46, 484 P. 2d 1390（1971）；Fanning v. Lemay, 78 Ill. App. 2d 166, 222 N. E. 2d 815（1966），基于其他依据被撤消 38 Ill. 2d 209, 230 N. E. 2d 182（1967）.

〔9〕 参见 Advisory Committee on the Rules for Civil Procedure, Report of Proposed Amendments to Rules of Civil Procedure, 15 - 17（June 1946）。在其最初的 制度中，《联邦民事诉讼规则》第 12 条（e）规定了详情诉状以使被告能够为庭审做准备。U. S. Sup. Ct. Rule 12（e）, 308 U. S. 678（1939）. 结果，该规定被用于迫使原告依赖一套特定事实，由此将告知诉辩体系转换成为了一个事实诉辩程序。因而，该规定于 1946 年被修改，修改后的规定明确要求，要求作出一份更为明确陈述的申请只能在准许对方当事人制定一份应答的诉辩文书为必需时才能够运用。同时参见 Scarbrough v. R - way Furniture Co. , 105 F. R. D. 90（E. D. Wis. 1985）.

〔10〕 参见 Committee comment following 12 Okla. Stat. Ann2012.

〔11〕 Fed Civ. Proc. Rule 12；N. Y - McKinney's CPLR 3024（a）.

〔12〕 West's Ann Cal. Code Civ. Proc. 430. 20（b）；40. 40.

〔13〕 例如，West's Ann. Cal. Code Civ. Proc. 430. 10, 430. 80.

〔14〕 参见 Lodge 743, Int'lAss'n of Machinist v. United Aircraft Corp. , 30 F. R. D.

〔1〕 Fed. Civ. Proc. Rule 12；Colo. Rules Civ. Proc. , Rule12（a）；Idaho Rules Civ. Proc. , Rule 12；N. Y. - McKinney's CPLR 3024（c）, 3025（a）.

〔2〕 Fed. Civ. Proc. Rule 7（c）；15（a）, 15（b）, 15（d）；N. Y. - McKinney's CPLR 3025（b）；Tenn. Rules Civ. Proc. Rules 7. 01, 15. 01, 15. 02, 15. 04.

反了一项规则或者条例，通常的异议方式是提出一项要求删除诉辩文书的申请。[3] 在对这样的一份申请作出裁决时，法院必须确定该缺陷是否可以被弥补，如果可以弥补的话，法院是否应从公正考虑而行使自由裁量权来准许诉辩人弥补缺陷。[4]

要求删除的申请也可在许多司法管辖区中被用于驳回"虚假的"、"无意义的"、"不相关的"、"多余的"、"不必要的"、"不恰当的"或者"诽谤性的"主张。[5] 这样一项申请的基本目的在于从官方记录中排除不公正的异议或者请求，而这些异议或者请求的意图仅仅是使诉辩文书所针对的当事人处于不利地位。但是，正如预计的一样，律师们时常试图利用要求删除申请来获得一种实体上的优势。因而，他们设法驳回对诉辩人的诉因或者答辩，并认为此主张是必需的。[6] 法院已经裁定，可被删除的主张只是那些对所陈述的实体请求而言不是必需的主张，以及在诉辩文书中没有有效用途的主张。[7]

各诉辩文书也可能基于其显示出一些程序性缺陷而被提出异议，这些程序性缺陷包括不适当的管辖权或者管辖地、未能合并一个必要当事人，或者诉讼请求的不适当合并，以及其他事项。[8] 除对法院的事物管辖权提出的异议，或者对缺少一个必不可少的当事人而提出的异议这两种通常可在任何时间，甚至在上诉时[9]提出外，如果没有依照司法管辖区的规则提出妨诉事项，那么该妨诉事项就会被放弃。[10] 如前所述，[11] 这些异议可能经常被作为答辩书中的积极答辩提

---

〔3〕 Fed. Civ. Proc. Rule 12 (f); N. Y. – McKinney's CPLR 3024 (b). 参见 Beverly Milk Yonkers Co. v. Conrad, 5 A. D. 2d 682, 168 N. Y. S. 2d 698 (1957); Buck v. Morrossis, 114 Cal. App. 2d 461, 250 P. 2d 270 (1952). 比较 Georgia Power Project v. Georgia Power Co., 409 F. Supp. 332 (N. D. Ga. 1975) (当驳回原告起诉的申请是适当地同时对最初起诉书和经修改的起诉书进行回应时，未获得法庭许可而提出的要求删除补充诉辩文书的申请即被拒绝). 主要参见 C. Clark, Code Pleading 81 (2d ed. 1947).

〔4〕 Fed. Civ. Proc. Rule 15 (a); N. Y. – McKinney's CPLR 3025 (b). Wyo. Rules Civ. Proc., Rule 15 (a).

〔5〕 Fed. Civ. Proc. Rule 12 (f); N. Y. – McKinney's CPLR 3024 (b). Utah Rules Civ. Proc., Rule 12 (f).

〔6〕 Gateway Bottling, Inc. v. Dad's Rootbeer Co., 53 F. R. D 585 (W. D. Pa. 1971).

〔7〕 参见 Atlantic City Elec. Co. v. Dad's Rootbeer Co., 207 F. Supp. 620 (S. D. N. Y1962); Mc-Whirter, Reeves, McGothlin, Davidson, Rief & Bakes v. Weiss, 704 So. 2d 214 (Fla. App. 1998). 试比较 3J. Weinstein, H. Korn & A. Miller, New York Civil Practice ¶ 3024. 01 (1977).

〔8〕 Fed. Civ. Proc. Rule 12 (b) (1) – (5), 12 (b) (7); ILL. – Smith – Hurd Ann. 735 ILCS 5/2 – 104, 2 –301; Kan. Stat. Ann. 60 –212 (b) (1) – (5), (7).

〔9〕 Fed. Civ. Proc. Rule 12 (h) (2), (3); Fla. – West's F. S. A. Rules Civ. Proc., Rule 1. 140 (h) (2).

〔10〕 Fed. Civ. Proc. Rule 12 (h) (1); Colo. Rules Civ. Proc., Rule 12 (h) (1).

〔11〕 参见上文5. 20.

出。然而，每个司法管辖区会明确规定如何提出这些主张。[12] 在某些情况下，无论缺陷是否在起诉书表面显现，抗辩均必须在案件起始时通过一项特别申请提出。[13] 如果一个当事人在诉辩文书或者对答辩书的异议中主张该抗辩时，它将会被放弃。[14] 另一方面，在一些司法管辖区中，如果这样的一项缺陷确实在起诉书的表面显现，那么被告可以通过一项申请或者一项对所争议的缺陷提出异议的特别法律抗辩来提出此事项。[15] 在联邦法院中，这些争点或者通过申请提出，或者在答辩书中提出。[16] 但是，确实基于此类事项而提出一项申请的当事人必须以同一申请提出所有此类抗辩；她不会被准许通过申请方式提出一些此类答辩，而此后又通过另一份申请提出或者在答辩书中提出其他此类抗辩。[17]

5.25 对诉辩文书的异议所作裁决的结果

无论法院何时就一项针对诉辩文书提出的异议作出裁决，败诉当事人面临把案件进行下去或者上诉。在少数司法管辖区中，败诉当事人可就该裁决上诉，而案件同时继续进行，这并不存在问题。[1] 但是，在绝大多数司法管辖区中，上诉只能针对终局判决提出。[2] 决定放弃所有其他形式的抗辩而让案件作出终局判决是一项相当重要的抉择，而且可使已经在前期申请中败诉当事人进退维谷。

如果一个当事人对一份诉辩文书提出的异议被驳回，该当事人可以继续进行该案件，或者准许作出一项不利于她的终局判决并提出上诉。如果该当事人决定将案件进行下去，她可能仅仅因为此行为而放弃在此后日期上诉时提出异议的权利。[3] 譬如，如果已就诉辩文书形式、管辖地、对人管辖权等提出异议但被驳回的当事人决定继续进行该案件，那么这些异议经常会被视为放弃。[4] 另一方面，如果在异议方面败诉的当事人允许作出一项对她不利的判决，那么这确实是一个需要慎重考虑的步骤。举例而言，如果被告提出了一项以未能陈述诉求为由要求驳回起诉的申请但该申请并未获得成功，而被告决定准许作出一项不利于她的不应诉判决，她将放弃在初审法院对申请的裁决于上诉时被维持的这一情况下

---

〔12〕 参见 West's Ann. Cal. Code Civ. Proc. 430. 10, 430. 30 (b); ILL. -Smith-Hurd Ann. 735 ILCS 5/2 – 104, 5/2 – 301.

〔13〕 例如, Ostrowski v. Miller, 226 Cal. App. 2d 79. 37 Cal. Rptr. 790 (1964); Texas Secs. Corp. v. Peters, 463 S. W. 2d 263 (Tex. Civ. App. 1971).

〔14〕 West's Ann. Cal. Code Civ. Proc. 430. 80.

〔15〕 West's Ann. Cal. Code Civ. Proc. 430. 10, 430. 30 (a).

〔16〕 Fed. Civ. Proc. Rule 12 (b).

〔17〕 Fed. Civ. Proc. Rule 12 (g); Offcial Code Ga. Ann. 9 – 11 – 12 (g).

〔1〕 例如, N. Y. -McKinney's CPLR 5701 (a).

〔2〕 主要参见下文 13. 1.

〔3〕 参见 Blazer v. Black, 196 F. 2d 436, 438 (10th Cir. 1949).

〔4〕 Ill. -Smith-Hurd Ann. 735 ILCS 5/2 – 301.

310 对是非曲直进行争辩的权利。[5] 除非一个当事人觉得胜诉的最佳和惟一机会是对诉辩文书提出异议，否则她几乎不可能会允许作出一项有利于对方当事人的判决。

当一项针对诉辩文书的异议得到维持后，败诉当事人通常要作出以下选择，即进行修改，或者允许作出一项判决并提出上诉。[6] 在大多数案件中，如果修改是可能的，一个当事人会进行修改，并且将在经修改的诉辩文书基础上把案件继续下去。[7] 但是，通过这一行为，该当事人可能被认定为已放弃了任何关于最初诉辩文书的裁决中的错误。[8] 然而，如果该当事人没有进行修改，而是允许作出一项不利于她的判决，那么她可能就诉辩文书的裁决提出上诉，但是，如果她上诉失败，她将不能回头对是非曲直进行争辩。考虑到这些风险，后者是一项极端做法，该做法只有在以下情况下才会被采用，即是被质疑的诉辩文书不能被修改，或者，惟一满足条件的修改会要求插入一些诉辩人不大可能在庭审时证实的新问题。

F. 诉辩文书的修改与补充

5. 26 修改：概述

诉辩规则时常显得具有高度的技术性，在采用法典诉辩体系的司法管辖区中尤其如此，这就为不谨慎的以及不够老练的诉辩人设置了一个陷阱。但是，当今几乎所有的司法管辖区中，均通过采纳宽松的修改规定来减缓不适当诉辩文书所带来的影响，这些规定准许诉辩人纠正那些可以善意弥补的缺陷，因而为每项权利主张提供最大限度机会以确保基于其实质依据，而非基于程序技术性问题来作出裁决。

---

〔5〕 参见 Fish v. McGann, 205 Ill 179, 68 N. E. 761（1903）；Cutler v. Wright, 22 N. Y472（1860）；C. Clark, Code Pleading84（2d ed. 1974）；J. Koffler & A. Reppy, Common Law Pleading201, at 406（1969）. Cf. Elfman v. Glaser, 313 Mass. 370, 47 N. E. 2d 925（1943）（判决被告胜诉，在支持异议并且许可进行修改后，原告未进行修改，这对于一个由同样的当事人基于同样诉因提起的后继诉讼而言属于一事不再理问题）。

应当注意的是，此情况很少发生，这是因为一个当事人拥有对被否决的法律抗辩中所提出的异议予以保留的选择权，在这种保留中，当事人会小心谨慎地在庭审时保存证据以便不丧失那些作为被质疑的诉辩文书所采纳的证据。然后，在庭审结尾时，当事人会基于与前述法律抗辩之根据相同的原因来正式要求作出一项指示裁断。要么原告在庭审时承认其错误并进行修改以改正该错误，他会被准许在就法律抗辩的裁决提出上诉遭遇败诉后进行这种修改；要么被告可根据就其指示裁断申请的裁决提出上诉。被告因后一种情形而遭受的惟一损失是庭审费用；因而，这是最常见的选择。

〔6〕 例如，Bertucelli v. Carreras, 467 F. 2d 214（9th Cir. 1972）；Breier v. Northern California Bowling Proprietors' Ass'n, 316 F. 2d 787（9th Cir. 1963）。

〔7〕 参见 Blazer v. Black, 196 F. 2d 139, 143–44（10th Cir. 1952）。

〔8〕 参见 State ex rel. Randolph v. Hancock Circuit Court. 243 Ind. 156, 182 N. E. 2d 248（1962）。

《联邦民事诉讼规则》和大多数司法管辖区的规则均视为当然权利而准许诉辩人对诉辩文书作一次修改，其条件是没有提交应答的诉辩文书，或者，如果最初诉辩文书并未要求应答，则要求在作出应答诉辩文书的正常时间内未提交应答诉辩文书。[1] 因而，如果一个人意识到他的诉辩文书不充分，他可立即提交一份经修改的诉辩文书，而案件将继续进行。许多司法管辖区中，对方当事人对诉辩文书提出异议并不会剥夺此项权利。[2] 诉辩人可通过提交一份已修正的诉辩文书以避免进行一个明显有效异议的不必要听审。

一位诉辩人也可通过获得法庭许可的方式来对一份诉辩文书进行修订。[3] 尽管法庭拥有拒绝授予许可的自由裁量权，但是这样的裁决比较罕见，至少当是在诉讼程序中合理的较早阶段提出许可申请，且此时对方当事人较容易地针对新主张进行调整时情况如此。[4] 的确，除非许可明显会给对方当事人带来损害的情况，否则，拒绝授予许可修改则可能被认为是法庭滥用自由裁量权。[5] 这种情况是在要求修改诉辩文书申请是在诉辩文书异议之前，还是在满足条件的异议已被提出并得到初审法院支持以后。在加利福尼亚州，如果初审法院维持了一项针对诉辩文书的法律抗辩而法官并没有授予修改许可，即使诉辩人并未特别要求获得许可，也可以依照制定法对此提起上诉。[6]

当然，在对方当事人可能采取不当优势的情况下，可能不允许进行修改。例如，在庭审时或者庭审期间申请获得许可就会出现这种情况，也会因对方当事人不得不搜寻新的证人与证据而改变案情。[7] 如果只是在反驳新主张所必需的一位关键证人死亡或失踪以后才提出诉辩文书，这也会给对方当事人造成相似的损害。除了这些显而易见的情况外，如果一位当事人在相当多的其他场合已经获得

311

---

〔1〕 Fed. Civ. Proc. Rule 15 (a); Ariz. Rules Civ. Proc., Rule 15 (a).

〔2〕 例如，Lipary v. Posner, 96 Misc. 2d 578. 409 N. Y. S. 2d 363 (1978).

〔3〕 Fed. Civ. Proc. Rule 15 (a); Alaska. Rules Civ. Proc., Rule 15 (a); N. Y. - McKinney's CPLR 3025 (b).

〔4〕 试比较 Landis v. Superior Court, 232 Cal. App. 2d 548, 42 Cal. Rptr. 893 (1965) (法庭在允许修改方面应当表现出相当的宽松性，以使诉讼当事人不会因技术性问题而被剥夺出庭权) 以及 Posz v. Burchell, 209 Cal. App. 2d 324, 25 Cal. Rptr. 896 (1962) (在庭审前或者庭审期间进行修改的问题上，法律准许存在相当的宽松性) 和 Bedolla v. Logan, 52 Cal. App. 3d 118, 125 Cal. Rptr. 59 (1975) (无故长时间延期提交修改是支持拒绝给予修改认可的一个重要因素)。主要参见 6 C. Wright, A. Miller & M. Kane, Civil 2d 1484, 1487 – 89.

〔5〕 参见 Foman v. Davis, 371 U. S. 178, 83 S. Ct. 227, 9 L. Ed. 2d 222 (1962); Jackson v. Bank of Hawaii, 902 F. 2d 1385 (9ᵗʰ Cir. 1990) Harkless v. Sweeny Independent School Dist., 554 F. 2d 1353 (5ᵗʰ Cir. 1977) 要求调阅案卷的上诉申请被驳回 434 U. S. 966; United Steelworkers of America v. Mesker Bors. Industries, Inc., 457 F. 2d 91 (8ᵗʰ Cir 1972).

〔6〕 West's Ann. Cal. Code Civ. Proc. 472.

〔7〕 Krumme v. West Point Stevens Inc., 143 F. 3d 71, 87 – 88 (2d Cir. 1998), 要求调阅案卷的上诉申请被驳回 _ U. S. _ , 119 S. Ct. 592.

对相同诉辩文书的修改许可，但他没有能力提出一项诉求或者答辩，那么也可以拒绝向此类当事人授予许可。[8] 在某些时候，如果诉辩人看来不能善意地提交一份符合要求的诉辩文书，那么法院则有权不再允许修改。

当一个诉辩人已经提出了诸如起诉书表面显示已过诉讼时效等这类明显使其立场无效的主张时，就会出现一种棘手的情况。在这种情况下，除非申请获得许可的当事人使法庭确信他不是设法拖延一个不成立的案件来使对方处于不利地位，而是事实上能够证实未过诉讼时效或者该诉讼时效不适用，否则当诉辩人只是意图从诉辩文书中删去有关诉因产生时间的主张时，法庭可以拒绝给予修改许可。[9]

312 应当注意的是，主持庭审的法官有权准许在庭审期间的任何时间进行修改，以及甚至为了公正的利益而准许在此后的时间进行修改。[10] 因而，法院能够准许进行修改，如果其做法适当，还可以对案件进行重新审理以便取得进一步的口头证言。但是，修改的时机越晚，越可能的是，主审法官会认为该修改将给对方当事人带来损害。[11] 此外，可能性很小的是，一个上诉法院会推翻初审法院行使自由裁量权来拒绝给予在较晚时机进行修改的许可。

最后，存在疑问的是，在对一项要求获得修改许可的申请进行裁决时，法院是否应当考虑所提议的申请在法律上实体充足性。不少法院已经作出了否定的回答。[12] 但是，许多法院采取这样的立场，即如果所提议的修改是无意义的或者不能以某种方式使案件有所进展，那么可以并且应当拒绝给予修改许可。[13]

尽管为使诉辩文书与庭审时所提出的证据相一致而做的修改体现了与其他修改一样的政策考虑——即准许进行修改是否会给对方当事人造成损害——在历史上，对这类修改的处理有所不同。普通法上的传统规则是，一项试图证明一些未

---

〔8〕 Baker v. Murphy, 495 F. Supp. 462（D. Puerto Rico 1980）; Alvarez v. E & A Produce Corp., 708 So. 2d 997（Fla. App. 1998）; Gautier v. General Tel. Co., 234 Cal. App. 2d 302, 44 Cal. Rptr. 404（1965）; Martinez v. Cook, 57 N. M. 263, 258 P. 2d 375（1953）.

〔9〕 Owens v. Traverso, 125 Cal. App. 2d 803, 271 P. 2d 164（1954）.

〔10〕 Fed. Civ. Proc. Rule 15（a）; S. D. Codified Laws 15 - 6 - 15（a）. 参见 Browne v. R & R Engineering Co., 164 F. Suoo. 315（D. Del. 1958），基于其他依据被撤消 264 F. 2d 219（3d Cir. 1959）; Hemmer - Miller Dev. Co. v. Hudson Ins. Co., 63 S. D. 109, 256 N. W. 798（1934）.

〔11〕 参见 Nilsen v. City of Moss Piont, Mississippi, 621 F. 2d 117（5th Cir. 1980）; Crawford v. City of Muncie, 655 N. E. 2d 614, 622 - 23（Ind. App. 1995）; Bedolla v. Logan, 52 Cal. App. 3d 118, 125 Cal. Rptr. 59（1975）.

〔12〕 例如, Fox v. City of West Palm Beach, 383 F. 2d 189（5th Cir. 1967）; Pearl Brewing Co. v. Jos. Schlitz Brewing Co., 415 F. Supp. 1122（S. D. Tex. 1976）; Stabley Works v. Haeger Potteries, Inc., 35 F. R. D. 551, 554（N. D. Ill. 1964）.

〔13〕 例如, Pan - Islamic Trade Corp. v. Exxon Corp., 632 F. 2d 539（5th Cir. 1980），要求调阅案卷的上诉申请被驳回 454 U. S 927; Norbeck v. Davenport Community School Dist., 545 F. 2d 63（8th Cir. 1976），要求调阅案卷的上诉申请被驳回 431 U. S. 917; Collyard, 477 F. Supp. 1247（D. Minn. 1979）.

被提出的诉因或者答辩的努力将会导致一种"实质性分歧",并且在案件裁判时不会考虑这些新的争点。[14] 此规则依然存在于一些司法管辖区,同时,无论是否试图进行一项修改以便与证据相一致,都不会允许在庭审中插入新的争点,至少在该争点提出了一项新的诉因或者答辩时情况如此。[15]

在联邦法院和具有相似规则的州中,当事人有权修改诉辩文书以使其与庭审时的证据相一致。[16] 修改可以在任何时间作出,甚至可以在判决后作出。[17] 的确,除非依照这些规则,即使当事人没有寻求修改诉辩文书以便与证据相一致,诉辩文书在各方面均被视为包括各当事人明示或默示同意予以审理的所有争点。[18] 此处很重要的因素是,需存在着明知同意。如果在一个已被提出的争点上引入证据,该证据也涉及一个未被提出的争点的这一事实将不会证明以下认定是正当的,此认定是,因为对方当事人没有理由对所讨论的证据提出反对,所以他默示同意对后一争点进行审理。[19] 在另一方面,如果对方当事人通过提出只与第二个争点相关的口头证言来对证据作出反应,那么该当事人不能以该争点未被审理为由反对进行修改。[20] 因而,一般而言在下列情况时可以认定为存在同意,即提出的证据未被反对,[21] 或者对修改申请予以反对的当事人事实上提出了与新争点相关的证据,[22] 或者基于案情实质在其他方面采取行动对未提出的

313

---

〔14〕 参见 J Koffler & A. Reppy, Common Law Pleading 217, 302 (1969).

〔15〕 Neb. Rev. Stat 25 – 852; Farmers Union Co – op. Ins. Co. v. Reinwald, 194 Neb. 766, 235 N. W. 2d 630 (1975). 参见 Vines v. Branch, 244 Va. 185, 418 S. E. 2d 890 (1992); Hall, Stabdards of Review in Texas, 29 St. Mary's L. Rev. 351, 438 (1998) (进行修改时陈述了一项新的诉因或者答辩,该修改"在表面上是有损害的")。

〔16〕 Fed. Civ. Proc. Rule 15 (b); Ohio Rule Civ. Proc., Rule 15 (b). 同时参见 West's Ann. Cal. Code Civ. Proc. 469, 470; N. Y. – McKinney's CPLR 3025 (c).

〔17〕 Fed. Civ. Proc. Rule 15 (b); Ind. Trial Proc. Rule 15 (B).

〔18〕 Fed. Civ. Proc. Rule 15 (b); West's Ann. Cal. Code Civ. Proc. 470.

〔19〕 Browning Debenture Holders' Comm. v. DASA Corp., 560 F. 2d 1078 (2d Cir. 1977); International Harvester Credit Corp. v. East Coast Truck. 547 F. 2d 888, 890 (5th Cir. 1977); Schultz v. Cally, 528 F. 2d 470 (3d Cir. 1975); Tomka v. Hoechst Celaness Corp., 528 N. W. 2d 103 (Iowa 1995). 试比较 Hayes v. Richfield Oil Corp., 38 Cal. 2d 375, 240 P. 2d 580 (1952) (当事人以争点未被提出为由在庭审时对证据予以反对,该当事人被认定为已经意识到该争点,因而没有遭受损害)。但是,可参见 Nucor v. General Elec. Co., 812 S. W. 2d 136. 145 – 46 (Ky. 1991) (修改的权利取决于"实际损害"而非"实际同意")。

〔20〕 参见 Hicks v. U. S., 486 F. 2d 325 (10th Cir. 1973), 要求调阅案卷的上诉申请被驳回 416 U. S. 938; Federal Saves. & Loan Ins. Corp. v. Hogan, 476 F. 2d 1182 (7th Cir. 1973).

〔21〕 Corsica Livestock Sales, Inc. v. Sumitomo Bank of California, 726 F. 2d 374 (8th Cir. 1983); Carlyle v. U. S. Department of the Army, 674 F. 2d 554 (6th Cir. 1982). 主要参见 6A C. Wright, A. Miller & M. Kane, Civil 2d 1493.

〔22〕 Fejta v. GAF Companies. Inc., 800 F. 2d 1395 (5th Cir. 1986); Davis & Cox v. Summa Corp., 751 F. 2d 1507 (9th Cir. 1985); Weinstein Enterprises v. Cappelletti, 217 A. D. 2d 616, 629 N. Y. S. 2d 476 (1995). 主要参见 6A C. Wright, A. Miller & M. Kane, Civil 2d 1493.

争点予以反对。[23]

5. 27 修改与诉讼时效法

当今绝大多数司法管辖区中，就诉讼时效法目的而言，如果经修改的诉辩文书和最初诉辩文书所提出的权利主张或者答辩均产生于同样的交易或事件，那么一份经修改的诉辩文书被视为已经和最初诉辩文书在同一时间被提交。[1] 经修改的诉辩文书被称为"溯及"到最初的提交日期。这种溯及效力原则符合诉讼时效法的宗旨，此宗旨是阻止提出失效请求，但是该宗旨并不禁止对诉讼时效期间过期前已提交的诉求进行论证或者改正。另一方面，不允许诉辩人利用此规则来就完全无关的权利主张提起法律诉讼，而这些权利主张在其出现在经修改的诉辩文书之中以前就已超过了诉讼时效期间。[2]

大多数法院[3]——尽管并不是所有法院——在认定修改应当具有溯及力以便避免诉讼时效法问题上，表现出宽容的态度。最棘手的情况是，所进行的修改在实质上增加了不同事实或者在其他方面改变了权利主张的基本焦点。[4] 因而，在一个案件中，基于制造商未对产品内在危险状况进行警示而提出的一项权利主张，与针对过失制造商和违反适销性默示担保的一项权利主张被认定为并非产生于同样的交易或事件。[5] 但是，与大多数裁定相比，上述认定更为严厉。通常各法院会准许此类修改具有溯及力，因为作为基础的交易或事件被认为是这一事

---

〔23〕 例如，Whitaker v. T. J. Snow Co., 151 F. 3d 661 (7th Cir. 1998) (当根据被告提出的简易判决申请，双方当事人对一项未包含在起诉书中的争点进行概述时，起诉书视为已经被修改)。同时参见 Suiter v. Mitchell Motor Coach Sales, Inc., 151 F. 3d 1275 (10th Cir. 1998) (当根据被告提出的要求作为法律问题判决的申请，未主张的积极答辩被提出并被驳斥时，答辩书则被视为已经修改)。

〔1〕 LaBar v. Cooper, 376 Mich. 401, 137 N. W. 2d 136 (1965); Fed. Civ. Proc. Rule 15 (c); N. J. Civ. Prac. Rule 4∶9 – 3; N. Y. – McKinney's CPLR 203 (e). 主要参见 6A C. Wright, A. Miller & M. Kane, Civil 2d 1496 – 97.

〔2〕 例如，National Distillers & Chem. Corp. v. Brad's Mach. Prods., Inc., 666 F. 2d 492 (11th Cir. 1982); Barnes v. Callaghan & Co., 559 F. 2d 1102 (7th Cir. 1977); Illinois Tool Works, Inc. v. Foster Grant Co., 395 F. Suoo. 234 (N. D. Ill. 1974), 维持原判 547 F. 2D 1300 (7th Cir. 1976), 要求调阅案卷的上诉申请被驳回 431 U. S. 929; Price v. J. C. Penney Co., 26 N. C. App. 294, 216 S. E. 2d 154 (1975), 要求调阅案卷的上诉申请被驳回 288 N. C. 243, 217 S. E. 2d 666.

〔3〕 Staren v. American Nat. Bank & Trust Co., 529. F. 2d 1257 (7th Cir. 1976); Williams v. U. S., 405 F. 2d 234 (5th Cir. 1968). 同时参见 LaBar v. Cooper, 376 Mich. 401, 405 – 06, 137 N. W. 2d 136, 138 (1965); Scott v. Newsom, 74 N. M. 399, 394 P. 2d 253 (1964); Keel v. Brown, 162 So. 2d 321 (Fla. App. 1964), 要求调阅案卷的上诉申请被驳回 166 So. 2d 753; Schlect v. Schiel, 76 Ariz. 214, 262 P. 2d 252 (1953).

〔4〕 例如，Nason v. Jones, 278 Ala. 532, 179 So. 2d 281 (1965); Johnson v. BarMour, Inc., 27 Wis. 2d 271, 133 N. W. 2d 748 (1965).

〔5〕 Tarbert v. Ingraham Co., 190 F. Supp. 402 (D. Conn. 1960).

实，即所购买的产品是危险的并且给购买者造成了损害。[6]

很清楚的是，单纯的法律理论变化并不会使修改丧失溯及力。[7] 一项修改可能将案件由侵权理论转变为合同理论，反之亦然，[8] 或者将一项基于普通法责任的权利主张改为一项制定法项下的权利主张。[9] 技术性标准或者机械的标准将不会适用。因而，一位因车辆驾驶过失而被撞伤的行人所提出的权利主张会被认为与撞伤他的驾驶员未能刹车且未提供适当救助的这一权利主张产生于同一事件。[10] 尽管事实不同，但是事件以及侵害的性质却明显相同。

如果所进行的修改变更了当事人，那么此修改是否能够具有溯及力是一个长期争议的问题。传统规则源于这样的观念，即对一个当事人的权利主张是一个完全独立于对另一个当事人的权利主张的事项，即使这些权利主张均产生于同一交易或事件，情况也是如此。此外，被强调的是，诉讼时效法的一个功能就是保护被告免受失效请求的侵扰；在某些点上，个人应当不必担心会遭遇产生于一个多年前发生的事件的诉讼。因而，通常被认同的是，当已经超过所适用的诉讼时效期间时，不能通过修改把新当事人添加到一个诉讼之中，除非这些新当事人的行为曾误使原告向错误的被告提起诉讼。此规则经常导致产生一些苛刻而有失公允的结果，使得具有合法权利的请求因为技术性原因而败诉。[11]

1966 年对《联邦民事诉讼规则》第 15 条（c）进行了修订，规定一些特定条件，依此特定条件通过修订增加新当事人。依照当时的修正，《联邦民事诉讼规则》第 15 条（c）规定，如果新的被告"在法律规定的诉讼开始期间内"（1）收到起诉通知以使她不会在进行答辩方面受到损害，并且（2）知道或者应当知道假使没有出现一个关于合适当事人身份的错误，该诉讼本应当针对她提

315

---

〔6〕　参见 Tiller v. Atiantic Coast Line R. R. Co., 323 U. S. 574, 65 S. Ct. 421, 89 L. Ed. 65 (1945); LaBar v. Cooper, 376 Mich. 401, 137 N. W. 2d 136 (1965); Scott v. Newsom, 74 N. M. 399, 394 P. 2d 253 (1964). 主要参见 Note, Federal Rule of Civil Procedure 15 (c): Relation Back of Amendments, 57 Minn. L. Rev. 83 (1972).

〔7〕　Hageman v. Signal L. P. Gas, Inc., 486 F. 2d 479 (6th Cir 1973); U. S. v. Johnson, 288 F. 2d 40 (5th Cir. 1961); Gridley v. Sayre & Fisher Co., 409 F. Supp. 1266 (D. S. D. 1976).

〔8〕　Hood v. P. Ballantine & Sons, 38 F. R. D. 502 (S. D. N. Y. 1965)（由过失理论改为担保理论）; C. Corkin & Sons v. Tide Water Associated Oil Co., 20 F. R. D. 402 (D. Mass. 1957)（由合同理论改为侵权理论）.

〔9〕　Wall v. Chesapeake & Ohio Ry. Co., 339 F. 2d 434 (4th Cir. 1964); U. S. v. Johnson, 288 F. 2d 40 (5th Cir. 1961).

〔10〕　Books v. E. J. Willing Truck Transp. Co., 40 Cal. 2d 669, 681, 255 P. 2d 802, 810 (1953). 同时参见 O'Shaughnessy v. Bayonne News Co., 9 N. J. Misc. 345, 154 A. 13 (1931)，法庭全体同意维持原判 109 N. J. L. 271, 160 A. 696 (1932).

〔11〕　参见 Jacobs v. McCloskey & Co., 40 F. R. D. 486 (E. D. Pa. 1966); Martz v. Miller Bros. Co., 244 F. Supp. 246 (D. Del. 1965); Robbins v. Esso Shipping Co., 190 F. Supp. 880 (S. D. N. Y. 1960).

起，那么一个变更了权利主张所针对的当事人的修改会被准许具有溯及力。[12]
此标准仅比传统标准略微宽松一些，因为诉辩人所犯的错误并不必定起因于被提
议的新被告所引起的混淆。只要存在着混淆并且被提议的新被告有理由知道这种
混淆，就可以满足条件。[13]

显而易见，应当在单纯对诉讼所针对当事人的名称予以纠正的一项修改，和
超过诉讼时效期间后添加一个全新当事人的一项修改之间作出一种重要区分。此
外，在保持宽松诉辩这一趋势的同时，在原告误拼被告名称或者在其他方面未能
正确标明被告名称的情况下，应当给予宽容并且可以比较容易地获得修改许可。
但是，对《联邦民事诉讼规则》第15条（c）中"在法律规定的诉讼开始期间
内"这一措辞的不同解释导致各法院之间的冲突与不一致的裁决。一些法院裁
决认为，应在诉讼时效期间过期之前得到通知。[14] 其他法院采取了一种更为宽
容的态度，它们认定只要在制定法规定的期间提起诉讼并且在为诉讼开始文书送
达所准备的时间内完成通知工作，就已达到此规定的要求。[15]

1986年联邦最高法院曾裁定，在写错了一位被告的名称的情况下，通知必
须在诉讼时效法定期间内收到，并且该通知已在送达时间内完成的并不足以达到
要求。[16] 尽管下级法院必然要遵照此决定，[17] 但联邦最高法院的这一苛刻态度
遭到了严厉的抨击。[18] 实际上，"规则委员会"已注意到这些不断提出的改革

〔12〕 参见 the Advisory Committee Note on the 1966 amendment to Federal Rule 15 （c）；6A C. Wright,
A. Miller & M. Kane, Civil 2d 1498.

〔13〕 例如，Varlack v. SWC Caribbean, Inc., 550 F. 2d 171 （3d Cir. 1977）；Mitchell v. Hendricks,
68 F. R. D. 564 （E. D. Pa. 1975）；Ames v. Vavreck, 356 F. Supp. 931 （D. Minn. 1973）.

〔14〕 参见 Weisgal v. Smith, 774 F. 2d 1277 （4th Cir. 1985）；Copper v. U. S. Postal Serv., 740 F.
2d 714 （9th Cir. 1984），要求调阅案卷的上诉申请被驳回 471 U. S. 1022；Hughes v. U. S., 701 F. 2d
56 （7th Cir. 1982）；Stewart v. U. S., 655 F. 2d 741 （7th Cir. 1981）.

〔15〕 参见 Hendrix v. Memorial Hosp. of Galveston county, 776 F. 2d 1255 （5th Cir. 1985）；Kirk v.
Cromvich, 629 F. 2d 404 （5th Cir. 1980）；Ingram v. Kumar, 585 F. 2d 566 （2d Cir. 1978），要求调阅案
卷的上诉申请被驳回 440 U. S. 940.

〔16〕 Schiavone v. Fortune, 477 U. S. 21, 106 S. Ct. 2379, 91 L. Ed. 2d 18 （1986）.

〔17〕 参见 Slade v. U. S. Postal Serv., 875 F. 2d 814 （10th Cir. 1989）；Giannini v. City of New York,
700 F. Supp. 202 （S. D. N. Y. 1988）.

〔18〕 Schiavone 一案因为对《联邦民事诉讼规则》第15条（c）作了过于苛刻的解释而受到批评。
人们认为，在采纳《联邦民事诉讼规则》第15条（c）时，联邦最高法院承认，有时会造成错误，原告
最初可能状告了一个错误的当事人。如果打算被状告的当事人并没有受到损害，那么应当准许通过修改来
纠正名称错误。由于忽视《联邦民事诉讼规则》第15条（c）的这一目标，审理 Schiavone 一案的法院，
以"程序性错误"为由剥夺了许多案件所应有的依照案件的是非曲直直来进行诉讼这一权利。参见 Bauer,
Schiavone：An Un－Fortunate Illustration of the Supreme Court's Role as Interpreter of the Federal Rule 15 （c）A-
gain, 61 S. Calif. L. Rev. 671 （1988）；Epter. An Un－Forturn－Ate Decision：The Aftermath of the Supreme
Court's Eradition of the Relation－Back Doctrine. 17 Fla. St. U. L. Rev. 713 （1990）；Note, Looking For-
ward：A Fairer Application of the Relation Back Provisions of Federal Rule of Civil Procedure 15 （c）, 63 N. Y.
U. L. Rev. 131 （1988）.

要求，而《联邦民事诉讼规则》第 15 条（c）于 1991 年 12 月 1 日再次修订。[19] 1991 年修正的效果在于《联邦民事诉讼规则》第 4 条（j）所规定的诉讼开始文书送达时间内提交，那么就可以准许修改以纠正名称。[20] 对第 15 条（c）进行修正的目的是，防止权利主张所针对的当事人从在其他方面的无关紧要的诉辩错误中获得一种不当优势，因而提倡基于是非曲直来进行诉讼。[21] 尚无定论的是，对规则的这一新修正能否最终平息关于变更当事人的修改的溯及力争议。

许多州中，没有特定成文法来规定已超过通常诉讼时效期间的新被告的合并问题。[22] 其他一些州遵循了 1991 年修正之前的联邦规则，[23] 而还有一些州的规定则与现行联邦规则相一致。[24]

一些州——比如，加利福尼亚州[25]——持有更为宽松的态度。加利福尼亚州的规则运用了一种完全不同的方法来避免诉讼时效法规问题。通过指出若干个被告"某甲"——这些被告的名字仍是未知的——以及通过确保起诉书中的诉因是针对他们和已知的被告而提出，一位原告可以用任何被告的真实名称来取代某甲，并且完全避免诉讼时效问题。指出特定被告的名称的这一行为具有溯及力，它可以溯及到向被替代的某甲起诉的日期。[26] 加利福尼亚州程序之所以存在至少可以从以下事实中得到部分阐释，即该州对所有人身伤害案件规定了非常短

317

---

〔19〕　Amendments to the Federal Rules of Civil Procedure, Revised Rule 15 (c) (1991).

〔20〕　Amendments to the Federal Rules of Civil Procedure, Revised Rule 15 (c) (3) (1991). 新规则实际上规定的是"在《联邦民事诉讼规则》第 4 条（m）所规定的传票和起诉书送达期间内"。当时预计《联邦民事诉讼规则》第 4 条会进行改动，将第 4 条（j）更名为第 4 条（m）。然而，对《联邦民事诉讼规则》第 4 条的上述改动未被纳入，但是，在新的《联邦民事诉讼规则》第 15 条（c）中对第 4 条（m）的这一援引并未被改变，而第 4 条（m）也并不存在。此后，国会通过立法来对上述疏忽作出纠正，它将"《联邦民事诉讼规则》第 4 条（m）"改为"《联邦民事诉讼规则》第 4 条（j）"。Public Law 102 - 198, 11 (a)，Dec. 9, 1991, 105 Stat. 1623. 通常，《联邦民事诉讼规则》第 4 条（j）规定，应在自起诉书提交之日起 120 日内向被告送达。不少州的法院已对其所采纳的《联邦民事诉讼规则》第 15 条（c）版本作了改动，以便采用 1991 年修正的《联邦民事诉讼规则》中的处理方法。参见，例如，Me. Rules Civ. Proc., Rule 15.

〔21〕　实际上，经修正的《联邦民事诉讼规则》第 15 条（c）的一项目的是专门防止法庭带来 Schiavone v. Fortune 一案这样的结果。参见 Advisory Committee Note to the 1991 amendments to Rule 15. reprinted in 134 F. R. D. 525, 637 (1991).

〔22〕　例如，N. C. Civ. Proc. Rules, Rule 15 (c); Crossman v. Moore, 341 N. C. 185, 459 S. E. 2d 715 (1995). noted in 74 N. C. L. Rev 2000 (1996)（在北卡罗来纳州，一项纠正错误名称的修改并不具有溯及力）。

〔23〕　例如，N. J. Civ. Proc. Rules, Rule 4: 9 - 3.

〔24〕　例如，12 Okla. Stat, Ann. 2015C.

〔25〕　West's Ann. Cal. Code Civ. Proc. 474.

〔26〕　参见 Larson v. Barnett, 101 Cal. App. 2d 282, 225 P. 2d 297 (1950); Day v. Western Loan & Bldg. Co., 42 Cal. App. 2d 226, 108 P. 2d 702 (1940). 主要参见 Hogan, California's Unique Doe Defendant Practice: A Fiction Stranger Than Truth, 30 Stan. L. Rev. 51 (1977).

的一年的诉讼时效期间，[27] 同时可能需要花费更长时间才能对一个案件进行充分调查以便确定谁应当承担责任。近年来，当在联邦法院进行诉讼的当事人并不知道真正被告的身份时，这些当事人就会指出若干个某甲被告。经常发生的是，已经超过了诉讼时效期间，但正确被告的身份仍未被确定。于是，原告会试图适用《联邦民事诉讼规则》第15条（c）于以正确被告的名称替换某甲被告的修改。联邦法院对于这一做法有着混杂的反应，一些联邦法院裁定《联邦民事诉讼规则》第15条（c）并不适用，因为当指出某甲被告时并不存在"错误"，而其他联邦法院则认为，如果达到了第15条（c）在其他方面的要求，那么就可准许该修改具有溯及力。[28]

通常，修改的规则并不打算处理有关增添新被告或者在超过诉讼时效期间后对最初的原告予以替换的案件。法院并不将此问题视为一个严重的事项，因为一旦已经及时向被告提起诉讼，那么准许以适当的原告来取代最初提起诉讼之人并不违反诉讼时效的规定。[29] 假若权利主张相同并且最初的诉讼是及时提起的，那么作为有利益关系的真实当事人的主体可以替代最初提起诉讼之人。[30] 当然，这并不意味着，一个新的原告能够加入一个诉讼从而提出一项与正在进行的案件无关的失时效请求。[31] 无论新的原告提出什么权利主张，该主张均应与该案最初提出的权利主张相同，或者该主张应产生于同一交易或事件，只有这样才能使任何新权利主张能够毫无疑问地溯及到最初的呈交存档的日期。

最后，人们应当注意将设法加入一个新当事人的情形与设法用利益继受者替换最初的原告或被告的情形相区别。死者的遗嘱执行人或遗产代理人或者无行为能力的当事人可以顺利地被替换，同时无需担心诉讼时效期间会被继续计算而不利于新的当事人。[32] 在此情况下，事实上并没有提出新的权利主张或者新当事人；这种替换仅仅是反映了当时应依法负责支持诉讼继续进行或者负责答辩的当事人。

---

[27] West's Ann. Cal. Code Civ. Proc. 340.

[28] 对联邦法院案件及其与州法的关系的讨论，参见 Rice, Meet John Doe: It is Time for Federal Civil Procedure To Recognize John Doe Parties, 57 U. Pitt. L. Rev. 883（1996）；Note, Relation Back of "John Doe" Complaints in Federal Court: What You Don't Know Can Hurt You , 19 Cardozo L. Rev. 1235（1997）.

[29] 参见 Staren v. American Nat. Bank & Trust Co., 529 F. 2d 1257（7ᵗʰ Cir. 1976）；Brauer v. Republic Steel Corp., 460 F. 2d 801（10ᵗʰ Cir. 1972）；Garr v. Clayville, 71 F. R. D. 553（D. Del. 1976）.

[30] Wadsworth v. U. S. Postal Serv., 511 F. 2d 64（7ᵗʰ Cir. 1975）；Metropolition Paving Co. v. International Union of Operating Engineers, 439 F. 2d 300（10ᵗʰ Cir. 1971），要求调阅案卷的上诉申请被驳回 404 U. S. 829. 参见下文 6.3，讨论对利益关系之真实当事人的要求。

[31] 例如，Higgins, Inc v. Kiekhaefer Corp., 246 F. Supp. 610（E. D. Wis. 1965）.

[32] Fed. Civ. Proc. Rule 25. Colo. Rules Civ. Proc., Rule 25. 参见 Staggers v. Otto Gerdau Co., 359 F. 2d 292（2d Cir. 1966）.

5. 28 补充诉辩文书

许多司法管辖区中，特别的制定法或者规则专门对补充诉辩文书均有明文规定。[1] 补充诉辩文书有别于经修改的诉辩文书，因为后者只适用于最初诉辩文书提出时业已发生的事项，而补充诉辩文书则适用于此后所发生的事项。[2] 例如，一项补充诉辩文书可被用于改动或者增加最初起诉书所要求的救济金额，[3] 或者增添新产生的相关权利主张，[4] 或者提出新的答辩，[5] 而上述事情可能发生在签署了一份新的转让文书，或者此前进行的案件已得以解决并对当前案件产生排除性影响[6]的情况下。

一位设法变更诉辩文书的当事人有时可能会将新的诉辩文书错误标识为一份经修改的——而非补充的——诉辩文书。法庭总是会忽略这种错误标识，并按照其实际性质来对待该诉辩文书。[7] 但是，如果一位当事人作出了错误的选择，那么可能会导致不利的结果。例如，因为一位希望提出一份补充诉辩文书的当事人通常必须请求获得法庭的许可，[8] 如果没有获得提交许可，补充诉辩文书就可能会被排除，即使它符合经修改的诉辩文书的条件，就不需要获得许可时，情况同样如此。[9] 在授予许可问题上，各法院持有宽松态度，[10] 只有在它会给对方当事人带来损害时才会拒绝授予许可。[11] 当提出许可请求的当事人在寻求对一份诉辩文书作补充方面犯有不可宽恕的延迟这一过失时，也可以拒绝授予许可。[12]

过去，某些法院采取这样的立场：与修改不同，一份补充答辩书不能够对最

---

[1] Fed. Civ. Proc. Rule 15 (d); N. Y. –McKinney's CPLR 3025 (b).

[2] Slavenburg Corp. v. Boston Ins. Co. , 30 F. R. D. 123 (S. D. N. Y. 1962); U. S. v. L. D. Caulk Co. , 114 F. Supp. 939 (D. Del. 1953); Magee v. McNany, 10 F. R. D. 5 (W. D. Pa. 1950); Williams v. Rutherford Freight Lines, Inc. , 10 N. C. App. 384, 179 S. E. 2d 319 (1971).

[3] City of Texarkana v. Arkansas, Louisiana Gas Co. , 306 U. S. 188, 59 S. Ct. 448, 83 L. Ed. 598 (1939).

[4] Smith, Kline & French Labs. v. A. H. Robins Co. , 61 F. R. D. 24 (E. D. Pa. 1973).

[5] Slavenburg Corp. v. Boston Ins. Co. , 30 F. R. D. 123 (S. D. N. Y. 1962).

[6] Kimmel v. Yankee Lines, Inc. , 125 F. Supp. 702 (W. D. Pa. 1954)，维持原判224 F. 2d 644 (3d Cir. 1955).

[7] U. S v. Vorachek, 563 F. 2d 884 (8th Cir. 1977); U. S. ex rel. Atkins v. Reiten, 313 F. 2d 673 (9th Cir. 1963); U. S. v. Russell, 241 F. 2d 879 (1st Cir. 1957); Dells, Inc. v. Mundt, 400 F. Supp. 1293 (S. D. N. Y. 1975); Macaluso v. Easley, 81 Colo. 50, 253 P. 397 (1927).

[8] Fed. Civ. Proc. Rule 15 (d); N. C. Gen. Stat. 1A–1, Rules Civ. Proc. , Rule 15 (d). 参见 Deutsch v. Fisher, 32 N. C. App. 688, 233 S. E. 2d 646 (1977).

[9] 参见6A C. Wright, A. Miller & M. Kane, Civil 2d 1504.

[10] Bell v. U. S. Department of Defense, 71 F. R. D. 349 (D. N. H. 1976)，维持原判563 F. 2d 484 (1st Cir. 1977).

[11] 参见 Rowe v. U. S. Fidelity & Guar. Co. , 421 F. 2d 937 (4th Cir. 1970).

[12] Garrison v. Baltimore & O. R. R. Co. , 20 F. R. D. 190 (W. D. Pa1957).

初答辩书中的缺陷予以弥补。[13] 通常，在诉辩人未对构成提起正被讨论类型诉讼的先决条件采取某些措施时就会出现问题——例如，在提起诉讼之前，当事人并没有用尽行政救济手段。[14] 1963 年对《联邦民事诉讼规则》第 15 条（d）做了修正，以便准许使用一份补充诉辩文书来对一份具有缺陷的最初诉辩文书予以矫正。[15] 看上去不经济也不必要在诉辩人一旦对一项权利主张或答辩的完善实际已采取适当和所必需的措施时，仍要求诉辩人重新提交法律文件。

当一个诉辩人试图通过一份补充诉辩文书来确立一项全新的要求获得救济的权利主张时，就会存在一个颇为类似的问题。少数法院的观点是，新出现的权利主张只能在一个全新的诉讼中提出。[16] 尽管有人可能会将各诉讼加以合并来进行审理，[17] 但是如果各诉讼必须在不同司法管辖区提起，那么就不能进行这种合并。[18] 无论如何，只要最初的权利主张和新的权利主张同时出现，它们就本应在单个诉讼中被连接起来，那么为提起两个单独之诉而耗费的成本和费用看上去就难以具有合理性。[19]

就准许在一份补充诉辩文书中提出新权利主张的这一程度内，产生了关于这些主张，在诉讼时效上，能否溯及到最初起诉书的提交日期的这一问题。即使没有具体规定来对补充诉辩文书的溯及力问题加以调整，[20] 许多法院已经采取了这样的立场，即如果补充诉辩文书和最初诉辩文书中的诉求产生于同一交易或事件，那么补充诉辩文书可以溯及到最初起诉书的提交日期。[21] 这是对于修改溯及力规则的一种符合逻辑的扩展。一旦被告获得了一项关于某一特定交易或事件的诉讼针对其提出的这一适当告知，那么准许扩大权利主张以便包含该交易或事

---

〔13〕 La Salle Nat. Bank v. 222 East Chestnut Street Corp., 267 F. 2d 247（7th Cir. 1959），要求调阅案卷的上诉申请被驳回 361 U. S. 836；Bonner v. Elizabeth Arden, Inc., 177 F. 2d 703（2d Cir. 1949）；Walton v. Kern County, 39 Cal. App. 2d 32, 102 P. 2d 531（1940）.

〔14〕 例如，Security Ins. Co. v. U. S. ex rel. Haydis, 338 F. 2d 444（9th Cir. 1964）.

〔15〕 参见 Advisory Committee on the Rules for Civil Procedure, Proposed Amendments to Rules of Civil Proposed, 31 F. R. D. 621, 637（1962）.

〔16〕 General Bronze Corp. v. Cupples Prods. Corp., 9 F. R. D. 269（E. D. Mo. 1949），维持原判 198 F. 2d 154（8th Cir. 1951）；Popovitch v. Kasperlik, 76 F. Supp. 186（D. Mass. 1944）. 但是，可参见 Rowe v. U. S. Fidelity & Guar. Co., 421 F. 2d 937（4th Cir. 1970）；Montgomery Environmental Coaliton v. Fri, 366 F. Supp. 261（D. D. C. 1973）.

〔17〕 Fed. Civ. Proc. Rule 42（a）；Mout. Rules Civ. Proc., Rule（a）. 参见下文 6. 2.

〔18〕 Swindell – Dressler Corp. v. Dumbauld, 308 F. 2d 267（3d Cir. 1962）；Silver v. Goodman, 234 F. Supp. 415（D. Conn. 1964）.

〔19〕 下文第 6 章将对适用于诉讼请求合并的规则加以讨论。

〔20〕 Security Ins. Co. v. U. S. ex rel. Haydis, 338 F. 2d 444（9th Cir. 1964）.

〔21〕 Missouri, Kansa & Texas R. R. Co. v. Wulf, 226 U. S. 570, 33 S. Ct. 135, 57 L. Ed. 355（1913）；Security Ins. Co. v. U. S. ex rel. Haydis, 338 F. 2d 444（9th Cir. 1964）；Bates v. Western Elec., 420 F. Supp. 521（E. D. Pa. 1976）.

件的各个方面均为合法。[22] 如果被提议的补充诉辩文书会引入一项新的并且不相关的诉因，那么新的权利主张不应溯及到最初权利主张的提交日期。[23]

补充诉辩文书的溯及力问题很少出现，因为，根据定义，新的权利主张应当在最初诉辩文书提交以后产生。因此，这只会在某些不常发生的情况下出现，这涉及一些非常短的诉讼时效期间，而在新权利主张的诉讼时效期间到期之前，没能提交补充诉辩文书。

5. 29 - 6. 0 被保留以供补充资料之用。

---

〔22〕 参见 William Inglis & Sons Baking Co. v. ITT Continental Baking Co., 668 F. 2d 1014 (9th Cir. 1981)，要求调阅案卷的上诉申请被驳回 459 U. S. 825.

〔23〕 参见 Blauv. Lamb, 191 F. Supp. 906 (S. D. N. Y. 1961).

▼
▼
▼

第六章

当事人的合并与请求的合并

本章目录

A. 概 述

6.1 当事人合并与请求合并背后的历史和政策

多当事人—多请求诉讼中所运用的诸多现代程序方法均起源于衡平法。普通法使得程序规则与将诉讼范围减至尽可能少的争议点这一目标相联系，而衡平法法院并未设置这种限制。程序改革以及英格兰[1]和美国[2]中普通法与衡平法的融合都扩大了衡平法上合并程序——特别是准许通过单个诉讼解决复杂案件的合并程序——的适用。譬如，纽约州《菲尔德法典》对多当事人之诉的诸多障碍，同时该法典所表明的目标对衡平法诉讼程序的影响加以承认。[3]

现代的当事人合并诉讼程序力图使法院能力最大化以满足特定争议的特殊需要。法院被赋予相当的权力以便准许、拒绝或修改关于扩大其所处理诉讼的当事人数量的许可。然而，对这种自由裁量权也有一些限制。法院应当在关于当事人合并的下列约束条件下进行运转：（1）该诉讼必须由"有利益关系的真实当事人"提起；（2）该当事人必须有"能力"起诉或被诉；（3）如果其合并得到准许，那么合并之人必须是"合适的"当事人；（4）与争议存在如此联系以至于其合并"在可行情况下应当是必要的"（necessary if feasible）之人必须被合并，只要其能合理地实现；并且（5）如果该诉讼"必不可少"之人不能被合并，那么诉讼将不能继续进行。[4]

关于多个请求可否并入单一诉讼的各种标准之间存在着很大不同。如同在当事人合并中所真实存在的一样，发展趋势显然是赋予法院广泛的自由裁量权以便将多个请求并入单一诉讼。尽管这种自由裁量权的权限在某些情况下未被准确界定，但是，几乎大多数传统的请求合并规则都取决于有关司法效率，程序理性以及（特别是当事实审理者是陪审团时）合并处理请求可能带来混淆与损害的潜在情况的考虑。[5]

在此，可对请求合并规则作出两点归纳。第一，如果相互之间存在充足联系以至于对其的共同审判将促进司法效率而不会牺牲正义标准，那么对于来自不同实体法领域的请求——诸如，侵权，合同以及财产——通常可在同一诉讼中进行处理。这种诉讼程序反映了对先前制度的一种演进，在先前体制下，合并发挥了对权利义务关系进行特定分类的作用。早期合并规则规定，只有当其属于相同令状或诉因，或者特定司法管辖区法典将其归入一类时，请求和当事人方可被并入单一之诉。[6] 现代程序将各项请求归类为便于法院处理的各种事实组群（factu-

　　[1] 参见 1852 年，1854 年以及 1860 年的《普通法程序法》，它们将合并予以扩张，以及将普通法和衡平法加以融合的 1873 年及 1875 年《司法组织法》。参见 15 W. Holdsworth, A History of English Law 104 – 38 (Goodhart & Hanbury ed. 1965).

　　[2] 在美国，此改革运动的最重要例证是纽约州《菲尔德民事诉讼法典》（the Field Code of Civil Practice in New York）. N. Y. Laws 1848, c. 379.

　　[3] First Report of New York Commissioners on Practice and Pleadings 137 – 38 (1948).

　　[4] 这些要求将在下文 6. 3 – 6. 5 中进行讨论。

　　[5] 例如, Sporn v. Hudson Transit Lines, 265 App. Div. 360, 38 N. Y. S. 2d 512 (1942).

　　[6] 参见 Harris v. Avery, 5 Kan. 146 (1869).

322

al clusters)。

第二，正如在讨论各种合并设计时会变得更为明显的一样，[7] 关于两方当事人民事诉讼时期所发展出的对抗制的简单概念不再足以迎合当代许多案件的需求。当今，法院被要求处理大规模诉讼。然而，法官作为"公正管理人"（justice manager）所显露的作用则绝不会得到普遍认同；该作用所面临的阻力造成了一种反作用力，而这种反作用力限制了法院对复杂诉讼的接受能力，并相应地限制了法院对当事人合并和请求合并的接受能力。

6.2 合并，分开和诉的分离

三种程序设计——诉讼合并，请求的分开以及请求的分离——是各法院所采用的工具，它们被用于处理当代诉讼制度下自由的当事人合并和请求合并所带来的不受欢迎的副作用。[1] 对于有效处理当今可能出现的相当复杂的多当事人及多请求之诉而言，这些设计是颇为必要的。[2]

合并准许将涉及至少一个共同法律或事实问题的多个诉讼或者多个争议点进行融合。[3] 一个法院可能合并两个或更多的完整诉讼，要求对数个诉讼的共同争议点进行合并听审或者庭审，或者仅为了诉讼的审前阶段而将多个诉讼或多个争议点进行合并。合并的明显优点在于，它通过对多个争议点或者完整诉讼的同时解决安排，提高了司法系统的效率。

在程序上，合并这一术语已被用于描述三种不同情况：（1）法院中止了除一个诉讼以外的其他数个诉讼，而对其他诉讼而言，该诉讼庭审所作出的判决被证明是结论性的；（2）法院将数个诉讼合并为一个诉讼并针对构成单一诉讼的事项作出单一判决（举例而言，存在这种情况——相同当事人之间有数个诉讼均悬而未决，而这些诉讼涉及本来可以在一个起诉书中以数个独立诉由提出的多个请求）；以及（3）法院指令对数个诉讼一并进行审理，但是每个诉讼均保留

---

〔7〕 参见下文 6.6－6.10.

〔1〕 就更详细的讨论而言，可参见 7 C. Wright，A. Miller & M. Kane，Civil 2d 1681－1689；9 C. Wright & A. Miller，Civil 2d 2381－2392.

作为应对产生于大规模侵权（mass torts）以及其他全国性商业活动的多当事人、多地区诉讼的这一现代现象的一种方式，美国法律学会提议扩展现有规则以便准许在不同地区提起的案件被移送（transfer）和并入一个单一的受移送法院（transferee court），该法院被授权对该诉讼中一些请求进行安排，甚至分离和再次移送这些请求，以便对争议作出公平、正义和有效的裁决。参见 ALI，Complex Litigation：Statutory Recommendations and Analysis（1994）.

〔2〕 参见 Marcus，Confronting the Consolidation Conundrum，1995 B. Y. U. L. Rev. 879. 例如，关于 New York Asbestos Litigation，149 F. R. D. 490（S. D. N. Y. 1993）（对一些申请进行了考虑并予以拒绝，这些申请要求单独审理、同时要求重新考虑此前对六起由石棉暴露所引起的大规模侵权案件的合并）.

〔3〕 参见 9 C. Wright & A. Miller，Civil 2382.

其显著特性并要求分别进行判决。[4] 尽管《联邦民事诉讼规则》第42条（a）分别提到了指令合并庭审和指令诉讼合并，因而看似至少包含了最后两种类型，但是，显然被判例法将该规则限定为第三种类型。[5] 这些诉讼并不会因为合并而丧失其各自的特性。[6]

除了上述这种相对次要的限制外，联邦法院在合并方面实际上享有不受约束的自由裁量权。[7] 法院可以行使诉讼合并权而无需征得当事人同意，[8] 这种合并是为了庭审或者仅仅是为审前活动这一目的，[9] 同时也不要求所有诉讼中的当事人必须相同。[10] 在决定是否进行合并时，法官将权衡合并所带来的时间和精力的节省，以及其所导致的不便，延迟或者费用。举例而言，在一系列完全因可转换债券私募而产生的诉讼中，法院对主要被告相同的两个诉讼进行合并审理。但是，法院拒绝合并其他两起案件，这两起案件所涉及的争议点及当事人没有在被合并的诉讼中被提出或者指明。[11]

正如所预料的一样，在本节所讨论的这三项处理方式是相互联系的，并且在运用时可以相互结合。请求或者争议点的分开，以及请求的分离更是具有相当的相互依存关系。实践中，常常交替使用这些术语来表明为更有效处理案件而将单

324

---

〔4〕 出处同上。同时参见 Minnesota v. U. S. Steel Corp., 44 F. R. D. 559（D. Minn. 1968）；Lumiansky v. Tessier, 213 Mass. 182, 99 N. E. 1051（1912）.

〔5〕 参见 Johnson v. Manhattan Ry. Co., 289 U. S. 479, 496 – 97, 53 S. Ct. 721, 727 – 29, 77 L. Ed. 1331（1933）.

〔6〕 但是，可比较 Roden v. Empire Printing Co., 135 F. Supp. 665, 16 Alaska 28（1955），维持原判 247 F. 2d 8, 17 Alaska 209（9th Cir. 1957）.

斯坦曼（Steinman）教授的两篇论文探讨了各种传统程序性权利的合并所可能带来的效果。Steinman, The Effects of Case Consolidation on the Procedural Rights of Litigants: What They Are, What They Might Be Part I: Justiciability and Jurisdiction（Original and Appellate）, 42 UCLA L. Rev. 717（1995）, and Steinman, The Effects of Case Consolidation on the Procedural Rights of Litigants: What They Are, What They Might Be Part II: Non – Jurisdictional Matters, 42 UCLA L. Rev. 967（1995）.

〔7〕 参见 9 C. Wright & A. Miller, Civil 2d 2383。

在联邦层面上，合并的自由裁量权主要存在于各司法区；当一些诉讼在不同司法区提起时，合并不会得到准许。但是，在决定是否可依照《美国注释法典》第28标题第1404节（28 U. S. C. A. 1404）将一个诉讼移送至另一司法区时，合并可能性或许是其中一项考虑因素。此外，为了审前活动的目的，"多地区诉讼专门司法小组"可根据《美国注释法典》第28标题第1407节（28 U. S. C. A 1407）指令对不同司法区中的一些待决诉讼加以合并。参见上文2. 17。同时参见，上文注释1中由美国法律学会所提出的提议。某些州有一些相似的限制，其规定若各诉讼是在不同法院提起的，则不准许进行合并。参见 Horn v. Rincker, 84 Ill. 2d 139, 49 Ill. Dec. 315, 417 N. E. 2d 1329（1981）. 即使在上述情况下，其他州仍准许进行合并。West's Ann. Cal. Code Civ. Proc. 404 及以下，和 Rule 1501 及以下，Mich. Comp. Laws Ann. 600. 6421.

〔8〕 参见 American Photocopy Equipment Co. v. Fair（Inc.）, 35 F. R. D. 236（N. D. Ill. 1963）.

〔9〕 参见 MacAlister v. Guterma, 263 F. 2d（2d Cir. 1958）. 同样，法院也可以只对产生于完整案件的一些争议点进行合并。参见 Mays v. Liberty Mut. Ins. Co., 35 F. R. D. 234（E. D. Pa. 1964）.

〔10〕 Attala Hydratane Gas, Inc. v. Lowry Tims Co., 41 F. R. D. 164（N. D. Miss. 1966）.

〔11〕 同时参见 Connell v. Bernstein – Macauley, Inc., 67 F. R. D. 111（S. D. N. Y. 1975）.

一诉讼分为多个较小部分的这一法院指令。[12] 但是，在理论上，这两种程序设
计之间存在着明显区别。[13] 分开（常常又被称为"分别"［bifurcation］）这一
程序设计的运用通常是指将一项诉讼分割为两个或更多的请求或者请求群
（groups of claims）。这些群体被单独审理，但是会作出一项涵盖最初完整诉讼的
单一判决。分离是将一个单一诉讼分解为多个请求，并就每项分离后的请求作出
独立的判决。[14]

是否应当指令分别审理的这一问题应当交由初审法院自由裁量。这种标准是
开放性的，它取决于单一审理还是多项分别审理是最为方便的，同时可以避免偏
见，并且能够将费用和延迟降至最低。[15] 这种衡量标准的基础在于，希望运用
最可能最终公正解决诉讼的这一程序。[16] 按照这一思路，分开就不能被用于拒
绝一位当事人所享有的在任何争议点上获得陪审团审判的权利。如果指令进行分
开的案件同时涉及普通法上和衡平法上的请求，那么这两类请求中的共同争议点
必须首先交由陪审团审判。[17] 只有在此以后，法院才可依据陪审团对共同争议
点的裁决来决定任何剩下的衡平法争议点。

对分开这一设计的一种典型运用是将责任问题从损害赔偿问题中分离出
来。[18] 尤其是在其中一个问题或者两个问题将由陪审团决定时，分开有助于确

〔12〕 参见 Fischer & Porter Co. v. Haskett, 51 F. R. D. 305, 306（E. D. Pa. 1970），在该案中，
"分别审理"和"分离"这些术语在同一句里被交替使用。同时，可参见 Note, Separate Trial of a Claim or
Issue in Modern Pleading: Rule 42（b）of the Federal Rules of Civil Procedure, 39 Minn. L. Rev. 734, 744 -
45（1955）.

〔13〕 参见 9 C. Wright & A. Miller, Civil 2d 2387.

〔14〕 参见下列案件中的讨论：关于 Plumbing Fixture Cases, 298 F. Supp. 484, 490（Jud. Pan. Mult.
Lit. 1968）.

〔15〕 参见 9 C. Wright & A. Miller, Civil 2d 2388。同时参见 Ammesmaki v. Interlake S. S. Co., 342
F. 2d 627（7th Cir. 1965）.

〔16〕 参见下列案件中的详尽讨论：Eichinger v. Fireman's Fund Ins. Co., 20 F. R. D. 204（D. Neb.
1957）. 同时，可参见 Montana ex rel. Stenberg v. Nelson, 157 Mont. 310, 486 P. 2d 870（1971）.

〔17〕 参见下文 11. 5 对获得陪审团审判权的讨论。

〔18〕 例如，Beeck v. Aquaslide'N' Dive Corp., 562 F. 2d 537（8th Cir. 1977）；Kushnerv. Hendon Con-
str., Inc., 81 F. R. D. 93（M. D. Pa. 1979），维持原判而未发表法官判决意见书（affirmed without o-
pinion）609 F. 2d 501（3d Cir. 1979）；Morley v. Superior Ct. of Arizona In and For Mricopa County, 131 Ariz.
85, 638 P. 2d 1331（1981）；Kaiser Steel Corp. v. Westinghouse Elec. Corp., 55 Cal. App. 3d 737, 127
Cal. Rptr. 838（1976）.

保原告受伤程度证据所带来的感性冲击不会对被告过错的认定产生影响。[19] 根据一项研究，与未进行分开的案件相比，责任问题与损害问题的这种分开使得被告胜诉率显著增加。[20] 这一调查结果有力地表明，在对有关原告受伤程度证据进行听审时，陪审团实际上出于怜悯而为情所动，这也影响了其对责任问题的认定。

为消除此类影响而进行分开表明了其潜在政策——希望避免出现对一方当事人存在偏见的情况。[21] 在其他案件中，分别则认同了另一种政策——希望通过首先审理一些可能解决整个诉讼的争议点来提高司法效率。比如，如果事实调查人首先认定被告并不应承担责任，那么将没有必要解决损害赔偿问题。[22]

任何当事人均可申请进行分开，法院也可主动指示分开。[23] 尽管这类决定可在稍后时候作出，但是从理论上讲它应在审前会议阶段作出；[24] 而为在其他方面属于自由裁量性质的事项设定严格时间要求也是不协调的。在大多数司法管辖区中，就有关分别审判申请的裁定所提出的上诉不大可能成功，这是因为该指令并非最终判决，因而不能立即提起上诉。[25] 所以，反对此指令的惟一途径是在最终判决作出后，以分开对一方当事人存在偏见为由提出上诉。[26] 即使在那

326

---

[19] 参见 Granholm & Richards, Bifurcated Justice: How Trial – Splitting Devices Defeat the Jury's Role, 26 U. Tol. L. Rev. 505 (1995); Henderson, Bertram & Toke, Optimal Issue Separation in Modern Products Liability Litigation, 73 Texas L. Rev. 1653 (1995); Comment, Implicationsof Bifurcation in the Ordinary Negligence Case, 26 U. Pitt. L. Rev. 99, 107 – 10 (1964). 同时参见，关于 Bendectin Litigation, 857 F. 2d 190 (6th Cir. 1988), 要求调阅案卷的上诉申请被驳回 488 U. S. 1006. 试比较，关于 Beverly Hills Fire Litigation, 695 F. 2d 207, 217 (6th Cir. 1982), 要求调阅案卷的上诉申请被驳回 461 U. S. 929 (分开可能会产生一种毫无结果的，实验室一般的环境) 和 Comment, Polyfurcation and the Right to a Civil Jury Trial: Little Grace in the Woburn Case, 25 B. C. Envtl. Aff. L. Rev. 649 (1998).

[20] Rosenberg, Court Congestion: Status, Causes, and Proposed Remedies, in The Courts, The Public and the Law Explosion 29, 49 (Jones ed. 1965).

[21] 参见 9 C. Wright & A. Miller, Civil 2d2390. 从此目的看，如果各争议点相互交织在一起，以至于将其单独提交给一个陪审团将会导致偏见，那么就不应当指令进行分开。参见 Williams v. Adams, 46 A. D. 2d 952, 362 N. Y. S. 2d 68 (1974).

[22] 例如，McKinney's 1983 New York Rules of Court 699. 14。
一项早期研究表明，与将责任和损害赔偿问题同时提交给陪审团的案件相比，以此方式处理的案件会节省百分之二十的时间。参见 Zeisel & Callahan, Split Trials and Time Savings: A Statistical Analysis, 76 Harv. L. Rev. 1606, 1619 (1963).

[23] Moss v. Associated Transport, Inc., 33 F. R. D. 335 (D. Tenn. 1963), 维持原判 344 F. 2d (6th Cir. 1965); Rosen v. Rosen, 78A. D. 2d 911, 432 N. Y. S. 2d 921 (1980).

[24] American Mach. & Mach. & Metals, Inc. v. De Bothezat Impeller Co., 8 F. R. D. 459 (S. D. N. Y. 1948).

[25] 各法院已断然拒绝了要求对附带裁决原理下的分开指令进行审查的这一努力。参见 Travelers Indem. Co. v. Miller Mfg. Co., 276 F. 2d 955 (6th Cir. 1960), 或者通过特别令状，参见 Regec v. Thornton, 275 F. 2d 801 (6th Cir. 1960). 主要参见下文第 13 章。

[26] 例如，United Air Lines, Inc. v. Wiener, 286 F. 2d 302 (9th Cir. 1961), 要求调阅案卷的上诉申请被驳回 366 U. S. 924.

些确实允许立即提起上诉的司法管辖区中，上诉也难以成功，因为初审法院的裁决具有自由裁量的性质。[27]

　　无论何时只要继续进行多个诉讼的合并程序看似将不会产生预期效果或者会造成偏见，上文提到的第三种程序设计——即请求的分离——就会得到准许。[28]在当事人合并虽然适当但却产生了一种若保留该诉讼形式，则难以推进程序和进行审理的诉讼时，分离将最能发挥其功用。比方说，在一个案件中，法院准许将被适当合并的两位被告所提出的各项请求进行分离，以此允许一位被告依照《联邦民事诉讼规则》第14条将上述两位被告中的一位引入诉讼。[29] 因为联邦规则禁止将作为"诉讼当事人"的主体引入诉讼，所以被告原本不能在原诉中引入原告。但是，在法院为进行独立审理而将原告请求予以分离后，被告就可以将原诉原告以新被告的形式引入单独诉讼之中。通过这种方式，法院保护了被告的分摊权并提高了案件处理效率。正如此例证所说明的那样，分离与请求的分开在特性和基础政策方面具有许多共同之处。[30]

　　对分离的另一种典型运用是，一位被适当合并的被告就法院的管辖提出异议。如果能够证明该管辖地域是不适当的，法院就可以将针对异议方提出的请求加以分离。[31] 即使管辖地对所有被告而言均是适当的，法院也可将针对一方当事人提出的请求加以分离并将其移送至一个更为适当的法院，或者将不相关的请求予以分离和单独处理，只要这样做将有利于某些或者所有当事人的利益。[32]

　　由于分离与请求的合并相互联系，所以前者的程序必须与现代程序规则中的请求合并规定结合起来加以解释。例如，如果前述例证中的请求被分离，那么为了在一个适当管辖地进行审判，法院可将分离后的请求予以合并，或者准许加入补充的请求。[33] 类似地，尤其是在联邦层面上，法院可以将分离后的诉讼移送至具有适当地域管辖权的另一个法院。[34]

---

〔27〕　主要参见 Korn, Civil Jurisdiction of the New York Court of Appeals and Appellate Divisions. 16 Buffalo L. Rev. 307 (1967).

〔28〕　参见 7 C. Wright, A. Miller & M. Kane, Civil 2d1689. 分离也可包含一种减少或者增加当事人的程序，该程序可成为对错误当事人合并或者未使必要当事人参加诉讼的一种救济。

〔29〕　Sporia v. Pennsylvania Greyhound Lines, Inc. , 143 F. 2d 105 (3d Cir. 1944).

〔30〕　参见以上注释 15 - 22 中的讨论。

〔31〕　参见 Wyndham Assocs. v. Bintliff, 398 F. 2d 614 (2d Cir. 1986), 要求调阅案卷的上诉申请被驳回 393 U. S. 977 (联邦地区法院将针对一个或者更多被告提出的一些请求进行分离，其目的在于准许移送一起状告其他一些被告的诉讼)。

〔32〕　例如, International Patent Dev. Corp. v. Wyomont Partners, 489 F. Supp. 226 (D. Nev. 1980).

〔33〕　参见下文 6. 6 中对请求合并的讨论。就有关针对异议方提出的请求何时应被驳回, 及其何时应当被移送至其他司法区的讨论, 参见 Goldberg v. Wharf Constructers, 209 F. Supp. 499, 508 (N. D. Ala. 1962).

〔34〕　例如, O'Shatz v. Bailey, 220 F. Supp. 444 (D. Md. 1963).

B. 诉讼当事人

6.3 谁是合适的当事人——有利益关系的真实当事人，诉讼能力与诉讼资格

所有民事诉讼的一个起始问题在于诉讼当事人是否达到必要的标准并以此为其启动诉讼程序提供充足根据。此问题涉及数个不同的考虑因素。特别是，有必要确定（1）该当事人是否是"有利益关系的真实当事人"；（2）这些当事人是否具有起诉或者被诉的法律"能力"；以及（3）被告是否具有"诉讼资格"。下文将对这些要求逐项进行探讨。

尽管有利益关系的真实当事人这一要求通常适用于原诉的原告，提出权利主张的任何当事人——例如，介入诉讼人，交叉请求人，或者反请求人——必须被证明是与特定请求相关的有利益关系的真实当事人。[1] 一般而言，该规则强调已知的原告应当依照适用的实体法享有其所要求强制执行的权利。[2] 这并不是表明那些当事人应当被并入该诉讼；它仅仅是确保现有当事人是合适的当事人。[3]

在历史上，普通法比衡平法更严格地适用有利益关系的真实当事人这一概念。对于受被告行为影响的权利而言，只有拥有该权利的法定产权的人方能依据普通法起诉；在衡平法上，其衡平法上的权利或者受益权存在争议的任何人都可以起诉。[4] 依照现代程序，有利益关系的真实当事人不必是从诉讼的成功中最终获益之人，[5] 这一因素常常使得对有利益关系的真实当事人的认定更加复杂。法院首先应当确定所主张的实体权利的性质，并进而查明主张该权利的当事人是否可依照管辖地程序法典被认定为有利益关系的真实当事人。当事人很可能从诉讼中获益这一情况并不必定会被优先考虑。

一个很好的例证是在各州的不法致死法项下的诉讼。在宾夕法尼亚州，例如，制定法将有利益关系的真实当事人限定为特定之人，即死者的配偶，子女或者父母。[6] 依照制定法，其他亲属并不能成为有利益关系的真实当事人。只有

----

〔1〕 6A C. Wright, A. Miller & M. Kane, Civil 2d 1543.

〔2〕 Ellis Canning Co. v. International Harvester Co., 174 Kan. 357, 255 P. 2d 658 (1953).

〔3〕 例如，如果涉及部分转让，那将有必要考虑原告——一位部分受让人——是否是有利益关系的真实当事人，并应当进而考虑合并规则是否也要求转让人出庭。参见 Boris v. Moore, 152 F. Supp. 595 (E. D. Wis. 1957)，基于其他依据而被维持原判 253 F. 2d 523 (7th Cir. 1958)。下文 6.5 对调整强制性当事人合并的规则进行了讨论。

〔4〕 6A C. Wright, A. Miller & M. Kane, Civil 2d 1541.

〔5〕 Race v. Hay, 28 F. R. D. 354 (N. D. Ind. 1961). 在普通法中，如果诉讼是为了他人的利益，原告可以"为使"受益人"获益"而提起诉讼。参见 C. Clark, Code Pleading 21 (2d ed. 1947).

〔6〕 42 Penn. Stat. 8301 (b).

当所规定的其他当事人均不存在时，遗产代理人方可提起诉讼，同时可获得的补救类型也仅限于特定损害赔偿。[7]

权利动产的转让情况下，也常常产生有利益关系的真实当事人问题。为了确定谁是有利益关系的真实当事人，法院应当首先查明转让的是什么，以便确定受让人是否拥有依法可由其审判的请求。[8] 此后，法院应当确定声称的转让是否有效。[9] 在此意义上，宣称自己拥有被转让的请求的当事人是否是有利益关系的真实当事人将最终取决于调整权利动产可转让性的实体法。比方说，如果一家零售商将收取特定销售合同价款权转让给一家银行，而该合同没有被履行，那么该银行可以提起违约之诉，但零售商不能起诉。该商家不再享有要求履行合同的实体权利，因此也不再是有利益关系的真实当事人。

在联邦法院中，有利益关系的真实当事人要求可在《联邦民事诉讼规则》第17条（a）中找到，该条规定"每项诉讼应以有利益关系的真实当事人的名义进行。"[10] 大多数其他程序体系均具有相同的一般指示。[11] 几乎所有规定也会提供更多关于特定法律关系的详细指引。例如，《联邦民事诉讼规则》第17条（a）规定，遗嘱执行人、遗产管理人、监护人、寄托受托人、信托受托人和为他人利益订立合同的当事人可按照其自己的名义起诉而无需将从诉讼进行中受益的当事人并入该诉讼。

有利益关系的真实当事人规则的价值是一个有争议的问题。该规则的支持者认为，应当准许被告提出其对方应是有利益关系的真实当事人的这一要求，这将使其免受有关同一请求的其他一些诉讼的侵扰。[12] 依照这一推理，该要求将使被告受益，因为"被告能够坚决要求，如果争议在实体问题上被进行到底，那

---

〔7〕 42 Penn. Stat. 8301 (b).

〔8〕 如果转让之物没有与救济请求充分相关，那么受让人不能以转让为由提起诉讼。参见 Farm Bureau Co－op. Mill & Supply, Inc. v. Blue Star Foods, Inc., 238 F. 2d 326 (8ᵗʰ Cir. 1956)（动产抵押的让与并不会转让产生于所宣称的 抵押财产转换的侵权赔偿请求）。

〔9〕 例如，一些州并不准许转让侵权赔偿请求。Young v. Garrett, 149 F. 2d 223 (8ᵗʰ Cir. 1945). 依照《反转让法》，《美国注释法典》第31标题第3727节 (31 U. S. C. A. 3727)，针对美国联邦政府提起的请求不能被转让。

〔10〕 对各种情况下有利益关系的真实当事人规则的适用的详细分析，可参见6A C. Wright, A. Miller & M. Kane, Civil 2d1541－1558。

指出有利益关系的真实当事人名称的这一要求存在着一种例外情形，即法院准许原告为保护秘密而以虚构的名称进行诉讼。例如，Coe v. U. S. District of Colorado 676 F. 2d 411 (10ᵗʰ Cir. 1982); Doe v. State Bar of California, 415 F. Supp. 308, 309 n. 1 (N. D. Cal. 1976)，维持原判 582 F. 2d 25 (9ᵗʰ Cir. 1978). 主要参见 Steinman, Pubic Trial, Pseudonymous Parties: When Shoud Litigants Be Permitted to Keep Their Identities Confidential ?, 37 Hast. L. J. 1 (1985).

〔11〕 例如，Kan. Stat. Ann. 60－217 (a); Mich. Comp. Laws Ann. 600. 2041.

〔12〕 参见 the Advisory Committee Note to the 1966 Amendment to Rule 17 (a), reprinted in 39 F. R. D. 84－85 (1966).

么原告应为其提供一项抗辩，该抗辩可对被告进行良好的一事不再理保护。"[13] 然而，以下事实削弱了这一论点，即如果原告依照所适用的实体法本不应享有获得救济权，那么被告总是可以申请驳回起诉。难以发现一项正式的有利益关系的真实当事人规则会为上述这种程序带来什么影响。

因此，不足为奇的是，一些评论者指出该规则是不必要的，并且容易使人误解。[14] 他们主张，实体法而非平行性的程序指令，应该成为一种根据并借以判断合适的当事人是否已经提起诉讼。在一些司法管辖区中，这一观点占据了上风。[15]

从策略角度看，有利益关系的真实当事人要求对诉讼当事人来说是非常重要的，其原因在于请求权人的身份可能会对陪审团产生影响。一家保险公司在人身伤害案中可能更倾向于选择其被保险人作为原告，其理论依据是陪审团更为同情一位个人。为达到这一目标，保险公司可能向被保险人赔偿相对较少金额的保单持有人的请求，或者以"借贷"形式进行赔偿。被保险人由此将保留起诉的实体权利，仍然作为有利益关系的真实当事人而存在，同时保险公司根本不会被要求在诉讼中出庭。

在联邦法院中，有利益关系的真实当事人问题常常会产生复杂的法律选择难题。[16] 正如刚刚提到的那样，这可从以下常见情形中得到很好的说明，即一家保险公司通过以"借贷收据"方式进行赔偿来试图维持被保险人在人身伤害案件中的有利益关系的真实当事人地位。[17] 为了使处理不同州籍当事人之间案件的联邦法院确定被保险人是否是有利益关系的真实当事人，它必须留意管辖地所在州的法律以判定被保险人是否仍然享有获得救济的实体权利。当信贷安排为州法律所许可时，各联邦法院就会接受各当事人对信贷收据的定性，并且认定被保险人是有利益关系的真实当事人。[18] 相对应的是，在联邦问题管辖权下应当适用联邦实体法以便确定谁享有起诉权，同时，依照 United States v. Aetna Casualty

〔13〕　Kaplan, Continuing Work of the Civil Committee: 1966 Amendments of Federal Rules of Civil Procedure, 81 Harv. L. Rev. 356, 412 (1967).

〔14〕　例如, Atkinson, Real Party in Interest: A Plea for Its Abolition, 32 N. Y. U. L. Rev. 926 (1957); Entman, More Reasons for Abolishing Federal Rule of Civil Procedure 17 (a): The Problem of the Proper Plaintiff and Insurance Subrogation, 68 N. C. L. Rev. 893, 920 (1990).

〔15〕　例如, 纽约州。参见2 J. Weinstein, H. Korn & A. Miller, New York Civil Practice ¶ 1004. 01.

〔16〕　对联邦法院中法律选择问题的讨论，参见上文第4章。不仅法院可能面临联邦法律或者州法律应当适用于有利益关系的真实当事人问题的各个方面，而且可能会提出不同州标准之间的选择问题。参见, 例如, Keopp v. Northwest Freight Lines, 10 F. R. D. 524 (D. Minn. 1950).

〔17〕　参见 Boynton, The Myth of the'Loan Receipt' Revisited under Rule 17 (a), 18 S. C. L. Rev. 624 (1966).

〔18〕　参见 Watsontown Brick Co. v. Hercules Powder Co., 201 F. Supp. 343 (M. D. Pa. 1962).

& Surety Company 这一判例,[19] 联邦法院很可能认定信贷收据安排并不能避免全部赔偿问题，同时保险人是有利益关系的真实当事人。

有时，即使联邦法院正在行使联邦问题管辖权，州实体法也会被适用以便确定谁是有利益关系的真实当事人。例如，当构成诉讼管辖权基础的联邦法律或者规则只是为传统的，由州所确立的起诉权创制了一种联邦救济时，州法律优先适用。[20] 相反，当请求是基于一项创设了新的联邦诉因的法律时，通常会援引联邦实体法以解决有利益关系的真实当事人问题。[21]

331

在上述这两种情况下，各州的程序规则均与有利益关系的真实当事人的确定问题无关。如果有关以谁的名义起诉以便强制执行代位人权利的一项州规定与联邦规则相冲突，那么应以《联邦民事诉讼规则》第 17 条（a）为准。因而，不能在州法院以自己名义起诉的一方当事人或许能够在联邦法院提起诉讼。[22]

由于诉讼并非由有利益关系的真实当事人提起的这一异议提出了一项起始答辩，所以它应当在答辩书提及或者通过前期申请提出。[23] 在任何情况下，都应当尽快提出该异议。如果没有在较早时候提出异议，就可能被视为放弃该权利。[24] 大体趋势似乎是准许法院在处理有利益关系的真实当事人异议方面，包括在延迟提起异议问题上，享有尽可能多的自由裁量权。例如，在一个案件中，于庭审前 4 天提出的异议被认为是不适时的，因为该案件早在 2 年前就已经被提

---

〔19〕 338 U. S. 336，70. S. Ct. 207，94 L. Ed. 171（1949）. 同时参见《反转让法》，《美国注释法典》第 31 标题第 3729 节（31 U. S. C. A. 3729）。

〔20〕 参见 Hoeppne Constr. Co. v. U. S. for Use of Mangum，287 F. 2d 108（10th Cir. 1960）（依照《米勒法》提起的诉讼）。U. S. for Use & Benefit of Allen Constr. Corp. v. Verrier，179 F. Supp. 336（D. Me. 1959）（依照《米勒法》提起的诉讼）。同样原理适用于依照《联邦侵权赔偿法》提起的诉讼，因为该法没有提出确定美国联邦政府责任的标准；它只是并入了州侵权法并将其适用于联邦雇员。

〔21〕 参见 Etherington v. Hardee，290 F. 2d 28（5th Cir. 1961）（《专利法》）。对依照《专利法》所做判决的进一步讨论，参见 6A C. Wright，A. Miller & M. Kane，Civil 2d 1547.

〔22〕 参见 6A C. Wright，A. Miller & M. Kane，Civil 2d 1544.

〔23〕 例如，Blau v. Lamb，314 F. 2d 618（2d Cir. 1963），要求调阅案卷的上诉申请被驳回 375 U. S. 813；Powers v. Ashton，45 Cal. App. 3d 783，119 Cal. Rptr. 729（1975）；Ellis Canning Co. v. International Harvester Co.，174 Kan. 357，255 P. 2d 658（1953）；Or. Rules Civ. Proc.，Rule 21A。

法院是否具有主动提出异议权这一问题并没有清晰的答案。试比较 U. S Fidelity & Guar. Co. v. Slifkin，200 F. Supp. 563（N. D. Ala. 1961）（法院自身不应当提出异议）和 General Inv. & Serv. Corp. v. Wichita Co.，236 F. 2d 464（10th Cir. 1956）（附带意见）（应当主动提出异议）。

〔24〕 法院对有利益关系的真实当事人异议的定性可能会影响对弃权问题的判定。参见，例如，E. Brooke Matlack，Inc. v. Walrath，24 F. R. D. 263（D. Md. 1959）（异议等同于因未对能力进行主张而提出的质疑）；Kincaid v. City of Anchorage，99 F. Supp. 1017，13 Alaska 285（1951）（申请类似于一项因未并入必不可少的当事人而提出的申请）。

起。[25] 但是结果并非总是如此。如同在主张存在不合理延迟的其他案件中那样，应当将反对方是否已受到损害作为检验标准。[26]

即使有关原告有利益关系的真实当事人身份的异议成立，该缺陷也不会是致命的。法院通常将准予一段合理时间以便替换或者并入有利益关系的真实当事人。[27] 此外，替换为有利益关系的真实当事人的这一修改将被准许溯及到最初提起诉讼之日以免受诉讼时效法的影响。[28] 只有在未替换为有利益关系的真实当事人时，起诉才会被驳回。但是这种驳回不是针对实体问题；有利益关系的真实当事人可在稍后时候就同一请求提起诉讼。[29]

起诉能力或被诉能力是指个人可在诉讼中代表其权益而无需他人协助的能力。在某种意义上，这种要求反映了关于被认为缺乏必要诉讼个人资格的人和主体类别的一系列"明线"规则。[30] 能力的判定与诉讼性质无关——这一特点使其不同于有利益关系的真实当事人要求，后者可能会因争议中的实体权利而有所变化。因此，一个原告可能依据实体法享有合法权利，但是却因为年龄表明其缺乏能力而不能提起诉讼；另一位原告可能对争议结果具有直接利益，但并不能依照其住所地法提起诉讼，因为他是由监护人所代表的。

通常，能力欠缺可以依照两条基本思路来构成：（1）基于生理心理状况的能力欠缺；和（2）出于组织地位或者法律关系的能力欠缺。法院对丧失行为能力之人的处理会根据其所属类型而有所区别。一般而言，因为其生理或者心理状况而能力欠缺之人——例如，婴儿或者智力不全之人——被认为是法院的受监护

---

[25] McLouth Steel Corp. v. Mesta Mach. Co., 116 F. Supp. 689 (E. D. Pa. 1953)，基于其他依据而被维持原判214 F. 2d 608 (3d Cir. 1954)，要求调阅案卷的上诉申请被驳回348 U. S. 873。同时参见Hefley v. Jones, 687 F. 2d 1383 (10th Cir. 1982).

[26] 参见Pace v. General Elec. Co., 55 F. R. D. 215 (W. D. Pa. 1972)；U. S. Fidelity & Guar. Co. v. Slifkin, 200 F. Supp. 563 (N. D. Ala. 1961).

[27] 参见Fed. Civ. Proc. Rule 17 (a)。同时参见 the Advisory Committee's Note to the 1966 Amendment to Rule 17 (a)，reprinted in 39 F. R. D. 84, 85。但是，如果不能在合理时间内弥补缺陷，这可能会是致命的。例如，Weissman v. Weener, 12 F. 3d 84 (7th Cir. 1993).

[28] 在判定是否准许进行修改以替换为有利益关系的真实当事人，参见 Crowder v. Gordons Transports, Inc. 387 F. 2d 413, 418 – 19 (8th Cir. 1967)，以及决定原告是否就关于有利益关系的真实当事人的错误拥有一些合理辩解时，参见 Hobbs v. Police Jury of Morehouse Parish, 49 F. R. D. 176 (W. D. La. 1970)，其关键因素在于该延误是否会被告造成损害。对修改的溯及问题的全面讨论，参见上文5. 27.

[29] Ronsick v. Phariss, 286 F. 2d 316, 318 (10th Cir. 1960).

[30] 最常见类型的能力欠缺之人是：婴儿；智力不全之人；已婚妇女，尽管这只是过去存在于普通法之中；已决犯和敌国人（其有时只是不享有起诉能力但是可以被起诉）；在其任命地以外的司法管辖区中以代理人身份行事的个人；外国（州）公司和已终止的公司；以及合伙和非法人团体。对这些类别的更为详尽讨论，可参见6A C. Wright, A. Miller & M. Kane, Civil 2d 1559 – 1570.

人，法院将为其指定一位当事人来代表他们。[31] 由于其作为组织[32]或代表的法律地位而被剥夺能力之人——例如，工会或者在一些司法管辖区中的涉讼财产管理人——不会受到此类特殊对待。不会指定代理人；他们必须在不同的管辖地起诉或者被诉，或者有资格依据其他理由进行诉讼。[33]

对两类当事人的不同对待反映了导致其能力欠缺的不同政策。有必要保护属于第一类的个人，我们不能期望他们能够代表自己利益而行事。就后一类型而言，管辖地只不过是在实施旨在对特定类别组织的诉讼活动加以控制的政策。[34]

333 一方当事人在诉讼过程中获得或者失去起诉或被诉的能力的这一可能性总是存在的。当一位曾欠缺能力的诉讼当事人摆脱了无能力状态时，大多数司法管辖区会裁定终止监护人的权利，而无论该监护人是否由法院所指定。[35] 相反，当一个诉讼当事人在诉讼过程中丧失能力时，起诉将被驳回。例如，在 Mather Construction Company v. United States 案中，[36] 在提出诉求后大约 20 天，依照州法律，原告公司因未能支付税款而被暂停营业。法院驳回了起诉，因为暂停营业导致公司"无力"提起诉讼。法院认为，能力"不仅是起诉的能力，而且也是进行诉讼的能力。"[37]

在联邦法院，能力问题主要是由州律加以调整。[38] 《联邦民事诉讼规则》第 17 条（b）规定，除以代理人身份行事之人外，个人的能力应依其住所地法决定；法人的能力依其据以成立的法律决定，并且，在所有其他情况下，除仅有的个别次要例外情形外，能力是依联邦地区法院所在州的法律决定。仅有两种州法律适用的例外情形：（1）依照州法律欠缺能力的合伙和非法人团体可在联邦

---

〔31〕 对联邦法院所采取的保护此类当事人的措施的讨论，可参见 6A C. Wright, A. Miller & M. Kane, Civil 2d 1570.

〔32〕 这是适用于所有非法人团体的普通法规则。参见 Kap Suits Against Unincorporated Associations under the Federal Rules, 43 Mich. L. Rev. 945 (1955). 对普通法规则进行修改的制定法实例是 N. Y－Mckinney's General Association Low 13; N. C. Gen. Stat. 1－69. 1.

〔33〕 参见 6A C. Wright, A. Miller & M. Kane, Civil 2d 1564, 其讨论了运用集团诉讼起诉合伙和非法人团体的效力。

〔34〕 对佛罗里达州政策及实施规则的有趣的案例分析，参见 Note, Hazards of Enforcing Claims Against Unincorporated Associations in Florida, 17 U. Fla. L. Rev. 211 (1964).

〔35〕 依照实践中的做法，应当通过提出及时的申请来要求法院撤消代表人。Ju Shu Cheung v. Dulles, 16 F. R. D. 550 (D. Mass. 1954).

〔36〕 201 Ct. Cl. 219, 475 F. 2d 1152 (1973).

〔37〕 475 F. 2d at 1155.

〔38〕 对联邦法院中能力问题的更全面讨论，参见 6A C. Wright, A. Miller & M. Kane, Civil 2d 1559－1573.

问题案件中以通常名义（common name）起诉，[39] 和（2）联邦涉讼财产管理人依照《美国法典》具有特定能力，即使其在州法律下欠缺能力。[40] 因而，在希望由地方规则调整能力问题以及提倡依据全国统一标准来决定获得联邦法院公正审判权的两类人士之间，《联邦民事诉讼规则》起到了调和作用。[41]

　　令人遗憾的是，当管辖地所在州的法律不同于《联邦民事诉讼规则》中所提到的法律时，能力事项的适用法问题会变得更加复杂。[42] 在这一问题上的主要判例是 1949 年作出判决的 Woods v. Interstate Realty Company[43] 一案。在伍兹（Woods）案中，联邦最高法院认为，当密西西比州法院会禁止进行此类起诉时，在田纳西州成立的一家公司不能在位于密西西比州的联邦法院起诉一位密西西比州人，即使事实上该公司依照其成立地所在州的法律拥有起诉或者被诉的能力。根据密西西比州法人能力规则，该公司不具备相应资格，因为其没有就当地经营活动进行注册。

　　但是，联邦最高法院随后在 Hanna v. Plumer[44] 一案中判决认为，除明显违反 1934 年《规则制定授权法》外，[45] 一项联邦程序规则应当适用于不同州籍当事人之间的案件，[46] 这一判决可能会对伍兹一案判决的判例价值造成影响。[47]《联邦民事诉讼规则》第 17 条（b）的第二句话明确地将法人能力问题交由法人组织法，而非管辖地所在州的法律加以调整。不过，当管辖地已在其诉讼能力规则中表明了若干重要政策时，适当的解决之道似乎是要求一项诉讼既符合《联邦民事诉讼规则》第 17 条（b）中所提到的法律的规定，又与管辖地所在州的法律相一致。通过这种方式，各法律间的冲突就能够被避免，同时也兼顾了管辖

334

　　〔39〕　此政策产生于以下这一标志性判例：the landmark case of United Mine Workers of America v. Coronado Coal Co., 259 U. S. 344, 42 S. Ct. 570, 66 L. Ed. 975（1922）。参见 6A C. Wright, A. Miller & M. Kane, Civil 2d 1564.

　　〔40〕　参见 2 U. S. C. A. 754, 959（a）。州涉讼财产管理人的能力依管辖地州法律决定，参见 6A C. Wright, A. Miller & M. Kane, Civil 2d 1567.

　　〔41〕　参见 Van Dusen v. Barrack, 376 U. S. 612, 642, 84 S. Ct. 805, 822, 11 L. Ed. 2d 945（1964）；Clark & Moore, A New Federal Civil Procedure Ⅱ. Pleadings and Parties, 44 Yale L. J. 1291, 1312 – 17（1935）.

　　〔42〕　参见 6A C. Wright, A. Miller & M. Kane, Civil 2d 1569。上文第 4 章更详尽地讨论了各联邦法院中的适用法问题。

　　〔43〕　337 U. S. 535, 69 S. Ct. 1235, 93 L. Ed. 1524（1949）.

　　〔44〕　380 U. S. 460, 84 S. Ct. 1136, 14 L. Ed. 2d 8（1965）. Hanna 一案中的法院将伍兹（Woods）案认定为涉及"一种适用州规则会完全阻止权利恢复进行的情形"。同上，at 469, 85 S. Ct. at 1143. 在 Hanna 案中，州法律的适用"本应当只会导致诉讼程序送达方式的改变"。

　　〔45〕　28 U. S. C. A. 2072.

　　〔46〕　就对 Hanna 一案的讨论，参见上文 4. 4.

　　〔47〕　例如 Stock West, Inc. v. Confederated Tribes of the Colville Reservation, 873 F. 2d 1221（9ᵗʰ Cir. 1989）.

地所在州的规制利益（regulatory interests）。

由于极少就能力问题提出异议，所以大多数现代程序体系都不要求原告在诉讼起始时对各当事人的起诉能力或者被诉能力加以证明。[48] 如果当事人的能力受到怀疑，对方当事人必须通过一项特定的否定性事实主张提出异议；如果没有通过答辩书或者审前的前期申请（preliminary motion）提出该争议点，那么争议点将会被视为放弃。[49]

除有利益关系的真实当事人以及能力等起始要求外，当事人必须拥有起诉的"诉讼资格"——当原告试图对一项制定法或者一项由政府机构作出的行政或者管理决定提出异议时，这是一个典型的存在争议的原理。[50] 与司法不介入政治问题这一原则相类似，法官创制的诉讼资格规则是对可提交法院解决的争议类型进行限制的一种控制机制。[51] 本文难以对构成这一司法限制概念基础的此类政策考虑进行全面分析。[52] 然而，在对诉讼资格要求的程序方面进行处理时，应当牢记这些问题。

尽管被主要认为是一种联邦层面的原理，诉讼资格概念也为各州法院所采纳，而其最为广泛地适用于纳税人案件之中。几乎所有的州均允许纳税人通过起诉来质疑地方自治体的开支。[53] 少数州也准许纳税人在法院对州的支出决策提

---

〔48〕 除有必要证明法院管辖权外，各当事人通常无需对能力进行主张。Fed. Civ. Proc. Rule 9（a）；West's Fla. Stat. Ann. Rule Civ. Proc. Rule 1. 120（a）；Offical Code Ga. Ann. 9 – 11 – 18（a）；Minn. Rules Civ. Proc. , Rule 9. 01. 但是，试比较 Vernon's Ann. Mo. Civ. Proc. Rule 55. 13（"足以证明有关能力的基本事实是真实的"）。

〔49〕 5 C. Wright & A. Miller, Civil 2d 1294 – 1295. 这一做法在大多数采取普通法和法典诉辩的司法管辖区中较为典型。Society for Propagation of the Gospel v. Town of Pawlet, 29 U. S.（4 Pet.）480, 7 L. Ed. 927（1830）；C. Clark, Code Pleading 50（2d ed. 1947）。

少数法院将能力作为一种事物管辖权要求来加以对待。例如，Pasos v. Eastern S. S. Co. , 9 F. R. D. 279（D. Del. 1949）；Clemente Engineering Co. v. Deliso Constr. Co. , 53 F. Supp. 434（D. Conn. 1944）；依照这一方式，就能力问题提出的异议绝不会视为放弃。此结果显然与《联邦民事诉讼规则》第9条（a）及许多州的相似规定的起草者的初衷不符，因此这一做法是错误的。参见 6A. C. Wright, A. Miller & M. Kane, Civil 2d 1559.

〔50〕 诉讼资格问题受到评论家们的广泛关注。就一项颇为有趣的历史和理论角度的回顾，参见 Jaffe, Standing to Secure Judicial Review: Public Actions, 74 Harv. L. Rev. 1265（1961）, 以及 Comment, Taxpayers' Suits: A Survey and Summary , 69 Yale L. J. 895（1959）. 同时参见 L. Tribe, American Constitutional Law 3 – 14 – 3 – 21（1988）.

〔51〕 Warch v. Seldin, 422 U. S. 490, 519, 95 S. Ct. 2197, 2215, 45 L. Ed. 2d 343（1975）（Douglas, J. 法官持反对意见）。

〔52〕 更深入的探讨，可参见 13 and 13A. C. Wright, A. Miller & E. Cooper, Jurisdiction and Related Matters 2d 3529 – 3235.

〔53〕 在以下案件中，对此权利的行使引起了人们的关注：Wirin v. Parker, 48 Cal. 2d 890, 313 P. 2d 844（1957）（洛杉矶的纳税人被赋予向警长起诉的诉讼资格，以此防止公众资金被用于电子窃听设备领域）。就联邦体系下的一起监视案件中的对应观点，参见 Laird v. Tatum, 408 U. S. 1, 92 S. Ct. 2318, 33 L. Ed. 2d 154（1972）.

出异议。[54] 尽管这一差异看似特别，但是它反映了这些州对法院在审查立法和行政决策方面所充当的适当角色的认识。[55]

因为针对有关消费者、环境事项和公共资金开支的联邦管制和行政决策提出的异议数量不断增加，因此在联邦法院中，诉讼资格颇为重要并引起了公众相当的关注。令人遗憾的是，联邦的诉讼资格原理仍然处于一种模糊不清的状态。正如道格拉斯（Douglas）法官所评论的，"对起诉诉讼资格进行此类归纳在很大程度上是毫无价值的。"[56]

然而，可以对一项与联邦法院有关的原则作一个较有把握地说明，该原则是，所有的诉讼资格问题均根植于法院只能对"案件或者争议"作出判决的这一宪法限制之中。[57] 如果联邦法院裁定提起诉讼的当事人与争议之间并无充分联系，那么联邦宪法第3条将禁止法院对该诉讼进行听审。因此法院应当逐案解决此问题。在一些情况下，可能要求对单一案件的数个部分分别进行诉讼资格裁判；一方当事人可能具有质疑一项公共法令或者行为的某些方面的诉讼资格，但是不能在其他方面提出异议。[58] 诉讼资格的宪法依据则将本来看似属于例行起始问题的内容转换为一个在特定类型诉讼中极为重要的问题。

除宪法限制条件外，诉讼资格也涉及一些政策考虑。[59] 诉讼资格的审慎特性所具有的重要性以及一些判定是否已达到这些目标的标准，都随着时间流逝而

---

〔54〕 参见 Jaffe, Standing to Secure Judicial Review: Public Actions, 74 Harv. L. Rev. 1265, 1278 (1961).

〔55〕 参见在下列材料中的讨论：Comment, Taxpayers' Suits: A Survey and Summary, 69 Yale L. J. 895, 902 (1959). 尚没有司法管辖区准许"公民诉讼资格"（citizen standing）；必须主张与诉讼标的存在某些联系，这种联系至少是所缴纳的税款被部分地用于有争议的项目。参见 13 C. Wright, A. Miller & E. Cooper, Jurisdiction and Related Matters 2d 353. 10.

〔56〕 Association of Data Processing Serv. Organizations, Inc. v. Camp, 397 U. S. 150, 151, 90 S. Ct. 827, 829, 25 L. Ed. 2d 184 (1970).

〔57〕 "第3条中的要求保持不变：原告仍然必须主张自己受到了明显而易觉察的侵害，即使这是由更多其他的潜在诉讼当事人所共同造成的侵害。"Warth v. Seldin, 422 U. S. 490, 501, 95 S. Ct. 2197. 2206, 45 L. Ed. 2d 343 (1975) (Powell, J.).

〔58〕 例如，Ray Baillie Trash Hauling, Inc. v. Kleppe, 477 F. 2d 696 (5ᵗʰ Cir. 1973)，要求调阅案卷的上诉申请被驳回 415 U. S. 914（废料搬运者具有对小企业局的一项援助少数企业项目的确立提出异议的诉讼资格，但并没有质疑该项目具体管理的诉讼资格）。

〔59〕 参见 Warth v. Seldin, 422 U. S. 490, 498－99, 95 S. Ct. 2197, 2205, 45 L. Ed. 2d 343 (1975)；Massachusetts v. Mellon, 262 U. S. 447, 448－89, 43 S. Ct. 597, 601, 67 L. Ed. 1078 (1923).

有所变化。[60] 现行标准是联邦最高法院在 Association of Data Processing Service Organizations, Inc. v. Camp[61] 和 Berlow v. Collins[62] 这两个案件中所宣布的两部分标准。为具备诉讼资格，原告必须表明：（1）所质疑的行为已经在事实上造成侵害；和（2）寻求保护的权益属于正在讨论的制定法或者宪法保证所保护或者规制的权益范围。

该标准的第二部分，即所谓的"保护标准范围"，仍然不够确切，但是有迹象表明，无论何时只要没有特殊理由拒绝赋予诉讼资格，就应当视为符合条件。[63] 因此，诉讼资格标准的第一部分仍然是最为重要的。联邦最高法院的数个案件，包括 Sierra Club v. Morton,[64] United States v. Students Challenging Regulatory Agency Procedures（SCRAP）,[65] 和 Warth v. Seldin 等案件,[66] 都是取决于诉讼资格问题的"侵害"方面。在 Sierra Club 一案中，原告对内政部和沃特迪斯尼公司（Walt Disney Enterprises Inc.）之间将部分 Sequoia 国家森林开发为主要滑雪胜地的许可协议提出异议。法院断定，环保组织不具备诉讼资格，因为他们本身并未受到侵害，而所宣称的侵害也不是依法受到保护的权利。[67] 另一方面，在 SCRAP 案中，原告——法律学生——对 ICC 提高铁路运费率的决定提出异议，而异议理由是它会间接地阻碍可回收货物的使用。这一阻碍被认为将导致对森林和其他自然资源的更多开采，并且会剥夺原告应受保护的，诸如享受徒步旅行及其他户外活动等权益。[68] 法院接受了这一论据并将其作为赋予诉讼资格的基础。与此相反，在 Warth 案中，法院判定原告纳税人不具有诉讼资格来质

---

〔60〕 Massachusetts v. Mellon, 262 U. S. 447, 43 S. Ct. 597, 67 L. Ed. 1078 (1923)，联邦最高法院确立了"直接侵害"标准：除非原告能够表明被告的行为直接对她造成侵害，否则原告不具备诉讼资格。诉讼资格原理的下一个发展阶段是采纳"法定权利"标准。参见 Tennessee Elec. Power Co. v. TVA, 306 U. S. 118, 59 S. Ct. 336, 83 L. Ed. 543 (1939)。原告必须提出现行制定法或者判例法规定可由法院管辖的请求；质疑政府决策的原告应当表明，如果他已向一位私当事人提起类似诉讼，他所受的侵害将为救济的获得提供确凿证据。在下列案件中对此标准作了额外注解：Baker v. Carr, 369 U. S. 186, 82 S. Ct. 691, 7 L. Ed. 2d 663 (1962)，以及 Flast v. Cohen, 392 U. S. 83, 88 S. Ct. 1942, 20 L. Ed. 2d 947 (1968)。这些标准现已全部根据两部分标准进行了归类。

〔61〕 397 U. S. 150, 90 S. Ct. 827, 25 L. Ed. 2d 184 (1970).

〔62〕 397 U. S. 159, 90 S. Ct. 832, 25 L. Ed. 2d 192 (1970).

〔63〕 这是在以下材料中所作出的结论：Sedler, Standing, Justiciability, and All That: A Behavioral Analysis, 25 Vand. L. Rev. 479 (1972).

〔64〕 405 U. S. 727, 92 S. Ct. 1361, 31 L. Ed. 2d 636 (1972).

〔65〕 412 U. S. 669, 93 S. Ct. 2405, 37 L. Ed. 2d 254 (1973).

〔66〕 422 U. S. 490, 95 S. Ct. 2195, 45 L. Ed. 2d 343 (1975).

〔67〕 405 U. S. at 732 – 33, 92. S. Ct. at 1364 – 65.

〔68〕 412 U. S. at 678, 93 S. Ct. at 2411. 对 SCRAP 一案推理的回应值得注意："如果这些被认为是微妙区别，那么我们的回答只能是，SCRAP 案中聪敏的法律学生们已使我们转化进入了一个我们必须竭尽所能履行好职责的超凡王国。" Florida v. Weinberger, 492 F. 2d 488, 495 (5th Cir. 1974) (per Gee J.).

疑将纽约州罗彻斯特附近郊区划为保护区的这一做法。该分区规定被认为会提高罗彻斯特对享受政府补贴的住宅的需求量并因而将增加地方税收。[69] 四位法官提出了尖锐的反对意见。[70]

诉讼资格原理的嬗变似乎是趋向于为原告提供更多的诉讼自由。然而，法院仍未清晰地表明如何在相关且常常相互冲突的下列利益之间进行平衡：原告的获得救济权，以及立法机关享有的免受司法干预的政策实施权。同时，没有系统地分析司法部门对这些利益进行裁决的权力，而其权限也未被准确界定。实质上，法院仍然有权专门对这些相互冲突的价值进行协调。

但是，很重要的是应当注意到，诉讼资格与特定原告是否是有利益关系的真实当事人或者是否具有诉讼能力问题存在着相当的不同，其中原因在于诉讼资格所具有的宪法和公共政策基础。尽管所有的这三项条件均旨在确保只有某些当事人方可进行诉讼，诉讼资格限制同样也要求部分地考虑实体问题以及与有关司法部门在特定领域中的适当作用相关的更广泛的政策关注。

6.4 许可性当事人合并

传统的法律模式是两方当事人诉讼。然而，现代交易经常包括两位以上的个人，并且在这些交易出现错误或者发生侵害时，就有必要裁定那些主体可以适当地被合并单一诉讼之中。

普通法程序严格限制许可性当事人合并，这是通过将许可性当事人合并与诉讼当事人的实体性权利相联系的方式实现的。原告的权益被划分为两类，即共同的权益或者单独的权益：如果是共同权益，他们可以在同一诉讼中起诉；如果属于单独权益，他们则不能这样起诉。事实上，在有异议的权利具有共同性的大多数案件中，合并是强制进行的，这使得许可性的原告合并实际上并不存在。对被告合并加以调整的普通法规定则更为灵活。依照有关多当事人侵权责任的规则，原告可以合并共同侵权人或者分别对其提起诉讼。就其一些合同义务同时具有共同和单独性质的被告而言，原告享有同样的选择权。但是，如果作为被告的多位债务人承担连带责任，那么他们必须被连带地提出诉讼。[1]

较普通法法院而言，当事人合并在衡平法法院中更易得到准许。衡平法法院并未使其判定取决于抽象的共同－单独分类，在所有权益相关方之间实现完全正义和避免重复诉讼的这些目标是其解决合并问题的基石。因而，衡平法法院法官

338

---

〔69〕 Warth v. Seldin, 422 U. S. 490, 95 S. Ct. 2195, 45 L. Ed. 2d 343 (1975).

〔70〕 Brennan、Douglas、Marshall 和 White 四位法官提出了反对意见。422 U. S. at 518, 95 S. Ct. at 2216.

〔1〕 参见 C Clark, Code Pleading 56, 59 (2d ed. 1947)。同时参见 B. Shipman, Common Law Pleading 226 – 28 (3d ed. 1923).

准许将所有在诉讼标的或者所寻求救济中具有权益之人作为原告或者被告合并入单一诉讼之中。此外，即使此类宽松的处理模式也只是被认为是一种指南，而非适用于所有案件中当事人合并的绝对要求。[2]

程序法典则为当事人合并设定了一些新标准。依照早期法典，一些法院曾认为，如果一些当事人在诉讼标的和所寻求救济中的权益具有共同范围，那么这些当事人是"合适的"并且可以进行合并。所以，两项单独但相邻财产的所有人不能共同起诉一位损害了他们各自一块土地的侵权人，因为这两位所有人在所寻求的救济方面没有利害关系。[3] 这项一般规则实质上没有为合并留下空间，因为与已参与诉讼的当事人具有利益一致性的非诉讼当事人主体会依照当时的合并规则被强制并入诉讼之中。[4]

现代当事人合并规则摈弃了早期法典的绝对主义。在一位当事人可以依照许可性合并规则被合并之前，仍然会要求存在着重叠权益，但是并不要求全部重叠。对如何适用许可性合并要求的简要分析可以对其灵活性予以说明。

依照大多数现代程序规则，许可性当事人合并的第一项要求是被合并的主体必须主张或者已经被主张享有某些获得救济权，而该权利是产生于构成诉讼标的的单个或者系列的交易或者事件。第二项要求是，被合并的当事人与现有诉讼当事人应当具有共同的法律问题或者事实问题。[5] 在联邦法院中，[6] 必须满足以上两项要求方可进行当事人合并。[7] 这两项要求看似简单明了；然而，它们的解释和适用却常常有所变化。

尽管第一项要求具有便于灵活适用的优点，但是就什么是交易或事件而言，判例法没有提供太多的引导。大多数法院采用逐案分析方法来决定依照每个案件

---

〔2〕 J. Story, Equity Pleadings 76 (9th ed. 1874).

〔3〕 Burghen v. Erie R. Co. 123 App. Div. 204, 108 N. Y. S. 311 (1908).

〔4〕 C. Clark, Code Pleading 60 (2d ed. 1947). 参见下列材料中对纽约州（当事人）许可性合并的历史考察：Clark & Wright, The Judicial Council and the Rule Making Power: A Dissent and a Protection, 1 Syracuse L Rev. 346 (1950). 同时，参见 Blue, Joinder of Actions, 26 Mich. L. Rev. 1 (1927).

〔5〕 参见 Fed. Civ. Proc, Rule 20 (a); West's Ann. Cal. Code Civ. Proc. 378 (a), 379 (a); N. Y. – McKinney's CPLR 1002 (a), (b); Vernon's Ann. Texas Rules Civ. Proc., Rule 40. For an illustrative case, 参见 Stone v. Stone, 405 F. 2d 94 (4th Cir. 1968).

〔6〕 一般而言，各州对合并的限制在联邦法院中并不适用。例如，即使州法律只允许合并共同侵权人，也可准许将数个侵权人合并为被告。参见 Siebrand v. Gossnell, 234 F. 2d 81 (9th Cir. 1956). 同时参见 Doyle v. Stanolind Oil & Gas Co., 123 F. 2d 900 (5th Cir. 1941). 但是，在一些情况下，联邦法院可能会尊重州的重要合并限制政策。因而，即使被保险人将其权利转让给保险公司，在州实体法禁止合并时，联邦法院会维持一项对保险人合并提出异议的申请。American Fidelity Fire Ins. Co. v. Hood, 37 F. R. D. 17 (E. D. S. C. 1965).

〔7〕 同一交易要求可能会以不同的程序方法而被规避。因此，可能会出现多项单独之诉，于是，只要就所有当事人而言存在着共同的法律或者事实问题，法院就可依照《联邦民事诉讼规则》第 42 条（a）行使自由裁量权以将其合并审理。参见上文 6.2 中对合并的讨论。

的事实是否应当准许合并，[8] 这些法院并未采用有关事实相似处是如此众多以至于出现了同一交易或者事件的这一概括程式。

通常，法院通过探寻涉及被合并当事人的主张与案件其他部分之间是否存在逻辑关系这一方式将交易或事件要求适用于一个特定案件。[9] 这一标准最初是作为交易或者事实标准的一项司法注解而创设的，此交易或事实标准在联邦衡平法规则中被用于确定一项反请求是否是强制性的。[10] 依照逻辑关系标准，当存在足够的事实重叠以至于当事人共同诉讼有利于提高效率时，当事人合并便可得到准许。因此，对"逻辑关系"的界定是从司法效率和便利的角度进行的。

有时，被认定为符合标准的关系可能并不符合逻辑。例如，在原告因一位被告的过失而受到侵害，这些侵害此后又因第二位被告的过失而进一步恶化的案件中，通常会寻求许可性合并。在一个案件中，直到最初侵害出现 18 天后才发生了第二位被告的行为，但是法院准许两位被告合并入单一诉讼之中。[11] 在一个类似案件中，作为汽车乘客一天中在汽车后部两次遭到撞击的原告——一次发生在上班途中而另一次则出现在回家路上——被准许将其他两位司机合并入一个诉讼之中。[12] 相对于上述两起诉讼中这些侵权行为所具有的明显单独性，依照适用的实体法最初侵权人可被认定为对两种情形下的全部侵害承担责任的这一事实得到了更多的重视。

另一方面，一个法院曾拒绝将被认为侵害原告财产之人和已为该财产签发保险单的保险人合并为被告。尽管针对两位被告的请求涉及了相当程度的事实重叠，但是基础性实体法的不同被证明起到了决定性作用。[13] 因而，逻辑关系标准仅代表了决定许可性合并问题的最普遍的向导。正如一个联邦地区法院所描述的那样，"这种处理方法应当是有关是否共存着足够多的基本事实的最普遍方法，而要求这些当事人共同（就针对其提出的多项请求）进行辩护是公

340

---

〔8〕 参见 7C. Wright, A Miller & M. Kane, Civil 2d 1653 中的讨论。同时参见 Eastern Fireproofing Co. v. U. S. Gypsum Co., 160 F. Supp. 580 (D. Mass. 1958).

〔9〕 Moore v. New York Cotton Exchange, 270 U. S. 593, 610, 46 S. Ct. 367, 371, 70 L. Ed. 750 (1926) 一案对此标准进行了如下阐释："交易是具有灵活含义的一个词语。它可能包括一系列的多项事件，与其说它取决于其联系的直接性还不如取决于其逻辑关系"。例如，Duke v. Uniroyal Inc., 928 F. 2d 1413 (4th Cir. 1991) (产生于同一工人总数削减的年龄歧视诉讼)。

〔10〕 参见下文 6.7 中对强制性反请求的讨论。

〔11〕 Lucas v. City of Juneau, 127 F. Supp. 730, 15 Alaska 413 (1955).

〔12〕 Watts v. Smith, 375 Mich. 120 134 N. W. 2d 194 (1965). 根据其许可性合并规则，密执安州法院裁定，如果不进行合并，每个被告都会主张，对何项事件给原告带来了什么侵害并没有清晰的认定，因而两个被告可能会一起逃避责任。

〔13〕 State ex rel. Campbell v. James, 263 S. W. 2d 402 (Mo. 1953). 合同法会决定保险人的责任，但是各项侵权法原则会适用于针对其他被告提出的各项请求。

平的。"[14]

现在，许可性当事人合并的第二项必要条件是所有当事人具有共同的法律问题或者事实问题。此标准远不像要求权益具有完全相同性质的早期法典那样具有限制性。[15] 但是它的确将许可性合并限定为所有当事人以法律问题或者事实问题形式拥有至少一项共同诉讼权益的案件。应当注意的是，这些规则仅要求存在一个单一的共同问题且它无需存在争议；因而，被告对构成惟一共同问题的事实的承认不会阻止合并的进行。

查明是否存在共同事实问题是一个相对简单的问题。例如，在一起重大空难中受到侵害的各当事人可以基于其与单一事件的关系而联合起诉。[16] 因违反联邦反托拉斯法而提起的诉讼带来了更为复杂的情况，在该诉讼中，原告认为四位被告共谋操纵唱片价格。在附加诉讼理由中，原告指称第一被告和第二被告密谋设定一种唱片标签价格，而第三被告和第四被告共谋在不同标签上设定价格。尽管的确有许多事实问题对所有被告而言并非共同问题，他们的合并应当得到许可，因为至少存在着一个共同的事实问题——所有四个被告之间存在共谋。

然而，是否涉及一个共同的法律问题取决于法院如何明确界定"法律问题"。在 Federal Housing Adinistrator v. Christianson 案件中，[17] 一家美国联邦地区法院裁定，联邦规则中所提到的共同法律问题仅仅是指产生于法院所审理特定案件请求的这些法律问题，而非那些产生于一般法律原则的法律问题。该法院认为，例如，另一种观点会准许一位债权人将所有对其负有责任的债务人并入一个单一诉讼之中，无论他们的债务来源是如何的不同。

但是这种分析存在着缺陷。有两项因素使得共同问题标准不太可能被扭曲来准许在假想多重债务案件中进行合并。首先，《联邦民事诉讼规则》第 20 条和类似合并规则的根本政策在于提高司法效率；该假定的大规模债务诉讼几乎必定不能促进目标的实现。其次，除法律或者事实的相同性质外，许可性合并标准会要求被合并的当事人达到交易和事件标准，但是在此假设情形下显然难以满足该标准。[18]

---

〔14〕 Eastern Fireproofing Co. v. U. S. Gypsum Co., 160 F. Supp. 580, 581 (D. Mass. 1958).

〔15〕 参见 Music Merchants, Inc. v. Capitol Records, Inc., 20 F. R. D. 462 (E. D. N. Y. 1957).

〔16〕 对于重大灾难案件中多当事人诉讼的讨论，参见 Note, The Challenge of the Mass Trial, 38 Harv. L. Rev. 1046 (1955). 下列材料中提到了策略性考虑问题：Friedenthal, Whom to Sue – Mulitiple Defendants, 5 Am. Jur., Trial 1 (1966).

〔17〕 26 F. Supp. 419 (D. Conn. 1939). 以下材料对 Christianson 一案的裁决进行了抨击：Wright, Joinder of Claims and Parties Under Modern Pleading Rules, 26 Minn. L. Rev. 580, 601 – 11 (1952). 实际裁决为 1966 年对《联邦民事诉讼规则》第 18 条 (a) 的修正所否定。但是，对"共同法律问题"事项的原文的讨论并未受到 1966 年修正的影响。

〔18〕 参见下列材料中的讨论：7 C. Wright, A. Miller & M. Kane, Civil 2d 1653.

坚持克里斯琴森（Christianson）一案的观点可能会导致倒退到早期法典下所常见的限制性合并做法。如果共同的法律问题必须产生于一个共同的请求，那么只有共同责任才是合并的必要条件。[19] 近期的一些案件已经否定了对法律问题要求的这种狭隘解释。[20] 例如，在一个案件中，原告被准许将六位表决登记人合并为有关歧视问题的一个诉讼之中，该诉讼的惟一共同法律问题在于一些在时间和地理上相互独立的行为是否构成歧视。[21]

应当再次强调的是，许可性当事人合并标准的两个部分均是颇为灵活的。当代许可性合并规定的根本政策目标与那些推进衡平法规则的目标几乎完全相同：即在一个诉讼中实现完全正义，并且必然会避免重复诉讼。[22] 和这些目标一起权衡考虑的是这样的政策，即当合并将给被合并的当事人或者诉讼现有当事人带来侵害时，不应当准许进行合并。因此，在对质疑合并的申请进行裁决时，初审法院必须权衡合并为法院本身和获得单一裁判的各当事人所带来的便利，以及合并所可能带来的偏见。[23]

通常，许可性当事人合并的标准被广泛地适用以便提高司法效率。与这种灵活性相一致的是，现代司法实践中会在这样的情况下准许对一些原告或者被告进行合并，即他们所主张的或者针对他们所提出的请求是共同的，单独的，或者本节所说明的合并的两项必要条件得以满足。[24] 可通过一个由已故铁路工人的配偶依照《联邦雇主责任法》提起的诉讼来说明选择性合并（alternative joinder）。[25] 如果此配偶并不知道数家公司中的哪一家是该工人死亡时的雇主，那么她可在一项诉讼中选择性地起诉他们，并只从庭审确定的死者雇主公司处获得救济。准许进行选择性合并可避免重复诉讼以及各陪审团裁定缺乏一致的这一常见危险。

对当事人合并的这种宽松处理方式似乎是合理的，因为在诉辩阶段即使最低

342

---

〔19〕　参见 Wright, Joinder of Claims and Parties Under Modern Pleading Rules, 36 Minn. L. Rev. 580, 605 – 06（1952）.

〔20〕　对类似于《联邦民事诉讼规则》第 20 条的州规则项下的共同问题要求的深入探讨，参见 Akely v. Kinnicutt, 238 N. Y. 466, 144 N. E. 682（1924）.

〔21〕　参见 U. S. v. Mississippi, 380 U. S. 128, 85 S. Ct. 808, 13 L. Ed. 2d 717（1965）.

〔22〕　参见下列案件中的讨论：Rumbaugh v. Winifrede R. R. Co., 331 F. 2d 530（4th Cir. 1964），要求调阅案卷的上诉申请被驳回 379 U. S. 929.

〔23〕　参见 Desert Empire Bank v. Insurance Co. of North America, 623 F. 2d 1371（9th Cir. 1980）；U. S. v. American Sur. Co., 25 F. Supp. 700, 701（E. D. N. Y. 1939）.

〔24〕　参见 Wyant v. National R. R. Passenger Corp., 881 F. Supp. 919（S. D. N. Y. 1995）。（对被告的选择性合并）；Amalgamated Packaging Indus., Ltd. v. National Container Corp., 14 F. R. D. 194（S. D. N. Y. 1953）（对原告的选择性合并）。

〔25〕　Texas Employers Ins. Ass'n v. Felt, 150 F. 2d 227（5th Cir. 1945）.

相关程度的当事人合并也不大可能产生什么困难与不便。[26] 就可在多个单独诉讼中更便捷地主张其请求或者最初诉讼中的合并会给他带来损害当事人而言，法院拥有在任何时间对其进行分开审理的自由裁量权。[27]

依照类似思路，通常观点认为不能仅仅因为不适当的当事人合并而驳回诉讼。如果当事人合并不正确，适当的补救方式是申请不再成为当事人，或者申请将其主张的请求或针对其提出的请求予以分离。[28] 这些可能性显然是受到限制的，因为被取消或者分离的当事人不能是必不可少的当事人。[29] 最为常见的是，联邦法院中不适当的当事人合并会涉及这样的当事人，即虽然适当但是其存在会对诉讼当事人的州（国）籍不同造成破坏的当事人。在此情况下，首选做法是法院取消该当事人，而非因缺乏事物管辖权而驳回起诉。[30]

最后，应当注意的是，请求的合并和当事人的合并被视为是相互独立的。一般而言，请求的合并远比当事人的合并范围广泛。[31] 因此，即使已达到请求合并要求，只有在可就新请求增加当事人时方能满足当事人合并要求。所以，只有在产生于同样交易或事件的至少一项请求适用于所有被告并且就全部被告而言存在着一个共同法律问题或者事实问题时，原告才可以将多个被告并入单一诉讼之中。[32]

6.5 强制性当事人合并

就将各主体合并入一个诉讼之中而言，可分为许可性和强制性两种方式。后者又可进一步细化为两类——"必要"当事人，在可行的情况下，此类当事人必须被合并，但未对其予以合并不会导致诉讼终结；和"必不可少的"当事人，

---

〔26〕 Poindexter v. Louisiana Financial Assistance Comm'n, 258 F. Supp. 158（E. D. La. 1966）；Kaplan, Continuing Work of the Civil Committee: 1966 Amendments of the Federal Rules of Civil Procedure（II），81 Harv. L. Rev. 591, 595（1968）.

〔27〕 参见上文 6.2。同时参见下列材料中的讨论：7 C. Wright, A. Miller & M. Kane, Civil 2d 1660.

〔28〕 参见 Fed. Civ. Proc. Rule 21.

〔29〕 参见下文 6.5，其对什么主体构成必不可少的当事人进行了讨论。

〔30〕 参见 Safeco Ins. Co. v. City of White House, Tennessee. 36 F. 3d 540（6th Cir. 1994）；Farahmand v. Local Properties, Inc., 88 F. R. D. 80（N. D. Ga. 1980）；Padbury v. Dairymen's League Co-op. Ass'n, 15 F. R. D. 484（M. D. Pa. 1954）. 同时参见 Newman Green. Inc. v. Alfonzo-Larrain, 490 U. S. 826, 109 S. Ct. 2218, 104 L. Ed. 2d 893（1989）（当在上诉阶段发现该缺陷时，联邦上诉法院可以取消一位州籍相同的当事人，而不应当驳回起诉或者将案件发回联邦地区法院）.

〔31〕 参见下文 6.6.

〔32〕 参见 Shaw v. Munford, 526 F. Supp, 1209（S. D. N. Y. 1981）；Pennsylvania R. Co. v. Lattavo Bros., Inc., 9 F. R. D. 205（N. D. Ohio 1949）.

应当合并此类当事人，否则将终结诉讼。[1] 强制性当事人合并可以被视为是将公正审判所必需的主体予以合并。[2] 在现代诉讼程序中，法院会"在可行情况下"指令对这些主体予以合并。[3] 如果合并不可行，所提起的诉讼将不得不中止，但是这种中止只在这样的情况下发生，即"本着衡平和良知"，一个诉讼不能在没有缺席诉讼者的情形下继续进行。[4]

上述类别代表了统一体的各部分，而各当事人依据其在诉讼中的权益的重要程度而被置于该统一体中。为了有资格作为合适的当事人被合并入诉讼之中，该主体应当与现有诉讼当事人具有某种共同权益。[5] 强制性合并要求被合并人与诉讼之间必须存在更密切的联系，所以其缺席会危及诉讼的某些方面或者其自身权利。因此，"在可行情况下应该被合并之人"是指其缺席不仅损害司法效率，而且预示着会出现一些不良后果的主体。[6]

查明必要当事人和必不可少当事人之间的区别并非总是易事。此问题的最佳解决方案或许是将必不可少当事人定义为这样的主体，即必须将其合并，否则会给缺席诉讼者的权利或者现有诉讼当事人造成如此的损害，以至于在没有合并的情况下诉讼将无法继续进行。[7] 从这种权益统一体的角度看，这种分类要求进行灵活的逐案分析，以便对非现有诉讼当事人的主体进行适当归类。

强制性当事人合并规则的嬗变揭示了一段刻板的适用规则的历史。19 世纪 Shields v. Barrow 案[8] 的判决在这段不愉快历史中起着重要的作用。在该案中，

――――――――――

〔1〕 对联邦法院中强制性当事人合并的详细讨论，参见 7 C. Wright, A. Miller & M. Kane, Civil 2d 1601 – 1626. 主要参见 Bone, Mapping the Boundaries of a Dispute: Conceptions of Ideal Lawsuit Structure from the Field Code to the Federal Rules, 89 Colum. L. Rev. 1 (1989).

〔2〕 《联邦民事诉讼规则》第 19 条适用于强制性当事人合并，1966 年该条的标题被修改为："对公正审判所需主体的合并"。此前标题是"对当事人的必要合并"。参见 Kaplan, Continuing Work of the Civil Committee: 1966 Amendments of the Federal Rules of Civil Procedure (I), 81 Harv. L. Rev. 356, 365 (1967).

〔3〕 参见下文注释 43 – 45 中的讨论。

〔4〕 "本着衡平和良知"这一措辞是引自《联邦民事诉讼规则》第 19 条（b）。使用此概念表明了实体正义在下列方面所发挥的重要作用，即决定一个诉讼当事人是否应该被合并，即便以终止整个诉讼为代价也再所不惜。参见 Reed, Compulsory Joinder of Parties in Civil Actions, 55 Mich. L. Rev. 327, 356 (1957); Tobias, Rule 19 and the Public Rights Exception to Party Joinder, 65 N. C. L. Rev. 745 (1987).

〔5〕 参见上文 6. 4.

〔6〕 相对于任意性合并规则所规定的广泛的交易和事件标准而言，强制性合并所适用的标准具有更强的限制性。这些不同的标准表明了这样的事实：较缺席诉讼者是否是可被合并的合适当事人这一问题而言，某主体是否应当被合并的这一疑问常常会引发一个重要得多的问题。参见 Bevan v. Columbia Broadcasting Sys., Inc., 293 F. Supp. 1366, 1369 (S. D. N. Y. 1968)。同时参见 7 C. Wright, A. Miller & M. Kane, Civil 2d 1604.

〔7〕 应当注意的是，联邦法院强制性合并规则的基本原理在于尽可能地避免终止诉讼。参见 Travelers Indem. Co. v. Household Int'l, Inc., 775 F. Supp. 518 (D. Conn. 1991); Heath v. Aspen Skiing Corp., 325 F. Supp 223, 229 (D. Colo. 1971).

〔8〕 58 U. S. (17 How.) 130, 15 L. Ed. 158 (1955).

联邦最高法院对必要当事人和必不可少当事人进行了区分。必要当事人是这样的主体，即"对争议具有利害关系，而应该成为诉讼当事人，以便法院可依照这样的规则行事，该规则要求法院进行裁决并最终解决整个争议，同时通过对争议所涉及的所有权利进行调整来实现完全正义。"但是，如果"其权益可以与法庭面前的当事人的权益相分离，所以法庭可作出判决并实现完全和终局的正义，而不会影响未出现在法庭面前的其他主体……"，那么必要当事人并不被认为是必不可少的。只有在其拥有"这样性质的权益，以至于终局判决的作出不能避免以下后果——对该权益产生影响，或者使争议处于其最终解决可能完全不符合衡平和良知的这一状况"时，一个主体才可被认为是必不可少的。[9]

尽管上述定义表现了合理的灵活性，但法院仍然倾向于以推断性方式使用这些词语。[10] 对一些规则的不少混淆和不当适用均归因于未对强制性当事人合并的基本原则进行分析。在设计旨在协助判断特定情况下是否应强制合并某主体的一些指导方针时，现代的规则制定者和法官已经试图回归到这些原则之中。

345　　作为所有请求合并和当事人合并规则之基础的基本目标在于，在通过尽可能少的诉讼来实现完全正义。[11] 但是，当寻求进行强制性当事人合并时，上述目标可能会与其他重要的关注事项发生冲突。这些事项的其中一项是合并可能会损害被要求合并的当事人或者现有诉讼当事人的权益。[12] 另一重要的关注事项在于法院是否对其试图追加的所有当事人拥有管辖权。[13] 法院也必须考虑判决对虽然缺席但可能被合并的主体所带来的潜在影响。法院既不能预先确定其自身判决的拘束作用，也无法使判令与非诉讼当事人不存在利害关系的一方当事人败诉的判决对一个主体产生拘束力。[14] 然而，从实践角度看，在很多情况下，一项判决可能会对缺席诉讼者的请求或者答辩造成损害。[15]

---

〔9〕 58 U. S. （17 How. ） at 139 （per Curtis J. ）.

〔10〕 参见下列材料中的讨论：Kaplan, Continuing Work of the Civil Committee: 1966 Amendments of the Federal Rules of Civil Procedure （1）, 81 Harv. L. Rev. 346, 362 （1967）; Reed, Compulsory Joinder of Parties in Civil Actions, 55 Mich. L. Rev. 327 （1957）; Wright, Recent Changes in the Federal Rules of Procedure, 42 F. R. D. 552, 561 （1966）.

〔11〕 主要参见上文 6.1。同时参见 Freer, Avoiding Duplicative Litigation: Rethinking Plaintiff Autonomy and the Court's Role in Defining the Litigative Unit, 50 U. Pitt. L. Rev. 809 （1989）; Note, Mandatory Joinder of Parties: The Wave of the Future? 49 Rutgers L. Rev. 53 （1990）.

〔12〕 参见以下注释 27-40 中的讨论。

〔13〕 联邦法院有可能获得有关缺席诉讼者的对人管辖权，但是试图行使此管辖权可能会对诉讼当事人州（国）籍不同造成破坏，并使原告不能在联邦法院获得救济。参见 Haas v. Jefferson Nat. Bank of Miami Beach, 442 F. 2d 394 （5th Cir. 1971）.

〔14〕 试比较 Independent Wireless Tel. Co. v. Radio Corp. of America, 269 U. S. 459, 46 S. Ct. 166, 70 L. Ed. 357 （1926） （非诉讼当事人的主体受到一事不再理的拘束）.

〔15〕 参见 Haas v. Jefferson National Bank of Miami Beach, 442 F. 2d 394 （5th Cir. 1971）.

在一方当事人所具有的坚决要求将他方并入单一诉讼的权利中，同样存在着另一种潜在的与宪法有关的关注事项。在 Western Union Telegraph Company v. Commonwealth of Pennsylvania 这一涉及数州潜在冲突的请求的财产充公案中,[16] 联邦最高法院裁定，如果对争议标的主张权益的一些其他主体没有被并入诉讼，同时存在着被告会在这些主体缺席时承担多重责任的现实可能时，诉讼将不得不被终止。该法院指出，如果一些分开审理所产生的效果是使被告面临不止一次地偿还同一债务这一风险时，那么就会存在着未经正当法律程序的夺取。[17] 尽管 Western Union 一案的裁决并未适用于对同一诉讼标的物具有利害关系的多个当事人所提出的一些私人请求，但是从逻辑角度看，并不能认为应当限制其适用范围以使其不适用于后一情况。[18]

尽管如此，在必不可少当事人不能被合并时终结诉讼的做法，与各法官解决交由其审理之争议的这一自然愿望存在着不一致之处，这种情况在终止诉讼将导致一方当事人不能获得救济时尤为明显。[19] 当然，在所有的当事人合并裁判中都会出现这种冲突。在联邦强制性合并规则被修正之前的许多年中，法官们经常会尽量将缺席当事人归类为必要当事人而非必不可少当事人，以便使案件可得到审理。[20] 甚至在有些情况下，一些法官特别地将缺席当事人归类为必不可少当事人，但却拒绝指令对其进行合并，因为法官们认为，随后的终止诉讼将有悖于强制性合并规则的根本和最重要的目标[21]——对各项合法请求进行终局的审理。

1966 年修正的《联邦民事诉讼规则》第 19 条明确承认了强制性当事人合并涉及的各项政策之间所存在的内在冲突。[22] 通过迫使法院摈弃对各法律分类的

346

---

〔16〕 368 U. S. 71, 82 S. Ct. 199, 7 L. Ed. 2d 139 (1961).

〔17〕 368 U. S. at 76, 77, 82 S. Ct. at 202.

〔18〕 参见下列材料中对此问题的讨论，但是其并未作出判断：Hunt v. Nevada State Bank, 285 Minn. 77, 90, 172 N. W. 2d 292, 300 (1969)，要求调阅案卷的上诉申请被驳回 397 U. S. 1010。同时参见 Kaplan, Continuing Work of the Civil Committee: 1966 Amendments of the Federal Rules of Civil Procedure (I), 81 Harv. L. Rev. 356, 368 (1967).

〔19〕 参见 Bourdieu v. Pacific western Oil Co., 299 U. S. 65, 57 S. Ct. 51, 81 L. Ed. 42 (1936)。同时参见 Rush & Halloran, Inc. v. Delaware Valley Financial Corp., 180 F. Supp. 63, 65 –66 (E. D. Pa. 1960).

〔20〕 参见 Bourdieu v. Pacific western Oil Co., 299 U. S. 65, 57 S. Ct. 51, 81 L. Ed. 42 (1936)。同时参见 Mackintosh v. Marks' Estate, 225 F. 2d 211 (5th Civ. 1955)，要求调阅案卷的上诉申请被驳回 350 U. S. 934.

〔21〕 参见 Parker Rust – Proof Co. v. Western Union Telegraph Co., 105 F. 2d 976 (2d Cir. 1939)，要求调阅案卷的上诉申请被驳回 308 U. S. 597。同时参见 Benger Labs., ltd. v. R. K. Laros Co., 24 F. R. D. 450, 452 (E. D. Pa. 1959).

〔22〕 《联邦民事诉讼规则》第 19 条所规定的因素分析要求初审法院对与特定缺席诉讼者相关的相互冲突的考虑因素进行权衡。参见以下案件中的讨论：Procident Tradesmens Bank & Trust Co. v. Patterson, 390 U. S. 102, 88 S. Ct. 733, 19 L. E. d. 2d 936 (1968)。同时参见 Freer, Rethinking Compulsory Joinder: A Proposal to Restructure Federal Rule 19, 60 N. Y. U. L. Rev. 1061 (1985).

机械运用——"标识法学"（jurisprudence of labels)[23]——并且对这些政策难题采取注重实效的方法，现行规则要求，即使不能合并缺席诉讼者，也要对当事人的获得救济权进行司法评估。

在 Provident Tradesmens Bank & Trust Company v. Patterson[24]一案中，联邦最高法院阐明了《联邦民事诉讼规则》所作修改的重要性，其推翻了联邦上诉法院第三巡回审判庭的裁决，该裁决的大意是可能受到诉讼影响的缺席诉讼者必须成为当事人。[25] 联邦最高法院特别提到，"在此案中，联邦上诉法院所采取的僵硬方法说明了这类推论，即（关于强制性合并的）规则是被设计用于避免……"。[26] 对现代法院就强制性合并问题所采取方法的考察，最好地说明了灵活性以及所要求的对相互冲突权益的谨慎平衡。

为了决定是否应该强制合并缺席诉讼者——该当事人是否是"必要的"——各法院必须评估非诉讼当事人主体的权益在未决诉讼中的状态。[27] 此调查又可分解为三个问题：（1）若没有进行合并，现有诉讼当事人能否获得完全的救济？（2）非诉讼当事人缺席时所作判决是否会实际损害该主体在诉讼标的中的权益？（3）现有诉讼当事人是否会承受在各单独之诉中招致相互矛盾的责任的这一实质危险？[28] 如果对上述任一问题的回答是肯定的，那么"在可行情况下"，该非诉讼当事人的主体应当被合并。[29] 因而，判断标准是依据未指令进行合并将造成什么损害来逐步进行规划的，而并非从通过合并达到何种目标的角度进行考虑。

这些问题中的每个问题的含义都是显而易见的。第一个问题要求，如果在非诉讼当事人的主体缺席时，不能赋予现有诉讼当事人完全的救济，那么必须合并该非诉讼当事人的主体。此标准旨在帮助寻求救济之人，以便在单一诉讼对其申诉进行审理，进而提高司法系统的整体效率。[30] 例如，当受害方起诉一家非诉

---

[23] C. Wright, Federal Courts 70 at 496 (5th Ed. 1994).

[24] 390 U. S. 102, 88 S. Ct. 733, 19 L. Ed. 2d 936 (1968).

[25] 365 F. 2d 802, 805 (3d Cir. 1966). 联邦上诉法院将下列案件援引为法律根据：Russell v. Clark's Executors, 11 U. S. (7 Cranch) 69, 3 L. Ed. 271 (1812).

[26] 390 U. S. at 107, 88 S. Ct. at 736.

[27] 参见 7 C. Wright, A. Miller & M. Kane, Civil 2d 1601-04.

[28] 《联邦民事诉讼规则》中第二和第三个问题是合并在一起的，但是此处讨论时将其分别加以对待。参见 Fed. Civ. Proc. Rule 19 (a) (1) - (2).

[29] 参见下文注释 43-45 中对何时合并不可行这一问题的讨论。

[30] 参见 Evergreen Park Nursing & Convalescent Home, Inc. v. American Equitable Assurance Co., 417 F. 2d 113 (7th Cir. 1969)。但是，不应当仅仅基于对效率的关注而作出这样的裁决，即，一个主体是一位在可行情况下应当被合并的必要当事人。在 Temple v. Synthes Corp., 498 U. S. 5, 111 S. Ct. 315, 112 L. Ed. 2d 263 (1990) 一案中，联邦最高法院判决意见书强调了这一观点，其裁定共同侵权人只是合适的当事人而尚未达到《联邦民事诉讼规则》第19条（a）的标准。

讼当事人的保险人时，如果保险单仅承保超过某一特定金额的损失，那么低于该金额的一纸判决将毫无意义——这会要求基于实质相同的事实而向被保险人提起第二个诉讼。为了避免这种可能发生的情形，应当指令将被保险人与保险公司并入诉讼之中。[31]

第二项标准——如果不合并将损害非诉讼当事人主体的权益，那么必须进行合并——保护非诉讼当事人主体免受其缺席时所做判决的不利影响。[32] 关键问题在于确定不合并将损害非诉讼当事人主体的何种权益，以及他们会在多大程度上受到损害。这就要求在合并问题产生时对诉讼的可能结果进行分析。

Provident Tradesmens Bank & Trust v. Patterson 一案[33]说明了这种分析的重要性和困难所在。在 Provident Tradesmens 案中，联邦上诉法院第三巡回审判庭撤消了一项有利于原告的判决，同时以审判时一位有利害关系的缺席诉讼者未被合并为由而对其诉讼予以驳回。败诉的被告没有在初审和上诉阶段就未合并提出异议。在调卷令中，联邦最高法院认定，缺席诉讼者不是必不可少当事人，其部分原因在于当此案进入上诉阶段时，显然缺席诉讼者没有因其未被合并入诉讼而受到损害。因此，联邦上诉法院根据以下理由而驳回起诉是不适当的，即非诉讼当事人的主体因其权益处于潜在危险之中而本应被合并。[34]

联邦最高法院在 Provident Tradesmens 案中的判决意见书再次强调了包括先前诉讼的实际影响在内的一些注重实效的考虑因素，在适用强制性合并标准，[35]尤其是对未合并所可能给非诉讼当事人主体带来的损害程度进行评估方面的重要意义。《联邦民事诉讼规则》规定初审法院应当防止对非诉讼当事人主体权益的实际——而非只是法律上的——损害。因而，如果案外人与一份一次给付的保险单存在利害关系，那么必须进行合并，这是因为，即使非诉讼当事人主体的权利不会受到排除规则的影响，仍然存在着第一份判决将耗尽保险赔偿金的这一实际风险。所要求的一切是，判决会对缺席诉讼者提起后继诉讼或者在后继诉讼中进

348

---

〔31〕 Presteback v. Employer's Ins. Companies, 47 F. R. D. 163 (E. D. La. 1969). 在火灾毁坏财产后，合同卖方状告卖方保险人的一个诉讼中，对司法效率的类似考虑要求将合同买方合并入诉讼之中。Sullivan v. Merchants Property Ins. Co. of Indiana, 68 Ill. App. 3d 260, 24 Ill. Dec. 756, 385 N. E. 2d 897 (1979). 试比较 Truckweld Equip. Co. v. Swenson Trucking & Excavating, Inc., 649 P. 2d 234 (Alaska 1982) (当所寻求的救济是部分代位保险人的权利时，必须对该保险人进行合并)。

〔32〕 Zwack v. Kraus Bros. & Co., 93 F. Supp. 963, 965 (S. D. N. Y. 1950).

〔33〕 390 U. S. 102, 88 S. Ct. 733, 19 L. Ed. 2d 936 (1968).

〔34〕 390 U. S. at 113 – 16, 88 S. Ct. at 739 – 41.

〔35〕 390 U. S. at 119 – 20, 88 S. Ct. at 743.

行答辩的能力构成威胁。[36]

《联邦民事诉讼规则》第 19 条（a）项下的第三个因素也同样根源于避免发生损害的这一政策。作为对前一因素的补充，此考虑因素旨在避免损害现有诉讼当事人的权益。依然模糊不清的是，在强制进行非诉讼当事人主体合并之前，损害威胁应当具有多大的可能性。[37] 一些实例或许能够最好地说明它是如何适用的。

在一个案例中，工会起诉雇主以便在一份集体谈判劳动合同项下设置申诉程序和有拘束力的仲裁。[38] 法院认识到，形式上的两方当事人意见分歧实质是"两个工会之间初现的一种权力争议。"[39] 如果不对作为竞争对手的另一个工会进行合并，这将使该雇主面临第二次诉讼，而作为竞争对手的该工会将在此诉讼提出同一集体谈判劳动合同项下的类似诉求。所以，法院发出指令，要求将相竞争的工会合并入诉讼之中。

在另一个 Haas v. Jefferson National Bank of Miami Beach [40] 案件中，哈斯（Hass）就股本份额转换问题起诉银行。哈斯声称，他与另一方阿尔维克（Alveck）一同购买了股份，同时哈斯要求阿尔维克指示银行发行可反映哈斯的二分之一所有权的股票。事实上，所有这些股份均是以阿尔维克的名义发行的。法院裁定，在可行情况下必须对阿尔维克进行合并，因为在阿尔维克缺席时就原告二分之一所有权的股份所作的判决将会使银行面临双重法律责任这一危险。因为阿尔维克不受该案判决的约束，所以他可以随后起诉银行，主张对全部股份拥有所有权。

一旦认定应当对非诉讼当事人主体进行合并，同时该合并是可行的，那么寻求合并的一方当事人通常会获得一项合理机会来向非诉讼当事人主体进行送达并将其带入诉讼之中。因未合并而终止诉讼应当是最后的选择，只有当存在故意不服从法院指令的情况时才能适用这种解决办法。

如果非诉讼当事人主体在诉讼标的中的权益使得他应作为原告并入诉讼之

---

〔36〕 参见 Smith v. American Federation of Musicians of U. S. & Canada, 46 F. R. D. 24 (S. D. N. Y. 1968)。同时参见 Imperial Appliance Corp. v. Hamilton Mfg. Co. , 264 F. Supp. 1015 (E. D. Wis. 1967)。

〔37〕《联邦民事诉讼规则》第 19 条（a）规定，当事人必须面临"承担双重、多重或者不一致的责任的实质风险，"但是存在危及到一方当事人权益的"一种可能性"也被视为足以达到要求。参见 Window Glass Cutters League of American AFL – CIO v. American St. Gobain Corp. , 47 F. R. D. 255, 258 (W. D. Pa. 1969), 维持原判 428 F. 2d 353 (3d Cir. 1970)。

〔38〕 Window Glass Cutters League of American AFL – CIO v. American St. Gobain Corp. , 47 F. R. D. 255 (W. D. Pa. 1969), 维持原判 428 F. 2d 353 (3d Cir. 1970)。

〔39〕 47 F. R. D. at 256。

〔40〕 442 F. 2d 394 (5th Cir. 1971)。

中，但是他却拒绝加入，那么在法院对非诉讼当事人主体具有管辖权的情况下，该法院可以指令其作为被告加入诉讼。[41] 随后，该主体可以被重新调整为原告。当该诉讼是以诉讼当事人的州（国）籍不同为基础时，这种重新调整有利于维持联邦法院的管辖权。当然，如果非自愿合并的当事人的权益使得其与原诉原告之间存在对抗关系，那么他必须保持其被告地位。例如，如果一个股东以公司总裁的不当行为给公司造成损失为由而向该总裁提起派生诉讼，要求后者进行赔偿，那么该公司是必不可少的当事人，因为该诉讼正涉及其权益而且其将从此诉讼中受益。[42] 但是，由于该公司处于总裁控制之下——该总裁显然反对原告提起的诉讼——因此若公司是以被告身份而非自愿地被合并，则不应被重新调整为原告。

在一些情况下，法院将无法指令对非诉讼当事人的主体进行合并。在下列情形下都可能出现这种情形：合并将使法院丧失事物管辖权[43] 法院不能获得针对寻求被合并之人的对人管辖权[44] 或者寻求被合并之人对法院的地域管辖权提出了有效的异议[45] 在这些情况下，法院应当决定"本着衡平和良知"其是否应当在非诉讼当事人主体缺席的情况下使诉讼继续进行。[46] 如果法院认为诉讼的继续进行会损害非诉讼当事人主体和现有诉讼当事人的权益，以至于该诉讼不应当继续下去，那么该非诉讼当事人的主体就可以被划分为必不可少的当事人。[47]

就判断一个当事人是否是必不可少的这一问题而言，它要求逐案地审慎行使　350

---

〔41〕　在一些特殊情况下，特别是涉及专利及版权侵权诉讼时，非诉讼当事人的主体可以作为非自愿原告而被合并。参见 7 C. Wright, A. Miller & M. Kane, Civil 2d 1606。由于专利法以及直到最近的版权法均规定，若未将专利所有人或者版权所有人合并入诉讼中，排他性的被许可人则不能就侵权而提起诉讼，所以必须进行合并。参见 Waterman v. Mackenzie, 138 U. S. 252, 11 S. Ct. 334, 34 L. Ed. 923 (1891)。在法院管辖范围之外的所有人将作为非自愿原告而被合并；受法院管辖的所有人可以作为非自愿被告而被并入诉讼之中。参见 Independent Wireless Telegraph Co. v. Radio Corp. of America, 269 U. S. 459, 46 S. Ct. 166, 70 L. Ed. 357 (1926).

〔42〕　参见 Ross v. Bernhard, 396 U. S. 531, 538, 90 S. Ct 733, 738, 24 L. Ed. 2d 729 (1970).

〔43〕　参见上文 2. 1 – 2. 14.

〔44〕　参见上文 3. 1 – 3. 17.

〔45〕　参见上文 2. 15 – 2. 17.

〔46〕　此标准首先在 Shields v. Barrow, 58 U. S. (17 How.) 130, 15 L. Ed. 158 (1855) 一案中被援引，而该标准现已被编入《联邦民事诉讼规则》第 19 条（b）.

〔47〕　试比较 Pulitzer – Polster v. Pulitzer, 784 F. 2d 1305 (5th Cir. 1986)（针对姨父作为家族公司惟一表决受托人时的不当行为而向姨父提起的，要求获得损害赔偿的一起诉讼）和 Bank of California Nat. Ass'n v. Superior Court, 16 Cal. 2d 516, 106 P. 2d 879 (1940)（就要求将作出遗嘱之合同宣告为有效的这一诉讼而言，缺席的一些受遗赠人并不是必不可少的）.

司法裁量权。[48]《联邦民事诉讼规则》第 19 条（b）以及各州的相关规则均推荐采用一个由四部分组成的标准。[49] 应当强调的是，这些因素旨在为面临合并问题的法官提供指导，但其并非一份相关考虑事项的一览表。[50] 此外，这四个组成部分是相互依存的，因此，应对各部分相互联系地加以考虑，并同时与案件事实相结合。《联邦民事诉讼规则》第 19 条（b）没有表明每一部分各自具有多大的份量；最终，这种判断应当在"衡平和良知"基础上作出。[51]

现行的必不可少当事人标准的第一部分要求法院判断是否存在以下情况——"在某主体缺席情况下所作的判决可能会对该主体或者现有诉讼当事人构成侵害。"[52] 正如上文所述，在对合并申请进行裁决时，避免造成侵害的这一目标是一个经常出现的主旋律。在对必不可少当事人进行合并的情况下，法院必须考虑侵害的实际可能性，其中包括是否存在后继诉讼的真实可能性。如同联邦上诉法院第五巡回审判庭所指出的："在适用《联邦民事诉讼规则》第 19 条时，法院必须避免在判断判决的'侵害'影响方面给予过于宽泛或者过于狭窄的考虑。《联邦民事诉讼规则》第 19 条在此方面的用语是"实用性"和"实际性"。[53]

此标准的第二个部分——法院是否可以通过"提供救济或者其他措施"[54]来减少或者消除未合并所带来的侵害和其他不良影响——表明了在处理强制性合并所提出的问题时对司法创造权（judicial initiative）的需要。可避免因未合并而终止诉讼的措施主要受到具体案件约束的限制。经验表明了通过修改判决以保护

---

〔48〕 参见 Hunt v. DelCollo, 317 A. 2d 545, 551（Del. Ch. 1974）；Revoir v. Kansas Super Motels of North Dakota, Inc., 224 N. W. 2d 549（N. D. 1974）；Oxley v. Mine & Smelter Supply Co., 439 P. 2d 661（Wyo. 1968）.

〔49〕 参见下列材料中的全面讨论：7 C. Wright, A. Miller & M. Kane, Civil 2d 1608.

〔50〕 参见下列案件中对其他相关因素的讨论，Provident Tradesmens Bank & Trust Co. v. Patterson, 390 U. S. 102, 88 S. Ct. 733, 19 L. Ed. 2d 936（1968）。同时参见 the 1966 Advisory Committee Note to Rule 19, reprinted in 39 F. R. D. 89, 92（1966）.

〔51〕 下列材料中提到了体系化评价的缺乏：Fisk, Indispensable Parties and the Proposed Amendment to Federal Rule 19, 74 Yale L. J. 403, 424（1965）。同时参见下列案件中的分析：Jones Knitting Corp. v. A. M. pullen & Co., 50 F. R. D. 311（S. D. N. Y. 1970）.

〔52〕 这部分地重申了《联邦民事诉讼规则》第 19 条（a）的标准。见 Haas v. Jefferson Nat. Bank of Miami Beach, 442 F. 2d 394（5th Cir. 1971）.

〔53〕 Schutten v. Shell Oil Co., 421 F. 2d 869, 874（5th Cir. 1970）（Carswell 法官）. 参见 Freer, Avoiding Duplicative Litigation: Rethinking Plaintiff Autonomy and the Court's Role in Defining the Litigative Unit, 50 U. Pitt. L. Rev. 809（1989）.

〔54〕 对此问题的较早研究可参见 Roos v. Texas Co., 23 F. 2d 171（2d Cir. 1927），要求调阅案卷的上诉申请被驳回 277 U. S. 587.

未被并入诉讼之人权益的几种方式。[55] 例如，如果一个缺席诉讼者的保险赔偿 351
金可能容易被许多权利请求人中的一些请求人所耗尽时，法院可以指令就该保险
赔偿金所做的各项判决的给付均延迟履行，直至所有关于该保险金的诉讼——若
缺席诉讼者决定提起诉讼，则包括这个随后提起的诉讼——均已结束为止。[56]
如果救济是以不同于原告最初所寻求的形式而提供的，缺席诉讼之人的权益也同
样可以得到保护。一个很好的例证是，在所要求的撤消交易会损害缺席诉讼者权
益时，作出一项金钱给付判决。[57]

通过实际当事人之间的非正式安排以鼓励其采取一些避免侵害可能性的程序
措施，也可以防止对缺席诉讼方造成侵害，[58] 这些安排包括，通过防御性的确
定竞合权利诉讼来引入缺席诉讼者，以及将非诉讼当事人的主体并入反请求之中
等等。[59] 相反地，对于法院无法强制其参与诉讼，但其缺席可能会损害其自身
或者他人权益的缺席诉讼者而言，他们可以被给予一个自愿加入诉讼的机会，同
时放弃其就对人管辖权、地域管辖权的异议。[60] 当法院就是否可能对不服从的
缺席诉讼者造成侵害这一问题作出决定时，上述措施的采取与否将是一个相关
因素。[61]

第三个考虑因素是，案外人缺席情况下所作的判决是否"足够"。此判断要
求法院评估其判决可能给实际受其审理之主体所带来的影响，同时应当决定是否
存在使额外诉讼必要性降至最低的一些判决方式。[62] 在一个有趣的案例中，法
院判定，尽管其不能直接准许一项要求发出宣告公司股息之命令的请求（因为

---

〔55〕 例如，在一个案件中，原告为了强制履行一份据称对己有利的遗嘱合同而提起诉讼，同时将所
有遗嘱受益人指定为被告，但是其仅向剩余遗产受遗赠人进行了送达。因为初审法院可按下列方式保护缺
席诉讼方权益，即通过仅仅在当前被告权益上设定一个有利于原告的推定信托来向原告提供救济，所以加
利福尼亚州最高法院将各缺席诉讼方界定为"必要的"而非"必不可少的"，并且准许诉讼继续进行。
Bank of California, Nat. Ass'n v. Superior Court, 16 Cal. 2d 516, 106 P. 2d 879 (1940).

〔56〕 联邦最高法院在 Provident Tradesmen 一案中提出了这一建议，390 U. S. at 115 - 16, 88 S. Ct.
at 741.

〔57〕 参见 Tardan v. California Oil Co. , 323 F. 2d 717 (5th Cir. 1963).

〔58〕 参见 the 1966 Advisory Committee Note to Rule 19, reprinted in 39 F. R. D. 89, 92 (1966)。同时
参见 Kaplan, Continuing Work of the Civil Committee：1966 Amendments of the Federal Rules of Civil Procedure
(I), 81 Harv. L. Rev. 356, 365 - 66 (1967).

〔59〕 参见 Associated Dry Goods Corp. v. Towers Financial Corp. , 920 F. 2d 1121 (2d Cir. 1990) （反
请求）；Gauss v. Kirk, 198 F. 2d 83 (D. C. Cir. 1952) （确定竞合权利诉讼）；B. L. Schrader, Inc. v.
Anderson Lumber Co. , 257 F. Supp. 794, 797 - 98 (D. Md. 1966) （第三人参加诉讼）。

〔60〕 参见 Sandobal v. Armour & Co. , 429 F. 2d 249 (8th Cir. 1970).

〔61〕 在 Provident Tradesmen 案中，哈伦 (Harlan) 大法官提出，在较早案件中"有意对一个充分的"
以当事人身份"介入机会视而不见"之人可能因自己的不作为而受到该案件判决的拘束。随后他又对此
观点进行了限制，因为上述论证在该案情况下是否正确的这一问题依然悬而未决。390 U. S. at 114, 88
S. Ct. at 740.

〔62〕 参见 the 1966 Advisory Committee Note to Rule 19, reprinted in 39 F. R. D. 89, 93 (1966).

其无法将依照州法律为实现该目标而所需的全部被告并入诉讼），但是它可通过扣押该公司资产来间接地确保效果的实现。[63]

最后，依照第四项因素，法院必须考虑因未合并而驳回起诉会给原告带来的成本。[64] 如果一个原告在联邦法院提起的案件因为必不可少当事人缺席而被驳回，那么其最常见的替代措施是在州法院提起一个同样的诉讼。因此，联邦法官必须考虑是否存在州法院诉讼的实际可能性。譬如，适用的诉讼时效法有可能会阻止提起这一诉讼。此外，其他阻碍也可能使得在州法院提起的一个诉讼不足以达到相关要求。举例而言，一位联邦地区法院法官曾判定，因为他庭审所在州规定所有受益人均应被并入信托之诉中，所以实际上无法在州法院提起该诉讼。因此，联邦法院准许该诉讼继续进行。[65]

就未合并必要和必不可少当事人而提出的异议，应当在答辩状之前的申请（pre – answer motion）、法律抗辩或者答辩状本身中以"未合并抗辩"的形式提出。[66] 就未对诉讼所必要的当事人进行合并而言，其所具有的重要性在以下事实中可见一斑——就未合并提出的异议不但不得因延迟而自动被放弃，而且可以随时提出。[67]

然而，这一结论必定会受到限制。申请提出时间的不适当可能与法院有关若不要求进行合并则将带来损害的这一判定具有某种相关性。例如，如果申请人试图保护自己免受由缺席诉讼者所提起之新诉讼的侵扰（而不是为了保护缺席诉讼者免受不利判决的影响），那么法院可以推断，在提出请求方面的延迟是拒绝准许申请的理由所在。[68] 在下列两部分之间存在着相互制衡关系：未合并会给申请人的主张造成损害，以及对司法效率和申请人自身就侵害可能性所应承担责任的考虑。[69]

---

[63] Kroese v. General Steel Castings Corp., 179 F. 2d 760 (3d Cir. 1950)，要求调阅案卷的上诉申请被驳回 339 U. S. 983.

[64] 参见 Broussard v. Columbia Gulf Transmission Co., 398 F. 2d 885, 888 (5ᵗʰ Cir. 1968) (per Goldberg, J.).

[65] Rippey v. Denver U. S. Nat. Bank, 260 F. Supp. 704, 711 – 12 (D. Colo. 1966).

[66] 参见 Fed. Civ. Proc. Rule 12 (h) (7). West's Ann. Cal. Code Civ. Proc. 430. 10 (d), 430. 60. 主要参见 5A C. Wright & A. Miller, Civil 2d 1347 – 49, 1359.

[67] Fed. Civ. Proc. Rule 12 (h) (2). 参见，例如，Haas v. Jefferson Nat. Bank of Miami Beach, 442 F. 2d 394, 396 n. 2 (5ᵗʰ Cir. 1971)。同时参见 Rippey v. Denver U. S. Nat. Bank, 42 F. R. D. 316 (D. Colo. 1967) (已变化的情况为重新考虑必不可少性这一问题提供了理由，因为这是一个"衡平法上"的问题)。

[68] 例如，Provident Tradesmens Bank & Trust Co. v. Patterson, 390 U. S. 102, 110, 88 S. Ct. 733, 738, 19 L. Ed. 2d 936 (1968).

[69] 参见 the Advisory Committee Note to the 1966 Amendment to Rule 19, 39 F. R. D. 89, 93 (1966).

如果没有当事人提出要求强制合并缺席诉讼者的申请，那么法院可主动指令进行合并。这样的情形可能出现在初审或者上诉阶段。[70] 但是，在上诉阶段提出未合并这一争议点将会引发某些特殊问题。对司法效率与公平的考虑会要求法院认真分析任何此类异议的实质问题，从而确定未合并的确会造成侵害。如果判决没有侵害缺席诉讼者的权益，或者异议是在上诉阶段第一次提出的，那么存在着有力理由来认为应当拒绝以未合并为由推翻对实质问题的初审判决。[71]

因未合并而驳回起诉一般并非针对实质问题，同时也不会为此后起诉带来损害。[72] 未合并这一缺陷通常被看作是一项衡平法上，而非管辖权上的瑕疵。[73] 在对法庭面前的各当事人拥有管辖权时，法院可作出决定，在缺席诉讼者未参加诉讼的情况下，"本着衡平和良知"它不能准许诉讼继续进行。

C. 请　求

6. 6 请求合并的标准——概述

依照现代诉讼规则中，请求的合并比当事人的合并更为容易。[1] 可以从两个考虑因素来理解这一事实。首先，相对于将法庭面前的现有诉讼当事人间的具有最小关联性的请求并入诉讼之中，将与现有诉讼当事人无关或者几乎没有关系的主体引入诉讼会面临更强硬政策的反对。其次，高效率地利用司法系统资源以及避免多当事人多重诉讼的要求支持同时解决尽可能多的司法事务。因此，现代诉讼规则准许一方当事人将其针对其他当事人提出的尽可能多的请求、反请求、交叉请求和第三方请求并入诉讼之中。[2]

实践中的一般做法并非总是如此。在普通法诉辩下，只有在同一令状或者

---

〔70〕 Provident Tradesmens Bank & Trust Co. v. Patterson, 390 U. S. 102, 110 - 11, 88 S. Ct. 733, 739, 19 L. Ed. 2d 936 (1968). 同时参见 Dredge Corp. v. Penny, 338 F. 2d 456, 464 (9th Cir. 1964); Haby v. Stanolind. Oil & Gas Co. , 225 F. 2d 723 (5th Cir. 1955).

〔71〕 参见 Judge Hutcheson's dissent in Calcote v. Texas Pacific Coal & Oil Co. , 157 F. 2d 216, 224 (5th Cir. 1946), 要求调阅案卷的上诉申请被驳回 329 U. S. 782.

〔72〕 参见 5A C. Wright & A. Miller, Civil 2d 1359.

〔73〕 Swift v. Boonslish Sav. & Loan Ass'n, 78 F. R. D. 342 (W. D. Mo. 1978); Sierra Club, Inc. v. California Coastal Comm'n, 95 Cal. App. 3d 495, 157 Cal. Rptr. 190 (1979); Hoppmann v. Reid, 86 Wis. 2d 531, 273 N. W. 2d 298 (1979). 但是可参见 Coughlin v. Ryder, 260 F. Supp. 256 (E. D. Pa. 1966); Frost v. Gazaway, 122 Ga. App. 244, 176 S. E. 2d 476 (1970).

〔1〕 对当事人合并规则的讨论，参见 6. 3 - 6. 5。尽管请求合并和当事人合并是相互独立地运行，并且常常适用不同标准，两者有时却被不正确地缠绕在一起。参见，例如，U. S. v. Anchor Line, Ltd. , 232 F. Supp. 379 (S. D. N. Y. 1964); ManSew Pinking Attachment Corp. v. Chandler Mach. Co. , 29 F. Supp. 480 (D. Mass. 1939).

〔2〕 本节的其余部分对请求的合并进行了全面讨论。关于反请求、交叉请求和第三方请求规则的讨论，参见下文 6. 7 - 6. 9。

"诉讼程式"项下提出的请求方能被并入单一诉讼之中。[3] 对请求合并的上述限制是普通法政策的必然结果，即在单一诉讼中，应当将各主张简化为尽可能少的争议点；各法院拒绝在一个庭审中容纳一个以上的诉讼程式。该政策是来源于这样的担忧：即当主张多个单独请求时，尤其是在同时又涉及多个诉讼当事人的案件中，陪审团会因可能出现的争议点的多重性而感到困惑。[4] 无论以何种方式证明这一关注的合理性，普通法规则均阻碍了对在交易方面相关的侵害的高效处理。此规则所带来的理论结果是，原告可以将诸如涉及完全不同项目的财产，以及与发生于不同时间之事件相关的多重请求并入一个侵害他人动产之诉。但是，如果一个原告公开遭到殴打和侮辱并且在无合理理由情况下被拘禁，那么他将不得不针对应受处罚的被告提起三个完全单独的要求获得救济之诉——一个针对殴击之诉，一个损害名誉之诉，以及一个非法拘禁之诉。[5]

与此形成鲜明对比的是，为了在尽可能少给法院和当事人带来不便的情况下解决尽可能多的争议点，衡平法准许衡平法法院法官依其自由裁量权对请求进行合并。通常而言，衡平法准许在单一原告和单一被告间的案件中进行无限制的请求合并。在可促进司法效率的情况下，衡平法法院法官会在涉及多个当事人的诉讼中允许请求的合并。[6] 另一方面，由于普通法和衡平法自身是两种各自不同的司法系统，所以普通法上的请求和衡平法上的请求不能被并入同一诉讼之中。[7]

一些早期的州法典大量地承继了普通法上的传统。[8] 依照这些法典，多个请求只有在其属于相同的法定诉因时方可被合并。尽管相对于普通法令状体系而言，诉因种类的界定通常更为宽泛，[9] 但是跨种类划分的合并不会得到准许。

---

〔3〕 下列材料对普通法上的合并规则进行了讨论：1 J. Chitty, Pleadings 222–23（16th Am. ed. 1885）；B. Shipman, Common Law Pleading 80（3d ed. 1923）。诉讼程式限制的一个例外是：即使追索债务之诉是来自契约而请求返还动产之诉是源自侵权，追索债务之诉也可与请求返还动产之诉进行合并。1 J. Chitty, Pleadings 222–23（16th Am. ed. 1885）。

〔4〕 参见 Hinton, An American Experiment with the English Rules of Court, 20Ill. L. Rev. 533, 535（1926）。

〔5〕 此例证取自以下案件中的讨论：Harris v. Avery, 5 Kan. 146（1869）。

〔6〕 由衡平法法院法官所创制的有关效率和方便的一些标准有时会涉及对交易方面的关系，以及事实和法律上共同性的考虑。参见 Blume, Joinder of Causes of Action, 26 Mich. L. Rev. 1, 16（1927）。

〔7〕 参见 J. Story, Equity Pleading 271–284（9th ed. 1879）。

〔8〕 参见 C. Clark, Code Pleading 67（2d ed. 1947），其对请求合并的某些历史上以及当代的方面进行了颇为全面的讨论。

〔9〕 过去，通常的种类包括对以下内容的结合：（1）合同，明示或者默示；（2）人身伤害；（3）名誉损害；（4）财产损害；（5）要求获得不动产的诉讼，无论是否附有损害赔偿金；（6）要求获得动产的诉讼，无论是否附有损害赔偿金；（7）根据合同或者法律运作而向受托人提起的诉讼；以及（8）与同一诉讼标的有关的一个或者多个相同交易所引发的诉讼。特定的侵权类别通常会被结合在一起，而在一些法典中，最后一类已被忽略。参见 C. Clark, Code Pleading 68–70（2d ed. 1947）。

然而，早期对诸多法典的修订准许对产生于同一交易或者事件的多项请求进行合并。这些法典以此方式融合了普通法和衡平法上的标准。[10]

依照《联邦民事诉讼规则》，所谓的诉因的这些类别已经被完全取消。[11] 在诉辩阶段，法院对请求合并的介入最少；各当事人可以依其需要增加尽可能多的请求。此后，法院当然可为了庭审而对争议点进行分离，[12] 但是即便这一决定也将取决于特定案件事实以及各请求间的关系，而非这些事实所属的法定权利类别。处理方法上的这种根本变化背后所蕴含的政策已得到了联邦最高法院的明确阐释："根据《联邦民事诉讼规则》，其动力是趋向于在符合各方当事人间公平的情况下，受理尽可能广泛的诉讼范围；大力鼓励对于请求、当事人和救济的合并。"[13] 这种思想现已为大多数州所采纳。[14]

与这一广泛合并的推动趋势相一致的是，当代程序规则通常均允许选择性的请求合并（joinder of claims in the alternative），以使原告不必在诉辩阶段对各项法律原理或者救济作出选择。[15] 即使在以下情况下现代规则也将许可对预期请求进行合并，即假若就这些请求单独提出诉讼，对其中一项请求作出有利判决会成为就其他请求继续进行诉讼的前提。例如，如果债权人起诉债务人要求就借款获得救济以及将他人并入诉讼，以便认定作为借款担保的财产向该第三人的转让为欺诈而予以撤销，各法院过去曾要求债权人在诉请认定该转让无效之前必须取得一项金钱给付判决。依照现行规则，这两项请求均可并入一个诉讼之中。[16]

一般而言，有关请求合并的规则均是许可性的；[17] 不存在与强制性当事人

---

〔10〕 法院有时对这些规定进行了狭义的解释，但是，这限制了衡平法影响对普通法政策严格性的减轻程度。

〔11〕 参见 Fed. Civ. Proc. Rule 18.

〔12〕 参见上文 6.2.

〔13〕 United Mine Workers of America v. Gibbs, 383 U. S. 715, 724, 86 S. Ct. 1130, 1138, 16 L. Ed. 2d 218（1966）.

〔14〕 参见 Del. Code. Ann. R. Civ. P. 18; Offical Code Ga. Ann. 9 – 11 – 18（a）; Ill. – Smith – Hurd Ann. 735 ILCS 5/2 – 614; Vernon's Ann. Mo. Civ. Proc. Rule 55. 06。但是可参见 La. Stat. Ann. – Code Civ. Proc. art. 462.

〔15〕 依照关于选择性诉辩文书的通常规定，各当事人也可以增加不一致的请求。参见上文 5.12 – 5.13。惟一的限制在于必须善意地制作这些诉辩文书。参见上文 5.11.

〔16〕 参见 Fed. Civ. Proc. Rule 18（b）; 6A C. Wright & A. Miller, Civil 2d 1590 – 1594.

〔17〕 参见 West's Ann. Cal. Code Civ. Proc. 427. 10, 428. 30; Iowa Rules Civ. Proc., Rules 22, 31; Or. Rules Civ. Proc., Rules 22A, 24A.

合并相对应的强制性请求合并。[18] 但是，对于"请求的分离"有一些间接的制裁。[19] 这些制裁是源于一事不再理的要求，即许多州要求一项诉因的所有依据和理论必须在一个诉讼中提出，否则其在随后的诉讼中将会被排除。[20] 在第一个诉讼中，上述适用原理所必需的请求重叠既不清晰又常常难以确定。[21] 因此，一事不再理的间接影响在于鼓励谨慎的请求权人对可能与其主要诉因有任何相关的请求进行合并。

由于在大多数司法管辖区中没有关于请求合并的起始要求，所以不存在对错误合并的处罚。[22] 但是，具有多个请求诉辩人必须清楚地提出这些请求。[23] 未能提交清晰制作的起诉书会导致收到这样的一个法院指令，即要求其重新制作该起诉书以达到关于良好诉辩的各项合理标准。[24]

对请求合并的主要限制是来自管辖权和地域管辖规则。因而，在联邦法院，每项请求通常都必须具有一个关于事物管辖权的独立基础。[25] 就每项请求而言，对人管辖权[26]和地域管辖权[27]均应当是适当的。当依照与一项请求相关的制定法——尤其是长臂规则——向一个当事人按程序适当送达传票，但是就被合并的请求而言，其并不受到同一制定法项下传票的约束时，就产生了特殊的对人管辖权问题。[28] 地域管辖问题最容易得以解决；如果地域管辖对于由原告提出的一项请求而言是适当的，那么对司法经济性的渴望会要求应当忽略被合并的请求的

---

〔18〕 一个例外是 1963 年《密执安州普通法庭规则》第 203.1 条（Mich. Gen. Ct. Rule 1963, 203.1），其强迫各当事人对产生于作为诉讼标的的交易或者事件的请求进行合并，但是却没有将法院未获得对其管辖权的第三方的出席诉讼作为进行相应审判的前提条件。下列材料研究了这一有趣的规则：Meisenholder, The New Michigan Pre – Trial Procedural Rules – Models for Other States?, 61 Mich. L. Rev. 1389, 1417 – 18 (1963).

〔19〕 参见 C. Clark, Code Pleading 73 (2d ed. 1947); 6 A C. Wright & A. Miller & M. Kane, Civil 2d 1582; Blume, Required Joinder of Claims, 45 Mich. L. Rev. 797 (1947).

〔20〕 参见下文 14.4 – 14.6.

〔21〕 "在一般法律，特别是程序法中，对一项自动的经验规则（an automatic rule of thumb）的探寻是虚幻的"。C. Clark, Code Pleading 73 (2d ed. 1947).

〔22〕 参见 Atlantic Lumber Corp. v. Southern Pacific Co., 2 F. R. D. 313 (D. Or. 1941); Hundley v. Gossett, 278 S. W. 2d 65 (Ky. 1955). 同时参见 Gadd v. Pearson, 351 F. Supp. 895, 904 (M. D. Fla. 1972).

〔23〕 参见 C. Clark, Code Pleading 71 (2d ed. 1947). 主要参见上文 5.14 – 5.16 对诉辩要求的讨论。

〔24〕 参见 5 C. Wright & A. Miller, Civil 2d 1324; 6 C. Wright & A. Miller & M. Kane, Civil 2d 1584.

〔25〕 在不同州（国）籍当事人之间的案件中，此问题变成了一个当事人是否可以为了达到争议数额要求而将针对对方当事人提出的所有请求聚合在一起。参见上文 2.9。当存在联邦问题管辖权时，问题在于是否可在法院的补充管辖权（supplemental jurisdiction）下提出额外的请求。参见上文 2.13.

〔26〕 主要参见上文 3.10 – 3.17.

〔27〕 主要参见上文 2.15.

〔28〕 参见 Robinson v. Penn Cent. Co., 484 F. 2d 553 (3d Cir. 1973); Puma v. Marriott, 294 F. Supp. 1116, 1120 (D. Del. 1969).

地域管辖缺陷。[29]

6.7 反请求

反请求是指诉辩人——通常是被告——在防御性诉辩中向对方第三人——一般是原告——所提出的任何要求获得救济的肯定性权利主张。[1] 尽管少数司法管辖区限定了反请求的范围，现代程序鼓励运用反请求，并将其作为促进尽可能迅速经济地解决双方当事人之间所有争议的这一政策的一部分。[2]

反请求程序来源于普通法上的抵销和扣减的实践。[3] 在普通法中，扣减允许被告针对原告提出一项产生于与原告起诉书相同之交易的请求，而且这一请求只能是防御性的。因此，扣减只能在对抗或者减少原告所要求的救济时才能适用——主张肯定性救济的扣减是被禁止的。[4] 抵销是被告所主张的，与原告各请求无关的一项请求。尽管这一方法准许被告提出肯定性救济请求，但是抵销的运用仍然受到限制，因为这些请求必须是针对合同约定金额或者是产生于一项合同或判决。[5]

早期各州的法典也反映了同样狭隘的这种处理方式。各州常常会明示地或者通过司法解释要求，反请求必须以某种方式直接地驳斥或者减少原告的请求。[6] 此外，大多数州的法典将反请求限定为特定类型诉讼——例如产生于相同交易的请求，涉及合同约定金额的请求，或者诸如有关合同或侵权的请求等代表规定诉因的请求。简而言之，早期法典的实际情况表明其仍然倾向于最先启动法律程序的当事人，并且使被告承担提起一个完全单独的诉讼以实现其向对方提出的大多数请求的这一责任。

即使在衡平法中，对反请求也有限制。依照 1912 年《联邦衡平法规则》第 30 条之规定，只有产生于"作为诉讼标的的交易"的反请求才会得到准许。[7] 此外，只有针对衡平法上的，而非普通法上的请求而提出的衡平法上的反请求方能得到许可。[8]

357

---

〔29〕　参见 Carolyn Chenilles, Inc. v. Ostow & Jacobs, Inc., 168 F. Supp. 894 (S. D. N. Y. 1958).

〔1〕　在一些司法管辖区中，反请求被称为反诉状。例如，West's Ann. Cal. Code Civ. Proc. 428. 10 (a).

〔2〕　参见 Millar, Counterclaims Against Counterclaims, 48 Nw. U. L. Rev. 671, 691 (1954).

〔3〕　参见 6 C. Wright & A. Miller & M. Kane, Civil 2d 1401.

〔4〕　参见 3 A. Sedgwick, Damages1042, 1049 (9th ed. 1912); 3 J. Story, Equity Jurisprudence 1878 (14th ed. 1918).

〔5〕　参见 O. L. Barbour, Law of Set - Off 24 - 26 (1841); Waterman, Law of Set - Off, Recoupment and Counterclain 302 - 303 (2d ed. 1872).

〔6〕　参见 C. Clark, Co de Pleading 101, at 650 (2d ed. 1947).

〔7〕　J. Hopkins, Federal Equity Rules 209 (8th ed. 1933).

〔8〕　例如，American Mills Co. v. American Sur. Co., 260 U. S. 360, 43 S. Ct. 149, 67 L. Ed. 306 (1922).

根据现代程序规则，在性质[9]、标的物[10]以及与主请求的关系方面，反请求的提出不会受到任何方式的限制。[11] 实际上，《联邦民事诉讼规则》准许增添一项在被告提交最初答辩书后到期或者获得的反请求。[12] 这一宽松政策现在已经同样为大多数州所采纳，而该政策旨在消除循环诉讼和重复诉讼。[13]

正如反请求程序现在所运作的一样，被告针对原告提出的任何请求，或者第三人诉讼中的被告（third - party defendant）针对第三人诉讼中的原告提出的任何请求均可作为反请求进行主张。[14] 但是，许多当代诉讼规则区分了产生于与对方当事人请求相同之交易或者事件的反请求，以及并非如此的反请求。前一种类的反请求被称为是"强制性的"，而后者则被认为是"任意性的"。[15] 各当事人必须向对方当事人提出其可能向对方主张的任何强制性反请求；否则，他不得随后就这些反请求提起一个单独诉讼。[16] 诉辩人可自行决定是否推迟提出选择性反请求，而其未来的能力（viability）不会因此丧失。[17]

对反请求的这种两分法体现了在两项相互竞争的政策间的妥协：（1）希望在一个诉讼中解决两方当事人之间的所有法律争议——这会要求主张所有的反请求，而不论其与原诉讼的联系是如何的牵强；（2）防止诉讼变得过度复杂的重要性。[18] 一项将所有反请求均认定为强制性反请求的规则并不可取，因为这会迫使被告或者第三人诉讼中的被告在对方所指定的管辖地就所有反请求进行诉讼。另一方面，法院可以决定反请求应当单独地被处理以促进效率和提供便利，而在此情况下，法院有权指令就该请求进行单独审判。[19]

---

〔9〕 随着普通法和衡平法的融合，对普通法诉讼中主张衡平法上反请求的限制已被消除，反之亦然。参见6 C. Wright, A. Miller & M. Kane, Civil 2d 1403.

〔10〕 参见 Fed. Civ. Proc. Rule 13（c）.

〔11〕 反请求和原请求之间的关系可以决定反请求是强制性还是任意性的。参见下文注释 14 - 17 中的讨论。

〔12〕 Fed. Civ. Proc. Rule 13（e）. 参见6 C. Wright, A. Miller & M. Kane, Civil 2d 1428 - 1429.

〔13〕 参见 Price v. U. S., 42 F. 3d 1068（7th Cir. 1994）; LASA Per L'Industria Del Marmo Societa Per Azioni v. Alexander, 414 F. 2d 143（6th Cir. 1969）; Ortega, Snead, Dixon & Hanna v. Gennitti, 93 N. M. 135, 139, 597 P. 2d 745（1979）; Gardner v. Gardner, 294 N. C. 172, 240 S. E. 399（1978）.

〔14〕 主要参见6 C. Wright & A. Miller & M. Kane, Civil 2d 1403.

〔15〕 例如，Fed. Civ. Proc. Rule 13（a）（b）; West's Ann. Cal. Code Civ. Proc. 426. 10, 426. 30 - 40; West's Fla Stat. Ann. R. Civ. Proc. Rule 1. 170（a）,（b）; Vernon's Ann. Mo. Civ. Proc. Rule 55. 32（a）,（b）. 一些州已经明确拒绝接受强制性反请求的概念，相反它们通过法院所创制的对一事不再理原则的扩展来鼓励各被告提出在交易方面相关的各项请求。例如，R. I. Rules Civ. Proc. Rule 13（a）. 同时参见，3 J. Weinstein, H. Korn & A. Miller, New York Civil Practice？3019. 12.

〔16〕 参见下文注释 46 - 54 中的讨论。

〔17〕 参见 American Triticale, Inc. v. Nytco Servs., Inc., 664 F. 2d 1136, 1148（9th Cir. 1981）; Jones v. Sonny Gerber Auto Sales, Inc., 71 F. R. D. 695（D. Neb. 1976）.

〔18〕 参见6 C. Wright, A. Miller & M. Kane, Civil 2d 1409.

〔19〕 参见上文 6. 2.

尽管有关强制性反请求的交易或者事件标准看似简单，但是这一概念却一直难以界定且模糊不清。[20] 最为广泛接受的定义来自于美国联邦最高法院在 Moore v. New York Cotton 一案中的界定：[21]

"交易或者事件"是指一种情形，而在缺少该情形时，没有一方当事人会认为有必要寻求救济。上诉人所声称的基本事实进入并且构成了反请求所陈述的诉因的一部分。至于它们并非完全相同，或者反请求包含了额外主张……则无关紧要。[22]

这一定义的含义并不确定。显然，在逐案判断反请求是否是强制性的这一方面，穆尔（Moore）一案的标准赋予法院更大的自由。[23]

许多法院已经设法寻求一些更为具体的标准，同时也产生了判断反请求是否属于强制类型的四项补充标准。[24] 第一，在没有强制性反请求规则的情况下，一事不再理原则是否会阻止随后就被告的请求而提起一项诉讼？[25] 第二，请求和反请求所提出的事实与法律问题是否大部分相同？[26] 第三，对原告请求和被告反请求予以支持或者反驳的证据是否实质相同？[27] 第四，请求和反请求之间是否存在任何逻辑联系？[28] 在上述所有标准中，任何一项肯定回答将意味着该反请求是强制性的。

上述每项标准均遭到了批评。第一条标准只是增添了民事诉讼中另一个不明确领域的模糊性——即，先前的裁判。[29] 此外，此标准的前提存在着逻辑问题；在一些没有强制性反请求规则的司法管辖区，通常一事不再理不会阻碍诉辩人就此前诉讼中本应作为反请求提出的一项请求而独立地提起诉讼。[30]

　〔20〕　参见在下列材料中的详细讨论：6 C. Wright, A. Miller & M. Kane, Civil 2d 1410。主要参见 Kane, Original Sin and the Transaction in Federal Civil Procedure, 76 Texas L. Rev. 1723 (1998)。

　〔21〕　270 U. S. 593, 4. 6 S. Ct. 367, 70 L. Ed. 750 (1926)。

　〔22〕　270 U. S. at 610, 46 S. Ct. at 371。

　〔23〕　许多法院已经乐于对"交易或者事件"这些术语进行宽松的解释，以便鼓励各当事人同时解决其尽可能多的事务。例如，Albright v. Gates, 362 F. 2d 928 (9ᵗʰ Cir. 1966)；Magna Pictures Corp. v. Paramount Pictures Corp., 265 F. Supp. 144 (C. D. Cal. 1967)。

　〔24〕　就适用这些标准的其他案件而言，参见 6 C. Wright, A. Miller & M. Kane, Civil 2d 1410.

　〔25〕　参见 Libbey - Owens - Ford Glass Co. v. Sylvania Indus. Corp., 154 F. 2d 814, 816 (2d Cir. 1946)(Frank 法官的反对意见)，要求调阅案卷的上诉申请被驳回 328 U. S. 859。

　〔26〕　例如，Whigham v. Beneficial. Finance Co. of. Fagetterille, Inc., 599 F. 2. d 1322 (4ᵗʰ Cir. 1979)；Connecticut Indem. Co. v. Lee, 168 F. 2d 420, 423 (1ˢᵗ Cir. 1948)。

　〔27〕　例如，Columbia Plaza Corp. v. Security Nat. Bank, 525 F. 2d 620 (D. C. Cir. 1975)；Non - Ferous Metals, Inc. v. Saramar Alumium Co., 25 F. R. D. 102, 105 (N. D. Ohio 1960)。

　〔28〕　例如，Revere Copper & Brass Inc. v. Aetna Cas. & Sur. Co., 426 F. 2d 709 (5ᵗʰ Cir. 1970)。

　〔29〕　主要参见下文第 14 章。

　〔30〕　参见 Restatement Second of Judgment 22 (1982)。此规则的例外情况是，如果在反请求和原诉原告的请求之间的关系是处于这样的情况，以至于成功地就反请求提起诉讼将会使最初判决无效，或者会损害第一次诉讼中已经确立的各项权利，那么一事不再理规则将会排除该反请求。同上，comment f.

第二项与第三项标准反映了大致相同的观点，并且存在着类似的不足之处。在其要求争议点同一性的范围内，第二条标准过度缩小了强制性反请求规则的范围。同时，如果并不是真正要求达到完全的争议点同一性，那么就没有适当的衡量标准来判定需要存在何种程度的争议点重叠方可适用强制性反请求规则。尽管第三项标准要求请求和反请求存在重叠，这是在证据层面而非争议点方面的重叠，但是它未考虑反请求和主请求产生于同样事件但却涉及实质上不同证据的这一整个类型的案件。

与其他三项标准不同，依照第四项标准——常常被称为"逻辑关系"标准[31]——在判断反请求是否属于强制类型时的首要考虑因素取决于在同一诉讼中审理反请求和主请求的效率和经济性。因而，法院的便利，而非仅是反请求与对方请求（opposing claim）的事实或者法律之间的关系，是决定性的。这一处理方式的特征在于灵活性。尽管第四项标准因其范围过广和适用不稳定而受到批评，[32] 它是目前为止在各法院中得到了最广泛的认同。[33]

法院对特定反请求是否属于强制类型这一问题进行裁决的案件实例可以提供进一步的阐释。在一个案件中，原告指出被告对其石油公司证券的出售进行了口头诽谤，各被告提出的反请求则是要求获得其为据称毫无价值的石油公司证券所支付的价款，该反请求被认定为产生于同一交易且被认为是强制性的。[34] 在另一个案件中，对于医疗中心就产生于同一医疗处理的未付款医疗账单所提起的诉讼而言，作为被告的各病人的医疗责任事故相关请求被认定为是强制性的。[35] 同样，如果一个保险人要求判决确认其是不负赔偿责任的，那么被保险人依保单提出的请求将被视为反请求。[36] 但是，如果受到构成保险单相关争议基础的事件侵害之人作为共同被告被并入保险人提起的要求获得无责任的确认判决之诉中，那么这些受害方提出的有关侵害的反请求就不是强制性的，这是因为他们的请求产生于被保险人的侵权责任，而非保险人与被保险人间所存在的合同

〔31〕 参见上文6.4对当事人合并中的交易和事件问题的相应讨论。

〔32〕 Bose Corp. v. Consumers Union of the U. S., Inc., 384 F. Supp. 600（D. Mass. 1974）；Comment, Narrowing the Scope of Rule 13 (a), 60 U. Chi. L. Rev. 141 (1993).

〔33〕 例如，Xerox Corp. v. SCM Corp., 576 F. 2d 1057（3d Cir. 1978）；Newburger, Loeb & Co. v. Gross, 563 F. 2d 1057, 1071（2d Cir. 1977），要求调阅案卷的上诉申请被驳回434 U. S. 1035；Jack LaLanne Fitness Centers, Inc. v. Jimlar, Inc., 884 F. Supp. 162（D. N. J. 1995）；Rettig Enterprises, Inc. v. Koehler, 68 Ohio St. 3d 274, 626 N. E. 2d 99（1994）。就其余案件而言，参见6 C. Wright, A. Miller & M. Kane, Civil 2d 1410.

〔34〕 Albright v. Gates, 362 F. 2d 928（9ᵗʰ Cir. 1966）.

〔35〕 Geisinger Medical Center v. Gough, 160 F. R. D. 467（M. D. Pa. 1994）.

〔36〕 Plains Ins. Co. v. Sandoval, 35 F. R. D. 293（D. Colo. 1964）.

权利。[37]

典型的强制性反请求规则具有几个明示的例外，[38] 如果一个当事人未能对符合上述一种例外条件的反请求进行主张的，那么他可以在后继诉讼中提出该请求。[39] 强制性反请求规则例外是建立在衡平法政策之上，而这些政策是优先于鼓励在单一诉讼中解决尽可能多的争议的这一目标。例如，一方当事人无需主张在送达应答诉辩文书时尚未完全到期的请求。[40] 如果没有这种例外，出于担心一项请求会在更加完全成熟后被提出，原告就会具有不正当的策略优势来迫使被告在条件不成熟时仓促行动。一个当事人同样无需就构成另一未决诉讼标的的诉因提出反请求。[41] 不适当的是，原告已选择不同法院来就其请求进行诉讼的这个单一事实可被准许优先于此前就反请求所做的管辖地选择。此外，如果对反请求的审理会要求第三人参加诉讼而又无法获得对该第三人的对人管辖权，那么一方当事人不必提出该反请求。[42] 这一例外清楚地表明，如果反请求会因缺少所必需的第三人而被驳回，那么强迫诉辩人主张该反请求将会弄巧成拙。[43] 同理，若主请求是基于扣押管辖权（attachment jurisdiction）而非对人管辖权而提起，则也存在着一种例外情形。[44] 如果法院无法对被告取得完全的对人管辖权，那么因被告未主张反请求而对其进行处罚并不合乎衡平原则。[45] 然而，如果被告选择提出任何反请求，那么要求其对通常属于强制类型的所有其他反请求进行主张似乎是适当的。

在程序中处于核心地位的是这样的一种忧虑，即在此后诉讼中，法院会拒绝受理一项此前未作为强制性反请求而提出的请求。有人士主张，对未主张的强制

〔37〕 例如，Aetna Ins. Co. v. Pennsylvania Mfrs. Ass'n Ins. Co., 456 F. Supp. 627（E. D. Pa. 1978）；Globe Indem Co. v. Teixeira, 230 F. Supp. 444（D. Hawai'i 1963）.

〔38〕 除了明示的规定例外，有关强制性反请求要求的一些判例法上的例外也已出现。参见 6 C. Wright, A. Miller & M. Kane, Civil 2d 1411.

〔39〕 主要参见 6 C. Wright, A. Miller & M. Kane, Civil 2d 1411。由于这些例外旨在保护答辩当事人，所以该第三人可以放弃不主张的权利。被主张的一项属于例外类型的反请求将被作为强制性反请求加以对待。参见 Union Paving Co. v. Downer Corp., 276 F. 2d 468（9th Cir. 1960）.

〔40〕 例如，Dillard v. Security Pac. Brokers, Inc., 835 F. 2d 607（5th Cir. 1988）；Stahl v. Ohion River Co., 424 F. 2d 52（3d Cir. 1970）.

〔41〕 例如，U. S. v. Sarman, 699 F. 2d 469（9th Cir. 1983）.

〔42〕 参见 Dragor Shipping Corp. v. Union Tank Car Co., 378 F. 2d 241（9th Cir. 1967）.

〔43〕 就依照《联邦民事诉讼规则》第13条（h）在反请求中追加当事人的这一能力的讨论，可参见 6 C. Wright, A. Miller & M. Kane, Civil 2d 1434 – 1436.

〔44〕 参见 6 C. Wright, A. Miller & M. Kane, Civil 2d 1411.

〔45〕 参见 the Advisory Committee Note to the 1963 Amendment to Rule 13（a），reprinted in 31 F. R. D. at 635。在有关主张扣押管辖权（attachment jurisdiction）的标准方面的变化会削弱这一例外的用处或意义。参见上文 3. 14 – 3. 15.

性反请求的这种排除是基于对先前裁判原理的，[46] 并且许多曾处理过该问题法院已经提及"一事不再理"来阻止此后提出该请求。[47] 一些法院则运用了权利放弃或者禁反言理论。[48] 正如一个州法院就其所说明的那样，对反请求的排除是"由规则所创设的一种障碍……从逻辑上讲这具有禁反言性质并且是产生于诉讼当事人未能提出适当请求的这一应受处罚行为。"[49] 这种第二类分析提供了更为灵活的处理方法，同时提出了一种方法以使并非设法不主张请求的被告免于承担强制性反请求规则所规定的严重后果。[50] 这样的一个安全阀可能是有益的，例如，在保险公司控制了第一个诉讼中的答辩，而该诉讼中的实际被告却缺乏真正的主张请求的机会时，此安全阀就会派上用处。[51]

一直存在着这样的问题，即未提出强制性反请求会对另一个司法管辖区的各法院中产生什么影响。这种未提出强制性反请求是否会阻碍被告就该请求在其他司法系统提起后继诉讼？从分析的角度看，如果强制性反请求规则被视为具有完全的程序性质，那么一个不同司法管辖区中的法院应当有权对该请求进行听审，因为该规则在其所适用的司法系统之外并无效力。[52] 但是，如果强制性反请求规则在概念上被解释为基于一事不再理规则而界定诉因范围，或者创制一种权利放弃的终结性推定，那么在所有法院该被告均应遭到反对。曾考虑过此问题的许多州法院均已对本应在此前联邦法院诉讼中作为强制性反请求提出的请求加以排除。[53] 当在具有强制性反请求规则的州法院提起一个未主张强制性反请求的诉讼时，也会产生同样的问题。同样，提出请求时的结果将取决于如何对原管辖法院的规则进行分析，以及第二个管辖法院，其即可是州法院也可是联邦法院，是

---

〔46〕 参见 Wright, Estoppel by Rule: The Compulsory Counterclaim Under Modern Pleading, 38 Minn. L. Rev. 423 (1954).

〔47〕 参见 Baker v. Southern Pacific Transp., 542 F. 2d 1123 (9th Cir. 1976); U. S. v. Hampton Tree Farms, Inc., 860 F. Supp. 741 (D. Or. 1994); Rich v. Tudor, 123 Ariz. 393, 599 P. 2d 846 (App. 1979).

〔48〕 例如，Kane v. Magna Mixer Co., 71 F. 3d 555 (6th Cir 1995), 要求调阅案卷的上诉申请被驳回 517 U. S. 1220; Twin Disc, Inc. v. Lowell, 69 F. R. D. 64 (E. D. Wis. 1975); Reynolds v. Hartford Acc. & Indem. Co., 278 F. Supp. 331 (S. D. N. Y. 1967); Suchta v. Robinett, 596 P. 2d 1380 (Wyo. 1979).

〔49〕 House v. Hanson, 245 Minn. 466, 470, 72 N. W. 2D 874, 877 (1955).

〔50〕 例如，在 Douglas v. Wisconsin Alumni Research Foundation, 81 F. Supp. 167 (N. D. Ill. 1948) 一案中，在一个诉讼中被告未提出强制性反请求，该诉讼在没有就实质问题作出判决的情况下就已经终结。法院指出，在被告放弃反请求之前，第一个诉讼就已经结束。

〔51〕 参见 Reynolds v. Hartford Acc. & Indem, Co., 278 F. Supp. 331 (S. D. N. Y. 1967).

〔52〕 参见 6 C. Wright, A. Miller & M. Kane, Civil 2d 1417.

〔53〕 London v. City of Philadelphia, 412 Pa. 496, 194 A. 2d 901 (1963). 同时参见 Adams v. KVWO, Inc., 570 P. 2d 458, 461 (Wyo. 1977).

否具有强制性反请求规则。[54]

就诉讼时效法而言，强制性反请求和任意性反请求之间的不同也是颇为重要的。原告提起诉讼后，大多数法院将裁定中止计算有关任何强制性反请求的诉讼时效。[55] 此情况并不适用于任意性反请求。[56] 尽管在下列情况下强制性反请求已得到一些法院的准许，但是，当在原告提起诉讼以前有关反请求的诉讼时效已过时，此问题会变得更为复杂。[57] 然而，从公平角度看，它会要求，就依照诸如《联邦民事诉讼规则》第13条（h）等规定而引入的反请求的各追加当事人而言，诉讼时效期间不应当因有关这些追加当事人的诉讼开始而中止。如果因为诉讼时效已过，上述当事人本来不应当在一个独立诉讼中被起诉，那么当一个请求是假借反请求而被主张的，这些当事人不应受到该请求的约束。

现代反请求的宽广范围提出了数个第二位的程序性问题。一是，针对衡平法上的请求而主张普通法上的反请求，或者针对普通法上的请求而主张衡平法上的反请求，会给获得陪审团审判权造成的影响。[58] 在普通法和衡平法融合以前，法院经常认为，在衡平法诉讼中主张普通法上的反请求被告放弃获得陪审团审判权。[59] 然而，在许多司法管辖区中，如果一个当事人未主张产生于与原诉相同交易的反请求，那么他将丧失此后提出该请求的权利，这就迫使反请求权人在丧失起诉权和丧失获得陪审团审判权之间进行抉择。按理说，对获得陪审团审判权的这种限制是违宪的。[60] 当前业已明确的是，获得陪审团审判权并不取决于对主请求的普通法性质定性；如果一项反请求在就其单独起诉时可由陪审团进行审理，那么即使其在一个衡平法上的诉讼中被提出，它也可获得同样对待。[61]

现代反请求规则项下第二个有问题的领域是源于反请求只能针对对方当事人提出的这一要求——即对方当事人是指存在着对抗性关系之人。当原诉的原告或

---

〔54〕 例如，Springs v. First Nat. Bank of Cut Bank, 835 F. 2d 1293 (9ᵗʰ Cirl. 1988)；Cleckner v. Republic Van & Storage Co., 556 F. 2d 766 (5ᵗʰ Cir. 1977)。

〔55〕 参见 Trindade v. Superior Ct. In & For Contra Costa County, 29 Cal. App. 3d 857, 106 Cal. Rptr. 48 (1973)；Armstrong v. Logsdon, 469 S. W. 2d 342 (Ky. 1971)。

〔56〕 Spartan Crain & Mill Co. v. Ayers, 581 F. 2d 419, 430 (5ᵗʰ Cir. 1978)，要求调阅案卷的上诉申请被驳回 444 U. S. 831。

〔57〕 扣减和抵销的概念通常用于支持在原告提起诉讼前诉讼时效已过的情况下准许提出反请求。参见 U. S. v. Southern Cal. Edison Co., 229 F. Supp. 268 (S. D. Cal. 1964)。

〔58〕 参见以下材料中的讨论：6 C. Wright, A. Miller & M. Kane, Civil 2d 1405。

〔59〕 参见 American Mills Co. v. American Sur. Co., 260 U. S. 360, 43 S. Ct. 149, 67 L. Ed. 306 (1922)。

〔60〕 参见 Lisle Mills, Inc. v. Arkay Infants Wear, Inc., 90 F. Supp. 676, 678 – 79 (E. D. N. Y. 1950)；Harada v. Burns, 50 Hawaii 528, 445 P. 2d 376, 382 (1968)；James, Right to a Jury Trial in Civil Actions, 72 Yale L. J. 655, 684 (1963)。

〔61〕 Beacon Theatres, Inc. v. Westover, 359 U. S. 500, 79 S. Ct. 948, 3 L. Ed. 2d 988 (1959)。下文 11. 5 中对此案进行了更详尽的讨论。

者第三人诉讼中的原告依照一种以上的身份行事时，确定是否存在此种关系就会变得颇为复杂。该规则似乎是指，只能就一个当事人在诉讼中出庭时所具有的身份来向其提出反请求。[62] 举例来说，在原告以其政府代理人身份起诉时，被告不能就原告的个人身份而对其提出反请求。相反，在针对据称非法拘禁和扣留纳税人的地方税务官员提出的一个案件中，法院裁决认为该官员不能代表该市提出一项要求支付税款的反请求。[63] 由于这一限制减少在一个诉讼中解决诉讼当事人间所有争议的可能性，所有一些案件已经开始探寻各当事人的确定身份背后的情况以认定他们是否事实上"相互对立"，[64] 并且已在两个不同身份之间关系异常密切时完全取消上述限制。[65]

应该对反请求程序中的第三个方面——即相关的诉辩规则——予以考虑。在关于反请求的诉辩中经常发生错误标识，因为反请求被错误地称为交叉请求或者积极答辩，反之亦然。然而，大多数现代诉辩规则并不十分强调适当标识。[66] 各法院通常会忽略所使用的术语，并探究请求的实质来判断其正确类别。[67] 同时，也存在着对被告的反请求作出适当应答的这一问题。就根据宽松的反请求新规则所做的一些稍早判决而言，它们曾指示收到反请求的原告修改最初起诉书，以便主张产生于同被告反请求相同交易或事件的任何新的肯定性权利主张。[68] 在上述反请求属于强制类型，因而必须进行主张否则将丧失该请求权的一些司法管辖区中，此问题就显得更为重要。然而，在某些案件中，这一诉辩过程可能难以实现。[69] 现在，大部分法律规定似乎规定，主张反请求的权利和义务同样适用于原告和被告；因而，针对反请求而提起的反请求也是一项适当的程序方式。[70]

---

〔62〕 参见 Banco Nacional de Cuba v. Chase Manhattan Bank, 658 F. 2d 875, 886 (2d Cir. 1981)；Rhodes, Inc. v. Morrow, 937 F. Supp. 1202 (M. D. N. C. 1996).

〔63〕 Durham v. Bunn, 85 F. supp. 530 (E. D. Pa. 1949).

〔64〕 例如，Scott v. U. S., 173 Ct. Cl. 650, 354 F. 2d 292 (1965)（尽管原告是以合伙代理人身份起诉，但是被告仍被允许向合伙成员就其个人身份提出反请求）。

〔65〕 参见 Moore - McCormack Lines, Inc. v. McMahon, 235 F. 2d 142 (2d Cir. 1956)（作为女遗产管理人而被起诉的遗孀，被准许为了已知被告的权益而依照《琼斯法》以特殊法定受托人身份提出反请求）。

〔66〕 参见上文 5. 1－5. 21 中对大多数司法管辖区中宽松诉辩要求的讨论。

〔67〕 参见 Reiter v. Cooper, 507 U. S. 258, 113 S. Ct. 1213, 122 L. Ed. 2d 604 (1993)；Brown v. Johns, 312 So. 2d 526 (Fla. App. 1975).

〔68〕 参见 Millar, Counterclaim Against Counterclaim, 48 Nw. U. L. Rev. 671, 671－72 (1954).

〔69〕 参见在下列案件中的讨论：Bethlehem Fabricators, Inc. v. Johns Bowen Co., 1F. R. D. 274 (D. Mass. 1940).

〔70〕 参见 Electroglas, Inc. v. Dynatex Corp., 473 F. Supp. 1167 (N. D. Cal. 1979)；Millar, Counterclaim Against Counterclaim, 48 Nw. U. L. Rev. 671, 671 (1954).

6.8 交叉请求

交叉请求是指由一方当事人向一位共同当事人主张的任何请求。依照《联邦民事诉讼规则》第13条（g），交叉请求应当产生于作为原诉或其反请求标的的交易或者事件，或者它必须与作为原诉标的的财产有关。[1] 同样标准也在相当多的州中得到运用。[2]

在普通法和衡平法融合以前，交叉请求设计存在于衡平法和一些程序法典中，但其并未被称为交叉请求。在衡平法中，这一设计被命名为交叉诉状（cross–bill）。它准许针对诉讼中的任何其他当事人或者共同当事人提出请求。在联邦法院中，《联邦民事诉讼规则》第30条引入了反请求，而交叉请求则成为了一种只能针对共同当事人提出的设计。[3]

在普通法和衡平法已经融合的司法管辖区（code jurisdiction）中，交叉诉状经常被更名为反诉状（cross–complaint）。一般而言，这些设计要求反诉状中所陈述的诉因产生于支持最初起诉书的事实。[4] 当今的规则，尽管总体上类似于反诉状设计，[5] 但在范围方面却更为宽松，因为这些规则同样指示法院并入给予完全救济所必要的当事人。[6] 此外，在大多数司法管辖区中，交叉请求权人可以寻求肯定性救济或者就一个诉讼中对另一位当事人的任何责任而得到补偿。[7]

同样的政策构成了使现代交易的或者强制性[8]反请求更具生命力的现代交叉请求的基础——避免重复诉讼和鼓励以最少程序步骤解决各当事人之间的整个

---

〔1〕　主要参见 6 C. Wright, A. Miller & M. Kane, Civil 2d 1431.

〔2〕　例如，Ala. Rules Civ. Proc., Rule 13 (g); West's Ann. Cal. Code Civ. Proc. 428. 10 (b); Iowa Rules Clv. Proc., Rules 33; Md. Dist. Rule 3–331 (b)。但是可参见 N. Y. – McKinney's CPLR 3019 (b)（任何请求均可在被告之间被提出）。

〔3〕　参见 J. Hopkins, Federal Equity Rules Annotated, Rule 30, Note 1 (8th ed. 1933).

〔4〕　参见 C. Clark, Code Pleading 105 (2d ed. 1947).

〔5〕　普通法和衡平法已经融合的一些州（code states）中仍然保留了"反诉状"这一术语。例如，West's Ann. Cal. Code Civ. Proc. 428. 10.

〔6〕　C. Clark, Code Pleading 105 (2d ed. 1947). 同时参见 Fed. Civ. Proc. Rule 13 (h).

〔7〕　Chappell v. Scarborough, 224 So. 2d 791 (Fla. App. 1969); Board of Educ., School District 16 v. Standhardt, 80 N. M. 543, 458 P. 2d 795 (1969).

〔8〕　参见上文 6.7 注释18。

争议。[9] 为了追求这一目标，大多数法院已经对交叉请求条款进行了宽松解释。[10] 此外，在衡平法诉讼中主张普通法上的交叉请求不会导致放弃就普通法请求获得陪审团审判的这一权利。[11] 对此设计的任何扩张适用所产生的不良影响——诸如，诉讼可能变得过分复杂和当事人权利可能受到损害的可能性——能够被消除，这是通过援引目前可在所有程序体系中找到的分别审理条款来实现的。[12]

正如此前所暗示的一样，对法院准许以交叉请求方式引入请求的能力存在着两类限制：（1）交叉请求只能针对共同当事人提出，以及（2）它所提出的请求应当在交易方面与主请求或者反请求相关，或者与原诉标的财产相关。[13] 与某些司法管辖区中交易方面相关的反请求不同，交叉请求完全是任意性的，而当事人可自行决定在诉讼中主张该交叉请求，或者在随后的独立诉讼中提出该请求。[14]

一般而言，只要请求是在原诉被告之间提出，就可达到交叉请求应针对共同当事人提出的这一要求。严格依照法律而言，共同原告同样属于现代交叉请求规则的表述范围之中。但是，判例法通常禁止在各共同原告之间提出交叉请求，除非被告已经针对他们提出反请求。[15]

---

〔9〕 参见 Lenske v. Knutsen, 410 F. 2d 583（9th Cir. 1969）；Werneth v. Cook, 487 F. Supp. 144（N. D. Miss. 1979）；Selective Ins. Co. v. NCNB Nat. Bank, 324 N. C. 560, 380 S. E. 2d 521 (1989).在联邦法院，如果一项最初请求或者反请求因缺乏事物管辖权而被驳回，那么交叉请求同样应当被驳回，除非其得到了独立的管辖权基础的支持。参见 6 C. Wright, A. Miller & M. Kane, Civil 2d 1433。但是，如果主请求由于非管辖权原因而被驳回，那么，根据诉讼进展程度，法院可以保留交叉请求，即使它不能满足管辖权要求。参见 Fairview Park Excavating Co. v. Al Monzo Constr. Co., 560 F. 2d 1122 (3d Cir. 1977)；Parris v. St. Johnsbury Trucking Co., 395 F. 2d 543 (2d Cir. 1968)。同时参见上文 2. 12 - 2. 14 中的讨论。

〔10〕 参见 LASA Per L'Industria Del Marmo Societa Per Azioni v. Alexander, 414 F. 2d 143（6th Cir. 1969）；First Tennessee Nat. Bank, Chattanooga v. Federal Deposit Ins. Corp., 421 F. Supp. 35（E. D. Tenn. 1976）.

〔11〕 Black v. Boyd, 248 F. 2d 156（6th Cir. 1957），法庭全体同意修改 249 F. 2d 441 (6th Cir. 1957)。同时参见下文 11. 5，对多重请求背景下的获得陪审团审判权的讨论。

〔12〕 参见上文 6. 2.

〔13〕 一旦在交易方面相关的一项请求被提出，《联邦民事诉讼规则》第 18 条应当适用，而各当事人可以并入他们针对其共同当事人提出的任何额外请求。主要参见上文 6. 6.

〔14〕 参见 U. S. v. Confederate Acres Sanitary Sewage & Drainage Sys., Inc., 935 F. 2d 796（6th Cir. 1991）；Hall v. General Motors Corp., 647 F. 2d 175（N. D. Cir. 1980）；Farm Credit Servs. of Mandan, FLCA v. Crow, 501 N. W. 2d 756（N. D. 1993）；Thomas v. Hawaii, 57 Hawaii 639, 562 P. 2d 425（1977）.

〔15〕 参见 Danner v. Anskis. 256 F. 2d 123 (3d Cir. 1958)。通过将交易要求狭义地解释为与已经直接针对交叉请求权人提出的各请求相关的一组事实，而非与整个诉讼的基础事实相关的一组事实，就可以得出此结论。

共同当事人要求将交叉请求区别于仅能针对对方事人提出的反请求。[16] 令人遗憾的是，反请求时常仍然会与交叉请求相混淆，这可能是由于在一些州中"交叉诉状"和"反诉状"这些术语依然被用于表达依照《联邦民事诉讼规则》及相应州规则现所称之为的反请求。[17] 在大多数案件中，易于区分对方当事人和共同当事人；此外，对适当主张的交叉请求或者反请求的错误标识并不会对诉辩人造成损害。[18]

的确因判定何为共同当事人而引发的这些困难常常源于这一问题，即共同当事人是否必定是同一水平的多当事人诉讼中的当事人。例如，在一位原告起诉两位被告，而其中一位被告向另一位新当事人提出第三人诉讼的请求（third – party claim）要求获得补偿时，就会产生此问题。如果第三人诉讼中的被告被视为共同被告，那么原诉被告可通过交叉请求方式来主张其针对被引入诉讼的当事人（impleaded party）提出的且产生于原诉标的的任何请求。如果第三人诉讼中的被告不被视为一位共同当事人，那么所主张的任何请求必须满足第三人参加诉讼规则的要求，该要求通常将针对第三人诉讼被告提出的各项请求限制为那些宣称被引入诉讼的当事人应就原告针对被告提出的全部或者部分请求而对原诉被告承担责任的请求。[19] 各法院在这些问题的处理上并未达成一致。[20] 然而，最能反映交叉请求规定最初意图的这种解释将各共同当事人限定为同一水平的诉讼中的主体。[21]

有关交叉请求的其他主要要求在于，交叉请求中所主张的起诉权必须产生于作为主请求或者反请求基础的交易或者事件，或者它必须涉及作为原诉标的的财产。交易关联性标准与反请求是否属于强制类型的判定标准非常相似。[22] 因此，大多数法院已经基于逻辑关系标准作出判定，该标准将分析交叉请求是否涉及在

367

---

〔16〕 参见上文6.7 中注释 62 – 65。对共同当事人何时可变为对方当事人的讨论，参见 Rainbow Management Group, Ltd. v. Atlantis Submarins Hawaii, L. P., 158 F. R. D. 656（D. Hawai'i 1994）.

〔17〕 参见下列材料中的全面讨论：6 C. Wright, A. Miller & M. Kane, Civil 2d 1431；Greenbaun, Jacks or Better to Open；Procedural Limitations on Co – Party and Third Party Claims, 74 Minn. L. Rev. 507 (1990).

〔18〕 参见6 C. Wright, A. Miller & M. Kane, Civil 2d 1407.

〔19〕 对于何种类型请求可针对第三人诉讼中被告提出，参见下列材料中的大篇幅讨论：6 C. Wright, A. Miller & M. Kane, Civil 2d 1446 – 1452。同时参见下文6.9.

〔20〕 试比较 Fogel v. United Gas Improvement Co., 32 F. R. D. 202（E. D. Pa. 1963）（交叉请求获得准许）和 Murray v. Haverford Hosp. Corp., 278 F. Supp. 5, 6（E. D. Pa. 1968）（交叉请求未获准许）.

〔21〕 参见6 C. Wright, A. Miller & M. Kane, Civil 2d 1431.

〔22〕 参见上文6.7 注释 20 – 37 中的讨论。

主诉中出现的许多相同事实和法律争议点。[23]

此标准的适用可通过保险人提起的无责任的确认判决之诉来加以说明，该诉讼与被保险人和受害人被称为共同被告的汽车事故相关。在此情况下，如果该交叉请求与保险公司诉讼中所提出的主要请求存在逻辑关系，受害个人可以就其所受侵害而向被保险人提出交叉请求。如果保险人以所讨论的汽车在事故发生时不在被保险人控制之下为由而要求宣告无责任并且被保险人向受害人提出了同样的答辩，就会存在这种关系。[24] 另一方面；如果确权诉讼旨在决定保险单条款是否延伸适用于争议中的事故，那么主请求和交叉请求所要求的调查可能涉及完全不同的事实和法律争议点。因此，这并不能达到逻辑关系标准。[25]

值得注意的是，交叉请求规定并不延伸适用于在交易方面无关的请求。交易联系要求将有助于确保原告的主张将不会因共同被告间的一系列完全不相关的请求而被复杂化。但是，一旦被告针对共同被告提出了有效的交叉请求，前者就可以加入其依照普通请求合并规则针对共同被告提出的所有其他请求，即使这些额外请求与原告的主请求完全无关。[26] 此外，强制性和任意性反请求条款适用于共同被告的答辩书。[27]

提出与原诉[28]标的财产相关的交叉请求的这一权利也可以证明一项超越交易联系的交叉请求是合理的，因为交叉请求与财产的联系基础可能与作为原诉基础的交易或事件并没有事实或者法律联系。[29] 例如，在美国联邦政府提起的终止回赎权之诉中，被告的抵押人被准许就欺诈而向一位共同当事人提出交叉请求，此处所依据的就是财产联系。[30]

6. 9 第三人参加诉讼（第三人引入诉讼）

第三人参加诉讼或者第三人引入诉讼，是一种使案件被告将追加当事人引入诉讼之中的程序设计，而该追加当事人可能就原诉原告针对被告提出的所有或者

---

〔23〕 参见 LASA Per L'Industria Del Marmo Societa Per Azioni v. Alexander, 414 F. 2d 143, 147 (6th Cir. 1969).

〔24〕 参见 Collier v. Harvey, 179 F. 2d 664 (10th Cir. 1949).

〔25〕 参见 Allstate Ins. Co. v. Daniels, 87 F. R. D. 1 (W. D. Okl. 1978); Globe Indem. Co. v. Teixeira, 230 F. Supp. 444 (D. Hawai'I 1963).

〔26〕 Fed. Civ. Proc. Rule 18. 参见上文 6. 6 中的讨论。

〔27〕 参见上文 6. 7。

〔28〕 参见下列材料中的讨论：6 C. Wright, A. Miller & M. Kane, Civil 2d 1432.

〔29〕 例如，Claude A. Hinton, Jr., Inc. v. Institutional Investors Trust, 133 Ga. App. 364, 211 S. E. 2d 169 (1974).

〔30〕 Lenske v. Knutsen, 410 F. 2d 583, 585 - 86 (9th Cir. 1969).

部分请求承担责任。[1] 此追加当事人被称为第三人诉讼中的被告，而提出第三人参加诉讼中的请求的原诉被告则被称作第三人诉讼中的原告。与反请求程序不同，第三人参加诉讼纯粹是选择性的；被告可以在一个完全单独的诉讼中针对第三方当事人提出请求。[2]

在普通法"传唤不动产产权担保人出庭"（vouching to warranty）的实践中可以找到第三人参加诉讼在历史上的前身。该程序准许被起诉要求收回土地的被告将已对其产权予以担保的第三人引入诉讼。此后的发展将第三人参加诉讼的范围也扩展到包括其他情况。[3]

与作为反请求条款[4]基础的理论一样正确的是，第三人参加诉讼旨在"避免迂回诉讼和在一个诉讼中处理产生于一组事实的整个诉讼标的，因而迅速经济地实现……正义。"[5] 第三人参加诉讼的有效性节约了在两个诉讼程序中证据重复所耗用的时间和费用，避免对基于相同或相似证据的相关请求带来不一致的判决结果，同时消除了时间间隔可能引发的对原诉被告的严重损害，该时间间隔存在于有利于原告（plaintiff's judgment）不利于被告的判决和有利于被告但不利于第三人诉讼被告的判决之间。[6]

可以通过下列案例来说明第三人参加诉讼是如何实现这些目标的，在该案件中，原告基于其为被告运行列车中抛出的邮包击伤时所受侵害而起诉铁路公司。美国联邦政府雇佣的邮政职员应当对可能就原告请求而作出的任何不利于铁路公司的判决承担责任。在此情况下要求被告职员针对第三人诉讼中的被告提起一项单独之诉将会毫无意义——此情况是，与每项诉讼所不得不争诉的原告所受侵害相关的各项事实将完全相同。[7]

《联邦民事诉讼规则》第14条对联邦法院中的第三人参加诉讼加以调整；

---

〔1〕 面临反请求的原告也可以运用第三人参加诉讼。Fed. Civ. Proc. Rule 14 (b)；Va. Sup. Ct. Rules, Rule 3：10 (b)；Wis. Stat. Ann. 803. 05 (2). 参见 Kaiser Aluminum & Chem. Sales, Inc. v. Ralston Steel Corp., 25 F. R. D. 23 (N. D. Ill. 1959)；New York, New Haven & Hartford R. Co. v. U. S., 21 F. R. D. 328 (S. D. N. Y. 1958)；Welch v. Crown – Zellerbach Corp., 365 So. 2d 586 (La. App. 1978).

〔2〕 参见 DeVore Brokerage Co. v. Goodyear Tire & Rubber Co., 308 F. Supp. 279 (M. D. Tenn. 1969)；Union Paving Co. v. Thomas, 9 F. R. D. 612 (E. D. Pa. 1949).

〔3〕 参见 2 W. Holdsworth, History of English Law, 112 – 14 (4th ed. 1936)；Degnan & Barton, Vouching to Quality Warranty；Case Law and Commercial Code, 51 Calif. L. Rev. 471 (1963)；Developments in the Law – Multiparty Litigation in the Federal Courts, 71 Harv. L. Rev. 874, 906 – 13 (1958).

〔4〕 参见上文 6. 7.

〔5〕 LASA Per L'Industria Del Marmo Societa Per Azioni v. Alexander, 414 F. 2d 143, 146 (6th Cir. 1969). 此外，可参见 Hood v. Security Bank of Huntington, 562 F. Supp. 749 (S. D. Ohio 1983).

〔6〕 Dery v. Wyer, 265 F. 2d 804 (2d Cir. 1959).

〔7〕 下列案件中的事实表明了这一实例：U. S. v. Acord, 209 F. 2d 709 (10th Cir. 1954)，要求调阅案卷的上诉申请被驳回 347 U. S. 975.

在许多州中可以找到相似的规定。[8] 《联邦民事诉讼规则》第 14 条准许被告"向并非诉讼当事人，但应当或可能就原告针对第三人诉讼原告提出的全部或部分请求而向第三人诉讼原告承担责任的主体"送达第三人的起诉书。援引此规定，被告可以使原告不能直接起诉[9]的某些主体参加诉讼，例如，当诉讼时效法本来会阻止原诉原告起诉该主体时，就可能发生这种情况。[10] 这是因为第三人诉讼原告的要求赔偿权或者代位求偿权只有在其被裁定对主请求负责时才会产生。

第三人诉讼的请求的基础可能是赔偿、[11] 代位、[12] 分摊、[13] 违反担保，[14] 或者支持派生责任的任何其他法律理论。如果第三人参加诉讼中的请求与原告针对原诉被告提出的请求产生于相同的交易或者事件，这并不足以达到要求；它必须涉及建立在原告主请求之上的责任转移。[15] 此外，构成请求之基础的法律理论应当得到相关实体法的认同。[16] 第三人参加诉讼不能被用于创制一项此前未得到认可的诉因。[17] 此设计是一种程序机制只是用来加速提出本应得到认可的

---

〔8〕 Vernon's Ann. Mo. Civ. Proc. Rule 52. 11；N. Y. – McKinney's CPLR 1007；Pa. Rules Civ. Proc.，Rule 2252.

〔9〕 参见 6 C. Wright，A. Miller & M. Kane，Civil 2d 1447.

〔10〕 TSZ Ki Yim v. Home Indem. Co.，95 F. R. D. 349（D. D. C. 1982）. 但是，可参见 Rambone v. Critizer，548 F. Supp. 660（W. D. Va. 1982）.

〔11〕 例如，John Mohr & Sons v. GMR Associates，Inc.，388 F. 2d 907（7th Cir. 1968）；Yelin v. Carvel Corp.，119 N. M. 554，893 P. 2d 450（1995）；Funt v. Ruiz，58 A. D. 2d 801，396 N. Y. S. 2d 418（1977），维持原判 51 N. Y. 2d 358，434 N. Y. S. 2d 189，414 N. E. 2d 689（1980）.

〔12〕 例如，Glens Falls Indem. Co. v. Atlantic Bldg. Corp.，199 F. 2d 60（4th Cir. 1952）；Attorneys' Title v. Punta Gorda Isles，Inc.，547 So. 2d 1250（Fla. App. 1989）.

〔13〕 例如，Craigie v. General Motors Corp.，740 F. Supp. 353（E. D. Pa. 1990）；New Hampshire Ins. Co. v. Petrik，343 So. 2d 48（Fla. App. 1977）.

〔14〕 例如，Altec，Inc. v. FWD Corp.，399 F. 2d 860（5th Cir. 1968）；Adalman v. Baker，Watts & Co.，599 F. Supp. 752（D. Md. 1984）.

〔15〕 U. S. v. Joe Grasso & Son，Inc.，380 F. 2d 749（5th Cir. 1967）；Lopez v. U. S.，162 F. R. D. 256（D. P. R. 1995）；National Bank of Canada v. Artex Indus.，Inc.，627 F. Supp. 610，613（S. D. N. Y. 1986）. 支持派生责任的各项事实几乎总是和原告的主请求源于相同的交易或者事件。但是，试比较 U. S. Fidelity & Guar. Co. v. Perkins，388 F. 2d 771（10th Cir. 1968）.

〔16〕 Kim v. Fujikawa，871 F. 2d 1427（9th Cir. 1989）（在《雇员退休收入保障法》没有规定基金受托人之间的补偿权时，未准许基金代表使其他受托人参加诉讼）。Howard v. Wilson Concrete Co.，57 F. R. D. 8（W. D. Mo. 1972）（当依照密苏里州法律，并不存在补偿人与受补偿人关系时，被告不能援引《联邦民事诉讼规则》第 14 条（a）以使原告的雇主参加诉讼）。

〔17〕 Fraley v. Worthington，64 F. R. D. 726（D. Wyo. 1974）；Fontenot v. Roach，120 F. Supp. 788（E. D. Tenn 1954）。《联邦民事诉讼规则》第 14 条不能被理解为创制了任何形式的派生责任，因为这样做将违反《规则制定授权法》有关禁止减少、扩大或者修改实体权利的规定。参见 28 U. S. C. A. 2072.

一些请求。[18] 第三人参加诉讼会准许引入第三人，而原诉被告针对该第三人提出的请求尚未产生；直到只有当原告在原诉中胜诉时，被告的请求才会存在。因而，在此情形下许可第三人参加诉讼会产生加速对期待性请求权进行裁判的这一效果。

在联邦司法实践中[19]以及在许多州中，[20] 均禁止以第三人在原诉中直接对原告承担法律责任为由而使该第三人参加诉讼。因此，当被告认为他人应当对引发原告请求的违反法定义务行为负责时，第三人参加诉讼将是不适合的。例如，一位因过失而被起诉的被告不能根据原告所受侵害完全由第三人过失造成的这一理论来使该第三人参加诉讼。[21] 当第三人的行为给被告责任提供了一个完整的抗辩时，该被告可在答辩书中提出该行为以进行抗辩，但是却不能将其作为第三人参加诉讼的根据。如果原告已针对两个被告提起多个单独之诉，其中主张另一个被告应完全对原告所受伤害负责的一个被告可通过诉讼合并来进行合并。[22]

即使在认定第三人参加诉讼的要求已经达到时，这并不意味着必定有权将第三人诉讼中的被告引入诉讼。[23] 法院必须决定对任何当事人造成损害的可能性是否会超过从准许合并中所获得的程序效率。基本性的规则是第三人参加诉讼应当得到准许，除非它会使得原诉过分复杂或者将延迟原诉的解决，因而显然会对原告或者第三人诉讼中的被告造成损害。[24] 最好是通过允许第三人加入诉讼来解决重大损害可能性问题，同时，如果此后表明有关损害的担忧是合理的，那么

371

---

〔18〕　Holzhauser v. Container Corp. of America, 93 F. R. D. 837 (W. D. Ark. 1982); Saving Bank of Manchester v. Kane, 35 Conn. Sup. 82, 396 A. 2d 952 (1978).

〔19〕　自1948年以来情况一直如此，1948年为了达到这一结果而改变了《联邦民事诉讼规则》的用词。参见6 C. Wright, A. Miller & M. Kane, Civil 2d 1441.

〔20〕　Ariz. Rules Civ. Proc., Rule 14 (a); Official Code Ga. Ann. 9 - 11 - 14 (a); Minn. Rules Civ. Proc., Rule 14 . 01. 参见 Chrysler Corp. v. McCarthy, 14 Ariz. App. 536, 484 P. 2d 1065 (1971).

〔21〕　Murray v. Reliance Ins. Co., 60 F. R. D. 390 (D. Minn. 1973) (当已投保的胜诉债权人以拒绝对此前的侵权之诉进行答辩拒绝为由而起诉保险人时，保险人不能根据在较早诉讼中容许作出不应诉判决方面存在过失这一意见而使被保险人的代理律师参加诉讼，因为如果代理律师应当向任何人承担法律责任的话，也应当向被保险人而非向保险人承担责任); Donaldson v. U. S. Steel Corp., 53 F. R. D. 228 (W. D. Pa. 1971) (当原告依照《琼斯法》就在被告船上所受侵害起诉时，被告不能使三位汽车驾驶人参加诉讼，而被告主张这些驾驶人实际上应为在一个完全无关的汽车事故中对原告侵害承担责任，因为这些汽车驾驶人不应以任何方式向被告承担法律责任).

〔22〕　主要参见上文6. 2中对合并的讨论。

〔23〕　依照《联邦民事诉讼规则》，如果被告在10天内提交对第三人的起诉书，则无需经过法庭许可。Fed. Civ. Proc. Rule 14 (a). 然而，异议仍然可以通过提出删除对第三人的起诉书的申请这一方式来作出。在10天期限后寻求第三人参加诉讼的被告必须努力获得法庭许可方可如此行事，因而第三人参加诉讼此时需要经过司法审查。参见6 C. Wright, A. Miller & M. Kane, Civil 2d 1453 - 1454.

〔24〕　参见 Hicks v. Long Island R. R., 165 F. R. D. 377 (E. D. N. Y. 1996); Eastman Chem. Int 'l, Ltd. v. Virginia Nat. Bank, 94 F. R. D. 21 (E. D. Tenn. 1981); Powell v. Kull. 53 F. R. D. 380 (M. D. Pa. 1971).

法院可以指令将第三人诉讼的请求予以分离或者分别审理。[25]

对第三人参加诉讼与可利用的其他请求合并设计加以区分是颇为重要的。[26] 与反请求和交叉请求不同，第三人参加诉讼旨在向并非现有诉讼当事人的某些主体提出请求。在诉讼已经涉及预期的第三人的情况下，第三人参加诉讼从技术上讲是不适当的。[27] 如果被告意图向作为现有诉讼当事人的某个主体提出请求，那么适当的程序设计是，就针对对方当事人的请求而言，采用反请求形式，或者就针对共同当事人的请求，采取交叉请求的方式。

第三人诉讼中的原告可将其可能针对第三人诉讼被告提出的请求悉数加入到适当的第三人诉讼请求之中。[28] 因而，在一个案件中，[29] 正被总承包人起诉的分包人被准许使其供应商第三人参加诉讼，该分包人宣称是供应商的过失导致分保人既违反了其与原告间的合同，又丧失了其在供应物件价格与供应商最初提供价格一致时本可获得的利润。该案的裁定准许第三人诉讼原告向第三人诉讼被告主张的金额超过原诉原告向第三人诉讼原告所主张的金额。[30]

最后，应该牢记的是，法院必须在其对第三人诉讼的请求进行判决之前获得对第三人诉讼中被告的对人管辖权。[31] 尽管各联邦法院逐渐将补充事物管辖权（supplemental subject – matter jurisdiction）这一概念扩展至包括《联邦民事诉讼规则》第 14 条项下的大多数请求，[32] 但是这些法院拒绝通过采用上述机制来消

372

---

〔25〕 参见 Thompson v. United Artists Theatre Circuit, Inc., 43 F. R. D. 197（S. D. N. Y. 1967）; Miskell v. W. T. Cown, Inc., 10 F. R. D. 617（E. D. Pa. 1950）.

〔26〕 在诸如加利福尼亚州等的一些州中，"反诉状"这一术语被用于表达最初请提出后的所有请求合并设计。West's Ann. Cal. Code Civ. Proc. 428. 10 – 428. 70.

〔27〕 参见 Henz v. Superior Trucking Co., 96 F. R. D. 219（M. D. Pa. 1982）; Horton v. Continental Can Co., 19 F. R. D. 429（D. Neb. 1956）; Kuris v. Pepper Poultry Co., 2 F. R. D. 361（S. D. N. Y. 1941）.

在被告具有针对数位原告中的一位原告的不确定的请求权时，就会出现一种特殊情况，例如在一起汽车事故案件中，驾车人和乘客起诉被告，而被告辩称驾车人原告具有过失，而这使得其应当对被告被认定向乘客原告支付的任何款项承担法律责任。在这些情况下，被告不能向驾车人提出反请求，因为反请求不应当是不确定的。因而，各法院已经准许运用第三人参加诉讼中的请求以对抗驾车人，同时将驾车人的请求从乘客的请求中分离出来。Sporia v. Pennsylvania Greyhound Lines, 143 F. 2d 105（3d Cir. 1944）.

〔28〕 Fed. Civ. Proc. Rule 18（a）. 参见 Schwab v. Erie Lackawanna R. R. Co., 438 F. 2d 62（3d Cir. 1971）; Middlesex Mut. Assur. Co. v. Black, 40 Conn. Sup. 63, 480 A. 2d 614（1984）.

〔29〕 Noland Co. v. Graver Tank & Mfg. Co., 301 F. 2d 43（4th Cir. 1962）.

〔30〕 就一个补充例证而言，可参见 George Gohen Agency, Inc., 69 A. D. 2d 725, 419 N. Y. S. 2d 584（1979），维持原判 51 N. Y. 2d 358, 434 N. Y. S. 2d 189, 414 N. E. 2d 689（1980）.

〔31〕 Coleman v. American Export Isbrandtsen Lines, Inc., 405 F. 2d 250（2d Cir. 1968）; National Gypsum Co. v. Dalemark Indus., Inc., 779 F. Supp. 147（D. Kan. 1991）; Doebler v. Stadium Productions Ltd., 91 F. R. D. 211（W. D. Mich. 1981）.

〔32〕 参见上文 2. 14.

除确立对第三人诉讼被告的对人管辖权的必要。[33] 另一方面，就法定地域管辖权要求而言，第三人诉讼的请求通常被视为是附属性的。[34]

一旦第三人参加诉讼已得到准许，第三人诉讼中的被告就可如同通常诉讼中的被告一样进行诉讼。第三人诉讼中的被告可以向第三人诉讼中的原告提出反请求，向第三人诉讼中的其他被告提出交叉请求，并且将第四方当事人（fourth party）引入诉讼，而就其对第三人诉讼中原告的责任的任何部分而言，该第四人应当派生地对其承担法律责任。[35] 第三人诉讼中的被告同样可以向原诉原告主张任何产生于与原诉相同的交易或者事件的请求，[36] 而相似地原告可以向第三人诉讼中的被告提出交易方面相关的一些请求。上述这些请求的提出是任意性的；它们可能被拒绝并且在各当事人希望时成为单独之诉的标的。[37] 此外，尽管所要求的交易联系可以确保所有请求将具有相当的关联性，从而促进作为第三人参加诉讼基础的司法效率政策，法院可以判定将增添特定的一些请求会是诉讼过于复杂，[38] 并可以指令将这些请求予以分离或者驳回。[39]

第三人诉讼中的被告也可以提出第三人诉讼中原告可向原诉原告主张的任何答辩。[40] 因为第三人诉讼中的被告不能就被告对原告的责任这一问题再次提起诉讼，所以该规定可以防止可能由第三人诉讼中原告未能向原诉原告主张特定请求所造成的任何损害。[41] 它同时可以减少在原诉原告和被告之间共谋的可能性。

373

---

〔33〕 James Talcott, Inc. v. Allahabad Bank, Ltd., 444 F. 2d 451, 464 – 65 n. 11（5th Cir. 1971），要求调阅案卷的上诉申请被驳回 404 U. S. 940.

〔34〕 U. S. v. Acord, 209 F. 2d 709（10th Cir. 1954），要求调阅案卷的上诉申请被驳回 347 U. S. 975；ABCKO Music, Inc. v. Beverly Glen Music, Inc., 554 F. Supp. 410（S. D. N. Y. 1983）.

〔35〕 参见 6 C. Wright, A. Miller & M. Kane, Civil 2d 1461。例如，Weber v. Weber, 44 F. R. D. 227（E. D. Pa. 1968）（对第三人诉讼中的原告提出反请求）；Gaplen v. Sturge, 35 F. R. D. 176（E. D. Pa. 1964）（对第四方当事人的起诉书）。

〔36〕 例如，Finkel v. U. S., 385 F. Supp. 333（S. D. N. Y. 1974）. 参见 6 C. Wright, A. Miller & M. Kane, Civil 2d 1458.

〔37〕 例如，Northbrook Nat. Ins. Co. v. J & R Vending Corp., 167 F. R. D. 643（E. D. N. Y. 1996）（针对第五人诉讼被告提出的请求得到准许）；Kenrose Mfg. Co. v. Fred Whitaker Co., 53 F. R. D. 491（W. D. Va. 1071），维持原判 512 F. 2d 890（4th Cir. 1972）. 参见 6 C. Wright, A. Miller & M. Kane, Civil 2d 1459.

〔38〕 在联邦法院中，尽管在原诉原告和第三人诉讼中被告之间的一些请求在交易方面与主诉相关，这并不意味着可对其主张管辖权；可能会要求独立的事物管辖权。28 U. S. C. A. 1367（b）. 参见上文 2. 12 – 2. 14，对多请求，多当事人背景下的补充管辖权（supplemental jurisdiction）的讨论。

〔39〕 参见 Kosters v. Seven – Up Co., 595 F. 2d 347（6th Cir. 1979）；Beihts v. W. R. Grace & Co., 62 F. R. D. 546（W. D. Okl. 1974）.

〔40〕 Fed. Cir. Proc. Rule 14（a）；N. Y. McKinney's CDPLR 1008. 参见 U. S. v. Lumbermens Mut. Cas. Co., 917 F. 2d 654（1st Cir. 1990）；Administrative Management Servs. Inc. v. Fidelity & Deposit Co. of Maryland, 129 Cal. App. 3d 484, 181 Cal. Rptr. 141（1982）.

〔41〕 参见 Carey v. Schuldt, 42 F. R. D. 390（E. D. La. 1967）.

6. 10 介入诉讼

介入诉讼是一项准许不是诉讼当事人的某个人为保护其权益而加入诉讼之中的程序。[1] 它可以追溯到罗马法，在罗马法中，它被广泛运用，当时其目的在于赋予非诉讼当事人的主体一种手段来保护其权利主张，以此防备这样一种可能性，即诉讼中的败诉方决定不就一项不利于案外人权益的判决提出上诉。[2]

在英格兰司法实践中，介入诉讼是逐步发展的，它在教会法院、海事法院、普通法法院和衡平法法院中采取了不同的形式。[3] 英格兰法院认为介入诉讼的首要的正当理由在于，需要以一种方式来确保诉讼的进行不会损害非诉讼当事人的主体的权益。因而，在可能给案外人造成损害的诉讼类别中，这种发展最为突出。[4] 例如，因为一项海事对物诉讼具有对世性的拘束力，所以，除非他被准许加入诉讼之中，否则对法院所裁定的财产具有权益的非诉讼当事人的主体不可能在诉讼终结后提出请求。类似的是，在普通法和衡平法上，就对法院所保管的财产的某些请求权而言，尽管对这些请求权的裁决不会对非诉讼当事人的主体具有拘束力，但是该裁决实际上可能会严重损害非诉讼当事人的主体的权益。但是，介入诉讼程序在英格兰法律体系中的演进受到了原告应当被准许对诉讼的形成和方向加以控制这一历史观念的影响。[5] 可允许的介入诉讼的范围越广，原诉当事人的权益越可能因为延迟、费用和错综复杂而受到损害。

374

现在，对当事人合并和请求合并的宽松态度，以及复杂实体规则的不断涌现，均为多个当事人，多个争议点的诉讼的产生提供了沃土。这就削弱了原诉当事人控制诉讼的能力，同时相应增加了主持庭审的法官在决定谁是诉讼的适当参与者这一问题上的自由裁量权。[6] 介入诉讼的可利用性的不断提高是伴随着一些努力而产生的，这些努力旨在满足对经济性的日益增长的需要，同时这些努力

---

〔1〕 适当的程序是，由寻求加入一项诉讼的当事人提交一份申请并且附上一份请求陈述或者答辩陈述，上述陈述构成介入诉讼的基础。Fed. Civ. Proc. Rule 24 (c)；Ill. – Smith – Hurd Ann. 735 ILCS 5/2 –408；Pa. Rules Civ. Proc.，Rules 2327，2328।

〔2〕 Moore & Levi，Federal Intervention：I. The Right too Intervene and Reorganization，45 Yale L. J. 565，568 (1936).

〔3〕 Moore & Levi，Federal Intervention：II. The Procedure，Status，and Federal Jurisdictional Require-ments，47 Yale L. J. 898 (1938).

〔4〕 Moore & Levi，Federal Intervention：I. The Right to Intervene and Reorganization，45 Yale L. J. 565，573 (1936).

〔5〕 同上，第569页।

〔6〕 Kennedy，Let's All Join In：Intervention Under Federal Rule 24，57 Ky. L. J. 329，381 (1969)；Note，When a Permissive Intervenor Impairs the Plaintiff's Control，35 Hast. L. J. 707 (1984).

也试图正确对待司法系统运行中正当程序事项的敏感性。[7] 对介入诉讼加以调整的规则试图在两种相互竞争的方针之间达到衡平：（1）法律制度关注这一问题，即确保某些主体的利益能被充分代表，这些主体不是诉讼当事人但是其所拥有的权益可能受到诉讼结果的影响；以及（2）最初的当事人关注的是，迅速地对其请求和答辩进行裁断，而这些最初的当事人承担了主要的诉讼费用。应当依据每个案件的情况来仔细考虑这些关注并作出权衡。正如一位评论者所描述的一样，"规则的首要任务是成为主持庭审的法官在一个特定案件中达到公正结果时所运用的准则。"[8]

《联邦民事诉讼规则》第 24 条[9]以及许多类似的州规则，[10] 规定了介入诉讼的要求，并对权利性介入诉讼与许可性介入诉讼进行了区别。[11] 这种二分法体现了对原诉当事人和寻求加入诉讼的主体之间相互竞争的权益进行协调的一种努力。当被认为是权利性介入诉讼时，存在着一种固有的判断，即非诉讼当事人的主体所具有的参加诉讼权应当优先；当仅仅被认为是许可性介入诉讼时，法院首先需要确定，准许案外人参与诉讼是否会使原诉当事人的权益受到损害。[12] 对两种类型介入诉讼的标准的考察更能说明这种区别。

当代的介入诉讼规则通常包含了一项适用于权利性介入诉讼的三重标准。[13] 首先，潜在的介入诉讼人必须拥有与作为诉讼标的的财产或者交易相关的一项权

375

---

〔7〕 法院对在适当案件中鼓励介入诉讼这一需要进行慎重对待的一个实例是，联邦最高法院在下列案件中的判决，该案件是 Independent Federation of Flight Attendants v. Zipes, 491 U. S. 754, 109 S. Ct. 2732, 105 L. Ed. 2d 639 (1989), 此案的裁决是，尽管存在关于律师费转移承担的制定法，但是在有关雇佣歧视的"第七权利条款"（Title Ⅶ, 译者注：这是指 1964 年《民权法》第七权利条款，它是一项联邦法律，禁止雇佣歧视，以及基于种族、性别、怀孕、宗教和血统等的侵扰，同时禁止打击报复那些反对在工作地点进行歧视或侵扰的人。Black's Law Dictionary, Seventh Edition, West Group, 1999, p. 1494）案件中，如果原告胜诉，为保护其权益而作为被告介入诉讼的各方不应当被裁定承担对方当事人的律师费，除非他们的介入诉讼被认定为无意义的、不合理的或者缺乏根据。联邦最高法院判定，要求承担律师费并非制定法的首要目的，它可能会产生这样的效果，即鼓励当事人停留在诉讼之外并且等待着对任何当时所作出的不利判决进行间接攻击。

〔8〕 Comment, The Litigant and the Absentee in Federal Mulitiparty Practice, 116 U. Pa. L. Rev. 531, 532 (1968).

〔9〕 下列材料对《联邦民事诉讼规则》第 24 条进行了详细分析：7C C. Wright, A. Miller & M. Kane, Civil 2d 1901 - 23.

〔10〕 例如，West's Ann. Cal. Code Civ. Proc. 387; Ind. Code Ann. Ct. R. Trial 24; Md. Dist. Rule 3 - 214 (a), (b); N. Y. - McKinney's CPLR 1012, 1013. 但是，参见 Iowa Rules Civ. Proc., Rules 75, 76.

〔11〕 这种将介入诉讼划分为权利性介入诉讼与"许可性"介入诉讼的做法受到了批评，此划分被认为是产生了不必要的混淆和麻烦。Shreve, Questioning Intervention of Right: Toward a New Methodology of Decisionmaking, 74 Nw. U. L. Rev. 894 (1980).

〔12〕 Cohn, The New Federal Rules of Civil Procedure, 54 Geo. L. J. 1204, 1232 (1966).

〔13〕 例如，West's Ann. Cal. Code Civ. Proc. 387 (b); Vernon's Ann. Mo. Rule Civ. Proc. Rule 52. 12 (a); Wis. Stat. Ann. 803. 09.

益。其次，当没有介入诉讼人时，对诉讼的处理可能会损害介入诉讼人保护该权益的能力。最后，必须证明，现有的诉讼当事人并没有充分地代表介入诉讼人的权益。[14] 除这些标准外，当一个制定法规定了一项无条件的介入诉讼权时，权利性介入诉讼也会得到准许。[15]

对"权益"、"事实上的权益受损"以及"代表的适当性"这些概念已经进行了大量的司法注解。数个联邦法院已经大大扩大了《联邦民事诉讼规则》第24条项下介入诉讼的范围，这使得一些评论员提出了天平是否过多地偏向于介入诉讼申请人一方的这一质疑。[16] 然而，这些判决与1966年对其他有关介入诉讼的联邦规则所进行的修正的目标相一致，该修正旨在使新规则比最初规则更能适应多个当事人和多个争议点的案件。[17] 此外，主持庭审的法官拥有自由裁量权来对权利性介入诉讼设置条件和限制，以便对介入诉讼人和原诉当事人之间的任何权益不平衡情况进行调整以恢复平衡。[18]

以联邦规则为模型，对权利性介入诉讼标准的三个单独要素进行更为细致的研究可以更好地了解此程序的实用性。第一项要求是潜在的介入诉讼人应当证明"与作为诉讼标的的财产或者交易相关的一项权益"。这一表述所设定的界限是不确定的。可能正是出于这一原因，基于此标准而作出裁决的案件的数量比较少。

对此部分进行严格解释的这一努力看上去为联邦最高法院对 Cascade Natural

376

---

〔14〕 在1966年对《联邦民事诉讼规则》第24条（a）进行修正以前，联邦法院中的介入诉讼标准非常严格，并且十分强调概念。只有当缺席诉讼者在严格的一事不再理意义上可能受到未决诉讼约束时，Sam Fox Pub. Co. v. U. S., 366 U. S. 683, 81 S. Ct. 1309, 6 L. Ed. 2d 604 (1961), 或者当法院对财产加以控制，而该财产的分配可能给对缺席诉讼者带来不利影响时，权利性介入诉讼才会得到准许。Cohn, The New Federal Rules of Civil Procedure, 54 Geo. L. J. 1204, 1230 (1966). 经修正后的规则放弃了这种做法，并转而将焦点放在作为介入诉讼基础的目的之上。参见 Comment, The Litigant and the Absentee in Federal Multiparty Practice, 116 U. Pa. L. Rev. 531, 542 (1968).

〔15〕 为了确保在私当事人（private parties）之间的诉讼中对与宪法有关的问题进行充分考虑，《联邦民事诉讼规则》第24条（a）同时规定，每当在政府并不是诉讼当事人的一个诉讼中，影响公共权益的一项联邦法律的合宪性问题受到质疑时，法院必须通知司法部长，以便政府能够依照《美国注释法典》第28标题第2403节（28 U. S. C. A. 2403）来介入诉讼。参见 Developments in the Law - Multiparty Litigation in the Federal Courts, 71 Harv. L. Rev. 874, 899 (1958). 只有在一项制定法的合宪性受到质疑时，援引第2403节才是适当的；而制定法的解释问题并不足以援引该规定。参见 Note, Federal Intervention in Private Actions Involving the Public Interest, 65 Harv. L. Rev. 319, 323 (1951).

〔16〕 参见 Shapiro, Some Thoughts on Intervention Before Courts, Agencies, and Arbitrators, 81 Harv. L. Rev. 721, 722 (1968).

〔17〕 参见 Kennedy, Let's All Join In: Intervention Under Federal Rule 24, 57 Ky. L. J. 329, 374 (1969), 在该文中，作者讨论了1966年对《联邦民事诉讼规则》第19条，第23条和第24条所进行的各项修正之间的相互关系。同时参见上文6.5，对《联邦民事诉讼规则》第19条的讨论，以及下文16.2对《联邦民事诉讼规则》第23条的讨论。

〔18〕 参见，例如 Stringgellow v. Concerned Neighbors in Action, 480 U. S. 370, 107 S. Ct. 1177, 94 L. Ed 389 (1987).

Gas Corporation v. El Paso Natural Gas Company 一案的判决所制止。[19] 在埃尔帕索（El Paso）一案中，三位上诉人试图介入一项放弃财产令之诉（a divestiture proceeding），在该诉讼中，作为一个天然气主要供应商的被告埃尔帕索被要求放弃其对另一家销售天然气的 Pacific Northwest 公司的控制，以此恢复加利福尼亚州的市场竞争状况。加利福尼亚州寻求介入该诉讼，以便确保 Pacific Northwest 或者其继受公司能够恢复元气以进行有效竞争。作为一个天然气的主要工业用户的 Southern California Edison 从埃尔帕索处购买天然气，为了保证加利福尼亚州的市场竞争状况可得以恢复，Southern California Edison 也希望介入诉讼。作为一家俄勒冈州和华盛顿州分销商的 Cascade Natural Gas，其惟一天然气供应商是 Pacific Northwest，它也申请介入诉讼以便保证 Pacific Northwest 能够有效地担当提供商的角色。联邦地区法院拒绝了所有三位申请人的介入诉讼申请。

联邦最高法院最初裁断，加利福尼亚州和 Southern California Edison 在"地理上是'位于如此位置'以至于在（最初）《联邦民事诉讼规则》第 24 条（a）（3）的意义上会受到一项吸收合并的'不利影响'，而该吸收合并会减少在天然气领域的竞争因素"，因此，对介入诉讼申请加以拒绝是错误的。[20] 此外，因为必须重新审理案件的实质问题以便准许这些主体介入诉讼，联邦最高法院裁定，经修正的《联邦民事诉讼规则》第 24 条（a）（2）中关于介入诉讼人"主张具有与作为诉讼标的的财产或者交易相关的一项权益"的这一要求相当宽容，这足以认定 Cascade 符合此要求。

按理说，埃尔帕索一案应当被限制在该案事实之上，因为诉讼结果在较大程度上反映了联邦最高法院对联邦地区法院所采纳的放弃财产方案（divestiture plan）实质内容的不满。[21] 不过，对此后下级法院判决的分析表明，该案件并未受到上述局限，同时存在着大量的权益，基于这些权益可以依照现行《联邦民事诉讼规则》第 24 条（a）准许进行权利性介入诉讼。[22]

---

〔19〕　386 U. S. 129, 87 S. Ct. 932, 17 L. Ed. 2d 814 (1967).

〔20〕　386 U. S. at 135 – 36, 87 S. Ct. at 936 – 37.

〔21〕　参见 Kaplan, Continuing Work of the Civil Committee: 1966 Amendment of the Federal Rules of Civil Procedure (I), 81 Harv. L. Rev. 356, 406 (1967), 在该文中，作者暗示，联邦最高法院对"权益"要求的扩大解释应当限于某些反托拉斯案件，这些案件涉及就与联邦最高法院指示不一致的判决提出异议。

〔22〕　这并不是暗示着，采取可据理力争与诉讼标的相关的任何主张。一位申请人就能满足介入诉讼的要求；实际上，联邦最高法院已经拒绝过这样的一项依照经修正的《联邦民事诉讼规则》第 24 条介入诉讼的申请。在 Donaldson v. U. S., 400 U. S. 517, 91 S. Ct. 534, 27 L. Ed 580 (1971) 一案中，一位纳税人申请介入诉讼以便强制执行国内税务署对该纳税人的原雇主及雇主的会计师的传唤，要求其出示在与该纳税人 – 申请人受到调查的纳税申报相关的年度内雇主对该纳税人的工作与报酬记录。联邦最高法院认定，纳税人对其雇主的日常商业记录的权益并不足以使其有权介入诉讼。但是，Donaldson 一案的判决可能是受限于其特殊的事实，这暗示着，在维护一个快速审判机制的权益胜过申请人的介入诉讼权益的这类情况下，介入诉讼申请可能遭到拒绝。

377 例如，在 Smuck v. Hobson 一案中，[23] 美国联邦上诉法院哥伦比亚特区巡回审判庭认定，一些父母群体在其子女教育方面具有充足权益来介入诉讼，以便对一个联邦地区法院所作出关于"教育委员会"对哥伦比亚特区内的学校进行管理时违反了联邦宪法的这一裁决提出上诉。联邦上诉法院指出，"并没有显而易见的理由说明为何总是必须依据一项'经济利益'来证明介入诉讼的合理性"。[24] 接着，该法院进而断定，准许介入诉讼将会有助于实现"'在与效率性和正当程序不矛盾的范围内，以涉及尽可能多的明显相关主体的方式来处理案件'的这一目标"。[25] 联邦上诉法院所利用的这种概念框架颇有启发意义。显然，焦点在于实现司法经济性与符合正当程序，上述处理办法相当灵活且足以涵盖各种依照《联邦民事诉讼规则》第 24 条（a）所主张的权益。[26]

按照《联邦民事诉讼规则》第 24 条（a）确立一项介入诉讼权的第二项要求是申请人必须是"处于这样的地位，以至于对诉讼的处理可能在实际上会削弱或者妨害申请人保护该权益的能力"。上述表达已经表明，必须加以考虑的争议点并非一事不再审问题，而是申请人可能在多大程度上受到一个未决诉讼的判决的"实际的损害"。

在对此要求的各种最宽松解释中确定包含什么内容的这一问题上，联邦上诉法院第五巡回审判庭认为，因为遵循先例而带来的不利影响将足以确立一项介入诉讼权。在 Atlantis Development Corporation v. United States 一案中，[27] 亚特兰蒂斯（Atlantis）申请获得许可来介入美国针对三位被告提起的，禁止在特定珊瑚礁上安装浮筒的一个诉讼。在它所提出的答辩书以及针对主诉中各个被告提出的交叉请求中，亚特兰蒂斯指出美国对这些珊瑚礁并没有属地管辖权、控制或者所有权，并且，与此相反，亚特兰蒂斯通过先占而对财产享有所有权。在交叉请求中，亚特兰蒂斯指责被告侵入其土地。

378 联邦上诉法院第五巡回审判庭判定，主要调查的是，在介入诉讼人未参加诉讼的情况下，诉讼的处理在何种程度上使介入诉讼人受到实际损害的问题。该法院指出，解决美国和被告之间争议的一个判决不会对亚特兰蒂斯公司产生任何直接影响；介入诉讼人不会受到任何一事不再理原则的约束。但是，在亚特兰蒂斯针对美国联邦政府提出的主张中不可避免地出现的两个基本法律问题必须由法院

---

〔23〕 408 F. 2d 175 (D. C. Cir. 1969).

〔24〕 408 F. 2d at 179.

〔25〕 出处同上。在一个早前的案件中，即 Nuesse v. Camp, 385 F. 2d 694, 700 (D. C. Cir. 1967) 一案中，同一法院已将权益要求定性为，对于经济地处理案件而言，"主要是一项实际引导"，但是它也与正当程序有关事项相一致。

〔26〕 关于被认定为充分的权益种类的探讨，参见 7C C. Wright, A. Miller & M. Kane, Civil 2d 1908.

〔27〕 379 F. 2d 818 (5th Cir. 1967).

在对主诉进行判决时加以解决。如果对这些问题的裁决与支持亚特兰蒂斯的观点截然相反，法院认为，遵循先例所带来的影响将使得亚特兰蒂斯在此后的任何诉讼中极难胜诉，同时使得它的权利主张"实际上……已没有价值"。[28]

　　该法院特别指出并不是在遵循先例可能为后继诉讼带来实质障碍的任何情况下介入诉讼都是适当的，所以对其裁定进行了一些限制。[29] 更确切地说，只有当此因素与一项对正是作为主诉标的的财产或者交易而提出的请求相结合的情况下，才应准许介入诉讼。[30] 然而，联邦上诉法院第五巡回审判庭的判决标志着对介入诉讼权的一种重要的扩展，因为它是按照作为介入诉讼基础的目的——而非依据对形式要求的刻板的归类和评估——来适用此要求。[31]

　　对《联邦民事诉讼规则》第 24 条（a）项下权利性介入诉讼的最后一条检验标准规定，如果已经满足其他先决条件，那么应当准许介入诉讼，"但申请人的权益已由现有诉讼当事人充分代表的除外"。[32] 代表的充分性是一个相当复杂的变量。一种极端情形是，申请人可能设法向一个诉讼当事人提出一项单独的要求获得救济的请求；当此情况发生时，显然她的权益没有被代表，应当准许介入诉讼。[33] 另一种极端情形是，申请人可能设法与一位诉讼当事人提出完全相同的请求，这使得介入诉讼的主张相当无力。[34] 在处于这两种极端情形之间的各

---

　　〔28〕 379 F. 2d at 828. 法院特别指出，联邦上诉法院第五巡回审判庭采用惯常做法，即一个合议庭作出的判决会为所有其他合议庭所遵循，直到该判决被联邦最高法院撤消或者在全院庭审程序（en banc proceedings）中被该巡回审判庭予以撤消时为止，并且将一个全院庭审的重新审理或调卷令的机会定性为"非常艰难"。

　　〔29〕 在 Ionian Shipping Co. v. British Law Ins. Co. , 426 F. 2d 186（2d Cir. 1970）一案中，一位抵押人向一位海事船舶保险单的承保人提起诉讼，而抵押权人的受让人，即 Allied Chemical Corporation，寻求准许在主诉中进行权利性介入诉讼但遭到拒绝。联邦上诉法院第二巡回审判庭认为，没有实际考虑因素表明在后继诉讼中 Allied 提出其请求的机会将受到削弱。不同于 Atlantis 一案，法院特别指出，"可能性很小的是，对无先例可循的法律问题（novel issues of law）所做的判决将具有遵循先例的效果。" 426 F. 2d at 191.

　　〔30〕 379 F. 2d at 828 - 29. 例如，Chiles v. Thornburgh, 865 F. 2d 1197（11th Cir. 1989）；Oneida Indian Nation of Wisconsin v. New York, 732 F. 2d 261（2d Cir. 1984）.

　　〔31〕 关于其他采用目的分析方法的案件，参见 Natural Resources Defense Council, Inc. v. U. S. Nuclear Regulatory Comm'n, 578 F. 2d 1341（10th Cir. 1978）；O'Hara Group Denver, Ltd. v. Marcor Housing Sys. , Inc. , 197 Colo. 530, 595 P. 2d 679（1979）.

　　〔32〕 在 1966 年所进行的修正以前，《联邦民事诉讼规则》第 24 条（a）"在现有诉讼当事人对申请人权益的代表是不充分的，或者可能是不充分时"，准许介入诉讼。现行规定中的表述似乎将原来由介入诉讼人承担的证实不充分代表的责任转由反对介入诉讼的当事人承担。参见 Caterino v. Barry, 922 F. 2d 37（1st Cir. 1990）. Smuck v. Hobson, 408 F. 2d 175, 179（D. C. Cir. 1969）. 但是也存在某些相反的司法信号（judicial indication）. 参见 Trbovich v. United Mine Workers of America, 404 U. S. 528, 538 n. 10, 92 S. Ct. 630, 636 n. 10, 30 L. Ed. 2d 686（1972）.

　　〔33〕 例如，Duff v. Draper, 96 Idaho 299, 527 P. 2d 1257（1974）.

　　〔34〕 例如，Maryland Radiological Soc. , Inc. v. Health Servs. Cost Review Comm'n, 285 Md. 383, 402 A. 2d 907（1979）.

种情况下，法院必须对特定因素予以衡量，并且应当对减轻情节加以注意。[35] 对欺诈或者勾结的证据显然表明代表是不充分的；[36] 类似的是，证明一起案件处理不当，或者证明申请人权益的代表人和申请人的利益相对立，都可能构成介入诉讼的充足理由。[37]

对证明介入诉讼正当性的不充分代表的类型的一个很好例证出现在 Trbovich v. United Mine Workers of America 一案，[38] 在该案中，一位工会成员最初曾向劳工部长提出申诉，后又寻求介入此后由劳工部长依照《劳资关系报告与披露法》（the Labor‐Management Reporting and Disclosure Act）提起的，要求宣布工会特定官员的选举无效的一个诉讼。劳工部长反对介入诉讼，认为在未决诉讼中他已经充分代表了介入诉讼申请人的权益，并且指出否则联邦最高法院只能认定劳工部长未能履行他的法定职责。[39]

联邦最高法院最终并不赞同上述观点。在对劳工制定法的历史和目的的审查时，联邦最高法院认为，它对劳工部长设置了两种不同的职责——代表工会的个别成员来对抗这些成员所在的工会，并且保护在自由民主的工会选举中的更大的公共权益。[40] 这两种职能，尽管显然都很重要，但在依照制定法所提起的诉讼中它们并不会带来同样的处理方式。因此，即使劳工部长已经如同所预期的一样履行职责，在诉讼中对申请人的有限利益的代表也是不充分的。当一位诉讼当事人有义务代表两个——虽然不对立，但是可能在策略考虑上要求进行不同判断——的单独权益时，为了确保缺席诉讼者的权益得到充分和有力的关注，权利性介入诉讼是适当的。[41]

当将《联邦民事诉讼规则》第 24 条（a）所规定上述三种标准共同联系起来时，这些标准就为确定介入诉讼权的范围确立了一个务实而灵活的检验准则。很清晰的是，权益、实际损害、代表的充分性这些概念不应当被认为是相互割裂的，而应当在对现有诉讼当事人和可能成为诉讼当事人的主体间相互竞争的权益

380

---

[35] 参见在下列材料中的讨论和所引用的案件：Note, Intervention of Private Parties under Federal Rule 24, 52 Colum. L. Rev. 922, 925 (1952).

[36] 参见 Shump v. Balka, 574 F. 2d 1341 (10th Cir. 1978); Cuthill v. Ortmanp‐Miller Mach. Co., 216 F. 2d 336 (7th Cir. 1954).

[37] 参见 Smith v. Clark Sherwood Oil Field Contractors, 457 F. 2d 1339 (5th Cir. 1972)，要求调阅案卷的上诉申请被驳回 409 U. S. 980.

[38] 404 U. S. 528, 92 S. Ct. 630, 30 L. Ed. 2d 686 (1972).

[39] 一般而言，当政府是代表寻求介入诉讼的主体的权益的被指明当事人（named party）时，代表的充分性会得到认定。参见 7C C. Wright, A. Miller & M. Kane, Civil 2d 1909 中的注释 25‐28 以及相关正文。

[40] 404 U. S. at 538‐39, 92 S. Ct. at 636‐37.

[41] 参见 Nuesse v. Camp, 385 F. 2d 694 (D. C. Cir. 1967)（追求其有限权益的当事人不能充分代表介入诉讼人的更广权益）。

加以平衡时，被作为相互联系的因素予以考虑。

当一位缺席诉讼者并不能满足权利性介入诉讼的要求时，法院可能在特定条件下准许进行许可性介入诉讼。《联邦民事诉讼规则》第24条（b）以及许多州的类似规则规定，"任何人可以被许可介入一项诉讼：（1）当美国的制定法赋予了附条件的介入诉讼权时"；或者（2）当申请人的请求或者答辩与主诉拥有共同的法律问题或者事实问题时。"〔42〕

寻求许可性介入诉讼的申请是由初审法院依照自由裁量权加以处理。法院将考虑介入诉讼的益处是否胜过争议扩大并带来延迟和费用的这一可能性。〔43〕当申请人出庭并未达有效目的时——例如，当共同问题正在被诉讼当事人有效地提出时——介入诉讼根本不应当得到许可。〔44〕此外，如果介入诉讼得到准许，介入诉讼人提出远离原诉主流问题的争议点的任何企图将会遭到抵制，即使假若介入诉讼人是诉讼的最初当事人，他本可以提出这些争议点。

作为例证，假设在案件中，P提起诉讼申请获得损害赔偿金和一个强制令，并主张D侵犯了P的专利权。X试图以侵犯知识产权诉讼的被告的身份介入诉讼，并且以不正当竞争为由向P提出一项反请求。因为D对有关不正当竞争的请求完全没有利害关系，法院可以依据自由裁量权对介入诉讼加以拒绝，或者在不得提出不正当竞争这一争议点的条件下，对介入诉讼予以许可。另一方面，如果X的反请求与最初的侵犯知识产权诉讼在交易方面具有密切关系，那么该反请求可能得到准许。

申请人被要求提出与原诉当事人所提出的请求或答辩所涉及的争议点具有共同点的事实问题或者法律问题，这一要求带来了一些分析上的棘手问题。这个相对而言的最低要求会准许法院来许可某个主体介入诉讼，即使就合并而言该主体不是一个合适的当事人，因为不存在介入诉讼人的请求应当与主诉中的请求在交易方面相联系的要求，而交易方面相联系的这一要求却存在于许可性合并中。〔45〕但是，介入诉讼远非可以自动获得准许。正如此前所指出的一样，此事项是由初审法院依照自由裁量权加以处理，同时，当缺席诉讼者试图提出一项与主诉无关的请求并且将延误庭审和损害原诉当事人权益时，法官会对介入诉讼加以拒绝。

对许可性介入诉讼可被证明是正当的这类情况的一个有趣讨论出现在 Inoian

381

---

〔42〕　参见7C. C. Wright, A. Miller & M. Kane, Civil 2d 1910 – 12.

〔43〕　参见 Developments in the Law – Multiparty Litigation in the Federal Courts, 71 Harv. L. Rev. 874, 903（1958）.

〔44〕　参见 Note, Intervention of Private Parties Under Federal Rule 24, 52 Colum. L. Rev. 922. 927 – 28（1952）.

〔45〕　参见上文6. 4.

Shipping Company v. British Law Insurance Company 一案中，[46] 在该案中，与海事船舶保险单相关的抵押权受让人寻求介入一项由抵押人向承保人提起的诉讼，但遭到拒绝。然而，法院指出，许可性介入诉讼显然是适当的。法院特别提出，假定的介入诉讼人在与抵押人共同的法律问题和事实问题上具有极大的权益，并且介入诉讼将与作为联邦合并规则修正之基础的目标相一致，而通过修正规则以便在符合正当程序的情况下，在单个诉讼中对尽可能多的争议点加以处理。[47] 此外，法院认为，相对于申请人被迫提起另一个诉讼而给司法系统带来的负担相比，介入诉讼给原诉当事人所带来的负担简直微不足道。可以通过对自由行事的介入诉讼人（discretionary intervenor）设置条件的这一方式来减轻对现有诉讼当事人造成的任何混淆或者损害。[48]

对《联邦民事诉讼规则》第 24 条（b）（2）中的共同问题要求而言，已经出现了一个重要的问题，即政府拥有的介入一项诉讼当事人依赖由政府官员或者政府机构所实施的制定法、命令或者规章的诉讼的这一权利的范围。这与一个诉讼当事人对国会立法的合宪性提出质疑的情形并不相同；在合宪性问题受到质疑的情况下，政府依照《司法法典》第 2403 条享有无条件的介入诉讼权。当一个诉讼当事人主张应当对一项联邦制定法进行特定的解释或者适用时，此争议点是一个许可性介入诉讼的争议点。

与通常情形一样的是，即使由政府提出的许可性介入诉讼请求也是由主持庭审的法官依照自由裁量权加以处理。但是，1946 年对《联邦民事诉讼规则》的修正[49]所明确的是，负责实施一项制定法或者行政命令的政府机构的权益足以达到行使该自由裁量权的前提条件；在很多情况下，确保联邦制定法项下争议点的所有含义均受到法院关注的这一公共权益胜过任何由此所造成的延迟。[50]

382　　　无论是寻求许可性介入诉讼还是权利性介入诉讼，均应当及时提出申请要求获得介入诉讼的准许。及时性是依据各个案件的情况而有所不同。寻求介入诉讼时所达到的诉讼阶段必然是判定申请人的申请是否及时的一个重要因素。重要的

---

　　〔46〕　426 F. 2d 186（2d Cir. 1970）．

　　〔47〕　426 F. 2d at 191．

　　〔48〕　426 F. 2d at 191 - 192. 对于许可性介入诉讼被拒绝的案件的一个例证，参见 Commonwealth Edison Co. v. Allis - Chalmers Mfg. Co.，207 F. Supp. 252（N. D. III. 1962）维持原判 315 F. 2d 564（7th Cir. 1963），要求调阅案卷的上诉申请被驳回 375 U. S. 834.

　　〔49〕　在进行修正以前，对于此类情况下的介入诉讼的适当性存在着一些疑惑，因为政府并不是提出与主诉的争议点具有共同问题的"一项请求或者一项答辩"，而只是寻求在一个特定制定法适用时插入其权益。参见 Note, Federal Intervention in Private Actions Involving the Public Interest, 65 Harv. L. Rev. 319, 324 - 25（1951）．

　　〔50〕　参见 Developments in the law - Multitparty Litigation in the Federal Courts, 71 Harv. L. Rev. 874, 904（1958）．相关目的分析类型的例证，参见 Nuesse v. Camp, 385 F. 2d 694（D. C. Cir. 1967）．

不是在于介入诉讼申请的实际延迟时间，而是在一个特定点上增加诉讼当事人会在何种程度上扰乱诉讼程序和不利于现有诉讼当事人。[51] 因此，作为一项一般规则，在庭审之前提出的申请将被认为是及时的，[52] 而在没有极为特殊情况时，判决后提出的申请将会因为不及时而被驳回。[53] 当对在这些极端情况之间的某些点上所提出的一项介入诉讼申请进行判定时，法院必须对各种考虑因素予以平衡。[54]

例如，这种判定经常受到所寻求的介入诉讼类型的影响。当缺席诉讼者寻求权利性介入诉讼时，因为他的权利可能受到一个未决诉讼的判决的影响而他可能在后继诉讼中无法证明这些权利的正当性，显然，公平的做法是照顾那些可能难以获得救济的假定介入诉讼人。[55] 另一方面，当在未来的诉讼中，非诉讼当事人的主体的权利不会受到损害，并且她申请进行许可性介入诉讼时，法院将详细考虑这种介入诉讼会在多大程度上妨碍和削弱原诉当事人的权利。按照这种处理方式，《联邦民事诉讼规则》第24条中的及时性要求实际上并不是旨在因为一个介入诉讼人不够谨慎而对其予以惩罚，其真实意图在于确保原诉当事人不会因为缺席诉讼者未能及早申请而受到损害。[56]

前面的讨论只是聚焦于有关介入诉讼的规则或者法典要求。但是，重要的是应当注意到，如果介入诉讼人在一个联邦法院诉讼的出庭会破坏该法院的事物管辖权，即使已经达到要求，该介入诉讼也应当被予以拒绝。如果一位介入诉讼人是最初的诉讼当事人，他的出庭本来就会产生管辖权问题——例如，一位非异籍当事人（a nondiverse party）——那么他不能通过以其他方式参加诉讼来回避这 383

---

〔51〕　Note, Intervention of Parties Under Feral Rule 24, 52 Colum. L. Rev. 922, 929 (1952).

〔52〕　例如，Reeves v. International Tel. & Tel. Corp., 616 F. 2d 1342 (5th Cir. 1980), 要求调阅案卷的上诉申请被驳回 449 U. S. 1077; State ex rel. Keeler v. Port of Peninsula, 89 Wn. 2d 764, 575 P. 2d 713 (1978).

〔53〕　在下列案件中出现了某些特殊情况，例如，Brink v. DaLesio, 667 F. 2d 420 (4th Cir. 1981); Nesbit v. City of Albuquerque, 91 N. M. 455. 575 P. 2d 1340 (1977).

〔54〕　参见 Kozak v. Wells, 278 F. 2d 104 (8th Cir. 1960), 在该案中，尽管是在提交起诉书后五个月才提出介入诉讼申请，但是该申请被认为是及时的，当时争议点并未予以明确，并且由这段时间流逝所带来的损害并不明显。

〔55〕　Comment, The Litigant and the Absentee in Federal Multiparty Practice, 116 U. Pa. L. Rev. 531, 544 - 45 (1968).

〔56〕　Note, TheRequirement of Timeliness Under Rule 24 of the Federal Rules of Civil Procedure, 37 Va. L. Rev. 863, 867 (1951).

些问题。[57] 相反，当一个联邦法院对一个未决诉讼缺乏事项管辖权，该诉讼必须终结；不得以矫正该缺陷为目的来准许介入诉讼。[58]

最后，在秉承终局判决规则的司法管辖区中，[59] 对一项准许许或者拒绝介入诉讼命令的可上诉性存在着一些困惑。显然，一项允许介入诉讼的命令并不是终局的，因而此时不能提起上诉；反对介入诉讼的当事人必须等到判决作出之后才能对准许介入诉讼的裁定提出异议。[60] 当联邦地区法院对介入诉讼予以拒绝时，按理说受挫的申请人可以立即提起上诉；拒绝准许介入诉讼并不是对案件的实质问题的最终裁决，当时它是对介入诉讼人申请的最终裁决。如果介入诉讼人被迫等到诉讼结果作出后才能上诉，那么他的权利可能会受到严重削弱。[61]

尽管法官意见通常对此结论加以支持，但是该意见带来一些含糊不清之处。一种惯常做法已经出现，依照此做法，只有在寻求权利性介入诉讼时，才可以对拒绝该介入诉讼的命令提起上诉；只有当法院滥用其自由裁量权时，才可以对拒绝许可性介入诉讼的命令提起上诉。[62] 就其对上诉复审的限制而言，此规则实际上是一种逐渐淡化的障碍。[63] 无论法院判定权利性介入诉讼是否存在，或者它判定初审法院在否认介入诉讼时是否滥用自由裁量权，它首先必须对案件实质问题进行审查。[64] 因而，实际上存在着一种上诉复审形式，这种复审是针对拒绝许可性介入诉讼的命令以及拒绝权利性介入诉讼的命令。然而，在前一种情况

384

---

〔57〕 参见 28U. S.. C. A. 1367（b）。此制定法于 1990 年出台，它明确禁止在不同州籍当事人之间的案件中对介入诉讼人行使补充管辖权（supplemental jurisdiction）。它有效地推翻了此前下级法院的案件，这些下级法院的案件对权利性介入诉讼人和许可性介入诉讼人加以区别，同时在这类案件中只要当事人依照《联邦民事诉讼规则》第 19 条（b）不会被认定为必不可少的当事人，就准许附带管辖权适用于权利性介入诉讼人的请求。

〔58〕 参见 Fuller v. Volk, 351 FR. 2d 323, 328（3d Cir. 1965）.

〔59〕 参见以下 13. 1 对终局判决规则的讨论。

〔60〕 同样，一般而言真实的是，一旦诉讼终结，针对准许介入诉讼的命令所提出的上诉的成功可能性就会很小。参见 Note, Intervention of Private Paties under Federal Rule 23, 52 Colum. L. Rev. 922, 930 - 31（1952）.

依照终局判决规则，拒绝权利性介入诉讼但却允许附有效条件的许可性介入诉讼的一项命令不能被提起上诉。Stringfellow v. Concerned Neighbors in Action, 480 U. S. 370, 107 S. Ct. 1177, 94 L. Ed. 2d 389（1987）.

〔61〕 参见 Shapiro, Some Thoughts on Intervention Before Courts, Agencies, and Arbitrators, 81 Harv. L. Rev. 721, 748 -49（1968）.

〔62〕 对采纳此处理办法的案件的归纳，参见 7C C. Wright, A. Miller & M. Kane, Civil 2d 1923.

〔63〕 参见 Kennedy, Let's All Join In: Intervention Under Federal Rule 24, 57 Ky. L. J. 329, 368 - 69（1969）.

〔64〕 一个法院认定，就上诉而言，所有拒绝介入诉讼的命令是终局的，并且指出因为 1966 年修正的目的是转而将实际重点放在介入诉讼问题上，而明智的做法是直接处理实质问题而无需探询其是权利性介入诉讼还是许可性介入诉讼。Ionian Shipping Co. v. British Law Ins. Co., 426 F. 2d 186, 188 -89（2d Cir. 1970）.

下，只有当判定该拒绝构成一种对自由裁量权的滥用时，才会撤消该命令。[65]

6. 11 - 7. 0 被保留以供补充资料之用。

〔65〕 参见 Shapiro, Some Thoughts on Intervention Before Courts, Agencies, and Arbitrators, 81 Harv. L. Rev. 721, 751 (1968); Comment, Federal Practice: Appealability of an Order Denying Intervention, 11 Okla. L. Rev. 80 (1958).

▼
▼
▼

第七章

披露（或调查取证）程序

本章目录

F. 披露程序的未来

7. 18　披露程序改革

A. 导　论

7. 1　现代披露程序的历史、目的和技巧

"披露程序"（discovery）这一术语包括着一些方法，诉讼当事人或潜在当事人通过它可以获得或保存有关诉讼的信息。[1] 从历史上来看，披露程序并非诉讼进程的一个组成部分。[2] 当事人从诉辩文书中了解到对方的证据论点，此后便全力支持自己的立场，并尽其所能运用各种秘密调查手段以驳斥对方的论据、论点。[3] 就普通法而言，披露程序对于详情诉状的申请来说是有限的，而该诉状详情书只能用于要求原告提出进行诉讼所依据的理由和各项细节。[4] 为了获得其他类型信息，当事人可递交一份衡平法上的独立诉讼，请求披露诉状；这样一来就允许了权利相关人揭露事实以支持其个人的诉讼，但不可用于确定对方当事人于庭审时适用的证据。[5] 净效果是使许多诉讼当事人对于在庭审中什么是他们的对抗性立场或对抗性证据的问题上处于模糊无知状态。

尽管这些年来为获得信息的各种技巧已有所发展，[6] 但直至 1938 年采纳《联邦民事诉讼规则》26 - 37 之后，披露程序才成为诉讼进程中的关键部分。这些披露程序规则实际上已彻底改革了美国的律师执业业务。[7] 所有的联邦规则已经被最普遍地模仿了；几乎每个州已采纳相似的成套规定，允准广泛、细致的披露程序。[8]

现代披露程序有三个主要目的。第一，保存在庭审时可能无法适用的有关信

---

〔1〕　Developments in the law – Discovery, 74 Harv. L. Rev. 940, 942 (1961).

〔2〕　E. Sunderland, Cases & Materials on Trial and Appellate Practice 1 – 4 (3d ed. 1941).

〔3〕　Developments in the Law – Discovery, 74 Harv. L. Rev. 940, 946 (1961).

〔4〕　Id. at 947.

〔5〕　Sinclair Refining Co. v. Jenkins Petroleum Process Co., 289 U. S. 689, 52 S. Ct. 736, 77 L. Ed. 1449 (1933); Kelly v. Nationwide Mut. Ins. Co., 23 O. Op. 2d 29, 188 N. E. 2d 445 (1963).

〔6〕　(1929); Sunderland, The New Federal Rules, 45 W. Va. L. Q. 5, 19, 22 (1938); Developments in the Law – Discovery, 74 Harv. L. Rev. 940, 949 (1961). See also Rev. Stat. 863 – 75, formerly at 28 U. S. C. A. 639 – 53 (1940).

〔7〕　See Developments in the law – Discovery, 74 Harv. L. Rev. 940, 950 (1961).

〔8〕　诸如在亚拉巴马、阿拉斯加、亚利桑那、阿肯色、加利福尼亚、科罗拉多、特拉华、佛罗里达、佐治亚、夏威夷、爱达荷、印第安纳、衣阿华、堪萨斯、缅因、马里兰、马萨诸塞、密歇根、明尼苏达、密苏里、蒙大拿、内华达、新泽西、新墨西哥、纽约、北卡罗来纳、北达科他、俄亥俄、俄克拉何马、俄勒冈、宾夕法尼亚、罗得岛、南达科他、田纳西、得克萨斯、犹他、佛罗特、弗吉尼亚、华盛顿、西弗吉尼亚、威斯康星以及怀俄明等州之间。参见 C. wright, A. Miller & R. Marcus, Civil 2d 2001.

387　息。[9]　联邦法院内最初的披露程序基本上就是专至于这个目的。[10]　如果一个证人有病或身体虚弱，或许在庭审时不能出庭，则可取得证人的口供证言证词并予以保存，最后在庭审时用上。[11]　披露程序的第二个目的是确定双方当事人之间纠纷的事实上的争点。[12]　通常，如果只注意到诉辩文书，将会发现实际上并不存在的一些实质性的事实争点。[13]　披露程序能被用于确定什么是真正的争点，以便当事人集中精力获取有关实际争点事项的证据。[14]　最后一个目的则为：现代披露程序允准当事人获取信息，该信息可以导致实际争议的系争点上可采信的证据。[15]　因此，如果一位事件的目击证人不愿向当事人交谈，[16]　则该当事人可要求该证人呈交书面证词，[17]　在此期间，证人根据誓言必须吐露事实真情。[18]　此外，一方当事人均可从对方当事人那边获得有关案情事实，文件以及附属这些文件的其他项目。[19]

　　如果证据在国外时，对于现代披露程序中运用有关的程序，则需日益予以重视。[20]　美国曾是 1972 年《关于海外调取证据海牙公约》的缔约国，该公约规定了有关要求在外国的证据的程序。[21]　国际调查取证程序和《联邦民事诉讼规则》之间的相互关系直到 1987 年才泾渭分明，但是，联邦最高法院将"海牙公

---

〔9〕《联邦民事诉讼规则》27；亚拉巴马民事诉讼规则，规则 27；阿拉斯加民事诉讼规则，规则 27。

〔10〕 See Developments in the Law – Discovery, 74 Harv. L. Rev. 940, 949 (1961).

〔11〕 Fed. Civ. Proc. Rule 32 (a) (3); Brown v. Pryor, 954 P. 2d 1349 (Wyo. 1998).

〔12〕 See Fed. Civ. Proc. Rule 36; Ariz. Rules Civ. Proc., Rule 36; Ark. Rules Civ. Proc., Rules36.

〔13〕 Nutt v. Black Hills Stage Lines, Inc., 452 F. 2d 480 (8ᵗʰ Cir. 1971); Perry v. Creech Coal Co., 55 F. Supp. 998 (E. D. Ky. 1944); Einchenberger v. Wilhelm, 244 N. W. 2d 691, 695 (N. D. 1976).

〔14〕 Nutt v. Black Hills Stage Lines, Inc., 452 F. 2d 480 (8ᵗʰ Cir. 1971); Perry v. Creech Coal Co., 55 F. Supp. 998 (E. D. Ky. 1944).

〔15〕 E. I, du pont De Nemours & Co. v. Phillips Petroleum Co., 24 F. R. D. 416 (D. Del. 1959); Stanzler v. Loew's Theatre & Realty Corp., 19 F. R. D. 286 (D. R. I. 1955).

〔16〕 Pennsylvania R. R. Co. v. The Marie Leonhardt, 179 F. Supp. 437 (E. D. Pa. 1959); Czuprynski v. Shenango Furnace Co., 2 F. R. D. 412 (W. D. N. Y. 1942).

〔17〕 Fed. Civ. Proc. Rule 30 (c); Colo. Rules Civ. Proc., Rule 30 (c); Fla. – West's F. S. A. Rules Civ. Proc., Rule 1. 310 (c).

〔18〕 Marshall v. Electric Hose & Rubber Co., 68 F. R. D. 287 (D. Del. 1975); Falk v. U. S., 53 F. R. D. 113 (D. Conn. 1971).

〔19〕 Fed. Civ. Proc. Rules 26 (b), 33, 34; Official Code Ga. Ann. 9 – 11 – 26; 9 – 11 – 33, 34; Idaho Rules Civ. Proc., Rules 26 (b), 33, 34.

〔20〕 See generally 8 C. Wright, A. Miller & R. Marcus, Civil 2d2005; Alley & Prescott, 根据《海牙证据公约》在美国最近的发展，2 Leiden J. Int'l Law 19 (1989); Weis, "联邦规则"和"海牙公约"：Concerns of Conformity and Comity, 50 U. Pitt. L. Rev. 903 (1989).

〔21〕 Hague Convention on the Taking of Evidence Abroad in Civil or Commercial Matters, opened for signature Mar. 18, 1970, 23 U. S. T. 2555, T. I. A. S. No. 7444, 847 U. N. T. S. 231, text of Convention located in note to 28 U. S. C. A. 1781.

约"的一些程序视为一种补充考虑，并非强制性取代联邦披露程序规则。[22]

1990年代早期，包括联邦法院[23]在内的一些管辖区[24]采用要求强制性起始开示而推荐一种新范围的审前披露程序。律师们通过该起始开示自动交换有关证人的相关文件和其他实物证据等一致性的基本信息。[25] 一个州至少也要求每一应辩请求、防御以及其基于的法律理论的事实根据的陈述。[26] 这些交换正是回应法律团体内外的批评：说律师们采取骚扰对方当事人而滥用披露程序，又说现行的制度是高费用和无效率的。[27] 这种强制性起始开示的趋势已引起高度争议。[28] 联邦规则允准任何司法辖区放弃或遵循当地规则，无论这些规则是排除或修订起始开示的条件。[29] 许多辖区已经运用了退出规则，导致去除地方披露程序规则中出庭的陪审团名单。[30] 通过排除这种退出规定，反过来就已造成对全国规定统一性的实质性支持。[31]

B. 披露的范围

7.2 范围——概说

根据《联邦民事诉讼规则》和可比较的州的实践，披露程序的范围极为广

---

[22] Société Nationale Industielle Aérospatiale v. U. S. District Court, 482 U. S. 522, 529－32m107 S. Ct. 2542, 2548－50, 96 L. Ed. 2d 461, 474－77 (1987). See also In re Aircrash Disaster Near Roselawn, Indiana, 172 F. R. D. 295, 307－11 (N. D. Ill. 1997).

对于国际披露程序论述的尽力考虑和衡量，顾问委员会于1990年建议修订"规则" 26 (a)，该规则要使得趋于平衡的适应承担披露程序方法国际协定具体化。这种建议在这些方法适合时，在国际议定的披露程序方法上已增加了语词授予优先权。除非法院认为这些方法不合适或不公平。但是这个建议的修订在1991年既未被采纳也未包括在1991年的修订文内。Report of the Judicial Conference Committee on Rules of Practice and Procedure, Committee Notes, September 1990 and August 1991.

[23] Fed. Civ. Proc. Rule 26 (a).

[24] 亚利桑那看来已经成为第一个采纳命令性披露的管辖区。参见《亚利桑那州民事诉讼规则》，"规则" 26.1。亦参阅《科罗拉多州民事诉讼规则》，"规则" 26 (a)。

[25] See 7.7, below.

[26] Ariz. Rules Civ. Proc. , Rule 26.1 (a) (1), (2).

[27] 对于披露程序规则修订前的批评方面的讨论，参见 Barnes, The Litigation Crisis: Competitiveness and Other Measures of Quality of Life, 71 Den. U. L. Rev. 71 (1993); Niemeyer , Here We Go Again : Are the Federal Discovery Rules Really in Need of Amendment?, 39 B. C. L. Rev. 517 (1998).

[28] 关于1993年对"联邦规则"修订的批评，参见大法官 Scalia 对采纳修订的反对意见的陈述，该修订为："《联邦民事诉讼规则》的修订"刊登在146 F. R. D. 401, 507。按大法官斯卡利亚（Scalia）的观点认为这些改革都是"潜在灾难性的，并且对诉讼者连续义务为对方律师开示过早地增加特殊负担，而未等待任何请求和各种涉及带有诉文中所主张的细节叙述的争辩事实"。对于命令性起始披露程序的防御，参见 Note, Mandatory Disclosure Can Improve the Discovery System, 70 Ind. L. J. 657 (1995)。

[29] Fed. Civ. Proc. Rule 26 (a) (1).

[30] "对《联邦民事诉讼规则》48建议的修订草案"刊登在181 F. R. D. 18, at 71 (1998).

[31] Id. at 49.

389 泛。不是特权的[1]任何事项，那可能涉及诉讼的争议事项，[2]只要是理性有目的地引导进行可采信证据的披露秩序，而不管这种追求的信息在审判中是否可被采纳，这些事项的有关信息均可获得。[3]

适合披露程序范围的当代规定中关键一节是：它扩充到"涉及有关未决诉讼的争议事项"中的任何事项。这个条款已经成为通过缩小范围改革披露程序规定的一个严重关注的焦点。[4]

现今，这种关联性被解释得更宽阔。[5]正如已经评述过的，只要那些事实能够引向可采信证据，发现的事实是合适的，但该事实本身不一定是必须可采信的。[6]比如，一个当事人不仅可获取对一个事件的一些目击证人姓名的信息，而且还可得到曾经与这些见证人谈过话的人的情况。[7]因此，只要它有助于调查的一方当事人获取有关案情的信息，当事人即可请求有关传闻证据陈述以及类似的信息。[8]这也适合去发现有关对方意图去证实和获取支撑他最近案件信息

---

〔1〕 特权事项的例外讨论在下面的 7.4 节中。

〔2〕 参见 Fed. Civ. Proc. Rule 26（b）；Ind. Trial Proc. Rule 26（B）；Kan. Stat. Ann. 60 - 226（b）；Me. Rules Civ. Proc., Rule 26（b）.

〔3〕 Fed. Civ. Proc. Rule 26（b）；West's Ann. Cal. Code Civ. Proc. 2017（a）；Ind. Trial Proc. Rule 26（B）；Kan. Stat. Ann. 60 - 226（b）；Me. Rule Civ. Proc., Rule 26（b）. See generally 8 C. Wright, A. Miller & R. Marcus, Civil 2d 2007 - 15.

〔4〕 See Liman, The Quantum of Discovery vs. The Quality of Justice: More is Less, 4 Litigation 8（1977）；Lundquist & Schechter, The New Relevancy: An End to Trial by Ordeal, 64 A. B. A. J. 59（1978）；Rifkind, Addresses Delivered to the National Conference on the Causes of Popular Dissatisfaction with the Administration of Justice, 70 F. R. D. 79, 107（1976）；Spann, Abuse of Discovery: Some Proposed Reforms, 25 N. C. St. B. Q. 1（1978）. For a discussion on the future of discovery, see 7. 18, below. 1998 年 "联邦规则顾问委员会"建议对"联邦规则"26（b）作些变动，要求在没有法院命令情况下限制对"涉及任何当事人权利请求和防御事项的披露程序"。为此正当理由，法院可以对于任何"涉及有关诉讼的争议事项"的信息通过命令性的披露程序对其当时状况扩大披露程序范围。这种变动目的在于通过某些诉讼当事人极力扩大似乎真实地与案件争点无关的披露程序范围而消除滥用权力。变动会影响大多数案件中的惯例的这个范围实际是不清楚的。但是，很可能这会导致权利主张申请泛滥而超过了限制。所以建议变动近来才被一些法官和律师们考虑和研究。

〔5〕 See, e. g., National Organization for Women, Inc. （NOW）, St. Paul Chapter v. Minnesota Mining & Mfg. Co., 73 F. R. D. 467（D. Minn. 1977）；Bowman v. General Motors Corp., 64 F. R. D. 62, 69（E. D. Pa. 1974）. See generally 8 C. Wright, A. Miller & R. Marcus, Civil 2d2008.

〔6〕 In Mellon v. Cooper - Jarrett, Inc., 424 F. 2d 499（6th Cir. 1970）, 一辆机动车事故案，法院推翻了原告胜诉的判决，因为审理法院已经否认被告披露原告先前违规驾驶定罪的权利，即使它不能引入证据以挑战原告，但法院坚持认为这个信息导致可采信的证据。也可参见 Edgar v. Finley, 312 F. 2d407（5th Cir. 1960）；Balas v. Ruzzo, 703 So. 2d 1076（Fla. App. 1997）.

〔7〕 Federal Deposit Ins. Corp. v. St. Paul Fire & Marine Ins. Co., 53 F. R. D. 260, 263（W. D. Okl. 1971）；Cogdill v. TVA, 7 F. R. D. 411（E. D. Tenn. 1947）；Baltimore Transit Co. v. Mezzanotti, 227 Md. 8, 174 A. 2d 768（1961）.

〔8〕 Techmograph, Inc. v. Texas Instruments Inc., 43 F. R. D. 416（S. D. N. Y. 1967）；Lowe's of Roanoke, Inc. v. Jefferson Standard Life Ins. Co., 219 F. Supp. 181（S. D. N. Y. 1963）；Taylor v. Sound S. S. Lines, Inc., 100 F. Supp. 388（D. Conn. 1951）.

的事实。[9] 普遍认为，沿着这种方式，正如对方当事人所要求的，即追索信息
目的在于对证据的质疑。[10] 然而，在一些情况下，法院已经限制了当事人责难
证据的做法。[11] 至于什么是构成质疑或责难的问题也产生。不少难题十分明显，
即使案件中被证实的有关争点的证据与对方当事人提供的证据相矛盾，该证据也
是不可质疑的。后者不仅涉及不能达到解决案件实质问题的证据，而且还会表明
证人的证词是不可信的。[12] 证据既可责难证人，同时亦可资助确定案件中的争
点；在此情况下，证据应该归于公开披露程序的范围之内。[13]

　　传统的披露程序观点曾经认为：当事人不能探究对方辩护人的审理策略。[14]
例如，要问以什么特殊命令要求什么样的证人，一般考虑是不合适的。[15] 这些
问题对于可以导致可采信证据的披露信息来说不存什么问题。[16] 但是，至少在
联邦法院这种观点已提供有关途径，至少在庭审前30天，可以请求对证人、文
件以及其他证据进行认定的自动披露，这些都是被期望在庭审时能提供的，同时

---

　　[9] See Timken Roller Bearing Co. v. U. S., 38 F. R. D. 57 (N. D. Ohio 1964); U. S. v. General Motors Corp., 2 F. R. D. 528 (N. D. Ill. 1942); Nichols v. Sanborn Co., 24 F. Supp. 908 (D. Mass. 1938). 近来，在联邦法院对于在必须自动被披露的事项与只是在另一方当事人请求下必须披露的事项的这两者披露程序范围之间没有什么差别，但是1998年一项建议要前者对于证人的姓名和支持成为披露的当事人的权利主张和防御所有的证据要有所限制；自动地要求披露并不包括证人姓名或可能会伤害披露的当事人案情存在的证据。参见《联邦民事诉讼规则和证据34－35，50建议修订草案》，刊载于181 F. R. D. 18, at 57－58, 73 (1998)。

　　[10] Adventures in Good Eating v. Best Places to Eat, 131 F. 2D 809 (7th Cir. 1942); Davidson Pipe Co. v. Laventhol & Horwath, 120 F. R. D. 455, 461 (S. D. N. Y. 1988); U. S. v. International Business Mach. Corp., 66 F. R. D. 215 (S. D. N. Y. 1974); RCA Mfg. Co. v. Decca Records, 1 F. R. D. 433 (S. D. N. Y. 1940).

　　[11] 例如，根据《联邦民事诉讼规则》26 (c)，一方当事人即使没有被另方当事人要求这样做，也必须自动提供有关证据的信息，"除了只有质疑目的外"，这可能在庭审时出示。

　　[12] See Klonoski v. Mahlab, 156 F. 3d 255, 269－70 (1st Cir. 1998).

　　[13] Klonoski v. Mahlab, 156 F. 3d 255, 269－70 (1st Cir. 1998); Chiasson v. Zapata Gulf Marine Corp., 988 F. 2d 513 (5th Cir. 1993).

　　[14] Hickman v. Taylor, 329 U. S. 495, 511, 67 S. Ct. 385, 91 L. Ed. 451 (1947); Communist Party of U. S. v. Subversive Activities Control Bd., 254 F. 2d 314 (D. C. Cir. 1958); U. S. v. International Business Mach. Corp., 66 F. R. D. 215 (S. D. N. Y. 1974). See 7. 5, below, for a discussion of the work-product doctrine.

　　[15] Brennan v. Engineered Prods., Inc., 506 F. 2d 299, 303 (8th Cir. 1974); Wirtz v. Continental Finance & Loan Co., 326 F. 2d 561 (5th Cir. 1964); Wirtz v. B. A. C. Steel Prods., Inc., 312 F. 2d 14, 16 (4th Cir. 1962); City of Long Beach v. Superior Court, 64 Cal. App. 3d 65, 74－79, 134 Cal. Rptr. 468, 474－77 (1976); Employers Mut. Liability Ins. Co. v. Butler, 511 S. W. 2d 323, 325 (Tex. Civ. App. 1974).

　　[16] Cf. Aktiebolaget Vargos v. Clark, 8 F. R. D. 635 (D. D. C. 1949) (列举对方当事人所不允许的证据细节)。

任何证人的书面证词也一样被期望在庭审时用上。[17]

391   披露程序的广泛范围的一个特殊方面是对待保险单披露程序的限制。现今，在联邦法院和大多数州法院，一方当事人不仅可以发现被保险的被告潜在责任的事实，还可同样发现保单的金额限制。[18] 一般来说，这种信息并不导致可采信的证据，因此有些法院原先已有规定认为这种信息披露程序是不适当的。[19] 因为保险的存在和内容对于案件的和解而言被认为是重要的。然而披露受到极力鼓励，而且在有些辖区可以适用某些限制，不过已经颁布一些特别规定且明确授权进行这种信息披露程序。[20] 通过保单披露的限制的这种方法并不涉及严重侵犯单个诉讼人的隐私，这一事实进一步证明是正确的。因此，在考量针对要使一些案件具有实实在在的根据的强烈愿望时，通常就会感受到披露程序应该得到允准。[21]

      为了取得合理的和解，要是能发现被告保单的金额限制，那么就可能引起强烈争论：认为被告总的财政能力为相同目的应为可披露，特别是，如果被告本身是被保险的更应如此。但是，不同于保险情况，通常被告资产的披露程序涉及隐

---

  〔17〕《联邦民事诉讼规则》第26条（a）（3）。至少在庭审前90天，被期望证实的专家证人的姓名必须披露。《联邦民事诉讼规则》第26条（a）（2）（A）。亦参见《联邦民事诉讼规则》第16条（c）（7），使"证人和文件的确认"通过法院在审前会议时成为一种诉讼的适当争议目的。

  一个州的规定要求一方当事人不仅要披露其案情的事实根据，还应揭示支持它的法律依据，必要时包括法律援引。参见《亚利桑那州民事诉讼规则》第26条1（a）（1），（2）.

  〔18〕 Mass. Rules Civ. Proc. Rule 26（b）（2）；Minn. Rules Civ. Proc., Rule 26. 02（b）；Vernon's Ann. Mo. Civ. Proc. Rule 56. 01（b）（2）；Mont. Rules Civ. Proc., Rule 26（b）（2）. See generally 8 C. Wright, A. Miller & R. Marcus, Civil 2d 2010.

《联邦民事诉讼规则》第26条（a）（1）（D）要求当事方自动地、无需任何请求为了检查而交出副本保险协议，根据此协议承保人"有责任满足诉讼中可能作出判决的部分或全部。"

  〔19〕 E. g., Childers v. Nicolopoulos, 296 F. Supp. 547（D. Okl. 1969）；Beal v. Zambelli Fireworks Mfg. Co., 46 F. R. D. 449, 451（W. D. Pa. 1969）；Great Am. Ins. Co. v. Murray, 437 S. W. 2d 264（Tex. 1969）；Muck v. Claflin, 197 Kan. 594, 419 P. 2d 1017（1966）；Sanders v. Ayrhart, 89 Idaho 302, 404 P. 2d 589（1965）.

  〔20〕 E. g., Or. Rules Civ. Proc., Rule 36（b）（2）；R. I. Rules Civ. Proc., Rule 26（b）（2）. See Advisory Committee Notes to the 1970 amendments to Rule 26（b）（2）, reprinted in 48 F. R. D. 487, 498.

  〔21〕 Davis, Pretrial Discovery of Insurance Coverage, 16 Wayne L. Rev. 1047（1970）；Jenkins, Discovery of Automobile Insurance Limits：Quillets of the Law, 14 Kan. L. Rev. 59（1965）；Thode, Some Reflections on the 1957 Amendments to the Texas Rules of Civil Procedure Pertaining to Witnesses at Trial, Depositions, and Discovery, 37 Texas L. Rev. 33, 40–42（1958）；Williams, Discovery of Dollar Limits in Liability Policies in Automobile Tort Cases, 10 Ala. L. Rev. 355（1958）；Note, The Scope of Discovery in New York：Liability Insurance Policies, 25 Syracuse L. Rev. 646（1974）.

私的侵犯，从披露资产的一定数量上来讲法院特别不予准许。[22] 然而这种信息 392
并不被认为相关，因为没有颁布特别规定来控制这个问题。当然，在某些情况
下，一个当事人的财务情况在案中是个争点，而且其财务信誉和财务能力的证据
于案件直接相关，这种信息是可以披露的。[23] 比如，无论何时都可能发生追索
惩罚性损害赔偿，[24] 因为事实的审理者必然作出任何针对被告支付能力的这类
裁决，以便适当给予"惩罚"处理。[25]

7.3 案件起始前的披露程序

如前面所评述的，[1] 披露程序主要目的之一就是在潜在的证人有病或身体
虚弱时，或不适宜出庭时保存证据。[2] 甚至在起诉之前，这种工作可能已经完
成。当可能的原告不能提起诉讼因而会过早这样做，同时对于提起任何诉讼的关
键证人又将濒死时，就可能引起这些情况。[3] 现代披露程序规则提供了一些方
法，藉此证人证言可得以保护。

然而，困难的问题是诉前披露程序只能运用去单纯确定事实的这一范畴，而
这正与保护证人证言相反。[4] 另外，如果准予诉前披露程序，应否限制确定继
后进行审判时对某一事件中可采纳证据的相关事实呢？法院对此问题并未作明确
回答，部分因为只有少数案件而且诉讼前难于确切了解那些是相关的和不相关的
问题；即便对于完成保存证人证言来说，只是基本目标，也必须给予某种灵
活性。

许多辖区已作出明文规定，允许一方当事人在提起诉讼之前揭出信息资料以

---

〔22〕　See generally Payne v. Howard, 75 F. R. D. 465（D. D. C. 1977）；Ranney – Brown Distributors, Inc. v. E. T. Barwick Indus. , 75 F. R. D. 3（S. D. Ohio 1977）；Bogosian v. Gulf Oil Corp. , 337 F. Supp. 1228（E. D. Pa. 1971）；Hillman v. Penny, 29 F. R. D 159, 161（D. Tenn. 1962）；Sawyer v. Boufford, 113 N. H. 627, 312 A. 2d 693（1973）；Doak v. Superior Court, 257 Cal. App. 2d 825, 65 Cal. Rptr. 193（1968）.

〔23〕　Vollert v. Summa Corp. , 389 F. Supp. 1348（D. Hawai'I 1975）；Holliman v. Redman Dev. Corp. , 61F. R. D. 488（D. S. C. 1973）.

〔24〕　Brackett v. Woodall Food Prods. , Inc. , 12 F. R. D. 4（E. D. Tenn. 1951）.

〔25〕　Renshaw v. Ravert, 82 F. R. D. 361（E. D. Pa. 1979）；Miller v. Doctor's General Hosp. , 76 F. R. D. 136（W. D. Okl. 1977）；Lewis v. Moody, 195 So. 2d 260（Fla. App. 1967）；Coy v. Superior Court, 58 Cal. 2d 210, 23 Cal. Rptr. 393. 373 P. 2d 457（1962）；Gierman v. Toman, 77 N. J. Super. 18, 185 A. 2d 241（Law Div. 1962）. See Hughes v. Groves, 47 F. R. D. 52, 55（W. D. Mo. 1969）.

〔1〕　See 7. 1 at n. 9, above.

〔2〕　Fed. Civ. Proc. Rule 27.

〔3〕　See De Wagenknecht v. Stinnes, 250 F. 2d 414（D. C. Cir. 1957）.

〔4〕　比较 Martin v. Reynolds Metals Corp. , 297 F. 2d 49, 55（9th Cir. 1961）（allowed），with C. F. Simonin's Sons, Inc. v. American Can Co. , 26 F. Supp. 420（E. D. Pa. 1939）（不被准许）。一般参见注释，根据《联邦民事诉讼规则》27 "证据的保存和披露程序", 78 Geo. L. J. 593（1990）（主张在提起诉讼前进行披露程序以便保存证据并帮助撰写起诉状）。

便协助诉讼当事人准备起诉状。[5] 但是，几乎所有法院[6]一致同意披露程序不是被用来作为一种确定诉案是否存在的手段；除非并且确定可成立的诉讼存在之前，披露程序是被禁止的。[7] 假如这是结论，这些披露程序特殊制定法的价值就有限。如果法院允许原告提出起诉状申请，如果该诉状经不住诉求不充分抗辩或驳回诉讼动议，其所得结果可能相同，起诉状就可能要以获取如同在起始诉讼后进行披露程序结果作为信息基础进行修改。[8] 即使有缺陷的起诉状的文件归档范畴也会允许原告为诉讼一般目的进行披露程序，规定只在一桩诉讼开始后进行披露程序是不会有任何伤害的。

7.4 特权事项

所有管辖区均明文规定当事方不能通过披露程序获得特权事项。[1] 特权事项是指依据证据规则被承认的正式特权下的信息。[2] 坚持特权申请者负有确认特权存在的责任。[3] 这种特权事项应排除在披露程序之外以便保护个人在某种关系方面的隐私和秘密。这些包括律师和当事人、[4] 医生和病人、[5] 牧师和忏

---

〔5〕 E. g., Mass. Rules Civ. Proc., Rule 27; N. Y. - McKinney's CPLR 3102 (c).

〔6〕 In Benner v. Walker Ambulance Co., 118 Ohio App. 3d 341, 692 N. E. 2d 1053 (1997)，法院表明运用诉讼前披露程序确定针对已知当事人的有效诉因是否存在是合适的。但法院似乎误解了适用《俄亥俄州民事诉讼规则》34 (D) (3)，此规定只是在一方当事人需要披露程序去证实潜在对方当事人时方可适用。

〔7〕 In re Boland, 79 F. R. D. 665 (D. D. C. 1978); Matter of Vermilion Parish School Bd., 357 So. 2d 1295, 1297 (La. App. 1978); Simpson v. Traum, 63 A. D. 2d 583, 404 N. Y. S. 2D 619 (1978); L -Tron Corp. v. Davco Systems, Inc., 60 A. D. 2D 25, 400 N. Y. S. 2D 243 (1977); In re Lewis, 11 N. C. App. 541, 181 S. E. 2D 806 (1971)，要求调阅案卷的上诉申请被驳回 279 N. C. 394, 183 S. E. 2d 242.

〔8〕 Keeyl v. Price, 27 Cal. App. 3d 209, 103 Cal. Rptr. 531 (1972) (披露程序可被允准)。

〔1〕 Fed. Civ. Proc. Rule 26 (b) (1); Ill. S. Ct. Rule 201 (b) (2); N. Y. - McKinney's CPLR 3101 (b). See generally 8 C. Wright, A. Miller & R. Marcus, Civil 2d 2016 - 20.

〔2〕 U. S. v. Reynolds, 345 U. S. 1, 6, 73 S. Ct. 528, 531, 97 L. Ed. 727 (1953); Sothern Ry. Co. v. Lanham, 403 F. 2d 119, 134 (5ᵗʰ Cir. 1968); Oliver v. Committee for Re - Election of the Priesident, 66 F. R. D. 553, 556 (D. D. C. 1975). See also Fed. Evid. Rule 501; McCormick on Evidence 72 - 143 (4ᵗʰ ed. 1992); 10. 2 at nn. 19 - 28, below.

〔3〕 Heathman v. U. S. District Ct., 503 F. ed 1032, 1033 (9ᵗʰ Cir. 1974); Brock v. Gerace, 110 F. R. D. 58, 63 (D. N. J. 1986); International Paper Co. v. Fibreboard Corp., 63 F. R. D. 88 (D. Del. 1974).

1993 年，联邦最高法院增加了《联邦民事诉讼规则》26 (b) (5)，该规定要求主张特权的一方当事人有义务披露足以使对立当事人能够评估特权请求有效性的信息。这一附加到"规则"26 (b) 的内容适用于律师工作成果和特权的请求。参见下面 7. 5 节。

另外，在 1993 年"规则"45 中也覆盖通过运用传票或传唤令从非当事人处的披露程序，该"规则"45 是完全修改过的，同时现在还包括类似于建议对"规则"26 (b) 的修订。它可使揭露方当事人能够对特权请求或保护律师工作成果表示异议。

〔4〕 West's Ann. Cal. Evid. Code 950 - 62. See also Upjohn Co. v. U. S., 449 U. S. 383, 101 S. Ct. 677, 66 L. Ed. 2d 584 (1981).

〔5〕 West's Ann. Cal. Evid. Code 990 - 1007.

悔者、[6] 丈夫和妻子[7]等之间的关系以及在特别管辖区所有的其他类似特权。受特权保护关系中的人们不需要揭示他们之间存在的任何信息。他们认为这些关系之间鼓励信任比允许接近诉讼目的而保护的信息更为重要。

此外，还有些证人证言的限制诸如针对自证其罪，[8] 配偶的一方不得针对另一方作证的特权，[9] 不泄漏机密警方情报的一致性的特权[10]等，这些都是适用的。任何时候在法院或任何政府部门的压力下这种信息都是不可泄露的。作为一个政策问题，对所涉个人的保护被认为是远远超过可能发生伤害的价值，因为这种信息是不被披露的。法律已完全考虑到过分的威逼不可能强迫一个人作出针对自己的证供，而且这一观念已被扩大适用到夫妻之间。[11] 保护警方信息认定同一必要性来自一种确信，只有在这类隐情得到保证时，此确信才会使警方有可能获得关键信息。[12]

最后，保护第三方的隐私不予披露的必要性已日益受到人们的关注。[13] 在此领域，似乎演变出一种"半特权"（semi‑privilege）来防止泄露某种可能侵犯非诉讼当事人的隐私信息。[14] 比如，由死者丈夫提起的不当致死诉讼中，被告律师意图披露原告的婚外情况；法院命令原告应答，但作为非诉讼当事人的情夫的姓名、地址以及电话号码不得泄露。[15]

7.5 为诉讼准备材料——"工作成果"原则

最初，无论是联邦的披露规则，还是沿袭联邦的州法规则，都没有对用于诉讼的信息的披露程序加以任何的限制。然而，这些规则刚刚适用，信息类型的问题就随之出现[1] 任何一个律师，如果不想留下任何后患，都会不假思索地要

---

[6] West's Ann. Cal. Evid. Code 1030 – 34.

[7] West's Ann. Cal. Evid. Code 970 – 73，980 – 87.

[8] U. S. C. A. Const. Amend. 5；West's Ann. Cal. Evid. Code 930 – 940.

[9] West's Ann. Cal. Evid. Code 970 – 73.

[10] West's Ann. Cal. Evid. Code 1041.

[11] See 18 U. S. C. A. 3500；McCormick on Evidence 66 (4th ed. 1992).

[12] 保护警方信息的特权在某种意义上讲示有限制的，法院必须衡量针对请求方当事人准备防御其本身刑事案件的权利而保护政府资料出处必要性。Roviaro v. U. S.，353 U. S. 53，62，77 S. Ct. 623，628，IL. Ed. 2d 639 (1957). 在民事诉讼中同样的衡量必须进行，比如，就像一方即使诉讼当事人的必要性似乎亦不能强行进行非法逮捕一样。

[13] 学术环境中就业歧视案件问题特别尖锐。参见 EEOC v. University of New Mexico, 504 F. 2d 1296 (10th Cir. 1974) (university required to produce personnel files of entire faculty at School of Engineering)；Zaustinsky v. University of California, 96 F. R. D. 622 (N. D. Cal. 1983), affirmed 782 F. 2d 1055 (9th Cir. 1985) (peer evaluations of tenured faculty member protected). See generally Note, Preventing Unnecessary Intrusion on University Autonomy：A Proposed Academic Privilege, 67 Calif. L. Rev. 1538 (1981).

[14] See Valley Bank of Nevada v. Superior Court, 15 Cal. 3d 652, 125 Cal. Rptr. 553, 542 P. 2d 977 (1975) (information disclosed to bank in confidence by customer).

[15] Morales v. Superior Court, 99 Cal. App. 3d 283, 160 Cal. Rptr. 194 (1979).

[1] See generally 8 C. Wright, A, Miller & R. Marcus, Civil 2d2021 – 28.

求诉讼另一方披露一切与案件有关的信息。1947 年联邦最高法院判决的 Hickman v. Taylor[2] 一案至今仍很重要，因为它给规定宽泛的联邦披露规则附加了一个司法性例外：在没有表明披露的必要性的情况下，对自己的律师在准备诉讼过程中所获得的信息，一方可以拒绝向另一方披露。这就是所谓"工作成果"原则。其理论基础在于，每一位律师都有权自主调查案件各方面事实的权利；无论事实对其委托人有利还是不利，都不必担心只有对方当事人会获得不利的事实并予以利用。相反，应当鼓励每个律师积极调查，不要消极等待反方律师从事一切调查。[3]

作为披露规则之例外的工作成果规则这一概念[4]并未立即带来成功，有几个州没有追随赫克曼案（Hickman v. Traylor）判决，而是继续适用自己的披露规则。[5] 1970 年，一个新的规则即《联邦民事诉讼规则》第 26 条（b）（3）公布并在联邦法院实施，许多州都随之对相应条文作出修改。[6] 因此，披露程序中的工作成果例外原则极其重要，对其适用范围的探讨十分必要。

首先，应当记住的是披露程序的工作成果例外与特权事项例外之间的区别。特权信息根本不在披露程序之列。无论这种信息的披露如何极端必要。[7] 而在诉讼或庭审之前收集的信息虽然可以不予披露，但是，如果对方提出并表明披露的必要性则不再受到保护。[8] 根据工作成果规则，律师的心理印象受到高度保

---

〔2〕 329 U. S. 495, 67 S. Ct. 385, 91 L. Ed. 451 (1947).

〔3〕 正如大法官杰克逊（Jackson）所说，"披露程序不能让一个需要学识的职业阶层自己不动脑子、还要借用别人的才智来履行工作职责。" 329 U. S. at 516, 67 S. Ct. at 396.

这一观念一定程度上已经因为采用 1993 年《联邦民事诉讼规则》第 26 条（a）的修改而有所否定。该条款规定，在诉讼初期，每一方当事人都有义务自动地披露重要的信息，包括与案件有关人士的姓名、书面证据的内容及所在地，庭审时可能出示的专家证言，要求到庭的证人、以及庭审时需要展示的证据。

〔4〕 虽然工作成果的观念最初用于民事诉讼的披露程序当中，它逐渐演变成为其他背景下对强制披露规则的一种单独的限制。See, e. g., Upjohn Co. v. U. S., 449 U. S. 383, 101 S. Ct. 677, 66 L. Ed. 2d 584 (1981); People v. Collie, 30 Cal. 3d 43, 177 Cal. Rptr. 458, 634 P. 2d 534 (1981).

〔5〕 See, e. g., Monier v. Chamberlain, 35 Ⅲ. 2d 351, 221 N. F. 2d 410 (1966); Alseike v. Miller, 196 Kan. 547, 412 P. 2d 1007 (1966).

〔6〕 See, e. g., Vernon's Ann. Mo. Civ. Proc. Rule 56. 01 (b) (4). 在 1946 年、1955 和 1967 年，适用特定工作成果的例外以修改《联邦民事诉讼规则》的建议就曾提出，但未被采纳。然而，有几个州则根据这些建议作出了相应的规定。于是，虽然大多数州都以一定的形式将工作成果原则写进了法典，但各制定法和规则则有许多差异。对这些差异的列举，See 8 C. Wright, A. Miller & R. Marcus, Civil 2d2022 n. 24.

〔7〕 See 7. 4, above.

〔8〕 See text at notes 30-35, below. See generally 8 C. Wright, A, Miller & R. Marcus, Civil 2d2025. 在要求对方表明披露之必要性之前，以工作成果为由要求不予披露的一方必须说明不予披露的正当理由。See, e. g., Delco Wrie & Cable, Inc. v. Weinberger, 109 F. R. D. 680, 690-92 (E. D. Pa. 1986). 另见 1993 年增加的《联邦民事诉讼规则》第 26 条（b）（5），要求主张工作成果不予披露的一方详细说明不予披露的正当理由，足以使另一方不得不为此进行合理的辩论。规则第 26 条的这一补充即适用于工作成果的主张，也适用于特权请求。See 7. 4, above.

护，但是，正如以后会看到的那样，如果有充分的理由，至少可以获得部分披露。[9] 因此，工作成果规则的适用通常要求在当事人之间相互竞争的需要之间获得平衡，要求查明所涉及的材料是否属于最初所产生的披露例外规则的覆盖范围之内。

　　律师在诉讼之前准备的所有笔记、工作文件、备忘录等类似材料都受保护、无须披露，这是最为重要的原则。[10] 在诉讼开始之前准备的文件或材料是否应予保护并不明确。[11] 可以明确的是，如果有关信息的形成与后来可能发生的诉讼无关，这样的信息就没有保护的必要。[12] 但是，如果当事人已对诉讼做了充分准备、但尚未起诉，是否予以保护就是个问题。在这种情况下，如果律师"主观上相信诉讼确有可能……客观上有合理性"，那么则有可能获得保护。[13]

　　书面的联邦工作成果原则仅仅指向文件和有形物，没有提及律师所收集的、不以书面形式表现的信息，这多少有些令人费解。[14] 在赫克曼一案中，联邦最高法院已经指出，要求一个律师就其与案件有关的心理印象、观念和思想宣誓作证是一个十分严重的事项。[15] 如果一个律师被要求对一次事故的目击证人的口头陈述进行概括，而另一方在庭审中利用该律师的概括、攻击该律师传到证人席上作证的这位证人，这将令人极其沮丧。[16] 即使是很小的差异也可能被对方用以指称这位证人或传这位证人出庭的律师撒谎。很明显，未以书面形式表达的事项也需要工作成果原则的保护。将这一规则扩展适用于书面表达事项的一个主要的理由是这样一个事实：如果不保护，律师们就会尽可能地不记下任何东西，避免证人留下任何书面的陈述。[17] 因此，现在将适用于书面信息的工作成果规则也适用于非书面信息是毋庸置疑的。[18]

　　进而言之，现行的联邦原则对"与诉讼有关的心理印象、结论、意见和律

---

〔9〕　见以下注36－39。See generally 8 C. Wright, A. Miller & R. Marcus, Civil 2d2026.

〔10〕　Natta v. Zletz., 418 F. 2d 633（7th Cir. 1969）；Natta v. Hogan 392 F. 2d 686（10th Cir. 1968）；U. S. v. Aluminum Co. of American, 34 F. R. D. 241（E. D. Mo. 1963）.

〔11〕　See In re Sealed Case, 146 F. 3D 881（D. C. Cir. 1998）.

〔12〕　只有那些在诉讼之前准备、与日常事务无关的文件，才符合工作成果的条件。See Simon v. G. D. Searle & Co., 816 F. 2d 397, 401（8th Cir. 1987）, cert. denied 484 U. S. 917；Grossman v. Schwarz, 125 F. R. D. 376, 388（S. D. N. Y. 1989）；E. E. O. C. v. Commonwealth Edison, 119 F. R. D. 394（N. D. Ⅲ. 1988）.

〔13〕　In re Sealed Case, 146 F. 3d 881, 884（D. C. Cir. 1998）. See Broadnax v. ABF Freight Sys., Inc., 180 F. R. D. 343（N. D. Ⅲ. 1998）；Dimeglio v. Briggs－Mugrauer, 708 So. 2d 637（Fla. App. 1998）.

〔14〕　Fed. Civ. Proc. Rule 26（b）（3）；Utah Rules Civ. Proc. Rule 26（B）（3）.

〔15〕　329 U. S. at 513, 67 S. Ct. at 395.

〔16〕　329 U. S. at 517, 67 S. Ct. at 396（Jackson, J. 在判决中的同意及保留意见）。

〔17〕　329 U. S. at 510, 67 S. Ct. at 393.

〔18〕　Transmirra Prods. Corp. v. Monsanto Chem. Co., 26 F. R. D. 572, 579（S. D. N. Y. 1960）.

师及当事人的其他代理人认为应当适用的法律原理"等信息，无论是否是书面的，都提供最为全面的保护。[19] 这一规定与联邦最高法院在赫克曼案判决中表达的观点同出一辙，即让律师充分准备诉讼，不要担心对方在最后一刻可以坐享其成。律师的这一策略无法用于披露程序。披露程序制度所保证的只是为双方发现事实真相提供同等的机会。

有关工作成果原则的范围的另一问题是除了律师之外，它是否也要保护当事人、保险商、会计师或类似的专业人员在诉讼前获得的信息。赫克曼案判决没有提到这个问题。[20] 有的法院判定这种信息免于披露，[21] 有的则不提供保护。[22] 已经采用特别工作成果规则作为披露程序组成部分的这些司法管辖区通过将当事人和其他非律师人员列入有关的工作成果特殊规定范围之内予以保护，从而解决了这一问题。[23] 扩大保护的理由在于：如果没有这样的规定，一个律师为了使其报告免于披露，就不得不在得不到任何其他人帮助的情况下独自完成所有的调查。让律师去做非法律性质的工作既有损于诉讼效率、也会增加诉讼成本，因此这样的结果是难以接受的。由于工作成果原则的最终目的是促使各方对自己的案件进行充分的调查准备工作，将那些在诉讼之前为当事人工作的人纳入保护范围是完全合理的。

398　　　　工作成果原则有一个例外：允许任何一方当事人可以获得其自己的陈述的副本，即使该陈述本来是免于披露的。[24] 这一例外规定的正当性被以下事实证明：无论作出陈述的一方当事人是否被传到证人席上作证，庭审时，其陈述总是会被另一方用作直接证据。[25] 因为这种陈述对陪审员很可能造成重大的影响，在庭审之前阻止当事人审查自己作出的陈述是不公正的。

---

〔19〕 Fed. Civ. Proc. Rule 26（b）（3）. Compare Duplan Corp. v. Moulinage et Retorderie DE Chavanoz, 509 F. 2d 730, 734（4th Cir. 1974）, cert. denied 420 U. S. 997（认为应予绝对保护），with In re Grand Jury Investigation, 599 F. 2d 1224（3d Cir. 1979）and Charlotte Motor Speedway, Inc. v. International Ins. Co., 125 F. R. D. 127（M. K. N. C. 1989）（均认为应予有限制的保护）。

〔20〕 Hickman v. Taylor, 329 U. S. 495, 67 S. Ct. 385, 91 L. Ed. 451（1947）.

〔21〕 Alltmont v. U. S. 177 F. 2d 971（3d Cir. 1949）, cert. denied 339 U. S. 967；Ownby v. U. S., 293 F. Supp. 989（W. D. Okl. 1968）.

〔22〕 Southern Ry. Co. v. Lanham, 403 F. 2d 119（5th Cir. 1968）；Whitaker v. Davis, 45 F. R. D. 270, 273（W. D. Mo. 1968）.

〔23〕 Fed. Civ. Proc. Rule 26（b）（3）；Va. Sup. Ct. Rules, Rule 4：1（b）（3）；Wn. Civ. Rule 26（b）（3）.

〔24〕 这一例外规定被写入了联邦和许多州的《民事诉讼规则》之中。See Fed. Civ. Proc. Rule 26（b）（3）；Fla. — West's F. S. A. Rules Civ. Proc., Rule 1. 280（b）（3）；Official Code Ga. Ann. 9－11－26（b）（3）.

〔25〕 Straughan v. Barge MVL No. 802, 291 F. Supp. 282, 285（S. D. Tex. 1968）；Reed v. McCord, 160 N. Y. 330, 54 N. E. 737（1899）. See Fed. Evid. Rule 801（d）（2）；West's Ann. Cal. Evid. Code 1220.

应当注意，根据《联邦民事诉讼规则》第26条（b）（3）及类似的州法规定，所有非当事人的证人也有权获得他们以前对当事人或律师所作出的陈述的副本，即使这种陈述也在工作成果原则保护之列。这种例外规定的目的是让证人避免因其庭前陈述与庭审之中宣誓作证的内容相矛盾而导致的尴尬。[26] 这种特殊规定在许多州还未落实，还有的州根本没有采纳。[27]

与当事人的陈述不同，证人的陈述只有在与证人在出庭作证时的证言相矛盾时才可受到质疑。[28] 允许前后不一致的证人受到质疑这一规则是为了帮助事实的裁判者判断证人在法庭上是否如实作证。[29] 为了得到有关事实的信息，前后陈述矛盾的证人承受一定的尴尬并非过高的代价。因此，当庭提出证人庭前陈述的必要性并不明确。

然而，更重要的是，事实上这种例外易被滥用且不公正。设想一下一个证人已经对当事人一方作出了陈述，另一方得到陈述副本的要求被以工作成果为由拒绝。根据联邦规则，提出要求的律师可以要求该证人从另一方获得其陈述副本、再转交自己，从而规避了工作成果保护。更糟糕的是，这种方法仅仅在证人对提出披露要求的律师较为友好、愿意合作的时候才奏效。不幸的是，披露竟然要取决于哪一方与此证人关系更好。

即使不予披露的理由充分，工作成果原则所提供的保护也不是绝对的。[30] 除了上面提及的几个例外之外，[31] 如果一方提出信息披露要求、并为披露的必要性提出了合理理由，所有属于工作成果原则规定范围内的其他信息都得披露。[32] 但是，什么才构成了必要性或合理理由呢？

在赫克曼案中，一方律师已从一位证人处取得一个陈述，另一方想要得到这一陈述的合理理由几乎不存在。[33] 如果一方想了解一个证人对一特定事件知道些什么，如果这个证人拒绝非正式的交谈，就只好通过传票传唤这位证人，强制

---

〔26〕　See Advisory Committee Notes to the 1970 amendments to Rule 26（b）（3）, reprinted in 48 F. R. D. 457, 503.

〔27〕　See N. Y. — McKinney's CPLR 3101（E）. 大多数州已经遵循了联邦原则，see, e. g., Iowa Rules Civ. Proc., Rule 122（c）; Idaho Rules Civ. Proc., Rule 26（b）（3）.

〔28〕　See McCormick on Evidence 34 – 38（4ᵗʰ ed. 1992）. But see id. 251.

〔29〕　McCormick on Evidence 34（4ᵗʰ ed. 1992）.

〔30〕　Chaney By & Through Guilliam v. Slack, 99 F. R. D. 531, 534（S. D. Ga. 1983）. See also Cohn, The Work Product Doctrine: Protection, Not Pr4ivilege, 71 Geo. L. J. 917（1983）.

〔31〕　根据这些规则，有关专家证人的信息也受到特殊对待。See 7. 6, above.

〔32〕　Aerican Standard, Inc. v. Bendix Corp., 71 F. R. D. 443, 447（W. D. Mo. 1976）; Truck Ins. Exchange v. St. Paul Fire & Marine Ins. Co., 66 F. R. D. 129（E. D. Pa. 1975）; Burlington Indus. v. Exxon Corp., 65 F. R. D. 26（D. Md. 1974）. See generally 8 C. Wright, A. Miller & R. Marcus, Civil 2d 2025.

〔33〕　329 U. S. 495, 67 S. Ct. 385, 91 L. Ed. 451（1947）.

其在宣誓后披露其所知。[34] 因此，如果要求披露一方不能证明由于死亡、年纪或疾病等原因该证人不再可得的证明，就没有必要取消对有关信息不予披露的保护。[35] 其他情况就取决于每一案件的具体事实了。

在有的州，提出合理理由主张工作成果原则的例外不能适用于有关揭示律师印象、结论或如何适用法律的构思的任何材料。[36] 这种材料在任何情况下都不得披露。《联邦民事诉讼规则》和追随联邦的州法没有特别禁止这种材料的披露。只是规定法院应当"防止"这些信息的披露。[37] 这一规定意在绝对禁止披露，还是仅仅提出披露必须以极端的必要性为前提，这点尚不明确。[38]

一般而言，律师对案件的印象和法律适用的构思不在要求披露之列，不会严重影响相关信息的披露。当然，如果绝对禁止，极其不公正和不幸的局面就会出现。例如，如果一个律师有理由相信对方最终能够证明披露一个证人的重要陈述的必要性，这位律师就会以问答形式取得陈述，证人只需回答是或不是。然后再辩称：证人的回答本身没有什么价值，但律师提出的问题本身就必然揭示本律师对该案的印象和适用法律的构想，因此，无论如何这一陈述都不能披露。在这种情况下，将对"律师适用法律理论"的限制适用于防止必要的披露似乎并不适当。[39]

正如以前分析的那样，工作成果原则不能用于隐藏证据或者避开案件事实的披露。[40] 只有为审判做准备而收集信息的人的思想、适用法律的构思才在工作成果规则的保护之列。因此，如果当事人向其律师讲述了对其所知道的一切案件

---

[34] Fed. Civ. Proc. Rules 26 (s), 30, 31, 45 (a); Ariz. Rules Civ. Proc., Rules 26 (a), 30, 31, 45 (a); Colo. Rules Civ. Proc., Rules 26 (a), 30, 31, 45 (a). See 7. 8, below.

[35] See In re Grand Jury Investigation, 599 F. 2d 1224, 1231 – 32 (3d Cir. 1979); McNulty v. Bally's Park Place, Inc., 120 F. R. D. 27 (E. D. Pa. 1988); Rackers v. Siegfried, 54 F. R. D. 24 (W. D. Mo. 1971); McDonald v. Prowdley, 38 F. R. D. 1 (W. D. Mich. 1965); Hanson v. Gartland S. S. Co., 34 F. R. D. 493 (N. D. Ohio 1964).

[36] In re PCB File No. 92. 27, _ Vt. _, 708 A. 2d 568 (1998); Kenford Co. v. Erie County, 55 A. D. 2d 466, 390 N. Y. 2d 715 (1977). See N. Y. – McKinney's CPLR 3101 (c).

[37] Fed. Civ. Pro. Rule 26 (b) (3); Kan. State. Ann. 60 – 226 (b) (3); Me. Rules Civ. Proc., Rule 26 (b) (3).

[38] See Peterson v. U. S., 52 f. r. d. 317 (S. D. Ⅲ. 1971); Willis v. Duke Power Co., 291 N. C. 19, 229 S. E. 2d 191 (1976); Coleamn v. Imbruglia, 166 So. 2d 780 (Fla. App1964); Baltimore Transit Co. v. Mezzanotti, 227 Md. 8, 174 A. 2d 768 (1961).

[39] See In re Murphy, 560 F. 2d 326, 336 (8th Cir. 1977); Duplan Corp. v. Deering Milliken, Inc., 540 F. 2d 1215 (4th Cir. 1976); Duplan Corp. v. Moulinage et Retorderie de Chavanoz, 509 F. 2d 730, 734, 737 (4th Cir. 1974), cert. denied 420 U. S. 997.

[40] See, e. g., Nutmeg Ins. Co. v. Atwell, Vogel & Sterling, 120 F. R. D. 504, 509 (W. D. La. 1988); Hoffman v. United Telecommunications, Inc., 117 F. R. D. 436, 439 (D. Kan. 1987); Wonneman v. Stratford Secs. Co., 23 F. R. D. 281, 285 (S. D. N. Y. 1959). See also McCormick on Evidence 96 (4th ed. 1992).

事实，律师不必披露，但该当事人在对方的直接要求下则必须披露。[41] 同理，律师发现了作为诉讼产生的根据的合同的事实并不能使合同本身成为律师工作成果的组成部分；律师不得拒绝向对方提供合同以质询，[42] 即使一方为了获取未知的目击证人的姓名花费了不少的时间和金钱，也不能拒绝向对方透露这一信息。[43]

7.6 专家信息

在许多案件中，都有专家被雇以准备诉讼。从表面上看，工作成果原则既然把协助律师工作的当事人、保险商等包括在内，似乎也将专家包括在内。如果专家向一方提供的是不利于任何一方的报告，另一方在庭审中提出此报告将会对聘请专家的一方造成毁灭性的打击。因此，对专家信息予以保护似乎更为必要。除非能够确保专家的报告对自己无害，否则没有人会聘请专家、让对方当事人及其律师获悉对案件事实的诚实评估。

然而，如果聘请专家的一方决定传唤专家到庭作证，情况就有戏剧性变化了。在这种情况下，对方必须有办法查清这位专家作证时可能会说些什么。较之普通的目击证人可能的证言而言，对方获取专家专家证词更加重要。专家的理论和意见建立在其所受训练和一定的专业假定基础之上。反方必须能够弄清这些假定以便在庭审时予以反驳。因此，出现了各种针对庭前所得的专家信息的特别规则。[1]

首先，当一个专家是案件基本事实的目击证人，[2] 或诉讼的一方当事人，[3] 不是在诉讼前所聘请，不存在工作成果予以保护的问题。因此，向交通事故受害人提供急救的一个医生会受到有关病人状况、治疗的性质等类似问题的

401

---

〔41〕 Gaynor v. Atlantic Greyhound Corp., 8 F. R. D. 302 (E. D. Pa. 1948).

〔42〕 See Natta v. Hogan, 392 F. 2d 686 (10th Cir. 1968); In re Penn Cent. Commercial Paper Litigation, 61 F. R. D. 453 (S. D. N. Y. 1973).

〔43〕 Cedolia v. C. S. Hill Saw Mills, Inc., 41 F. R. D. 524 (M. D. N. C. 1967); Taylor v. Atchison, T. & S. F. Ry. Co., 33 F. R. D. 283 (W. D. Mo. 1962). Cf. In re San Juan Dupont Plaza Hotel Fire Litigaiton, 859 F. 2d 1007 (1st Cir. 1988)（要求当事人在询问之前就要提供在询问中将要提出的证据的目录）。

〔1〕 比较 Fed. Civ. Proc. Rules 26 (a) (2) and 26 (b) (4) (A) with Fed. Civ. Proc. Rule 26 (b) (4) (B). See generally Note, Proposed 1967 Amendments to the Federal Discovery Rules, 68 Colum. L. Rev. 271, 282 (1968).

〔2〕 Keith v. Van Dorn Plastic Machinery Co., 86 F. R. D. 458 (E. D. Pa. 1980); Franks v. National Dairy Prods. Corp., 41 F. R. D. 234, 237 (W. D. Tex. 1966).

〔3〕 Williams v. Thomas Jefferson Univ., 54 F. R. D. 615 (E. D. Pa. 1972); Anderson v. Florence, 288 Minn. 351, 181 N. W. 2d 873 (1970). But see Meltzer v. Coralluzzo, 499 So. 2d 69 (Fla. App. 1986). 应当注意，如果一方当事人是专家，想作为专家就其并未目击的事实出庭作证，就要适用有关专家证人的披露规定，并且，如果未能遵守这些规则，会导致此当事人所作的专家证词被排除。Pedigo v. UNUM Life Ins. Co., 145 F. 3d 804 (6th Cir. 1998).

质询。[4] 只有当请求披露的信息是需要受到特权保护的范畴才可免于披露。[5]

对于医疗检查过程中产生的信息也有特殊的规则可以适用。根据现代的披露程序规则规定，对一方当事人的心理或生理状况有争议的，该当事人会被要求让对方聘请的一名或多名医生进行检查。[6] 被检查的一方可以请求并获得检查报告副本，但是，也必须提供自己的医生就其有关身体状出具的医疗报告作为交换。[7] 在这种情况下，有关诉讼之前受聘专家信息的披露程序一般就不能适用。[8]

然而，除了后一种情况之外，受聘为庭审做准备的专家根据其是否被传出庭作证而受到不同对待。披露程序规则通常都要求披露那些受聘出庭的专家对事实所作的陈述及其意见。不出庭作证的专家则根据一般工作成果而得到免于披露的保护。[9]

在州法院，有关专家信息的披露的特别规定是以早期《联邦民事诉讼规则》第26条（b）（4）[10] 以及解释这一规定的判例基础的。后来该规定得到重大修改。这些州的特有规则通常规定，如果聘请了专家的一方要传专家出庭作证，则必须回答另一方的质询，表明专家出庭作证的内容，并提交专家将要陈述的事实和意见，以及提供支持其意见的理由的要点。[11] 根据一方当事人充分理解对方专家证言性质的需要，这一质询通常受到更多限制。因此，不少州授权一方可以无需法院命令就可获得专家的书面证词。[12] 在另有的州，法院有权命令增加披

402

---

[4] Franks v. National Dairy Prods. Corp. , 41 F. R. D. 234（W. D. Tex. 1966）.

[5] See 7. 4, above. 对心理与生理检查方法的披露程序的讨论，见7. 12, below.

[6] Fed. Civ. Proc. Rule 35. See Sarka v. Rush Presbyterian — St. Luke's Medical Center, 207 Ⅲ. App. 3d 587, 152 Ⅲ. . Dec. 614, 566 N. E. 2d 301（1990）.《联邦民事诉讼规则》第35条在1991年修改，允许除医生之外有资质和许可证的专业人员进行检查。

[7] See 8A C. Wright, A. Miller & R. Marcus, Civil 2d 2237.

[8] Dimeglio v. Briggs – Mugrauer, 708 So. 2d 637（Fla. App. 1998）.

[9] See the discussion at notes 23 – 26. 未被聘请，但曾被非正式地咨询过的专家在工作成果规则保护之列，他们的姓名及其意见均不在披露之列。See Advisory Committee Note to 1970 amendments to Rule 26（b）（4）, reprinted in 48 F. R. D. 487, 504. See also Healy v. Counts, 100 F. R. D. 493（D. Colo. 1984）.

[10] See text at notes 16 – 20, below. See also 7. 7, below.

[11] E. g. , Mich. Ct. Rules 1985, 2. 302（B）（a）（i）; Vernon's Ann. Mo. Civ. Proc. Rule 56. 01（b）（4）（a）; N. Y — McKinney's CPLR 3101（d）（i）.

[12] E. g. , Mich. Ct. Rules 1985, 2. 302（B）（4）（a）（i）; Vernon's Ann'Mo. Civ. Proc. Rule 56. 01（b）（4）（b）; NY McKinney's CPLR 3101（d）（iii）.

有些州对将要出庭作证的专家的信息及其意见的披露做了范围广泛的规定。E. g. , Fla Rules 1. 280（b）（4）; Iowa Rules Civ. Proc. , Rule 125（a）（2）（B）.

露程序，例如取得书面证词或披露书面意见。[13] 问题在于额外的披露程序应在什么情况下适用尚无标准，[14] 在一些早期的案件中，法院将披露限定于对质询的简单答复，这种答复只是对专家出庭作证内容的一般性概括，没有细节，令对方无从了解专家得出某个意见的依据。[15] 限制一方了解将要出庭作证的另一方专家意见的性质和依据是没有根据的。

1993 年，联邦披露规则中将要出庭作证的专家信息的有关内容得到重大修改。在规定的期限，通常为开庭前的 90 天内，一方必须自动向诉讼另一方披露所有专家的身份，还必须提供由专家准备并签字的书面报告。[16] 报告必须包括专家意见及其依据和理由，还必须包括其意见所依赖的任何资料和信息、以及将要用以支持其意见的所有证据材料。[17] 而且，陈述必须列举专家的资格，专家在十多年来的公开出版物，过去四年来专家曾经出庭作证的其他案件，本案为专家意见已经或将要支付的费用。[18] 提供了这一报告后，任何一方都可要求专家

---

[13] E. g., Kan. Stat. Ann. 60 226 (b) (4) (ii); Utah Rules Civ. Pro., Rule 26 (b) (4) (a) (ii). W. Va. Rules Civ. Proc., Rule 26 (B) (4) (a) (ii). Discovery of reports of trail experts is routinely granted in New Hampshire. See Workman v. Public Serv. Co., 113 N. H. 422, 308 A. 2d 540 (1973).

[14] Graham, Discovery of Experts Under Rule 26 (b) (4) of the Federal Rules of Civil Procedure: Part One, An Analytical Study, 1976 Ⅲ. U. L. F. 895, 939; Comment, Rule 26 (b) (4) of the Federal Rules of Civil Procedure: Discovery of Expert Information. 42 U. Miami L. Rev. 1101, 1129 (1988), Comment, Discovery of Expert Information Under the Federal Rules, 10 U. Rich. L. Rev. 706, 714 (1976).

纽约州规定，只有法院根据出现的特殊情况发出命令，才可要求额外披露。

[15] E. g., Wilson v. Resnick, 51 F. R. D. 510 (E. D. Pa. 1970). （有人建议，书面证词的额外披露应当限制在专家回答传唤专家到庭的一方对其的直接询问时的意见之内）. In re IBM Peripheral EDP Devices Antitrust Litigation, 77 F. R. D. 39 (N. D. Cal. 1977); Bailey v. Meister Brau, Inc., 57 F. R. D. 11 (N. D. Ⅲ. 1972). See also Connors, A New Look at an Old Concern — Protecting Expert Information from Discovery Under the Federal Rules, 18 Duquesne L. Rev. 271, 277 – 80 (1980).

[16] Fed. Civ. Proc. Rule 26 (a) (2). 根据这一规则，一方必须披露其想要作为证人出庭作证的信息。否则，会导致其作为专家所做的证词被排除。Pedigo v. UNUM Life Ins. Co., 145 F. 3d 804 (6ᵗʰ Cir. 1998).

亚利桑那州和科罗拉多州也有同样的规定。See Ariz. Rules Civ. Proc., Rule 26. 1 (a) (6); Colo. Rules Civ. Proc., Rule 26 (a) (2).

[17] 对于一方是否能够以律师的工作成果为由，反对披露其提供给专家以帮助专家形成意见的信息，联邦法院之间也存在分歧。See Cohen, Expert Witness Discovery Versus the Work Product Doctrine: Choosing a Winner in Government Contracts Litigation, 27 Pub. Contract L. J. 719, 729 – 35 (1998); Note, Discoverability of Attorney Work Product Reviewed by Expert Witnesses: Have the 1993 Revisions to the Federal Rules of Civil Procedure Changed Anything?, 69 Temple L. Rev. 451 (1996). Compare Lamonds v. General Motors Corp., 180 F. R. D. 302 (W. D. Va. 1998) （要求披露）with Haworth, Inc. v. Herman Miller, Inc., 162 F. R. D. 289 (W. D. Mich. 1995) （材料被认定为不能披露）.

[18] Fed. Civ. Proc. Rule 26 (a) (2).

作证，[19] 同时还可以通过其他方法获得其他专家信息。[20]

当一个将要出庭作证的专家在诉讼前并未受聘时，联邦法院在如何适用规则的问题上意见不一。一致之处在于要求传唤专家证人到庭的一方必须向对方披露专家证人身份，但是，问题在于如果该专家将在出庭作证时提出其意见，是否还必须提交报告。大多数判决都判定，只要证词内容没有超出专家作为证人的观察范围，并且其意见以这些观察为依据，就不要求出具报告。因此，一个正在治疗病人、描述病人的伤势及其治疗，并据此就引起损害的原因和恢复的可能性发表意见的内科医生不会因诉讼而被聘为专家。[21] 如果该医生的证言超越了其作为证人的观察所及，提供的意见的依据没有建立在其救护和治疗病人之中所查明的事实基础之上，那么该医生就会成为一个"被阻止的"专家，适用的是有关诉讼前受聘者的规定。[22]

在一般过程中，如果聘请专家以助其诉讼的一方无意传唤该专家出庭作证，另一方就不能获准得到该专家对事实的认定及其意见。[23] 不过，当需要专家信息的一方不能、或无法操作以得到自己的专家意见这一特殊情况出现时，则是一个例外。[24] 例如，当一方雇佣了惟一可得的专家；或者，一方的专家审查了一个证据之后，证据丢失或被毁掉，而另一方的专家证人却无机会了解证据。[25]

〔19〕 Fed. Civ. Proc. Rule 26（b）（4）（A）.

〔20〕《联邦民事诉讼规则》第 26 条（a）（5）设计了其他披露方法的使用。See Joseph, Emerging Issues Under the 1993 Amendment to the Federal Civil Rules, 583 PLI/lit 325, 344（1998），citing Corrigan v. Methodist Hosp., 158 F. R. D. 54, 58（E. D. Pa. 1994）（律师交给专家帮助其形成意见的文件应予披露）；Caruso v. Coleman Co., No. 93 - CV - 6733, 1994 WL 719759（E. D. Pa. 1994）（专家用以形成意见的"报告及笔记"的底稿也在披露之列）；All West Pet Supply Co. v. Hill's Pet Prods., 152 F. R. D. 634, 639 - 40（D. Kan. 1993）（专家所作的其他证言在披露范围之内）。

〔21〕 Sprague v. Liberty Mut. Ins. Co., 177 F. R. D. 78（D. N. H. 1998）. contra Thomas v. Consolidated Rail Corp., 169 F. R. D. 1（D. Mass. 1996）（就病人伤情及其复原提出意见的内科医生被认定不能进入诉讼阶段）。

〔22〕 Brown v. Best Foods, 169 F. R. D. 385（N. D. Ala. 1996）.

〔23〕 Fed. Civ. Proc. Rule 26（b）（4）（B）；Mass. Rules Civ. Proc., Rule 26（b）（4）（B）；Minn. Rules Civ. Proc., Rule 26. 02（d）（2）.

〔24〕 Fed. Civ. Proc. Rule 26（b）（4）（B）；Mont. Rules Civ. Proc., Rule 26（b）（4）（B）；N. J. Civ. Prac. Rule 4：10 - 2（d）（3）. 此外，一方可以传唤未被诉讼的任何一方聘请的证人。Fed. Civ. Proc. Rule 45（c）（3）（B）（ii）规定了对未被聘请的专家的适当保护（See 7. 8, 7. 11）. See Report of the Judicial Conference Committee on Rules of Practice and Procedure, Proposed Amendments to the Federal Rules of Civil Procedure, September 1990. See generally Maurer, Compelling the Expert Witness：Fairness and Utility Under the Federal Rules of Civil Procedure, 19 Ga. L. Rev. 71（1984）；Note, Discovery and Testimony of Unretained Experts：Creating a Clear and Equitable Standard to Govern Compliance With Subpoenas, 1987 Duke L. J. 140（1987）.

〔25〕 Sanford Constr. Co. v. Kaiser Aluminum & Chem. Sales, Inc., 45 F. R. D. 465（E. D. Ky. 1968）；Walsh v. Reynolds Metals Co., 15 F. R. D. 376（D. N. J. 1954）；Town of North Kiingstown v. Ashley, 118 R. I. 505, 374 A. 2d 1033, 1036（1977）；Wasmuth v. Hinds — Toomey Auto Corp., 39 A. D. 2d 723, 331 N. Y. S. 2d 804（1972）.

当获得重复意见的成本为"司法上所禁止"（judicially prohibitive）的时候，这种披露的要求被判定为适当。[26]

当一方被允许从另一方所聘请的专家那里获取信息时，《联邦民事诉讼规则》和一些州的民事诉讼规则特别规定了法院可以命令要求披露的一方支付部分专家费用。[27] 但是，当披露程序涉及到聘请一方不会传唤其到庭的专家时，法院会被要求裁定费用分担。[28] 法院有广泛的自由裁量权，决定如何公平地分担费用。[29]

此外，当一个专家被没有聘请她的一方当事人要求抽出时间，对披露的要求作出答复时，现行规则规定："除非会因此而导致严重的不公"，法院应当让提出披露要求的一方向专家支付合理的补偿。[30] 可以推断，如果一个专家信息对一方当事人极其重要，但其无力支付专家费用，法院可以拒绝命令其补偿。[31] 然而，应当注意，如果一个专家证人要出庭为一方当事人作证，另一方当事人所要求的披露仅仅通过一系列庭前质询实现，则无须支付补偿。通常，这种信息并不会增加专家的工作量。[32]

C. 现代披露方法

7.7 强制性的计划会议和最初披露要求

1993 年联邦法院采纳了新的规则，要求当事人在诉讼初期会面以制定披露计划，[1] 并且除非另有规定，要求各方在在此会面后的 10 日内，[2] 毋须对方

---

〔26〕　Bank Brussels Lambert v. Chase Manhattan Bank, 175 F. R. D. 34, 44 – 45 (S. D. N. Y. 1997).

〔27〕　Fed. Civ. Proc. Rule 26 (b) (4) (c); Ohio Rules Civ. Proc., Rule 26 (B) (4) (c); Utah Rules Civ. Proc., Rule 26 (b) (4) (C) (ii).

〔28〕　Fed. Civ. Proc. Rule 26 (b) (4) (c); U. S. v. 50. 34 Acres of Land in Village of East Hills, 13 F. R. D. 19 (E. D. N. Y. 1952).

〔29〕　See, e. g., Worley v. massey – Ferguson, Inc., 79 F. R. D. 534 (N. D. Miss. 1978).

〔30〕　Fed. Civ. Proc. Rule 26 (b) (4) (C); Va. Sup. Ct. Rules, Rule 4：1 (b) (4) (C); Wn. Civ. Rule 26 (b) (4) (C). See, e. g., Benjamin v. Gloz, 130 F. R. D. 455 (D. Colo. 1990); Herbst v. International Tel. & Tel. Corp., 65 F. R. D. 528 (D. Conn. 1975).

〔31〕　See Advisory Committee Note to 1970 amendments to Rule 26 (b) (4), reprinted in 48 F. R. D. 487, 505.

〔32〕　Cf. Russo v. Merck & Co., 21 F. R. D. 237, 239 (D. R. I. 1957).

〔1〕　Fed. Civ. Proc. Rule 26 (f). 根据《联邦民事诉讼规则》第 16 条，这一会面应当尽快进行，不得晚于庭前会议 14 天。见 8. 2，below. 在 1998 年对第 26 条第 6 款的修改方案中，14 天改成 21 天。Preliminary Draft of Proposed Amendments to the Federal Rules of Civil Procedure and Evidence 45, reprinted in 181 F. R. D. 18, at 68 (1998).

〔2〕　1998 年对第 26 条 (a) (1) 的一个修改方案将 10 天改成 14 天。Preliminary Draft of Proposed Amendments to the Federal Rules of Civil Procedure and Evidence 45, reprinted in 181 F. R. D. 18, at 60 (1998).

提出披露要求，就必须向所有的其他当事人出示几类基本信息。[3] 有几个州也采取了类似的规定。[4]

根据联邦规则，[5] 必须最初披露的信息包括：（1）每一位"可能拥有与诉答文书所主张的争议事实有关的、可披露的信息"的人的姓名和住址；（2）处于该当事人占有、控制之下与争议事实相关联的所有文件和实物的副本或说明；（3）对所请求的赔偿数额的计算和表明此这些计算依据的文件，但不包括特权事项和其他依法免于披露的材料；（4）保险合同副本，凭此保险公司可能有责任全部或部分地实现不利于该方当事人的判决所规定的损害赔偿义务。只有当一方当事人自动作出上述出示以后，才能使用获得信息的传统方法进行正式的披露。

406 在最初披露之外，在庭审前的不同时间还有其他自动披露的要求。至少在庭审前 90 天，当事人必须确定将为自己一方出庭作证的专家证人，出具一份由该证人签字的报告，提供一份"将要表达的意见及其意见的依据和理由的全面陈述"。[6] 还必包括其意见的基础和专家的资格。[7] 此外，至少在庭审的 30 天前，一方必须自动出示其将要传唤到庭的证人姓名，如果需要，还有其他将会被传到庭的人的姓名；其宣誓证言会被提交法庭的证人的姓名；当事人决定在庭审时出具的文件的清单，如果必要还要附上文件本身。[8] 应当记住，法院有权根据具体情况变通适用这些自动披露的规定。[9]

自动披露规定并未得到普遍的喝彩。[10] 联邦规则授权各联邦地区法院可采

---

〔3〕 Fed. Civ. Proc. Rule 26 (a).

〔4〕 Ariz. Rules Civ. Proc., Rule 26. 1; Colo. Rules Civ. Proc., Rule 26 (a).

〔5〕 Fed. Civ. Proc. Rule 26 (a) (1).

〔6〕 Fed. Civ. Proc. Rule 26 (a) (2).

〔7〕 这包括"该证人形成其意见时所考虑的资料和其他信息，被用以作为其概括或支持其意见的任何证据，专家的资历，包括其 10 年以来著作的清单，其审查和出庭作证所得的补偿，4 年以来此人作为专家证人在法庭上或在庭外提供过证言的其他案件清单。" Fed. Civ. Proc. Rule 26 (a) (2) (B).

〔8〕 Fed. Civ. Proc. Rule 26 (a) (2) (C). 如果另一方想要反对此证人证言或此文件清单之可采性（而非相关性），就必须在 14 天内提出反对，否则法院会裁定反对无效。

〔9〕 Fed. Civ. Proc. Rule 8 (a) (1).

〔10〕 See7. 1 nn. 27 &28, above, for views pro and con. See also Hench, Mandatory Disclosure and Equal Access to Justice: The 1993 Federal Diacovery Rules Amendments and the Just, Speedy and Inexpensive Determination of Every Action, 67 Temple L. Rev. 179, 198 – 228 (1994); Sorenson, Disclosure Under Federal Rule of Civil Procedure 26 (A) "Much Ado About Nothing?", 46 Hasings L. J. 679 (1995); Willging, Stienstra, Shapard, & Miletich, An Empirical Study of Discovery and Disclosure Practice Under the 1993 Federal Rule Amendments, 39 B. C. L. Rev. 525 (1998).

用地方规则代替强制自动披露制度，相当多的地区法院也这样做了。[11] 联邦规则实施中统一性的丧失带来了许多麻烦。1998 年提出的建议案提出对《联邦民事诉讼规则》第 26 条做重大修改，限制自动披露范围，[12] 废除在自动披露条款和地方性规定、现行的命令（standing orders）之间进行选择的规定。[13] 法院仍有针对个案情况决定不予适用强制披露规定的权力。据估计，联邦法院将有三分之一的案件要受到不予适用的冲击和影响，覆盖到那些不需要披露程序和早期披露不会有效促进诉讼进程的案件。[14]

407

7.8 口头证词与书面问题询问

口头询问让各方律师得以面见并询问包括当事人在内的与案件诉讼标的有关的每个人。[1] 被询问的人（称为"宣誓作证者"）在负责收集书面证词的人面前宣誓。后者可以是任何一个被授权提出誓言[2]或当事人一致认可的人。[3] 虽然多数情况下宣誓者都要到场，但如果双方达成书面协议或有法院命令，通过电话或其他远距离电子手段也可以完成提取证词的工作。[4] 双方当事人总是指定记录问题、对问题的回答以及当事人、证人对问题的反对意见的记录人为收集证

---

〔11〕 Preliminary Draft of Proposed Amendments to the Federal Rules of Civil Procedure and Evidnece 48 – 49 (August 1998), reprinted in 181 F. R. D. 18, at 71 – 72.

法官和律师们对此的意见，可见 Willing, Stienstra, Shapard& Miletich, An Empirical Study of Discovery and Disclosure Pratice Under the 1993 Federal Rule Amendments, 39 B. C. Rev. 525 (1998).

〔12〕 该建议案中，8 类案件免于自动出示，也不必按照第 26 条的要求召开披露会议。包括：actions for review of an administrative record, petitions for habeas corpus to challenge convictions or sentences, cases brought by pro se litigants who are in custody, motions to quash administrative summonses or subpoenas, actions by the United States to recover benefit payments, adctions by the United States to collect on student loan guarantees, proceedings ancillary t proceedings in other courts, and actions to enforce arbitration awards. Proposed Rule 26 (a) (1) (E), Preliminary Draft of Proposed Rules of Civil Procedure and Evidence 36 – 37 (August 1998).

〔13〕 Preliminary Draft of Proposed Amendments to the Federal Rules of Civil Procedure 49 – 50 (August 1998), reprinted in 181 F. R. D. 18, at 72 –73.

〔14〕 同上注，at 51 –52.

〔1〕 Fed. Civ. Proc. Rule 30 (c); Ala. Rules Civ. Proc., Rule 30 (c); Iowa Rules Civ. Proc., Rule 153.

〔2〕 Fed. Civ. Proc. Rule 28; Ariz. Rules Civ. Proc. Rule 28; Ark. Rules Civ. Proc., Rule 28. See Ott v. Stipe Law Firm, 169 F. R. D. 380 (E. D. Okla. 1996) (因为原告向宣誓者提出誓言，证词被认为缺乏可采性，被拒绝接受).

〔3〕 Fed. Civ. Proc. Rule 29; Fla – West's F. S. A. Rules Civ. Proc., Rule 1. 300 (c); Ⅲ. S. Ct. Rule 201 (i); Texas Rules Civ. Proc., Rule 166 (c).

〔4〕 Fed. Civ. Proc. Rule 30 (b) (7).

词的负责人。[5] 在多数司法管辖区，提取证词程序结束、记录员做好正式文本之后，通知宣誓作证者签字。[6] 但对记录员而言，这一要求过高，因为他们经常与非当事人的证人联系不上。因此，1993 年修改后的《联邦民事诉讼规则》第 30 条（e）规定：只有当宣誓者在宣誓作证结束前提出了审查记录文本或询问录音要求的，才有机会审查询问记录。在这种情况下，宣誓者可以在得到文本或录音已经准备完毕的通知之后的 30 日内审查，指出对记录形式和内容的修改及其理由。如果询问记录或其部分内容会成为呈堂证据，上述规定就十分重要。[7]

口头询问既有好处也有坏处。它让律师可以在询问过程之中观察潜在的证人，如果证人以后被传出庭，律师可预先了解该证人的表现。它也让律师明确证人证明内容的细节之处，这对将要传唤证人的一方和将要交叉询问该证人、以发现其矛盾之处的另一方都有利。因为对一个问题的回答通常就意味着会引出下一个问题，所以证人到场并回答问题这一事实本身极端重要。因此，这种形式的披露的优点与此后证人在自己家里或办公室里书面回答问题迥然不同，后一种程序不用麻烦律师，也不用直接面对对方律师。[8]

口头询问的最大不足在于成本高。通常，每一方必须向其律师支付因询问所花时间的费用。[9] 此外，当事人还必须为其所收到的宣誓作证文本支付费用，

---

〔5〕 必须有记录员记录询问。Fed. Civ. Proc. Rule 30（c）；Colo. Rules Civ. Proc., Rule 30（c）；Fla. — West's F. S. A. Rules Civ. Proc., Rule 1. 310（c）.

有的法院规定可使用录制音像完成询问。See, e. g., Fed. Civ. Proc. Rule 30（b）（2）（不要求法院许可或其他当事人的同意）；N. J. Civ. Prac. Rule4：14 - 9；N. Y. — McKinney's CPLR 3113. 不过，任何一方都有权要求速记员到场，作为对上述手段的补充。See, e. g., Fed. Civ. Proc. Rule30（b）（3）. 录像询问的案件见 Morrison v. Reichshold Chemicals, Inc., 97 F. 3d 460（11th Cir. 1996）；Hudson v. Spellman High Voltage, 178 F. R. D. 29（E. D. N. Y. 1998）；Ott v. Stipe Law Firm, 169 F. R. D. 380（E. D. Okla. 1996）.

〔6〕 Official Code Ga. Ann. 9 - 11 - 30（e）；Idaho Rules Civ. Proc., Rule 30（e）；Iowa Rules Civ. Proc., Rule 149（b）.

〔7〕 现代披露规则详细规定了询问何时可以成为庭审证据。见本章第 17 节。但是，即使询问满足了规则的要求，法院也可以如同对待其他证据一样，认定询问不可靠，缺乏可采性。See Fenstermacher v. Philadephia Nat. Bank, 493 F. 2d 333（3d Cir. 1974）；Zimmerman v. Safeway Stores, Inc., 410 F. 2d 1041（D. C. Cir. 1969）；U. S. v. Schwartz, 213 F. Supp. 306, 313（E. D. Pa. 1963）, reversed on other grounds 325 F. 2d 355（3d Cir. 1963）；Shives v. Furst, 70 Md. App. 328, 521 A. 2d 332（Ct. Spec. App. 1987）, cert. denied 309 Md. 521, 525 A. 2d 636.

〔8〕 见本章第 9 节。当然，口头询问的一些好处会因为电话和其他远距离电子方法的使用而丧失。

〔9〕 E. g., West's Ann. Cal. Civ. Proc. 1032. 7. See id. 1021 - 34.

也许还要加上证人费及其因询问而增加的开支。[10] 虽然胜诉方的后一种支出最终可能通过判决得到部分补偿，[11] 但这不会在决定询问范围时加以考虑。首先，补偿通常经过很久才能得到。其次，披露程序的目的是帮助一方判断如果开庭审判、其胜诉的可能性多大，因此，在当事人决定进行询问方式时，谁胜谁负尚难预料。再次，多数案件都和解结案，未经审判，和解金额通常是双方通过披露程序所达成的。

由于宣誓作证者、当事人及其律师都要为询问花费时间和金钱成本，一些司法管辖区对没有法院命令而要提取宣誓证词加以限制。[12] 例如，在联邦法院，一方当事人要得到许可才能提取超过 10 次的口头或书面宣誓证词，[13] 如果要求已经宣誓作证的人再次宣誓作证，也必须有法院的同意。[14]

一方当事人可以要求掌握着与本案诉讼标的有关信息的任何人提供宣誓证词，无论其是否是本案当事人。[15] 此外，许多规则规定通知公司或非法人团体进行询问，要求它们选择了解本案诉讼标的的一人或数人提供宣誓证词。[16] 当然，要求得到信息的当事人一方必须将其问题具体化以便于单位能够选定的具备相关知识的员工。[17] 当要求得到宣誓证词的一方当事人不知道大的单位里谁拥有相关信息时，这种针对公司的询问非常有用。

根据现代的披露规则，一个律师可以自行安排提取证词，只要通知反方律师

---

[10] Corona Foothill Lemon Co. v. Lillibridge, 12 Cal. App. 2d 549, 55 P. 2d 1210 (1936).
专家证人的费用通常由聘请专家一方当事人支付，即使胜诉也不能在判决中得到补偿。Crawford Fitting Co. v. J. T. Gibbons, Inc. , 482 U. S. 437, 107 S. Ct. 2494, 96 L. Ed. 2d 385 (1987), on remand 836 F. 2d 309 (5th Cir. 1987); Henkel v. Co. , 284 U. S. 444, 52 S. Ct. 223, 76 L. Ed. 386 (1932). See 10 C. Wright, A. Miller & M. Kane, Civil 3d 2678, at 480. 然而，如果一方当事人在披露程序中从对方的专家证人处获得信息，法院可以要求其分担部分专家费。见本章第6节注 27 - 29。

[11] See 10 C. Wright, A. Miller & M. Kane, Civil 3d 2676.

[12] 1998 年有建议案提出修改《联邦民事诉讼规则》第 30 条 (d) (2)，从而将口头询问限制在"一天之内的 7 个小时之内"，除非另有法院命令或当事人与宣誓者的协议。Preliminary Draft of Proposed Amendments to the Federal Rules of Civil Procedure and Evidence 60, 62 - 63, reprinted in 181 F. R. D. 18, at 83, 85 - 86 (1998). 现在，《联邦民事诉讼规则》第 30 条 (d) (2) 授权联邦法院根据当地规则或案件具体情况限制询问的时间。

[13] Fed. Civ. Proc. Rule 30 (a) (2) (A). 书面询问将在以下注 37 - 42 讨论。

[14] Fed. Civ. Proc. Rule 30 (a) (2) (B).

[15] Fed. Civ. Proc. Rule 30 (a) (1); Me. Rules Civ. Proc. , Rule 30 (a); Mass. Rules Civ. Proc. , Rule 30 (a).

[16] Fed. Civ. Proc. Rule 30 (b) (6); Minn. Rules Civ. Proc. , Rule 30. 02 (f); Vernon's Ann. Mo. Civ. Proc. Rule 57. 03 (b) (4). 这些掌握重要信息的公司职员的身份可以通过其他披露方法，例如质询书。但是这些方法可能并不方便，也肯定不如联邦法院和类似的州法所规定的那样直接。See also Marker v. Union Fidelity Life Ins. Co. , 125 F. R. D. 121, 126 (M. D. N. C. 1989); Volz, Depositions of Organizations: The DESIGNATION Procedure Under the Federal Rules, 33 S. D. L. Rev. 236 (1988).

[17] Fed. Civ. Proc. Rule 30 (b) (6); Ohio Rules Civ. Proc. , Rule 30 (B) (5); Utah Rules Civ. Proc. , Rule 30 (b) (6).

询问时间和地点即可。[18] 除非原告在被告就原告的起诉作出答辩之前就要提取证词，否则不需要法院的命令。[19] 这一例外规定的目的在于保证被告在提供宣誓证词之前有足够的时间找到律师。[20] 在联邦法院，除非当事人之间达成协议，或是得到法院的许可，否则，在双方会面、达成披露程序计划之前，不得通知进行提取书面证词。[21]

最常见的情形是提取宣誓证词的细节也会被所有律师拟定，以便律师和宣誓作证者的时间安排。[22] 如果当事人对提取书面证词的时间、地点和细节有争议，一方可以请求法院对争议事项作出裁定。[23] 当私人之间不能达成一致，就只能求助于规则的引导。[24] 此外另有规定以处理任何一方当事人反对律师或宣誓作

---

〔18〕 Fed. Civ. Proc. Rule 30 (b); Kan. Stat. Ann. 60–230 (b); Me. Rules Civ. Proc., Rule 30 (b).

〔19〕 Fed. Civ. Proc. Rule 30 (a) (2) (C); Ark. Rules Civ. Proc., Rule 30 (a); Mass. Rules Civ. Proc., Rule 30 (a); Minn. Rules Civ. Proc., Rule 30. 01; Vernon's Ann. Mo. Civ. Proc. Rule 57. 03 (a). Cf. Md. Rule 401a (一旦对被告的管辖成立，不需要法院的命令）。如果被告通过自己的披露积极推动诉讼，法院命令就完全不必要。

〔20〕 如果一方当事人能够证明另一方当事人将出国或是从到距离审判地 100 英里外的地方去，从而使此后的询问无法进行，就可以在另一方答辩之前通知进行询问。Me. Rules Civ. Proc., Rule 30 (b) (2); Utah Rules Civ. Proc., Rule 30 (b) (2); Va. Sup. Ct. Rules, Rule4: 5 (b) (2); Wn. Civ. Rule 30 (b) (2). 如果被告后来证明他不能找到律师代表其参加询问，这一询问就不能在庭审中被用以反对被告。Ala. Rules Civ. Proc., Rule 30 (b) (2); Idaho Rules Civ. Proc., Rule 30 (b) (2).

〔21〕 Fed. Civ. Proc. Rule 30 (a) (2) (C), Which refers to. Fed. Civ. Proc. Rule 26 (f). 如果提出询问一方在其询问通知中包括有被询问者将要离开合众国导致询问无法进行的证明，则是一个例外。如果另一方后来证明经过其努力仍不能获得律师代表其出席询问，这样的询问不能被用以反对另一方。Fed. Civ. Proc. Rule 32 (a).

〔22〕 See Fed. Civ. Proc. Rule 29; Ala Rules Civ. Proc. Rule 29; Idaho Rules Civ. Proc., Rules 29.

〔23〕 See Hudson v. Spellman High Voltage, 178 F. R. D. 29 (E. D. N. Y. 1998).

〔24〕 许多时间安排上的争议询问先后的问题。See, e. g., Stover v. Universal Moulded Prods. Corp., 11 F. R. D. 90 (E. D. Pa. 1950). 传统的规则要求询问按其通知的顺序进行。See, e. g., Story v. Quarterback Sports Federation, Inc., 46 F. R. D. 432, 433 (D. Minn. 1969); Suplee, Yeatman, Mosley Co., v. Shapiro, 42 F. R. D. 34 (E. D. Pa. 1966); Md. Rule 405c. 让询问按各自通知的时间先后来进行会对被告有利，因为被告可以在任何时间通知其将要举行询问，而原告除非得到法院命令，否则只能等到被告有机会答辩之后才能通知询问。见注第 18 到 21 的讨论。因此，法院总有根据案情改变询问次序的自由裁量权。Fed. Civ. Proc. Rule 26 (d); Ind. Trial Proc. Rule 26 (D); Iowa Rules Civ. Proc., Rule 147 (b).

证者的行为或者所提出的问题的情况。[25]

通常，宣誓作证者是一方当事人时就不需要传票。仅仅需要一份提供书面证词通知，就可让一方当事人会参加，并带上其所掌握的文件及其他证据。[26] 未能出席询问的一方当事人可能会面临严重的制裁从而导致败诉。[27]

411

对于非当事人，没有使用传票让其提供书面证词的规定。[28] 不过，没有以传票传唤、也未到场，或者虽然到达但未带上所要求的文件或其他物品的非当事人，也不会面临任何制裁。[29] 对传票不予理睬者会触犯藐视法庭罪。[30] 如果一方通知询问提取书面证词而未传唤证人，如果证人又没有来，这一方当事人会被命令向到场的另一方支付包括律师费在内的合理的费用。[31] 因此，除非能够保证这位不是当事人的证人将会充分合作，传票的使用十分必要。如果提出提取书面证词要求的一方当事人或其律师未到场，到场的另一方能够得到包括律师费在内的经济补偿。[32]

如果诉讼在一州进行而宣誓作证人住在另一州，通过审理此案的法院无权传唤此证人来本州来宣誓作证。[33] 相反，提取词语一方按规定只能到宣誓作证者

---

[25] E. g., Fed. Civ. Proc. Rule 30 (d). 根据现行的《联邦民事诉讼规则》第30条（d）（a），一方"当事人"不得指示宣誓作证人不回答问题，除非这样做为某种特殊的保密权利所需，且符合法院的要求，或其限制询问的动议得到法院批准。See Bristol – Myers Squibb Co. v. Rhone Poulenc Rorer, Inc., 1998 WL 2829 (S. D. N. Y. 1998); Boyd v. University of Maryland Medical Sys, 173 F. R. D. 143 (D. Md. 1997); Damaj v. Farmers Ins. Co., 164 F. R. D. 559 (N. D. Okla. 1995). See generally 8A C. Wright. A. Miller & R. Marcus, Civil 2d 2113 (Supp. 1998). 1998 提出的修正意见建议，将"当事人"一语改为"人"。Preliminary Draft of Proposed Amendments to the Federal Rules of Civil Procedure and Evidence 59 (August 1998), reprinted in 181 F. R. D. 18, 82. 见本章第15节的讨论。

对询问过程中律师如何应付滥用或破坏性的战术的讨论，见 Dickerson, The Law and Ethics of Civil Depositions, 57 Md.. L. Rev. 273 (1998).

[26] Fed. Civ. Proc. Rule 30 (b) (5); Fla. — West's F. S. A. Rules Civ. Proc., Rule 1. 310 (b) (5); Official Code Ga. Ann. 9 – 11 – 30 (b) (5).

[27] Fed. Civ. Proc. Rule 37 (b) (2) (d); Ariz. Rules Civ. Proc., Rule 37 (b) (2), (d); Colo. Rules Civ. Proc., Rule 37 (b) (2), (d).

[28] See El Salto, S. A. V. PSG Company, 444 F. 2d 477 (9ᵗʰ Cir. 1971), cert. denied 404 U. S. 940.

[29] See Srybnik v. Epstein, 13 F. R. D. 248 (S. D. N. Y. 1952); Chemical Specialties Co. v. Ciba Pharmaceutical Prods., Inc., 10 F. R. D. 500 (D. N. J. 1950).

1991 年以后，Fed. Civ. Proc. Rule 45 (a) (1) 对签发传票以强制非当事人在询问之外提供证据性材料。许多州也采用了沿用了这一先例。See, e. g., Ky. Rules Civ. Proc., Rule 45. 01 (需要法院的命令); Mich. Ct. Rules 1985, 2. 310 (c); N. Car. Rules Civ. Proc., Rule 45 (c). 另见本章第11节。

[30] Fed. Civ. Proc. Rule 45 (e); Idaho Rules Civ. Proc., Rule 45 (f); Ind. Trial Proc. Rule 45 (F).

[31] Fed. Civ. Proc. Rule 30 (g); Iowa Rules Civ. Proc., Rule 140 (c) (2); Kan. Stat. Ann. 60 – 230 (g) (2).

[32] Fed. Civ. Proc. Rule 30 (g) (1); Me. Rules Civ. Proc., Rule 30 (g) (1); Md. Rule 414a.

[33] E. g., West's Ann. Cal. Code Civ. Proc. 1989.

所在的州，依据当地的法律提交文件，根据当地的州法或县立法提取宣誓证词。[34] 要点在于，只有当需要传票时，才需要求助于其他司法管辖区的法院。如果宣誓作证人就是当事人之一，正在审理此案的法院可以根据自己的披露规则，命令其提供证词而无论其身处何处。[35] 同样，如果不是当事人的人接受宣誓作证的要求，对其的询问可以在任何地方进行。[36]

412   列出书面问题的询问，有时称为书面询问，被作为口头询问的一个主要例外使用，通常是因为律师不在场。于是，他们就事先将写好问题寄给负责组织宣誓作证的人，由其向证人大声宣读问题，证人口头回答，证人的一切反应都将被正式记录下来。[37]

    书面询问的时间和地点，对传票的要求，何时需要法院的许可，[38] 所有有关签字的要求以及相似的事项与口头询问完全如出一辙。[39] 但是，一个案件的早期阶段，原告通常不必既已获得法院命令、又要白等一段时间让被告有时间找到律师。[40] 由于每一方都有一定数量的天数以将其书面问题寄给被指定负责提取书面证词的人，所以另一方有充分的时间准备。[41] 这种迟延允许被告获得律师以为其准备提供书面证词，或者请求法院推迟对方提出的提取证词时间。[42]

    书面询问并不经常使用。虽然较之于口头询问而言，律师不必到场、费用较

---

  〔34〕 Mass. Gen. Laws Ann. c. 233, 45. 如果诉讼在联邦法院，这一程序就较为简单。因为提出询问的当事人仅仅需要到宣誓作证人所在地的联邦法院申请传票，询问所适用的联邦披露规则与诉讼所在地联邦法院是一样的。Fed. Civ. Proc. Rule 45 (a) (2).

  〔35〕 See, e. g., Gitto v. "Italia" Societa Anonima Di Navigazione, Genova, 28 F. Supp. 309 (E. D. N. Y. 1939). 询问当事人所需要选择的地点取决于法院依据关于地点选择的《联邦民事诉讼规则》第26条 (c) (2)。See, e. g., Turner v. Prudential Ins. Co., 119 F. R. D. 381, 383 (M. D. N. C. 1988); Pinkham v. Paul, 91 F. R. D. 613, 614 (D. Me. 1981).

  〔36〕 Moore v. George A. Hormel & Co., 4 F. R. D. 15 (S. D. N. Y. 1942).

  〔37〕 Fed. Civ. Proc. Rule 31; Minn. Rules Civ. Proc., Rule 31; Vernon's Ann. Mo. Civ. Proc. Rule 57. 04.

  〔38〕 在联邦法院，询问总数为 10 次，以口头或书面的问题来进行询问都不需要法院命令。Fed. Civ. Proc. Rule 31 (a) (2) (A). 另外，要求一个宣誓作证人多数作证也需要法院命令。Fed. Civ. Proc. Rule 31 (a) (2) (B).

  〔39〕 Fed. Civ. Proc. Rule 31; Mont. Rules. Civ. Proc., Rule 31; N. J. Civ. Prac. Rule 4: 15 - 1.

  〔40〕 N. M. Rules Civ. Proc., Rule 1 - 031 (a); Ohio Rules Civ. Proc., Rule 31 (A). 根据《联邦民事诉讼规则》31 (a) (2) (C)，一方当事人要在当事人之间会面制定披露程序计划之前进行书面询问，必须取得法院命令或者另一方当事人的同意。

  〔41〕 Fed. Civ. Proc. Rule 31 (a) (4).

  〔42〕 最常见的程序是要求询问一方将书面问题（第一次直接询问）给所有的其他当事人，后者有一定数量的天数来准备并寄出交叉询问的问题。在《联邦民事诉讼规则》中是 14 天，见 Fed. Civ. Proc. Rule 31 (a) (4) (14). 通知询问的一方然后有时间寄出其再次的直接询问，其他当事人可以准备再交叉询问（《联邦民事诉讼规则》第31 条 (a) (4) 规定的是 7 天。如果必要，法院会允许另外再提出问题。See Baron v. Leo Feist, Inc., 7 F. R. D. 71 (S. D. N. Y. 1946).

低。但也有几个坏处。在没有感觉证人的反应的情况下，很难设计出击中案件要害、抓住案件薄弱环节的问题。书面询问方式不能根据所得到的答案类型设计问题，如果证人作证时害羞、并且并不情愿，答案就根本没有意义。因此，书面询问多用于提取对争议并不重要的常规信息，也用于小额诉讼或调查和披露程序所花费用受到严格限制的案件中。

7.9 质询书面

质询书面允许一方向另一方寄出一系列的问题，另一方在特定的期限内宣誓作答。[1] 这一程序非常简单。不需要法院命令，[2] 也不必委托质询负责人；整个交流通过邮件得以实现。如果接受质询者认为一个问题或一个问题的任何一部分不当，可以提出异议及其理由而不予回答。[3] 提出质询一方可以请求法院命令对方回答。[4]

与询问不同之处在于质询只能寄给本案当事人，而不能寄给了解案件诉讼标的的任何其他人。[5] 这一限制理由非常充分。被质询的当事人在回答问题之前可以咨询其律师，由于知道其回答会被对方在庭审中引用，回答时必须谨慎严密。但是，非当事人与本案无利害关系，在一般过程中也不会受到律师保护，面临一方当事人的问题很容易被诱导而作出错误的陈述。[6] 将一大串质询加之于非当事人之外的其他人身上是不公正的。

少数州还规定质询只能向对方当事人寄出。[7] 有人认为由于只有对方当事人才能将回答作为证据使用，这一限制是合理的。[8] 因此，共同当事人不像对方当事人那样认真地回答问题。但是，这一推理是不充分的。第一，即使对问题的回答来自非对方当事人，这些回答也可能被对方当事人当作证据使用。[9] 第二，法院在为质问确定究竟谁应被视为对方当事人时所遇到的困难会导致矛盾的

---

[1] Fed. Civ. Proc. Rule 33；Under Rules Civ. Proc.，Rule 33；Va. Sup. Ct. Rules，Rule 4：8.

[2] 因为一般都有较长的合理期限作出答复，所以多数法院没有做任何的强制性规定。例如，在联邦法院，

[3] Fed. Civ. Proc. Rule 33（b）；Ala. Rules Civ. Proc.，Rule 33（a）；Wn. Civ. Rule 33（a）.

[4] Fed. Civ. Proc. Rule 33（b）（5），（37）（a）；Alaska Rules Civ. Proc.，Rule 33（a），37（a）；Ariz. Rules Civ. Rule 33（a），37（a）.

[5] McNamara v. Erschen, 8 F. R. D. 427, 429（D. Del. 1948）；Fed. Civ. Proc. Rule 33（a）.

[6] 从当事人之外的其他人那里获得信息，可以通过询问完成。询问时有律师在场，可以保证另一方不能提出模棱两可或诱导性的问题，保证对问题的回答能够反映证人对有关事实的实际了解。

[7] Kan. Stat. Ann. 60 - 236；N. H. Sup. Ct. Rules，Rule 36.

[8] See Developments in the Law - Discovery, 74 Harv. L. Rev. 940, 1020（1961）.

[9] Fed. Civ. Proc. Rule 801（d）（2）；West's Ann. Cal. Evid. Code 12220, 1222.

414 决定。[10] 并曲解这一要求的原意。[11] 第三，质询是以低成本获得基本信息的有用方法。即使某一当事人从法律技术上分析不是对方当事人，但其利益可能并不一致，所以，在信息是否应当披露的问题上，共同当事人之间也可能没有充分的合作。

一方当事人不仅要根据自己对案件事实的了解、还要根据其调查所获的其他案件事实信息的了解来回答质询。[12] 因此，一个当事人必须询问其律师、雇员和其他任何可能拥有有关信息、对其如何回答质询有重要影响的人。

除了调查责任之外，包括联邦法院在内的部分司法管辖区还要求回答质询的当事人对与诉讼标的有关的事实要表明其意见和观点。[13] 由此，质询方可以问被告交通事故发生时她是否没有认真驾车。被告可以回答说"不"，但是她不能以问题不适当为由拒绝回答。

对于当事人如何回答要求其调查商业记录的质询有特殊的规定。当回答可能来自被质询者一方的商业记录，并且质询者能像回答者一样容易地查到这些记录时，回答者可以不必回答问题，而代之以指明这些包含着答案的记录、便质询方有合理机会的机会审查记录。[14] 这并不意味着回答方可以简单地以"答案就在
415 我们的记录中"一句加以搪塞、然后将所有记录向质询方一交了之。回答方必须明确指出包含质询方所需信息的文件，使后者能够找到。[15] 此外，如果质询

---

[10] See Jones v. Rederai A/B Soya, 31 F. R. D. 524, 525（D. Md. 1962）; M. V. M., Inc. v. St. Paul Fire & Marine Ins. Co., 20 F. R. D. 296（S. D. N. Y. 1957）.

〔11〕 原来的联邦规则规定质询只能向对方当事人提出，但是法院在如何确定对方当事人的问题上意见分歧。See Anuszewski v. Toepfer, 48 F. R. D. 433（D. Md. 1970）; Carey v. Schuldt, 42 F. R. D. 390（E. D. La. 1967）. 因此，在一个机械销售担保公司违约之诉中，生产商是第三方被告，有的法院裁定原告不能质询生产商，理由在于诉状决定了生产商不是被告。因为原告只能起诉销售商，原告与生产商之间就不是对方当事人。See Rogers v. Tri-State Materials Corp., 51 F. R. D. 234, 245（N. D. W. Va. 1970）. 有的法院又裁定可以，因为案件的性质决定了原告与生产商之间的对立。See General Dynamics Corp. v. Selb Mfg. Co., 481 F. 2d 1204（8th Cir. 1973）, cert. denied 414 U. S. 1162; Holt v. Southern Ry. Co., 51 F. R. D. 296（E. D. Tenn. 1969）. 在 1970 年修订后联邦规则第 33 条（a）中，有关质询只能向对方当事人提出的限制被取消。

〔12〕 Fed. Civ. Proc. Rule 33（a）; Fla—West's F. S. A. Rules Civ. Proc., Rule 1. 340（b）; Idaho Rules Civ. Proc., Rule 33（b）. See, e. g., Brunseich Corp. v. Suzuki Motor Co., Ltd., 96 F. R. D. 684（E. D. Wis. 1983）.

〔13〕 Ex parte Dorsey Trailers, Inc., 397 So. 2d 98, 105（Ala. 1981）; Rogers v. Tri-State Materials Corp., 51 F. R. D. 234, 245（N. D. W. Va. 1970）. But see Needles v. F. W. Woolworth Co., 13 F. R. D. 460（E. D. Pa. 1952）.

〔14〕 Fed. Civ. Proc. Rule 33（d）; Ind. Trial Proc. Rule 33（E）; Iowa Rules Civ. Proc., Rule 126（c）.

〔15〕 Rainbow Pioneer No. 44-04A v. Hawaii-Nevada Inv. Corp., 711 F. 2d 902（9th Cir. 1983）; Avramidis v. Atlantic Richfield Co., 120 F. R. D. 450（D. Mass. 1988）; Budget Rent-A-Car of Missouri, Inc. v. Hertz Corp., 55 F. R. D. 354, 357（W. D. Mo. 1972）. See Advisory Committee Note to the 1970 Amendment of Rule 33（c）, reprinted in 48 F. R. D. 487, 524-25.

方查信息的责任大于回答方，后者也必须自己查明。[16]

质询有几个好处。相对而言以较低的成本就获得重要的信息。另外，还使质询方获得被质询方所有已知信息，而不仅是那些个别的宣誓作证人所知道的信息。由于在答复之前必须调查和弄清其所有代理人和雇员对案件的了解，质询所得到的信息量可能更大、范围更广。

质询的弱点主要在于答复不是出自自然的反应。被质询一方在律师的指导下会可能尽可能含糊地回答问题。所有的模棱两可的办法都会被利用以便给予对方最少的信息。[17] 也许正因为此，以及质询很容易使对方不堪重负，一些当事人滥用权利，质询数以百计的问题，事无巨细穷尽案情的每一个方面。这样他们已跨越了合法调查的红线，进行着无谓的和不公正的骚扰。[18]

联邦法院和许多州法院已经对此作出规定，限制质询数量，超过限制要有法院的许可。[19] 在那些适用《联邦民事诉讼规则》第 26 条第 1 款、要求将以前要通过质询才能得到的信息应当提前自动出示的司法管辖区里，这种限制的合理性是显而易见的。

7. 10 要求自认

一方当事人可以向其他当事人送达书面要求书，要求他方承认争议事实的某

---

〔16〕 See American Rockwool, Inc. v. Owens – Corning Fiberglas Corp. , 109 F. R. D. 263（E. D. N. C. 1985）; Thomason v. Leiter, 52 F. R. D. 290, 291（M. D. Ala. 1971）.

〔17〕 In re Convergent Technologies Secs. Litigation, 108 F. R. D. 328, 338（N. D. Cal. 1985）. See also Brazil, View From the Front Line: Observations by Chicago Lawyers About the System of Civil Discovery, 1980 A. B. F. Res. J. 217, 233.

〔18〕 法院可以通过制裁当事人、律师或者同时制裁两者以控制这种权利的滥用。See, e. g., Fed. Civ. Proc. Rule 26（g）.

〔19〕 1993 年，修改后的《联邦民事诉讼规则》第 33 条将质询问题限定为 25 个；超过此数则需要法院的许可。此前，许多联邦初审法院采用当地立法限制质询数量。See Sherman & Kinnard, Federal Court Discovery in the 80's: Making the Rules Work, 95 F. R. D. 245, 263（1983）. See also Official Code Ga. Ann. 9 – 11 – 33（a）; Minn. Rules Civ. Proc., Rule 33. 01（a）.

为了避免对质询数量限制的规避，法院通常会规定每一个小问题都要作为一个问题计算。但是，如何解释这种规定，法院之间也有分歧。有的认为，所有的小问题都应分开计算。See Aetna Cas. & Sur. Co. v. W. W. Grainger, Inc. , 170 F. R. D. 454（E. D. Wis. 1997）; Valdez v. Ford Motor Co. , 134 F. R. D. 196, 298（D. Nev. 1991）. 不过多数法院认为，如果这些小问题可以"归入""主问题"或与其"有必然联系"，那么这些小问题就应计算为一个问题。See Safeco v. Rawstron, 181 F. R. D. 441（C. D. Cal. 1998）; Ginn v. Gemini Inc. , 137 F. R. D. 320（D. Nev. 1991）; Clark v. Burlington Northern R. R. , 112 F. R. D. 117（N. D. Miss. 1986）.

质询的一个小问题能否"归入"的标准就是相对于"主问题"而言它是否是"次要的"。See Kendall v. GES Exposition Servs. , Inc. , 174 F. R. D. 684（D. Nev. 1997）（州法中这一标准的观点变化，见 Holme, Colorado's New Rules of Civil Procedure, Part Ⅱ: Rediscovering Discovery, 23 Colo. Law. 2711, 2716（1994）; Morris & Pickering, Recent Developments in Deposition Practice and Document Discovery, C380 ALI – ABA 127, at 166（Feb. 1, 1989）; Selig, The 1994 Amendments to the Wyoming Rules of Civil Procedure, 30 LWLR 151, 170（1995）.

些方面，或者承认相关文件的真实性，从而避免庭审中正式证明的必要性。[1]

送达自认要求书不需要法院的命令。[2] 给予他方答复的时间应当充足，以保证对被告没有什么任何不公，因为被告在收到自认要求书的同时也收到了传票和起诉书。

接到自认要求书的一方在否定要求其承认的事项或提出其不能承认或要否认的事实的具体理由时，都要宣誓答复。答复一方也可以以要求不恰当为由反对自认要求，或者主张其有免于答复的特殊权利。[3] 如果答复一方未能在规定期限内答复，那么就会被视为对要求其承认的事项的承认。[4] 不过，如果没有答复并非出自逃避披露的故意，法院可以给予其救济。[5] 这会给要求方带来不知所措的困难：因为其不能确定他方不予答复是否可视为承认，从而不必再为庭审准备有关问题的证据。修改后的《联邦民事诉讼规则》已经克服了这一困难，允许质询方要求法院对答复予以裁定。[6]

417　　有关答复方的责任有三点令人疑惑。第一，对自认要求的答复是否只需当事人仅就个人所知作答？不是。如果获得必要的信息并不困难，一方不能以其不充分的信息简单地拒绝自认要求。[7] 如果合理的调查也未能提供足够的事实让答复方无法自认或否定，那么答复方可以以此拒绝自认。[8]

第二，当事人是否必须自认或否认对法律适用上的要求。联邦立法和一些立

---

〔1〕 Fed. Civ. Proc. Rule 36；Iowa Rules Civ. Proc., Rule 127；Kan. Stat. Ann 60 – 236；Me. Rules Civ. Proc., Rules 36；Mass. Rules Civ. Proc., Rule 36（a）；Mich. Ct. Rules 1985, 2. 312.

〔2〕 Fed. Civ. Proc. Rule 36；Minn. Rules Civ. Proc., Rule 36. 01；Mont. Rules Civ. Proc., Rules 36（a）.《联邦民事诉讼规则》第36条（a）规定一方不能在各方当事人根据《联邦民事诉讼规则》第12条（f）的规定已经会面并达成披露计划前提出自认要求书。See 7. 7, above.

〔3〕 Fed. Civ. Proc. Rule 36（a）；Ohio Rules Civ. Proc., Rule 36（A）；Tenn. Rules Civ. Proc., Rule 36. 01. See 7. 4, above.

〔4〕 Fed. Civ. Proc. Rule 36（a）；Utah Rules Civ. Proc., Rule 36（a）7；Va. Sup. Ct. Rules, Rule4：11（a）.

〔5〕 See, e. g., Marshall v. Sunshine & Leisure, Inc., 496 F. Supp. 354（M. D. Fla. 1980）；Westmoreland v. Triumph Motorcycle Corp., 71 F. R. D. 192（D. Conn. 1976）；U. S. v. Cannon, 363 F. Supp. 1045（D. Del. 1973）. Williams v. Krieger, 61 F. R. D. 142（S. D. N. Y. 1973）；Pleasant Hill Bank v. U. S., 60 F. R. D. 1（W. D. Mo. 1973）.

〔6〕 Fed. Civ. Proc. Rule 36（a）. See Advisory Committee Note to the 1970 Amendment of Rule 36（a），reprinted in 48 F. R. D. 487, 532. 法院在裁定这种动议时可以给予质询方救济，或者允许受问方否定事实陈述。应当注意，这一规则所指"答复不符合要求"，不是指未能提交答复，而是其留下疑问使法院不能作出待承认事项应否留待以后处理的决定。

〔7〕 O'Meara – Sterling v. Mitchell, 299 F. 2d 401（5th Cir. 1962）；Lumpkin v. Meskill, 64 F. R. D. 673（D. Conn. 1974）；Adley Express Co. v. highway Truck Drivers & Helpers, local No. 107, 349 F. Supp. 436, 451（E. D. Pa. 1972）；Fickett v. Superior Court, 27 Ariz. App. 793, 558 P. 2d 988（1976）；Rosales v. Thermex – Thermatron, Inc., 67 Cal. App. 4th 187, 78 Cal. Rptr. 2d 861, 867 – 68（1998）.

〔8〕 See Alexander v. Rizzo, 52 F. R. D. 235（E. D. Pa. 1971）.

场相同的州立法对此类要求特别予以允准。[9] 例如，一方可以明确要求对方承认事实已足以证明其雇员有"过失行为"。[10] 对此类要求未做规定的司法管辖区里，法院有时以律师工作成果为由裁定提出这类要求是不适当的。[11]

　　第三，对至关重要的问题提出的自认要求。在多数司法管辖区，自认要求可以是案件中的任何问题，无论自认重要与否，无论自认是否导致诉讼终结。[12] 虽然有的法院已经认定那些直接针对诉答文书中的主要争议事项、或使案件得以存在的基础问题而提出的自认要求并不恰当，[13] 但是如此限定的理由并不清楚。或许，其理由在于要求当事人自认败诉是不现实的。因此，如果一项规则表现为促进了不当的拒绝，那么这一规则就缺乏合理性。这样推理是错误的。否则，一方不能被要求答复其他形式的披露要求，或者。如果答复方不能肯定一个事实的真实性，他可以拒绝或者说明为其不能自认也无法否定的原因。[14]

　　与其他披露形式不同，自认要求主要用于排除非争议事项，而不是要弄清事实或为庭审准备证词。自认通常对作出自认者有约束力，尽可能地发挥诉辩的作用。[15] 自认的事实不需要证据的支持，否定自认的要求也毋须拿出证据。[16] 一方当事人真心实意地自认的事实后来被证明不是真实的，他可以提出动议修正其自认、并同样修正其诉辩。[17]

[418]

---

　〔9〕 Fed. Civ. Proc. Rule 36 (a); Ala. Rules Civ. Proc., Rule 36 (a); Alaska Rules Civ. Proc., Rule 36 (a). See Advisory Committee Note to the 1970 Amendment of Rule 36 (a), reprinted in 48 F. R. D. 487, 532.

　〔10〕 Jones v. Boyd Truck Lines, Inc., 11 F. R. D. 67, 70 (W. D. Mo. 1951).

　〔11〕 General Acc. Fire & Life Assur. Corp. v. Cohen, 203 Va. 810, 127 S. E. 2d 399 (1962). See 7.5, above. 对工作成果规则的讨论。

　〔12〕 See City of Rome v. U. S., 450 F. Supp. 378, 383 (D. D. C. 1978), affirmed 446 U. S. 156, 100 S. Ct. 1548, 64 L. Ed. 2d 119 (1980).

　〔13〕 1970 年《联邦民事诉讼规则》第 36 条修改之前，多数联邦法院认定那些要求不恰当。E. g., Pickens v. Equitable Life Assur. Soc., 413 F. 2d 1390 (5th Cir. 1969); Syracuse Broadcasting Corp. v. Newhouse, 271 F. 2d 910 (2d Cir. 1959).

　〔14〕 See Advisory Committee Note to the 1970 Amendment of Rule 36 (a), reprinted in 48 F. R. D. 487, 532.

　〔15〕 Fed. Civ. Proc. Rule 36 (b); Ariz. Rules Civ. Proc., Rule 36 (b); Colo. Rules Civ. Proc., Rule 36 (b).

　〔16〕 See Fleitz v. Van Westrienen, 114 Ariz. 246, 560 P. 2d 430 (App. 1977); Advisory Committee Note to the 1970 Amendment of Rule 36 (b), reprinted in 48 F. R. D. 487, 534.

　〔17〕 Gardner v. Southern Ry. Sys., 675 F. 2D 949 (7th Cir. 1982); St. Regis Paper Co. v. Upgrade Corp., 86 F. R. D. 355 (W. D. Mich. 1980); Nicholson v. Bailey, 182 F. Supp. 509 (S. D. Fla. 1960); U. S. v. Wimbley, 125 F. Supp. 691, 693 – 94 (W. D. Ark. 1954); Jackson v. Hearn Bros., Inc., 59 Del. 7, 212 A. 2d 726 (1965). But compare American Auto. Ass'n v. AAA legal Clinic of Jefferson Crooke, 930 F. 2d 1117 (5th Cir. 1991), and Brook Village North Assors. v. General Elec. Col, 686 F. 2d 66 (1st Cir. 1982) (这两个判例都认定自认的撤消应当适用《联邦民事诉讼规则》第 16 条的"重大不公"标准而不是较为宽松的第 15 条有关诉辩的修订标准)。

有几个案例认定自认没有约束力，只是作为自认的事实存在的证据，[18] 作出自认的当事人在庭审时又举出与其自认的事实相背的证据。[19] 很明显，由于反方不能依此自认免去为自己准备证据的时间与费用，这使得对自认的要求变得毫无价值。另一方面，联邦披露规则还特别规定，自认的约束力仅限于本案，而不能以任何形式运用于其他诉讼。[20] 人不能准确预测一个问题何时会在另一种环境下再次浮出水面，或许还更加严重。如果能够避免，如果预感到自认可能带来难以预料的后果，答复一方当然极其不愿意作出任何自认。

表面上，自认要求有很大好处，成本低、且很直接。与质询不同，当事人不能闪烁其辞，或者附以解释和限制来回答问题。如果自认，原来争议的事项不必争执，可以节省相当多的时间和金钱。[21] 法院、被传证人以及当事人都从中获益。

自认文件真实性的要求被证明相当有用。然而，不幸的是，要求对起诉或答辩所依据的事实予以自认在实践中就不是非常有效了。第一，答复方通常除了会自认最清楚、最确凿无疑的事实之外，其他一切均被否认。要决定一个人在其必须自认的程度上"知道"某些事，这是个哲学上的难题。因此，律师可能建议当事人诚恳地否定几乎每一个主要争议自认要求。更不幸的事实是对错误的否定施加的制裁如此微不足道，以至于即使事实十分清楚、证据完全支持一方时，自认的要求仍然遭到拒绝。[22] 法院与立法机关都不愿对故意而为的伪证规定严厉的惩治，已经导致自认要求的意义的严重丧失，成为披露程序中效果最差的方法之一。

要求自认的另一难题出现于收到自认要求的当事人不做任何反应的情形。按通常的规定这种情形被视为自认。[23] 然而，应当答复的一方可以以其错误或可以谅解的过失为由要求法院救济。结果，送达自认要求的一方不能肯定其是否还应当准备在庭审时证明已经被对方"自认"了的事实。规则通常规定提出自认

---

[18] Williams v. Howard Johnson's Inc., 323 F. 2d 102, 105 n. 9 (4th Cir. 1963); Dorsey v. RFC, 197 F. 2d 468, 472 (7th Cir. 1952).

[19] See, e. g., Hartley & Parker, Inc. v. Florida Beverage Corp., 348 F. 2d 161, 162 – 64 (5th Cir. 1965); Ark. –Tenn. Distributing Corp. v. Breidt, 209 F. 2d 359, 360 (3d Cir. 1954).

[20] Fed. Civ. Proc. Rule 36 (b). See Seay v. International Ass'n of Machinists, 360 F. Supp. 123 (C. D. Cal. 1973).

[21] See, e. g., O'Campo v. Hardisty, 262 F. 2d 621 (9th Cir. 1958); Berry v. Federated Mut. Ins. Col, 110 F. R. D. 441, 443 (N. D. Ind. 1986); Irons v. Le Sueur, 487 So. 2d 1352, 1355 (Ala. 1986); Morast v. Auble, 164 Mont. 100, 519 P. 2d 157 (1974); Kissinger v. School Dist. No. 49, 163 Neb. 33, 77 N. W. 2d 767 (1956).

[22] See 7. 16, text at notes 31 – 33, below.

[23] See, e. g., Fed. Civ. Proc. Rule 36 (a); . Ⅲ. S. C. Rule 216 (c).

要求的一方可以申请法院决定答复是否充分。法院则有权裁定争讼事项已被自认，或者命令作出新的答复。从逻辑上分析，一方应当可以提出动议，要求法院裁定对自认要求不予答复的导致有约束力的自认，但是立法没有如此具体地规定。[24] 不过，这样的动议无疑会使对方提出相反的动议，申请准许迟延答复。

7. 11 对财产的披露（或调查）与出示

现代联邦披露规则为一方调查其他当事人或非当事人所拥有的文件、其他动产与不动产规定了若干方法。[1] 不过，许多州还没对非诉讼当事人作出类似的规定。[2] 结果，披露的程序与范围各不相同，这取决于是要求当事人还是非当事人披露，两者需要分别单独考虑。

只要出示会导致可采纳的证据，一方当事人就有权检查和复制任何文件，检查处于另一方控制之下的动产与不动产。[3] 根据联邦规则与许多州的相应规定，对另一方财产的检查只需通知，无须法院命令。[4] 但是，对提前多长时间发出检查通知则有所限制，不能过早。[5] 要求披露的一方必须指出将要检查、拷贝或采取其他测试方法的特定物件。[6] 如果得到通知一方认为某一证据与本案没有关联，或者通知所指定的时间地点于已有所不便或不适当，则必须去法院提出

420

---

〔24〕 See Deloge v. Cortez, 131 Idaho 201, 953 P. 2d 641（App. 1998）（数次延期之后对自认的要求仍不答复，致使被视为自认以及导致即决判决对方胜诉）。

〔1〕《联邦民事诉讼规则》第 34 条。1991 年修改后的《联邦民事诉讼规则》第 34 条（c）规定非当事人也可以被直接传令出示文件物件或将其财产交付检查。此前仅允许对与证词相关的文件和其他物件的出示签发传票，也没有规定对不动产的检查。

〔2〕 Fla. — West's F. S. A. Rules Civ. Proc., Rule 1. 350; Ohio Rules Civ. Proc., Rule 34.

〔3〕 Fed. Civ. Proc. Rule 34 (a); Idaho Rules Civ. Proc., Rule 34 (a); Ind. Trial Proc Rule 34 (A); Iowa Rules Civ. Proc., Rule 129; Kan. Stat. Ann. 60 - 234 (a). 在必要时，要求披露方可以对财产进行拍照、测量、测定、试验、取样。

〔4〕 Fed. Civ. Proc. Rule 34 (b); Me. Rules Civ. Proc., Rule 34 (b); Mass. Rules Civ. Proc. Rule 34 (b). 通知必须告知对方检查时间、地点和方法。

过去的《联邦民事诉讼规则》第 34 条要求要求披露方必须以充分的理由获得法院的命令方可检查。许多州法院采纳了这一规定。后来，法院的这一介入被认为不必要，1970 年这一规定被删除，代之以被要求披露一方有权提出反对。曾经要求为检查提供充分理由的各个州现在都放弃了这一规定。See Advisory Committee Note to the 1970 Amendment of Rule 34 (b), reprinted in 48 F. R. D. 487, 527. See also Guilford Nat. Bank v. Southern Ry. Co., 297 F. 2d 921 (4ᵗʰ Cir. 1962).

〔5〕 当然，被告必须得有足够的时间咨询律师。在联邦法院，只有在当事人会面并讨论了披露计划之后才可送达这样的通知。Fed. Civ. Proc. Rule 34 (b), 26 (d), 26 (f). 许多州立法规定要对方披露文件和相关物件的通知与传票和起诉状一起送达，通知要指定被告作出回应的时间。E. g., Ind. Trial Proc. Rule 34 (B) (30a); Minn. Rules Civ. Proc., Rule 34. 02 (45a); Wn. Civ. Rule 34 (b) (45a).

〔6〕 Fed. Civ. Proc. Rule 34 (b); Mich. Ct. Rules 1985, 2. 310; Minn. Rules Civ. Proc., Rule 34. 1; Vernon's Ann. Mo. City. Proc. Rule58. 01 (b); Mont. Rules Civ. Proc., Rule 34 (b).

检查方如果还不知道哪一个特定的财产需要检查，则应当明确指定将要检查的财产的类别，不能含糊。See Scuderi v. Boston Ins. Co., 34 F. R. D. 463, 466 (D. Del. 1964); Bowers v. City of Kansas City, 202 Kan. 268, 270, 448 P. 2d 6, 8 (1968); Dean v. Superior Court, 84 Ariz. 104, 324 P. 2d 764 (1958).

反对。[7]

　　一方当事人对另一方所控制的财产的出示要求所涉及的主要问题在于决定另一方在什么情况下可以以财产并非处于其占有与控制之下为由、合法地拒绝出示要求。当事人不能将主要证据交给他人以逃避披露要求。如果该当事人能够向财产的实际占有人要求并从而获得该财产，就没有理由拒绝检查。[8] 此外，控制并不是指法律意义上的控制。联邦最高法院在 Societe Internationale v. Rogers[9]一案中遇到了这一问题。联邦最高法院认为，即使有关文件之间的关系依据瑞士法律可能导致刑事处罚，被告也应交出文件。然而，罗杰尔斯案（Rogers）判决不应做太广义的理解，因为判决另有提示：被告故意将被要求披露的文件放到国外以规避出示。因此，最高法院有理由认定该当事人能够影响瑞士政府改变法律，或者将此案作为例外对待，以使该当事人可以"控制"有关文件。不过，该案判决没有明示当事人不能简单地以没有占有或控制为由规避披露。[10]

　　经常出现的另一问题是要求对方披露的当事人不能确定有什么文件或物件应当披露。如果有理由，可以指出物件类别要求披露。[11] 因此，在一货款争议之诉中，原告声称已将货物发送被告，被告可以要求原告披露与货物发送有关的所有文件。在对披露文件的要求作出回应时，一些当事人交出极其混乱繁杂的文件，以求其所拥有的不利信息不被对方发现，从而使披露丧失意义。1980 年，《联邦民事诉讼规则》作出修改，要求回应一方应当"按照正常商业过程的原样"交出文件，或者……"整理文件并予以标注，以符合对方所要求的分类"。[12]

　　一方当事人要回应另一方提出的文件和其他物件的披露要求，尤其是另一方指定的是类别或无特定对象时，耗资巨大，并且经常不能满足另一方的披露要求。[13] 于是，有人建议在适当的情况下法院应当有权将成本负担转移到提出披

---

〔7〕 Fed. Civ. Proc. Rule 26 (c), 34 (b), 37 (a); Alaska Rules Civ. Proc., Rule 26 (c), 34 (b), 37 (a); Wn. Civ. Rule 26 (c), 34 (b), 37 (a).

〔8〕 See, e. g., In re Uranium Antitrust Litigation, 480 F. Supp. 1138 (N. D. Ⅲ. 1979); Kozlowski v. Sears Roebuck & Co., 73 F. R. D. 73 (D. Mass. 1976).

〔9〕 357 U. S. 197, 78 S. Ct. 1087, 2 L. Ed. 2d 1255 (1958).

〔10〕 See generally 8A C. Wright, A. Miller & R. Marcus, Civil 2d 2210.

〔11〕 Fed. Civ. Proc. Rule 34 (b); Fla. — West's F. S. A. Rules Civ. Proc., Rule 1. 350 (b); Idaho Rules Civ. Proc., Rule 34 (b) (1); Vernon's Ann. Mo. Civ. Proc. Rule 58. 01 (b); N. Car. Rules Civ. Proc., Rule 34 (b).

〔12〕 Fed. Civ. Proc. Rule 34 (b). 许多州法院已经采纳了同样的规定，但也有的没有。See, e. g., Idaho Rules Civ. Proc., Rule 34 (b) and note following entitled "Federal Rules Comparison".

〔13〕 See Preliminary Draft of Proposed Amendments to the Federal Rule of Civil Procedure and Evidence 66 - 68, reprinted in 181 F. R. D. 18 (1998).

露要求的一方。[14]

自从 1999 年《联邦民事诉讼规则》第 34 条（c）和第 45 条修改以后，非当事人也可能被传出示文件和其他物件，并接受当事人对其房屋的检查。[15] 现在，在特定的情况下，律师可以和法院的执行官一样签发传票。[16] 但是，律师有责任避免给被传者造成不合理的负担和开支，否则会受到制裁。[17] 对被传者的保护措施非常明确。[18] 如果非诉讼当事人要以特权为由不予披露，必须向传票所指明的当事人或律师提出单独的书面的异议。[19] 如以其他理由提出异议，则必须向签发传票的法院及时提出动议。[20] 面对披露要求，如果成本过高或者被要求披露的信息可能被不当利用，非诉讼当事人有权与当事人受到同样的保护。[21]

有几个州采用了与联邦规则相似的详细规定，[22] 但多数州没有。不过，那些州也有让非当事人出示其控制的文件或其他物件的传票的签发方面的规定，同时，为防止宣誓作证者承担不合理的负担、蒙受不公，也授权法院可以撤消传票，或者给传票的执行附加条件，让提出披露要求一方承担合理费用。[23] 如果披露的结果不会产生具备可采性的证据，并且财产确实不在非当事人的控制之下，非当事人也有权对传票提出异议。[24]

---

〔14〕 同上注，第 64 – 66 页。

〔15〕 当事人不必提起独立的诉讼以要求非诉讼当事人出示文件和其他物件，或准予当事人进入其土地。Advisory Committee Note to the 1991 Amendment of Rule 34, Excerpt from the Report of the Judicial Conference on Rules of Practice and Procedure, September 1990.

在纽约，非诉讼当事人和当事人在财产的披露上有时受到同等对待。N. Y. — McKinney's CPLR 3120 (b)。

〔16〕 Fed. Civ. Proc. Rule 45 (a) (2), (a) (3). See Advisory Committee Note to the 1991 Amendment of Rule 45, Excerpt from the Report of the Judicail Conference on Rules of Practice and Procedure, September 1990 (注意有两个上诉法院认定律师签发的传票与法院签发的命令同样有强制力)。

〔17〕 Fed. Civ. Proc. Rule 45 (c).

〔18〕 Fed. Civ. Proc. Rule 45 (c).

〔19〕 Fed. Civ. Proc. Rule 45 (c) (2) (b), (d) (2).

〔20〕 Fed. Civ. Proc. Rule 45 (c) (3) (A).《联邦民事诉讼规则》第 45 条没有要求提出异议时要附上异议人在没有法院的介入下、已经作出了切实的努力以解决与其他利害关系人之间披露争议的证明。Cf. Echostar Communications Corp. v. The News Corp., 180 F. R. D. 391 (D. Colo. 1998) (对要求披露方适用当地的规则)。

〔21〕 See Fed. Civ. Proc. Rule 26 (c). 如果一个非当事人能够证明一个看上去还算适当的披露请求无法接受忍受或者不合理，法院可以撤消传票，或者对披露加以限制，或者要求提出披露请求的一方为获得信息而支付全部或部分费用。See Linder v. Calero – Portocarrero, 180 F. R. D. 168 (D. D. C. 1998) (修改传票较完全撤消更可取)。See also Echostar Communications Corp. v. The News Corp., 180 F. R. D. 391 (D. Colo. 1998). See generally 7. 15, below.

〔22〕 E. g., Ala. Rules Civ. Proc., Rule 45.

〔23〕 See, e. g., Colo. Rules Civ. Proc., Rule 45 (d) (1); Ind. Trial Proc. Rule 45 (B); Minn. Rules Civ. Proc., Rules 45. 01, 45. 02.

〔24〕 见以上注 8 到注 10。

最初，对于非当事人，联邦法院只允许向需要提取其书面证词的非当事人签发要求其出示文件和其他物件的传票。如果没有理由获得非当事人的宣誓证词，这一要求也就丧失了意义。因此，1991 年，这一要求被取消，州法院群起仿效，传票只针对物而不对人。[25]

要避免遵循这些规则所导致的实现财产出示的困难，方法之一是许多披露规则还特意规定保留了传统的衡平诉讼形式。[26] 据此，如果案件中有必要检查披露规则规定之内的非当事人控制的不动产时，可以针对此非当事人单独提起诉讼、寻求披露。因为这些独立的诉讼也受到同样的抗辩和限制，一般而言并无用处，但是，在特定的情况下还是有用。

7.12 身心检查

在不少案件中，一个人的身心状况成为争议焦点。此人以及那些与其有良好关系的人就可以查看现在的医疗记录和过去的医疗史。但是，因为这些信息一般是保密的，[1] 所以，对方当事人则无权看到。因此，后者需要有办法让其自己的医疗专业人员有机会观察其身心状况成为争议事项的人，从而为庭审做好准备，如何必要，还得出庭作证。

传统上，当事人只能提出要求让对方当事人接受生理或心理的检查。[2] 但是，现在，不少司法管辖区将此规则扩大适用于处于法定监护之下或当事人控制之下的人。[3] 因此，如果孩子在事故中受伤，家长未以孩子为原告起诉要求获赔医疗费用，被告可以获得法院命令要求家长让孩子作一次检查。[4] 还有的州走得更远，只要诸如司机或雇员等一方当事人的代表人的身体状况是争议事项，也允许对其进行身体检查。[5]

应当注意，允许对非当事人的人进行检查的规则和制定法并没有规定有让其接受生理或心理检查的强制命令。这一点十分重要。这些规定只是要求当事人应

---

[25] Fed. Civ. Proc. Rule 45（c）（2）（A）；Mich. Ct. Rules 1985，2. 310（c）；N. Car. Rules Civ. Proc.，Rule 45（c）. But see Ky. Rules Civ. Proc.，Rule 45. 01，要求法院为物件签发物件的传票时不要求监管取得监护人证词。

[26] Alaska Rules Civ. Proc.，Rule 34（c）；Ariz. Rules Civ. Proc.，Rule 34（c）.

[1] See 7. 4，above.

[2] Advisory Committee Note to the 1970 Amendment of Rule 35（a），reprinted in 48 F. R. D. 487，529. See Clark v. Geiger，31 F. R. D. 268（E. D. Pa. 1962）.

[3] Fed. Civ. Proc. Rule 35（a）；West's Ann. Cal. Code Civ. Proc. 2032；Colo. Rules Civ. Proc.，Rule 35（a）；Fla. — West's F. S. A. Rules Civ. Proc.，Rule 1. 360（a）；Idaho Rules Civ. Proc.，Ruel 35；S. Ct. Rule 1985，2. 311；Minn. Rules Civ. Proc.，Rule 35；Vernon's Ann. Mo. Civ. Proc. Rule 60. 01；N. Dak. Rules Civ. Proc.，Rule 35，Wyo. Rules Civ. Proc.，Rule 35.

[4] Beckwith v. Beckwith，355 A. 2d 537（D. C. App. 1976），cert. denied 436 U. S. 907.

[5] West's Ann. Cal. Code Civ. Proc. 2032（a）；Minn. Rules Civ. Proc.，Rule35. 01；Vernon's Ann. Mo. Civ. Proc. Rule 60. 01（a）.

当让处于其控制之下，生理状况处于本案争议之中的人接受检查。[6] 因为要求 424
一个当事人所作的仅仅是努力让另一人接受检查，如果另一人完全拒绝合作，检
查的要求会被撤消，也无任何制裁。[7] 如果将其身体状况需要检查的人作为正
式的当事人则可以避免出现上述结果。

因为检查的侵害性，所以，只有当一个人的生理或心理状况是案件的焦点时
才能允许对其进行检查。[8] 治疗情况成为争议焦点普遍存在于原告因意外事故
提起人身损害赔偿之诉之中，然而，在被告的驾驶技术不好导致汽车或其他机械
伤及原告时，对被告的检查也是适当的。[9] 在合同诉讼中，生理和心理状况也
可能成为焦点，例如，因向雇员发放残疾补助金、或者由于疾病和伤情无法履行
合同而产生的诉讼。[10]

另一方面，如果有关生理和心理条件的证据仅仅需要在庭审中使用，这样的
生理和心理状况并未并不是"有争议"。例如，一方可能质疑一个目击了事故发生
的证人的视力。不过，不能要求目击证人接受眼睛检查。证人的视力在有关检查
的制定法和规则中并未被视为"有争议"。

如果没有充分的理由首先获得法院的命令，任何当事人均无权检查。[11] 检
查会对个人隐私造成侵害，除非情势严重，否则不能提出这样的要求。[12] 在原
告因人身损害而寻求赔偿的普通案件中，被告只要证明其没有机会对原告的伤情
做独立的分析，就使检查的要求得以成立。显然，不能要求被告接受原告医生的
陈述。但是，如果请求方从其他渠道即可获得必要信息，其要求检查的理由就不

---

〔6〕 Fed. Civ. Proc. Rule 35 (a); Mont. Rules Civ. Proc., Rule 35 (a); Ohio Rules Civ. Proc.,
Rule 35 (A); Utah Rules Civ. Proc., Rule 35 (a); Va. Sup. Ct. Rules, Rule 4: 10 (a).

〔7〕 See Fed. Civ. Proc. Rule 37 (b) (2) (E); Ala. Rules Civ. Proc., Rule 37 (b) (2) (E).
Advisory Committee Note to the 1970 Amendment of Rule 35 (a), reprinted in 48 F. R. D. 487, 540.

〔8〕《联邦民事诉讼规则》第 35 条的要求既 "不能仅仅根据诉辩之中的推断性的陈述，也不能仅仅
凭借与本案的关联性 "而满足。申请方必须有力地证明检查所要确定的状况的确处于争议之中、每一项特
定的检查都有充分的理由支持。" Schlagenhauf v. Holder, 379 U. S. 104, 118, 85 S. Ct. 234, 242－43, 13
L. Ed. 2d 152 (1964).

〔9〕 E. g., Schlagenhauf v. Holder, 379 U. S. 104, 85 S. Ct. 234, 13 L. Ed. 2d 152 (1964).

〔10〕 Balfour v. Balfour, 413 So. 2d 1167 (Ala. Civ. App. 1982); Raymond v. Ravmond, 105 R. I.
380, 252 A. 2d 345 (1969); Landau v. Laughren, 357 S. W. 2d 74 (Mo. 1962).

〔11〕 Fed. Civ. Proc. Rule 35 (a); Alsaka Rules Civ. Proc., Rule 35 (a); Ariz. Rule Civ. Proc.,
Rule 35 (a). 如果未能及时提出的动议，如已临近计划的庭审日期才提出的动议，则会被驳回。See Ro-
mero v. Boyd Bros. Transp. Co., Civ. A. No. 93－0085－H, 1994 WL 507475 (W. D. Va. 1994).

〔12〕 这一联邦规则适用以后，尽管有人提出由于它侵犯了接受检查者的隐私权从而违反了《规则制
定授权法》(Rules Enabling Act)，但是，最高法院仍然坚持规则的合宪性。Aibbach v. Wilson & Co., 312
U. S. 1, 61 S. Ct. 422, 85 L. Ed. 479 (1941). 现在，这一原则对原告和被告的适用都是合乎宪法的。
Schlagenhauf v. Holder, 379 U. S. 104, 118, 85 S. Ct. 234, 242, 13 L. Ed. 2d 152 (1964).

成立。[13]

425　　法院对于检查的时间、地点、检查人、[14] 检查范围以及诸如检查过程中哪些人在场等细节都要进行全面控制。[15] 例如，考虑到检查会导致疼痛或危险，特别是已有合格的专业人员做过了检查、并且没有理由怀疑检查结果的准确性的情况下，法院会驳回检查的要求。[16] 如果被检查人感到害怕或难堪，法院下令允许他人到检查室陪伴。[17]

　　因为生理和心理检查报告中信息的重要性和特殊性，检查报告的交换要遵循特别的规则。根据披露规则，即使检查不是根据法院的命令而是根据约定进行的，被检查人也有权提出并得到检查报告，获悉所有的发现、测试结果、诊断和其他结论。[18] 对另一方专家的披露所规定的一般限制不适用于生理和心理检查。[19]

426　　为了不让被检查人得到不正当的好处，规则也规定：一旦其要求得到检查报告，他反过来也应向对方交出此前他自己的检查者针对同一生理或心理状况所作的所有报告。[20] 既然提出得到检查报告的要求，被检查者也就放弃了过去其作

---

　　[13]　See In re Certain Asbestos Cases, 113 F. R. D. 612 (N. D. Tex. 1986); Marroni v. Matey, 82 So. 2d 473 (Fla. 1957), cert. denied 355; U. S. 959.

　　[14]　过去，《联邦民事诉讼规则》只允许医生检查。1991 年修改后的第 35 条授权法院可以让任何有相应许可资质的人从事身心检查。1998 年修改后的规则又将检查人的范围扩大到有行医执照的诊所精神分析师、牙医、职业治疗人员等。See Advisory Committee Note to the 1991 Amendment of Rule 35 (a), reprinted in 134 F. R. D. 525, 651. See also Fla. — West's F. S. A. Rules Civ. Proc., Rule 1. 360 (1988 年修改后允许外科医生之外的专家从事生理和心理检查), See generally 8A C. Wright, A. Miller & R. Marcus, Civil 2d 2234.

　　[15]　Fed. Civ. Proc. Rule 35 (a). 但是，很多检查是在没有法院命令的情况下进行的，依据是对方律师的协议。法院被要求介入的案件是极其少见的。

　　[16]　Vopelak v. Williams, 42 F. R. D. 387 (N. D. Ohio 1967); Hildyard v. Western Fasteners, Inc., 33 Colo. App. 396, 522 P. 2d 596 (1974); Roskovics v. Ashtabula Water Works Co., 174 N. E. 2d 295 (Ohio Com. Pl. 1961).

　　[17]　Langfeldt – Haaland v. Saupe Enterprises, Inc., 768 P. 2d 1144 (Alaska 1989) (允许其律师在检查过程中在场); Cline v. Firestone Tire & Rubber Co., 118 F. R. D. 588 (S. D. W. Va. 1988) (不允许律师检查时在场); McDaniel v. Toledo, Peoria & Western R. Co., 97 F. R. D. 525 (C. D. Ⅲ. 1983); Brandenberg v. El Al Israel Airlines, 79 F. R. D. 543 (S. D. N. Y. 1978); Warrick v. Brode, 46 F. R. D. 427 (D. Del. 1969); Simon v. Castille; 174 So. 2d 660, 665 (La. App. 1965), 适用被拒绝 247 La. 1088, 176 So. 2d 145 (1965), 调取案卷复审令要求被驳回 382 U. S. 932。

　　[18]　Fed. Civ. Proc. Rule 35 (b); Colo Rules Civ. Proc., Rule 35 (b); Fla. — West's F. S. A. Rules Civ. Proc., Rules 1. 360 (b); Official Code Ga. Ann. 9 – 11 – 35 (b); Indaho Rules Civ. Proc., Rule 35 (b) (2). See Dimeglio v. Briggs – Mugrauer, 708 So. 2d 637 (Fla. App. 1998) (根据保险合同中保证交付检查的条款要求，规则适用于诉讼前的检查)。

　　[19]　Fed. Civ. Proc. Rule 35 (b) (2); Ind. Trial. Proc. Rule 35 (B) (2); Iowa Rules Civ. Proc., Rule 133 (b).

　　[20]　如果原告将自己的身体状况置于争议之中，通常被视为放弃特别保护权利。但是，如果原告将被告的身体状况作为争议事项，不能认为被告有所放弃。正是在此情况下，有关要求得到检查者报告副本的规则才有意义，因为被告本来拥有特权不出示其个人的检查记录。

为患者与医生之间的特别保护权利。这种权利原来可以使其免于出示以前的检查报告的。

D.　披露程序的特殊规则、有关细节问题和范围

7.13 补充答复的义务

在包括联邦法院在内的几乎所有司法管辖区里，特定的规则要求当事人在一定程度上对以前的披露要求和命令予以更新和补充。[1] 在那些要求自动出示的司法管辖区，还要更新和纠正其出示。[2] 在几乎所有的法院，一方当事人有积极的义务修改此前对证人的出示，披露新证人的姓名。[3] 也有更正以前的答复的义务，但是仅限于当事人事后才知当初错误地披露的答复和出示，或者当初披露正确、但后来不再真实的内容，或者如不纠正就会被视为有意隐瞒的内容。[4] 此外，规则还规定法院可以命令当事人作进一步的纠正与修订。[5]

至少有一个州不要求补充。[6] 其他司法管辖区则对要求补正的披露方法的类型加以限制。[7] 临近庭审之日时，调查一方可能需要发出新的质询书，提出那些应当而没有被披露的信息，如果这一要求就是最初就提出过的问题，另一方当事人有义务作出新的答复。[8]

法院不愿要求对披露答复做全面、自动地的更新，因为如此严苛的补充要求在有关信息日复一日地不断发生细微变化的情况下，会给当事人造成极大的负担。[9] 一定信息的意义可能会临近开庭才能被认识到。

虽然对未能根据规则履行披露义务的当事人有专门的制裁规定，但是没有专

427

---

〔1〕 Fed. Civ. Proc. Rule 26 (e); Kan. Stat. Ann. 60 – 226 (e); Me. Rules Civ. Proc., Rule 26 (e). See generally 8 C. Wright. A. Miller & R. Marcus, Civil 2d 2048 – 50.

〔2〕 Fed. Civ. Proc. Rule 26 (e); Colo. Rules Civ. Proc. 26 (e).

〔3〕 Fed. Civ. Proc. Rule 26 (e) (1); Ind. Trial Proc., Rule 26 (e) (1). Me. Rules Civ. Proc., Rule 26 (e) (1); Wis. Stat. Ann. 804. 01 (5) (1).

〔4〕 Fed. Civ. Proc. Rule 26 (e); Ind. Trial Proc. Rule 26 (E) (2); Ky. Rules Civ. Proc., Rule 26. 05 (b); Me. Rules Civ. Proc., Rule 26 (e) (2). Wis. Stat. Ann. 804. 01 (5) (2). Fed. Civ. Proc. Rule 26 (e) (2) 似乎更为广泛，要求一方当事人得知其答复"在一些重要方面不完整或不正确"、而其他当事人不了解这种补充信息时，该当事人也应当修正其以前的答复。

〔5〕 See, e. g., Ky. Rules Civ. Proc. 26. 05 (c); Me. Rules Civ. Proc., Rule 26 (e) (3); Minn. Rules Civ. Proc., Rule 26. 05 (c).

〔6〕 Fla. – West's F. S. A. Rules Civ. Proc., Rule 1. 280.

〔7〕 一般而言，没有责任对自己的书面证词加以补充。See, e. g., Fed. Civ. Proc. Rule 26 (e); Md. Rule 2 –401 (c). See also Vernon's Ann. Mo. Civ. Proc. Rule 56. 01 (e) and N. J. Civ. Prac. Rule 4：17 – 7，规定只能就其对质询的答复作出补充。

〔8〕 McNally v. Yellow Cab Co., 16 F. R. D. 360 (E. D. Pa. 1954); Furmanek v. Southern Trading Co., 15 F. R. D. 405 (E. D. Pa. 1953).

〔9〕 See, e. g., Gebhard v. Niedzwiecke, 265 Minn. 471, 478, 122 N. W. 2D 110, 115 (1963).

门针对未能更新其答复的制裁规定。[10] 然而，规则的缺乏并不意味着就可以不予理睬。法院可以依据其固有的诉讼控制权力，决定是否给予制裁。[11] 例如，在有些情况下，一方当事人希望传一个证人到庭，该证人的身份已不同于此前的披露答复时的身份，如果有迹象显示不更新答复出于故意违反规则，法院可以禁止此证人作证。[12] 对于未能更新其自动出示的信息的当事人，包括取消保密事项，联邦立法专门规定了制裁。[13] 但是，这一规则不包括该当事人没有更新其对质询书、对出示文件和其他物件的要求和自认要求的答复的情形。囊括上述情况的规则修改意见已经被提出。[14]

7.14 名义当事人的披露

正式的披露程序中许多技术安排的目的在于使信息得以从当事人那里披露。[1] 除了提供书面证词、出示文件与其他物件及其接受房屋检查之外，非当事人通常免于披露，[2] 而且，与当事人不同的是，非经传票正式传唤，非当事人可以不必遵守披露要求。[3] 没有本人正式同意，在集团诉讼等也许还不知情就成为当事人的案件中会出现有趣的问题。这些名义上的当事人应当如当事人一样进入披露程序，还是应被视为普通证人？

---

[10]　Mass. Rules Civ. Proc. , Rule 37；Mich. Ct. Rules 1985, 2. 313. See generally 8 C. Wright, A. Miller& R. Marcus, Civil 2d 2050. But see Lucas v. Titus County Hosp. Dist. , 964 S. W. 2d 144（Tex. App. 1998）［根据德克萨斯州《民事诉讼规则》第 215 条（5），如果没有合理理由，就不能要求自认］。

[11]　Royalty Petroleum Co. v. Arkla, Inc. , 129 F. R. D. 674（D. Okl. 1990）；Kilpatrick v. Mississippi Baptist Medical Center, 461 So. 2d 765（Miss. 1984）；Prager v. Meckling, 172 W. Va. 785, 310 S. E. 2d 852（1983）.

[12]　Alimenta（U. S. A.）, Inc. v. Anheuser — Busch Cos. , 803 F. 2d 1160（11th Cir. 1986）；Davis v. Marathon Oil Co. , 528 F. 2d 395（6th Cir. 1975）, cert. denied 429 U. S. 823；Schearbrook land & Livestock Co. v. U. S. , 124 F. R. D. 221（M. D. Fla. 1988）；Barnes v. St. Francis Hosp. & School of Nursing, Inc. , 211 Kan. 315, 507 P. 2d 288（1973）；Carver v. Salt River Valley Water Users'Ass'n, 104 Ariz. 513, 456 P. 2d 371（1969）；Nissley v. Pennsylvania R. R. Co. , 435 Pa. 503, 259 A. 2d 451（1969）, cert. denied 397 U. S. 1078；Gebhard v. Niedzwiecki, 265 Minn. 471, 122 N. W. 2d 110（1963）；D'Agostino v. Schaffer, 45 N. J. Super. 395, 133 A. 2d 45（App. Div. 1957）.

[13]　Fed. Civ. Proc. Rule 37（c）（1）.

[14]　Preliminary Draft of Proposed Amendments the Federal Rules of Civil Procedure and Evidence69 – 70（August 1998）, reprinted in 181 F. R. D. 18, AT 92 – 93.（不修正这一规则，法院只能依赖其固有的司法权施加制裁，"制裁的依据不确定，不规范"）。同前注，第 70 页。

[1]　See 7. 9, 7. 10, 7. 12.

[2]　1991 年修改后的《联邦民事诉讼规则》第 34 条（3）与修改后的第 45 条一样，准予使用传票，强制非当事人出示文件、物件，接受对房屋的检查。

[3]　Fed. Civ. Proc. Rule 45. See the discussion in 7. 8 at nn. 28.

两种情况的判决都有。[4] 认为名义当事人属于披露规则中的"当事人"的法院通常很小心地认定有关名义当事人独特的诉讼角色，制定了特别的规定以保护其利益。[5] 这些保护似乎具有正当性。与普通的诉讼当事人不同，名义当事人与律师之间无个人关系，与律师也不直接联系。然而，如果该名义当事人被视为普通当事人，又未能回应正当的披露要求，就可能面临严重的制裁，丧失宝贵的权利，甚至被判向对方当事人承担民事诉讼责任。[6] 因此，虽然对方当事人有权要求披露，法院必须切实保证名义当事人的利益不会受到不合理的限制、或暗中剥夺。

7. 15 制止骚扰或压制：保护性命令

披露的方式和范围必须根据案件的性质量体裁衣。要避免出现用披露程序骚扰或者压制对方的情形，则必须要有灵活性。同时，法院又不得命令禁止当事人获得关键的、新的必不可少的信息。

现代披露规定都遵照《联邦民事诉讼规则》第26条（3），为法院提供广泛的自由裁量权以保护当事人或其他人免受"骚扰、难堪、压制、不合理的负担或开支"。[1] 对一方提出的披露要求，即使是关联性不明显的信息，另一方如果想予以限制，就必须提出充分的理由。法官则必须在要求方所需的信息的价值与应答方承受的不合理负担之间作出比较之后，才能作出限制披露的决定。[2] 如果披露要求出于骚扰，或者与起诉、答辩内容无关，例如意在获得商业竞争对手的信息以取得竞争优势，法院可以完全禁止披露。[3] 当然，法院不应当轻易采取如此严厉的措施，特别是被要求披露的信息很重要时，法院应当采用其他方

429

---

〔4〕 Compare Brennan v. Midwestern United Life Ins. Co. , 450 F. 2d 999（7th Cir. 1971），cert. denied 405 U. S. 921（没有名字的当事人是披露程序中的当事人），with Wainwright v. Kraftco Corp. , 54 F. R. D. 532（N. D. Ga. 1972）（没有名字的当事人不介入披露程序）。See Cox v. American Cast Iron Pipe Co. , 784 F. 2d 1546（11th Cir. 1986），cert. denied 479 U. S. 883；spoon v. Superior Court, 130 Cal. App. 3d735, 182 Cal. Rptr. 44（1982）；Danzig v. Superior Court of Alameda County, 87 Cal. App. 3d 604, 151 Cal. Rptr. 185（1978）。

〔5〕 See Southern California Edison Co. v. Superior Court, 7 Cal. 3d 832, 103 Cal. Rptr. 709, 500 P. 2d 621（1972）。

〔6〕 Fed. Civ. Proc. Rule 37；Minn. Rules Civ. Proc. , Rule 37；Vernon's Ann. Mo. Cv. Proc. Rule 61. 01. 一般性的论述见本章第16节。

〔1〕 See generally 8 C. Wright, A. Miller & R. Marcus, Civil 2d 2037 –44；Dickerson, The Law and Ethics of Civil Depositions, 57 Md. Rev. 273（1998）。《联邦民事诉讼规则》第26条（b）（1）于1983年修改，鼓励法官大胆地认定和抑制披露的滥用。现在，《联邦民事诉讼规则》特别规定，如果披露不合理地重复进行，或者信息可以以其他较简便的方法获得；要求披露一方有充分的机会得到其想得到的信息，或者披露会造成不必要的麻烦和成本，法院可以主动限制披露。See also N. Y. — McKinney's CPLR 3130 (1)（如果没有法院许可，人身和财产损害赔偿案件中，一方当事人不能对一个对方当事人既要求其宣誓作证、又寄出质询要求其答复）。

〔2〕 See Jones v. Clinton, 993 F. Supp. 1217, 1222（E. D. Ark. 1998）。

〔3〕 See Echostar Communication Corp. v. News Corp. , 180 F. R. D. 391, 395 –96（D. Colo. 1998）。

法控制。例如，如果不能肯定一方的动议是否是为了得到竞争对手的商业秘密时，法院可以对披露作出安排，最初只让法院或一个中立的当事人获悉披露结果并决定有关信息是否足以支持披露的合理性。[4] 如果没有使用摄像监视敏感材料，或者就披露方式和范围未经专门听审就决定同意披露要求，那么，法院很可能滥用了自由裁量权。[5]

在许多情况下，当事人会预计到法院的态度，并就交换哪些信息达成协议。因此，法院限制披露的保护性命令和当事人的私人协议都推动了披露进程、避免了披露争议。[6] 为了鼓励当事人无须法院介入而自行解决披露争议，《联邦民事诉讼规则》第 26 条（3）要求当事人在请求法院介入时要以书面形式声明，就争议事项的解决其已与对方进行过善意磋商。

430　　　　为进一步防止披露的滥用，1983 年、1993 年修改的《联邦民事诉讼规则》还提出了签名要求。在联邦法院，每一个披露要求、答复及反对都必须由律师或无律师代理的当事人签字，确认其行为经合理的调查，此要求被认为"符合诉讼规则"，"没有夹带任何不恰当的目的"，并且，"不会导致不合理的负担和开支"。[7] 虽然这些规定不能确保杜绝披露的滥用，但是，它们提醒律师以符合披露规则的精神和目的的方式参加披露程序的义务，迫使每一位律师冷静思考其披露要求或答复的合法性。[8] 根据这一规则，在提出披露要求、答复或反对时作出虚假表示的人将受到制裁。[9]

为防止可能发生的骚扰，法院可以将披露限定于一定类型的问题上，规定只

---

〔4〕 在多数案件中，披露并不会被完全驳回。法院安排的目的是既向要求方以所需信息，又尽可能保护应答方。See Guerra v. Board of Trustees of California State Universities & Colleges, 567 F. 2d 352 (9th Cir. 1977); Covey Oil Co. v. Continental Oil Co., 340 F. 2d 993 (10th Cir. 1965), cert. denied 380 U. S. 964. See also Note, Trade Secrets in Discovery: From First Amendment Discosure to Fifth Amendment Protection, 104 Harv. L. Rev. 1330 (1991); Note, The White Knight Privilege in Litigated Takeovers: Leveling the Playing Field in Discovery, 43 Stan. L. Rev. 445 (1991)（拒绝向竞争者提供获取秘密商业信息的机会）。

〔5〕 See Beck v. Dumas, 709 So. 2d 601 (Fla. App. 1998).

〔6〕 See Marcus, Myth and Reality in Protective Order Litigation, 69 Corn. L. Rev. 1 (1983). 在有的案件中，"公共的知情权"（public right to know）使法院不能保护。马库斯（Marcus）教授探讨了这种倾向的危险性，有力地揭示了公开审判的原则为何不能成功地适用于民事披露程序。此外，1984 年联邦最高法院判定，宪法第一修正案并未赋予当事人传播民事披露程序中所获信息的权利，因此，禁止传播披露信息的保护令是符合宪法的。

〔7〕 Fed. Civ. Proc. Rule 26 (g).

〔8〕 See the Advisory Committee Notes to the 1983 Amendment to Rule 26, reprinted in 97 F. R. D. at 165, 218.
1993 年修改后的《联邦民事诉讼规则》第 11 条取消对披露要求的签字，而将其放到第 26 条（g）对披露程序的规定之中。现在的第 11 条规定的是诉答行为的道德要求，see 5. 11.

〔9〕 Fed. Civ. Proc. Rule 26 (g) (3). 法院会根据《联邦民事诉讼规则》第 11 条进行审查，以决定何时、在何种程度上给予适当的制裁。Banco de Ponce v. Buxbaum, 99 F. 3d 402 (2d Cir. 1995).

有当这些问题确定后才有必要进入下一步问题。[10] 例如，如果前一个争议问题是法院对被告有无管辖权，披露范围会被限定于此争议。如果最终管辖不能成立，则不能要求被告对尚未触及的实体争议事项作出需要代价高昂的披露。[11]

法院也有权控制时间、地点和披露的方式。[12] 可以就披露活动的记录方法发出命令，[13] 可以根据案情灵活地决定适当的披露的范围。[14] 利用这些方法，法院可以安排和限制根据规则应予披露的信息的公开交流，[15] 同时又确保披露程序合法、不被滥用。

7. 16 制裁与要求强制答复的动议

现代披露规则对披露程序的滥用行为规定了制裁措施。[1] 当一方当事人以不到场接受询问、或不答复质询等方式，违反强制性的披露规定时，虽无法院命令，另一方当事人也有权要求制裁。[2] 由于没有具体的法院命令被违抗，所以有错误的一方不会被判藐视法庭。[3] 根据联邦规则，在这种情况下，一方当事人未能履行法定的自动披露义务时，标准的制裁就是在庭审的任何阶段，未披露

431

---

　〔10〕　See, e. g., Sogmose Realties, Inc. v. Twentieth Century – Fox Film Corp., 15 F. R. D. 496 (S. D. N. Y. 1954); Newton v. Yates, 170 Ind. App. 486, 353 N. E. 2d 485 (1976).

　〔11〕　Investment Properties Int'l, Ltd. v. IOS, Ltd., 459 F. 2d 705 (2d Cir. 1972); Cannon v. United Ins. Co., 352 F. Supp. 1212 (D. S. C. 1973); Inter – State Milk Producers's Co – op. v. Metropolitan Co – op. Milk Producers Bargaining Agency, Inc., 236 F. Supp. 558 (M. D. Pa. 1964); State ex rel. Deere & Co. v. Pinnell, 454 S. W. 2d 889 (Mo. 1970).

　〔12〕　法院有权确保以合理方式取得书面证词。见 Fed. Civ. Proc. Rule 30 (d) (3)。对提取书面证词的时间和地点的讨论，见 7. 8。法院也可以就披露顺序作出决定。See 7. 8, note 23.

　〔13〕　See 7. 8, note 5（对书面证词的提取进行摄像）。

　〔14〕　See notes 1 – 2, above.

　〔15〕　See generally 7. 1, above.

　〔1〕　Fed. Civ. Proc. Rule 37; Alaska Rules Civ. Proc., Rule 37; Ariz. Rules Civ. Proc., Rule 37. See generally 8A C. Wright, A, Miller & R. Marcus, Civil 2d 2281 – 93. 对联邦法院制裁情况的全面分析，见 Note, The Second Circuit's Imposition of Litigation Ending Sanctions for Failure To Comply with Discovery Orders: Should Rule 37 (b) (2) Defaults and Dismissals Be Determined by a Roll of the Dice?, 62 Brook. L. Rev. 585 (1996).

　〔2〕　Fed. Civ. Proc. Rule 37 (d); Colo. Rules Civ. Proc., Rule 37 (d); Fla. — West's F. S. A. Rules Civ. Rules 1. 380 (d). 在公司作为一方当事人的案件中，如果其行政人员、董事、管理机构拒绝配合披露，公司也会受到制裁。Fed. Civ. Proc. Rule 37 (d); Kan. Stat. Ann. 60 – 237 (d); Me. Rules Civ. Proc., Rule 37 (d).

　〔3〕　因为违反披露规则的行为完全适用《联邦民事诉讼规则》第 26 条 (g) 规范，不能适用《联邦民事诉讼规则》第 11 条所规定的制裁。See 5. 12. See Banco de Ponce v. Buxbaum, 99 F. 2d 402 (2d Cir. 1995)（在解释《联邦民事诉讼规则》第 26 条 (g) 时，法院应当注意与第 11 条有关的判例）。

的信息都被排除在外。[4] 惟一的例外是这一错误没有任何损害。[5] 不过，如果当事人有"实质上的正当理由"不能履行出示义务，[6] 或者法院有其他理由相信制裁并不合理，[7] 就不能实施制裁。

在所有披露不当的案件中，法院可以限制当事人在庭审中使用一定的证据，从而删除一方当事人请求与答辩的全部或部分内容。在极端的情况下，法院甚至可以驳回原告起诉，或者对被告作出缺席判决。[8] 当然，除非当事人的行为显然是"明目张胆、蛮横无理"，[9] 或者"故意、顽固、没有理由地无视法院的权威"，否则法院不愿这么做。[10] 对于是否实施制裁，法院有着广泛的自由裁量权。因此，在决定何种行为是否严重到了应当处以终结诉讼的处罚时，法院标准不一。[11] 法院除了可以直接制裁外，还可增加或代之以命令当事人向对方支付包括律师费在内的合理开支。[12]

如果没有法院要求当事人回复的命令，法院倾向将当事人的错误理解为过

---

〔4〕 Fed. Civ. Proc. Rule 37（c）（1）. See Asia Strategic Investment Alliances, Ltd. v. General Elec. Capital Serv. 173 F. R. D. 305（D. Kan. 1997）; Chrysler Credit Corp. v. Bert Cote. s L/A Auto Sales, 707 A. 2d 1311（Me. 1998）联邦规则规定，法院有自由裁量权实施其他制裁，如告知陪审团一方当事人未能披露信息。法院能够命令没有履行自动披露义务的一方支付额外的披露程序所增加的费用。In the Complaint of Kreta Shipping, S. A., 181 F. R. D. 273（S. D. N. Y. 1998）.

〔5〕 Newman v. GHS Osteopathic, Inc., 60 F. 3d 153（3d Cir. 1995）（另一方当事人有理由获悉某一信息时，一方忽略而未造成任何损害）.

〔6〕 See Fitz, Inc. v. Ralph Wilson Plastics Co., 174 F. R. D. 587（D. N. J. 1997）. 实质上的正当理由要求就是"证明双方当事人就是否能满足披露要求可以有不同意见的理由可以说服一个理性的人。See also Ames v. Van Dyne, 100 F. 3d 956（6ᵗʰ Cir. 1996）.

〔7〕 对法院所要考虑的各种因素的讨论，参见 In the Complaint of Kreta Shipping, S. A., 181 F. R. D. 273（S. D. N. Y. 1998）（citing In Re Paoli R. R. Yard PCB Liting., 35 F. 3d 717, 791（3d Cir. 1994）.

〔8〕 Fed. Civ. Proc. Rule 37（b）（2）, （d）; Official Code Ga. Ann. 9 – 11 – 37（b）（2）, （d）; Idaho Rules Civ. Proc., Rule 37（b）（2）, （d）. See Guex v. Allmericda Financial Life Ins., 146 F. 3d 40（1ˢᵗ Cir. 1998）原告未出席询问，错误未被谅解，法院有理由驳回起诉。Kame & Sons, Inc. v. Pipe, 248 A. D. 2d 312, 670 N. Y. S. 2d 484（1998）（故意不遵照法院命令披露，法院有理由驳回起诉）.

〔9〕 Traxler v. Ford Motor Co., 227 Mich. App. 276, 576 N. W. 2d 398（1998）针对被告作出缺席判决的请求被搁置，初审法院先要举行听审，决定被告未能满足披露要求是否有理。See also Cody v. Mello, 59 F. 3d 13（2d Cir. 1995）.

〔10〕 Shimanovsky v. General Motors Corp., 181 Ⅲ. 2d 112, 229 Ⅲ. Dec. 513, 692 N. E. 2d 286（1998）（因为原告的行为不是出于恶意，最终没有驳回其请求）.

〔11〕 See Note, The Second Circuit's Imposition of Litigation – Ending Sanctions For Failures To Comply with Discovery Orders: Should Rule 37（b）（2）Defaults and Dismissals Be Determined by a Roll of the Dice?, 62 Rrook. L. Rev 585（1996）.

〔12〕 Fed. Civ. Proc. Rule 37（d）; Mass. Rules Civ. Proc., Rule 37（d）; Minn. Rules Civ. Proc., Rule 37. 04.

失，不愿认定当事人的错误属"明目张胆、蛮横无理"。[13] 因此，最常见的情形是受到无理对待一方要求法院命令对方根据规则出席质询或出示所要求的文件，或答复质询。[14] 只有命令也被拒绝时，法院才会施以严厉制裁。[15]

如前述，当披露程序受阻，受害方通常会申请法院命令。[16] 根据联邦规则，一方当事人向法院请求命令披露或制裁时，应附上他或她在无法院介入时就已善意地尝试或已经与对方协商，对方未能积极回应以达成一致的证明。[17] 因此，如果一方没有配合披露要求，要求披露方会提出动议请求法院发出一个或多个命令，确保披露顺利进行。同样的规定也适用于被传票传唤、但却不回答相关问题或者其回答模糊不清或不完整的证人。但是，虽然审理此案的法院有权对此案当事人发出披露命令，[18] 却只有那个对此证人拥有对人管辖权的法院下达命令，要求证人做进一步的答复。[19]

除了命令本身以外，法院可以确定无理拒绝披露要求的当事人向对方支付包括合理的律师费在内的提出动议的金额。[20] 相反，如果提出制裁动议的当事人提出的披露要求不适当，例如要求无关的或对方有特权保护的信息，法院有权命令其向对方支付包括合理的律师费在内的反对动议的支出。[21]

如果当事人或证人没有遵守法院发出的命令，未遵守的一方或证人就会被判

433

---

〔13〕　Flaks v. Koegel, 504 F. 2d 702 (2d Cir. 1974)；Dorsey v. Academy Moving & Storage, Inc., 423 F. 2d 858 (5ᵗʰ Cir. 1970)；Bon Air Hotel, Inc. v. Time, Inc., 376 F. 2d 118 (5ᵗʰ Cir. 1967), cert. denied 393 U. S. 859.

〔14〕　See W. Glaser, Pretrial Discovery and the Adversary System 154 – 56 (1968)；Rosenberg, Sanctions to Effectuate Pretrial Discovery, 58 Colum. L. Rev. 480, 494 – 96 (1958).

〔15〕　制裁必须按其不应答的行为量体裁衣。制裁过宽、过严会导致以正当程序为由的反驳。E. g., harrigan v. Mason & Winograd, Inc., 121 R. 1. 209, 397 A. 2d 514 (1979)；Schulze v. Coykendall, 218 Kan. 653, 545 P. 2d 392 (1976). 对法院制裁权力的宪法限制，参见8A C. Wright, A. Miller & R. Marcus, Civil 2d 2283。

〔16〕　See Fed. Civ. Proc. Rule 37 (a) (2), (3)；Ohio Rules Civ. Proc., Rule 37 (1) (2), (3)；Utah Rules Civ. Proc. Rule 37 (a) (2), (3)；Va. Sup. Rules, Rule 4：12 (a) (2), (3)；Wn. Civ. Rule 37 (a) (2) (3).

〔17〕　Fed. Civ. Proc. Rule 37 (a) (2) (A), (2) (B), (d). 在当事人未能出席安排适当的询问时，则不需要这样的证明。

〔18〕　Fed. Civ. Proc. Rule 37 (a) (1)；Fla. — West's F. S. A. Rules Civ. Proc., Rule 1. 380 (a) (1)；Official Code Ga. Ann. 9 – 11 – 37 (a) (1).

〔19〕　Fed. Civ. Proc. Rule 37 (a) (1)；Ind. Trail Proc. Rule 37 (A) (1)；Kan. Stat. Ann. 60 – 237 (a) (1).

〔20〕　Fed. Civ. Proc. Rule 37 (a) (4)；Ala. Rules Civ. Proc., Rule 37 (a) (4)；Alaska Rules Civ. Proc., Rule (a) (4).

〔21〕　Fed. Civ. Proc. Rule 37 (a) (4)；Ariz Civ. Proc., Rule 37 (a) (4)；Colo. Rules Civ. Proc. Rule 37 (a) (3).

藐视法庭。[22] 为此会被罚款甚至被投进监狱，直到其执行了法院的披露命令。[23] 这一披露规则的例外规定是不接受生理或心理检查的人不会被投进监狱。[24] 这一例外基于一个普遍的认识：生理或心理状况是个人隐私权，不可被强迫放弃。未能遵守法院命令的其他检查则会受到制裁。[25]

434
　　法院不必监禁不遵守命令、藐视法院的人，因为规则还特别规定了一些较轻的惩罚可以使用，包括对此当事人的诉讼范围做一定的限制，进行缺席判决，驳回诉讼，限制出庭作证，或者向对方支付费用。[26] 庭审法官根据披露要求的性质和拒绝披露的理由拥有广泛的自由裁量。[27] 如上所述，最严厉的制裁通常只适用于那些极其恶劣的案例，[28] 法院实施制裁的政策性目的在于鼓励遵守规则，而非惩罚。[29]

　　因为法院命令要出示的文件或其他物件已经丢失，或者在起诉或对方提出披露要求之前被更改，当事人无法执行法院命令，这一问题十分棘手。对此法院判定，当事人或可能的当事人有不毁灭证据的义务，但是，如果行为出于善意，对另一方的不利影响并不严重，就不能给予其驳回起诉或令其败诉的缺席判决的严

　　〔22〕　Sheila's Shine Prods., Inc. v. Sheila Shine, Inc., 486 F. 2d 114（5th Cir. 1973）；Hodgson v. Maboney, 460 F. 2d 326（1st Cir. 1972），cert. denied 409 U. S. 1039；Southern Ry. Co. v. Lanham, 403 F. 2d 119（5th Cir. 1968）.

　　〔23〕　Southern Ry. Co. v. Lanham, 403 F. 2d 119（5th Cir. 1968）；Fenton v. Willing, 139 F. 2d 608（9th Cir. 1943），cert. denied 321 U. S. 798.

　　〔24〕　Sibbach v. Wilson & Co., 312 U. S. 1, 61 S. Ct. 422, 85 L. Ed. 479（1941）；Fed. Civ. Proc. Rule 37（b）（2）（D）；Mass. Rules Civ. Proc,；Rule 37（b）（2）（D）. See 7. 12, above.

　　〔25〕　Fed. Civ. Proc. Rule 37（b）（2）（E）；Mont. Rules Civ. Proc., Rule 37（b）（2）（E）.

　　〔26〕　Fed. Civ. Proc. Rule 37（b）（2）；Ohio Rules Civ. Proc., Rule 37（B）（2）；Utah Fed. Civ. Proc. Rule 37（b）（2）；Va. Sup. Ct. Rules Rule 4：12（b）（2）；Wn. Civ. Rule 37（b）（2）.

　　〔27〕　See, e. g., National Hockey League v. Metropolitan Hockey Club, Inc., 427 U. S. 639, 96 S. Ct. 2778, 49 L. Ed. 2d 747（1976）；Fox v. Studebaker – Worthington, Inc., 516 F. 2d 989（8th Cir. 1975）；Flaks v. Koegel, 504 F. 2d 702, 707（2d Cir. 1974）；Industrial Aircraft Lodge 707 v. United Technologies Corp., 104 F. R. D. 471（D. Conn. 1985）；Martin v. Solon Automated Servs., Inc., 84 N. C. App. 197, 352 S. E. 2d 278（1987）；Bell v. Inland Mut. Ins. Co., 175 W. Va. 165, 332 S. E. 2d 127（1985），appeal dismissed, cert. denied 474 U. S. 936；Mercer v. Raine, 443 So. 2d 944（Fla. 1983）；Lorson v. Falcon Coach, Inc., 214 Kan. 670, 678, 522 P. 2d 449, 456（1974）.

　　〔28〕　见以上注 8－10。另参见 Insurance Corp. of Ireland, Ltd. v. Compagnie des Bauxites de Guinee, 456 U. S. 694, 102 S. Ct. 2099, 72 L. Ed. 2d 492（1982）（对包括数个被告的对人管辖权在内的披露命令所确定的事项，就可以实施这种制裁）。

　　〔29〕　Robison v. Transamerica Ins. Co., 368 F. 2d 37（10th Cir. 1966）；Jones v. Smith, 99 F. R. D. 4（M. D. Pa. 1983），affirmed 734 F. 2d 6（3d Cir. 1984）（原告必须在 20 天内执行法院的命令，否则起诉会被驳回）。

厉制裁。[30]

　　不遵守有关自认要求的规则也会受到特别的处理。根据规则，当事人对任何要求都不答复的，视为对要求中所包含的事实都做了自认。[31] 从理论上看，这意味着提出要求一方不用为一项争议而准备任何证据了。但是，至少在没有表明当事人恶意如此时，法院极其不愿对当事人如此的自认作出认定。因此，为了阐明这些情况使要求方了解如果对方未作答复是否出于故意并且视同于自认，而不是非故意的错误，包括联邦法院在内的许多司法管辖区修改了规则，规定提出披露要求一方可以申请法院裁定有关事实得到自认。[32] 在听审中，应答方必须就其未能应答作出解释，双方都知道争议的事项将继续交付审判还是在事实上已被视为自认。

　　另一方面，如果当事人在对方要求其自认时故意作出错误的拒绝，并且，对方要求其自认的事实在后来的审判中得到证实，披露规则规定提出自认要求的当事人有权要求其支付其证明上述事实所花费用。[33] 这些费用可能很高。[34] 不幸的是，这种制裁过于轻微，不能有效地促使自认。第一，争议事实要在"庭审时得到证明"，即使不是全无可能，也会十分困难。例如，如果受损一方是被告，在庭审时提出三个抗辩理由，对方提出的自认要求涉及其中一个抗辩理由，即使被告胜诉，陪审团概括性的判决不会指明哪些理由成立、哪些不成立。第二，受害方要证明其为了证明一个争议事项合理支付了多少费用也相当艰难。多数案件中，要弄清一个律师在某一特定争议上花费了多少时间是不可能的，特别是在同一证人对两个或两个以上的争议事项都要作证的这种常见情况下更是如此。当然，宣誓之后签署并有意作出错误的拒绝会导致合法的严厉制裁，包括大额罚金甚至入狱的可能。不过，已被报告的案例没有表明法院想要走得那么远。

435

---

〔30〕　Webb v. District of Columbia, 146 F. 3d 964（D. C. Cir. 1998）（在就业歧视案件中，对原告部分个人档案的日常性的销毁并不足以使法院可以作出令被告败诉的缺席判决）。Shimanovsky v. General Motors Corp. , 181 . 2d 112, Dec. 513, 692 N. E. 2d 286（1998）（尽管原告的专家为了原告能够确定是否他可以善意地提出诉讼而对重要证据做了"毁灭性的测试"（destructive testing），驳回原告起诉的裁定被撤消）。在上述两个判例中，上诉法院告诉初审法官较轻的制裁更为适当。

〔31〕　Fed. Civ. Proc. Rule 36（a）；Ala. Rules Civ. Proc. , Rule 36（a）；Alaska Rules Civ. Proc. , Rule 36（a）。

〔32〕　Fed. Civ. Proc. Rule 36（a）；Ariz. Rules Civ. Proc. , Rule 36（a）；Colo. Rules Civ. Proc. , Rule 36（a）。

〔33〕　Fed. Civ. Proc. Rule West's F. S. A. Rules Civ. Proc. , Rule 1. 380（c）；Official Code Ga. Ann. 9 – 11 – 37（c）. See Bradshaw v. Thompson, 454 F. 2d 75（6th Cir. 1972），cert. denied 409 U. S. 878.

〔34〕　See Rosales v. Thermex – Thermatron, Inc. , 67 Cal. App. 4th 187, 78 Cal. Rptr. 2d 861（1998）（对 123 002 美元的赔偿金金额予以维持）。

E. 庭审中披露的运用

7.17 庭审中披露的运用

现代披露规则具体规定对披露要求的答复何时在庭审时可以作为证据。[1] 在许多情况下，按照一般的证据规则，披露答复具有可采性。[2] 但是，在一些案件中，答复没有被接受；这种情况使披露规则具有实质性影响。

436　　　一般而言，证据规则规定：在庭审时，无论对方的陈述是否是在证人席上作出，一方当事人都有权援引。[3] 所有对质问的答复或被询问时的宣誓证词都符合这些规定。因为经由宣誓作出，披露程序中的这些陈述作为证据较之于其他庭外所作的随意的议论而言，当然更具可采性。

同样，一般的证据规则规定，一方代理人或雇员所作的陈述也被对方用作证据使用。[4] 这样陈述往往被限制为：（1）经营代理人；（2）被一方特别授权为某一事项的代言人；（3）具备相关职责的雇员。[5] 因此，如果根据证据规则，一方当事人的代理人或雇员所作的披露答复具有可采性，那么对方也可以用以作为反驳其首脑或雇主的证据。

可以推断，雇主会在披露之前与雇员商量，使其宣誓作证时的陈述不会疏漏，从而被对方利用。[6] 考虑到普通雇员通常不会受到雇主太多的控制，许多司法管辖区没有对此做特殊规定。因此，在决定雇员的陈述能否在庭审时作为证据使用时，雇员被视为一个普通证人。

有几个司法管辖区的披露规则扩大了当事人的能力，使其可以用证人庭前的宣誓证言来反对该证人的庭审证言。基本的证据规则允许责问任何证人，只要该证人以前所做陈述与现在的证词相矛盾。[7] 这一规则也扩展到在答复法院的披露命令时所作的宣誓陈述。在几个司法管辖区里，证人过去所作的与现在相矛盾的证言不仅会被对方用以质问这一证人，还会被采纳作为证据以证明所陈述的事实。[8]

---

〔1〕《联邦民事诉讼规则》第 32 条。
　　在答复中自认将导致有关的事实成立、无须证据证明，庭审中也不得用其他证据来推翻自认。Fed. Civ. Proc. Rule 36（b）；Alaska Rules Civ. Proc., Rule 36（b）；Colo. Rules Civ. Proc., Rule 36（b）. See 7.10 at nn. 15 – 19, above.

〔2〕 See generally McCormick on Evidence 244 – 327（4th ed. 1992）.

〔3〕 E. g., Fed. Evid. Rule 801（e）（2）；West's Ann. Cal. Evid. Code 1220 – 25.

〔4〕 Fed. Evid. Rule 801（d）（2）；Ann. Cal. Evid. Code 1222, 1224.

〔5〕 同上注。

〔6〕 见《联邦民事诉讼规则》第 32 条（书面质询时所做陈述的可采性）。

〔7〕 Fed. Evid. Rule 613；West's Ann. Cal. Evid. Code 769, 770.

〔8〕 See, e. g., West's Ann. Cal. Evid. Code 1235.

除上所述以外，证据规则一般规定庭外陈述为传闻证据，不得在庭审中提出。[9] 在此一般性的排除披露规则还提供了一种重要的例外规定，即如果询问时该陈述人在庭审时死亡、患病、无行为能力或身处初审法院不能送达传票之地，则允许这样的答复陈述可作为证据提出。[10] 这一例外的合理性在于这种陈述是宣誓后作出的，经过了双方的询问与交叉询问，因此，比完全没有证据要好得多。有几个州规定，无论其内科或外科医生能否到庭作证，其庭前证词均可作为证据。[11] 当事人不必传医生到庭作证，节约了一笔高额费用。

披露规则特别规定，在绝大多数证人不能到庭，其书面证词因而可以作为证据在庭审中出示的案件中，如果某一证人不能到庭系一方当事人所致，则该当事人不得在庭审中援引此证人的书面证词。[12] 庭审期间，一方当事人不能将对其作出有利书面证词的证人置于州外、国外，逃避庭审时对该证人的审查。

如果一个当事人不到庭而代以出示自己的书面证词，上述规则同样适用。如果这一当事人平常就生活在该法院传票所及的区域之外，其律师可以将其书面证词作为证据使用。[13] 如果当事人生活在该法院传票所及之处，但因诉讼策略或方便等原因不愿到庭，此当事人就会被视为自己导致自己的缺席，并且不得使用该书面证词。[14]

必须注意的是，允许当事人在庭审时使用其在披露中的答复的规则仅仅适用于那些让对方获得了交叉询问机会的质询。当事人不能援引其对质询的答复；[15] 这一限制的目的在于使当事人对质询的答复不要过长、繁琐，利用答复就案件的每一个方面为自己辩护。

437

---

〔9〕 See generally McCormick on Evidence 244 – 327（4th ed. 1992）.

〔10〕 Fed. Civ. Proc. Rule 32（a）（3）；Mont. Rules Civ. Proc.，Rule 32（a）（3）；N. J. Civ. Prac. Rule 4：16 – 1（c）. See Brown v. Pryor, 954 P. 2d 1349（Wyo. 1998）（如果一方当事人惟一的专家证人在庭审时不在审判所在州，提取书面证词录像可以作为证据使用。

〔11〕 Ⅲ — Smith — Hurd S. Ct. Rules 212（b），202；Wis. Stat. Ann. 804. 07（i）（c）（2）. 根据伊利诺伊州的规定，只有当书面证词系为证据目的而提取时，才具可采性。想要获得书面证词的当事人必须事先宣称提取的目的是否将要求披露或作为证据使用。除非当事人同意，否则，既要求得到信息披露、也要为庭审获得证据的当事人必须分别完成两种不同目的的询问。

〔12〕 Fed. Civ. Proc. Rule 32（a）（3）（B）；Ohio Rules Civ. Proc.，Rule 32（A）（3）（b）；Utah Rules Civ. Proc.，Rule 32（a）（3）（B）.

〔13〕 Eferakeya v. Twin City State Bank, 13 Kan. App. 2d 197, 766 P. 2d 837（1988），正当修改之后所确认的 245 Kan. 154, 777 P. 2d 759（1989）；Stewart . v Meyers, 353 F. 2d 691（7th Cir. 1965）.

〔14〕 Knox v. Anderson, 21 F. R. D. 97（D. Hawai'I 1957）；King v. International Harvester Co.，212 Va. 78, 181 S. E. 2d 656（1971）. 如果一个当事人病得太重而不能出庭，无论其身居何处，其书面证词都可用作证据。Van Sciver v. Rothensies, 122 F. 2d 697（3d Cir. 1941）.

〔15〕 Haskell Plumbing & Heating Co. v. Weeks, 237 F. 2d 263（9th Cir. 1956）；Great Plains Supply Co. v. Mobil Oil Co.，172 N. W. 2d 241, 253（N. D. 1969）.

F. 披露程序的未来

7. 18 披露程序改革

几乎所有的州和联邦法院所奉行的充分披露规则如果不能说消除，至少也是大大地降低了基于庭审突袭的策略而获胜的可能。同时，毫无疑问，虽然规则赋予法院各种控制手段予以抑制，侵扰或其他滥用这些规则的现象至今依然十分严重。[1] 要求披露大量文件、送达数量惊人却毫无必要的质询使诉讼成本居高不下。大公司和自然人都不堪披露带来的重负。大公司以冗长的披露为武器胁迫那些起诉他们的自然人和小企业原告们达成和解。相反，面对数量惊人的文件披露要求和不断的质询，即使坚信在实体上能够胜诉的大公司也会意识到和解才是惟一出路。无论原因何在，披露不是被用来发现事实，而是强迫和解，正义被瓦解。在实践中，滥用规则的道德水准备受质疑，法官、[2] 律师协会[3]和评论家们都表达了忧虑。[4]

这些问题导致对《联邦民事诉讼规则》的许多改革，尤其是1993年的全面修改。本章各节都对这些修改进行了讨论。

以前对联邦披露规则的改革主要是增加法院的控制权，鼓励法官制止披露的滥用。[5] 1980年的修正案规定：如果当事人的律师不能与对方律师共同提出一个合理的披露程序表，就要召开披露会议。[6] 1983年的修改赋予法官对那些重

---

〔1〕 见7. 15 – 7. 16.

〔2〕 See Blue Chip Stamps v. Manor Drug Stores, 421 U. S. 723, 741, 95 S. Ct. 1917, 1928 44 L. Ed. 2d 539（1975）（per Rehnquist, J.）. See also Justice Powell's dissent from the adoption of the 1980 discovery rule amendments, reprinted in 85 F. R. D. 521.

〔3〕 See the two reports of the Section of Litigation, American Bar Association Special Committee for the Study of Discovery Abuse. The October 1977 report is reprinted at 92 F. R. D. 149（1982）; the Novermber 1980 report is reprinted at 92 F. R. D. 137（1982）.

〔4〕 Dickerson, he Law and Ethics of Civil Depositions, 57 Md. L. Rev. 273（1998）; Hazard, Discovery Vices and Trans – Substantive Virtues in the Federal Rules of Civil Procedure, 137 U. Pa. Rev. 2237（1989）; Rosenberg, Federal Rules of Civil Procedure in Action: Assessing Their Impact, 137 U. Pa. L. Rev. 2197, 2203（1989）; Schwarzer, The Federal Rules, The Adversary Process, and Discovery Reform, 50 U. Pitt. L. Rev. 703（1989）; Wendel, rediscovering Discovery Ethics, 79 Marquette L. Rev. 895（1996）. See, e. g., McElroy, Federal Pre – Trial Procedure in an Antitrust Suit, 31 Sw. L. J. 649, 681（1977）; Symposium, Discovery in Civil Antitrust, 44 Antitrust L. J. 1, 24（1975）. See generally Segal, Survey of Literature on Discovery From 1970 to Present: Expressed Dissatisfactions and Proposed Reform（Fed. Jud. Center 1978）.

〔5〕 Lambros, The Federal Rules of Civil Procedure: A New Adversarial Model for a New Era, 50 U. Pitt. L. Rev. 789, 804（1989）.

〔6〕 要求召开会议的律师必须在其动议的多个事项中专门作出陈述，表明自己曾经努力与对方律师就有关动议事项协商以达成一致。Fed. Civ. Proc. Rule 26（f）（5）. Ses also Advisory Committee Note to the 1980 Amendment of Rule 26（f）, reprinted in 85 F. R. D. 521, 526.

复、压迫与争议事项不相称的披露予以限制的特别权力。[7] 在联邦法院提出披露要求的，必须附上有律师签署的就其要求的合理性所作的声明。[8] 不过，有的州已暂缓采用这类措施了。[9]

多年以来，在需要改革什么，改革措施的严厉程度的问题上一直存在着严重的分歧。[10] 一些研究成果对理解有关问题发挥了积极作用。[11] 为此，有必要对各种改革建议进行概述。

一个问题是允许披露的范围过宽，即允许对"诉讼标的"有关的所有事项进行调查。当事人有时要求对方宣誓答复不计其数的问题，泛泛出示成千上万的文件。其中许多虽与"诉讼标的"有关，但对准备庭审毫无帮助。[12] 结果，至少在部分案件中，披露代价高昂、耗时费力。为此，美国律师协会成立的特别工作小组展开研究，提出将"与诉讼标的有关事项"的短语改为与"当事人在起诉或答辩中提出的事项有关"的建议。[13] 这一改动本身并不足以改变实务中存在的要求披露的范围过宽的积习。但是，围绕为什么要改革所产生的争论却广为人知，推动着新的规则的诞生，并且使法院倾向于限制披露。对《联邦民事诉讼规则》第 26 条的修改建议在 1998 年广泛征求意见，它规定：只有存在充足理由，法院才可将披露范围扩大到现在的水平，即披露与诉讼标的的有关的信息。[14]

在特定案件中如何为披露范围划出界线，要取决于具体案情。拟议的变革不会影响那些小的、简单的案件。例如撞车事故等，披露首先会被限定在目击证人

〔7〕 Fed. Civ. Proc. Rule 26 (b) (1).

〔8〕 Fed. Civ. Proc. Rule 26 (g). 另见 7. 15.

〔9〕 Subrin, Federal Rules, Local Rules, and State Rules: Uniformity, Divergence, and Emerging Procedural Patterns, 137 U. Pa. L. Rev. 1999, 2037 (1989)（另有 8 个州已采纳了所有的三项修改）。

〔10〕 Compare Amendments to the Federal Rules of Civil Procedure, 146 F. R. D. 401, 507 (1993)（大法官 Scalia 持反对意见）with Note, Mandatory Disclosure Can Improve the Discovery System, 70 Ind. L. J. 657 (1995). See also Easterbrook, Comment: Discovery As Abuse, 69 B. U. L. Rev. 635 (1989); Setear, The Barrister and the Bomb: The Dynamics of Cooperation, Nuclear Deterrence, and Discovery Abuse, 69 B. U. L. Rev. 569 (1989); Weinstein, Comment: What Discovery Abuse?, 69 B. U. L. Rev. 649 (1989).

〔11〕 See Brazil, Civil Discovery: Lawyer's Views of Its Effectiveness, Its Principal Problems and Abuses, 1980 A. B. F. Res. J., 787; Brazil, Views from the Front Lines: Observations by Chicago Lawyers About the System of Civil Discovery, 1980 A. B. F. Res. J. 217; Willging, Stienstra, Shapard & Miletich, An Empirical Study of Discovery and Disclosure Pratice Under the 1993 Federal Rule Amendments, 39 B. C. L. Rev. 525 (1998).

〔12〕 Report of the Arizona State University Discovery Conference one the Advisory Committee's Proposed Revision of the Rules of Civil Procedure (Discovery) 1978 Ariz. St. L. J. 494.

〔13〕 Section of Litigation, American Bar Association Special Committee for the Study of Discovery Abuse, 92 F. R. D. 149, 157 (1982). 见 7. 2.

〔14〕 See Proposed Rule 26 (b) (1) in Preliminary Draft of Proposed Amendments to the Federal Rules of Civil Procedure and Evidence 41 – 42, 54 – 56 (August 1998), reprinted in 181 F. R. D. 18, aT 64 – 65, 77 – 79.

439

440 提供的信息，加上受害人的医疗检查报告。修改将对诸如反托拉斯这样的商业诉讼产生更大冲击，因为除了与被告被控的不当行为有关的直接证据之外，原告通常还需要其他涉及整个行业过去的状况，特定被告的经营历史等数量惊人的背景资料，还有回溯上百年甚至更久远的其他资料。无论这些建议性质如何，1980年、[15] 1983 年和 1991 年提出的《联邦民事诉讼规则》修正案均未被采纳。1999 年能否修订成功还需拭目以待。

针对《联邦民事诉讼规则》第 26 条（a）的另一个修改建议于 1998 年提出。它将强制的自动出示的内容限定于那些支持披露方诉讼请求或答辩的信息。[16] 现行规则要求无论这些信息会有利于哪一方都要披露。这种限制的正当理由尚不清楚。如果一个当事人意识到某一证人的证言会有利于对方，似乎也没有理由不将此人列入拥有相关信息的证人名单之内。因此，这一建议只是意味着每一方当事人要经常性地向所有其他当事人寄出质询，索取上述证人的姓名。这一实际的需要将因下面的事实得到强化：如果当事人在庭前阶段之后才知有此证人，不必更正其自动出示，但是有必要更新其质询。这样的程序似乎将与限制质询的强制披露目的相抵触，而现在的规则限制了没有法院命令时质询的送达。[17]

或许，对《联邦民事诉讼规则》最有意义的修改建议是删除现行的选择性条款，从而允准联邦法院不再适用与正式的《联邦民事诉讼规则》完全不同的所在州的披露规则。[18] 如此众多的地区法院以这种或那种方式运用这一选择权，使全美联邦法院的披露实务不能统一。当地法院根据其特殊要求适用其披露规则的思想有其合理性，但是，联邦规则的一个重要特征一直在于无论到哪一个联邦

441 法院的当事人都希望法律会得到统一适用这一事实。[19] 当然，对于那些与披露无关的规则也是如此。还应当注意的是即使在选择条款颁布之前，地方性的规则也适用于某些方面的披露程序，例如质询数量的限制等。对于选择条款已有相当重要的批评意见，其存废肯定依然是讨论的话题。统一的联邦披露程序的一个功能是供州法院仿效适用。今天，如同 1993 年《联邦民事诉讼规则》修改之前一样，几乎所有的州都采纳了联邦规则。后来联邦法院出现缺乏统一性的问题可以

---

〔15〕 See Friedenthal, A Divided Supreme Court Adopts Discovery Amendments to the Federal Rules of Civil Procedure, 69 Calif. L. Rev. 806 (1981).

〔16〕 Proposed Rule 26 (a) (A), (B) in Preliminary Draft of Proposed Amendments to the Federal Rules of Civil Procedure and Evidence 34 – 35, 50 (August 1998), reprinted in 1818 F. R. D. 18, 57 – 58, 73.

〔17〕 见《联邦民事诉讼规则》第 36 条（a）。

〔18〕 Proposed Rule 26 (a) (1), (4) in Preliminary Draft of Proposed Amendments to the Federal Rules of Civil Procedure and Evidence 34, 41, 48 – 50 (August 1998), reprinted in 181 F. R. D. 18, at 57, 64, 71 – 73.

〔19〕 See Preliminary Draft of Proposed Amendments to the Federal Rules of Civil Procedure and Evidence 49 (August 1998), reprinted in 181 F. R. D. 18, at 72.

解释为什么1993年规定的强制自动出示的新规则没有得以广泛适用。

应当注意，如果联邦规则中的选择条款被删除，那些决定不适用强制自动出示规定的法院也许还有其他法院会感到压力，从而取消其后来的规定。结果如何无法确定。

7. 19 – 8. 0 被保留以供补充资料之用。

▼
▼
▼

第八章

审前会议

本章目录

8.1 审前会议的性质和目的

现代诉讼的各个方面特别是扩大的当事人和请求的合并,[1] 实际上是无限制的调查取证程序,[2] 而很少是实质性的诉答文书,[3] 以及不断增加的复杂和迟延的案件使得集中考虑审前辩论、加大司法干预成为必要。许多管辖区包括联邦法院已通过运用审前会议[4]得以完成，这个会议是律师（有时为当事人）、审理法官或具有一定司法权[5]的治安法官的会议。

审前会议在普通法[6]上并不知名。它是 1929 年引入密执安州威尼

---

〔1〕 See generally Chapters 6 and 16.

〔2〕 See generally 7. 1 – 7. 6, above.

〔3〕 See generally Rule 165. 2, above.

〔4〕 Fed. Civ. Proc. Rule 16; Ala. Rules Civ. Proc., Rule 16; Ariz. Rules Civ. Proc., Rule 16 (a); Cal. Rules of Ct., Rule 212; Fla. – West's F. S. A. Rules Civ. Proc., Rule 1. 200; Vernon's Ann. Mo. Civ. Proc. Rule 62. 01. See generally 6A C. Wright, A. Miller & M. Kane, Civil 2d 1521 – 31.

〔5〕 最近几年，随着大量复杂案件的增加给司法体制背上沉重的压力，所以必须寻求特定程序以解决这些案件不致不适当地阻碍备审案件日程表的进程，与积案问题斗争的建议中，扩大运用多方审前会议是一项建议，即在开始调查取证程序之前，提出争点，开辟调查取证渠道，避免过度使用动议，并调整时间表以保持该案运作。一般参见《复杂民事诉讼手册》（《Manual for Complex Litigation》3. 1995）。这种慎重组织的并扩大运用的审前会议可有效地帮助解决疑难案件。

《联邦民事诉讼规则》第16条已于1983年修订，更好地改进了审前的安排。该修订的规则鼓励通过一系列会议和扩大所列出的事项作出时间安排，而这些事项均由法庭在审前会议考虑以利于案件审理安排。

〔6〕 See 6A C. Wright, A. Miller & M. Kane, Civil 2d 1521, at 214.

（Wayne）县作为避免充塞满满的法院案件审案日程表[7]的一种手段。1938年审前会议已被纳入《联邦民事诉讼规则》（Fed. Civ. proc. rule Federal Rule）第16条，现在许多州均有副本。[8]

现今《联邦民事诉讼规则》第26条（f）条款重视审前调查取证计划，并与第16条配合工作，实际上涵盖审前进程的各个方面。因此，可以运用审前会议和计划作为一种管理手段，监督动议和调查取证的实务，并准备和指导审判，[9]通知当事人所要争辩[10]的系争点和事实是什么，以便于对案件的是非曲直[11]作出判决。也可利用它们直接或通过替代解决争议程序[12]鼓励对案件和解，[13]藉以缓解在法院审案日程表[14]上的压力。虽然联邦法院至少有一个明确和解的趋向，但连续辩论仍应是首要的作用。强调和解的这些法院着重于其对城区法官的实效，解除他们背负的沉重拥塞的审判日程表[15]的负担。同时，这些

443

---

〔7〕　Id. at 215 - 16.

〔8〕　Fed. Civ. Proc. Rule 16; Mass. Rules Civ. Proc., Rule 16; Ohio Rules Civ. Proc., Rule 16; Some states have adopted modified versions of the federal rule. See, e. g., Ind. Tria - l Proc. Rule 16; N. J. Civ. Prac. Rule 4：25.

〔9〕　Ely v. Reading Co., 424 F. 2d 758 (3d Cir. 1970); Padovani v. Bruchhausen, 293 F. 2d 546, 548 (2d Cir. 1961); Lockwood v. Hercules Powder Co., 7 F. R. D. 24, 28 (W. D. Mo. 1947).

〔10〕　Japanese War Notes Claimants Ass'n of the Phillipines, Inc. v. US., 178 Ct. Cl. 630, 373 F. 2d 356 (1967), cert. denied 389 U. S. 971; Meadow Gold Prods. Co. v. Wrigh - t, 278 F. 2d 867, 868 - 69 (D. C. Cir. 1960); Lockwood v. Hercules Powder Co., 7F. R. D. 24, 28 (W. D. Mo. 1947).

〔11〕　See Clark v. Pennsylvania R. R. Co., 328 F. 2d 591, 594 (2d Cir. 1964), cert. denied 377 U. S. 1006; Mays v. Disneyland, Inc., 213 Cal. App. 2d 297, 28 Cal. Rptr. 689 (1963); 6A C. Wright, A. Miller & M. kane, Civil 2d 1522, at 221; Laws, Pre - Trial Procedure, 1 F. R. D. 397, 399 (1940).

〔12〕　《联邦民事诉讼规则》正如1983年和1993年所修订，十分强调和解为目的。参见《联邦民事诉讼规则》16条（a）（5），16条（e）（9）和20条（f）。同时参见 Mott v. City of Flora 3 F. R. D. 232 (E. D. 111 1943)。为了批判鼓励促进和解倾向，参见 Fiss：“反对和解”《耶鲁法律期刊》（Yale L. J.）第93卷，1073，1075（1984年）。（“如同辩诉交易一样，和解是对民众社会情况的一种附条件的投降，应该是既不鼓励，亦不赞扬”）。

〔13〕　《联邦民事诉讼规则》第16条（c）（9）提供“使用特定程序在制定法或地方规定授权时帮助解决争议”。这些特定程序可包括如调解，非约束性仲裁，和非约束性陪审团参加的简易审理。果真这样，则联邦法院不同意达到这样范围：即联邦法官可授权运用这些技术，而有些州已制定了一些法规特别允准这些州的法庭要求参加各种类型的替代解决争议方法（ADR）协商。联邦和州法院十分关注只要一方当事人非善意地不参加该协商会，则会受到适当处罚。为了全面讨论这些问题，参见“注”（Note），“驳回的一个案子”或“是被驳回的案子？”因未参加受命法院主持替代解决争议方法协商而受处罚，13 Ohio St. J. on ADR 975 (1998)。亦参见《联邦民事诉讼规则》第16条（c）（12）。允准法院考虑“采取特定程序解决可能存在的困难或拖延的诉讼”。

〔14〕　Identiseal Corp. v. Positive Identification Sys., Inc., 560 F. 2d 298 (7 th Cir. 1977); Elder - Beerman Stores Corp. v. Federated Dep't Stores, Inc., 459 F. 2d 138 (6 th Cir. 1972); Thermo King Corp. v. White's Trucking Serv., Inc., 292 F. 2d 668, 671 (5 th Cir. 1961).

〔15〕　See Note, Pretrial Conference Procedures, 26 S. C. L. Rev. 481, 485 - 86 (1974).

法院强调对于准备审判论证，过于积极的司法干预会造成强制和解，[16] 这也会导致对司法体制的不满，并会在和解进程中提出有可能性的偏见。特别是运用审理准备，审前会议无疑也是鼓励和解，因为它使当事人意识到他们案件[17]的强力和弱势。

对于审前会议的研究目的在于评估它的实现是否依据两个标准：第一，是否鼓励和解并缓解积案?[18] 第二，是否提高这些案件审理的质量并体现在和解进程[19]当中？聚焦于和解的研究并未解决第一个问题；他们表明已缓解的积案只是在本国[20]的某些方面，而在其他方面[21]并未缓解。然而，研究的结果一致认为审前案件的争点和证据被更好地提出，但不会令人惊讶，审理比较公正，而且和解是十分知情的。[22]

8.2 审前会议的程序方面

一般来说，法院是被授予自由裁量权根据其自身的动议或当事人[1]的要求安排审前会议。有些地区当地规则要求在所有案件中[2]运用审前会议。但是，一般来说拒绝强制性运用，因为即使在处理简单案件上会议也是要花费时间，除非法官相信这种审前会议将是有效的，[3] 否则这个程序无法进行。因此，在过

---

[16] See Clark, Objectives of Pre – Trial Procedure, 17 Ohio St. L. J. 163（1956）; Moscowit – z, Glimpses of Federal Trials and Procedure, 4 F. R. D. 216, 218（1944）.

[17] Clark, To an Understanding Use of Pre – Trial, 29 F. R. D. 454, 456（1961）. But see Wslker & Thibaut, An Experimental Examination of Pretrial Conference Techniques, 55 Minn. L. Rev. 1113, 1134（1971）.

[18] M. Rosenberg, The Pretrial Conference and Effective Justice 25（1964）; Gourley, Ef – fective Pretrial Must Be the Beginning of Trial, 28 F. R. D. 165（1962）; Martz, Pretrial Preparation, 28 F. R. D. 137（1962）; Comment, California Pretrial in Action, 49 Calif. L. Rev. 909（1961）; Note, Pretrial Conferences in the District Court for Salt Lake County, 6 Utah L. Rev. 259（1959）.

[19] M. Rosenberg, The Pretrial Conference and Effective Justice 25（1964）; Lynch, Pret – rial Proce- dure, 39 N. D. L. Rev. 176（1963）.

[20] Gourley, Effective Pretrial Must Be the Beginning of Trial, 28 F. R. D. 165, 168（1962）; Martz, Pretrial Preparation, 28 F. R. D. 137, 137 – 38（1962）; Note, Pretrial Conferences in the District Court for Salt Lake County, 6 Utah L. Rev. 259（1959）.

[21] M. Rosenberg, The Pretrial Conference and Effective Justice 45（1964）; Comment, California Pretri- al in Action, 49 Calif. L. Rev. 909, 917（1961）.

[22] M. Rosenberg, The Pretrial Conference and Effective Justice 29（1964）; Lynch, Pretrial Procedure, 39 N. D. L. Rev. 176（1963）.

[1] McCargo v. Hedrick, 545 F. 2d 393（4 th Cir. 1976）; Sleek v. J. C. Penney Co., 324 F. 2d 467（3d Cir. 1963）; Hayden v. Chalfant Press, Inc., 281 F. 2d 543（9 th Cir. 1960）; Fed. Ci – v. Proc. Rule 16; Ala. Rules Civ. Proc., Rule 16; N. J. Civ. Prac. Rule 4: 25 – 1（a）.

[2] E. g., Local Rule 235 – 5, U. S. Dist. Court, Hawaii; Local Rule 16, U. S. Dist. Court, Ka – n.; Local Rule 5, U. S. Dist. Court, W. D. Mich.

[3] Proceedings, Cleveland Institute on the Federal Rules 299（1938）; Comment, California Pretrial in Action, 49 Calif. L. Rev. 909, 924, 926（1961）; Note, Pretrial Conference Procedure, 26 S. C. L. Rev. 481, 496（1974）.

去曾使用过强制性审前会议的一些管辖区就取消了强制性会议。[4] 他们在许多案件中花费很多时间和比案件本身价值更多的费用。在有些情况下，有些管辖区已运用强制性规定集中关注当事人，在外面（庭外）安排一个正式审前会议。比如，1993 年，《联邦民事诉讼规则》第 26 条（f）已被修订，要求当事人服从当地免责的规则，并在案件中早些同意陈述一个被呈现在审理法庭上的书面调查取证计划。

管理特别审前会议的程序大多掌握在法官的自由裁量权范围之内。许多例证中，地方法院的规定提供指南。[5] 不管实际情况怎么不同，但总可以作出概括的观察评论。

445

一旦法院召集审前会议，律师必须出席，[6] 而且审前准备工作通常包括要求提交特别审前会议的[7]备忘录，许多法院要求将要出庭案件审理[8]的同一律师或至少是一位熟习案情并完全有把握使对方承认事实和达成协议[9]的代理人出席审前会议，有些法院也要求具有和解权威[10]的人士出席审前会议。如果因为不能满足法院要求则会受到制裁；[11] 这些涉及的范围：从迟迟提交备忘录、攻击当事方的诉讼费用的评估，从未出庭[12]到因指控失败被驳回诉讼或有过失

〔4〕 E. g., Cal. Rules of Ct., Rule 212.

〔5〕 An examination of some of the local rules that have been adopted may be found in Note, Pretrial Conference: A Critical Examination of Local Rules Adopted by Federal District Courts, 64 Va. L. Rev. 467 (1978).

〔6〕 Identiseal Corp. v. Positive Identification Sys., Inc., 560 F. 2d 298 (7 th Cir. 1977); Padovni v. Bruchhausen, 293 F. 2d 546 (2d Cir. 1961).

〔7〕 Local Rule 5. 4 (D), U. S. Dist. Court, Del.; Local Rule 300. 6, U. S. Dist. Court, W. Dist. Tex.; 6AC. Wright, A. Miller & M. Kane, Civil 2d 1524, at 235 - 36, 238.

〔8〕 Fed. Civ. Proc. Rule 16 (d) requires the presence of an attorney who will conduct the trial at the final pretrial conference when a trial plan is formulated. See slso Ariz. Civ. Proc. Rule 16 (d).

〔9〕 Fed. Civ. Proc. Rule 16 (c) (last paragraph). See Ha - Lo Indus., Inc. v. Your Favorite Producers. Inc., 164 F. R. D. 233 (N. D. Ill. 1995).

〔10〕 G. Heileman Brewing Co. v. Joseph Oat Corp., 871 F. 2d 648 (7 th Cir. 1989) (enbanc); D-vorak v. Shibata, 123 F. R. D. 608 (D. Neb. 1988); Abney v. Patten, 696 F. Supp. 567 (W. D. Okl. 1987).

〔11〕 Bradley v. U. S. 866 F. 2d 120 (5th Cir. 1989); Ikerd v. Lacy, 852 F. 2d 1256 (10th Cir. 1988).

《联邦民事诉讼规则》第 16 条（1983 年修订本）授权法官可要求当事方或律师代替当事人，或双方当事人支付合理费用，包括律师费用，以及对方当事人因不遵守审前会议内容细则而造成的损失。这种裁定只有法官裁决并证明其实质性地不遵守是有理由的，或者这个裁定是不公正的方可免除。《联邦民事诉讼规则》第 16 条（f）。法院免于其难地对一方当事人作出裁定，是因为当事方的代理人的不当行为，不论怎样那时当事方并未直接参与不当行为。见 Gundacker v. Unisys Corp, 151 F. 3d 842, 849 (8th. Cir. 1998).

〔12〕 Link v. Wabash R. R. Co., 370 U. S. 626, 82 S. Ct. 1386, 8 L. Ed. 2d 734 (1962); Suarez v. Yellow Cab Co., 112 Ill. App. 2d 390, 251 N. E. 2d 340 (1969).

的记录，以及未呈交备忘录[13]或不遵守审前决议。[14]

法院并未限制一次审前会议，如果案件的性质有必要[15]亦可召开几次审前会议。在高度复杂的诉讼中，几次审前会议或许是合适的。[16] 在筹划一系列会议日程安排时，首先提醒在调查取证之前注意预备性事项，安排调查取证和诉讼[17]的审前阶段日程表。这种调查取证前会议可帮助设定争点和约束[18]调查取证费用，但是，在许多案件中，审前会议在调查取证完成之后并在审前[19]的很短时间才举行的。这是符合逻辑的，因为在此时每方应完全了解各自案件的强弱，并知道其所希望去辩论的争点和事实，以及想在什么问题上作出让步。这样，当事方是处于优势情况既可构成一种知情和解，又可使得审理案件中真正有争议的问题缩小差距。

大多管辖区在审前会议可处理一些广泛范围的问题。同时可借此机会明确仍在争议[20]的事实和争点、剔除无关的争点[21]并作出有关可以裁定的救济[22]的规定。至于诉答文书的修订，如果必要，[23] 可以发出命令。为了便于在审理时提

---

〔13〕 American Electronic Labs. , Inc. v. Dopp, 369 F. Supp. 1245（D. Del. 1974）; Sleek v. J. C. Penney Co. , 26 F. R. D. 209（W. D. Pa. 1960）, vacated on other grounds 292 F. 2d 256（3d Cir. 1961）.

〔14〕 See 8. 3, below.

〔15〕 Napolitano v. Compania Sud Americana De Vaores, 421 F. 2d 382（2d Cir. 1970）; Life Music, Inc. v. Edelstein, 309 F. 2d 242（2d Cir. 1962）（23 pretrial conferences held）.

〔16〕 Manual for Complex Litigation, Third 21. 22（1995）.

〔17〕 根据《联邦民事诉讼规则》第16条（b），法院就地方规则予以免除外，现在被要求在递交起诉状后120天之内公布日程安排令。法院通常与各当事方讨论日程安排，并根据《联邦民事诉讼规则》第26条（f）在公布日程安排会之前接受来自各方当事人的调查取证计划，此日程安排令可以安排正式会议或无需正式安排会议公布。一旦发布，只有在说明充足理由的情况下此安排令才能修改。《联邦民事诉讼规则》第16条（b）最后段。

〔18〕 Manual for Complex Litigation, Third 21. 21（1995）.

〔19〕 Commercial Ins. Co. v. Smith, 417 F. 2d 1330（10th Cir. 1969）‘Century Refining Co. v. Hall, 316 F. 2d 15（10th Cir. 1963）; Clark, Objectives of Pre – Trial Procedure, 17 Ohio St. L. J. 163, 165（1956）.

〔20〕 FDIC v. Glickman, 450 F. 2d 416, 419（9th Cir. 1971）; Manbeck v. Ostrowski, 384 F. 2d 970（D. C. Cir. 1967）, cert. denied 390 U. S. 966.

〔21〕 Manbeck v. Ostrowski, 384 F. 2d 970（D. C. Cir. 1967）, cert. denied 390 U. S. 966.

〔22〕 Lundberg v. Welles, 93 F. Supp. 359. 361（S. D. N. Y. 1950）.

〔23〕 FDIC v. Glickman, 450 F. 2d 416（9th Cir. 1971）; Hatridge v. Seaboard Sur. , 74F. R. D. 6（E. D. Okl. 1976）; Taylor v. S & M Lamp Co. , 190 Cal. App. 2d 700. 12 Cal. Rptr. 323（1961）.

446

出证据，可取消[24]不必要的举证项目，确定[25]文件的真实性、作出[26]证据可采纳性的规定，以及按要求[27]在审理时提供证据和文件清单。有些问题可能关系到司法主事官，他的裁定可以提出作为在陪审团审理[28]中的证据。

在联邦型的审前会议规则中的一些条款受到广泛反对的情况下，有些法院仍应用会议解决预备性事项如管辖权[29]问题，而在开始审判时通过动议不提出那些争点。因此，有些法院已经决定有关暂缓[30]的一些事项，合并或分开审判[31]争点的问题、陪审团审判[32]的权利，以及在审前会议的日常调查取证程序[33]的细节等。考虑到可能在审前会议上决定的一些范畴广泛的事项以及将监督审理的问题，律师对于其案件的各个方面在最后的审前会议上必须做好充分准备。

然而，有些事项已经明确地被排除在审前会议的范围之外。一方当事人不得利用审前会议去窃取对方的审理准备（事项）；律师也不得利用审前会议作为单

447

---

〔24〕 FDIC v. Glickman, 450 F. 2d 416 (9ᵗʰ Cir 1971). Manbeck v. Ostrowski, 384 F. 2d 970 (D. C. Cir. 1967)，调卷令被拒绝，390 U. S. 966。1993 年的对于联邦规则的修订允准法院作出裁定制约或限制专家证言。《联邦民事诉讼规则》第 16 条（c）（4）。

〔25〕 Pritchett v. Etheridge, 172 F. 2d 822 (5ᵗʰ Cir. 1949).

〔26〕 Pritchett v. Etheridge, 172 F. 2d 822 (5ᵗʰ Cir. 1949); In re Panoceanic Tankers Corp. , 54 F. R. D. 283 (S. D. N. Y. 1971); Edenfield v. Crisp, 186 So. 2d 545 (Fla. App. 1966).

〔27〕 Brock v. R. J. Auto Parts & Serv. , Inc. , 864 F. 2d 677 (10ᵗʰ Cir. 1988); Clark v. Pennsylvania R. R. Co. , 328 F. 3d 591 (2d Cir. 1964), cert. denied 377 U. S. 1006; Syracuse Broadcasting Corp. v. Newhouse, 295 F. 2d 269 (2d Cir 1961); Uinta Oil Refining Co. v. Continental Oil Co. , 226 F. Supp. 495, 505 n. 39 (D. Utah 1964); Bodnar v. Jackson, 205 Kan. 469, 470 P. 2d 726 (1970); Fairbanks Publishing Co. v. Francisco, 390 P. 2d 784 (Alaska 1964); Glisan v. Kurth, 153 Colo. 102, 384 P. 2d 946 (1963).

〔28〕 Fed. Civ. Proc. Rule 53 (e). See Wilson v. Kennedy, 75 F. Supp. 592 (W. D. Pa. 1948); Fed. Civ. Proc. Rule 16.

〔29〕 A. H. Emery Co. v. Marcan Prods. Corp. , 389 F. 2d 11 (2d Cir. 1968), cert. denied 393 U. S. 835.

〔30〕 Royster v. Ruggerio, 2 F. R. D. 429 (E. D. Mich. 1941), modified on other grounds 128 F. 2d 197 (6 ᵗʰ Cir. 1942); Niazi v. St. Paul Mercury Ins. Co. , 265 Minn. 222, 121 N. W. 2d 349 (1963).

〔31〕 Joseph v. Donover Co. 261 F. 2d 812 (9ᵗʰ Cir. 1958).
在 1993 年，《联邦民事诉讼规则》第 16 条（c）（13）已被采用并明确考虑对于权利请求、反诉、交叉询问或任何事实上的某一争点的分别审理令在审前会议上都是讨论的专门论题。

〔32〕 In re 1208, Inc. , 188 F. Supp. 664 (E. D. Pa. 1960); Schram v. Kolowich, 2F. R. D. 343 (E. D. Mich. 1942).

〔33〕 E. g. , Buffington v. Wood, 351 F. 2d 292 (3d Cir. 1965); Di Donne v. Zigareli, 61 N. J. Super. 302 160 A. 2d 655 (1960). 参见《美国司法会议》，对于《联邦民事诉讼规则》有关调查取证的建议修订，48 F. R. D. 485, 524, 532 (1969)。有关调查取证的审前事项现在均由《联邦民事诉讼规则》第 16 条和 26 条（f）结合来规范。

独的调查取证手段（discovery device）或"捕鱼摸底"[34]（fishing expedition）。另外，这种审前会议不能用以代替审判。[35] 虽然审理前的法官如果在没有保留[36]可审理的争点的情况下，可以允准简易判决，但法官无权决定事实的争点。[37] 该会议的目的是完成自愿的协议；对于非自愿的当事人[38]由法院强制让步或和解是不合适的。然而，有些法院已经要求当事方进行各种替代解决争议方法程序，并以诚信[39]为之。

鉴于审前会议的范围广泛和主审法官的权力，所以必然要讨论审前法官是否应是承办本案的法官。尽管首先将此会议用来作为促成和解手段，但宁愿选择另一个审前法官，因为这样可减少威胁性，同时减少律师们的担忧：如果调解不成，[40]审前讨论中已采取的立场会让他们在审判时受法官的影响。总之，如果该会议首要意图在于为庭审准备，多数律师会赞同在审前会议和庭审时为同一法官；他们考虑到这个会议不仅对于当事方而且对于法庭均可专心致志地研讨这个案子，允准法官在审前花些时间来熟悉争点，同时为在审判[41]时作出裁定准备背景资料。有些州在这些管辖区通过采用分别和解日程表[42]的办法处理这个问

---

[34] Berger v. Brannan, 172 F. 2d 241 (10 th Cir. 1949), cert. denied 337 U. S. 941; Package Machinery Co. v. Hayssen Mfg. Co. 164 F. Supp. 904 (E. D. Wis. 1958), affirmed on other grounds 266 F. 2d 56 (7 th Cir. 1959). But see Brister, Lonesome Docket: Using the Texas Rules to Shorten Trials and Delay, 46 Baylor L. Rev. 525, 532 (1994).

[35] Lynn v. Smith, 281 F. 2d 501 (3d Cir. 1960); Syracuse Broadcasting Corp. v. Newhouse, 271 F. 2d 910 (2d Cir. 1959). See Gullett v. McCormick, 421 S. W. 2d 352 (Ky. 1967).

[36] Newman v. Granger 141 F. Supp. 37 (W. D. Pa. 1956), 239 F. 2d 384 (3d Cir 1957); Mc. Comb v. Trimmen, D. N. J. 1949 (85 F. Supp. 565) (D. N. J 1949); Green v. Kaesler – Allen lumber Co. 197 Kan 788 420 P. 2d 1019 (1966); Ellis v. Woods, 453 S. W. 2d. 509 (Tex. Cir. APP. 1970). 1993 年对于联邦规则的修订增加了《联邦民事诉讼规则》第 16 条（c）（14），正是依据此条款法院方可指示一方当事人或多方当事人尽早在审理时提供有争点的证据，这是作为法律问题判决的基础。

[37] Fidelity & Deposit Co. v. Southern Utlities, Inc., 726 F. 2d 692 (11th Cir. 1984); Lynn v. Smith, 281 F. 2d 501 (3d Cir. 1960).

[38] J. F. Edwards Constr. Co. v. Anderson Safeway Guard Rail Corp., 542 F. 2d 1318 (7 th Cir 1976) (cannot force parties to stipulate facts); Gullett v. McCormick, 421 S. W. 2d 352 (Ky. 1967); People exrel. Horwitz v. Canel, 34 Ill. 2d 306, 215 N. E. 2d 255 (1966). Cf. Krattenstein v. G. Fox & Co., 155 Conn. 609, 236 A. 2d 466 (1967). See slso the first paragraph of the Advisory Committee Note to the 1993 Amendment to Fed. Civ. Proc. Rule 16 (c).

[39] See 8. 1 n. 13, above.

[40] Thomas, The Story of Pretrial in the Common Pleas Courts of Cuyahoga County, 7 W. Res. L. Rev. 368, 391 (1953); Note, Pretrial Conference Procedures, 26 S. C. L. Rev. 481, 497 (1974); Note, Pretrial Coferences in the District Court for Salt Lake County, 6 Utah L. Rev. 259, 261 (1959).

[41] See Clark, Objectives of Pre – Trial Prosedure, 17 Ohio St. L. J. 163, 165 (1956); Kincaid, A Judge's Handbook of Pre – Trial Procedure, 17 F. R. D. 437, 445 (1955); Lynch, Pretrial Procedure, 39 N. D. L. Rev. 176, 185 – 86 (1963); Wright, The Pretrial Conference, 28 F. R. D. 141, 148 (1962); Note, Pretrial Conference Procedures, 26 S. C. L. Rev. 481, 496 (1974).

[42] E. g., Cal. Rules of Ct., Rule 222.

题，审前法官将审理此案而不参加和解会议。

指导审前会议的审理法官的广泛自由裁量权，多年来特别是这种权力还在增加，而未受到不利的批评。当后果必须要避免涉及某些问题[43]是非曲直的审判时，这种权力显得特别实在。事实上对法官有种担忧，没有监督，他们拥有专断权，甚至出自偏见，对案件审理[44]后果会有重大影响。

8.3 审前决议

尽管有的州审前规定并未委托管理此审前决议，[1] 但联邦法规和联邦州的大多数副本均要求法院发布一个审前会议[2]上所作的规定和同意问题的审前决议。该审前决议应将当事方认可的事项和同意的诉讼协议全部编入其中，列出保留庭审的争点，同时注明归档文件陈述的多项要求或证据和证人的目录。[3] 为了保持将已在审前作的工作以便审判时之用，并避免在那里复制，所以审前决议对于的审前法官将不参与审前其中的那些案件[4]更为必要。

至于表述审前决议的方法是属法院的自由裁量权范围；通常要求全部代理律师起草一个决议并将其提交法院批准[5]来完成，如果代理律师对决议不同意，则由法院本身制定[6]决议。

此种决议可以控制后续诉讼[7]进程。尽管可将其修改以避免明显不公

449

---

〔43〕 Hench, Mandatory Disclosure and Equal Access to Justice: The 1993 Federal Discovery Rules Amendments and the Just, Speedy and Inexpensive Determination of Every Action, 67 Temple. L. Rev. 179, 233 (1994) (1993 年对于"联邦审前决议规则"强行一致的修订充其量不过都是不良构想，而且在可能构成严重的进程（关于案件管理）之前，可能已经完成)。

〔44〕 Peterson, Restoring Structural Chec Ks on Judicial Pouer in the Era of Managerial Judgying, 29 UC. Davis L. Rev. 41, 67 – 83 (1995).

〔1〕 E. g. N. C. Gen. Stat. 1A – 1, Rules Civ. Proc., Rule 16.

〔2〕 Fed. Civ. Proc. Rule 16 (e); N. M. Dist. Ct. Rules Civ. Proc., Rule 1 – 016.

〔3〕 U. S. v. An Article of Drug. etc., Acnotabs, 207 F. Supp. 758 (D. N. J. 1962); Clark v. U. S., 13 F. R. D. 342, 344 (D. Or. 1952).

〔4〕 See Clark, Objectives of Pre – Trial Procedure, 17 Ohio St. L. J. 163, 169 (1956).

〔5〕 Bradford Novelty Co. v. Samuel Eppy & Co., 164 F. Supp. 798 (E. D. N. Y. 1958); Curt v. International Longshoremen's & Warehousemen's Union, 107 F. Supp. 805 (D. Or. 1952) affirmed on other grounds 226 F. 2d 875 (9 th Cir. 1955), cert. denied 351 U. S. 963.

〔6〕 See Life Music Inc. v. Edeistein, 309 F. 2d. 242, 243 (2d Cir. 1962); Brinn v. Bull Insular Lines, Inc., 28 F. R. D. 578 (E. D. Pa. 1961).

〔7〕 Smith v. Washington Sheraton Corp., 135 F. 3d 779 (D. C. Cir 1998); American Home Assurance Co. v. Cessna Aircraft Co., 551 F. 2d 804 (10 th Cir. 1997); Colvin v. U. S. exrel. Magini Leasing & Contracting, 549 F. 2d 1338 (9 th Cir. 1977).

正,[8] 但有些法院则要求一个内容充实的案情陈述，同时还要求对方当事人克服[9]任何可能的偏见。当事人试图修订审前决议所承担的责任较之寻求[10]修订诉答文书更为重大。这直接反映出诉答文书[11]和审前会议[12]的不同功能，同时要承认使会议成为一个有效监督和策划审理手段的最好方法是强制实施审前决议。[13] 因而，超出审前决议范围所提供的案情介绍和采纳的证据均会导致无效审判，或在随后上诉[14]时重新审理此案。[15] 不遵照决议则会导致打击被告、拒绝证据，[16] 甚至导致成极端案件、驳回起诉。[17] 所以，起草审前决议时必须十分谨慎。如果在审判[18]一开始对审前决议未提出异议，那么各种异议会被放弃，而且，只有在这种审前决议被审判法庭的自由裁量权[19]滥用时则因上诉而导致推翻这些异议。

8. 4－9. 0 保留以作补充材料之用。

----

〔8〕 Summers v. Missouri Pac. R. R., 132 F. 3d 599, 604－06 (10th Cir. 1997) (failure to admit amendment was an abuse of discretion); Stahlin v. Hilton Hotels Corp., 484F. 2d 580 (7th Cir. 1973); Wallin v. Fuller, 476 F. 2d 1204 (5th Cir. 1973); Herrell v. Maddux, 217 Kan. 192, 535 P. 2d 935 (1975). See also HBE Leasing Corp. v. Frank, 22 F. 3d 41, 44－45 (2d Cir. 1994).

〔9〕 McKey v. Fairbairn, 345 F. 2d 739 (D. C. Cir. 1965); City of Lakeland v. Union Oil Co., 352 F. Supp. 758 (M. D. Fla. 1973); Cornish v. U. S., 221 F. Supp. 658 (D. Or. 1963), reversed on other grounds 348 F. 2d 175 (9th Cir 1965).

〔10〕 See 5. 26, above.

〔11〕 See 5. 2, above.

〔12〕 See 8. 1, above.

〔13〕 Note, Variance From the Pre－Trial Order, 60 Yale L. J. 175 (1951).

〔14〕 Clark v. Pennsylvania R. Co., 328 F. 2d 591 (2d Cir. 1964), cert. denied 377 U. S. 1006; Seaboldt. v. Pennsylvania R. Co., 290 F. 2d 296 (3d Cir. 1961).

〔15〕 G & R Corp. v. American Sec. & Trust Co., 523 F. 2d 1164 (D. C. Cir. 1975); Associated Press v. Cook, 513 F. 2d 1300 (10th Cir. 1975).

〔16〕 Matheny v. Porter, 158 F. 2d 478 (10th Cir 1946); Mellone v. Lewis, 233 Cal. App. 2d 4, 43 Cal. Rptr. 412 (1965).

〔17〕 Delta Theatres, Inc v. Paramount Pictures, Inc. 398 F. 2d 323 (5th cir. 1968)), 调卷令被拒绝, 393 U. S. 1050; Wirtz v. Hooper－Holmes Bureau, Inc. 327 F. 2d 939 (5th cir. 1964); Kromat v. Vestevich, 14 Mich. App. 291, 165 N. W. 2d 482 (1968)。参见 Uxmal. Corp. Ltd. v. Wall Indus. Inc., 55 F. R. D. 219 (S. D. Fla. 1972) (被告不遵守决议或回应原告动议以求获得就有利于原告判决而产生的简易判决)。

〔18〕 Hodgson v. Humphries, 454 F. 2d 1279 (10th Cir. 1972); Community Nat. Life Ins. Co. v. Parker Square Sav. & Loan Ass'n. 406 F. 2d 603 (10th Cir. 1969).

〔19〕 Summers v. Missouri Pac. R. R., 132 F. 3d 599, 604－06 (10th Cir. 1997); Spellacy v. Southern Pacific Co., 428 F. 2d 619 (9th Cir. 1970); Ely v. Reading Co., 424 F. 2d 758 (3d Cir. 1970); Cruz v. U. S. Lines Co., 386 F. 2d 803, 804 (2d Cir. 1967).

▼
▼
▼

第九章

未经庭审的裁判

本章目录

451

A. 简 易 判 决

9. 1 历史与目的

依照传统的普通法和法典诉辩规则，当事人的法律抗辩或者相应的申请仅仅是基于诉辩文书表面来确定。提出异议当事方（attacking party）不能"探究诉辩文书"来表明其事实上没有根据；所谓的"提出新事实的诉求不充分的法律抗辩（speaking demurrers）"不会被准许。假定诉辩文书全都是基于庭审时提出的证据而善意地制作的。因此，对足以在法律意义上陈述请求和答辩的诉辩文书之真实性所提出的任何异议将会使得庭审成为必要。[1]

但是，现代法院已承认，有时从诉辩文书中似乎存在真实的法律争议，但实际上却并非如此。[2] 当构成争议基础的各项特定事实存在与否不经庭审就可被

---

[1] 参见 C. Clark, Code Pleading 80（2d ed. 1947）.

[2] 参见 R. Millar, Civil Procedure of the Trial Court in Historical Perspective 237－50（1952）.

确凿地证实时，要是如同它们实际存在争议那样进行诉讼程序是不经济的。[3] 当无争议的问题不经庭审就能决定整个案件的关键时，对处理此类情况的裁决程序的需要就显得非常明显。

最初，通过承认法院拥有排除各种"虚假"诉辩文书的这一固有权力，一些司法管辖区撤消了对"提出新事实的诉求不充分的法律抗辩"加以禁止的一般规则。[4] 困难在于，并不存在着判断是否构成虚假的标准。[5] 例如，含糊不清的是，是否只有在恶意提出诉辩文书或者因为存在着对诉辩文书可反驳的压倒性证据（overwhelming evidence）时，该诉辩文书才是虚假的。同样不清晰的就是，何种证据可用来证实诉辩文书是虚假的以及需要多少证据方足以将一份诉辩文书或其一部分予以排除。

因此，当今大多数司法管辖区已采纳一种名为要求作出简易判决的申请[6]的正式程序来决定在诉辩文书中提出的争点实际上是否存在，并且，如果没有争议，则不需庭审即可排除任何案件部分。简易判决的申请与准许既可针对整个权利请求和答辩作出，也可针对其任何部分作出。[7] 法院可以对任何单一权利主张、反请求、答辩或权利主张的一部分进行判断，例如可对下列事项进行判断：责任存在与否、如果庭审认定确有责任，则应裁决支付的损害赔偿金数额。[8]

---

〔3〕 Comment, Summary Judgment, 25 Wash. L. Rev. 71, 74 (1950). 参见 10 A C. Wright, A. Miller & M. Kane, Civil 3d2712.

〔4〕 参见 C. Clark, Code Pleading 41, at 254 (2d ed. 1947). 忽视虚假诉辩文书、排除或者认定其为无效的这一权力通常仅适用于虚假答辩，其目的在于"防止为原告带来延迟和费用"。Pogson, Truth in Pleading, 8 N. Y. U. L. Q. Rev. 41, 57 – 58 (1930), quoting Brewster v. Hall, 6 Cow. 34 (N. Y. 1826).

〔5〕 参见 C. Clark, Code Pleading 87, at 550 – 54 (2d ed. 1947); Pogson, Truth in Pleading, 8 N. Y. U. L. Q. Rev. 41 (1930).

〔6〕 例如，Fed. Civ. Proc. Rule 56. 就简易判决程序的历史和性质而言，主要参见 Bauman, The Evolution of the Summary Judgment Procedure, 31 Ind. L. J. 329 (1956); Clark & Somenow, The Summary Judgment, 38 Tale L. J. 423 (1929); Korn & Paley, Survey of Summary Judgment on the Pleadings and Related Pre – Trial Procedures, 42 Cornell L. Q. 483 (1957).

〔7〕 例如，Fed. Civ. Proc. Rule 56 (c), (d); West's Ann. Cal. Code Civ. Proc. 437c; Mich. Ct. Rules 1985, 2. 116; Pa. Rules Civ. Proc., Rule 1035. 5, 参见 10B C. Wright, A. Miller & M. Kane, Civil 3d 2736 – 37.

〔8〕 许多法院裁定，针对少于一整项权利主张或者答辩的事项所作出的简易判决——部分简易判决——不是一项终局判决。确切地讲，它是指出特定的某些争点应在庭审时被确认，并因此不得立即上诉的一项中间裁决。Clark v. Kraftco Corp., 447 F. 2d 993, 936 (2d Cir. 1971); Hibbard Office World, Inc. v. F. Jay, 580 S. W. 2d 55, 57 (Tex. Civ. App. 1979). 但是，可参见 N. Y. _ McKinney's CPLR 3212 (e)，它授权各法院可作出关于一项或多项诉因的任何部分的终局简易判决，或者在对任何其他诉因作出裁断之前，可以就归属未定问题作出简易判决。

部分简易判决的性质和作用可能根据各司法管辖区的法律以及特定诉讼中的事实而存在着相当的差异。主要参见 Comment, Partial Summary Judgment Under Rule 56 (a), 32 U. Chi. L. Rev. 816 (1965); Annot., 75 A. L. R. 2d 1201 (1961); Annot., 67 A. L. R. 2d 1456 (1959).

在很多情况下，传统的诉辩文书提出的异议与要求作出简易判决的申请之间的界限已变得模糊起来。[9] 因此，当提出申请的当事人引入外部事项并且显然不仅意图就各主张在其表面上是否足以陈述一项权利主张予以审查，而且还希望对这些主张是否存在事实根据进行考查时，按照现代规则，以未能陈述主张为由要求驳回起诉的申请，或者根据诉辩文书作出判决的申请均可被视为是一项要求作出简易判决的申请。[10] 因此，当一方当事人为了对真实的事实争议的存在予以驳斥而将宣誓书或者其他适当材料纳入一项针对诉辩文书提出的异议时，主持庭审的法官拥有将此类异议视为要求作出简易判决申请的自由裁量权。[11] 此自由裁量权的行使将会有利于对申请进行转换，除非应答当事人会遭受这样的突袭以致其可能因此而受到不利影响。[12] 当然，法院常常会推迟对要求作出简易判决申请的听审，直至被告有时间进行准备为止，[13] 由此就可以减少各种可能的不利影响。

453

---

〔9〕 参见 10A C. Wright, A. Miller & M. Kane, Civil 3d2713.

〔10〕 例如，Fed. Civ. Proc. Rule 12 (b), (c); Official Code Ga. Ann. 9－11－12 (b), (c); N. Y. – Mckinney's CPLR 3211 (c).

《联邦民事诉讼规则》第 12 条项下的其他审前申请不会被转化为一项简易判决。例如，《联邦民事诉讼规则》第 12 条 (f) 并不准许法院将一项删除不充分答辩书的申请视为一项要求作出简易判决的申请。参见 Uniroyal, Inc. v. Heller, 65 F. R. D. 83 (S. D. N. Y. 1974)。请比较 N. Y. – Mckinney's CPLR 3211 (c)，它赋予了纽约法院将其他审前申请转化为要求作出简易判决之申请的这一选择权。

〔11〕 参见，例如，Carter v. Stanton, 405 U. S. 669, 671, 92 S. Ct. 1232, 31 L. Ed. 2d 569 (1972); Barrett v. United Hosp., 376 F. Supp. 791 (S. D. N. Y. 1974)，维持原判而未发表法官判决意见书 506 F. 2d 1395 (2d Cir. 1974); Parks v. Macro – Dynamics, Inc., 121 Ariz. 517, 591 P. 2d 1005 (App. 1979); SaBell's, Inc. v. Flems, 42 Colo. App. 421, 599 P. 2d 950 (1979)，对实质问题维持原判 (affirmed on the merits) 627 P. 2d 750 (Colo. 1981); Kocsor v. Eastland, 44A. D. 2d 869, 355 N. Y. S. 2d 503 (1974); Lineberger v. Welsh, 290 A. 2d 847 (Del. Ch. 1972).

〔12〕 例如，Burick v. Edward Rose & Sons, 18 F. 3d 514 (7th Cir. 1994) （初审法院的下列做法是不适当的，即是，将依照《联邦民事诉讼规则》第 12 条 (b) (6) 提出的驳回起诉申请转化为要求作出简易判决的申请，但是却并未将这种转化告知原告，也没有向原告提供进行应答的机会）。但是，参见，C. B. Trucking, Inc., 137 F. 3d 41 (1st Cir. 1998) （如果周围环境表明进行了合理的告知而各当事人有机会提出所有有关材料，那么没有必要作出关于将驳回申请转化为要求作出简易判决的申请的明示告知）。

法院是否可以作出有利于非提出申请的当事人 (non – moving party) 的简易判决或者主动作出简易判决这一争点也同样产生了以下问题——未预计到的 (unsuspecting) 诉讼当事人因针对诉辩文书提出的异议被转化为实体判决而受到突袭。参见下文9. 2.

〔13〕 Federal Rules 12 (b) and 12 (c)，以及各州的相应规则均规定，在一项驳回申请或者要求根据诉辩文书作出判决的申请可以被作为一项要求作出简易判决的申请来对待之前，应当给予所有当事人一个"合理的机会"来提出全部有关材料。参见 Plante v. Shivar, 540 F. 2d 1233 (4th Cir. 1976); Adams v. Campell County School Dist., 483 F. 2d 1351 (10th Cir. 1973); Parks v. Macro – Dynamics, Inc., 121 Ariz. 517, 591 P. 2d 1005 (App. 1979); Gronim v. Dessau, 58 A. D. 2d 566, 396 N. Y. S. 2d 326 (1977).

尽管简易判决的主要目的在于避免进行无益的庭审，[14] 同时就实质问题作出终局裁定，此设计同样也可被用于精简庭审过程或更好地为庭审进行准备。[15] 如果简易判决只是针对各项特定争点或者权利主张作出，并且将其从庭审程序中予以排除时，这种情况就会出现。此外，即使最终拒绝作出简易判决，[16] 为了使法院就申请作出裁断而进行的信息交换也可能在形成庭审辩论观点方面对双方当事人都有所帮助。[17]

9.2 获得简易判决的程序

通常，简易判决是根据一方当事人的申请作出的。[1] 尽管可以对其作出总体评论，然而关于简易判决申请的准确时间要求在各司法系统中却有所不同。如果提出申请的当事人同时亦是案件中寻求救济的一方当事人，某些司法管辖区会在准许提出此申请之前要求申请人等候一段时间，而这段时间通常会留给答辩当事人以供其提交答辩书。[2] 这旨在确保对方当事人有机会获得法律意见并准备就该申请进行应答。其他司法管辖区准许在任何时间提出申请，这需要依靠主审法官的自由裁量权来确保应答当事人拥有准备时间。[3] 一般而言，只有当各方

---

〔14〕 即使简易判决排除了庭审的必要，但是它并不会对任何接受陪审团庭审的权利构成侵犯。法院在简易判决方面的作用不是对证据进行评价。确切地讲，它将会判断是否存在任何需由陪审团裁定的事实问题。Soria v. Oxnard School Dist. Bd. of Trusrees, 488 F. 2d 579（9th Cir. 1973），要求调阅案卷的上诉申请被驳回 416 U. S. 951；Church v. Aeko, 75 Cal. App. 3d 291, 142 Cal. Rptr. 92（1977）；Harrell v. Wilson, 233 Ga. 899, 213 S. E. 2d 871（1975）；Earl M. Jorgensen Co. v. Mark Constr., Inc., 56 Hawaii 466, 540 P. 2d 978（1975）.

〔15〕 参见 10A C. Wright, A. Miller & M. Kane, Civil 3d 2712.

〔16〕 一些证据显示，至少在联邦法院的实际运作中，事实上基于要求作出简易判决的申请而被驳回的案件数量相对较少。McLaughlan, An Empirical Study of The Federal Summary Judgment Role, 6 J. Legal Studies 427（1977）.

〔17〕 应当注意的是，策略上运用简易判决可以作为一种调查取证方法，特别是可用于查明对方当事人法律主张的细节，而通过通常的调查取证程序并不能获知这些细节。参见上文 7.5.

〔1〕 在一些案件中，双方当事人均提出要求作出简易判决的申请。在此情况下，法院必须分别就各项申请作出裁断；交叉申请的提出不会被视为各当事人所作出的庭审时并不存在真正的事实争点的让步。参见 10A C. Wright, A. Miller & M. Kane, Civil 3d 2720。

同样，在某些案件中，在各方当事人均未提出申请的情况下，法院将会主动作出简易判决。参见以下注释 11 和注释 12。

〔2〕 在联邦法院，诉讼开始后 20 日内或者对方当事人的申请被送达后，寻求救济的一方当事人可以提出简易判决申请；对方当事人可以在任何时候提出简易判决申请。Fed. Civ. Proc. Rule 56（a），（b）. 参见 N. Y. - Mckinney's CPLR 3212（a）（在被告提交答辩书后，申请得到准许）；West's Ann. Cal. Code Civ. Proc. 437c（a）（在对方当事人在诉讼中应诉起 60 日后，或法院可能指定的任何稍早时候，申请得到准许）. 主要参见 Annot., 85A. L. R. 2d825（1962）.

1990 年，"咨询委员会"提议对《联邦民事诉讼规则》第 56 条进行修正，以便取消对简易判决申请的提交时间要求。此修正未被通过。

〔3〕 即使当法院被准许在被告进行答复之前接受简易判决申请时，例如 Fla. - West's F. S. A. Rules Civ. Proc., Rule 1. 510，法院一般也不会对申请予以准许，除非看来一项答复并不会提出实质性的事实争点。Coast Cities Coaches, Inc. v. Whytue, 130 So. 2d 121（Fla. App. 1961）；Goldstein v. Florida Fishermen's Supply Co., 116 So. 2d 453（Fla. App. 1959）.

均有机会参与正式调查取证程序以收集支持他或她观点的证据时，才能提出简易判决申请。[4]

因为简易判决的目的在于洞察各诉辩文书并且准许作出实体判决而无需庭审，提出申请的当事人通常均会以外部证据（outside evidence）来支持其申请。因而，非常重要的是，反对方有机会提出任何可用于证明庭审必要性的对抗性证据（countervailing evidence）。有鉴于此，大多数简易判决规则都要求申请人在法院听审该事项前的若干时日将申请送达至对方当事人。[5]

有时，随要求作出简易判决的申请一并提交的宣誓书和其他信息会表明，不仅应当拒绝作出有利于提出申请之当事人的简易判决，而且应当准许作出有利于反对方的简易判决。某些州规定在此类情况下特别授权简易判决。[6] 大多数司法管辖区中，通常适用的简易判决规则并不能解决此问题，[7] 而一些司法管辖

---

〔4〕 依照《联邦民事诉讼规则》第 56 条（f）以及各州的类似规定，初审法院拥有推迟听审简易判决申请的广泛自由裁量权。参见 Littlejohn v. Shell Oil Co.，483 F. 2d 1140（5th Cir. 1973），要求调阅案卷的上诉申请被驳回 414 U. S. 1116，简易判决被撤消以准许进行补充披露。同时参见下文 9.3。

当今似乎存在着这样的趋势，即是，如果非申请人没有依照《联邦民事诉讼规则》第 56 条（f）正式要求进行延期，这就可能导致初审法院在披露结束前作出简易判决。参见，例如，Springfield Terminal Ry. v. Canadian Pacific Ltd.，133 F. 3d 103（1st Cir. 1997）；Rivera－Flores v. Bristol－Myers Squibb Caribbean，112 F. 3d 9（1st Cir. 1997）. 同时参见，Duffy v. Wolle，123 F. 3d 1026（8th Cir. 1997），要求调阅案卷的上诉申请被驳回_ U. S. _，118 S. Ct. 1839（尽管原告依照《联邦民事诉讼规则》第 56 条（f）提出申请，但主持庭审的法官仍准予简易判决，这是因为原告未能有力地证明存在歧视。在 Duffy 一案中，法院认为，原告有义务善意地表明额外披露时间如何可以确立实质性事实争点的存在）。在一些案件中，好像存在着另外的一种情形。例如，Kachmar v. SunGard Data Sys.，Inc.，109 F. 3d 173（3d Cir. 1997）（准予简易判决被撤消；初审法院未能解释为何原告依照《联邦民事诉讼规则》第 56 条（f）提出的申请并未被准许）；Burick v. Edward Rose & Sons，18 F. 3d 514（7th Cir. 1994）.

依照 1991 年提议的修正，《联邦民事诉讼规则》第 56 条（g）本应被修订以便对法院在进行《联邦民事诉讼规则》第 56 条程序方面所具有的广泛自由裁量权予以明确认可。Proposed Amendments to the Federal Rules of Civil Procedure, Revised Rule 56（g）(1991).

〔5〕 在联邦法院中，要求作出简易判决的申请必须在"已确定的听审日至少 10 日以前"被送达。Fed. Civ. Proc. Rule 56（c）. 参见 West's Ann. Cal. Code Civ. Proc. 437c（a）（"至少在……28 日以前"）；Mass. Rules Civ. Proc.，Rule 56（c）（"至少在……10 日以前"）；Ohio Rules Civ. Proc.，Rule 56（c）（"至少在……14 日以前"）。

在 1991 年，对《联邦民事诉讼规则》第 56 条（c）所提议的修正本来应当将 10 日限制替换为整理并向法院提交证据材料的"合理机会"和"充足时间"这一标准。Proposed Amendments to the Federal Rules of Civil Procedure, Revised Rule 56（c）(1991).

〔6〕 例如，Md. Rule 2－501（e）；Me. Rules Civ. Proc.，Rule 56（c）；Mich. Ct. Rule 1985，2. 116（I）(2)；N. Y.－McKinney's CPLR 3212（b）；N. D. Rules Civ. Proc.，Rules 56（c）；Wis. Stat. Ann. 802. 08（6）.

〔7〕 例如，Fed. Civ. Proc. Rule 56；Ariz. Rules Civ. Proc.，Rule 56. 就联邦法院准予作出有利于非提出申请的当事人的简易判决的讨论，参见 10A C. Wright, A. Miller & M. Kane, Civil 3d 2720.

《联邦民事诉讼规则》第 56 条（a）并未进行特别修正以便准许作出有利于非提出申请的当事人的简易判决，尽管所提议的修改本来规定为"法院……可以作出有利于或者不利于权利请求人的简易判决……"。Proposed Amendments to the Federal Rules of Civil Procedure, Revised Rule 56（a）(1991).

区已经拒绝在没有申请的情况下准予简易判决；[8] 但是，趋势显然是准许作出有利于非申请人的当事方的判决。[9] 只要将获准申请所针对的当事人被赋予机会以表明她需要时间来获取和提交那些可证明事实争议存在的补充资料，这一结论就会显得更为合理。[10]

关于法院可否在没有当事人提出任何申请时作出简易判决的这一相似问题就产生了。[11] 虽然此情况的确引发有关简易判决令败诉的当事人是否有机会获得和提出证据来表明真正事实争点确实存在的这一关注，但是准许作出简易判决似乎与避免不必要庭审的目的相一致。只要对方当事人未遭受突袭，并且有机会表明为何不应作出简易判决，那么缺乏正式申请并不应当阻止作出简易判决。[12]

实际上，因为简易判决是对各当事人计划在庭审时所提出证据的预审，任何可采信的证据都是适当的，[13] 甚至潜在证人的口头证言也同样如此。[14] 但是，因为简易判决的目的仅仅在于确定争议存在与否，所以少有提出口头证言，即使

---

〔8〕 例如，Denton v. Mr. Swiss of Missouri, Inc., 564 F. 2d 236, 241 n. 9 (8th Cir. 1977)；Bell v. Taca, Inc., 493 S. W. 2d 281 (Tex. Cir. App. 1973)。这些判决的影响经常是微不足道的，因为这会给予应获得简易判决的当事人以充足时间来提出交叉申请。例如，Pinkus v. Reilly, 71 F. Supp. 993 (D. N. J. 1947)，基于其他依据而被维持原判 170 F. 2d 786 (3d Cir. 1948)，基于其他依据而被维持原判 338 U. S. 269.

〔9〕 参见 Lowenschuss v. Kane, 520 F. 2d 255 (2d Cir. 1975)；Giovanelli v. First Fed. Sav. & Loan Ass'n, 120 Ariz. 577, 587 P. 2d 763 (App. 1978)；Green v. Higgins, 217 Kan. 217, 535 P. 2d 446 (1975)；Prot Authority of Allegheny County v. Flahherty, 6 Pa. Cmwlth. 135, 293 A. 2d 152 (1972).

〔10〕 参见 Memphis Trust Co. v. Board of Governors of Federal Reserve Sys., 584 F. 2d 921 (6th Cir. 1978)；Dabney v. Cunningham, 317 F. Supp. 57 (E. D. Va. 1970).

〔11〕 试比较 Matter of Hailey, 621 F. 2d 169 (5th Cir. 1980)；Choudhry v. Jenkins, 559 F. 2d 1085 (7th Cir. 1977)，要求调阅案卷的上诉申请被驳回 434 U. S. 997 (主动作出的简易判决未被准许) 与 Kistner v. Califano, 579 F. 2d 1004 (6th Cir. 1978) 以及 FLLI Moretti Cereali v. Continental Grain Co., 563 F. 2d 563 (2d Cir. 1977) (如果进行了告知且给予了被听审的机会，则主动作出的简易判决可被准许)。

〔12〕 参见 U. S. v. Gravson. 879 F. 2d 620 (9th Cir. 1989)；Kennedy v. Whitehurst, 509 F. 2d 951 (D. D. C. 1981)，维持原判 690 F. 2d 951 (D. C. Cir. 1982)；Southern Erectors, Inc. v. Olga Coal Co., 159 W. Va. 385, 223 S. E. 2d 46, 51 (1976)。同时参见 Wood v. Santa Barbara Chamber of Commerce, Inc., 507 F. Supp. 1128 (D. Nev. 1980).

〔13〕 Miller v. City of Fairbanks, 509 P. 2d 826 (Alaska 1973) (各当事人可以利用诉辩文书、宣誓书以及可在证据上被采信的任何其他材料)。参见 10A C. Wright, A. Miller & M. Kane, Civil 3d 2721 - 24, 对可被采用的各种材料的讨论。

〔14〕 《联邦民事诉讼规则》第 43 条 (e) 准许在申请中使用口头证言，即使《联邦民事诉讼规则》第 56 条并未对此问题予以规定，第 43 条 (e) 仍被认为适用于要求作出简易判决的申请。参见，例如，Schultz v. Young Men's Christian Ass'n, 139 F. 3d 286 (1st Cir. 1998)；Arrington v. City of Fairfield, 414 F. Fairfideld, 414 F. 2d 687 (5th Cir. 1969)；Hazelgrove v. Ford Motor Co., 428 F. Supp. 1096 (E, D, Va. 1977). Accord, Tasco, Inc. v. Winkel, 281 N. W. 2d 280 (Iowa 1979)；Danidels v, Paddock, 145 Mont. 207, 399 P. 2d 740 (1965)。但是，可参见 Mallory v. Dorothy Prinzhorn Real Estate, Inc., 535 S. W. 2d 371 (Tex. Civ. App. 1976) (德克萨斯州法院禁止就简易判决申请中的口头证言进行听审)。

提出，法官也可基于自由裁量权拒绝对其进行听审，[15] 法官更愿要求以宣誓书形式提交该证据以节省时间。因而，简易判决的听审常常只涉及律师所提出的辩词，如果法院确信文件所包含的信息足以准许就申请进行裁决，那么法院可以无需进行听审。[16]

对简易判决支持或质疑的最常见手段是采用宣誓书这一形式——即潜在证人经过宣誓所签署的书面陈述。对诸如庭外笔录证言等就披露所作出的正式应答、对书面质问的答复以及承认均可同等被接受。此外，一些法院已经接受经宣誓证实的诉辩文书，[17] 即经过宣誓所签署的诉辩文书，但这只限于其对特定事实进行陈述并且在其他方面达到适当宣誓书要求的程度。[18] 无论如何，只有在庭审中依照证据规则方可考虑采信的材料。[19]

现代简易判决条文通常规定所提供的任何宣誓书必须表明其包含的事项是基于宣誓作证人的亲自知悉，且宣誓作证人具有在庭审时就该事项进行作证的能力。[20] 就反对作出简易判决的当事人而言，某些法院倾向于放松对这类当事人的要求，认为当反对方在获得相关证据方面处于不利地位时尤其应放松这种要求。[21] 因而，当宣誓作证人拥有第一手信息但其证言在庭审中会依照"死者法

457

---

〔15〕　例如，McGuire v. Columbia Broadcasting System, Inc., 399 F. 2d 902 (9th Cir. 198); James Burrough Ltd. v. Lesher, 309 F. Supp. 1154 (S. D. Ind. 1969).

〔16〕　并不存在可要求就简易判决申请进行听审的权利。Pagan v, Horton, 464 A. 2d 146 (D. C. App. 1983); People In Interest of F. L. G., 39 Colo. App. 194, 563 P. 2d 379 (1977). 主要参见 10A C. Wright, A. Miller & M. Kane, Civil 3d2720. 1.

〔17〕　上文 5. 11 中对经宣誓证实的诉辩文书进行了讨论。

〔18〕　例如，Runnels v. Rosendale, 499 F. 2d 733, 734 n. 1 (9th Cir. 1974); Forts v. Malcolm, 426 F. Supp. 464 (S. D. N. Y. 1977). Talbert v. Choplin, 40 N. C. App. 360, 253S. E. 2d 37 (1979).

〔19〕　不可采信的证据不得被用于支持或者质疑一项要求作出简易判决的申请。参见，例如，Adickes v. S. H. Kress & Co., 398 U. S. 144, 159 n. 19, 90 S. Ct. 1598, 1609 n. d. 19, 26 L. Ed. 2d 142 (1970) (庭外笔录证言中的传闻陈述不能对简易判决申请进行适当支持) Accord, Hunter v. Farmers Ins. Group, 554 P. 2d 1239 (Wyo. 1976); Gallo Painting, Inc. v. Aetna Ins. Co., 49 A. D. 2d 746, 372 N. Y. S. 2d 699 (1975). 主要参见 10B C. Wright, A. Miller & M. Kane, Civil 3d2738

有观点认为，简易判决程序中所提交的宣誓书中的信息不应被视为是传闻，因为它仅仅是作为对庭审时潜在证言的一种指示，就上述观点而言，参见 Duane, The Four Greatest Myths About Summary Judgment, 52 Wash. & Lee L. Rev. 1523, 1534 (1995).

〔20〕　例如，Fed. Civ. Proc. Rule 56 (e); West's Ann. Cal. Code Civ. Proc. 437c (d); Fla. – West's F. S. A. Rules Civ. Proc., Rule 1. 510 (e); Ohio Rules Civ. Proc., Rules 56 (E).

〔21〕　例如，Costlow v. U. S., 552 F. 2d 560 (3d Cir. 1977); Argus Inc. v. Eastman Kodak Co., 552 F. Supp. 589 (S. D. N. Y. 1982).

案"（"dead man's" statute）[22] 或者特权规则[23] 而被排除时，一些法院驳回了就反对作出简易判决的宣誓书所提出的异议。此外，某些法院暗示，尽管提出申请之当事人的宣誓书应进行严格解释，反对方的宣誓书可得到更宽松的对待。[24] 但是，不少法院严格坚持简易判决规则中规定的宣誓书要求，[25] 而无论受到审查的宣誓书是由谁所提出的。

必须指出所提交的材料中的任何缺陷，否则将视为放弃就该缺陷提出异议的权利。如果简易判决申请的两方当事人中的任何一方提交了不适当的宣誓书，而对方当事人并未对其提出反对，那么在制作判决时法院可考虑该宣誓书，[26] 同样，在庭审时法院将准许引入未被质疑的证据。[27] 此外，当宣誓书同时包含有可采纳的证据和不可采纳的证据，并且对此可提出异议时，法院将不予考虑含有不可采纳证据的部分宣誓书，但是会充分考虑可采纳的证据。[28] 同时，不必将整个宣誓书予以排除。

9.3 决定是否准予一项简易判决的标准

当法院认定不存在真实的主要事实争点，并且提出申请的当事人有权依照法律获得判决时，就可能提出简易判决。[1] 无关紧要或者次要事实[2] 以及虚构的

---

〔22〕 例如，Moyer v. Briggs, 47 A. D. 2d 64, 364 N. Y. S. 2d 532（1975）；Phillips v. Joseph Kantor &Co., 31 N. Y. 2d 307, 338 N. Y. S. 2d 882, 291 N. E. 2d 129（1972）；Raybin v. Raybin, 15 A. D. 2d 679, 224 N. Y. S. 2d 165（1962）. 参见 Annot., 67 A. L. R. 3d 970（1975）.

〔23〕 在 Banco de espana v. Federal Reserve Bank, 114 F. 2d 438, 445（2d Cir. 1940）一案中，法院对西班牙大使的宣誓书予以认可，同时没有要求他明示放弃豁免并且"肯定地表明"，在《联邦民事诉讼规则》第56条（e）的意义上，他"有能力作证"。

〔24〕 Lodge Hall Music, Inc. v. Waso Wrangler Club, Inc., 831 F. 2d 77, 80（5th Cir. 1987）；R. D. Reeder Lathing Co. v. Allen, 66 Cal. 2d 373, 57 Cal. rptr. 841, 425 P. 2d 785（1967）；Meadows v. Grant's Auto Brokers, Inc., 71 Wn. 2d 874, 431 P. 2d 216（1967）. 参见 Whaley v. Fowler, 152Cal Cal. App. 2d 379, 313 P. 2d 97（1957）（反驳宣誓书可对基本事实以及法律结论进行陈述）. 同时参见 Zack, California Summary Judgment: The Need for Legislative Reform, 59 Calif. L. Rev. 439, 466（1971）.

〔25〕 例如，Joseph F. Trionfo & Sons v. Board of Educ., 41 Md. App. 395 A. 2d 1207（1979）（必须忽略事实结论）；Whitney's at the Beach v. Superior Court, 3 Cal. App. 3d 258, 83 Cal. Rptr. 237（1970）（法律结论并不会提出应当审理的争点）；Kellner v. Blaschke, 334 S. W. 2d 315（Tex. Civ. App. 1960）（应当不予考虑依照"死者生前口头承诺法"不能被采信的证据）.

〔26〕 Lamon v. McDonnell Douglas Corp., 91 Wn. 2d 345, 588 P. 2d 1346（1979）. 参见 U. S. ex rel. Harrison v. Pace, 380 F. Supp. 107（E. D. Pa. 1974）；10B C. Wright, A. Miller &M. Kane, Civil 3d 2738.

〔27〕 参见 McCormick on Evidence 54（4th ed. 1992）.

〔28〕 U. S. v. Alessi, 559 F. 2d 513（2d Cir. 1979）；Hopper v. City of Madison, 79 Wis. 2d 120, 256 N. W. 2d 139（1977）.

〔1〕 Fed. Civ. Proc. Rule 56（c）. State rules provide similer standards. 例如，West's Ann. Cal. Code Civ. Proc. 437c（c）；Mich. Ct. Rules 1985, 2. 116；N. Y. – Mckinney's CPLR 3212（b）；Vernon's Ann. Tex. Civ. Proc., Rule 166–A.

〔2〕 例如，Church of Scientology of California v. Cazaes, 638 F. 2d 1272（5th Cir. 1981）.

争点[3]将不能阻止作出简易判决。只有对于权利请求和答辩而言至关重要
（central）的事实[4]以及存在真实争议的事实方能准许阻止简易判决。[5]

当争点在于特定行为或者事件是否发生并且所提交的信息直接与其相关时，
法院在确定争议是否存在，以及由此是否应准许作出简易判决并不存在困难。[6]
但是，当必须对重要行为或事件的存在进行推断时，就产生了一个问题。譬如，
基于表明危险状况已公然明显地存在了超过一年时间的，未被驳斥的各宣誓书，
法院是否被准许作出结论——当事人已经实际知悉其土地上危险状况？尽管财产
所有人未能提出并且证明她并不知悉，这可能在对实体问题进行庭审时被认为是
极为重要的，然而，通常规则是，就简易判决申请而言，不应考虑这些推断和结
论。[7] 此类问题的解决通常有利于反对作出简易判决的一方当事人，而争点会
交由事实审理者解决。[8] 这反映了法官对陪审团庭审的尊重，并且承认法庭的
作用限于确定是否存在任何真实的事实争点，而非对这些争点本身加以裁断。[9]

当应答当事人所提出的反对简易判决的证据材料似乎涉及相互冲突的一些推
断——一种支持应答人观点的推断，以及一种反对应答人观点的推断时，另一问

459

---

〔3〕 例如，Nabhani v. Coglianese, 552 F. Supp. 657（N. D. III. 1982）.

〔4〕 例如，Ruhs v. Pacific Power &Light, 671 F. 2d 1268（10th Cir. 1982）；Commodity Futures Trading
Comm'n v. Savage, 611 F. 2d 270（9th Cir. 1979）.

〔5〕 如果未达到条件，尽管各法院没有准予简易判决的自由裁量权，但是即使看上去并不存在关于
任何主要事实的真实争议，法院仍可拒绝准许简易判决，参见 10A C. Wright, A. Miller&M. Kane, Civil
3d 2728.

〔6〕 各法院经常将简易判决与指示裁断进行类比推理。在两种情况下，提出申请的当事人均必须提
出关于事实存在的证据来证明事实认定人（fact finder）不会作出反对其观点的认定。参见，Mihalchak v.
American Dredging Co., 266 F. 2d 875, 877（3d Cir. 1979），要求调阅案卷的上诉申请被驳回 361 U. S.
901；Fail v. Lee, 535 S. W. 2d 203（Tex. Civ. App. 1976）；Gerard v. Inglese, 11A. D. 2d 381, 206
N. Y. S. 2d 879（1960）。关于指示裁断标准如何以及为何适用于简易判决申请的讨论，参见 Sonen-
shein, State of Mind and Credibility In the Summary Judgment Context: A. Better Approach, 78 Nw. U. L.
Rev. 774（1983）。就简易判决申请数量的上升会引起指示裁断数量的相应下降的这一主张而言，参见
Gregory, One Too Many Rivers To Cross: Rule 50 Practice in the Modern Era of Summary Judgment, 23 Fla. St.
U. L. Rev. 689, 691（1996）.

〔7〕 Cross v. U. S., 336 F. 2d 431（2d Cir. 1c964）；Bragen v. Hudson County News Co., 278 F. 2d
615（3d Cir. 1960）。推断事项和可信性是否是事实问题，并因而使得简易判决成为不适当，对这一问题
的讨论引人关注，参见 Note, Summary Judgment Under Federal Rule of a Clarifying Amendment, 48 Iowa L.
Rev. 453, 461 - 63, 468 - 69（1963）.

〔8〕 例如，U. S. v. Diebold, Inc., 369 U. S. 654, 82 S. Ct. 993, 8 L. Ed. 2d 176（1962）；
Schmidt v. Mckay, 555 F. 2d 30（2d Cir. 1977）；Dicker v. Lomas & Nettleton Financial Corp., 576 S. W.
2d 672（Tex. Civ. App. 1978）；Summers v. Milcon Corp., 134 Ga. App. 182, 213 S. E. 2d 515
（1975）；Green v. Southern Bell Tel. &Tel. Co., 204 So. 2d 648（La. App. 1967）.

〔9〕 Hoover v. Switlik Parachute Co., 663 F. 2d 964（9th Cir. 1981）.

题则会出现。[10] 与近来更自由、更为广泛地运用简易判决的趋势相一致，[11] 在相冲突的推断之间所作出的判断并不总是支持陪审团庭审；如果一种推断比其他推断更为合理，那么法院可在准予作出简易判决时作出这样的一种决断。[12]

尽管通过决定证据是否足以证明一个真实的主要事实争点，联邦法官可以对证据进行评估，但是不能通过将提供的证据与相反证据相比较的方式来评价所提供的证据。因而，主持庭审的法官只需确定非申请方当事人有关某一争点的证据"在表面上是合理的，且能为理性的事实认定者所接受"[13]以此拒绝简易判决申请，即使就提出申请的当事人的宣誓书而言，其可以证明准许有关该争点的申请是正当的。

法院在对简易判决申请进行审查时，得到关于证明责任的特定广为认可规则的帮助。提出申请的当事人首先应承担提出信息的责任，以便清晰地表明并不存在与作为简易判决申请基础之事项有关的事实争议。[14] 即使对方当事人在庭审

---

〔10〕 对势均力敌的（equal）各种推断这一问题的讨论，参见 Friedenthal, Cases on Summary Judgment: Has There Been a Material Change in Standards?, 63 Notre Dame L. Rev. 770, 784 - 87 (1988).

〔11〕 1986 年联邦最高法院所作的有关简易判决的三个判决看似预示着对这一程序工具的更广泛的运用。这三个案件是：Industrial Co. v. Zenith Radio Corp., 475 U. S. 574, 106 S. Ct. 1348, 89L. Ed. 2d 538 (1986)；Anderson v. Liberty Lobby, Inc. 477 U. S. 242, 106 S. Ct. 2505, 91 L. Ed. 2d. 202 (1986)；Celotex Corp. v. Catrett, 477 U. S. 317, 106S. Ct. 2548, 91 L. Ed. 2d 265 (1986).

就对这三个判决的意义的讨论，参见 Friedenthal, Cases on Summary Judgment: Has There Been a Material Change in Standards?, 63 Notre Dame L. Rev. 770 (1988); Risinger, Another Step in the Counter - Revolution: A Summary Judgment on the Supreme Court's New Approach to Summary Judgment, 54 Brooklyn L. Rev. 35 (1988); Sinclair &Hanes, Summary judgment: A Proposal for Procedural Reform in the Core Motion Context, 36 Wm. & Mary L. Rev. 1633 (1995); Comment, Summary Judgment: The Majority View Undergoes a Complete Reversal in the 1986 Supreme Court, 37 Emory L. J. 171 (1988); Note, Summary judgment in Federal Count: New Maxims for a Familiar Rule, 34 N. Y. L. Sch. L. Rev. 201 (1989); Note, Federal Summary Judgment :The "New" Workhorse for an Overburdened Federal Court Systern, 20 UC Davis Rev. 955 (1987).

就认为简易判决的适用过于广泛的这一主张而言，参见 Wald, Summary judgment at Sixty, 76 Texas L. Rev. 1897, 1944 (1998). 沃尔德（Wald）法官提出，简易判决已经从一种清除无意义及虚假案件的工具发展为"更类似基于案件早期简要分析的一种完全形态的裁断"，这将简易判决转换为"一种潜在的具有强大破坏力的机制"。参见，同上，第 1917 页。

〔12〕 在 Matsushita Elec. Industrial Co. v. Zenith Radio Corp., 475 U. S. 574, 106S. Ct. 1348, 89 L. Ed. 2d 538 (1986) 这一复杂的反托拉斯案件中，法院认为，由于缺乏合谋动机，因而可合理地推断不存在合谋。法院指出，只有当事实审理者面临两个同样可行且相互冲突的推断时，才能拒绝作出简易判决。对事实的这种逐案分析的效果是，许多案件可以在简易判决阶段得到适当处理。Comment, Summary Judgment: The Majority View Undergoes a Complete Reversal in the 1986 Supreme Court, 37 Emory L. J. 171, 196 (1988).

应当注意的是，这并不意味着一个法院可就理性人对其持有不同意见的冲突证据作出可信性选择。参见 Advisory Committee Notes, Proposed Amendment to the Federal Rules of Civil Procedure, Revised Rule 56 (b) (1991).

〔13〕 参见 Duane, The Four Greatest Myths About Summary Judgment, 52 Wash. & Lee L. Rev. 1523, 1560 (1995).

〔14〕 参见 Franklin Nat. Bank v. L. B. Meadows &Co., 318 F. Supp. 1339, 1343 (E. D. N. Y. 1970); Tasco, Inc. v. Winkel, 281 N. W. 2d 280, 282 (Iowa 1979).

时将就该争点承担说服责任，情况同样如此。[15] 提出申请的当事人被要求达到严格标准。关于真实的主要事实争议存在的任何疑问的解决会不利于提出申请的当事人，[16] 同时将以最有利于反对申请之当事人的方式对证据进行解释。[17]

　　为了尽到这种责任，提出申请的当事人一般会提交外部证据，譬如对事实予以说明的证人宣誓书，[18] 而这些事实是证人可以在庭审时作证的事实。[19] 如果所提交的信息——假若这些信息是真实的话——不能表明没有事实争议存在，那么，即使对方当事人并未提出相反证据，简易判决也将被否决。[20] 当且仅当提出申请之当事人出示了信息，而该信息看似能够表明没有事实争议存在时，[21]

461

---

〔15〕 参见 Gual Morales v. Hernandez Vega, 579 F. 2d 677 (1st Cir. 1978); Mack v. Cape Elizabeth School Bd., 553 F. 2d 720 (1st Cir. 1977).

〔16〕 Ely v. Hall's Motor Transit Co., 590 F. 2d 62 (3d Cir. 1978); Moyer v. Briggs, 47 A. D. 2d 64, 364 N. Y. S. 2d 532 (1975).

〔17〕 Harold Friedman, Inc., 587 F. 2d 127 (3d Cir. 1978); Partridge v. Younghein, 202 Neb. 756, 277 N. W. 2d 100 (1979).

〔18〕 简易判决诉讼中的宣誓书——既包括支持申请的宣誓书也包括反对申请的宣誓书——均应对证据事实进行陈述。基本事实和法律结论并不足以满足要求。例如，Hatch v. Bush, 215 Cal. App. 2d 692, 30 Cal. Rptr. 397 (1963); City of Quincy v. Sturhahn, 18 Ill. 2d 604, 165 N. E. 2d 271 (1960). 就对宣誓书要求的进一步讨论，参见上文9. 2.

对《联邦民事诉讼规则》第56条（c）的一项修正提议曾规定，就被认为不存在真实争议的每项事实而言，应当达到特定的具体性要求。因而，为了对一项事实是否存在真实争议的主张予以支持，本应对交叉引用所信赖的证据材料特定部分作出规定。Proposed Amendments to the Federal Rules of Civil Procedure, Revised Rule 56 (c) (1991).

〔19〕 尽管支持性宣誓书是最常见的证据，但是，只要达到了简易判决的标准，简易判决也可在没有宣誓书的情况下作出。Celotex Corp. v. Catrett, 477 U. S. 317, 106 S. Ct. 2548, 91 L. Ed. 2d 265 (1986).

〔20〕 例如，Adickes v. S. H. Kress & Co., 398 U. S. 144, 160, 90 S. Ct. 1598, 26 L. Ed. 2d142 (1970); Becker v. Kodel, 355 So. 2d 852 (Fla. App. 1978); Jacobsen v. State, 89 Wn. 2d 104, 569 P. 2d 1152 (1977). 参见 Currie, Thoughts on Directed Verdicts and Summary Judgments, 45U. Chi. L. Rev. 72, 76 – 79 (1977).

〔21〕 当提出申请的当事人不会在庭审时承担证明责任时，她无需证明所主张的事实不是真实的，只需表明对方当事人没有提出证据来履行其证明责任。在此情况下，提出申请的当事人仅提出此类证据不存在的这一主张将不足以达到要求。提出申请的当事人为了胜诉，必须通过宣誓书、庭外笔录证言、书面质问、要求自认（requests to admit），以及表明证据支持缺乏的其他相关材料来进行记录。参见 Maley, 1994 Federal Civil Practice and procedure Update for the Seventh Circuit Practitioner: A Year of Adjustment, 28 Ind. L. Rev. 891, 906 (1955); Price, Reconsidering Celotex: What is the Burden of Production When a Defendant Moves for Summary Judgment on the Ground that the Plaintiff Lacks Evidence? 11 Utah B. J. 14 (May 1998).

应答当事人通常[22]才必须主动提出材料来证明确实存在真实的事实争点。[23] 如果应答当事人未能尽到此责任，则应当准许作出简易判决。[24] 应答当事人不能依赖诉辩文书中的主张，这是因为简易判决的精髓在于超越诉辩文书以便决定看似存在的事实争议是否真实。[25] 但是，如果应答当事人的确提出信息来反驳申请方当事人的信息，或者以其他方式表明存在着事实争议，那么应当拒绝作出简易判决；然后，该事项会在经过对实体问题的庭审后交由事实审理者解决。

462　　　　尽管提出简易判决申请的当事人始终承担着证明不存在主要事实争点的责

---

〔22〕 在特定的特殊情况下，应答当事人不能获取表明事实争议的证据，例如，当争点的性质决定了事实是由提出申请的当事人所控制时，就会出现这种情况。在此类情况下，不应当准许作出简易判决。参见以下注释35－39及相关内容。

〔23〕 案件内容可能会影响一方当事人必须提出的证据的数量，这些证据是用于驳斥简易判决申请。例如，就职业骚扰（employment harassment）案中原告所需提出的驳斥简易判决申请的证据的数量而言，各联邦上诉法院之间意见不一。参见 Acosta & Von Vorys, Brusting Bubbles and Burdens of Proof: The Deepening Disagreement on the Summary Judgment Standard in Disparate Treatment Employment Discrimination Cases, 2 Texas Rev. L. &Pol. 207 (1988). 联邦上诉法院第一巡回审判庭、第二巡回审判庭（全院法官庭审）、第五巡回审判庭（全院法官庭审）以及第八巡回审判庭（全院法官庭审）已经裁定，雇主有义务提出关于雇主是否有意进行歧视的真实事实争点。而联邦上诉法院第三巡回审判庭（全院法官庭审）、第七巡回审判庭、第十巡回审判庭（全院法官庭审）以及第十一巡回审判庭（全院法官庭审）裁定认为，雇员应承担略微轻一些的责任。同上，第108页。

〔24〕 例如，Bouloware v. Parker, 457 F. 2d 450 (3d Cir. 1972); Scott v. Dollahite, 54 F. R. D. 430 (N. D. Miss. 1972); PhillipsVanHeusen Corp. v. Shark Bros. Inc., 289N. W. 2d 216 (N. D. 1980); Gelb v. Bucknell Press, Inc., 69 A, D. 2d 829, 415 N. Y. S. 2d 89 (1979); Mayo v. Knapton, 118 N. H. 926, 395 A. 2d 1254 (1978); Northern Contracting Co. v. Allis－Chalmers Corp., 117 Ariz. 374, 573 P. 2d 65 (1977).

〔25〕《联邦民事诉讼规则》第56条（e）于1963年被修正以便推翻一系列判例，这些判例主要是联邦上诉法院第三巡回审判庭的判例，此类判例裁定认为，如果应答当事人诉辩文书中"适当提出"的主张在实质性争点上否认（contradict）了提出申请的当事人的宣誓书，应答当事人就可以驳斥简易判决申请而无需提交宣誓书。参见 the Advisory Committee Notes to the 1963 amendment of Rule 56, reprinted in 31 F. R. D. 648 (1963); 10B C. Wright, A. Miller & M. Kane, Civil 3d 2739.

各州的程序规则通常与修改后的《联邦民事诉讼规则》第56条（e）相一致。参见，例如，Eakman v. Brutger, 285 N. W. 2d 95 (Minn. 1979); Cullincini. v. Deming 53 Cal. App. 3d 908, 126 Cal. Rptr. 427 (1975); S. J. Capelin Assocs., Inc. v. Globe Mfg. Corp., 34 N. Y. 2d 338, 357 N. Y. S. 2d 478, 313 N. E. 2d 776 (1974). 但是，可参见 Atkins v. Atkins, 376 A. 2d 856, 859 n. 4 (Me. 1977) ("诉辩文书提出了充足的事实争点，这证明由陪审团对其审理是正当的，因此简易判决不是'适当的'。) Glosser v. City of New Haven, 256 Ind. 33, 267 N. E. 2d 67 (1971) (按照法律规定，未能提交反驳宣誓书不会使得申请人获得简易判决；经宣誓证实的起诉书提出了事实争点)。

任，[26] 但是，这种证明的性质取决于谁将在庭审时承担说服责任[27]以及要求达到何种证明标准。[28] 在大多数案件中，庭审时承担说服责任的正是那些非申请方的当事人。如果该当事人不能主动提供信息以表明存在着对其案件至关重要的事实问题，那么简易判决的作出显然是适当的。[29] 但是，假定正是申请人在庭审时承担说服责任。在庭审时，非提出申请的当事人将有权不采取行动，不提供任何证据，并且主张自己应当胜诉，因为申请人的证人并不可信。于是，从逻辑上讲，只需主张在提出申请之当事人的证人可能并不可信时案件必须进行庭审，非提出申请的当事人就可以使简易判决成为无效。[30] 然而，情况并非如此。

　　这一问题的解决既涉及证明责任问题，又与可信性问题相关。[31] 当反对方当事人关于准许案件进入庭审的惟一辩护观点是基于对申请方证人可信度进行检验的这一期望时，法院通常会准予作出简易判决。他们所依据的是，简易判决规则中没有特定用语来对何方当事人可以申请获得救济，或者在可信性争议或动机争议出现时可否作出简易判决进行限制。[32] 同时，他们所针对的是规则中的表

463

---

〔26〕 在 Celotex Corp. v. Catrett, 477 U. S. 317, 106 S. Ct. 2548, 91 L. Ed. 2d 265 (1986) 一案，法院减轻了提出申请的当事人最初所承担的责任。通过积极否定非提出申请的当事人的主张或者向法院表明非申请的当事人无法证明该主张的基本要素，一个申请人可以尽到其最初的义务。法院对提出申请之当事人责任的减轻将会更便于频繁作出简易判决。参见 Note, Federal Summary Judgment: The "New" Workhorse for an Overburdened Federal Court System, 20 UC Davis L. Rev. 955, 967 (1987). 同时参见 Lujan v. National Wildlife Federation, 497 U. S. 871, 110 S. Ct. 3177, 111 L. Ed. 2d 695 (1990) (遵循了 Celotex 这一判例)。

〔27〕 如果申请人本应承担说服责任——由于他们是原告或者他们进行积极答辩——于是他们必须确立诉求或者答辩的所有基本要素。只需表明对方当事人的主张的任何基本要素并不存在，不承担说服责任的申请人就可以获得简易判决。参见 Louis, Federal Summary Judgment Doctrine: A Critical Analysis, 83 Yale L. J. 745, 747－48 (1974).

〔28〕 在 Anderson v. Liberty Lobby, Inc., 477 U. S. 242, 106 S. Ct. 2505, 91 L. Ed. 2d 202 (1986) 一案中，要求考虑对非提申请方当事人的更高证据要求标准。在这个名誉损害案件中，对恶意的存在必须通过明晰且令人信服的证据，而非通过证据优势加以证明。通过要求非提出申请的当事人出示足以对抗指示裁断申请的证据，法院有效地增加了非提出申请的当事人的责任，因而，这也便于作出简易判决。

〔29〕 例如，在 Dyer v. MacDougall, 201 F. 2d 265 (2d Cir. 1952) 一案中，被告通过提交宣誓书对一项口头诽谤主张进行了驳斥，这些宣誓书由所指控之名誉损害的全部证人签署，而每位证人均否认曾发生不法行为。即使庭审时原告成功地对被告证人的可信性有所质疑，他仍然不能履行其说服义务；并没有可采纳的证据以支持作出一项有利于原告的裁断。

〔30〕 戴维·柯里 (David Currie) 教授曾主张，"正如有时事实上所存在的一样，在庭审时一个陪审团有权怀疑未被否认的证人 (uncontradicted witness) 以便作出有利于承担证明责任的一方当事人的简易判决，这是基于一份表明此证人证言可能会侵犯获得陪审团审判的权利的宣誓书。" Currie Thoughts on Directed Verdicts and Summary Judgments, 45 U. Chi. L. Rev. 72, 76－77 (1977).

〔31〕 参见 Sonenshein, State of Mide and Credibility in the Summary Judgment Context: A Better Approach, 78 Nw. U. L. Rev. 774 (1983).

〔32〕 试比较 West's Ann. Cal. Code Civ. Proc. 437c (e): "如果一方当事人应当有权依照本款规定获得简易判决，简易判决不得以提交支持简易判决之宣誓书或书面陈述的证人的可信性或者未对其进行交叉询问为由而被拒绝作出……"

述，即要求反对简易判决的当事人对申请人的主张进行驳斥。[33] 尽管法院在作出一项有利于承担举证责任之当事人的简易判决时应当慎重，[34] 但是，仅仅是反对方希望使其辩护观点建立在证人可信性之上的这一主张，就其本身而言，并不足以阻止作出简易判决。[35] 只有当非申请方当事人提出在实体问题上支持其辩护观点的宣誓书，或者对为申请人制作宣誓书之人的诚实性进行质疑时，才应当拒绝作出简易判决。[36] 如果反对方能够提出一些原因来表明为何申请方证人在庭审时可能并不可信，譬如，证人自身会从有利于申请人的诉讼结果中获益，[37] 那么简易判决将是不适当的，因为证人的可信性问题显然存在争议。

如同已表明的一样，在某些情况下，应答当事人可能无法获得必要的信息以证明存在着实质性的事实争议。简易判决规则通常规定，如果应答当事人表明需要耗费更多时间来对事实进行确认，那么申请可能会被拒绝，或者针对申请进行的听审可能会被推迟。[38] 在提供合理的额外时间以确定证人、收集庭外笔录证言以及寻找文件方面，法院常常会较为宽容。[39]

---

〔33〕 例如，Lundeen v. Cordner, 354 F. 2d 401（8th Cir. 1966）；Spalding, Div. of Questor Corp. v. Antonious, 68 F. R. D. 222（D. Md. 1975）；Rinieri v. Scanlon, 254 F. Supp. 469（S. D. N. Y. 1966）. 比较 Swecker v. Dorn, 181 Mont. 436, 593 P. 2d 1055（1979）（因为被告没有就原告的各项主张提出质疑，它们就被认定为是真实的）；Hurwitz v. Kohm, 516 S. W. 2d 33（Mo. App. 1974）（就原告所提出的简易判决申请而言，未被否认的宣誓书被采信）。

〔34〕 主要参见 Louis, Federal Summary Judgment Doctrine: A Critical Analysis, 83 Yale L. J. 745 (1974)（因为一些制定法没有明确区分庭审时承担证明责任的当事人和不承担证明责任的当事人，所以受到批评）。

〔35〕 Vantage Point, Inc. v. Parker Bros., Inc., 529 F. Supp. 1204（E. D. N. Y. 1981），维持原判而未发表法官判决意见书 697 F. 2d 301（2d Cir. 1982）；Spalding, Div. of Questor Corp. v. Antonious, 68 F. R. D. 222（D. Md. 1975）。

〔36〕 一般认为，反对的当事人必须提出使宣誓作证人可信性存在争议的特定事实。参见，例如，Lundeen v. Corder, 354 F. 2d 401（8th Cir. 1966）（在没有积极表明证人证言可被质疑或者宣誓作证人可能会拥有对反对方当事人有价值的补充证言时，应当作出有利于承担说服责任的当事人的简易判决）。在 Lundeen 一案中，Gibson 法官提出，无论何时当"有迹象表明宣誓作证人存在偏见、不诚实、误解、没有觉察到事实或者对事实并不确知时"，交叉询问是必要的，因而简易判决将是不适当的。同上，第 408 页。

〔37〕 在德克萨斯州，如果有利于申请人观点的未被否认的证据是来自于有利害关系的证人时，不能对此证据加以考虑，除非它是清楚、直接并且明确的并且证据方面没有情况趋向于对其进行怀疑或者置疑。Evans v. Fort Worth Star Telegram, 548 S. W. 2d 819（Tex. Civ. App. 1977）；Fagin v. North Dallas Moving & Storage Co., 503 S. W. 2d 308（Tex. Civ. App. 1973）。

〔38〕 例如，Fed. Civ. Proc. Rule 56（f）. 依照《联邦民事诉讼规则》第 56 条（f），一方当事人必须通过宣誓书陈述其不能提交必要相反材料的理由，然后法院可拒绝准许简易判决申请，并指令诉讼程序延期进行以便准许进行补充披露，或者"依照公平原则下达指令"（make such order as is just）。参见 Annot, 47A. L. R. Fed. 206（1980）. 大多数州均有相似的规定。例如，West's Ann. Cal. Code Civ. Proc. 437c（h）；Official Code Ga. Ann. 9 - 11 - 56；Neb. Rev. Stat. 25 - 1335；N. Y. - McKinney's CPLR 3212（f）。

〔39〕 例如，Littlejohn v. Shell Oil Co., 483 F. 2d 1140（5th Cir. 1973），要求调阅案卷的上诉申请被驳回 414 U. S. 1116；Catanzaro v. Masco Corp., 408 F. Supp. 862（D. Del. 1976），Carter v. Jernigan, 227 N. W. 2d 131（Iowa 1975）；Monmouth Lumber Co., v. Indemnity Ins. Co., 21 N. J. 439, 122 A. 2d 604（1956）。

在额外时间无法足以为应答当事人提供获得必要信息的公平机会的这一特殊案件中，此问题会涉及更多的因素。当争点的性质决定了事实由提出申请的当事人所控制时——例如，当争点是后者在特定时间的精神状态时，就会出现这种情况。在很多情况下，对某人就其自我意图的宣誓书进行反驳的惟一途径是使该人在庭审中出庭并在事实审理者前接受正式询问。[40] 在这些案件中，简易判决会被否定。[41]

重要的是，应当意识到在以下两种情况之间的区别：一是期待应答当事人获取相反信息是不公平的，另一则是适当调查显示并不存在相反证据。在后一种情况下，简易判决显然是适当的。即便如此，当申请是基于相关事实的惟一证人所作出的宣誓书或庭外笔录证言时，某些法院可能会拒绝给予救济，[42] 其理由是，在未要求该证人在公开法庭就事实作证的情况下，对案件作出判决将是不公平的。

B. 缺席判决

9.4 不应诉登记与不应诉判决

465

牢记不应诉登记和不应诉判决之间的差异是相当重要的。[1] 不应诉登记并不构成一项判决；它只是一种法院书记员所作的标记，并且可以阻止不应诉当事

---

〔40〕 在 Cross v. U. S. 336 F. 2d 431（2d Cir. 1964）一案中，例如，原告纳税人是一位语言学教授，他力图证明他海外旅行的目的在于维持并提高其语言技巧，由此旅行费用符合商业扣减项目（business deduction）的要求。政府律师没有提出旁证来反驳纳税人自己的宣誓书，而该宣誓书证明了其在旅行时的精神状态。于是，联邦上诉法院第二巡回审判庭推翻了有利于原告的简易判决，同时保存了政府"要求对方当事人……出庭并在陪审团前进行询问的权利"。同上，第 434 页。

〔41〕 参见 West's Ann. Cal. Code Civ. Proc. 437c（e）（"当主要事实是个人的精神状态，或有关其情况和这类事实，并且只能通过个人对其确认才能对此事实予以确立时，……法院可以依据自由裁量权拒绝作出简易判决。"）；Petro v. McCullough, 179 Ind. App. 438，385N. E. 2d 1195（1979）；Louis, Summary Judgment and the Actual Malice Controversy in Constitutional Defamation Cases, 57 S. Calif. L. Rev. 707（1984）。但是，可参见 Vern Walton Motors v. Taylor, 121 Ariz. 463，591 P. 2d 555（App. 1978）。就精神状态处于争议时，对简易判决的审查而言，主要参见 10B C. Wright, A. Miller & M. Kane, Civil 3d 2730.

〔42〕 参见 West's Ann. Cal. Code Civ. Proc. 437c（e）。（"当所提出的支持简易判决的关于主要事实的仅有证据是作为此事实惟一证人的个人所作出的宣誓书或者书面陈述时，…… 法院可能依据自由裁量权拒绝作出简易判决"。）

〔1〕 在寻求救济时，不应诉和不应诉判决之间的区别变得相当重要。正如所预计的一样，依据不应诉登记获得的救济要比依照不应诉判决获得的救济更容易获得准许。Jackson v. Beech, 636 F. 2d 831（D. C. Cir. 1980）；Peebles v. Moore, 48 N. C. App. 497，269 S. E. 2d 694（1980）；modified and affirmed 302 N. C. 351，275 S. E. 2d 833（1981）. 参见 Rappleyea v. Campbell, 8Cal. 4th 975, 35 Cal. Rptr. 2d 669, 884 P. 2d 126（1994），它在 California Supreme Court Survey: X Judgments, 23 Pepp. L. Rev. 354（1995）中被提到。

人作出任何有关责任问题的新的答辩。[2] 不应诉标记记载了答辩当事人未能进行诉辩或者以其他方式就权利主张作出抗辩的事实。

在三种情况下可能作出不应诉判决。第一，被告从未出庭或者针对原告起诉书进行答辩。第二，被告出现了（make an appearance），但是未能进行正式答辩或者在庭审时出庭。[3] 第三，被告在审前程序中未能遵守某些程序要求、期限或者法院指令，法院作出不应诉判决以示惩罚。正如在其他地点所讨论的一样，关于应受惩罚的不应诉行为（penalty default）的法律依据可以在大多数调查取证规则中找到。[4] 法院已将它们认定为固有权力，以便在审前会议阶段确保对规则的遵守或者合作。[5] 其他两种不应诉情况是由各法院系统中特别设计的规则来加以调整，下文将对其进行讨论。[6]

不应诉判决是一种严厉的行为，因为它们会遭遇对案件实体裁决的司法偏好问题（judicial preference），特别当被告在其他方面尽到谨慎时，此情况尤为明显。实际判决是基于法院书记员此前根据规则或者制定法所作的不应诉登记。[7] 判决可能由书记员或者法官作出，这取决于所适用的规则或者制定法以及基础权利主张的性质。

466　　　　　如果已进行不应诉登记，同时起诉书清楚表明特定金额并且只有该金额应付给原告，那么大多数规则规定书记员可以就该笔金额作出不应诉判决。[8] 当所主张的损害赔偿金是合同约定金额，并且所要求的金额根据情况是合理时，此要

---

〔2〕 Arongo v. Guzman Travel Advisors, 761 F. 2d 1527（11th Cir. 1985），要求调阅案卷的上诉申请被驳回 474 U. S. 995；Citizens Nat. Bank of Grant County v. First Nat. Bank in Marion, Indiana, 165 Ind. App. 116, 331 N. E. 2d 471 (1975).

〔3〕 应当将未进行答辩或者辩护与在针对起诉书进行答辩后未在庭审时出庭相区别。在前一情况下，案件从未正式地被置于争议之中，可能会作出不应诉判决。在后一情况中，争点已经形成，也会进行庭审，而这种庭审是在当事人缺席并未出庭的情况下进行的。参见 Coulas v. Smith, 96Ariz. 325, 395 P. 2d 527 (1964).

〔4〕 参见上文 7. 16.

〔5〕 参见上文 8. 2.

〔6〕 应受惩罚的不应诉行为并不受适用于不应诉判决的规则所规定的所有保护措施调整。例如，损害赔偿金不受起诉书中所主张金额的限制。参见以下注释 18 的相关内容。Aljassim v. S. S. South Star, 323 F. Supp. 918 (S. D. N. Y. 1971)；Sarlie v. E. L. Bruce Co., 265 F. Supp. 371 (S. D. N. Y. 1967). 但是，答辩当事人将有权获得告知，并享有在不应诉听审中出庭的权利。参见 Eisler v. Strizler, 535 F. 2d 148 (1st Cir. 1976).

〔7〕 例如，Fed. Civ. Proc. Rule 55 (a)；West's Ann. Cal. Code Civ. Proc. 585 (a) and (b), 586；Md. Rule 613；Ohio Rules Civ. Proc., Rule 55 (A).

〔8〕 Fed. Civ. Proc. Rule 55 (b) (1)；West's Ann. Cal. Code Civ. Proc. 585 (a)；Idaho Rules Civ. Proc., Rule 55 (b) (1). 主要参见10A. C. Wright, A. Miller &M. Kane, Civil 3d2683.

求通常会得到满足，而只有在一些合同之诉中才能达到这些条件。[9]

除了这些个别情况外，大多数规则赋予法官决定是否作出不应诉判决的自由裁量权。在行使该自由裁量权时法官将考虑各种因素，[10] 这包括不应诉是否主要是技术性的和被告现在是否准备好进行答辩、[11] 原告是否因被告的迟延应答而受到损害、[12] 以及所涉及的金额或者所争议问题的重要性。[13] 对这些因素的评估是在基于是非曲直完整审理所作的判决之后，并根据一般偏好作出。[14]

当决定是否作出判决时，法院可能会进行听审。[15] 实际上，《联邦民事诉讼规则》第55条（b）（2）授权联邦地区法院法官进行听审或者"在其认为必要和适当时，指令提交审断。"因为被告的不应诉只是被用于承认起诉书中关于责任的事实主张，所以听审通常是颇为合适的。[16] 不应诉并不会阻止被告提出，这些事实主张未能陈述一项要求获得救济的诉求。[17] 按照大多数不应诉规则，一旦存在不应诉情形，原告所获得的救济不能获得超过其在起诉书中所要求金额

467

〔9〕 试比较 Galanti v. Emerald City Records, Inc., 144 Ga. App. 773, 242 S. E. 2d 368（1978）（承租人违反租赁合同的损害赔偿金因容易计算而确定）和 Ford v. Superior Ct. for Orange County, 34 Cal. App. 3d 338, 109 Cal. Rptr. 844（1973）（书记员不能就以不动产信托契约为担保本票作出不应诉判决，因为原告主张担保已经变得"没有价值"而法院必须对该证据进行听审）。同时参见 Byrd v. Keene Corp., 104 F. R. D. 10（E. D. Pa. 1984）（原告仅仅要求一个特定金额的款项，这不能满足确定性要求）。

〔10〕 就对所考虑因素的更为详细清单，可参见 10A. C. Wright, A. Miller &M. Kane, Civil 3d2685.

〔11〕 参见 McKnight v. Webster, 499 F. Supp. 420（E. D. Pa. 1980）; Franzen v. Carmichael, 398 N. E. 2d 1379（Ind, App. 1980）.

〔12〕 参见 Davis . Mercier - Freres, 368 F. Supp. 420（E. D. Wis. 1973）（没有受到损害）; Seanor v. Bair Transport Co. of Delaware, Inc., 54 F. D. R. 35（E. D. Pa. 1971）（受到损害）.

〔13〕 参见 Hutton v. Fisher, 359 F. 2d 913（3d Cir. 1966）; General Motor Corp. v. Blevins, 144 F. Supp. 381（D. Colo. 1956）.

〔14〕 在准许不应诉判决获得救济方面，对于对方当事人充分陈述的这一偏好也会对初审法院判决产生影响。参见下文12. 6。但是，在上诉时，初审法院所作出的不应诉判决这一自由裁量决定只能以滥用自由裁量权为由被撤消。参见 Rappleyea v. Campbell, 8 Cal. 4th 975, 35 Cal. Rptr. 2d 669, 884 P. 2d 126（1994），它在 California Supreme Court Survey: X Judgments, 23 Pepp. L. Rev. 354（1995）中被提到。

〔15〕 Ariz. Rules Civ. Proc., Rule 55（b）（2）; Fla. -West's F. S. A. Rules Civ. Proc., Rule 1. 500（e）。主要参见 10A C. Wright, A. Miller & M. Kane, Civil 3d 2688.

〔16〕 参见 Thomson v. Wooster, 114 U. S. 104, 5 S. Ct. 788, 29 L. Ed. 105（1885）; Southern Arizona School for Boys, Inc. v. Chery, 119 Ariz. 277, 580 P. 2d 738（App. 1978）.

〔17〕 Bonilla v. Trebol Motors Corp., 150 F. 3d 77, 80（1st Cir. 1998）.

或救济种类。[18] 然而，不应诉并不是承认原告享有获得所要求救济的权利;[19] 判令的损害赔偿金额必须由法官决定。[20] 确定损害赔偿金的不应诉听审可以像任何其他庭审一样进行。[21] 但是，在不应诉判决听审时，证人通常不会亲自到庭。相反，证据是以宣誓书形式提交的。[22]

一个重要问题是，不应诉当事人是否有权获得关于即将进行的判决和听审的通知。[23] 问题的解决会各有不同，这取决于所涉及的不应诉的类型。不应诉登记通常不会进行通知，如同书记员所作出的判决一样。[24] 但是，如果不应诉判决将由法官作出，大多数司法管辖区则会采取《联邦民事诉讼规则》第 55 条（b）（2）的处理方法，该条规定，只有当被告已在案件中"应诉"（appeared）时，应当提前三天就不应诉判决进行通知。[25] 在"应诉"和"未应诉"之间的这种区分显示出，前者已经在案件中采取了某些行动——表明了某些利害关系——因此被认为适当的是，为其提供机会以对听审中所准许的金额、范围或救济类型进行辩论，或者，若诉辩文书不充分，则有机会提出，因为诉辩文书没有就

468

------

〔18〕 例如，Fed. Civ. Proc. Rule 54（c）；Ariz. Rules Civ. Proc.，Rule 54（d）；Official Code Ga. Ann. 9 – 11 – 54（c）（1）.

〔19〕 被告可以在不应诉听审时主张，即使事实被认为是真实的，也不会支持作出一项有利于原告的判决。Ohio Cent. R. Co. v. Central Trust Co.，133 U. S. 83, 91, 10 S. Ct. 235, 237, 33 L. Ed. 561（1890）；Clague v. Bednarski，105 F. R. D. 552（E. D. N. Y. 1985）；Productora E Importadora De Papel, S. A. v. Fleming，376 Mass. 826, 383 N. E. 2d 1129（1978）. 但是，可参见 Trans World Airlines Inc. v. Hughes，449 F. 2d 51（2d Cir. 1971），基于其他依据被撤消 409 U. S. 363, 93 S. Ct. 647, 34 L. Ed. 2d 577（1973）.

〔20〕 Pope v. U. S.，323 U. S. 1, 65 S. Ct. 16, 89 L. Ed. 3（1944）；Insurance Co. of N. America v. S/S "Hellenic Challenger," 88 F. R. D. 545（S. D. N. Y. 1980）；Kelly Broadcasting Co. v. Sovereign Broadcast, Inc.，96 Nev. 188, 606 P. 2d 1089（1980）.

〔21〕 如果法庭认为适当时，被告可就损害赔偿问题获得陪审团庭审。参见 Bonilla v. Trebol Motor Corp.，150 F. 3d 77, 82（1st Cir. 1998）；Barber v. Turbeville，218 F. 2d 34（D. C. Cir. 1954）. 但是，两方均没有要求就损害赔偿争议进行陪审团庭审的权利。Eisler v. Stritzler，535 F. 2d 148（1st Cir. 1976）. 但是，试比较 Devlin v. Kearny Mesa AMC/Jeep/Renault, Inc.，155 Cal. App. 3d 381, 202 Cal. Rptr. 204（1984）（被告不得参加确定惩罚性损害赔偿的不应诉判决听审）.

〔22〕 参见 West's Ann. Cal. Code Civ. Proc. 585（d）.

〔23〕 未能提供规定的通知将为推翻或者撤消不应诉判决提供合理依据。参见 Marshall v. Boyd，685 F. 2d 552（8th Cir. 1981）；Wilver v. Fisher，387 F. 2d 66（10th Cir. 1967）. 但是，没有通知并不总是意味着判决无效且会受到间接攻击。参见 Radioear Corp. v. Crouse，97 Idaho 501, 547 P. 2d 546（1975）. 同时参见 Winfied Assocs., Inc. v. Stonecipher，429 F. 2d 1087（10th Cir. 1970）. 但是，可参见 Bass v. Hoagland，172 F. 2d 205（5th Cir. 1949），要求调阅案卷的上诉申请被驳回 338 U. S. 816. 就对通知的更为详细的讨论，参见 10A C. Wright, A. Miller & M. Kane, Civil 3d 2687.

〔24〕 Harp v. Loux，54 Or. App. 840, 636 P. 2d 976（1981）；Zettler v. Ehrlich，384 So. 2d 928（Fla. App. 1980）.

〔25〕 Ala. Rules Civ. Proc.，Rule 55（b）（2）；Ariz. Rules Civ. Proc.，Rule 55（a），（b）（1）；Idaho Rules Civ. Proc.，Rule 55（a）（1），（b）（1）. 同时参见 S. C. Rules Civ. Proc.，Rule 55（b）（1）；Wis. Stat. Ann. 806. 02（1）（要求对任何应诉的当事人进行通知）.

可能被准许的救济进行主张，所以原告的主张应被驳回。[26]

当涉及什么构成一个足以引起通知要求的应诉时，就会产生一些难以解决的问题。[27] 一个例证是，一个当事人只是以诸如缺乏管辖权等程序性理由进行抗辩，而在该异议未能成功后，也没有就案件的实体问题进行答辩。[28] 但是，就被告而言，非正式行动也会构成应诉，[29] 例如双方当事人之间就和解所进行的函件往来。[30] 很多法院在决定什么构成应诉问题上均采取宽松处理方式，这再次反映出——通常不愿意未经对方当事人陈述就作出判决，同时希望在判决作出前通知以便鼓励不应诉当事人应诉和答辩。

C.　撤 消 诉 讼

9.5 自愿撤诉与非自愿撤消诉讼

在普通法上，在判决作出以前原告一直被视为是自己案件的控制者，所以允许其在判决前的任何时间自愿撤诉并且可以再诉。[1] 现在，原告的撤诉权由规则或者制定法加以调整，并且大多数司法管辖区并没有接受普通法上的处理方法。只要被告没有因原告的诉讼而被不适当地增加负担，那么原告通常会享有单方自愿撤诉权。法典将其规定为"庭审"以前[2]或者"庭审开始"以前的任何时间。[3] 对"庭审开始"或者"庭审"的准确界定是一个司法解释问题，[4] 同时这种界定各有不同，从选任陪审员、到法庭上正式提出证据、到将案件提交给陪审团。《联邦民事诉讼规则》[5] 将原告绝对撤诉权限制为程序中被告已经

---

〔26〕 参见 Lutomski v. Panther Valley Coin Exchange, 653 F. 2d 270 (6th Cir. 1981); H. F. Livermore Corp. v. Aktiengesellschaft Gebruder Loepfe, 432 F. 2d 689 (D. C. Cir. 1970).

〔27〕 主要参见 10A C. Wright, A. Miller & M. Kane, Civil 3d 2686.

〔28〕 参见 Cockrell v. World's Finest Chocolate Co., 349 So. 2d 1117 (Ala. 1977).

〔29〕 参见，例如 U. S. v. One 1966 Chevrolet Pickup Truck, 56 F. R. D. 459 (E. D. Tex. 1972).

〔30〕 H. F. Livermore Corp. v. Aktiengesellschaft Gebruder Loepfe, 432 F. 2d 689 (D. C. Cir. 1970).

〔1〕 Bulkley v. Treadway, 1 Root 552 (Conn. 1793).

〔2〕 Ill. – Smith Hurd Ann. 735 ILCS 5/2 – 1009 (a).

〔3〕 West's Ann. Cal. Code Civ. Proc. 581 (1).

〔4〕 参见，例如 1 A. L. R. 3d 711 (1965); 89 A. L. R. 53 (1934).

〔5〕 Fed. Civ. Proc. Rule 41 (a) (1).

469 答辩[6]或者申请作出简易判决之前的时间点。[7] 以未能陈述诉求为由要求驳回起诉的申请不会剥夺原告的权利。[8] 但是，在提出答辩或要求作出简易判决的申请后，只有在获得法庭许可或者基于当事人诉讼协议时方能进行撤诉。

尽管第一次权利性的自愿撤诉几乎总是可以再诉，但是，第二次撤诉可能成为对两次撤诉所包括的任何诉求的实体问题的裁判。原告将被阻止基于这些诉求而成功地提起第三次诉讼。[9] 这种"两次撤诉规则"的目的在于将被告所受到的烦扰和法院因原告反复起诉和撤诉而发生的不当费用降至最低。另一方面，此前依据当事人诉讼协议而进行的自愿撤诉[10]或者经法庭许可的第二次撤诉将不被视为是针对实体问题而进行的，因为这两种程序均推定对条款和条件的强制接受本身可以减轻对被告的任何不当损害。

如同刚刚所表明的一样，大多数司法管辖区[11]也规定，在原告的权利性撤诉权终止后，经法庭许可，也可撤诉并可以再诉。[12] 是否准许撤诉以及是否将任何条款或条件附加于撤诉之上都是自由裁量的事项，[13] 同时法官可能，或者常常必须，[14] 进行听审以确保对双方当事人的实质正义。在决定是否准许撤诉时，原告的获益以及被告所受到的任何损害或其他损失都将被考虑。[15] 法院不

---

〔6〕 "答辩"通常被解释为与应诉无关；如果被告既未进行答辩也未申请驳回起诉或者作出简易判决，那么被告的应诉并不会取消自愿撤诉权。Compania Plomari De Vapores, S. A. v. American Hellenic Corp. , 8 F. R. D. 426 (S. D. N. Y. 1948).

〔7〕 依照《联邦民事诉讼规则》第12条（b）（6）的规定，如果"诉辩文书以外的事项被提交给法院并且没有被法院所排除"，那么以未能陈述诉求为由要求驳回起诉的申请会被视为《联邦民事诉讼规则》第56条项下的简易判决申请。但是，在是否以及何时外部材料所依附的第12条（b）（6）项下的申请将被视为简易判决申请以便对抗原告自愿撤诉权这一问题上，各联邦法院并没有达成一致。Aamot v. Kassel, 1 F. 3d 441 (6th Cir. 1993). 同时，关于驳回起诉申请转化为要求作出简易判决的申请，可参见上文9.1.

〔8〕 Aamot v. Kassel, 1 F. 3d 441 (6th Cir. 1993); Horton v. Trans World Airlines Corp. , 169 F. R. D. 11 (E. D. N. Y. 1996).

〔9〕 关于什么构成"相同的诉求"，参见9 C. Wright & A. Miller, Civil 2d 2368.

〔10〕 Poloron Prods. , Inc. v. Lybrand Ross Bros. , 534 F. 2d 1012 (2d Cir. 1976).

〔11〕 Iowa Rules Civ. Proc. , Rule 215; Vernon's Ann. Mo. Stat. 510. 130 (1), (2).

〔12〕 依照《联邦民事诉讼规则》第41条（a）（1），在特定类型案件中，通常会要求获得法庭许可，这些案件包括诸如集团诉讼案件、或者代表一些欠缺行为能力者提起的案件。这些案件承认，撤诉效果超出了那些为代表自身权益而进行法庭陈述之人，所以在这些案件中不存在权利性撤诉。参见，例如，Evans v. Jeff D. , 475 U. S. 717, 106 S. Ct. 1531, 89 L. Ed. 2d 747 (1986).

〔13〕 Witzman v. Gross, 148 F. 3d 988, 991 –92 (8th Cir. 1998). 对《联邦民事诉讼规则》第41条（a）（2）项下司法裁量权的全面讨论，参见 Note, Exercise of Discretion in Permitting Dismissals Without Prejudice Under Federal Rule 41 (a), 54 Colum. L. Rev. 616 (1954); Note, Voluntary Dismissal by Order of Court – Federal Rule of Civil Procedure 41 (a) (2) and Judicial Discretion, 48 Notre Dame Law. 446 (1972).

〔14〕 例如 Cass v. Pacific Fire Ins. Co. , 7 F. R. D. 348 (W. D. Mo. 1947).

〔15〕 Ohlander v. Larson, 114 F. 3d 1531 (10th Cir. 1997) 要求调阅案卷的上诉申请被驳回_ U. S. _ , 118 S. Ct. 702.

能因自己不方便而受到影响；申请也不应仅仅因为原告可能获得某些策略性的而 470
非法律上的优势而被否定。[16] 法院可能对其撤诉设定条件，以便减少否则可能
出现的损害。譬如，一些法院将以金钱支付被告费用作为准许撤诉的条件，[17]
或者他们要求原告在撤诉被准许前出示特定披露文件。[18]

除了准许自愿撤诉申请这一权力外，法官一直被认为拥有固有自由裁量权
——如果原告不能"适当勤勉地"将诉讼推进到庭审阶段，则可以驳回起诉且
不可再诉。这种权威来源于法官为确保有序迅速处理案件而对其事务进行管理和
掌管的这一权力。[19] 一些司法管辖权设置了明确期限，在此期限前驳回起诉不
能被准许[20]或者在此期限后驳回起诉是强制性的。[21] 但是，大多数司法管辖
区[22]将这个问题完全交由法官自由裁量。[23]

在决定是否对以未推进诉讼（failure to prosecute）为由要求驳回起诉的申请
予以准许时，法庭必须考虑每个案件的相关事实情况。[24] 大多数司法管辖区不
要求被告表明损害；这是从延迟中予以推定的。但是，因为法律倾向于对案件进
行实体判决，法院不愿因为没有推进诉讼而驳回起诉，同时法院会将这种不愿意

---

[16] Hoffmann v. alside, Inc. , 596 F. 2d 822（8th Cir. 1079）；Grynberg Production Corp. v. British Gas, P. L. C. , 149 F. R. D. 135, 139（E. D. Tex. 1993）；Kennedy v. State Farm Mut. Auto. Ins. Co. , 46F. R. D. 12（E. D. Ark. 1969）. 但是，可参见 Doyle v. Stanley Works, 60 F. R. D. 132（E. D. Pa. 1973），维持原判而未发表法官判决意见书（affirmed without opinion）492 F. 2d 1238（3d Cir. 1974）. 但是，当所获得的策略优势并不公平时，原告将不会被准许撤诉。Piedmont Interstate Fair Ass'n v. Bean, 209 F. 2d 942（4th Cir. 1954）；International Shoe Co. v. Cool, 154 F. 2d 778（8th Cir. 1946），要求调阅案卷的上诉申请被驳回 329 U. S. 726.

[17] LeBlang v. Subaru, 148 F. 3d 680（7th Cir. 1998）；Davis v. McLaughlin, 326 F. 2d 881（9th Cir. 1964），要求调阅案卷的上诉申请被驳回 379 U. S. 833.

[18] Eaddy v. Little, 234 F. Supp. 377（E. D. S. C. 1964）.

[19] Link v. Wabash R. R. Co. , 370 U. S. 626, 82 S. Ct. 1386, 8 L. Ed. 2d 734（1962）.

[20] 例如，West's Ann. Cal. Code Civ. Proc. , 583. 420 , 它规定只有自起诉书提起两年后，方准许驳回起诉；自提交起 2－5 年内，法院在是否驳回起诉方面具有自由裁量权。参见 West's Fla. Stat. Ann. 1. 420（e）（在案件没有活动［activity］起 1 年后，被告可以提出申请）. 试比较 Ind. Trial Proc. Rule 41（E）（只有在民事案件中没有活动达 60 天时，才可驳回起诉）.

[21] West's Ann. Cal. Code Civ. Proc. 583. 310（在 5 年期满后，驳回起诉将是强制性的）；Official Code Ga. Ann. 9－11－41（e）（在没有活动 5 年后，自动驳回起诉）.

[22] 参见 Fed. Civ. Proc. Rule 41（b）；Kan. Stat. Ann. 60－241（b）；Vernon's Ann. Mo. Stat. 510. 140.

[23] 这种自由裁量权不仅适用于条款和条件，而且适用于是否驳回起诉。同样得到承认的是，主持庭审的法官可主动（on his own motion）因未能推进诉讼而驳回起诉。Koury v. International Bhd. of Teamsters Chauffeurs, Warehousemen & Helpers of America, 69 F. R. D. 474（E. D. Pa. 1975），维持原判而未发表法官判决意见书 547 F. 2d 1161（3d Cir. 1976）.

[24] Link v. Wabash R. R. Co. , 370 U. S. 626, 82 S. Ct. 1386, 8 L. Ed. 2d 734（1962）；Moore v. St. Louis Music Supply Co. , 539 F. 2d 1191（8th Cir. 1976）；Association de Empleados v. Rodriguez Morales, 538 F. 2d 915（1st Cir. 1976）.

的立场结合被告的推定损害进行考虑。[25] 一般而言，当延迟在其他方面未对被告造成损害时，且被告至少对延迟负有部分责任时，或者当延迟是归咎于律师未尽职责而非不应输掉本应具有合法权利的案件的诉讼委托人时，不会指令驳回起诉。[26] 只有在原告特别故意拖延时，才会准许因未能推进诉讼而驳回起诉。[27]

法官控制其所管理事项的固有权力亦准许其在原告未遵守法庭指示的情况下驳回起诉。[28] 但是，驳回起诉是一个如此严厉的制裁以至于它很少被采用，[29] 除非是故意违反披露或者审前会议指令的这种极端情况。[30] 在这些情况下驳回起诉时，通常它是不可再诉的，因而这就成为对实体问题的裁判。这种影响特别重大，因为它意味着原告不能仅仅通过再次起诉来避免该惩罚；驳回起诉将产生完全的阻却效应。[31] 只有在法院作出可再诉的驳回起诉时才能避免这种严厉影响，如果促成驳回起诉的行为未被视为过于恶劣，那么法院就可能作出可再诉的驳回起诉。

9. 6－10. 0 被保留以供补充资料之用。

---

〔25〕 Citizens Utilities Co. v. American Tel. & Tel. Co. , 595 F. 2d 1171 (9th Cir. 1979)，要求调阅案卷的上诉申请被驳回 444 U. S. 931。

〔26〕 Adams v. Trustees of the New Jersey Brewery Employees'Pension Trust Fund, 29 F. 3d 863 (3d Cir. 1994)；Donnelly v. Johns – Manville Sales Coorp. , 677 F. 2d 339 (3d Cir. 1982)；Hidebrand v. Honeywell, Inc. , 622 F. 2d 179 (5th Cir. 1980)；Ahmad v. Independent Order of Foresters, 81 F. R. D. 722 (E. D. Pa. 1979)，维持原判而未发表法官判决意见见书 707 F. 2d 1399 (3d Cir. 1983)。

〔27〕 例如，Edwards v. Harris County Sheriff's Dep't, 864 F. Supp. 633 (S. D. Tex. 1994)。

〔28〕 主要参见 9 C. Wright & A. Miller, Civil 2d 2369－73。同时，在原告诉讼结尾时，法官可以基于被告申请，以证据不充分为由驳回起诉。但是，当在此阶段驳回起诉时，它实质上是一项指示裁断申请。就指示裁断而言，参见下文 12. 3。

应当注意的是，1991 年对《联邦民事诉讼规则》第 41 条进行了修订，删除了授权将第 41 条用作评价原告庭审时所提交证据充分性的工具的这一表述。该表述由《联邦民事诉讼规则》第 52 条（c）中的新规定所取代，后者具有更广泛的用途。参见 Committee on Rules of Practice and Procedure, Judicial Conference of the United States (1990)。

〔29〕 C. Wright, Federal Courts 696 (5th ed. 1994)。

〔30〕 参见 Calvert Fire Ins. Co. v. Cropper, 141 Cal. App. 3d 901, 190 Cal. Rptr. 593 (1983)（因故意未依披露要求进行承认而被驳回起诉）。关于披露的制裁，主要参见上文 7. 16。

〔31〕 参见 Philips v. Arizona Bd. of Regents, 123 Ariz. 596, 601 P. 2d 596 (1979)；Scudder v. Haug, 197 Neb. 638, 250 N. W. 2d 611 (1977)；Anguiano v. Transcontinental Bus System, Inc. , 76 Ariz. 246, 263 P. 2d 305 (1953)。

▼
▼
▼

第十章

庭审程序

本章目录

10. 1 概述

一个律师必须熟悉法院的特定规则，以便获知如何将案件提上其庭审日程。[1] 在一些法院，每个案件被指定给一位特定的法官，由该法官处理案件的各方面问题，至于送交案件庭审的程序细节则完全由该法官自由裁量。[2] 然而，在大多数管辖区中，存在着必须遵守的特殊规则与规定。最常见的是，希望确定庭审日期的诉讼当事人必须向法院提交一份表明该案件"处于争议中"的备忘录，这意味着诉辩书已经完成并已提交。[3] 同时，也可能会要求提供其他信息，例如，该案件是否应当在庭审日程方面被优先考虑、披露完成的程度、以及是否要求陪审团庭审。[4] 一旦适时完整地递交了备忘录，该案件通常就会根据备忘录的收到时间而被列入待审案件日程表。

案件被提上庭审日程表这一事实并不能保证案件可以及早得到安排。与此相反，许多法院存在严重的案件积压问题，有时甚至会延误四、五年之久。一般而

----

〔1〕 例如，《联邦民事诉讼规则》第 40 条授权联邦地区法院采纳那些对将案件列入庭审日程表加以调整的地方规则。

〔2〕 例如，Local Rules12 and 16, U. S. Dist. Court, N. Dist. N. Y. （1975 年 7 月）。

〔3〕 例如，Cal. Rules of Ct. , Rule 209 （a）；Fla. - West's F. S. A. Rules Civ. Proc. , Rule 1. 440；N. Y. - McKinney's CPLR 3402. 一些管辖区并不要求提交庭审安排备忘录（trial - setting memorandum）；它们在诉辩文书提交时会自动地将案件纳入庭审日程表。参见，例如，N. J. Civ. Prac. Rule 4：36 - 2. 在艾奥瓦州，在案件开始后 120 天之内，法院书记员必然会将庭审安排会议的通知书发给所有没有缺席的当事人。Iowa Rules Civ. Proc. , Rule 181.

〔4〕 参见 Cal. Rules of Ct. , Rule209 （a）；Fla. - West's F. S. A. Rules Civ. Proc. , Rule 1. 440；N. Y. - McKinney's CPLR 3402.

472

言，这类迟延主要与等待陪审团庭审的案件有关。[5] 法院为非陪审团庭审的案件另设日程表，并且有时在各方当事人同意该事项可在一天以内得到解决时，会及早为所谓的"简单案件"进行听审。[6]

由于长期延误，许多管辖区已经采纳了特别制定法和规则来赋予特定类型案件以优先权，从而将这些案件提到待审案件日程表的前列。[7] 这类案件包括涉及当地政府机构、国家征用权、要求发出临时禁制令请求、不法占有、要求获得工资的案件。[8] 数个州已经根据任何年满 70 岁[9]或者医生证实其生存期不大可能超过 6 个月的诉讼当事人所提出的申请，赋予优先权。[10] 最后，一些法院被赋予自由裁量权，以便在只有及早审判方能保证公正利益时提前审理案件。[11]

将案件列入庭审日程表并不会停止确定准确的庭审日期的工作。根据特定法院的规则，在其案件排到日程表前列以前的某一时间，当事人的代理律师会被召集到法院以确定一个具体的庭审日期。因而这将取决于所预计的庭审的持续时间、代理律师自己关于其他案件的时间安排以及类似因素。在法官和律师之间无疑会存在着大量的技巧。实际上常常会要求在最后一刻进行调整，这是因为一些此前已安排的案件可能在庭审前夕达成和解，而已经进入庭审之中的案件可能比预期花费更长的时间。一位经验丰富的主审法官或行政人员能大大消除不必要的延误，特别是与合作律师（cooperative counsel）协力减少迟延。然而，将会存在着日程表调整、疾病，以及相互冲突的要求都会导致庭审不能按期举行的情形。在人口众多的一些地区中，其各法院均拥有许多法官，确定一个特定审判日期也许是不可能的；这时会设定一个暂定日期，各方当事人及其代理律师只能等待直至有审判室可用为止，并且应一直力图避免安排其他相冲突的义务。现代法院所面临的一个主要难题是，寻找到各种方式以最大程度地利用现有资源以便将案件积压降至最低，同时又不会有损审判程序的质量。[12]

在有权获得陪审团庭审的案件中，一个必须作出的重要决定是，是否行使该

---

〔5〕 H. Zeisel, H. Kalven &B. Bouchholz, Delay in the Court 71 – 81（1959）; Peck, Do Juries Delay Justice? 18 F. R. D. 455（1955）.

〔6〕 例如，Cal. Rules of Ct., Rule 216.

〔7〕 例如，West's Ann. Cal. Code. Civ. Proc. 36（a）; N. Y. – McKinney's CPLR 3403; Pa. Rules Civ. Proc., Rule 214.

〔8〕 参见以上注释 7 中所引用的法律依据。

〔9〕 West's Ann. Cal. Code. Civ. Proc. 36（a）; N. Y. –McKinney's CPLR 3403（a）（4）.

〔10〕 West's Ann. Cal. Code. Civ. Proc. 36（d）.

〔11〕 West's Ann. Cal. Code. Civ. Proc. 36（e）; N. Y. – McKinney's CPLR 3403（a）（3）; Pa. Rules Civ. Proc., Rule 214.

〔12〕 Berger, Isn't There a Better Way?, 68 A. B. A. J. 274 – 77（1982）; McCree, Bureaucratic Justice: An Early Warning 129 U. Pa. L. Rev. 777 – 97（1981）; Posner, Will the Federal Courts of Appeal Survive Until 1984?, 56 S. Calif. L. Rev. 761 – 91（1983）.

权利，或者由法官进行庭审。正如下一章所讨论的一样，民事诉讼中受陪审团审理的权利取决于各管辖区宪法和制定法规定。[13] 当事人必须适当地行使该权利，否则它将被视为放弃，并且会如同该权利不存在一样，将案件交由法官审判。[14] 在联邦法院以及许多州中，当受陪审团庭审的权利不存在或者该权利已经被放弃时，法官有权选任一个咨询陪审团。[15]

一个特定诉讼当事人希望由法官庭审或者由陪审团进行庭审是由诸多因素决定的。在许多法院中，非陪审团庭审的待审日程表非常短，而受陪审团庭审的案件则会延误相当的时间。如果一位当事人拥有有力的主张而又急需钱来付账，延误越少越好。统计学研究表明，在大部分案件中，虽然陪审团似乎具有更大倾向来作出不利于政府和公司被告的裁断并且在这些案件中给予更大金额的裁决，但法官和陪审团倾向于在责任问题上达成一致。[16] 这在很大程度上是取决于具体案件、案件审理所在社区的性质、在以往陪审团审理的案件中律师个人成功与否，以及陪审团的要求对和解程序的影响。[17] 审前决策（pretrial decisionmaking）大多旨在向对方当事人提出要求（raising stakes），以便各方当事人相信会出现更高的和解水平（level of settlement）。进行庭审——尤其是陪审团庭审——的费用和风险相当高，以至于和解常常成为惟一理性的选择。陪审团庭审比法官庭审更耗费时间；其间存在着精心的选任陪审员程序，辩论时间更长，休庭更为频繁，并且通常会通知更多的证人作证。[18] 在陪审团审理中，律师不如在法官庭审中那样清楚自己的表现，在法官庭审中，法官通过对特定问题的评论和裁决会明确那些被认为重要而那些并不重要。以下对庭审的简要说明会进一步阐明法官庭审与陪审团庭审案件的一些区别所在。

陪审团庭审中首要事项是选任陪审员，选任机制会在稍后加以讨论。[19] 各方当事人的代理律师将试图确定那些可能的陪审员会认同其当事人或者当事人的权益。总之，就选任那一位对其有利而言，律师只能根据经验作出猜测。[20] 甚

---

〔13〕 参见以下 11. 3 – 11. 8.

〔14〕 参见 Fed. Civ. Proc. Rule 38 （b）, （d）.

〔15〕 参见 Fed. Civ. Proc. Rule 38 （c）.

〔16〕 Broeder, The University of Chicago Jury Project, 38 Neb. L. Rev. 744, 750 – 51 (1959). 但是，可参见, Bledose, Jury or Nonjury Trial – A Defense Viewpoint, in 5 Am, Jur. Trials 123, 129, 139 (1966)（通常而言，陪审团的裁决金额不会超过法官的裁决金额）。

〔17〕 Tarangelo, Early Settlement: The Key to Cutting Legal Costs, 23 For the Denfense 26 – 27 （Dec. 1981）.

〔18〕 参见 H. Zeisel, H. Kalven &B. Buchholz, Delay in the Court 71 – 81 (1959).

〔19〕 参见以下 11. 10.

〔20〕 陪审员偏见的存在和发现是相当复杂的问题，至今尚未对此问题进行充分而科学的研究。参见 Hans & Vidmar, Jury Selection, in R. Kerr & N. Bray, The Psychology of the Courtroom 39 – 82 (1982).

475 至在经过预选审查中的大量询问以后，该人的真正想法可能仍然深藏不露。[21]
然而，很重要的是，在准许进行这种询问的法院中，律师力图与每一位可能的陪
审员进行对话，仔细注意聆听以发现可能的偏见或者敌意。[22]

除了按个人偏见寻找有利的陪审员以外，一个细心的律师同样将会关注各位
可能的陪审员如何共同工作并且相互影响各自的观点。陪审团中的主要人物可能
远比许多对其当事人有利的陪审员重要。充满自信或者具有相关专业知识的人可
能会控制整个评议过程，甚至最终会对裁决加以控制。[23]

一般而言，在陪审团庭审的案件中，庭审顺序如下：

1. 原告开场陈述

2. 被告开场陈述

3. 原告出示直接证据

4. 被告出示直接证据

5. 原告出示反证

6. 被告出示反证

7. 原告开场最后辩论（opening final argument）

8. 被告最后辩论

9. 原告终结最后辩论（closing final argument）

10. 给陪审团以指示

在一些管辖区中，并不存在特殊规则，而顺序交由法官自由裁量。[24] 在其
他管辖区中，规定了庭审顺序，但法官可以公正的利益而变更顺序。[25] 当诉讼
的争议点决定了证明责任主要由被告承担时，各当事人的顺序常常会被改变。[26]

───────────

〔21〕 参见 Kaplan, Cognitive Processes in the Individual Juror, in R. Kerr& N. Bray, The Psychology of the
Courtroom 211–14 (1982).

〔22〕 参见 Keiner, Jury Selection：The Prejudice Syndrome, 19 Trial 48 （July 1983）; Suggs & Sales, Using
Communication Clues To Evaluate Prospective Jurors During the Voir Dire, 20 Ariz. L. Rev. 629 (1978); Tur-
ley, Voir Dire：Preparation and Execution, 8 Litigation 19, 21–22, 60 （Spring 1982）。同时参见 Broeder,
Plaintiff's Family Status as Affecting Jury Behavior：Some Tentative Insights, 14 J. Pub. L. 131 (1965); Zei-
gler, Young Adults as a Cognizable Group in Jury Selection, 76 Mich. L. Rev. 1045 (1978).

〔23〕 参见 Bevan, Albert, Loiseaux, Mayfield & Wright, Jury Behavior as a Funtion of the Prestige of the
Foreman and the Nature His Leadership, 7 J. Pub. L. 419 (1958); Broeder, Occupational Expertise and Bise as
Affecting Jury Behavior：A Preliminary Look, 40 N. Y. U. L. Rev. 1079 (1965); Vinson, Shadow Juries：Mo-
nitoring Jurors'Reactions, 19 Trial 75, 77–78 （Sept. 1983）; Vinson, The Shadow Jury：An Experiment in Litiga-
tion Science, 68 A. B. A. J. 1242, 1245 (1982).

〔24〕 参见 N. Y. – McKinney's CPLR 4011.

〔25〕 例如, Ky. Rules Civ. Proc., Rule43. 02; Neb. Rev. Stat. 25–1107; Vernon's Ann. Tex. Rules
Civ. Proc., Rule 265. 但是，可参见《艾奥瓦州民事诉讼规则》第 191 条（Iowa Rules Civ. Proc., Rule
191），它似乎要求法官遵循规定的顺序。

〔26〕 参见以上注释 25 中所引用的法律依据。

在非陪审团庭审的案件中，该顺序严格地由主持庭审法官决定，而此诉讼程
序通常远不及陪审团庭审时正式。法院经常会省去开场陈述，这是因为通过与代
理律师的会议，法官已经对争议点有所了解。通常，法院会要求律师放弃终结辩
论，[27] 并且根本不需要正式的指示。

在陪审团庭审的案件中，开场陈述被大多数诉讼律师认为是至关重要。根据
一位作者的说法，在超过 50% 的案件中——甚至可能在高达 85% 的案件中——
开场陈述决定了诉讼结果。[28]

正如此前所提到的一样，[29] 案件的提出通常起始于原告的开场陈述。然而，
在被告对诉讼中所有争议点负有证明责任——例如被告对原告的所有主张予以承
认——并且诉讼的进行完全取决于积极答辩的案件中，角色将会转换，被告将进
行首先陈述。一般而言，律师们认为优先发言权是非常关键的；因此，原告的代
理律师意图对各份诉辩文书加以构想以便涵盖被告必然否认的一些争议点。庭审
伊始，陪审员具有新鲜感并且注意力集中。他们虽然对诉讼知之甚少，都很渴望
了解案件的争议点。作出连贯并且看似可信的陈述的律师，也许能够带来深刻印
象，而该印象会帮助其获得有利的裁定。至少，它可以在克服这种开局优势方面
给对方律师施加相当大的压力。[30]

在大部分管辖区中，被告（或者在被告最先作出开场陈述时，原告）拥有
选择权，既可以在原告作出开场陈述之后立即进行自己的开场陈述，也可以在原
告出示直接证据之后进行自己的开场陈述。大部分经验丰富的出庭律师建议被告
应尽早进行开场陈述。依照此方式，陪审员就不会因为听取了看似支持原告观点
的证据而对原告陈述的事实留下更为深刻的印象。在一个精心设计的开场陈述
中，被告可能会表明应当考虑关于事实的另一项观点，而陪审员将更为慎重地形
成其看法。此外，如果各陪审员较为了解被告所试图表明的内容，那么在对原告
最初证人进行交叉询问时所提出的要点将具有更大的意义。然而，一些出庭律师
则认为，如果被告开场陈述对原告出示的证据予以驳斥，那么该陈述就发挥了最
大作用。[31]

---

〔27〕 在非陪审团审判的民事诉讼中，并不存在进行终结辩论的权利。参见 J. Tanford, The Trial
Process；Law, Tactics and Ethics 139 (1983)；Gordon, Nonjury Summations, in 6 Am. Jur. Trials 5, at 778 –
80 (1967).

〔28〕 Lindquist, Advocacy in Opening Statement, 8 Litigation 23 (Spring 1982).

〔29〕 参见以上注释 25 中所引用的法律依据。

〔30〕 关于辩论和证明顺序重要性的实验性研究的探讨，可参见 Walker, Thibault &Amdreoli, Order of
Presentetion at Trial, 82 Yale L. J. 216 (1972). 同时参见 Lawson, Order of Presentation as a Factor in Jury
Presentation, 56 Ky. L. J. 523 (1968).

〔31〕 例如, Stramondo & Goodspeed, Defendant's Presentation, 57 Mass. L. Q. 179 (1972).

477　　证人通过引入文件——有时还会提交其他与争点相关的项目——来提交证据。在何为可采信证据以及何为不可采信证据方面，存在着一套详尽而复杂的规则。下一节将对其进行总结。

　　当一个证人被要求作证时，她首先必须进行宣誓以表明其将陈述真相。[32] 此后，要求该证人作证的律师将会提出问题，进行直接询问。根据争点的性质以及特定证人的性格特点，律师可以指出问题并且非常尖锐，或者要求证人叙述事件经过。通常，在直接询问时，禁止律师提出诱导性问题，[33] 这是指暗示其所期望获得答案的那些问题。例如，律师可能这样询问证人："当被告来到十字路口时，交通灯的颜色是什么？"而不准这样询问："被告驾车右转便穿过红灯，是事实吗？"当证人站在对方的立场，或在某些方面表现出对要求其作证的一方当事人存在敌对情绪时，这种一般规则就不适用了。[34] 但是，主持庭审的法官可以斟酌是否同意使用具有导向性的问题，以促进背景知识的介绍。[35]

　　当直接询问完毕后，对方当事人有权交叉询问证人。禁止诱导性问题的规则不适用于交叉询问。[36] 正常情况下，交叉询问限于那些在直接询问中涉及的问题。[37] 打算超出直接询问范围涉及新问题的律师必须取得法院许可或等到传唤证人到庭。无论怎样，那种意义上的问题将被视为直接询问。[38] 当交叉询问完毕，传唤证人的律师可以进行再次直接询问以澄清证据。如果律师进行了第二次直接询问，则对方律师将被允许再交叉询问。

　　希望引入新的文件或项目作为证据的当事人首次提出上述材料以便于验证。这样，在庭审记录中与该材料相关的内容就清楚明了。通常情况下要将这些材料逐项编号。除非当事人以前就保证这个项目的可采纳性，否则提出该材料者必须提出证据证明材料具有可采纳性。[39] 这个程序一旦完成，这些材料将被正式列为证据，事实审判者可以在作出裁决时加以考虑。[40]

478　　在严格适用辩论式诉讼体制下，主持庭审的法官作为一个不偏不倚的裁决

---

〔32〕 参见 Fed. Evid. Rule 603.

〔33〕 参见 Fed. Evid. Rule 611（c）.

〔34〕 出处同上。

〔35〕 出处同上。

〔36〕 出处同上。

〔37〕 参见 Fed. Evid. Rule611（b）；Annot.，45 A. L. R. Fed. 639.（1979）.

〔38〕 参见 Fed. Evid. Rule611（b）.

〔39〕 参见 McCormick on Evidence 212（4th ed. 1992）；Fed. Evid. Evid. Rule 901（a）.

〔40〕 有时，证据在为了有限目的更为普遍应用情况下是可采纳的。例如，如果一个证人作出了一个与他在审判中的证据不相一致的先期陈述，在这种情况下，先期陈述会被采纳为表明证人不可信任，但不被采纳作为证明事实真相材料。在一个有陪审团审理的案件中，法官将作出一个称之为限制性的指示，告知陪审团仅就适当目的考虑这些证据。参见 Fed. Evid. Rule105.

者，根据当事人提出的可采信的证据进行裁判。因而在过去，法官超出职权的询问干扰举证是不正确的。[41] 然而，一般说来，如果是公正的需要，无论证人是谁提出的，现在的法院允许法官传唤证人，[42] 特别是专家，[43] 并且询问任一证人。[44] 不过，即使其中一方律师明显占优势，法官也不会轻易干涉律师已安排好的证据提供。表面看来并不充分的交叉询问事实是否是经过精心安排的审判战术，以使对手束手无策，或者无法提出似乎是本方关键证人是否是考虑到一些非常不利的证据可能在交叉询问中提出，故而作出的明智之举，这些情况从来不清楚。

主持庭审法官角色的一个重要变化是近几年才出现的，并与日益增多的所谓"公益诉讼"相关。今天，由个人或组织提起的诉讼对非诉讼当事人可能会有很大影响。这种情况发生于以下方面：雇佣过程中的种族和性别歧视，政府官员的不适当的行政行为，或违反环境保护法。个人原告也许没有能力或眼光洞察他提出的这个案件的充分推断，寻求救济对原告来说也许就足够了，但不足以保护其他将受到伤害的人。如果有的话，法官必定是一个积极者，要专注于证据展开和确要拨款救济。在这种类型诉讼中，"我们已将传统模式下被动的公断人远远抛在身后了。"[45]

在审判进程中，不论如何很好安排，证据必须一件一件地出示。每个证人可以涉及一个争议的某些方面，但不是全部。另外，不可避免的中断和转移——如果不是不可能——会对事实审判者，特别是陪审团，获得一个有关当事人案件的连贯性的情况造成困难。最后的辩论为双方都提供了一个机会，将全部提出的证据集中陈述，不中断地并形成已出示证据的逻辑推断。学识渊博的从业者极力主张律师在诉讼一开始就概括出他们的最终理由。"从法律调查和事实调查开始，你的目标是为最后辩论展开论据。这种理论构成的工作框架为后续庭审辩护作了准备工作。"[46]

最后辩论一般分为三个部分。原告有权选择最先或最后发言。被告在审理的主要争点上负有证明责任的情况下，原告、被告的角色将进行转换。[47] 通常情

479

　[41]　参见 Laub, Trial and Submission of a Case From a Judge's Standpoint, 34 Temple L. Q. 1, 5 - 6 (1960).

　[42]　Fed. Evid. Rule 614 (a); Annot.; 53 A. L. R. Fed. 498 (1981).

　[43]　Fed. Evid. Rule 706; Annot., 95 A. L. R. Fed. 390 (1964).

　[44]　Fed. Evid. Rule 614 (b). 主要参见 Gitelson & Gitelson, A Trial Judge's Credo Must Include His Affirmative Dury To Be an Instrumentality of Justice, 7 Santa Clara Law. 7 (1966).

　[45]　Chayes, The Role of the Judge in Public Law Litigation, 89 Harv. L. Rev. 1281, 1298 (1976).

　[46]　Cicero, Nondefensive Final Argument for the Defense, 8 Litigation 45 (Spring 1982).

　[47]　参见 Annot., 71 A. L. R. Fed. 900 (1981).

况下，法官对双方的发言时间进行限制。[48] 但是，不管形式是否受到正式限制，律师应使其论据简洁而切中要点，用直接而简明的语言强调案件的关键方面。[49] 主持庭审的法官趋向于对律师宽宏大量，只要证据和法律没有被扭曲，便允许他们富有感情地辩论，并"吹捧"他们当事人的案件。[50] 对于没有证据基础的事实，或纠缠于一种猜测的表达方式，或暗示在证据中并存的事实都是不正确的。[51] 此外，同样不正确的是讨论一个事实审判者应当适用的法律建议，至少应在法官正式确认那个问题的正确性之后才能讨论。[52]

无论何时只要案件被提交给陪审团，则必然就法律适用和应考虑的技术方面得到指示。法官对于何时给予指示意见不一。大多数法官要求在最终辩论之后给予指示，因为是法官而不是一个当事人应具有权威语词。[53] 然而，其他法官则认为在最后辩论之前给予指示更为适当，便于律师在对证据辩论总结过程中参照指示。[54] 许多著者认为法院应该在庭审的全过程中向陪审员提供指示，而不是以最终指示取代。但必须确保陪审团对案件和当时提供的证据的意义有所了解。他们建议在开场陈述之前，即庭审刚开始的时候，法官应对陪审团作出初步一系列指示，而且，在必要的时候作出庭审期间的指示，例如在复杂、诉讼周期很长的案件中可使用。[55]

480 依照几乎所有管辖区的现代规则，庭审法官掌控着各当事人必须服从其提议指示的时间。[56] 在与各当事人协商甚至有时与其进行辩论后，法官将确定上述提议指示中哪些可以向陪审团作出，以及其自己认为应当增加或者替换的指示。律师将得到通知，并被给予提出异议的机会。在大部分管辖区内，如果未对一项指示提出异议或者要求作出一项指示，那么不得以指示不当为由提起上诉。[57]

---

〔48〕 Annot., 71 A. L. R. 4th 130 (1989).

〔49〕 参见 Cleary, The Final Argument in a Criminal Case, 27 Practical Law. 39, 51 (Sept. 1981)；Sisson, The Closing Argument, 57 Mass. L. Q. 319 (1972).

〔50〕 参见 Argument to Jury – Permissible Limits, 22 Defense L. J. 277, 282－87 (1973).

〔51〕 参见 Levin & Levy, Persuading the Jury with Fact's Not in Evidence：The Fiction － Science Spectrum, 105 U. Pa. L. Rev. 139 (1956)；Annot., 37 A. L. R. 2d 662 (1954).

〔52〕 参见 Gair, Summations for the Plaintiff, in 6 Am, Jur. Trials 641, 660－61 (1967).

〔53〕 参见 Schwarzer, Communication with Juries：Problem and Remedies, 69 Calif. L. Rev. 731, 755 (1981). 1987 年对《联邦民事诉讼规则》第 51 条的修正准许法官在最后辩论前或者最后辩论后向陪审团发出指示，或者同时在这两个时间上进行指示。《联邦民事诉讼规则》第 51 条。

〔54〕 参见，例如，Ky. Rules Civ. Proc., Rule 51 (2). 内布拉斯加州规定，根据一个当事人的申请，可以在终结辩论之前向陪审团发出指示。但是，法院可以在辩论已经结束后再次向陪审团作出指示。Neb. Rev. Stat. 25－1107.

〔55〕 Schwarzer, Communication with Juries：Problems and Remedies, 69 Calif. L. Rev. 731, 755－56 (1981)；Note, Jury Instructions v. Jury Charges, 82 W. Va. L, Rev. 555－67 (1980).

〔56〕 参见 Fed. Civ. Proc. Rule 51.

〔57〕 Fed. Civ. Proc. Rule 51.

除非错误极为严重并导致审判不公。[58]

近年来，人们十分关注指示的明确的语言和形式，以便对指示易于理解和适用。[59] 研究表明：明确需要简化语言、避免法律行话。陪审员的困难是语言上的而非概念上的。[60] 令人遗憾的是，近年来在陪审团指示上的变化似乎减轻了法官和律师的负担，但是并没有对陪审员有必要的帮助。也许，最大的发展是所谓"模式指示"（pattern instruction）的运用，这种模式在具体的管辖区内已被证明是正确的。[61] 在一些地方，这种模式被强制适用于某些争议。[62] 即使不是强制性的，这种模式也常常被使用，因为其不会导致裁决被撤消。然而，这种模式并不是为陪审员利益而设计的，而趋向于律师逐案的提议指示那样难以理解。[63] 法官必须认识到有必要作出系列指示：尽可能简短，为普通公民所理解，同时以逻辑形式进行陈述，以便使陪审团知道其所裁断的是什么。

在辩论完成并且作出指示之后，陪审团将退席评议。从技术上讲，至少陪审员应处于法警的监护之下。法警旨在使陪审员集中在一起，并且保证他们不被外界干扰。有时在刑事诉讼案件中，陪审员即使在其评议休会时也会聚集在一起。[64] 民事陪审团——如果曾发生过的话——极少有这样严格的限制;[65] 在被法官告诫不得与陪审团评议室外的人讨论案件，不得阅读或者聆听有关案件的媒体信息以后，各陪审员将被准许返回家中。

在评议过程中，并不罕见的是，陪审团要求阐明指示或者要求阐释证言的特定部分。一般而言，法官会将此要求告知所有律师，听审任何支持或者反对准予该要求的辩论，并进而运用自由裁量权决定采取什么步骤，若应采取的话，则当

481

---

〔58〕 在主持庭审的法官已犯有"明显错误"——未能适当地作出指示，这使得即使未提出要求或者异议也应当准许撤消裁决时，各上诉法院对此并非总是意见一致。试比较 Alexander v. Kramer Bros. Freight Lines, Inc. , 273 F. 2d 373 (2d Cir. 1959) 和 Beardshall v. Minuteman Press Int'l, Inc. , 664 F. 2d 23, 26 – 27 (3d Cir. 1981). 就针对指示提出的异议所应具备的具体性而言，可参见 Annot. , 35 A. L. R. Fed. 727 (1977).

〔59〕 参见 Farrell, Communication in the Courtroom: Jury Instructions, 85 W. Va. with Juries: Problems and Remedies, 69 Calif. L. Rev. 731, 740 (1981).

〔60〕 出处同上。

〔61〕 参见 Farrell, Communition in the Courtroom: Jury Instructions, 85 W. Va. L. Rev. 5, 12 – 13 (1982); Schwarzer, Communication with Juries: Problems and Remedies, 69 Calif. L. Rev. 731, 736 (1981).

〔62〕 Schwarzer, Communication with Juries: Problems and Remedies, 69 Calif. L. Rev. 731, 737 (1981).

〔63〕 出处同上，第739页。

〔64〕 Rizzi, The Period After Closing Arguments – An Important But Overlooked Part of a Trial, Part II, 69 Ill. B. J. 631, 637 – 38 (1981).

〔65〕 主要参见 Annot. , 77 A. L. R. 2d 1086 (1961).

采取。[66] 如果陪审团的要求会造成误导——例如，如果它会强调部分证言，而不能脱离上下文来考虑该部分证言——那么该要求将会被驳回。如果未通知律师并在对陪审团要求进行裁判前赋予其接受听审的机会，那么这将导致撤消判决。[67]

在一些情况下，陪审团可能会表明其陷入僵局之中，无法作出裁决。可理解的是，一些庭审法官均不愿意解散未能作出裁决的陪审团，因为这会导致时间和费用的耗费。因而，他们可能会将陪审员召回，让其进一步评议，有时还会作出专门指示要求其考虑其他各方的观点。陪审团认为案件陷入僵局的这一事实本身并不足以宣布无效审理。一旦出现严重分歧，各陪审员常常会放弃努力而未进行充足时间的评议，尽可能相互协调一致或者改变其观点，这在具有复杂争点或者涉及多方当事人的案件中尤其明显。当被要求再次审理时，陪审团的确经常安排作出裁决。[68] 但是，法官必须谨慎，而不能显得是命令其同意。不适当的是，告诉各陪审员僵局将会导致代价高昂的重新审理或者一些其他事项，而这些事项会对任何一位陪审员施加压力，使其作出与自己从证据中得出的信念相反的判断。[69] 同样不适当的是，在真正陷入僵局以后的很长时间内仍使其进行评议，以至于他们认为使庭审结束的惟一办法是作出裁决，从而置其实际情况于不顾。[70]

在大多数管辖区中，陪审团会得到一套表格，并在该表格上写明其裁决。例如，在一个简单的侵权案件中，一个表格可能会表明，"我们裁决被告胜诉"，而另一份则注明，"我们裁决原告应获得＿＿美元"。在具有复杂争点或者涉及多方当事人的案件中，可能存在着许多表格，每份表格则涉及一个单独的争点、诉讼请求或当事人。

当陪审团作出裁决后，法官或者一方当事人可以希望让陪审团"进行投票"，以确定该裁决事实上在特定管辖区获得了对构成裁决所要求的规定数量陪审员的同意。在许多管辖区中，一方当事人有权要求进行投票；而在其他一些管辖区，这属于法官自由裁量的事项。[71] 庭审法官通过询问每位陪审员是否同意

---

〔66〕 参见 Rizzi, The Period After Closing Arguments – An Important But Overlooked Part of a Trial , Part I, 69 Ill. B. J. 548, 552 – 56 (1981).

〔67〕 参见 Annot. , 32 A. L. R. Fed. 392 (1977)；Annot. , 84 A. L. R. 220 (1933).

〔68〕 参见 Rizzi, The Period After Closing Arguments – An Important But Overlooked Part of a Trial, Part II, 69 Ill. B. J. 631, 635 (1981).

〔69〕 参见，出处同上，第 634 – 637 页 (1981)；Annot. , 38 A. L. R. 3d 1281 (1971)；Annot. , 41 A. L. R. 3d 845, 1154 (1972).

〔70〕 参见 Annot. , 164 A. L. R. 1265 (1946).

〔71〕 主要参见 Annot. , 71 A. L. R. 2d 640 (1960).

该裁决，确保对任何明确的疑惑作了充分考察，并进行投票工作。[72] 如果结果表明支持最初所作的裁决的陪审员没有达到规定人数，那么法官可以要求陪审团作进一步评议或者宣布审理无效，这将取决于继续进行的陪审团讨论是否可能得出有效裁决而不会担心任何一位陪审员将受到一种或另一方式作出判断的不当压力。

涉及裁决有效性的一个更为棘手的问题之一是各陪审员是否必须在每一个争点上达成一致。例如，试想在一起对人伤害之诉中，原告主张有三项独立的事实根据可以认定被告存在过失。假定，就基于上述任何一项根据认定存在过失而言，各陪审员间存在分歧，8 位赞同，4 位反对，但是就每一项认定而言，不同的四位陪审员认为过失成立。因而，尽管他们在具体事实争点上存在分歧，但是所有 12 位陪审员均认定被告存在过错，并且作出了原告胜诉的裁决。[73] 此情况的存在并未经常暴露出来，因为每位陪审员如何投票本身通常并不为人所知，[74] 除非通过裁决后的投票而对情况进行披露。然而当法院确实得知投票分配情况时，裁决是否准获继续有效？尽管趋势似乎是赞同维持裁决，但是各法院在此问题上存在着分歧。[75] 答案将取决于特定管辖区认为陪审团的适当角色仅仅是裁决具体事实争点，还是决定案件的整个结果。

10. 2 证据法

证据法是程序法中的一个特殊分支。今天，相当大部分的州法院[1]以及联邦法院[2]都适用内容广泛的系列证据制定法和规则。与适用综合性的程序规则一样，证据规定详尽而复杂。下文必定是一个不完全的梗概，其目的只是对这些规定的最为重要部分勾划一个整体的轮廓。然而，值得注意的是，如今远超过半

---

〔72〕 参见 Rizzi, Period After Closing Arguments – An Important But Overlooked Part of a Trial, Part II, 69 Ill. B. J. 631, 638 –41 (1981).

〔73〕 在未要求陪审团全体一致的一些管辖区中，有时也会出现一个类似的难题。参见下文 11. 11, 注释 23。例如，在一个要求作出 2/3 投票的管辖区中，12 位陪审员中的八位陪审员可能在责任问题上投票支持原告，而 8 位陪审员可能在裁定的损害赔偿金金额上意见一致。如果投票认定责任的 8 位陪审员与就损害赔偿金投票的 8 位陪审员并非完全等同，那么就会产生这个问题。

〔74〕 参见 Trubitt, Patchwork Verdicts, Different – Jurors Verdicts, and American Jury Theory: Whether Verdicts Are Invalidated By Juror Disagreement On Issues, 36 Okla. L. Rev. 473, 516 –17 (1983).

〔75〕 出处同上，第 523 页，第 526 –528 页。

〔1〕 一些州，例如，加利福尼亚州，堪萨斯州和新泽西州，在联邦法院采取类似措施之前很早时候就已经采纳了综合的证据规则。这些州遵循了 1953 年版的《统一证据规则》。参见 13 Uniform Laws Ann., Uniform Rules of Evidence, Historical Note 209. 在 1974 年，一套新的《统一证据规则》获得通过。除了特权规则外，该规则与《联邦证据规则》几乎一模一样，《联邦证据规则》将特权事项交由普通法的发展和适用来加以处理。参见 Fed. Evid. Rule 501. 1953 年《统一证据规则》与 1974 年版本之间的类似之处远远超过其不同之处。

〔2〕 参见 1975 年 7 月 1 日生效的《联邦证据规则》。主要参见 C. Wright & K. Graham Evidence, vols. 21 –26; C. Wright & V. Gold, Evidence, vols. 27 –29.

数的州所采用的证据规定是以 1975 年生效的《联邦证据规则》为范本制定的。

一开始，认识到证据规则的重要性是非常重要的。诉讼当事人为什么没有绝对权利在确立其辩护观点和证据中将有利于他们的信息提交给法官和事实审判者？对当事人提供的信息范围进行限制有三个基本原因，同时控制证据可采性的全部证据规则均直接源于上述几项原因。

首先，各法院不应浪费时间收取毫无价值的信息。如果诉讼当事人或其律师被允许将其希望提交的任何材料引入证据，那么法官将比现在更难控制其工作负担。未受到任何控制的律师可能被迫将其认为无用的信息囊括在内，靠碰运气希望法官或者陪审团可能认为该材料有用。看似败诉无疑的律师，可以将诉讼程序拖延数周甚至数年，寄期望于一些真正有价值的材料能扭转颓势。

正是基于这一原因，各法院规定了相关性规则，要求可采纳的证据必须对事实审理者在作出裁决时可能有帮助。[3] 尽管该规则表面看似简单，但是基于诸多原因常常难以执行。

为了具备相关性，证据只需有助于作出判断。它也许事实上并不能发挥作用，譬如因为陪审团认为证人说谎而拒绝考虑该证言。此外，尽管证据没有对所裁决的事项并不是决定性的，但其可能也与案件相关。[4] 例如，如果争议的问题在于被告是否已被告诫其房屋有险情，有证言表明紧挨着被告办公室打开之门的某人大声抱怨险情，那么该证言会被认为具有相关性，即使该证据自身并不足以证明可认定被告知晓情况。实际上，人们也许会争辩道，这个证据不具有相关性——也就是说，完全没有价值——除非有证据表明在作出上述抱怨时被告正在办公室中或者表明被告听见了抱怨或其所在位置应当听见抱怨。当不同项目的相关性因而相互依存时，法官将基于律师所做的提交其他证据的这一承诺而接受该证据。[5] 如果律师未遵守这个承诺，法官将去除被采信的项目，[6] 告诫陪审团对其不予考虑，或者，如果对方当事人受到严重损害，法官可以指令重新审理。

理性之人同样在辨别一条证据是否相关的问题上也存在不同看法。例如，假设，通过表明父亲立遗嘱时神智不清，Z 希望"推翻"其已过世的父亲的书面遗嘱。作为证据，Z 提出事实是，在立遗嘱时，父亲尽管十分有钱，但他仍住在由县负责经营的，废弃已久的"老年人之家"中。在过去，至少在一些地方，这些房子是仅供那些无处可住的人和因精神状态问题而生活无法自理的人居住的。

---

〔3〕 参见 Fed. Evid. Rule 402.

〔4〕 参见 Fed. Evid. Rule401；West's Ann. Cal. Evid. Code. 210.

〔5〕 参见 Fed. Evid. Rule104（b）；1 S. Saltzburg & M. Martin, Federal Rules of Evidence Manual 40 & n. 1 (5th ed. 1990).

〔6〕 参见 McCormick on Evidence 58 (4th ed. 1992).

该证据是否被认为"有用"将取决于主持庭审的法官一般经验和对此管辖区内的一些规定可采性政策的理解。当然，对于相关性的裁定受制于受理上诉复审。因此一个由三位或者更多陪审员组成的陪审团将根据单个法官特有的观点进行裁决；然而无论如何，决定将由法官作出，这也许与公众普遍的观点并不一致。

如果信息尽管与案件相关，但却可能会造成这样的危害，则不应将其纳入证据之中，那么此时就产生了将信息排除在庭审外的第二个理由。即使每个人都认为该项证据对事实审判者有帮助，但是由于偏见，这些帮助也许微不足道。[7]例如，设想一个原告宣称被告于某日在纽约签订一份合同，但是被告辩称当时他在另一个城市。尽管原告知道许多生意人愿意证实所争议的那天在纽约他们看见了被告，但是原告却选择一位纽约警官来证明当天他以被告醉酒驾车为由将其逮捕。如果被告提出异议，警官的证词一般将被认为是不可采纳的；在其他证据有效证明了其所在位置的情况下，没有必要引入不相关且极其不利的被告被捕的这一事实。很重要的是，应当认识到证据不会仅仅因为其可有力反驳当诉讼当事人立场而造成偏见。当证据招致事实审判者依赖于对一个其他相关项目的不相关方面时，此证据则会引起偏见。

依照存在着的两种不同方法来判定一项特定证据可能带来的不利影响是否会超过它的价值。第一种方法是，主持庭审的法官可以行使自由裁量权来逐案进行裁决，并且对与所涉及的特定案件相关的全部因素加以考虑。[8] 这样的裁决会受到上诉复审，但只能以主持庭审的法官滥用自由裁量权为由进行复审。

第二种方法是，通过由普通法、规则或者立法所精心确立的多套证据规则，法律实际上表明，特定类型的证据是如此容易引起偏见以至于它们自身不可采信，并且从主持庭审的法官处排出此事项。一些主要类型的证据——例如，传闻证据——将依照这些规则处理，下文会对其加以讨论。

传闻证据被界定为一种在法庭外所作出的陈述，它的提出是为了证明所陈述事项的真实性。[9] 传闻证据被认为本能地引起偏见，因为它所针对的当事人没有机会对作出该陈述之人进行交叉询问。[10] 表达该陈述之人可能是在开玩笑，猜测，甚至蓄意说谎。

不能认为传闻证据绝无价值，只有考虑到危险如此巨大，以至于弊利悬殊要求排除该信息时，传闻证据才没有价值。这一观点的困扰在于，法律承认在很多情况下，利弊权衡才有利于其该类证据具有可采纳性。为了调整这些情况，证据

485

---

〔7〕　参见，同上 185.

〔8〕　参见 Fed. Evid. Rule 403.

〔9〕　参见 Fed. Evid. Rule 801（c）.

〔10〕　参见 McCormick on Evidence 245（4th ed. 1992）.

规则界定相当数量为对一般禁止传闻证据的特定例外情况。[11] 这些例外情况可分为两类，一类是其情形有助于确信证据的可靠，而另一种则是争议点的性质决定了不大可能存在其他证据来对所争议的问题加以证明。第一种情况的例证包括出于本能陈述（spontaneous utterances），当时作出陈述之人没有时间细想或者编造；对于所涉及企业的日常运营而言较为重要的商业记录；以及为了诊断和治疗的目的，病人向医生所作的关于体症的陈述。第二种情况的例证包含一个人所作的关于其思想状态的陈述，例如他的意图，计划或者动机，以及对于现已死亡之人所作的关于其遗嘱的存在、确认或者撤消的陈述。

重要的是应当意识到即使一项传闻证据信息属于传闻证据规则的一种例外，该证据并不一定会得到采纳。如果庭审法官认定，在特定诉讼中此项证据所可能造成的不利影响超过了其价值，该法官可以保留自由裁量权而排除该项证据。

品格信息（character information）也会得到特别对待，因为它可能带来不利影响。除了个别例外情况之外，关于一个人品格的证据不会被采纳来证明他在任何特定场合下的行为符合其品格。[12] 在此意义上，"品格"被赋予了较广的含义以包括任何以特定方式行事的一般习性。例如，在一起状告一个人过失导致交通事故的诉讼中，该人多次因轻率驾驶而被定罪的这一事实不会被采纳。诸如审理者会推定该拙劣驾车人在所争议的场合下的不当行为，或者作为对其过去行为责任的惩罚，该驾车人可能被认定应当负有责任的这类危险被认为是超过了证据可能在证明某特定案件发生情况下具有的任何微不足道的价值。

当然，这并不意味着，关于过去行为的证据绝不会被采纳。如果该证据的提交是出于除确定品格以外的某些目的，[13] 且与法庭所审理的案件直接相关，那么即可提出。譬如，如果关于一个先前事故的证据可以证明当事故发生时驾车人知道他那时正在驾驶一辆刹车存在缺陷的车辆，那么该证据将会得到准许。此外，作为一般规则的一项例外，关于证人过去在是否具有讲真话倾向的某些证据可被容许对于该证人的可信性提出质疑或恢复其可信性。[14]

受到特殊处理的另一种证据是和解提议（compromise offer）。在各方当事人的审前交涉（pretrial jockeying）过程中并不罕见的是，作出一项和解提议。如果该提议被拒绝，依照现代规则，无论该提议还是与其相关所作的陈述均不能被采信。[15] 有两项理由：首先，该证据的价值有限；提议的作出不是因为一个人

---

[11] 参见 Fed. Evid. Rule 803, 804.

[12] 参见 Fed. Evid. Rule 404 (a).

[13] 参见 Fed. Evid. Rule 404 (b).

[14] 参见 Fed. Evid. Rule 404 (a) (3), 608, 609.

[15] 参见 Fed. Evid. Rule 408, 410.

应当承担责任或者有过失，而是因为该人并不希望在一个不利的结果上冒险，或者因为继续进行诉讼的成本与最终胜诉所带来的价值远不成比例。然而，当得知一项提议已可持续，事实审理者可能轻率作出结论认为提出该提议的当事人已经承认对其负有责任。其次，意图鼓励庭外和解。如果这些提议在庭审时被用来对抗诉讼当事人，那么这些当事人则极不愿意提出提议。不少管辖区已经将禁止采信和解提议的规则延伸适用于人道主义表示（humanitarian gestures），诸如一个事故当事人作出为另一个当事人支付医院费用的保证。[16]

基于相似理由，关于事后修补或者保险的证据一般而言也不能被采信，因为它可能有偏见。因而，在一起侵权之诉中，在意外事件或者侵害后被告对造成损害的手段加以修补的这一事实不能被采信来证明被告因为未能在侵害之前进行修补而存在过错。[17] 此外，被告因所导致的侵害而获得保险的这一事实不能被采信表明该被告并没有什么理由采取措施以便首先避免损害发生。[18] 此处，正如和解提议中的情形一样，有两项基本理由排除这些信息。首先，一个人为受侵害的可能而投保，或者在侵害发生后她采取措施来避免其再次发生的这一事实，并不能提供有力证据来证明该人有过失或者承担其他不法行为的责任。然而这恰是事实审理者所可能作出的结论。此外，就保险而言，事实审理者基于"支付能力"理论对责任直率地加以认定。其次，社会希望鼓励人们消除危险情形并且为可能伤害而投保。因此，他们不应该为此而被"惩罚"。

将信息排除于庭审之外的另一个主要合理依据是基于重要的社会政策原因。因而，某些证据尽管有价值并且不会带来偏见，即使它的排除可能导致庭审中一个不正确的事实认定，这也将不能被采信。一般而言，这些排除属于"证据法上的特权（evidentiary privilege）"法则的范围。

存在着几种不同类型的特权。最为常见的是所谓的"交流（communication）"特权，其旨在保护属于特殊关系的个人之间的谈话。最值得注意的是涉及律师与委托人、[19] 医生和病人、[20] 心理健康专业人员与病人、[21] 宗教领袖与教区居民，[22] 以及丈夫与妻子的谈话。[23] 单个管辖区有时会将诸如会计师与客

487

---

[16] 参见 Fed. Evid. Rule 409.

[17] 参见 Fed. Evid. Rule 407.

[18] 参见 Fed. Evid. Rule 411.

[19] 参见 Uniform Evid. Rule 502.

[20] 参见 Uniform Evid. Rule 503.

[21] 参见 Uniform Evid. Rule 503.

[22] 参见 Uniform Evid. Rule 505.

[23] 参见 Uniform Evid. Rule 504.

户等其他关系包括在内。[24] 为了获得特权，对话必须处于秘密之中，并且，除配偶之间的对话，还必须是在寻求获得专业意见的进程。这些特权是基于这样的观点，即社会希望鼓励其成员在需要时寻求获得适当的意见，并且，进一步而言，如果专业人士能够确定所提出之问题的真实性质还必须对他们加以保护。

另一种特权，即所谓的"证言特权（testimonial privilege）"，甚至走得更远。它并不只是保护一个人向另一个人所作的陈述免受披露，更确切地讲，它实际上是准许目击证人完全拒绝作证。这一类型包括免于自证其罪的特权，[25] 以及一对夫妻无需在刑事审判中作出不利于另一方配偶（夫或妻）的证言的特权。[26] 此类保护是建立在以下观点的基础之上：即，此观念甚深而不要求一个宣誓告知实情的人自证其罪或者证明其配偶有罪；社会不应当将个人置于这种棘手处境之中。

此外，还存在着其他特权以便在特殊情况下保护特定类型的信息。例如，在许多情况下，政府[27]或者新闻媒介人员[28]均不会被要求暴露其告密人的姓名。如果没有此类保护，社会所需要的重要信息的提供者将不愿意挺身而出。

除了这些关于证据可采性的基本规则和规定外，证据法规定了许多其他保证条款以确保将被采信的信息是可靠的。这类条款首先在适用于文件和实物证据具体规定中可以找到。一位律师经常会试图将一项有形项目引入证据以利其委托人的诉讼。为了做到这一点，律师必须通过以证言方式准确表明该项目如何与该诉讼相关来奠定证据可采性的适当基础。因而，如果控诉方希望将一把手枪引入一起抢劫案中，它必须确立事实来表明该特定手枪如何具有相关性。证人不仅必须证明抢劫者在进行犯罪行为时曾出示过手枪，而且控诉方还应当进一步出具证据，通过这些证据可以推断现在所提出的手枪正是曾被使用的那把手枪。这只不过是对证据相关性一般规则的适用。但是，在涉及物证时，法院倾向于严格适用此项规则，这是因为与证言不同，有形项目可能对陪审员产生更为持久的影响。

庭审时所提出的实物证据大多采取文书的形式。存在着两个特别规则适用于这些书面证据的可采性。首先是认证规则，它要求在一份书面证据被作为证据采信之前应当表明该书证正是其提出者所主张的状态。[29] 在通常情形下，这只是意味着提供该书证之人必须举出证据表明，该书证已被签署或者准备签署。一项

---

〔24〕 该法规的三分之一已确认了这种特权。McCormick on Evidence 76. 2 (4ᵗʰ ed. 1992).

〔25〕 参见 McCormick on Evidence 116 (4ᵗʰ ed. 1992).

〔26〕 参见 Trammel v. U. S., 445 U. S. 40, 100 S. Ct. 906, 63 L. Ed. 2d 186 (1980).

〔27〕 参见 Uniform Evid. Rule 509. The leading case is Roviaro v. U. S., 353 U. S. 53, 77 S. Ct. 623, 1 L. Ed. 2d 639 (1957).

〔28〕 参见 Annot., 99 A. L. R. 3d 37 (1980).

〔29〕 参见 Fed. Evid. Rule 901 (a).

签字的事实，"詹姆斯·Q·约翰逊"（James·Q·Johnson）签字出现在文件表面上，其本身并不足以证明詹姆斯·Q·约翰逊签署了该文件。其他证言必须在书证被采信前作出。因此，约翰逊可能证实该签字的确为他所签，或者熟悉约翰逊笔迹的某人可能这样作证，或者要求一位专家将约翰逊笔迹的已知样本与此签名进行比较。一旦已经作出此类证言，该文件证据就可被采信；但是，显然，这并不意味着陪审团必定相信这个证据是真实的。对方当事人仍然随意举出证言来表明其为赝品。[30]

　　与书证相关的另一个规则是所谓的"最佳证据"规则。"最佳证据"这一称谓极易引起误导。没有证据规则要求一个当事人提出可用于证实一个事项的"最佳"或者最为有力的证据。更确切地说，最佳证据规则要求一个当事人提供书证原件，或者在关于该书证内容的其他证据被采信之前，证明该原件已经遗失或者被毁。[32] 此规则的根据似乎是，书证中的确切措辞在法律上极为重要。因此，无论何时，只要获得原件，应当使用原件最为适当。

　　其他类型的保证条款来确保证人证言的可靠性。一项重要的要求的是每位证人必须对他所证实的事项具有第一手信息。[32] 当然，这是对传闻证据规则的一项必然结论。通常，一位证人不会被准许进行推测或者就案件所涉及的事项发表意见，但是，当对意见的运用看来是将实际发生情况告知事实审理者的最佳方式时，这种限制会有所放松。[33] 因而，证人可能会被准许表述一个人是"醉酒汉"，而不是试图详细描述导致此结论的该人行为。证人可被询问细节以便检验此意见的有效性。对意见证据加以禁止的这种一般规则的一项重要例外是准许一位专家证人提供在其专业知识范围内事项的意见。[34] 当然，证人首先应当通过作出关于其资格的证言来证明其为合格的专家。1993 年以来，作为一项美国联邦最高法院裁决所带来的结果，[35] 在何种程度上科技性质的证据能够并且应当被采信这一问题存在着相当大的争论。基于《联邦证据规则》第 702 条（Federal Evidence Rule 702）的表述，美国联邦最高法院裁决认为，如果初审法院认为这些证据具有相关性且建立在可靠的基础之上，那么此类证据应当被采信。此前许多法院已经裁定认为，这类证据只有在它的科学依据为其所属领域内的人士所

489

---

　　[30]　1 S. Saltzburg & M. Mratin, Federal Rules of Evidence Manual 43 (5th ed. 1990). 参见 Fed. Evid. Rule 104（e）。

　　[32]　参见 Fed. Evid. Rules 1002，1004。

　　[32]　参见，例如，Fed. Evid. Rule 602。

　　[33]　参见 Fed. Evid. Rule 701。

　　[34]　参见 Fed. Evid. Rule 702，703。

　　[35]　Daubert v. Merrell Dow Pharmaceuticals, Inc., 509 U. S. 579, 113 S. Ct. 2786, 125 L. Ed. 2d 469 (1993).

普遍承认时即可被采信。[36] 该观点无疑要求对我们现代的，且高速发展的科技王国中最新产生的信息予以排除。但是，与此同时，它减少了案件由堂皇而创新，但却被证明为错误的理论所决定的这一危险。[37] 依照联邦最高法院新办法，重要的是，初审法院行使一种"守门人"职责，以便在专家证言缺乏可靠性时排除它。[38]

本文对证据法的简要介绍远未完整。重要的是要认识到，尽管整体而言，在全美各地，证据规则大体相同，但是，各管辖区之间在细节上存在着重大差异。[39] 一位律师在任何法庭进行诉讼之前，应当十分熟悉所适用的特定规定。

10.3-11.0 被保留以供补充资料之用。

---

〔36〕 主要的案件是 Frye v. United States, 293 Fed. 1013 (D. C. Cir. 1923).

〔37〕 就对科技证据可采性的历史的全面审视以及当前的争议，参见 R. Park, D. Leonard & S. Goldberg, Evidence Law 10. 04 (1998).

〔38〕 参见 General Elec. Co. v. Joiner, 522 U. S. 136, 118 S. Ct. 512, 139 L. Ed. 2d 508 (1997)（维持初审法院所作出的排除专家证言的这一自由裁量的判决）。

〔39〕 参见 Fed. Evid. Rule 501, 其规定关于州特权的证据规则适用于联邦法院中异籍管辖同案件，而联邦"普通法"将调整依照联邦法律在案件中所产生的特权的存在与范围。

▼
▼
▼

第十一章

陪审团审判

本章目录

490

A. 导　论

11. 1 现代社会中陪审团审判的起源与作用

1791 年生效的《美国联邦宪法》第七修正案规定："在普通法上的诉讼，若争议价额超过 20 美元，受陪审团审理的权利应当得到保护，而且陪审团裁决的事实，非依普通法规则外，不得在美利坚合众国的任何法院中被再加审查"。[1]

----

〔1〕 U. S. Const. Amend. 7（美国联邦宪法第七修正案）。

几乎每个州的宪法中均有类似的保证规定。[2]

尽管这种保证条款长期存在的承诺，但是陪审团审判及其运作方式仍然引发相当大的争论。其焦点在于，如何使复杂且负担渐重的司法系统简化而高效，民事陪审团是否具有充足效用来证明其保留的合理性。对陪审团审判的主要批评意见可划分为两部分。第一个质疑：由一群公民所进行的审理是不公正和低效率的，况且这些公民在适用经常较为特殊且困难法律概念方面缺乏专业技能；第二项异议涉及陪审团程序固有的拖延所引起的司法系统成本问题。

一种矛盾心情对待陪审团的作用——如果有作用——即陪审团应在现代法律体制中起作用，这种作用就是反映对获得陪审团审判权的司法态度和对适用于其行使的程序规则发展的态度。例如，即使联邦宪法第七修正案所保证的权利具有深厚的历史根源，同时也构成联邦司法系统基础的一部分，但是，正如其被纳入《权利法案》的这一事实所表明的，它并没有像联邦宪法前十修正案中的许多其他条款那样通过联邦宪法第十四修正案正当程序条款的方式对各州产生约束力。[3] 另外，《联邦民事诉讼规则》第38条（b）要求诉讼当事人及时提出陪审团审判要求，第38条（d）规定如果未能如此行事，该权利将被视为放弃。[4] 更为重要的是，其明确确认了法院具有对陪审团审判的各种程序方面的调整权，而这种调整是通过准许简易判决动议、重新审判、指示裁断，和与陪审团裁断相反的判决[5]以及通过改变陪审团的传统大小来实现的。[6] 然而，在相反方向也存在着一些重大的趋势。正如稍后部分将探讨的，[7] 联邦最高法院对联邦宪法第七修正案项下的受陪审团审判权的有效性进行了扩大解释，以便赋予其相当的活力。

当代对陪审团制度效力的不确定性应当结合其历史背景来对待。陪审团权力

〔2〕 科罗拉多州，路易斯安那州和怀俄明州没有民事案件陪审团审判的宪法保证条款。参见 West's Colo. R. S. A Const. Art. 2, 23; La. Stat. Ann. – Const. Art. 1, 9。主要参见 O'Connell, Jury Trial In Civil Cases?, 58 ILL. Bar J. 796 (1970)，其极力主张伊利诺伊州修宪会议应当废除民事案件中获得陪审团审判的宪法性权利。

〔3〕 Holmes 法官在 Chicago, Rock Island& Pacific Ry. Co. v. Cole, 251 U. S. 54. 56. 40S. Ct. 68. 69, 64 L. ED. 133 (1919) 一案中的评论，虽然只是法官判决的附带意见，但却代表了联邦最高法院对此范畴的信念。

〔4〕 参见下文11. 9中的讨论。

〔5〕 参见，例如，Galloway v. U. S., 319 U. S. 372, 63 S Ct. 1077, 87 L. ED. 1458 (1943)。所谓的"纯粹主义"（purist）学派主要是由布莱克（Black）和道格拉斯（Douglas）法官（前者在 Galloway 案中的反对意见可以起到说明的作用）的现代对话所代表，根据该学派，对被假定为陪审团历史作用的这些攻击不能与联邦宪法第七修正案的要求相一致。一个饶有趣味的相反意见，参见 Henderson, The Background of the Seventh Amendment, 80 Harv. L. Rev. 289 (1966). 就对四项申请的讨论及其宪法地位的讨论，参见上文9. 1-9. 3, 和下文12. 3-12. 5.

〔6〕 参见下文11. 11.

〔7〕 参见下文11. 5 - 11. 6.

的发展是英美社会中民主与平等主义价值出现的一个重要因素。[8] 陪审团是在11 世纪由征服者威廉一世引入英格兰，而在 15 世纪末，陪审团已经取代神明裁判而成为事实认定的首要方式；在 17 世纪以前，它已成为斯图亚特王朝君主政体法官的政治检查手段而被普遍运用。在英属殖民地时期的美国，陪审团是作为抵抗英国政府及其任命法官对英属殖民地时期自由的侵犯的一种强有力手段而出现的，同时它们仍然在 19 世纪初期杰斐逊共和党人和北部联邦同盟的法院系统之间的斗争中起着重要的政治作用。[9] 因而，历史上陪审团因其相对独立性而成为一个反对政府压制的极为重要的防御堡垒。此外，它所具有的人民性，以及非专业的特性颇为吸引人，同时被认为合理证明了其在案件中的运用完全没有政治联想。

　　现在，正是具有显著非专业性的这种独立性受到了一些人士的抨击，这些人士将陪审团视为难以忍受的力量，且认为陪审团是以一种实质上不可预知的、不可知晓和难以控制的方式行使职能。[10] 在日趋全球化的经济中，同样的这些担忧使许多外国诉讼当事人更不愿意将其纠纷交由美国法院体系解决。弗兰克（Frank）法官在其生前可能是全美对陪审团审判的最坦率直言的批评者，他对当时的陪审团结构提出批评，其原因是对于陪审员作出裁断的过程没有有效的司法监督。[11] 他的批评基于甚至是更根本的怀疑，他怀疑的是陪审员对所听审证言的吸收和评估能力，以及法庭向其提供的法律解释加以运用的能力。[12]

　　此外，鉴于美国社会好讼的特性，陪审团审判被许多人士认为是对司法系统有限资源的巨大和不适当的耗费，同时也是一项无法提供的奢侈品。有人士认为，陪审团审判会比法官直接审判耗用更长的时间，程序费用也远远超出了可能

---

　　〔8〕 参见 Story, Commentaries on the Constitution 1779 (1833). 一个略微不切实际，但是仍是 19 世纪有关陪审团的相当典型的观点就是以下材料中的这篇文章: Sioux City & Pacific R. R. Co. v. Stout, 84 U. S. (17Wall) 657, 664, 21 L. Ed. 745, 749 (1873): "社区中的 12 位普通人，包括受过教育和几乎未受教育的人士、博学之士和那些只是通过耳濡目染学习的人、商人、技工、农场主、体力劳动者；这些人士济济一堂，商议，并将其各自在生活中的经验适用于已被证明的事实，从而得出一致的结论。法律竭力追求获得的结果正是普通人由此作出的这项判决。此处假定的是，12 位人士比 1 个人知道更多的日常生活事项，同时相对于一位单个法官而言，他们由此可以从所承认的事实中得出更为明智和安全的结论。"

　　〔9〕 对历史上陪审团的作用的讨论，参见 1W. Holdsworth, A History of English Law 298 – 350 (7th ed. 1956)；1 F. Pollock & F. Maitland, The History of English Law 138 – 50 (2d ed. 1898)；Thayer, The Jury and Its Development, 5 Harv. L. Rev. 249, 295, 357 (1892).

　　〔10〕 参见法官弗兰克（Frank）在以下案件中的意见: Skidmore v. Baltimore & Ohio R. Co., 167 F. 2d 54 (2d Cir. 1948)，要求调阅案卷的上诉申请被驳回 335 U. S. 816.

　　〔11〕 J. Frank, Courts on Trial 120 (1949).

　　〔12〕 同上，第 116 页。

曾从中获得的益处。[13]

对于这些指责有各种反应。大部分都产生于一个基本推想，即陪审团审判保留了美国对正义本质及其与各种社会历程相互作用的理解。正如一项研究所指出的，仅依据增加的费用和时间来衡量陪审团审判给体系所带来的成本进行衡量是不适当的，必须以该体系从陪审团裁断"质量"中所获利益的角度来对其进行衡量。[14] 其他一些评论者则将陪审团的独立性和自由裁量权视为其最有价值的特性。该观点认为，陪审团会考虑有关何为公平和公正的社会评判的相互作用，但法律趋向于基本原则和规则都经常未能考虑这些方面。[15]

尽管当前在著作和一种偶然限制性判决中仍存在着争议，联邦最高法院在 Beacon Theatres, Inc. v. Westover[16] 一案及其后的案件中重申了美国体系中——至少是在联邦法院中——获得民事陪审团审判的权利的历史承诺及其继续存在的重要性。因而，联邦宪法第七修正案已被解释为表明陪审团审判是：

在普通法民事案件及刑事案件中处理事实问题的通常和更可取的模式。将陪审团作为事实认定主体来加以维持具有如此的重要性，且在我们历史和法学中占据了如此牢固和重要的地位，以至于任何看似对陪审团权利予以限制的做法都会受到最为审慎的审查。[17]

为了更好地理解陪审团审判在当今美国民事纠纷解决程序中的地位，很重要的是应当牢记联邦宪法第七修正案所体现的实质政策与我们看待宪法性保证这一变化中的历史环境之间的关系。很多有关受陪审团审判权的现行法律和陪审团审判的特性均是从关于陪审团行为的各种相互竞争的理解之间的冲突与结合中发展而来的。正是在宪法指示和对整个法律制度运作成本的更多认识之间的协调中，我们发现了对陪审团审判的不一致待遇的许多解释。

11. 2 法官与陪审团的关系

理解法官与陪审团在裁决过程中的责任分担对于理解民事诉讼审判具有重要

---

〔13〕 参见 Peck, Do Juries Delay Justice?, 18F. R. D. 455 (1956)；O'Connell, Jury Trials in Civil Cases? 58 Ill. Bar J. 796 (1970). 在此背景下，有趣的是应当注意到，在英格兰民事案件中陪审团审判实质上已被废除。参见 Devitt, Should Jury Trial Be Required in Civil Cases? A Challenge to the Seventh Amendment, 47 J. Air L. & Comm. 495 (1982).

〔14〕 Kalven, The Dignity of the Civil Jury, 60 Va. L. Rev. 1055 (1964). On the sociological implications of jury trial, 参见 Wolf, Trail by Jury：A Sociological Analysis 1966 Wis. L. Rev. 820.

〔15〕 参见 Pound, Law in Books and Law in Action, 44 Am. L. Rev. 12 (1910)；Wigmore, A Program for Trial of Jury Trial, 12 Am. Jud. Soc. 166, 179 (1929). 同时参见 Dooley, Our Juries, Our Selves：The Power, Perception, and Politics of the Civil Jury, 80 Cornell. Rev. 325 (1995).

〔16〕 359 U. S. 500, 79 S. Ct. 948, 3 L. Ed. 2d 988 (1959). 下文 11. 5 对此案件进行了讨论。

〔17〕 Dimick v. Schiedt, 293 U. S. 474, 486, 55 S. Ct. 296, 301, 79 L. Ed. 603 (1935) (Sutherland 法官). 此段的最后一句话为上文注释 16 的 Beacon Theatres 一案所援引并得到赞同, 359 U. S. at 501, 55 S. Ct. at 952. 事实上，在相当数量的案件中，各当事人均放弃了受陪审团审判权。

意义。各种职责的分摊常常是非常微妙的，并且被证明是诉讼体系有效运行的基础。这涉及支持陪审团作为"事实认定者"的经常相互竞争的价值和法律制度所追求的和谐一致与效率的目标之间的平衡。

在美国大部分民事审判都是在没有陪审团的情况下由法官主持进行的，法官既是事实认定人又是法律适用人。诚然，没有宪法规定的或者法定的获得陪审团审判权时、各当事人未根据可适用的程序性规则规定要求组建陪审团而导致各当事人放弃权利、或者各当事人同意无陪审团的审判等情况都会有的。但是假定获得陪审团审判的权利存在且已适当行使，那么关键问题在于：陪审团的作用是什么？此外，在试图安排——但同时又不影响——陪审团工作时，法官会担当何种角色，这种工作分工的含意又是什么？

为了更好理解法官的作用，对 11 世纪发源于英格兰的陪审团的演变进行简要考察是颇有益处的。最初，陪审员是在作为证人适当的基础上选择的。他们一般是从争议事实发生的附近地区中挑选出来。考虑到其身处现场的经历，他们被推定应当具有最好的背景以便对证据进行评价。[1] 各陪审员被期待着依据其对事件的亲自知悉来相互交流，同时也会考虑其他的任何可靠消息来源，这包括与各当事人进行直接交流。他们有权根据自己所知晓的事实来对案件进行裁决，即使这会与证言相矛盾。[2]

随着时间的流逝，陪审团角色所具有的审问性质发生了变化，应该强调，其重心从作为证人—裁判者的陪审团转变为作为公正事实认定人的陪审团。这种转变是两项主要发展的结果：（1）向陪审团告知案件情况的方式的演变，以及（2）有关各当事人反对特定某些作为担任陪审员的能力的法律的发展。[3] 随着此进程的推进，各陪审员变得更为依靠庭审时向其提交的各种材料，而提供该信息的责任也转移到当事人自己身上。这预示着当今所熟知的对抗制的确立，此制度是建立在这样的理念之上，即达到正义的最为公平和高效的程序就是由陪审团对双方当事人在公开法庭上所提出的证人证言进行评价。

如今，陪审团发挥了三种主要功能：（1）判定事实是什么；（2）依据主审法官给予陪审团的指示中所阐释的法律后果对事实进行评价；以及（3）以裁断的形式提出其评议结果。

一般而言，陪审团的职权并不会被扩大来判定由证据的可采性与排除问题、主张特权问题，以及诸如管辖权、诉辩和合并问题等引发的事实争点。陪审团职

495

---

〔1〕　主要参见 W. Holdsworth, A History of English Common Law 332 – 50 (7ᵗʰ ed. 1956)；Thayer, The Jury and Its Development, 5 Harv. L. Rev. 249 (1892).

〔2〕　M. Hale, The History and Analysis of the Common Law of England 260 – 61 (1713).

〔3〕　W. Holdsworth, A History of English Common Law 332 (7ᵗʰ ed. 1956).

责的核心部分在于——常常是根据相互对抗和冲突的证据来——确定与特定争议相关的事实，以及判定相关法律应如何适用于这些事实。有时，证据并不完全，而陪审团必须从已提供证据的其他事实中对特定事实的存在与否进行推断。在其他情况下，在一个特定点上的证据将会支持一些相互矛盾的推断。尽管在此事项上存在着某些争议，但是在大多数管辖区，只要每个推断有其合理依据，那么陪审团仍会被准许在相互冲突的各推断链（inference chains）中进行选择。

譬如，考虑一个著名案件中的有关事实。在铁轨转接点附近的一个漆黑的铁路调车场上发现了一位失去知觉的铁路扳道工。此后，他再也没有恢复知觉而死去了，这显然是因为其后脑勺受到重击。对这一致死事件并没有任何目击证人。铁路部门提出了死者系被谋杀的推论；而死者的遗产则提供一种主张认为是路过列车上一个邮政车厢边上摇摆着的一个邮政钩吊不小心撞击死者致死。尽管事实似乎对构成这两种看法基础的推断链均给予了平等的支持，但是陪审团被准许基于其认为更为合理的一系列推断来作出裁决，同时拒绝接受或者不相信与其结论不符的事实。[4] 当此情况下讨论陪审团的作用，联邦最高法院认为：

如果有人认为陪审团裁断涉及假想与推断，那则无以对其加以反驳。无论何时，如果事实存在争议或者证据的情况使得公正人们可能得出不同推断，那么承担争端解决责任之人被要求通过选择其认为最合理的推断来权衡这种假想与推断。[5]

陪审团的各种职责与特权并非互无关联或者易于分类，它们一直随着时间的流逝而不断转换。这些转换反映了对陪审团所承担任务的态度变化，以及在构建和指引陪审团工作以确保其依合法方式运转的方法上可用性的转变。

通常所说陪审团的责任在于确定事实。法律/事实的二分法实际代表着法官与陪审团的职责划分。[6] 但是，并非一直存在着这种关系。17 世纪，当抵抗斯图亚特王朝法官时英国陪审团的权力达到高潮，陪审团担任事实和法律裁决人角色的扩张已被形成。直在 18 世纪时，法官已经通过被终身任命来摆脱王室支配。民众对司法部门的信心得以恢复，并且在美国独立战争时，关于责任的法律/事

496

---

〔4〕 Lavender v. Kurn, 327 U. S. 645, 66 S. Ct. 740, 90 L. Ed. 916 (1946).

〔5〕 327 U. S. at 653, 66 S. Ct at 744. 不是所有州法院都会准予陪审团在相互冲突的推断链中选择的这种自由。试比较 Smith v. First Nat. Bank in Westfield, 99 Mass. 605, 612 (1868). 同时参见 Blid v. Chicago 7 N. W. 1027, 1028 (1911)；White v. Lehigh Valley R. R. Co., 220 N. Y. 131, 135, 115 N. E. 439, 441 (1917).

〔6〕 Solcum v. New York Life Ins. Co., 228 U. S. 364, 387 - 88, 33 S. Ct. 523, 532, 57 L. Ed. v. 879, 890 (1913). 同时参见 Hodges v. Easton, U. S. 408, 1 S. Ct. 307, 27 L. Ed. 169 (1882)；Dobson v. Masonite Corp., 359 F. 2d 921 (5th Cir. 1966) 比较 Jerke v. Delmont State Bank, 54 S. D. 446, 456, 223 N. W. 585, 589 (1929)："陪审团的权力，权利和义务不是'说出事实是什么'，而应通过惯常和通常的理性过程来判定和确定事实是怎样的……"。

实划分业已在英国得以确立。[7]

在美国，法官——陪审团关系的改进也经过了一段较长的时间。在殖民地中，陪审团判定法律问题的权利被广泛接受，在刑事案件中尤其如此。[8] 在1850 年以前，在许多司法管辖区中法官与陪审团被视为是合作伙伴。陪审团可以判定事实和法律问题，而法官对证人和证据的评论则有助于对裁定过程作出指导。[9] 法律理论和政治哲学均强调陪审团在探寻自然法方面的重要性，而自然法被认为是一个比"严谨的法律准则依据"（authority of black – letter maxim）更好的判决根据。[10] 因为自然法容易为不懂专业的公众所接受，所以确定一个特定法则是否体现着更高的自然法原则被认为是每位陪审员的职责。[11] 实际上，有人士主张，美国联邦宪法体现了天赋权利的法典化，这便使"陪审团对更高法律的依赖通常会被视为是一项宪法上的判断……"。[12]

在 19 世纪中叶，这种理念开始不再被接受，而法律/事实的两分法则变得更为清晰。其结果：一方面介绍当今数种陪审团的"控制机制"，另一方面趋于限制法官对提交给陪审团的证据进行评论。在 19 世纪末，对陪审团的猜疑不断增加。随着对自然法思想的偏离过程，制度上开始寻找一种稳定和可预见的作出判决的模式。越来越多显现的是，陪审团不再以此方式发挥作用，而是常常根据其自己的"大众正义"（popular justice）标准来对类似案件进行不均衡的处理。[13]

现在，法律/事实的区分已经得到很好的确立，但是两者之间界限的适用依然极其困难。这种划分必定是不精确的，并且会随着诉讼性质和司法管辖区的不同而有所变化。这可以通过对合同及过失之诉中陪审团所实施职能的考察作出很好的说明。

一个书面文据之诉中法官和陪审团通常的职责分工如下：陪审团判定合同是否存在。法官确定合同是否存在含糊。在合同存在含糊时，其含义将由陪审团从各当事人提交的证据中来加以判断；若合同没有含糊，则由法官解释和适用合同表述。在口头合同之诉中，将由陪审团查明合同条款。

---

〔7〕　Scott, Trial by Jury and the Reform of Civil Procedure, 31 Harv. L. Rev. 669, 675 – 78 (1918).

〔8〕　Howe, Juries as Judges of Criminal Law, 52 Harv L. Rev. 582 584 – 84, 589 (1939).

〔9〕　Note, The Changing Role of the Jury in the Nineteenth Century, 74 Yale L. J. 170, 173 (1964)，但是，可参见 Henderson, The Background of the Seventh Amendment, 80 Harv. L. Rev. 289 (1966)，其论题是美国早期民事陪审团不具有判定法律问题的权利，这可以由早期陪审团控制设计的可用性及被普遍承认的正当性来加以证明。

〔10〕　Note, The Changing Role of the Jury in the Nineteenth Century, 74 Yale L. J. 170, 172 (1964).

〔11〕　参见 Georgia v. Brailsford, 3 U. S. (3 Dall.) 1, 4, 1 L. Ed. 483, 484 (1794).

〔12〕　Note, The Changing Role of the Jury in the Nineteenth Century, 74 Yale L. J. 170, 178 (1964). 参见 3 Debates and Proceedings in the State Convention to Revise and Amend the Constitution (Mass.) 455 (1853).

〔13〕　参见 W. Holmes, Collected Legal Papers 237 – 38 (1920).

在据称由被告过失驾驶造成的侵害而提起的侵权之诉中，诸如驾车人在接近交叉路口时是否减速、或者是否在事故发生时保持适当的注意等事实问题通常由陪审团加以确定。但是，如果主持庭审的法官认为证据已经如此清晰以至于没有任何理性的人会认为驾车人的确减速或者尽到适当注意，那么问题会从陪审团处撤回，而由法官直接裁决。驾车人是否有义务减速则是一个由法官决定的法律问题，这是对假设理性谨慎之人的通常行为标准进行界定的一项任务。将此行为标准适用于该案件的情况中——即，被告在临近交叉路口时是否已充分注意以达到理性的人标准——则通常是一个由陪审团加以解决的问题。[14]

即使在理论上可能对事实和法律问题进行区分时，实践中也常常难以将陪审团限定于有关前者的裁决。事实上，陪审团理解法律和事实问题之间的差异以及在其职权范围内适用后者的能力本身均受到质疑。[15] 正是因为将法律与事实确切分离十分困难，所以在现代陪审团审判中法官的作用是至关重要的。因而，很重要的是，理解法官与陪审团互动的方式，以及法律制度提供给法官以限制陪审团在其合法职责范围内。

在陪审团庭审的案件中法官需履行几项主要职责。除对所有审前动议和初步争点（preliminary issues）作出裁决外，庭审法官将审查证据，并且确定那些是相关的，以及在何种程度时才足以准许陪审团就给定要点作出裁决。法官也会判定何时应对某些问题予以司法认知以便使其不必在庭审时加以证明，并决定应当适用什么实体法规则，如何就这些规则尽善地向陪审团作出指示，以及应当作出何种类型的裁决。同时，法官在安排审判方面也具有广泛的自由。

虽然陪审团具有相当大的能力扩张自己作用，但是在指引和限制陪审团作出裁决的过程方面法官并非束手无策。通过控制证据的采纳，法官可以缩小应当审理的事实争点的范围，这将使得陪审团的调查范围变得非常有限，或者适当地从陪审团处撤回案件并作出指示裁断。[16] 此外，通过向陪审团作出的指示，法官可以限制陪审团的能力而不顾法律问题与事实问题之间的界限。[17] 指示越详细，陪审团援引其自身行为标准的机会就会越少。例如，在机动车的案件中，驾车人据称未能在交叉路口减速，法官仅仅告诉陪审团一个理性的司机在交叉路口会减速。这一表述赋予了陪审团较大自由判定被告在该情况下行为是否合理。另一方

498

---

〔14〕 参见 Weiner, The Civil Jury Trial and the Law – Fact Distinction, 54 Calif. L. Rev. 1867 (1966)，对"法律适用"问题进行了颇为有趣的讨论。

〔15〕 J. Frank, Courts on Trail iii (1949).

〔16〕 Coleman v. CIR, 791 F 2d 68 (7th Cir. 1986)（在通常诉讼中，当事实没有争议时，联邦宪法第七修正案并没有要求进行陪审团审判）。

〔17〕 参见 Thornburg, The Power and the Process：Instructions and the Civil Jury, 66 Fordham L. Rev. 1837 (1998). 上文 10. 1 注释 53 –63 中对指示进行了讨论。

面，通过表明一个理性的人在临近交叉路口的时速是 5 或 10 公里，庭审法官可能会更具体地向陪审团阐释谨慎的标准。假若法官如此行为，那么从理论上讲陪审团一般只享有判定被告是否的确将速度减至该特定速度的这一权利。

除控制证据以及向陪审团作出指示的权力外，法官还有权选定陪审团所作裁决的类型。[18] 由于裁决的形式变得更为明确，陪审团以其自己方式行事的自由必定会受到削减。总括裁决可能会掩盖各陪审员在观点及其对特定争点裁决方面十分真实的矛盾之处，这让他们能够通过使事实与大众正义概念相符的方式而不顾法官指示。但是，当陪审团被要求回答法官提出的某些特定问题时，上述情况显然就很难发生。最终，存在着诸如增加损害赔偿金/减免赔偿额、[19] 简易判决、[20] 指示裁决、[21] 重新审理、[22] 以及与陪审团裁决相反的判决[23]等各种其他程序机制，这使得法官能够对陪审团行为进行相当程度的控制。[24]

总而言之，法官在引导陪审团审判方面发挥着重要而积极的作用，其代表着法律制度所致力追求的一个公平、高效和稳定的裁决程序。但是，这必定是在陪审团审判保证的情况和有力影响下实现的。

正如本节中的讨论所表明的，法官与陪审团的关系实质上是处于动态之中，并且随着法律制度感知根据现代需求和问题的发展而发生变化。如同以下各节将要讨论的那样，虽然美国司法体制已经越来越多地运用程序机制来限制对陪审团权力不受束缚的行使，这也是重要地重申陪审团在民事案件中庭审的承诺。

B. 受陪审团审判权

11.3 受陪审团审判权——概述

受陪审团审判权有三个主要根据：（1）以各种形式保留普通法权利的州和联邦联邦宪法规定；[1]（2）明示或者默示规定陪审团审判的，制定法上创制的诉因；[2]（3）衡平法程序中法庭选任咨询陪审团的这一历史上的自由裁量权。本节将用一般的措辞概述受陪审团审判权的上述三种根据，同时探讨适用于该权利的一些重要原则。

---

〔18〕 下文 12.1 对裁断进行了讨论。
〔19〕 参见下文 12.4.
〔20〕 参见上文 9.1－9.3.
〔21〕 参见下文 12.3.
〔22〕 参见下文 12.4.
〔23〕 参见下文 12.3.
〔24〕 虽然法官享有相当的控制权，但是第七修正案的确规定了对该控制的某些限制。参见，例如，Henson v. Falls, 912 F. 2d 977 (8th Cir. 1990)（法官不得就指示裁决动议作出可信性决定）。
〔1〕 参见下文 11.4.
〔2〕 参见下文 11.6.

美国联邦宪法第七修正案[3]并未"创制"受陪审团审判权；更确切地说，如同其在 1791 年（最早的各州批准该修正案的日期）时普通法上所存在的那样，它在联邦法院中保留了这项权利。[4] 虽然陪审团审判保证的目的和表述看似直率，但是多年来这已经被证明是最难适用的宪法规定之一。这在很大程度上归因于 1791 年英国和美国实践中陪审团审判可用性有关问题模糊不清。例如，在只寻求诸如强制令或者特定履行等衡平法救济的诉讼中，历史上并不存在受陪审团审判权。但是，在批准第七修正案时，普通法/衡平法二分法却完全没有得到明确规定。两个法院各自的管辖权是模糊而多变的，这使得第七修正案所创设的历史性标准的适用必然也变得混乱和不准确。[5]

在联邦法院中，《联邦民事诉讼规则》第 38 条（a）保留了"第七修正案所宣布的受陪审团审判权……对各当事人而言是不受侵犯的"。[6] 尽管该标准，如同第七修正案本身一样看似中立——即，仅仅保留了一个既存的权利——联邦法院中普通法和衡平法的合并却对这些法院中受陪审团审判权的现代范围有着深刻意义。[7] 正如稍后将要讨论的，《联邦民事诉讼规则》的效果在于使过去的两个单独司法管辖权合并为一个单一形式的诉讼，这所带来的结果是以往只能在衡平法诉讼中主张的各种救济现在可以在具有衡平法和普通法属性的"民事"诉讼中提出主张。因为联邦最高法院已经裁定宪法所规定的受陪审团审判权适用于这些诉讼，所以《联邦民事诉讼规则》所带来的显著效果在于扩展这种陪审团权利的可用性。[8]

第七修正案中的受陪审团审判权并不仅仅局限于 1791 年时事实存在的相对较少的普通法诉讼。无论制定法是否明示规定，该权利也同样适用于以后创制的，并且类似于 1791 年时应由陪审团审理之诉讼的所有制定法诉因。[9] 由于联

---

〔3〕 U. S. Const. Amend. 7.

〔4〕 Baltimore & Carolina Line, Inc. v. Redman, 295 U. S. 654, 55 S. Ct. 890, 79 L. Ed. 1636 (1935); Dimick v. Schiedt, 293 U. S. 474, 55 S. Ct. 296, 79 L. Ed. 603 (1935).

〔5〕 参见下文 11. 5.

〔6〕 Fed. Civ. Proc. Rule 38 (a). 参见 9 C. Wright & A. Miller, Civil 2d 2301 – 17。该规则中对受陪审团审判权利的保留是根据《规则制定授权法》作为规则制定依据而作出的。

但是，应当注意的是，调解要求的介入已被认为不违反第七修正案。参见 Rhea v. Massey – Ferguson, Inc., 767 F. 2d 266 (6th Cir. 1985).

〔7〕 参见下文 11. 5。

1966 年海商法与普通法和衡平法的合并使得原本简单明了的规则变得复杂起来，而上述规则曾规定规定海事诉讼中同样没有受陪审团审判权。参见 Note, The Jury on the Quarterdeck; The Effect of Pleading Admiralty Jurisdiction Where the Proceeding Turns Hybrid, 63 Texas L. Rev 533 (1984).

〔8〕 这一点在 Beacon Theatres, Inc. v. Westover, 359 U. S. 500, 79 S. Ct. 948, 3 L. Ed. 2d 988 (1959) 一案中得到承认，下文 11. 5 对此案进行了讨论。

〔9〕 参见下文 11. 6.

邦法院体系中没有非陪审团审判的宪法权利，[10] 因此第七修正案和第三修正案没有阻止国会将陪审团审判扩张适用于非普通法诉讼。所以，当制定法明示规定陪审团审判时，无疑可以获得受陪审团审判权。[11] 例如，因为第七修正案仅仅适用于普通法上的诉讼，同时也由于普通法中不存在起诉国家政府的权利，所以在起诉美国联邦政府的诉讼中并没有要求陪审团审判的宪法权利。[12] 然而，当制定法明示或者默示地作出相应规定时，状告美国联邦政府的诉讼中就可能会存在受陪审团审判权。[13]

尽管第七修正案的保证条款对各州并没有约束力，[14] 但是大多数州的宪法都含有一条类似条款。[15] 在州和联邦体系中，受陪审团审判权的一个不同就在于州层面上存在的权利范围通常是根据州宪法的批准日期来加以确定的，而并不是以 1791 年作为判断标准。因而，就运用历史标准以判定一个具体州中陪审团审判的可用性而言，普通法和衡平法的划分可能会完全不同于在联邦体系中参照日期时所存在的划分。[16] 当涉及联邦创制权利的一个诉讼由州法院进行听审时，[17] 这些差异也同样会产生是否应适用联邦或州规则来确定受陪审团审判权

501

---

〔10〕 参见 Beacon Theatres, Inc v. Westover, 359 U. S. 500, 510, 79 S. Ct. 948, 956, 3 L. Ed. 2d 988（1959）。参见 Fitzgerald v. U. S. Lines Co. , 374 U. S. 16, 83 S. Ct. 1646, 10 L. Ed. 2d 720 (1963)；Hurtwitz v. Hurtwitz, 136 F. 2d 796 (D. C. Cir. 1943). 对 Beacon Theatres 一案有关非陪审团审判缺乏宪法保护的这一看法的批评，参见 Note, The Right to A Nonjury Trial, 74 Harv. L. Rev.. 1176, 1177 −78（1961）. 一些州法院已经裁定州立法机构不能将陪审团审判扩展至衡平法上的诉讼。参见 Brown v. Kalamazoo Circuit Judge, 75 Mich. 274, 42 N. W. 827 (1889)；Callanan v. Judd, 23 Wis. 343 (1868). 主要参见 Van Hecke, Trial by Jury in Equity Cases, 31 N. C. Rev. 157 (1953).

〔11〕 一个例证是根据《联邦雇主责任法》35 Stat. 65, 45 U. S. C. A. 51 及其以下规定而提起的诉讼。即使在不准许就特定争点进行陪审团审判的州法院提起诉讼，其仍然可享有受陪审团审判权。参见 Dice v. Akron, Canton & Youngstown R. R. Co. , 342 U. S. 359, 72 S. Ct. 312, 96 L. Ed. 398 (1952)，这将在下文 11. 8 中进行讨论。同时参见 Van Hecke, Trial by Jury in Equity Cases, 31 N. C. L. Rev. 157, 172 −73 (1953).

〔12〕 参见 McElrath v. U. S. , 102 U. S. (12 Otto) 426, 44026 L. Ed. 189, 192 (1880).
在美国联邦政府提起诉讼时，受陪审团审判权将依据与纯粹的私人诉讼相同的分析方法来加以确定。参见，例如，Austin v. Shalala, 994 F. 2d 1170 (5th Cir. 1993).

〔13〕 例如，《美国注释法典》第 28 卷标题第 2402 节（28 U. S. C. A. 2402）规定，向美国联邦政府提起的诉讼应当进行非陪审团审判。但是，存在着一个例外，即根据《美国注释法典》第 28 标题第 1346 节（a）（1）（28 U. S. C. A. 1346（a）（1））提起对错误地收回税款或者非法估价或者根据《国内税收法》征收税款的诉讼。对相反问题的两种存在分歧的解决方式，该相反问题是在美国联邦政府对据称拖欠纳税人提起的诉讼中，是否存在受陪审团审判权。参见 Damsky v. Zavatt, 289 F. 2d 46 (2d Cir. 1961).

〔14〕 参见 Walker v. Sauvient, 92 U. S. (2 Otto) 90, 23 L. Ed. 678 (1875). 主要参见下文 11. 7.

〔15〕 参见上文 11. 1 注释 2.

〔16〕 参见下文 11. 4.

〔17〕 参见下文 11. 8.

的一些重要问题。[18]

咨询陪审团深深地根植于普通法和衡平法间的历史性划分之中。[19] 尽管衡平法作为一个具有规定管辖权的独立法院体系的出现意味着属于特定争点上获得非陪审团审判权性质的某些事物已出现，[20] 但是衡平法法院法官总是保留自由裁量权选任陪审员和将各争点提交陪审团以便作出参考性裁断，而法官有权遵循或者不顾该项裁断。[21] 通常，衡平法法院法官在判定属于陪审团特殊能力范围内的一个争点方面需要协助时，常运用咨询陪审团。这常常包括有关证人可信性的问题。由于陪审团的裁断没有拘束力，衡平法裁判具有司法性质的这一原则仍然得以保留；然而，实际上，衡平法法院法官会相当地重视咨询陪审团的决定。[22]

502 《联邦民事诉讼规则》第 39 条（c）[23] 和各州的类似条款[24] 都保留了主持庭审的法官选任咨询陪审团的权力。如同历史上此前存在的情况一样，现代咨询陪审团的作用在于协助法庭判定主持庭审的法官必须判决的任何争点。在不存在受陪审团审判权的情况下，[25] 或者在对各当事人放弃受陪审团审判权的案件进行审理时，[26] 法院在判定衡平法上的争点时可以运用咨询陪审团。

各管辖区在参考性裁断对法官具有多大程度拘束力的问题上情况各异。在联邦法院中，传统的惯例仍在继续，而法官享有关于是否遵循咨询陪审团决定的自由裁量权。[27] 在大多数州法院中情况同样如此，虽然一些州规定除非裁断依据审后动议被宣告无效，否则其对法官具有拘束力，[28] 而其他一些管辖区则准许主持庭审的法官只需表明充足理由即可不顾此项裁决。[29]

---

〔18〕 纽约州有关陪审团审判的条款将在下文 11.7 中进行概述和讨论，而这是对州陪审团审判条款进行解释时所出现的各类问题的说明。

〔19〕 主要参见 Note, The Right to a Nonjury Trial, 74 Harv. L. Rev. 1176 (1961).

〔20〕 同上，第 1179 页。参见下文 11.5.

〔21〕 参见 9 C. Wright v. A. Miller, Civil 2d 2335.

〔22〕 参见 Note, The Right to a Nonjury Trial, 74 Harv. L. Rev. 1176, 1183 (1961).

〔23〕 Fed. Civ. Proc. Rule 39 (c).

〔24〕 例如，N. Y. – McKinney's CPLR 4212. 参见 4 J. Weinstein, H. Korn & A. Miller, New York Civil Practice ⅡⅡ 4212. 01 – 4212. 08.

〔25〕 至少一个司法管辖区承认就衡平法诉讼中有争议的事实问题可获得咨询陪审团解决的权利。参见 Greer v. Goesling, 54 Ariz. 488, 97 P. 2d 218 (1939); Stukey v. Stephens, 37 Ariz. 514, 295 P. 973 (1931).

〔26〕 对联邦法院中咨询陪审团的讨论，参见 Aetna Ins. Co. v. Paddock, 301 F. 2d 807 (5th Cir. 1962); (American) Lumbermens Mut. Cas. Co. v. Timms & Howard, Inc., 108 F. 2d 497 (2d Cir. 1939).

〔27〕 参见 Kohn v. McNulta, 147 U. S. 238, 13 S. Ct 298, 37 L. Ed. 150 (1893).

〔28〕 参见 Dose v. Insurance Co. of Pennsylvania, 206 Minn. 114, 287 N. W. 866 (1939); First Nat. Bank v. Quevli, 182 Minn. 238, 234 N. W. 318 (1931).

〔29〕 参见 Crocker v. Crocker, 188 Mass. 16, 73 N. E. 1068 (1905).

11. 4 联邦法院中的陪审团审判——第七修正案与历史标准

如同在普通法中所存在的一样，美国联邦宪法第七修正案在联邦法院系统中保留了受陪审团审判权。[1] 因而，这经常被认为是创设用于判定何时受陪审团审判权的"历史标准"。[2] 在美国法学发展早期就已明确的是，第七修正案中所提到的"普通法"是指 1791 年——即该修正案批准日期时[3]——在英格兰存在的普通法，而非几个州的普通法。[4] 所以，有必要对英国普通法中受陪审团审判权的概况进行考察，以理解当今权利的范围。

如前所述，[5] 在 1791 年英国的法律制度被划分为独立的衡平法法院和普通法法院。[6] 衡平法法院作为一个独特司法体系的发展在很大程度上是为了弥补普通法法院的不足。因为普通法上的诉辩和实践曾是不灵活并具有相当强的技术性，这经常导致不公正，而衡平法则可提供一个部分的安全阀。[7] 仅仅在普通法法院中才存在受陪审团审判权；衡平法上的诉讼是由国王任命的一位御前大臣来进行审判。由于一些重要的历史原因，衡平法法院法官并不运用陪审团。[8] 因而，普通法和衡平法间的一个主要区别一直在于普通法中受陪审团审判权的可用性。

为了限定受陪审团审判权而确定哪些诉讼属于普通法范畴而哪些属于衡平法范畴，这仍然是庭审实施中的一个最为令人困惑的问题。主要问题是 1791 年时英国的这两个制度间存在大量重叠。此外，随着 1938 年《联邦民事诉讼规则》[9] 的采纳，普通法和衡平法融合为单一的民事诉讼，这终结了第七修正案适用方面的可能存在的管辖权和程序区别。

最初，衡平法上的诉讼是作为对"行使早先属于英王而未阐明的剩余权力"

503

---

〔1〕 参见上文 11. 1。同时参见 9 C. Wright & A. Miller, Civil 2d 2301.

〔2〕 关于历史标准的司法概念在过去的 20 年中经受了广泛的修正。参见下文 11. 5 – 11. 6.

〔3〕 参见 Dimick v. Schiedt, 293 U. S. 474, 476, 55 S. Ct. 296, 297, 79 L. Ed. 603 (1953). 具有类似第七修正案的州宪法条款的各州法院通常根据州宪法批准日期来确定获得州陪审团审判权的状况。参见上文 11. 3.

〔4〕 U. S. v. Wonson, 28 Fed. Cas. 745, 750 (C. C. Mass. 1812) (No. 16, 750) (per Story, J.).

〔5〕 参见上文 11. 1 – 11. 3.

〔6〕 对英国分开审理的法院体系发展的有价值历史背景可以在下列材料中找到：3 W. Blackstone, Commentaries (1st ed. 1766 – 69); W. Holdsworth, A History of English Law, (7th ed. 1956); F. Maitland, Equity (2d ed. 1936); W. Walsh, Equity, c. 2 (1930).

〔7〕 Note, The Right to a Nonjury Trial, 74 Harv. L. Rev. 1176, 1179 (1961).

〔8〕 以下陈述为限制衡平法上陪审团作用提供了一些历史上的缘由："相对于衡平法上的民事管辖而言，陪审团作为个人自由保护者的观念及其作为判断各当事人请求之一组同等之人的这一心理作用在刑事案件中更为重要。因为衡平法法院与王室权力具有如此长期的密切关系，以至于不足为奇的是他们本应对个人自由这一假定的保护机制度态度冷淡。……"最后，可能出现的情况是，衡平法院法官对陪审团完成任务的能力颇为怀疑，这就阻碍了对陪审团制度的大量采用。同上，第 1180 – 1181 页。

〔9〕 参见 Fed. Cir. Proc. Rules 1, 2.

（King's conscience） 的求助而提出的。这是为获得一些救济而提出的主张，而这些救济在普通法法院中因为调整诉讼的严厉和难于通融规则而无法实现。因而，15 世纪时衡平法法院和普通法法院之间出现了激烈的竞争，并持续到 16 世纪乃至 17 世纪上叶依然存在。两者都力图扩大自己的权力和影响，但同时也颇为戒备地守护着自己的管辖范围。例如，衡平法希望通过衡平法法院法官行使自由裁量权来扩张其自身的救济范围，而这是普通法因其制度严重僵硬而不可能实施的改革措施。虽然如此，衡平法仍然只能作为一种补充性的制度，同时，在普通法上存在充分救济时，衡平法并没有管辖权。[10]

504   然而，在 17 世纪下半叶以前，两类法院之间的差异开始缩小。随着衡平法法院法官判决的案件开始进入汇编，其判例被作为法律依据来加以引用和遵循。[11] 衡平法法院法官开始依据先例来行使其自由裁量权，同时衡平法中在案件庭审方面的通常惯例开始出现，这就为审判庭制定了一个在诸多方面与普通法法院相似的程序。[12] 相反，普通法法院的刚性开始瓦解，而起源于衡平法的普通法新原则被引入了王座法庭或者后座法庭。[13] 两个体系间的竞争事实上使普通法的苛刻性有所改善，而对其加以区分的管辖权界限也远不如从前那样精确。[14] 在 1791 年时，对另一个司法分支资源的这种"借用"已得到很好的推进。[15]

    这种管辖权重叠对现代程序的影响在于导致联邦宪法第七修正案所包含的历史标准适用的混乱。因为普通法和衡平法的分界线在 1791 年就已变得模糊起来，并没有明确标准来解释宪法所规定的陪审团审判要求。正如已经阐明的一样，《联邦民事诉讼规则》的采纳更使得这一任务越发复杂起来。[16] 尽管《联邦民

---

    〔10〕 参见 Note, The Right to a Nonjury Trial, 74 Harv. L. Rev. 176, 1181–82（1961）。同时参见 3 W. Blackstone, Commentaries 434（1st ed. 1766–69）.

    〔11〕 1 W. Holdsworth, A History of English Law 468（7th ed. 1956）.

    〔12〕 1 W. Holdsworth, A History of English Law 468（7th ed. 1956）; D. Kerly, An History Sketch of the Equitable Jurisdiction of the Court of Chancery 167（1890）. 同时参见 1 J. Story, Equity Jurisprudence. c. 2（14th ed. 1918）.

    〔13〕 D. Kerly, An History Sketch of the Equitable Jurisdiction of the Court of Chancery 288–89（1890）. Note, The Right to a Nonjury Trial, 74 Harv. L. Rev. 1176, 1182（1961）.

    〔14〕 参见 1 W. Holdsworth, A History of English Law 467（7th ed. 1956）; D. Kerly, An History Sketch of the Equitable Jurisdiction of the Court of Chancery 166, 180（1890）.

    〔15〕 3 W. Blackstone, Commentaries 436–37（1st ed. 1766–69）.

    〔16〕 主要参见上文 11. 1.

事诉讼规则》没有缩减或者修改联邦宪法第七修正案的范围，[17] 但是普通法与衡平法的融合以及依照《联邦民事诉讼规则》规定而实现的更多请求合并机会都会扩大历史上由普通法提供的诉讼请求和救济措施的范围，最后必然侵犯衡平法的领域。[18] 随着普通法权限的增加，可以获得陪审团审判的情形也明显增多。[19]

在普通法和衡平法出现融合后，联邦法院系统的历史标准对以前"由普通法"审理的诉讼请求赋予了陪审团审判的权利，而此前"在衡平法上"可以主张的请求则没有被赋予受陪审团审判权。[20] 但是，如果在一个单一诉讼中同时主张普通法上和衡平法上的请求，那么这就会在如何适用历史标准的问题上产生了混乱。各法院运用了多项标准，试图确定该诉讼"基本上"属于普通法还是衡平法。[21] 如果该诉讼基本上具有普通法性质，那么适用受陪审团审判权的所有争点均交由陪审团处理；在其作出裁断后，法官就未判定的争点作出判决并且对衡平法上的争点作出裁决。如果该诉讼基本上具有衡平法性质，那么法院不仅要就衡平法上的请求作出判决，而且还要援引"一并处理原则"（clean-up doctrine，这是一项管辖权原则，一旦衡平法法院已经获得对一个案件的管辖权，那么其可以对衡平法和普通法上的争点作出判决，只要这些普通法上的争点从属于衡平法上的争点——译者注），对该案中的任何"附带的"法律争点进行裁断，因此并不需要陪审团。[22]

在对陪审团审判保证条款适用的重新阐释中，另一个相关的因素就是《确认判决法》的颁行。[23] 这项立法意图在获得陪审团审判权这一方面采取中立态

505

---

〔17〕 City of Morgantown, West Virginia v. Royal Ins. Co., 337 U. S. 254, 258, 69 S. Ct. 1067, 1069, 93 L. Ed. 1347 (1949); Ettelson v. Metropolitan Life Ins. Co., 137 F. 2d 62, 65 (3d Cir. 1943), 要求调阅案卷的上诉申请被驳回 320 U. S. 777. 同时参见 Morris, Jury Trial under the Federal Fusion of Law and Equity, 20 Texas L. Rev. 427, 430-33, 443-44 (1942); Comment, The Right to Trial by Jury in Declaratory Judgement Actions, 3 Conn. L. Rev. 564 (1971).

〔18〕 参见 Note, The Right to Jury Trial under Merged Procedures, 65 Harv. L. Rev. 453 (1952); Comment, From Beacon Theatres to Dairy Queen to Ross: The seventh Amendment, the Federal Rules and a Receding Law-Equity Dichotomy, 48 J. Urban Law 459, 470-71 (1971).

〔19〕 Beacon Theatres, Inc v. Westover, 359 U. S. 500, 509, 79 S. Ct. 948, 956, 3 L. Ed. 2d 988 (1959).

〔20〕 参见 8 J. Moore's Federal Practice ¶ 38. 10 [2] [c] 的此前普通法之诉列表和 38. 10 [3] [b] [iii] 的此前衡平法之诉列表。

〔21〕 参见 Rosanna Knitted Sportwear, Inc. v. Lass O'Scotland, Ltd., 13 F. R. D. 325 (S. D. N. Y. 1952)。同时参见 Thermo-Stitch, Inc. v. Chemi-Cord Processing Corp., 294 F. 2d 486 (5th Cir. 1961) (法官附带的个人意见)。

〔22〕 参见 James, Right to a Jury Trial in Civil Actions, 72 Yale L. J. 655, 658-59, 670 (1963).

〔23〕 28 U. S. C. A. 2201, 2202.

度。[24] 实际上，在联邦法院中为获得确认判决而适用该程序的《联邦民事诉讼规则》第 57 条明确保留了《联邦民事诉讼规则》第 38 条和第 39 条[25]所规定的权利。这意味着，联邦宪法第七修正案在判定陪审团审判可用性时所要求的正常调查同样适用于确认判决这一情形。将历史标准适用于此类诉讼时面临的主要困难在于 1791 年确认判决还不为人知。它不能简单归类为具有普通法或者衡平法性质，因为这取决于具体情况，确认判决之诉可能会涉及此前属于司法部门的领域，或者其可能在同一诉讼同时提出普通法和衡平法上的争点。因此，由于历史类比的模糊特征，这就导致运用历史标准进行的审查必然容易产生混淆。[26]

在 1959 年以前，确认判决之诉中的受陪审团审判权取决于对案件提出的"基本问题"性质的调查。[27] 如果确认判决之诉不能与衡平法救济的任何一种基本模式相吻合时，而仅仅是一个"倒转诉讼"（inverted lawsuit），那么其可以获得陪审团审判。[28] 但是，若确认判决是衡平法诉讼的复制品，则并不存在受陪审团审判权。[29] Beacon Theatres, Inc. v. Westover 一案[30]的裁决及其后的案件从根本上改变了历史标准对确认判决之诉的适用。这些案件所明确的是，恰恰是接受裁决的争点——而非案件的基础性质——对受陪审团审判权具有决定性作用。[31] 正如下一节将讨论的，从 1959 年开始联邦最高法院的判决就已经承认《确认判决法》拓宽了可寻求普通法救济的情况，而这必然会压缩衡平法的范围。[32] 因此，与《联邦民事诉讼规则》相似，《确认判决法》大大扩展了存在

506

---

〔24〕 参见 James v. Pennsylvania Gen. Ins. Co. , 349 F. 2d 228, 230 (D. C. Cir. 1965); E. Borchard Declaratory Judgments 1041 (2d ed. 1941).

〔25〕 参见 9 C. Wright & A. Miller, Civil 2d 2313; 10B C. Wright, & A. Miller, Civil 3d 2769.

〔26〕 Comment, Right to Trial by Jury in Declaratory Judgment Actions, 3 Conn. L. Rev. 564, 566 (1971).

〔27〕 同上，第 573 – 579 页。参见（American）Lumbermens Mut. Cas. Co. v. Timms & Howard, Inc. , 108 F. 2d 497, 499 (2d Cir. 1939).

〔28〕 Johnson v. Fidelity & Cas. Co. , 238 F. 2d 322 (8th Cir. 1956); Hargrove v. American Cent. Ins. Co. , 125 F. . 2d 225 (10th Cir. 1942). 参见 James, Right to a Jury Trial in Civil Actions , 72 Yale L. J. 655, 686 (1963). "倒转诉讼"是指一个确权诉讼，在该诉讼中，预计到对方当事人会提起普通法诉讼，特别是要求获得损害赔偿金，一方当事人会寻求衡平法上的救济。这实质上就是 Beacon Theatres, Inc. v. Westover, 359 U. S. 500, 79 S. Ct. 948, 3 L. Ed. 2d 988 (1959) 一案中的情况。

〔29〕 参见 Beaunit Mills, Inc. v. Eday Fabric Sales Corp. , 124 F. 2d 563 (2d Cir. 1942).

〔30〕 359 U. S. 500, 79 S. Ct. 948, 3 L. Ed. 2d 988 (1959). 此案将在下文 11. 5 中进行详细讨论。

〔31〕 参见 Dairy Queen, Inc. v. Wood, 369 U. S. 469, 82 S. Ct. 894, 8 L. Ed 44 (1962); Ross v. Bernhard, 369 U. S. 531, 90 S. Ct. 733, 24 L. Ed. 2d 729 (1970). 上述案件将在下文 11. 5 中进行讨论。

〔32〕 以下两篇文章对这种发展进行了抨击: James, Right to a Jury Trial in Civil Actions, 72 Yale L. J. 655, 689 – 90 (1963); Rothstein, Beacon Theatres and the Constitutional Right to Jury, 51 A. B. A. J. 1145, 1146 (1965).

受陪审团审判权的争点的范围，这带来的结果是历史检验标准所体现的普通法/衡平法两分法的运用进一步减少。

鉴于所有这些发展，现已明确的是，对联邦宪法第七修正案的适当分析会要求运用一种动态的观念，一个是确立一种受陪审团审判权利的标准，该标准不再与 1791 年时存在的普通法和衡平法的事实划分相关，而是依据历史上普通法或者衡平法在确定陪审团审判范围时的互动方式来对正在进行诉讼的事项进行评价。因为衡平法只有在普通法救济不充分时方能介入，所以在联邦宪法第七修正案范围方面存在着内在调节能力，而程序改变可扩大或者缩小普通法的诉讼种类。由于现代诉讼程序的进步扩大了普通法救济适用范围，因此历史形成的普通法和衡平法之间的平衡已经发生变化。下一节将会探讨关于历史标准的这种现代且更为精炼观点已被适用的方式，以及在联邦司法体系中这一发展对受陪审团审判权而言意味着什么。

11.5 联邦法院中的普通法与衡平法问题——现代发展

由于在 1791 年英国关于普通法和衡平法划分的实践相当灵活，[1] 直到近来，对联邦宪法第七修正案的历史解释和适用依然存在颇多混乱且缺乏连贯性。[2] 实际上，依据 1791 年的实践做法来界定受陪审团审判权会存在不便之处，那就是它准许根据历史偶然来确定一项宪法性权利。完全关注于历史调查的任何标准均不可避免地未能考虑基础性的经济政策以及效率问题，而这些问题必定与对受陪审团审判权的明智配置相关。[3] 当然，由于联邦宪法似乎规定了一项以历史为基础的标准，因而在联邦法院有权采纳与政策相关的这些因素方面存在着一些限制。[4] 然而，在历史标准没有给出明确方向时，有人士主张，考虑诸如法官和陪审团相关能力等事项从宪法上讲是可以接受的。[5]

对历史标准的批评，以及该标准的刚性适用所经常导致的机能障碍在各法

507

---

〔1〕 参见上文 11.4。对联邦宪法批准之前各殖民地陪审团审判实践的精辟探讨，参见 Henderson, The Background of the Seventh Amendment, 80 Harv. L. Rev. 289 (1966).

〔2〕 试比较 Enelow v. New Year Life Ins. Co., 293 U. S. 379, 55 S. Ct. 310, 79 L. Ed. 440 (1935) 和 American Life Ins. Co. v. Stewart, 300 U. S. 203, 57 S. Ct. 377, 81 L. Ed. 605 (1937). Enelow 一案最终为以下案件推翻: Gulfstream Aerospace Corp. v. Mayacamas, 485 U. S. 271, 108 S. Ct. 1133, 99 L. Ed. 2d 296 (1988).

〔3〕 有关陪审团审判有用性的现代讨论，参见上文 11.1 中的讨论材料。

〔4〕 参见 James, The Right to a Jury Trial in Civil Actions, 72 Yale L. J. 655, 691 (1963).

〔5〕 Note, The Right to Nonjury Trial, 74 Harv. L. Rev. 1176, 1189–90 (1961).

院[6]和学术著述[7]中均相当普遍。然而，该标准的继续沿用似乎要求应当尊重联邦宪法的指示。这种努力旨在形成对联邦宪法第七修正案的一种解释，而该解释既符合其历史基础又可与促进司法制度高效运作的现代程序发展相融合。

当今的解释反映在联邦最高法院对 Beacon Theatres, Inc. v. Westover; Dairy Queen, Inc. v. Wood; Ross v. Bernhard; 和 Chauffers, Teamsters v. Helpers; Local 391 v. Terry[8] 等案件的判决之中。在上述案件中，联邦最高法院采纳了可称为受陪审团审判权的"动态概念"。依照该方法，调查不是针对 1791 年时对普通法和衡平法争点的实际安排，而是——如同一位作者所提到的那样——针对"审判和法律制定并具有特色的普通法程序，在过去和当今，这些程序在英格兰和美国都被认为是灵活和变化的。"[9] 譬如，比康影院（Beacon Theaters）一案的裁决要求应当从现代程序发展的视角，尤其是从提供了过去并不存在的法律救济的这些改革的角度，来衡量受陪审团审判权。[10] 这显然改变了普通法和衡平法之间的历史性平衡。由于对比康一案的情况和背景及其以后的案件进行了更详细的分析，显而易见，这些案件反映了联邦最高法院对现代民事诉讼制度中获得陪审团审判的效用与价值的判断，同时也表现出联邦最高法院在构建一种宪法原则性方法以判定受陪审团审判权的努力。

在比康影院诉韦斯托弗（Beacon Theatres Inc. v. Westover）一案中，原告——福克斯西海岸影院公司（Fox West Coast Theatres Inc.）——寻求针对比康影院获得确认性救济，提出了反托拉斯法项下的一个争议。福克斯在加利福尼亚州圣贝纳迪诺市经营着一家电影院，依照其与各电影发行商的多份合同播放电影。这些合同授予福克斯在圣贝纳迪诺市地区首映电影的排他性权利，同时规定了一

---

[6] 尤其应当参见 Clark 法官在 Damsky v. Zavatt, 289 F. 2d 46, 57 (2d Cir. 1961) 一案中的反对意见。同时参见 Gefen v. U. S., 400 F. 2d 476, 479 (5th Cir. 1968)，要求调阅案卷的上诉申请被驳回 393 U. S. 1119，在此案中，法庭指出："……虽然对 1791 年之前标准的分类并未激发我们不适当的热情，但是在联邦最高法院将我们从其合法化的历史束缚中解放出来以前，我们一直遵循了 Damsky 一案的处理方法。"

[7] Kane, Civil Jury Trial: The Case for Reasoned Iconoclasm, 28 Hast. L. J. 1 (1976); Note, The Right to Jury Trial Under Title VII, 37 U. Chi. L. Rev. 167, 172 – 73 (1969).

[8] Beacon Theatres, Inc. v. Westover, 359 U. S. 500, 79 S. Ct. 948, 3 L. Ed. 2d 988 (1959); Dairy Queen, Inc. v. Wood, 369 U. S. 469, 82 S. Ct. 894, 8 L. Ed. 2d 44 (1962); Ross v. Bernhard, 396 U. S. 531, 90 S. Ct. 733, 24 L. Ed. 2d 729 (1970); Chauffeurs, Teamsters & Helpers, Local 391 v. Terry, 494 U. S. 558, 110 S. Ct. 1339, 108 L. Ed. 2d 519 (1990). 参见下文中对这些案件的详细讨论。同时参见 9 C. Wright & A. Miller, Civil 2d 2301 – 07.

[9] Wolfram, The Constitutional History of the Seventh Amendment, 57 Minn. L. Rev. 639, 745 (1973).

[10] 参见 Mc Coid, Procedural Reform and the Right to Jury Trial: A Study of Beacon Theatres, Inc. v. Westover, 116 U. Pa. L. Rev. 1, 6 (1967); Comment, The Right to Jury Trial in Declaratory Judgment Actions, 3 Conn. L. Rev. 564, 583 (1971).

段"间隙期间"（clearance）——该地区其他电影院不得放映相同影片的一段时间。被告比康在离圣贝纳迪诺市约 11 英里处建造了一个"免下车"电影院（drive－in theater），同时，依照起诉状，告知福克斯其认为排他性发行合同违反了反托拉斯法。福克斯在加利福尼亚州联邦地区法院提起诉讼，以寻求获得上述合同合理且没有违反反托拉斯法的一项确认。原告同样申请一项临时强制令以阻止被告在正在进行的诉讼结束之前提起威胁的反托拉斯诉讼。

比康提交了答辩状，对福克斯提出反请求，并对已经介入的一位影院经理提出交叉请求。这些诉辩否认了这些威胁，同时认为在这两家电影院之间不存在实质竞争，因而上述间隙期间是不合理的，福克斯及其发行商共谋操纵多份合同和空隙期间来限制交易并独占影片首映，这违反了反托拉斯法。其要求获得三倍的损害赔偿金。

被告比康要求获得陪审团审判。地方法院将福克斯的起诉书所提出的争点视为实质具有衡平法性质，同时主张根据《联邦民事诉讼规则》第 42 条（b）和第 57 条等法律依据行事，要求在陪审团对反请求和交叉请求中提出的反托拉斯指控的有效性进行判定之前，其应由法官进行审理。比康则寻求获得执行职务令以撤消地方法院的命令。

联邦上诉法院第九巡回审判庭裁定认为陪审团审判问题应当单独根据福克斯的起诉状作出判断，法官将该起诉书解释为陈述了一项传统上可由衡平法法院审理的请求。该法庭拒绝接受了这样的主张，即比康提出的反请求已经为福克斯提供了一项充分的普通法救济，这就没有必要提供衡平法上的救济。联邦上诉法院第九巡回审判庭援引了下文将讨论的一项原则，即适当获得的衡平法管辖权并不会受到此后获得的普通法救济的影响。在此类情况下，合并前的衡平法法院享有禁止随后诉讼的自由裁量权，以便使整个纠纷能够作为单一案件在一个法院得到解决。上诉法院将地区法院的命令视为类似于强制令，因为地方法院法官对间隙期间合理性问题的判定将作为间接再诉禁止而使比康无法获得陪审团在此后三倍损害赔偿请求庭审中对同一争点的裁决。巡回审判庭断定地区法院法官已在《联邦民事诉讼规则》第 42 条（b）赋予的自由裁量权范围内行事，同时拒绝发出执行职务令。

比康随后上诉至联邦最高法院，联邦最高法院撤消该判决并作出指令，要求在法院对任何衡平法争点庭审之前，案件法律方面产生的所有事实争点均必须由陪审团进行审理。此判决代表着对联邦法院中受陪审团审判权的一种戏剧性的再评价。

在历史上，当一个案件同时具有普通法和衡平法可能性时，衡平法法院会采用"一并处理原则"。这意味着一旦确定衡平法对一个案件具有管辖权，衡平法

509

法院法官会对包括普通法和衡平法方面在内的争议所有方面作出判定，因此不必进行两次诉讼。但是，只有在案件的普通法方面从属于衡平法争点时，方能适用该原则。因此，在比康影院案件以前，有关联邦宪法第七修正案的调查在很大程度上聚焦于"案件基本性质"之上，从而确定提出受陪审团审判权是否具有一项足够重要的普通法请求。

卡洛德纳（Kalodner）法官在 Fraser. v. Geist 一案[11]中简要地阐述了这一问题："在起诉状提出了普通法和衡平法上选择性救济的一个诉因，且原告同样请求获得选择性救济时，受陪审团审判权的相关规则是什么？"[12] 他的答案阐明了比康案以前的典型分析方法。"关于原告是否有权获得'权利性'陪审团审判的这一判决必须取决于该诉讼实质上具有普通法还是衡平法性质的这一先前裁判。"[13] 根据这一处理方式，如果一个诉讼被认定为"本质上具有衡平法性质"，那么联邦法院可在无需陪审团的情况下对任何附带的普通法请求进行处理。[14] 比康影院一案明确推翻了对联邦宪法第七修正案的这种解释，同时裁定，就由陪审团判定与一项普通法请求相关的所有事实争点的这一权利而言，运用传统衡平法程序的任何标准均不能干涉该权利。[15]

510 比康一案中多数法官所运用的分析均集中在《联邦民事诉讼规则》和《确认判决法》所体现的程序改革的范畴，并且已经改变了衡平法和普通法救济可利用性之间的传统平衡。[16] 联邦最高法院裁定，如果可获得普通法上的救济，那么无论此诉讼在历史上是否在衡平法上有过审理，都存在着一种获得陪审团审判的宪法性权利。适当的调查不是针对1791年普通法和衡平法之间的关系，而是针对过去两个世纪中所发展的这两个管辖权的调和过程。[17]

将此原则适用于案件事实时，联邦最高法院发现《确认判决法》以及《联邦民事诉讼规则》中的宽松合并条款已经提供了充分的普通法救济。因此，基于普通法救济不充分这一理由而提出的福克斯的起诉书以及比康的交叉请求与反

---

〔11〕 1 F. R. D. 267 (E. D. Pa. 1940).

〔12〕 1 F. R. D. at 268.

〔13〕 1 F. R. D. at 267.

〔14〕 以下材料对此做法进行了批评：Morris, Jury Trial Under the Federal Fusion of Law and Equity, 20 Texas L. Rev. 427 (1942).

〔15〕 参见 Comment, The Right to Jury Trial in Declaratory Judgment Actions, 3 Conn. L. Rev. 564, 584 (1971).

〔16〕 Comment, From Beacon Theatres to Dairy Queen to Ross: The Seventh Amendment, the Federal Rules and a Receding Law – Equity Dichotomy, 48 J. Urban Law 459, 483 – 84 (1971).

〔17〕 McCoid, Procedural Reform and the Right to Jury Trial: A Study of Beacon Theatres, Inc. v. Westover, 116 U. Pa. L. Rev. 1, 23 – 24 (1967).

请求应由衡平法法院管辖的主张缺乏合理依据。[18] 联邦最高法院推断"如果比康本来应当在针对福克斯提起的3倍损害赔偿之诉有权获得陪审团审判，那么不能仅仅因为福克斯利用确认性救济的可用性先行起诉比康而剥夺该权利。"[19] 在对3倍损害赔偿请求的基础根据进行考察后，联邦最高法院结论认为《联邦反托拉斯法》项下间隙期间安排的"合理性"问题显然由陪审团判定为宜。[20]

联邦最高法院同时也注意到，即使推定福克斯已经提出了一项可由衡平法法院审判的请求，先于反请求对该请求进行审判将是错误的。[21] 因为指令先对衡平法争点进行庭审可能会——依照先前裁判的各项原则[22]——阻止此后对普通法问题的庭审，[23] 比康影院一案判决的规则是"……所有庭审次序问题都应以有利于陪审团审判的方式解决，除非有特别或者非常有说服力的理由来进行无需陪审团的审判。"[24] 此外，受陪审团审判权附属于争点而非诉因，因而一项传统的衡平法请求首先被提出的这一事实并不能决定就所指出的普通法问题而言是否必须首先进行陪审团审判。

这两项原则——（1）衡平法管辖权范围必须依照当时可获得的普通法救济与程序来加以衡量，和（2）当相同诉讼中普通法请求和衡平法请求同时涉及一个争点时，则它首先应交由陪审团审判——是比康影院一案判决的主要基础。然而这些原则并非不受限制；它们只有当一个诉讼中存在一些普通法争点时方能适用。比康影院一案判决并不要求在单纯寻求衡平法救济的诉讼中进行陪审团审判。它实际作出的指示是法院就由陪审团审判的争点这一问题进行分析，必须考

511

---

〔18〕　359 U. S. at 507 – 08，79 S. Ct. at 955.

〔19〕　359 U. S. at 504，79 S. Ct. at 953.

〔20〕　出处同上。

〔21〕　Comment，The Right to Jury Trial in Declaratory Judgment Actions，3 Conn. L. Rev. 564，581 (1971).

〔22〕　主要参见下文14. 9 – 14. 12.

〔23〕　参见 Note，Ross v. Bernhard：The Uncertain Future of the Seventh Amendment，81 Yale L. J. 112，114 (1971).

〔24〕　Note，The Right to a Nonjury Trial，74 Harv. L. Rev. 1176，1187 (1961). 参见比康（Beacon）一案的法院判决意见书，359 U. S. at 510 – 11，79 S. Ct. at 956 – 57. 联邦最高法院援引 Leimer v. Woods，196 F. 2d 828，833 – 36 (8th Cir. 1952) 一案，其指出了对陪审团审判而非法院审判的政策优先。

随后的一些案件中强化了这一政策优先。参见 Lytle v. Household Mfg. ，Inc. ，494 U. S. 545，110 S. Ct. 1331，108 L. Ed. 2d 504 (1990)（当普通法请求中的争点发回陪审团审判时，间接不容否认并不会阻止一项衡平法请求的审判中所解决的一些争点重新起诉）；Lindsey v. American Cast Iron Pipe Co. ，810 F. 2d 1094 (11th Cir. 1987)（法官不得作出与陪审团裁断所确认事实不一致的新的事实认定）；Kitchen v. Chippewa Valley Schools，825 F. 2d 1004 (6th Cir. 1987)（对报复性诉讼请求予以裁定的法官会受到有关报复性争点的陪审团认定的约束）。

虑程序改革对普通法和衡平法之间的历史平衡所产生的影响。[25]

实际上，比康影院案是一个"简单"的案件。孤立地讲，就联邦最高法院力图探寻其法院判决意见书中某些表述的完整含义的程度方面，它并未提供什么启示。福克斯的请求以及比康的反请求提出了一个实质上共同的普通法争点——该合同项下的电影发行安排的"合理性"。考虑到一旦提出反请求就会在根本上强行介入诉讼（basic thrust of the lawsuit），即使依据比康一案以前所采纳的"法律关系重心"（center - of - gravity）标准，该争点也本应由陪审团进行审理。因此，如果对案件进行狭义的解释，那么比康一案的审理法院可能会认为，在诉讼中的重要争点——如同所有诉辩中所提出的一样——显然具有普通法性质，并且一些衡平法争点仅仅具有附带性质时，为了避免对主要具有普通法性质的各请求进行陪审团审判而运用一并处理原则将是庭审的法官对自由裁量权的滥用。换言之，联邦最高法院可能指出，初审法院已经适用了正确标准，但是却对其进行了不正确的适用并导致出现了错误的结果。在 3 年后的达尔里·奎因公司诉伍德（Dairy Queen. Inc v. Wood）一案中显而易见的是，比康影院一案远比此更为重要，关于联邦宪法第七修正案动态性的理念也更为全面。[26]

在达尔里·奎因一案中的争议涉及未能依照商标许可协议进行支付。多位原告以违约为由提起诉讼，希望下列诉讼请求得到支持：（1）多项临时强制令和长期强制令以阻止申请人以后对特许使用权及商标的任何使用和交易；（2）进行账目清算以确定申请人所欠的确切款项数额同时对数额作出判决；以及（3）一项暂未清算账目的强制令以阻止申请人在指定区域从达尔里·奎因销售点（outlets）收取任何款项。

宾夕法尼亚州东部管区联邦法院准许了一项申请以驳回申请人要求进行陪审团审判的请求，这是基于以下的一些选择性理由，即该诉讼具有"纯粹衡平法性质"，或者，如果不是纯衡平法的诉讼，那么普通法上的争点也是"从属于"衡平法上的争点。联邦上诉法院第三巡回审判庭拒绝发出执行职务令。联邦最高法院行使了司法管辖权并撤消了该判决。

首先，应当注意到达尔里·奎因一案中的各请求实质上具有衡平法性质，这与比康影院一案的确认判决和反请求大不相同。其所寻求的救济完全具有衡平法性质，而有关合同项下责任的各争点提出了一些历史上本应由法官审理的问题。即使账目清算与损害赔偿救济颇为相似，但是其起源于衡平法之中。这是因为账

---

〔25〕 参见 McCoid, Procedural Reform and the Right to Jury Trial: A Study of Beacon Theatres, Inc. v. Westover, 116 U. Pa. L. Rev. 1, 12 - 13 (1967); Rothstein, Beacon Theatres and the Constitutional Right to Jury Trial, 51 A. B. A. J. 1145, 1148 (1965).

〔26〕 369 U. S. 469, 82 S. Ct. 894, 8 L. Ed. 2d 44 (1962).

目清算要求具有一些技能，而通常认为这些技能超越了陪审员能力范围，在早期陪审员多数未受正规教育。因而，达尔里·奎因一案涉及这样的一种情况，即适用衡平法上的一并处理原则本来无疑是适当的，而且它为检验比康影院一案提出的规则的范围提供了一个很好的案件。

联邦最高法院在达尔里·奎因一案的审理中明确指出，适用一并处理原则实际上从宪法角度看不能被接受。[27] 代表多数法官写判决意见书的布莱克（Black）法官：

比康影院一案裁决是，如果单一案件中同时提出了普通法和衡平法上的争点，那么"只有在最必要的情况下——即从《联邦民事诉讼规则》的灵活程序角度看我们现在难以预期的情况——才能通过对各衡平法请求的先前裁判从而剥夺就各普通法争点受陪审团审判权。"当然，该裁决适用于主持庭审的法官是否选择将所提出的普通法争点定性为"从属于"衡平法争点。因此，在诸如无法主张存在"最必要的情况"的案件中，比康影院案已经明确的是，如果及时且适当要求对任何普通法争点进行陪审团审判，那么这样的争点均应提交给陪审团。[28]

联邦最高法院接着认为："在起诉状要求作出金钱给付判决的范围内，它提出了一个无疑具有普通法性质的请求。"[29]

最为重要的是应当理解联邦最高法院有关诉讼的普通法性质的分析。被告由于从账目清算的角度而非从"债务"或者"损害赔偿金"诉讼的表述角度加以考虑而认为该金钱请求纯粹属于衡平法性质，对此布莱克（Black）法官指出：

但是，获得陪审团审判的宪法性权利不能取决于各答辩文书中的措辞选择。和所有其他衡平法救济一样，同时正如我们在比康影院一案中所指出的，主张衡平法账目清偿诉讼的这一权利的必要先决条件在于普通法不能提供充分救济。[30]

比康影院一案判决指出就可获得普通法救济的任何主张而言其都有受陪审团审判权，从此判决的基本前提出发，联邦最高法院认定法院依照《联邦民事诉讼规则》第53条（b）[31] 指定法官助理以协助陪审团计算金钱给付裁决的这一权力已经排除了法官审判的历史必要性。因此，达尔里·奎因一案审理法院已经明确，就作为可依普通法审理的一个请求的要素的任何争点而言，都存在着受陪

---

[27] 参见 Note, Congressional Provision for Nonjury Trial Under the Seventh Amendment, 83 Yale L. J. 401, 406 - 07（1973）. 同时参见 Comment, The Right to Jury Trial in Declaratory Judgment Actions, 3 Conn. L. Rev. 564, 585（1971）.

[28] 369 U. S. at 472 - 73, 82 S. Ct. at 897.

[29] 369 U. S. at 476, 82 S. Ct. at 899.

[30] 369 U. S. at 477 - 78, 82 S. Ct. at 899 - 900.

[31] Fed. Civ. Proc. Rule 53（b）.

审团审判权，即使该请求看似不如案件的衡平法要素那样重要。此外，关于一个争点的"普通法"性质的确定应当取决于联邦宪法第七修正案被批准以来程序改革所制定的适当救济范围的考察。[32]

举例而言，假定原告声称被告持续地侵入其土地。虽然没有造成严重的有形损害，但是被告的侵入行为妨碍了原告安宁地享有其财产。原告起诉以制止这种持续性入侵行为———一种衡平法上的救济———并且要求进行象征性金钱给付损害赔偿金（token money damages）———一种普通法上的救济。尽管衡平法上的请求居于中心地位，而普通法上的请求则相对而言不重要，但是在查明有关侵入的事实方面存在着受陪审团审判权。

总之，比康影院案和达尔·里奎因案代表着就普通法和衡平法请求的所有共同争点受陪审团审判权的一种重要肯定。[33] 然而，由于两个案件均涉及具有历史上本应由普通法审理的因素的一些诉讼，因而仍然存在这样一个问题，即受陪审团审判权是否扩展至历史上本不应在普通法上提起的一些诉讼，因为其要求适用一些各普通法法院并未承认的程序。联邦最高法院在罗斯诉伯恩哈特（Ross v. Bernhard）一案[34]中对这一问题作出了肯定的回答。

在罗斯一案中，请求人——Lehman 公司的股东——在联邦法院向公司各董事和公司经纪人 Lehman Brothers 提起了股东代位诉讼。各请求人声称各董事具有重大过失，滥用信托，浪费和侵占公司资产，所有被告违反了受托义务，违反了经纪合同。各请求人要求进行账目清算并将超额的佣金返还给公司，同时要求陪审团审判。

514　　　罗斯一案提出的主要争点是：就一项历史上完全属于衡平法性质的诉讼所提出的各普通法争点而言，它们是否附带有受陪审团审判权。[35] 回想达尔里·奎因案件，在该案中确认判决程序既不完全属于衡平法性质也不完全属于普通法性质——20 世纪制定法程序创新正是对陪审团审判问题明确地保持中立。但股东

---

〔32〕 参见 McCoid, Procedural Reform and the Right to Jury Trial: A Study of Beacon Theatres, Inc. v. Westover, 116 U. Pa. L. Rev. 1, 8 – 9 (1967).

〔33〕 并非所有评论人都对这些案件均表赞同。参见 James, The Right to a Jury Trial in Civil Actions, 72 Yale L. J. 655, 687 – 88 n. 189 (1963).

〔34〕 396 U. S. 531, 90 S. Ct. 733, 24 L. Ed. 2d 729 (1970).

〔35〕 罗斯一案涉及在股东代位诉讼中解决此问题。在历史上属于衡平法性质的其他两个诉讼中也产生了相同的争点——确定竞合权利诉讼，参见 Pan American Fire & Cas. Co. v. Revere, 188 F. Supp. 474, 483 (E. D. La. 1960); Savannah Bank & Trust Co. v. Block, 175 F. Supp. 798, 801 (S. D. Ga. 1959); 7 C. Wright, A. Miller & M. Kane, Civil 2d 1718, 以及集团诉讼, 参见 Canuel v. Oskoian, 23 F. R. D. 307, 314 – 15 (D. R. I. 1959), affirmed on other grounds 269 F. 2d 311 (1st Cir. 1959); 7B C. Wright, A. Miller & M. Kane, Civil 2d 1801. 试比较 Richland v. Crandall, 259 F. Supp. 274 (S. D. N. Y. 1966) 和罗斯案。

代位诉讼却并非如此。虽然无论是在衡平法还是在普通法上，1791 年时英格兰都不存在股东代位诉讼，当时仅在衡平法上存在相似形式。此外，自其于 19 世纪在美国和英格兰的开端以来，股东代位诉讼被作为纯粹具有衡平法性质的程序来加以对待。[36] 尽管存在这段历史，联邦最高法院依然裁决认为"如果公司依自己权利就一些争点提起诉讼时本来可以有权获得陪审团审判，那么在股东代位诉讼中，此类争点应当附带有受陪审团审判权。"[37]

罗斯一案审理法院的判决意见书遵循了比康影院案和达尔里·奎因案的基本原理。它强调了股东代位诉讼的"双重性质"并且提到了应当判定的两件事：一是原告主张公司的各项请求的这一权利，二是所主张的各项请求的实质问题。[38] 尽管承认了原告代表公司起诉的诉讼资格问题在历史上属于衡平法事宜，但是联邦最高法院认为，基础性的公司请求可能具有普通法或者衡平法性质，而且若属于普通法性质，则必须保留受陪审团审判权。[39] 此外，在判定基础性的公司请求具有普通法性质时，联邦最高法院采纳了比康影院一案所确立的原则——当诉讼改革已经在普通法上创制了充分救济时，则不再存在衡平法管辖权。[40] 它提出："阻止普通法法院受理一位股东代表公司提起诉讼的这条历史规则已经作古……。"[41]

罗斯一案审理法院同样再次确认了这一原则，即对受陪审团审判权的判定起到决定性作用的是一个单独的争点，而非案件的基本性质或者诉讼形式。[42] 在创设一项界定争点性质的标准的过程中，联邦最高法院在一个重要的脚注中提到： 515

正如我们的案件所表明的一样，在判定一个争点的"普通法"性质时，要考虑，第一，有关这类问题的，普通法和衡平法合并前的惯例；第二，所寻求的救济；第三，陪审团的实际能力和局限性……。[43]

尽管它的确明确了整个诉讼的性质——在罗斯一案中是股东代位诉讼——不

---

[36] 参见 Cohen v. Beneficial Indus. Loan Corp. , 337 U. S. 541, 548, 69 S. Ct. 1221, 1226, 93 L. Ed. 1528 (1949)；Dodge v. Woolsey, 59 U. S. (18 How.) 331, 341 – 44, 15 L. Ed. 401 (1855)。同时参见 Note, Ross v. Bernhard：The Uncertain Future of the Seventh Amendment, 81 Yale L. J. 112, 115 – 16 (1971).

[37] 396 U. S. at 532 – 33, 90 S. Ct. at 735.

[38] 396 U. S. at 534 – 35, 90 S. Ct. at 736.

[39] 396 U. S. at 538 – 39, 90 S. Ct. at 738.

[40] 参见 Forward, The Supreme Court, 1969 Term, 84 Harv. L. Rev. 172, 175 (1970)；Note, Ross v. Bernhard：The Uncertain Future of the Seventh Amendment, 81 Yale L. J. 112, 119 (1971).

[41] 396 U. S. at 540, 90 S. Ct. at 739.

[42] 参见 Simler v. Conner, 372 U. S. 221, 83 S. Ct 609, 9 L. Ed 691 (1963)，其在罗斯一案中被援引 396 U. S. , at 538, 90 S. Ct. at 738. 同时参见下列材料中对此问题的讨论：Comment, The Right to Jury Trial in Declaratory Judgment Actions, 3 Conn. L. Rev. 564, 594 – 97 (1971).

[43] 396 U. S. at 538 n. 10, 90 S. Ct. at 738 n. 10.

再决定对所有争点的审理模式，但是联邦最高法院所勾勒的标准使得一些评论员相信即将会再次考察联邦宪法第七修正案的范围。[44] 这是因为判定一个争点的普通法性质的第三修正案标准内容模糊——"陪审团的实际能力和局限性"——同时显而易见的是，依据此标准进行明朗而关键的审查会使得比康影院一案所宣告的受陪审团审判权的收缩。

一个极好例证是关于这样一个问题的争论，即联邦法院能否以诉讼如此复杂以至于超过陪审团的能力范围为由来拒绝进行陪审团审判。[45] 这是在许多联邦地区法院[46]审理非常复杂的商业诉讼时[47]提出的争论。其拥护者指出了这样的事实，即历史上衡平法对诸如账目清算等一些特定的案件和程序享有管辖权，因为它们被认为对于通常陪审团而言过于复杂。[48] 基于这一历史依据以及罗斯一案所承认的对一个争点普通法性质的认定应当涉及对陪审团能力的考虑，他们认定普通法上的救济并不充分。[49] 联邦上诉法院第九巡回审判庭和联邦巡回上诉法院拒绝接受此类主张，同时认定联邦宪法第七修正案没有任何复杂性例外。[50] 联邦上诉法院第三巡回审判庭持有同样观点，但是指出可能存在某些情况——案件如此复杂以至于运用陪审团审判会违反联邦宪法第五修正案规定的正当程序权利。[51] 联邦上诉法院第五巡回审判庭则拒绝就是否存在复杂性例外作出裁定，其仅仅裁定认为，即使复杂性予以适当考虑，这也并不支持基于初审法院"即使

516

---

〔44〕 参见 Wolfram, The Constitutional History of the Seventh Amendment, 57 Minn. L. Rev. 639 (1973).

〔45〕 在受陪审团审判权的情况下，对复杂诉讼这一问题的讨论，参见 Devitt, Should Jury Trial Be Required in Civil Cases? A Challenge to the Seventh Amendment, 47. J. Air L. & Comm. 495 (1982); Kirst, The Jury's Historic Domain in Complex Cases, 58 Wash. L. Rev. 1 (1982); Note, Complex Litigation and the Seventh Amendment Right to a Jury Trial, 51 U. Chi. L. Rev. 581 (1984).

〔46〕 参见 Kian v. Mirro Aluminum Co., 88 F. R. D. 351 (E. D. Mich. 1980); Bernstein v. Universal Pictures, Inc., 79 F. R. D. 59 (S. D. N. Y. 1978); In re Boise Cascade Secs. Litigation, 420 F. Supp. 99 (W. D. Wash. 1976). 同时参见 Hyde Properties v. McCoy, 507 F. 2d 301, 306 (6th Cir. 1974).

〔47〕 在非常复杂的诉讼中消除陪审团的另一种选择是准许特别的"蓝带"陪审团，该陪审团成员因其对所提出事项具有理解能力而被挑选出来。参见 Note, The Case for Special Juries in Complex Civil Litigation, 89 Yale L. J. 1155 (1980).

〔48〕 参见 Campbell & LePoidevin, Complex Cases and Jury Trials: A Reply to Professor Arnold, 128 U. Pa. L. Rev. 965 (1980); Devlin, Jury Trial of Complex Cases: Enghlish Practice at the Time of the Seventh Amendment, 80 Colum. L. Rev. 43 (1980). 但是，可参见 Arnold, A Historical Inquiry into the Right to Trial by Jury in Complex Civil Litigation, 128 U. Pa. L. Rev. 829 (1980).

〔49〕 参见 Note, The Right to a Jury Trial in Complex Civil Litigation, 92 Harv. L. Rev. 898 (1979). 但是，可参见 Note, Taking the "Complexity" Out of Complex Litigation: Preserving the Constitutional Right to Civil Jury Trial, 28 Val. U. L. Rev. 337 (1993).

〔50〕 关于 U. S. Financial Secs. Litigation, 609 F. 2d 411 (9th Cir. 1979), 要求调阅案卷的上诉申请被驳回 446 U. S. 929; SRI International v. Matsushita Elec. Corp. of America, 775 F. 2d 1107 (Fed. Cir. 1985).

〔51〕 关于 Japanese Electronic Prods. Antitrust Litigation, 631 F. 2d 1069 (3d Cir. 1980).

不是不可能的话，陪审团也非常难以作出合理裁断"的这一认定而拒绝陪审团审判。[52] 一直具有争议的是，联邦最高法院是否愿意运用罗斯一案的标准，尤其是第三项标准，来对比康影院一案确立的原则进行限制。自罗斯一案以后 25 年多来，没有什么迹象表明联邦最高法院可能对联邦宪法第七修正案的扩张解释进行调整以接受广泛的复杂性例外。[53]

实际上，1990 年联邦最高法院在 Chauffeurs, Teamsters & Helpers, Local 391 v. Terry 一案中再次确认了扩张性处理方式以对罗斯案呈现的受陪审团审判权进行认定。[54] 联邦最高法院面临着这样的问题，即各雇员因为工会据称违反了正当代表义务而要求其工会偿还欠薪，这些雇员是否有权依照联邦宪法第七修正案获得陪审团审判。代表有意见分歧的法院写判决书，马歇尔（Marshall）法官指出受陪审团审判权附属于诉讼请求。在这种情况下，他重申：所审理的各个争点的性质——而非作为整体的诉讼——以及，更为重要的，所寻求的救济将会决定受陪审团审判权是否存在。在当前的案件中，两个因素都被认定为具有普通法性质。尽管马歇尔（Marshall）法官认定该诉讼类似于受益人向受托人提起的诉讼———个在历史上具有衡平法性质的诉讼——但是他继续分析了请求中的各个基础性争点，并且认定其与违约请求具有可比性，因而将属于普通法性质。[55] 此外，该救济涉及金钱给付裁决、损害赔偿，这同样具有典型的普通法性质。值得注意的是，联邦最高法院的三位法官持有反对意见，并指出："尽管我们已经将独立（self–standing）的普通法请求从衡平法上的确权、账目清算和股东代位程序中分离出来，但是我们从未在缺少特定程序合理依据的情况下，将普通法因素从衡平法请求中分解出来。"[56] 因此，持有异议者批评了法院所提出的扩张性观点，认为："如果我们为了扩张受陪审团审判权而抛弃联邦宪法的普通语言，那么我们可能会预计出现这样的结果，即持相反意见的各法院以后会对该权利进行限制。"[57]

---

〔52〕 Cotton v. Witco Chemical Corp., 651 F. 2d 274, 276 (5th Cir. 1981)，要求调阅案卷的上诉申请被驳回 445 U. S. 909. 同时参见，Soderbeck v. Burnett County, Wisconsin, 752 F. 2d 285 (7th Cir. 1985)，要求调阅案卷的上诉申请被驳回 471 U. S. 1117.

〔53〕 参见法院在 Markman v. Westview Instruments, Inc., 517 U. S. 370, 116 S. Ct. 1384, 134 L. Ed. 2d 577 (1966) 一案中采用的慎重处理方式（measured approach），这将在下文注释 58–59 中加以讨论。

曾有一些建议提出，国会可以背离这种有关受陪审团审判权的扩张性主张。参见 Kane, Civil Jury Trial: The Case for Reasoned Iconoclasm, 28 Hast. L. J. 1, 11 (1976). 下文 11. 6 对国会可能通过制定法规定非陪审团审判的程度问题进行了讨论。

〔54〕 494 U. S. 558, 110 S. Ct. 1339, 108 L. Ed. 2d 519 (1990).

〔55〕 494 U. S. at 569, 110 S. Ct. at 1347.

〔56〕 494 U. S. at 590, 110 S. Ct. at 1358.

〔57〕 494 U. S. at 593, 110 S. Ct. at 1359.

517

有趣的是，1996 年联邦最高法院的一项判决可以阐释持有异议者的顾虑。在 Markman v. Westview Instruments, Inc. 一案中，[58] 这是联邦最高法院审理的一起专利侵权案件，在案件中对联邦宪法第七修正案的分析集中在各争点——而非各项请求——以及功能性考虑因素，涉及法官是否比陪审团更适于解释专利权请求文件。历史上并没有就争点应由法官还是陪审团判定这一问题作出明确回答，联邦最高法院裁决该争点应由法官进行判决，因为"法官，而非陪审团，更适于认定专利术语的习惯含义。"[59]

然而，如果推定这一判决标志着法院对陪审团审判的一般优先有所后退，那么这将是错误的，因为判决可能与法院审理的独特事实紧密相联。整体而言，联邦最高法院在此领域的多项判决意味着重申美国对陪审团的历史性承诺，颇有讽刺意味的是，这种重申出现在此庭审体系已越来越多地受到批评的时期。但是，Markman 一案确实表明，对陪审团作为裁判者的实际能力的调查所具有的持续有效性是作为联邦宪法第七修正案分析的基础，至少在历史上未提供明确导向时情况如此。

11. 6 联邦法院中的陪审团审判——制定法上的诉因

除了联邦宪法规定的受陪审团审判权外，在美国国会创制成文法诉因时，即可阐明已有规定必须进行陪审团审判，从而赋予法定的受陪审团审判权。[1] 此外，当国会没有明示规定必须由陪审团审判制定法诉因时，联邦法院经常认定国会暗示性地规定了此权利或者依据联邦宪法保证条款来提供这个权利。[2] 在上述任何一种情况下，受陪审团审判权都是无可争辩的，正如国会显然有权赋予更为广泛的受陪审团审判权，而非联邦宪法第七修正案所保证的受陪审团审判权。

然而，在国会似乎已表达了对非陪审团审判的优先时，会产生尖锐而复杂的联邦宪法第七修正案问题，因为此优先必须与有关陪审团审判的保证保持一致。518 联邦宪法第七修正案所保证的受陪审团审判权并不限于 1791 年时实际存在的那些普通法诉讼。[3] 在不改变联邦宪法第七修正案的适用性的情况下，国会可以

---

〔58〕 517 U. S. 370, 116 S. Ct. 1384, 134 L. Ed. 2d 577 (1996).

〔59〕 517 U. S. at 388, 116 S. Ct. at 1395.

〔1〕 例如，46 U. S. C. A. 688 (1970) (Jones Act). 下列案件对受陪审团审判权的范围进行了探讨：Fitzgerald. v. U. S. Lines Co. , 374 U. S. 16, 20 – 21, 83 S. Ct. 1646, 1650, 10 L. Ed. 2d 720 (1963).

〔2〕 例如，Beacon Theatres, Inc. v. Westover, 359 U. S. 500, 504, 79 S. Ct. 948, 953, 3 L. Ed. 2d 988 (1959) (反托拉斯法)；Dice v. Akron, Canton & Youngstown R. Co. , 342 U. S. 359, 72 S. Ct. 312, 96 L. Ed. 398 (1952) (《联邦雇主责任法》).

〔3〕 Curtis v. Loether, 415 U. S. 189, 194, 94 S. Ct. 1005, 1008, 39 L. Ed. 2d 260 (1974). 例如，Chauffeurs, Teamsters & Helpers, Local 391 v. Terry, 494 U. S. 558, 110 S. Ct. 1339, 108 L. Ed 519 (1990).

通过制定成文创制新的诉因，或者以立法方式替代或修改 1791 年时存在的各项诉讼。早期斯托里（Story）法官就已经明确了这一点，当时他在 Parsons v. Bedford 一案[4]中写道，联邦宪法第七修正案"完全可被解释为包括所有非衡平法和海事管辖权的诉讼，无论它们可能采取何种特殊形式来决定普通法权利。"[5]由于绝大多数有关责任的制定法只是编纂了现存的普通法权利，所以大部分同样也必然属于联邦宪法第七修正案的范围。[6]

联邦最高法院解决了国会对属于两大类的一系列案件规定非陪审团审判的权力问题。首先，国会已经确立了一种制定法诉因，同时规定了此类权利的强制执行必须依照专门的制定法程序进行。其次，制定法上的权利应在联邦地区法院得到强制执行。下文将对上述各种情形进行分析。

关于国会通过规定制定法程序或者专门法院强制执行而将一些诉因从联邦宪法第七修正案范围中分离出来，联邦最高法院已在四个场合发表了意见。在上述场合中的三种情况下，制定法规定得到维持，而却反对对第七修正案的异议。

在 NLRB v. Jones & Steel Corporation 一案中，[7]联邦最高法院维持了《全美劳资关系法》第一条规定：授权"全美劳资关系委员会"对审查中的结论性事实作出认定，并就受到质疑的劳资做法作出相关指令。联邦最高法院驳回了被告对联邦宪法第七修正案的异议，同时指出："当前案件不是普通法诉讼，也不具有普通法诉讼的性质。普通法上并没有这样的诉讼。它是一个制定法上的诉讼。"[8]因而，看来当国会认定行政而非司法救济是适当时，它可以作出这样的规定而联邦宪法第七修正案不会强制要求在这些诉讼中进行陪审团审判。这一结论可能反映了这样的事实，即将特定诉因交由行政程序解决的这一国会决定涉及了这一考虑——在一些情况下，非法学专业人士不易理解的各复杂问题应当交由特殊的专家组解决；将陪审团引入这种程序会严重损害其作用和效率。[9]

519

国会除有权为制定法权利的强制执行而创立行政机构外，还可依照联邦宪法

---

〔4〕　28 U. S. (3 Pet.) 433, 7 L. Ed. 732 (1830).

〔5〕　28 U. S. at 445 – 46, 7 L. Ed. at 736 – 37.

〔6〕　参见 Feltner v. Columbia Pictures Television, Inc., 523 U. S. 340, 118 S. Ct. 1279, 140 L. Ed. 2d 438 (1998)（根据《版权法》对于制定法侵权损害赔偿裁决，联邦宪法第七修正案为与之相关的所有争点提供了受陪审团审判权）；Tull v. U. S., 481 U. S. 412, 107 S. Ct. 1831, 95 L. Ed. 2d 365 (1987)（联邦宪法第七修正案的保证适用于政府根据《水净化法》提起的民事惩罚诉讼中的责任认定；但是，就惩罚的评定而言，没有受陪审团审判权）。

〔7〕　301 U. S. 1, 57 S. Ct. 615, 81 L. Ed. 893 (1937).

〔8〕　301 U. S. at 48, 57 S. Ct. at 629.

〔9〕　参见 Brown, Administrative Commissions and the Judicial Power, 19 Minn. L. Rev. 261 (1935); Note, Application of Constitutional Guarantees of Jury Trial to the Administrative Process, 56 Harv. L. Rev. 282 (1942).

第1条第8款这一法律依据建立各专门法院来对历史上由衡平法审理的案件进行审判。因而，在 Katchen v. Landy 一案件中[10]联邦最高法院维持了国会依照《破产法》设立破产法院的简易裁判权，同时驳回了该法院简易程序会剥夺申请人的联邦宪法第七修正案受陪审团审判权的这一异议。尽管该法院注意到在历史上破产事项不是普通法诉讼，因而不属于联邦宪法第七修正案的效力范围，但是它同样将国会的这一权力作为其判决基础，即国会有权根据第1条第8款设立立法机关建立的法院以便准许在没有陪审团介入的情况下对存在争议的请求进行快速审理。[11]

关于国会在此方面权力的第三个案例是 1977 年审理的 Atlas Roofing Company v. Occupational Safety & Health Review Commission 一案。[12] 在此案中，申请人对《职业安全和健康法》在联邦宪法第七修正案项下的合宪性提出质疑，因为前者规定审查委员会对被认定为违反该法的雇主进行民事惩罚。联邦最高法院确认了这项制定法。代表全体一致的法庭的怀特（White）法官写道：联邦宪法第七修正案没有禁止国会行使事实认定职能，也不禁止对与陪审团不能相容的行政裁判所作的最初裁判。此外，受陪审团审判权"并不仅仅取决于解决争点的性质而定，同时也取决于对其加以解决的管辖地。"[13] 但是，国会的权力也不是无限制的。

对行政事实认定的优先选择仅仅在某些情况下才具有合理性，这涉及"'公共权利'，例如依照创设可强制执行公共权利的其他方面有效的制定法，联邦政府因为主权能力而相关"的情形。[14] 而涉及各私人之间纯粹私人事项的各案件则并不属于上述情况。正如该法院所总结的：

我们不能断定修正案使得国会无权——当其认定普通法法院提供的救济不足以解决国会规制权力范围内的问题时——通过制定法创设新的公共权利和救济，

---

〔10〕 382 U. S. 323, 86 S. Ct. 467, 15 L. Ed. 2d 391 (1966).

〔11〕 382 U. S. at 336 - 37, 86 S. Ct. at 476.

〔12〕 430 U. S. 442, 97 S. Ct. 1261, 51 L. Ed. 2d 464 (1977). 此案在下列案件中进行了广泛讨论：Kirst, Administrative Penalties and the Civil Jury: The Supreme Court's Assault on the Seventh Amendment, 126 U. Pa. L. Rev. 1281 (1978).

〔13〕 430 U. S. at 461, 97 S. Ct. at 1272.

〔14〕 430 U. S. at 458, 97 S. Ct. at 1270.

公共权利并不限于政府和其他主体之间产生的诉讼，但是在"为一项有效立法目的而行事的国会……（已经创设了）一项看似'私'权利，该权利是如此紧密地归并入公共规制设计之中以至于其成为一项适于在第3条法院（指依照联邦宪法第3条获得管辖权的联邦法院，其审理依照联邦宪法和美国法律及签署条约而产生的案件，美国联邦政府是案件一方当事人的案件，以及各州之间及不同州公民之间案件——译者注）有限介入情况下由行政解决（agency resolution）事项"时也存在着"公共权利"。Thomas v. Union Carbide Agricultural Prods. Co., 473 U. S. 568, 593 - 94, 105 S. Ct. 3325, 3339 - 40, 87 L. Ed. 2d 409 (1985).

同时，在其愿意时，将这些权利和救济的强制执行托付给一个非普通法法院的裁判庭——诸如行政机构——在该裁判庭不是由陪审团认定事实。[15]

就 Atlas Roofing 一案所阐释的公共权利与私权利之间区别的重要性而言，联邦最高法院最近在 Granfinanciera, S. A. v. Nordberg 案件中对此问题的宣判再次强调了这一重要性。[16] 在 Granfinanciera 一案中，请求人没有对财产提出请求，破产财产管理人为了防止宣称的欺诈性财产转让而在破产法院对各请求人提起诉讼。受理法院最初认为该诉因不具有衡平法性质，而是具有普通法性质。[17] 因而，除非国会已经创设了涉及公共权利的新诉因，否则各请求人有权要求获得陪审团审判。虽然欺诈性财产转让已经被指定为破产法官可以裁断的核心诉讼，但是受理法院裁定认为，破产财产管理人从未向财产提出请求的一方当事人处追回欺诈性转让财产的这一权利属于私权利而非公权利。因此，国会明确地将其重新归类为既存的普通法诉因，同时要求陪审团审判。[18] 国会不能仅仅通过对诉因重新标识和赋予非第 3 条审判以专属管辖权，就剥夺一方当事人根据联邦宪法第七修正案享有的受陪审团审判权。[19]

在国会表达了对非陪审团审判的偏好，但却规定依照联邦地区法院通常第三条管辖权来强制执行救济时，就会产生另一方面的问题。联邦最高法院在 Curtis v. Loether 一案中[20]解决了这个问题，在该案中一位黑人妇女依照 1968 年《民权法》第八编（Title VIII）的规定提起诉讼，称各被告拒绝向她出租公寓，对其进行种族歧视并违反了该制定法。尽管最初她寻求获得的是强制性救济，补偿和惩罚性损害赔偿金和律师费，但是强制令救济请求被驳回，审判仅仅涉及各金钱请求。这个问题在于，当制定法没有作出规定，同时有主张认为国会出于延迟和陪审团偏见的顾虑而不愿将该法项下的案件交由陪审团审判时，被告是否可以根据联邦宪法第七修正案获得受陪审团审判的权利。联邦最高法院裁定，联邦宪法要求陪审团审判，同时认定国会在第八编中已经创设了"具有普通法诉讼性

521

---

［15］ 430 U. S. at 460, 97 S. Ct. at 1271.

［16］ 492 U. S. 33, 109 S. Ct. 2782, 106 L. Ed. 2d 26 (1989).

［17］ 492 U. S. at 49, 109 S. Ct. at 2794. 该法院将其认定建立在以下案件所阐释的检验标准之上：Tull v. U. S., 481 U. S. 412, 107 S. Ct. 1831, 95 L. Ed. 2d 365 (1987).

［18］ Granfinanciera 一案没有解决这一问题，即各破产法院是否能实际进行陪审团审判，或者一旦认定存在联邦宪法第七修正案项下的权利，各当事人是否被移交给一个第 3 条法院以便由陪审团判定该争点。在此问题上，各下级法院存在分歧。试比较关于 Ben Cooper, 896 F. 2d 1394 (2d Cir. 1990)（破产法院能够进行陪审团审判）和关于 Stansbury Poplar Place, Inc., 13F3d 122 (4th Cir. 1993)（破产法院不能进行陪审团审判）。

［19］ 492 U. S. at 61, 109 S. Ct. at 2800.

［20］ 415 U. S. 189, 94 S. Ct. 1005, 39 L. Ed. 2d 260 (1974).

质"的制定法权利，因而属于陪审团审判保证范围。[21] 然而，联邦最高法院却回避了制定法宗旨这一问题，而仅仅对立法历史的不足和模糊作了评论。[22] 此外，它指出，避免迟延和陪审团偏见的政策性主张"不足以推翻联邦宪法第七修正案的明确指示"。[23]

使制定法诉因得以强制执行的审判的重要性在联邦最高法院对 Pernell v. Southall Realty 一案[24]的判决中显得更为清晰，这是在柯蒂斯（Curtis）一案后不久作出的一项陪审团裁决。Pernell 一案涉及一起土地出租人依据《哥伦比亚特区法典》（the District of Columbia Code）提起的，要求简易收回不动产占有的诉讼。此前调整此类诉讼的一部制定法已经包括了一项明确的陪审团审判条款，[25] 但是 1970 年的《法院改革与刑事诉讼法》[26]（the Court Reform and Criminal Procedure Act of 1970）废止了该条款。有人士主张，这种转变表明国会希望省去陪审团审判，因为在这些案件中各陪审团会对法庭造成延误和阻碍，而这与1970 年出台的上述法律的明确意图相悖。该法院裁定认为，无论国会意愿如何，联邦宪法第七修正案均要求陪审团审判，其理由在于收回不动产而提起的诉讼显然类似于普通法诉讼。它指出，虽然联邦宪法"不会阻碍国会努力将出租人—承租人纠纷，包括有关占有权纠纷交由行政机构解决"，[27] 但是因为国会已经将这类诉讼交由具有一般管辖权的普通法院解决，同时该诉讼涉及普通法上的各项权利和救济，所以必须保留受陪审团审判权。

从最广义角度看，柯蒂斯案和 Pernell 案这两个案件都似乎表明，就优先选择非陪审团审判且并不伴随创设一个特定成文法的非司法程序这一国会暗示而言，它不能使特定诉讼免受联邦宪法第七修正案的约束。然而，这样的解读似乎过于宽泛。在这两个案件中，国会对陪审团审判问题都保持沉默。因而，联邦最高法院至今尚未面对这样的局面，即国会明确表示对非陪审团审判的强烈偏好并且提出支持该偏好的理由。接着，从更为狭义的角度看，这些案件并没有排除国会可提供一个制定法诉因的可能性，此诉因不具有纯粹衡平法性质并可在没有陪审团审判的情况下在各联邦地区法院得到强制执行。但是，对陪审团审判存在着一种宪法性假定，并且对希望推翻此假定之人设置了相当重的证明责任。[28]

---

〔21〕 415 U. S. at 195–96, 94 S. Ct. at 1009.

〔22〕 415 U. S. at 191, 94 S. Ct. at 1007.

〔23〕 415 U. S. at 198, 94 S. Ct. at 1010.

〔24〕 416 U. S. 363, 94 S. Ct. 1723, 40 L. Ed. 2d 198 (1974).

〔25〕 Act of Dec. 23, 1963, Pub. L. No. 88–241, 1, 77 Stat. 517.

〔26〕 Act of July 29, 1970, Pub. L. No. 91–358, 142 (5) (A), 85 Stat. 552.

〔27〕 416 U. S. at 383, 94 S. Ct. at 1733.

〔28〕 参见 Kane, Civil Jury Trial: The Case for Reasoned Iconoclasm, 28 Hast. L. J. 1, 20–27 (1976).

　　当前已在下级法院中产生了两种情况，这些情况均准许进一步探究国会在此方面权力的确切范围。第一种情况涉及依照1976年《外国主权豁免法》（Foreign Sovereign Immunities Act）提起的诉讼。[29] 其中，该制定法规定，各联邦法院对起诉外国政府或其机构的诉讼享有诉讼标的管辖权，同时含有该管辖权仅限于非陪审团审判程序的这一明确表述。[30] 不仅国会对非陪审团审判的偏好是显而易见的，而且立法史也表明国会决定只对非陪审团审判作出规定，因为其希望提高判决的统一性，同时也是为了避免因觉察出的陪审团异常裁决而可能引起的国际摩擦。[31] 各巡回法庭支持了这些规定，并驳回了以下异议，即如果救济请求在基本性质上属于本应在普通法上提起的诉讼，那么联邦宪法第七修正案则要求陪审团审判。[32] 实质上，他们已经认定，针对外国主权国提起的诉讼在性质上不属于普通法诉讼，因而国会在决定为这些诉讼规定非陪审团审判时实施了一个有效的政策选择。实际上，各法院已经意识到，与柯蒂斯一案不同的是，拒绝陪审团审判具有功用上的合理性，同时国会已就此问题作出清楚而令人满意的表述。[33]

　　第二种情况，也是更具争议性的情况，与国会创设各种制定法权利的这一权力相关，这些制定法权利是在无陪审团审判的情况下由联邦法院进行强制执行，这种情况就涉及到依照各种民事权利制定法提起的诉讼。尽管柯蒂斯一案已经解决了1968年《民权法》第八编项下各诉讼中的受陪审团审判权问题，但是在依照其他民事权利制定法提起的诉讼中受陪审团审判权依然存在疑问。

　　这些案件中存在的问题与柯蒂斯一案类似：即是，在有关受陪审团审判权的制定法中，国会没有表明态度，但是一些强烈主张被提了出来——只有法官审判

---

　　〔29〕　Pub. L. No. 94–583, 90 Stat. 2891（被法典编纂于以下材料之中：28 U. S. C. A. 1330, 1332（a）（2），（4），1391（f），1441（d），1602–11）（1976）.

　　〔30〕　28 U. S. C. A. 1330（a），1441（d）.

　　〔31〕　参见 H. R. Rep. No. 1487, 94th Cong., 2d Sess. 14, reprinted in〔1976〕U. S. Code Cong. & Ad. News 6604, 6611–12.

　　〔32〕　关于 Air Crash Disaster Near Roselawn, Indiana on Octobei 31, 1994, 96 F. 3d 932（7th Cir. 1996）; Universal Consolidated Cos. V. Bank of China, 35 F. 3d 243（6th Cir. 1994）; Arango v. Guzman Travel Advisors, 761 F. 2d 1527（11th Cir. 1985），要求调阅案卷的上诉申请被驳回 474 U. S. 995; Goar v. Compania Peruana de Vapores, 688 F. 2d 417（5th Cir. 1982）; Rex v. Cia. Pervana De Vapores, S. A., 660 F. 2d 61（3d Cir. 1981），要求调阅案卷的上诉申请被驳回 456 U. S. 926; Williams v. Shipping Corp. of India, 653 F. 2d 857（4th Cir. 1981），要求调阅案卷的上诉申请被驳回 455 U. S. 982; Ruggiero v. Compania Peruana de Vapores, "Inca Capac Yupanqui", 639 F. 2d 872（2d Cir. 1981）.

　　〔33〕　参见 Kane, Suing Foreign Sovereigns: A Procedural Compass, 34 Stan. L. Rev. 385, 421–24（1982）.

523 方能充分保证各制定法的实施与国会意图相一致。[34] 具有争议的是，各法院可能将陪审团偏见的可能性作为一项表明对陪审团制度实际限制的因素而加以考虑，同时在适用罗斯诉伯恩哈特一案的准则时，[35] 各法院可能判定联邦宪法第七修正案并不强制要求陪审团审判。柯蒂斯一案自身没有回答这一问题，因为在该案中审理法院明确拒绝就国会依据其执行联邦宪法第十三修正案、联邦宪法第十四修正案的权力而影响联邦宪法第七修正案的程度作出裁决。[36] 此外，法院比较了第七编（就业歧视）和第八编（住房供给歧视）的制定法表述，同时，在没有对该争点进行裁决的情况下，法院认定前一制定法项下国会的意图在于规定非陪审团审判，但是就第八编诉讼而言则没有表现出类似意图。[37]

根据民事权利制定法提起诉讼并且主张非陪审团审判的当事人必须证明：国会暗示性地表明了对法官审判的优先（国会意图创制一项衡平法上的救济），这种优先得到有关陪审团裁决这些案件的能力的一项合法关注的支持，并且最后应当证实，陪审团能力构成了一项适当的因素，依据此因素可对属于和不属于联邦宪法第七修正案范围之内的案件予以区别对待。在就业歧视的诉讼中，大部分下级法院在柯蒂斯一案后依然继续裁定，联邦宪法第七修正案没有强制要求对欠薪这一争点进行陪审团审判，并在规定的救济类型和国会意图为解决就业种族歧视问题而确立一项衡平法安排的这一制定法表述中提供证据。[38] 然而，以陪审团的适当性不充分为由（jury inadequacy）支持拒绝陪审团审判仍然值得怀疑。也许会出现的是，联邦最高法院可能找到第七编项下陪审团的适当性不充分的充足国会表示，以便依照罗斯诉伯恩哈特一案标准裁定反对陪审团审判。联邦最高法院在柯蒂斯一案中对第七编的讨论并没有排除这种结果。不过，就一项基于陪审团的适当性不充分而产生的对非陪审团审判的偏好而言，联邦最高法院从未认定该偏好有充足陈述或者得到了充分支持，[39] 这可能表明联邦最高法院在任何情况下都不愿意接受这些主张。

---

〔34〕 主要参见：Note, Jones v. Mayer: The Thirteenth Amendment and the Federal Anti - Discrimination Laws, 69 Colum. L. Rev. 1019 (1969); Comment, Jury Trial in Employment Discrimination Cases - Constitutionally Mandated? 53 Texas L. Rev. 483 (1975); Comment, The Right to Jury Trial Under Title VII of the Civil Right Act of 1964, 37 U. Chi. L. Rev. 167 (1969).

〔35〕 参见上文 11. 5 注释 34 - 53 对此案的讨论。

〔36〕 415 U. S. 189, 198 n. 15, 94 S. Ct. 1005, 1010 n. 15, 39 L. Ed. 2d 260 (1974).

〔37〕 415 U. S. at 196 - 97, 94 S. Ct. at 1009 - 10.

〔38〕 例如，Slack v. Havens, 522 F. 2d 1091 (9th Cir. 1975); EEOC v. Detroit Edison Co., 515 F. 2d 301 (6th Cir. 1975), 基于其他依据被撤消 431 U. S. 951, 97 S. Ct. 2668, 53 L. Ed. 2d 267 (1977).

〔39〕 联邦最高法院根据 1967 年《反就业年龄歧视法》已经裁定案件属于宪法保证的范围，同时认定，该制定法规定的各种救济表明了可适用陪审团审判的这一国会意图。Lorillard v. Pons, 434 U. S. 575, 98 S. Ct. 886, 55 L. Ed. 2d 40 (1978).

11．7 州法院中的陪审团审判——纽约州模式

尽管根据现行的宪法构架联邦宪法第七修正案对各州并不适用,[1] 但是几乎所有州都有一些类似的宪法保证条款。[2] 针对这些规定所作的通常解释是,受陪审团审判权会如同其在该州宪法通过时的当时状况那样得以适用。[3] 由于大多数州的宪法条款均从联邦宪法第七修正案所体现的区别普通法/衡平法的这一相同角度来规定受陪审团审判权,所以,按合并后的程序体系适用历史标准的许多相同问题在各州法院中出现。通过规定所有案件由陪审团审判,同时使陪审团裁决在普通法和衡平法案件中具有约束力,一些州已经避免了有关普通法/衡平法二分法的混乱情况。[4] 然而,为了适用其州宪法标准,大部分州维持了普通法/衡平法二分法。

对纽约州各陪审团审判条款的考察显示了该权利的内容在州和联邦制度之间变化的方式。纽约州模式也提出了一些与联邦陪审团审判的保证无关的额外的解释性问题。在 1777 年通过的原《纽约州宪法》规定:"在陪审团审判迄今为止一直在纽约州殖民地适用的所有案件中,陪审团审判应当得以永久确立且永不受侵犯。"[5]1821 年《宪法》对此表述进行了修正,规定:"在陪审团审判迄今为止一直在纽约州殖民地适用的所有案件中,陪审团审判应当永不受侵犯。"[6]1846 年和 1894 年的宪法对该条款进行了重新规定。[7] 纽约州各法院通常裁定,1821 年,1846 年和 1894 年对陪审团审判条款的重新颁行将宪法性保证扩张为包含所有在 1894 年《宪法》颁布以前存在此权利的案件。[8] 对陪审团审判保证条

---

〔1〕 参见 Minneapolis & St. Louis R. R. Co. v. Bombolis, 241 U. S. 211, 36 S. Ct. 595, 60 L. Ed. 961 (1916); Walker v. Sauvinet, 92 U. S. (2 Otto) 90, 23 L. Ed. 678 (1875); Melancon v. McKeithen, 345 F. Supp. 1025 (E. D. La. 1972), 名义上维持原判 (名义上维持原判)。Davis v. Edwards, 409 U. S. 1098, 93 S. Ct. 908, 34 L. Ed. 2d 679 (1973).

〔2〕 参见上文 11. 1 注释 2。

〔3〕 参见 Barrett, The Constitutional Right to Jury Trial: An Historical Exception for Small Monetary Claims, 39 Hast. L. J. 125 (1987); Note, The Right to Jury Trial Under Merged Procedures, 65 Harv. L. Rev. 453 (1952).

〔4〕 参见 Van Hecke, Trial by Jury in Equity Cases, 31 N. C. L. Rev. 157 (1953).

〔5〕 N. Y. –McKinney's Const. Art. (1777), XLI.

〔6〕 N. Y. –McKinney's Const. Art. (1821), VII, 2.

〔7〕 N. Y. –McKinney's Const. Art. (1846) I, 2; N. Y. –McKinney's Const. Art. (1894), I, 2.

〔8〕 参见关于 Littman's Will, 15 Misc. 2d 430, 182 N. Y. S. 2d 90 (1958); Matter of Britton's Will, 187 Misc. 70, 60 N. Y. S. 2d 466 (1946). 然而,一些案件通过回到 1846 年而非 1894 年的习惯来对受陪审团审判权作出判定。参见 Moot v. Moot, 214 N. Y. 204, 108 N. E. 424 (1915); Wynehamer v. People, 13 N. Y. (3 Kern) 378, 427 (1856); Conderman v. Conderman, 51 N. Y. S. (44 Hun) 181 (1887). 此外,一个案件裁定,"迄今为止一直适用"这一措辞指的只是 1846 年《宪法》通过之前的普通法,而非制定法所赋予的受陪审团审判权。参见 Matter of Gurland, 286 App. Div. 704, 146 N. Y. S. 2d 830 (1955),上诉被驳回 309 N. Y. 969, 132 N. E. 2d 331 (1956)。在这些案件中的裁定看似不合理。参见 4 J. Weinstein, H. Korn & A. Miller, New York Civil Practice ¶ 4101. 07.

525 款的再颁行的作用在于将宪法保证条款扩展至新类型案件——通过先前宪法批准以来所制定的立法，根据该立法的适用，在新宪法批准时进行陪审团审判的新类型案件。[9]

然而，1938年《纽约州宪法》通过变更表述从而改变了陪审团审判保证条款的性质，其表述是："在陪审团审判迄今为止一直得到宪法条款保证的所有案件中，陪审团审判应当永不受侵犯。"[10]此条款的效果在于将宪法规定的受陪审团审判权"冻结"为1894年《宪法》所保证的此类权利。[11]因而，纽约州宪法上受陪审团审判权是来源于两个方面：（1）在1777年《宪法》通过时"迄今为止一直适用"（heretofore used）陪审团的这类诉讼，以及（2）受陪审团审判权在1777年和1894年间通过制定法创制的各诉讼。[12]1938年《宪法》所带来的明显结果在于，1894年以后的有关陪审团审判的制定法条款并未被赋予宪法性地位。[13]

就第一项来源而言，在纽约州只有1777年以前的普通法诉讼中才会被赋予受陪审团审判权。该年通过的宪法因而吸收了普通法/衡平法的这一两分法，同时在1894年和1938年的宪法中也保留了这个标准。但是，1846年纽约州将普通法和衡平法相互融合，这使得对获得民事陪审团审判权产生与否的判定变得更加复杂。[14]理论上，在纽约州只有受陪审团审判权才依然区分普通法和衡平法。因此，正如在各联邦法院中所出现的一样，很多纽约州法院在协调宪法指示和程序体系统一化时面临了相当大的困难。[15]

许多州的程序规则或者执行各自州宪法上陪审团审判保证条款的制定法均采用了三种不同的方法：第一种，一项简单声明，即由宪法或者制定法所声明的该项权利应当予以保留；[16]第二种，一项一般规定，即不应由衡平法审判的所有

---

〔9〕 Mayers, The Constitutional Guarantee of Jury Trial in New York, 7 Brooklyn L. Rev. 180, 182–83 (1937).

〔10〕 N. Y. – McKinney's Const. Art. (1938), I, 2.

〔11〕 参见2 Rev. Record, N. Y. State Const. Convention 1278 (1938)。同时参见 Matter of Leary's Estate, 175 Misc. 254, 23 N. Y. S. 2d 13 (1940), affirmed mem. subnom Werner v. Reid, 260 App. Div. 1000, 24 N. Y. S. 2d 1000 (1940), affirmed mem. 285 N. Y. 693, 34 N. E. 2d 383 (1941).

〔12〕 在纽约州，不存在可获得法官或者公断人审判的宪法性权利。参见 Susquehanna S. S. Co. v. A. O. Andersen & Co., 239 N. Y. 285, 295, 146 N. E. 381, 385 (1925); Phillips v. Gorham, 17 N. Y. 270, 273 (1858).

〔13〕 Kharas, A Century of Law Equity Merger in New York, 1 Syracuse L. Rev. 186, 200 (1949).

〔14〕 1846年纽约州宪法以及该宪法授权的1848年《程序法典》完成了三项改革：首先，用一个"民事诉讼"代替各种不同形式的普通法和衡平法诉讼；其次，对普通法上关于当事人、诉辩和终局判决的技术性规定进行简化；再次，将普通法和衡平法予以融合。参见下文注释18。

〔15〕 参见4 J. Weinstein, H. Korn & A. Miller, New York Civil Practice ¶ 4101. 04.

〔16〕 这是《联邦民事诉讼规则》的处理方式，它只是简要规定了权利性的陪审团审判，而没有试图对存在该权利的案件予以界定。参见 Fed. Civ. Proc. Rule 38 (a).

案件均被赋予受陪审团审判权；或者，第三种，对存在该项权利的特定案件类型 526
予以列举。[17]《纽约州民事诉讼程序法和规则》（New York's Civil Practice Law
and Rules, CPLR）[18] 属于第三种方法，它力图列举存在着受陪审团审判权的诉
讼类型。该分类大致上反映了普通法和衡平法的历史性区分。[19]

《纽约州民事诉讼程序法和规则》第4101 条（1）保证了"在一方当事人要
求并阐明了可准许仅作出金钱判决之事实的一个诉讼中"的受陪审团审判权。[20]
《纽约州民事诉讼程序法和规则》第4101 条（2）将"收回土地之诉；寡妇提起
的获得亡夫部分地产之诉；未垦殖地之诉；排除非法妨害并请求损害赔偿之诉；
收回动产之诉；或者依照《不动产诉讼与诉讼法》第15 条确认对不动产请求之
诉"列为存在要求陪审团审判权的诉讼。除了最后一类外，所有这些类型均是
1777 年之前就存在受陪审团审判权的诉讼。[21]《纽约州民事诉讼程序法和规则》
第4101 条（3）属于一般性的提示，即第（1）和第（2）款的列举并没有用尽，
同时在某些案件中有必要进行历史研究以判定是否存在宪法性的受陪审团审判
权。[22] 该款也同样保护 1894 年以来创制的，并因而宪法保证条款未涵盖的制定
法上的受陪审团审判权。[23]

虽然各联邦法院对适用历史检验标准要求逐个问题地判定历史上是否本已存
在受陪审团审判权，[24] 但是在各州情况并非总是如此。纽约州采用了所谓的
"诉讼导向（action orientation）"。依照该方法，法庭将在整体上将诉讼定性为具
有"普通法"或者"衡平法"性质，进而在此基础上判定该诉讼是否可获得陪
审团审判。这一方法因为被认为僵化刻板，且与普通法衡平法合并理念不一致而

---

〔17〕 参见 Note, The Right to Jury Trial Under Merged Procedures, 65 Harv. L. Rev. 453 (1952).

〔18〕 通过采纳合并的诉讼体系，纽约州在 19 世纪期间领导了这场变革。1948 年《程序法典》——
其为了纪念主要设计者而又以菲尔德法典（the Field Code）闻名——贯彻了 1846 年纽约州宪法的创新性
概念。参见 4 J. Weinstein, H. Korn & A. Miller, New York Civil Practice ¶ 4101. 03.

〔19〕 Note, The Right to Jury Trial Under Merged Procedures, 65 Harv. L. Rev. 453, 454 (1952).

〔20〕 此段已被解释，意味着获得特定金额金钱的普通法诉讼，而非金钱给付判决可提供充分救济的
衡平法性质之诉。参见 Bell v. Merrifield, 109 N. Y. 202, 16 N. E. 55 (1888)；Clearview Gardens First
Corp. v. Weisman, 206 Misc. 526, 134 N. Y. S. 2d 288 (1954)，维持原判而未发表法官判决意见书 285
App. Div. 927, 139 N. Y. S. 2d 881 (1955)（该诉讼被认为是衡平法上账目清偿之诉，而不存在受陪审
团审判权）。

〔21〕 参见 4 J. Weinstein, H. Korn & A. Miller, New York Civil Practice ¶ 4101. 10. 尽管 1777 年时没
有关于陪审团的制定法，但对民事陪审团的运作是由习惯来加以调整的。Malone v. Sts. Peter & Paul's
Church, 172 N. Y. 269, 64 N. E. 961 (1902).

〔22〕 出处同上。同时参见 Sporza v. German Savs. Bank, 192 N. Y. 8, 84 N. E. 406 (1908).

〔23〕《纽约州民事诉讼程序法和规则》没有明确调整确认判决之诉中的受陪审团审判权。如同联邦
法院一样，纽约州法院会保护这一受陪审团审判权，即是，如果该诉讼是为强制救济而提起，那么该受陪
审团审判权就本应存在。参见 Teperman v, Amron, 7 A. D. 2d 857, 182 N. Y. S. 2d 763 (1959)；Allstate
Ins. Co. v. Coe, 36 Misc. 2d 323, 232 N. Y. S. 2d 655 (1962).

〔24〕 参见上文 11. 4.

527 遭到批评。[25] 同时它也被认为制造了"普通法"诉讼与"衡平法"诉讼之间人为且不合理的理论区分，而这种区分将使得对受陪审团审判权范围的判定程序变得更为复杂。[26] 特别是当被告寻求获得肯定性的衡平法救济以及在原告合并了普通法和衡平法主张时，对这两种情况的处理为许多州宪法保证条款和联邦宪法第七修正案之间的不同提供了很好实例。

在纽约州首部宪法颁行时，在衡平法诉讼中不允许被告提出普通法上的反请求。因此，当提起此类反请求在程序上成为可能时，不足为奇的是裁定不存在宪法性受陪审团审判权。[27] 然而，在 1876 年对《纽约州法典》（the New York Code）修订时，一项新条款[28]创设了在这类案件中的获得陪审团审判的制定法权利，而此条款也留在了纽约州法律之中。[29]

虽然1894年《宪法》表述以宪法保护的方式覆盖了1894年以前的获得陪审团审判的制定法权利，因此它同时也本应包括1876年对《纽约州法典》的修订，但是纽约州各法院却一贯裁定，衡平法诉讼中提出的普通法反请求不享有获得陪审团审判的宪法权利。[30] 此外，纽约州各法院给1876年条款的后继者加上了另外的规则，即衡平法上的答辩，不同于衡平法上的反请求，可按与普通法答辩相同的方式得到审理——交由陪审团审判。[31] 衡平法反请求和衡平法答辩之间的区分显然是取决于"所谓反请求中阐述的各事实是否显示出寻求肯定性救济以全面保护被告的这一需要，或者若得以证实将只会推翻原告的诉因。"[32] 在判定受陪审团审判权时，这种区分会导致矛盾与混乱，因此《纽约州民事诉讼程序法和规则》第4101条废除了这一区分，该条规定："衡平法上的答辩和衡平法上的反请求均由法官进行审判。"

当原告在一个诉讼中合并了普通法和衡平法请求时，根据纽约州归类方法就会产生额外难题。在联邦法院，受陪审团审判权会适用于普通法请求。[33] 在纽约州的制度下，这种分析在某种程度上要复杂得多。当两项请求产生于同一事项

---

〔25〕 Note, the Right to Jury Trial Under Merged Procedures, 65 Harv. L. Rev. 453, 456－57 (1952).

〔26〕 同上，第455页。

〔27〕 参见 MacKellar v. Rogers, 109 N. Y. 468, 17 N. E. 350 (1888).

〔28〕 Section 974, Code of Civil Procedure of 1876.

〔29〕 1920 年（纽约州）《民事诉讼法》第424条 (Section 424 of the Civil Practice Act of 1920) 延续了 1876 年的规定而未做改变。就当前版本，参见 N. Y. －McKinney's CPLR 4102 (c).

〔30〕 参见 Petition of Bryan, 242 App. Div. 689, 272 N. Y. S. 864 (1934)；Manhattan Life Ins. Co. v. Hammerstein Opera Co. , 184 App. Div. 440, 171 N. Y. S. 678 (1918).

〔31〕 参见 Susquehanna S. S. Co. v. A. O. Andersen & Co. , 239 N. Y. 285, 146 N. E. 381 (1925)；McGurty v. Delaware, L. & W. R. R. Co. , 172 App. Div. 46, 158 N. Y. S. 285 (1916).

〔32〕 U. S. Fidelity & Guar. Co. v. Goetz, 285 N. Y. 74, 78, 32 N. E. 2d 798, 800 (1941).

〔33〕 参见上文 11. 5。

时，在普通法上本不会存在陪审团审判，因为衡平法法院法官会依据衡平法一并 528
处理原则，判予衡平法救济所附带的损害赔偿。[34] 因此，在纽约州，合并以后
的案件已经裁定在此情况下不存在陪审团审判。[35] 但是，如果在普通法上两项
请求是基于两个独立事项，那么本应提起两个独立的诉讼，而就普通法请求而言
则本应存在受陪审团审判权。在纽约州，合并后的各判决在如何处理此情况问题
上存在分歧。一些案件裁定，原告在同一诉讼中提出了衡平法请求，从而放弃了
普通法请求上的受陪审团审判权；[36] 其他案件则裁定，不存在放弃权利的情
况。[37] 这一冲突现已通过《纽约州民事诉讼程序法和规则》第4102条（c）加
以解决，该条规定原告并未因合并而放弃受陪审团审判权。

甚至在《纽约州民事诉讼程序法和规则》通过之前，很清楚的是，在原告
对产生于两个独立事项的普通法和衡平法请求进行合并时，被告不会被剥夺受陪
审团审判权。[38] 此外，当原告同时要求获得关于一项诉因的普通法与衡平法救
济时，并且需要判定的主要争点具有普通法性质时，被告享有受陪审团审判
权。[39] 原告不得仅通过在一个显然属于普通法性质的诉讼中提出一项衡平法请
求，来规避被告的受陪审团审判权。然而，在原告对产生于一个单一事项的各项
不同请求进行合并时，无论原告还是被告对普通法诉讼均不享有受陪审团审判
权，因为在合并之前的时期，衡平法本应已享有对两者的管辖权。[40]

11.8 联邦主义问题

因为在受陪审团审判权的范围与可用性上，州和联邦宪法的规定可能有所不
同，因此有必要判定当发生冲突时应当适用何种规定。关于受陪审团审判权适当
来源的争点有两种情况：第一，在州法院提起诉讼，主张一项联邦创制的权利；
第二，在联邦法院对一项州创制的权利进行审判。

第一种情况的实例是 Dice v. Akron, Canton & Youngstown Railroad Company 529

---

〔34〕 衡平法上的一并处理原则在上文11.5注释11-15中进行了讨论。

〔35〕 参见 Di Menna v. Cooper & Evans Co., 220 N. Y. 391, 115 N. E. 993 (1917); Cogswell v. New York N. H. & H. R. Co., 105 N. Y. 319, 11 N. E. 518 (1887); Noto v. Headley, 21 A. D. 2d 686, 250 N. Y. S. 2d 503 (1964).

〔36〕 参见 Lavisch v. Schwartz, 235 App. Div. 18, 256 N. Y. S. 416 (1932); Eisenberg v. 230 Kent Corp., 229 N. Y. 2d 109 (1962).

〔37〕 参见 City of Syracuse v. Hogan, 234 N. Y. 457, 138 N. E. 406 (1923); Duane Jones Co. v. Burke, 280 App. Div. 889, 115 N. Y. S. 2d 529 (1952).

〔38〕 参见 Carroll v. Bullock, 207 N. Y. 567, 576, 101 N. E. 438, 439 (1913); Ehrle v. Sutton Place Apartments, Inc., 137 Misc. 122, 241 N. Y. S. 386 (1930), affirmed mem. 231 App. Div. 712, 246 N. Y. S. 866 (1930).

〔39〕 参见 City of Syracuse v. Hogan, 234 N. Y. 457, 461, 138 N. E. 406, 408 (1923).

〔40〕 参见 Jamaica Savs. Bank v. M. S. Investing Co., 274 N. Y. 215, 219, 8 N. E. 2d 493, 494 (1937); Lynch v. Metroplitan Elevated Ry. Co., 129 N. Y. 274, 29 N. E. 315 (1891).

一案。[1] 在该案中，原告驾驶的火车头脱轨，遭受重伤。他根据《联邦雇主责任法》在俄亥俄州普通法院提起损害赔偿之诉。被告答辩时否认存在任何过失，并提交了一份由原告签名的文件，其声称以 924.63 美元为对价而完全放弃权利和请求。原告宣称该放弃无效，因为他的签名是信赖了铁路方的有意错误陈述——即该文件只是一张欠薪（back wage）收据而已。陪审团裁决给予原告 25 000 美元的赔偿。初审法官随后作出了与陪审团裁决相反的判决。在作出此判决时，他对有关欺诈的证据进行了重新评价，认定原告"犯有消极过失"而未阅读放弃文件，同时因而裁定事实没有"通过清楚、明确和有说服力的证据在普通法或者衡平法上支持有关欺诈的主张。"

俄亥俄州上诉法院撤消了与陪审团裁断相反的判决，其理由在于依照适用的联邦法律，陪审团裁断必须依然有效，因为有充分证据支持其对欺诈的认定。俄亥俄州最高法院撤消了俄亥俄州上诉法院的判决，同时维持了初审法院的判决，其裁定认为：第一，应当适用俄亥俄州法律而非联邦法律；第二，依照俄亥俄州法律，一位能够阅读的通常智者会受到放弃文件的约束，即使他是因为一个故意错误陈述而被诱使在该文件上签名；第三，根据俄亥俄州法律，在执行放弃文件的过程中，有关欺诈的事实争点不应交由陪审团裁断，而应由法官进行审理。

美国联邦最高法院撤消了该判决，裁定认为，依据《联邦雇主责任法》提起之案件的判决模式应适用联邦法律。联邦最高法院的推理是，只有优先适用联邦法律，才能使制定法在全美范围内得到统一适用。[2] 联邦最高法院对国会创制的起诉权进行了考察，同时总结认为陪审团审判是所提供救济的一个不可分割因素。因此，这让人意识到应当遵循有关陪审团作用的联邦规则而非州规则。由于在联邦法院，欺诈性放弃文件这一争点应由陪审团审理，因此，俄亥俄州法院依据《联邦雇主责任法》为该争点提供陪审团审判。正如联邦最高法院所陈述，"……受陪审团审判权是该法（指《联邦雇主责任法》——译者注）如此实质的组成部分，以至于它不允许以俄亥俄州此处所用方式被分类为只是'地方程序规则'而被拒绝。"[3] 因而，Dice 一案判决已经明确，在涉及联邦创制诉因的程序中，当特定案件中存在着赞成陪审团审判的强有力联邦政策时，各州法院必须准予陪审团审判。[4]

当在联邦异籍诉讼中对州创制权利进行裁判时，只要州法律拒绝陪审团审判

---

〔1〕 342 U. S. 359, 72 S. Ct. 312, 96 L. Ed. 398 (1952).

〔2〕 342 U. S. at 361, 72 S. Ct. at 314.

〔3〕 342 U. S. at 363, 72 S. Ct. at 315.

〔4〕 对州法院中联邦创制权利宪法地位的讨论，以及这类案件中对州程序的适用限制，参见 Note, State Enforcement of Federally Created Rights, 73 Harv. L. Rev. 1551 (1960).

而联邦宪法第七修正案却要求进行陪审团审判；州法律拒绝陪审团审判但联邦法律通常准予陪审团审判；或者州法律准予陪审团审判但联邦法律拒绝支持该权利，都会产生陪审团审判问题。在上述任何一种情况下，联邦的陪审团审判标准应当优先适用。即使基础性的实体请求是源于州法律，对其普通法或者衡平法性质的定性——以及，因而决定它是否应由陪审团审判的问题——均应根据联邦法律加以确定。

在一个相当早期的判决中，联邦最高法院裁定认为，联邦法院审理异籍诉讼，在判定受陪审团审判权的范围问题上，并非必须适用州法。在 Parsons v. Bedford 一案中，[5] 该诉讼是在路易斯安那州的行政堂区法院提起的，同时该案因诉讼当事人州籍不同而被移送至路易斯安那州东部管区联邦法院。通过 1824 年 5 月 26 日国会的一项法令，位于路易斯安那州的联邦法院民事案件程序会与该州地区法院做法保持一致，但要接受一些变更，诸如各联邦法院法官应当依照规则任职。依照路易斯安那州法院做法，根据陪审团审判案件中任何一方当事人提出的申请，口头证据会被书记员记录下来并在上诉时成为事实陈述。被告主张，根据制定法，联邦初审法官拒绝准许依照路易斯安那州程序记录口头证据的做法是错误的。斯托里（Story）法官在代表联邦最高法院写判决意见书时否定了这一主张。他的推理是，因为除普通法规则规定外，联邦宪法第七修正案禁止对联邦法院陪审团审判的任何事实进行重新审查，所以初审法官在该案中本不能遵循州的做法。他接着指出，与联邦宪法相一致的是，1824 年的制定法不能被解释为已将此权力授予各联邦法院，同时有关陪审团审判的联邦观念因而必须保留。

就只是意图调整一个特定法院做法，使其程序模式与该州为本州法院规定模式相符的概括性词句而言，我们的判决中没有概括性词句去接受这样一种解释去保护陪审团审判的美国法律中如此重要改变。[6]

在伊利铁路公司诉汤普金斯（Erie Railroad Company v. Tompkins）[7] 案以后的时期中，这一结论在 Simler v. Conner 一案中得到了重申。[8] 在西姆勒（Simler）案中，联邦最高法院裁定，联邦宪法第七修正案要求，在就受陪审团审判权而判断诉讼具有"普通法性质"或者"衡平法性质"时，审理异籍诉讼的联邦法院应当适用联邦法律。联邦最高法院提到，"赞成陪审团审判的联邦政

530

---

〔5〕 28 U. S. (3 Pet.) 433, 7 L. Ed. 732 (1830).

〔6〕 28 U. S. at 488, 7 L. Ed. at 746.

〔7〕 304 U. S. 64, 58 S. Ct. 817, 82 L. Ed. 1188 (1938). 上文第 4 章对伊利一案原则进行了详尽的讨论。

〔8〕 372 U. S. 221, 83 S. Ct. 609, 9 L. Ed. 2d 691 (1963).

531 策具有历史性和持续性。"[9] 因而，其结论认为，"只有通过裁定应依照联邦法律判定受陪审团审判权，才能达到联邦宪法第七修正案所要求的实施统一性。"[10] 西姆勒一案阐明，联邦宪法第七修正案的指引会在联邦异籍诉讼中对受陪审团审判权的出现进行控制。

　　存在州与联邦程序冲突的第二种情况是：当联邦宪法第七修正案未明确批准进行陪审团审判，但联邦法律通常会准予进行陪审团审判，而州法律未准许。在前章曾讨论的 Byrd v. Blue Ridge Rural Electric Cooperative 一案中，[11] 联邦最高法院正是这样对待的。伯德（Byrd）一案涉及在南卡罗来纳西部管区提起的一个异籍诉讼，原告要求就其声称的因被告过失所致侵害获得损害赔偿。在陪审团裁决基础上，该案作出了对其有利的判决。联邦上诉法院第四巡回审判庭撤消了原判，并指示作出有利于被告的判决。它裁定，根据《南卡罗来纳州劳工赔偿法》原告具有制定法上雇员（statutory employee）的地位，因此其应当接受制定法规定的赔偿作为对其所受侵害的专门救济。原告不服而提起上诉，主张其应被给予机会以提出关于该争点的进一步证据，同时尽管州的做法与此相反，但他有权在被告答辩所提出的各事实问题上获得陪审团审判。

　　在发回初审法院以给予原告提出进一步证据的机会之后，联邦最高法院解决这样一个重要问题，即在审理者身份上，应当优先适用州的做法还是联邦做法。联邦最高法院结论认为，就州的做法允许法官判定谁构成制定法上雇员这一问题而言，它不是"一项意图与各当事人的权利和义务界定密切相关的规则"。[12] 因此，审理异籍诉讼的联邦法院并不受到该州做法的约束。[13] 虽然注意到在州规则可能与案件结果具有实质相关性时，联邦法院应该与州的程序尽可能保持一致，[14] 但是联邦最高法院在伯德案的情况下认定"应该进行肯定性的补偿考虑"。

　　联邦制度是为适当求助于其管辖区的各当事人实现正义的一个独立制度。该制度的一个本质特征在于这样的一种方式，即在民事普通法诉讼方面，其对法官与陪审团间审判职能的分配方式，同时，在联邦宪法第七修正案的——如果不是强制命令的话——影响下，将争议的事实问题交由陪审团判定的方式。[15]

　　因此，法院总结认为："不能否认的是存在着这样的一个强有力的联邦政

〔9〕 372 U. S. at 222, 83 S. Ct. at 610.

〔10〕 372 U. S. at 222, 83 S. Ct. at 611.

〔11〕 356 U. S. 525, 78 S. Ct. 893, 2 L. Ed. 2d 953 (1958). 参见上文 4. 3 - 4. 4.

〔12〕 356 U. S. at 536, 78 S. Ct. at 900.

〔13〕 参见上文 4. 3 中的讨论。

〔14〕 356 U. S. at 536 - 37, 78 S. Ct. at 900.

〔15〕 356 U. S. at 536, 78 S. Ct. at 901.

策，它不赞成放任州规则扰乱联邦法院中的法官与陪审团关系。"[16]

正如本章所表明的一样，伯德一案不是在联邦宪法第七修正案的强制命令下作出判决的。联邦最高法院专门保留了这样的一个宪法问题，即在普通法的过失之诉中提出积极答辩时，各联邦法院中受陪审团审判权是否包含制定法上豁免（statutory immunity）这一争点。[17] 因此，伯德案提出了这样的主张——即使宪法并不要求遵循联邦的做法，在陪审团审判的范围与产生的问题上，应当优先适用联邦的做法。[18]

在第三类情形下，联邦异籍诉讼中可能会出现州与联邦做法的冲突；当州法律准予而联邦法院不准许进行陪审团审判时，就会产生这类情形。在 Herron v. Southern Pacific Company 一案中，[19] 在向位于亚利桑那州的联邦法院提起的一个人身伤害的异籍诉讼中，初审法官作出了有利于被告的裁决，在其看来，原告负有混合过失是一个法律问题。但是此做法与亚利桑那州宪法的规定不符，该宪法规定："无论在任何案件中，对混合过失或者自担风险的答辩均应成为事实问题并应交由陪审团审理。"[20] 联邦最高法院维持了初审法官的判决，同时指出："对此问题裁定加以调整的原则是，州法律不得改变联邦法院法官的基本性质和作用。"[21] 因为该原则，所以"联邦法院并不从属于州的法律规则，无论其是宪法性条款还是制定法规定"。[22] Herron 一案在伊利案判决之前就已作出判决，但是正如 Byrd v. Blue Ridge Rural Electric Cooperative, Inc. 一案所阐明的一样，它的原则依然存在。[23]

因而，无论在州法院审理一项联邦创制的权利，还是在联邦异籍诉讼中裁定一项州规定的权利，看来受陪审团审判权的范围应当由联邦法律加以控制。不论联邦的做法是宪法所要求的，抑或是由制定法或惯例所建立的，情况均应如此。

然而，1996 年联邦最高法院对 Gasperini v. Center for Humanities, Inc 案件[24]

---

〔16〕　356 U. S. at 537, 78 S. Ct. at 901.

〔17〕　356 U. S. at 537 n. 10, 78 S. Ct. at 901 n. 10.

〔18〕　此观点系由格林（Green）教授在 Byrd. v. Blue Ridge 一案判决前一年的一篇文章中提出的。Green, Protection of Jury Trial in Diversity Cases Against State Invasions, 35 Texas L. Rev. 768 (1957).

〔19〕　283 U. S. 91, 51 S. Ct. 383, 75 L. Ed. 857 (1931).

〔20〕　Ariz. R. S. Const. Art. 18, 5.

〔21〕　283 U. S. at 94, 51 S. Ct. at 384.

〔22〕　出处同上。

〔23〕　356 U. S. 525, 539, 78 S. Ct. 893, 902, 2 L. Ed. 2d 953 (1958).

〔24〕　518 U. S. 415, 116 S. Ct. 2211, 135 L. Ed. 2d 659 (1996). 已有数位评论员对 Gasperini 一案进行了分析，主要集中在联邦最高法院判决意见的各个方面。对于讨论该案陪审团审判的含义的两篇文章，参见 Note, The Supreme Court Sets New Standards of Review for Excessive Verdicts in Federal Court in Gasperini v. Center for Humanities, Inc., 50 Ark. L. Rev. 591 (1997); Note, Gasperini v. Center for Humanities, Inc: State Jury Award Controls Supplant Seventh Amendment Protections, 18 Pace L. Rev. 199 (1997).

的判决表明，联邦最高法院会努力接受各州的重要实体政策，而这些政策可能会涉及联邦层面的受陪审团审判权。在 Gasperini 案中，联邦最高法院裁定，根据纽约州法律，当初审法官认为陪审团的裁决"实质性偏离了合理赔偿"时，可通过允许指令重新审理，以损害赔偿金过多或者不足为由而试图对陪审团裁决加以控制，[25] 而审理异籍诉讼案件的联邦初审法官应当适用该纽约州法律。纽约州重审标准与联邦法院通常适用的，更为狭窄的"震惊意识"（shocks the consciousness）复审标准形成对比。联邦最高法院总结认为，在采纳"实质性偏离"标准时，州的目标显然具有实体性，该目标可由初审法官加以实施，而不会扰乱联邦体系，因为在历史上，授予初审法官以准予重审的这一自由裁量权是比较大的，可以包含纽约州的处理方式。但是，联邦上诉法院则被限于适用滥用自由裁量权这一标准，此标准通常适用对基于陪审团裁决不足或过多而所做再审判决的审查，因为该标准与陪审团审判保证规定中的再审条款相一致。依照此方式，联邦宪法第七修正案规定的权利应得到保护。

11.9 获得陪审团审判的程序

当事人为获得陪审团审判而必须遵循的程序类型对于诉讼当事人、其他诉讼当事人和法律制度均具有相关性。我们的目标是保证希望行使获得陪审团审判的宪法性权利的每位诉讼当事人均可获得该权利，而此目标不能忽视制度的效率需要。就任何当事人是否希望主张受陪审团审判权这一问题而言，诉讼早期中对其相对简单和确定的判定不仅可在庭审安排方面提高效率，而且也可告知其他当事人。获得陪审团审判的程序还须考虑各种情形，其中要考虑现今合并后的程序，诉讼中可能会产生一些可由陪审团审判的争点。

依照州的法典程序（state code procedure）要求各当事人明示弃权，以预先阻碍对存在陪审团审判权利的争点的审判。[1] 因此，如果没有弃权，那么就难以确定各当事人是否已选择进行陪审团审判。

通过要求希望由陪审团审理案件的一方当事人明确作出肯定请求，《联邦民事诉讼规则》第38条减轻了联邦法院中存在的这种模糊不清的情况。[2] 许多州也要求当事人提出陪审团审判请求。[3] 通过在庭审开始前确定程序模式，此类

---

[25] New York – McKinney's Civ. Prac. Law & Rules（CPLR）5501（c）.

[1] 参见 4 J. Weinstein, H. Korn & A. Miller, New York Civil Practice ¶ 4102. 01; C. Clark, Code Pleading 17, at 113 – 14（2d ed. 1947）.

[2] 参见 9 C. Wright & A. Miller, Civil 2d 2318.

[3] 例如，纽约州就要求必须提出请求。参见 4 J. Weinstein, H. Korn & A. Miller, New York Civil Practice ¶ 4102. 01 – ¶ 4102. 08.

条款因而具有消除不必要的程序小冲突的这一优点。[4]

如果没有按要求提出请求，将会导致放弃受陪审团审判权。起草《联邦民事诉讼规则》第38条的咨询委员会的注释已经阐明，请求与放弃条款被视为陪审团审判安排中一个不可或缺的组成部分，[5] 同时也被认为与国会在《规则制定授权法》（the Rules Enabling Act）中所规定的保护获得陪审团审判的宪法权利相一致。[6] 这些均表明，要求提出请求的这一规定并不违反联邦宪法第七修正案。[7]

类似的制定法条款在州法院中一直得到支持，而总体趋势似乎是要求希望实现受陪审团审判权的当事人作出确认行为。[8] 此动向特别地受到了法官和评论家的赞成，因为它减少了陪审团审判的发生率，并减少了法院积案，同时也因为在案件早期它可确定采用何种审判模式。[9]

这些请求的规定反映出很多美国法院在民事陪审团审判问题上的矛盾心理。虽然其他宪法权利可能仅通过规定就可放弃，但这种关于请求的条款意味着，当事人要获得保护陪审团审判就要求一项确认行为；而权利会因不作为而被放弃。[10] 民事陪审团审判无疑是导致案件延迟的一个重要缘由，所以只要其裁决一起诉讼对减少平均时间的这一系统目标做出贡献，这一做法可为合理。[11] 但是，这种关于请求规定似乎与联邦最高法院过去40年[12]中许多判决精神形成强烈对比，因为这些案件大大扩展了受陪审团审判权。

一旦提出受陪审团审判权的请求，则会通过审查所有诉辩文书——主张、答辩、反请求和第三人诉辩文书[13]——来判定该权利。即使起诉书中没有提出陪审团审判的问题，也应当对随后的诉辩文书进行审查，以确定它们是否提出了应

---

〔4〕"在此制度下，……一方当事人较少有机会等待诉讼结果，和将其请求作为策略手段以造成迟延或者时常推翻原判和重新审判。对的确希望陪审团审判的诉讼当事人权利保护而言，这是一种公平的方式，同时也可合理迅速地进行诉讼……" C. Clark, Code Pleading 17, at 113–14 (2d ed. 1947).

〔5〕参见 The Advisory Committee Notes for Rule 38 in 12 C. Wright & A. Miller, Civil Appendix C.

〔6〕28 U. S. C. A. 2072.

〔7〕参见 Moore v. U. S., 196 F. 2d 906 (5th Cir. 1952); Wilson v. Corning Glass Works, 195 F. 2d 825 (9th Cir. 1952).

〔8〕参见 Annot., Withdrawal or Disregard of Waiver of Jury Trial in Civil Action, 64 A. L. R. 2d 506, 511–14 (1959).

〔9〕James, Trial by Jury and the New Federal Rules of Procedure, 45 Yale L. J. 1022, 1047 (1936).

〔10〕参与法官审判，或者参与陪审团解散后的审判均会导致放弃受陪审团审判权。参见 Matter of Muller, 851 F. 2d 916 (7th Cir. 1988)，要求调阅案卷的上诉申请被驳回 490 U. S. 1007; Pope v. Savings Bank of Puget Sound, 850 F. 2d 1345 (9th Cir. 1988).

〔11〕参见上文11.1.

〔12〕参见上文11.5.

〔13〕参见 Beacon Theatres, Inc. v. Westover, 359 U. S. 500, 79 S. Ct. 948, 3 L. Ed. 2d 988 (1959).

由陪审团审判的争点。无论诉讼的性质还是其被给予的标识都不具有决定性作用。[14] 相反，正如前面较为充分论述过的一样，在联邦法院中，单独争点是所考虑的适当对象，同时，有关每个争点的权利的存在问题，应当从现代诉讼程序发展的角度来加以判断。[15]

至于细节，《联邦民事诉讼规则》第 38 条（b）规定，应当通过适时方式书面提出请求；一项时间不适当的请求或者口头请求均不足以获得陪审团审判。[16] 对书面格式没有特定要求，同时该请求"可能基于当事人的诉辩文书而得到认可"。[17] 但是，请求最好与诉辩文书主要部分相分离，这可使其容易被辨别。[18] 该请求必须被送达给所有当事人。

一个诉讼当事人通过要求陪审团仅对某些指定争点进行审判，可以对请求的范围加以限制。如果其他当事人希望对任何或全部剩余争点由陪审团审判，那么他们应及时提出有关该类争点的请求，或者放弃权利。如果只提出要求进行陪审团审判的概括请求而未指定提交给陪审团的争点，那么这会导致对该权利适用的所有相关争点由陪审团审判。[19]

一旦已经提出一项恰当请求，《联邦民事诉讼规则》第 38 条（d）所确立的是，若未获得全体当事人的同意，则不得撤回请求。[20] 这对于保护可能依赖该请求的其他当事人是必要的。一旦一方当事人已提出概括请求，其他当事人享有的在可审判的所有争点上获得陪审团审判的这一权利无需采取进一步行动就可受到保护。[21] 此规则的惟一例外在于，原告的陪审团审判请求并不及于被告和任何第三人诉讼中的被告之间提出的争点。[22]

在联邦法院，陪审团审判请求的及时性是根据其与诉辩文书及诉辩文书中所

---

〔14〕 参见 Laskaris v. Thornburgh, 733 F. 2d 260 (3d Cir. 1984)，要求调阅案卷的上诉申请被驳回 469 U. S. 886; Kerr - McGee Corp. v. Bokum Corp. , 453 F. 2d 1067 (10th Cir. 1972); Beaunit Mills v. Eday Fabric Sales Corp. , 124 F. 2d 563 (2d Cir. 1942).

〔15〕 参见上文 11. 5.

〔16〕 参见 Tri - State Tire Serv. , Inc. v. Gates Rubber Co. Sales Div. , Inc. , 339 F. 2d 573 (5th Cir. 1964).

〔17〕 参见 Fed. Civ. Proc. Rule 38 (b).

〔18〕 参见 Allstate Ins. Co. v. Cross, 2 F. R. D. 120 (E. D. Pa. 1941).

〔19〕 参见 U. S. v. Anderson, 584 F. 2d 369 (10th Cir. 1978).

〔20〕 参见 Yates v. Dann, 223 F. 2d 64 (3d Cir. 1955); Thiel v. Southern Pacific Co. , 149 F. 2d 783 (9th Cir. 1945)，基于其他依据被撤消 328 U. S. 217, 66 S. Ct. 984, 90 L. Ed. 1181 (1946).

〔21〕 参见 Dell'Orfano v. Romano, 962 F. 2d 199 (2d Cir. 1992); Cram v. Sun Ins. Office, Ltd. , 375 F. 2d 670 (4th Cir. 1967).

〔22〕 参见 Aligheri v. Long Island R. R. , 156 F. R. D. 55 (S. D. N. Y. 1994); Banks v. Hanover S. S. Corp. , 43F. R. D. 374 (D. Md. 1967). 但是，如果原诉被告在送达针对原告的答辩书和对第三人的起诉书时提出一项陪审团审判的概括请求，那么该请求将被认为是希望就原诉和第三人诉讼中的各争点获得陪审团审判。

提出争点的关系来加以判定。《联邦民事诉讼规则》第38条（b）规定，在最后的诉辩文书指向寻求陪审团审判的争点后的 10 日内，应当提出请求。[23] 因此，如果答辩书和起诉书是案件仅有的诉辩文书，那么应当在答辩书送达后的 10 日内提出陪审团审判请求。[24] 当然，也可以在答辩书提交之前提出该请求。[25] 但是，如果有反诉提出，而该反请求需要作出答复，那么对陪审团审判请求的及时性的判定将变得更为复杂。如果反请求和答辩书提出了相同争点，那么在答复后 10 日内提出的请求对于这些争点是有效的。[26] 但是，如果反请求和答复提出了起诉书和答辩书中均未包含的新争点，那么就在答辩书提出后 10 日以上但在答复提出后 10 日内送达的请求而言，它只可以保留对反请求和答复所提出争点——而非起诉书和答辩书所提出争点——的受陪审团审判权。[27]

例如，假设一个卖方向买方提起违约之诉，要求为对特定装运货物支付货款。被告应答称，原告违约在先，因为卖方未能在事先确定的日期装运货物；此外，买方就过去数批装运货物迟延交付所造成损失提出了任意性反请求。原告答复称，这些迟延交货是可原谅的。被告在答辩书提出 10 日后，但在答复作出后 10 日内送达了陪审团审判请求。对于最初起诉书和答辩书中装运货物相关各争点而言，该请求是无效的，但是，对于涉及反请求对象的其他装运货物相关争点，该请求保留了它们受陪审团审判权。

同样的方法也适用于经修改的和补充诉辩文书；在提出新争点的任何此类诉辩文书送达后 10 日内可以及时地提出请求。然而，如果已经提出了一项概括请求，那么无需在该请求之后提出新的请求。另一方面，如果经修改的和补充诉辩文书没有提出新争点，但是仅仅改变了当事人对案件的主张或者改变了所要求获得的救济，那么，因未提出最初诉辩文书相关的受陪审团审判权请求而导致被放弃的该权利则不能得以恢复。[28]

因为普通法和衡平法合并和采取简式诉辩（simplified pleading），对什么构成"新争点"的分析变得有些复杂。现已明确的是，为了《联邦民事诉讼规则》

〔23〕 在不同司法管辖区中，提出请求的时间限制也各不相同。

〔24〕 参见 McCorstin v. U. S. Department of Labor, 630 F. 2d 242 (5ᵗʰ Cir. 1980); May v. Melvin, 141 F. 2d 22 (D. C. Cir. 1944).

〔25〕 Christiansen v. Interstate Motor Lines, Inc., 20 F. R. D. 105 (D. Nᴐh. 1956).

〔26〕 参见 Tights, Inc. v. Stanley, 441 F. 2d 336 (4ᵗʰ Cir. 1971)，要求调阅案卷的上诉申请被驳回 404 U. S. 852; Monolith Portland Midwest Co. v. RFC, 240 F. 2d 444 (9ᵗʰ Cir. 1957)，要求调阅案卷的上诉申请被驳回 354 U. S. 921.

〔27〕 参见 Western Geophysical Co. of America v. Bolt Associates, Inc., 440 F. 2d 765 (2d Cir. 1971); Goldblatt v. Inch, 203 F. 2d 79 (2d Cir. 1953).

〔28〕 参见 Daniel Int'l Corp. v. Fischbach & Moore, Inc., 916 F. 2d 1061 (5ᵗʰ Cir. 1990); In re Kaiser Steel Corp., 911 F. 2d 380 (10ᵗʰ Cir. 1990).

第38条（b）旨意，仅仅以"普通法"或者"衡平法"上的措辞对诉讼进行重塑并不构成一个"新争点"，因为《联邦民事诉讼规则》第54条（c）使得寻求改变所要求救济的任何修改均成为不必要。[29] 此外，"在从案件某些方面或者法律理论看相当明显的是，可能存在陪审团审判的各争点"，[30] 当事人不能保留在超出时间乏味对审判形式的选择权。在经修改的诉辩文书和起诉书提到相同事项时，各当事人从开始时就被告知所宣称的各事实可支持法律救济，同时，他们通过请求而保留陪审团审判的机会一旦被放弃将不能恢复。[31]

最初，对于州诉讼中的陪审团审判请求在案件移送联邦法院后是否继续存在，或者是否需要及时提出新请求，存在着一些模糊之处。[32] 1963年《联邦民事诉讼规则》第81条（c）的修改解决了这一问题，并明确表明，州法院中的一项及时、明示的请求足以确保移送案件的受陪审团审判权。此外，如果移送案件之州法院的程序不要求提出明示的陪审团审判请求，那么没有必要提出请求。[33] 但是，为了制定和估量其庭审日程表，联邦法院可能指令，作出一项请求并详细列出可由陪审团审判的各争点。[34]

请求陪审团审判的机会一旦被抛弃，则无论经上诉撤消原判或者准予重新审判，该机会均不会自动恢复。在此情况下，初审法院享有是否向放弃该权利的当事人赋予陪审团审判的这一自由裁量权。[35] 初审法官可能考虑这类因素，诸如

---

〔29〕《联邦民事诉讼规则》第54条（c）部分地规定："除因不应诉而获得不利判决的一方当事人外，每项终局判决均应当给予胜诉当事人以权利救济，即使该当事人在其诉辩文书中没有请求获得此类救济。"

〔30〕 C. Clark, Code Pleading 17, at 120 (2d ed. 1947).

〔31〕 Clark, "Clarifying" Amendments to the Federal Rules? 14 Ohio St. L. J 241, 248 (1953). 参见，例如 American Fidelity & Cas. Co. v. All American Bus Lines, Inc., 190 F. 2d 234 (10th Cir. 1951)，要求调阅案卷的上诉申请被驳回，342 U. S. 851（经修改的起诉书，其调换了有利益关系的真正当事人，因为原告一方当事人没有在任何实质方面对案件任何其他事实争点进行改变）。同时参见 Gulbenkian v. Gulbenkian, 147 F. 2d 173 (2d Cir. 1945).

〔32〕 试比较下列案件：Zakoscielny v. Waterman S. S. Corp., 16 F. D. R. 314 (D. Md. 1954)；Talley v. Amercian Bakeries Co., 15 F. D. R. 391 (E. D. Tenn. 1954)；Rehrer v. Service Trucking Co., 15 F. D. R. 113 (D. Del. 1953)，裁定没有必要重新作出请求，以及 Petsel v. Chicago, B. & Q. R. R Co., 101 F. Supp. 1006 (S. Diowa 1951)；Nelson v. American Nat. Bank & Trust Co., 9 F. D. R. 680 (E. D. Tenn. 1950)，裁定应当提出新请求。

〔33〕 参见 Segal v. American Cas. Co., 250 F. Supp. 936 (D. Md. 1966).

〔34〕 Kaplan, Amendments of the Federal Rules of Civil Procedure, 1961 – 1963 (II), 77 Harv. L. Rev. 801, 833 – 34 (1964).

〔35〕 参见 Ohlinger v. U. S., 135 F. Supp. 40 (D. Idaho 1955)，其裁定，在对案件再次审理时，迟延的陪审团审判请求是适当的，因为上诉待决时的制定法变更可授权在此类诉讼中进行陪审团审判，同时这也是由于原告律师在意识到该转变时就立即申请陪审团审判。

与弃权相关的情况、[36] 案件对陪审团裁断的适宜性、[37] 以及最可能迅速进行诉讼的审判模式。[38] 没有任何单个情况可能具备决定性，同时只有在证明法官滥用了裁量权时，初审法院的行为才会被撤消。[39]

　　虽然未及时提出请求会导致放弃受陪审团审判权，但是一方当事人可以要求法院根据《联邦民事诉讼规则》第 39 条（b）行使自由裁量权，指令对全部或者部分争点进行陪审团审判。[40] 对于一个非常重视受陪审团审判权的制度而言，这是一个重要而适当的安全阀。[41] 不过，许多法官表达了这样的观点，即对此自由裁量权的行使不应反复无常；它应该建立在充分理由的基础之上。正如一位联邦地区法院法官所阐述的，

　　　　……在未及时提出请求陪审团审判的情况下，司法宽容（judicial indulgence）应当极少向其准予陪审团审判。这类松弛将易于导致对规则要求的完全漠视，同时导致赞同在程序和庭审上的迟延，并最终使得这些规则公开宣布的司法准时性目标无法实现。更为直接的是，它将无疑给庭审待审案件日程表造成混乱，同时会给庭审带来意料之外且无法容忍的延期。这种结果不会受到欢迎。[42]

　　在判定是否准许一项迟延的陪审团审判请求时，各法院通常会考虑以下数个因素：申请是否在制定法准许期限届满后的合理时间内提出；[43] 未能提出请求是否是出于诸如疏漏、错误、或者可原谅的疏忽等可成为准予该申请合理理由的因素，[44] 允许陪审团审判是否会损害对方当事人的权利。[45] 最后，在判定是否

538

---

〔36〕　参见上文注释 35。同时参见 Davis v. Parkhill‑Goodloe. Co.，302 F2d 489，494 n. 5（5ᵗʰ Cir. 1962）（及时提出了请求，但各当事人随后同意进行无陪审团的审判）。

〔37〕　Hazelrigg v. American Fidelity & Cas. Co.，241 F. 2d 871，873（10ᵗʰ Cir. 1957）；William Goldman Theatres, Inc. v. Kirkpatrick，154 F. 2d 66，69（3d Cir. 1946）。

〔38〕　William Goldman Theatres, Inc. v. Kirkpatrick，154 F. 2d 66，69 – 70（3d Cir. 1946）。

〔39〕　Hazelrigg v. American Fidelity & Cas. Co.，241 F. 2d 871（10ᵗʰ Cir. 1957）。

〔40〕　Fed. Civ. Proc. Rule 39（b）. 参见 9 C. Wright & A. Miller, Civil 2d 2334 中的讨论。

〔41〕　正如联邦最高法院在 Aetna Ins. Co. v. Kennedy，301 U. S. 389，393，57 S. Ct. 809，811 – 12，81 L. Ed. 1177（1937）一案中所说："但是，由于受陪审团审判权是非常重要的，各法院对每项反对弃权的合理假设均持宽容态度。"

〔42〕　Arnold v. Chicago, Burlington & Quincy R. R. Co.，7 F. R. D. 678，680（D. Neb. 1947）。

〔43〕　参见 Ohlinger v. U. S.，135 F. Supp. 40（D. Idaho 1955）（虽然已经迟延了 3 个月，但陪审团审判申请依然正当地得到了准许，因为律师发现，在对一审的上诉仍然未决时，制定法发生改变，其准许任何一方当事人要求获得陪审团审判）；Hill v. Peres，136 Cal. App. 132，28 P. 2d 946（1934）（原告在依照制定法规定交付陪审团费时仅延误一天，法院准许陪审团审判）。

〔44〕　参见 Ohlinger v. U. S.，135 F. Supp. 40（D. Idaho 1955）（3 个月的延误是出于可原谅的疏忽，并且，在相似情况下，任何律师恐怕难以比原告律师更早发现该制定法改变）Alfred Hofmann, Inc. v. Textile Machine Works，27 F. Supp. 431（E. D. Pa. 1939）（尽管法官基于其他原因拒绝准予陪审团审判，但是在规则正式通过后一个月对该规则不熟悉是一项可原谅的疏忽，而未能请求陪审团审判）。

〔45〕　参见 Daly v. Scala，39 A. 2d 478（D. C. Mun. App. 1944）；Aronoff v. Texas Turnpike Authority，299 S. W. 2d 342（Tex. Civ. App. 1957）。

行使自由裁量权以准予迟延请求时，最重要的因素之一似乎是其本应当对法院待审案件表产生的影响。[46]

C. 陪审团审判

11. 10 陪审团的选择和组成

陪审团成员的挑选程序及其社会经济学构成对于获得陪审团审判的宪法权利的效用和生命力起着极其重要的影响。1789 年《司法法》规定，联邦法院陪审员应当具备与联邦地区法院所在州的陪审员相同的资格条件。[1] 在 1957 年以前，国会并没有为联邦陪审员单独设置资格条件。[2]

在 1968 年之前，一些联邦法院使用了"要人"（key man）或者"建议者"制度。[3] 在此制度下，被认为在社区中具有广泛联系的一些人或组织会被要求推荐符合资格条件的陪审员候选人。同时，也会鼓励建议者推荐一些不仅符合资格条件，并且还具备其他品质如社会尊重（community esteem）、"良好人格、公认的正直、正确的判断能力，以及受过良好教育"。[4] 尽管这项制度旨在促进对适格陪审员的选任，但是它却不大可能产生具有代表性的社会横截面。[5] 一些法院曾准许使用"要人"制度，[6] 但是 1966 年联邦上诉法院第五巡回审判庭在 Rabinawitz v. United States 一案[7]中的判决却标志着一个转折点；法院裁定认为，制定法规定的资格条件已经完善，各职位担当人没有设置额外要求的自由裁量权。正如一位评论员所评述到的，拉宾诺威茨（Rabinowitz）一案"敲响了联邦法院要人制度的丧钟，同时指令要求结束陪审团专员悄无声息地使选任标准高于制定法规定标准的这一做法。"[8]

1968 年，国会对调整联邦法院陪审员选任与资格条件的制定法安排进行了

---

〔46〕 Beckstrom v. Coastwise Line, 13 F. R. D. 480, 483 (D. Alaska 1953). 同时参见 Wilson v. Corning Glass Works, 195 F. 2d 825 (9th Cir. 1952).

〔1〕 Act of Sept. 24, 1789, 29, 1 Stat. 88.

〔2〕 Civil Rights Act of 1957, Pub. L. 85 315, 152, 71 Stat. 638 (1957). 尽管国会在 1948 年就联邦层面的资格条件制定了法律，但是在 1957 年立法以前，根据州法律没有陪审员资格的人被禁止在该州的联邦法院担任陪审员。参见 Act of June 25, 1948, c. 121, 1861, 62 Stat. 951.

〔3〕 Stanley, Federal Jury Selection and Service Before and After 1968, 66 F. R. D. 375, 376 (1974).

〔4〕 "建议者"（要人）证书格式成为了联邦法院陪审团制度附件 3 的一部分，26 F. R. D. 409, 513 - 14 (1960).

〔5〕 参见 Report of the Committee on the Operation of the Jury System, 42 F. R. D. 353, 361 (1967).

〔6〕 U. S. v. Hoffa, 349 F. 2d 20 (6th Cir. 1965), 维持原判 385 U. S. 293, 87 S. Ct. 408, 17 L. Ed. 2d 374 (1966); Dow v. CarnegieIllinois Steel Corp., 224 F. 2d 414 (3d Cir. 1955), 要求调阅案卷的上诉申请被驳回 350 U. S. 971.

〔7〕 366 F. 2d 34 (5th Cir. 1966).

〔8〕 Note, The Congress, the Court and Jury Selection: A Critique of Titles I and II of the Civil Rights Bill of 1966, 52 Va. L. Rev. 1069, 1094 - 95 (1966).

修订，从而执行了拉宾诺威茨一案的判决。[9] 这一修订的核心在于减少该过程中自由裁量因素，并推行统一度。这一立法的政策目标是保证陪审团"是从公平的社会横截面中随机"挑选出来，为所有公民提供被考虑在陪审团中服务的机会，[10] 并且防止基于"种族、肤色、宗教信仰、性别、出生国、或者经济地位"而产生的歧视。[11] 在选任程序方面也引入了两项创新：第一，要求将注册或实际选民名单用作陪审员的来源；第二，使用客观标准决定取消陪审员资格、豁免、免除（excuses）和排除（exclusions）。[12] 要求每个联邦地区法院制定出与这些约束相一致的方案，以落实这些政策目标。由于制定法上的资格条件十分完善，同时规定从选民名单中随机选取，因此"要人"制度实际上已被废止。[13]

540

目前的联邦陪审员资格条件要求候选人必须是美国公民，在司法区内居住一年的居民，年满 18 周岁以上，具备足够阅读写作能力以填写陪审员资格表，英语流利，精神和身体状况能够胜任陪审工作，没有受到未决指控，过去未被判定犯有可判处 1 年以上监禁的犯罪。[14] 除依照此标准不具备资格的人士外，1968年的制定法安排还明确了不允许进行陪审工作或者可以免于从事陪审工作的四类人士。

第一类，要求联邦地区法院计划规定"多组人士或者多组职业类别，其成员因豁免而应该被免于从事陪审工作"；这些群体必须包括政府官员、陆海空三军、地方消防与警察部门的现役成员。[15] 进行这类免除的合理原因在于指明的这些人士进行了有价值的社会公益服务，这比陪审团职责更为重要。

第二类，"免除群体"（excuse groups）必须由联邦地区法院计划加以确定，其成员可在自己愿意时从事陪审工作，但是其只有在提出请求时才能得以免除。[16] 该组人士是从这一角度来加以界定的，即因为距离或者时间而导致到法院的"旅途上的不当困难"。例如，免除群体可能是医生、部长、企业的独资所有者、或者是带有小孩的母亲。一些评论家认为，制定法上对"免除群体"的

---

〔9〕 参见 28 U. S. C. A. 1861－1871.

〔10〕 28 U. S. C. A. 1861.

〔11〕 28 U. S. C. A. 1862.

〔12〕 H. R. Rep. No. 1076, 90th Cong. , 2d Sess. , reprinted in 2 U. S. Code Cong. & Ad. News 1793 (1968).

〔13〕 同上，第1794页。参见 Davis v. U. S. , 411 U. S. 233, 235 n. 2, 93 S. Ct. 1577, 1579 n. 2, 36 L. Ed. 2d 216 (1973)（附带意见）。

〔14〕 28 U. S. C. A. 1865 (b).

〔15〕 28 U. S. C. A. 1863 (b) (6).

〔16〕 28 U. S. C. A. 1863 (b) (5).

这一创制提出了重要的平等保护问题。[17] 但是，由至少一家联邦地区法院所创制的免除群体已经得到支持，并驳回了合宪性异议。[18]

第三类，可证明"存在不当困难或者极度不方便"的个人可能会在一定时间免于从事陪审工作，这由法院自由裁量，该时间期满后该人士可被召回从事陪审工作。[19]该条款对有效的个人免除予以尊重，但是，又通过召回的规定防止利用借口逃避陪审工作。严重的家族疾病就是一个充分的免除实例。

第四类，包括法院有权以存在偏见为由而予以排除，或者因为其可能具有破坏性，会威胁陪审团保密能力（jury secrecy），或者对程序公正性产生不利影响。[20] 这类安全阀的必要性是不言而喻的。

在各州法院体系中，陪审员的选任条件和程序情况各异。所设置的更常见的额外资格条件是居住要求、财产所有权、缴纳税款，以及良好的健康状况。[21]各州调集潜在陪审员名单的程序也各有不同，包括使用选民名单、财产税记录、电话号码簿、或者上文提到的"要人"制度下的个人介绍（personal reference）。选任陪审员的数种其他方法也被提出，这包括使用心理测试以保证最低限度的合理性。[22] 《统一陪审团选任与工作法》（Uniform Jury Selection and Service Act）在某种程度上建立在 1968 年联邦制定法的基础上，它在一些州中已经得到提议和采纳。[23]

最重要的是记住：各州在设计其陪审团选任程序的过程中不受联邦宪法第七修正案的约束。[24] 它们仅受到联邦宪法第十四修正案的限制。这意味着，就平等保护条款（……即在其辖境内，也不得否认任何人应享有的法律上同等保护——equal protection of laws，译者注）所管辖的群体而言，在考虑陪审员时不能蓄意地将任何此类群体予以排除。[25] 根据正当程序条款，必须向诉讼当事人提

〔17〕 参见 Comment, Jury Selection in California, 5 Stan. L. Rev. 247, 256 – 57（1953）；Note, Economic Discrimination in Jury Selection, 1970 Law & Social Order 474.

〔18〕 参见 U. S. v. Arnett, 342 F. Supp. 1255（D. Mass. 1970）.

〔19〕 28 U. S. C. A. 1866（c）（1）.

〔20〕 28 U. S. C. A. 1866（c）（2），（5）.

〔21〕 主要参见 A. Vanderbilt, Minimum Standards of Judicial Administration 162 – 72（1949）.

〔22〕 Redmount, Psychological Tests for Selecting Jurors, 5 U. Kan. L. Rev. 391（1957）；Note, Psychological Tests and Standards of Competence for Selecting Jurors, 65 Yale L. J. 531（1956）.

〔23〕 就该法条文及分析而言，参见 McKusick & Boxer, Uniform Jury Selection and Service Act, 8 Harv. J. Legis. 280（1971）. 该法目前在下列 5 个州中生效：夏威夷州，爱达荷州，印第安纳州，缅因州，密西西比州。

〔24〕 参见上文 11. 7 注释 1。

〔25〕 例如，各州不能基于种族原因而蓄意排除某些人士的陪审团责任。Smith v. Texas, 311 U. S. 128, 61 S. Ct. 164, 85 L. Ed. 84（1940）；Strauder v. West Virginia, 100 U. S. （3 Otto）303, 25 L. Ed. 664（1879）.

供与"基本公正"相一致的程序。[26] 将陪审团视为社会横截面的这一联邦理念并没有强加给各州。例如，纽约州各法院挑选出能够通过严格智力测试的个人群体以从事特殊陪审团工作，联邦最高法院在五比四的判决中，支持这种州"特选的"陪审团选任制度。[27] 虽然联邦最高法院逐渐倾向于在刑事陪审团方面强制各州接受横截面要求，[28] 但是这一要求不大可能扩展至民事陪审团。[29]

为了选任陪审员，在预先审查中会对每位未来陪审员询问一系列问题，这旨在检查陪审员是否缺少资格条件，是否存在偏见。就此审查而言，还存在着多种方法；初审法官可能会提出基本问题，准许各当事人提出一些补充性的问题，或者法官可能会询问所有问题，并给予律师提出进行特定询问要求的机会，或者法官可能允许各方律师进行此项审查，但会保留不予准许或者提出其他问题的权利。

预先审查程序，尤其是当其交由各方律师时，既有积极一面也有消极一面。一方面，准许对未来陪审员进行广泛的询问有助于保证获得一个公平和不偏不倚的陪审团审判的宪法权利。然而，它也允许聪明的律师通过以相当于其部分观点陈述的方式来组织询问，从而利用该询问影响这些未来陪审员。[30] 这使得一些评论员提出，法院应当在与各诉讼当事人商议后，亲自主持该项审查。[31] 而其他一些人士指出，最为有效的审查做法应该是对预先审查的范围加以限制。[32]

诉讼当事人可能希望就陪审员选任程序本身的充分性提出异议。存在着——被称为对候选陪审团名单异议——的一种程序可以利用，而根据该程序，可以基于没有达到宪法或者制定法标准这一理由来对选任未来陪审员的方式提出质疑。在联邦法院中，规定了制定法上的异议（statutory challenge）应该提出的期限，[33] 同时，提出异议的当事人必须证明"实质上未能"遵守1968年制定法的

542

---

〔26〕 Fay v. New York, 332 U. S. 261, 294, 67 S. Ct. 1613, 1630, 91 L. Ed. 2043 (1947). 同时参见 Witherspoon v. Illinois, 391 U. S. 510, 88 S. Ct. 1770, 20 L. Ed. 2d 776 (1968).

〔27〕 Fay New York, 332 U. S. 261, 294, 67 S. Ct. 1613, 1630, 91 L. Ed. 2043 (1947). Fay 一案是一起刑事诉讼，但是在联邦最高法院裁定联邦宪法第六修正案适用于各州以前，该案已经宣判。

〔28〕 参见 Taylor v. Louisiana, 419 U. S. 522, 530, 95 S. Ct. 692, 697 – 98, 42 L. Ed. 2d 690 (1975)。就 Taylor 一案的意义而言，参见 Note, Taylor v. Louisiana：the Jury Cross Section Crosses the State Line, 7 Conn. L. Rev. 508 (1975).

〔29〕 参见上文注释27。

〔30〕 例如 Smith v. Nickels, 390 S. W. 2d 578 (Mo. App. 1965). 但是，试比较 Sandidge v. Salen Offshore Drilling Co. , 764 F. 2d 252 (5th Cir. 1985) (在预先审查时就提前寻求案件结果将是不适当的).

〔31〕 Note, Selection of Jurors by Voir Dire Examintion and Challenge, 58 Yale L. J. 638, 643 – 44 (1949).

〔32〕 Note, Voir Dire – Prevention of Prejudicial Questioning, 50 Minn. L. Rev. 1088, 1098 – 99 (1966).

〔33〕 28 U. S. C. A. 1867 (a) – (c).

规定。[34]

在减少了陪审员选任过程中的自由裁量权的 1957 年和 1968 年制定法颁行以前，涉及对候选陪审团名单异议的案件较为常见。在 Ballard v. United States 一案中，对陪审团组成的异议得到了联邦最高法院的支持，该陪审团组成蓄意将妇女排除在外。[35] 在 Thiel v. Southern Pacific Company 一案中，[36] 联邦最高法院维持了原告对联邦陪审员选任做法的异议，而该选任做法蓄意将计日工薪族从陪审团名单中划掉。联邦最高法院认为，联邦法院的各诉讼当事人有权获得从整个社会的横截面中挑选出的未来陪审员。但是这并不意味着一方当事人仅仅因为该案选任的特定陪审团成员不能代表其来源的整个社区的横截面，就可以成功地提出陪审团组成异议；更确切地，其意味着联邦选任程序本身不得蓄意将法定认可的群体或阶层排除在陪审工作资格之外。

基于从预先审查中所收集的信息，当事人也可以单独地提出异议，从而将一些特定的陪审员候选人从未来的候选陪审员名单中删去。与陪审团组成异议不同的是，此种异议主张某个个人——而非整个群体——不应当被准许在特定案件中和陪审团一起审理案件。对单个陪审员的异议可以分为两类：根据法定事由的异议和无因异议。

未能达到陪审员职责的制定法资格条件、有关偏见的证据、与一方诉讼当事人的关系都是根据法定事由向潜在陪审员提出异议的理由。根据法定事由的异议在数量上不受限制，各当事人可在选任过程中通过适时的反对来提出异议，或者由法院主动提出异议。根据法定事由的异议的重要特征在于，其有效性由初审法官进行判断，由此主张陪审员资格丧失的当事人必须达到客观的陪审员资格丧失标准。它与无因异议不同，通过无因异议，一方当事人可以在无需说明任何理由的情况下要求排除未来陪审员。

在联邦法院中，制定法给予一方当事人的无因异议数量作了规定。[37] 在民事诉讼中，每位诉讼当事人均有权获得三项无因异议。尽管有一个以上诉讼当事人时，法官有权准予额外的异议，并允许单独或共同地行使该异议的权利，但是，就一方行使其被分配的无因异议而言，多个原告或者多个被告均可被视为一个单一的"当事人"。

无因异议用于使具有职业或个人态度特征的陪审员丧失资格，而一个律师会

---

[34] 28 U. S. C. A. 1867 (d).

[35] 329 U. S. 187, 67 S. Ct. 261, 91 L. Ed. 181 (1946).

[36] 328 U. S. 217, 66 S. Ct. 984, 90 L. Ed. 1181 (1946).

[37] 28 U. S. C. A. 1870.

因此感到对其当事人不利。[38] 因而，它们通常是建立在假定偏见之上，而不可能通过证据得到证明。其他评论员已经指出，无因异议可获得性的主要正当理由在于，使各当事人确信其案件正由一组不偏不倚的非专业人士进行裁决。[39] 根据此主张，准许各当事人参与其陪审团的形成将有助于减少陪审团组成完全掌握在法官手中的这一感受。

在联邦最高法院 1986 年对 Batson v. Kentucky 一案[40]作出判决之前，可以通过任意武断和歧视的方式行使无因异议，[41] 而对强烈批评[42]和严酷结果[43]置若罔闻。巴特森（Batson）这一刑事案件中，联邦最高法院裁定认为，该州对该案进行陪审团审判，但与被告相同种族的成员被排除于该陪审团之外，该州没有对被告进行平等保护。[44] 用于确定挑选陪审员候选人名单时是否存在歧视的这一相同的平等保护原则，因而也适用于州运用无因异议从小陪审团中撤消单个陪审员的做法。[45] 在其判决中，联邦最高法院提出，歧视性的陪审团选任破坏了公众对我们公正体系的信心，也使种族歧视得以继续存在。[46]

在 Powers v. Ohio 一案中，[47] 联邦最高法院明确提出，巴特森一案所确立的原则并不限于与被告同属相同种族的潜在陪审员通过无因异议而被排除的案件。[48] 基于种族提出的无因异议同样违反了对潜在陪审员的平等保护权，[49] 因而在判定合宪性异议时，被告的种族并不相关。联邦最高法院还进一步判定，被告具有代表被排除的陪审员提起平等保护请求的诉讼资格。[50]

544

---

〔38〕 一项研究表明，在某些人口统计特征与单个陪审员对特定案件的"探索"方式之间存在着很强的相互联系。Kalven, The Jury, the Law , and the Personal Injury Damage Award, 19 Ohio St. L. J. 158, 174 – 75（1958）.

〔39〕 Comment, The Right of Peremptory Challenge, 24 U. Chi. L. Rev. 751, 762（1957）.

〔40〕 476 U. S. 79, 106 S. Ct. 1712, 90 L. Ed. 2d. 69（1986）.

〔41〕 参见 Swain v. Alabama, 380 U. S. 202, 85 S. Ct. 824, 13 L. Ed. 2d 759（1965）（overruled by Batson v. Kentucky）.

〔42〕 People v. Wheeler, 22 Cal. 3d 258, 148 Cal. Rptr. 890, 583 P. 2d 748（1978）, noted 32 Stan. L. Rev. 189（1979）; Commonwealth v. Soares, 377 Mass. 461, 387 N. E. 2d 499（1979）, 要求调阅案卷的上诉申请被驳回 444 U. S. 881. 下列材料对这一趋势进行了批评：Saltzburg & Powers, Peremptory Challenges and the Clash Between Impartiality and Group Representation, 41 Md. L. Rev. 337（1982）; Note, Rethinking Limitations on the peremptory Challenge, 85 Colum. L. Rev. 1357（1985）.

〔43〕 参见 Hall v. U. S. , 168 F. 2d 161（D. C. Cir. 1948），要求调阅案卷的上诉申请被驳回 334 U. S. 853.

〔44〕 476 U. S. at 86, 106 S. Ct. at 1717.

〔45〕 476 U. S. at 89, 106 S. Ct. at 1718 – 19.

〔46〕 476 U. S. at 86, 106 S. Ct. at 1717.

〔47〕 499 U. S. at 400, 111 S. Ct. at 1364, 113 L. Ed. 2d 411（1991）.

〔48〕 499 U. S. at 406, 111 S. Ct. at 1368.

〔49〕 499 U. S. at 409 –410, 111 S. Ct. at 1370.

〔50〕 499 U. S. at 415, 111 S. Ct. at 1373.

这两起案件的原则被扩展至 Edmonson v. Leesville Concrete Company[51] 一案的民事诉讼中，联邦最高法院裁定认为，民事案件中的一位私诉当事人不得基于陪审员种族而利用无因异议排除陪审员，因为这一做法会违反对被排除的陪审员的平等保护权。尽管在埃德蒙森（Edmonson）一案中双方当事人都具有私人性质，但是联邦最高法院认为，无因异议的使用构成了州行为，因而违反了宪法。[52] 同时，1994 年联邦最高法院将其禁止范围扩展至禁止基于性别提出无因异议。[53] 值得注意的是，联邦最高法院拒绝完全废除无因异议的运用，并指出："如果各当事人觉得候选陪审员名单中的其他人选比一些陪审员更能接受时，各当事人仍然可以排除这些陪审员；性别绝对不能成为偏见的替身。"[54]

当出现偏见，而与此相对地，又因为对作出公平公正裁决的个人能力存在直觉上的担忧而作出了排除一位陪审员的裁定时，对上述情形的判定恰恰是自巴特森一案判决以来一直困扰下级法院的一个问题。[55] 它甚至导致一些法院要求完全废除无因异议，因为其对于保证公正审判而言存在着固有的疑问，并且并不必要。[56] 但是，迄今为止，联邦最高法院不愿意宣布无因异议固有地存在着宪法上的缺陷。

最后，《联邦民事诉讼规则》第 47 条（b）和各州的许多类似条款赋予初审法官以选任补充陪审员的自由裁量权。该法律依据的目的在于，当一个延长的案件中一位或多位陪审员无法完成其职责或者在审判开始后丧失陪审员资格时，防止无效审判。补充陪审员必须达到与正规陪审员相同的条件，当涉及选任补充陪审员时，可以提出有限数量的补充的无因异议。[57]

11. 11 陪审团的大小和一致性要求

从 14 世纪中叶开始，由陪审团进行的普通法审判已经委托给 12 位陪审团成员的一致裁决。[1] 联邦最高法院的早期判决认为或者假定，联邦宪法第六修正案规定的刑事案件中"获得公正陪审团审判的……权利"，和联邦宪法第七修正

---

〔51〕 500 U. S. at 614, 111 S. Ct. at 2077, 114 L. Ed. 2d 660 (1991).

〔52〕 500 U. S. at 630, 111 S. Ct. at 2088. 联邦最高法院注意到州诉讼程序的广泛运用，州官员的重要协助，以及在作出决定时初审法官对预先审查的实质控制。但是，存在着三位法官强烈的反对意见。500 U. S. at 631, 111 S. Ct. at 2089.

〔53〕 J. E. B. v. Alabama ex rel. T. B., 511 U. S. 127, 114 S. Ct. 1419, 128 L. Ed. 2d 89 (1994)（在一起确认生父之诉中，无因异议实际上被用于排除所有男性）。

〔54〕 511 U. S. at 143, 114 S. Ct. at 1429.

〔55〕 参见 Charlow, Tolerating Deception and Discrimination After Batson, 50 Stan. L. Rev. 9 (1997); Note, Batson's Invidious Legacy: Discriminatory Juror Exculsion and the "Intuitive" Peremptory Challenge, 78 Cornell L. Rev. 336 (1993).

〔56〕 例如，Minetos v. City Univ. of New York, 925 F. Supp. 177 (S. D. N. Y. 1996).

〔57〕 对候补陪审员的选任与使用的讨论，参见 9 C. Wright & A. Miller, Civil 2d 2484.

〔1〕 A. Scott, Fundamentals of Procedure in Actions at Law 75 – 79 (1922).

案规定的民事案件中"应当保护受陪审团审判权"均体现了普通法特征。[2] 但是，更为近期的联邦最高法院裁定已经对有关陪审团大小和全体一致的传统理解已作了修改。

在 1970 年 Williams v. Florida 一案中，[3] 联邦最高法院裁定认为，州刑事程序中的 6 人陪审团符合联邦宪法第六修正案陪审团审判要求，该修正案已经通过联邦宪法第十四修正案对各州产生约束力。[4] 在威廉斯（Williams）一案中，联邦最高法院作出结论认为，在联邦宪法第六修正案历史中，并没有表明 12 人陪审团对于获得陪审团审判的宪法权利是不可或缺的。

正如我们所见，相关调查必须是特定特征所发挥的作用及其与陪审团审判目标的关系。依据此标准判断，要求 12 人陪审团不能被视为是联邦宪法第六修正案的不可缺少的组成部分。[5]

然而，联邦最高法院特别保留了这一问题，即联邦宪法第七修正案的用语是否将民事陪审团的普通法特征作为宪法标准的一部分编入法典。[6] 对这一争点的疑问在 1973 年 Colgrove v. Battin 一案[7]中得到了解答，该案中联邦最高法院以 5 : 4 五比四的投票表决，维持了民事诉讼中实行 6 人陪审团的这一联邦地区法院地方规则。在科尔格罗夫（Colgrove）一案中，联邦最高法院坚持了早期联邦宪法第六修正案案件的前提，同时裁定认为 12 人陪审团不是受陪审团审判权的主要方面。[8] 至于少于 6 人的陪审团在宪法上是否得到准许的问题，则是在 1978 年 Ballew v. Georgia 一案中[9]得到了解决，联邦最高法院在该案中判定，5 人陪审团作出的刑事有罪判决违反了联邦宪法第六修正案担保条款。同样地，5 人民事陪审团违反了适用于联邦法院的联邦宪法第七修正案规定的受陪审团审判权。[10]

联邦最高法院在威廉斯案件中持这样的观点，即 6 人陪审团和 12 人陪审团

〔2〕 Patton v. U. S. , 281 U. S. 276, 50 S. Ct. 253, 74 L. Ed. 854 (1930). Springville City v. Thomas, 166 U. S. 707, 17 S. Ct. 717, 41 L. Ed. 1172 (1897)；American Publishing Co. v. Fisher, 166 U. S. 464, 17 S. Ct. 618, 41 L. Ed. 1079 (1897).

〔3〕 399 U. S. 78, 90 S. Ct. 1893, 26 L. Ed. 2d 466 (1970).

〔4〕 联邦宪法第六修正案被"并入了"，或者使各州适用 in Duncan v. Louisian, 391 U. S. 145, 88 S. Ct. 1444, 20 L. Ed. 2d 491 (1968).

〔5〕 399 U. S. at 99 - 100, 90 S. Ct. at 1905.

〔6〕 399 U. S. at 92 n. 30, 90 S. Ct. at 1901 n. 30.

〔7〕 413 U. S. 149, 93 S. Ct. 2488, 37 L. Ed. 2d 522 (1973).

〔8〕 413 U. S. at 157 - 58, 93 S. Ct. at 2453.

〔9〕 435 U. S. 223, 98 S. Ct. 1029, 55 L. Ed. 2d 234 (1978)，要求调阅案卷的上诉申请被驳回 436 U. S. 962.

〔10〕《联邦民事诉讼规则》第 48 条规定，陪审团人数不得少于 6 人也不得多于 12 人。然而，该规则的确允许各当事人约定接受少于 6 人陪审团所作的裁决。

在代表社会横截面方面没有什么区别。[11] 这一观点受到了批评，同时，关于运用较小陪审团的预计经济性，以及较小陪审团在代表社区方面产生的过失分歧的这一主张的两方面均出现疑问。[12] 其他人士则赞成威廉斯一案的判决，认为其是减轻联邦法院未决案件积压的重要一步。[13] 不足为奇的是，根据《联邦民事诉讼规则》第83条的联邦地区法院地方规则授权6人民事陪审团变得越来越普遍。[14] 的确，不少州多年来已经准许使用少于12人的陪审团。[15]

547 　　很多州的制定法和法院规则也规定了民事诉讼中的非一致裁决；通常，12人陪审团中只需9票或者10票通过就足以作出裁决。[16] 在 Apodaca v. Oregon 一案中，[17] 联邦最高法院认为，允许州在未达到一致裁决的情况下对个人定罪的这一制定法条款完全符合宪法。联邦最高法院结论认为，如同陪审团大小一样，一致性要求不必通过联邦宪法第十四修正案而由联邦宪法第六修正案在宪法层面强加给各州。联邦最高法院注意到，陪审团当今的作用是由一组非专业人士在被告人和控告人之间作出常识性判断。只要陪审团是由具有代表性的社会横截面所组成，且不受外界干扰，那么联邦最高法院就认为其能够达到上述目的。因而，"从这一作用的角度看，在要求一致通过的陪审团和被允许以10：2票或11：1票定罪或宣告无罪的陪审团之间，我们发现没有区别。"[18]

　　阿波达卡（Apodaca）一案的判决是一个存在意见分歧的判决。只有四名联邦最高法院法官形成多数判决意见。鲍威尔（Pwoell）法官赞成该意见，并指出，尽管并非联邦宪法第六修正案的所有要素均对各州具有约束力，而一个州可以在宪法上规定刑事案件中采用未达到一致裁决，在联邦法院中只能通过陪审团一致裁决方可对被告定罪。[19]

　　依严格理解，阿波达卡一案判决是对联邦宪法第六修正案的解释，其裁决限

　　〔11〕 399 U. S. at 102, 90 S. Ct. at 1907.

　　〔12〕 参见，Kaye, And Then There Were Twelve: Statistical Reasoning, The Supreme Court, and the Size of the Jury, 68 Calif. L. Rev. 1004 (1980); Lempert, Uncovering "Nondiscernible" Differences: Empirical Research and the Jury – Size Cases, 73 Mich. L. Rev. 643 (1975); Zeisel, ... And Then There Were Note: The Diminution of the Federal Jury, 38 U. Chi. L. Rev. 710 (1970).

　　〔13〕 参见 Devitt, The Six – Man Jury in the Federal Court, 53 F. R. D. 273 (1971).

　　〔14〕 参见 Fisher, The Seventh Amendment and the Common Law: No Magic in Numbers, 56 F. R. D. 507, 535 (1972).

　　〔15〕 例如，Nev. Rules Civ. Proc. , Rule 48; Utah Const. Art. 1, 10.

　　〔16〕 例如，West's Ann. Cal. Code. Civ. Proc. 618; Minn. Stat. Ann. 546. 17 (在6个小时的协议后，6 票对5票的裁决 [five – sixths verdict] 获得了准许) N. J. Stat. Ann. 2A: 80 – 2; Okl. Stat. 1971 Const. Art. 2, 19.

　　〔17〕 406 U. S. 404, 92 S. Ct. 1628, 32 L. Ed. 2d 184 (1972).

　　〔18〕 406 U. S. at 411, 92 S. Ct. at 1633.

　　〔19〕 406 U. S. at 369, 92 S. Ct. at 1637.

于州的刑事陪审团。由于联邦法院民事诉讼的陪审团程序适用根据联邦宪法第七修正案所作规定，所以阿波达卡一案似乎并不适用于联邦民事诉讼。然而，阿波达卡一案在一致裁决问题上从州刑事领域向联邦民事陪审团做法的扩展，正类似于联邦最高法院在陪审团大小争点上从威廉斯案到科尔格罗夫案的转变。鉴于鲍威尔（Pwoell）法官在并入问题上的立场，联邦刑事案件可能要求一致性。[20]如果情况如此，那么一致裁决要求也可能被视为是联邦宪法第七修正案联邦民事陪审团审判保证条款的一部分。

但是，即使下级联邦法院在宪法上不得对各诉讼当事人强加作出非一致裁决，但《联邦民事诉讼规则》第48条规定，民事诉讼各方当事人可以明确约定由少于12人的陪审团进行审判，或者约定同意遵守由规定数量陪审员所作出的裁决。[21]约定在诉讼进行过程中陪审员生病或者以其他方式丧失能力而没有挑选候补陪审员，同时还约定由少于12人的陪审团进行审判可以防止在这些案件中的无效审判。

看似明确的是，采用6人陪审团和达不到一致裁决可能会对联邦法院的裁决程序长远地产生实质影响。[22]诚然，这些措施旨在应对现代有限司法资源合理配置的关注，从此角度看，这些措施可能是合理的。虽然6人联邦陪审团的合宪性——至少在民事诉讼中——已经得到明确认可，而且非一致裁决的合宪性也可能实现，但是在这些做法是否应当被接受仍是一个严重问题。

在准许这些做法的各州，适用非一致裁决规则时的一些问题也浮出水面。例如，如果该规则允许在约定9位陪审员的基础上作出裁决，那么在责任和损害赔偿问题上是否必须得到同样9位陪审员的同意？至少有4个州给予了否定回答，并承认，最初在责任问题上表示反对的一位陪审员仍然可以完全地参与到损害赔偿的裁决之中来。[23]但是人们可以主张，此情况下获得的结果是少于9位陪审员达成完全一致意见的裁决，这甚至更加背离历史上陪审团审判的基础性理念。如果一起运用6人陪审团与非一致裁决，那么将会出现一个相似但更为极端的问

548

---

〔20〕 406 U. S. at 366, 92 S. Ct. at 1635. 但是，可参见 The Supreme Court, 1969 Term, 84 Harv. L. Rev. 1, 168 n. 24 (1970).

〔21〕 在没有当事人之间协议的情况下，《联邦民事诉讼规则》第48条要求陪审团一致裁决。

〔22〕 对这一点的讨论参见 Zeisel, ... And There Were None: The Diminution of the Federal Jury, 38 U. Chi. L. Rev. 710 (1970).

〔23〕 Juarez v. Superior Ct. of Los Angeles County, 31 Cal. 3.: 759, 183 Cal. Rptr. 852, 647 P. 2d 128 (1982); Thillman v. Thomas, 99 Idaho 569, 585 P. 2d 1280 (1978); Naumburg v. Wagner, 81 N. M. 242, 465 P. 2d 521 (App. 1970); Ward v. Weekes, 107 N. J. Super. 351, 258 A. 2d 379 (App. Div. 1969). 主要参见 Trubitt, Patchwork Verdicts, Different - Jurors Verdicts, and American Jury Theory: Whether Verdicts, Are Invalidated By Juror Disagreement on Issues, 36 Okla. L. Rev. 473 (1983).

题。联邦最高法院已经裁定，这违反了联邦宪法第六修正案,[24] 至少就裁决是基于少于6人陪审员的约定而作出而言，违反了联邦宪法第六修正案。在某些点上，为了考虑效率和经济性而改变陪审团的一些方面或者特征，这可能会严重侵害基本的陪审团审判保证。因而，为了使基本权利免受侵犯，在作出改变时必须给予高度注意。

11. 12－12. 0 被保留以供补充资料之用。

---

[24] Burch v. Louisiana, 441 U. S. 130, 99 S. Ct. 1623, 60 L. Ed. 2d 96 (1979).

▼
▼
▼

第十二章

裁决与判决

本章目录

A. 判决的作出

12. 1 陪审团裁决：登记（Entry）和形式

在陪审团审判当中，陪审团通过一般裁决（general verdict）来支持原告或者是被告的主张，在这种裁决当中不需要为结论提供任何理由。由于它这种简单性，一般裁决成为陪审团审判当中传统的、并且是最为普遍的裁决形式。然而，正是这种简单性必然会导致某些缺陷的产生。一个主要的批评就是它"是一个不可分割的、难以把握的整体，因此它要么全部正确，要么全部发生错误。"[1]一旦该裁决被上诉，它的上述特性就可能引发一些问题。比如，如果胜诉的原告提出一些可能得到支持的追索财产的主张，而用以证明其中的一个主张的证据被上诉法院错误地采纳，这时就要求对所有争点重新予以审理，因为在此种情况下

---

〔1〕 Sunderland, Verdicts, General and Special, 29 Yale L. J. 253, 259 (1920).

无法进行交叉询问，陪审团也就无法据以作出裁决。[2] 另外一个针对一般裁决的批评就是，陪审团作出裁决时是否对法院的指示进行了细致周密的考虑，或者说它作出裁决时是否超越了其个人情感、大众意见以及其他情感因素的影响，事实上无从知晓。[3]

为了使这些问题得到改善，《联邦民事诉讼规则》确立了两种其他形式的裁决书。[4] 规则第49条（a）规定并授权了一种特别裁决（special verdict），运用这种裁决形式，法院只向陪审团提交的一系列事实争点并要求其进行认定。之后法官对该裁决适用法律从而形成一个恰当的判决。规则第49条（b）规定了一种附有书面质询一般裁决（general verdict accompanied by written interrogatories），法院可以在指示陪审团作出一般裁决的同时，要求其对一项或数项事实争点作出回答，以此来达到披露其裁决根据的目的。在各州也存在类似的规定。[5]

运用以上这两种裁决当中的任何一种裁决的好处主要体现在司法效率上。[6] 在上面的事例当中，如果一般裁决能够被上述任何一种裁决所取代的话，上诉法院就能判断出陪审团作出裁决时是否存在错误的证据采信。那么，根据争点的性质，法院就能够在该错误没有影响到陪审团的认定的情况下维持该裁决；[7] 或者，于相反情况下通过对那些有问题的争点予以重新审理的方式来进行修正。[8] 而且，在相当一部分案件当中特别裁决能够起到排除对陪审团的控制、节省时间以及消除潜在的错误来源的作用。

---

〔2〕 See Muller v. Hubbard Milling Co., 573 F. 2d 1029, 1038 – 40 (8th Cir. 1978), cert. denied 439 U. S. 865；Morrissey v. National Maritime Union of America, 544 F. 2d 19, 26 – 29 (2d Cir. 1976).

〔3〕 有关前任法官杰罗姆·弗兰克（Jerome Frank）就一般裁决的缺陷所作的一个著名的讨论可参见 Skidmore v. Baltimore & O. R. Co., 167 F. 2d 54 (2d Cir. 1948), cert. denied 335 U. S. 816. 另可参见下文第12. 5章节当中有关对裁决质疑的内容。

〔4〕 See generally 9A C. Wright & A. Miller, Civil 2d 2501 – 13. 特别裁决和附有对质问书答复的一般裁决可产生不同的法律后果。Diamond Shamrock Corp. v. Zinke & Trumbo, Ltd., 791 F. 2d 1416 (10th Cir. 1986), cert. denied 479 U. S. 1007. 因而，如果对使用的裁决有任何怀疑，当事人应该进行质询。参见 Reorganized Church of Jesus Christ of Latter Day Saints v. U. S. Gypsum Co., 882 F. 2d 335 (8th Cir. 1989).

〔5〕 E. g., West's Ann. Cal. Code Civ. Proc. 624 – 25；Ill. —Smith—Hurd Ann. 735 ILCS 5/2 – 1108；La. Stat. Ann. —Code Civ. Proc. arts. 1812, 1813；N. Y. —Mckinney's CPLR 4111；S. C. Rules of Civ. Proc., Rule 49.

〔6〕 参见 Warner – Jenkinson Co. v. Hilton Davis Chem. Co., 520 U. S. 17, 117 S. Ct. 1040, 137 L. Ed. 2d 146 (1997), 这是一个等同论应用于专利权主张的单个要素的举证已经结束的专利侵权案件，在这个案件当中，法院在一个批注当中曾这样评价："在促进复查、一致性以及可能的事后裁决（postverdict）判决作为法律事项的判决方面，针对每一个请求要素的特别裁决和（或者）质问书是非常有用处的。"520 U. S. at 38 n. 8, 117 S. Ct. at 1054 n. 8.

〔7〕 E. g., Security Mut. Cas. Co. v. Affiliated FM Ins. Co., 471 F. 2d 238, 244 – 45 (8th Cir. 1972).

〔8〕 E. g., Jamison Co. v. Westvaco Corp., 526 F. 2d 922, 934 – 36 (5th Cir. 1976).

　　尽管有这些优点，许多庭审法官仍然拒绝使用这些裁决形式，尤其是特别裁决。[9] 这种局面的产生，主要根源于由这些裁决对陪审团的角色产生的影响、以及法院应该在怎样的程度上来操纵陪审团这些问题所引发的争论。赞成者们则强调，陪审团的功能别无其他，就是认定事实。[10] 并且，在促进陪审过程更具科学性方面，特别裁决尤其是一个有用的制度设计。[11] 这是因为，特别裁决允许陪审团仅仅就事实问题作出认定，法院并不需要对陪审团成员就如何将法律应用于事实认定进行指导，[12] 只是在陪审团成员有可能基于同情心的作用而发生动摇的时候，由法官在大体方向上进行掌握。[13] 按照一位评论家的话说，特别裁决撕去了裹在陪审过程外面的"神秘面纱"，并"让公众、当事人以及法院能够看清陪审团真正做了些什么。"[14]

　　就是基于这些理由，许多著名的学者对特别裁决提出了异议。他们认为，陪审制度不应该是一个科学的过程。[15] 陪审团最伟大的价值毋宁是将严格的、有时甚至是苛刻的法律原则用"大街上的人（man on the street）"对正义的理解表

---

　　〔9〕　Brown, Federal Special Verdicts: The Doubt Eliminator, 44 F. R. D. 338, 352 (1967); Guinn, The Jury System and Special Verdicts, 2 St. Mary's L. J. 175, 178 (1970); James, Sufficiency of the Evidenc e and Jury – Control Devices Available Before Verdict, 47 Va. L. Rev. 218, 242 –44 (1961).

　　〔10〕　J. Frank, Courts on Trial 141 –42 (1963); Brodin, Accuracy, Efficiency, and Accountability in the Litiga tion Process—The Case for the Fact Verdicts, 59 U. Cin. L. Rev. 15 (1990).

　　〔11〕　Nordbye, Comments on Selected Provisions of the New Minnesota Rules, 36 Minn. L. Rev. 672, 686 (1952).

　　〔12〕　关于法院就陪审团对特别裁决的事项作出回答所产生的法律后果对陪审团作出指示这一做法是否错误这一点，法院之间存在相当大的分歧。有些法院持这样的观点：法院向陪审团提供的这种知识将有损于有待于建立的、制度设计本身的客观性，因此，这种指示是一种可撤消的错误（reversible error）。Brewer v. Jeep Crop. , 546 F. Supp. 1147 (W. D. Ark. 1982), affirmed on other grounds 724 F. 2d 653 (8th Cir. 1983); McGowan v. Story, 70 Wis. 2d 189, 234 N. W. 2d 325 (1975). 其他的一些法院则持与之相反的观点。Lowery v. Clouse, 348 F. 2d 252 (8th Cir. 1965); Seppi v. Betty, 99 Idaho 186, 579 P. 2d 683 (1978). See also Wright, The Use of Special Verdicts in Federal Courts, 38 F. R. D. 199, 204 –06 (1965). 当人们面临陪审团企图对法律进行揣测的危险时，上面的观点尤其显得无半点虚假。In re Aircrash in Bali, Indonesia, 871 F. 2d 812, 815 (9th Cir. 1989), cert. denied 493 U. S. 917; Kaeo v. Davis 68 Hawaii 447, 719 P. 2d 387 (1986). 结合比较疏忽案件（comparative negligence），针对这场争论而开展一场讨论可参见 Comment, Informing the Jury of the Legal Effect of Special Verdict Answers in Comparative Negligence Actions, 1981 Duke L. J. 824. 然而，如果问题夹杂着法律和事实，法院必须就适用的法律标准对陪审团作出指示。Landy v. Federal Aviation Administration, 635 F. 2d 143, 147 (2d Cir. 1980); Kissell v. Westinghouse Elec. Corp. , Elevator Div. , 367 F. 2d 375, 376 (1st Cir. 1966).

　　〔13〕　Jackson v. Ulrich Mfg. Co. , 55 F. R. D. 473 (E. D. Pa. 1972), affirmed 485 F. 2d 680 (3d Cir. 1973), cert. denied 415 U. S. 982.

　　〔14〕　Sunderland, Verdicts, General and Special, 29 Yale L. J. 253, 259 (1920).

　　〔15〕　O. W. Holmes, Collected Legal Papers 237 –38 (1921); Traynor, Fact Skepticism and the Judicial Process, 106 U. Pa. L. Rev. 635, 640 (1958); Wigmore, A Program for the Trial of a Jury Trial, 12 J. Am. Jud. Soc. 166, 170 (1929).

达出来。[16] 雨果·L·布莱克（Hugo L. Black）和威廉·O·道格拉斯（William O. Douglas）这两位大法官的态度则更为鲜明，公开宣称反对联邦规则第49条，并且形容它"除了在被法院用来削弱陪审团的宪法权力并赋予法官更多的权力来根据他们自己的评判决定案件以外，其他别无含义"。[17]

在以上两种极端的观点之间，也存在诸如特别裁决在简单案件当中没有必要，[18] 或者在复杂的、事实争点繁多的案件中特别裁决才有价值这些中庸性的观点。[19] 由于附有质询书的一般裁决使得陪审团更能保持其传统意义，相对而言它引起的争论少一些，因而与特别裁决相比常受到更多法官的青睐。[20]

选择裁决形式一般属于庭审法官自由裁量的内容；[21] 任何一方当事人都无权指定某一特定的裁决形式。[22] 即使是在威斯康星州[23]和德克萨斯州，[24] 使用特别裁决也是一般原则而非例外情况。在大多数案件当中，是否使用某一种特殊的裁决形式，取决于法官在他们自身对陪审团是形成了助益还是形成了干扰这一

---

〔16〕 Guinn, The Jury System and Special Verdicts, 2 St. Mary's L. J. 175, 181 (1970); Wigmore, A Program for the Trial of a Jury Trial, 12 J. Am. Jud. Soc. 166, 170 (1929).

〔17〕 Statement of Justices Black and Douglas issued in connection with the 1963 amendment of Rule 49, 374 U. S. 865, 867 - 68, 83 S. Ct. 43, 44 - 45 (1963).

〔18〕 联邦规则的起草者、前任法官查尔斯·E·克拉克（Charles E. Clark）描述规则第49条为"在相对简单的事实场合其价值更令人怀疑"。Morris v. Pennsylvania R. Co., 187 F. 2d 837, 841 (2d Cir. 1951); Nordbye, Comments on Selected Provisions of the New Minnesota Rules, 36 Minn. L. Rev. 672, 683 (1952).

〔19〕 Wright, The Use of Special Verdicts in Federal Court, 38 F. R. D. 199, 206 (1965). See Berkey Photo, Inc. v. Eastman Kodak Co., 603 F. 2d 263, 278 (2d Cir. 1979), cert. denied 444 U. S. 1093; Mueller v. Hubbard Milling Co., 573 F. 2d 1029, 1038 n. 13 (8th Cir. 1978), cert. denied 439 U. S. 865; Jamison Co. v. Westvaco Corp., 526 F. 2d 922, 935 (5th Cir. 1976); Harding v. Evans, 207 F. Supp. 852, 855 (M. D. Pa. 1962).

〔20〕 Guinn, The Jury System and Special Verdicts, 2 St. Mary's L. J. 175, 179 (1970).

〔21〕 Bartak v. Bell - Galyardt & Wells, Inc., 629 F. 2d 523, 531 (8th Cir. 1980); Nobility Homes, Inc. v. Ballentine, 386 So. 2d 727 (Ala. 1980); Turney v. Anspaugh, 581 P. 2d 1301 (Okl. 1978). 但是可以比较一下West; s Ann. Cal. Code Civ. Proc. 625 (针对从补偿性赔偿当中分离出来的惩罚性损害赔偿争点的特别裁决法令。当比较过错（comparative fault）成为争点问题的时候，特别裁决或者附有质询书的一般裁决同样受到了质询。E. g., Kan. Stat. Ann. 60 - 258a (b); N. J. Stat. Ann. 2A: 15 - 5. 2; Lawrence v. Florida East Coast Ry. Co., 346 So. 2d 1012, 1017 (Fla. 1977).

〔22〕 如果使用了特别裁决或者附有质询书的一般裁决，当事人同样无权提起另外的质问。Miley v. Oppenheimer & Co., 637 F. 2d 318, 333 - 34 (5th Cir. 1981); New Orleans & N. E. R. R. Co. v. Anderson, 293 F. 2d 97 (5th Cir. 1961). 但又见 Norton v. Wilbur Waggoner Equip. Rental & Excavating Co., 82 Ill. App. 3d 727, 38 Ill. Dec. 93, 403 N. E. 2d 108 (1980) (如果与一项最终的事实争点相关的特殊的质问其形式是恰当的，那么审判法院无权裁量拒绝。)

〔23〕 Wis. Stat. Ann. 805. 12; Milwaukee & Suburban Transport Corp. v. Milwaukee County, 82 Wis. 2d 420, 263 N. W. 2d 503 (1978); Graczyk, The New Wisconsin Rules of Civil Procedure Chapters 805 - 807, 59 Marq. L. Rev. 671, 697 (1976).

〔24〕 Vernon's Ann. Tex. Rules Civ. Proc., Rule 277. See Survey of Special Issues Submission in Texas Since Amended Rule 277, 7 St. Mary's L. J. 345 (1975).

争论性问题上所持的特定立场。[25]

而特别程序或者附有质询书的一般裁决一旦被使用，围绕着其使用的程序就有可能引发严重的问题。现有的设计基本上是将普通法上的特别裁决加以应用。[26] 而这种裁决要求陪审团对那些有利于负有证明责任一方当事人的要件事实（material fact of the case）、或者被该当事人遗漏的其他事实逐一进行认定，这样一来在实际当中就无法运作了。[27] 现在的程序规则设计是，如果当事人在陪审团撤退之前还没有提交某些争点问题，就可以放弃其要求陪审的权利，通过这一方式就能够使由普通法引起的某些弊端得以克服。[28] 因此，在使用这种裁决形式之前就没有必要再进行认定使得所有实质性的事实争点被分隔开来。假如被提交的问题当中遗漏了一个实质性的事实争点并且没有可以适时弥补的目标，那么法院可以作出必要的认定来使这种疏忽得到弥补。[29] 如果没有清楚认定，那么就意味着将出现与裁决相一致的判决。[30]

在对特别裁决的使用当中，将提交给陪审团的事项或者争点进行系统阐述是其中最为困难的部分。实际上，特别是在困难案件当中，在一个特别裁决上必须花费的时间及其争点系统阐述上的难度，成为该种裁决不受欢迎的更为主要的原因。[31] 因而，为了达到最好的效果，法院应该向陪审团提交少量[32]措辞简练

---

〔25〕 9A C. Wright & A. Miller, Civil 2d 2505, at 494.

〔26〕 Dobie, The Federal Rules of Civil Procedure, 25 Va. L. Rev. 261, 287 (1939). 有关特别裁决的发展历史可参见 Comment, Special Verdicts: Rules of Civil Procedure, 74 Yale L. J. 483 (1965).

〔27〕 Stinson, Special Verdicts and Interrogatories, 7 Mo. L. Rev. 142 (1942).

〔28〕 Fed. Civ. Proc. Rule 49 (a); Michigan Court Rule 2. 514 (c); N. Y. ——Mckinney's CPLR 4111 (b); N. C. Gen. Stat. 1A－1, Rule 49 (c); Wis. Stat. Ann. 805. 12 (2).

〔29〕 Peckham v. Continental Cas. Ins. Co., 895 F. 2d 830, 836 (1st Cir. 1990); Hawco v. Massachusetts Bay Transportation Authority, 398 Mass. 1006, 499 N. E. 2d 295, 296 (1986). But see Kinnel v. Mid－Atlantic Mausoleums, Inc., 850 F. 2d 958, 965－66 (3d Cir. 1988) (法院不被允许用判决来决定当事人的最终责任).

〔30〕 Bradway v. Gonzales, 26 F. 3d 313, 317 (2d Cir. 1994); Anderson v. Cryovac, Inc., 862 F. 2d 910, 915－16 (1st Cir. 1998); Smith v. Christley, 755 S. W. 2d 525, 531 (Tex. App. 1988); Regents of Univ. of Minnesota v. Medical Inc., 382 N. W. 2d 201, 210 (Minn. App. 1986), cert. denied 479 U. S. 910.

〔31〕 Guinn, The Jury System and Special Verdicts, 2 St. Mary's L. J. 175, 178 (1970).

〔32〕 参见 N. C. Gen. Stat. 1A－1, Rule 49 (b), 它通过法令的形式赋予法官在防止提交过多的争点给陪审团这一问题上以自由裁量的权力。

〔33〕并且含义明确的问题，〔34〕而且每一问题当中包含的争点数量限制为一个。〔35〕当事人可以对问题或者争点的形式提出异议，但这种异议的提出必须及时，而且在第一次上诉时不能提出。〔36〕

陪审团对提交给他们的问题或者争点的裁决必须确定、含义明确，否则法院可以拒绝对其作出判决。〔37〕但如果那些予以答复的问题对必要的争点予以解决，那么即使陪审团没能对所有的问题作出回答也没有什么妨碍。〔38〕更进一步说，各个事实认定之间应该保持一致。法院有义务尽可能地保持各个答复之间协调一致，〔39〕假如法院的观察意见（a view of the case）认为它们应该一致的，就应对其作出一致性的解释。〔40〕如果答复之间相互一致，那么法院可以对这些裁决适用法律并为恰当的一方当事人作出判决。〔41〕然而如果答复在保持其协调性方面尽了最大努力之后相互之间仍然不一致，那么，为了纠正这种不一致，法院可以

---

〔33〕 在 Wyler v. Feuer, 85 Cal. App. 3d 392, 405, 149 Cal. Rptr. 626 (1978) 一案中，审判法院是这样记录的："陪审团承受着冗长而棘手的质问所带来的各种麻烦，还作茧自缚于法律术语的囿困之中和言辞技巧的粉饰。"

〔34〕 参见 Cunningham v. M－G Transport Servs., Inc., 527 F. 2d 760, 762 (4th Cir. 1975) （审判法院建议所有地区法院在其巡回审判庭内向陪审团交问题而不是争点；它还建议这些问题要将损害赔偿与责任分割开来）。

〔35〕 See Bissett v. Ply－Gem Indus., Inc., 533 F. 2d 142 (5th Cir. 1976); Corceller v. Brooks, 347 So. 2d 274 (La. App. 1977), writ denied 350 So. 2d 1223 (La. 1977).

〔36〕 Bell v. Mickelsen, 710 F. 2d 611 (10th Cir. 1983); Fredonia Broadcasting Crop. V. RCA Corporation, 481 F. 2d 781 (5th Cir. 1973); W. H. Barber v. McNamara－Vivant Contracting Co., 293 N. W. 2d 351 (Minn 1979). See also Patur v. Aetna Life & Cas., 90 Ill. App. 3d 464, 45 Ill. Dec. 732, 413 N. E. 2d 65 (1980).

〔37〕 See Iacurci v. Lummus Co., 387 U. S. 86, 87 S. Ct. 1423, 18 L. Ed. 2d 581 (1967); Atlantic Tubing & Rubber Co. v. International Engraving Co., 528 F. 2d 1272 (1st Cir. 1976), cert. denied 429 U. S. 817; Gardner v. Kerly, 613 S. W. 2d 795 (Tex. Civ. App. 1981).

〔38〕 E. g., Simms v. Village of Albion, 115 F. 3d 1098 (2d Cir. 1997); Black v. Riker－Maxson Corp., 401 F. Supp. 693 (S. D. N. Y. 1975); Barnette v. Doyle, 622 P. 2d 1349, 1367－68 (Wyo. 1981); Anheuser－Busch, Inc. v. Smith, 539 S. W. 2d 234 (Tex. Civ. App. 1976). 比较一下 Franki Foundation Co. v. Alger－Rau & Assocs., Inc., 513 F. 2d 581 (3d Cir. 1975) （对没有给予答复的问题作出回应是必要的）。

〔39〕 Gallick v. Baltmore & Ohio R. R. Co., 372 U. S. 108, 83 S. Ct. 659, 9 L. Ed. 2d 618 (1963). See also Olson v. City of Austin, 386 N. W. 2d 815, 817 (Minn. App. 1986); Schmit v. Stewart, 601 P. 2d 256 (Alaska 1979); Rohr v. Henderson, 207 Kan. 123, 483 P. 2d 1089 (1971).

〔40〕 对陪审团答复的一致性问题进行可能地观察这一义务是由《宪法》第七修正案对获得陪审的权利的保障条款引伸出来的。Atlantic & Gulf Stevedores, Inc. v. Ellerman Lines, Ltd., 369 U. S. 355, 364, 82 S. Ct. 780, 786, 7 L. Ed. 2d 798 (1962); Rohr v. Henderson, 207 Kan. 123, 483 P. 2d 1089 (1971). 法院对答复不一致现象进行分析的案例可参见 Rose Hall, Ltd. v. Chase Manhattan Overseas Banking Corp., 566 F. Supp. 1558, 1566－70 (D. Del. 1983); Van Cleve v. Betts, 16 Wn. App. 748, 559 P. 2d 1006, 1013 (1977). See Generally Note, Resolving Inconsistencies in Federal Special Verdicts, 53 Ford. L. Rev. 1089 (1985).

〔41〕 Robles v. Exxon Corp., 862 F. 2d 1201 (5th Cir. 1989), cert. denied 490 U. S. 1051.

将这些裁决退回给陪审团要求其重新评议。[42] 提交附加的质询书同样可以帮助纠正其中的一个矛盾点。[43] 倘若这种不一致性无法得到解决，那么就要求进行重新审理。[44] 这些规则反映出特别裁决的问题所在——它们暴露出陪审团身上的那些我们不愿意看到的失灵现象。[45]

而为附有质询书的一般裁决使用的程序在某些方面较为简单一些，这是因为通常情况下它的内容不像特别裁决那么详细。即便如此，也产生了许多相同的问题。质询书与一般裁决在同一时间被提交给了陪审团。[46] 只有那些为数不多、措辞清楚的质询书才应交给陪审团，因为这种程序设计的目的不过是使判决结论的理由更加明白，[47] 而并非将陪审团的评议置于严密的支配之下。[48]

与这种设计相伴随的一个问题领域涉及到当陪审团在质询书上面遇到了麻烦时法官的选择问题。《联邦民事诉讼规则》第 49 条（b）直接罗列了三种可能发生的情形。首先，如果质询书的答复和一般裁决是一致的，则法官可以作出裁决；其次，如果几个质问书的答复之间彼此一致，但其中的一项或多项答复与一般裁决不一致时，法院可以命令重新开庭审理，或者将其退回陪审团重新评议，或者不管一般裁决而作出与特定的质询书答复相一致的判决。[49] 但是只有在质询书答复与一般裁决在实质性争点上发生冲突、并且没有办法协调一致的情况

---

〔42〕 Landry v. Offshore Logistics, Inc., 544 F. 2d 757 (5th Cir. 1977); Alston v. West, 340 F. 2d 856 (7th Cir. 1965).

〔43〕 Morrison v. Frito - Lay, Inc., 546 F. 2d 154, 161 (5th Cir. 1977).

〔44〕 Andrasko v. Chamberlain Mfg. Corp., 608 F. 2d 944 (3d Cir. 1979); Fugitt v. Jones, 549 F. 2d 1001 (5th Cir. 1977); Russell v. Pryor, 264 Ark. 45, 568 S. W. 2d 918 (1978).

〔45〕 勒尼德·汉德（Learned Hand）法官的意见值得考虑：假如我们要求每一个陪审团行动时不带任何偏见，并仅仅基于所听取的证据来进行表决，那么，"在 100 个裁决当中是否能有超过 1 个的裁决站得住脚令人怀疑 * * *" Jorgensen v. York Ice Mach. Corp., 160 F. 2d 432, 435 (2d Cir. 1947), cert. denied 332 U. S. 764.

〔46〕 在向陪审团宣读指示之后对质问书的要求及其许可是非同寻常的。Compare Scarborough v. Atlantic Coast Line R. Co., 190 F. 2d 935 (4th Cir. 1951) (allowed), with Falk v. Schuster, 171 Conn. 5, 368 A. 2d 40 (1976) (not allowed).

〔47〕 Masonite Corp. v. Pacific Gas & Elec. Co., 65 Cal. App. 3d 1, 11, 135 Cal. Rptr. 170, 176 (1976).

〔48〕 参见在 Wyler v. Feuer, 85 Cal. App. 3d 392, 405 -08, 149 Cal. Rptr. 626, 634 -35 (1978) 当中的讨论，在本案当中，28 份极度冗长而且棘手的质问书提交到了陪审团跟前。See also United Air Lines, Inc. v. Wiener, 335 F. 2d 379, 405 (9th Cir. 1964), cert. dismissed 379 U. S. 951, vacating Nollenberger v. United Air Lines, Inc., 216 F. Supp. 734 (S. D. Cal. 1963).

〔49〕 在许多州可以找到类似的规定。See West's Ann. Cal. Code Civ. Proc. 625; N. Y. —Mckinney's CPLR 4111 (c); Marine Midland Bank v. John E. Russo Produce Co., 50 N. Y. 2d 31, 427 N. Y. S. 2d 961, 405 N. E. 2d 205 (1980).

下，这些特定的答复才优于一般裁决。[50]

例如，在一个因交通事故引发的侵权案件中，陪审团作出了原告胜诉并获得50 000 美元赔偿的一般裁决，但同时又特别认定原告本身有疏忽大意的过失。法院则以该特别答复为依据而作出被告胜诉的判决，因为根据实体法，被害人在其自身有过失的情况下是不能获得赔偿的。[51] 这种不一致性是不可能得到协调的。而在其他的场合，法院则有可能对明显不一致的地方进行协调，并且就像特别裁决确确实实发生的那样，[52] 通过对案件的观察朝着最有利于保持其一致性的方向来行动。[53]

《联邦民事诉讼规则》第 49 条规定的第三种可能性涉及到在什么时候答复相互之间不一致、或者一项或数项答复与一般裁决不一致这一问题。上述这些情况一旦发生，法院就不能作出判决，要么要求陪审团重新进行评议，要么命令重新审理。[54] 在这些情况下，法官就无法估计到何种裁决才是恰当的。

除了进行程序上的选择，初审法官在质询不清楚或者含糊不清、只会造成陪审团思想上的混乱这一情况下，即使陪审团已经撤退，将有权将这些质询书予以收回。例如，在典型性案件 Diniero v. United States Lines Company 当中，[55] 初审法官将一份附有 6 份质询书的一般裁决交给了陪审团。陪审团开始评议 3 小时之后，法官收到了陪审团的一张便条，上面要求法官对其中一个问题的含义进行解释。法官作出了回答，但是一个小时以后又收到了另外一张便条，宣称陪审团成员仍然不能在这个问题上达成一致意见。法官于是收回所有的质询书，要求陪审团仅仅作出一般裁决。经过四个多个小时的评议，陪审团作出了原告胜诉的裁决。第二巡回法院坚持认为，为了防止陪审团出现明显的混乱状况而收回"不清楚并且含糊其辞"的质询书，属于初审法官自由裁量的范围。在移交质询书之后陪审团的评议历经近 4 个小时，这样就存在对被告的偏见。上诉法院更进一

556

---

[50]　Julien J. Studley, Inc. v. Gulf Oil Corp., 407 F. 2d 521 (2d Cir. 1969); GNB Battery Technologies, Inc. v. Exide Corp., 876 F. Supp. 605 (D. Del. 1995); Hasson v. Ford Motor Co., 19 Cal. 3d 530, 138 Cal. Rptr. 705, 564 P. 2d 857 (1977); Allen v. D'Ercole Constr. Co., 104 R. I. 362, 244 A. 2d 864 (1968).

[51]　Elston v. Morgan, 440 F. 2d 47 (7th Cir. 1971). For another example, see Stoddard v. School Dist. No. 1, Lincoln County, Wyoming, 590 F. 2d 829 (10th Cir. 1979).

[52]　See the cases in note 39, above.

[53]　See Cone v. Beneficial Standard Life Ins. Co., 388 F. 2d 456 (8th Cir. 1968); Patur v. Aetna Life & Cas., 90 Ill. App. 3d 464, 45 Ill. Dec. 732, 413 N. E. 2d 65 (1980); Hasson v. Ford Motor Co., 19 Cal. 3d 530, 138 Cal. Rptr. 705, 564 P. 2d 857 (1977).

[54]　Bahamas Agricultural Indus. Ltd. v. Riley Stoker Corp., 526 F. 2d 1174 (6th Cir. 1975). But see Seven Provinces Ins. Co. v. Commerce & Industry Ins. Co., 65 F. R. D. 674, 689 (W. D. Mo. 1975)（审理法院认为，答复之间相互不一致，但是即使相一致，亦认为重新审理的理由也不充足）。

[55]　288 F. 2d 595 (2d Cir. 1961), cert. denied 368 U. S. 831.

步表达意见说，容易使人发生混乱的、含混不清的质询书不应该被看成是"实质性的"或作为"有必要作出裁决"的对象。[56] 在达尼诺（Diniero）一案的指引之下，下级的一个联邦法院坚持认为，对于陪审团那些模棱两可的答复，他们有权通过将经过修改的质询书以及附加指示退回陪审团的方式来加以清理。[57]

与此形成对比的是，纽约州法院裁决在陪审团的裁决已经返回给法官之后，初审法官将没有予以答复的质询书收回是一种错误行为。[58] 没有予以答复的质询书也是"实质性的"和"有必要作出裁决"的，因为它要求陪审团对原告的全额赔偿作出决定，而在比较过失案件当中这是计算最终赔偿额过程中一个必不可少的步骤。陪审团明显陷入混乱这一事实，并不能成为于陪审团裁决作出之后将此重要的质询书予以收回的理由。

由以上这些案件看来，在法院收回质询书或者将质询书退回陪审团这一问题上必须相当小心谨慎。就收回质询书而言，有人担心使陪审团发生混乱的模棱两可的问题不只一个，而且一旦裁决得到认可，那么它将会使陪审团的错误被掩盖起来。至于将质询书退回陪审团，有人担心法院为了一种结论的形成而对陪审团成员施加不适当的压力。而一旦他们有被强迫的感觉，那么结论性的裁决将不会公正地作出。[59]

12. 2 无陪审团审判案件中的事实认定和结论

在没有陪审团参与的情况下，无论诉讼何时提起，《联邦民事诉讼规则》第52条（a）[1] 以及与之相类似的州法规[2] 要求初审法官在形成判决的时候既认定事实又适用法律。这一要求适用于下列场合：法院与一个咨询陪审团一道，[3] 以及在法官准予或拒绝发布一项中间禁令的时候，[4] 在原告举证结束时在实体

---

〔56〕 288 F. 2d at 599–600.

〔57〕 U. S. v. 0. 78 Acres of Land, More or Less, 81 F. R. D. 618, 622（E. D. Pa. 1979）, affirmed without opinion 609 F. 2d 504（3d. Cir. 1979）.

〔58〕 Grey v. United Leasing Inc., 91 A. D. 2d 932, 457 N. Y. S. 2d 823（1983）.

〔59〕 See Diniero v. U. S. Lines Co., 288 F. 2d 595, 598–600（2d Cir. 1961）, cert. denied 368 U. S. 831, and the cases cited by the Second Circuit.

〔1〕 See 9A C. Wright & A. Miller, Civil 2d 2571–91.

〔2〕 Fed. Civ. Proc. Rule 52（a）; Official Code Ga. Ann. 9–11–52（a）; Ky. Rules Civ. Proc., Rule 52. 01.

〔3〕 Transmatic, Inc. v. Gulton Indus., Inc. 53 F. 3d 1270（Fed. Cir. 1995）; Reachi v. Edmond, 277 F. 2d 850（9th Cir. 1960）; Advisory Committee Note to the 1948 Amendment of Rule 52（a）, reprinted at 5 F. R. D. 471.

〔4〕 Rosen v. Siegel, 106 F. 3d 28（2d Cir. 1997）; Newark Stereotypers'Union No. 18 v. Newark Morning Ledger Co., 353 F. 2d 510（3d Cir. 1965）.

上驳回原告的诉讼，[5] 或者在一次诉讼当中就某些主张作出部分判决。[6]

557　　这一要求的目的有三点：首先，它提供了一种对审判法院判决结论根据的更好的理解，由此对上诉法院形成帮助；[7] 其次，它准确地界定了认定的对象，促进了已决事项以及间接再诉禁止原则在接下来的案件当中的应用；[8] 最后，就初审法官确定事实而言这一要求能够唤起人们的关注。[9]

　　在联邦规则以及以联邦规则为依据的州法规相关规定之下，法官就特定事实作出认定并给出单独的法律结论就成为了强制性要求，[10] 不得放弃。[11] 可是在许多州，这些规则并不要求法官作出特殊的事实认定，除非一方当事人提出要求。[12] 而且，该认定可以以口头的方式作出。联邦规则第52条（a）在1983年得到了修改，进一步明确了在公开审判的案件当中法官可以口头作出事实认定并给出法律结论。按照顾问委员会的评注（Advisory Committee Note），此次修改的目的在于减轻初审法官的负担，减少那些公布出来的地区法院包括书面认定在内的判决意见的数量。[13]

---

　　〔5〕　Lemelson v. Kellogg Co. , 440 F. 2d 986 (2d Cir. 1971). 然而，如果案子基于一个预备动议而被取消，比如请求简易判决的动议，则认定事实不是必要的。

　　〔6〕　See Fed. Civ. Proc. Rule 52 (c).

　　〔7〕　Snyder v. U. S. , 674 F. 2d 1359, 1362 - 63 (10th. Cir. 1982)；Complaint of Ithaca Corp. , 582 F. 2d 3, 4 (5th. Cir. 1978)；Coble v. Coble, 300 N. C. 708, 268 S. E. 2d 185, 189 (1980)；In the Welfare of Woods, 20 Wn. App. 515, 581 P. 2d 587, 588 (1978).

　　〔8〕　Advisory Committee Note to 1948 Amendment of Rule 52 (a), reprinted at 5 F. R. D. 433, 471. citing Nordbye, Improvements in Statement of Findings of Facts and Conclusions of Law, 1 F. R. D. 25, 26 - 27 (1940). See Wattleton v. International Bhd. Of Boiler Makers, Iron Ship Builders, Blacksmiths, Forgers & Helpers, Local No. 1509, 686 F. 2d 586, 591 (7th. Cir. 1982), cert. denied 459 U. S. 1208；In re Marriage of Barron, 177 Mont. 161, 580 P. 2d 936, 938 (1978).

　　〔9〕　联邦最高法院的批注是法官"将对这一问题应给予更为仔细的考虑，如果要求他们陈述的不仅仅是其调查的最终结果，还包括形成这一结果的过程的话。"U. S. v. Merz, 376 U. S. 192, 199, 84 S. Ct 639, 643, 11 L. Ed. 2d 629 (1964). See also Roberts v. Ross, 344 F. 2d 747, 751 - 52 (3d. Cir. 1965)；Pruitt v. First Nat. Bank of Habersham County, 142 Ga. App. 100, 235 S. E. 2d 617, 618 (1977).

　　〔10〕　H. Prang Trucking Co. v. Local Union No. 469, 613 F. 2d 1235, 1238 (3d. Cir. 1980)；Featherstone v. Barash, 345 F. 2d 246, 249 (10th Cir. 1965)；Romrell v. Zions First Nat. Bank, N. A. , 611 P. 2d 392 (Utah 1980)；Shannon v. Murphy, 49 Hawaii 661, 426 P. 2d 816, 820 (1967).

　　〔11〕　Berguido v. Eastern Air Lines, Inc. , 369 F. 2d 874, 877 (3d. Cir. 1966), cert. denied 390 U. S. 996；Waialua Agricultural Co. v. Maneja, 178 F. 2d 603 (9th. Cir. 1949), cert. denied 339 U. S. 920；Romrell v. Zions First Nat. Bank, N. A. , 611 P. 2d 392, 394 - 95 (Utah 1980).

　　〔12〕　Ariz. Rules Civ. Proc. , Rule 52 (a)；West's Ann. Cal. Code Civ. Proc. 632；Ohio Rules Civ. Proc. , Rule 52；Or. Rules Civ. Proc. , Rule 62A；Me. Rules Civ. Proc. , Rule52；Vernon's Ann. Mo. Civ. Proc. Rule 73. 01 (a) (2).

　　〔13〕　Advisory Committee Note to the 1983 Amendment of Federal Rule 52 (a), reprinted in 97 F. R. D. 221 (1983).

初审法官应该将事实认定与法律结论区分开来。[14] 作为一般性原则，事实认定应该清楚（clear）、完全（complete）而且具体（specific）。[15] 对那些因数量多而显得必要的辅助事实的认定，应被包含在初审法官在形成最终的裁判结论的过程当中，而且对每一个争点所运用的逻辑情况要让上诉法院理解。[16] 至少，对事实的认定应该足够清楚从而为审判法院的裁判结论提供翔实的基础。[17] 因此，比如，纯粹将庭审中发生的事实叙述一遍是不够的。[18]

然而即使作出事实认定和法律结论是法院的义务，初审法官依然可以邀请律师就事实认定和法律结论提出建议。[19] 事实上，对认定提出建议这一做法在涉及科学或技术性事项的复杂案件中格外有用。[20] 如果律师被邀请就事实认定和结论提出建议，那么他（她）将有义务协助法院，[21] 倘若他们不提供协助，就不能抱怨法院的终局裁决和结论是不完全的。[22]

如果法院在准备裁决的过程当中寻求律师帮助，较好的途径就是在案件结论形成之前让双方当事人的律师提出建议。[23] 然而，一些法院采取的做法是，先

558

---

〔14〕 Polaroid Corp. v. Markham, 151 F. 2d 89, 90 (D. C. Cir. 1945). 这一要求尤其重要，因为事实认定只有在明显错误的情况下，才有可能在上诉法院被推翻。有关对上诉审的讨论参见下文的 13. 4.

〔15〕 Joseph A. by Wolfe v. New Mexico Dep't of Human Servs., 69 F. 3d 1081 (10th. Cir. 1995), cert. denied 517 U. S. 1190; Lora v. Board of Educ. Of City of New York, 623 F. 2d 248, 251 (2d. Cir. 1980); American Century Mortgage Investors v. Strickland, 138 Ga. App. 657, 227 S. E. 2d 460, 462 – 63 (1976). See also Lindsey v. Ogden, 10 Mass. App. Ct. 142, 406 N. E. 2d 701, 711 (1980). 有关对审判法院事实认定充分性评价标准的更为透彻的讨论可参见 9A C. Wright & A. Miller, Civil 2d 2579.

〔16〕 Kelley v. Everglades Drainage Dist., 319 U. S. 415, 422, 63 S. Ct. 1141, 1145, 87 L. Ed. 1485 (1943); Duffie v. Deere & Co., 111 F. 3d 70 (8th. Cir. 1997); Golf City, Inc. v. Wilson Sporting Goods Co., 555 F. 2d 426, 432 – 36 (5th. Cir. 1977); Eagle Elec. Co. v. Raymond Constr. Co., 420 A. 2d 60, 64 – 65 (R. I. 1980).

〔17〕 Keller v. U. S., 38 F. 3d 16 (1st Cir. 1994); Snyder v. U. S., 674 F. 2d 1359, 1362 – 63 (10th. Cir. 1982); Coburn v. Michigan Public Serv. Comm'n, 104 Mich. App. 322, 304 N. W. 2d 570 (1981); In the matter of Lewin's Estate, 42 Colo. App. 129, 595 P. 2d 1055, 1057 (1979); Fine v. Fine, 248 N. W. 2d 838 (N. D. 1976).

〔18〕 Fred R. Surface & Assocs., Inc. v. Worozbyt, 148 Ga. App. 639, 252 S. E. 2d 67, 68 (1979).

〔19〕 U. S. v. Cornish, 348 F. 2d 175, 181 n. 8 (9th. Cir. 1965); Featherstone v. Barash 345 F. 2d 246, 251 (10th. Cir. 1965); Cormier v. Carty, 381 Mass. 234, 408 N. E. 2d 860, 863 (1980); Kerner v. Johnson, 99 Idaho 433, 583 P. 2d 360, 376 (1978).

〔20〕 See Reese v. Elkhart Welding & Boiler Works, Inc., 447 F. 2d 517, 520 (7th. Cir. 1971) (patent case).

〔21〕 Desch v. U. S., 186 F. 2d 623 (7th. Cir. 1951).

〔22〕 Sonken – Galamba Corp. v. Atchison, T. & S. F. Ry. Co., 34 F. Supp. 15 (W. D. Mo. 1940), affirmed 124 F. 2d 952 (8th. Cir. 1942), cert. denied 315 U. S. 822.

〔23〕 Vicon, Inc. v. CMI Corporation, 657 F. 2d 768, 772 n. 5 (5th. Cir. 1981); Eli Lilly & Co. v. Generix Drug Sales, Inc., 460 F. 2d 1096 (5th. Cir. 1972); Roberts v. Ross, 344 F. 2d 747 (3d. Cir. 1965).

对一个案件作出决定，而后让胜诉一方律师为事实认定和裁判结论做准备。[24]
第三巡回法院已经明白地表示拒绝采用这种做法，并称这种做法"违背了规则
第52条（a）的精神和宗旨＊＊＊。"[25] 将事实认定和法律结论加以陈述是判决
形成过程当中的一部分，基于这一点，在一般情况下人们一致认为，法院一字不
差地采纳胜诉一方律师所作的裁决和结论是错误的。[26] 尽管这样，联邦最高法
院仍然宣布，逐字地采纳律师所准备的裁决和结论并不要求立即拒绝这些裁决，
只要有相应的证据支持，它就能成立。[27] 但最高法院又继续对此发表评论说如
果所作出的裁决是用"一颗不偏私的头脑作出的，则对上诉法院＊＊＊更加有
帮助。"[28]

　　在其他地方曾经讨论过，案件复查的标准是事实认定将不会被推翻，除非它
们有明显的错误。[29] 在一些联邦法院及州法院，确实存在提交口头证据或者文
书证据的情况。[30] 当然，与审查那些作为法官工作成果展示的证据相比，上诉
法院对那些由一方当事人所准备、而被法院几乎一字不差采纳的裁决和结论的审

---

〔24〕　Citizens for Balanced Environment & Transp. Inc. v. Volpe, 650 F. 2d 455（2d. Cir. 1981）; Schnell
v. Allbright - Nell Co. , 348 F. 2d 444（7th. Cir. 1965）, cert. denied 383 U. S. 934; Boyer Co. v. Lignell,
567 P. 2d 1112（Utah 1977）. See also Globe Drilling Co. v. Cramer, 39 Colo. App. 153, 562 P. 2d 762
（1977）（直到法院发现它正确，裁决才得以形成）。

〔25〕　Roberts v. Ross, 344 F. 2d 747, 751（3d Cir. 1965）. See also Callahan v. Callahan, 579 S. W. 2d
385（Ky. App. 1979）（授权给律师必须局限于常规性的事项，而且律师的这种行为必须在初审法官严密
的审查之下进行）。

〔26〕　Industrial Bldg. Materials, Inc. v. Interchemical Corp. , 437 F. 2d 1336（9th. Cir. 1970）; In re Las
Colinas, Inc. , 426 F. 2d 1005（1st. Cir. 1970）; Compton v. Gilmore, 98 Idaho 190, 560 P. 2d 861（1977）.

〔27〕　U. S. v. El Paso Natural Gas Co. , 376 U. S. 651, 656, 84 S. Ct. 1044, 1047, 12 L. Ed. 2d 12
（1964）. See also Ramey Constr. Co. v. Apache Tribe of Mescalero Reservation, 616 F. 2d 464（10th. Cir.
1980）; Nissho - Iwai Co. v. Star Bulk Shipping Co. , 503 F. 2d 596（9th. Cir. 1974）; Molokoa Village Develop-
ment Co. v. Kauai Elec. Co. , 60 Hawaii 582, 593 P. 2d 375（1979）.

〔28〕　376 U. S. at 656, 84 S. Ct. at 1047. See also Edward B. Marks Music Corp. v. Colorado Magnetics,
Inc. , 497 F. 2d 285（10th. Cir. 1974）, cert. denied 419 U. S. 1120; Edward Valves, Inc. v. Cameron Iron
Works, Inc. , 289 F. 2d 355（5th. Cir. 1961）, cert. denied 368 U. S. 833.

〔29〕　Fed. Civ. Proc. Rule 52（a）. See 13. 4, below.

〔30〕　联邦规则第52条（a）在1985年进行了修改，更为明确地规定明显的错误这一标准的适用不
考虑相关证据的类型。有关对该标准及其适用的讨论可参见 Amadeo v. Zant, 486 U. S. 214, 108 S. Ct.
1771, 100 L. Ed 249（1988）; Anderson v. Bessemer City, 470 U. S. 564, 105 S. Ct. 1504, 84 L. Ed. 2d 518
（1985）; Levine & Salans, Exceptions to the Clearly Erroneous Test After the Recent Amending of Rule 52（a）for
the Review of Facts Based Upon Documentary Evidence, 10 Am. J. Trial. Advoc. 409（1987）; Note, Review of
Findings Bases on Documentary Evidence: Is the Proposed Amendment to Rule 52（a）the Correct Solution, 30 Vill.
L. Rev. 227（1985）. 一些州法院先前审查文书证据所适用的更新审理标准（the denovo standard）后来被
联邦法院所采纳。E. g., Bellon v. Malnar, 808 P. 2d 1089, 1092（Utah 1991）; Rapp v. Barry, 398 Mass.
1004, 496 N. E. 2d 636（1986）.

查要更为仔细一些。[31] 如果初审法院没有能对所有的争点作出裁决，则上诉法院或者是撤消判决，发回初审法官作出适当裁决;[32] 或者是将裁决发回初审法官，让其对据以作出裁决的证据实施更进一步的听证;[33] 或者是命令重新审理。[34] 如果初审法官没有能够对主要事实作出裁决，一些上诉法院估计是法官就该争点作出的裁决直接指向了负有证明责任的一方当事人。[35] 其他上诉法院则暗示说法院是为了对该事实作出的裁决与其先前作出的一般裁决相一致。[36] 然而，绝大多数的情况是，上诉法院将这种疏忽看成是一种可更改的错误，将其发回初审法官就该争点更审,[37] 除非上诉的记录允许该争点只有一种结论。[38]

560

B. 对裁决和判决的质疑

12.3 指示裁决与无视裁决的判决（作为法律事项的判决）

指示裁决和无视裁决的判决（JNOV）是法官用以控制陪审团的两种技术性手段,[1] 对以上任何一种动议的许可都将从根本上使案件摆脱陪审团的控制。

---

[31] Ramey Constr. Co. v. Apache Tribe of Mescalero Reservation, 616 F. 2d 464 (10th. Cir. 1980) l Louis Dreyfus & Cie. v. Panama Canal Co. , 298 F. 2d 733 (5th. Cir. 1962); Cormier v. Carty, 381 Mass. 234, 408 N. E. 2d 860 (1980); United Nuclear Corp. v. General Atomic Co. , 96 N. M. 155, 629 P. 2d 231 (1980), appeal dismisses, cert. denied 451 U. S. 901.

[32] See, e. g. , Touch v. Master Unit Die Prods. , Inc. , 43 F. 3d 754 (1st. Cir. 1995); H. Prang Trucking Co. v. Local Union No. 469, 613 F. 2d 1235 (3d. Cir. 1980); Golf City, Inc. v. Wilson Sporting Goods Co. , 555 F. 2d 426 (5th. Cir. 1977); Eagle Elec. Co. v. Raymond Constr. Co. , 420 A. 2d 60 (R. I. 1980); Rucker v. Dalton, 598 P. 2d 1336 (Utah 1979).

[33] See, e. g. , Anderson v. City of Albuquerque, 690 F. 2d 796 (10th. Cir. 1982).

[34] Kruger v. Purcell, 300 F. 2d 830 (3d. Cir. 1962)（当上诉法院手头只有文书证据，而且又没有证人证言的记录可资利用，将裁决退回法官要求其继续为之是没有用处的，因此，上诉法院命令予以重新审理); Keefer v. Keefer & Johnson, Inc. , 361 A. 2d 172 (D. C. App. 1976)（由于此次审判之后经过了将近两年的时间，上诉法院不得不命令重新审理而没有要求初审法院继续作出裁决)。

[35] Switzer Bros. , Inc. v. Locklin, 297 F. 2d 39 (7th. Cir. 1961), cert. denied 369 U. S. 851. See Note, The Effect of an Omitted Special Finding of Fact, 33 Ind. L. J. 273 (1958).

[36] Clinkenbeard v. Central Southwest Oil Corp. , 526 F. 2d 649 (5th. Cir. 1976); Burkhard, 175 F. 2d 593 (10th. Cir. 1948).

[37] Rucker v. Dalton, 598 P. 2d 1336 (Utah 1979); Daughtry v. Jet Aeration Co. , 91 Wn. 2d 704, 592 P. 2d 631 (1979); Whitney v. Lea, 134 Vt. 591, 367 A. 2d 683 (1976).

[38] See Pullman－Standard v. Swint, 456 U. S. 273, 102 S. Ct. 1781, 72 L. Ed. 2d 66 (1982); Gomez v. City of Watsonville, 863 F. 2d 1407 (9th. Cir. 1988), cert. denied 489 U. S. 1080.

[1] "直接裁决制度最根本的正当性在于，必须为保持法官所给出的法律规则的整体性而提供最起码的设计。" Cooper, Directions for Directed Verdicts: A Compass for Federal Courts, 55 Minn. L. Rev. 903, 907 (1971). 有关对这些动议在联邦法院的运作方式的更为全面的探讨，可参见9A C. Wright & A. Miller, Civil 2d 2521－40.

只要对方的举证结束，任何一方当事人都可以提出作出指示裁决的动议。[2] 只有在一方缺乏足够的证据可供陪审团作出对其有利的认定，或者其提交的证据非常勉强以至于只能得出一种结论的情况下，法院才会对其相对一方所提出的这种动议进行许可。[3] 按照这种思路，指示裁决就有点像一个迟延的简易判决[4]动议，因为它决定了已经没有真正的争点需要提交陪审团予以裁决。与此相似，一项无视裁决的判决的动议也可看成是一项迟延的指示裁决，因为它是在指示裁决作出之后提出来的，并且是在对方没有足够的证据提交陪审团作出裁决之时谋求与裁决内容相反的判决。[5] 1991 年修改联邦规则时将作出指示裁决的动议和作出无视裁决的判决的动议重新命名为作出作为法律事项判决（judgment as a matter of law）的动议。[6] 这一术语上的变化强调了这两种仅在诉讼程序的不同阶段提出的动议的一致性。

当某些将对陪审团的裁决具有指导作用的、极其重要的法律争点（issue of law）出现错误的时候，这些动议的主要用途就显现出来。由于一项成功的指示裁决动议或者无视裁决的判决的动议能使案件得以避开陪审团的控制，因此法院对这些动议使用的时间和方式作出决断的时候格外小心，以避免对陪审团的工作范围构成不适当的干扰。[7]

在联邦案件当中，有一个有关划分法官和陪审团各自作用范围这一敏感问题的典型案例，该案涉及一些州法规规定要求提交相当数量的争点给陪审团的规定。一般说来，如果在一个共同过失（contributory negligence）的问题上没有提交任何证据，那么联邦法院法官可以将该争点从陪审团那里收回。即使那些一直在适用该规定的州的宪法规定，对共同过失的抗辩属于应由陪审团予以决定的事实问题，情况也是如此。[8] 就像联邦最高法院在 Herron v. Southern Pacific Com-

---

〔2〕 See U. S. v. Vahlco Corp. , 720 F. 2d 885, 889 (5th. Cir. 1983)（"即使对指示裁决的适当性根本还存在怀疑，地区法院也不应该急于对其进行责难，而应该一直等到双方在对指示裁决动议作出决定之前将所有的证据提出来"，因此，在原告举证结束之后针对其作出的指示裁决依然得到确认，尽管非正式的程序并不支持）。See also Steffen, The Prima Facie Case in Non－Jury Trials, 27 U. Chi. L. Rev. 94 (1959).

〔3〕 "因而在最后必须就该裁决没有或者不会影响司法正义感从直觉上作出一种评估。" Christie v. Callahan, 124 F. 2d 825 (D. C. Cir. 1941).

〔4〕 See 9. 1－9. 3, above, on summary judgment.

〔5〕 See Hauter v. Zogarts, 14 Cal. 3d 104, 120 Cal. Rptr. 681, 534 P. 2d 377 (1975).

〔6〕 Fed. Rule Civ. Proc. 50. 除了这种术语上的差异以外，其适用的程序并没有发生改变。因此，此章当中所有涉及指示裁决或者无视裁决的判决的内容，都还应该包括如今在联邦法院得到命名的作为法律事项的判决。

〔7〕 例如，第九巡回法院坚持认为，在对一项作为法律事项的裁决的动议予以许可之前，初审法院必须对非动议方就其证据不足的问题提出建议，并给予其提供补充证据（additional evidence）的机会。这一义务具有强制性，尤其是在当事人亲自诉讼的时候。Waters v. Young, 100 F. 3d 1437 (9th Cir. 1996).

〔8〕 Sax v. Kopelman, 96 Ariz. 394, 396 P. 2d 17, 19 (1964). See also Thoe v. Chicago, M. & St. P. Ry. Co. , 181 Wis. 456, 195 N. W. 407 (1923).

pany 一案当中所评注的那样,[9] 作出指示裁决的权力是一个联邦法院本质特征的一部分。

在联邦法院进行的陪审团审判当中，法官充当的不是纯粹的缓冲剂，而是一名确保其行为正确并对法律问题作出决定的庭审的管理者。如同在普通法上一样，这种对司法职能的履行是《联邦宪法》所规定的程序当中的一个基本要素。[10]

要知道是什么标准在左右着指示裁决和无视裁决的判决的适用，就必须先弄清楚上述这些法院是怎样将这两种制度的适用与公民接受陪审的权利联系起来的。这些程序的宪法性根据主要就在于普通法上存在近似的程序。当《合众国宪法》第七修正案以及各州宪法中的近似条款，将公民接受陪审团审判的权利明确为普通法上的权利之时,[11] 允许相类似的司法控制的机制的存在就被看成是现代程序的正当性根基。[12] 易言之，是历史上相似物的出现支撑着现在这些做法的合宪性。然而，尽管是这样，还有必要提醒以下两点：

第一点，历史上运用的对陪审团进行操控的手段——对证据提出异议、驳回诉讼或者发出要求重新审理的动议——与现在的指示裁决和无视裁决的判决在一些重要方面存在着差别。[13] 与提出普通法上的其他动议一样，提出证据异议的当事人将承担一定的风险。在该动议当中，动议方主张所有那些看上去对其对方当事人有利的证据，对陪审团而言不足以构成一个事实争点。一旦这些动议得不到法院的认可，那就不仅仅是否决该动议这么简单，而是直接作出其对方当事人胜诉的判决！在这种情况之下，除非有相当的成功把握，当事人使用这种动议受到了阻碍，而且法院从陪审团手中夺走案件的机会也受到了限制。[14] 相反，在这方面驳回诉讼的动议则显得比这种现在的指示裁决要缓和一些，它并不排斥原告又一次提起诉讼的机会。[15] 与之相似的是，要求重新审理的动议也并没有将

562

---

[9] 283 U. S. 91, 51 S. Ct. 383, 75 L. Ed 857 (1931).

[10] 283 U. S. at 95, 51 S. Ct. at 384. 关于指示裁决权所具有的这一特征是如何对"是何种法律在支配着联邦多样性诉讼 (federal diversity actions)"这一问题产生影响，将在下文注释 58 - 62 当中予以探讨。

[11] 有关对公民接受陪审的权利的讨论，参见上文中的 11. 3 - 11. 7。

[12] See Smith, The Power of the Judge to Direct a Verdict: Section 457 - a of the New York Civil Practice Act, 24 Colum. L. Rev. 111 (1924), tracing the various analogs to directed verdicts in England and in the states.

[13] See generally J. Thayer, A Preliminary Treatise on Evidence at the Common Law 234 - 49 (1898); Comment, Trial Practice - Demurrer Upon Evidence as a Device for Taking a Case form the Jury, 44 Mich. L. Rev. 468 (1945).

[14] See the discussion in Hopkins v. Nashville, C. & St. L. Ry., 96 Tenn. 409, 34 S. W. 1029 (1896).

[15] Di Biase v. Garnsey, 104 Conn. 447, 451, 133 A. 669, 670 (1926). See Lewis v. Bowen, 208 Ga. 671, 68 S. E. 2d 900 (1952).

陪审团的作用侵蚀掉，这是因为它意味着另外的陪审团将对该案件予以听审。

尽管有以上这些差别，美国联邦最高法院还是允许在联邦法院使用指示裁决动议以保持与第七修正案相一致。[16] 按照联邦最高法院的看法，重要的问题在于普通法上存在某些机制，凭借这些机制法官可以对证据不足、不能提交陪审团认定作出决定。[17] 再进一步说，假如准许发出动议所要求的标准没有达到，那么一项作出指示裁决的动议就没有承认对方当事人获得判决的权利。[18]

563　　第二点需要提醒的事项涉及到影响无视裁决判决的合宪性的特殊问题。在联邦法院，使用无视裁决的判决与宪法第七修正案当中声明"凡经陪审团审理的事实，非依普通法的规定，不得在合众国任何法院中再加审理"的条款发生了冲突。但是，与指示裁决的情况不同的是，在普通法上并不能找到任何能使无视裁决的判决具有效力的、直接的类似制度。[19] 因此，联邦法院坚持认为，当无视裁决的判决被看作是一种延迟的或者被更新的指示裁决时，就合乎宪法，因为这在普通法上有先例。[20] 尤其是，这些州并没有按照宪法第七修正案来构建它们自己的司法体制，[21] 他们其中有很多都允许在没有先行发出指示裁决动议的

---

〔16〕 "1791 年该修正案并没有使联邦法院受到普通法上严格的程序性事件或陪审团审判具体细节的束缚＊＊＊"Galloway v. U. S. 372, 390, 63 S. Ct. 1077, 1087, 87 L. Ed. 1458 (1943). 相反的观点参见 Hackett, Has a Trial Judge of a United States Court the Right to Direct a Verdict? 24 Yale L. J. 127 (1914).

〔17〕 在 Galloway v. U. S. 372, 391 n. 23, 63 S. Ct. 1077, 1087 n. 23, 87 L. Ed. 1458 (1943) 一案中，联邦最高法院同样批注说，在 18 世纪末和 19 世纪初，驳回诉讼已经成为一种"只是在形式上"不同于指示裁决的做法。

〔18〕 See Annot., 68 A. L. R. 2d 300 (1959), 其中列举了所有那些采用那个时候的弃权方式的州。印第安纳州法院始终坚持认为，如果双方当事人都提出作出指示裁决的动议，那么其结果是将案件摆脱了陪审团的控制。Estes v. Hancock County Bank, 259 Ind. 542, 289 N. E. 2d 728 (1972). 但是大部分州都放弃了这种做法。See Godell v. Johnson, 244 Or. 587, 418 P. 2d 505 (1966); Smyser, Rule 50 (a) Directed Verdict: Its Function and Criteria in South Dakota, 19 S. D. L. Rev. 39 (1974).

在1991年修改之前，联邦规则第50条 (a) 清楚地规定，如果提出指示裁决的动议被否决，动议方可以在没有对这样做的权利予以进行保留的情况下提供证据，以此作为对对方当事人的应对。那些规定在1991 修正时作为不必要条款被删去了，其理由是"只有那些古老的指示裁决实践才认为，提出此动议是一种放弃接受陪审团审判权利的行为。"See the Advisory Committee Notes to the 1991 amendments to Rule 50, reprinted in 134 F. R. D. 679, 684.

〔19〕 在普通法上有一种称之为提请中止或延缓判决的动议。尽管表面看起来这种动议与现在的作出无视裁决的判决的动议相似，但是它着眼的是抗辩的充分性，而不是出现在庭审中的证据。See Bond v. Dustin, 112 U. S. 604, 608, 5 S. Ct. 296, 298, 28 L. Ed. 835 (1884).

〔20〕 "在普通法上有一种很好的做法就是将那些在陪审团审判当中出现的法律问题加以保留，并按照法律对这些被保留问题的最后规定作出裁决＊＊＊"Baltimore & Carolina Line, Inc. v. Redman, 295 U. S. 654, 659, 55 S. Ct. 890, 892, 79 L. Ed. 1636 (1935). 审理 Redman 案的法院将其与先前的 Slocum v. New York Life Ins. Co., 228 U. S. 364, 33 S. Ct. 523, 57 L. Ed. 879 (1913) 一案的判决进行了区分，在该案中一项被告胜诉的无视裁判的判决被推翻了，即使法院也同意该证据从法律上说不足以支持原告的主张，但是结果仍然如此。法院在该案中批注说，Slocum 一案中要求保留的问题是，初审法院并没有在指示裁决当中保留它的判决，因而无法为质疑该裁决找到历史性支持。这样一来也就只能重新进行审判了。

〔21〕 See 11. 7, above.

情况下发出作出无视裁决的判决的动议。[22]

一部分由于无视裁决的判决在特征上被看成迟延的指示裁决，与发动该动议有关的程序就成为问题的关键所在。根据联邦规则以及许多州的规定，只要向陪审团提交案件之前发出了一项作出指示裁决的动议，就有权作出无视裁决的判决的动议。[23] 这样一来，无视裁决的判决就由一项要求法庭对证据的充足性予以重新估量的、内容被更新的动议而引发。如果当事人没有能够发出作出指示裁决的动议，就不可以再利用作出无视裁决的判决的动议。[24] 更进一步说，只有以先前曾经发出过动议为理由，庭后作出判决的动议（post - trial motion for judgment）才能获得准许。[25] 最后，即使发出指示裁决的动议，也不能自动进入作出无视裁决的判决的动议程序。[26] 之所以作出最后这种限制，其合理性在于发出正式的动议是给对方当事人以提示，作为一种选择，对方可以提出重新审理的申请。[27]

尽管指示裁决和无视裁决的判决的适用并不注定将违反宪法规定的接受陪审的权利，但是很明显，无论是不当适用还是适用过分都对陪审团的正常工作运转施加了某种威胁。因此，制订一个恰当的适用标准以避免法院对陪审团工作范围的干扰就成为一个很重要的问题。在以上任何一种动议当中，基本的事实争点是

564

---

　　[22] E. g., West's Ann. Cal. Code Civ. Proc. 629; Colo. Rule Civ. Proc., Rule 59（d）; N. Y. - McKinney's CPLR 4404（a）.

　　[23] See, e. g, Battle v. Yancey Bros. Co., 157 Ga. App. 277, 277 S. E. 2d 280 (1981).
尽管1991年联邦规则第50条的修改为指示裁决和无视裁决的判决均设定了一种单一的上诉形式——作为法律事项的判决的动议，在案件被提交给陪审团之后，在那种允许当事人更改先前发出的动议的情况之下，这种动议的使用仍然受到限制，故而为联邦最高法院据以坚持使用无视裁决的判决留下了一个宪法上的借口。Fed. Rule Civ. Proc. 50（b）.

　　[24] Neely v. Martin K. Eby Constr. Co., 386 U. S. 317, 87 S. Ct. 1072, 18 L. Ed. 2d 75 (1967).
按照1991年修改后的内容，联邦规则第50条（a）第2项特别要求"作为法律事项的判决的动议，应该详细说明所希望的判决以及动议人有权提出动议所依据的法律和事实"。按照这一规定，在陪审团的裁决宣布之后，审理法院就难以避免当事人提出的作为法律事项的判决的动议要多于要求许可某些事项的申请这一事实的出现。

　　[25] See Kutner Buick, Inc. v. American Motors Corp., 868 F. 2d 614 (3d Cir. 1989); McCarty v. Pheasant Run, Inc., 826 F. 2d 1554, 1556 (7th Cir. 1987).

　　[26] Neely v. Martin K. Eby Constr. Co., 386 U. S. 317, 87 S. Ct. 1072, 18 L. Ed. 2d 75 (1967); Johnson v. New York, N. H. & H. R. R. Co., 344 U. S. 48, 73 S. Ct. 125, 97 L. Ed 77 (1952); Cone v. West Virginia Pulp & Paper Co., 330 U. S. 212, 67 S. Ct. 752, 91 L. Ed. 849 (1947). But compare First Safe Deposit Nat. Bank v. Western Union Tel. Co., 337 F. 2d 743 (1st Cir. 1964). 有关对联邦最高法院在此问题上的判决的批评，参见 Louis, Post - Verdict Rulings on the Sufficiency of the Evidence: Neely v. Martin K. Eby Construction Co. Revisited, 1975 Wis. L. Rev. 503.

　　[27] Shaw v. Edward Hines Lumber Co., 249 F. 2d 434 (7th Cir. 1957) (在该案中，当对那项动议举行的听审是在原告胜诉的裁决已经作出之后进行，并且原告获得要求重新审理的机会，法院允许进入延迟的指示裁决程序).

同一的——证据从法律上看是否足以提交陪审团对案件作出裁决。[28] 但是何以构成法律上的充足性?[29] 回答这一问题就有必要对法院在衡量法律充足性时所运用的不同制定方法加以考量，这和对证明标准和当事人提供证据的能力标准进行斟酌是同一回事。法院在判断证据充足性方面已经建立起各种各样的制度。

一般说来，指示裁决的适用标准有两种制定方法：微弱证据标准（the scintilla test）和实质证据标准（the substantial evidence test）。[30] 依照微弱证据标准，如果有任何——"微弱"——证据的存在，并且陪审团有可能以这些证据为根据作出有利于非动议方的裁决，那么法官将否决这项动议并将案件提交给陪审团。[31] 与这种方法相反，按照实质证据标准，除非有足够或者实质性的证据表明陪审团可能作出有利于非动议方的裁决，法院一般都将准许这项动议的申请。[32]

这两种标准之间的差异反映避免在陪审团的范围内进行指导有何种重要性，以及对陪审团进行操控有哪一些明显的需要这些问题上不同的司法态度。[33] 反过来，这些态度又至少是部分地因案件性质以及在特定领域当中对陪审团裁决自由的特殊尊重而发生改变。[34] 微弱证据标准倾向于鼓励法官将案件提交给陪审团；而实质证据标准则在指示陪审团方面赋予法官更大的权力。在法院内部，已

565

---

〔28〕 See the thorough exposition of the various directed verdict standards in Cooper, Directions for Directed Verdicts: A Compass for Federal Courts, 55 Minn. L. Rev. 903 (1971).

〔29〕 See the excellent discussion of legal sufficiency in James, sufficiency of the Evidence and Jury Control Devices Available Before Verdict, 47 Va. L. Rev. 218 (1961).

〔30〕 联邦最高法院在 Galloway v. U. S., 319 U. S. 372, 395, 63 S. Ct. 1077, 1089, 87 L. Ed. 1458 (1943) 一案当中对两种不同证明标准的适用作出了批注。有批评认为 Galloway 没有进行充分的验证来替代"实质性证据"这么一个一般化的概念，对此参见 Mcbaine, Trial Practice: Directed Verdicts: Federal Rule, 31 Calif. L. Rev. 454 (1943).

〔31〕 Hanson v. Couch, 360 So. 2d 942 (Ala. 1978); Barber v. Stephenson, 260 Ala. 151, 69 So. 2d 251 (1953).

〔32〕 E. g., Pennsylvania R. Co. v. Chamberlain, 288 U. S., 333, 53 S. Ct. 391, 77 L. Ed. 819 (1933); Combs v. Meadowcraft, Inc., 106 F. 3d 1519 (11th Cir. 1997), cert. denied_ U. S. _ , 118 S. Ct. 685.

〔33〕 See the dissenting opinion of Justice Black in Galloway v. U. S., 319 U. S. 372, 396, 63 S. Ct. 1077, 1090, 87 L. Ed. 1456 (1943).

〔34〕 例如，在 FELA 诉讼当中，法院发现，在除了非经常案件（infrequent cases）之外的所有案件当中，国会已经明白白地对陪审团审理实施了一种假定，这样一来就使获得指示裁决更加困难了。See Rogers v. Missouri Pacific R. R. Co., 352 U. S. 500, 77 S. Ct. 443, 1 L. Ed. 2d 493 (1957); Wilkerson v. McCarthy, 336 U. S. 53, 69 S. Ct. 413, 93 L. Ed. 497 (1949). 有关案件的性质是如何确定尊重陪审团的恰当程度的、更深入的探究可参见 Cooper, Directions for Federal Directed Verdicts: A Compass for Federal Courts, 55 Minn. L. Rev. 903, 921 -27 (1971).

经呈现出朝着运用实质证据并且增强法院对陪审团的控制这方面发展的趋势。[35]

联邦最高法院审理的一个案件当中拒绝了对微弱证据规则的适用，从该案中可以洞察出这两种标准的差别。在 Pennsylvania Railroad Company v. Chamberlain 一案[36]中，被告被指控由于其疏忽大意而导致一位面包师死亡。原告的理由是，原告的死是由于一连串铁路货车发生猛烈撞击致使原告被抛出车外。原告的这桩案子因为要等待一位目击证人的作证而被搁置，该证人名叫班布里奇（Bainbridge），是一名铁路上的雇员，事发当时正在现场附近。他证实说当时他站在某个位置看见死者乘坐的这辆货车正在慢慢减速，而其他跟随其后的货车则正在加速。后来他听到一声巨响，像是坠毁的声音，但一眼看上去又不像，因为这种巨响在铁路上是不常见的。而当时正在其他货车上的另外三名铁路雇员则作证说当时并没有撞击发生。初审法院作出了被告胜诉的裁决，而上诉法院根据微弱证据标准推翻了该裁决并作出决定，由于出现了相互矛盾的证人证言，因而就有了需要提交陪审团裁决的争点问题。案件到了最高法院那里被推翻，该法院拒绝适用微弱证据标准并坚持认为，当无可置疑的证人所提供的、自身不发生矛盾的证言表明被推导出来的事实从来不存在时，审理法院不能单凭从班布里奇的证言当中推导出的事实来作裁决。需要陪审团裁决的相互矛盾的证据并不存在，因为目击证人否认了撞击的发生，而且原告并没有提供直接的辩驳证据。

钱伯林（Chamberlain）一案说明，在评判一项特定的动议是否符合作出指示裁决的标准时，法院可能会受到对方当事人对该事实是否承担证明责任以及是否处于应该提供更多证据一方的位置这些因素的影响。[37] 如果动议方承担证明责任，其对手要证明存在足以构成一个提交陪审团裁决的争点的实质性证据相对更易于[38]依照实质证据标准，提供实质性证据以满足庭审中的证明责任要求。[39] 同样的情形在微弱证据标准之下也是如此。实际上在一些州，如果动议

566

〔35〕 Pennsylvania R. Co. v. Chamberlain, 288 U. S. , 333, 53 S. Ct. 391, 77 L. Ed. 819 (1933); Gunning v. Colley, 281 U. S. 90, 50 S. Ct. 231, 74 L. Ed. 720 (1930); Boeing Co. v. Shipman, 411 F. 2d 365 (5th Cir. 1969) (en banc); Newing v. Cheatham, 15 Cal. 3d 351, 124 Cal. Rptr. 193, 540 P. 2d 33 (1975). 针对细微证据规则被作为"司法上的传奇"这一说法，詹姆斯（James）教授这样评论道："假如说一个概念能保留其含义到如今的话，那么就是来自其对立面的批判。" James, Sufficiency of the Evidence and Jury Control Devices Available Before Verdict, 47 Va. L. Rev. 218, 219 (1961).

〔36〕 288 U. S. 333, 53 S. Ct. 391, 77 L. Ed. 819 (1933).

〔37〕 See 9A C. Wright v. Miller, Civil 2d 2535. 在是否同意作出指示裁决这一问题上，证明责任对法院产生的重要影响与其在一般裁决问题上所产生的影响相类似。参见上文 9. 3 的讨论。

〔38〕 "然而即便是发出与对方相同形式的、有利于争点形成的指示裁决的动议，仍然要求法官就证据的实体进行测评，这种测评并不是着眼于它不足以支持某项判决，而是着眼于它产生的无以消除的影响。" Mihalchak v. American Dredging Co. , 266 F. 2d 875, 877 (3d Cir. 1959), cert. denied 361 U. S. 901. E. g., Shaw v. Edward Hines Lumber Co., 249 F. 2d 434 (7th Cir. 1957).

〔39〕 See, e. g., Denman v. Spain, 242 Miss. 431, 135 So. 2d 195, 197 (1961).

方负有证明责任则不能作出指示裁决，除非事实总体上无可置疑或者双方当事人均同意作出。[40] 而且，庭审中法院判断对立的当事人是否有足够的优势证据时，有可能受到这一事实的影响：即在指示裁决的时段就已经提交了手中所有证据的非动议方是否有能力提交补充证据。[41]

关于以上这些因素是如何对指示裁决的利用构成影响，Galloway v. United States 一案能够提供一个很好的说明。[42] 在加洛韦（Galloway）案当中，原告提起保险赔偿金诉讼，主张其本人于 1919 年 5 月 31 日由于精神错乱而造成完全的、永久的残疾，而正是那个时候他的年度可续保险由于没有支付保险费而失效。据提交到法庭的证据显示，原告于 1917 年入伍，在法国服役，这一期间他曾经因为患流行性感冒而就医，后于 1919 年 4 月 29 日光荣退役。另外有一份补充证据则显示他曾入伍海军，1920 年 7 月收到一份恶劣行为开除令，后在军队继续服役，于 1922 年擅自逃跑。这一期间有关其行为表现有证人证言予以证明。最后，医学专家证人证实，1930 年他曾被退伍军人管理处诊断为"低能"，1931 年被诊断为患有精神病，最后，在 1934 年在开庭审理阶段被诊断为精神完全失常的躁狂抑郁病患者（manic‐depressive）。一位专家证人以这些证据为基础得出结论认为，加洛韦患有先天性的残疾，在法国服役期间由于紧张而引起精神完全崩溃，最终导致永久残疾。初审法院作出美国政府胜诉的指示裁决，该裁决在联邦上诉法院和联邦最高法院均得到维持。

该案在联邦最高法院审查时，加洛韦清楚地证明了他在 1930 年以前所患的某些残疾，但却没有能够证明 1919 年 5 月之前已经转变为完全的、永久性残疾。而这一结论只能从他未能对 1922 年到 1930 年这段时间内的行为提供实质性证据这一事实当中推导出来，而非从那段时间内他曾经有过一段婚姻这一事实中推导出来。大法官拉特利奇（Rutledge）为初审法院作出如下评论："推导有助于弥合许许多多的裂缝，但在这种场合，没有一条裂缝有如此宽深。"[43] 初审法院还特别强调，原告有责任证明持续性残疾的存在，以及那些冗长的、用以证明那 8 年时间的证据"既不属于无证明能力的情形也不属疏于证明的情形"。[44] 因而，

---

[40] Alexander v. Tingle, 181 Md. 464 30 A. 2d 737 (1943). 少数州法院同样规定，只要是言词证据，负有证明责任的一方当事人不能申请指示裁决，即使证据本身无可置疑也是如此。See Hoerath v. Sloan's Moving & Storage Co., 305 S. W. 2d 418, 421 (Mo. 1957). 关于对该问题的批评及分析，参见 Comment, Directing the Verdict in Favor of the Party with the Burden of Proof, 50 N. C. L. Rev. 843 (1972); Note, Directing a Verdict in Favor of the Party Burden of Proof, 16 Wake Forest L. Rev. 607 (1980).

[41] See, e. g., Brown v. Maryland Cas. Co., 111 Vt. 30, 11 A. 2d 222 (1940).

[42] 319 U. S. 372, 63 S. Ct. 1077, 87 L. Ed. 1458 (1943).

[43] 319 U. S. at 386, 63 S. Ct. at 1085.

[44] Ibid. 比如，法院认为，妻子的身份并没有得到证明，尽管在那段时期她曾经与原告结婚；而且，在那段时期内至少有一些时间可以假定其对原告的行为有所意识。

证据不足以提交陪审团审议并作出原告胜诉的裁决。

当法院对一项指示裁决或无视裁决的判决的适当性进行估量的时候，同样采用了各种各样的解释规则来评判标准是否已经达到。尤其是，法官必须根据最有利于非动议方的原则来审查证据，其目的是决定证据是否足以形成一个争点提交陪审团进行裁决。[45] 这意味着非动议方就能从所有的有可能从证据推导出来的合法推定当中受益。[46] 只要从根本的事实当中得出的推定结论发生矛盾，即便双方对这些事实没有争议，案件也不能提交陪审团裁决。[47] 尽管对一项特殊推定的合法性作出决定存在某些困难并因此被授权这样做，但有进展的例子仍然不多。就像联邦最高法院在 Lavender v. Kurn 一案中解释的那样：[48]

只要是出现事实存在争议或者证据存在合理的不同推导的情况，那么在选择合理的推导来解决争议的过程当中，就必须经历对思考和推测进行估量这么一个环节。只有在那些作为所得结论的基础的事实完全不存在的情况下，可逆性的错误才会出现。[49]

虽然所有的法院都认可了这种自由的解释规则，但是在适用上并未形成统一。在某些案件当中，动议方提交的证据没有被审查，而且其提交的证据是否充分也仅仅根据对方当事人提交的证据情况来确定。[50] 这种做法对指示裁决构成了一种几乎难以逾越的障碍。其结果是，大多数法官对在动议之时所提交上来的所有证据均予以审查，并按照有利于非动议方的原则解决一些可信度方面的

---

〔45〕 Gunning v. Cooley, 281 U. S. 90, 50 S. Ct. 231, 74 L. Ed. 720 (1930); Jones v. Associated Universities, Inc. 870 F. Supp. 1180, 1192 (E. D. N. Y. 1994); Parham v. Dell Rapids Township, 80 S. D. 281, 122 N. W. 2d 548 (1963).

〔46〕 Berry v. U. S., 312 U. S. 450, 61 S. Ct. 637, 85 L. Ed. 945 (1941); Gunning v. Cooley, 281 U. S. 90, 50 S. Ct. 231, 74 L. Ed. 720 (1930); Gardner v. Buerger, 82 F. 3d 248 (8th Cir. 1996).

〔47〕 Rogers v. Missouri Pacific R. R. Co., 352 U. S. 500, 506 - 07, 77 S. Ct. 443, 448 - 49, 1 L. Ed. 2d 493 (1957); Planters Mfg. Co. v. Protection Mut. Ins. Co., 380 F. 2d 869 (5th Cir. 1967), cert. denied 389 U. S. 930; Lane v. Scott, 220 Va. 578, 260 S. E. 2d 238 (1979), cert. denied 446 U. S. 986; Whitaker v. Borntrager, 233 Ind. 687, 122 N. E. 2d 734 (1954); Dimock State Bank v. Boehnen, 46 S. D. 50, 190 N. W. 485 (1922).

〔48〕 327 U. S. 645, 66 S. Ct. 740, 90 L. Ed. 916 (1946). Lavender 案并不涉及指示裁决或者无视裁决的判决，但是它提出了一个问题，那就是上诉法院是否可以推翻陪审团的裁决，这时因为，该法院从提交的证据当中推导出了一个不同的结论。See also 11. 2 at nn. 4 - 5, above.

〔49〕 327 U. S at 653, 66 S. Ct. at 744 (per Murphy, J.).

〔50〕 See Note, The Motion for a Directed Verdict in Indiana: AN Evaluation of Present Standards, 32 Ind. L. J. 238 (1957).

只要对手证据才应予审查这一观点在布莱克（Black）大法官针对 Wilkerson v. McCarthy, 336 U. S. 53, 69 S. Ct. 413, 93 L. Ed. 497 (1949) 一案发表的陈词当中得到了支持。但是，这一陈词因有过分夸大之处并且在 FELA 案件的适用受到限制而受到批评。在这类案件当中，获得指示裁决的标准大大高于其他案件。

事项。[51]

在可信度问题被提出来之后，指示裁决或者无视裁决的判决其标准的适用就发生了最为严峻的困难，因为对证人的可信度进行评判明明白白地属于陪审团的权限范围。[52] 因此，假如所有客观的、或者没有争议的证据都表明某一特定部分的证词是不可信的话，单凭可信度问题成为了一个争点这一主张是不足以阻止法院作出指示裁决的。[53] 与此相反，不发生矛盾的、没有偏见的证词也许会对指示裁决的作出形成支持作用，因为此时陪审团不允许否认该证词。[54] 在那种形势下，法院没有对证据进行权衡，而是作出证据不足以形成一个可信度争点的决定。这样一来，指示裁决的合理性就很清楚了。

569　　然而，不太清楚的问题是，在所提供的证据不具有内在的可信度或者证人不可信的情况下，或者是在某些事实的物证表明其他证据不可信而应予舍弃的情况下，是否可以获得指示裁决。一些法院似乎倾向于作出这种评断；[55] 其他法院则拒绝这样做。[56] 这些差异再一次地，至少在一定程度上，反映出法官对陪审团所表现出来的特殊的尊重。[57]

既然在判断证据在法律上是否充分这一问题上给出了不同的标准，就像分析证据时使用各种不同方法一样，有一个问题必须予以考虑，那就是当出现违反公民权的情况时，联邦法院是否还会坚持适用其所在的州的指示裁决适用标准。[58] 在以下两种不同场合考虑这个问题有它的用途。第一种情况是，当州法律或宪法规定，特定的争点只能完全局限在陪审团有权决定的事项范围内，那么该州的法

---

　　[51]　Simblest v. Maynard, 427 F. 2d 1 (2d Cir. 1970); Boeing Co. v. Shipman, 411 F. 2d 365 (5ᵗʰ Cir. 1969) (en banc).

　　[52]　See the excellent discussion of this problem in Ferdinand v. Agricultural Ina. Co. 22 N. J. 482, 126 A. 2d 323 (1956). See Gunning v. Cooley, 281 U. S. 90, 50 S. Ct. 231, 74 L. Ed. 720 (1930); Cooper, Directions for Directed Verdicts: A Compass for Federal Courts, 55 Minn. L. Rev. 903 (1971); Note, The Power of the Court to Determine Witness Credibility: A Problem in Directing a Verdict for the Proponent of the Evidence, 107 U. Pa. L. Rev. 217 (1958).

　　[53]　See Pennsylvania R. R Co. v. Chamberlain, 288 U. S. 333, 53 S. Ct. 391, 77 L. Ed. 819 (1933).

　　[54]　See Annot., Credibility of Witness Giving Uncontradicted Testimony as Matter for Court or Jury, 62 A. L. R. 2d 1191 (1958). 有关支持在这种场合下作出指示裁决的观点可参见 Cooper, Directions for Directed Verdicts: A Compass for Federal Courts, 55 Minn. L. Rev. 903, 930 – 40 (1971).

　　[55]　See Simblest v. Maynard, 427 F. 2d 1 (2d Cir. 1970); Lohmann v. Wabash R. Co., 364 Mo. 910, 269 S. W. 2d 885 (1954); Potter v. Robinson, 233 Iowa 479, 9 N. W. 2d 457 (1943); Nucci v. Colorado & S. Ry. Co, 63 Colo. 582, 169 P. 273 (1917). See also Gianotta v. New York, N. H. & H. R. Co, 98 Conn. 743, 120 A. 560 (1923).

　　[56]　See, e. g., Kircher v. Atchison, T. & S. F. Ry. Co., 32 Cal. 2d 176, 195 P. 2d 427 (1948).

　　[57]　See the dissenting opinion of Judge Scott in Nucci v. Colorado & S. Ry. Co., 63 Colo. 582, 602, 169 P. 273, 281 (1917).

　　[58]　For a discussion of the governing law in federal courts generally, see 4. 1 – 4. 7, above.

律是否就对联邦法院在一个恰当的案件当中作出指示裁决的能力进行了限制或改变？如同事实上所显现出来的那样，该答复相当清楚："不能将联邦法院最为本质的特征或功能加以改变。"[59]

但是，在第二种场合，联邦法院的权限就不那么明确了。[60] 这种状况发生在州法律规定的作出指示裁决的标准与联邦标准出现分离的场合。一些州法院适用了联邦标准，认为作出指示裁决或者无视裁决的判决的权力是针对陪审团和法院之间相互关系问题而作出的一种判决，因而本质上属于联邦问题。[61] 然而其他法院则认为，有关证据充分性的事项与争点上的实质性权利有着如此紧密的联系，因而必须由州法律予以控制。[62]

这场讨论的大部分内容还是将作出指示裁决的动议与作出无视裁决的判决的动议看成是可以相互替换的两种动议形式，后者与前者之间的区别主要体现在提起的时间上而已。这就引发了一个问题，即无视裁决的判决所发挥的、有别于指示裁决的特殊功能又是否得到了体现呢？回答是肯定的。首先，无视裁决的判决本身的实效性促使法官在作出指示裁决问题上放松下来；在多数案件当中该裁决与法官后面可能作出的裁决是一样的，因为陪审团应该对证据不足以作出支持对方的裁决这一事实予以认可。如果法官的结论与陪审团的认定发生冲突，法院仍然可以通过作出无视裁决的判决来实施法律的统治。通过等待，法官就避免了在作出指示裁决是否适当问题上发生争议、或者因此而发生上诉的情况，并且同样使陪审推迟。此外，倘若一项作出指示裁决的动议一直等到陪审团提交裁决之后才发出，则法官并非最适合对证据是否足以作出作为法律事项的判决作出

570

---

〔59〕　Herron v. Southern Pac. Co. , 283 U. S. 91, 94, 51 S. Ct. 383, 384, 75 L. Ed. 857 (1931).

〔60〕　联邦最高法院在此问题上没有一致通过。See Mercer v. Theriot, 377 U. S. 152, 84 S. Ct. 1157, 12 L. Ed. 2d 206 (1964); Dick v. New York Life Ins. Co. , 359 U. S. 437, 79 S. Ct. 921, 3 L. Ed. 2d 935 (1959). 下级法院对此也没有达成一致意见。参见下面注释 61 – 62。

在一些案件当中，法院对这种权力冲突作出了退让，两种标准均予以采纳而作出决定，即便是有差异存在，在特殊案件当中这两种标准都必须满足。

〔61〕　"联邦法院必须对事实裁决过程进行掌控，当事人的权利就取决于此了＊＊＊当然，我们并不认为在某些案件当中这种掌控会对那些由州法律所确定的权利产生影响。然而，我们的整个事实裁决过程最终必须在保持一致性的前提下进行。" Boeing Co. v. Shipman, 411 F. 2d 365, 369 – 70 (5th Cir. 1969) (en banc). See Oldenburg v. Clark, 489 F. 2d 839, 841 (10th Cir. 1974).

〔62〕　Pittsburgh – Des Monies Steel Co. v. Brookhaven Manor Water Co. , 532 F. 2d 572 (7th Cir. 1976); Thompson v. Illinois Cent. R. R. Co. , 423 F. 2d 257 (6th Cir. 1970).

决定。[63]

由于裁决被上诉或者被推翻而发生的额外救助方式（additional savings）的存在，法官同样有可能倾向于作出无视裁决的判决而非指示裁决。[64] 在指示裁决发生错误的情况下，并不能直接作出对方胜诉的判决；上诉法院能够决定的，是证据足以提交陪审团作出裁决，而不是谁能获胜。将有必要来一次全新的审判。而在无视裁决的判决发生错误的情况下，上诉法院也许会撤消该判决并指令地区法院根据陪审团的裁决进行判决。[65] 但是，值得注意的是，当源于无视裁决的判决的上诉在数量上超过了源于指示裁决的上诉，而法官与陪审团在证据的充足性问题上出现的分歧其实是后一情况下的投机行为造成时，在审理阶段有关无视裁决的判决的最终救助有可能被取消。

在所有的举证结束之后，作出无视裁决的判决的动议在发出时机上的不同要求同样允许法院审查是否命令重新审理，以此来代替作出一项与陪审团裁决相反的判决。[66] 例如，假如法院认为证据不足以保证获胜的一方按照陪审团的裁决占据优势，但是重新审理能够使当事人弥补证据的某些缺陷，上述情况就出现了。[67] 当然，如果法院总结说，即使对方已经提供一个完全的案件，证据在法律上仍然是不充分的，那么重新审理则是浪费而应当作出无视裁决的判决。

重新审理的效果旨在将庭审法官在决定证据充分时有可能出现的过于严格现象缓冲掉一些，从而防止对陪审团裁决过程的任何不适当干扰，因为当事人在第二次诉讼当中有可能获得陪审团审理。[68] 因此，一般认为即使寻求作出无视裁

571

---

[63] 在谈到历史上出现的类似制度时，联邦最高法院在 Baltimore & Carolina Line, Inc. v. Redman, 295 U. S. 654, 660, 55 S. Ct. 890, 893, 79 L. Ed. 1636 (1935) 一案中这样说道："那些个触及该实践的根本和基础的片断表明，它在理论上得到支持，并为审查裁决、减少重新审判发生的频率以及对当事人同意其作为原因事项的申请这些一般的同意提供更好的机会。"正是由于认识到了以上这些优点，弗吉尼亚程序规定法官不能作出指示裁决。Va. Code 1950, 8. 01－378. Only a JNOV is permissible. Va. Code 1950, 8. 01－430.

[64] 无视裁决的判决的这些优点在一些上诉法院已经得到认识。E. g., Jamesbury Corp. v. Litton Industrial Products, Inc., 839 F. 2d 1544, 1550 (Fed. Cir. 1988), cert. denied 488 U. S. 828；Campbell v. Oliva, 424 F. 2d 1244, 1251－52 (6th Cir. 1970). 然而，在通常情况下，指示裁决能够节约那些用于对陪审团进行指示以及陪审团对案件进行审查的时间。而到底哪一种方式更有效率确实无法弄清楚。

[65] Dace v. ACF Industries, Inc. 722 F. 2d 374, 379 n. 9 (Cir. 1983).

[66] 有关许可重新审判标准的讨论，可参见下文 12. 4－12. 5.

[67] 参见 Seven Provinces Ins. Co. v. Commerce & Industry Ins. Co., 65 F. R. D. 674 (W. D. Mo. 1975)。此案当中探讨了同样以证据不足为由，对要求重新审判的动议的质询和对作出无视裁决的判决的动议的质询这两者的差别所在。

[68] See 12. 4 at n. 27, below.

决的判决的当事人并未要求用重新审理来替代，但法院仍可命令重新审理。[69] 甚至，在联邦法院，如果法院批准作出无视裁决的判决，那么与此相反，该动议所针对的一方当事人可以要求重新审理。[70] 多数做法是支持庭审中败诉的一方同时发出作出无视裁决的判决的动议以及要求重新审理。[71]

最后一个需要考虑的是上诉阶段对指示裁决和无视裁决的判决进行审查的实效性及其范围问题。根据终局判决规则管辖，比如联邦法院，对以上任何一种动议予以准许都将直接进入判决程序并可以对此立即提出上诉。同样，拒绝作出无视裁决的判决之后，法院必须对陪审团的裁决作出判决，对该判决同样可以立即提起上诉。但是，当作出指示裁决的要求被拒绝时，由于其属于中间判决，对它的上诉必须要等到针对全部案件作出实体判决才能进行。[72]

而当审理法官将作出无视裁决的判决作为要求重新审理的一种替代性动议来予以考虑时，可上诉性问题就变得复杂起来。[73] 尽管拒绝重新审理导致了终局判决的产生，但是对该动议予以准许其结果却并非如此。[74] 故而，为了避免进行零碎上诉，并保证上诉法院能够就案件是否应该中止或者继续进行第二次审理作出决定，联邦规则以及类似的州法规通常规定，如果准予重新审理仅仅是作为准予作出无视裁决的判决的一种替代的话，那么对这两种裁决都可以立即上诉。[75] 如果重新审理的要求获得准许而无视裁决的判决的动议被否决，那么案件必须重新审理，对后者的复审必须要等到重新审理有了结果才能进行。[76] 作为实际事项，这通常意味着对该裁决不存在上诉复审的问题，因为要证明这种即使不适当的否决对第二次审理施加了不公正的影响非常困难。而根据司法管辖权，准予重新审理是一项当然的可以上诉的裁决，[77] 它与申请无视裁决的判决

572

〔69〕 See, e. g., Meadows v. State Univ. of New York at Oswego, 160 F. R. D. 8 (N. D. N. Y. 1995). 但是，命令重新审判必须有充分的证据作为其根据，不能出现其他的错误。Peterman v. Chicago, R. I. & Pacific R. R. Co., 493 F. 2d 88 (8th Cir. 1974), cert. denied 417 U. S. 947. 更进一步说，如果无视裁决的判决没有获得许可，那么法院不能准许其重新审判，除非先前已经有了要求重新审判的动议。Jackson v. Wilson Trucking Corp. 243 F. 2d 212 (D. C. Cir. 1957), noted 71 Harv. L. Rev. 552 (1958).

〔70〕 Fed. Civ. Proc. Rule 50 (c) (2).

〔71〕 当法院接到申请作出无视裁决的判决以及要求重新审理的联合动议（joint motions for JNOV and new trial），而且这两种动议据都不充分，那么必须对这两种动议作出裁决，而不能以要求重新审理的动议已经包含在作出无视裁决的判决的动议之中为由而拒绝就重新审理作出裁决。Mays v. Poineer Lumber Corp., 502 F. 2d 106 (4th Cir. 1974), cert. denied 420 U. S. 927. See Fed. Civ. Proc. Rule50 (c) (1).

〔72〕 See 13. 1, below.

〔73〕 See 9A C. Wright & A. Miller, Civil 2d 2540.

〔74〕 See 12. 4 at n. 55, below.

〔75〕 Fed. Civ. Proc. Rule 50 (c) (1); West's Ann. Cal. Code Civ. Proc. 629.

〔76〕 Montgomery Ward & Co. v. Duncan, 311 U. S. 243, 254, 61 S. Ct. 189, 196, 85 L. Ed. 147 (1940).

〔77〕 See 12. 4 at n. 58, below.

的动议相结合起来就不会产生上述这些问题，不论是单独对它作出的裁决还是将两者结合起来作出的裁决，都允许对其提起上诉。

准予重新审理的裁决以及针对无视裁决的判决作出的裁决提交到上诉法院之后，同样影响了上诉法院的看法。[78] 概言之，如果申请重新审理以及作出无视裁决的判决的动议被否决，那么接下来上诉的对象就是根据陪审团的裁决所作出的判决，并且只要对这些庭前动议的否决没有错误，该判决就应该在上诉法院得到维持。可是，如果上诉法院认为最初的判决存在错误而应撤消，它就有两种选择：它可以撤消该判决并命令重新审理；[79] 或者认为重新审理似乎不太合适而决定作出无视裁决的判决。[80]

如果上诉是在初审法官同意作出无视裁决的判决并发出附条件的重新审理命令之后提起，而该无视裁决的判决不正确的情况下上诉审理法院一般应该发回重审，以此来与初审法官作出的前述命令保持一致。[81] 初审法院对作出付条件的重新审理命令表现出来的积极意愿对上诉法院产生了深刻影响，虽然上诉法院并非一定要遵从初审法院的看法。因此，如果上诉法院认为初审法院发出了一个错误的重新审理的命令，它可以仅仅简单地将最初的判决予以恢复。[82]

最后，如果当事人仅仅就指示裁决或者下面的无视裁决的判决发出动议，而并未将两者结合起来申请重新审理，那么上诉法院假如不同意初审法院否决无视裁决的判决动议的话，就可以审查是否应该命令重新审理。这是一项非常重要的权力，因为在某些案件当中，上诉审理法院将对所提交证据在法律上不足以支持该裁决作出决定，但是又不能确定是否还有可能存在允许胜诉的一方保留该裁决的其他证据。在那种场合，准许作出无视裁决的判决就是不恰当的。[83] 此外，许多案件中初审法官更适合审查是否准予重新审理，上诉法院仅仅是对否决无视

573

---

〔78〕 对联邦最高法院在这些问题上的决断所进行的一次透彻的探讨参见 Note, Post – Verdict Motions Under Rule 50: Protecting the Verdict Winner, 53 Minn. L. Rev. 358 (1968).

〔79〕 上诉法院可以考虑是否准予重新审理，但是它同样可以通过自由裁量来操控案件，即让初审法院以其判决陪审团不应该支持为由而准许重新审理的动议。Neely v. Martin K. Eby Constr. Co., 386 U. S. 317, 87 S. Ct. 1072, 18 L. Ed. 2d 75 (1967). See Louis, Post – Verdict Rulings on the Sufficiency of the Evidence: Neely v. Martin K. Eby Construction Co. Revisited, 1975 Wis. L. Rev. 503.

〔80〕 Neely v. Martin K. Eby Constr. Co., 386 U. S. 317, 322, 87 S. Ct. 1072, 1076, 18 L. Ed. 2d 75 (1976); Montgomery Ward & Co. v. Duncan, 311 U. S. 243, 61 S. Ct. 189, 85 L. Ed. 147 (1940).

〔81〕 联邦规则第 50 条第 3 款第 1 项规定："除非上诉法院作出相反的命令，否则重新审理应该继续进行。"

〔82〕 See, e. g., Berner v. British Commonwealth Pacific Airlines, Ltd., 346 F. 2d 532 (2d Cir. 1965), cert. denied 382 U. S. 983.

〔83〕 Iacurci v. Lummus Co., 387 U. S. 86, 87 S. Ct. 1423, 18 L. Ed. 2d 581 (1967).

裁决的判决的决定予以撤消并将案件指令给初审法官进行适当的重新审理。[84] 这必然是一个非常麻烦的过程，它进一步说明了为什么鼓励当事人发出大量的无视裁决的判决和要求重新审理的动议，其目的是让上诉审理院从初审法官的洞察当中获得启发，避免进行零碎复审。

12.4 要求重新审理的动议

所有美国司法制度规定，民事案件当事人如果不满意第一次审理，可以采取一些手段要求重新审理。[1] 尽管在初次审理当中出现的错误可以通过上诉进行声明，[2] 在上诉法院这些错误仍然可以作为获得重新审理机会的理由。[3] 重新审理使法官获得了纠正已经发生的错误的机会，从而避免在上诉时被撤消。与上诉法院法官相比，初审法官必然更容易了解案情始末，他可以对整个程序的进展进行评估，并将各种裁决或者法庭上所发生的一切所产生的累积影响加以考虑。

正因为要求重新审理的动议具有重要的纠错功能，法院拥有的自由裁量权正在极度扩张。[4] 惟一可以看得到的限制是时间上的；大部分的程序性规定在适时性问题上有着严格的限制，其中，发出要求重新审理的动议[5]——必须在判决作出后 10 天内。没有在规定的期限内发出则无效。[6] 多数程序性规定同时也赋予法院至少在相同的时段内基于其个人意愿命令重新审理的权力。[7] 这一切都是源于以下观念：这种制度乃允许法官纠正已经出现的错误，因此需要避免在

574

---

〔84〕 Iacurci v. Lummus Co., 387 U. S. 86, 87 S. Ct. 1423, 18 L. Ed. 2d 581 (1967). But compare Mays v. Pioneer Lumber Corp., 502 F. 2d 106 (4ᵗʰ Cir. 1974), cert. denied 420 U. S. 927. （当初审法官准予作出无视裁决的判决有误时，上诉法院将其予以撤消并命令恢复裁决。）

〔1〕 See generally 11 C. Wright, A. Miller & M. Kane, Civil 2d 2801 – 21.

〔2〕 在某些州把要求重新审理的动议作为一种上诉的必备条件。E. g., Vernon's Ann. Tex. Rules Civ. Proc., Rule 324.

〔3〕 在一些州，所有的庭前救济动议都要求将那些从判决当中寻求救济的各种方法予以明确。E. g., N. Y. – Mckinnney's CPLR 4404; 42 Purdon's Penn. Statutes, Rule of Civil Procedure 227. 1.

〔4〕 只有在滥用自由裁量权的情况下，初审法官对要求重新审理动议所作的决定才被撤消。参见下面注释 59 – 62 中的内容。此外，至于何者构成上诉中的可撤消的错误，经常受影响于初审法官对要求重新审理的动议所作的裁决。在某些州这种影响尤为深厚，乃至将要求重新审理的动议当作了一种上诉的必备条件。See, e. g., Evans v. Wilkinson, 419 P. 2d 275 (Okl. 1966); Martin v. Opdyke Agency, Inc., 156 Colo. 316, 398 P. 2d 971 (1965).

〔5〕 E. g., Fed. Civ. Proc. Rule 59 (c).

〔6〕 See Ehrler v. Ehrler, 126 Cal. App. 3d 147, 178 Cal. Rptr. 642 (1981) (15 day period); Seale v. Seale, 339 So. 2d 1028 (Ala. Civ. App. 1976), cert. denied 339 So. 2d 1029 (30 day period).《联邦民事诉讼规则》第 6 条（b）特别规定，构成重新审理的动议的时间不能由法院予以延长。一个有意思的案件参见 Hulson v. Atchison, Topeka & Santa Fe Ry. Co., 289 F. 2d 726 (7ᵗʰ Cir. 1961), cert. denied 368 U. S. 835.

〔7〕 Fed. Civ. Proc. Rule 59 (d); Florida Coastal Theatres, Inc. v. Belfower, 159 Fla. 741, 32 So. 2d 738 (1947).

上诉过程中消耗太多的时间并保证其结果的公正性和恰当性。[8]

然而行使重新审理这样一项权力时必须谨慎从事。没有人主张审理是一个充满科学性的过程或者只要没有错误出现就能够得到一个公正的结果。命令重新审理对当事人以及司法制度而言都是有代价的。[9] 因而，问题是任何单独或者共同提交上来的错误是否会对结果的公正性产生影响。[10] 进一步说，有陪审团审理的案件当中，一系列重新审理的命令有可能是不适当的，在这些案件当中法官对于结果的观点并不与陪审团的裁决相一致。[11] 重复发出重新审理的命令就构成了对陪审团的指示。假如只有在法官得出同样的结论的前提下陪审团的裁决才能成立的话，获得陪审团审理的权利就没有任何意义了。

对那些有可能作为重新审理理由的事实进行大概的审视，就能够说明这一制度设计的宽度。根据某些规则，重新审理必须要有特殊的理由。[12] 譬如，《明尼苏达州诉讼程序规则》50.01 就将陪审员的不当行为、最新发现的实质性证据以及法律的错误等这些构成重新审理理由的事项列举出来。[13] 而其他州由于只是简单规定法官有基于任何"迄今为止得到承认"的理由而准许重新审理的权力，[14] 因而允许法院就那些可能对败诉一方造成不公平的错误进行审查。运用这一权力，法院基于下列情况的存在而准予重新审理：在对证据问题进行裁

---

〔8〕 由此而引发的一个问题是，在动议没有在规定的时间内提出的情况下，法院是否可以对准许该动议的理由进行审查。在联邦法院，联邦规则第 59 条（b）在 1966 年得到修改，明确规定法院有权这样做。See Kaplan, Continuing Work of the Civil Committee: 1966 Amendments of the Federal Rules of Civil Procedure（Ⅱ）, 82 Harv. L. Rev. 591, 598（1968）.

〔9〕 But cf. Schnapper, Judges Against Juries – Appellate View of Federal Civil Jury Verdicts, 1989 Wis. L. Rev. 237, 313（平均而言有陪审团审理的民事案件至少要三天的时间，而民事案件的上诉通常需消耗十一个月）.

〔10〕 See Lewis v. Kepple, 185 F. Supp. 884（W. D. Pa. 1960）, affirmed 287 F. 2d 409（3d Cir. 1961）.

〔11〕 See Vernon's Ann. Mo. Stat 510. 330. 在一些案件当中，基于裁决与证据的权衡发生冲突这一理由，准许重新审理的权力不止一次地受到了限制。

〔12〕 E. g., West's Ann. Cal. Code Civ. Proc. 657.

〔13〕 基于该规则当中罗列的理由，初审法院准许重新审理的权利就受到了限制。Ginsberg v. Williams, 270 Minn. 474, 135 N. W. 2d 213（1965）.

〔14〕 Fed. Civ. Proc. Rule 59（a）; Vernon's Ann. Mo. Stat. 510. 330.

决[15]或者指示陪审团[16]过程当中存在偏见性错误;[17] 律师[18]或陪审团成员[19] 575
有不正当行为;有最新发现的证据;[20] 或者作出的裁决与证据的权衡相冲
突,[21] 或者裁决本身在法律上是多余的或总数上没有达到。[22]

重新审理的裁决牵涉到那些需要特别审查的证据是否充分的问题,由于作出
指示裁决的动议与申请作为法律事项的判决的动议发生了重叠,而这两者都必须
建立在证据的法定充分性基础之上。[23] 这两者只是程度上的差别,即使证据不
足以支持指示裁决或无视裁决的判决动议,仍然可以准予重新审理。[24] 证据必
须达到让普通人合情合理地对其作出裁决的程度,就像陪审团所表现的那样,但
是即便这样,裁决仍然有可能明明白白地与证据的权衡发生矛盾。[25] 在这些场
合之下,初审法官在审查重新审理的动议时可以对证据进行权衡并作出准予重新

---

〔15〕 Florida Coastal Theatres, Inc. v. Belflower, 159 Fla. 741, 32 So. 2d 738 (1947).

〔16〕 See Bateman v. Mnemonics, Inc. , Blair, 99 Idaho 14, 576 P. 2d 585 (1978); Magnani v. Trogi, 70 Ill. App. 2d 216, 218 N. E. 2d. 21 (1966).

〔17〕 虽然从理论上说无论是法官审理的案件还是陪审团审理的案件,都有权准予重新审理,但是引发重新审理的错误却仅仅发生在陪审团审理的案件当中。例如,在一个没有陪审团审理的案件种,即使法院错误地采纳了某些证据,法官只要在作出判决时不予考虑那些证据就可以了,从而免去了重新审理的必要。因此,有人认为在非陪审团审理的案件当中,值得构成重新审理的错误是很少的。See Fed. Civ. Proc. Rule 59 (a) (2), …See Builders Steel Co. v. Commissioner, 179 F. 2d 377 (8th Cir. 1950). See also Daigle & Son, Inc. v. Stone. 387 A. 2d 1115 (Me. 1978). 然而, 在非陪审团审理的案件中也有准予重新审理的情况,例如,当有最新发现的证据被提交上来时。See 11 C. Wright, A. Miller & M. Kane, Civil 2d 2804.

〔18〕 See Fineman v. Armstrong World Indus. , Inc. 980 F. 2d 171 (3d Cir. 1992), cert. denied 507 U. S. 921; Seimon v. Southern Pacific Transportation, 67 Cal. App. 3d 600, 136 Cal. Rptr. 787 (1977); Jangula v. Klocek, 284 Minn. 477, 170 N. W. 2d 587 (1969).

〔19〕 See 12. 5, below.

〔20〕 See Compass Technology, Inc. v. Tseng Lab. , Inc. , 71 F. 3d 1125 (3d Cir. 1995); Scott v. Farrar, 139 Cal. App. 3d 462, 188 cal. Rptr. 823 (1983). 要想以此作为理由得到重新审理的机会,通常动议方必须能够证明在审前他没有能够合情合理地发现该证据。See Jones v. Jones, 250 F. 2d 454 (9th Cir. 1957).

最新发现的证据同样可以作为提出动议来对判决实行救济的理由。See 12. 6, below.

〔21〕 See the text at nn. 23 – 26, below.

〔22〕 Richardson v. Communications Workers of America, AFL – CIO, 530 F. 2d 126 (8th Cir. 1976), cert. denied 429 U. S. 824. See Dagnello v. Long Island R. R. Co. , 289 F. 2d 797 (2d Cir. 1961), 所有在这方面的权力正受到审查。要正确决定哪一些因素构成不充分性,产生了很多实质性的困难,法官之间也明明白白地存在分歧。参见 O'Gee v. Dobbs Houses, Inc. , 570 F. 2d 1084 (2d Cir. 1978) 一案中多数的和反对的判决意见。一般认为一项裁决不应视为多余而被搁置一边,除非它在很大程度上产生于冲动或偏见。Pistorius v. Prudential Ins. Co. , 123 Cal. App. 3d 541, 176 Cal. Rptr. 660 (1981); Fruit v. Schreiner, 502 P. 2d 133 (Alaska 1972).

〔23〕 See 12. 3, above.

〔24〕 有关对作出作为法律事项判决的联合动议,以及要求重新审判动议的适用标准的讨论,参见 12. 3 at nn. 78 – 84, above.

〔25〕 通过联邦法院标准评估证据的权衡来复审重新审理,一个彻底的评论参见 11 C. Wright, A Miller & M. Kane, Civil 2d 2806.

审理的决定；[26] 而法官不允许针对作为法律事项的判决进行证据权衡，因而在类似情形下不能作出无视裁决的判决。

尽管在指示陪审团的裁决方面法官拥有的权力大大超过了其在重新审理动议事项上的指示权力，但以证据不充分为由准予重新审理并没有侵犯获得陪审团审理的权利。这部分是由于陪审团作出裁决的结果是将案件送交给下一个陪审团。[27] 因一项无视裁决的判决而使得其获得的裁决被排除的一方当事人也许会争辩说，她应享有的接受陪审团审理的权利被否决掉了，而另一位因为一项要求重新审判的动议而使得其裁决被排除的当事人则可能抱怨说，他得到的陪审团审理不是太少了，而是太多了。与此同时法院也承认，法官轻松地作出决定不予重新审理仅仅是因为他与陪审团产生了分歧。[28] 通往重新审理的途径过分的自由有可能对陪审团的裁决权力构成不当侵犯。[29]

除了有必要对重新审理予以审查之外，法院还可以考虑那些已经出现的错误是否可以通过发出仅仅是针对部分争点的重新审理（partial new trial）命令来得到纠正，以节省在全部重新审理之下的某些花费。[30] 然而采用此方法的时候必须十分谨慎，以确保没有重新审查的争点与那些再次提交审议的争点能够真正区分开来。[31] 否则，接下来的判决将会重犯第一次审理时出现的错误。多数情况是，针对部分争点的重新审理程序是在存在问题的争点仅仅涉及损害赔偿额时使

---

[26] Bevevino v. Saydjari, 574 F. 2d 676（2d Cir. 1978）；Aetna Cas. & Sur. Co. v. Yeatts, 122 F. 2d 350（4th Cir. 1941）.

[27] 据说准予重新审理的权限对接受陪审的权利提供了支持，因为它起到了保护陪审制度免受错误裁决影响的作用。Smith v. Fimes Pub. Co. , 178 Pa. 481, 36 A. 296（1897）. See also Capital Traction Co. v. Hof, 174 U. S. 1, 19 S. Ct. 580, 43 L. Ed. 873（1899）.

[28] Spurlin v. General Motors Corp. , 528 F. 2d 612（5th Cir. 1976）；Faust v. General Motors Corp. , 117 N. H. 679, 377 A. 2d 885（1977）；Knecht v. Marzano, 65 Wn. 2d 290, 396 P. 2d 782（1964）. See West's Ann. Cal. Code Civ. Proc. 657，该法规定，以证据不充足为由而要求重新审理应该不予准许，"除非经过证据评估之后，完全的记录以及合理的推导使得法院确信，法院或陪审团应该形成了一个不同的裁决和判决。" But see McKaughlin v. Broyles, 36 Tenn. App. 391, 397, 255 S. W. 2d 1020, 1023（1952）："该州法律严格规定，在为重新审理动议举行听审时，初审法院应该发挥第13位陪审员的作用，对证据进行评估以及独立决定其是否足以支持裁决，是初审法院的职责。"

[29] 很清楚，在这些案件当中要将法官适用的标准表述出来存在着困难。有一种意见认为，如果"对陪审团的裁决给予了充分的尊重，判断乃基于全面的证据而作出，并且确信已经犯有错误＊＊＊"，那么法官可以准予重新审理。11 C. Wright, A. Miller & M. Kane, Civil 2d 2806 at 75. 这一标准与一桩无陪审团案件当中上诉法院对初审法院的事实认定进行审查时所适用的标准有些类似。See U. S. v. U. S. Gypsum Co. , 333 U. S. 364, 395, 68 S. Ct. 525, 542, 92 L. Ed. 746（1948）.

[30] 《联邦民事诉讼规则》以及许多州的法令都对针对部分争点的重新审理作了特别规定。E. g. , Fed. Civ. Proc. 662；N. Y. - Mckinney's CPLR 4404.

[31] Gasoline Prods. Co. v. Champlin Refining Co. , 283 U. S. 494, 51 S. Ct. 513, 75 L. Ed. 1188（1931）；Shu-Tao Lin v. McDonnell Douglas Corp. , 742 F. 2d 45（2d Cir. 1984）；Vizzini v. Ford Motor Co. , 569 F. 2d 754（3d Cir. 1977）；Liodas v. Sahadi, 19 754（3d Cir. 1977）；Liodas v. Sahadi, 19 Cal. 3d 278, 137 Cal. Rptr. 635, 562 P. 2d 316（1977）.

用，这样仅仅局限于损害赔偿额的重新审理就是合理的。[32] 与此相反，如果在责任标准问题上对陪审团作出了错误指示，法院就不应该发出仅仅针对责任部分的重新审理命令。[33] 陪审团对赔偿金数额作出的裁决经常无法摆脱与针对责任事项的裁决缠绕在一起，以致新组成的陪审团必须从两方面予以考虑该案件。相似的是，如果法官认为裁定的数额太少而不符合法律上的要求，针对损害赔偿额予以部分重新审理也许就不适当，而必须命令全部重新审理。[34] 另一方面，如果就计算损害赔偿额时需考虑哪些证据这一问题对陪审团作出了不正确的指示而引发了错误，针对部分争点进行重新审理也许是合适的。[35]

577

当第一次审理过程中出现的问题或者错误涉及裁决的范围时，法院可以通过命令附条件的重新审理来节省实质性的时间和花费。[36] 运用这一权力，法院宣称它将准予重新审理除非对方当事人同意在裁决当中进行特定的缩减或增加。[37] 这种被称之为降低赔偿额（remittitur）的减少赔偿金额的权力事实上被所有的司法制度所认可，[38] 但是被称之为增加赔偿额（additur）的增加赔偿金额的权力并未为所有的法院所承认。[39] 至少在联邦法院，这两者之间的差别乃历史造成的结果。附条件的重新审理命令被质疑侵犯了宪法上的接受陪审团审理的权利，因为法官对陪审团就赔偿金额作出的裁决进行了有效的移植。

降低赔偿金额这一做法明明白白地存在于普通法当中，因而，就历史上的接

---

〔32〕 E. g., Wagner v. Reading Co., 428 F. 2d 289 (3d Cir. 1970); Sanders v. Green, 208 F. supp. 873 (E. D. S. C. 1962).

〔33〕 Doutre v. Niec. 2 Mich. App. 88, 138 N. W. 2d 501 (1965).
一种协商性意见认为，如果对责任问题准予全部的重新审理，就没有必要对损害赔偿额再次进行审查了。该意见正在显示其效力，针对责任问题的部分重新审理有可能由此产生。See Hutton v. Fisher, 359 F. 2d 913 (3d Cir. 1966).

〔34〕 See Southern Ry. Co. v. Madden, 235 F. 2d 198 (4th Cir. 1956), cert. denied 352 U. S. 953; Zerr v. Spokane City Lines, Inc. 58 Wn. 2d 196, 361 P. 2d 752 (1961); Kinsell v. Hawthorne, 27 Ill. App. 2d 314, 169 N. E. 2d 678 (1960).

〔35〕 See Wagner v. Reading Co., 428 F. 2d 289 (3d Cir. 1970); Rosa v. City of Chester, Pennsylvania, 278 F. 2d 876 (3d Cir. 1960).

〔36〕 已经注意到，由于能够节约当事人的耗费以及司法体制的原因，在复杂案件中附条件的重新审理命令尤其显得恰当。U. S. v. 47. 14 Acres of Land, More or Less, Situate in Polk County, Iowa, 674 F. 2d 722 (8th Cir. 1982). 但是比较一下 Arnold v. Eastern Air Lines, Inc., 681 F. 2d 722 (4th Cir. 1982), cert. denied 460 U. S. 1102 (如果审理法官将肉体上的痛苦和精神上的创伤囊括进来而得出一个错误的死亡赔偿金额，审理法官将陪审团裁定的金额予以减少并不能弥补这一错误)。

〔37〕 Evers v. Equifax, Inc., 650 F. 2d 793 (5th Cir. 1981). See also Comment, Correction of Damage Verdicts by Remittitur and Additur, 44 Yale L. J. 318 (1934).

〔38〕 But see Firestone v. Crown Center Redevelopment Corp., 693 S. W. 2d 99 (Mo. 1985) (remittitur abolished in Missouri)。

〔39〕 关于对联邦法院进行的"降低金额"和"减少金额"的讨论，参见 Sann, Remittitur (and Additur) in Federal Courts: An Evaluation With Suggested Alternatives, 38 Case W. Reserve L. Rev. 157 (1988).

受陪审团审理这一权利而论，[40] 它是可容许的。[41] 然而，联邦最高法院已经裁定，为了和宪法第七修正案相一致，降低赔偿金额必须与要求重新审理的动议一齐使用。如果没有发出动议而作出降低金额的命令，就与该修正案当中的重新审理条款（re - examination clause）相违背。[42] 与此相反，在普通法上却没有"增加赔偿金额"这一内容。作为其结果，美国联邦最高法院在一个早期的案件 Dimick v. Schiedt[43] 中，5 票对 4 票作出裁定，联邦法院对增加赔偿金额命令的使用违反了宪法第七修正案。[44] 尽管该判决遭到了批评，认为它在这两种办法之间[45]做了一种毫无疑义的区分，并且近来更多出现的涉及第七修正案的判决让人对其生命力的持久性表示怀疑，[46] 但是，在今天它仍然处于支配地位。因此，许多没有受到第七修正案束缚的州法院根据州宪法当中有关陪审团审理的有关规定，对增加赔偿金额的合宪性给予了支持。[47]

在利用附条件的重新审理时一个最大的争议就是如何决定那个应该减少或增加的数额。[48] 这并不存在一个可接受的一般性计算标准；不同的州有不同的不成文的标准。其中，可以识别出三种通常的计算方式。法官可以按照下列标准计

---

[40] See 11. 4 - 11. 6, above.

[41] 在 Dimick v. Schiedt, 293 U. S. 474, 55 S. Ct. 296, 79 L. Ed. 603（1935）一案中，大法官 Sutherland 评注：降低金额这种做法在 Blunt v. Little, 3 Fed. Cas. 760（C. C. Mass. 1822）（No. 1, 578）一案中得到了大法官 Story 的支持。尽管对于大法官 Story 得出的结论还有理由表示怀疑，该原则不应受到审查这一看法在长时期内已被人们作为法律所接受。

[42] Hetzel v. Prince William County, 523 U. S. 208, 118 S. Ct. 1210, 140 L. Ed. 2d 336（1998）.

[43] 293 U. S. 474, 55 S. Ct. 296, 79 L. Ed. 603（1935）.

[44] 该法院辩解说，如果该裁决在法律上是不充分的，双方当事人都有权让陪审团对责任和赔偿金额总数作出正确的裁决，试图以此来说明他们对降低和增加予以区别的正确。但是，当裁决是多余的，或者法官作出了降低金额的命令时，"保持下来的东西与这种不合法的多余物一道，都包含在裁决当中了——在那个意义上，陪审团已经发现了——而且降低金额能够产生的效果仅仅是将多余的东西截掉而已。" 293 U. S. at 486, 55 S. Ct. at 301.

[45] 参见大法官斯通（Stone）在 Dimick v. Schiedt, 293 U. S. 474, 488, 497, 55 S. Ct. 296, 301, 305, 79 L. Ed. 603（1935）一案中发表的反对判决意见。

[46] 审理 Dimick 一案的法院坚持认为，第七修正案要求求助于 1791 年普通法的规则，并没有认识到普通法自身也是随情势的变化而变化的。293 U. S. at 487, 55 S. Ct. at 301. 更多近来的涉及第七修正案的案件似乎要放弃一种严格的历史性方法，参见 e. g., Galloway v. U. S., 319 U. S. 372, 63 S. Ct. 1077, 87 L. Ed. 1456（1943）（关于作出指示裁决的动议的合宪性）See generally 11. 4 - 11. 6, above, on constitutional jury standards.

比较一下 Gibeau v. Nellis, 18 F. 3d 107（2d Cir. 1994），在该案中，当陪审团裁决责任成立但没有任何赔偿时，命令审理法院作出 1 美元这种名义上的损害赔偿裁决，这是因为据以提出请求的民事权利法令强制规定，如果发现有实质性的违宪行为，就必须作出名义上的损害赔偿裁决。

[47] See McCall v. waer, 487 S. W. 2d 308（Tenn. 1972）; Jehl v. Southern Pacific Co., 66 Cal. 2d 821, 59 Cal. Rptr. 276, 427 P. 2d 988（1967）（ additur used in FELA suit ）; Bodon v. Suhrmann, 8 Utah 2d 42, 327 P. 2d 826（1958）; Fisch v. Manger, 24 N. J. 66, 130 A. 2d 815（1957）. Conditional new trials are codified in California in West's Ann. Cal. Code Civ. Proc. 662. 5.

[48] 关于对法官在决定是否以及怎样使用降低金额这种制度的过程当中，必须面临的所有问题的一个全面审视，参见 Note, Remittitur Practice in the Federal Courts, 76 Colum. L. Rev. 299（1976）.

算数额：（1）陪审团可能裁决的法律所容许的充分程度的最小值；[49]（2）可能容许的最大值；[50] 或者（3）在这两种极值之间的、能够反映法官对证据正当性的确信程度的某个数值。[51]

对反对重新审理动议而面临附条件的重新审理命令的一方当事人而言，要么接受法官确定的这一数额，要么承担诉讼费用以及重新审理带来的种种不确定结果。如果对方当事人对降低或增加的数额表示接受，那么重新审理的动议将被否决，该当事人知晓审理法院作出的裁决之后如果对其中的数额不满意，只能以该确定的数额同样不正确为由提出上诉，除此之外别无选择。大多数法院裁决，对该降低或增加表示接受的当事人不能提起上诉，因为他已经默许了该判决。[52] 然而，某些法院对这种限制表示不接受，[53] 其他法院则认可该当事人在败诉一方先上诉的情况下有提起反上诉（cross – appeal）的权利。[54]

连续讨论反映出审理法院在面对重新审理动议的时候所享有的广泛的自由裁量权。事实上，即使法官作出准许重新审理的判决，原先的判决也是难以推翻的。在包括联邦法院在内的大多数的司法体系当中，准予重新审理的命令属于中间判决，一直到作为第二次审理结论的最终判决作出之前，该命令是不能上诉的。[55] 在复审当中的这种迟延必然会减少判决被撤消的可能性。如果第二次审理总体上没有出现偏见性错误，那么上诉方要想单纯以第一次审理同样没有出现偏见性错误因而第二次审理没有必要为理由，来推翻一个看似公正的裁决就显得十分勉强和尴尬。[56] 因此，大多数案件中，即使准予重新审理有误，该错误也

579

---

〔49〕 威斯康星州直到 1960 年才使用陪审团合理裁决的最低数额这一标准。See Powers v. Allstate Ins. Co. , 10 Wis. 2d 78, 102 N. W. 2d 393 (1960).

〔50〕 E. g. , Jenkins v. Aquatic Contractors & Engineers, 446 F. 2d 520 (5th Cir. 1971).

〔51〕 See Maxey v. Freightliner Corp. , 722 F. 2d 1238 (5th Cir. 1984), modified 727 F. 2d 350 (1984) (超过总数部分的惩罚性赔偿这部分的降低数额相当于实际的赔偿金额的 3 倍)；U. S. v. 47. 14 Acres of Land, More or Less, Situate in Polk County, Iowa, 674 F. 2d 722 (8th Cir. 1982).

〔52〕 See Donovan v. Penn Shipping Co. , 429 U. S. 648, 97 S. Ct. 835, 51 L. Ed. 2d 112 (1977). 如果法院作出没有附条件的降低命令，则一方当事人可以上诉。See Staplin v. Maritime Overseas Corp. 519 F. 2d 969 (2d Cir. 1975).

〔53〕 U. S. v. 1160. 96 Acres of Land, More or Less, in Holmes County, Mississippi, 432 F. 2d 910 (5th Cir. 1970). In Tennessee, the right to appeal is recognized statutorily. Tenn. Code Ann. 20 – 10 – 101 (b) (1).

〔54〕 See Jangula v. Klocek, 284 Minn. 477, 170 N. W. 2d 587 (1969); Plesko v. City of Milwaukee, 19 Wis. 2d 210, 120 N. W. 2d 130 (1963). See generally Note, Civil Procedure – Remittitur – Remitting Parties' Right to Cross – Appeal, 49 N. C. L. Rev. 141 (1970).

〔55〕 Allied Chem. Corp. v. Daiflon, Inc. , 449 U. S. 33, 101 S. Ct. 188, 66 L. Ed. 2d 193 (1980) (执行命令这种形式不适于达到经审查准予重新审理的目的)；Taylor v. Washington Terminal Co. , 409 F. 2d 145 (D. C. Cir. 1969), cert. denied 396 U. S. 835; Comment, Appellate Review in the Federal Courts of Orders Granting New Trial, 13 Stan. L. Rev. 383 (1961).

〔56〕 See e. g. , Evers v. Equifax, Inc. , 650 F. 2d 793 (5th Cir. 1981).

被认为没有不良影响或者等到上诉法院复审结束之后[57]才被提交讨论。

　　一些制度允对准予重新审理的命令立即提起上诉;[58] 此外，如果该命令是伴随着无视裁决的判决一起作出的，也可以立即对此提出上诉。[59] 即便这样，在这些场合之中撤消判决也是不多见的。

　　上诉法院可以仅仅以滥用自由裁量权为由撤消重新审理的裁决。[60] 这样就给初审法官造成了大量的迟缓，至少在带有偏见的不当行为和法律上的错误构成重新审理的理由的时候是如此，而之所以这样安排是基于以下理由：整个诉讼进行过程当中初审法官是在场的，因此他是对已经出现偏见性影响进行评估的最为合适的人选。[61] 上诉法院同样运用滥用自由裁量权的标准来对否决重新审理的裁决进行审查，只是在对初审法官适用的标准上比前一种场合稍稍低一些。只有当上诉法院认定初审法官作出准予或者否决重新审理命令的理由在法律事项上存在错误，才可以撤消这些重新审理裁决。[62]

　　针对传统的适当性狭窄审查标准出现了一些有挑战性的观点。[63] 一些人强烈要求至少当初审法官的判决基于对证据权衡的评估上时，对其实施更为严格的审查。[64] 一些下级法院显示出按后一种观点行动的迹象。[65] 争论集中在接受陪审团审理的权利上。对准予重新审理的审查看起来并不是要侵犯陪审团的事实裁

---

　　〔57〕 然而，判决确确实实撤消了。See Duncan v. Duncan, 377 F. 2d 49 (6th Cir. 1967), cert. denied 389 U. S. 913.

　　〔58〕 See Rabinowitz, Appellate Review of Trial Court Orders, Granting New Trial, 8 Rut. L. Rev. 465 (1953)，该文详述在律令之下州法院中存在的趋势，以及州法院依据制定法作出的允许对重新审理命令立即提起上诉的判决。

　　〔59〕 See 12. 3 at n. 75, above.

　　〔60〕 Browning – Ferris Indus. Of Vermont, Inc. v. Kelco Disposal, Inc. , 492 U. S. 257, 279, 109 S. Ct. 2909, 2922, 106 L. Ed. 2d 219 (1989); O'Gee v. Dobbs Houses, Inc. , 570 F. 2d 1084 (2d Cir. 1978); Hill v. Cherry, 379 So. 2d 590 (Ala. 1980); Hill v. Cherry, 379 So. 2d 590 (Ala. 1980); In re Green's Estute, 25 Cal. 2d 535, 154 p. 2d 692 (1944). 有关对不断变化着的，针对重新审理裁决复审范围的判决的讨论，参见11 C. Wright, A. Miller & M. Kane, Civil 2d 2818 –19.

　　〔61〕 E. g. , Arnold v. Eastern Air Lines, Inc. , 681 F. 2d 186 (4th Cir. 1982), cert. denied 460 U. S. 1102.

　　〔62〕 See e. g. , Estate of Sheldon, 75 Cal. App. 3d 364, 142 Cal. Rptr. 119 (1977).

　　〔63〕 Wright, The Doubtful Omniscience of Appellate Courts, 41 Minn. L. Rev. 751 (1957).

　　〔64〕 Carrington, The Power of District Judges and the Responsibility of Courts of Appeals, 3 Ga. L. Rev. 507, 524 (1969).

　　〔65〕 See Taylor v. Washington Terminal Co. , 409 F. 2d 145, 148 (D. C. Cir. 1969), cert. denied 396 U. S. 835 ("在充满生机的法庭上，法官审查证据的惟一机会必须得到尊重。但是与法官的判决相对立，我们又必须考虑第一审当中宪法分配承担事实裁决功能的代理人——陪审团——对事实作出了不同的评断。"); Lind v. Schenley Industries, Inc. , 278 F. 2d 79, 90 (3d Cir. 1960), cert. denied 364 U. S. 835 (如果以裁决与证据权衡相矛盾为由准予重新审理，上诉法院应该 "实施一种比准予重新审理的案件更为严密的审查和监督标准，因为一些不合时宜或负面的影响干扰了审理"). 有关对这一领域的联邦案件的评论，参见11 C. Wright, A. Miller & M. Kane, Civil 2d 2819.

决权力，因为它针对的问题是，审理法官作出的推翻陪审团裁决的判决是否正确。然而，基于证据在法律上足以支持陪审团作出的裁决而对否决重新审理的裁决进行审查，确实要求对陪审团的作用进行探究。而这只有在最为严格的条件的时候才能进行。

　　无论这些争论的是非曲直如何，在评估初审法院针对重新审理动议作出的判决时采用一种狭窄的审查标准这一做法，在 1996 年联邦最高法院针对 Gasperini v. Center for Humanities, Inc. 一案[66]作出的判决当中再一次得到了强调。该案牵涉到法院以过渡性为理由对陪审团裁决的范围进行审查的权力。按照大法官金斯伯格（Ginsburg）的说法，该法院裁决州法院应该根据州法律确定的标准来判决哪一些是过度的，[67] 但是上诉法院在对否决重新审理的裁决进行审查时使用的却是滥用自由裁量权标准。至关重要的是，最高法院坚持认为，"作为一种保证司法公正的必要且正确的控制手段……"，上诉法院限制在滥用裁量权标准所确定的范围之内进行的审查，与宪法第七修正案当中的再次审理条款保持了一致。[68]

12. 5 陪审员的不正当行为和对裁决的质疑

581

　　陪审团所犯的各种错误都能成为通过重新审理动议或者上诉来对其裁决表示异议的理由。[1] 这个问题必须从两个层面来考虑。首先，何者构成陪审团的不当行为？其次，哪些证据可以用来证明不当行为？[2]

　　陪审员的有些不当行为是很明显的，就像陪审员在预先审核（voir dire）*阶段没能如实回答其中的一个提问那样。[3] 这些时候争论的焦点主要是该陪审员的回答是否被认为就带有偏见因而其裁决应该予以推翻。[4] 在审议过程当中

---

　　[66]　518 U. S. 415, 116 S. Ct. 2211, 135 L. Ed. 2d 659 (1996).

　　[67]　有关对该判决这方面的讨论见上文，11. 8.

　　[68]　518 U. S. at 435, 116 S. Ct. at 2223.

　　[1]　如果陪审团基于不足以构成一个法律事项的证据作出裁决，那么该结果可以通过准许提出的作为否定裁决或者要求重新审理的判决的动议进行"治疗"。参见上文12. 3－12. 4. 在这些情况下，陪审团成员并没有出现问题；何况，他们被要求作出裁决的是不应该提交给他们的事项。

　　[2]　See generally 11 C. Wright, A. Miller & M. Kane, Civil 2d 2810.

　　*　在美国，voir dire 是指法院法官或者律师对前来充当证人或者陪审员的人进行初步审查，看是否说真话，是否合格。——译者注)

　　[3]　See Pierce v. Altman, 147 Ga. App. 22, 248 S. E. 2d 34 (1978) （在一个错死（wrongful death）案件当中，陪审员没有能够袒露在一个人身伤害案当中他曾是被告这一情况，而且后来成为了陪审团主席）；Reich v. Thompson, 346 Mo. 577, 142 S. W. 2d 486 (1940). （在一个人身伤害案中陪审员故意隐瞒了他曾在一个人身伤害案当中担任被告这一事实）。

　　[4]　See Kealoha v. Tanaka, 45 Hawaii 457, 370 P. 2d 468 (1962)；（审查期间数名陪审员在晚饭时饮酒，但是没有证据显示他们中有人因此而受影响，所以，没有偏见存在）Derr v. St. Louis Public Serv. Co., 399 S. W. 2d 241 (Mo. App. 1965). （陪审员没有故意隐瞒与案件没有直接联系的信息，因此无偏见存在）。

出现的其他形式的不当行为引发了一些棘手的问题，这既涉及到陪审团在裁决时可能会考虑什么，也涉及到对陪审团的审议进行调查是否合适。

陪审团将根据法官对法律的解释所形成的指示来裁决案件，并且仅仅对在庭审当中提出的证据进行审议。因此，在陪审团成员在没有得到授权的情况下，专注于与其他人就案件的有关问题进行交谈的时候，[5] 或者，在他们对那些比如通过对事故现场的访问取得的庭外证据进行考虑的时候，[6] 一种容易识别的不当行为形式也就产生了。在以上任何一种情形，如果法院裁决该调查或者交谈带有偏见性，那么可以准予重新审理。[7]

而当被主张的不当行为涉及陪审员在其审议期间相互交换信息的行为，那么问题就变得更复杂了。陪审团制度的主要力量就在于促进社会标准和人类经验协调的一种典型。[8] 在需要对案件事实作出判断的时候，人们期待着陪审员给他们带来已经得到有机结合的基本常识。[9] 与此同时，陪审员根据其亲自知悉（personal knowledge）来裁决案件这一做法显然不正确。实际上，对案件持个人经验的陪审员在预先审核的时候就应该被发现，并且在大多数情况下，该陪审员不应当参与该案件的陪审。[10]

然而，在这些极端的例子中间存在的问题是，陪审团对某一位负有裁决任务的陪审员所掌握的某些特殊知识进行审查是否恰当。[11] 其中的困难在于，当事

---

〔5〕 U. S. v. Harry Barfield Co., 359 F. 2d 120（5th Cir. 1966）；（与原告交谈）；Printed Terry Finishing Co. v. City of Lebanon, 247 Pa. Super. 277, 299 – 300, 372 A. 2d 460, 469（1977）（陪审员与原告的律师交谈）。比较一下 Adams v. Davis, 578 S. W. 2d 899（Ky. App. 1979），该案当中，虽然被告声称他与一位陪审员进行了一次没有授权的交谈，但是重新审理动议还是被否决了。法院对此评注说："在裁决作出之前，有意压抑相关信息，让被告牵扯到不当行为当中来，然后凭借对陪审员的抱怨使陪审团作出的每一份裁决都遭受攻击。" 578 S. W. 2d at 900。

与一个可能铸就陪审员不当行为的案件有关的、针对没有授权的交谈的评注，包括 Annot., 64 A. L. R. 2d 158（1959）（与案外的人进行一般接触）；Annot, 62 A. L. R. 2d 298（1958）（与当事人或者律师接触）；Annot, 52 A. L. R. 2d 182（1957）（与证人接触）；Annot., 41 A. L. R. 2d 288（1955）（与法官、法院官员以及诉讼参加人接触）。

〔6〕 Bainton v. Board of Educ. Of City of New York, 57 Misc. 2d 140, 292 N. Y. S. 2d 229（1968）。

〔7〕 See U. S. v. Harry Barfield Co., 359 F. 2d 120（5th Cir. 1966）；Kohler v. Central & Southern Truck Lines, Inc., 45 Ill. App. 3d 621, 4 Ill. Dec. 342, 360 N. E. 2d 89（1977）。

〔8〕 有关现代社会陪审团所担负角色的讨论参见上文 11. 1。

〔9〕 "在某些案件当中，即使他们不能够运用他们的个人知识对特殊性事实材料作出裁决，但是又必须受制于所提交的证据，他们可以，并且明智的做法必须是，根据他们自己对所调查的问题所具有的一般知识，来判断该证据的证明力及其份量。" Head v. Hargrave, 105 U. S.（15 Otto）45, 49, 26 L. Ed. 1028（1881）（per Field, J.）。

关于对何者构成了陪审团裁决案件时予以考虑的一般知识的探讨，比较一下 Holt v. Pariser, 161 Pa. Super. 315, 54 A. 2d 89（1947），with Harris v. Pounds, 185 Miss. 688, 187 So. 891（1939）。

〔10〕 有关对选择陪审团的过程的叙述，见前文 11. 10。

〔11〕 See Texas Employers'Ins. Ass'n v. Price, 336 S. W. 2d 304, 310（Tex. Civ. App. 1960）；Texas & P. Ry. Co. v. Mix, 193 S. W. 2d 542（Tex. Civ. App. 1946）。

人对这种亲自知悉也许并不了解，以至于在陪审团开始审议时他们没有办法对此实施抵制。而该陪审团在这之前是一位专家证人，并非任何一方当事人交叉询问的对象。

那么，是什么构成了这样一种与一般或者普通相区别的、特殊知识，使败诉的一方来可以从陪审团身上暴露出来的这种知识来主张偏见的存在？[12] 不幸的是，关于怎样在一般经验与特殊知识之间划一条线来予以区分，还没有形成共通的认识。[13] 例如，在某些场合有关区域的知识——其物理上的布局和气候——得到正确审查；而其他区域的信息则被认为是不正确的，因为它看起来太详细了。[14] 如何在正确与不正确之间进行平衡，就要看是否能够确保陪审团对正式证据的调查受到限制，并且完全以一般化的社会知识而非特殊知识来为其裁决提供支持。审查的信息越特殊，就越有可能被认为是新证据、没有正确审查，因为在公开的法庭上并没有获得该信息。

获得一致认可的另外一种不当行为形式与裁决方法本身有关。经典的事例就是陪审团根据抛硬币或者抽签的结果来作出裁决。[15] 更为常见的做法是，置法官仔细而充分的指示于不顾，陪审团犯下以和解或者金额平均数作出裁决的错误。不同裁决权下由卡车相撞事件引发的疏忽大意案件就可以使这一点得到印证。如果一个或更多的陪审员感觉原告并没有对责任实施证明，而其他陪审员则认为不仅责任已经得到证明了，而且赔偿金额应该是 10 万美元，那么陪审团可能打破这一僵局转而裁决原告胜诉、但是仅仅得到实际支出的医疗费总计25 000美元的赔偿。这一和解的做法忽视了法律，因为正是全体陪审员没有能够裁决被告有责任从而导致被告赢得了这场官司。[16] 以金额平均数作出裁决的情形是，陪审员们进入陪审室，在对责任问题没有施加任何考虑的情况下，一致同意每人写下一个他或她认为原告应该得到的金额数，然后将这些数额相加之后的总额除

583

---

〔12〕 参见联邦最高法院在一个涉及法律服务的价值的案件当中针对这一问题的陈述，in Head v. Hargrave, 105 U. S. (15 Otto) 45, 49 - 50, 26 L. Ed. 1028 (1881).

〔13〕 See Harris v. Deere & Co., 263 N. W. 2d 727 (Iowa 1978)，在这件案子当中，依阿华州最高法院对其先前作出的所有裁决进行审查，以界定何种类型的信息在陪审员之间交流时裁定为不正确和具有偏见，以及哪些信息又是允许的。

〔14〕 See Broeder, The Impact of the Vicinage Requirement: An Empirical Look, 45 Neb. L. Rev. 99 (1966).

〔15〕 West's Ann. Cal. Code Civ. Proc. 657 (2). See National Credit Corp. v. Ritchey, 252 Ark. 106, 477 S. W. 2d 488 (1972).

〔16〕 See, e. g., Hatfield v. Seaboard Air Line R. R. Co., 396 F. 2d 721 (5th Cir. 1968). 并不是所有的、陪审员作出的和解裁决都受到质疑，因为审查过程本身是允许意见转换以及改变印象或观点的。Warrender v. McMurrin, 256 Iowa 617, 128 N. W. 2d 285 (1964). 只有这些忽视法律的和解裁决需要予以重新审理。

以陪审员的人数，其结果就形成了他们的裁决。[17] 在该过程当中被忽略掉的就是对责任问题的讨论。在最后的结果形成之时，一些陪审员可能认为责任问题没有得到证明而写下"不予赔偿"，随之却作出原告胜诉的裁决。如果有证据证明出现这种迹象，该裁决不能成立，重新审理也就无可避免。

在刚刚描述的少数情况下，[18] 从裁决的表面来判断也会出现陪审团的不当行为。[19] 当出现这些情况时，法院必须审查是否应该命令重新审理，或者是否可以找到一定的方法来弥补这种缺陷，由此避免重新审理带来的成本以及延迟。[20] 法官可以就裁决的含义进行提问，并对其不一致的地方进行调整，[21] 或者作出与陪审团的本意相符的裁决。[22] 在这些情况下必须非常小心，以确保法官对该裁决所施加的影响符合陪审团的理解。这个错误本身也许揭露出陪审团的一个基本的错误理解，而这个误解影响到整个裁决。因而，尽管法官有权对此进行修复，它仍然要面临严格的上诉审查；只有当陪审团的真正目的和意图十分清楚时，法官才能对陪审团的裁决施加正确的影响。[23]

而在多数情况下，宣告裁决的时候陪审团的不当行为并不明显，尤其是当陪审团使用的是一般裁决，并且在提交该裁决的时候向当事人及法官提供的信息仅仅是谁有责任、责任有多少的时候，更是如此。[24] 这时，是否该裁决将受到质

---

〔17〕 E. g., Hukle v. Kimble, 172 Kan. 630, 243 P. 2d 225 (1977)（按平均金额作出裁决允许在不能就获得一致意见的情况下，"获得一种陪审员意见的中间数来作为进一步裁量的基础"）。

〔18〕 当使用某一特殊裁决或者附带质询的一般裁决时，答复当中出现的不一致也许会暴露陪审团对被要求的事项形成的误解。See, e. g., Fugitt v. Jones, 549 F. 2d 1001 (5th Cir. 1977). See generally 12. 1, above.

〔19〕 E. g., Rusidoff v. DeBolt Transfer, Inc., 251 Pa. Super. 208, 380 A. 2d 451 (1977); Robb v. John C. Hickey, Inc., 19 N. J. Misc. 455, 20 A. 2d 707 (1941)（陪审团不顾比较性的疏忽大意不具有实质性意义的指示，裁决原告和被告都有过错，并根据其疏忽大意程度的差异提出赔偿 2 000 美元的建议）。

有人认为，认定被告负有责任但却无需赔偿的一般裁决模棱两可或者前后矛盾，不值得重新审理。但并不是所有的法院坚持说这种裁决有缺陷。See Wingerter v. Maryland Cas. Co., 313 F. 2d 754 (5th Cir. 1963); Pitcher v. Rogers, 259 F. Supp. 412 (N. D. Miss. 1966).

〔20〕 Gil de Rebollo v. Miami Heat Ltd. Partnership, 949 F. Supp. 62 (D. Puerto Rico 1996)（裁决通过和解或者基于对重新审理的偏爱形成）; Hanolt v. Mlakar, 421 Pa. 136, 218 A. 2d 750 (1966)（没法进行补救的不清楚而且前后矛盾的裁决）。

〔21〕 Sigel v. Boston & Me. R. R., 107 N. H. 8, 216 A. 2d 794 (1966).

〔22〕 Gilday v. Hauchwit, 91 N. J. Super. 233, 219 A. 2d 873 (App. Div. 1966), reversed on other grounds 48 N. J. 557, 226 A. 2d 834 (1967)（作为一种多余行动，法院可以对陪审团在被告之间分派赔偿金额这一不正确企图进行打击）; Hodgkins v. Mead, 119 N. Y. 166, 23 N. E. 559 (1890)（当裁决谋求不动产佣金的原告胜诉并且双方对数额没有争议时，法院便对该数额予以认可）。

〔23〕 See Kramer v. Kister, 187 Pa. 227, 40 A. 1008 (1898)（刑事诉讼）;. Compare Gilday v. Hauchwit, 91 N. J. Super. 233, 219 A. 2d 873 (App. Div. 1966), reversed on other grounds 48 N. J. 557, 226 A. 2d 834 (1967)（裁决受到了影响）, with Robb v. John C. Hickey, Inc., 19 N. J. Misc. 455, 20 A. 2d 707 (1941)（对裁决施加了不正确的影响）。

〔24〕 See 12. 1, above.

疑这一争点就转变为提供怎样的证据来证明陪审团的不当行为，[25] 而这些不当行为将引发重新审理。[26]

在 18 世纪的英格兰就已经有曼斯菲尔德（Mansfield）勋爵制定出一种具有历史意义的规则，[27] 并由此称之为曼斯菲尔德规则。该规则规定，关于在陪审团审议期间发生了什么，没有一个陪审员可以作证。它是基于这样一种信仰：即允许调查审议过程当中得知的一切，这将威胁到整个陪审制度，而该制度的存在依赖于陪审员拥有免受调查以及在他们认为合适时自由裁决这个案件。[28] 因此，与裁决期间发生了什么有关的陪审员宣誓书不能被用来攻击他们所作出的裁决。曼斯菲尔德规则的支持者们指出，没有办法来彻底保证陪审团正确发挥其作用；陪审团的审议并非是一个具有科学性的过程。[29] 再加上，对裁决质疑的结果——重新审理——并不能确保得到一份更公正或更适当的裁决。

陪审自由的代价是高昂的。由于阻止了依靠陪审员证言来对陪审员的不当行为进行调查，因为多数情况下那些受到调查的陪审员往往是惟一能够对所发生的事情进行解释的人，所以该规则就有效地排除了质疑。但是，如果第三方当事人发现陪审团有违反其职责的某些行为存在，那么该证据就可以采纳。[30] 见证陪审团访问了事故现场的第三者的宣誓书因此而得到准许。应予注意的是，陪审员可以对预先审核过程当中的不当行为，比如伪誓进行作证，因为该证据本身并没有侵袭到审议过程。[31] 除了以上这些很少的情况之外，没有其他可以调查的。

585

---

〔25〕 关于将陪审员宣誓书用于责难裁决时所采用的各种规则的详细审查参见 8 J. Wigmore, Evidence 2345 – 56 (J. McNaughton ed. 1961).

〔26〕 最常见的是，重新审理的动议引发了责难裁决的争论。然而，那种动议的实效性受到规则所规定的在 10 天内发出或者只能在判决作出之后发出的限制，参见上文 12. 4. 因此，如果律师在那个时间之后发现了不当行为，那么该证据就成为提出对判决的救济动议或者上诉的理由。

〔27〕 Vaise v. Delaval, 1 Term R. 11, 99 Eng. Rep. 944 (K. B. 1785).

〔28〕 "但是曾经一度规定，对那些严肃作出而又公然转回法院的裁决可以进行攻击，并在所有参与公开宣告的人的见证下将其撤消，并且，为了能够发现某些能导致裁决无效的事实，我们的裁决、许多裁决都将接受调查。陪审员将可能受到败诉的当事人的烦扰，必须努力防卫那些能充分证明不当行为的事实证据、从而使裁决得以撤消。假如受到防卫的证据能够被采纳，其结果就是，使那些本来要私下商议的事情成为公开调查的持续主题——导致所有坦陈而自由的讨论与会谈由此幻灭。" McDonald v. Pless, 238 U. S. 264, 267 – 68, 35 S. Ct. 783, 784, 59 L. Ed. 1300 (1915) (per Lamar, J.).

〔29〕 在 Jorgensen v. York Ice Machinery Corp., 160 F. 2d 432, 435 (2d Cir. 1947, cert. denied 332 U. S. 764, 一案当中, 勒尼德·汉德 (Learned Hand) 法官观察到, 如果我们命令每一位陪审员的行动当中不能带有偏见, 完全根据在法院得到听审的证据来进行表决, 那么, "在一百份裁决当中, 是否会有超过一份的裁决能够经得起这种检验, 让人表示怀疑……"。

〔30〕 See Christ v. Wempe, 219 Md. 627, 150 A. 2d 918 (1959). But compare Central of Georgia Ry. Co. v. Holmes, 223 Ala. 188, 134 So. 875 (1931).

〔31〕 See McCoy v. Goldston, 652 F. 2d 654 (6ᵗʰ Cir. 1981). 然而, 多数情况下以未能在预先审核当中披露信息为理由而提出的质疑并不成功。See the cases in 11 C. Wright, A. Miller & M. Kane, Civil 2d 2810 n. 15. 一些法院允许陪审员宣誓书涉及陪审室以外的行为。See Bainton v. Board of Educ. of City of New York, 57 Misc. 2d 140, 292 N. Y. S. 2d 229 (1968).

尽管曼斯菲尔德规则受到了合理的批评，认为它让那些存在问题的裁决能够保持岿然不动，[32] 但是，在一些州此规则仍然占据支配地位。[33]

为了使曼斯菲尔德规则的作用得到改善，如今许多管辖区允许陪审员披露信息，但受到特定的限制。[34] 因此，所有的司法制度当中，对陪审员的智力过程（mental processes）或者有关其智力过程的一些素材产生的影响进行调查总体上受到排斥。[35] 然而，还是可以使用陪审员宣誓书来证明有关"外在行为（overt acts）"[36] 或者不独立的事实，这些事实牵涉到陪审团成员是否带有偏见。[37]

然而是什么构成了一种"外在行为"？在一些证据当中进行这种除外规定其目的是防止陪审员进行审议时其想法受到任何的调查。就像大法官特雷纳（Traynor）解释的那样，"可能得到证实的惟一不良影响＊＊＊是那些向所有眼睛、耳朵以及其他感官公开并因此而得到确证的事物。"[38] 譬如，在一个涉及平均金额裁决的案件当中，陪审员宣誓书可以被用来证明该陪审员写下了赔偿额的数字——形成裁决所确定的赔偿总数的过程。[39] 可容许的证言内容包括书写行为、相加然后除以 12，而不包括陪审员关于为什么这是适当的，或者为什么他

---

〔32〕 See 参见大法官彼得斯（Peters）在 Sopp v. Smith, 59 Cal. 2d 12, 27 Cal. Rptr. 593, 377 P. 2d 649（1963）一案中发表的反对判决意见。Sopp was overruled later in People v. Hutchinson, 71 Cal. 2d 342, 78 Cal. Rptr. 196, 455 P. 2d 132（1969）. Cert. denied 396 U. S. 994; Note, Impeachment of Jury Verdicts, 53 Marq. L. Rev. 258（1970）. See also Note, Admissibility of Evidence to Impeach Jury Verdicts, 22 U. Miami L. Rev. 729（1968）.

〔33〕 See Barsh v. Chrysler Corp., 262 S. C. 129, 203 S. E. 2d 107（1974）; Eichel v. Payeur, 106 N. H. 484, 214 A. 2d 116（1965）. See also Blanton v. Union Pacific R. R. Co., 289 Or. 617, 616 P. 2d 477（1980）（陪审员宣誓书不能用来证明平均金额裁决）。

〔34〕 在加利福尼亚，要求重新审理的动议不能够从陪审员证言那里获得支持，而只有陪审员宣誓书才能如此。Linhart v. Nelson, 18 Cal. 3d 641, 134 Cal. Rptr. 813, 557 P. 2d 104（1976）.

〔35〕 See U. S. v. Krall, 835 F. 2d 711（8th Cir. 1987）（证明因为害怕 IRS 报复，陪审员尽管确信被告无辜但还是作出了有罪判决的表决的证据注定不被承认）; Dongieux's v. Shoaf, 271 Ark. 197, 608 S. W. 2d 33（App. 1980）; Kirkland v. Robbins, 385 So. 2d 694（Fla. App. 1980）, review denied 397 So. 2d 779（Fla. 1981）; Hendrickson v. Konopaski, 14 Wn. App. 390, 541 P. 2d 1001（1975）.

〔36〕 People v. Hutchinson, 71 Cal. 2d 342, 78 Cal. Rptr. 196, 455 P. 2d 132（1969）, cert. denied 396 U. S. 994（宣誓书的内容涉及到法庭监守官给陪审团施压催促其作出裁决的行为）; Wright v. Illinois & Mississippi Telegraph Co., 20 Iowa 195（1866）. 德克萨斯州法院在以任何调查审查过程的行为为由撤消裁决方面似乎最自由。See Pope, The Mental Operation of Jurors, 40 Texas L. Rev. 849（1962）.

〔37〕 See Kilgore v. Greyhound Corp., 30 F. R. D. 385（E. D. Tenn. 1962）; Kritzer v. Citron, 101 Cal. App. 2d 33, 224 P. 2d 808（1950）; Thomason v. Trentham, 178 Tenn. 37, 154 S. W. 2d 792（1941）.
根据《联邦证据规则》第 606 条（b）的规定，涉及陪审员的精神强制或者身体残疾方面的信息不能被用来攻击裁决。Government of Virgin Island v. Nicholas, 759 F. 2d 1073（3d Cir. 1985）. But cf. Weaver v. Puckett, 896 F. 2d 126（5th Cir. 1990）, cert. denied 498 U. S. 966（这里可以有一种例外："有极其有力的证据证明陪审员不适格"）（刑事案件）。

〔38〕 People v. Hutchinson, 71 Cal. 2d 342, 78 Cal. Rptr. 196, 201, 455 P. 2d 132, 137（1969）, cert. denied 396 U. S. 994.

〔39〕 National Credit Corp. v. Ritchey, 252 Ark. 196, 477 S. W. 2d 488（1972）.

们感到被驱使这样做的一些想法。[40] 一些法院也采纳了该规则，允许使用宣誓书来证明由一位陪审员在陪审室里提供的外来信息。[41] 关键问题是，能够证明那些信息在陪审员头脑或者情感上产生了何种影响的证言无法得到。

在联邦法院，《联邦证据规则》第 606 条（b）对那些可以用来质疑裁决的陪审员证言进行了规范。[42] 该条款规定，证言只要是在审议过程当中形成的、影响陪审员的思想或者情感，或者涉及陪审员智力过程的任何言论或者素材，均不得使用。[43] 但是，陪审员可以就"是否没有关联的、带有偏见性的信息错误地引起了陪审员的关注，或者是否陪审员受到任何外界影响的不当干扰这一问题"提供证明。[44] 因而，联邦规则一开始就作了一种宽泛的假定，以此来防止使用涉及审议过程的证言，除非出现了以上两种除外情形当中的任何一种情形。[45]

之所以使用"无关联的偏见性信息"而不使用"外在行为"一词，是力图避免对一种行为进行定义时带来的问题，同时也是认识到，当庭审期间没有呈交的信息提交给陪审员们审议并作出裁决时，该裁决便存在问题。[46] 通过案外当

587

---

〔40〕　See Johnson v. Harris, 23 Ariz. App. 103, 530 P. 2d 1136 (1975)（陪审员的宣誓书陈述的内容是，一位陪审员宣布她将跟随多数人的意见，而另外一位则说只要能避免错误审理，她将在裁决书上签名）。

〔41〕　See Kilgore v. Greyhound Corp. , 30 F. R. D. 385 (E. D. Tenn. 1962)；Krouse v. Graham, 19 Cal. 3d 59, 137 Cal. Rptr. 863, 562 P. 2d 1022 (1977)；New Jersey v. Kociolek, 20 N. J. 92, 118 A. 2d 812 (1955).

〔42〕　对质疑的一般性问题所作的精彩说明参见 Comment, Impeachment of Jury Verdicts, 25 U. Chi. L. Rev. 360 (1958).

〔43〕　E. g. , Robles v. Exxon Corp. , 862 F. 2d 1201 (5th Cir. 1989), cert. denied 490 U. S. 1051（几位陪审员宣称他们对裁决的效果发生了误解，但是他们的这种陈述不能被采用，因为这一错误牵涉到这些陪审员的智力过程）。

〔44〕　该规定的历史反映出，如何把握对陪审员的不当行为实施调查的度，裁决又是如何受到不断发生变化的、关于何种行为必须予以纠正的态度的影响，什么时候那些与审议有关的问题至少会对过程本身构成威胁，要对这些问题作出裁决存在相当严峻的困难。See Mueller, Jurors'Impeachment of Verdicts and Indictments in Federal Court Under Rule 606 (b), 57 Neb. L. Rev. 920, 927 – 35 (1978).

〔45〕　有关对联邦证据规则 606 (b) 的讨论，参见 Mueller, Jurors'Impeachment of Verdicts and Indictments in Federal Court Under Rule 606 (b), 57 Neb. L. Rev. 920 (1978)；Thompson, Challenge to the Decisionmaking Process – Federal Rule of Evidence 606 (b) and the Constitutional Right to a Fair Trial, 38 Sw. L. J. 1187 (1985).

〔46〕　对联邦证据规则 606 (b) 的例外情形的讨论，参见 Tanner v. U. S. , 107, 107 S. Ct. 2739, 97 L. Ed. 2d 90 (1987). The case is analyzed in Diehm, Impeachment of Jury Verdicts；Tanner v. U. S. and Beyond, 65 St. John's L. Rev. 389 (1991), and criticized in Note, The Jurisprudence of Jury Trials：The No Impeachment Rule and the Conditions for Legitimate Decisionmaking, 64 U. Colo. L. Rev. 57 (1993).

事人的参加（intervention of outside parties），[47] 这些信息有可能会不引人注意地接近他们[48]或者其中包含了某一位陪审员的特殊知识。[49] 而对没有关联的信息所带来的问题，法院必须进行应对[50]——这些问题就是，通常情况下陪审员带入审议过程的知识是否属于一般知识，或者该知识是否很特殊以致构成了一种来自于法庭之外的额外的证言。[51] 并且，即使如此，裁决也只有在该信息必然导致偏见的情况下才能推翻。虽然陪审员可以对陪审员的注意力是否放到了无关联的信息上面提供证言并对该信息进行描述，[52] 但是，由于《联邦证据规则》第606条（b）将一些与该无关联信息可能对陪审团成员造成的影响有关的证言进行了排除，所以就不得不对偏见实施推断。[53]

这种使用证据证明"外部影响"的例外规定就使得接受涉及贿赂企图、强制或者干涉陪审团或陪审团成员的证据的能力显而易见。[54] 无需考虑该透露出来的信息实际是否相干。这些做法对司法制度实质上的公正构成了威胁，因而要求使用的证据具有可采性，并给予法院相应的机会来担保裁决不出现偏见。

以上是对关于何种证据可以被用来质疑裁决这一问题的解决方法所作的一番概述，显而易见的是，到底哪些应该被允许，哪些应予排除，并未形成一致意见。甚至表面上使用同一方法的各个州也没有就何者构成"外在行为"或者"无关联的偏见性信息"达成共识。这些差异不能看成是某一区域煽风点火，而应该看成是在确保裁决的公正与保护陪审过程免受破坏性指示的干扰这两者之间

---

〔47〕 有关被排除的证据种类的列表，参见 Mueller, Jurors' Impeachment of Verdicts and Indictments in Federal Court Under Rule 606（b），57 Neb. L. Rev. 920, 936－43（1978）. 米勒（Mueller）教授纵览之后总结道："然而，很明显，该规则给予的忠告作为解决这些问题的方法方面有些保守，并且在相接近的案件当中有误的是除外情形的涵盖面而非证据的采纳。" Id. at 943.

〔48〕 See, e. g., Farese v. U. S., 428 F. 2d 178（5th Cir. 1970）（刑事案件）。

〔49〕 See, e. g., U. S. v. Howard, 506 F. 2d 865（5th Cir. 1975）（陪审员宣誓书提到，另一位陪审员宣称被告在先前已经两次或三次陷于麻烦之中）。

〔50〕 See, e. g., Maldonado v. Missouri Pacific Ry. Co., 798 F. 2d 764, 769（5th Cir. 1986）, cert. denied 480 U. S. 932（陪审员关于铁路资源以及是否给予原告提出怀疑的机会的讨论并非没有关联）; Shillcutt v. Gagnon, 602 F. Supp. 1280, 1282（E. D. Wis. 1985）, affirmed 827 F. 2d 1155（7th Cir. 1987）（在陪审团审议期间明显出现的种族歧视并非没有关联）。

〔51〕 See Comment, Impeachment of Jury Verdicts, 25 U. Chi. L. Rev. 360, 367－68（1958），该文认为，基于陪审员的专门化知识，不应允许质疑。See also text at notes 9－14, above.

〔52〕 Rushen v. Spain, 464 U. S. 114, 104 S. Ct. 453, 78 L. Ed. 2d 267（1983）.

〔53〕 U. S. v. Calbas, 821 F. 2d 887（2d Cir. 1987）, cert. deinied 485 U. S. 937; U. S. v. Green, 523 F. 2d 229（2d Cir. 1975）, cert. denied 423 U. S. 1074. But compare Whitten v. Allstate Ins. Co., 447 So. 2d 655（Ala. 1984）（陪审员可以就他们是否受到无关联的事项的影响提供证言）。

〔54〕 See, e. g., Stone v. U. S., 113 F. 2d 70（6th Cir. 1940）（刑事案件）。这一例外规定允许使用那些有关外界与那些可能产生偏见的陪审团成员接触的证据 See note 5, above. But cf. U. S. v. Casamayor, 837 F. 2d 1509, 1515（11th Cir. 1988）, cert. denied 488 U. S. 1017（陪审员仓促行事或者其他陪审员的胁迫行为并不是对裁决提出质疑的强制性证据）（刑事案件）。

进行的一种持续不断的微调措施。随着联邦证据规则被越来越多的州所采用,[55] 人们期待着其公式化被广泛使用;但是,对该说明的不同的解释方法却反映出人们对这一问题的不同态度。因此,这保留下来一个区域,该区域对当地的法律进行审查非常重要,因为全国性的统一标准未必会形成。

12. 6 要求变更判决的动议或从判决中获得救济

作出判决标志着初审法院对争议进行裁决进入了最后一个阶段。[1] 判决作出时由于书写错误、[2] 或者某些遗漏或疏忽[3]而产生的瑕疵都可以通过要求补正或者变更判决的动议得到纠正。这可以由任何一方当事人进行或者通过法院预审来完成。[4] 尽管补正可以使当事人从错误判决当中得到救济,但它属于行政性程序(ministerial procedure),不要求重新正式判决或者重新审理。因此,其争议并不会太大。事实上,多数制度当中都有规定:对判决当中的书写错误在任何时候予以补正的能力;[5] 而以判决书当中的某些要素出现遗漏为由申请变更判决则限制在 10 天之内进行,[6] 这一变化被认为更具有实质意义。[7]

但是使用动议来变更判决其事由严格局限于书写错误或显而易见的疏忽事

---

〔55〕 在这一问题上不同司法管辖权区域内各州法律的罗列参见 8 J. Wigmore, Evidence 2354 (J. Mc-Naughton ed. 1961) (1988 supplement by W. Reiser).

〔1〕 作出判决的日期很重要,因为从那个时刻开始,构成庭后动议或者提起上诉的期限便开始起算了。See Fed. Civ. Proc. Rules 59 and 60, and Fed. App. Proc. Rule 4 (a). 发出庭后动议并不导致上诉的期限延长。《联邦上诉规则》第 4 条 (a) 列举了延长上诉期限的动议,《联邦民事诉讼规则》第 59、60 条所规定的动议没有包括在其中。

〔2〕 Fed. Civ. Proc. Rule 60 (a); Mich. Rules Civ. Proc. 2. 612; Va. Code 1950, 8. 01 - 428. See generally 11 C. Wright, A. Miller & M. Kane. Civil 2d 2854 - 56.

〔3〕 Fed. Civ. Proc. Rule 59 (e). See generally 11 C. Wright, A. Miller & M. Kane, Civil 2d 2817.

〔4〕 American Trucking Ass'ns v. Frisco Transportation Co. , 358 U. S. 133, 79 S. Ct. 170, 3 L. Ed. 2d 172 (1958); Wilson v. Wilson, 88 Cal. App. 2d 382, 198 P. 2d 916 (1948).

〔5〕 Tillman v. Tillman, 172 F. 2d 270 (D. C. Cir. 1948), cert. denied 336 U. S. 954.

〔6〕 Fed. Civ. Proc. Rule 59 (e). 构成该动议的时间不能予以延长。Fed. Civ. Proc. Rule 6 (b); Scola v. Boat Frances, R. , Inc. , 618 F. 2d 147 (1ˢᵗ Cir. 1980).

〔7〕 例如,如果某个州的法律要求在对陪审团的裁决进行质问的时间上必须有额外利益 (addition of interest),那么遗漏了判决利益就被视为书写错误,该错误按照《联邦规则》第 60 条 (a) 的规定可以予以纠正。Hayden v. Scott Aviation, Inc. , 684 F. 2d 270 (3d Cir. 1982). 然而,假如对利益的裁定属于自由裁量的范围,那么在判决书当中没能将利益包括进来就不是书写错误,不能按照《联邦规则》第 60 条 (a) 的规定来进行补正。Gray v. Dukedom Bank, 216 F. 2d 108 (6ᵗʰ Cir. 1954). 但是,它可以通过及时发出规则第 59 条 (e) 所规定的动议来予以变更。Spurgeon v. Delta S. S. Lines, Inc. , 387 F. 2d 358 (2d Cir. 1967).

项，[8] 而与要求补充追索额 9 或者在赔偿裁决中减少金额[10] 的权利问题无关。要想重新作出判决或者基于非技术性原因或者以超过规定期限为由变更判决，必须通过要求重新审理的动议[11] 或者上诉[12] 来实现。

除了以上这些方法，所有的司法制度还为有冤屈的一方当事人提供了一些在初审法院寻求救济的途径，对判决实施救济的动议就是其典型形式。由于要求重新审理的动议权或者上诉权同样被限制在确定的期限内，通常分别是 10 天和 30 天，许多错误不能及时得到发现而无法利用上面这些对判决表示异议的途径。因此，这种救济方式是否具有实效性也就显得尤其重要。其结果经常是，从判决中获得救济的动议提供了一种用以避免那些被声称有误的判决的惟一可能的途径。

590　　决定何时允许对判决进行救济是一个很困难的问题，因为它要求在下列两条相对立的原则之间实施微妙的权衡：要求诉讼有一个最终结果的终局性原则所确定的重要目标，以及在个案中实现正义的愿望。[13] 既然今天的法院已经是人满为患，并且每一位寻求救济的人已经获得最少一次的听审机会，那么美国法院在这种价值等级体系当中向终局性作出倾斜也就不令人感到奇怪了。[14]

在审理法院存在四种可利用的寻求从判决中获得救济的方法，这些方法存在着本质的区别。[15] 第一，某些特殊法令授权对某些类型的判决有权提起特殊程序来寻求救济；[16] 第二，现有的规则通常规定在初审法院一方当事人可以依据某些在规则当中列举的事由发出寻求救济动议；[17] 第三，一方当事人可以衡平

---

〔8〕　McNickle v. Bankers Life & Cas. Co., 888 F. 2d 678, 682（10th Cir. 1989）（补正应该要求没有补充证据）；Employers Mut. Cas. Co. v. Key Pharmaceuticals, Inc., 886 F. Supp. 360（S. D. N. Y. 1995）（遗漏了庭后判决利益这一失误可以作为书写错误予以补正；而遗漏了审前判决利益的判决却不能予以纠正，因为它要求进行补充裁决）；Zisk v. City of Roseville, 56 Cal. App. 3d 41, 127 Cal. Rptr. 896（1976）（签署判决书时没有表明实际的司法意图）。Compare Dennis v. Dennis, 3 Mass. App. Ct. 361, 330 N. E. 2d 490（1975）（实际尚未成熟时作出判决不是书写错误）。

〔9〕　See White v. New Hampshire Dep't of Employment Security, 455 U. S. 445, 102 S. Ct. 1162, 71 L. Ed. 2d 325（1982）（《联邦规则》第 59 条（e）不适用于涉及 1988 年 42 U. S. C. A. 所提及律师费的判决后请求）。

〔10〕　Dow v. Baird, 389 F. 2d 882（10th Cir. 1968）（试图去除惩罚性赔偿）。

〔11〕　See generally 12. 4 - 12. 5, above.

〔12〕　See generally Chapter 13, below.

〔13〕　See generally Frankel, The Search for Truth: An Umpireal View, 123 U. Pa. L. Rev. 1031（1975）.

〔14〕　"对诉讼进行了结是出于公众利益以及政策的考虑……诉讼可以不朽，人却是会死的。" Ocean Ins. Co. v. Fields, 18 Fed. Cas. 532（C. C. Mass. 1841）（No. 10, -406）.

产生判决约束效应的遵循先例同样可以作为终局原则这一司法倾向的一个例证。参见下文第 14 章。

〔15〕　See generally 11 C. Wright, A. Miller & M. Kane, Civil 2d 2857 -73.

〔16〕　对现有的这种救济方式——少数律令的讨论参见 11 C. Wright, A. Miller & M. Kane, Civil 2d 2869.

〔17〕　Fed. Civ. Proc. Rule 60（b）. 许多州以联邦规则为模本制定了相应的规则，并列举了同样的申请救济事由。E. g., Mass. R. Civ. P. Rule 60（b）；Minn. Rules Civ. Proc., Rule 60. 02.

法上认可的理由提起独立的诉讼来对判决提出异议；或者，第四，当事人可以基于欺诈而提出撤消判决的申请，诉诸于法院在衡平法上的内在权力。

后面的这两种制度是历史性救济方法的再现，通过这些方法，衡平法院可以凭借那些没有在普通法院得到认可的理由要求普通法院重新作出判决。随着普通法律与衡平法的融合，提起独立的诉讼或者对欺诈行为实施公平救济的需要也就不存在了。虽然如此，但是在一些州仍然保留了一些非常重要的获取救济的方式，这是因为在相关程序规则当中所列举的救济理由非常有限。[18] 再者，甚至在有着较为宽泛的动议实践的地区，当那些授权提出动议的规则的约束性条款阻止法院对动议作出回应的时候，这种制度仍然有用。

例如，在法院可以提起独立的诉讼而不作判决宣告，[19] 然而在申请判决救济动议的情况下却不能这样。[20] 同样，在许多地方，申请判决救济的动议必须在特定的时间段提出，而这些规定并非真正来自衡平法。[21] 在衡平法上，运用独立诉讼的权利仅仅在懈怠行使的情况下才受到限制；[22] 以对法院实施了欺诈为由申请撤消判决没有时间限制，甚至也不受懈怠条款的禁止。[23] 事实上，一些法院已经有意地将其判决予以公开，目的为了激发衡平法上保留下来的此项权力。[24]

但是，独立诉讼的运用或者以欺诈为由而撤消判决的一般的激发方式受制于

591

---

〔18〕 例如，在弗吉尼亚州，只有对缺席判决或者原告胜诉的判决（decree pro confesso）才可以提出救济动议，而且只能以对法院实施了欺诈、或判决无效、或者经双方已经形成合意为理由提出动议。Va. Code 1950, 8. 01 -428A. 稍稍缓和一点的、但还是有限制的做法是加利福尼亚州，在那里申请判决救济的动议只能基于下列理由：该判决的作出是错误的、疏忽大意的、突袭或过失，或者本身是无效的。West 's Ann. Cal. Code Civ. Proc. 473. 因此，在这些场合，以对法院实施欺诈为理由提起独立的诉讼或者提出撤消判决的动议可能将扮演非常重要的角色。

〔19〕 Hadden v. Rumsey Prods, Inc. , 196 F. 2d 92 (2d Cir. . 1952).
如果一方当事人在初次判决宣告之时首先就申请进行判决救济，并且在遭到拒绝以后在另外的法院以同样的理由提起独立的诉讼，那么先前的已判决事项对该独立诉讼可以产生排斥作用。See Lockin v. Switzer Bros. , Inc. , 335 F. 2d 331 (7th Cir. 1964), cert. denied 379 U. S. 962. But compare Caputo v. Globe Indem. Co. , 41 F. R. D. 239 (E. D. Pa. 1966); Verret v. DeHarpport, 49 Or. App. 801, 621 P. 2d 598 (1980).

〔20〕 Taft v. Donellan Jerome, Inc. , 407 F. 2d 807 (7th Cir. 1969).

〔21〕 Caputo v. Globe Indem. Co. , 41 F. R. D. 239 (E. D. Pa. 1996); Compton v. Compton, 101 Idaho 328, 612 P. 2d 1175 (1980).

〔22〕 Lockwood v. Bowles, 46 F. R. D. 625 (D. D. C. 1969); Dunham v. First Nat. Bank in Sioux Falls, 86 S. D. 727, 201 N. W. 2d 227 (1972).

〔23〕 Toscano v. Commissioner of Internal Revenue, 441 F. 2d 930 (9th Cir. 1971).

〔24〕 Toscano v. Commissioner of Internal Revenue, 441 F. 2d 930 (9th Cir. 1971); Root Refining Co. v. Universal Oil Prods. Co. , 169 F. 2d 514, 521 (3d Cir. 1948), cert. denied 335 U. S. 912.

历史上的限制性条款[25]以及在解释和定义方面存在的困难。[26] 例如，只要存在对法院实施的某种欺诈行为，就可以以欺诈为由申请撤消判决，而非仅限于双方当事人之间的欺诈。[27] 这两种形式的欺诈之间的区别有些难以捉摸，[28] 但是一般说来前者涉及到的问题是，将一些预先设计好的东西展示出来，其目的并不仅仅在于阻止对方当事人占据优势，而在于破坏或者侵蚀司法程序。[29] 因此，简单的偏见并不构成对法院的欺诈，[30] 尽管它也有贿赂法官的意图在里面。[31] 无论怎样，能够被认定为欺诈法院的情形是极其受限制的。换句话说，多数认可独立诉讼的法院只允许对基于外在的欺诈作出的判决提出质疑，对内在欺诈的情形却不允许。[32] 其结果是，判决作出之后，在作出该判决的法院保留判决救济的动议来对其实施挑战成为一种最普遍、最受青睐的方式。[33]

　　大多数司法制度中，制定法和规则对判决救济规定了相当特殊的前提条件。而且，它们对获得该救济的时间作了明确限制。这些规定将那些广泛得到认可的、终局判决规则的具体除外情形予以原则化，并表示出这样一种主张，即在以

---

[25]　自从独立诉讼和以欺诈法院为由申请判决救济成为衡平法上的一项权力以来，总体而言这些方式受到一种历史观念的限制，那就是只有在法律没有提供足够的补救手段时这些方式才可以被使用。如果一般的程序规则能提供可能的救济方式，那么就必须依照其提供的这种方式来寻求救济。Taft v. Donellan Jerome, Inc., 407 F. 2d 807（7th Cir. 1969）；Anderson v. Anderson, 399 N. E. 2d 391（Ind. App. 1979）.

[26]　有关运用独立诉讼的某些要求的陈述，参见 National Sur. Co. v. State Bank of Humboldt, 120 Fed. 593, 599（C. C. A. Neb. 1903）. See also Comment, Rule 60（b）: Survey and Proposal for General Reform, 60 Calif. L. Rev. 531, 542（1972）.

当独立诉讼是在联邦法院提起而且受到攻击的法官是来自州法院时，就存在某些特殊要求。See Comment, Judgments: Fraud as a Basis for Relief in Federal Courts from Final State Court Judgments, 1964 Duke L. J. 109.

[27]　Travelers Indem. Co. v. Gore, 761 F. 2d 1549, 1551（11th Cir. 1985）；Rozier v. Ford Motor Co., 573 F. 2d 1332（5th Cir. 1978）.

[28]　对法院实施的欺诈与一般性欺诈之间的区别的探讨，参见 Rozier v. Ford Motor Co., 573 F. 2d 1332（5th Cir. 1978）. See generally 11 C. Wright, A. Miller & M. Kane, Civil 2d 2870. see Note, Relief from Fraudulent Judgments in Federal Courts: Motion to Vacate or Independent Action - Opposite Sides of the Same Coin, 36 Drake L. Rev. 389（1986）.

[29]　欺诈法院行为的一个示范性案例是 Hazel - Empire Co., 322 U. S. 238, 64 S. Ct. 997, 88 L. Ed. 1250（1944）.

[30]　Petry v. General Motors Corp., 62 F. R. D. 357（E. D. Pa. 1974）；Lockwood v. Bowles, 46 F. R. D. 625（D. D. C. 1969）；Willis v. Willis, 93 Idaho 261, 460 P. 2d 396（1969）. But see Shammas v. Shammas, 9 N. J. 321, 88 A. 2d 204（1952）.

[31]　E. g., Root Refining Co. v. Universal Oil Prods. Co., 169 F. 2d 514, 525（3d Cir. 1948）, cert. denied 335 U. S. 912.

[32]　Maschoff v. International Union, UAW, 23 Fed. R. Serv. 2d 1204（E. D. Mich. 1977）；Rogoski v. City of Muskegon, 107 Mich. App. 730, 309 N. W. 2d 718（1981）；Bennett v. Hibernia Bank, 47 Cal. 2d 540, 305 P. 2d 20（1956）. See generally Note, Attacking Fraudulently Obtained Judgments in the Federal Courts, 48 Iowa L. Rev. 398（1963）. 坚持对内在和外在欺诈进行区分这一做法遭到了批评。11 C. Wright, A. Miller & M. Kane, Civil 2d2868.

[33]　See Restatement Second of Judgments78（1982）.

上这些场合当中，对真实和正义的祈望其价值超过了及时终结的价值。实施这些适时性限制其目的是为了保护判决的稳定性，因为它们保证终局的实现仅仅是被推迟，而非被取消。对于如何把握适用这些法律的基准，法院享有自由裁量权，并且一般是在对非正义进行补救时采取的明智之举。[34]

作为规范联邦法院判决救济的条款，《联邦民事诉讼规则》第 60 条（b）[35]为采取何种方式决定何时、基于何种理由获得救济提供了一个很不错的范例。这一条款当中所规定的申请救济的 6 种理由可以分成三类。首先，有一些理由必须在判决作出后 1 年[36]之内提出。[37] 在这 1 年之内，当事人可以基于作出的判决有错误、存在疏漏或者可以原谅的过失，[38] 或有新发现的证据，[39] 或是基于欺诈而寻求救济。[40] 即使在 1938 年《联邦规则》正式通过以前，以上任何一种情形都构成申请救济的理所当然的理由。[41] 以上每一种情形都规定得相当具体，并且通常都作狭义上的解释，其目的是为了在初次审理期间不鼓励草率行事。简要地来看一下法院如何适用以上这些理由，就能发现这些理由的局限性所在。

在需要救济的情形，只要该救济在当时的场合是合情合理的，[42] 而且在动

590

---

〔34〕 See generally Kane, Relief From Federal Judgments：A Morass Unrelieved By a Rule, 30 Hast. L. J. 41 (1978).

〔35〕 有关联邦规则第 60 条（b）的历史由来，参见 Moore & Rogers, Federal Relief From Civil Judgments, 55 Yale L. J. 623 (1946).

〔36〕 一些法律甚至规定了更短的时间。See e. g., West's Ann. Cal. Code Civ. Proc. 473；Utah Rules Civ. Proc., Rule 60 (b).

〔37〕 一年的时间期限标志着对寻求救济的时间从外部进行了限制。当事人同样必须连续不断的提出动议。如果动议是在 1 年内提起，但是已经远在发现这些动议理由的应有时间之后，倘若不能对延误提供解释，则该动议可能被否决。E. g., Security Mut. Cas. Co. v. Century Cas. Co., 621 F. 2d 1062 (10th Cir. 1980)；Di Vito v. Fidelity & Deposit Co. of Maryland, 361 F. 2d 936 (7th Cir. 1966)；Schildhaus v. Moe, 335 F. 2d 529 (2d Cir. 1964) (延迟了 8 个月).

〔38〕 Fed. Civ. Proc. Rule 60 (b) (1).
针对《联邦规则》60 (b) (1) 是否适用于法律上的司法错误情形的讨论 83 Mich. L. Rev. 1571 (1985).

〔39〕 Fed. Civ. Proc. Rule 60 (b) (2).

〔40〕 Fed. Civ. Proc. Rule 60 (b) (3).
在一些州，关于何时可以以欺诈为由寻求判决救济没有固定的时间限制。E. g. Del. Civ. Proc. Rule of Super. Ct. 60 (b)；N. Y. – McKinney's CPLR 5015 (a). 在加利福尼亚州，以内在的欺诈为由寻求救济要受法律上规定的 6 个月时间限制，但如果主张的是外在的欺诈，那么该时间限制就不予适用。Beresh v. Sovereign Life Ins. Co. of California, 92 Cal. App. 3d 547, 155 Cal. Rptr. 74 (1979).

〔41〕 See, e. g., Kaw Valley Drainage Dist. v. Union Pacific R. R. Co., 163 Fed. 836 (C. C. A. Kan. 1908). 以新发现的证据或者欺诈为前提的救济可以通过一些特殊的令状以及独立诉讼获得。See Moore & Rogers, Federal Relief from Civil Judgments, 55 Yale L. J. 623, 653 – 82 (1946).

〔42〕 E. g., Barber v. California Credit Council, 224 Cal. App. 2d 635, 36 Cal. Rptr. 834 (1964).

议方当事人[43]或其律师[44]看来并非产生于严重过失，那么就被允许。在实践当中，这就意味着只要出现违例情形，[45]或者原告的诉讼由于起诉不成功而被驳回，[46]或者双方当事人倾尽全力诉讼但还是作出错误判决，[47]该规则就有被成功动用的最大可能。在这些违例情形之外，辩护律师所犯的疏忽大意的错误被认为有点令人同情，因而以该疏忽大意不可原谅为由申请救济经常遭到拒绝。[48]

《联邦规则》第 60 条（b）（2）规定可以基于新发现的证据而申请救济，但它所要求的不是某种新理论得到了发展或者新发现了事实这么简单。当事人要想运用这一规定来寻求救济的话，就必须能够证明该证据以及与此相关的事实在庭审时就存在，[49]并且提出该证据的当事人在那个时候尽管确实勤勉诉讼但还是没能发现它们。[50]更进一步说，这些证据必须是具有这样一种本质：假如重开判决（the judgment is reopened）及命令重新审理，将有可能产生不同的结果。[51]

594

这些限制性要求迫使当事人在案件进行初次审理时就作好充分准备，因为衡

---

〔43〕 E. g., Weinreich v. Sandhaus, 156 F. R. D. 60 (S. D. N. Y. 1994).

〔44〕 律师的疏忽通常被强加给当事人。See Link v. Wabash R. R. Co., 370 U. S. 626, 633 82 S. Ct. 1386, 1390, 8 L. Ed. 2d 734 (1962); Restatement Second of Judgments 67, comment c (1982).

〔45〕 See Project, Felief from Default Judgments Under Rule 60 (b) – A Study of Federal Case Law, 49 Ford. L. Rev. 956 (1981). E. g., Rooks v. American Brass Co., 263 F. 2d 166 (6th Cir. 1959). See also Mieszkowski v. Norville, 61 Ill. App. 2d 289, 209 N. K. 2d 358 (1965).

纽约州也有与《联邦规则》第 60 条（b）（1）相类似的规定，它允许仅仅基于"可原谅的缺席（excusable default）"而允准救济。N. Y. – Mckinney's CPLR 5015 (a) (1).

〔46〕 E. g., Boughner v. Secretary of HEW, 572 F. 2d 976 (3d Cir. 1978); Leong v. Railroad Transfer Serv., Inc., 302 F. 2d 555 (7th Cir. 1962).

〔47〕 See Griffin v. Kennedy, 344 F. 2d 198 (D. C. Cir. 1965) （此案中试图提出管辖权辩护的律师受到不当限制，从而导致当事人承受对其不利的即决判决）; Van Dyke v. MacMillan, 162 Cal. App. 2d 594, 328 P. 2d 215 (1958) （辩护律师行为不适当并且产生了误解，认为邮件从洛杉矶发往尤巴城（Yuba City）需花费超过一天的时间）.

〔48〕 See, e. g., Sparrow v. Heller, 116 F. 3d 204 (7th Cir. 1997); Consolidated Masonry & Fireproofing, Inc. v. Wagman Constr. Corp., 383 F. 2d 249 (4th Cir. 1967). 有人提出准予救济的判决不应该纠缠于动议方的疏忽大意或者非疏忽大意上，而应该着眼于是否存在审判不公的情况。See Note, Negligent Litigation and Relief from Judgments: The Case for a Second Chance, 50 S. Cal. L. Rev. 1207 (1977).

〔49〕 Brown v. Pennsylvania R. R. Co., 282 F. 2d 522 (3d Cir. 1960), cert. denied 365 U. S. 818; Prostrollo v. University of South Dakota, 63 F. R. D. 9 (D. S. D. 1974).

〔50〕 Alpern v. UtiliCorp United, Inc., 84 F. 3d 1525 (8th Cir. 1996); Richardson v. National Rifle Ass'n, 879 F. Supp. 1 (D. D. C. 1995); Inhabitants of Town of Kennebunkport v. Forrester, 391 A. 2d 831 (Me. 1978); Ashton v. Sierrita Mining & Ranching, 21 Ariz. App. 303, 518 P. 2d 1020 (1974).

如果当事人先前不能发现该证据是由于该证据被对方当事人欺诈性地隐瞒起来，那么可以以欺诈为由申请救济。在某些时候，这种救济在超过适时性限制的情况下也能得到允许。See text at nn. 22 – 24, above.

〔51〕 U. S. v. Walus, 616 F. 2d 283 (7th Cir. 1980); International Nikoh Corp. v. H. K. Porter Co., 374 F. 2d 82 (7th Cir. 1967); Cox v. Trans World Airlines. Inc., 20 F. R. D. 298 (W. D. Mo. 1957).

平法上的对价原则（equitable considerations）要求，除了在十分例外的场合下，获胜一方当事人应该能够对判决产生信赖。此外，要求证据在庭审时就存在，也不排斥在下列情况下允许救济：证据直到庭审结束后才存在，由于它的存在而可能导致诉讼永久持续下去。因而，如果不断发展的新的医疗技术有望减轻原告的损害，[52] 或者后来的医学检查显示原告受到的损伤比庭审时表现出来的更严重或者更广泛，[53] 在这种情况下不能申请救济。作为环境发生了变化而导致的结果，不管其对原告而言是飞来横财还是天降人祸，都是赔偿数额一次性给付这种做法所带来的后果以及应该为此承受的代价，它无法改变在庭审当时所给予的救济是适当的这一事实。

要想以欺诈为由成功地提起救济的动议，动议方必须通过清楚的、令人信服的证据来证明欺诈的存在；仅有怀疑或者指称有欺诈是不够的。[54] 一些法院采取的做法是，不需要证明该结果有可能在没有出现欺诈情形的第二次审理过程当中被改变即可允许救济，[55] 尽管其他法院要求对有价值的主张或辩护提供某些证明。[56]

在历史上，允许进行救济的仅仅针对的是与内在欺诈相对的外在欺诈。联邦规则废止了这种限制，[57] 允许对这两者实施救济。[58] 而这两者之间的差别又总是捉摸不定。[59] 大致说来，内在的欺诈发生于庭审过程当中——比如提出先入为主的证言，而外在的欺诈涉及的则是阻止动议方当事人发现证据或者进行某些主张或辩护的、对方当事人的某些行为。[60] 在今天，许多州还是将这种历史上

595

---

〔52〕 Patrick v. Sedwick, 413 P. 2d 169 (Alaska 1966).

〔53〕 Ryan v. U. S. Lines Co. , 303 F. 2d 430 (2d Cir. 1962).

〔54〕 Di Vito v. Fidelity & Deposit Co. of Maryland, 361 F. 2d 936 (7th Cir. 1966)；Brown v. Pennsylvania R. R. Co. , 282 F. 2d 522 (3d Cir. 1960). Cert. denied 365 U. S. 818.

〔55〕 Rozier v. Ford Motor Co. , 573 F. 2d 1332, 1339 (5th Cir. 1978) （"规则的这部分内容针对的是那些在不公正的情况下获得的判决，而非那些事实部分有误的判决。"）.

〔56〕 Saunders v. Saunders, 157 Cal. App. 2d 67, 320 P. 2d 131 (1958).

〔57〕 See generally Note, Relief from Unfairly Obtained Verdicts in Federal Court: Determination and Analysis of the Level of Fraud Required for Vacation of Judgments Under Fed. R. Civ. P. 60 (b), 30 S. Cal. L. Rev. 781 (1979).

〔58〕 Peacock Records, Inc. v. Checker Records, Inc. , 365 F. 2d 145 (7th Cir. 1966), cert denied 385 U. S. 1003.
虽然取消外在欺诈和内在欺诈之间的区分使判断救济的必要性变得简单化，但是要认定何种行为构成欺诈还是存在着困难。See, e. g. , Buice v. T. & B. Builders, Inc. , 219 Ga. 259, 132 S. E. 2d 784 (1963) （由于没有能够对那些能击败原告主张的事项进行证明，因而不具有以欺诈为由申请救济的资格）.

〔59〕 Howard v. Scott, 225 Mo. 685, 125 S. W. 1158 (1909).

〔60〕 有关对这两者之间区别的讨论参见 11 C. Wright, A. Miller & M. Kane, Civil 2d 2861.

的区分保留下来，仅仅允许针对内在欺诈将判决公开。[61] 这种限制基于这样一种信念：通过证人的询问与反询问，法庭审理本身就提供了揭露内在性欺诈的机会，该规则不能用于纠正庭审当中出现的错误。

《联邦规则》第60条（b）规定的第二种救济动议同样有一些特殊的理由，但是按照这一规定寻求救济的当事人必须在一个"合理的时间"内进行该行为。申请救济的理由包括判决的无效，[62] 或者判决已经得到履行、或者当时法院所依据的法律被撤消，或者，在涉及到一份法院作出的禁令裁决（injunctive decree）的情形，原有的情势已经发生改变若继续强制执行将导致不公正。[63] 在一个既定的时间内对挑战判决的权利不施加限制这一作法反映出以上问题的严重性。此外，在存在强制性判决的场合，有必要依据案件的具体情况来确定寻求救济的时间，而且总体上不要超出动议方当事人的支配范围。实际上，《联邦规则》60（b）（4）所规定的主张判决无效的动议经常被认为实际上没有时间限制，因为在动议方在时间上发生延误的情况下，无效的判决不具有合法性。[64] 一般说来，依照上述所有条款，动议方只需证明只要有救济的可能他便积极行动，而在寻求救济当中发生的延误并没有给对方当事人造成不应有的麻烦。[65]

596 但是，以上这些申请救济的理由在其范围上受到严格限制。以无效为根据申请判决救济只能是基于缺乏管辖权[66] 或者基于初次审理中正当程序问题上的某些失败。[67] 错误的判决并非无效，[68] 即便它以违反宪法的法律为依据作出时也是如此。而且，以法律发生变化为由申请救济必须是审理法院确确实实援引了被

---

〔61〕 Schwartz v. Merchants Mortgage Co. , 272 Md. 305, 322 A. 2d 544 (1974); Smith v. Great Lakes Airlines, Inc. , 242 Cal. App. 2d 23, 51 Cal. Rptr. 1 (1966); Jennings v. Bridgeford, 218 Tenn. 287, 403 S. W. 2d 289 (1966). See also Lumbermens Mut. Cas. Co. v. Carriere, 170 N. J. Super. 437, 406 A. 2d 994 (Law Div. 1979).

〔62〕 Fed. Civ. Proc. Rule 60 (b) (4).

〔63〕 Fed. Civ. Proc. Rule 60 (b) (5).

〔64〕 Misco Leasing, Inc. v. Vaughn, 450 F. 2d 257 (10th Cir. 1971); Austin v. Smith, 312 F. 2d 337 (D. C. Cir. 1962); Jardine, Gill & Duffus, Inc. v. M/V Cassiopeia, 523 F. Supp. 1076 (D. Md. 1981); Shields v. Pirkle Refrigerated Freightlines, Inc. , 181 Mont. 37, 591 P. 2d 1120 (1979).

〔65〕 Compare John W. Johnson, Inc. v. J. A. Jones Constr. Co. , 369 F. Supp. 484 (E. D. Va. 1973), with Willits v. Yellow Cab Co. , 214 F. 2d 612 (7th Cir. 1954).

〔66〕 Restatement Second of Judgments65, 69 (1982).

〔67〕 Orner v. Shalala, 30 F. 3d 1307 (10th Cir. 1994); Aguchak v. Montgomery Ward Co. , 520 P. 2d 1352 Alaska (1974).

〔68〕 Hoult v. Hoult, 57 F. 3d 1 (1st Cir. 1995); In the Matter of Estate of Davis, 524 N. W. 2d 125 (S. D. 1994); Bowers v. Board of Appeals of Marshfield, 16 Mass. App. Ct. 29, 448 N. E. 2d 1293 (1983), review denied 389 Mass. 1104, 451 N. E. 2d 1167.

推翻的判例。[69] 给救济设定这样的理由并不会破坏所有判决之间的一致性。它只会将那些在限定的时间内显而易见的、显著的错误进行弥补。[70] 最后，至于对法院的强制性判决的救济则很简单，如果情势已经发生了变化，那么法院享有作出另外的判决来加以改变这一历史性权力。[71]

《联邦规则》第60条（b）中规定的申请救济的第三种而且是最后一种理由从表面看来似乎很宽泛。只要在一个合理的时间内有寻求救济的需要，[72] 并且存在"其他的对判决的生效实施救济的正当理由"，[73] 该条款就发生作用。这种包罗条款（catch–all provision）给法院保留了一个衡平的权力，以便在个案中实现正义。法院的反应也相一致。例如，在这一规定之下，错误判决成为救济获得准许的最为普遍的情况，这是因为在双方当事人辩论性证据展示结束之后，法院一般给予判决。[74] 如果被告明显没有对该诉讼作出防御，[75] 或者被告耽误的时间太久以至于继续进行审理将会对原告不公正，[76] 只有在这些情况下对错误判决的救济申请才将被否决。

有人担心，衡平法上的这种漏洞能够有效地将在规则其他部分施加的限制瓦解掉，[77] 因为在其他地方列举的理由也可以用来获得救济，而这些理由要么超出了可以利用的时间范围，要么就与上述的特定理由有些不一致。尽管如此，担心的这些结果并没有发生。[78] 法院对这种无限制的权力的解释是，不能把它作 597

---

〔69〕 Collins v. City of Wichita, 254 F. 2d 837 (10th Cir. 1958), noted 44 Iowa L. Rev. 574 (1959); Berryhill v. U. S., 199 F. 2d 217 (6th Cir. 1952); Loucke v. U. S., 21 F. R. D. 305 (S. D. N. Y. 1957).

〔70〕 See Bailey v. Ryan Stevedoring Co., 894 F. 2d 157, 160 (5th Cir. 1990), cert. denied 498 U. S. 829; Pierce v. Cook & Co., 518 F. 2d 720 (10th Cir. 1975), cert. denied 423 U. S. 1079; Hartford Ins. Co. v. Allstate Ins. Co., 68 N. J. 430, 347 A. 2d 353 (1975).

〔71〕 See Agostini v. Felton, 521 U. S. 203, 117 S. Ct. 1997, 138 L. Ed. 2d 391 (1997) (联邦最高法院的单个成员在重新评估该法院先前作出的判决时表现出某种兴趣这一事实，不属于值得救济的情势变化)。

〔72〕 Compare King v. Mordowanec, 46 F. R. D. 474 (D. R. I. 1969), with Marquette Corp. v. Priester, 234 F. Supp. 799 (E. D. S. C 1964).

〔73〕 Fed. Civ. Proc. Rule 60 (b) (6).

〔74〕 Erick Rios Bridoux v. Eastern Air Lines, Inc., 214 F. 2d 207 (D. C. Cir. 1954), cert. denied 348 U. S. 821.

〔75〕 See, e. g., Bell Telephone Labs., Inc. v. Hughes Aircraft Co., 73 F. R. D. 16 (D. Del. 1976).

〔76〕 Diversified Utilities Sales, Inc. v. Monte Fusco Excavating Contracting Co., 71 F. R. D. 661 (E. D. Pa. 1976).

〔77〕 Note, Federal Rule 60 (b): Relief from Civil Judgments, 61 Yale L. J. 76 (1952).

〔78〕 See Kane, Relief From Federal Judgments: A Morass Unrelieved by a Rule, 30 Hast. L. J. 41 (1978), reviewing all the decision dealing with Rule 60 (b) (6).
有少数一些案件，法院对该规则进行从严解释，认为在规则所限制的时间范围内产生的错误非同小可，因而需要予以救济。See, e. g., U. S. v. Karahalias, 205 F. 2d 331 (2d Cir. 1953). See generally Note, Federal Rule 60 (b); Relief from Civil Judgments, 61 Yale L. J. 76 (1952).

为一个规避有时间要求的申请重新审理、[79] 上诉[80] 或者以错误、[81] 新发现了证据[82] 或者欺诈[83] 为由申请判决救济的方法。只有当案件被认为提出了"特别情况"[84] 或者提出了规则所没有规定的要求获得救济的理由[85] 时，才能得到救济。

虽然特别情况标准有些含糊，而且在彼此不发生冲突的情况下受制于法院不断变化着的解释，但它至少给出了一种测验方法的明朗轮廓。该标准以这样一种假定为前提，即法院判决不得轻易被推翻，但是只要出现了不当困苦，并且乃出于公平和正义之需要时，就应当允许。[86]

联邦最高法院在两个案件当中采纳了该测验方法。第一个是 Klapprott v. United States 案，[87] 该案中一份已有 4 年时间的、注销入籍证明书的缺席判决被撤消。上诉人声称，由于被拘禁并且已经穷困潦倒，他没能及早提出救济动议。据其陈述，他试图让美国民权联盟（ACLU）为其提供辩护，但是却遭到了阻碍，因为联邦调查局（FBI）将他的信件扣留了。最高法院认为，根据《联邦规则》60（b）（6）的规定，克拉普罗特（Klapprott）享有判决救济的权利，由此作出了他有权得到一场公平的审判的批注。1 年以后该法院遇到了另外一个救济动议，该动议针对的是一份已有 4 年之久的、注销入籍证明书的判决。然而，在此案当中，即 Ackermann v. United States 案，[88] 上诉人在初审时提交了动议，但是当律师告知其上诉的代价，即将要求卖掉其惟一的财产———一幢房子——并且一位官员在其收容营地告诉他们不要卖房子，因为当战争结束后所有被监禁的人

---

　　[79]　See Hulson v. Atchison, Topeka & Santa Fe Ry Co. , 289 F. 2d 726（7th Cir. 1961）, cert. denied 368 U. S. 835.

　　[80]　Hodgson v. United Mine Workers, 473 F. 2d 118（D. C. Cir. 1972）.

　　[81]　Costa v. Chapkines, 316 F. 2d 541（2d Cir. 1963）.

　　[82]　Carr v. District of Columbia, 543 F. 2d 917, 926 n. 72（D. C. Cir. 1976）.

　　[83]　Petry v. General Motors Corp. , 62 F. R. D. 357（E. D. Pa. 1974）; Stone v. Stone, 647 P. 2d 582（Alaska 1982）.

　　[84]　Webb v. Erickson, 134 Ariz. 182, 655 P. 2d 6（1982）（由于提出了需要救济的特别情况，法院作出了对第三债务人不利的判决）; Jewell v. Division of Social Servs. , 401 A. 2d 88（Del. 1979）（在能够给于上诉方重新获得监护权希望的六个月时间规定之内发生的 Division 监护权诉讼破坏了和解的基础，由此提出了需要对判决进行救济的特别情况）; Bowers v. Board of Appeals of Marshfield, 16 Mass. App. Ct. 29, 448 N. E. 2d 1293（1983）, review denied 389 Mass. 1104, 451 N. E. 2d 1167（双方同意的判决涉及到一份合约，该合约超出了勉强同意给予特殊救济的政府官员的权力范围）.

　　[85]　L. M. Leathers'Sons v. Goldman, 252 F. 2d 188（6th Cir. 1958）（和解协议没有获得对方当事人的认同，基于此进行了救济。）; Armour & Co. v. Nard, 56 F. R. D. 610（N. D. Iowa 1972）（第三方证人的欺诈）.

　　[86]　关于判例法如何使用该标准，参见 Kane, Relief form Federal Judgments: A Morass Unrelieved by a Rule, 30 Hast. L. J. 41, 50 - 62（1978）.

　　[87]　335 U. S. 601, 69 S. Ct. 384, 93 L. Ed. 266（1949）.

　　[88]　340 U. S. 193. 71 S. Ct. 209, 95 L. Ed. 207（1950）.

有可能被释放，他们决定不提出上诉。最高法院维持了初审法院否决该动议的决定，并总结道"上诉人的具体情况以及他不上诉的缘由都不属于克拉普罗特一案或者《联邦规则》第60条（b）（6）当中体现的特别情况。"[89] 不考虑其所受的压力，阿克曼（Ackermann）作出的不上诉的自愿选择意味着特别情况的救济没有得到准许。

最后，有必要提一下救济动议和上诉这两者的相互影响。如果一方当事人成功地获得了救济，那么让判决公开并进入重新审理。因此，基于终局判决规则，[90] 在各个司法管辖区没有规定即时上诉，[91] 因为该裁决是中间性的。[92]

但是，当一方当事人在上诉已经提起之后又提出判决救济的动议，严重的问题就产生了。[93] 这已经引起了一些麻烦，因为一般的规则是，一旦提起上诉，初审法院就丧失了管辖权。[94] 然而，上诉可能要被搁置很长一段时间，并且在初审法院只要救济动议得到准许就能排除上诉救济的需要。一些较早的案例认为，处于那种情况之下的当事人应该在上诉法院提出寻求救济的理由，这样将有可能发回重审从而让地区法院对这些理由作出裁决。[95] 这种方法存在不必要的麻烦。更多的新近判决允许在地区法院直接提出救济动议，而且如果该地区法院有准许该动议的迹象，上诉法院就将发回重审。[96] 如果地区法院否决了该动议，那么针对该否决裁决的上诉可以和针对最初判决的上诉一道在上诉法院得到

599

----

〔89〕 340 U. S. at 202. 71 S. Ct. at 213. 和上述两个案件的情况相对照，Ackermann案中大多数法官就"有选择和无选择、监禁与行动自由，审理与不审理；没有疏忽的机会与不可宽恕的疏忽"进行了评论。Ibid.

〔90〕 See13. 1, below.

〔91〕 Stubblefield v. Windsor Capital Group, 74 F. 3d 990 (10ᵗʰ Cir. 1996); Fisher v. Bush, 377 So. 2d 968 (Ala. 1979); Fisher v. Bush, 377 So. 2d 968 (Ala. 1979); Allen v. Cole Realty, Inc., 325 A. 2d 19 (Me. 1974); Hackney v. Hackney, 327 S. W. 2d 570 (Ky. 1959).

〔92〕 虽然在历史上，上诉可以运用各种不同的特殊令状或者特殊的诉状来进行，参见 Moore & Rogers, Federal Relief from Civil Judgments, 55 Yale L. J. 623 (1946)，但是在1948年对联邦规则第60条（b）的修订当中，特地废除了这些制度，将准许对判决事实救济的命令与其他出于上诉动机的命令同等对待。"废除本法院纠错令状（writs of coram nobis）、它法院纠错令状（writs of coram vobis）、怨诉听审令状（writs of audita querela）、复审诉状（bills of review）以及恢复诉讼的诉状性质的诉状（bills in the nature of a bill of review）……" Fed. Civ. Proc. Rule 60 (b).

〔93〕 See 11 C. Wright. A. Miller & M. Kane, Civil 2d2873.

〔94〕 Beresh v. Sping Co. v. Comfort Spring Corp., 200 F. 2d 901 (3d Cir. 1953); Baruch v. Beech Aircraft Corp., 172 F. 2d 445 (10ᵗʰ Cir. 1949).

〔95〕 Zig Zag Spring Co. v. Comfort Spring Corp., 200 F. 2d 901 (3d Cir. 1953); Baruch v. Beech Aircraft Corp., 172 F. 2d 445 (10ᵗʰ Cir. 1949).

〔96〕 Standard Oil Co. of California v. U. S., 429 U. S. 17, 97 S. Ct. 31, 50 L. Ed. 2d 21 (1976); Puerto Rico v. SS Zoe Colocotroni, 601 F. 2d 39 (1ˢᵗ Cir. 1979); Iannarelli v. Morton, 463 F. 2d 179 (3d Cir. 1972); Note, Disposition of Federal Rule 60 (b) Motions During Appeal, 65 Yale L. J. 708 (1956).

审查。[97]

12．7—13．0 保留作增补材料用。

---

[97] E. g., Coffman v. Gross, 59 F. 3d 668 (7th Cir. 1995).

▼
▼
▼

第十三章

上 诉

本章目录

600

A. 可上诉性

13. 1 上诉的时间限制——终局判决规则

今天大多数司法管辖区，关于何时提起上诉这一问题受到所谓的"终局判决规则"[1] 支配。正如该名称所表明的那样，根据这一规则，只有当特定诉状中所涉及的全部争点在初审法院都最终得到了认定时才可以提起上诉。[2] 对终局原则能够控制上诉时间的信赖可以追溯到早期的英格兰惯例，那个时候对普通法判决的上诉是由错误令状引起的，错误令状是否提出取决于为复审而准备的案

---

[1] 在多数司法管辖区，终局判决规则指的是制定法上的终局判决规则。See e. g., 28 U. S. C. A. 1291；West's Ann. Cal. Code Civ. Proc. 904. 1；Kansas Stat. Ann. 60 - 2101 (4). 联邦最高法院在向联邦法院提出必须是制定法上的规则这一要求之前就认可了终局原则。See McLish v. Roff, 141 U. S. 661, 12 S. Ct. 118, 35 L. Ed. 893 (1891).

[2] 在联邦法院，要对判决是否已经作出进行确认非常困难，因为根据《联邦民事诉讼规则》的规定，判决必须在一个单独的文件上进行公布。Fed. Civ. Proc. Rule 58. 一方当事人如果想上诉，那么在这份包含有判决的文件签发并且正式判决之前，不必担心没能及时提起上诉。See, e. g., Cooper v. Town of East Hampton, 83 F. 3d 31 (2d Cir. 1996). 然而，在某些情况下，在判决单独作出之前，该当事人可以提起上诉：缺乏单独的判决但是并没有剥夺上诉法院的管辖权。Bankers Trust Co. v. Mallis, 435 U. S. 381, 98 S. Ct. 1117, 55 L. Ed. 2d 357 (1978).

件记录是否全面。[3] 虽然上诉的程序已经发生了改变，[4] 但是终局判决规则保留下来。

一个经常被引用的、对终局判决规则所下的定义是，该规则是一个"在案件的实质方面结束了诉讼，法院除了执行该判决之外已无事可做"的命令。[5] 一个重要区别是，在一个针对特定争点的最终命令于一个就案件实体而作出的结论性命令这两者之间的区别。[6] 前者是中间性的，不能立即提起上诉，而只能在全部的诉讼终结之后才可复审。因此，中间命令最后是可复审的，[7] 但不是可立即上诉的。终局判决规则所能决定的并非上诉法院是否将对某一特定的决定进行复审，而是何时进行。因此，初审法官作出的、否决律师基于某一陪审员的原因而提出的异议的裁决在那一争点上就不具有确定力。它在上诉法院能够得到复审，但这只能在针对实质问题的终局判决之后才能进行。

确定何者构成了一个终局判决非常重要，在许多情形当中，上诉法院被认定为对于某些类型的判决缺乏管辖权。[8] 如果不是针对一个终局判决提出上诉，那么上诉法院只能驳回上诉而别无选择。[9] 将该规则定性为司法管辖权问题也许会遭到批评，但是，由于确定哪些命令属于终局判决规则范围给上诉带来了一

---

〔3〕 See 15A C. Wright, A. Miller & E. Cooper, Jurisdiction and Related Matters 2d 3906; Crick, The Final Judgment as a Basis for Appeal. 41 Yale L. J. 539 (1932).

〔4〕 不同制度下的上诉程序之间存在很大的不一致，而对既有规则的审查超出了此书的范围。在核对相关上诉规则时必须十分小心，以防止由于某些技术性失败而使得上诉权丧失的情况发生。

〔5〕 Catlin v. U. S., 324 U. S. 229, 233, 65 S. Ct. 631, 633, 89 L. Ed. 911 (1945). 有关对一份经典的、试图对终局判决规则的内容进行更多定义的联邦判决的审视，参见 15A C. Wright, A. Miller & E. Cooper, Jurisdiction and Related Matters 2d 3909. Compare Altschuler v. Altschuler, 399 Ill. 559, 78 N. E. 2d 225 (1948)（当留待将来决定的惟一事项对最终得到判决的权利而言是非主要问题时，终局性就体现出来了）。

〔6〕 例如，当法院对所有的争点都作出了决定，并且接下来要做的就是作出与判决相一致的决定时，此时作出强制性判决就是终局性的。初审法官保留了变更那些不合时宜的判决的权力这一事实并不导致其决定是中间性的。Heath v. Kettenhofen, 236 Cal. App. 2d 197, 45 Cal. Rptr. 778 (1965). See also Taylor v. Taylor, 398 So. 2d 267 (Ala. 1981). 与此形成对照的是，如果一份判决对某些损害问题进行了确认，但是却遗留下一些额外的赔偿问题没有予以解决，而这些赔偿有可能在接下来的庭审当中得到认可，那么该份判决就不能了结诉讼，并且属于中间性判决。International Controls Corp. v. Vesco, 535 F. 2d 742 (2d Cir. 1976). See also Ball Corp. v. Loran, 42 Colo. App. 501, 596 P. 2d 412 (1979)（判决对责任问题进行了认定，但对损害赔偿的认定却延迟了，此判决是非终局性的）。

〔7〕 对可审查性的讨论见下文 13. 4.

〔8〕 因为终局性被认为是一种司法权方面的必备要件，上诉法院可以单方提出争点，此时当事人是否同意并不重要。Brown Shoe Co. v. U. S., 370 U. S. 294, 305, 82 S. Ct. 1502, 1513, 8 L. Ed. 2d 510 (1962).

〔9〕 See Firestone Tire & Rubber Co. v. Risjord, 449 U. S. 368, 101 S. Ct. 669, 66 L. Ed. 2d 571 (1981); Collins v. Miller, 252 U. S. 364, 40 S. Ct. 347, 64 L. Ed. 616 (1920); U. S. v. Girault, 52 U. S. (11 How.) 22, 13 L. Ed. 587 (1850).

个紧迫的开局性问题，现在它仍然是一种标准。[10] 终局判决作出之后如果不能正确进行裁决将导致上诉被驳回，或者更严重的，导致所有的上诉权被剥夺，因为一旦作出终局判决，[11] 这些权利的行使有着严格的时间限制。[12]

尽管终局判决规则的实施会造成一些苛刻的结果，但对其用处给予理性支持的动力却来源于追求司法经济和效率这一愿望。[13] 假定通过一次上诉将所有反对初审法院裁决的意见提出来要比经过多次上诉更经济，因为每一次上诉都要提出一套诉讼资料、诉讼记录、口头辩论以及上诉理由。[14] 而且，许多不利的裁决从不在上诉法院复审。例如，某个动议失败的当事人在最终有可能在庭审中获胜，因此根本就不会寻求上诉，这样就节省了上诉法院的时间。除此之外，强行要求当事人等到庭审终结之后提起上诉，这样就使得上诉法院能够以一种更为宽广的视角来对各种不同的、受到异议的裁决进行复审。[15] 通过避免中间上诉，同样可以使初审的开展更为迅速，因为它没有必要停顿下来等待上诉法院对某些事项作出裁决。坚持终局判决规则同样可以避免在允许所有初审法院的命令即时上诉而导致的、使初审法官的权威受损这一风险。[16] 最后，由于任何一种不利裁决在其作出时都允许提出上诉，该规则就使得当事人在初审时能够免于采用那些成本很高的拖延战术。[17]

602

〔10〕 从实践的角度对终局规则的讨论可参见 Jetco Electronic Indus. , Inc. v. Gardiner, 473 F. 2d 1228 (5th Cir. 1973)，当其余的主张在第一次上诉提起后被驳回的情况下，3 名被告中的 1 名被告的诉讼被驳回，上诉法院对该驳回诉讼的命令的管辖权得到了支持。比较一下 Fletcher v. Gagosian, 604 F. 2d 637 (9th Cir. 1979)，认为原告的剩余主张被单方驳回并没有将法院先前作出的驳回命令转变成终局性的可上诉命令。参见 15A C. Wright, A. Miller & E. Cooper, Jurisdiction and Related Matters 2d 3914. 6–3914. 9。

〔11〕 See e. g. , Dickinson v. Petroleum Conversion Corp. , 338 U. S. 507, 70 S. Ct. 322, 94 L. Ed. 299 (1950); Burgin v. Sugg, 210 Ala. 142, 97 So. 216 (1923).

〔12〕 上诉法院裁定了一个确定的时间段，通常是 30 天，从判决作出之日起算，上诉必须在这一时间内提起，否则将丧失上诉权。E. g. , Fed. App. Proc. Rule 4; Ariz. App. Proc. Rule 9 (a); Kansas Stat. Ann. 60–2103 (a); Mass. Rules App. Proc. Rule 4 (a).

〔13〕 See generally Note, Appealability in the Federal Courts, 75 Harv. L. Rev. 351 (1961).

〔14〕 上诉是代价昂贵的。See Willcox, Karlen & Roemer, Justice Lost – By What Appellate Papers Cost, 33 N. Y. U. L. Rev. 934 (1958); Note, Cost of Appeal, 27 Mont. L. Rev. 49 (1965).

〔15〕 Tayor v. Board of Educ. Of City School Dist. of City of New Rochelle, 288 F. 2d 600 (2d Cir. 1961).

〔16〕 See MDK, Inc. v. Mike's Train House, Inc. , 27 F. 3d 116 (4th Cir. 1994). Cert. denied 513 U. S. 1000; Wright, The Doubtful Omniscience of Appellate Courts, 41 Minn. L. Rev. 751, 781 (1957) ("只要初审法官被保留，就会有一种信念反复被强调，那就是在对正义需要什么这一问题上，上诉法院法官比初审法官更具资格。在初审法院，当事人和公众的信心将被进一步削弱。")

〔17〕 Waverly Mut. & Permanent Land, Loan & Bldg. Ass'n v. Buck, 64 Md. 338, 1 A. 561 (1885).

然而，还是有少数管辖区并没有认同这些观点，还是允许自由提起中间上诉。[18] 这样做的目的并非不考虑司法的经济性，而是他们认为允许中间上诉更富于效率。[19] 这一点在被上诉的争点上具有决定性意义、以致允许即时上诉可能避免一场不必要的审判，显得格外可靠。[20] 同时，允许中间复审还可以使以后的审判更富有质量；由于错误在其出现的时候就得到了纠正，因而无论最后作出怎样的判决，它被推翻的可能性就更小，由此避免了一场纯属浪费的审判。关于何种途径更富于效率这一问题，除了存在上述不同观点之外，一些制度允许更为自由的中间复审的存在，他们将注意力集中在上诉法院就法律的解释问题对低级法院提供指导这一任务上。终局判决规则如果得到严格适用，将有效地阻止某些命令受到上诉法院的复审，这是因为，即使这些命令有错误，命令本身也不会被认为有足够的偏见性而有必要予以推翻。为了避免低级法院在处置上的不一致性，就要求上诉法院在庭审的所有阶段提供更为经常的系统指导。为这一决定所付出的代价是，提交到上诉法院的案件将有潜在"拥堵"的现象。[21]

这些倾向于中间上诉的司法管辖区所反映出来的问题在那些坚持终局判决规则的地区并未被忽视。他们深信，在某些场合，对终局判决规则的坚持如果过于刚性，将对当事人造成不适当的困难，或者在事实上阻碍了对初审法院提供必要的指导。[22] 因而，如下小节中所讨论的那样，终局性的一些例外情形在特定的

〔18〕 纽约州对于可能影响某种实质性权利的命令无论何时都允许对其提起上诉。N. Y. - McKinney' s CPLR 5701. See generally Korn, Civil Jurisdiction of the New York Court of Appeals and Appellate Divisions, 16 Buffalo L. Rev. 307 (1967). 在威斯康星州，出于保护上诉人免受实质性或者不可弥补的损害而允许提起非终局性的上诉。Wisconsin Stat. Ann. 808. 03 (2) (b). See also Glover v. Baker, 76 N. H. 261, 81 A. 1081 (1911).

〔19〕 有人主张联邦法院应该朝着建立自由上诉制度方向发展。参见 Martineau, Defining Finality and Appealability by Court Rule: Right Problem, Wrong Solution, 54 U. Pitt. L. Rev. 717 (1993); Note, Replacing the Crazy Quilt of Interlocutory Appeals Jurisprudence with Discretionary Review, 44 Duke L. J. 200 (1994).

〔20〕 在终局判决规则之下，制定法上的和司法上的例外情形在允许对某些紧急的中间命令进行及时审查方面提供了一种必要的灵活性。参见下文 13. 2－13. 3.

〔21〕 See Project, The Appellate Division of the Supreme Court of New York: An Empirical Study of Its Powers and Functions as an Intermediate State Court, 47 Ford. L. Rev. 929, 951 (1979). 甚至在终局判决规则占优势的联邦法院，其他的作者就不断增加的上诉法院积案问题进行了评注。See Wright, The Overloaded Fifth Circuit: A Crisis in Judicial Administration, 42 Texas L. Rev. 949 (1964); Note, The Second Circuit: Federal Judicial Administration in Microcosm, 63 Colum. L. Rev. 874 (1963).

〔22〕 在一些执行终局判决规则的州，法院对待终局性采取了比联邦法院更为灵活的方式，目的是为了在某些案件中对其中的利害关系进行调和。See, e. g., Cook v. Cook, 26 Ariz. App. 163, 547 P. 2d 15 (1976); In re Marriage of Skelley, 18 Cal. 3d 365, 134 Cal. Rptr. 197, 556 P. 2d 297 (1976). 而且，州制定法上的例外情形由是规定得相当宽泛，这样就赋予了上诉法院在任何时候"代表正义"对上诉的准许进行裁量的权力。N. J. Court Rules, 1969 2：2－4. 一些州在某些类型的案件当中通过自由运用特别令状同样使审查权力扩大化。See, e. g., Taylor v. Superior Court of Los Angeles County, 24 Cal. 3d 890, 157 Cal. Rptr. 693, 598 P. 2d 854 (1979) (法院的执行命令允许对许可针对原告寻求惩罚性损害赔偿的部分主张提出答辩进行审查).

制定法中已经被混合进来，[23] 并且一些广为人知的司法原则[24]已经接受了即时上诉，如果不这样的话将被以缺乏终局性为由排斥掉。因此，与某一特定的司法管辖区对坚持终局判决规则所获得的效率，与司法经济及由允许即时复审导致的指导这两者进行权衡时所采用的方法之间的差异相比，上述这两种通向可上诉性途径之间的差异并不具有更多的哲学意味。

在大多数的双方当事人、单一诉讼请求的诉讼当中，确定终局判决的构成是件一目了然的事。[25] 然而，在某些场合，终局性的内涵把握却有些混乱。[26] 只要比较一下各地法院所作的判决，这种混乱就显得尤其突出，因为这些法院均声称是在按照终局判决规则行事，但是在终局概念的适用和理解方式方面却是各式各样。比如，在联邦法院，一个初审法官作出的驳回关于属人管辖权的异议的裁定是中间性的，直到对于案件实体问题的判决作出之后，亦不得复审。但是，在有些州，按照人们的预想应该受终局判决规则的约束，就允许对这些命令[27]进行中间复审，以避免法院在不具有属人管辖权的情况下对案件进行浪费审判。

毫无疑问，联邦法院是适用终局判决规则最为严格的法院之一；联邦上诉法院在保护他们的诉讼记录免受大量中间上诉的干扰方面相当敏锐。要将存在于各个州之间的细微差别深入探究下去是不可能的，讨论必须首先定位在联邦方法上面。理解那个场合下终局判决规则是怎样得到执行的能够说明终局规则的适用问题。但这里有必要再次提醒的是，终局规则的先例不容易在各个司法管辖权区域之间传递下去。

对于终局判决，最大的问题是如何将其适用于多诉讼请求、多数当事人的诉讼当中。[28] 如果该规则只能作严格文字意义上的适用，那么任何上诉都必须等到所有当事人的诉讼请求都被予以处置之后才能提出。[29] 实践中甚至遇到这样的情况，驳回某些诉讼请求或者驳回某些当事人的所有诉讼请求的指令在案件的早期就已经提出，但是要等到几年以后全部的案件才告终结。对于那些已经就其诉讼请求获得了终局判决的当事人来说，在上诉问题上的拖延是不必要的。由于

604

---

[23] See 13. 3, below.

[24] See 13. 2, below.

[25] See Note, Appealability in the Federal Courts, 75 Harv. L. Rev. 351, 354 (1961).

[26] MaGourkey v. Toledo & Ohio Central Ry. Co., 146 U. S. 536, 545, 13 S. Ct. 170, 172, 36 L. Ed. 1079 (1892).

[27] See e. g., West's Ann. Cal. Code Civ. Proc. 418. 10 (c) (授权作出一份命令式令状，要求对一项拒绝行使撤消权的命令进行审查).

[28] See Comment, Appealability Problems in Nebraska; Advantages of Federal Rule 54 (b), 53 Neb. L. Rev. 73 (1974).

[29] See e. g., Santa Clara County v. Support, Inc., 89 Cal. App. 3d 687, 152 Cal. Rptr. 754 (1979).

意识到这一点，《联邦民事诉讼规则》第 54 条（b）[30] 这一规定的作用就在于，对复杂诉讼中最终确定的某当事人的权利或者一个单一的诉讼请求的命令进行识别，从而能够允许当事人立即提起上诉。需要明确的是，规则第 54 条（b）并非终局判决规则的例外情形，而是一个关于在多数当事人、多诉讼请求案件当中如何使用该规则的一个制定法上的标准。[31]

《联邦规则》第 54 条（b）规定，初审法官在多数当事人或者多诉讼请求案件当中，可以对那些根据一方当事人的诉讼请求而作出的、可上诉的特殊命令进行识别认定，认定所采用的方式就是，在认证不存在拖延上诉的正当理由之后，对该诉讼请求或者相关当事人立即作出终局判决指示。而倘若缺乏初审法院的这种认证，那么就不允许上诉。[32] 当事人不必担心在中间命令作出之后由于没有能够及时意识到上诉的问题而丧失上诉权，除非《联邦规则》54（b）所规定的认证命令已经作出。但是，认证命令本身并不能赋予即时上诉的权利。上诉法院将对初审法院的命令进行复审以决定其终局判决的作出是否适当，以及是否存在延迟上诉的正当理由。[33]

作出规则第 54 条（b）命令的基础在于，它是一个案件当中对一个或者几个诉讼请求的最终处置，对此上诉法院会考虑，事实上是否提出了多个诉讼请求，或者是否初审法官仅仅就一个单一的诉讼请求所依据的选择性法律原理之一作出了裁定。[34] 在选择性的法律原理和单一的诉讼请求之间进行区分不很容易。联邦最高法院阐明的一个问题是，就凭多个诉讼请求所依据的事实具有交叉性或者彼此相互关联并不妨碍认定单独的诉讼请求的存在；单独性并不就意味着总体

---

〔30〕 See generally 10 C. Wright, A. Miller & M. Kane, Civil 3d 2653 – 61.

〔31〕 Sears, Roebuck & Co. v. Mackey, 351 U. S. 427, 435, 76 S. Ct. 895, 899, 100 L. Ed. 1279 (1956).

〔32〕 Bader v. Atlantic Int'l, Ltd. , 986 F. 2d 912 (5th Cir. 1993）; Employees'Retirement Sys. v. Big Island Realty, Inc. , 2 Hawaii App. 151, 627 P. 2d 304 (1981）; Geyer v. City of Logansport, 317 N. E. 2d 893 (Ind. App. 1974). 然而，大多数巡回法庭认为，只要不出现对没有上诉一方当事人的偏见情况，如果《联邦规则》第 54 条（b）规定的认证接连不断的话，反而会使上诉方时机未成熟的上诉意愿提前生效。See, e. g. , Martinez v. Arrow Truck Sales, Inc. , 865 F. 2d 160 (8th Cir. 1988）; Lewis v. B. F. Goodrich Co. , 850 F. 2d 641 (10th Cir. 1988) ; Freeman v. Hittle, 747 F. 2d 1299 (9th Cir. 1984).

〔33〕 Schwartz v. Compagnie General Transatlantique, 405 F. 2d 270 (2d Cir. 1968）; Baca Land & Cattle Co. v. New Mexico Timber, Inc. , 384 F. 2d 701 (10th Cir. 1967）; Jackson v. Burlington Northern, Inc. , 201 Mont. 123, 652 P. 2d 223 (1982）; Marshall v. Williams, 128 Ariz. 511, 627 P. 2d 242 (App. 1981).

〔34〕 See Liberty Mut. Ins. Co. v. Wetzel, 424 U. S. 737, 96 S. Ct. 1202, 47 L. Ed. 2d 435 (1976) （起诉证据已经全部提出，针对事实的某一种情形的法律理论只有一种，但是寻求多种救济的诉讼请求又是单一的）; U. S. v. Crow, Pope & Land Enterprises, Inc. , 474 F. 2d 200 (5th Cir. 1973) （由于案件涉及多种法律理论而诉讼请求单一，因此上诉被驳回）.

上无关联。[35] 有人主张如果那些追索理论（the theories of recovery）能够分别单独得到强制实施，那么就存在多个诉讼请求的情况。[36] 但是除了提出这些宽泛的方针之外，并没有什么具体的内容。[37] 确定是否存在多数当事人倒是不太困难的一件事。但关键的问题是，该判决必须对那些对抗其中一位当事人的全部诉讼请求作出了最后决定。如果不这样，则不能予以认证。[38]

初审法院的认证的第二个部分是，不存在迟延上诉复审的正当理由，这就要求法院对两方面利益进行仔细权衡，一是通过上诉而简化审判，二是上诉是否会导致在初审法院就其余的诉讼请求作出判决之后，出现对相同争点进行双重复审的情况。[39] 对于初审法院就这一问题作出的判决，上诉法院将审查是否存在滥用自由裁量权的情况。[40] 考虑到该判决的自由裁量性特点，因而没有为法院设定细致的行动纲领，[41] 这一做法与广为接受的一个原则有些不同，该原则是，将利用规则第 54 条（b）提起的上诉作为例外情况而非一般的规则保留下来，用作解决那些"少见的困难案件"。[42]

一般说来，法院将考虑是否存在导致当事人等到终局判决作出之后才上诉时的不公平理由。比如它将考虑：假如判决上的胜诉者一直要等到其余的诉讼请求全部得到处置之后才能执行该判决，那么对其本人而言是否存在经济上的严重不

---

[35] Cold Metal Process Co. v. United Engineering & Foundry Co. , 351 U. S. 445, 76 S. Ct. 904, 100 L. Ed. 1311（1956）; Sears, Roebuck & Co. v. Mackey, 351 U. S. 427, 76 S. Ct. 895, 100 L. Ed. 1297（1956）.

[36] Rieser v. Baltimore & Ohio R. R. Co. , 224 F. 2d 198（2d Cir. 1955）, cert. denied 350 U. S. 1006. See General Acquisition, Inc. v. GenCorp, Inc. , 23 F. 3d 1022（6th Cir. 1994）.

[37] See the cases collected and discussed in 10 C. Wright, A. Miller & M. Kane, Civil 3d 2657.

[38] Vaughn v. Regents of University of California, 504 F. Supp. 1349（E. D. Cal. 1981）; Liquilux Gas Servs. of Ponce, Inc. v. Tropical Gas Co. , 48 F. R. D. 330（D. Pureto Rico 1969）.
关于合并诉讼中的判决没有对所有的诉讼请求作出最终处理时是否适用联邦规则第 54 条（b），上诉法院内部意见有分歧。See the cases collected in 10 C. Wright, A. Miller & M. Kane, Civil 3d 2656. See generally Comment, The Appealability of Partial Judgments in Consolidated Cases, 57 U. Chi. L. Rev. 169（1990）.

[39] See, e. g. , Panichella v. Pennsylvania R. R. Co. , 252 F. 2d 452（3d Cir. 2958）.

[40] Cold Metal Process Co. v. United Engineering & Foundry Co. , 351 U. S. 445, 453, 76 S. Ct. 904, 909, 100 L. Ed. 1311（1956）; Griffin v. Bethesda Foundation, 609 P. 2d 459（Wyo. 1980）; Schiffman v. Hanson Excavating Co. , 82 Wn. 2d 681, 513 P. 2d 29（1973）. See the unusual case of Continental Cas. v. Superior Court, 130 Ariz. 189, 635 P. 2d 174（1981）, 在该案当中，亚利桑那州最高法院认定，初审法官拒绝许可进行联邦规则第 54 条（b）规定的上诉存在滥用自由裁量权的情况。

[41] 联邦最高法院拒绝专门提供具体的行动准则方案，并评论说："因为存在大量的可能情况，因此不管是为地区法院设定或者许可一些狭窄的行动指标，都显得有些勉强。"Curtiss - Wright Corp. v. General Elec. Co. , 446 U. S. 1, 10 - 11, 100 S. Ct. 1460, 1466, 64 L. Ed. 2d 1（1980）.

[42] Panichella v. Pennsylvania R. R. Co. , 252 F. 2d 452（3d Cir. 1958）. See Comment, Appeal and Error - North Dakota Rule of Civil Procedure 54（b）; Looking for the Storied "Infrequent Harsh Case," 72 N. Dak. L. Rev. 731（1996）.

公。[43] 在初审法院，如果能够避免下一步的程序进行，早期的上诉同样可以得到准许。[44] 与上述这些考虑相抗衡的是避免零星复审，例如当其他的诉讼请求得到判决之后，如果还有必要对相同的事实进行第二次复审的话，这些上诉的诉讼请求是否与那些试图得到审查的事实有紧密的关联。[45] 因此，必须结合案件的事实来考察，对规则第 54 条（b）的解释必须与限制上诉的终局判决规则这一总的原则相一致。

607　　决定终局判决构成有些困难的另一个领域涉及初审法院作出的认证或者拒绝认证将一个特殊的诉讼按照集团诉讼对待的命令。一些下级联邦法院在终局性方面制定出一套行之有效的方法来对这些命令提起上诉。[46] 一项拒绝作出集团诉讼认证的命令被认为是敲响了诉讼的"死亡之钟"，其理论根据是，集团成员的单个的诉讼请求是如此的微不足道以至于缺乏将诉讼进行下去的利益动因，而只有当集团诉讼得到认证后，诉讼才会继续向前推进。[47] 反过来，当集团认证获得许可之后，其对方当事人又凭借所谓的"逆向的死亡之钟原则"（the inverse death knell doctrine）提出抗辩，要求对这种即时上诉进行否决，并声称将此案作为集团案件而继续进行下去令人不堪重负而且花费相当高昂，尤其是，当该认证本身存在错误时，原告们的上诉事实上将不能进行。[48] 后面这个原则仅仅被第

---

〔43〕 Curtiss - Wright Corp. v. General Elec. Co., 446 U. S. 1, 100 S. Ct. 1460, 64 L. Ed. 2d 1 (1980).

〔44〕 See, e. g., Continental Airlines, Inc. v. Goodyear Tire & Rubber Co., 819 F. 2d 1519 (9th Cir. 1987)（在另一个诉讼地，规则第 54 条（b）规定的认证被认为是用以发挥既判事项的作用）；Alcan Aluminum Corp. v. Carlsberg Financial Corp., 689 F. 2d 815 (9th Cir. 1982)（早期的上诉将减少下一步的诉讼并且促进和解）。

〔45〕 See, e. g., ODC Communications Corp. v. Wenruth Investments, 826 F. 2d 509 (7th Cir. 1987); Arlinghaus v. Ritenour, 543 F. 2d 461 (2d Cir. 1976).

〔46〕 这种在终局问题上的行之有效的方法已经被联邦最高法院认可为适当。See, e. g., Gillespie v. U. S. Steel Corp., 379 U. S. 148, 152, 85 S. Ct. 308, 311, 13 L. Ed. 2d 199 (1964); Brown Shoe Co. v. U. S., 370 U. S. 294, 306, 82 S. Ct. 1502, 1513, 8 L. Ed. 2d 510 (1962). 一些早期的判决也反映出这种观点。See, e. g., U. S. v. Wood, 295 F. 2d 772 (5th Cir. 1961), cert. denied 369 U. S. 850（允许对一项否决临时性约束的命令进行即时上诉，其理由是该命令"事实上撤消"了诉讼). See also T. C. R. Realty, Inc. v. Cox, 472 Pa. 331, 372 A. 2d 721 (1977). 然而，更多近来的判决认为这种方法应该从狭义上解释。See, e. g., All Alaskan Seafoods, Inc. v. M/V Sea Producer, 882 F. 2d 425 (9th Cir. 1989). See generally 15A C. Wright, A. Miller & E. Cooper, Jurisdiction and Related Matters 2d 3913.

〔47〕 Eisen v. Carlisle & Jacquelin, 370 F. 2d 119 (2d Cir. 1966), cert. denied 386 U. S. 1035.

〔48〕 See Herbst v. International Tel. & Tel. Corp., 495 F. 2d 1308 (2d Cir. 1974). "逆向的丧钟原则"的有限适用范围在 re Master Key Antitrust Litigation 当中得到了明确划分, 528 F. 2d 5 (2d Cir. 1975); Kohn v. Royall, Koegel & Wells, 496 F. 2d 1094 (2d Cir. 1974).

二巡回法院所接受。[49] 尽管任何情况下都没有形成正式判决,允许即时上诉也被看成是与那些忠实于终局判决规则的政策保持了一致。

在 Coopers & Lybrand v. Livesay 一案中,这种扩大终局判决规则含义的做法受到联邦最高法院的抵制。[50] 该案涉及丧钟原则的适用问题,审理法院认为该方法从立法上试图改变制定法上关于终局规则的要求,以此来与那些追随终局判决规则的社会政策保持一致。该法院提出的立法上解决措施的建议最终在 1998 年对集团诉讼的修正条款当中得到采纳,这些条款允许对集团的认证命令提起中间上诉,[51] 由此构成终局原则的一种例外情形。

13. 2 终局判决规则的司法上例外

在联邦法院系统当中,允许对命令进行即时上诉有两条得到广泛认可的司法原则,即使此时案件的部分问题尚未得到处置。第一条原则,同时也是得到最广泛运用的,就是并行命令(collateral order)原则,[1] 该原则发端于联邦最高法院在 Cohen v. Beneficial Industrial Loan Corporation[2] 一案当中所作的判决。在该案当中,最高法院对一项上诉权给予了支持,该上诉针对的是股东派生诉讼当中作出的一项拒绝指示原告按照州制定法上要求提供被告的诉讼费用担保的命令。该法院认为允许这种上诉与追随终局判决规则的政策保持了一致,因为在那个问题上这些命令本身是终局性的,不能被初审法官更改。而且,如果没有能够给予即时复审,事实上剥夺了上诉复审权。

运用 Cohen 原则的关键在于,初审法院的判决必须就构成诉讼基础的权利的并行事项以及那些非常重要而不能拒绝给予复审的事项作出决定。如果这两条标准都达到了,那么,终局判决规则目的的实现就不会因为由于允许上诉而受到阻碍。上诉法院可以就那些可能规避复审的重要争点提供指导,而无须担心在零星上诉当中这些事项会引发双重复审的问题。

是否允许运用这些例外情形,取决于是否能够认定被上诉的命令涉及的是一

608

---

[49] 参见前注48。"逆向的丧钟原则"在 Blackie v. Barrack, 524 F. 2d 891 (9th Cir. 1975), cert. denied 429 U. S. 816. 一案中被拒绝适用。See also Bennett v. Behring Corp. , 525 F. 2d 1202 (5th Cir. 1976), cert. denied 425 U. S. 975;Seiffer v. Topsy's Int'l , Inc. , 520 F. 2d 795 (10th Cir. 1975), cert. denied 423 U. S. 1051.

[50] 437 U. S. 463, 98 S. Ct. 2454, 57 L. Ed. 2d 351 (1978). Livesay 一案的裁决及其分支在下文当中得到讨论:Cohen, "Not Dead But \ only Sleeping";The Rejection of the Death Knell Doctrine and the Survival of Class Actions Denied Certification, 59 B. U. L. Rev. 257 (1979). See Levine v. Empire Sav. & Loan Ass'n, 34 Colo. App. 235, 527 P. 2d 910 (1974), affirmed 189 Colo. 64, 536 P. 2d 1134 (1975).

[51] Fed. Civ. Proc. Rule 23 (f). in 13. 3, below.

[1] 关于对附带裁决原则更充分的讨论见 15 A C. Wright, A. Miller & E. Cooper, Jurisdiction and Related Matters 2d 3911 - 3911. 5. See also Anderson, The Collateral Order Doctrine:A New "Serbonian Bog" and Four Proposals for Reform, 46 Drake L. Rev. 539 (1998).

[2] 337 U. S. 541, 69 S. Ct. 1221, 93 L. Ed. 1528 (1949).

些并行的事项，[3] 并且对这些争点作出的决定是终局性的。在这方面，一种精炼分析的范例存在于集团诉讼领域，因为这些案件当中经常大范围出现与案件管理有关的预备命令（preliminary order），而且这些命令影响巨大因而有即时复审的需要。例如，联邦最高法院规定，基于并行命令原则，对集团诉讼当中初审法院作出的要求就损害赔偿进行提示的命令可以上诉，并且要求被告承担 90% 的诉讼费用，这是因为集团一方在案件实体问题上占据优势的实质上的可能性。[4]该命令本身是关于提示问题的终局性决定，而且其主题与实体问题判决是分离的。同样，如果被告在案件实体问题上占据优势，那么该费用从集团一方当事人那里得到补偿是不可能的。因而，由于这其中涉及的权利如此重要，故而不能要求被告等到终局判决作出之后才得到上诉复审的机会。另一方面，法院作出的集团诉讼[5]认证命令或者拒绝按照集团诉讼对待[6]的命令难免会与案件的实体问题相互交织在一起，并且直到判决作出才得以分离开来。因为这一点，最高法院作出裁决，基于并行命令原则，对集团认证命令不能提起上诉。[7]

并行命令的例外情形的范围是很窄的。[8] 并非所有的并行的、而且得到最终决定的事项都适合纳入其范围当中。终局判决作出之后法院必须要能够认定对该命令没有进行有效复审。[9] 这一点联邦最高法院在 1981 年的 Firestone Tire & Rubber Company v. Risjord 一案[10]当中再次进行了强调，当时该法院裁决，基于

---

〔3〕 See Palmer v. City of Chicago, 806 F. 2d 1316 (7th Cir. 1986), cert. denied 481 U. S. 1049（假如上诉不会妨碍在地区法院进行的诉讼，那么裁决就是并行的）。有关对并行争点构成的更进一步讨论参见 Comment, Collateral Orders and Extraordinary Writs as Exceptions to the Finality Rule, 51 Nw. U. L. Rev. 746（1957）.

〔4〕 Eisen v. Carlisle & Jacquelin, 417 U. S. 156, 94 S. Ct. 2140, 40 L. Ed. 2d 732 (1974).

〔5〕 Shelter Realty Corp. v. Allied Maintenance Corp., 574 F. 2d 656 (2d Cir. 1978); Blackie v. Barrack, 524 F. 2d 891 (9th Cir. 1975), cert. denied 429 U. S. 816.

〔6〕 In re Piper Aircraft Distribution Sys. Antitrust Litigation, 551 F. 2d 213 (8th Cir. 1977); Anschul v. Sitmar Cruises, Inc., 544 F. 2d 1364 (7th Cir. 1976), cert. denied 429 U. S. 907; Share v. Air Properties G. Inc., 538 F. 2d 279 (9th Cir. 1976), cert. deined 429 U. S. 923.

〔7〕 Coopers & Lybrand v. Livesay, 437 U. S. 463, 98 S. Ct. 2454, 57 L. Ed. 2d 351 (1978). 1998 年联邦规则修正后的结果是，如今集团认证命令属于一种可裁量的上诉。See Fed. Civ. Proc. Rule 23 (f).

〔8〕 上诉法院通常不太愿意从宽泛的意义上来认识该原则，其目的是避免运用这种例外情形的上诉大量泛滥于上诉法院。Borden Co. v. Sylk, 410 F. 2d 843, 846 (3d Cir. 1969)（"接受上诉人的观点等同于运用那些迄今为止不可上诉事项而使得上诉泛滥成灾"）；West v. Zurhorst, 425 F. 2d 919, 921 (2d Cir. 1970)（"在最后 10 年当中上诉法院增加的负担……使得对 Cohen 进行扩展性理解这一愿望变得几乎不可能"）(Friendly, J.).

〔9〕 See Swint v. Chambers County Comm'n, 514 U. S. 35, 115 S. Ct. 1203, 131 L. Ed. 2d 60 (1995); Puerto Rico Aqueduct & Sewer Authority v. Metcalf & Eddy, Inc., 506 U. S. 139, 113 S. Ct. 684, 121 L. Ed. 2d 605 (1993); Parr v. U. S., 351 U. S. 513, 519, 76 S. Ct. 912, 916, 100 L. Ed. 1377 (1956).

〔10〕 449 U. S. 368, 101 S. Ct. 669, 66 L. Ed. 2d 571 (1981). But compare Kraus v. Davis, 6 Cal. App. 3d 484, 85 Cal. Rptr. 846 (1970).

柯恩（Cohen）案的例外情形，由于缺乏足够的证据，对否决丧失辩护资格动议的命令不能提起上诉，在针对案件实体问题的判决作出之后该裁决事实上将是不可复审的。[11] 该法院提示道，在诉讼进行完毕并且维持辩护资格所产生影响得到评估之前，很难评价法院作出的取消资格命令是否正确。在那个时候，上诉法院就能够对允许继续代理是否是一个偏见性错误作出决定。因而，此时就没有对该命令的作出进行即时复审的必要。[12]

对即时复审作为一项实质性问题加以否决这一要求可能会将某些复审排挤掉，而这些复审无论哪一种都体现了对并行命令原则的可利用度的重要限制。[13] 这一先决条件就成为妨碍其用于取得披露（discovery）命令的即时复审。初审法官作出的推翻某些诉讼文书或者对其他披露要求进行回应的命令，即便很明显是终局性的或合并的，但按终局判决规则的例外情形也不得上诉。[14] 一种获得复审机会的手段确实存在：当事人可以违背命令，而且被判决蔑视法庭，而后对该

610

〔11〕 See generally Note, The Appealability of Orders Denying Motions for Disqualification of Counsel in the Federal Courts, 45 U. Chi. L. Rev. 450 (1978).

〔12〕 基于相类似的理由，联邦最高法院同样坚持认为，按照附带裁决原则，准许取消辩护资格动议的命令不具有即时上诉性。Inc. v. Koller, 472 U. S. 424, 105 S. Ct. 2757, 86 L. Ed. 2d 340 (1985). 在民事诉讼当中，该种方法是否将被应用于否决为贫困原告指派辩护人的命令，尚处于未决状态。巡回法庭内部在此问题上有分歧。See Note, Motions for Appointment of Counsel and the Collateral Order Doctrine, 83 Mich. L. Rev. 1547 (1985). See generally 15A C. Wright, A. Miller & E. Cooper, Jurisdiction and Related Matters 2d 3914. 21.

〔13〕 在近来联邦最高法院的几份判决当中，这种限制被证明是具有决定意义的。See, e. g., Digital Equip. Corp. v. Desktop Direct, Inc., 511 U. S. 863, 114 S. Ct. 1992, 128 L. Ed. 2d 842 (1994)（使基于双方当事人达成的和解协议而作出的驳回诉讼无效的命令不能作为附带裁决命令对其提起上诉）；Lauro Lines S. R. L. v. Chasser, 490 U. S. 495, 109 S. Ct. 1976, 104 L. Ed. 2d 548 (1989)（对基于合同上的选择管辖法院条款提出的驳回动议的否决命令不具有即时上诉性）；Stringfellow v. Concerned Neighbors in Action, 480 U. S. 370, 107 S. Ct. 1177, 94 L. Ed. 2d 389 (1987)（如果命令否决了作为权利的诉讼参加（intervention as of right），但是却允许根据受到严格限制的理由允许任意的诉讼参加（permissive intervention），那么该命令不允许即时上诉）。See also 15A C. Wright, A. Miller & E. Cooper, Jurisdiction and Related Matters 2d 3911. 3.

〔14〕 U. S. v. Ryan, 402 U. S. 530, 91 S. Ct. 1580, 29 L. Ed. 2d 85 (1971)；Cobbledick v. U. S., 309 U. S. 323, 60 S. Ct. 540, 84 L. Ed. 783 (1940). But compare U. S. v. Nixon, 418 U. S. 683, 692, 94 S. Ct. 3090, 3099, 41 L. Ed. 2d 1039 (1974)，该案中，允许总统对提交联邦初审法官询问过程的录音磁带的命令提起即时上诉。该总统并不是该寻求记录一案的当事人，但联邦最高法院评论说要求总统为被法院的命令以得到审查的机会是"不恰当的，并且将在政府的两个分支机构之间造成了不必要的宪法性对抗。"

藐视法庭的判决提起上诉。[15] 尽管这一藐视法庭的途径必然存在风险，[16] 如同上诉一方当事人遇到的困苦一样，联邦最高法院通常对它的可利用度进行裁决，说明已经没有必要将这些披露命令视为并行命令而允许对其提起上诉。[17]

第二种终局判决规则的司法上的例外情形涉及到这样一些案件，如果上诉延迟，那么上诉方将遭受到立即发生的伤害。这种情形仅仅在初审法院的决定属于下列情况时才发生：当事人要求采取即时行动或引导，而且这些行为事后是不可补救的，并且命令被认为有错误因而应该事后予以复审。[18] 由此可以看出，这种例外情形受到极为严格的限制。

该例外情形对联邦最高法院在 Forgay v. Conrad 一案中的判决形成了阻碍。[19] 该案中，初审法官裁定财产已经通过欺诈性的让与手段得到转移。于是他在破产过程中命令将该财产交付给某位财产管理人并组织进行清算。由于清算仍在进行，因而对欺诈的裁决仅仅是对案件的部分处置，但是法院却认为已经指示将该财产即时交付给管理人故而其判决是终局的。在这种情况下，一旦上诉发生迟延，将给败诉一方造成无可挽回的损失，而且在清算完结前财产管理人可能会处置该财产，到那时败诉方就只能服从初审法官的判决，因此，对此允许提出上诉。

13.3 终局判决规则的制定法上例外

终局判决规则制定法上的例外情形可以分为三类。第一类是由制定法明确列举的可以提起中间上诉的特殊命令。例如，在联邦法院，"准予、继续准予、修

---

〔15〕 有关这种得到审查手段的范例，可参见 Hickman v. Taylor, 329 U. S. 495, 67 S. Ct. 385, 91 L. Ed. 451 (1947).

在一些有限的场合，原告可以通过上级法院的执行命令获得审查的机会。See, e. g., Schlagenhauf v. Holder, 379 U. S. 104, 85 S. Ct. 234, 13 L. Ed. 2d 152 (1964). See generally 13.3, below.

〔16〕 只有对刑事藐视法庭判决才能提起上诉。如果该藐视被限定在民事特征上——仅仅强制顺从，而对违背命令行为不实施惩罚——那么不允许上诉，因为该命令是中间性的。See Fox v. Capital Co., 299 U. S. 105, 57 S. Ct. 57, 81 L. Ed. 67 (1936). See generally Andre, The Final Judgment Rule and Party Appeals of Civil Contempt Orders: Time for Change, 55 N. Y. U. L. Rev. 1041 (1980). 更进一步说，如果上诉法院同意初审法官的意见，那么该藐视惩罚将予以维持。

〔17〕 See the cases cited in note 14 above. 在很少的情况下，该藐视途径不可利用，可以允许上诉。See e. g., Perlman v. U. S., 247 U. S. 7, 38 S. Ct. 417, 62 L. Ed. 950 (1918) (当对第三人发出文书提出命令，而该文书的持有者拒绝将其交出，那么允许上诉，因为该第三人不可能因拒绝交出文书而承受藐视法庭的风险）。

〔18〕 Compare Sekaquaptewa v. MacDonald, 575 F. 2d 239 (9th Cir. 1978), and Penn v. Transportation Lease Hawaii, Ltd., 2 Hawaii App. 272, 630 P. 2d 646 (1981), allowing an appeal, with Midway Mfg. Co. v. Omni Video Games, Inc., 668 F. 2d 70 (1st Cir. 1981), and Dameron v. Capital House Assocs. Ltd. Partnership, 431 A. 2d 580 (D. C. App. 1981), disallowing an appeal.

〔19〕 47 U. S. (6 How.) 201, 12 L. Ed. 404 (1848). Forgay 原则在 15A C. Wright, A. Miller & E. Cooper, Jurisdiction and Related Matters 2d 3910 当中得到了更为透彻的审视。

正或者解除强制令"或"拒绝解除或修正强制令"[1] 的中间命令、涉及财产接管方面[2]的命令，以及海事案件中决定当事人的权利和义务[3]的命令，这些都允许上诉。州制定法上还有其他的一些例子。[4] 许多州允许对取消或维持扣押财产的命令[5]或者对同意重新审理动议的命令[6]提起即时上诉。

大体说来，这些制定法明确规定的命令体现了立法者的这样一些考虑，即某些争点有必要继续得到上诉法院的监督，或者这些争点非常重要，一旦对它们的复审延迟，将会给当事人造成困难。[7] 实际上，如同最高法院的上述列举所反映出的那样，创设出例外情形事实上并不是要背离终局原则，对例外的解释相当严格。强制令的例外涉及这样的情况，即从当事人的立场来说需要给予即时引导，该命令尽管是中间性的，但是该判决对相关当事人产生的影响却是实质性的。而其他的例外情形所涉及的都是那些针对义务而作出的、本质上为终局性的命令，不可能产生双重上诉的问题。

制定法上专门规定的这些例外情形很直截了当，在解释方面不存在什么问题。但在有些情况下确定某一种特殊命令是否属于上述列举的命令范围则有些难度。一般说来，法院对制定法上分类的解释很严格。[8] 比如，就联邦上的强制令的处置命令的例外情形而言，临时性的禁止令没有作为强制令来考虑，[9] 因

612

---

〔1〕 28 U. S. C. A. 1292 (a) (1). See 16 C. Wright, A. Miller & E. Cooper, Jurisdiction and Related Matters 2d 3921 – 24. 有关比较性的州制定法，参见 III. S. Ct. Rule 307；Mass. Gen. Law Ann. C. 231, 118；Pa. Rules App. Proc., Rule 311；Va. Code 1950, 8. 01 – 670.

〔2〕 28 U. S. C. A. 1292 (a) (2). See 16 C. Wright, A. Miller & E. Cooper, Jurisdiction and Related Matters 2d 3925. 有关比较性的州制定法，参见 West's Ann. Cal. Code Civ. Proc. 904. 1 (g)；Kan. Stat. Ann. 60 – 1305；Mass. Gen. Laws Ann. c. 231, 117.

〔3〕 28 U. S. C. A. 1292 (a) (3). See 16 C. Wright, A. Miller & E. Cooper, Jurisdiction and Related Matters 2d 3927.

〔4〕 在有些州，制定法上的例外情形规定得相当一般化，因而这些规定是否能够消除终局判决规则还值得讨论。See, e. g., Hawaii Rev. Stat. 641 – 1 (b)（只要有必要快速终止诉讼，上诉就可得到允许）；Wisconsin Stat. Ann. 808. 03 (2)（只要在实际上加速了诉讼的终止，从而避免了伤害，或者明确了一个重要的争点，那么上诉就将允许）。

〔5〕 See, e. g., West's Ann. Cal. Code Civ. Proc. 904. 1 (e)；Fla. – West's F. S. A. Rule App. Proc. Rule 9. 130 (a) (3) (c) (ii)；Minn. Rules Civ. App. Proc., Rule 103. 03 (c).

〔6〕 Ariz. Rev. Stat. 12 – 2101 F. 1；West's Ann. Cal. Code Civ. Proc. 904. 1 (d).

〔7〕 See Smith v. Vulcan Iron Works, 165 U. S. 518, 525, 17 S. Ct. 407, 410, 41 L. Ed. 810 (1897) [predecessor of 28 U. S. C. A. 1292 (a) (1)].

〔8〕 联邦最高法院经常强调对制定法上的例外情形进行狭义解释的必要性。E. g., Carson v. American Brands, Inc., 450 U. S. 79, 101 S. Ct. 993, 67 L. Ed. 2d 59 (1981)；Gardner v. Westinghouse Broadcasting Co., 437 U. S. 478, 98 S. Ct. 2451, 57 L. Ed. 2d 364 (1978)；Switzerland Cheese Ass'n, Inc. v. E. Horne's Market, Inc., 385 U. S. 23, 24, 87 S. Ct. 193, 194, 17 L. Ed. 2d 23 (1966).

〔9〕 有关对临时禁止令与预备强制令（preliminary injunctions）之间的差异的描述参见下文 15. 4.

而不在制定法上规定的范围之列。[10] 此外，在寻求禁令救济（injunctive relief）的诉讼当中，只有那些与构成诉讼请求基础的实体问题有关的预备命令才能考虑作为强制令而允许即时上诉。实际操作当中，该预备命令可能会影响最终强制令的范围或者甚至将其临时性地否决，这并没有太大的差别。[11] 尽管他们所作的解释范围很狭窄，但是制定法上的例外情形的应用性总的说来还是减轻了上诉法院在对某种特殊救济的许可方面的压力，同时也缓解了由于终局判决规则适用过于刚性而产生的不良影响。

第二类制定法上的上诉由《美国注释法典》第1292节（b）规定，[12] 并且通过1958年的增补其规定变得更为灵活。要符合这一范围，寻求复审的当事人必须得到地区法院法官以及上诉法院法官的双重资格认证。[13] 这两级法院都必须认定该命令涉及"支配性的法律问题"，对于被提出的争点"存在意见分歧的实质性理由"，并且"对该命令的即时上诉可以实质性地推进诉讼的最终解决。"由此，该制定法在确保重要的法律争点问题得到即时复审方面起到了"安全阀"

---

〔10〕 Sampson v. Murray, 415 U. S. 61, 86 n. 58, 94 S. Ct. 937, 951 n. 58, 39 L. Ed. 2d 166 (1974); Grant v. U. S., 282 F. 2d 165 (2d Cir. 1960). 但是，超过20天的临时禁止令可以作为预备强制令来对待，因而是可上诉的。National City Bank v. Battisti, 581 F. 2d 565 (6th Cir. 1977); Connell v. Dulien Steel Prods., Inc., 240 F. 2d 414 (5th Cir. 1957), noted 71 Harv. L. Rev. 550 (1958). See generally 16 C. Wright, A. Miller & E. Cooper, Jurisdiction and Related Matters 2d 3922.

〔11〕 See, e. g., Gardner v. Westinghouse Broadcasting Co., 437 U. S. 478, 98 S. Ct. 2451, 57 L. Ed. 2d 364 (1978)〔根据Section 1292 (a) (1)，在寻求进行救济的诉讼当中否决集团认证的命令是不可上诉的〕; Switzerland Cheese Ass'n, Inc. v. E. Horne's Market, Inc., 385 U. S. 23, 25, 87 S. Ct. 193, 195, 17 L. Ed. 2d 23 (1966)〔根据Section 1292 (a) (1)，在寻求永久性禁令救济的诉讼当中，否决一般裁决动议的命令是不可上诉的〕.

〔12〕 28 U. S. C. A. 1292 (b). See 16 C. Wright, A. Miller & E. Cooper, Jurisdiction and Related Matters 2d 3929 – 31; Note, Interlocutory Appeals in the Federal Courts Under 28 U. S. C. A. 1292 (b). 88 Harv. L. Rev. 607 (1975).

〔13〕 有大量的意见认为，在缺乏初审法官的认证的情况下不能获得上诉管辖权。See, e. g., Memorial Hosp. Sys. v. Heckler, 769 F. 2d 1043, 1044 (5th Cir. 1985); Barfield v. Weinberger, 485 F. 2d 696 (5th Cir. 1973). But compare Gillespie v. U. S. Steel Corp., 379 U. S. 148, 154, 85 S. Ct. 308, 312, 13 L. Ed. 2d 199 (1964). 在该案中，尽管没有初审法官以及上诉法官的双重认证，联邦最高法院还是支持了上诉管辖权，它并对此发表评论说，如果案件已经依据第1291条（b）的规定获得了认证，"毫无疑问上诉就是正确的；根据这些情况我们相信，通过将这种明显的边缘案件作为终局的、可上诉的案件来对待，上诉法院贯彻执行了相同的政策，而该政策正是国会在第1292条（b）当中想要促进的。"但是，对Gillespie案的理解不能过于宽泛。联邦最高法院拒绝在Gillespie案有限的事实之外扩展其判决理由的范围。E. g., Coopers & Lybrand v. Livesay, 437 U. S. 463, 477 n. 30, 98 S. Ct. 2454, 2462 n. 30, 57 L. Ed. 2d 351 (1978).

的作用。[14]

《美国注释法典》第 1291 节（b）所规定的上诉必须服从于法院的自由裁量权。[15] 由于需要初审法院以及上诉法院一致认同该命令符合制定法的要求，因而其中的每个法院就有机会对某个特定裁决是否存在背离终局判决规则的必要以及由此产生的责任进行考虑。对初审法院而言，它就能印证是否上诉方当事人真正提出了带有批判性以及争执性的争点问题，或者是否仅仅是将其作为一种延缓诉讼的策略。另一方面，对于上诉法院而言，就能估量自身的工作量并使其判决专注于争点的批评性或重要的本质部分从而摆脱双方当事人的压力。[16]

如果对该制定法的语言进行一番细致观察的话，就会发现它并不是作为终局原则的漏洞而存在的，法院已经对其作出了彼此相一致的解释。上述三种标准必须全部符合才能保证复审的正确性，[17] 作为其结果，仅有少部分争点或者命令才能获得上诉的机会。并且，上诉法院对初审法官在这些问题上作出的判决十分敏感，如果初审法官拒绝按照制定法的要求进行认证，那么此时法院一般认为执行令（mandamus）就不能用来支配初审法官的行动了。[18]

判断按照《美国注释法典》第 1291 节（b）规定进行的上诉是否正确，其关键在于第 1 条和第 3 条标准，因为要在是否存在意见分歧的实质性根据这一问

614

---

〔14〕 从该制定法的历史可以看出它是为某些迟延诉讼或者复杂诉讼而设计的。对该历史的简要概括可参见 Note, Interlocutory Appeals in the Federal Courts under 28 U. S. C. A. 1292（b），88 Harv. L. Rev. 607，610（1975）。虽然该法律之下的上诉很明显并非限定于"大"案，但是法院仍然认为在进行许可时应该谨慎从事，只能限定于例外性案件。E. g., Fisons Ltd. v. U. S., 458 F. 2d 1241, 1248（7th Cir. 1972），cert. denied 405 U. S. 1041；Vaughn v. Regents of University of California, 504 F. Supp. 1349, 1355（E. D. Cal. 1981）。See generally Solimine, Revitalizing Interlocutory Appeals in the Federal Courts, 58 Geo. Wash. L. Rev. 1165（1990）。

〔15〕 该制定法的立法历史很清楚地表明了初审法官以及上诉法官所作决定的裁量性特征。S. Rep. 2434, 85th Cong., 2d Sess., 1958, in 1958 U. S. Code Cong. & Admin. News 5255, 5257.

〔16〕 Coopers & Lybrand v. Liversay, 437 U. S. 463, 475, 98 S. Ct. 2454, 2461, 57 L. Ed. 2d 351（1978）。上诉法院的裁量权被类比为联邦最高法院对调卷令申请的裁量权。See Gallimore v. Missouri Pac. R. R. Co., 635 F. 2d 1165, 1168 n. 4（5th Cir. 1981）。

〔17〕 除了这三条要求以及隐含在制定法标准当中的要求之外，必须涉及到一份命令。初审法院不能为了求得上诉法院的咨询性意见而简单地对某争点进行认证，而必须已经对此作出裁决。Okolinsky v. Philadelphia, Bethlehem & New England R. R. Co., 282 F. 2d 70（3d Cir. 1960）。See Nickert v. Puget Sound Tug & Barge Co., 480 F. 2d 1039, 1041（9th Cir. 1973）（审前判决所决定的事项如果涉及到初审法院对发生争执的争点作出的某种可能的处置所导致的法律效果，那么即使被命名为部分的简易判决，也不能被认为是一项"命令"）。

〔18〕 Arthru Young & Co. v. U. S. District Court, 549 F. 2d 686, 698（9th Cir. 1977），cert. denied 434 U. S. 829；Leasco Data Processing Equipment Corp. v. Maxwell, 468 F. 2d 1326, 1344（2d Cir. 1972）。But see Fernandez - Roque v. Smith, 671 F. 2d 426, 431（11th Cir. 1982）。See text at notes 25 - 45, below.

题上达成一致并不太困难。[19] 确定关于什么是支配性问题的关键不在于初审法院判决发生错误时是否有必要予以撤消——即便该判决明显满足了制定法的要求[20]——而在于上诉法院即时撤消该判决是否将节省在所有有关问题上的时间和花费。[21] 因此，第 1 条标准和第 3 条标准经常牵扯在一起。而且，该制定法规定的最后一条标准——即时上诉可以实质性地推进诉讼的最终解决——需要对下列两个问题仔细权衡：一是允许零星复审是否会拖延或者阻碍案件的审理，二是是否有必要对命令所提出来的争点进行即时的上诉指导。考虑到这一因素，法院在实际操作当中将其自由裁量权发挥到了极点，由此，出现了相互矛盾的判决也许就并不让人感到奇怪了。[22] 其结果是，针对各种披露裁决的上诉同时出现了被否决或者被准许的情况，[23] 就像集团诉讼认证的命令一样。[24] 但是，至少，关于对某些类型的命令的上诉是否恰当形成的不同结论性意见反映出联邦巡回法院之间在实际操作上的差异，因此有待赋予《美国注释法典》第 1292 节（b）所规定的上诉以自由裁量的特性。由于这一现象的存在，就给那些判断哪些类型的命令合乎制定法给定的范围的各级法院带来了危险，因而在依据相关的事实和法律对每一个要求进行评估的时候必须小心谨慎。

最后一类制定法上的终局判决规则的例外情形涉及的问题是，上诉法院在推翻中间初审法院（intermediate trial court）作出的某些裁决时，如何运用执行令或者禁止令这些令状。[25] 对一种被称之为特别令状（extraordinary writ）的使用

---

〔19〕 争点是一个第一印象的问题，但是这一事实本身并不符合该先决条件。必须有理由让人相信存在相互冲突的权威意见。See Castanho v. Jackson Marine, Inc. , 484 F. Supp. 201, 203（E. D. Tex. 1980），上诉部分被驳回，命令部分被维持，执行命令被否决 650 F. 2d 546（5th Cir. 1981）; Barrett v. Burt, 250 F. Supp. 904（S. D. Iowa 1966）。See also In re Pyramid Co. , 141 Vt. 294, 449 A. 2d 915（1982）.

〔20〕 See Katz v. Carte Blanche Corp. , 496 F. 2d 1093, 1097（5th Cir. 1970），cert. denied 401 U. S. 974; Resinck v. American Dental Ass'n, 95 F. R. D. 372, 380（N. D. Ill. 1982）.

〔21〕 See, e. g. , Garner v. Wolfinbarger, 430 F. 2d 1093, 1097（5th Cir. 1970），cert. denied 401 U. S. 974; Resnick v. American Dental Ass'n, 95 F. R. D. 372, 380（N. D. Ill. 1982）.

〔22〕 Compare Atlantic City Elec. Co. v. General Elec. Co. , 337 F. 2d 844（2d Cir. 1964）（反对就原告是否事实上主张损害赔偿或者将该赔偿转嫁给消费者进行质问的命令被否决），with Commonwealth Edison Co. v. Allis-Chalmers Mfg. Co. , 335 F. 2d 203（7th Cir. 1964）（相同情况下的上诉被允许）.

〔23〕 Compare Bourget v. Government Employees Ins. Co. , 48 F. R. D. 29（D. Conn. 1969）（上诉被否决了），with North Carolina Elec. Membership Corp. , 666 F. 2d 50（4th Cir. 1981）（上诉得到了许可）.

〔24〕 Compare Katz v. Carte Blanche Corp. , 496 F. 2d 747（3d Cir. 1974），cert. denied 419 U. S. 885（认证集团诉讼的命令可以上诉），with In re Master Key Antitrust Litigation, 528 F. 2d 5（2d Cir. 1975）（认证集团诉讼的命令不可以上诉）第 1292 条（b）. 1998 年集团诉讼的条款得到修正之后，对集团认证裁决的中间上诉如今得到了允许，而无须求助于第 1292 条（b）. See Fed. Civ. Proc. Rule 23（f）.

〔25〕 从技术层面来看，这两种令状之间的区别在于，执行命令令状是命令法院采取某种行动，而禁止令令状是禁止作出某种行为。尽管从历史上来看意义重大，但是到了今天，对这两种形式的令状进行区分总体来说已经没有什么意义了。In re Simons, 247 U. S. 231, 239, 38 S. Ct. 497, 498, 62 L. Ed. 1094（1918）. See Crick, The Final Judgment Rule as a Basis of Appeal, 41 Yale L. J. 539, 554（1932）.

不同于所有其他的复审手段，因为从技术意义上看，它并非是一种上诉形式，而是帮助上诉法院寻求一种能够指导初审法官作出或者取消某种特殊命令的一种新程序。上诉法院这种通过特殊的令状途径来对中间事项进行复审的能力可以追溯到英格兰时期。[26]

在一些州，执行命令的许可相对较为自由，该令状可以允许对大范围的命令进行复审，否则这些命令将被作为中间命令而不许上诉。[27] 但是，在联邦法院，这种特别令状的使用受到了限制。[28] 由于不同的司法管辖区的情况存在很大差别，各级法院对令状的使用有些容易让人产生误解。以下是对联邦法院如何运用特别令状这一权力的简要介绍。

一个有关联邦的特别令状权力的传统观点是，授权上诉法院将初审法官行使司法管辖权的行为限制在法律允许的范围之内，或者在初审法官出现放弃司法职责行为时迫使其进行某种作为，以此来协助上诉法院行使司法管辖权。[29] 因此经常有人说这些令状的发出不过是在强制实现一项明确的法律义务而已。如果该令状是否发出由初审法官裁量决定，或者仅仅断言有错误，那么使用这种执行令就不能达到复审的目的，[30] 因为该令状不是一种一般意义上的上诉替代品。[31] 联邦最高法院的两个支持使用执行命令的案件可以说明何种程度或类型的滥用令状行为需要给予特别复审。

第一个案件是 La Buy v. Howes Leather company 案，[32] 该案中初审法官根据《联邦规则》第53条（b）之规定进行裁量指派一位主事法官审理反托拉斯案件。该初审法官在说明该诉讼的正当性时声称，其审理日程已经排满，而该案的

616

---

〔26〕 有关英格兰运用这种特殊令状的历史参见 Jenks, The Prerogative Writs in English Law, 32 Yale L. J. 523 (1923)。

〔27〕 例如，在一些州，执行命令很易于获得披露复审令。See, e. g., Ex parte Employers Nat. Ins. Co., 539 So. 2d 233 (Ala. 1989); Klett v. Hickey, 310 Mich. 329, 17 N. W. 2d 201 (1945); Ex parte Benson, 243 Ala. 435, 10 So. 2d 482 (1942). 在其他州，如果通过上诉不能获得足够的救济，可以执行令适用于披露复审。Sears, Roebuck & Co. v. Ramirez, 824 S. W. 2d 558 (Tex. 1992); 或者是，在法庭面前，让人第一感觉问题很重要。St. Vincent Medical Center v. Superior Court, 160 Cal. App. 3d 1030, 206 Cal. Rptr. 840 (1984). Compare the federal view reflected in the cases cited in note 35, below.

〔28〕 The All Writs Statute, 28 U. S. C. A. 1651, 授权通过特别令状进行上诉审查。关于对这一领域内的联邦权限的讨论，参见 16 C. Wright, A. Miller & E. Cooper, Jurisdiction and Related Matters 2d 3932 - 36.

〔29〕 Roche v. Evaporated Milk Ass'n, 319 U. S. 21, 63 S. Ct. 938, 87 L. Ed. 1185 (1943). See Berger, The Mandamus Power of the United States Courts of Appeals: A Complex and Confused Means of Appellate Control, 31 Buffalo L. Rev. 37, 41 (1982), 这是对几个联邦法院观点当中有关看待执行命令权力时采用的不同"标准"的讨论。

〔30〕 Radio Corp. of America v. Igoe, 217 F. 2d 218 (7th Cir. 1954), cert. denied 348 U. S. 973; Bankers Life & Cas. Co. v. Holland, 346 U. S. 379, 382, 74 S. Ct. 145, 148, 98 L. Ed. 106 (1953).

〔31〕 Roche v. Evaporated Milk Ass'n, 319 U. S. 21, 63 S. Ct. 938, 87 L. Ed. 1185 (1943).

〔32〕 352 U. S. 249, 77 S. Ct. 309, 1 L. Ed. 2d 290 (1957).

审理需要花上6周的时间，因而有必要将其转交给主事法官办理。最高法院裁决该法官的行为背离了其司法职责，由此使当事人丧失了就该案基本的争点问题在法官面前获得审理的机会。因此，上诉法院的复审是强制性的，命令该初审法官将主事法官手中至少有关责任问题的决定权予以收回。在另外一个案件中，最高法院使用执行令来复审要求被告接受身体或精神检查的披露命令。[33] 该披露命令在违宪性方面受到了质疑，最高法院注解说这一争点在联邦法院是第一印象的问题，要求上诉法院提供指导。然而，它接着又警告说，一旦按照其观点作出指示，后面那些遵照该指示作出的判决不需要通过执行命令进行复审。[34]

联邦最高法院后来的观点很明确，上述两个案件正是被形容为特别性的。因而，即便有人主张，除非该命令被及时推翻否则将提起不可恢复的损害的诉讼请求，最高法院也不赞成使用执行令来复审地区法院的披露命令。[35] 只有在命令所针对的问题被认为与法官的司法管辖权有关，[36] 比如一份案件转移命令，它产生的后果是剥夺了上诉法院在最初提起诉讼的巡回审判区进行裁决的机会，[37] 或者，更广泛地，在地区法官的命令被看成是"明显"滥用裁量权、[38] 放弃司法职责或者涉及到司法行政管理权的某些问题、且这些问题具有超乎案件本身的特殊意义时，[39] 该令状才可使用。

---

[33] Schlagenhauf v. Holder, 379 U. S. 104, 85 S. Ct. 234, 13 L. Ed. 2d 152 (1964).

[34] 379 U. S. at 112, 85 S. Ct. at 239.

[35] Kerr v. U. S. District Court, 426 U. S. 394, 96 S. Ct. 2119, 48 L. Ed. 2d 725 (1976); Will v. U. S., 389 U. S. 90, 88 S. Ct. 269, 19 L. Ed. 2d 305 (1967). Copare Thornburg, Interlocutory Review of Discovery Orders: An Idea Whose Time Has Come, 44 Sw. L. J. 1045 (1990) (宣扬一种复审披露命令的现代中间复审制度)。

[36] 但是司法管辖权这一概念可以作非常宽泛的解释。See Lyons v. Westinghouse Elec. Corp., 222 F. 2d 184, 186 (2d Cir. 1955), cert. denied 350 U. S. 825，法院发出执行命令，审查初审法院作出的中止反托拉斯案件、等待州法院的相关程序的命令，并评论道"是否终局判决将是一个反言这一问题与地区法院的管辖权有如此密切的关系，因而我们接受执行命令申请是正确的。" Compare Radio Corp. of Amenica v. Igoe, 217 F. 2d 218 (7th Cir. 1954), cert. denied 348 U. S. 973，拒绝发出执行命令来对否决中止程序的命令进行审查。

[37] E. g., In re Fireman's Fund Ins. Cos., 588 F. 2d 93 (5th Cir. 1979). Compare Bankers Life & Cas. Co. v. Holland, 346 U. S. 379, 384, 74 S. Ct. 145, 148, 98 L. Ed. 106 (1953) (当案件移送同一巡回审判区内的地区法院时，执行命令并非是一种对取消案件转移命令进行救济的恰当方式); In re Ralston Purina Co., 726 F. 2d 1002 (4th Cir. 1984) (执行命令不适宜审查拒绝服务或者转移案件的命令)。

[38] Bankers Life & Cas. Co. v. Holland, 346 U. S. 379, 74 S. Ct. 145, 98 L. Ed. 106 (1953).

[39] 在 Nixon v. Sirica, 487 F. 2d 700, 707 (D. C. Cir. 1973) 一案当中，上诉法院发出执行令状要求总统交出磁带以供初审法官检查。该法院裁定，该争点属于司法管辖权性质，因为其提出的问题是地区法官已经越权，同样它也是一个第一印象问题，公众对该问题的即时解决产生了浓厚的兴趣。最后，该法院总结道，如果指导上诉审查的惟一途径是让总统违背该命令的话，那是"一种明显不够的救济方式"。See Note, Appealability in the Federal Courts, 75 Harv. L. Rev. 351, 377 (1961).

执行命令代表着在庭审期间对初审法院实施的一种有意的、直接的干预,[40]因而只有在极端案件（extreme case）当中才能顺利运用。而且，作为一种获得复审机会的特殊手段，法院经常裁定只有当其他的中间上诉途径不可用时才能加以运用,[41]例如按照《美国注释法典》第1292节（b）寻求上诉的可能性暗示着在求助于执行令之前，就应该按照该制定法的要求寻求上诉资格确认。[42]对行使执行令权力作出这样一种限制，其结果是，这些案件的复审显示，联邦法院对执行令的主流观点反映出为何在特殊案件当中该命令不是恰当的救济方式的讨论。

但是，执行令经常被否决这一事实必须予以小心估量。这种策略并未揭示这事实，即在许多情况下上诉法院在决定是否有权发出该令状时，要对构成纠纷基础的实体问题进行审查。[43]如此一来，即使该令状最终被否决了，他们仍然要就一些不太正式的准则来对下级法院提供指导，并保证满足申请人就相关事项获得上诉复审的意愿。尽管这种结果与上述标准不相吻合,[44]但它免去了上诉法院针对地区法官作出相当有力的救济措施的必要，由此使得初审法院与上诉法院之间的关系得以缓和。[45]在那些有必要予以强烈责难的特别场合，发出执行命令本身被推翻了。

B. 可复审性

13.4 复审的性质和范围

对提起上诉的决定构成影响的，不仅仅有对上诉时机的考虑，同时还包括涉及复审的性质和范围的各种的裁决或标准。并非所有出现在审理过程当中的事项都可以在上诉法院得到复审。更进一步说，如果某个事项得到了复审，那么它是否有可能被推翻就取决于判断初审法院是否犯有错误而运用的标准是什么。该标准支配何时复审适当，以及何时上诉会成功，并且反映了关于就初审法院而言，上诉法院应该扮演的正确角色是什么。初审难免出现错误；因此，上诉复审不可

618

---

〔40〕 最高法院注解道"仅仅在极端案件（extreme case）当中才可使用执行命令，因为它将初审法官置于一个反常的、没有辩护人的当事人位置，而不是没有得到赔偿的志愿者。" La Buy v. Howes Leather Co., 352 U. S. 249, 257 -58, 77 S. Ct. 309, 314, 1 L. Ed. 2d 290 (1957).

〔41〕 E. g., Knable v. Wilson, 570 F. 2d 957, 961 (D. C. Cir. 1977) [Rule 54 (b)].

〔42〕 E. g., In re Missouri, 664 F. 2d 178 (8th Cir. 1981); Rapp v. Van Dusen, 350 F. 2d 806, 813 (3d Cir. 1965).

〔43〕 See, e. g., In re Halkin, 598 F. 2d 176 (D. C. Cir. 1979).

〔44〕 In Note, Supervisory and Advisory Mandamus Under the All Writs Act, 86 Harv. L. Rev. 595, 596 n. 7 (1973)，该作者认为有关司法管辖权的问题应该和判断令状是否恰当发出的标准分离开来。

〔45〕 这一理由在 Berger, The Mandamus Power of the United States Courts of Appeals: A Complex and Confused Means of Appellate Control, 31 Buffalo L. Rev. 37, 86 -87 (1982) 当中被提出来。

能对所有的错误进行补救。对于上诉的担心是，作出的判决并没有错误，并非采纳了错误提供的信息，或者对适用于案件事实的法律形成了错误的认识。上诉程序是用来对下级法院得出的结论进行复审并确定其正确性，而不是对每一次审理中的监督行为实施管理以此来保证法官严格按照程序规则以及采纳的证据行事。

故而，上诉复审的范围局限在特定的事项上面。首先，在上诉中提出的错误必须很清楚地在初审法院的记录[1]当中显示出来，而且声称不服的当事人必须是在审理法院已经对这些被主张的错误即时提出过异议。[2] 这种限制鼓动当事人尽力将他们感知的某些问题引起法官的注意而使它们得到即时纠正，由此避免后来的上诉。同时它允许将审理法院有问题的裁决获益情况提供给上诉法院，这样对复审提出的这些事项有所帮助。那些没有在下级法院反对过的，或者没有在初审中未引发争论的错误一般说来上诉时不能作为第一次提出。[3]

其次，如果胜诉方认为有误的裁决对判决（decree）不具有必要性，那么他不能得到对该裁决的复审。[4] 只有受到委屈的当事人或者因判决而受到损害的当事人能够对其提起上诉。[5] 之所以作这样的限制，是为了避免不必要的上诉。如另文所述，既然不必要的裁决不能成为间接再诉禁止[6]的根据，那么上诉就是不必要的，因为胜诉方当事人不会因为初审法官的不利裁决而受到不公正对待。

有时候，尤其是多诉讼请求的情况下，决定何种裁决是必要的有些困难。如果判决本身包含了裁决，通常视为具有必要性而允许提起上诉，尽管该上诉限于

619

---

〔1〕 关于对将上诉审查限定于初审记录这一做法的批评以及对其产生的影响的探讨，参见 Note, Appeal and Error – New Evidence in the Appellate Court, 56 Harv. L. Rev. 1313 (1943).

〔2〕 Record Data Int'l, Inc. v. Nichols, 381 So. 2d 1 (Ala. 1979); Young v. Jonews, 149 Ga. App. 819, 256 S. E. 2d 58 (1979).

〔3〕 McGinnis v. Ingram Equipment Co., 918 F. 2d 1491, 1495 (11ᵗʰ Cir. 1990); City of Eloy v. Pinal County, 158 Ariz. 198, 761 P. 2d 1102 (App. 1988); Tahoe Nat. Bank v. Phillips, 4 Cal. 3d 11, 92 Cal. Rptr. 704, 480 P. 2d 320 (1971); Damiani v. Albert, 48 Cal. 2d 15, 306 P. 2d 780 (1957). 错误进入上诉法院的事物管辖权（subject – matter jurisdiction）范围的一种有限的例外情形产生了，参见上文 2. 2，或者，在极端案件当中为了避免正义被错误传送。Easterwood v. CSX Transportation, Inc., 933 F. 2d 1548, 1551 (11ᵗʰ Cir. 1991), affirmed on other grounds 507 U. S. 658, 113 S. Ct. 1732, 123 L. Ed. 2d 387 (1993). Martinez v. Mathews, 544 F. 2d 1233 (5ᵗʰ Cir. 1976). 关于对上诉的新热点问题的有趣的观察，参见 Martineau, Considering New Issues on Appeal: The General Rule and the Corilla Rule, 40 Vand. L. Rev. 1023 (1987).

〔4〕 See, e. g., New York Telephone Co. v. Maltbie, 291 U. S. 645, 54 S. Ct. 443, 78 L. Ed. 1041 (1934); Bruchanowski v. Lycoming County, 32 Pa. Cmwlth. 207, 378 A. 2d 1025 (1977). 这种限制在 15A C. Wright, A. Miller & E. Cooper, Jurisdiction and Related Matters 2d 3902 当中得到更为充分的讨论。

〔5〕 Lowe v. Labor & Indus. Relations Comm'n, 594 S. W. 2d 365 (Mo. App. 1980); Offutt v. Montgomery County Bd. of Educ., 285 Md. 557, 404 A. 2d 281 (1979); Graney Dev. Corp. v. Taksen, 66 A. D. 2d 1008, 411 N. Y. S. 2d 757 (1978).

〔6〕 See 14. 11, below.

变更判决而将这些裁决予以消除。[7] 通过这种方式，争点排除规则（issue pre-clusion）的不当应用就得以避免。而在其他场合，法院必须仔细审查公然作出的、仅仅针对上诉方胜诉的诉讼请求的裁决，对上诉方没有获胜的诉讼请求而言，是否同样具有实质意义。[8]

以上这两种在复审范围上的限制不是绝对的。比如，如果是败诉的一方上诉，那么胜诉方可提出可以支持该判决的争点来进行回应，即使该争点在下级法院的记录当中没有予以明确决定。[9] 评判上诉人是否可以提出新的理由来支持该判决的标准就是公平：在上诉过程中提出的争点是否还能保持其在下级法院提出时的原貌？

上诉法院不能像初审法院那样接受与事实相关的新证据。[10] 但是，它可以提出新理论或者有关适用法律问题的法律观点。[11] 然而，新理论只有在用来决定开庭审理时所确定的事实时才能提出来。[12] 在多数情况下这一方案受到约束，因为提出证据时对陪审团权利的一种侵害。尽管许多案件并不涉及陪审团审理，但由于该一般原则是如此受到维护，现在所有案件当中还是遵照执行。[13]

作为上诉人在初审当中的胜诉方只限于提出支持判决的争点的人，除非她提

620

---

〔7〕 See Electrical Fittings Corp. v. Thomas & Betts Co. , 307 U. S. 241, 242, 59 S. Ct. 860, 861, 83 L. Ed. 1263（1939）（当地区法院撤消一个专利侵权诉讼时，裁决第一个诉讼请求有效，但是不构成侵权；第二个诉讼请求无效，起诉方可以上诉，"不是为了对实体问题作出判决，而是为了引导判决的变更"，以此来将当中判定第一个诉讼请求有效的部分判决消除掉，因为它是不必要的）。

〔8〕 See, e. g. , Partmar Corp. v. Paramount Pictures Theatres Corp. , 347 U. S. 89, 99 n. 6, 74 S. Ct. 414, 420 n. 6, 98 L. Ed. 532（1954）.

〔9〕 Schweiker v. Hogan, 457 U. S. 569, 585 n. 24, 102 S. Ct. 2597, 2607 n. 24, 73 L. Ed. 2d 227（1982）; Standard Accident Ins. Co. v. Roberts, 132 F. 2d 794（8th Cir. 1942）; Cunningham v. Lynch – Davidson Motors, Inc. , 425 So. 2d 131（Fla. App. 1982）, petition for review denied 436 So. 2d 99.

〔10〕 与其他国家相对照，有关美国历史上如何在上诉当中对待新证据的令人感兴趣的阐述，参见 Millar, New Allegations and Proof on Appeal in Anglo – American Civil Procedure, 47 Nw. U. L. Rev. 427（1952）. The rule is criticized in Note, Appeal and Error – New Evidence in the Appellate Court, 56 Harv. L. Rev. 1313（1943）. 对比一下北达科他州采取的方法，在它那里如果州最高法院判决在下级法院没有提出的争点有必要在上诉中予以妥善处置，它可以保留其司法管辖权，但是必须将案件发回初审法院要求其就该争点作出决定。N. D. Rules App. Proc. , Rule 35（b）.

〔11〕 "我们并不觉得，在没有来自辩护人的压力的情况下，我们就某个理由作出裁决的权利被排挤掉了。然而，这样一个过程并不是我们所期望的，也是不必要的；如有可能，像被提交到初审法院去一样考虑一个案件通常会更好一些。" In re Barnett, 124 F. 2d 1005, 1007（2d Cir. 1942）; Ward v. Taggart, 51 Cal. 2d 736, 336 P. 2d 534（1959）（法院根据不当得利以及准合同理论支持了该判决，虽然最后该案的判决乃基于民事侵权理论而作出。）

〔12〕 See, e. g. , Bowman v. Hall, 83 Ariz. 56, 316 P. 2d 484（1957）.

〔13〕 在一些州，比如加利福尼亚，特别法规定，如果案件当中陪审团审理不是一个与权利有关的问题，或者该权利已经放弃，那么上诉法院就可以作出与初审法官相反或者对其进行补充的事实判决，并为此提供附加证据。West's Ann. Cal. Code Civ. Proc. 909. 然而，有人认为，"加利福尼亚州的这种例外规定的最具实际意义的特征在于其运用的保守性，尤其是在那些附加证据旨在推翻判决而非维持判决的场合。" Louisell & Degnan, Rehearing in American Appellate Courts, 44 Cal. L. Rev. 627, 629 n. 8（1956）.

起反上诉。[14] 在多数当事人或者多诉讼请求、被上诉人部分胜诉部分败诉的场合，这一要求变得十分重要。例如，假定 A 诉 B 要求汽车损害赔偿，而 B 又基于追偿权理论（indemnity theory）追加 C，他的保险公司为第三人作为被告。如果 A 败诉，那么其针对第三人 C 的诉讼请求将被驳回，因为追偿权从来没有发生。因此，审理的结果就是 B 胜诉。如果 A 上诉，并且 B 想保留他从 C 那里获得追偿的权利，B 就必须针对 C 提起反上诉，而不能通过针对 A 的答辩理由书（responsive brief）当中提出这一争议性问题。如果 B 没有能够提起反上诉，追偿权这一争点将在上诉复审当中被排除出去。[15]

与此相类似，只有那些在当事人的答辩理由书当中提出来的争点，以及将提交上诉法院注意的初审法院记录中的相关部分才能得到复审。[16] 上诉法院并不会主动找寻下级法院的错误，而是将对哪一些内容需要复审作出决定这一任务交给了当事人。为了避免突袭以及鼓励当事人做好充分准备，仅限于提出那些在上诉中呈交的文书当中列出的错误。

621　　错误被恰当地提交上诉法院引起重视之后，复审的范围如何确定就要看错误的性质是什么，以及本案在下级法院审理时有无陪审团。受到最为全面的复审的，毫无疑问是法律上的错误；上诉法院要对法律问题作出重新决定。[17] 譬如，如果主张的错误是有关比较疏忽的法律表述发生错误从而导致对陪审团的指示不当，那么上诉法院可以对该指示是否准确地反映了该司法管辖权区内的现行州法律自主进行裁决。事实上，该上诉法院可以认定初审法院适用现行法律正确，但该现行法应该予以变更。与此相似，如果是对简易判决的上诉，则上诉法院将对是否符合简易判决的标准再次进行裁决。[18] 其实上诉法院与初审法院一样的适合对这些法律问题进行决断，而且事实上，对法律问题进行裁决是其指导下级法

---

〔14〕 针对该规则的最有名的论述参见大法官布兰代斯（Brandeis）在 U. S. v. American Ry. Express Co., 265 U. S. 425, 435, 44 S. Ct. 560, 564, 68 L. Ed. 1087（1924）一案当中发表的观点。

〔15〕 See Whitehead v. American Sec. & Trust Co., 285 F. 2d 282, 285（D. C. Cir. 1960）. But compare Baker v. Texas & Pacific Ry. Co., 326 S. W. 2d 639（Tex. Civ. App. 1959）（尽管被告没有就其第三方当事人诉讼请求提起正式上诉，判决还是被彻底推翻，并且案件被发回重审，这是由于这两个诉讼请求所依据的事实相互牵扯在一起）。

〔16〕 National Advertising Co. v. Arizona Dep't of Transp., 126 Ariz. 542, 617 P. 2d 50（App. 1980）; City of Chicago v. Hutter, 16 Ill. Dec. 27, 58 Ill. App. 3d 468, 374 N. E. 2d 802（1978）.

〔17〕 See U. S. v. Mississippi Valley Generating Co., 364 U. S. 520, 526, 81 S. Ct. 294, 297, 5 L. Ed. 2d 268（1961）.
1999 年，联邦最高法院为了解决各巡回审判区之间的矛盾，坚持认为上诉法院应该对地区法院针对州法律作出的决定予以重新复审。Salve Regina College v. Russell, 499 U. S. 225, 111 S. Ct. 1217, 113 L. Ed. 2d 190（1991）.

〔18〕 Mayo v. Engel, 733 F. 2d 807（11th Cir. 1984）. See generally 10 A C. Wright, A. Miller & Kane, Civil 3d 2716.

院的职责当中的一项内容。

对事实认定的复审受到更为严格的限制。[19] 因为上诉时不可能让全部初审重复一次，所以在事实认定方面势必须更多遵从。

在法官审理的场合，涉及诸如《联邦规则》第52条（a）[20] 这样的程序规则规定，法官必须作出事实裁决，并且只有在存在"明显错误"的情况下才能将其推翻。[21] "明显错误"标准的适用清楚地反映出复审范围是很狭窄的，因为这里面存在裁决一般是正确的这一假设，则按照这一标准来界定何为正确确实给上诉法院带来了一些麻烦。适用"明显错误"标准的理由在于，认为初审法官比上诉法官更有优势，因为他有机会审查证人证言；行为证据（demeanor evidence）在上诉法院当然不能使用。[22] 除此之外，初审法官还能够纵观全案进行详细审查，并且他的这种对案件的熟悉了解可以通过最终形成的判决反映出来，由此与上诉当中针对特定的争点或裁决进行的有限审查相比，初审法官对案件的把握就更为透彻。[23]

认识到初审法官的这种特殊专长之后，"明显错误"标准被认为是排除了上诉法院对证据的证明力或者可信度[24]进行重新决定，以及对初审法官的事实推导过程[25]进行的自主评判。就像联邦最高法院在一个经常被引用的言论当中所表达的那样：

即便有足够的证据支持，但上诉法院在对全案证据进行复审之后仍然形成犯

622

---

〔19〕 在初审法官以证据不足作出裁决为理由否决了重新审理动议之后，上诉中争点经常就出现了。显然，初审法官对重新审理动议进行裁决的权利是以证据的证明力为基础的。See 12. 4, at n. 26, above. 同样，一般认为上诉法院不应在这种场合替换其判决。See Wright, The Doubtful Omniscience of Appellate Courts, 41 Minn. L. Rev. 751 (1957). 因此有少数法院认为，如果他们感觉到证据的证明力不足以作出裁决的话，就有权推翻该裁决。Georgia – Pacific Corp. v. U. S., 264 F. 2d 161 (5th Cir. 1959).

〔20〕 对《联邦规则》第52条（a）规定的上诉复审的更彻底讨论参见 Note, Civil Rule 52 (a): Rationing and Rationalizing the Resources of Appellate Review, 63 Notre Dame L. Rev. 645 (1988). See generally 9A C. Wright & A Miller, Civil 2d 2583 – 91.

〔21〕 Official Code Ga. Ann. 9 – 11 – 52 (a); Ky. Rules Civ. Proc., Rule 52. 01; N. D. Rules Civ. Proc., Rule 52 (a).

〔22〕 Inwood Labs., Inc. v. Ives Labs., Inc., 456 U. S. 844, 102 S. Ct. 2182, 72 L. Ed. 2d 606 (1982).

〔23〕 Wright, The Doubtful Omniscience of Appellate Courts, 41 Minn. L. Rev. 751, 782 (1957). See also Pendergrass v. New York Life Ins. Co., 181 F. 2d 136, 138 (8th Cir. 1950). For a contrary view, see Weiner, The Civil Nonjury Trial and the Law – Fact Distinction, 55 Calif. L. Rev. 1020, 1033 (1967).

〔24〕 Inwood Labs., Inc. v. Ives Labs., Inc., 456 U. S. 844, 102 S. Ct. 2182, 72 L. Ed. 2d 606 (1982). See also Geldert v. Hawaii, 3 Hawaii App. 259, 649 P. 2d 1165, 1170 (1982); Nevada v. Courtesy Motors, 95 Nev. 103, 590 P. 2d 163 (1979).

〔25〕 "我们对事实作出另外的认定，解决含糊性问题，对地区法院明确认为无辜的案件投上不吉祥的一票，这些是不够的。" U. S. v. National Ass'n of Real Estate Bds., 339 U. S. 485, 495, 70 S. Ct. 711, 717, 94 L. Ed. 1007 (1950); Primm v. Primm, 46 Cal. 2d 690, 693, 299 P. 2d 231, 233 (1956). See also Kee v. Redlin, 203 N. W. 2d 423 (N. D. 1972).

错的内心确信，那么判决就有"明显错误"。[26]

那么，从最有限的理解来看，"明显错误"标准起到了防止判决被推翻的作用，除非法官是基于对法律的误解[27]作出裁决或者裁决没有足够的证据支持。

在早先的案件当中，如果审理是在缺乏证人的情况下进行或者可信度问题没有提出来，那么上诉法院认为可以实施广泛复审。[28] 这就使得在应该怎样遵从初审法院的判决上产生了混乱。这一问题联邦最高法院在 Anderson v. City of Bessemer City[29]一案中给出了回答。在安德森（Anderson）案中，最高法院尤其反对这样一种观点，那就是，如果地区法院判决被搁置不是因为对可信度的认定，而是基于物证或者书证或者其他相关事实，那么复审范围应该更宽泛一些。[30] 而且，该法院认为，如果判决是基于证人的可信度认定而作出时，就要求对初审法院的观点给予更多的遵从。

"明显错误标准"仅仅适用于纯事实问题，这样一来，就能从另外的角度对纯事实问题和事实与法律相混杂的问题进行区分。事实和法律相混杂的问题与纯法律问题一样同样需要全面复审。[31] 然而，当争点是一个纯事实问题的时候，这样的区分必然使问题复杂化。[32] 至少在联邦系统，明显错误标准适用于所有的事实问题、而非仅仅局限于最终事实问题这一点在最高法院已经得到明确，[33]

623

〔26〕 U. S. v. U. S. Gypsum Co. , 333 U. S. 364, 395, 68 S. Ct. 525, 542, 92 L. Ed. 746 (1948).

〔27〕 Shull v. Dain, Kalman & Quail, Inc. , 561 F. 2d 152 (8th Cir. 1977), cert. denied 434 U. S. 1086; Toro Mfg. Corp. v. Jacobsen Mfg. Co. , 357 F. 2d 901 (7th Cir. 1966). 有关对法律争点的审查标准的讨论，参见前注 17 - 18。

〔28〕 See, e. g. , Orvis v. Higgins, 180 F. 2d 537 (2d Cir. 1950), cert. denied 340 U. S. 810.

〔29〕 470 U. S. 564, 105 S. Ct. 1504, 84 L. Ed. 2d 518 (1985).

〔30〕 此外，《联邦规则》第 52 条（a）1985 年得到修改，规定事实认定"无论是否以口头或书面证据为根据"，除非有明显错误，都不应撤消，See generally 9A C. Wright & A. Miller, Civil 2d 2587.
对无陪审团审理的案件当中的事实认定的上诉审查的探讨，参见 Lea, Federal Rule of Civil Procedure 52 (a)：Applicability of the "Clearly Erroneous" Test to Findings in All Nonjury Cases, 29 How. L. J. 639 (1986).

〔31〕 Hawkins v. Ceco Corp. , 883 F. 2d 977, 981 (11th Cir. 1989), cert. denied 495 U. S. 935; Ashland Oil & Refining Co. v. Kenny Constr. Co. , 395 F. 2d 683 (6th Cir. 1968); Malarchick v. Pierce, 264 N. W. 2d 478 (N. D. 1978). See generally Lee, Principled Decision Making and the Proper Role of Federal Appellate Courts: The Mixed Questions Conflict, 64 S. Cal. L. Rev. 235 (1991).

〔32〕 See, e. g. , Pullman - Standard v. Swint, 456 U. S. 273, 102 S. Ct. 1781, 72 L. Ed. 2d 66 (1982)（故意歧视问题是一个纯事实争点）；Reich v. Newspapers of New England, Inc. , 44 F. 3d 1060 (1st Cir. 1995)（对事实与法律相混杂的问题适用一种变化性的尺度来决定审查的标准）. See generally Weiner, The Civil Nonjury Trial and the Law - Fact Distinction, 55 Calif. L. Rev. 1020 (1967).

〔33〕 See Pullman - Standard v. Swint, 456 U. S. 273, 286 n. 16, 102 S. Ct. 1781, 1788 - 89 n. 16, 72 L. Ed. 2d 66 (1982). 联邦最高法院特别注明，迄今为止，在 Baumgartner v. U. S. , 322 U. S. 665, 64 S. Ct. 1240, 88 L. Ed. 1525 (1944) 一案当中作出的较早的判决似乎表明最终的事实裁决可以在更广泛的范围内予以审查，该案针对的裁决涉及事实和法律，而非纯事实裁决. Ibid.

因此没有必要探究抗辩之间的细微区别来决定何种复审标准为正确。[34]

区分的各种类型在 Bose Corporation v. Consumers Union of United, Inc. 一案[35] 当中得到了例证。该案涉及一个产品毁誉（product disparagement）主张，并且初审当中出现了一个问题那就是，就像 New York Times, Inc. v. Sullivan 一案[36] 所要求的那样，一篇论文当中有关起诉人的扩音器系统的错误论述是否属于实际恶意（actual malice）。初审法官作出了支持原告的裁决，然而在上诉法院被推翻，上诉法院裁决是否出现实际恶意这一问题不受规则第 52 条（a）所规定复审标准的支配，因为该案涉及到第一修正案当中要求对初审法院的判决进行独立复审的条款。联邦最高法院同意了该裁决。

第一修正案要求上诉法院对初审法院的全部审理记录独立进行审查以确定判决没有对这些权利构成侵害，对此最高法院表示认可。而且，该法院认为这一结论与规则第 52 条（a）的适用并不矛盾，并注解说这一规定不禁止所有的复审，唯独禁止那些真正遵从于初审法官的命令。当上诉法院在证人的可信度问题上遵从地区法官的意见时，在博斯（Bose）案当中目的就达到了。最后，最高法院注解道，明显错误复审标准应用于司法上的事实裁决的历史揭示出，遵从初审法官这一假定已经发生了变化，其变化的程度取决于案件的具体情况。在博斯案中提出的、需要考虑的第一修正案问题要求一种独立的复审。[37]

如果案件由陪审团审理而非法官审理，则上诉法院更多地遵从其事实裁决。多数情况下这是因为宪法规定，除了普通法允许审查的范围之外，陪审员对事实

624

---

〔34〕 但是，事实和法律之间区别可以变得难以置信的困难。在一个牵涉到《联邦规则》第 52 条（a）的案件当中，为最高法院发出令状的大法官史蒂文斯（Stevensp）评论道："在某些点上，'发现'事实所运用的推理使得普通逻辑原则的应用与那些委托给事实裁决者的通常经验发生交叉从而进入一种上诉法院必须据以独立审查的法律原则领域。" Bose Corp. v. Consumers Union of U. S., Inc., 466 U. S. 485, 501 n. 17, 104 S. Ct. 1949, 1960 n. 17, 80 L. Ed. 2d 502 (1984).

〔35〕 466 U. S. 485, 104 S. Ct. 1949, 80 L. Ed. 2d 502 (1984).

〔36〕 376 U. S. 254, 84 S. Ct. 710, 11 L. Ed. 2d 686 (1964).

〔37〕 Bose 中的裁定与联邦最高法院在 Anderson v. City of Bessemer City, 470 U. S. 564, 105 S. Ct. 1504, 84 L. Ed. 2d 518 (1985) 一案中的判决完完全全地保持了一致。See, e. g., Families Achieving Independence & Respect v. Nebraska Dep't of Social Servs., 111 F. 3d 1408 (8th Cir. 1997); In re Capital Cities/ABC, Inc's Application for Access to Sealed Transcripts, 913 F. 2d 89 (3d Cir. 1990); Liberty Lobby, Inc. v. Rees, 852 F. 2d 595 (D. C. Cir. 1988), cert. denied 489 U. S. 1010. See also Note, Constitutional Fact Review: An Essential Exception to Anderson v. Bessemer, 67 Ind. L. J. 1209 (1987).

的裁决一律免受全面复审。[38] 第六巡回审判区的一个案件，Hersch v. United States，[39] 一家私人飞机坠毁导致飞行员和两名乘客死亡，能够较好地说明法官以及陪审团事实裁决的复审范围上面发生的变化。财产的代位继承人分别提起了两个彼此分离的诉讼。一个基于《联邦侵权赔偿法》以美国为被告而提起，声称由于一名空中交通控制员的疏忽最终导致飞机发生旋冲而造成致命的毁灭。第二个以飞机制造商为被告提起，声称设计上存在缺陷而限制了飞机从旋冲的状态调整过来的能力。这两个诉讼被合并审理，其中以美国政府为被告的诉讼请求由法官对事实进行裁决，而以制造商为被告的诉讼请求则由陪审团进行听审之后进行裁决。原告举证结束之后，美国政府申请强制性驳回诉讼，而制造商请求作出指示裁决。这两个动议均得到准许。

上诉法院维持了初审判决，并且对比了一下每一份裁决当中适用的不同标准。只有在实质争点上完全缺乏证据，或者不存在任何一个有理性的人将会提出异议的事实争点的时候，初审法官才可以作指示裁决，并且可以成功地将案件从陪审团那里拿过来。[40] 初审法官不能对证据进行衡量，并且只能根据最有利于非动议方的原则来审查所有的证据。上诉法院对指示裁决进行复审时受到同一个标准以及构成要件规则的约束。与此相对照，法院在针对美国政府裁决强制驳回诉讼时，可以对证据进行衡量和评价，而且对非动议方提出的证据不能进行某些特殊的推导。上诉法院复审时可以检查所有的诉讼记录，其中包括初审法官的推导过程。尽管它必须对初审法官的裁决和推导给予充分的尊重，假如其中仍出现明显错误时可予以推翻。

运用这些标准，第六巡回审判区认为，对于在陪审团面前提出的产品责任诉讼请求而言，相关法律要求原告对飞机坠毁由产品缺陷造成的盖然性而非可能性进行证明。上诉法院同意初审法院关于原告提出的证据没有能够揭示出盖然性的原因的看法，因此指示裁决得到支持。关于驳回无陪审团审理当中的诉讼请求这一问题，上诉法院对提供的证据进行复审之后注解道，初审法官似乎受到该空中交通控制员所提供证言的影响，专家证人的证言出现矛盾因而被初审法官拒绝。

---

〔38〕 E. g., U. S. Const. Amend. 7（＊＊＊陪审团裁决的任何事实在美国任何法院都不接受相反的审查，也不能依据普通法上的法律原则进行审查）. See generally Clark & Stone, Review of Findings of Fact, 4 U. Chi. L. Rev. 190（1937）. 但是比较一下 Corcoran v. City of Chicago, 373 Ill. 567, 27 N. E. 2d 451（1940）一案，英国历史上的裁决权支持伊利诺伊州法律授权上诉法院在决定一份判决是否与证据的证明力相矛盾时，对事实当中的错误部分进行审查。而在 Weisbrod, Limitations on Trial by Jury in Illinois, 19 Chi - Kent L. Rev. 91（1940）当中该案受到了批评。英国的具体实践见 Goodhart, Appeals on Questions of Fact, 71 L. Q. Rev. 402（1955）.

〔39〕 719 F. 2d 873（6th Cir. 1983）.

〔40〕 有关对指示裁决标准的讨论参见上文 12. 3.

该诉讼没有出现明显错误因而将其驳回是能够成立的。

最后，有必要提示的是，对初审法官在其自由裁量权范围之内作出的判决进行复审时将适用裁量权滥用标准。[41] 在实际操作当中，这意味着对裁量性的判决而言，只有在上诉法院对下级法院出现明显错误形成确信时才能将其推翻。这种狭窄的复审范围又一次反映了上诉法院的意愿并不是太容易妨碍案件的审理，尤其是当初审法官最适宜对相关问题作出决定的时候。实际上，将某些事项认定为可裁量性的这一决定预示着情况就是那样。

13.5—14.0 保留作补充材料用。

---

[41] See, e. g. , Saunderson v. Saunderson, 379 So. 2d 91 (Ala. Civ. App. 1980); Keeth Gas Co. v. Jackson Greek Cattle Co. , 91 N. M. 87, 570 P. 2d 918 (1977); Primm v. Primm, 46 Cal. 2d 690, 299 P. 2d 231 (1956).

▼
▼
▼

第十四章

先例判决

本章目录

626

14.1 概述和术语

　　这一章考察的是那些支配一桩讼案所作的判决对后来的诉讼过程所产生的约束效力的规则和原则——先例判决原则。由于这个概念的内涵相当广泛，因而在特定的场合需要使用精确的术语来对它描述。因此，在考察各种先例判决规则之前，有必要熟悉一下这一法律领域当中的术语。

先例判决可以分解为两个基本概念，人们经常称之为"既判事项（res judicata）"[1] 以及"判决不容推翻（estoppel by judgment）"。这种划分又回到了起初的普通法。从现在的用途来看，这两个术语涉及到的是阻却将来诉讼的两种方式。既判事项阻止原告就已经作出判决的请求重复起诉；它同样也阻止被告提出新的防御来对抗先前的判决的执行力。判决不容推翻排除针对任何争点的再次诉讼，而不考虑如果第一次诉讼中那个特殊的争点事实上已经被争论并判决过，第二次诉讼针对的请求是否与第一次诉讼相同。这两个概念之间的差异将在下一节全面深入讨论。

既判事项和判决不容推翻都可以再进行进一步的细分。传统上，既判事项被分解为两个彼此紧密相联的原则："合并（merger）"和"阻却（bar）"。这两者之间的不同仅仅在于，请求人在先前的诉讼当中胜诉时适用合并原则，败诉时则适用阻却原则。当原告在判决当中获胜时，诉因（cause of action）提供的所有可能的理由被认为已经被合并到该判决当中，不能为以后的诉讼所利用。在第一次诉讼中败诉的当事人则被认为受到该不利判决的阻却而不能再次提出相同的诉因，即使他由于披露而能提出新理由。[2] 比如，假设在一次汽车事故中受伤的原告提起诉讼声称其手臂受到伤害，但是后来却败诉了，因为陪审团裁决被害人本身有过失。如果原告第二次提起诉讼声称在同一事故中头部受到了伤害，那么先前的判决就能够阻却第二次诉讼，因为该诉讼的提起是基于相同的诉因。然而，如果原告在第一次诉讼中胜诉，并且其手臂上的伤害获得了赔偿。而他又第二次提起诉讼主张在同一事故当中面部受到损伤故而要求损害赔偿，那么最初的判决将排除第二次诉讼；第二个请求就被最初的请求所合并，从而防止原告"分裂"诉因。[3] 因此，请求—分裂是合并原则和阻却原则都予以禁止的。

判决不容推翻同样可以分成两类"再诉禁止（direct estoppel）"和"间接再诉禁止（collateral estoppel）"。当判决禁止就某个争点提出与先前不同的请求时，再诉禁止是间接性的。而当先前被援引不容推翻的判决与现有诉讼的诉因相同时，争点就被再诉禁止原则排除。

---

〔1〕 有时，法院使用"res adjudicata"。这仅仅是书写上的变化，其含义与"res judicata"完全相同。

〔2〕 Restatement First of Judgments 47. 48 (1942).

〔3〕 "当事人不能自由地将其要求予以分离而零星起诉，也不能仅仅提供一部分理由来寻求某种特定救济，败诉时再将余下的理由在第二次诉讼当中提出。这是一个无可置疑的确定原则。"Stark v. Starr, 94 U. S. (4 Otto) 477, 485, 24 L. Ed. 276 (1876). See also Cleary, Res Judicata Reexamined, 57 Yale L. J. 339, 342–44 (1948).

由于既判事项原则清楚地将后来基于既决请求提起的诉讼区分开来，再诉禁止原则的例子非常少。再诉禁止原则多用于第一次诉讼的判决非针对实体问题时。[4] 在这种情况下，就这些实际争议的争点作出的决定以及在宣判过程中有必要进行决定的问题，对于以后相同诉因的诉讼具有约束效力。[5] 例如，如果在诉讼当中当事人就法院的管辖权提出争议，法院对此作出了裁决，那么，在以后在同一法院、同一当事人之间就同一诉因进行争议的诉讼当中，再诉禁止原则将禁止对该争点再次予以审查。[6] 然而在其他州，诉讼的提起却不受再诉禁止原则的约束，有关第二个法院的管辖权这一争点将不会被提起诉讼或被予以裁决。

给出以上这些定义之后，还有一点需要提醒的是，这一领域内的术语无论如何是不具有统一性的。《二次判决重述》（the Restatement Second of Judgments）将"既判事项"作为一般性术语而使用，与先例判决（former adjudication）同义。[7] 基于维斯塔尔（Vestal）教授提出的术语，[8] 该重述认为既判事项可以分成两部分："请求权排除效力（claim preclusion）"，与传统上的既判事项相对应，以及"争点排除效力（issue preclusion）"，与判决不容推翻相类似。由于这一新的术语有的法院采纳了而有的法院没有采纳，因此有必要审视一下先前判决的约束力是如何、并且基于何种目的得到坚持，以此来决定事实上哪一些规则需要予以主张。[9] 通观全文，既判事项以及请求的排除效力这两种术语被交替使用，而间接再诉禁止与争点排除效力也是如此；除非有新的术语能够取代这些旧

---

〔4〕 有关对实体判决构成的讨论参见下文，14．7。

〔5〕 有的判决尽管不涉及对实体问题的争议，但是仍然对以后同一诉因诉讼具有约束力，这方面一个重要的例子就是缺席判决。参见 Lockhart v. Mercer Tube & Mfg. Co., 53 F. Supp. 301 (D. Del. 1943)（破产案件中针对受托管理人作出的、证实股票转让合法的缺席判决对后来所有针对该管理人的既定股票追索索诉讼都具有排他性效力）；Pine v. M. E. Conran Co., 52 N. Y. S. 2d 34 (Sup. Ct. 1944)（支持原告就某些票据恢复支付的缺席判决对以后所有涉及相同当事人以及债务的有效性的诉讼具有排它效力）。

一些法院认为，对于所有诉称的争点以及有必要作出决定的问题而言，缺席判决作出的决定是终局性的。但是，这些决定也将会涉及到这样的情况，即对这些争点再次进行裁决将导致缺席判决部分或全部无效。因此，这些案件可以理解为对先例判决间接攻击的禁止，而非暗示在不同诉因案件决定的排他性。See Woods v. Gannaday, 158 F. 2d 184 (D. C. Cir. 1946)（针对俱乐部负责人的缺席判决对后来所有俱乐部成员针对该负责人提起的账目清查诉讼都有排它效力）；O'Hagan v. Kracke, 253 App. Div. 632, 3 N. Y. S. 2d 401 (1938), appeal denied 278 N. Y. 741, 15 N. E. 2d 682 (1938)（排除最初受益人享受信托契据下的所有利益的缺席判决对这一争点的决定，对后来所有的最初受益人针对董事提起的诉讼具有排它效力）。

〔6〕 Restatement First of Judgments 9, comment a (1942). 为了有机会间接性地对管辖权发动攻击，提出管辖权异议的当事人必须是失于避免在管辖权争点上适用再诉禁止原则。参见上文 3．25 – 3．26，有关对人管辖权异议的约束效力的讨论，参见 and 2．2，这涉及到事物管辖权异议。

〔7〕 Restatement Second of Judgments 131 (1982).

〔8〕 See Vestal, Res Judicata/ Preclusion: Expansion, 47 So. Cal. L. Rev. 357, 359 (1974).

〔9〕 See, e. g., Railway Labor Executives' Ass'n v. Guilford Transportation Indus., Inc., 989 F. 2d 9 (1st Cir. 1993).

的术语，他们被认为具有同义性。

在对争点及请求排除效力的发挥情况及其范围进行考察之前，将这些原则[10]与三个彼此相关但是互不相同的概念加以区分非常重要，它们是：遵照先例、一事不再理、以及判例法。

遵照先例描述的是先前的司法判决对现在诉讼的效力问题。遵照先例原则同样与先例原则（the doctrine of precedent）有关，它表明的是同样的案件在管辖权单一的法院应该得到相同处理。遵从于先例是英美法系的一个基本原则。[11]与先例判决相似，遵照先例负有确保司法判决的稳定性和一致性的任务，允许人们获得行为的预期。如果法律是作为解决争议的中立的裁决者而存在，那么就必须在理性上保持一致。

尽管遵照先例在表面上与先例判决相似，但是在其所约束的个人以及适用的争点上，它仍然可以得到区分。先例判决排除的仅仅是当事人之间的重复起诉，以及某些案件当中，排除那些与该当事人有私交的人之间的诉讼。[12]遵照先例则平等地适用于所有的诉讼参加者，甚至还包括那些与先前诉讼毫无瓜葛的人。因此，遵照先例所确立起来的原则比在最初诉讼当中的诉讼者更长命一些。在1806年的 Strawbridge v. Curtiss 一案[13]中得到宣示的、州籍完全不同案件的联邦法院的事物管辖权，即使当初的诉讼者长久已逝，在联邦法院体系当中仍然是具有约束效力的判例。

第二点区别就是，遵照先例仅仅适用于法律问题；而先例判决则在法律和事实问题上均起到排除诉讼的作用。先例判决所保护的是那些根据适用于特定事实情形的法律规则作出的判决。先例判决所能够决定的是诸如赋予对某一块特殊土地的所有权或者对授权对某一特殊合同进行解释这样一些事项。而遵照先例却与给定案件当中的事实无关，除非这些事实能够说明这些案件所揭示出来的法律原则。[14]那么，从本质上而言，先例判决在特定纠纷的特定的诉讼参加者之间确立了终局判决，而遵照先例则确立起了一个普遍性原则，通过这一原则，一个特定的案件得到处理，并且融入了法律体系当中。

遵照先例的范围虽然比先例判决更宽一些，但是在适用上却没有先例判决严格。针对特定当事人的判决一旦成为终局性的，就几乎从来不会改变。但是，作

---

〔10〕　在跨州的场合，当既判事项以及间接再诉禁止问题被提出来时，赋予该判决效力的是宪法上的充分诚实和信赖条款（the Full Faith and Credit Clause of the Constitution）。参见下文，14. 15.

〔11〕　In re Herle's Estate, 165 Misc. 46, 300 N. Y. S. 103 (1937).

〔12〕　See 14. 13 – 14. 14, below.

〔13〕　7 U. S. (3 Granch) 267, 2 L. Ed. 435 (1806).

〔14〕　See Brown v. Rosenbaum, 175 Misc. 295, 23 N. Y. S. 2d 161 (1940), reversed on other grounds 262 App. Div. 136, 28 N. Y. S. 2d 345 (1941), cert. denied 316 U. S. 689.

为判例的案件也可能被直接推翻。如同一个法院所提示的那样，背离遵照先例原则也许是"维护明显而明白的法律原则，并且对持续的非正义进行补救的必要措施。"[15] 虽然下级法院尤其受到那些被上诉法院宣告的判例的约束，最后求助的法院却可以自由推翻他们自己的先例判决。与此相比，法院并不认为他们可以对自己的判决进行任意干预而违背先例判决原则。判决的既判事项以及间接再诉禁止效力仅仅在真正特殊的场合才能避开。[16] 即便承认判决有错误，如果在先例判决的作用范围之内，也不能再次予以审查。[17]

一事不再理与既判事项非常近似，这两个原则所发挥的功能也相近。一个禁止重复进行刑事指控，另外一个则禁止重复提出民事上的请求。[18] 一事不再理和先例判决都是基于同一个格言那就是，就同一个原因不能烦扰两次。[19] 然而，尽管有这些相似之处，这些原则发挥作用的方式却不一样。

既判事项的效力针对的是某些刑事或民事的生效判决，这些判决对实体问题的决定是终局性的。[20] 一事不再理所依赖的却是"刑事追究（jeopardy）"这一概念，这一概念是刑事案件独有的。追究涉及的是刑事程序中被追究方面临即将到来的定罪。一旦出现这种情况，不管在初次审理当中此案的处理结果如何，一事不再理原则禁止在接下来的程序当中提出相同的指控。通常，当陪审团宣誓，或者证人已经得到询问之时，追究被认为已经开始。由于一事不再理和既判事项所依据的标准不相同，因此，在刑事案件当中有可能出现其中一个原则得到适用而另一原则没有适用的情形。比如，如果在陪审团召集之前刑事指控由于一项相关制定法上的追诉时效已经届满的裁决而被撤消，那么被告就没有被追究。因此，被告可以借用既判事项原则而避免以后受到同一罪行的指控。[21]

最后一个与先例判决原则相区别的是"判例法"。判例法涉及的是这样一个原则，即争点一旦在案件中得到判决，那么即使它在后来的诉讼当中重现也不对其再次进行决定。[22] 就像间接再诉禁止阻止对同一争点再次进行诉讼一样，这

---

〔15〕 McGregor v. Provident Trust Co. of Philadelphia, 119 Fla. 718, 162 So. 323 (1935).

〔16〕 See 14. 8, 14. 12, below.

〔17〕 Independence Mortagage Trust v. White, 446 F. Supp. 120（D. Or. 1978）. But compare Lytle v. Household Mfg. , Inc. , 494 U. S. 545, 110 S. Ct. 1331, 108 L. Ed. 2d 504（1990）（错误地否决了陪审团审理，高估了司法经济利益，否则排除原则的适用将得到支持）。

〔18〕 The Queen v. Miles, 24 Q. B. D. 423, 431 (1890).

〔19〕 See Commonwealth v. Moon, 151 Pa. Super. 555, 30 A. 2d 704 (1943).

〔20〕 See 14. 7, below.

〔21〕 这一案例是以 U. S. v. Oppenheimer, 242 U. S. 85, 37 S. Ct. 68, 61 L. Ed. 161（1916）案为基础的。在该案中，政府坚持认为只有一事不再理原则可以用来阻止对刑事指控的再次审理。大法官霍尔姆斯（Holmes）这样为法院进行评注："出于严肃的敬仰而多次、强烈地提到，这个人的防卫手段不能少于那些保护其免受罪过的防卫手段……第五修正案并不是要废除民事法律当中的那些基本的正义原则。"

〔22〕 See Vestal, Law of the Case: Single Suit Preclusion, 1967 Utah L. Rev. 1 (1967).

一原则限制在接下来的诉讼当中对单个的争点再次进行诉讼。例如，如果某个争点在初审当中已经得到决定并被提起上诉时，判例法就适用了。倘若上诉法院推翻了原判决并就适用的法律及其对某些争点产生的影响作出了判决，那么当此案发回重审时，这些判决对初审法院就具有约束力。[23] 在实践当中，该原则并不硬性要求遵循既判事项规则和间接再诉禁止。联邦最高法院评注道，它"仅仅表达了这样一种实践，即法院一般拒绝对已经决定了的事项再次予以审理，而并非是限制其权力。"[24]

14.2 既判事项和间接再诉禁止的区分——请求权和争点的排除

虽然请求权和争点的排除在许多方面都有类似之处，而且在今天它们被看成是两条近似的原则，但是，从历史起源上看它们依旧差别很大。既判事项是从罗马法传入英国法的；而不容否认（estoppel）则起源于日耳曼法。一般而言，不容否认是禁止一个人发表与其先前的主张相矛盾的观点。[1] 譬如，因既有行为不容否认（estoppel in pais）就禁止某人否认其先前发表的、其他人据以认定伤害的主张。最初，判决不容推翻同样反映出一种观念那就是，一方当事人必须信守他的承诺。在古日耳曼的审理当中，审理活动的重心不是判决，而是大体上由当事人操控的诉讼程序。审理的结论不是由法院的判决而是通过当事人自己公开、庄重的宣告而形成，宣告的内容在今后不得予以收回。

在罗马法上，既判事项强调的重心则放在了法院判决上；它一般体现为事实判决对后面的诉讼有预决的作用。[2] 罗马法上的概念对英国普通法所产生的影响尽管不是直接性的，但是非常深入。既判事项原则通过正常人法以及对教会法的借鉴这两种渠道进入英国法，因而到1100年代初期为止，既判事项这一罗马法上的原则就在英国法上得到了确立。

虽然罗马法和日耳曼法上的两个原则共存于英国法当中，[3] 但是不容否认原则仍旧被予以适当修改。经过一番转换，这一原则变成了"因记录在案不容

632

---

〔23〕 关于当一个案件第二次在同一个上诉法院呈现而审理法官不相同时，判例法如何适用，参见 Lincoln Nat. Life Ins. Co. v. Roosth, 306 F. 2d 110 (5th Cir. 1962), cert. denied 372 U. S. 912.

〔24〕 Messinger v. Anderson, 225 U. S. 436, 444, 32 S. Ct. 739, 740, 56 L. Ed. 1152 (1912). See also Official Code Ga. Ann. 9-11-60 (h).

〔1〕 "一个人自己的积极行动或接受这一行为本身能够取代其嘴巴对真相进行主张或诉求。" Caulfield v. Noonan, 229 Iowa 955, 295 N. W. 466, 471 (1940), quoting Coke, Litt. 352a.

〔2〕 "既判事项意味着法院的判决将终止争议。" Modestinus, Pandects, BK VII, XLII (1).

〔3〕 在民法法系国家，它们将其法律制度无一例外地归因于罗马法，没有出现与不容否认原则相一致的规定。在这些国家，在判决过程当中所决定的问题或者"偏见性问题"对于后面在同一当事人之间进行的诉讼并没有排除效力，除非其中有一方当事人特别要求对该争点进行裁决。See Millar, The Premises of the Judgment as Res Judicata in Contimental and Anglo-American Law, 39 Mich. L. Rev. 1 (1940). 这种类型上的要求就造成这样一种结果，即除了初次审理作出的判决之外，还要求有宣告式判决。这种程序允许当事人实现准确晓知哪一些争点将在判决当中预决——该优点是英美法系所没有的。

否认（estoppel by record）"；假定王座法院所形成的诉讼记录当中展示的事实是无可争辩的。基于这一新的角色，该原则认可在记录方面，王座法院比没有保持正式记录的下级法院更加具有优越性。"因记录在案不容否认"因此而少了一些典型的不容否认所具有的某些特征：在获得排除效力方面它不再依赖于个人自己的陈述。相反，与既判事项相似，它维护的是法院宣告的神圣性。尽管如此，但是，在那些由法院判决所排除的事项与那些由法院记录所排除的事项之间还是存在区别。当第二次诉讼仅仅是重复第一次诉讼的时候，既存的判决就能够对后面的诉讼起到排除作用；倘若第二次诉讼与第一次诉讼相比存在实质上的差别，那么当事人仍然不可以对那些由法院在早先的记录当中确定的事项作出与此相矛盾的陈述。[4]

如今，既判事项和不容否认被结合成一个单一原则的两个方面。[5] 法院的记录不再被认为像国王的言论那样不可侵犯。局外的证据可以用来展示先前的审理当中哪些事项得到了审查，以及哪些争点被予以决定。对法院判决的终局性而言，不容否认和既判事项都起到了防卫作用。

这两个原则有三个方面的不同点。既判事项原则禁止对请求的再次诉讼；而间接再诉禁止则使针对争点的争论终结。既判事项的适用不用考虑在某个特定事项上是否存在相对立的意见；而间接再诉禁止则仅仅在争点被充分诉讼之时才发挥作用。既判事项排除的仅仅是基于同一诉因的起诉；而间接再诉禁止排除的则是争点相同、诉因任意的诉讼。

涉及既判事项与间接再诉禁止这两者之间区别的首要案例——它也经常被形容为"经典"性的——是 Cromwell v. County of Sac. 一案。[6] 本案中克伦威尔（Cromwell）拥有该县在 1860 年发行的公债，当时发行该股票是为了建造一座法院大楼。当该公债的一些息票到期的时候，克伦威尔请求该县对这些息票进行支付。该县拒绝支付，声称这些债券的发行有错误。[7] 该案在联邦最高法院得到裁决：（1）由于起初的债券发行错误，那么除了到期之前已经得到兑现的债券

633

---

[4] Millar, The Historical Relation of Estoppel by Record to Res Judicata, 35 Ill. L. Rev. 41 (1940).

[5] 关于对既判事项与不容否认原则在政策上的正当性理由以及这两者之间的区别的精彩介绍，参见 18 C. Wright, A. Miller & E. Cooper, Jurisdiction and Related Matters 4402-03；Developments in the Law - Res Judicata, 65 Harv. L. Rev. 818, 840-50 (1952)。一个同样有用、对间接再诉禁止原则的历史性分析参见 Scott, Collateral Estoppel by Judgment, 56 Harv. L. Rev. 1 (1942)；Polasky, Collateral Estoppel - Effects of Prior Litigation, 39 Iowa L. Rev. 217 (1954)；and Rosenberg, Collateral Estoppel in New York, 44 St. John's L. Rev. 165 (1969).

[6] 94 U. S. (4 Otto) 351, 24 L. Ed. 195 (1976).

[7] 有证据表明价值 1 万美元的债券已经由该县发行。法院大楼从未得到修建，而且一些债券却用来贿赂该县法官。其实第一次诉讼是由一个名叫史密斯（Smith）的人提起的，但是由于他是为了克伦威尔的利益而起诉的，对这两者都平等适用了间接再诉禁止原则。参见下文 14.13.

担保持有人手中的那些债券之外，这些债券无效；以及（2）克伦威尔没有证明他是一位债券担保人。因而，第一次诉讼以该县胜诉而告终。

当债券到期后，克伦威尔再次起诉。初审法院认定该第二次诉讼由于先前诉讼的存在而被排除，但是联邦最高法院推翻了该初审法院的裁决。大法官菲尔德（Field）分析了先前的判决对第二次诉讼产生的效力，并为该法院签署令状，其中对既判事项以及间接再诉禁止的效力作出了细致的区分。[8] 既判事项是对后来诉讼的绝对禁止，而之所以在这里不适用，是因为每一份债券及其附随的利息均构成了独立的诉因。[9] 克伦威尔一案的诉因不应从整体上予以否决。因此，有必要考虑结合间接再诉禁止原则来裁决在第一次诉讼当中哪一些争点可能被排除。

关于间接再诉禁止原则应如何适用这一问题，大法官菲尔德注解说："必须探究的是第一次诉讼当中事实上哪一些要点或者问题被提起诉讼以及被作出决定，而不是哪一些可能会提起诉讼或者被作出决定。"[10] 既然第一次诉讼当中已经裁决债券的发行有错误，那么在这一个问题上不允许再行争讼了。而且，克伦威尔也许并不打算证明他是债券担保持有人，而这正是先前诉讼的主题：在第一次诉讼中他没有能够证明这一点，那么该诉因就永远被排除了。但是，如果可以的话，他有权证明他是新近到期债券的担保持有者。"一方当事人没有证明已经为一份债券或者息票给付对价这一事实，不是证明他没有为其他不同债券给付对价的假想证据，更谈不上是排他性的证据。"[11]

所以，与既判事项相比，间接再诉禁止有着更为广泛的影响，因为判决可以用来排除针对某项争点的诉讼，而不论该争点何时在其他诉讼当中提出。然而，这一广泛的范围却有其危险性，因为在意料之外的场合，争点可能再次露面，从而造成不良的突袭风险。诉讼当中出现的微不足道的争点在后来的诉讼当中却有可能是至关重要的，而且诉讼参加人如果太大意的话有可能会为其先前诉讼当中疏于应对而感到遗憾。

正是因为存在这种潜在的突袭情况，间接再诉禁止原则在其他途径上的适用受到严格限制。它仅仅适用于先前诉讼当中实际被争议的争点，故而其适用范围比既判事项要窄。通过限制排除那些已经引起诉讼者注意的争点，此项要求就使得突袭的危险得到减轻。除此之外，被排除的争点必须对先前的判决具有必要性，确保作出裁决的法院认识到其决定的重大意义并且值得给予密切注意。这些

634

---

〔8〕　94 U. S. at 352.

〔9〕　See 14. 4, below.

〔10〕　94 U. S. at 353.

〔11〕　94 U. S. at 360.

限制性要求将在文章后面深入讨论。[12] 在这里之所以要提及，只是为了弄清楚争点排除原则以及请求权排除原则在实施的时候有何区别。

A. 既判事项——请求权的排除

14.3 既判事项构成的一般原则

要理解既判事项，就有必要了解为什么一旦就某项请求作出判决，那么不允许就同一争议问题继续进行诉讼这一要求是合理的。英国普通法上的两条格言能够很好地概括出这一原则的一般构成方针。它们是：首先，一个人不应该两次受到相同原因的追诉；第二，终止诉讼是出于国家的利益考虑。因而，既判事项原则服务于私人利益和国家利益这双重目的。

禁止就同一争议再次争讼当中，就司法制度利益而言要承认司法资源是有限的，能够在法院得到听审的案件数量也是有限的。任何一个争议得到再次听审，意味着另一个争议的审理将被延迟。尤其是在现代法院处于案件大量积压的境地之时，这种考虑更是利害攸关。因此，基于公共利益的立场，既判事项原则总体上就能够起到而保存稀缺的司法资源、提高司法效率的作用。

终局判决作出之后，获胜方当事人同样具有维持该判决稳定性的利益。当事人步入法院是为了要解决争执；倘若当事人可以无视法院的判决而一次又一次地就相同请求而提起诉讼的话，那么该判决就没有什么用处了。虽然司法上的决定并非一贯正确，但是司法错误应该通过上诉程序得到纠正，而不能通过就同一请求重复起诉来达到这一目的。而且，允许再行争讼会产生判决不一致的风险，并且在决定两种相互冲突的判决何者更正确问题上将带来难题。既然没有理由说对某个必要的请求所作的第二次或者第三次判决一定比第一次决定更加正确，那么第一次判决就应该不受干扰。

635　有些案件当中同样存在公众的某种利益，因此务必使一旦被确立的权利和义务得以固定。例如，法院对土地的权属判决，每一个人都应该信赖该判决的终局性。否则，许多有形财产的交易将由于这种不确定性的存在而受阻。故而，既判事项原则最重要的目的在于同时为当事人和公众提供信赖。[1] 就像联邦最高法院所奉行的那样，"既判事项鼓励人们依赖司法判决，禁止烦扰性诉讼，并且赋

---

〔12〕　See 14.11, below.

〔1〕　Southern Pacific R. R. Co. v. U. S., 168 U. S. 1, 18 S. Ct. 18, 27, 42 L. Ed. 355（1897）：
"（既判事项的一般原则）是建立民事法院的目标要求，其目的是通过对那些能够予以司法判决的事项的处理来确保社会的和平和安定。这一原则的实施对于社会秩序的维持具有根本意义；同时，如果当事人及其利害关系人之间，所有与争点有关的事项的决定性因素并没有进入到法院的判决当中，那么法院不能被用来维护人权和财产。"对相同观点的最近的陈述参见 James v. Gerber 2. Prods. Co., 587 F. 2d 324, 327（6th Cir. 1978）.

予法院解决其他的纠纷的自由。"〔2〕

虽然既判事项原则促进了一些有价值的方针，然而在某些案件当中它的适用还是导致某些困难的结局。诉讼由于先前判决的存在而终止，不仅"针对在诉讼当中实际提出的再次披露的任何理由，而且还针对可能提出的任何理由。"〔3〕这一特征就将既判事项与其他相联系的原则——间接再诉禁止区分开来。〔4〕该原则排除效力所涉及范围的幅度就意味着一份判决所包括的完整的诉因当中可能包含独立成分的诉讼请求。〔5〕在一次事故当中受伤的原告就其身体的不同部位所受的伤害提出若干请求——一个是为受损的手臂，另一个是为裂开的脾脏，等等——但是所有这些伤害仅仅构成一个诉因。由于既判事项的范围超越了实际争讼范围，因而禁止原告将其案件分割成许多彼此独立的诉讼请求，以防止被告因此而受到高昂诉讼成本的困扰。

这样，既判事项原则鼓励将诉讼请求予以合并以实现司法的经济性。然而，伴随这一经济效的还有危险。因为在诉讼当中所谓"可能被提出来的"在整个诉讼过程当中并不总是很明显，当事人可能会在审理之后才发现那些没有提出来——甚至还可能还没有想到要提出来——的请求却被判决所阻止了。既判事项原则可以排除原告提起一个有相反价值的请求，该请求由于微小的程序错误，或者由于律师在第一次诉讼当中没能预见判决有可能对将来产生的影响而从未争讼过。

导致困难结局的既判事项所具有的第二个特征是，不管最初的判决是否正确，它对请求的再次争讼一律产生阻止效力。既判事项原则非常刚性和正式，而且运作起来也比较机械。它坚决不考虑判决当中的实体问题。那些明摆着有错误、上诉时将被推翻的判决，按照既判事项的宗旨看来，都是有效的终局判决。毕竟，如果原告能够仅仅通过对最初的判决的争辩就使得该原则受到侵犯的话，那么既判事项的一些方针——判决的终局性和保护不受困扰——将被彻底地挫败。既判事项反映出的方针是，有时判决的稳定性比得到纠正更加重要。〔6〕

既判事项规则在法院几乎被完全公式化；只有很少的制定法以及宪法上的规

636

---

〔2〕　Brown v. Felsen, 442 U. S. 127, 131, 99 S. Ct. 2205, 2209, 60 L. Ed. 2d 767 (1979).

〔3〕　Cromwell v. County of Sac, 94 U. S. (4 Otto) 351, 353, 24 L. Ed. 195 (1876).

〔4〕　有关对间接再诉禁止原则的讨论参见下文 14. 9～14. 12.

〔5〕　有关对既判事项范围的讨论参见 14. 4～14. 6.

〔6〕　Shoup v. Bell & Howell Co., 872 F. 2d 1178, 1182 (4ᵗʰ Cir. 1989); Mitchell v National Broadcasting Co., 553 F. 2d 265, 272 (2d Cir. 1977); Iselin v. Meng, 307 F. 2d 455, 457 (5ᵗʰ Cir. 1962), cert. denied 372 U. S. 909.

定提供了一些特定的指导。[7] 普通法规则一般可以归入以下两类：一类界定的是诉因的范围，[8] 第二类界定的是最初判决的性质。[9] 前者决定的是，是否应该通过确定第一次诉讼当中得到决定的诉因有多少而使得先前的诉讼排除后面的诉讼。后者所作的限定则是为了尽可能地保证在最初的诉讼当中，为那些将在第二次诉讼被排除的诉讼请求提供公平、充分的争讼机会。这些规则对第一次诉讼程序的形式提出了要求，并且还要求第一次诉讼的判决是终局性而非临时性的；在案件的实体问题上，不是以初步的或者司法管辖权性质的事项为基础；并且，作出判决的法院在管辖权方面必须是有资格对原告诉因的所有部分作出决定。

在考察既判事项的适用标准之前，有必要掌握围绕其用途而设置的各种程序。既判事项是一种积极的防御措施，法院通常会自发地提出来。[10] 因而，要说既判事项禁止就同一诉因重复诉讼，严格来讲并不十分准确，因为在第二次诉讼当中被告可以放弃防御并且同意再次提起诉讼。

637 既判事项原则可以明明白白地或者含蓄地予以放弃。例如，当事人可以清楚地表示放弃在将来在最初的诉讼当中援引既判事项原则。按照这一做法，当事人可以支配诉讼的范围，有意的对期待审查的诉因的各个部分进行转移，并且明白地保证在判决的范围之内这些部分不予考虑。譬如，一对离婚的夫妇可以保证离婚诉讼不涉及财产分割问题。相应地，先前的离婚判决就不能排除后面的执行财产分割协议的诉讼。[11]

被告同样会出现无意识地放弃该种防御错误的情况。就在第一次诉讼当中，被告有时是委婉地放弃了在后来的诉讼当中以既判事项进行防御的权利。比如，原告以同一诉因提起两个独立的诉讼之后，试图将其合并成一个诉讼而被告提出了有效的反对，那么在这之后该被告不能以原告分割诉因为由提出抗辩。而正是这种对诉讼合并的阻止行为就体现出被告无意识地放弃了既判事项这种防御性

---

〔7〕《宪法》上的充分诚意与信赖条款第4条第1节为不同州之间的既判事项问题提供了一些一般性的指导。参见下文 14. 15.

〔8〕 See 14. 4 – 14. 6, below.

〔9〕 See 14. 7, below.

〔10〕 一些强调既判事项的一些构成方针诸如避免两次烦扰被告、要求被告提出或放弃争点的诉辩规则的较早案例在那个时候就被制定出来了。See Fed. Civ. Proc. Rule 8 (c). See also Cleary, Res Judicata Re-examined, 57 Yale L. J. 339, 348 (1948). 由于在警惕重复诉讼这一问题上，法院变得越来越关心它们自身的利益，已经有少数法院自己提出了排除规则这一问题。See Independent School Dist. No. 283 v. S. D., 88 F. 3d 556, 562 n. 5 (8ᵗʰ Cir. 1996); Carbonell v. Louisiana Dep't of Health & Human Resources, 772 F. 2d 185, 189 (5ᵗʰ Cir. 1985); Williams v. Codd, 459 F. Supp. 804, 811 (S. D. N. Y. 1978); Ocean Acc. & Guar. Corp. v. U. S. Fidelity & Guar. Co., 63 Ariz. 352, 162 P. 2d 609, 614 (1945). See generally 18 C. Wright, A. Miller & E. Cooper, Jurisdiction and Related Matters 2d 4405.

〔11〕 Smith v. Smith, 235 Minn. 412, 51 N. W. 2d 276 (1952).

权利。[12]

放弃同样可以基于被告在再次诉讼当中的某些行为而产生。如果没有提出既判事项，就像其他有效防御一样，那么就认为放弃了该权利，因此就忽略了争点。[13] 放弃还可以由于被告没能及时提出防御而产生。[14] 关于何时提出防御才是及时的，这要视每个案件的具体情况而定。最简单的情形就是，第一次诉讼在第二次诉讼开始之前就完全结束了。在这种情况下，被告必须在第一次答辩当中对先前判决提出抗辩。[15]

当诉因相同的两个诉讼同时被提起时，只有等到其中的一个诉讼的终局判决已经作出的时候才可以利用既判事项原则。尽管被告只能在两个诉讼的判决都作出之后才能进行这种防御，但是在任何一个诉讼形成判决之前，都可以暗中将这一权利放弃。如果被告默许这种诉讼分离而没有对另外一个已经系属的诉讼提出异议，那么就认为他放弃了对请求权分离（claim – splitting）的异议权。被告可以一直耐心等待，只要其中一个诉讼的判决作出，就可以该判决作为埋伏来攻击原告从而使另一个诉讼受挫。[16]

最后，如果是由于被告的欺诈或其他的虚假陈述行为而导致请求权分离的话，那么既判事项也会丧失其效力。[17] 这方面的经典案例是 Hyyti v. Smith 案。[18] 本案中，原告诉称其父亲被被告杀害。原告是最近才抵达美国而且仅仅能说芬兰语，她依赖于从被告辩护律师那里获得的咨询意见而自己没有聘请律师。而被告的辩护律师没有告知她有权以丧失抚养权为由提起诉讼并要求惩罚性损害赔偿。基于该辩护律师的建议，原告仅仅就住院费、医疗费以及丧葬费提起诉讼。当认识到还可以提出其他请求时，她又再次起诉，对此被告凭借既判事项原则进行防御却遭到法院的否决。该法院注解道："虽然在先前的诉讼当中，原告丧失抚养之诉的诉因被忽略掉了，但是被告对此负有责任。"[19]

有时甚至无辜的虚假陈述也会阻却既判事项原则的适用。例如，在 Vineseck

638

---

〔12〕　E. g., Reeves v. Philadelphia Gas Works Co., 107 Pa. Super. 422, 164 A. 132 (1933).

〔13〕　See Marcus v. Sullivan, 926 F. 2d 604 (7th Cir. 1991).

〔14〕　See Annot. Waiver of, by Failing Promptly to Raise, Objection to Splitting Cause of Action, 40 A. L. R. 3d 108 (1971).

〔15〕　在第一次应答答辩当中没有能够提出既判事项并不一定就注定失败，因为法院还可以准许予以修正。关于修正的权利参见上文 5. 26.

〔16〕　在 Georgia Ry. & Power Co. v. Endsley, 167 Ga. 439, 145 S. E. 851 (1928) 一案中，被告的电车与原告的汽车相撞，之后原告分别针对人身和财产损害提起了两个独立的诉讼。以既判事项作为防御手段没有得到允许，因为被告没能在其中一个诉讼的判决作出之前提出异议。

〔17〕　Restatement Second of Judgments 26, comment j (1982). E. g., McCarty v. First of Georgia Ins. Co., 713 F. 2d 609 (10th Cir. 1983).

〔18〕　67 N. D. 425, 272 N. W. 747 (1937).

〔19〕　272 N. W. at 749.

v. Great Northern Railway Company 一案[20]中，原告是一位只会说少量英语的波兰人，他在为被告的铁路公司工作时受伤。该公司的一位医生认定其腿部和头部受到伤害，但是许诺说视力模糊只是暂时现象。原告因此认为头部损伤是小伤，遂以铁路公司为被告提起诉讼仅要求对腿部伤害予以赔偿。后来，表面看上去问题不大的头部损伤导致原告永久性失明。在这里，即使没有证据证明铁路公司通过其医生故意误导原告，法院还是允许原告就导致其失明的头部损伤第二次起诉。该法院认为，铁路公司不能对原告的分离诉因行为提出异议，因为该分离行为是该公司的医生引发的。

这些案件当中的重要问题是，在分离诉因这一事项上，并非基于原告的故意而产生，而是由于被告的行为参与或者涉入了该分离请求判决的形成过程。被告不能作出相反的陈述来对抗先前因其自身的行为而产生的结果。同样清楚的是，当原告由于疏忽大意而忽略了那些在第一次诉讼当中就应该提出来的诉讼请求时，她就没有第二次机会了。尽管有一些判例认可原告的某些可以原谅的疏忽也能够阻止既判事项的适用，[21]但是，其他的权威性判例，尤其是《二次判决重述》，[22]仍然坚持认为原告的一些错误，如缺席欺诈、隐瞒或者被告的虚假陈述，都可以成为否决请求权分离的理由。[23]这一得到承认的不利结果产生于制度本身的需要以及诉讼的确定性和终局性要求。

14.4 既判事项的范围——什么是诉讼请求或诉因

639

既判事项原则适用于诉讼的基本单位是诉因或者请求。[1]针对诉因的实体问题作出的终局性生效判决对于当事人的权利有着确定力，并且对于以后所有的涉及同一诉因的诉讼具有约束力。合并和阻却不仅仅适用于争讼的事项，而且还

---

〔20〕 136 Minn. 96, 161 N. W. 494 (1917).

〔21〕 Zaromb v. Borucka, 166 N. J. Super. 22, 398 A. 2d 1308 (App. Div. 1979); Gaither Corp. v. Skinner, 241 N. C. 532, 85 S. E. 2d 909, 912 (1955); Gedney v. Gedney, 160 N. Y. 471, 55 N. E. 1 (1899). See also Developments in the Law, Res Judicata, 65 Harv. L. Rev. 818, 830–31 (1952).

〔22〕 Restatement Second of Judgments 26, Comment j (1982).

〔23〕 Cohan v. Associated Fur Farms, 261 Wis. 584, 53 N. W. 2d 788 (1952). 被告是一名合伙人，他从阿穆尔（Armour）那里带来了一些被污染的种子来饲养他自己的动物，并卖了一些给科汉（Cohan）。当其动物发生死亡后，他起诉卖主并获得了赔偿。后来科汉饲养的动物也死了，于是起诉该合伙人，而合伙人又反过来起诉阿穆尔，阿穆尔有效地提出了既判事项抗辩，即便第一次诉讼当中该合伙人可能不知道科汉的动物伤害事实。

〔1〕 "诉因"这一术语传统上用于确定既判事项的界限。这并不让人感到奇怪，因为这一概念在其他场合同样被用于确定诉讼单位，比如诉答、诉的合并以及州法律对早先的程序性法令加以吸收时的限制性法律。现代的程序规则一般用"请求"来替代"诉因"，并且，与这种变化相适应，如今既判事项的范围可以涉及诉讼请求。有关对既判事项范围的更为透彻探讨，参见 18 C. Wright, A. Miller & E. Cooper, Jurisdiction and Related Matters 2d 4406–14.

适用于诉因的各个方面，其中包括第一次诉讼中根据诉因而提出的所有的防御手段。[2] 因此，明确"诉因"的含义至关重要，这样有助于理解既判事项原则是如何运作的。

在令状制度下，决定既判事项的范围相对较为容易并且具有可预见性。基于同一事件而发出的相同令状只产生一种诉因；基于涉及多个令状的不同事件就适于单独起诉。而且，甚至在仅有单一的交易或事件的场合，如果有两种不同的令状，如请求返还动产之诉和动产侵占之诉均可使用，那么它们可以分别单独起诉。[3]

随着法律程序与衡平程序的融合，以及那些将普通法上的诉讼形式彼此隔开的程序性差异的衰减，现代诉讼的范围已经得到扩展，许多事项已经可以合并在一次答辩当中，并且在一个单一诉讼当中可以寻求的救济也越来越多。因而，要将多个诉讼单位孤立起来，以及决定两个请求之间的密切联系是否足以准予适用既判事项的排除规则，这些已经成为很困难的事情。所以，在先前的诉讼当中，诉因范围之外的争议经常成为一场激烈斗争的开端，而这场斗争的内容就是对诉讼是否成立作出决定。[4]

对于诉因没有一个能够获得广泛认同的准确定义。甚至，"在一种给定的事实之上，任何一种结果都至少有一种规则能够给予支持，并且相同的测验也能维持相反的立场"。[5] 而要回答在前一诉讼当中哪些问题可能会得到争讼，按照克利里（Cleary）教授的话说，是"留下了一个工作日的世界，并且进入了一个令人惊奇的言词的王国"。[6]

有一些事情是可以明确的：同样的起诉状提出了相同的诉因，而发源于不同交易或事件的请求是不同的诉因。但是不太容易形成一致意见的是，在何种情况之下一种单一交易或事件能够产生两个或更多单独的诉因。

一般而言，诉因的范围取决于以下两点：其一，那些支配着答辩、诉讼请求的合并、管辖权的范围所及（jurisdictional reach），以及进行第一次诉讼的法院法律程序与衡平程序的合并的程序规则，决定了要求当事人在单一诉讼当中提出

640

---

〔2〕　Cromwell v. County of Sac, 94 U. S. (4 Otto) 351, 24 L. Ed. 195 (1876)；Schuykill Fuel Corp. v. B. & C. Nieberg Realty Corp. , 250 N. Y. 304, 165 N. E. 456 (1929)；Reich v. Cochran, 151 N. Y. 122, 45 N. E. 367 (1896).

〔3〕　II W. Holdsworth, A History of English Law 250 (1936).

〔4〕　即使某项请求被认为是一个单独的诉因的一部分，先前的判决并不完全毫不相关。而且，对于先前诉讼当中那些实际得到争讼并且有必要作出决定的争点来说，该判决的排除效力是受到限制的。参见下文 14. 9 – 14. 11.

〔5〕　Developments in the Law – Res Judicata, 65 Harv. L. Rev. 818, 825 (1952).

〔6〕　Cleary, Res Judicata Reexamined, 57 Yale L. J. 339, 343 (1948).

请求以及防御的幅度。[7] 联邦民事诉讼规则规定当事人在一次诉讼当中有着充分的机会对由一次交易产生的所有的请求进行争讼。[8] 因此，当联邦规则以及相近的规则予以实施的时候，宽泛地界定诉因以便将所有产生于同一交易或事件的法律问题都囊括进来是恰当的。但是，如果该程序规则既不允许将诉讼请求自由地合并，也不允许对答辩状进行自由补充，或者在一个单一诉讼当中，缺乏一个将法律请求与衡平请求相联结起来的平台，那么该种方法就是极为不当的。

诉因的范围同样取决于法院热衷于提高司法经济性的程度。通过要求当事人"以现有的程序法以及公正要求允许的速度在一次诉讼程序当中处理所有的请求"，[9] 既判事项原则的适用就对阻碍多种诉讼的政策产生了激励作用。为了对某一特殊的诉因进行详细说明，法院经常是必须对两种相冲突的因素进行协调：制度的整体效率和个案正义。对单个的案件埋头苦干很容易使司法机器陷入重复性复审当中，而新的冤屈却不能得到听审。另一方面，对效率的热心贡献却又产生侵蚀司法制度目的的危险。因此，对司法经济性的考虑显然有助于广泛探究诉因的范围，[10] 而对单个诉讼参加人的关心则要求采用狭窄的定义。

法院以及评注人所策划的这些定义和检验标准代表了两种思想流派。其中交易方法（transactional approach）更具时代性，它使得对司法效率的追求最大程度地与个案正义保持一致。另一种方法的范围相对狭窄一些，它关注的是这两个诉讼当中第一位的权利或者伤害的类型是否相同。以下是这些检验标准在某些常见情形下的适用。

一些法院的做法是，只要确信在第二次诉讼当中的判决将不会与第一次诉讼判决相矛盾，即认可单独的诉因。[11] 这种检验标准突出并强调了保持判决稳定

---

[7] 基于既判事项目的，诉因的含义在今天要比以往宽泛一些。在令状制度之下，答辩的整个目的是框定一个单一的法律争点，以便让"诉因"有一个范围非常狭窄的含义。如果从第一次诉讼使用的令状来看第二次诉讼不可及，那么原告就没有机会对法律争点进行诉讼因而也不会被既判事项所阻却。相反，遍及现代诉答制度尤其是联邦制度的原则是，当事人之间的全部纠纷可能、常常是必须在同一法院的同一诉讼当中提出，在充满自由的、请求的任意合并、诉答状补充规则以及强制性的反请求当中，该原则得到了反映。Williamson v. Columbia Gas & Elec. Corp., 186 F. 2d 464（3d Cir. 1950），cert. denied 341 U. S. 921. See Restatement Second of Judgments 24, comment a（1982）。

[8] 关于请求以及当事人的合并参见上文第六章。

[9] Schopflocher, What is a Single Cause of Action for the Purposes of the Doctrine of Res Judicata, 21 Ore. L. Rev. 319, 324（1942）。

[10] "……诉讼单位越大，那么在每一个个体单位当中消耗的精力就越少。"Vestal, Res Judicata/ Preclusion: Expansion, 47 So. Calif. L. Rev. 357, 359（1974）。

[11] 例如，在 United Federation of Teachers Welfare Fund v. Kramarsky, 451 F. Supp. 333, 337（S. D. N. Y. 1978），affirmed on other grounds 650 F. 2d 1310（2d Cir. 1981）一案中，该基金组织诉请禁止纽约州人权部门委员发出给城市学校职员提供孕妇津贴的命令。而在此之前，该委员以教师个人的名义已经对该基金组织多次提起诉讼，并且在这些诉讼当中的判决坚持认为孕妇津贴必须予以支付。法院认为这些判决对现行诉讼并没有构成阻碍，因为所寻求的救济仅仅是一种预期的应用，因此将不会影响到先前的判决。

和一致的重要性，坚持一旦作出终局判决，后面的诉讼将不允许对其构成侵害。

适用这种标准的典型案例是 Schuykill Fuel Corporation v. B. & C. Nieberg Realty Corporation。[12] 在一案中，卡多佐法官（Cardozo）法官（后来成为了大法官）宣布，在既判事项问题上，用以决定两种诉因是否相同的"决定性检验标准"是，"在第一次诉讼当中得到确立的权利的实质以及利益是否将因为第二次起诉而被摧毁或受到损害。"[13] 这一标准对舒基尔（Schuykill）案事实部分的适用本身就说明其范围的狭窄性。卡多佐法官认为原告提起的请求修改合同的第二次诉讼没有因一个在先的诉讼而受到阻却，尽管在先前的诉讼当中原告已经按照判决书的内容获得了补偿。在合同术语的含义上先前的判决具有确定力，但是在该合同是否应该修改这一点上却没有确定力，因为"直到此时任何问题都没有得到决定、任何受到保护的权利也没有因此而取消或者减少。"[14] 在诉因上适用一种宽泛定义的法院提出要求，修改合同的诉请要么和针对该合同的最初的诉讼一起提出，要么被禁止。[15]

在 Statter v. Statter 一案中，[16] 先前判决的灭失（destruction – of – prior – judgment）这种检验标准被认为是得到了适用。该案当中，纽约上诉法院认为先前判决当中作出的与已经疏远的丈夫分居的判决，对于后来由该妻子提起的请求宣告该婚期无效的诉讼而言是既判事项。即便在第一次诉讼当中从未对婚姻的有效性问题进行事实上的争议，并且该妻子主张其拥有新的证据证明其丈夫的前次婚姻——这点她事先并不知晓——在他们自己的婚姻期间仍然有效，第二次诉讼也被排除。按照该法院的说法：

已经系属的无效婚姻诉讼当中，宣告婚姻无效的判决将完全侵蚀和抵销先前的分居判决，因为作出分居判决的根据被抽掉了。这种不一致的决定将导致身份、相伴随的权利以及既得利益发生改变或者终止。[17]

这些案例表明，先前判决的灭失这种检验标准可以产生这样一种结果，那就是所给定的诉因范围的宽或窄有赖于判决内容所覆盖的范围。不很清楚的是，判决所确定的事项以及不应该予以干预的事项是否包含以下几点：（1）只要救济

642

---

[12] 250 N. Y. 304, 165 N. E. 456 (1929). 尽管它是一个典型的纽约判例，但是它的适用完全限于纽约州。其他州的少数法院适用了与此相类似的推理。See, e. g., Boucher v. Bailey, 117 N. H. 590, 375 A. 2d 1160 (1977).

[13] 165 N. E. at 458.

[14] Ibid.

[15] See Massari v. Einsiedler, 6 N. J. 303, 78 A. 2d 572 (1951).

[16] 2 N. Y. 2d 668, 163 N. Y. S. 2d 13, 143 N. E. 2d 10 (1957). 一位法官不同意该判决意见，认为对付重婚行为的社会政策比既判事项更为重要。

[17] 163 N. Y. S. 2d at 16, 143 N. E. 2d at 13.

获得准许；或者（2）被准许的救济加上与诉讼参加人的权利和义务有关的司法宣告；或者（3）以上所有这些内容再加上对争议事实的裁决。再深入一步，虽然维护判决的稳定性和一致性对于鼓励合理利用司法资源、在涉及当事人的经济事项上避免不确定性尤为必要，这种标准可能会被批评为仅仅是在再次制造问题，因为在适用既判事项原则时，关键是要决定何时后面的诉讼将取消先前的判决。

另外一个常用的检验标准则将注意力集中在了第一次诉讼当中涉及的法律权利以及法律错误的概念框架之上。虽然这种检验方法比交易性方法在范围上要窄一些，但还是希望它能够有足够宽的范围以阻止基于理由的增加、对同样的错误或者伤害提起重复性诉讼。

这方面一个很好的例子是 Baltimore Steamship Company v. Phillips 案。[18] 一名 18 岁的原告在被告的船上工作时被落下来的舱口盖严重击伤。原告首先提起疏忽大意之诉，主张被告没能提供一个安全的工作场地并且船上装置已经不适航。该诉讼被驳回了，其理由是原告受到的伤害并非是由其主张的疏忽大意所引起，而是由于其他雇员在卸货时的疏忽所导致。尽管该真实情况能够充实原告的起诉而成为其请求赔偿的额外的原因，但是法院以及原告的律师均错误地认为，根据海事法的规定，在该诉讼当中原告不能针对船员的疏忽请求赔偿。菲利普（Phillips）便又以该船舶公司为被告提起新的诉讼而就其雇员的疏忽提出主张。地区法院支持了其请求并且在上诉法院得到维持，认为在新诉讼当中的诉因与第一次诉讼的诉因各不相同，因为所诉称的疏忽理由存在差异。联邦最高法院推翻了该判决，认为仅仅主张疏忽理由的不同并不足以支撑两个诉讼的彼此独立性，因为仅仅是"原告的单一性原权利不当地受到单一的侵犯，这一权利即身体安全权。"[19] 该法院阐述如下：

诉因并非由事实所组成，而是由这些事实所证明的对权利的非法侵犯行为所构成。只要所主张的不同数量、不同种类的事实基于一个单一的法律错误而构成了对一个单一权利的侵犯，那么不管它们是分开予以考虑还是被结合起来考虑的，都仅仅确立了一个诉因。[20]

尽管这种测试标准有一个直观的上诉，但它的主要困难是，关于单一的权利或者错误如何构成缺乏一个精确的法律公式来判来加以判断。法律权利的传统分类方法发端于普通法上的令状制度。按照此方法，因在酒吧间吵架怒骂而受伤的

---

〔18〕 274 U. S. 316, 47 S. Ct. 600, 71 L. Ed. 1069 (1927).
〔19〕 274 U. S. at 321, 47 S. Ct. at 602.
〔20〕 Ibid.

人，其鼻子受到的伤害构成一个诉因，而其被打坏的眼镜则构成另外一个诉因，因为个人的人身安全及财产安全被认为是两种不同的法律权利。[21] 这种差异性可以追溯到普通法历史上两种不同的令状，其中一个是非法人身侵犯令状，另一个是侵犯他人财产令状。因此，区分不同的法律权利而使用的这一方法就历史上的令状划分有关，虽然这些划分与现在没有任何的相关性。[22]

区分法律权利的另一种方法是注意那些相关的制定法。[23] 对于怎样将法律权利组织起来而形成分散的单位，制定法提供了便利的方法，因而每一种制定法都可以看成是构建了一种单一的诉因。[24] 事实上，如果有人认为这两种请求构成了两种不同的诉因的话，那么指出作为每一诉讼根据的单独的制定法很有帮助，尽管这一观点一般不具有确定力。[25]

在 Harrington v. Workmen's Compensation Appeal Board 案[26] 当中"不同制定法"方法得到了很好的说明。宾夕法尼亚州为其民间受雇人员提供了两种寻求雇佣伤害赔偿的途径；他们可以按照《工人赔偿法》或者宾夕法尼亚民间雇员委员会（the Pennsylvania Civil Service Commission）制定的特定规章提出诉讼请求，哈林顿（Harrington），一位消防员，在其驱车上班时由于交通事故而受伤。他根据该民间雇员规章第一次起诉到法院寻求救济，但是，法院驳回了他的诉讼请求，理由是他受到的伤害不具有该规章所要求的"工作相关性"。当哈林顿基于同一伤害并按照该《工人赔偿法》第二次起诉时，法院认为该新的诉讼并不

644

---

〔21〕 在如今，大多数管辖区域都认为在一次交易当中受到的人身及财产损害构成一个诉因。See, e. g., McKibben v. Zamora, 358 So. 2d 866（Fla. App. 1978）. Compare International Evangelical Church of the Soldiers of the Cross of Christ v. Church of the Soldiers of the Christ of California, 54 F. 3d 587（9th Cir. 1995）（针对欺诈以及不公正的受益寻求赔偿的权利是原权利，它与基于一种特殊的宗教原则而对资产实行信托的权利是不相同的）.

〔22〕 也许正是由于这种不规则性，现代法院对原权利检验方法的应用常常与传统标准相接近。See, e. g., Production Supply Co. v. Fry Steel Inc., 74 F. 3d 76（5th Cir. 1996）；Reed v. Marketing Services Int'l, Ltd., 540 F. Supp. 893（S. D. Tex. 1982）；Takahashi v. Board of Educ. of Livingston Union School District, 249 Cal. Rptr. 578, 202 Cal. App. 3d 1464（1988）, cert. denied 490 U. S. 1011. 交易标准在下面注释39 - 50 讨论。

〔23〕 如果联邦法律和州法律适用于同一情形的话，就将引发联邦主义的一些微妙问题。See 14. 7, at nn. 15 - 28, below.

〔24〕 当单一的诉讼当中提出宪法性的和制定法上的请求时，可以使用一种类似的方法。E. g., Mitchell v. Board of Trustees of Pickens County School Districk A, 380 F. Supp. 197（D. S. C. 1973）（第一次诉讼根据的是第十四修正案当中的平等保护条款；第二次诉讼根据的是1964年民权法（Civil Rights Act）第七篇）.

〔25〕 See Williamson v. Columbia Gas & Elec. Corp., 186 F. 2d 464, 468（3d Cir. 1950）, cert. denied 341 U. S. 921（基于克莱顿法的诉讼可以排除基于谢尔曼法的诉讼）.

〔26〕 15 Pa. Cmwlth. 119, 325 A. 2d 337（1974）.

为既判事项原则所禁止，因为它是根据不同的制定法而提起的，具有新的诉因。[27]

另外一种不同的方法是相同错误引起相同权利损害（the infringement – of – the – same – right – by – the – same – wrong），这一方法认为诉因是由单一的救济性权利所构成。[28] 比如，成文法上的损害赔偿请求与特定履行的请求有时可以看成彼此独立的诉因，尽管这两者都是产生于同一合同的未履行行为。运用这一方法，宾夕法尼亚州的一个法院作出裁决，电力公司漠视法院作出的制订降低污染程度准备计划命令，对该公司提起的藐视法庭诉讼并不阻却后面的基于该公司的迟延行为而引发的民事赔偿诉讼。[29] 这两个诉讼的诉因各不相同，因为每个案件当中"诉求的事项"不相同。可是，除非有特殊情况，仅仅寻求不同的救济通常不足以说明诉讼的单独性。[30]

如果在最初的诉讼当中，为发现事实所付出的努力被后来的诉讼所重复的话，那么支撑既判事项原则的司法经济性这一目标将受到影响。因此，法院通常声明"判断第一次诉讼是否构成第二次诉讼的既判事项，所使用的方法就是判断支撑这两次诉讼的根本的事实或证据是否相同。"[31] 对诉因所作的这种定义[32]反映出通过一些功能性途径来组合要件事实的一种尝试，这是自19世纪法律改革以来就存在的一种担忧。[33]

相同证据标准应用起来并非没有困难，并且出现了不一致的情况。一些法院

---

〔27〕 但是，该第二次诉讼最终还是被撤消了，因为按照间接再诉禁止原则，禁止原告就其伤害的工作相关性提出主张。类似的案件是 Similar is Nicklos v. Firestone Tire & Rubber Co., 346 F. Supp. 185 (E. D. Pa. 1972), affirmed without opinion 485 F. 2d 680 (3d Cir. 1973), 该案中原告在基于工人赔偿法获得救济没有成功之后，又第二次提起诉讼主张普通法上的民事侵权。法院认为第二次诉讼有新的诉因，但是根据间接禁反原原则的要求，原告不能在其诉讼请求当中提出关键性主张。有关对间接再诉禁止原则的讨论参见下文 14. 9–14. 11.

〔28〕 See McCaskill, Actions and Causes of Action, 4 Yale L. J. 614 (1925).

〔29〕 Pennsylvania Dep't of Environmental Protection v. Pennsylvania Power Co., 34 Pa. Cmwlth. 546, 384 A. 2d 273 (1978), reversed on other grounds 490 Pa. 399, 416 A. 2d 995 (1980).

〔30〕 See O'Brien v. City of Syracuse, 54 N. Y. 2d 353, 355, 445 N. Y. S. 2d 687, 688, 429 N. E. 2d 1158, 1159 (1981); Golden v. Mascari, 63 Ohio App. 139, 25 N. E. 2d 462 (1939). But see McCaskii, Actions and Causes of Action, 34 Yale L. J. 614 (1925), 该案中作者坚持认为离开救济的话，就不能理解权利了。

〔31〕 Kahler v. Don E. Williams Co., 59 Ill. App. 3d 716, 16 Ill. Dec. 927, 929, 375 N. E. 2d 1034, 1036 (1978).

〔32〕 相同证据方法在第一次重述当中得到体现。See Restatement First of Judgments 61 (1942).

〔33〕 代替已经被废止的诉讼形式，该法律要求起诉时要对构成诉因的事实加以描述。参见上文 5. 4. 由于支持诉讼目的诉因由事实和相应的证据组成，因此并不奇怪对既判事项适用了相同的定义。See Developments in the Law – Res Judicata, 65 Harv. L. Rev. 818, 826 (1952). See, e. g., Church of New Song v. Establishment of Religion on Taxpayers'Money in Federal Bureau of Prisons, 620 F. 2d 648 (7th Cir. 1980), cert. denied 450 U. S. 929; Williamson v. Columbia Gas & Elec. Corp., 186 F. 2d 464 (3d Cir. 1950), cert. denied 341 U. S. 921; Massari v. Einsiedler, 6 N. J. 303, 78 A. 2d 572 (1951).

应用此方法时范围非常狭窄，要求在既判事项排除第二次诉讼之前支持两个诉讼请求的证据完全相同。[34] 所以，一个案件当中，对被告提起有形财产归还之诉没有成功的原告，声称其已经对该财产的收益进行了审查，并且死者为她自己以及为他将该财产实施了托管。俄亥俄州最高法院认为，针对该财产提起的第二次诉讼所主张的是原告是死者的惟一法定继承人，而其普通法上的丈夫提出了不同证据足以构成不同的诉因。[35] 相似的情形，伊利诺伊州的一个上诉法院同样运用了相同证据方法，认为先前追偿销售佣金的小额请求诉讼并不能排除前一位雇员提起的追偿欠薪诉讼，即使这两个诉讼都是源于同一个雇佣关系。[36] 错误地终止雇佣关系这一争点与第一次诉讼既非具有实质意义而非具有相关性，但是在第二次诉讼当中却是利害攸关的，并且这一证据上的差异足以让新的诉讼向前推进。

然而，并非每一个法院都简单地以证据性要求上的差异性为由否决既判事项对判决发生的效力。在 Williams v. Jensen 一案中，[37] 内华达州法院评注说："当支撑两个诉讼的实质性事实相同时，诉因就相同。"该法院接着又不失时机地宣布，"这一规则的对立面——即事实不相同则诉因不相同，没有必要予以遵守。"[38] 因而，排除据称为原告所有的道路上的障碍物的诉讼，就受到先前寻求相同救济的诉讼的阻却，即使在两个诉讼当中都寻求排除的该障碍物在不同时间又建造了一次。法院认为这里足以构成证据性要求的重叠，因为在两个诉讼当中争议的基本问题是被告设置障碍的权利。

至于在诉讼当中证据性要求的重叠必须达到怎样的广泛程度才会排除另一个诉讼，这一问题不太容易回答。一般说来，法院对相同证据方法的适用越自由，那么就会促进司法经济性的实现。从这一角度上说，要判断两种诉讼请求所包含的诉因相同，证据不要求绝对相同，而是要求用以证明每一个请求的事实的实质性部分相同。运用这一方法，由单一性事故引发的人身伤害以及财产的损害将构成一个单一的诉因，因为这两者尽管在损害上的证据可能不同，但是在证据性要求上却大致发生重叠。相同证据方法因而就需要通过其他标准加以补充。

明确既判事项范围的最后一个检测标准得到《二次判决重述》的支持，它宣称由第一次判决所满足的请求应该包括"原告按照交易的全部或部分内容或

[34] See Developments in the Law – Res Judicata. 65 Harv. L. Rev. 818 (1952).

[35] Norwood v. McDonald, 142 Ohio St. 299, 52 N. E. 2d 67 (1943).

[36] Kahler v. Don E. Williams Co., 59 Ill. App. 3d 716, 16 Ill. Dec. 927, 375 N. E. 2d 1034 (1978).

[37] 81 Nev. 658, 408 P. 2d 920 (1965).

[38] 408 P. 2d at 921.

者引发诉讼的彼此相连的一系列交易，从被告那里获得救济的所有权利。"[39] 该标准赋予了既判事项原则更宽的范围，同时也代表了按照实际的事件来明确请求或者诉因这一现代趋势。一次交易或者一系列相近并彼此相连的交易是诉讼的基本单位，不需要考虑法律理论上的变化、基本权利、理由、证据或者要求的救济。

从使用这一检测标准的目的来看，交易这一术语想要说明的是"产生法律效力的事实（operative facts）的自然群体或者共同的内核。"[40] 决定何种事实性群体构成一次交易，从实用的角度来看，需要考虑以下因素：（1）在时间、空间、起源或者动机上，这些事实之间的联系是否密切；（2）它们是否形成了一个便利的诉讼单位；以及（3）将它们作为一个单一的交易进行处理是否与当事人的预期以及商业实践相吻合。[41]

既判事项上的同一交易方法在实用性上与一种强制性合并规则等同：由于后面就没有提出的请求提起的诉讼将被排除，在这一压力之下，该方法要求原告将所有与交易有关的请求在一次起诉当中全部提出来。基于强制性合并规则，[42] 被告在其答辩当中必须放弃由同一交易而引发的所有的反请求。因此，对原告实施了类似强制的规则具有不寻常的公平性，因为这对原被告的相对地位而言是一种平衡。既然联邦规则对强制性反请求、请求的任意合并以及答辩书的任意修改作出了规定，那么在联邦法院以及那些采纳了类似规则的州法院，采用同一交易方法则十分适当。[43]

Fox v. Connecticut Fire Insurance Company 案[44] 能够解释同一交易检测标准。原告事先在一个基于火灾保险政策而请求强制被告保险公司履行支付的诉讼当中获胜。事后原告又针对同一被告第二次起诉，要求对方给付其因为第一次诉讼而支出的费用，并要求惩罚性损害赔偿。第十巡回审判区法庭维持了地区法院的判

---

[39] Restatement Second of Judgments 24（1）（1982）. 二次重述同样使用了"请求"一词取代了旧的术语"诉因"。在术语学上，这种差别在某种意义上反映了试图对旧的术语进行改头换面而后加以使用。

[40] Restatement Second of Judgments 24, comment b（1982）. 关于在不同场合下交易的含义及其范围，包括既判事项的讨论，参见 Kane, Original Sin and the Transaction in Federal Civil Procedure, 76 Texas L. Rev. 1723（1998）.

[41] Ibid. 有关该标准的适用，参见 Porn v. National Grange Mut. Ins. Co., 93 F. 3d 31（1st Cir. 1996）.

[42] Fed. Civ. Proc. Rule 13（a）. See 6. 7, above.

[43] 一些法院公开承认基于宽广的视野来看待交易方法的适当性，在鼓励合并这样一种现代趋势下来对待请求的排除。Manego v. Orleans Bd. of Trade, 773 F. 2d 1（1st Cir. 1985）, cert. denied 475 U. S. 1084; Olmstead v. Amoco Oil Co., 725 F. 2d 627（11th Cir. 1984）; James v. Gerber Prods. Co., 587 F. 2d 324（6th Cir. 1978）; Kilgoar v. Colbert County Bd. of Educ., 578 F. 2d 1033（5th Cir. 1978）.

[44] 380 F. 2d 360（10th Cir. 1967）.

决，该判决认定第二次诉讼的诉因与第一次诉讼相同，根据既判事项原则第二次诉讼被排除，因为在这两次诉讼当中提出的损害赔偿都源于保险人拒绝支付这同一行为。

在另外的案件中，联邦地区法院裁定，在第一次诉讼当中原告主张其免职的独断性没有成功，在第二次诉讼又提出新的主张说给她出具的免职原因是错误的，那么先前的诉讼对第二次诉讼而言属于既判事项。[45] 该法院认为这两次诉讼的诉因相同，理由是它们都"处理同一个事件……并且寻求的是同一种救济。"[46] 该法院评注说，"欺诈只不过是追偿的另外一种可选择性理由，它应该在第一次诉讼当中予以主张。"[47]

新泽西州最高法院采纳了相似的逻辑，认为第一次诉讼当中作出的解除合同的判决对于后来寻求赔偿的欺诈诉讼有着禁止效力。[48] 该法院宣称，对于既判事项原则而言，避免重复诉讼的政策非常重要，即使原告在第一次诉讼当中由于合同追认理论而败诉，致使该欺诈指控的实体问题没有得到决定。

648

交易性方法产生于在司法经济性与个案正义之间进行平衡——在"被告与法院了解诉讼的利益"与"原告对一个正当请求的证明利益"之间实现最佳平衡[49]——这一需要。因此，只有在程序性规则允许所有与交易相关的请求以及所有的制定法与衡平法上的救济措施在一个诉讼程序当中得到判决时，才应该在同一交易检测标准允许的范围内赋予第一次判决广泛的约束力。当同一交易方法按照程序规则进行了适当调整时，它是一种非常有效的决定既判事项范围的手段。然而，如果存在使得适用一种宽泛的标准明显不公的特殊情况，某一特殊诉讼的既判效力可能需要进行缩减，即使在某个管辖区域内的程序规则可以容纳该交易性方法的要求时也是如此。[50]

14. 5 既判事项的范围———些应用

虽然明确既判事项范围的各种不同检测标准的应用能够提出一些困难的问题，法院已经能够制定特殊的规则来处理普通案件。其结果是，人们常常能够避开对诉因准确范围的讨论而将注意力集中在了限制性或者特定的规则之上。

---

〔45〕 Miller v. U. S. 438 F. Supp. 514 (E. D. Pa. 1977).

〔46〕 438 F. Supp. At 522.

〔47〕 438 F. Supp. At 523 – 24.

〔48〕 Ajamian v. Schlanger, 14 N. J. 483, 103 A. 2d 9 (1954), cert. denied 348 U. S. 835. 最近，新泽西州采纳了"全部争议（entire controversy）"原则，将争议的某些宪法性成分排除了出去，从而其手段得以扩充，即使能够分辨出存在单独的、独立的诉因时也是如此。See Brown v. Brown, 208 N. J. Super. 372, 506 A. 2d 29 (App. Div. 1986).

〔49〕 Restatement Second of Judgments 24, comment b (1982).

〔50〕 该重述认可了该一般性交易方法的各种例外情形。See Restatement Second of Judgments 26 (1982). See also 14. 8, below.

在依赖于由一些特定的案件发展起来的规则而非一般性的概念框架之时，可预见性以及结果的确定性得到增加，可是原则本身的高贵在某种程度上被牺牲了。然而，不管失去的是什么，所得到的结果还是与付出等价的，因为在法律当中没有一处是可预见性比既判事项原则更重要。实际上，只要诉讼参加者和他们的律师能够清楚地理解这些从而对诉讼进行安排，即可避免出现不愿见到的请求排除这一遗憾，既判事项规则会变成什么样这无关紧要。这一小节将对那些已经发展起来的主要的明确性规则作简要阐述。

在合同诉讼当中，两个诉讼涉及的合同是否相同决定了既判事项原则是否能得到正确适用。该规则有许多优点。单一的合同相对而言很容易识别为常常是针对法院的"单一权利"；它并不抽象因为通常有书面的文书存在；而且一般来说，将一份合同作为明确诉因来加以使用是适当的，因为通过在其术语上达成的一致，当事人自己划定了他们自身争议的边界。

遗憾的是，由于并非所有的合同都是双方当事人彼此向对方承兑诺言那么简单，因此还是出现了一些困难案件。一份单一的文书可以包含一些独立的承诺，因此包含了一定数量的性质不同的合同。例如，一份为一定数量的煤支付一定数额金钱的合同，没有其他内容，就是一份单一的合同。但是，如果在全年当中这些煤是每月交货一次并且按月分批履行，那么案件的情况就可能不同了。那么是否就存在 12 份要求每月交货的单独的合同呢？

要回答这一问题，就要借用合同法上的对不可分（entire）合同和可分（several）合同进行区分的程序。合同如果由单一的、不可分割的实施某些行为的承诺所组成，那么就是不可分的；而如果合同有实施不同的行为的具体承诺所构成，那么就是不可分的。如果违反了被判定为不可分的合同，那么仅仅构成一个诉因，因为做一件事请的承诺只可能被违背一次。另一方面，可分合同由不同的承诺所组成，它们可以个别地被履行或者被违背，因而仅仅可以构成多个诉因。

早期的案件 Pakas v. Hollingshead[1]说明了区分不可分合同和可分合同对于既判事项原则的重要性所在。在帕克斯（Pakas）一案中，原告签订了购买 5 万副自行车踏板的合同，分期分批交货和付款。第一次出货时少了 16 892 副踏板，于是买方起诉要求赔偿。当剩下的出货根本不能实现时，买方第二次起诉，但是法院以该受到争议的合同不可分为由认为第二次诉讼受到既判事项原则的

---

[1] 184 N. Y. 211, 77 N. E. 40 (1906).

阻却。[2]

还是可以肯定,不可分的合同仅仅构成一个诉因,但在如今,与帕克斯一案中的合同一样的分批履行合同被认为是可分合同。[3] 单一的未履行的分批履行合同并没有违背不可分合同,除非它破坏了合同的整体价值;买方可以只针对过去有缺陷的分批履行起诉,不会在将来影响该合同。[4] 后来的违约行为将引发单独的诉因。

虽然人们相信可分合同可以构成与其所包含的承诺相同数量的诉因,但是,原告基于连续发生的违反同一合同的行为而多次单独起诉的能力受到所谓的"累积的违约规则(the Rule of Accumulated Breaches)"的限制。根据这一规则,提起连续(continuing)合同违约之诉将所有产生于起诉之前的请求加以合并了。[5] 故而,如果有人签订一个月买一次煤的合同,那么该合同就被认为是可分的,如果下一次分批履行同样被证明不适当,基于第一次出货不符合合同约定要求这一事实而提起的损害赔偿之诉,将不对第二次诉讼产生阻却。但是,如果原告在起诉之前收到三次未履行的出货,则针对这三次未履行行为的三个请求必须在一次诉讼当中全部提出;单独针对一次未履行提起的诉讼将合并其他两次请求,并排除了后来的以此为基础的诉讼。

流通票据和其他的专门合同均发展出自己的一套特有规则。[6] 单独的流通票据总是可以单独起诉。由于债券的每一张定期息票都看成是单独的文据,因而拥有债券的人可以提起连续的诉讼,每一次诉讼针对一张息票。[7] 允许单独诉讼的首要的正当性在于支持对每一息票进行自由流通的这一压倒一切的社会政策。[8]

通过在合同中流通插入特殊的条款以示处理办法,合同的双方当事人可以对合同的可分性或不可分性进行选择。比如,一份分期购买的协议当中订立的所谓提前条款——该条款规定,如果买方在若干次单一的分期购买当中没有履行义

650

---

〔2〕 "该合同毫无疑问是不可分的。就被告没有交付合同约定货物以及整个事件而言,该合同不能履行。" 184 N. Y. at 214, 77 N. E. at 41.

〔3〕 Le John Mfg. Co. v. Webb, 91 A. 2d 332 (D. C. Mun. App. 1952); Restatement Second of Judgments 24, comment d (1982).

〔4〕 Uniform Commercial Code 2-612 (3).

〔5〕 Bolte v. Aits, Inc., 60 Hawaii 58, 587 P. 2d 810 (1978).

〔6〕 See Cromwell v. County of Sac, 94 U. S. (4 Otto) 351, 24 L. Ed. 195 (1876). 该案在上文14. 2 中讨论过。该法院仅仅对间接再诉禁止问题作出了裁决,因为可谈判性文据规则阻止了既判事项原则的适用,认识到这一点很重要。

〔7〕 Restatement Second of Judgments 24, comment d (1982). See also Nesbit v. Independent District of Riverside, 144 U. S. 610, 619, 12 S. Ct. 746, 748, 36 L. Ed. 562 (1892).

〔8〕 Developments in the Law-Res Judicata, 65 Harv. L. Rev. 818, 829 (1952).

务，那么所有的支付便自动到期——通常被看成是有使之成为单一、可分合同的意图，因为出现单一违约时，债权人可以要求追偿该全部债务。假如贷方仅就一次单一的分期贷款起诉，那么以后的分期托收就受到既判事项的阻却。[9]

换句话说，像特定的履行及损害赔偿这样产生于相同的违约行为的不同类型救济请求，在各个司法管辖区就这两者同时起诉时，通常被认为是单一的诉因的组成部分。[10]

回到民事侵权领域，因单一的侵权行为而导致的人身伤害和财产损失是构成单一的诉因还是构成两个单独的诉因，这一问题正浮现出来。一些经历了一起严重机动车事故的诉讼者可能会提出这样一个问题，即针对他的汽车以及他本人损害赔偿是否可以分为两个单独的诉讼进行。在每一个管辖区对这个问题都给出了清楚的回答，虽然得到的回答各不相同。

651 一些法院遵循在 Brunshen v. Humphrey 案[11]中确立起来的英国判例，该案被裁定为两个单独的诉因。在布伦申（Brunshen）案当中，一名出租车司机在与被告的双马车相撞后起诉要求对方赔偿其马车受到的损失 4 英镑和 3 先令。原告后来又第二次起诉要求就其腿受到的伤害进行赔偿。法院驳回了被告的既判事项抗辩，认为本案中人身和财产损害构成两个诉因。两个法官在判决当中一直发表了赞同意见，但其中一位强调人身和财产损害需要不同的证据来加以证明，另一位则强调维护人身安全的权利不同于自由使用其财产的权利。

今天，在美国司法管辖区当中只要少数对布伦申案确定下来的规则表示赞同，而大多数则认定只构成一个诉因。[12] 对于大多数法院来说，类似机动车事故这样的民事侵权诉讼属于自然的诉讼单位，在一次诉讼当中能够得到最有效的处理。

在有些管辖区，虽然产生于单一事件的人身和财产损害仅仅构成一个诉因，但是制订了补充性规则，在某些时候允许这些请求进行分离。[13] 如果受害者的部分请求可以由向保险公司提出的请求来取代，那么该第二位的规则就适用了。

---

〔9〕 See Jones v. Morris Plan Bank of Portsmouth, 168 Va. 284, 191 S. E. 608 (1937).

〔10〕 Sanwick v. Puget Sound Title Ins. Co. , 70 Wn. 2d 438, 423 P. 2d 624 (1967); Gilbert v. Boak Fish Co. , 86 Minn. 365, 90 N. W. 767 (1902); Restatement Second of Judgments 25, comment I (1982).

〔11〕 14 Q. B. 141 (1884).

〔12〕 Compare Parrell v. Keenan, 389 Mass. 809, 452 N. E. 2d 506 (1983); Rush v. City of Maple Heights, 167 Ohio St. 221, 147 N. E. 2d 599 (1958). cert. denied 358 U. S. 814; and Dearden v. Hey, 304 Mass. 659, 24 N. E. 2d 644 (1939) （一个诉因）, with Clancey v. McBride, 338 Ill. 35, 169 N. E. 729 (1929); and Reilly v. Sicillian Asphalt Paving Co. , 170 N. Y. 40, 62 N. E. 772 (1902) （两个诉因）. See generally Annot. , 62 A. L. R. 2d 977 (1956), 其中列举了坚持每一种立场规则的州的名单。

〔13〕 See Travelers Indem. Co. v. Moore, 304 Ky. 456, 201 S. W. 2d 7 (1947); Underwriters at Lloyd's Ins. Co. v. Vicksburg Traction Co. , 106 Miss. 244, 63 So. 455 (1913).

例如，一个人在一起机动车事故中受伤之后，可以就汽车受到的损害向保险公司请求偿付。就同一个诉讼请求，如果是保险公司在受害人提起身体损伤之诉以前先行起诉，那么适用正常的既判事项原则，受害人后来可以发现该诉讼被先前保险公司提起的诉讼排除。[14] 为了应对这一问题，许多法院认可了该一般性规则的接替性例外情形（subrogation – exception）。[15] 如果一项财产损害请求由向保险人请求所接替，无论对该请求是进行争讼还是进行和解，都不能阻止受害人就其人身损害提出自己的请求。这一例外性规定允许对财产损害请求实行快速和解，因为该种方式通常更简单，其花费比请求人身损害赔偿的花费更低，而且还能促进便利审理这一重要目标的实现。

虽然单一的侵权构成单一的诉因这一规则看起来简单明了，然而，关于何者构成单一侵权却产生了疑问。要分析此问题，须将侵权分成两个组成部分：侵权行为和损害。总体上，如果某一侵权行为导致了若干不同的损害，那么构成一个诉因。比如，被告因丧失了对其汽车的控制致使原告的围墙被撞穿，并且汽车冲进了原告珍爱的花园，而后又撞坏了原告的前门走廊，这样原告就遭受了若干个单独的损害，但是这仅仅构成一个诉因。他不能先是就被毁的鲜花，之后是受损的围墙，再后来又是受破坏的房屋来起诉被告而使被告陷入为此疲于奔命的境地。[16]

相反，如果某个单一的损害是由若干个不同的错误行为所引起，那么在此仅仅构成一个诉因。[17] 这与法律理论的变化不能成为重新起诉的正当理由相类似；任何申请救济的理由必须在最初的诉讼当中提出。[18] 假设一个案件，B 公司的有轨电车的踏板有缺陷致使一名乘客在下车时滑倒而掉下去。再进一步设想一下，如果在乘客下车之前，驾驶员在没有确定乘客已经全部安全离开的情况下，就启动该电车碾过那不幸乘客的身体。如果一名乘客仅仅以驾驶员的疏忽为由将B 公司告上法庭，那么他就不能再以有缺陷的踏板同样是其受到伤害的原因为由再次起诉，

一个单一的侵权或者不可分的伤害仅仅构成一个诉因，如果有人主张存在两

622

---

〔14〕 保险公司以及被保险人被认为是形成了分享同样利益的相互关系，故而各自受到任何一份针对对方作出的判决的约束。有关对当事人之间相互关系的讨论参见下文 14. 13。

〔15〕 Scott v. Rosenthal, 118 So. 2d 555, 559 (Fla. App. 1960).

〔16〕 See the cases cited in note 12, above. But see Missouri Pacific Ry. Co. v. Scammon, 41 Kan. 521, 21 P. 590 (1889)（火车将两个相距165 码的动物撞倒，构成单独的诉因）。

〔17〕 Restatement First of Judgments 63, comment b (1942). See also Baltimore S. S. Co. v. Phillips, 274 U. S. 316, 47 S. Ct. 600, 71 L. Ed. 1069 (1927).

〔18〕 See Stratford Place Corp. v. Capalino, 574 F. Supp. 52 (S. D. N. Y. 1983), affirmed without opinion 742 F. 2d 1441 (2d Cir 1984), cert. denied 469 U. S. 824; Restatement Second of Judgments 25, comment d (1982).

个诉因，那么他必须证明这两个单独的行为对其主张的伤害负有责任，并且该伤害本身是可辨识的。这经常会牵涉到一些复杂的事实问题，这些问题对于每个案件而言又显示出独一无二的、各种不同的考虑。当基于既判事项的考虑对单一交易进行决定时，《二次判决重述》认可这一点。它评注说，该决定从适用的角度来说，就是权衡下面这些考虑：该事实是否与时间、空间、起源以及动机相关，它们是否形成了便利的审理单元，以及将它们作为一个单元处理是否符合当事人的预期或者商业上的理解或用途。[19]

653

可是，还存在另一种形式的侵权，该侵权在滋扰案件中表现得最为典型。在这些场合，并不存在致使损伤发生的多种或者连续性行为，而只存在一种导致损害持续发生的单一的持续性错误。对于这种持续性侵权，合同法上已经发展出一种与"累积的违约规则"相类似的规则。[20] 针对持续性滋扰提起的损害赔偿诉讼直到诉讼提起时才对所有的请求产生确定力。然而，先前的判决并不能排除针对后来产生的损害赔偿而提起的诉讼。照这样看来，如果一位农场主主张其农田受到与之毗邻的水泥厂排出的有害灰尘的损害，那么他可以在每一个时效期间内针对这一期间其土地遭遇的贬值接连不断地提起损害赔偿诉讼。[21] 而且，在这种情况之下，损害赔偿诉讼对于后来的强制性赔偿诉讼一般不产生排除效力，因为强制令关注的仅仅是将来。[22]

关于持续性侵权的一般规则存在例外情形。原告以及法院可以选择将滋扰行为作为"永久性"伤害并与过去的伤害一起判定进行预期赔偿。按照这一说明，法院可能会作出决定，其他两种选择——基于同一请求重复起诉或者发出关闭工厂的强制令——从经济上考虑都不能接受，并且判决将过去以及将来受到的损害一次性赔付给该农场主。[23] 判定进行永久性赔偿的判决排除了后来的基于同一滋扰行为的诉讼。

最后，当连续不断的诉讼涉及成文法或者衡平法上的救济时，有必要提示一下既判事项的应用问题。在法律程序和衡平程序融合之前，成文法上的诉讼一般

---

〔19〕 Restatement Second of Judgments 24（2）（1982）.

〔20〕 See text at note 5, above.

〔21〕 See Restatement Second of Judgments 26（e）（1982）.

〔22〕 但是，申请禁令的诉讼可以排除后来的针对过去的损害赔偿而提起的诉讼。参见下文注释24 -28。这显示出明显的不对称。关键问题是，将在第二次诉讼当中予以救济的该伤害是否在第一次诉讼时就已经发生。

〔23〕 这是模拟 Boomer v. Atlantic Cement Co., 26 N. Y. 2d 219, 309 N. Y. S. 2d 312, 257 N. E. 2d 870（1970）案而形成的案件。从经济角度考虑，对持续性赔偿额的判付相当于按照有利于水泥厂的立场对农场主的土地实施了征收。实际上，原告选择将滋扰行为作为持续性或者永久性损害来对待的权利，在被告事实上具有优位的土地征用权时是受到限制的。

不能排除后来衡平法上的诉讼，反之亦然。[24] 在成文法上的合同诉讼当中败诉的请求人，仍旧有可能在衡平法上的修改同一合同诉讼当中获胜。[25] 另一方面，按照"衡平法上的案件结清主义（equity clean - up）"原则，衡平法院不能对在诉讼过程中产生的随机性法律争点作出决定。因而，如果第一次寻求的是衡平法上的救济，那么后面的损害赔偿诉讼就被排除，因为金钱性补偿在第一次诉讼当中可能没有得到。[26]

随着法律程序和衡平程序的合二为一，在一次诉讼当中同时寻求成文法与衡平法上的救济在如今已成为可能，因此既判事项原则就要求在一次诉讼程序当中将基于一个单一诉因而产生的所有救济方式都提出来，否则就将丧失该权利。比如，在基于欺诈理论的合同废止诉讼中败诉之后，不能以欺诈为由提起另外一个赔偿诉讼。[27] 在合同损害赔偿诉讼当中，原告如果不能证明违约行为的存在，那么就不再有权提起衡平法上的诉讼要求对同一合同进行修改。[28]

既判事项原则应用于寻求成文法与衡平法上的救济的连续诉讼的一般规则有一个例外情形，那就是诉讼涉及到具有一种持续性本质的错误，比如持续性的滋扰或者侵入。在几乎所有的司法制度当中，法律程序与衡平程序的融合一般意味着请求人必须在一次诉讼当中寻求所有的救济，尽管如此，然而基于一项持续性错误而产生的损害追偿诉讼仍然不能排除后来的强制令申请。这一例外情形并非建立在衡平法上广泛的救济措施之上，而是以救济措施之间的本质的差异性为基础。强制令被认为是一种比赔偿更加严厉、更直接的救济方式，因为被告不遵从的话将以藐视法庭罪论处。因此，针对一项持续性错误而提起的强制令诉讼要与下面牵涉到服从的诉讼以及法院的持续性管理相一致。如果原告为了避免丧失提出强制令请求的机会，而不得不将该请求与赔偿请求一起提出，那么就会造成不必要的司法浪费，就像在太早的阶段就对被告进行不恰当的困难救济一样；赔偿裁决本身可以起到鼓动被告停止滋扰或者侵入的作用。

当原告第一次就宣告性救济（declaratory relief）起诉，而后又基于被告的同

654

---

〔24〕 Restatement Second of Judgments 25, comment I (1) (1982).

〔25〕 Northern Assurance Co. v. Grand View Bldg. Ass'n, 203 U. S. 106, 27 S. Ct. 27, 51 L. Ed. 109 (1906).

〔26〕 See Falcone v. Middlesex County Medical Soc. , 47 N. J. 92, 219 A. 2d 505 (1966); Wischmann v. Raikes, 168 Neb. 728, 97 N. W. 2d 551 (1959); Gilbert v. Boak Fish Co. , 86 Minn. 365, 90 N. W. 767 (1902). See generally Annot. , Decree Granting or Refusing Injunction as Res Judicata in Action for Damages in Relation to Matter Concerning Which Injunction Was Asked in First Suit, 26 A. L. R. 2d 446 (1952).

〔27〕 Ajamian v. Schlanger, 14 N. J. 483, 103 A. 2d 9 (1954), cert. denied 348 U. S. 835.

〔28〕 See Hennepin Paper Co. v. Fort Wayne Corrugated Paper Co. , 153 F. 2d 822 (7ᵗʰ Cir. 1946); Restatement Second of Judgments 25, comment I (1982). 在纽约州该合同修改诉讼在制定法上得到保留。See N. Y. - McKinney's CPLR 3002 (d).

一行为寻求强迫性或者强制性救济时，类似的问题就产生了。[29] 多数情况是，甚至在原告于第一次诉讼时寻求强迫性救济的情况下，强制性请求并没有被宣告判决所合并或阻却。[30] 这一结论是根据《联邦宣告性判决法》或《联邦确认判决法》（the Federal Declaratory Judgments Act）的政策以及语言得出的，[31] 它允许基于宣告性判决寻求"进一步的救济"。[32] 即便如此，仍有少数法院错误地认为，在所有的救济措施在那个时候已经用尽的情况下，原告的请求在宣告性诉讼当中被合并。[33]

14.6 既判事项的范围——既判事项对被告主张产生的效果

当既判事项原则适用于被告的请求时，需要给予特殊的考虑。这是因为被告在诉讼当中的角色与原告不尽相同。[1] 针对原告的起诉，被告可以摆出两种彼此独立、互不相同的姿态。首先，被告的答辩不过是对原告控诉的一种防卫而已，它既可以否认原告的主张，也可以是一种积极的防御。其次，被告也可以通过反请求、交叉请求或者第三方请求的形式提出自己积极的主张。

判决作出之后产生怎样的既判效力取决于被告采取这两种诉讼状态当中的哪一种。简而言之，有下列三个一般性原则：

（1）所有可利用的防御必须在第一次诉讼当中提出。

（2）被告没有必要提出反请求、交叉请求或者第三方请求，除非特定的制定法要求这样做。

（3）被告一旦提出主张，作为最初的控告所产生的效力，针对反请求、交叉请求或者第三方请求作出的判决将产生相同的既判效力。

第一个原则仅仅承认原告所具有的完全的诉因，包括那些对其实施的所有防御在内，都应该包括在一个单一的诉讼当中。第二个原则有两部分，第一部分的基本原理在于对被告的保护。该规则承认诉讼参加人应当有权利选择何时、何地提出他们的诉讼请求，并且原告不应具备迫使被告在时机成熟之前提出请求的优

---

〔29〕 如果在第一次诉讼当中原告同时要求作出宣告性判决以及给予强迫性或强制性救济，那么既判事项的正式规则将用于阻止下一步的诉讼。University of New Hampshire v. April, 115 N. H. 576, 347 A. 2d 446 (1975).

〔30〕 See Edward B. Marks Music Corp. v. Charles K. Harris Music Pub. Co., 255 F. 2d 518 (2d Cir. 1958), cert. denied 358 U. S. 831; 10B C. Wright, A. Miller & M. Kane, Civil 3d 2771.

〔31〕 28 U. S. C. A. 2202. 相似的语言还出现在《统一宣告性判决法》（the Uniform Declaratory Judgment Act）第 8 节当中，这些内容被许多州采纳。

〔32〕 Restatement Second of Judgments 33, comment c (1982). But see Note, Declaratory Judgments : Federal Anticipatory Relief from State Criminal Statutes After Steffel v. Thompson, 50 Ind. L. J. 567, 579 – 85 (1975).

〔33〕 See Mastercraft Lamp Co. v. Mortek, 35 Ill. App. 2d 366, 183 N. E. 2d 12 (1962).

〔1〕 See generally 18 C. Wright, A. Miller & E. Cooper, Jurisdiction and Related Matters 4414.

越性。但是，与之相抗衡的还有司法经济性这一目标，该目标在联邦强制性反请求规则以及类似的州法律当中已经得到体现：[2] 假如某些关系密切的请求能够在一个单一的诉讼程序当中得到解决的话，就节约了宝贵的司法资源。[3] 实际上，"强制性"的真正含义是没有提出的反请求被排除了。因此，第二个原则承认，如果第一次诉讼所在的管辖区的制定法表达了这样一个政策，那就是要求附加被告的请求，那么接下来被告就这些请求而提起的诉讼将受到排除。第三个原则的原理与被告请求所产生的效力有关，该原理简单地认识到"提出反请求的被告在实质意义上，就是该反请求的原告。"[4]

656

　　尽管以上这些规则为分析这一领域内的案件提供了一种方便的框架，但是它们不能机械地加以适用。对防御手段和救济请求进行区分有时难以进行。譬如，在合同诉讼当中，主张欺诈是一种防御手段，同时它又构成民事侵权请求权的基础，刚好介于防御和反请求之间。因此，有必要对这些规则的适用进行探究。

　　最初的判决将被告可能提出与事实上提出的所有防御手段确定了下来，是适用于原告的既判事项原则的一个投影。在两种场合下这一规则将得到适用。

　　最为通常的情形在于诉讼中的判决。如果原告在某个管辖区赢得了一个生效判决但是没有得到履行，原因是被告本人及其财产已经转移到了另一个州，这时原告可以跟随该被告并在后面的州起诉要求执行该判决。[5] 在第二次诉讼当中被告就被禁止提出在先前的诉讼当中已经提出过的任何防御措施。[6]

　　禁止被告提出防御措施的另一种场合是，因政策上的原因允许原告分离其诉因。例如，有些州为房东提供紧急程序（expedited procedure）从没有支付房租的房客那里收回其财产。这些听审被限定在房屋地基占有权的范围之内；而其他的事项则被推到后面的诉讼当中处理。但是，在第一次诉讼当中被告必须提出所有的防御措施，否则就将面临取消回赎权的风险。故而，假如因为房客没有缴纳房租，房东提起驱逐房客之诉，而该房客没能参加驱逐诉讼的听审，那么他在后面提起的返还租金之诉当中所作的防御就受到既判事项原则的阻却。[7]

　　如果被告提出反请求，从既判事项这一方面考虑，该请求将被看成是提起了初次诉讼。被告基于同一诉因提出的其他的请求将作为反请求在将来诉讼中受到

---

　　[2]　Fed. Civ. Proc. Rule 13 (a). See 6. 7, above.
　　[3]　既然强制性反请求规则已经得到广泛采用，该例外情形试图对该规则进行某种蒙蔽。See Buck v. Mueller, 221 Or. 271, 351 P. 2d 61 (1960).
　　[4]　Restatement Second of Judgments 21, comment a (1982).
　　[5]　有关对判决执行的讨论参见下文 15. 7.
　　[6]　Restatement Second of Judgments 18 (2) (1982).
　　[7]　Tutt v. Doby, 265 A. 2d 304 (D. C. App. 1970).

657　排除。[8] 设想有这么一个案件，买方拒绝对最后一批器具支付货款，其理由是后面五次出货都存在缺陷。当卖方针对最后一次出货提起支付货款之诉时，买方仅仅针对最后一批货物的缺陷问题提出反请求。那么该反请求就阻却了买方针对其他四次有缺陷的出货继续起诉。因为有了原告的请求，既判事项排除的不仅仅是得到争讼的事项，而且还包括可能被争讼的事项。[9]

　　即使被告没有提出反请求，通过以下两种途径当中的一种，某些潜在的请求也可能在后面的诉讼当中受到排除。这两种途径是：其一，曾经指明过，该请求可能符合制定法上的强制性反请求规则，比如《联邦规则》第 13 条（a），[10]而且如果不符合该规则的要求，那么以该请求为基础的后来诉讼则受到排除。但是，这种排除应该看作不容否认或者弃权的效力的体现，而与既判事项无关，因为，在技术层面，排除后来诉讼的是程序性的法院规则而非先前判决原则。[11]其二，一些州法院要求，即使在缺乏制定法上的规则的情况下也要提出反请求，因而普通法上的反请求也就得到有效确立。例如，在佐治亚州的一个法院，房客基于房东没有能够修复房产而提起的损害赔偿诉讼就受到阻止，因为在先前由房东提起的租金支付诉讼当中，该房客没有将其作为反请求加以提出。[12]

　　在制定法或者普通法上均没有作出规定的一项任意性反请求如果在原告的诉讼当中没有能够提出，那么不受到阻止。[13] 被告可以选择是在第一次诉讼当中提出该请求还是另外单独起诉。这方面的例子是 Mercoid v. Mid–Continent Investment Company。[14] 原告提起专利侵权诉讼。被告本来可以提出反请求说明原告不当使用了其专利产品从而违反了反托拉斯法，但是被告却没有这样做。当第一次诉讼的判决作出之后，被告根据《克莱顿法》提起了单独的诉讼，原告以既判事项为根据进行了防御，声称被告的该请求应该在第一次诉讼当中作为反请求提出。联邦最高法院认为，尽管与第一次诉讼的争讼事项密切相关，被告的请求不在《联邦规则》第 13 条（a）所规定的范围内，没有什么能够阻止被告在

658　后来的单独起诉当中提出该请求。以此类推，按照大多数程序规则的规定，交叉请求和第三方请求不是强制性的，[15] 因此假如在第一次诉讼当中不被提出将阻

　　　[8]　关于诉因构成的讨论参见上文 14.4－14.5.
　　　[9]　See 64 West Park Ave. Corp. v. Parlong Realty Corp., 77 Misc. 2d 1019, 354 N. Y. S. 2d 342 (1974).
　　　[10]　See 6.7, above.
　　　[11]　See, e. g., Kane v. Magna Mixer Co., 71 F. 3d 555 (6ᵗʰ Cir. 1995), cert. denied 517 U. S. 1220.
　　　[12]　Crow v. Mothers Beautiful Co., 115 Ga. App. 747, 156 S. E. 2d 193 (1967). 法院将该房客的请求作为赔偿的一种形式看待，并认为按照佐治亚州法律，该赔偿请求是命令性的。
　　　[13]　Joseph v. Darrar, 93 Idaho 762, 472 P. 2d 328 (1970).
　　　[14]　320 U. S. 661, 64 S. Ct. 268, 88 L. Ed. 376 (1944).
　　　[15]　See 6.8－6.9, above.

止第二次诉讼。[16] 但是，在最初的诉讼当中插入交叉请求或者第三方请求，可以排除后面就附加的请求在这些当事人之间发生的诉讼，这取决于被争讼请求的范围。[17]

既然防御受制于不同的程序规则而不能基于既判事项目的作为反请求来看待，对这两者进行区分也就非常关键。产生的问题是，在最初的诉讼程序当中，那些作为防御手段的相同事实，什么时候由被告作为提起单独的积极偿还诉讼的根据提出来。现在该问题变成，那些使用过或者没有使用过的防御是否可以作为请求提出来。这可以用中世纪的一个比喻来形容：在一个诉讼当中那些作为、或者是可能作为"盾"使用的事实，在后来的诉讼当中可以作为"矛"来使用吗？

要分析这一问题，就必须能够区分两种情况。前一种情况是，在第一次诉讼当中最初的被告将作为其积极的追偿请求理由的事实作为防御提出来；后一种情况是，虽然有可能提出来，但是这些事实却从未得到提出。对于前一场合，一些法院认为同一事实的第二次使用被排除。例如，在 Mitchell v. Federal Intermediate Credit Bank 案中，[18] 南卡罗莱纳州一位种植马铃薯的农场主发现，他起诉银行要求支付 9 000 美元的请求权被取消了，理由是该请求权依据的事实在第一次诉讼中已经被作为防御而提出。以该农场主的马铃薯作担保，该银行按照预期收益贷给该农场主 9 000 美元。然而，后来该谷物却卖了 18 000 美元。虽然银行收回了其贷款，但还是凭着这 9 000 美元的票据起诉该农场主，农场主则举出该银行出具的 18 000 美元的收条作为防御。当后来该农场主试图追回另外的 9 000 美元时，审理法院认为，该农场主的全部诉因在作为防御提出的时候就已经被合并了。[19]

与此类似，当一位内科医生提起酬金偿还诉讼，病人对此进行了防御，声称该医生疏忽大意并且其提供的服务毫无价值，那么该病人在后来以玩忽职守为由提起的诉讼就受到排除。[20] 但是，并非所有的法院都裁定事实的防御性使用，排除后来作为防御或者进攻性请求使用。一些管辖区、《二次判决重述》都坚持提出防御性事实应该阻止在后面的诉讼当中，被告作为一种积极的追偿手段而使

---

〔16〕 Hall v. Bleisch, 400 F. 2d 896 (5th Cir. 1968), cert. denied 393 U. S. 1083. But see Colhouer v. Union Pacific R. R. Co. , 275 Or. 559, 551 P. 2d 1291 (1976).

〔17〕 See 14. 4 – 14. 5, above.

〔18〕 165 S. C. 457, 164 S. E. 136 (1932). See Annot. , 83 A. L. R. 642 (1933).

〔19〕 在银行提起的诉讼当中，该农场主以请求支付作为防御在实际效果上被取消了，所以"防御"可能被视为至少是＄9000 的请求。

〔20〕 Rose v. Treiman, 143 N. Y. S. 2d 926 (Sup. Ct. 1955). But see Gwynn v. Wilhelm, 226 Or. 606, 360 P. 2d 312 (1961).

659 用同一事实。[21] 按照这一观点，仅仅对某个诉讼作出防御对被告而言并不发生既判事项效力，因为只有原告提出了诉因。

当同时构成防御和反请求的事实没有在第一次诉讼中提出时，一般认为不排除最初的被告接下来提出该请求。因此，上面提到过的马铃薯农场主如果在第一次诉讼当中缺席，或者没有将 18 000 美元的收益作为防御而提出，那么在第二次诉讼当中，他完全可以要求追偿该全额数。相应地，如果原告试图起诉医生但在第二次请求给付酬金的诉讼当中没能就医生的疏忽大意提出主张，那么后来的玩忽职守诉讼就不因既判事项原则而受到排除。

然而，法院认为，在一些特殊情况下，如果第一次诉讼当中没能进行防御，那么事后就不能提起独立的诉讼。它指的是这样的情形：第二次诉讼被认为与第一次诉讼关系太过密切以至于它很难完全成为一个独立的诉讼，从效果上看不过是一种对第一次诉讼的被分离的防御手段（detached defense）而已。[22] 一个早期的加利福尼亚案件，Barrow v. Santa Monica Builders Supply[23] 是一个很好的例子。在原告有效地取消抵押赎回权之后，被告想要提起确权诉讼，声称原告的抵押是无效的。法院驳回了第二次诉讼，认为这只不过是想要使回赎行为的结果无效而已，如果被告希望证明该抵押无效的话，那么在第一次诉讼当中就已经给予他机会这样做了。

类似的推理在另外一个案件当中也得到运用。本案中，同性恋学生组织（the Gay Students Organization）获得了宣告性及强制性的救济，以阻止新罕布什尔州大学管理部门限制其社会活动的行为。该大学于是自己起诉，要求法院裁决同性恋是一种病态或者精神性疾病并因此禁止由该组织主办舞蹈。新罕布什尔法院认为，这一请求构成对先前诉讼的防御，应该在那个时候进行争讼。[24]

14.7 既判事项的适用条件

一份判决要获得先例判决的效力，法院必须认定它符合以下三个条件：该判决必须是有效、终局而且实体性的。在这一节当中将对每一个条件进行探讨。

660 对判决有效性的一个挑战是对决定该案的第一次诉讼的挑战。这并不仅仅着眼于第一次诉讼程序当中的错误。即使早先的判决是根据违宪的制定法或者司法

〔21〕 Restatement Second of Judgments 22, comment d (1982); Schwabe v. Chantilly, Inc., 67 Wis. 2d 267, 226 N. W. 2d 452 (1975). See 18 C. Wright, A. Miller & E. Cooper, Jurisdiction and Related Matters 4414.

〔22〕 E. g., Martino v. McDonald's System, Inc., 598 F. 2d 1079 (7ᵗʰ Cir. 1979), cert. denied 444 U. S. 966.

〔23〕 9 Cal. 2d 601, 71 P. 2d 1108 (1937).

〔24〕 University of New Hampshire v. April, 115 N. H. 576, 347 A. 2d 446, 450 - 51 (1975).

规则作出的，它也具有完全的约束力。[1] 正如联邦最高法院所注："过去不能总是被新的司法宣告所抹煞。"[2] 因此，只要在第一次诉讼当中赋予公平的机会提出有关这些判决的有效性的争点，既判事项将对基于无效的司法规则或程序作出的判决产生完全的效力。[3] 于是，对判决的有效性进行的挑战要受到下面这些抗辩的限制：法院作出判决乃超越其事物管辖权所及，[4] 或者是它没有能够保证对人或者扣押管辖权的正确性。[5]

一般而言先前的判决具有完全的既判效力，即使该判决是没有事物管辖权的法院裁定其有管辖权而作出的也是如此。这在很大程度上归结于法院有权决定其司法管辖权这一原则。[6] 一旦法院裁定其享有司法管辖权，那么除非在上诉时被推翻，该裁定就具有约束力。该原则在 Durfee v. Duke 案中再次得到肯定。[7] 起初，德菲（Durfee）在内布拉斯加州的一个法院起诉杜克（Duke），要求法院对临近密苏里河的河滩地的权属进行确认。该河流位于内布拉斯加州与密苏里州的交界处。只有在上述土地位于内布拉斯加州境内时，内布拉斯加州对该争议才有事物管辖权，而这又完全取决于一个事实问题，即是否河流的改道导致了土地的转移？在内布拉斯加州的诉讼当中杜克败诉，并就这些争点进行了充分的争讼。内布拉斯加州的最高法院维持了该判决。杜克没有请求美国联邦最高法院对此案进行复审。

2 个月后，杜克在密苏里州法院再次起诉德菲，要求法院对同一土地进行确权，并声称该土地是位于密苏里州境内。在本案移送（remove）到联邦法院后，第八巡回审判法庭裁定第二次诉讼不受既判事项原则的排除，原因是所涉及的是土地，因此密苏里州法院可以对有关内布拉斯加州法院司法管辖权的事物性这一争点进行再次的审理。此案在联邦最高法院又被推翻，该法院认为，内布拉斯加

---

〔1〕　一个显著的例外情形是，为了进行持续性调查而将人身保护令（Habeas corpus）令状用于导致给被告定罪的法律的有效性问题上。See 17A C. Wright, A. Miller & E. Cooper, Jurisdiction and Related Matters 2d 4265－67.

〔2〕　Chicot County Drainage Dist. v. Baxter State Bank, 308 U. S. 371, 374, 60 S. Ct. 317, 318, 84 L. Ed. 329（1940）.

〔3〕　See Buckeye Indus., Inc. v. Secretary of Labor, 587 F. 2d 231（5th Cir. 1979）.

〔4〕　See 2. 1－2. 14, above.

〔5〕　See 3. 1－3. 17, above. 该先前判决所及的范围同样受到限制，因为该司法管辖权的根据是建立在对被告财产的扣押基础之上的。但是，当间接再诉禁止原则被适用的时候，这些限制有其深刻的蕴意。See 14. 9, below.

〔6〕　See Underwriters Nat. Assurance Co. v. North Carolina Life & Acc. & Health Ins. Guar. Ass'n, 455 U. S. 691, 102 S. Ct. 1357, 71 L. Ed. 2d 558（1982）；Dowell v. Applegate, 152 U. S. 327, 14 S. Ct. 611, 38 L. Ed. 463（1894）；Des Moines Navigation & R. R. Co. v. Iowa Homestead Co., 123 U. S. 552, 8 S. Ct. 217, 31 L. Ed. 202（1887）.

〔7〕　375 U. S. 106, 84 S. Ct. 242, 11 L. Ed. 2d 186（1963）.

州最高法院的判决相对于所有争点而言都是既判事项，其中包括司法管辖权。该
法院强调，除非存在压倒一切的情况，比如联邦专有权或者主权的豁免，[8] 在
管辖权问题上，当判决"在初次作出判决的法院对这些问题进行了充分而且公
平的争讼，并且得到终局性决定时"，它们有权获得充分的信赖。[9] 甚至，即便
管辖权争点在第一次诉讼当中事实上没有进行争讼，一些法院还是得出相同结
论，理由是既判事项原则不仅仅适用于那些事实上被争讼的事项，同时也适用于
可能会提出来的事项。[10]

虽然法院有权决定其管辖权这一原则得到明确建立，审理德菲一案的法院注
解道"该司法管辖权决定的终局性原则不存在例外情形。"[11] 该法院还特别指
出，在作出判决的法院适用既判事项原则应不应该对缺乏管辖权这一问题进行考
虑，就需要对构成既判事项原则的政策和支持特殊的管辖权限制的政策进行权
衡。[12] 这种联系当中得到广泛认可的相关因素包括：法院的本质，也就是说，
在第一次诉讼当中，该法院是否享有仅受到少数特定限制的广泛的普通管辖权，
或者享有狭窄的、不能任意延伸的特定管辖权；被违反的司法管辖权上的限制是
否重要；错误是否清楚；在第一次诉讼中为了得到针对该缺陷的裁决而使用的程
序；当事人之间是否存在通谋行为；以及在第一次诉讼当中诉讼的覆盖面。[13]
因此，对于那些具有相对广泛的普通管辖权、仅仅受某些限制的法院作出的判决
而言，既判事项原则更容易适用，而要将其适用于那些非常狭窄的特殊管辖权的
下级法院所作的判决，则不那么容易。遵循这些规则，违反了专属性联邦司法管
辖权的州法院就更容易受到间接性攻击。[14]

原告基于相同事实基础同时依据州和联邦的反托拉斯法提出请求，这种情况
的出现就提供了能够包含这些情况的范例。在这种场合，州法院没有资格对联邦
上的请求进行判决，因为针对反托拉斯请求的联邦管辖权是专属性的。然而，该
州法律上规定的反托拉斯请求在州法院或者联邦法院都可以进行争讼。如果允许

---

〔8〕 See U. S. v. U. S. Fidelity & Guar. Co. , 309 U. S. 506, 60 S. Ct. 653, 84 L. Ed. 894 (1940).

〔9〕 375 U. S. at 111, 84 S. Ct. at 245. 这一相同原则在 Stoll v. Gottlieb, 305 U. S. 165, 59 S. Ct. 134, 83 L. Ed. 104 (1938) 当中得到适用。

〔10〕 Lambert v. Conrad, 536 F. 2d 1183, 1185 (7ᵗʰ Cir. 1976); U. S. v. Eastport S. S. Corp. , 255 F. 2d 795, 803 (2d Cir. 1958). See also 13A C. Wright & A. Miller & E. Cooper, Jurisdiction and Related Matters 2d 3536.

〔11〕 375 U. S. at 114, 84 S. Ct. at 246.

〔12〕 该法院在注解当中特别对《一次判决重述》10 (1942) 当中的确立的因素表示了赞同。375 U. S. at 115 n. 12, 84 S. Ct. at 247 n. 12. 这些相同因素的大多数出现在《二次判决重述》12 (1982) 当中。

〔13〕 更充分的讨论参见 18 C. Wright, A. Miller & E. Cooper, Jurisdiction and Related Matters 2d 4428.

〔14〕 E. g. , Kalb v. Feuerstein, 308 U. S. 433, 60 S. Ct. 343, 84 L. Ed. 370 (1940) (构成破产案件专属管辖权基础的制定法上的政策将联邦专有权委任给州诉讼程序). 专属性联邦管辖权在上文 2. 3 当中进行了讨论。

原告在州法院第一次提起诉讼提出州法律上的请求，而后又针对联邦上的请求在联邦法院提起诉讼，那么，通过原告这种对诉因的分离行为，既判事项政策就被搅乱了。另一方面，如果既判事项对州法院的判决产生效力，那么曾经在国会上宣告的、针对联邦请求的联邦管辖权的专属性将可能受到侵犯。

《二次判决重述》[15] 以及某些法院[16] 总结认为，在这些场合不应适用既判事项原则。之所以得出这一结论，一是认为州法院及联邦法院是单独的诉因，二是明确承认当这两个请求由于该法院的事物管辖权受到的某些限制，都不能在第一次诉讼当中提出来时，既判事项不能适用。为了避免重复现象以及促进司法经济性的实现，《二次判决重述》反而认为，间接再诉禁止原则可以适用于在州法院诉讼当中得到决定的相同争点。[17]

但是，相反的事实情形并不产生同样的结果。如果原告基于联邦请求在联邦法院首先起诉，那么这是否阻止她本人事后在州法院提出州请求，就要看她是否能够在联邦法院提出该州请求。除非当事人之间具有不同的公民籍，对州请求不存在事物管辖权的联邦问题基础。因此，该联邦法院可以自由裁量对该请求主张补充性管辖权（supplemental jurisdiction），理由是该请求产生于相同的"有效事实的共通内核。"[18] 假如明明白白地告诉原告，可以如同以联邦法律为依据进行联邦诉讼一样提出州法律理论，而她没有这样做，那么她将不能在州法院第二次提起诉讼。[19] 在确定既判事项范围时，[20] 运用有效事实的共通内核这一补充性管辖权标准，对交易性方法进行鉴别，[21] 这说明不应该将既判事项用于排除那些符合联邦法院的补充性管辖权范围内的请求。因此，支持原告联邦反托拉斯请

662

663

---

〔15〕　Restatement Second of Judgments 26 (1) (c), comment c (1) 2 (1982).

〔16〕　See Eichman v. Fotomat Corp., 759 F. 2d 1434, 1437 (9th Cir. 1985); Klein v. Walston & Co., 432 F. 2d 936 (2d Cir. 1970); Cream Top Creamery v. Dean Milk Co., 383 F. 2d 358 (6th Cir. 1967); Wellington Computer Graphics, Inc. v. Modell, 315 F. Supp. 24 (S. D. N. Y. 1970). See also Notes, The Effect of Prior Non – Federal Proceedings on Exclusive Federal Jurisdiction over Section 10 (b) of 1934, 46 N. Y. U. L. Rev. 936 (1971); 24 U. Miami L. Rev. 834 (1970); 53 Va. L. Rev. 1360 (1967); 69 Yale L. J. (1960).

〔17〕　Jurisdiction and Related Matters 28, comment e, and 86, comment d (1982). 排除争点是否恰当在某种程度上取决于立法的动机如何。参见下文，14. 12.

〔18〕　United Mine Workers of America v. Gibbs, 383 U. S. 715, 86 S. Ct. 1130, 16 L. Ed. 2d 218 (1966). 参见在2. 13 当中对补充性管辖权的讨论。

〔19〕　See Woods Exploration & Producting Co. v. Aluminum Co., 438 F. 2d 1286, 1311 – 16 (5th Cir. 1971), cert. denied 404 U. S. 1047; McCann v. Whitney, 25 N. Y. S. 2d 354 (Sup. Ct. 1941), noted 41 Colum. L. Rev. 1116 (1941); Restatement Second of Judgments 25, comment e and illustration 11 (1982); Note, The Res Judicata Implications of Pendent Jurisdiction, 66 Cornell L. Rev. 608 (1981); Note, 28 Okla. L. Rev. 413 (1975).

〔20〕　See the discussion in 14. 4 at notes 39 – 50, above.

〔21〕　Restatement Second of Judgments 25, comment e. Reporter's Note 227 (1982).

求的判决将同时合并州诉讼请求，不管该请求是否在联邦诉讼当中实际被提出过。[22]

由于补充性管辖权的操作带有自由裁量的特性，因而有必要注意既判事项在这种场合中的适用。在一些情况下正确的做法应该是拒绝适用。[23] 在第二次诉讼当中，法院必须估量联邦法院的自由裁量是否有利于其主张管辖权。作为对这种考虑的回应，《二次判决重述》认为，"……假使有怀疑，既判事项原则将适当地迫使原告在联邦诉讼当中提出其州理论，这样做的目的是使其有可能在单一的诉讼当中彻底地解决争议。"[24]

事实上，已经有少数法院已得出结论，假如原告在州法院就某项州请求起诉，而该法院禁止就同一事实提出联邦请求，[25] 那么就可以适用既判事项原则来阻止后来在联邦诉讼当中提出该联邦请求。[26] 这些法院表明：只要原告有可能在联邦法院提出所有的请求，那么不允许其将这些请求分开而使得州法院和联邦法院同时承受作出决定的压力。这些案件涉及到在州法院提出州反托拉斯请求没能成立而被禁止起诉的联邦反托拉斯原告。[27] 在一份更加遥远的判决当中，第七巡回审判法庭，全体庭审法官听审，原告在州法院起诉不正当竞争没有成功，其联邦反托拉斯请求受到阻却。[28] 波斯纳（Posner）法官代表多数下判决书并解释说：原告在第一次诉讼当中可以提出州反托拉斯请求，而且州以及联邦的反托拉斯法几乎是一致的。原告在第一次诉讼中提出州请求失利之后，就不能再就此起诉，同时也不能在联邦法院就联邦请求起诉。

这些判决反映出对重复诉讼以及塞满的待审案件目录这些司法问题的严重关

〔22〕 Boccardo v. Safeway Stores, Inc., 134 Cal. App. 3d 1037, 184 Cal. Rptr. 903 (1982); Belliston v. Texaco, Inc., 521 P. 2d 379 (Utah 1974). 相反，由于公民籍不同而将州诉讼移送到联邦法院时，一项没有提出过的专属性联邦请求将在该判决当中被合并。See Engelhardt v. Bell & Howell Co., 327 F. 2d 30 (8th Cir. 1964).

〔23〕 See 2. 13, above.

〔24〕 Restatement Second of Judgments 25, comment e. Reporter's Note 228 (1982).

〔25〕 对专属性联邦法院的事物管辖权的讨论参见上文 2. 3。

〔26〕 Derish v. San Mateo – Burlingame Bd. of Realtors, 724 F. 2d 1347, 1350 (9th Cir. 1983); Nash County Bd. of Educ. v. Biltmore Co., 640 F. 2d 484, 488 (4th Cir. 1981), cert. denied 454 U. S. 878. 第四以及第九巡回审判庭的观点主要集中在争点的一致性以及原告已经就该州反托拉斯请求进行诉讼这一事实上，所以，显而易见的是，司法经济性这一政策占据了上风，并且判决依赖于那些类似于构成争点排除基础的事项。See 14. 12, below.

〔27〕 See generally Note, The Res Judicata Effect of Prior State Court Judgments in Sherman Act Suits: Exalting Substance Over Form, 51 Ford. L. Rev. 1374 (1983); Comment, Exclusive Federal Jurisdiction: The Effect of State Court Finding, 8 Stan. L. Rev. 439 (1956).

〔28〕 Marrese v. American Academy of Orthopaedic Surgeons, 726 F. 2d 1150 (7th Cir. 1984). 联邦最高法院推翻了该判决，理由是下级法院没有能够按照 28 U. S. C. A. 1738. 470 U. S. 373, 105 S. Ct. 1327, 84 L. Ed. 2d 274 (1985) 的要求确认并适用伊利诺伊州的法律。See 14. 15, below.

切。因此，他们将强调的重心放在了司法的经济性上，而关于是否第一个法院有资格对所有相关问题作出有效判决这一传统性考虑则被忽略了。而这种对经济性的强调能否走得太远尚存疑问。因此，明显的攻击是，只要原告享有一个能让其提出所有请求的平台，他就必须在那里提出诉求，否则，就存在丧失在一个管辖权有限的法院进行的第一次诉讼程序当中这些被遗漏的请求的风险。

判决的有效性同样可以由于第一个法院对被告缺乏对人管辖权而受到挑战。然而，基于事物管辖权所展现的那样，如果该第一个法院判定其有管辖权，那么该判决就具有既判事项效力；被告不能就该管辖权问题再次进行诉讼。[29] 而且，被告如果就实体问题开展诉讼并且对对人管辖权没有提出异议，那么一般就看成是放弃了在后来提出对人管辖权异议的权利。[30] 只有在第一次诉讼中缺席的被告才能将其作为避免该判决的一种手段而提出对人管辖权问题。但是，这一方法存在风险，因为，如果第二个法院认定在第一次诉讼程序当中有对人管辖权，那么既判事项将会发挥作用，被告也就不能就案件实体问题进行防御。[31]

有时第一个法院并非整体上没有管辖权而是其管辖权受到限制，那么相应地判决的既判事项效力也将受到限制。[32] 比如，如果在该州范围内不能通过直接送达被告，那么原告就可根据该州的长臂法获得对人管辖权。[33] 虽然原告可能会掌握一些由相同事实引发的责任理论（如侵权和合同理论），该州的长臂法规定，只要基于其理论中的一种便可主张管辖权。遇到这种情况，一般不阻止原告后来在有资格的法院就其他理论提出主张。虽然在第一次诉讼当中没有提出所有的请求，原告也不被认为是分离了诉因。

当第一次诉讼当中运用了扣押管辖权时，对既判事项进行限制非常重要。[34] 准对物管辖权诉讼的判决只能在被扣押财产价值范围内才能解决。而且，该判决仅在特定财产的收益或者由法院予以支配这一义务上才有确定力。在后来的诉讼当中，原告不能主张既判事项来网罗没有被提出的个人请求。[35]

665

---

〔29〕 Baldwin v. Iowa State Traveling Men's Ass'n, 283 U. S. 522, 51 S. Ct. 517, 75 L. Ed. 1244 (1931). See Durfee v. Duke, 375 U. S. 106, 84 S. Ct. 242, 11 L. Ed. 2d 186 (1963); In re Universal Display & Sign Co., 541 F. 2d 142 (3d Cir. 1976).

〔30〕 对人管辖权异议的相关程序的讨论参见上文 3. 25 – 3. 27.

〔31〕 Hazen Research, Inc. v. Omega Minerals, Inc., 497 F. 2d 151 (5th Cir. 1974).

〔32〕 Restatement Second of Judgments 26 (1) (c), comment c (1) (1982).

〔33〕 对长臂法的讨论参见上文，3. 12 – 3. 13.

〔34〕 扣押管辖权在上文 3. 8 – 3. 9 以及 3. 14 – 3. 15 当中进行了讨论。

〔35〕 Riverview State Bank v. Dreyer, 188 Kan. 270, 362 P. 2d 55 (1961); Strand v. Halverson, 220 Iowa 1276, 264 N. W. 266 (1935); Restatement Second of Judgments 32, comment c (1982); Developments in the Law – Res Judicata, 65 Harv. L. Rev. 818, 835 (1952). But see Developments in the Law – State – Court Jurisdiction, 73 Harv. L. Rev. 909, 954 – 55 (1960).

可以对合并和阻却原则适用的这一例外情形进行批评，因为它允许对相同的请求进行二次诉讼，由此赋予了原告一种免除其在不利判决当中丧失诉因的风险的优越地位。[36] 更好的规则是，该原告被阻却，或者至少是间接再诉禁止。[37] 故而，由于法院并不享有无限的权力，并且被告在第一次诉讼当中也没有给足时间，所以，超出特定财产的范围当事人一般不受判决的约束。[38]

既判事项原则的第二点条件就是，它可以仅仅建立在一份终局判决的基础之上。[39] 这一终局性要求法官除了登记判决之外什么也不用做。[40] 在这种场合下，判决的终局性类似于上诉的终局性要求，[41] 虽然一般来讲这两者不能相互等同。[42]

一般而言从来不会赋予一项中间命令以既判效力，因为从其本质来看，它要么是在接下来的诉讼当中有一些争点需要决定，要么就是在判决登记之前完成某些行为或者达到某种状况。[43] 因此，只要损害赔偿额这一争点需要延展到单独的审理当中确定或者是没有仍在未判决之中，确定责任判决就不具备足够的终局性。[44] 与此类似，对一项预备禁制令（preliminary injunction）或者临时禁制令

666

---

[36] 有人认为，施加在判决上的时效限制在当事人之间公平地平衡了诉讼风险。参见 the Law - Res Judicata, 65 Harv. L. Rev. 818, 834 (1952).

[37] 现代理论不要求不容否认的相互性。参见下文 14. 14.

[38] 甚至在被告被允许有限出庭时，这一结论同样适用。参见上文 3. 27。然而，此时可能会产生这样一种情况，那就是事实上被争讼的争点将产生不容否认的效果。Restatement Second of Judgments 32, comment d (1982). See Note, Limited Appearances and Issue Preclusion: Resetting the Trap?, 66 Cornell L. Rev. 595 (1981).

[39] See G & C Merriam Co. v. Saalfield, 241 U. S. 22, 36 S. Ct. 477, 60 L. Ed. 868 (1916). See also 1 Freeman, Judgments 22 (5th ed. 1925); 1 Black, Judements 21 (2d ed. 1902).

[40] McDaniel Nat. Bank v. Bridwell, 65 F. 2d 428 (8th Cir. 1933). See generally Note, Use of the Bifurcated Trial to Avoid Collateral Estoppel and the Expanding Concept of Final Judgment, 7 Sw. U. L. Rev. 161 (1975).

[41] See 13. 1, above.

[42] Miller Brewing Co. v. Jos. Schlitz Brewing Co., 605 F. 2d 990 (7th Cir. 1979), cert. denied 444 U. S. 1102; Sherman v. Jacobson, 247 F. Supp. 261 (S. D. N. Y. 1965); Restatement Second of Judgments 13, comment b (1982). But see First Alabama Bank of Montgomery, N. A. v. Parsons Steel, Inc., 825 F. 2d 1475 (11th Cir. 1987), cert. denied 484 U. S. 1060 (根据阿拉巴马州法律，判断排除的终局性和判断上诉的终局性所采用的方法相同)。

虽然终局性仍然是既判事项的一个刚性条件，近年来基于间接再诉禁止的考虑，这一要求已经有所松动。See 18 C. Wright, A. Miller & E. Cooper, Jurisdiction and Related Matters 4434; Restatement Second of Judgments 13, comment g (1982).

[43] But see Note, Amalgamation of interlocutory Orders into Final Judgment, 3 St. Mary's L. J. 207 (1971).

[44] G & C Merriam Co. v. Saalfield, 241 U. S. 22, 36 S. Ct. 477, 60 L. Ed. 868 (1916). 在多请求或者多当事人诉讼当中，对某项请求的终局判决具有既判效力。关键是法院是否就已经予以决定的请求作出终局判决。See Fed. Civ. Proc. Rule 54 (b), 13. 1, above.

进行的准许或否决决定，并不能合并或阻却申请预防性禁制令救济的诉讼；[45]对救济的基础性请求不存在终局裁定。事实上，临时救济针对的正是全部（有时是部分）事实决定，随时有变化的可能。在民事诉讼中大多数审前裁定并不具有既判效力，因为这些裁定通常要么是临时性的，要么仅仅决定一个争点。[46]

终局性条件包含两个重要问题。一个是针对初审法院判决的终局性提起的上诉的效力，另一个是，是否将宣告性判决以及禁制令判决作为具有既判效力的终局判决看待。

多数法院认为，如果某一法院作出的判决是对诉讼的终局性处理，即便对该判决的上诉已经提起或者上诉期尚未届满，那么仍然将其视为具有既判效力的判决。[47]不管事先是否给予了上诉机会，或是否由于不符合程序性条件致使上诉的意愿没能成功，这一点都是确定无疑的。[48]更进一步说，像上诉处于待定状况或者上诉本身的可利用度这些问题并不影响判决的终局性，同时要求重新审理的动议或者要求撤消判决的动议也不会有损于判决的终局性。[49]

从理论上说，上诉并不有损于判决的终局性，因此即使在上诉的悬置期间，该判决也能予以强制执行。[50]然而，如果下级法院的判决被撤消或者在上诉中被推翻，那么它就丧失了既判效力，因为它已经不再是有效判决。[51]而且，由于上诉而被呈交到更高一级的上诉法院之后，最初判决的排除效力就不再保留。[52]当下级法院的判决在上诉法院得到部分维持或部分被推翻，或者仅仅通过对某些争点的裁定而处理全案时，能够产生既判效力的就仅限于那些事实上被

667

---

〔45〕 Hunter Douglas Inc. v. Sheet Metal Workers Int'l Ass'n, Local 159, 714 F. 2d 342 (4th Cir. 1983); Mesabi Iron Co. v. Reserve Mining Co., 270 F. 2d 567 (8th Cir. 1959).

〔46〕 Horner v. Ferron, 362 F. 2d 224 (9th Cir. 1966), cert. deined 385 U. S. 958.

〔47〕 New Haven Inclusion Cases, 399 U. S. 392, 90 S. Ct. 2054, 26 L. Ed. 2d 691 (1970); U. S. v. Munsingwear, Inc., 340 U. S. 36, 71 S. Ct. 104, 95 L. Ed. 36 (1950); Myers v. Bull, 599 F. 2d 863 (8th Cir. 1979), cert. denied 444 U. S. 901. But see Chavez v. Morris, 566 F. Supp. 359 (D. Utah 1983). See generally Vestal, Preclusion/Res Judicata Variables: Adjudicating Bodies, 54 Geo. L. J. 857 (1966); Comment, Res Judicata—Should It Apply to a Judgment Which is Being Appealed?, 33 Rocky Mt. L. Rev. 95 (1960).

〔48〕 Hubbell v. U. S. 171 U. S. 203, 18 S. Ct. 828, 43 L. Ed. 136 (1898); Smith v. U. S., 369 F. 2d 49 (8th Cir. 1966), cert. denied 386 U. S. 1010; Wight v. Montana – Dakota Utilities Co., 299 F. 2d 470 (9th Cir. 1962), cert. denied 371 U. S. 962.

〔49〕 See McArdle v. Schneider, 228 F. Supp. 506 (D. Mass. 1964); Restatement Second of Judgments 13, comment f (1982).

〔50〕 Deposit Bank v. Board of Councilmen of Frankfort, 191 U. S. 499, 24 S. Ct. 154, 48 L. Ed. 276 (1903); Fidelity Standard Life Ins. Co. v. First Nat. Bank & Trust Co., 510 F. 2d 272 (5th Cir. 1975), certiorari denied 423 U. S. 864. 但是，上诉法院作出的延期执行或者中止执行命令可以使执行得到延缓。

〔51〕 Pope v. Shipp, 38 Ga. App. 483, 144 S. E. 345 (1928); Brooks v. Union Depot Bridge & Terminal R. Co., 215 Mo. App. 643, 258 S. W. 724 (1923); Houston Oil Co. of Texas v. McCarthy, 245 S. W. 651 (Tex. Com. App. 1922).

〔52〕 Di Gaetano v. Texas Co., 300 F. 2d 895 (3d Cir. 1962).

上诉法院决定的事项。[53]

这些终局性裁决产生的结果是，如果法院认为它受到先前判决的约束，而该判决在后来的诉讼当中又被推翻，此时就会产生一些反常的情况。[54] 在 Reed v. Allen 一案中[55]联邦最高法院认为，最初的判决被推翻并不会自动影响后来在此判决基础上作出的判决。但是，对该第二次判决的救济可以通过某些可利用的程序性规则来进行。[56]

而当第一次诉讼涉及宣告性判决时，该终局性条件同样出现了难题。《联邦宣告性判决法》特别规定根据该法作出的判决具有终局判决或者裁定所具有的强制执行效力。[57] 然而，该法同时规定，基于"进一步救济"的考虑，可以对该宣告性判决提起第二次诉讼。[58] 这样看来，既判事项并不一定具有可适用性，因为该法认可重复诉讼的存在。[59] 因而，宣告性判决的排除效力和间接再诉禁止十分相似，它阻止那些事实上已经争议过的、对作出判决非常重要的争点再次诉讼。[60]

传统意义上，既判事项原则的第三个、同时也是最后一个条件是，判决必须针对"实体问题"作出。按照一般的理解，如果一份判决处理的是原告请求的有效性而非技术性的、程序事项时，那么它就被认为是针对案件实体问题作出的。[61] 因此，任何一个判决只要是有利于请求人实现其权利并且命令进行救济，

668

---

〔53〕 Seguros Tepeyac, S. A. v. Jernigan, 410 F. 2d 718 (5th Cir. 1969), cert. denied 396 U. S. 905.

〔54〕 See, e. g., Federated Dep't Stores, Inc. v. Moitie, 452 U. S. 394, 101 S. Ct. 2424, 69 L. Ed. 2d 103 (1981); Harrington v. Vandalia – Butler Bd. of Educ., 649 F. 2d 434 (6th Cir. 1981).

〔55〕 286 U. S. 191, 52 S. Ct. 532, 76 L. Ed. 1054 (1932).

〔56〕 See Fed. Civ. Proc. Rule 60 (b) (5). 对判决的救济在上文 12. 6 当中进行讨论. See also Butler v. Eaton, 141 U. S. 240, 11 S. Ct. 985, 35 L. Ed. 713 (1891).

〔57〕 28 U. S. C. A. 2201.

〔58〕 有关现代既判事项的概念是否驱使原告在单一的诉讼当中寻求所有可能的救济途径的争论，参见上文 14. 5 当中的注释 29 – 33。

〔59〕 See Perez v. Ledesma, 401 U. S. 82, 91 S. Ct. 674, 27 L. Ed. 2d 701 (1971); Note, Declaratory Judgments, 50 Ind. L. J. 567, 579 – 85 (1975); Note, The Res Judicata Effect of Declaratory Relief in the Federal Courts, 46 So. Calif. L. Rev. 803 (1973); Annot., Extent to Which Principles of Res Judicata are Applicable to Judgments in Actions for Declaratory Relief, 10 A. L. R. 2d 782 (1950).

〔60〕 Kerotest Mfg. Co. v. C – O – Two Fire Equipment Co., 342 U. S. 180, 72 S. Ct. 219, 96 L. Ed. 200 (1952); Fidelity Nat. Bank & Trust Co. v. Swope, 274 U. S. 123, 47 S. Ct. 511, 71 L. Ed. 959 (1927); Jackson v. Hayakawa, 605 F. 2d 1121 (9th Cir. 1979), cert. denied 445 U. S. 952.

〔61〕 Saylor v. Lindsley, 391 F. 2d 965, 968 (2d Cir. 1968). 譬如，大多数法院认为，根据该法的时效性规定撤消诉讼裁决就不是实体性而是程序性裁决，它是对救济请求的否决，而不涉及实体性权利，因此它不能阻止在另一个有着更长的时效规定的管辖区提起诉讼. E. g., Warner v. Buffalo Drydock Co., 67 F. 2d 540 (2d Cir. 1933), cert. denied 291 U. S. 678; Taylor v. New York City Transit Authority, 309 F. Supp. 785, 790 (E. D. N. Y. 1970), affirmed on other grounds 433 F. 2d 665 (2d Cir. 1970); Koch v. Rodlin Enterprises, Inc., 223 Cal. App. 3d 1591, 273 Cal. Rptr. 438 (1990). Compare Hamson v. Lionberger, 87 Ill. App. 2d 281, 231 N. E. 2d 277 (1967).

就是具有既判效力的实体判决。相反，一份对抗请求人的判决就不是实体性的，因为它既可能是针对实质性权利的判决，也可能是一项纯粹的程序性裁决。

遗憾的是，"基于案件实体"这一短语引起了一些混乱并且模糊了这一事实：法院的判决可以在构成请求基础的实体问题的范围之外具有排除效力。[62] 因此，法院作出的像由于缺乏管辖权而撤消诉讼的裁定在管辖权问题上就具有排除效力，即使它并不触及到原告诉因的实体问题也是如此。[63] 正是基于这些原因，《二次判决重述》在规定既判事项规则时没有使用"基于案件实体"一词。[64] 通过这种途径，阻却原则适用于所有有效的、终局性的对人判决，虽然那些在旧的体制下具有"非实体性"特征的案件允许有例外。[65]

但是，许多司法判决，规则以及制定法仍继续在使用"基于案件实体"一词，且指明了那一种类型的决定将阻却后来的诉讼。[66] 而且，实体判决才具有既判效力这一条件与一个现代程序观念相吻合，该观念就是，请求人有权在法院获得一天的时间，不应该由于程序性的错误而丧失就其受到的不平获得实质性听审的权利。所以，调查一下何者是实体判决是必要的。

经过充分的审理之后作出的判决是实体判决，就像简易判决以及根据作出指示裁决或作为法律事项的判决的动议而作出的判决一样。[67] 在适用这一条件时困难最大的是自愿撤消诉讼或者驳回起诉领域。 669

在撤消一个案件的时候，法院会详细指明是否"带有偏见"或是"没有偏见"。没有偏见的撤消诉讼意味着，原告可以在克服先前导致撤消诉讼的缺陷之后就同一诉因再次起诉。相反，带有偏见的撤消诉讼则表明试图阻止就同一诉讼

---

〔62〕 例如，在一个案件中原告首先请求法院判令银行禁止对出纳员开出的支票进行支付，该请求被银行以损害无可挽回——申请强制性救济的条件——没有得到证明为由击败。原告于是第二次起诉要求对相同行为造成的损害予以赔偿。该法院认为，在第一次诉讼当中作出的撤消诉讼决定仅仅意味着没有能够寻求救济，它不是实体判决，因而不能排除后来的损害赔偿诉讼。Foreman v. Martin, 26 Ill. App. 3d 1028, 325 N. E. 2d 378 (1975). 由于现在的程序规则允许在单一的诉讼当中将可替代性的或不一致的请求加以合并，在这种情况下不赋予其既判事项效力这一原理的作用力较弱。如今多数法院认为既判事项原则得到广泛适用，而不决定于是否具有避免排除效力这一救济性特征。See 14. 5, at notes 24 – 28, above, for some examples. See generally 18 C. Wright, A. Miller & E. Cooper, Jurisdiction and Related Matters 4435.

〔63〕 有关争点排除参见下文 14. 9.

〔64〕 Restatement Second of Judgments 19, comment a (1982).

〔65〕 Restatement Second of Judgments, 19 – 20 (1982).

〔66〕 有关自愿和非自愿的撤消诉讼参见 e. g., Fed. Civ. Proc. Rule 41.

〔67〕 Jackson v. Hayakawa, 605 F. 2d 1121 (9th Cir. 1979), cert. denied 445 U. S. 952; Hubicki v. ACF Industries, Inc., 484 F. 2d 519 (3d Cir. 1973); Simon v. M/V Hialeah, 431 F. 2d 867 (5th Cir. 1970); Keys v. Sawyer, 353 F. Supp. 936 (S. D. Tex. 1973), affirmed without opinion 496 F. 2d 876 (5th Cir. 1974); Restatement Second of Judgments 19, comments g and h (1982).

请求再次诉讼。[68] 一个难题是，后面的法院是否能够顾及、已经能够在多大的程度上顾及到先前法院作出的"带有偏见"的撤消诉讼的宣告，并通过审查撤消诉讼的理由，来决定赋予该判决既判事项效力。[69]

在普通法上，一名原告可以通过在裁决作出之前的任何时间自愿驳回诉讼从而不带偏见地中止诉讼。[70] 在其他地方曾经得到更为充分讨论的是，现在有许多管辖区对这种优先权作了限制，或是要求其在更早一些的诉讼阶段行使该权利，或是限制行使该权利的次数并对原告的诉因不形成偏见。[71] 相应的，如果试图在后面的诉讼阶段第二次获得自愿撤消诉讼或者撤消诉讼裁决，那么必须认定该撤消是针对实体问题的。在这一点上，程序规则所施加的时效限制就得到实行。

然而，如果原告在起诉之后不继续进行诉讼，对这些案件有两种不同的观点。对于在联邦法院提起的诉讼，《联邦规则》第41条（b）将这些撤消规定为非自愿的就实体问题撤消诉讼，除非初审法院作出了相反的规定。[72] 但是关于因没有继续诉讼而撤消诉讼是否构成实体判决，各个州的做法不相同。虽然请求的实体问题并没有进行判决，一些法院还是认为原告的不当行为排除了第二次起诉。[73] 而其他的一些法院则仍然坚持旧规则，认为因没有继续进行诉讼而撤消诉讼并没有引发实体判决。[74] 以前的程序制度并不鼓励对诉答文书进行直接的修改，因为原告被赋予了更充分的、不继续进行诉讼的自由，以此来作为诉答的一种变通方式。相反，现代的程序制度在允许诉答文书修改方面更加自由，但是在原告放弃继续诉讼以及再次起诉方面则更加严格。

670

在缺乏管辖权或审判地，[75] 以及没有追加必不可少的当事人的情况下，同样可以非自愿撤消诉讼。基于以上任何一种理由的撤消诉讼并不能起到实体判决

---

　［68］ 有一个有意思的案件，被告试图扩大带有偏见的撤消诉讼判决的排除效力但是没能获得成功，参见 Ferrato v. Castro, 888 F. Supp. 33 (S. D. N. Y. 1995).

　［69］ See Weissinger v. U. S. 423 F. 2d 782 (5ᵗʰ Cir. 1968) ( ), vacated 423 F. 2d 795 (1970) (en banc opinion); Saylor v. Lindsley, 391 F. 2d 965 (2d Cir. 1968); Ottinger v. Chronister, 13 N. C. App. 91, 185 S. E. 2d 292 (1971); Overstreet v. Greenwell, 441 S. W. 2d 443 (Ky. 1969). See generally 9 C. Wright & A. Miller, Civil 2d 2373.

　［70］ See Greenlee v. Goodyear Tire & Rubber Co., 572 F. 2d 273 (10ᵗʰ Cir. 1978); Developments in the Law – Res Judicata, 65 Harv. L. Rev. 818, 837 (1952).

　［71］ See 9. 5, above.

　［72］ See Casto v. Arkansas – Louisiana Gas Co., 597 F. 2d 1323 (10ᵗʰ Cir. 1979).

　［73］ E. g., Kradoska v. Kipp, 397 A. 2d 562 (Me. 1979). See generally Annot., Dismissal of Civil Action for Want of Prosecution as Res Judicata, 54 A. L. R. 2d 473 (1957).

　［74］ McQuaid v. United Wholesale Aluminum Supply Co., 31 Md. App. 580, 358 A. 2d 922 (1976).

　［75］ 可是，基于缺少审判地的撤消诉讼非常少见，因为移送就能弥补大多数的审判地问题。参见上文 2. 17.

那样的作用。[76] 更进一步说，初审法院并不享有基于这些带有偏见性的理由撤消诉讼这一裁量权。[77] 进行这种完全禁止其原理体现在"据以作出判决的这些决定的开端性特征上。"[78] 这些撤消诉讼的决定仅仅说明该法院不方便审理或者它没有权力对该争议作出判决；它们与任何实体性审查无关。[79]

　　但是其他那些法院没有特别指明"带有偏见"的撤消诉讼判决的情况又是怎样呢?[80] 根据《联邦规则》第 41 条（b）以及类似的州法律的规定，除非法律有相反规定，"在该规则当中没有规定的撤消诉讼"与实体判决有着同等效力。[81] 这一规定相随而来的难题在 Costello v. United States 一案中得到反映。[82] 在该案中，美国政府对科斯特洛（Costello）提起的剥夺其公民权的诉讼被撤消了，原因是该政府没有按照制定法上的规定在起诉时提供宣誓书，以此来保证其提起诉讼具有正当原因。地区法院并没有特别说明该撤消是否带有偏见。该政府基于同样的理由又以科斯特洛为被告第二次起诉，并且附上表明其有正当理由的宣誓书。联邦最高法院裁定先前的撤消诉讼不带有偏见，理由是它应当看成是在缺乏管辖权的情况下作出的决定。有不同看法认为，第一次诉讼当中作出的撤消诉讼判决属于"规则第 41 条（b）没有规定的撤消诉讼"的范畴故而具有实体判决的效力，该法院拒绝了此观点。最高法院将其结论建立在对政策的一种分析之上，以支持将某些撤消诉讼的判决视为管辖权性质的，因而不能排除将来的诉讼，所以裁定美国政府没有适当提出宣誓书属于该政策的作用范围。

　　被告并没有必要为防御作准备，因为该政府没有在起诉的同时提出宣誓书就必然导致撤消诉讼。在"管辖权"这一术语当中没有什么要求赋予其限制性的含义说起诉人将归因于它。[83] 671

　　以此类推，撤消时机不成熟的诉讼或者原告没有履行作为起诉前提的先决条

　　〔76〕　Restatement Second of Judgments 20（1）（a）（1982）. See also American Guar. Corp. v. U. S. , 185 Ct. Cl. 502, 401 F. 2d 1004（1968）（）; Etten v. Lovell Mfg. Co. , 225 F. 2d 844（3d Cir. 1955）, cert. denied 350 U. S. 966（）; Bauscher v. National Sur. Corp. , 92 Idaho 229, 440 P. 2d 349（1968）（没能追加必不可少的当事人）。

　　〔77〕　See 9 C. Wright & A. Miller, Civil 2d 2373.

　　〔78〕　Restatement Second of Judgments 20, comment c（1982）.

　　〔79〕　但是，就特殊的审判地、管辖权或者争点的合并作出的决定具有再诉禁止的效力。参见上文 14. 1.

　　〔80〕　See, e. g. , McNeal v. State Farm Mut. Auto. Ins. Co. , 278 So. 2d 108（La. 1973）（密西西比州法院撤消诉讼的根据是，在密西西比州没有直接的诉讼法令以及亲属豁免权能够阻止诉讼，该决定针对的并非实体问题，因此. 路易斯安那州法院不受其约束）。

　　〔81〕　See Kelley v. Mallory, 202 Or. 690, 277 P. 2d 767（1954）.

　　〔82〕　365 U. S. 265, 81 S. Ct. 534, 5 L. Ed. 2d 551（1961）.

　　〔83〕　365 U. S. at 287, 81 S. Ct. at 546. See additionally Baris v. Sulpicio Lines, Inc. , 74 F. 3d 567（5th Cir. 1996）（遵照 Costello 案以法院不便于审理为由撤消诉讼，不具有排除效力，即使该判决是在有偏见的情况下作出）。

件的诉讼，并不阻止待请求的时机成熟之后或者先决条件得到满足之后第二次起诉。[84] 例如，当一个违约之诉因被告的履行期未至或者原告没有按照制定法的规定对诉讼费用提供担保而被撤消时，如果以上缺陷得到弥补，那么原告可以提起第二次诉讼。通常在普通法上有效的该原则在联邦法院同样得到贯彻，而不管初审法院是否按照《联邦规则》第 41 条（b）的字面上要求详细指明其判决是不带偏见的。[85]

然而，如果撤消诉讼的判决是基于一项抗辩或者由于没能陈述请求而驳回诉讼的动议而作出时，关于该判决是否是实体判决引发了一些棘手的问题。[86] 在普通法以及那些没有跟随联邦法院做法的州，根据抗辩而作出的支持被告的撤消诉讼判决一般不认为是阻止原告的诉因，理由是原告有权更正诉答文书当中的缺陷并重新起诉。[87] 一项成功的抗辩并不能表明原告没有诉因，而仅仅是原告没有将其陈述出来。但是，在某些场合，对抗辩作出的判决被认为是即将导向实体问题并被赋予阻却效力。[88] 因此，存在的问题是如何判断一项撤消判决是否仅仅基于诉答文书的不充分或者指向案件实体问题的缺陷而作出。

672　　　例如，原告的起诉当中可能举出一定的事实来说明，确实存在法律认可的请求，却没能就该请求提出实质性的主张。对实质性主张的忽略一般认为仅仅是一个正式的缺陷而不会阻止后面提起的、包含先前被漏掉的主张在内的诉讼。[89] 另一方面，起诉的缺陷也可能是因原告寻求法律不允许的救济而引起。在那种情况下，被告提出的实质性驳回的动议就等同于申请简易判决的动议，如果得到准许，将排除第二次诉讼。

要表述诉答文书不充分的撤消诉讼和实体撤消诉讼之间的区别不是那么容易，部分由于如今许多管辖区拒绝进行这种区分，而简单地裁定诉答文书不充分

---

〔84〕　Restatement Second of Judgments 20（2）（1982）. 该重述规定了一个例外情形，允许在将被告第二次置于诉讼程序当中明显不公正时适用既判事项原则。当所有的争点已经得到争讼并且时机未成熟起诉的先决条件在原告的控制之下时，就产生这样的问题。

〔85〕　See Saylor v. Lindsley, 391 F. 2d 965（2d Cir. 1968），该案中一名股东提起的派生诉讼由于没有为诉讼费用提供担保而被撤消，该撤消判决并不阻却就该请求再次起诉，即使法院已经很清楚地宣称该撤消判决是"偏见性的"。but see Priolo v. E1 San Juan Towers Hotel, 575 F. Supp. 208（D. Puerto Rico 1983）（由于没有提出非居住本地的人的债券而撤消诉讼被看成是实体判决）。

〔86〕　有关对这些挑战的讨论参见上文 5. 22 and 5. 25.

〔87〕　Gould v. Evansville & G. R. R. Co., 91 U. S.（1 Otto）526, 23 L. Ed. 416（1875）; Developments in the Law – Res Judicata, 65 Harv. L. Rev. 818, 836（1952）.

〔88〕　Restatement Second of Judgments 50, comment c（1982）. 有人认为，支持抗辩的判决不能对那些可能在第一次诉讼当中提出的事项构成阻止作用。Developments in the Law – Res Judicata, 65 Harv. L. Rev. 818, 837（1952）. See also von Moschzisker, Res Judicata, 38 Yale L. J. 299, 319–20（1929）.

〔89〕　Gilbert v. Braniff Int'l Corp., 579 F. 2d 411（7th Cir. 1978）; Keidatz v. Albany, 39 Cal. 2d 826, 249 P. 2d 264（1952）.

的撤消诉讼排除第二次诉讼。[90]　通过给予原告在终局判决作出之前修改诉答文书的机会，这一方法所出现的困境就得到了缓解。如果原告没能把握这一机会，那么将导致带有偏见性的撤消诉讼。[91]

在联邦法院，《联邦规则》第 12 条（b）(6) 规定的没有陈述救济请求而撤消诉讼通常看成是实体判决，除非法院明确指明它是不带偏见性的。[92]　虽然这种方法看上去不太公正，因为它要求原告为整个案件基于规则第 12 条（b）规定的一个动议进行处置而作准备，但是法院可以通过准许修改的动议而避免这种不公，而且这已经成为一种颇占上风的做法。[93]

判决的其他两种形式提出了一些问题涉及是否这些判决应该作为实体判决看待。这两种判决形式就是：缺席判决和同意和解判决。由于这两种判决当中的任何一种都不是充分诉讼的结果，此时问题就产生了。故而，缺席判决被认为是实体性的判决，要求具有既判效力。[94]　全面的阻却及合并效力可以给予缺席判决，以防止原告通过不出庭行为使原告的诉讼迟延，而后又在接下来在他自己的诉讼当中对该判决表示异议。这种情况下如果缺乏请求以及防御的排除，原告就不能在被告不予配合的情况下获得具有约束力的终局判决。

判决和撤消诉讼的判决也有可能在双方当事人基于另外考虑而进行的和解的情况下作出。庭外和解在技术层面上仅仅是当事人之间订立的、不具有司法效力合同。因此，经和解而作出自愿撤消诉讼判决之后，如果双方当事人一致同意该撤消将是没有偏见的，那么该判决没有排除效力。然而，为了避免在违约的情况下产生重复诉讼的可能性——第一次是违背最初的请求，第二次是违反和解协议——自愿撤消诉讼的判决作为达成和解协议的结果，通常规定该判决是实体判决。因此，和解协议受到当事人意志的支配，并且可以根据一般的合同原则，以

673

---

[90]　See Restatement Second of Judgments 19, comment d, Reporter's Note (1982); Brousseau, A Reader's Guide to the Proposed Changes in the Preclusion Provisions of the Restatement of Judgments. 11 Tulsa L. J. 305 (1976).

[91]　Developments in the Law – Res Judicata, 65 Harv. L. Rev. 818, 837 (1952). But compare Rost v. Kroke, 195 Minn. 219, 262 N. W. 450 (1935)，该案中允许原告在修改诉答文书以及提起新的诉讼之间进行选择，即便初审法院已经准许修改诉答文书。

[92]　Ness Investment Corp. v. U. S., 219 Ct. Cl. 440, 595 F. 2d 585 (1979); Mirin v. Nevada, 547 F. 2d 91 (9ᵗʰ Cir. 1976), cert. denied 432 U. S. 906.

一些法院将规则第 12 条（b）(6) 规定地撤消诉讼看成是根据《联邦规则》第 41 条（b）作出的，并以此得出了其结论。Hall v. Tower Land & Investment Co., 512 F. 2d 481 (5ᵗʰ Cir. 1975). 其他法院也是如此认为，但是裁定规则第 41 条（b）本身并没有得出该结论。Rinehart v. Locke, 454 F. 2d 313 (7ᵗʰ Cir. 1971). See also 9 C. Wright & A. Miller, Civil 2d 2373.

[93]　See 5A C. Wright & A. Miller, Civil 2d 1357.

[94]　Technical Air Prods., Inc. v. Sheridan – Gray, Inc., 103 Ariz. 450, 445 P. 2d 426 (1968). See Restatement Second of Judgments 18, comment a (1982); Annot., Doctrine of Res Judicata as Applied to Degault Judgments, 77 A. L. R. 2d 1410 (1961). 但是，该判决也可能产生间接再诉禁止效力，参见下文 14. 11.

欺诈或者缺乏审查为由对其进行攻击，甚至在当事人已经约定该判决是实体判决时也是如此。

与庭外和解相反，即使当事人没有约定判决乃针对全部的请求作出，同意判决仍然具有完全的既判效力。[95] 由于当事人可以放弃对分离诉讼请求提出异议的权利，[96] 那么当判决是根据协议作出时，那么视为放弃者作出不包括全部的请求的假设，除非当事人有相反的约定。[97]

14.8 既判事项适用的例外情形

正如已经讨论过的，请求权排除规则的适用，尤其是阻却就先前的诉讼当中被忽略的事项进行争讼，代表了这样一种认定：司法经济性考虑必须优于实现各案正义这一重要目的的实现。然而，在某些情况下，将被削减掉的多余的政策却是既判事项适用的正式规则。因此，出现了一系列囊括所有那些被认为是更重要政策的例外情形。[1] 对这些例外情形进行审查时很重要的一点就是要注意到，尽管一些数量的案件可以基于"公共利益"或者是避免了"非正义"的考虑而允许例外情形的存在，这有些言过其实。[2] 就像将要了解到的那样，既判事项的例外情形更多地产生于特定的场合，在这些场合之中有一种特殊的政策其重要性被认为是超过了司法经济性的重要。

首先，在有些情况下，如果正常适用既判事项原则将会侵害立法及宪法规定的目的的实现；所以，就允许就同一诉讼请求接连提起诉讼。[3] 例如，为了防

---

〔95〕 U. S. v. Southern Ute Tribe or Band of Indians, 402 U. S. 159, 91 S. Ct. 1336, 28 L. Ed. 2d 695 (1971); Lawlor v. National Screen Service Corp., 349 U. S. 322, 75 S. Ct. 865, 99 L. Ed. 1122 (1955); Martino v. McDonald's Sys., Inc., 598 F. 2d 1079 (7th Cir. 1979), cert. denied 444 U. S. 966; Kaspar Wire Works, Inc. v. Leco Engineering & Mach., Inc., 575 F. 2d 530 (5th Cir. 1978); Wallace Clark & Co. v. Acheson Indus., Inc., 532 F. 2d 846 (2d Cir. 1976), cert. denied 425 U. S. 976.

〔96〕 See 14.3 at notes 10–23, above.

〔97〕 See Note, "To Bind or Not to Bind": Bar and Merger Treatment of Consent Decrees in Patent Infringement Litigation, 74 Colum. L. Rev. 1233 (1974); Annot., Res Judicata as Affected by the Fact that Former Judgment Was Entered by Agreement or Consent, 2 A. L. R. 2d 514, 562 (1948).

〔1〕 在某些情况下，可以仅仅基于第一次诉讼的处理没有提供该问题的解决办法而实施请求权的排除。Compare Adams v. Pearson, 411 Ill. 431, 104 N. E. 2d 267 (1952), with Hahl v. Sugo, 169 N. Y. 109, 62 N. E. 135 (1901).

另一个例子参见 Mashpee Tribe v. Watt, 542 F. Supp. 797 (D. Mass. 1982), affirmed 707 F. 2d 23 (1st Cir. 1983), cert. denied 464 U. S. 1020 （美国印第安人的权利对联邦政府来说是如此的特殊，因此既判事项不应该作一项公共政策来加以适用）。

〔2〕 Blankner v. City of Chicago, 504 F. 2d 1037, 1042 (7th Cir. 1974), cert. denied 421 U. S. 948. See 18 C. Wright, A. Miller & E. Cooper, Jurisdiction and Related Matters 4415.

〔3〕 Restatement Second of Judgments 26 (d) (1982). Compare Migra v. Warren City School Dist. Bd. of Educ., 465 U. S. 75, 104 S. Ct. 892, 79 L. Ed. 2d 56 (1984) （既判事项排除根据被遗漏的、《美国注释法典》第1983节规定的请求而提起的违约之诉）with U. S. v. American Heart Research Foundation, Inc., 996 F. 2d 7 (1st Cir. 1993) （根据《虚假陈述法》先是提起了强制令诉讼，而后又提起了不当得利诉讼）。

止出现不公而危害到一种规则性体制而允许重复诉讼。有一个著名案件，被告就在其破产前在一个银行将其拥有的 326 份股份当中的 325 股转让了出去，但在后来没有进行登记。该州银监会成功地提起诉讼要求股东分摊该剩余的一份股份。该州的一个法院接着便作出裁定，制定法上的责任针对的是那些在清算之前实际上没有转让出去的股份。于是该银监会起诉要求分摊另外的 325 股股份。按照通常的情况来看，这一诉讼将由于合并而被排除，但是，该银监会却被允许将其诉讼请求分离，理由是存在一致对待该银行股东的利益，这种利益不应该由于官员的错误而受到威胁。[4] 另一种允许就基础性请求再次诉讼发生在人身保护令（habeas corpus）诉讼的场合，在这种场合下由于权利本身利害攸关，其重要性被认为是超过了终局性要求。[5]

现有的制定法体制当中规定的允许重复起诉其意图同样是允许重复诉讼。譬如，房东通过简易程序起诉要求从其房客那里追回财产，如果制定法上赋予了房客以选择权，要么运用快速程序驱逐房客，要么按照常规诉讼途径的要求提出所有的请求，那么该诉讼将不会排除后来提起的以往租金支付之诉。[6] 一些法院提出了类似的观点，裁定当联邦及州法律适用于同一场合时，[7] 如果联邦法院对根据联邦法律产生的诉因享有事物管辖权，那么以州法律为基础的诉讼将排除在联邦法院提出该联邦请求。以上这些意见反映了这样一种认识，那就是为了实现国会设定的提出让某些诉讼请求，比如反托拉斯事项，由联邦法院进行专有性的听审这一意图。[8] 但是，在其他地方曾经也充分讨论过的是，法院近来更倾向于放弃这种例外情形，这也许反映出一种结论，就是在这种诉讼爆炸的时代，司法经济性和避免重复诉讼应该成为主题。[9]

尽管法律上体现出来的变化通常不能说明对请求权的排除持否决态度，[10]

〔4〕 White v. Adler, 289 N. Y. 34, 43 N. E. 2d 798 (1942). See also Woodbury v. Porter, 158 F. 2d 194 (8th Cir. 1946).

〔5〕 Sanders v. U. S., 373 U. S. 1, 8, 83 S. Ct. 1068, 1073, 10 L. Ed. 2d 148 (1963): "当生命或者自由处于危急时刻以及有人声称宪法权利受到侵犯时，诉讼终局性这一传统观念就没有存在的必要了……那么，对于强制诉讼不适用既判事项原则是该令状目的以及功能的内在要求。"

〔6〕 Tutt v. Doby, 459 F. 2d 1195 (D. C. Cir. 1972). See generally Restatement Second of Judgments 26, comment d (1982). But see Jackson v. U. S. Postal Serv., 799 F. 2d 1018 (5th Cir. 1986).

〔7〕 在一案件当中认为，联邦和州的立法构成了单独的诉因，因为这两者之间存在重大差别，所以不适用既判事项原则。See, e. g., Troxell v. Delaware, Lackawanna & W. R. R. Co., 227 U. S. 434, 33 S. Ct. 274, 57 L. Ed. 586 (1913)（由铁路工人的寡妇提起的州诉讼不排除 FELA 诉讼，允许就雇员的疏忽提出追偿要求）。

〔8〕 See Cream Top Creamery v. Dean Milk Co., 383 F. 2d 358 (6th Cir. 1967).

〔9〕 See 14. 7 at notes 25 - 28, above.

〔10〕 Morris v. Adams - Millis Corp., 758 F. 2d 1352 (10th Cir. 1985); Gowan v. Tully, 45 N. Y. 2d 32, 407 N. Y. S. 2d 650, 652 - 53, 379 N. E. 2d 177, 179 - 80 (1978).

但是刚性适用合并和阻却规则或许也不适当，因为对于某些涉及公共利益的持续性行为，宪法原则的适用也发生了重大改变。因此，当案件涉及有人声称州学校的学费补助制度有种族歧视现象时，针对同一请求的第二次诉讼得到允许，而在该过渡期间联邦最高法院在另一个案件当中已经废除了一个类似制度。[11] 在涉及废止种族歧视案件当中也将得出同样的结论。[12]

B. 间接再诉禁止——争点排除

14.9 构成间接再诉禁止的一般原则

就像既判事项原则所展现出来的那样，[1] 间接再诉禁止原则植根于这样一种观念：判决的终局性必须得到保持，并且司法经济性则要求诉讼不能反复提起。[2] 一个争点在当事人之间经过充分争讼之后，花费额外的时间和金钱来重复这一过程是一种极端的浪费。尤其在法院积案过多、司法制度不再能承受允许人们就已经得到处理的事项反复诉讼这种奢侈——如果它曾经能够承担——的时候，这一点显得格外重要。[3] 因此，争点排除是通过赋予最初法院对特定争点作出的认定以约束力来使纠纷解决得到简化；[4] 后面发生在该当事人之间诉讼，[5] 即使诉讼请求不同，[6] 其范围将限定在第一次提出的这些争点之上。[7]

间接再诉禁止原则在实施的时候没有考虑对某个特定争点作出的第一次认定是否正确。法院也不关心其作出的裁决是否合适。[8] 它关心的仅仅是，先前诉

676

---

〔11〕 Griffin v. State Bd. of Educ., 296 F. Supp. 1178 (E. D. Va. 1969), reopening 239 F. Supp. 560 (E. D. Va. 1965).

〔12〕 Christian v. Jemison, 303 F. 2d 52, 55 (5th Cir. 1962), cert. denied 371 U. S. 920.

〔1〕 See 14. 3, above.

〔2〕 "排除当事人就他们有充分而且公平的机会诉讼的事项进行争讼，这样做保护了他们免受重复诉讼带来的花费和烦扰，节约了司法资源，并且通过最大限度降低出现矛盾判决的可能性而增强了对司法的信赖。" Montana v. U. S., 440 U. S. 147, 153 - 54, 99 S. Ct. 970, 973 - 74, 59 L. Ed. 2d 210 (1979).

〔3〕 事实上，尽管某些例外规定已经被认可为间接再诉禁止的正式适用形式，以符合制定法上要求的对特点争点再次作出决定这一方针，但是从最近的情况来看，似乎是朝着允许适用间接再诉禁止原则方向发展，认定司法经济性的重要性超过了制定法上的要求。关于此问题的讨论参见下文，14. 12.

〔4〕 有人认为，对正在争讼的争点赋予潜在的确定力可以使第一次诉讼更加集中，因此法院的负担实际上不会减轻。Polasky, Collateral Estoppel - Effects of Prior Litigation, 39 Iowa L. Rev. 217, 220 (1954). 而且，有位作者提出，现有的间接再诉禁止规则不清晰，因此增加了律师和法院的诉讼费用。Richardson, Taking Issue Preclusion: Reinventing Collateral Estoppel, 65 Miss. L. J. 41 (1995).

〔5〕 在某些情况下，第一次诉讼当中不具有当事人身份的人也可以运用间接再诉禁止规则。参见下文 14. 14.

〔6〕 同一当事人之间的重复诉讼将由既判事项原则以及间接再诉禁止原则予以排除，参见上文 14. 3.

〔7〕 Scott, Collateral Estoppel by Judgment, 56 Harv. L. Rev. 1, 3 (1942).

〔8〕 有关对争点排除所维护的各种力以及其存在的危险的讨论，参见 18 C. Wright, A. Miller & E. Cooper, Jurisdiction and Related Matters 4416.

讼当中对某一特定争点的认定是否清楚，以及对先前整个诉讼的决定而言该争点是否必要。[9]

由于间接再诉禁止原则将注意力放在避免就争点重复诉讼上，并非排除所有的诉讼请求或者诉因，所以在某些既判事项原则不能适用的场合它也能适用。[10] 涉及对特定争点的认定的中间命令可以具有间接再诉禁止效力，[11] 甚至在由于缺乏终局性而禁止其基于既判事项目的使用它的时候也是如此。[12]

在一个典型案件 Lummus Company v. Commonwealth Oil Refining Company[13] 当中，原告在其第一次诉讼当中得到一个将其合同争议提交仲裁的中间命令，但是纽约的联邦地区法院发出中止仲裁期待审理的命令，而后被第二巡回审判法庭驳回，该法庭认为，第一次诉讼的判决尽管是在诉讼的中间阶段作出的，但从间接再诉禁止的角度来看，对于可仲裁性这一争点仍然是终局判决。弗里德利（Friendly）法官代表多数写判决意见说道："'终局性'在这种场合下仅仅意味着，针对该争点的诉讼已经到达了如此阶段：法院找不到任何允许其再次进行诉讼的真正好的理由。"[14]

与此相似，如果某项决定构成了作出实体判决的不可克服的障碍，而预备禁制令又是根据此决定作出的，那么该预防性禁制令就产生间接再诉禁止的效力。Miller Brewing Company v. Jos. Schlitz Brewing Company 一案反映了这种情况。[15] 在针对预防性禁制令提起的第一次诉讼当中，法院认为作为一个法律事项，商标名称"Lite"不享有商标保护。这一决定在第二次诉讼当中被认为是终局性、确定性的。另一方面，法院的裁定从其本质来看是暂时性的，从间接再诉禁止角度来讲不产生排除效力。因此，根据州法律，针对以非自愿为由提出的禁止自白的动议作出的裁定仅仅是临时性的，因为在刑事审判当中，自愿性这一争点最重要留给陪审团决定，此时，该裁决在声称受到警察官员不当对待的赔偿诉讼当中被认为对民事陪审团不产生约束力。[16] 那么，一项命令从间接再诉禁止的角度来讲是否终局取决于诸如"判决的本质（即它不公然是暂时性的）、听审的充分程

677

---

〔9〕 间接再诉禁止的条件将在下文 14. 11 当中讨论。

〔10〕 间接再诉禁止原则和既判事项原则可谓是相得益彰；基于既判事项原则对某个请求进行确定的判决常常受到争点排除规则范围的影响。Restatement Second of Judgments, Introductory Note 249 (1982).

〔11〕 Restatement Second of Judgments 13, comment g (1982). 有关在分别审理（bifurcated trial）场合是否有可能适用间接再诉禁止原则的讨论参见 Note, Res Judicata, and the Bifurcated Trial, 16 U. C. L. A. Rev. 203 (1968).

〔12〕 See 14. 7 at notes 39–60, above.

〔13〕 297 F. 2d 80 (2d Cir. 1961), cert. denied 368 U. S. 986.

〔14〕 297 F. 2d at 89.

〔15〕 605 F. 2d 990 (7ᵗʰ Cir. 1979), cert. denied 444 U. S. 1102.

〔16〕 Spencer v. Town of Westerly, 430 F. Supp. 636 (D. R. I. 1977).

度以及获得复审的机会"这样一些因素。[17] 只要判决确定下来，从争点排除的角度来看它就是终局性的。

当管辖权方面的限制阻止既判事项原则的适用时，有着有限管辖权的法院作出的判决同样可以产生间接再诉禁止的效力。[18] 例如，法院运用其权力拿走了属于被告的财产从而获得了对该被告的扣押管辖权，[19] 而被告采取了有限出庭[20]的办法来对其财产实施防卫。在第一次诉讼当中有必要作出决定的争点对于后来的寻求更进一步的救济的诉讼而言，具有排除效力。[21] 判决本身并不产生阻却或者合并效力。有人认为，就因其与有限出庭这一观念不相符合并可能不公正而允许这样的一份判决具有间接再诉禁止的效力是不恰当的。[22] 但是，只要被告在第一次诉讼当中就该争点充分进行了诉讼，[23] 司法经济原则要求对这些争点作出的决定具有完全的约束力。[24]

间接再诉禁止的效力同样可以赋予那些由有限事物管辖权的法院作出判决，在大多数情况下其中的争点甚至超出了该法院管辖权的范围。[25] 在这些案件中是否应该坚持争点的排除规则取决于下面一些因素。[26] 首先，法院必须考虑作出的决定是否会与隐含在事物管辖权限制后面的政策相冲突，该政策就是，让那些在第依次诉讼当中决定的争点问题在后来更具一般管辖权的法院产生确定

678

---

〔17〕 Lummus Co. v. Commonwealth Oil Refining Co. , 297 F. 2d 80, 89 (2d Cir. 1961), cert. denied 368 U. S. 986.

〔18〕 See 14. 7 at notes 32 – 38, above.

〔19〕 有关对扣押管辖权的讨论参见上文 3. 14 – 3. 16。

〔20〕 See 3. 27, above.

〔21〕 Restatement Second of Judgments 32 (3) (1982). See also Harnischfeger Sales Corp. v. Sternberg Dredging Co. , 189 Miss. 73, 191 So. 94 (1939); 189 Miss. 73, 195 So. 322 (1940).

〔22〕 关于支持或反对有限出庭的争点排除效力的争论参见 18 C. Wright, A. Miller & E. Cooper, Jurisdiction and Related Matters 4431.

〔23〕 如果被告出庭诉讼是扣押管辖权的一个前提条件，那么允许适用间接再诉禁止原则就违背了正当程序原则。Minichiello v. Rosenberg, 410 F. 2d 106, 112 (2d Cir. 1968), cert. denied 396 U. S. 844. 然而，这种获取管辖权的手段不再具有可利用性。Rush v. Savchuk, 444 U. S. 320, 100 S. Ct. 571, 62 L. Ed. 2d 516 (1980).

〔24〕 Restatement Second of Judgments 32, comment d (1982).

〔25〕 该争点出现的情形是，法院附带地对一个对其没有管辖权直接进行裁决的事项作出了决定。因此，在州法院进行的违约诉讼当中，被告可以该合同违反了反托拉斯法而不具有合法性为由进行防御。即使该反托拉斯争点属于联邦法院的专属管辖范围，法院也可以对该联邦法上的防御作出裁决以使这一争点问题得到解决。

〔26〕 See generally 18 C. Wright, A. Miller & E. Cooper, Jurisdiction and Related Matters 4428.

力。[27] 其次，法院必须考虑最初法院的有限权力是否能够说明为什么依赖其作出的决定并非明智之举。[28] 对最后一个问题上，各个法院的评价不相一致，并且可以发现，在类似的场合当中，法院作出的决定当中既有支持争点排除的情形，又有拒绝争点排除这种情形。[29] 这些做法上的差异说明这样一个事实那就是，是否允许间接再诉禁止依赖于各种不同的因素，[30] 这些因素涉及诉讼的本质以及立法上对法院解决某些争议的权限进行限制的正当性基础。[31]

最后，提出间接再诉禁止这一防御措施的程序与既判事项相同。间接再诉禁止是一种积极的防御措施，[32] 必须明确提出诉答状，否则就说明予以放弃。[33] 它可以在答辩书当中提出，但更常见的是包含在申请简易判决或部分简易判决的动议当中提出。[34] 关键是该种防御必须在诉讼的早期提出，因此，如果它得到支持，那么争点就得以从纠纷当中剔除出去，从而司法的经济性也就得到实现。

间接再诉禁止的实施对当事人和法院都有好处，因为它避免了不必要的重复诉讼，尽管如此，法院一般不主动实施该措施。[35] 除非有一方当事人提及，多数情况下法官对先前的诉讼一无所知，故而这种限制也许无关紧要。但是，在法

679

---

〔27〕 尽管多数法院赞同当第二次诉讼的法院享有专属性的事物管辖权时不应该适用既判事项原则，参见上文 14.7 当中的注释 14 - 17，但是，发生重叠的争点是否应该产生间接再诉禁止的效力则并不太清楚，它有赖于特定的事实以及相关政策。See, for example, Brown v. Felsen, 442 U. S. 127, 99 S. Ct. 2205, 60 L. Ed. 2d 767 (1979)，该案认为先前的州法院就托收诉讼作出的判决在后来的破产诉讼当中不产生既判效力。但该法院特别注明可以适用间接再诉禁止原则。442 U. S. at 139 n. 10, 99 S. Ct. at 2213 n. 10. in 14. 12, below.

〔28〕 维斯塔尔（Vestal）教授认为，"有着非常有限的管辖权的下级法院不能排除对一个争点的进一步诉讼。"但是，"管辖权有限的法院，比如诉讼额限于 10 000 美元或更少数额的法院，应该……"Vestal, Precusion/Res Judicata Variables: Adjudicating Bodies, 54 Geo. L. J. 857, 868 (1966).

〔29〕 See Brownell v. Union & New Haven Trust Co. , 143 Conn. 662, 124 A. 2d 901 (1956)（拒绝）; Niles v. Niles, 35 Del. Ch. 106, 111 A. 2d 697 (1955)（支持）。

〔30〕 Compare Vella v. Hudgins, 20 Cal. 3d 251, 142 Cal. Rptr. 414, 572 P. 2d 28 (1977), with Wood v. Herson, 39 Cal. App. 3d 737, 114 Cal. Rptr. 365 (1974).

〔31〕 《二次判决重述》表明了这样一个立场："只要慎重考虑了两个法院之间资质比较和适用的程序的广泛程度、处理该特定争点的资格比较以及在这两个法院之间分配管辖权的立法目的，那么在任何一个案件当中都应当倾向于产生排除效力。"Restatement Second of Judgments 323 (3), Reporter's Note 287 (1982). See 14. 15, below.

〔32〕 Fed. Civ. Proc. Rule 8 (c); Barker v. Norman, 651 F. 2d 1107, 1130 (5th Cir. 1981); Dellums v. Powell, 566 F. 2d 167, 177 n. 13 (D. C. Cir. 1977), cert. denied 438 U. S. 916; LaSalle Nat. Bank v. County of DuPage, 77 Ill. App. 3d 562, 32 Ill. Dec. 935, 938 n. 1, 396 N. E. 2d 48, 51 n. 1 (1979).

〔33〕 然而，多数司法制度当中规定的自由修改诉答文书是在第一次诉答阶段之外的阶段使用。关于修改诉答文书参见上文 5. 26。

〔34〕 简易判决更常见，因为它允许展示先前判决的证据，而这对于说明符合间接再诉禁止的条件通常是很必要的。See Crutsinger v. Hess, 408 F. Supp. 548 (D. Kan. 1976). See generally 10 B C. Wright, A. Miller & M. Kane, Civil 3d 2735.

〔35〕 "……当事人可以自动放弃间接再诉禁止原则的适用这一事实表明，司法行政管理至多也只是具有辅助价值；……"Technograph Printed Circuits Ltd. v. U. S. , 372 F. 2d 969, 977 (Ct. Cl. 1967).

院对先前判决有所警惕的少数案件当中，承担起就该防御事项告知当事人的责任似乎有些不符合常规。因此，在对司法经济性的要求占据上风的时代，一些法院在他们自己的动议当中主动提出争点排除也就不奇怪了。[36]

14. 10 间接再诉禁止的范围——确定一个争点

正如既判事项原则要求排除那些与一个已经经过诉讼的诉因相同的诉因一样，间接再诉禁止也要求争点的同一性。[1] 相应的，基于间接再诉禁止的考虑，确定一个单一的争点的范围类似于基于既判事项的考虑而决定一个诉因的范围。[2] 然而，与"诉因"不同，"争点"这一术语并没有被包上一层历史联系的外衣。两个诉讼的争点是否相同直接依赖于诸如事实的一致性、法定标准以及每一诉讼当中当事人承担的证明责任这样一些因素。[3]

对争点相同性的解释非常严格。正如联邦最高法院在 Commissioner of Internal Revenue v. Sunnen 一案[4]当中注解的那样，该原则"必须限于第二次起诉当中提出的事项在各个方面与第一次诉讼当中决定的事项相一致，而且其中的支配性事实（controlling facts）和可适用的法律规则没有发生改变。"[5] 由此，该法院清楚地表达出一种间接再诉禁止适用的狭窄标准："如果两个案件当中的相关事实是彼此分离的，即便它们具有类似性或者一致性，那么在第二个案件当中重新出现的法律争点可不受间接再诉禁止原则的约束。"[6]

将这一标准用于确定森南（Sunnen）案的事实导致间接再诉禁止效力被否决。1928 年森南将其权利、资格以及专利权的收益按对价转让了给他的妻子。1935 年在税务上诉委员会（the Board of Tax Appeals）* 提起的诉讼当中，已经得到认定的是根据合同支付给该妻子的转让费并不是森南应缴税收入的一部分。森南于是在一份其所有的重要事项与 1928 年合同相似的文书当中将其他的专利转让给其妻子。当依据后来的合同就收入的可缴税问题提起了诉讼时，法院认为先前由税务委员会作出的判决并不影响后面的诉讼。"基于所得税的考虑，针对

---

〔36〕 E. g., LaRocca v. Gold, 662 F. 2d 144 (2d Cir. 1981); Jones v. Beasley, 476 F. Supp. 116, 117 (M. D. Ga. 1979); Sherwood v. Brown, 209 Neb. 68, 306 N. W. 2d 171 (1981).

〔1〕 See 18 C. Wright, A. Miller & E. Cooper, Jurisdiction and Related Matters 4417.

〔2〕 See 14. 4 - 14. 5, above.

〔3〕 虽然辨认争点本身不构成一个问题，但是在判断何种争点在第一次诉讼当中实际有必要予以决定还是遇到了重大困难。参见下文 14. 11。何况，法院对运用间接再诉禁止是否适当作出的认定，常常将在第一次诉讼当中当事人是否能够预见到被争讼的特定争点将在后面的诉讼当中变得至关重要，与对争点的正确范围禁止作出决定这两个问题相互缠绕在一起。See Restatement Second of Judgments 27, comment c (1982). 基于本文的目的，这些问题单独讨论。

〔4〕 333 U. S. 591, 68 S. Ct. 715, 92 L. Ed. 898 (1948).

〔5〕 333 U. S. at 599 - 600, 68 S. Ct. at 720.

〔6〕 333 U. S. at 601, 68 S. Ct. at 721.

* （现已改为 U S Tax Court "美国税务法院"——译者注）

一个合同决定的事项对于任何其他没有处于争论状态合同不具有确定力，但是对于类似或相同的合同则可以。"[7]

两种事件非常类似的情形先后发生，但每一种情形都引发了一个单独的诉讼，此时间接再诉禁止原则的适用受到阻止，原因是每一种情形的基础事实不尽相同。例如，一个案件中原告请求的是，从 1951 年到 1953 年饲养牛的销售收入因为作为资本获利来征税，而不能作为一般收入对待。税务法院拒绝了该请求。在后面的诉讼当中，原告主张将 1957 年至 1960 年饲养牛的销售所得作为资本获利来看待。此时第一次诉讼的判决丝毫不产生间接再诉禁止的效力，原因是该判决涉及的是不同的牛。[8] 在第一次诉讼当中决定的争点并非是原告出售牛的程序，而是在那个时候出售牛的程序。一脉相承的是，判定一个由宗教团体支持的农场一年内不符合州免税资格的判决对下一年不具有排除效力。[9] 法院注解道："争点不相同。每一年的争点是什么要看那一年发生了什么事情。"[10]

对重要争点的类似性进行评估其目的是决定是否间接再诉禁止原则应该排除就一个随案件事实的变化而变化的特定争点再次进行诉讼。[11] 法院将在情势变化的重要性与重复诉讼造成的负担之间进行平衡。前后诉讼体现出来的差异必须是意义重大的；而其间经历的时间本身并不总是很重要。正如威格莫尔（Wigmore）教授所解释的那样，"半个小时之前肥皂泡沫尚存根本不能推导出它现在还存在；而珠穆朗玛峰 10 年前尚在则有力地证明它仍然还存在。"[12] 故而，认定存在一种持久状态的判决提供了一个假定那就是该状态将持续存在，并且可以适用间接再诉禁止原则。这种假定使最初的证明责任发生了转换，即证明情势发生变化导致争点不相同的责任转换到了对方当事人身上。[13]

由此说明，如果一个诉讼当中以合同签订时被告缺乏行为能力而判决撤消合同，那么，原告如果请求执行与被告在接下来的一天签订的另外一份合同，就有义务证明该被告又奇迹般地恢复了正常。否则，在被告缺乏合同能力这一争点上

---

〔7〕　333 U. S. at 602, 68 S. Ct. at 721.

〔8〕　Moore v. U. S. , 246 F. Supp. 19（N. D. Miss. 1965）.

〔9〕　People ex rel. Watchtower Bible & Tract Soc. , Inc. v. Haring, 286 App. Div. 676, 146 N. Y. S. 2d 151（1955）.

〔10〕　146 N. Y. S. 2d at 156.

〔11〕　法律上的争点适用的标准则经常是更为严格而且范围也更为狭窄，参见下文注释 37 - 52。See Pelham Hall Co. v. Hassett, 147 F. 2d 63, 67（ist Cir. 1945）（"为了将给纳税人重新带来的困难和税收上的不公降到最低，按照所有连续的纳税年度的征税要求，纳税人或者政府都不应该被排除提出相关的法律问题，除非在先前的诉讼当中该争点毫无疑问地被争讼以及被决定过。"）. 对该观点的批评参见 Restatement Second of Judgments 27, Reporter's Note 265（1982）.

〔12〕　2 Wigmore on Evidence 437, at 513（Chadbourne Rev. 1979）.

〔13〕　Napper v. Anderson, Henley, Shields, Bradford & Pritchard, 500 F. 2d 634, 637（5ᵗʰ Cir. 1974）, cert. denied 423 U. S. 837.

将适用间接再诉禁止原则。其他的提出类似的争点相一致假定的判决还包含对永久残疾的裁决、[14] 邻居的特征[15]以及处于政府租金控制下的房客租约。[16]

间接再诉禁止同样还取决于对争点的构造方式和表述方式。[17] 因此，在一个案件中，因开挖排水沟时的疏忽导致原告的土地定期发生洪水。原告首先起诉请求赔偿并胜诉了。当另外又发生洪水而导致进一步的损失时，原告又第二次提起诉讼，[18] 该镇则试图援引市政豁免（municipal immunity）原则进行防御。法院认为该镇由于先前诉讼的存在而禁止作出相反陈述。虽然第二次诉讼针对的是不同的洪灾，但是它由同一个挖沟行为引起。"在所有的这种诉讼当中，每一个构成该镇责任基础的实质性元素是相同的。"[19] 该争点被定义为"对于这次挖沟造成的洪水该镇是否负有责任"；而不是"对于这次洪水造成的损失该镇是否负有责任。"

第一次和第二次诉讼的证明责任之间的差异导致了间接再诉禁止原则受到否决，其理由是这两次诉讼的争点表面上相同。[20] 如果间接再诉禁止规则所对抗的一方当事人声称其在第二次诉讼当中繁重的证明责任有所减轻，那么出现不同的结果是可能的，并且该争点不应看成具有相同性。[21] 这种情况发生的最好的例子是共同的争点在民事和刑事诉讼当中均被提出来。[22] 一般而言，在刑事诉讼中得到明确认定的、对抗被告的争点在后面的民事诉讼当中有可能作为间接再

682

---

〔14〕 Anderson v. U. S., 126 F. 2d 169 (3d Cir. 1942). Compare Rose v. U. S., 513 F. 2d 1251, 1257 n. 5 (8th Cir. 1975) ("一位被指控者的能力问题不能作为一种不便的历史事实提出来，因为被追诉者的精神状况在几个月内可能发生剧变")。

〔15〕 St. Lo Constr. Co. v. Koenigsberger, 174 F. 2d 25 (D. C. Cir. 1949), cert. denied 338 U. S. 821.

〔16〕 Application of Fifth Madison Corp. , 3 A. D. 2d 430, 161 N. Y. S. 2d 326 (1957), affirmed 4 N. Y. 2d 932, 175 N. Y. S. 2d 173, 151 N. E. 2d 357 (1958).

〔17〕 在诉讼中基于某个目的决定的事实性争点在目的发生变化时有可能不相同。E. g., Local 32B - 32J Service Employees Int'l Union, AFL - CIO v. NLRB, 982 F. 2d 845 (2d Cir. 1993) (认为新雇主是劳动合同上的义务的承受者而必须接受仲裁，这一点对其是否是其他的法律义务的承受者这个问题不产生排除效力)；First Charter Land Corp. v. Fitzgerald, 643 F. 2d 1011 (4th Cir. 1981) (判决认为，基于长臂管辖权原则，某个特定的人不是被告的代理人这一点不能排除在同一交易事件当中基于其他考虑将其视为代理人)。

〔18〕 当一个单一的疏忽引起不断重复的损害时，原告可以就每一次的过失接连起诉，因为每一次过失被认为是一个单独的诉因。参见上文 14. 5 中的注释21。

〔19〕 Wishnewsky v. Town of Saugus, 325 Mass. 191, 89 N. E. 2d 783, 786 (1950).

〔20〕 See, e. g., In re C. M. H., 413 So. 2d 418, 8 Family L. Rep. 1110 (Fla. App. 1982)；Gelardi v. Gelardi, 205 Misc. 348, 127 N. Y. S. 2d 802 (1953).

〔21〕 当某个争点对于防御和请求而言很常见时，或者当相同的行为引起民事和刑事这两种诉讼时，这种情况就有可能发生。Restatement Second of Judgments 28 (4) (1982).

〔22〕 Restatement Second of Judgments 85 (1982)；Vestal & Coughenour, Preclusion - Res Judicata Variables, Criminal Prosecutions, 19 Vand. L. Rev. 683 (1966).

诉禁止提出来，[23] 但是在第一次诉讼中决定的争点不排除在后面的刑事诉讼当中再行争讼。[24] 之所以会出现这种差别，原因是刑事案件中的证明标准——排除合理怀疑——高于民事案件中的证明标准——优势证据。因此，刑事案件中作出的被告超速鲁莽驾车裁决，将排除被告在后面的诉讼当中对损害乃其鲁莽驾车引起这一事实所作的否认性陈述。而民事案件中依据比较优势证据作出的鲁莽驾车裁决，却不能保证根据排除合理怀疑标准被告在刑事上的鲁莽驾车也能成立。这两种不同的结局暗示着该争点必须进行诉讼。与此类似，如果被告首先在刑事诉讼中被宣告无罪，那么在后面的民事诉讼中间接再诉禁止原则不能适用，理由是如果根据排除合理怀疑原则起诉人没能证明某个行为成立的话，也不能说明证明标准较低的行为也不成立。[25]

683

除了将间接再诉禁止限制在某些特定争点范围之内，在考虑某个得到决定的争点在后面的诉讼当中是否具有排除效力时，法院有时还将"最终"事实与"中间"事实加以区分。[26] 对这种区分最有影响的解释可见之于勒尼德·汉德（Learned Hand）法官在 The Evergreens v. Nunan 一案当中发表的观点。[27] 可以将诉讼设想成一个类似于金字塔那样的逻辑结构。在其基础部分是可以引出证据的事实。根据这些事实可以得出结论，而该结论与其他的推导或证据相结合，又最终导向"最终的事实"，由此使法律权利、义务或者身份得到确立。最终事实处于该结构的顶部；而所有支撑着最终事实的是"中间数据（mediate data）"。埃弗格林（The Evergreens）案认为只有第二次诉讼中那些构成最终事实的事项才能有间接再诉禁止原则加以排除。

埃弗格林案中出现的争论后来集中在那些被纽约市占用的公墓用地可征税的价值上。这些用地有两种，改良的和没有改良的。早先的诉讼已经对没有改良的

〔23〕 Roshak v. Leathers, 277 Or. 207, 560 P. 2d 275 (1977); Levy v. Association of the Bar of the City of New York, 37 N. Y. 2d 279, 372 N. Y. S. 2d 41, 333 N. E. 2d 350 (1975); Teitellbaum Furs, Inc. v. Dominion Ins. Co., 58 Cal. 2d 601, 25 Cal. Rptr. 559, 375 P. 2d 439 (1962), cert. denied 372 U. S. 966; 18 C. Wright, A. Miller & E. Cooper, Jurisdiction and Related Matters 4474.

〔24〕 U. S. v. Casale Car Leasing, Inc., 385 F. 2d 707 (2d Cir. 1967). See also West Virginia v. Miller, 194 W. Va. 3, 459 S. E. 2d 114 (1995).

在某些案件中，当政府先是提起民事诉讼而后又提起刑事诉讼时，证明责任相同，如果所有的条件都符合时，就可主张间接再诉禁止。See Yates v. U. S., 354 U. S. 298, 335, 77 S. Ct. 1064, 1085, 1 L. Ed. 2d 1356 (1957).

〔25〕 U. S. v. One Assortment of 89 Firearms, 465 U. S. 354, 104 S. Ct. 1099, 79 L. Ed. 2d 361 (1984); One Lot Emerald Cut Stones v. U. S., 409 U. S. 232, 93 S. Ct. 489, 34 L. Ed. 2d 438 (1972); Younge v. State Bd. of Registration for Healing Arts, 451 S. W. 2d 346 (Mo. 1969), cert. denied 397 U. S. 922.

〔26〕 E. g., Yates v. U. S., 354 U. S. 298, 338, 77 S. Ct. 1064, 1087, 1 L. Ed. 2d 1356 (1957); Abeles v. Wurdack, 285 S. W. 2d 544 (Mo. 1955).

〔27〕 141 F. 2d 927 (2d Cir. 1944), cert. denied 323 U. S. 720.

公墓用地的价值作出了认定，并且这一认定在后面的诉讼当中并没有引起争议。同时该早先的诉讼又对将未改良土地转化成改良土地需要花费多大的成本进行了认定。原告认为，这两个裁决放在一起应该能够对没有改良的土地的价值作出决定：没有进行争讼的、得到改良的土地的价值减去改良的费用应该就是没有改良的土地的价值。

第二巡回法庭拒绝采纳上述意见，而是依赖于对最终事实和中间事实的区分。汉德法官先是评注说，在第一次诉讼中判决所确定的是否是中间事实或仅仅是最终事实，权威部门的看法不一样。[28] 然而，呈现出来的问题是，第一次诉讼的判决，不管是中间性的或是最终性的，能够在第二次讼当中使某项中间事实得到确立。对于这一问题权威部门却保持其沉默；汉德法官则认为间接再诉禁止可以适用。

684

这种认定反映出的观念是，即将得出的结论如果需要适用不容否认原则，那么就可能是无意识的、不公平的。从某个给定的事实推导出来结论具有不可预期性。在第二次诉讼当中严格限制间接再诉禁止地适用其目的是确保第一次诉讼的判决作出之后，由其确定的争点明白无误。

要想预见一下将来可能获得怎样的法律相关事实几乎是不可能的。如果法律能够重新制定，那么还有可能探究一下对将来的争议进行这样的确定……是否不太恰当，而这些争议在第一次诉讼之时就已经有了一个合理的预期。当然，这就是说，不是现有的法律……[29]

自埃弗格林案判决之后"现行法律"就发生了改变。如今许多管辖区接受了判决意见中体现出来的政策，但不一定是在技术层面上将中间事实从最终事实当中分离出来。《一次判决重述》对这两种事实进行了区分，[30] 但是《二次判决重述》却取消了这种区分。[31] 拘泥于中间/最终事实作形式上的区分操作起来比较困难，并且无益于实践，因为一些事实是中间性的还是最终的并不是很清楚。[32] 如何来适用这些标签取决于汉德法官所提议的政策上的考虑——在第一次诉讼时适用间接再诉禁止的场合是否具有可预见性，[33] 以及对于第一次诉讼

---

〔28〕 在第一次诉讼当中，中间事实是否应该产生间接再诉禁止的效力牵涉到这样一些考虑，即中间事实对于第一次判决是否必要，当事人是否可能对这些事实进行了充分的诉讼。参见下文 14.11.

〔29〕 141 F. 2d at 929.

〔30〕 Restatement First of Judgments 68, comment p (1948).

〔31〕 Restatement Second of Judgments 27, comment j (1982).

〔32〕 See Heckman, Collateral Estoppel as the Answer to Multiple Litigation Problems in Federal Tax Laws: Another View of Sunnen and The Evergreens, 19 Case W. Res. L. Rev. 230 (1968); Rosenberg, Collateral Estoppel in New York, 44 St. John's L. Rev. 165, 182 (1969).

〔33〕 See Laughlin v. U. S., 344 F. 2d 187, 191 (D. C. Cir. 1965); Hyman v. Regenstein, 258 F. 2d 502, 510 – 11 (5th Cir. 1958), cert. denied 359 U. S. 913.

的判决而言该争点是否必要。[34] 因此，《二次判决重述》放弃了在术语上对中间事实或最终事实的纠缠，直接显示出可预见性。[35] 如果"在最初诉讼之时无法充分预见到该争点将在下次诉讼当中提出"的话，那么相同的争点也不能产生排除效力。[36]

　　最后应该提示的是，间接再诉禁止仅仅适用于事实争点而非法律争点，这一点有时得到广泛论述。[37] 这种限制依赖于争点本质上具有一般性这一前提，[38] 而间接再诉禁止的范围则严格限于非常特定的裁决。尽管作这种简单的一般化规定有助于记忆，但是，有必要对它进行限制。首先，法律和事实争点不容易识别。要在事实争点和法律争点之间划一条分界线很困难，因为法院并不会将事实或者法律争点孤立起来考虑而是会将其中的一个适用于另外一个。而且，在某些有限的场合，间接再诉禁止可以将明确的法律争点加以排除。因此在界定间接再诉禁止的范围时，法律争点需要予以不同处理这一前提就造成了许多棘手的问题。[39]

　　允许间接再诉禁止原则任意地适用于法律争点将产生的危险是，如果法律已经发生改变而据以提出不容否认的判决是根据以前的法律作出的，此时适用该原则可能会在诉讼参加者之间造成不平等现象。[40] 不管作为先前诉讼主题的争点何时会在特定当事人之间重新出现，该被抛弃的法律原则将对其适用。比如，如果某个纳税人获得了一个判决认定某些交易能够免税，那么，假如该交易将在下一个纳税年度重复进行，间接再诉禁止原则就能够排除国内税务署就同一法律争点对同一纳税人提起诉讼。允许间接再诉禁止原则能够通过那种途径得到适用，如果按照后来的法律再解释，其他的纳税人进行类似的交易须纳税的话，这就相当于给了该纳税人一个不公平的有利条件。联邦最高法院在 Commissioner v. Sunnen 一案中对发生这种情形的可能性进行了讨论。

685

----

〔34〕　有关排除的事项是"有必要进行争讼的"这一条件的讨论参见下文 14. 11.

〔35〕　更深入的讨论参见 18 C. Wright, A. Miller & E. Cooper, Jurisdiction and Related Matters 4424.

〔36〕　Restatement Second of Judgments 28 (5) (b) (1982). See also Synanon Church v. U. S., 820 F. 2d 421 (D. C. Cir. 1987).

〔37〕　联邦最高法院已经就在宪法性判决当中不赋予那些纯粹的法律争点以排除效力的重要性进行了说明。"基于宪法性争点当中包含的持续性利益对当事人鲁莽地适用间接再诉禁止原则，可能会使法律领域当中的原则难以发挥作用，在这些领域，伴随行为模式的以及社会风俗习惯的改变而改变这一做法是受到批评的。"Montana v. U. S., 440 U. S. 147, 163, 99 S. Ct. 970, 978, 59 L. Ed. 2d 210 (1979).

〔38〕　依靠遵循先例原则为纯粹的法律争点规定了某些确定情形。参见上文 14. 1.

〔39〕　See generally 18 C. Wright, A. Miller & E. Cooper, Jurisdiction and Related Matters 4425; Buckly, Issue Preclusion & Issues of Law: A Doctrinal Framework Based on Rules of Recognition, Jurisdiction & Legal History, 24 Hous. L. Rev. 875 (1987); Hazard, Preclusion as to Issues of Law: The Legal System's Interest, 70 Iowa L. Rev. 81 (1984).

〔40〕　Scott, Collateral Estoppel by Judgment, 56 Harv. L. Rev. 1, 7 (1942).

　　然而，对于这样的结局，间接再诉禁止原则既不能说明其必要性也不能说明其正当性。该原则的目的在于阻止那些已经得到决定的、以及那些仍然保持着实质上的静态性（static）、真实性（factually）以及法律性（legally）的事项进行重复诉讼。这并不意味着将那些随着时间的推移已经荒废或有错误的既定权利又在判决当中创设出来，由此在纳税人之间造成不平等。[41]

686

　　能够说明间接再诉禁止对法律争点不具有可适用性的一个典型案件是 United States v. Moser。[42]莫泽（Moser）是美国海军部队的一名上校。他在 1904 年退役之时，根据州法律规定，在国内战争中服役的长官应该按照下一个军衔的最高等级获得退休金，因此他起诉请求增加退休金并拿到了已经提高的退休金。战争期间莫泽已经是海军院校的一名学生。接着，又有另外一份判决援引在先前莫泽提起的诉讼中被遗漏掉的法律，认定在海军院校服役不具备享有退休金待遇的资格。尽管有这份判决，但是莫泽凭借最初的判决还是在后面三次要求追偿被海军收回的额外退休金的诉讼当中获胜。第三次诉讼被上诉到了联邦最高法院。美国政府抗辩说对于第一次诉讼当中错误认定的法律争点的再次诉讼不应该受到排除。最高法院虽然对间接再诉禁止原则不应适用于纯法律争点这一观点表示赞同，但它认为本案涉及的是"一个在最初的诉讼当中得到清楚认定的事实、问题或权利"，它"在接下来的诉讼当中不能再进行争讼，即便先前的判决是根据一种错误的看法或者错误的法律适用作出的。"[43] 因此，间接再诉禁止可能排除的是"事实和法律相混合的争点。"所以，下面问题就变成确定法律/事实相混合的争点如何构成。

　　《一次判决重述》认为对一项法律争点所作的认定对于后来的诉讼不发生确定力，除非这两个诉讼关系关系到同一标的或者交易，因此，它寻求到的结果与莫泽案相同。[44] 该主意是要将间接再诉禁止限定于对特殊事件所作的特殊裁决之上。如果不相关的两个诉讼中同一当事人之间产生相同的法律争点，那么不产生不容否认的问题。假如原本在两个单独的场合——不同的日期和地点——驾驶的两个摩托车手极其偶然地相互撞到了一起，那么在一次诉讼当中得到认定的诸如疏忽的标准这样的法律争点将不会在另一个诉讼当中产生间接再诉禁止的效力。任何一方当事人如果在马路上与其他车手相撞，都可自由地就所有的争点进行诉讼；而与先前曾经相撞过的人再次发生事故这种离奇的不幸假如被一方当事人遭遇到的话，那么将不会禁止其提供反言。

---

　　〔41〕　333 U. S. 591, 599, 68 S. Ct. 715, 720, 92 L. Ed. 898（1948）.
　　〔42〕　266 U. S. 236, 45 S. Ct. 66, 69 L Ed. 262（1924）.
　　〔43〕　266 U. S. at 242, 45 S. Ct. at 67.
　　〔44〕　Restatement First of Judgments 70（1942）.

　　某些诉讼者经常会处于这样的境地：双方就同一个法律争点重复多次地进行交锋。这方面最有名的例子是发生于国内税务署和纳税人之间的案件。[45] 持续地连跨几个纳税年度从事同一类型的商业活动的纳税人可能会就同一法律争点面对该署。在一年中得到决定的某个法律争点，在下个年度的交易当中不产生间接再诉禁止效力，如此一来，更具浪费性和重复性的诉讼就会接连出现。

　　正因为认识到这一点，《二次判决重述》规定，法律争点将产生排除效力，除非两个诉讼当中提出的请求"实质不相关"或者"对该争点重新作出决定确实是出于对在可适用的法定场合发生的变化进行干预的需要或者是为了避免这些法律实施上的不平等。"[46] 该条款意味着试图掩盖在森南案中出现的情况。[47] 如前所述，[48] 纳税人通过几个合同将其从各种不同的专利权当中获得的收益转让给其妻子。与早先合同的可征税性相关的先前判决不能为后面的类似合同作为间接再诉禁止的依据来援引。但是，这就产生了有些不一样的问题，因为根据单一的合同要进行连续的给付。1935 年有份判决认为，在 1928 年~1934 年税务年度中根据特定的合同森南支付的转让费不必缴税。那么根据间接再诉禁止原则，是否应该对后来根据同一合同支付的转让费免征税呢？

　　上述情形与莫泽的退休金非常近似。审理莫泽案的法院认为先前的判决处理的是一个事实和法律相混合的争点，所以应该适用间接再诉禁止原则。而审理森南案的法院认为应该否决间接再诉禁止的效力，并特别评注说，从早先的案件开始，一些重要的诉讼已经就转让财产的可征税问题作出了决定。假如最初的案件是在这些案件之后出现，那么有可能处理的结果不一样。"法律风气"的改变使得有必要对这些事实进行重新审理。[49] 否则，法院推论说，一些纳税人——即那些在法律原则发生改变之前获得判决的人——将得到好处；而其他的人相应地则受到损害。

　　与此相似，在 Young's Christian Association of St. Louis v. Sestric 案中，[50] 前

687

----

〔45〕　在税收领域对间接再诉禁止原则的一个较早的但是仍有价值的讨论参见 Griswold, Res Judicata in Federal Tax Cases, 46 Yale L. J. 1320 (1937)；Sellin, The Sunnen Case – A Logical Terminus to the "Issue" of Res Judicata in Tax Cases, 4 Tax L. Rev. 363 (1949).

〔46〕　Restatement Second of Judgments 28 (2) (1982). See Burlington N. R. R. Co. v. Hyundai Merchant Marine Co. , 63 F. 3d 1227 (3d Cir. 1995).

〔47〕　Commissioner v. Sunnen, 333 U. S. 591, 68 S. Ct. 715, 92 L. Ed. 898 (1948).

〔48〕　See text at notes 4 – 7, above.

〔49〕　在某些情况下法律的改变将清晰可见，就像据以作出第一次判决的法律被修改或者一项新的法律生效一样。See, e. g. , Grosz v. City of Miami Beach, Florida, 82 F. 3d 1005 (11th Cir. 1996)；Continental Oil Co. v. Jones, 176 F. 2d 519 (10th Cir. 1949). 在其他案件当中，比如森南案，法律的改变却是更缓慢的，或者有时由司法判决的作用而更敏锐，并且，关于法律是否发生了实际的改变尚存在争议。See, e. g. , North Georgia Elec. Membership Corp. v. City of Calhoun, Georgia, 989 F. 2d 429 (11th Cir. 1993).

〔50〕　362 Mo. 551, 242 S. W. 2d 497 (1951).

面已有三个法院均坚持认为圣路易斯基督教青年会（Y. M. C. A.）大厦有缴税的义务因为它并没有慈善动机。尽管与 Y. M. C. A. 的运作有关的事实并没有发生实质性的改变，后来由州最高法院作出的判决裁定，由救助部队和慈善组织进行的类似运作可以免税。当 Y. M. C. A. 第四次起诉要求获得免税身份时，该州最高法院认为可以运用间接再诉禁止原则来排除此次诉讼。

坚持该案件的既判效力将导致在双方当事人（Y. M. C. A. 和圣路易斯城）之间永远适用一条法律规则，而在类似或相同的事实情况下在所有其他当事人之间却适用另外一条法律规则。对既判事项原则或间接再诉禁止原则进行如此不公正地适用立即可见。[51]

法律争点的含糊不清使得其排除效力非常不可靠，对基础性事实和法律风气发生的变化进行考虑可以使这种状况得到调和。在作出这种决定的过程中，法院应该关注法律或事实发生的一些特殊变化、在某个特定时候及时在当事人之间进行资格确认的需要，以及适用间接再诉禁止所能促进的终局性和确定性目标。尽管在特殊案件当中要全面兼顾到这些因素可能不那么容易，但是可以肯定，这比在法律争点的构成上进行语义上的纠缠并以此来反对事实和法律相混合争点的提法要有意义得多。因而，现在多数法院似乎已经不再将这种法律/事实区分来抵制间接再诉禁止。[52]

尽管放弃纯法律争点不应该赋予其排除效力这一规则有很多值得称道之处，但是有一份联邦最高法院的判决则认为，如果这样做将会引发其他的问题。United States v. Stauffer Chemical Company 案[53]涉及这样一个事件，环境保护局（the Environmental Protection Agency）（EPA）为了执行国家空气质量标准而对各厂房进行检查。环保局想要利用私人承包商在田纳西州和怀俄明州对斯托弗（Stauffer）公司的厂房实施检查，而斯托弗公司拒绝了他们的进入，理由是《清洁空气法》（the Clean Air Act）规定检查只能由"经过授权的代理机构"而不能由私人承包商来进行。第十巡回审判法庭支持了斯托弗公司的解释，并且当案件从田纳西州到达第六巡回审判法庭时，该法院赋予第十巡回审判法庭判决以排除效力。联邦最高法院维持了该判决，并且评注道，这些案件缘起于"实际相同的事实"，适用间接再诉禁止原则能够实现司法经济性并且保护斯托弗公司免于诉讼。所以，纯粹的法律争点的排除效力得到了认可。

---

〔51〕 242 S. W. 2d at 507.

〔52〕 See U. S. v. Stauffer Chem. Co., 464 U. S. 165, 104 S. Ct. 575, 78 L. Ed. 2d 388 (1948); U. S. v. Mendoza, 464 U. S. 154, 104 S. Ct. 568, 78 L. Ed. 2d 379 (1984). In Levin & Leeson, Issue Preclusion Against the United States Government, 70 Iowa L. Rev. 113 (1984).

〔53〕 464 U. S. 165, 104 S. Ct. 575, 78 L. Ed. 3d 388 (1984).

但是，该判决还是造成了一个严重的问题，因为斯托弗公司在加利福尼亚还有厂房，而在此地第九巡回审判法庭曾经在另外一个案件中对另外的当事人作出裁决，认定私人承包商能够在这方面发挥作用。是不是说最高法院的这份裁决就意味着该环保局不能在第九巡回审判法庭起诉斯托弗公司要求其服从其检查呢？如果是这样，那么在第九巡回审判区的公司是否将会受到不同等的对待就要看在它们在其他审判区是否获得一个对其有利的裁决。大法官伦奎斯特（Rehnquist）拒绝对这一问题作出回答，评论说该争点没有呈至这些大法官们面前。[54] 而与此同时大法官怀特（White）则认为，斯托弗公司不能利用第十巡回审判法庭的裁决作为间接再诉禁止的依据而在第九巡回审判法庭出示，并对现在这个案件进行了澄清说第六巡回审判法庭并没有对这个问题作出裁决，因此适用间接再诉禁止并没有导致不同巡回审判区法院之间的冲突。鼓励法律在每一个巡回审判区范围之内得到公正无私的适用这一需要将要求不能将间接再诉禁止的效力赋予一个特殊的判决。[55]

大法官怀特对这个由不同巡回审判区法庭之间的冲突而引发的问题提供的解决方案是否会被采纳不得而知。重要的问题是，如果要对那些纯粹的法律争点适用间接再诉禁止达到排除诉讼的目的，那么必然会存在困难以及相互发生冲突的政策。[56]

689

14．11 间接再诉禁止的适用条件

表述间接再诉禁止的条件比其适用更为容易一些。[1] 正如已经提到，法院必须认定两个诉讼中声称间接再诉禁止的争点具有同一性。[2] 另外，主张不容否认的人必须能够证明将排除的争点在第一次诉讼当中事实上已经被争讼并决定过，并且它对于法院的判决而言是必不可少的。[3]

间接再诉禁止原则可能在请求不同的案件当中适用，甚至有的情况下，后讼的当事人与第一次诉讼中的当事人不相同，[4] 这等于是给那些粗心大意的当事人设下了一个圈套，他们假如能够意识到法院判决所产生的这种长远影响的话，那么在第一次诉讼中可能就会表现不同了。由此可见，以上这些要求的目的是确保只有那些经过充分争讼和公正决定的争点才对以后的案件产生约束效力。

要弄清楚，某个特殊的争点在第一次诉讼中实际上是否经过争讼，在很多情

---

〔54〕　464 U. S. at 174, 104 S. Ct. at 580.

〔55〕　464 U. S. at 178, 104 S. Ct. at 581, 582.

〔56〕　See 14. 12, below.

〔1〕　See 18 C. Wright, A. Miller & E. Cooper, Jurisdiction and Related Matters 4419 -21.

〔2〕　See 14. 10, above.

〔3〕　Restatement Second of Judgments 28 (1982).

〔4〕　See 14. 14, below.

况下不会产生太多的问题，因为诉答状和判决会清楚地显示争点是否经过了充分诉讼。与其相似，对于缺席判决、[5] 披露过程中作出的自认[6]或者庭审之前达成的协议[7]而言，一般认为不应该成为赋予争点以间接再诉禁止效力的理由，因为这些场合都不属于事实上提出的争点遭受不利判决的情况。要求争点必须经过争讼而不是约定或者强制让步，这意味着法院造就了当事人在庭审之前就某一特定争点达成合意的能力，而无须担心该合意确定的争点没有经过争讼会对当时没有预见到的那些途径产生不利影响。基于以上原因，同意判决[8]或者和解判决[9]不能作为争点排除的理由。[10] 相反，简易判决[11]或者根据指示裁决动议作出的判决[12]可以产生间接再诉禁止的效力。尽管诉讼在充分审理之前由于中止而完结，但是判决并非出自当事人的同意，也并非是终局性的实体判决。

如果在审查诉答文书或者审前决议以及由此产生的判决时，没能发现在诉讼程序的前期框定的某些争点在庭审当中得到了事实上的争讼，因而已经囊括在判

---

〔5〕 最早的规则是，缺席判决将对所有在庭审之后用以支持判决的争点产生排除效力，该规则在某些法院仍然得到坚持。See Kapp v. Naturelle, Inc., 611 F. 2d 703（8th Cir. 1979）；Reich v. Cochran, 151 N. Y. 122, 45 N. E. 367（1896）. 但是，对于该规则还是存在一些合理的批评。See Rosenberg, Collateral Estoppel in New York, 44 St. John's L. Rev. 165, 173（1969）；Note Collateral Estoppel in Default Judgments：The Case for Abolition, 70 Colum. L. Rev. 522（1970）. 而且如今比较各种权威观点，得出一个结论是缺席判决一般不应该对任何一个争点产生排除效力。See Matter of McMillan, 579 F. 2d 289（3d Cir. 1978）；Baron v Bryant, 556 F. Supp. 531（D. Hawai'I 1983）；Gwynn v. Wilhelm, 226 Or. 606, 360 P. 2d 312（1961）. 然而，如果一方当事人出庭并且就某个事项进行争讼，那么作为惩罚违反发现规则的一种措施，缺席判决就能对该争讼过的争点产生排除效力。See in re Ansari, 113 F. 3d 17（4th Cir. 1997）, cert. denied U. S., 118 S. Ct. 298.

〔6〕 一方当事人根据《联邦民事诉讼规则》第36条的规定进行的自认"是为了"。

〔7〕 Sekaquaptewa v. MacDonald, 575 F. 2d 239（9th Cir. 1978）；Environmental Defense Fund, Inc. v. Alexander, 467 F. Supp. 885, 903（N. D. Miss. 1979）, affirmed on other grounds 614 F. 2d 474（5th Cir. 1980）, rehearing denied 616 F. 2d 568, cert. denied 449 U. S. 919；Seay v. International Ass'n of Machinists, 360 F. Supp. 123（C. D. Cal. 1973）.

"根据本条规定所作的任何自认，仅仅是为系属的诉讼而为的，不得为其他的目的而利用，并且在其他任何程序中不得以此对抗该当事人。" Fed. Cir. Proc. Rule 36（b）.

〔8〕 U. S. v. International Bldg. Co., 345 U. S. 502, 73 S. Ct. 807, 97 L. Ed. 1182（1953）；Lipsky v. Commonwealth United Corp., 551 F. 2d 887（2d Cir. 1976）；U. S. v. California Portland Cement Co., 413 F. 2d 161（9th Cir. 1969）. See Shapiro, Should a Guilty Plea Have Preclusive Effect? 70 Iowa L. Rev. 27（1984）.

〔9〕 Standard Oil Co. of Kentucky v. Illinois Cent. R. R. Co., 421 F. 2d 201（5th Cir. 1969）；McLellan v. Atchison Ins. Agency, Inc., 81 Haw. 62, 912 P. 2d 559（Ct. App. 1996）.

〔10〕 如果当事人很明显是想要通过合意的方式来发生该效果，那么同意判决或者约定的争点可以产生间接再诉禁止的效力。Green v. Ancora–Citronelle Corp., 577 F. 2d 1380（9th Cir. 1978）. See James, Consent Judgements as Collateral Estoppel, 108 U. Pa. L. Rev. 173（1959）.

〔11〕 Exhibitors Poster Exchange, Inc. v. National Screen Serv. Corp., 421 F. 2d 1313, 1319（5th Cir. 1970）, cert. denied 400 U. S. 991；Eidellberg v. Zellermayer, 5 A. D. 2d 658, 174 N. Y. S. 2d 300（1958）, affirmed 6 N. Y. 2d 815, 188 N. Y. S. 2d 204, 159 N. E. 2d 691（1959）.

〔12〕 Simon v. M/V Hialeah, 431 F. 2d 867（5th Cir. 1970）.

决当中时，实际判决条件就产生了一些特殊的问题。[13] 在复杂或者多请求案件当中，如果一项诉答虽然符合诉答规则的注意（notice）标准，[14] 但是没有对提供具体的细节来充分展示有可能提出来的所有争点，而且在判决当中对这一问题也没有予以补充说明，那么这个问题就会显得尤其突出。[15] 该问题并非是举证不能的一种表现；即使最终的结果是庭审中负有证明责任的当事人没能举出足够的证据来证明一个争点，该争点也有可能经过了充分争讼。[16] 因此，倒不如说问题在于在诉答当中提出来的争点在庭审过程中是否得到了实际的争讼，或者，即使争点在庭审中争讼过，它是否必然要包含在判决的内容当中。

691

假设 Alpha 和 Beta 在一次车祸当中相撞。A 起诉 B，声称 B 存在的疏忽大意导致 A 遭受一系列伤害因此应给予赔偿。B 提出抗辩说 A 对自己的疏忽负有责任，根据现行法律完全免于赔偿责任。如果作出支持 B 的一般裁决，那么其原因或者是陪审团裁决 A 的疏忽成立，或者是 B 免于疏忽责任，抑或两者兼具。但是缺乏一种可靠的途径来对判决理由作出事实上的决定，那么该判决不能产生间接再诉禁止的效力。

主张间接再诉禁止的一方当事人有责任证明哪一些点事实上得到争讼。[17] 在某些情况下，该当事人只要证明作出的判决以及诉答文书中提出的争点可以显示出这样一种逻辑推断：为了得出特定的结论的特定争点必须经过了争讼与决定。[18] 因此，在上面假想的案件中，如果 A 胜诉，那么其判决只可能是 B 的疏忽成立而 A 免于疏忽责任；这两个争点得到了必要的争讼和决定并产生间接再诉禁止的效力。

倘若由于提出多请求或者可替代的防御措施使得对请求或争点能够支持判决

─────────────

〔13〕 所要求的具体质问的类别参见 See Henderson v. Snider Bros., Inc., 409 A. 2d 1083（D. C. App. 1979）（当出现下列情形时，马里兰州取消原告所有的财产出卖和回赎权的命令对原告后来提起的请求不产生间接再诉禁止效力：仅仅作为抵销马里兰州诉讼判决的一种手段，原告以欺诈为由提起诉讼声称他们购买该财产的行为乃是欺诈性劝诱的结果，而且在诉讼中没有提交任何与欺诈有关的证据；而且，马里兰州法院在欺诈是否成立这一争点上所持的立场不甚明确）。

〔14〕 关于诉答的标准参见上文 5. 7 – 5. 9。

〔15〕 根据一般裁决作出的判决仅仅说明责任是否成立，以及如果成立的话责任有多少。只有当使用特殊裁决或者在法官审理的情况下使用事实判决时，判决才有可能包含决定争点排除问题的必要信息。有关对判决（finding）和裁决（verdict）的讨论参见上文 12. 1 – 12. 2。

〔16〕 Continental Can Co. v. Marshall, 603 F. 2d 590（7th Cir. 1979）; U. S. v. Silliman, 167 F. 2d 607（3d Cir. 1948）, cert. denied 335 U. S. 825; Patterson v. Saunders, 194 Va. 607, 74 S. E. 2d 204（1953）, cert. denied 345 U. S. 998.

〔17〕 Spilman v. Harley, 656 F. 2d 224（6th Cir. 1981）; Gulf Tampa Drydock Co. v. Germanischer Lloyd, 634 F. 2d 874（5th Cir. 1981）; Illinois Cent. Gulf R. R. Co. v. Parks, 181 Ind. App. 141, 390 N. E. 2d 1078（1979）.

〔18〕 Grubb v. Public Utilities Comm'n, 281 U. S. 470, 477, 50 S. Ct. 374, 377, 74 L. Ed. 972（1930）; Wishnewsky v. Town of Saugus, 325 Mass. 191, 89 N. E. 2d 783（1950）.

的推导发生阻碍，那么在正式的记录当中就可以使用外部证据。[19] 尽管外部证据的使用得到认可，[20] 但还是有人认为只要那些能够支持判决而非有损于判决的证据才可以考虑。[21] 同时还说只有那些用于证明"公开而且有形的（open and tangible）"事实的证据才可以接受，而用以证明主观性事实的证据，诸如法官就判决的意图提供的证言，则不能使用。[22] 有些时候，如果主张间接再诉禁止的一方当事人没能提出足够的外在证据，仍然处于含糊状态，那么争点的排除将被否决。[23]

即便争点经过了充分的争讼这一点很清楚，也可能不产生间接再诉禁止的效力，除非法院能裁定在最初的诉讼当中对该争点的决定对于判决而言具有必要性或者实质性。[24] 对于那些具有相同性或者仅仅对争议的主要事实的决定提供了相关证据的争点而言，[25] 尽管事实上经过了争讼，也不产生间接再诉禁止的效力。[26]

作出这种限制有些重要的理由。出于公平考虑，只有那些在当事人之间得到

〔19〕 Russell v. Place, 94 U. S. (4 Otto) 606, 608, 24 L. Ed. 214 (1876).

〔20〕 Miles v. Caldwell, 69 U. S. (2 Wall.) 35, 43, 17 L. Ed. 755 (1864); Home Owners Federal Savs. & Loan Ass'n v. Northwestern Fire & Marlin Ins. Co., 354 Mass. 448, 238 N. E. 2d 55 (1968).

〔21〕 Washington, A. & G. Steam Packet Co. v. Sickles, 72 U. S. (5 Wall.) 580, 592, 18 L. Ed. 550 (1866); Slater v. Skirving, 51 Neb. 108, 70 N. W. 493 (1897).

〔22〕 "……除了公开而且切实的事实——即正反两面对证据而言都有敏感性的事项，任何证人证言都不得接受。一份判决就是一个庄重的记录。当事人有权依赖于它，使它轻易不受侵犯，并且法官或者陪审员在判决生效时期的口头主观性证言不应将其推翻或者对它进行限制。"Fayer – weather v. Ritch, 195 U. S. 276, 25 S. Ct. 58, 67 – 68, 49 L. Ed. 193 (1904).

为了保证陪审团裁决过程的神圣，同样不能允许陪审员提供证言就该裁决所包含的内容进行解释。O-hio – Sealy Mattress Mfg. Co. v. Kaplan, 90 F. R. D. 11 (N. D. III. 1980), affirmed in part, reversed in part on other grounds 745 U. S. 1125. See generally 12. 5, above.

〔23〕 Glass v. U. S. Rubber Co., 382 F. 2d 378 (10ᵗʰ Cir. 1967); Stout v. Pearson, 180 Cal. App. 2d 211, 4 Cal. Rptr. 313 (1960). But see Kelley v. Curtiss, 16 N. J. 265, 108 A. 2d 431 (1954) (在疏忽案件中陪审团作出的支持被告的裁决包含了对免除被告的疏忽责任、原告对该疏忽有过失的裁定)。

〔24〕 Block v. Bourbon County Commissioners, 99 U. S. (9 Otto) 686, 693, 25 L. Ed. 491 (1878); Fletcher v. Atex, Inc., 68 F. 3d 1451 (2d Cir. 1995); Synanon Church v. U. S., 820 F. 2d 421 (D. C. Cir. 1987).

〔25〕 从争点排除的角度对中间事实和最终事实的区分是取决于排除争点的实质性这一条件这些相同的考虑那就是：保证当事人在第一次诉讼中能预见到对某些争点作出的对其不利的决定，可能会在另外的诉讼使用从而使其遭受不利。参见上文，14. 10 当中的注释26 – 36。一些法院站在争点与最终事实的相关性角度来讨论争点的实质性问题。E. g., Hinchey v. Sellers, 7 N. Y. 2d 287, 197 N. Y. S. 2d 129, 165 N. E. 2d 156 (1959). 但是，有一种较有说服力的观点认为，如果法院放弃区分最终事实与中间事实的尝试，而将注意力转向"争议中的事实对于终局判决而言是否是必要性的一步，并且在那个时候就能够预见到该实施对将来的重要性"，那么法院也许会更省力一些。Developments in the Law – Res Judicata, 65 Harv. L. Rev. 818, 843 (1952). See also Restatement Second of Judgments 27, comment j (1982).

〔26〕 See, e. g., Association of Bituminous Contractors, Inc. v. Andrus, 581 F. 2d 853 (D. C. Cir. 1978); Wilson v. Wilson, 186 Mont. 290, 607 P. 2d 539 (1980); Thal v. Krawitz, 365 Pa. 110, 73 A. 2d 376 (1950).

充分争讼和考虑的争点才应该从将来的诉讼中排除出去。非实质性争点，即便在庭审中曾经讨论过，也不应该具有约束效力，因为任何一方当事人或双方当事人对它们并没有太过留意，或者对于该事项法官也没有太留意。而另一方面，对判决有必要性的争点而言，与法院或者事实裁决者一样，当事人被认为是对其投入了十分的精力。[27] 最后，对诉讼的结果不重要的争点则很少得到上诉法院的复查，尤其在对这些争点的认定有利于胜诉方的时候。[28] 尽管上诉复审的可利用性并不是适用间接再诉禁止的绝对的先决条件，但是如果没有对非实质性裁决进行复审，就等于是进一步强化了那些反对赋予这些裁决以间接再诉禁止效力的不同观点。

再来回顾一下 A 和 B 的汽车相撞事件。假定法院明确判定这两名车手都有疏忽，并根据被害人有过失情况下的法律规定作出了支持 B 的判决。如果现在 B 就其受到的伤害起诉 A，A 就不能有效地在 B 的疏忽这一争点上主张间接再诉禁止。一旦初审法院判定 A 的疏忽成立，那么它就有义务作出支持被告的判决并进一步认定同样有过错的 B，但这不是必要或者实质性的问题。[29] 在第一次诉讼中获胜的 B 就不具有对该不利认定提出上诉的动机或能力。而 A 是否有机会避免重复诉讼以及是否有可能产生彼此矛盾的结果，就要看是否能够以 B 在第一次诉讼当中忽略掉了其个人的伤害请求、现在不能提出来为由主张争点排除。[30]

另一方面，特定判决的可选择性理由也可以产生完全的排除效力。[31] 法院不会去辨别哪一个理由是必要的，哪一个理由可能会对判决起到支持作用。在这种情况下，就假定法院对所有提出来的争点给予了充分考虑，败诉的当事人有十足的动力获得上诉复审。[32] 因此，是否有充足的机会对所有的不利裁决进行诉

693

〔27〕　The Evergreens v. Nunan, 141 F. 2d 927, 929 (2d Cir. 1944), cert. denied 323 U. S. 720.

〔28〕　See Bell v. Dillard Dep't Stores, Inc. , 85 F. 3d 1451 (10ᵗʰ Cir. 1996)（在指控最终被撤消之后，当事人没有机会就可能的理由请求作出审前判决）；Rios v. Davis, 373 S. W. 2d 386, 387 - 88 (Tex. Civ. App. 1963)（"即便没有任何证据支持，但就因为判决是有利于 Rios 的，所以他无权同时也没有机会对该认定其有疏忽大意的过失的裁决提出控诉或上诉。上诉权针对的是判决而非裁决。"）。

〔29〕　Rios v. Davis, 373 S. W. 2d 386 (Tex. Civ. App. 1963)；Cambriz v. Jeffery, 307 Mass. 49, 29 N. E. 2d 555 (1940)。

〔30〕　See 14. 6, above.

〔31〕　Winter v. Lavine, 574 F. 2d 46 (2d Cir. 1978)；Malloy v. Trombley, 50 N. Y. 2d 46, 427 N. Y. S. 2d 969, 405 N. E. 2d 213 (1980)；Patterson v. Saunders, 194 Va. 607, 74 S. E. 2d 204 (1953), cert. denied 345 U. S. 998. But see C. B. Marchant Co. v. Eastern Foods, Inc. , 756 F. 2d 317, 319 (4ᵗʰ Cir. 1985)；Halpern v. Schwartz, 426 F. 2d 102 (2d Cir. 1970)。

〔32〕　事情也非总是这样。如果败诉的当事人确信判决理由当中的一条是正确的，因此不存在推翻的机会，那么他就没有动力针对其他的理由提起上诉，即便这些理由有错误。

讼存在不一样的考虑。[33]

14.12 间接再诉禁止适用的例外情形

即便争点在诉讼中得到充分争讼，并且对该争点的决定对诉讼结果而言也是必要的，在某些场合仍然不能适用间接再诉禁止原则。[1] 一般说来，如果有其他独立存在的政策在重要性上超过了争点排除原则所体现出来的司法经济性以及防止判决的不一致性之要求，那么就需要制定一些间接再诉禁止正式适用的例外情形。至于哪一些独立政策被认为是意义重大、以致有必要超越间接再诉禁止原则而占据统领地位，要视每一案件的事实和具体情况而定。并且要看到，随着社会对法院积案现象越来越警惕因而对司法的经济性更加强调，法院还主张基于其他政策的考虑而要求对那些看上去已经得到充分争讼的争点再次进行审理，这已经是越来越难以让人接受。以下是对那些适用例外情形较为适当的案件进行的简要分析，从中能够很好地说明例外情形的适用范围及其限制条件。

在基于一项独立的政策而适用间接再诉禁止的例外情形的最著名的案件当中，有一个是反托拉斯案，它可以追溯到 1955 年勒尼德·汉德（Learned Hand）法官在 Lyons v. Westinghouse Electric Corporation 案中所作的一个判决。[2] 这个案件提出了一个问题那就是，州法院根据联邦反托拉斯法作出的合同不合法的决定对后来由前一被告在州诉讼程序中提起的联邦反托拉斯诉讼中是否具有约束力。汉德法官认为，一般的反托拉斯问题的专属管辖权属于联邦法院，但是该反托拉斯争点在州法院处理较为合适，原因是该争点对于州法院就合同的合法性问题作出决定从而作出判决是必要的。然而，该决定是否应该产生间接再诉禁止效力，在于专属管辖权是不是就意味着只有联邦法院才能对是否为了苟以义务而违背法律作出最终的决定。[3] 汉德法官总结道，对反托拉斯问题设定专属管辖权是为了促进反托拉斯法的统一实施，而这一目的只有"通过联邦法院畅通无阻地行使管辖权"才能达到。[4] 因此，该主张专属管辖权的判决与国会的统一法律解释的愿望相关，而这一意愿只有通过允许对州法院已经决定的反托拉斯的争

---

〔33〕 《二次判决重述》所持的观点是，不应赋予初审法院作出的可选择性决定以间接再诉禁止效力。Restatement Second of Judgments 27, comment i (1982). 如果上诉被提起而且上诉法院维持了该判决的可选择性理由，那么可以适用争点排除。Restatement Second of Judgments 27, comment o (1982).

〔1〕 关于在法律发生改变的情况下争点排除规则是否仍适用的讨论参见上文 14.10 中的注释46 – 52。

〔2〕 222 F. 2d 184 (2d Cir. 1955), cert. denied 350 U. S. 825.

〔3〕 这个案件同样也出现了一个争论，即如果州法院的管辖权受到限制，那么对那些在正常情况下超出其权限范围的事项作出裁决就不应对后面的诉讼产生约束力。222 F. 2d at 188 – 89. 这一争论在下文注释21 – 28 当进行了讨论。

〔4〕 222 F. 2d at 189.

点重新诉讼才能实现。[5]

这一例外情形的范围并没有第一眼看上去的那么宽泛。汉德法官保留了联邦法院对是否违背反托拉斯法问题享有的专属性的最终决定权。但是，他建议，对与当事人的商业性安排有关的基础性事实所作的裁决可以产生间接再诉禁止效力。[6] 例如，如果州法院就当事人之间合同的存在与否、合同的要求以及该合同的地域范围等问题作出了裁决，那么它就等于宣布，这些裁决在后面指控被告垄断市场的反托拉斯诉讼当中将不必再行诉讼。在联邦法院享有专属管辖权的其他场合同样会得出类似的结论；在专利权诉讼、[7] 担保诉讼[8]以及破产诉讼当中，[9] 州法院针对基础性事实作出的决定允许发生争点排除效力。

许多法院[10]不愿意追随莱昂斯（Lyons）案因而并不认为联邦专属管辖权本身构成了适用间接再诉禁止原则的一个障碍。该结论产生的影响是最重要的，因

695

---

〔5〕 有关联邦法院专属管辖权范围内间接再诉禁止在诉讼中的作用参见 18 C. Wright, A. Miller & E. Cooper, Jurisdiction and Related Matters 4470.

〔6〕 汉德法官是在解释最高法院就一个专利权领域内的类似争点作出的判决而得出这一结论的。Becher v. Contoure Labs. , Inc. , 279 U. S. 388, 49 S. Ct. 356, 73 L. Ed. 752 (1929). 在审查该判决之后他总结说，"针对构成一个请求的要件事实（constituent facts）当中的一个事实作出的裁决，与将这些事实的集合体整体上作为一个单元看待好像有所不同；在第一次诉讼中适用不容否认是适当的，但是在第二次诉讼中就不是这样了。" 222 F. 2d at 188. 这种不同的存在来源于对中间事实和最终事实的区分，而只有后者才产生间接再诉禁止效力，参见上文 14. 10 注释 26－36.

〔7〕 Becher v. Contoure Labs. , Inc. , 279 U. S. 388, 49 S. Ct. 356, 73 L. Ed. 752 (1929)（州法院作出被告是真正的专利权人、原告的专利权乃通过欺骗方式的判决使原告在专利侵权诉讼中不容否认）；Vanderveer v. Erie malleable Iron Co. , 238 F. 2d 510 (3d Cir. 1956)，cert. denied 353 U. S. 937（州法院作出的认定被许可人生产的产品属于专利权的范围的判决适用了间接再诉禁止）. See generally Cooper, State Law of Patent Exploitation, 56 Minn. L. Rev. 313, 322 (1972). Compare In re Convertible Rowing Exerciser Patent Litigation, 814 F. Supp. 1197 (D. Del. 1993)（国际商业委员会对专利权的有效性问题作出的裁决具有间接再诉禁止效力）.

〔8〕 Calvert Fire Ins. Co. v. American Mut. Reinsurance Co. , 600 F. 2d 1228, 1236 n. 18 (7th Cir. 1979)；Connelly v. Balkwill, 174 F. Supp. 49 (N. D. Ohio 1959)，affirmed per curiam 279 F. 2d 685 (6th Cir. 1960). See generally Note, The Res Judicata and Collateral Estoppel Effect of Prior State Suits on Actions Under SEC Rule 10b－5, 69 Yale L. J. 606 (1960).

〔9〕 在破产案件中适用间接再诉禁止得到了广泛认可。See Heiser v. Woodruff, 327 U. S. 726, 66 S. Ct. 853, 90 L. Ed. 970 (1946). 但是，在1970年对破产法第17条所作的修改当中，将债务的清偿这一争点置于联邦破产法院的专属管辖权范围内，因此州法院或其他联邦法院对清偿的裁决不应该具有约束力。另一方面，对某项交易是欺诈性的决定可以产生排除效力。留给破产法院的问题是，由先前法院作出的欺诈认定是否必然导致认定债务没有得到清偿。See In re Houtman, 568 F. 2d 651 (9th Cir. 1978)（州法院以欺诈为根据作出的判决确立了一个有初步证据的（prima facie）债务未清偿案件）. See also Brown v. Felsen, 442 U. S. 127, 139 n. 10, 99 S. Ct. 2205, 2213 n. 10, 60 L. Ed. 2d 767 (1979). 对该争点的讨论参见 Donald & Cooper, Collateral Estoppel in Section 523 (c) Dischargeability Proceedings：When Is a Default Judgment Actually Litigated, 12 Bank. Dev. J. 321 (1996).

〔10〕 See, e. g. , Azalea Drive－In Theatre, Inc. v. Hanft, 540 F. 2d 713 (4th Cir. 1976)，cert. denied 430 U. S. 941；In re TransOcean Tender Offer Secs. Litigation, 427 F. Supp. 1211, 1221 (N. D. Ill. 1977)（证券交易法诉讼）. 在莱昂斯案之后有一位法律观察评论家认为许多法院拒绝跟从它的结论。See Note, Collateral Estoppel of State Court Judgment in Federal Antitrust Suits, 51 Calif. L. Rev. 955, 964 (1963).

为有些州已经采纳了与联邦体制事实上相一致的州反托拉斯法及证券法。相反，如果一个诉讼首先是根据州法律在州法院提起，那么许多将予以裁决的争点就将与联邦责任的必备条件相吻合。[11] 在基础事实上适用间接再诉禁止原则在实践当中就排除了在联邦法院产生不同诉讼结果的可能性。[12] 实际上，最近上诉法院的判决显示，无论在汉德法官的观点盛行的时代可以感知到的、保证联邦法律解释的同一性这一需要是什么，当时的情形已经不复存在，并且司法经济性必要的价值超过了排他性要求的价值。[13]

在过去同样存在一种支持在诉讼中确立间接再诉禁止原则适用的例外情形的强有力的观点，该观点涉及到在联邦上受到保护的民事权利。[14] 该观点认为，虽然联邦法院对基于各种民事权利法律提起的诉讼不具有专属管辖权，还是有理由相信国会采取了一种联邦上的补救措施，因为州法院不能对相关人的权利提供充分的保护。所以，有必要提供一种联邦上的诉讼地来使那些关系到联邦法的执行力的问题得到充分争讼，并且，假如在接下来进行的联邦民事权利诉讼中能够给予州法院的判决以间接再诉禁止效力，那么可能会从实质上削弱该联邦法的执行力。

联邦最高法院已经将这些争论搁置起来。在 Allen v. McCurry 一案中，[15] 该法院裁定按照《美国注释法典》第 42 标题卷第 1983 节[16] 提起的诉讼中，对于第四修正案的搜查和没收这些争点的提出可以适用间接再诉禁止原则，这些争点在州刑事审判当中被决定并对抗原告。该法院认为，在制定法的立法历史上找不

---

〔11〕 尽管该传统规则已经明确规定由于原告在州法院没有被允许合并联邦请求、所以不适用既判事项原则，有人认为既判事项应当阻止所有的联邦诉讼。参见上文 14. 7 中的注释 14 – 17。

〔12〕 一些法院已经注意到州体制和联邦体制之间的相同性，因而认为州请求和联邦请求构成一个诉因，因此该联邦诉讼应适用既判事项原则。See, e. g., Derish v. San Mateo – Burlingame Bd. of Realtors, 724 F. 2d 1347 (9th Cir. 1983)；Nash County Bd. of Educ. v. Biltmore Co., 640 F. 2d 484 (4th Cir. 1981)，cert. denied 454 U. S. 878. 由于这些案件都是在州法院经过了充分诉讼之后出现的，与之相关的问题是该同一争点是否应重复诉讼，而不是被忽略掉的事实或理论是否还可以在联邦法院提出来。因此，虽然他们说的是按照既判事项原则，但还是倾向于避免重复诉讼以及出现相互矛盾的结果这些构成间接再诉禁止基础的政策。

〔13〕 See Marrese v. American Academy of Orthopaedic Surgeons, 726 F. 2d 1150 (7th Cir. 1984), reversed on other grounds 470 U. S. 373, 105 S. Ct. 1327, 84 L. Ed. 2d 274 (1985) （既判事项观点）。用以协调专属管辖权与构成间接再诉禁止基础的方针的一种不同方法参见 Note, The Collateral Estoppel Effect of Prior State Court Findings in Cases Within Exclusive Federal Jurisdiction, 91 Harv. L. Rev. 1281 (1978)。

〔14〕 See 18 C. Wright, A. Miller & E. Cooper, Jurisdiction and Related Matters 4471; Vestal, State Court Judgment as Preclusive in Section 1983 Litigation in a Federal Court, 27 Okla. L. Rev. 185 (1974).

〔15〕 449 U. S. 90, 101 S. Ct. 411, 66 L. Ed. 2d 308 (1980).

〔16〕 42 U. S. C. A. 1983.

到任何东西来证明国会试图创设正式排除规则的例外规定。[17] 只要在州审理法院运用的诉讼程序是公正的，就不存在允许就联邦争点再次诉讼的正当理由。此外，在 Kremer v. Chemical Construction Corporation 一案中，[18] 该法院同样总结道，在《权利法案》第七章的立法史上从来没有什么阻止联邦法院将间接再诉禁止的效力赋予州法院作出的、支持州行政机构抵制一项雇用歧视主张的判决。[19]

　　这些案件当中存在的关键性问题是，表明法律的解释应该完全限制在联邦法院能力范围内的这些特殊的补救性体制的背后是否存在某些立法目的或者政策。[20] 州法院决定的争点在后面于联邦法院进行的诉讼当中能否产生排除效力，要考虑现有的一项政策。然而，如前所述，联邦最高法院仍然将某些联邦法律作为一项潜在的排他性的原则来看待，这些原则将阻碍间接再诉禁止原则的实施。

　　说到这一点，有必要简要回顾一下汉德法官在 Lyons v. Westinghouse Electric Corporation 案中的判决意见，在这当中他第二次重申不能允许适用间接再诉禁止原则，理由是作出第一次判决的法庭的管辖权是有限的。[21] 前文曾经讨论过，作出判决的法院享有有限管辖权这一事实并不必然阻碍该判决产生完全的间接再诉禁止效力。[22] 但是，如果对法院的这种限制反映出在该法院适用的程序的品质和广泛程度上存在重大差别，[23] 因而受到不利判决的当事人可以有权主张没

---

〔17〕 "上诉法院坚持一个框定的原则就是，任何一个主张一项联邦上的权利的人有权获得一个不受妨碍的机会来就这项权利在联邦地区法院进行诉讼，不管该联邦请求以何种法律状态提出。但是，支持该原则的权力却难以识别出来。它不可能来自宪法，宪法没有进行这样的授权，但这就由国会的智慧来决定联邦地区法院的管辖权范围了。而且《美国注释法典》第 1983 节本身也没有这样的权限规定。" 449 U. S. at 103, 101 S. Ct. at 419.

〔18〕 456 U. S. 461, 102 S. Ct. 1883, 72 L. Ed. 2d 262 (1982).

〔19〕 该法院在克雷默（Kremer）案中的认定在其新近作出的、认定州法院对《权利法案》第七章规定的请求享有共同管辖权（concurrent jurisdiction）的裁决中得到了支持。Yellow Freight System, Inc. v. Donnelly, 494 U. S. 820, 110 S. Ct. 1566, 108 L. Ed. 2d 834 (1990).

〔20〕 立法政策的例外情形在 Restatement Second of Judgments 28, comment d and e (1982) 当中得到了认可。

〔21〕 See 18 C. Wright, A. Miller & E. Cooper, Jurisdiction and Related Matters 4423; Vestal Preclusion/Res Judicata Variables; Adjudicating Bodies, 54 Geo. L. J. 857 (1966).

〔22〕 See 14. 9 at notes 25 –31, above.

〔23〕 引发例外情形的一个棘手领域之一是，先前的裁决是由行政机构而非法院作出的。在某些场合，行政裁决分担着公断（adjudicatory）模式，因而赋予其完全的间接再诉禁止效力是适当的。See People v. Sims, 32 Cal. 3d 468, 186 Cal. Rptr. 77, 651 P. 2d 321 (1982); Dawson, Why a Decision by the NLRB Under 8 (b) (4) Should Be Determinative on the Issue of Liability in a Subsequent Section 303 Damage Suit, 27 Okla. L. Rev. 660 (1974). 在其他领域，情况就不是这样。See generally Mogel, Res Judicata and Collateral Estoppel in Administrative Proceedings, 30 Baylor L. Rev. 463 (1978).

有给予充分的诉讼机会，[24] 那么在这种情况下间接再诉禁止原则的适用可以予以否决。[25] 比如，那些用以提供一种快速而且费用低廉的程序的小额索赔法院或者治安法官法院所作的判决就不产生不容否认效力。[26] 至于确实还存在哪一些可以据以否决争点排除的程序差异，需要逐案来进行判断，[27] 在这方面尽管联邦最高法院已经裁决第二次诉讼中使用陪审团审理不属于可以阻止适用间接再诉禁止的程序差异。[28]

最后需要说明的是当美国政府作为一方当事人时的间接再诉禁止适用的例外情形。美国政府与大多数私人的诉讼人的地位不相同，因为它可能就同样的法律争点卷入到全国性诉讼当中。如果经过第一次完全的诉讼得出一份不利的判决，该判决对所有的将来诉讼以及待决案件将产生完全的间接再诉禁止效力，那么，政府就不得不对每一次的审理决定上诉到联邦最高法院，以确保其作出的法律解释得到充分的审查，避免下级法院就公众性重大问题作出的判决失去效力。正是看到这一点，最高法院裁定，非当事人在其他案件中都不得带攻击性地运用间接再诉禁止原则[29] 来排除就那些得到决定的、对抗政府的争点进行再次诉讼。[30] 该法院最后总结道，避免适用间接再诉，禁止、允许在多个法院地进行诉讼，这样一来将促进法律原则的全面发展。实际上，要求政府在审查对其不利的判决时

---

〔24〕 在某些场合联邦最高法院承认由于程序改变而否决给予充分诉讼的机会，其目的是为了防止提出间接再诉禁止的主张。Kremer v. Chemical Constr. Corp. , 456 U. S. 461, 481, 102 S. Ct. 1883, 1897, 72 L. Ed. 2d 262 (1982)；Montana v. U. S. , 440 U. S. 147, 164, 99 S. Ct. 970, 979, 59 L. Ed. 2d 210 (1979)；Parklane Hosiery Co. v. Shore, 439 U. S. 322, 333, 99 S. Ct. 645, 652, 58 L. Ed. 2d 552 (1979).

〔25〕 Desotelle v. Continental Cas. Co. , 136 Wis. 2d 13, 400 N. W. 2d 524 (App. 1986), review denied 136 Wis. 2d 563, 407 N. W. 2d 560；Vella v. Hudgins, 20 Cal. 3d 251, 142 Cal. Rptr. 414, 572 P. 2d 28 (1977)；Niles v. Niles, 35 Del. Ch. 106, 111 A. 2d 697 (1955). "……在每一个案件中排除效力是否产生，有赖于对以下因素的分析：先后在两个法院进行的诉讼程序的比较品质与广泛程度、它们处理该特定争点的相对能力，以及在它们之间分配管辖权的立法旨意。" Restatement Second of Judgments 28, Reporter's Note 287 (1982).

〔26〕 在一些州，不同的州法庭作出的判决不产生间接再诉禁止的效力在制定法当中得到专门规定。See Note, Article 2226a: Its Effect on Res Judicata and Collatral Estoppe, 17 Byalor L. Rev. 221 (1965).

〔27〕 当州法院判决所使用的程序的公正性这一争点又出现在后来的联邦法院诉讼中时，制度法上的充分诚意与信赖这一义务条款限制了联邦法院考查州法院的程序是否 "满足第十四宪法修正案正当程序条款规定的最低程序要求……"。Kremer v. Chemical Constr. Corp. , 456 U. S. 461, 481, 102 S. Ct. 1883, 1897, 72 L. Ed. 2d 262 (1982). 对涉及充分诚意与信赖条款时的特殊审查的讨论参见下文 14. 15.

〔28〕 "……陪审团存在与否作为事实裁决者而言基本上都是中立性的，这与被告在不方便法院进行第一次诉讼必须有陪审团审理有很大的区别。" Parklane Hosiery Co. v. Shore, 439 U. S. 322, 334 n. 19, 99 S. Ct. 645, 652 n. 19, 58 L. Ed. 2d 552 (1979). But cf. Lytle v. Household Mfg. , Inc. , 494 U. S. 545, 110 S. Ct. 1331, 108 L. Ed. 2d 504 (1990) (由于在第一次诉讼中错误地否决了陪审团审理，那么地区法院作出的、在原告根据《权利法案》第七章以及《美国注释法典》第 42 标题卷第 1981 节的获得《权利法案》第七章规定的排他性救济的判决就不能发生间接再诉禁止效力)。

〔29〕 有关非当事人对间接再诉禁止的运用参见下文 14. 14.

〔30〕 U. S. v. Mendoza, 464 U. S. 154, 104 S. Ct. 568, 78 L. Ed. 2d 379 (1984).

真正放弃自由裁量权，将产生有损于不容否认当中所体现的经济利益的相反结局。[31]

但是这种例外情形严格限于在先前有政府参加的诉讼中不是当事人的人主张间接再诉禁止的场合。在与之相随的一个案件中，有人认为在政府诉讼中从来不应该适用间接再诉禁止原则因为它阻碍了有关公共重要事项的法律的发展，最高法院拒绝了这一说法。[32] 如果当事人是同一的而且事实相同，那么司法经济性之考虑就居支配地位。[33]

C. 对谁有约束力

14.13 支配"对谁有约束力"的一般原则

判决对谁有约束力取决于一条简单明了的规则。[1] 判决只对第一次诉讼中的当事人[2]或者与当事人有利害关系的人才有约束力。[3] 依照我们的正当程序观念，如果一个对判决负有义务的人在诉讼中没有获得正当听审的机会，那么他可以就违反正当程序提出请求。[4] 实际上，为了保证每个人就他具有利益的某个争点获得充分的听审机会，同样会要求争点排除规则只能针对在先前诉讼中处

---

〔31〕 464 U. S. at 163, 104 S. Ct. at 574.

〔32〕 U. S. v. Stauffer Chem. Co., 464 U. S. 165, 104 S. Ct. 575, 78 L. Ed. 2d 388 (1984).

〔33〕 See Levin & Leeson, Issue Preclusion Against the United States Government, 70 Iowa L. Rev. 113 (1984). 关于将间接再诉禁止的适用限于当事人而产生的问题参见上文 14. 10 at notes 53 – 56.

〔1〕 See generally 18 C. Wright, A. Miller & E. Cooper, Jurisdiction and Related Matters 4448 – 62.

〔2〕 形式上的 (nominal) 当事人通常不受既判事项或间接再诉禁止的约束。有关什么是形式上的当事人参见 Restatement Second of Judgments 37 (1982). 只有那些积极参与到第一次诉讼中来的人才在后来的诉讼当中受到排除。See U. S. v. 111. 2 Acres of Land, 293 F. Supp. 1042 (E. D. Wash. 1968), affirmed 435 F. 2d 561 (9ᵗʰ Cir. 1970); In re Morgan Guar. Trust Co., 28 N. Y. 2d 155, 320 N. Y. S. 2d 905, 269 N. E. 2d 571 (1971), cert. denied 404 U. S. 826. 当一个人以两种身份参加诉讼时，那么得出来的结果就更为准确。参加两次诉讼的是被命名的当事人并不必然导致排除。这样一来，问题就变成了，以一种清楚的身份参加诉讼的个人在如今是否可以又以另一种身份就先前没有主张的利益提出请求。See Restatement Second of Judgments 36 (1982). See, e. g., Freeman v. Lester Coggins Trucking Co., 771 F. 2d 860 (5ᵗʰ Cir. 1985); Brown v. Osier, 628 A. 2d 125 (Me. 1993); Smith v. Bishop, 26 Ill. 2d 434, 187 N. E. 2d 217 (1962).

〔3〕 这一小节谈论的仅仅是判决对谁有约束力的问题。而关于谁又可能利用有利判决的讨论参见下文 14. 14.

〔4〕 Richards v. Jefferson County, Alabama, 517 U. S. 793, 116 S. Ct. 1761, 135 L. Ed. 2d 76 (1996); Blonder – Tongue Labs., Inc. v. University of Illinois Foundation, 402 U. S. 313, 329, 91 S. Ct. 1434, 1443, 28 L. Ed. 2d 788 (1971); Zenith Radio Corp. v. Hazeltine Research, Inc., 395 U. S. 100, 89 S. Ct. 1562, 23 L. Ed. 2d 129 (1969).

于敌对一方地位的当事人提出。[5] 而对在第一次诉讼中的共同诉讼人而言，如果在整个第一次诉讼过程当中他们内部的立场始终保持非对抗状态，那么就不能排除其在第二次诉讼当中就相同的争点在他们自己之间进行诉讼。[6] 在进行争点排除之前要求在双方当事人之间存在一种对抗关系，这样就能使法院能够保证双方当事人就这些争点专门地、精心地进行争讼。该规则有一个历史上得到认可的例外情形涉及的是集团诉讼中的判决。[7] 在那种场合所作的任何判决都会赋予其完全的既判效力以及间接再诉禁止效力，该效力及于所有缺席的集团诉讼人。由于在第一次诉讼当中保证这些集团成员具有充分的代表性并履行了适当的告知，因此正当程序要求得到了满足。[8]

　　在认定某一个非当事人与当事人有着利害关系的情况下，判决的效力范围就扩展到了非当事人身上。具有法律上利害关系的人被认为是有着紧密的利益联系所以判决涉及到一方的话不可避免地也会影响到另外一方。因此可以认为，在第一次诉讼当中名义上的当事人充分地代表了其他人的利益，因为他是为了他自己的利益而这么做的。

　　基于排除之考虑而确定利害关系的构成有些困难。能够证明存在相似利益并不足以约束非当事人。[9] 那么何谓利害关系呢？有人提出，利害关系仅仅是法院确定当事人与非当事人之间存在足够的利益一致性，因而允许判决对这两者均

----

〔5〕　Potomac Design, Inc. v. Eurocal Trading, Inc. , 839 F. Supp. 364 (D. Md. 1993)；Nickert v. Puget Sound Tug & Barge Co. , 335 F. Supp. 1162 (W. D. Wash. 1971)；Marcum v. Mississippi valley Gas Co. , 672 So. 2d 730 (Miss. 1996)；Freightliner Corp. v. Rockwell – Standard Corp. , 2 Cal. App. 3d 115, 82 Cal. Rptr. 439 (1969).

　　一些法院似乎已经放弃了这些不利条件，而仅仅关注主张间接再诉禁止所针对的一方当事人在第一次诉讼中是否获得充分、公平的机会来对这些争点进行诉讼。See Scooper Dooper, Inc. v. Kraftco Corp. , 494 F. 2d 840 (3d Cir. 1974).

〔6〕　传统上认为，共同诉讼人之间的对抗性可以通过要求他们相互之间提出请求来加以体现。See Hellenic Lines, Ltd. v. The Exmouth, 253 F. 2d 473 (2d Cir. 1958), cert. denied 356 U. S. 967. 最近，一些法院并不要求共同诉讼人之间通过提出请求来显示其对抗性，而是看他们采取的诉讼状态，比如，允许共同被告相互之间转移责任来满足对抗的需要。See Nevada v. U. S. , 463 U. S. 110, 103 S. Ct. 2906, 77 L. Ed. 2d 509 (1983)；McLellan v. Columbus I – 70 West Auto – Truckstop, Inc. , 525 F. Supp. 1233 (N. D. Ill. 1981). 有关对对抗性要求的讨论参见 18 C. Wright, A. Miller & E. Cooper, Jurisdiction and Related Matters 4450.

〔7〕　Hansberry v. Lee, 311 U. S. 32, 61 S. Ct. 115, 85 L. Ed. 22 (1940).

〔8〕　关于集团诉讼判决所产生的约束效力参见下文 16. 8.

〔9〕　Collins v. E. I. DuPont de Nemours & Co. , 34 F. 3d 172 (3d Cir. 1994)；Hardy v. Johns – Manville Sales Corp. , 681 F. 2d 334 (5th Cir. 1982). 因而，比如家庭成员一般看成彼此之间不存在权利义务关系，即使他们在特定案件中对诉讼结果有着相似的利益。E. g. , Commonwealth v. Johnson, 7 Va. App. 614, 376 S. E. 2d 787 (1989)；Land v. Sellers, 150 Ga. App. 83, 256 S. E. 2d 629 (1979). See generally 18 C. Wright, A. Miller & E. Cooper, Jurisdiction and Related Matters 4459.

产生约束力时使用的一种总括性的标签。[10] 所以，要弄清楚何时判决对非当事人具有约束力，与其专注于谁是利害关系人，不如探究在第一次诉讼当中，是否存在可以假定该非当事人的利益是充分和适当代表以及展现的事实和具体情况。[11] 这种观点似乎得到了一些法院的响应。[12] 不管这种方法的实质内容是什么，对这种已经得到认可的、通常意义上的利害关系进行一番简要的审视至少可以界定该原则的范围。[13]

从历史上看，利害关系存在的最为普遍的场合是在诉讼标的提出或被予以决定之后对其主张某种利益。[14] 权利继受人是否通过让与、遗产继承或者法律获得该利益，和其被承继一方一起要受到既判事项原则以及间接再诉禁止原则的约束。[15] 这对于保持判决的终局性是非常必要的；否则，获胜方将对诉讼标的的利益转让给另外一个人后就有可能开始新的诉讼，这样就轻而易举地使遭受不利判决的当事人陷入了无休止的缠讼当中。[16]

第二种典型的利害关系涉及承担法定代理职责的人，比如托管人、遗嘱执行人；这些人被认为与其委托人存在利害关系。[17] 既然代理人进行诉讼并不是为了他们自身的利益，而仅仅是代表受益人起诉或应诉，那么判决的约束力将不会

---

〔10〕 "利害关系并没有解释将某人纳入或排除出判决的间接再诉禁止效力作用范围的原因是什么。它仅仅是一个用来说明这样一种相互关系的词汇：某一个人与记录中的当事人有足够的密切联系因而需要将其纳入到既判事项作用范围之内。" Bruszewski v. U. S., 181 F. 2d 419, 423 (3d Cir. 1950) (Goodrich, J., concurring), cert. denied 340 U. S. 865. See, e. g., Safeco Ins. Co. of America v. Yon, 118 Idaho 367, 796 P. 2d 1040 (App. 1990).

〔11〕 关于判断判决是否对非当事人产生约束力的标准的探讨参见 Note, Collateral Estoppel of Nonparties, 87 Harv. L. Rev. 1485 (1974).

〔12〕 尤其是，在某些案件中，已经开始出现将注意力集中在第一次诉讼程序是否充分以及是否存在第二次诉讼程序不可能产生不同的结果的预期之上，并提出一种允许判决约束没有参加诉讼的非当事人的真正的代表理论。See, e. g., Tyus v. Schoemehl, 93 F. 3d 449 (8th Cir. 1996), cert. denied_ U. S. _, 117 S. Ct. 1427; Shaw v. Hahn, 56 F. 3d 1128 (9th Cir. 1995), cert. denied 516 U. S. 964; Benson & Ford, Inc. v. Wanda Petroleum Co., 833 F > 2d 1172 (5th Cir. 1987). 有关对这一系列案件的讨论参见 18 C. Wright, A. Miller & E. Cooper, Jurisdiction and Related Matters 4457.

〔13〕 See Development in the Law: Res Judicata, 65 Harv. L. Rev. 820, 855 – 61 (1952).

〔14〕 "利害关系是什么？如同处理判决的不容推翻效力一样，利害关系表明的是对同一财产权利的相互或者继承性关系。" Bigelow v. Old Dominion Copper Mining & Smelting Co., 225 U. S. 111, 128 – 29, 32 S. Ct. 641, 56 L. Ed. 1009 (1912) (共同侵权人不是利害关系人).

〔15〕 See 18 C. Wright, A. Miller & E. Cooper, Jurisdiction and Related Matters 4462.

〔16〕 任何对争议中的财产构成影响的判决都能约束权利继受人这一概念同样被作为一项财产法上的原则加以表述。大法官皮特尼（Pitney）将该院原则的根据描述为"在财产上不容否认起到的作用是，授权人转让出去的权利或者资格可以不比他自己拥有的更好，并且授权人承担连带法律责任。" Postal Telegraph Cable Co. v. City of Newport, 247 U. S. 464, 38 S. Ct. 566, 62 L. Ed. 1215 (1918).

〔17〕 现今，以诉讼代理人的身份进行诉讼的群体已经越来越壮大，而将所有由法律授权代表他人利益的个人或者机构囊括了进来，同时还包括接受作为被代理人的当事人专门委托的人。See Restatement Second of Judgments 41 (1982).

及于他们，而是他们所提供服务的个人。[18]

702　　　如果能够认定第二次诉讼中重新命名的当事人在第一次诉讼时实际支配[19]或参加了诉讼，那么同样被一致认为是具有利害关系。由于请求不同因而非当事人不受既判事项的约束，尽管如此，那些得到必要的、实际的争讼的争点如果具有一致性，那么也将受到排除。[21]　只要是获得了一次机会就这些争点进行防御或提出控诉，该非当事人就不能再得到第二次机会。[22]　根据这一原则，事实上支配诉讼的责任承保人代表其投保人受到判决的约束，即使他们并非形式上的当事人。[23]

　　　最后，利害关系在非常广泛的贸易关系当中也可以得到认可。在这些情况下适用既判事项或者间接再诉禁止原则难以进行等级划分，原因是此时利害关系是否成立、判决是否具有约束力在很大程度上取决于对这些关系作出规定的实体法。因此，有必要仔细观察该基础性法律，以便决定是否针对那些符合其中一种关系的非当事人主张排除。[24]

　　　尽管就何时存在或不存在利害关系这一问题所作的各种各样的区分进行全面探讨超出了本文的范围，但是有两个例子足以说明这些相关规则的复杂本质。第一个是保险诉讼。当一个保险公司对保险人遭受的财产损失进行了赔付之后，就取得了代位请求权，因此它可以造成投保人财产损失的侵权人为被告提起诉讼。但是，假定该投保人已经就由同一事故引发的人身伤害提起诉讼并且得到了一份针对该侵权人的判决，而且提起诉讼的管辖区遵循这样一个基本原则就是，由单一的事件引起的所有损害仅仅构成一个诉因。在这种情况下，那么该保险公司提

----

〔18〕　Sea – Land Serv. , Inc. v. Gaudet, 414 U. S. 573, 593 – 94, 94 S. Ct. 806, 819, 39 L. Ed. 2d 9 (1974); Chicago, R. I. & P. Ry. Co. v. Schendel, 270 U. S. 611, 46 S. Ct. 420, 70 L. Ed. 757 (1926).

〔19〕　有关谁可以被认为具有"支配性"的当事人的详细讨论参见 Restatement Second of Judgments 39 (1982).

〔21〕　Montana v. U. S. , 440 U. S. 147, 99 S. Ct. 970, 59 L. Ed. 2d 210 (1979); Patterson v. Saunders, 194 Va. 607, 74 S. E. 2d 204 (1953), cert. denied 345 U. S. 998. 尽管具有支配地位的非当事人将受到判决的约束，但是他也不能利用有利的判决主张争点排除来对抗先前的当事人。Restatement Second of Judgments 84 (1982).

〔22〕　在一些案件以及评论当中有一种观点认为，排除的效力可以延伸到那些在待决案件中没有能够参加进来的非当事人。Provident Tradesmens Bank & Trust Co. v. Patterson, 390 U. S. 102, 114, 88 S. Ct. 733, 740, 19 L. Ed. 2d 936 (1968); Note, Preclusion of Absent Disputants to Compel Intervention, 79 Colum. L. Rev. 1551 (1979); Comment, Nonparties and Preclusion by Judgment: The Privity Rule Reconsidered, 56 Cal. L. Rev. 1098, 1122 (1968). 在 Martin v. Wilks, 490 U. S. 755, 109 S. Ct. 2180, 104 L. Ed. 2d 835 (1989) 一案中，联邦最高法院解决了该问题，认为谋求判决效力基于另外一人的当事人不能强制其参加进来，而须正式与其合并。

〔23〕　See, e. g. , Charter Oak Fire Ins. Co. v. Sumitomo Marine & Fire Ins. Co. , 750 F. 2d 267 (3d Cir. 1984); Inland Seas Boat Co. v. Buckeye Union Ins. Co. , 534 F. 2d 85 (6th Cir. 1976).

〔24〕　See 18 C. Wright, A. Miller & E. Cooper, Jurisdiction and Related Matters 4460.

起的代位诉讼就将被排除。[25] 作为第一次诉讼中的真正当事人（real party in in-
terest），该投保人可以将人身伤害与财产损害请求加以合并并且应该这样做。[26]
而该保险公司只能在其投保人的财产损失范围内起诉。既然后一诉讼将被阻却，
那么前一诉讼就是如此。这种结局并非过于苛刻，因为该保险公司在进行赔付之
前可以采取措施来保证其代位权的实现。另一方面，如果保险公司先起诉，那么
就不能排除该投保人后来就其受到的人身伤害提起诉讼。[27] 这一结论的理论基
础是，存在两个诉因，或者更准确地说，将投保人作为利害关系人看待不公平，
理由是该投保人并没有对保险公司提起的诉讼产生支配力，并且没有办法来保护
其就人身伤害提出的权利请求。

　　第二种重要的、存在复杂而且表面不一致[28]的利害关系的场合与由诸如雇
主和受雇人、被代理人和代理人、保证人和债务人等等这样一些关系产生出来的
派生责任有关。受害人可以起诉要求将其从加害人或者具有派生责任的人那里受
到的损害集合起来。问题是原告什么时候能够就每一种伤害连续提起诉讼。[29]

　　譬如，假设原告就撞车事故受到的伤害对 E 提起疏忽诉讼，E 受雇于 F。陪
审团作出了支持 E 的裁决。原告现在就不能集合所有的伤害来起诉 F。在 E 已经
在先前的诉讼中被认定为没有责任之后，又裁定 F 对 E 的疏忽负有责任是非常
不公平的。[30] 而且，允许就同一争点再行诉讼也是在浪费法院的时间和精力。
然而，如果是原告首先起诉雇主 F，败诉后又以受雇人 E 为被告第二次起诉，那
么其结果应该相同吗？这里不会出现同样的、显而易见的不公平情形，因为 E
可能被要求对自己的行为进行辩护，但这将是一种资源的浪费。因此，应该排除
第二次诉讼。然而，有必要说明的是，这种结果只有在针对 F 提起的第一次诉
讼中就 E 的行为的实体问题作出了决定时才会发生。所以，如果 F 的胜诉并非
是由于 E 的疏忽不成立而是完全基于 E 在事故发生之时没有在雇佣关系的范围
内行事，那么原告针对 E 提起的第二次诉讼就应该进行下去。损害赔偿问题还
可适用类似的规则。如果原告无论是以 E 为被告或是以 F 为被告都胜诉了。那

---

〔25〕　Hayward v. State Farm Mut. Auto. Ins. Co., 212 Minn. 500, 4 N. W. 2d 316 (1942).

〔26〕　正当当事人概念在上文 6. 3 中进行了讨论。

〔27〕　Reardon v. Allen, 88 N. J. Super. 560, 213 A. 2d 26 (Law Div. 1965). 这种既判事项原则适用的
例外情形在 14. 5 注释 13～15 当中进行了讨论。

〔28〕　E. g., "……虽然主人和其雇佣的人存在利害关系，但是受雇者和其主人却没有利害关系。"
Land v. Sellers, 150 Ga. App. 83, 256 S. E. 2d 629, 630 (1979).

〔29〕　See U. S. v. Gurley, 43 F. 3d 1188 (8th Cir. 1994), cert. denied 516 U. S. 817（雇佣关系责
任）; Good Health Dairy Prods. Corp. v. Emery, 275 N. Y. 14, 9 N. E. 2d 758 (1937)（派生责任）; City of
Anderson v. Fleming, 160 Ind. 597, 67 N. E. 443 (1903)（被替代者和替代者）.

〔30〕　New Orleans & N. E. R. Co. v. Jopes, 142 U. S. 18, 12 S. Ct. 109, 35 L. Ed. 919 (1891).

么赔偿的数额将产生约束力；原告不能为了获得更高的赔偿额而提起第二次诉讼。[31]

704

14.14 相互性（mutuality）原理

虽然判决约束对象的确定受到正当程序要求的支配，但是非当事人是否可以利用先前判决这一问题引出了其他的一些顾虑。因此，历史和传统促使法院将这两方面因素合二为一：只有当事人及其利害关系人才受判决的约束并可利用该判决。[1]

只有在间接再诉禁止的场合才会发生非当事人能否从判决中受益的问题。如果出现新的当事人，法院一般将裁决该两个诉讼没有构成一个单一的诉因或请求，因此不能受既判事项原则阻却。[2] 在涉及不同当事人的分离诉讼中可以提出相同争点，并且可以清楚确定在第一次诉讼中这些争点经过了必要的、事实上的争讼并得到了决定，因此符合争点排除的基本要求。[3] 对间接再诉禁止原则的适用形成阻碍的是相互性原则。

根据该术语所表达的意思，相互性的前提是所有的诉讼参加人应该同等对待。[4] 如果一个人不会因为一份判决而失去什么的话，那么他就不应该从该判决中受益。既然第一次程序当中当事人不能就针对非当事人作出的判决提出主张，那么该非当事人同样也不能凭借该判决来对抗该当事人。[5] 由此可见，相互性原则对先前的当事人有利，因为该原则为他们提供了第二次诉讼以获得不同判决的机会。[6] 而与此同时，它牺牲了司法的经济性并且导致相互矛盾的结果的可能性，所有的这一切都是为了让诉讼参加人受到同等对待。[7]

---

〔31〕 Land v. Sellers, 150 Ga. App. 83, 256 S. E. 2d 629 (1979).

〔1〕 从历史上看，该相互性规则由限制当事人在诉讼记录中作出相反陈述这一实践发展而来，这一事实就可解释该规则。See Miller, The Historical Relation of Estoppel by Record to Res Judicata, 35 Ⅲ. L. Rev. 41 (1940).

〔2〕 See Lawlor v. National Screen Serv. Corp. , 349 U. S. 322, 75 S. Ct. 865, 99 L. Ed. 1122 (1955). 对诉因构成的讨论同样参见上文 14.4。

在某些例外的场合允许非当事人依赖既判事项。See, e. g., Nevada v. U. S., 463 U. S. 110, 143 - 44, 103 S. Ct. 2906, 2925, 77 L. Ed. 2d 509 (1983). 但是，相互性并非既判事项的要素。Beard v. O' Neal, 728 F. 2d 894 (7ᵗʰ Cir. 1984), cert. denied 469 U. S. 825.

〔3〕 See 14.10 - 1.11, above.

〔4〕 See Bigelow v. Old Dominion Copper Mining & Smelting Co. , 225 U. S. 111, 32 S. Ct. 641, 56 L. Ed. 1009 (1912); Ralph Wolff & Sons v. New Zealand Ins. Co. , 248 Ky. 304, 58 S. W. 2d 623 (1933).

〔5〕 有一种观点赞成除了那些涉及派生或者第二位责任的限制性领域，保持相互性原则。参见 Moore & Currier, Mutuality and Conclusiveness of Judgments, 35 Tul. L. Rev. 301 (1961).

〔6〕 一位作者凭借可能性理论认为，相互性原则同样分配了与说服责任相一致的庭审风险，因而如果放弃它的话会"击中庭审过程的要害"。Note, A Probabilistic Analysis of the Doctrine of Mutuality of Collateral Estoppel, 76 Mich. L. Rev. 612, 619 (1978).

〔7〕 See Semmel, Collateral Estoppel, Mutuality and Joinder of Parties, 68 Colum. L. Rev. 1457 (1968).

在一些管辖区尽管相互性原则仍旧限制了间接再诉禁止原则的适用，[8] 对 705
该原则的坚持度已经逐步开始弱化。初现端倪的案件是 Bernhard v. Bank of A-
merica National Trust and Savings Association, [9] 大法官罗杰·特雷纳（Roger
Traynor）在该案中裁决没有可以支持的理由能够说明适用相互性原则的正当性。
他评注道，许多法院允许将利害关系的概念予以扩张以获得更为广泛的约束效
力，由此证明他们已经暗自认可了这一点。[10] 据此，他总结说在决定是否适用
争点排除规则时，相关问题只能是：（1）涉及的争点是否相同；（2）是否存在
实体性的终局判决；以及（3）不容否认原则所针对的人是否是先前诉讼中的当
事人或其利害关系人。[11]

根据大法官特雷纳的指引，许多管辖区已经放弃了相关性原则。[12] 它们解
释说不能就一个争点继续进行诉讼，特别是在没有理由猜想将会出现不同诉讼结
果的时候。只要在两个诉讼中这个争点或者这些争点具有相同性，并且在第一次
诉讼时给予了充分的机会对该争点进行诉讼，那么非当事人可以对败诉的当事人
主张间接再诉禁止。

但是，这种背离相互性的举动正在进行当中，而且关于何时允许非当事人对
先前诉讼的当事人主张间接再诉禁止，各个管辖区的做法呈现出多样化。[13] 许
多法院根据当事人在前后两次诉讼中所处的状态来作决定。

放弃相关性原则的最为常见的情形是，主张不容否认所针对的一方当事人在
第一次诉讼中（原告）处于攻击状态，而主张不容否认的当事人在第二次诉讼

---

〔8〕 E. g., Goodson v. McDonough Power Equipment, Inc., 2 Ohio St. 3d 193, 443 N. E. 2d 978
(1983); Newport Div. Tenneco Chemicals, Inc. v. Thompson, 330 So. 2d 826 (Fla. App. 1976); Keith v.
Schiefen – Stockham Ins. Agency, Inc., 209 Kan. 537, 498 P. 2d 265 (1972); Howell v. Vito's Trucking & Ex-
cavating Co., 386 Mich. 37, 191 N. W. 2d 313 (1971).

〔9〕 19 Cal. 2d 807, 122 P. 2d 892 (1942).

〔10〕 See 14. 13, above.

〔11〕 122 P. 2d at 895.

〔12〕 See generally Taylor, Kentucky Courts and Non – Mutual Collateral Estoppel, 24 N. Ky. L. Rev. 297
(1997); Note, Collertal Estopel: The Changing Role of the Rule of Mutuality, 41 Mo. L. Rev. 521 (1976).
自从 Bernhard 案以来，一些涉及相互性的案件在 the Appendix to Currie, Civil Procedure: The Tempest
Brews, 53 Calif. L. Rev. 25, 38 (1965) 得到了收集和探讨。

〔13〕 虽然正朝着放弃相互性原则的方向发展，但是这一过程却不是永恒不变的。比较一下 Crowall v.
Heritage Mut. Ins. Co., 118 Wis. 2d 120, 346 N. W. 2d 327 (App. 1984)（对酒后驾车这一轻罪的定罪对
后面民事诉讼中的谁在驾车这一争点产生排除效力), with Trucking Employees of North Jersey Welfare Fund,
Inc. v. Romano, 450 So. 2d 843 (Fla. 1984)（先前的重罪判决在后面的民事诉讼程序中不产生排除效力）。

中实施该行为时则处于防御状态。[14] 伯恩哈得（Bernhard）一案就出现了这种
情况。[15] 在这种场合下很少会允许败诉的请求人为了获得不同的结果而简单地
通过转换对手就同一争点继续进行诉讼。

还有一种较早一些的观点认为如果非当事人直接针对的对象是第一次诉讼中
的被告，那么绝对不应该对其适用间接再诉禁止。[16] 这一限制说明，被告被假
定为总是处于劣势，因为他们不能选择诉讼的时间或者地点。本着这一基本原
理，为了防止这种固有的不利条件影响到辩护的充分性，只有后来在相同当事人
之间进行的诉讼中，被告才应该受约束。但是，现在许多法院将该限制视为不必
要的多余部分而加以拒绝。[17]

当间接再诉禁止被作为一种进攻措施使用以谋求救济请求的成立时，一些法
院对此已经有所界定。[18] 因此，有些法院裁决说相互性还是应该起支配作用，
至少在主张间接再诉禁止所针对一方当事人是第一次诉讼中的被告时是这样。[19]
其他法院则走得更远，无论非当事人何时进攻性地主张该判决，都不允许其从争
点排除规则中受益。[20]

---

〔14〕 E. g., Fisher v. Jones, 311 Ark. 450, 844 S. W. 2d 954 (1993), noted 47 Ark. L. Rev. 701
(1994); Sanderson v. Balfour, 109 N. H. 213, 247 A. 2d 185 (1968). See Crutsinger v. Hess, 408 F. Supp.
548 (D. Kan. 1976), 判决堪萨斯州最高法院在间接再诉禁止作为一项防御措施针对先前诉讼的原告提出
时将放弃相互性原则，即使在 Adamson v. Hill, 202 Kan. 482, 449 P. 2d 536 (1969) 一案当中非当事人将
间接再诉禁止用于攻击目的受到拒绝。

〔15〕 在 Bernhard 案中，某项遗产的受益人起诉管理人声称该管理人将该继承人的钱不当移转到了他
自己名下。管理人胜诉，其辩护的理由是所转移的钱是赠与给他的。在该管理人的身份被解除之后，先前
的原告被指定为女遗嘱执行人，于是她起诉银行，声称银行许可前管理人转移存款的行为不当。银行提出
的辩护理由是，提取资金并无不当因为它是一项赠与，而这一点在第一次诉讼当中已经成立。间接再诉禁
止得到了坚持。

〔16〕 该观点是布雷纳德·柯里（Brainerd Currie）教授在 Mutuality of Collateral Estoppel: Limits of the
Bernhard Doctrine, 9 Stan. L. Rev. 281 (1957) 一文中提出来的。他后来又收回了这一观点，声称相互性
原则的寿终正寝"应该建立在详细探究的基础上而不应建立在拇指规则（rules of thumb）基础之上。"
Currie, Civil Procedure: The Tempest Brews, 53 Calif. L. Rev. 25, 31 (1965).

〔17〕 Zdanok v. Glidden Co., 327 F. 2d 944 (2d Cir. 1964), cert. denied 377 U. S. 934; Bahler v.
Fletcher, 257 Or. 1, 474 P. 2d 329, 337 (1970); Teitelbaum Furs, Inc. v. Dominion Ins. Co., 58 Cal. 2d 601,
25 Cal. Rptr. 559, 375 P. 2d 439 (1962), cert. denied 372 U. S. 966.

〔18〕 非当事人对间接再诉禁止的进攻性运用和防御性运用之间的区别参见 Note, The Impacts of De-
fensive and Offensive Assertion of Collteral Estoppel by a Nonparty, 35 Geo. Wash. L. Rev. 1010 (1967).
《判决重述（二）》29 Reporter's Note 299 (1982) 宣称，除了进攻性地主张间接再诉禁止时要求占优势
一方证明先前诉讼中已经获得充分的诉讼机会这种情况之外，如今的趋势已经不再要求对间接再诉禁止的
进攻性运用与防御性运用进行区分。

〔19〕 Reardon v. Allen, 88 N. J. Super. 560, 213 A. 2d 26 (Law Div. 1965); First Nat. Bank of Cincin-
nati v. Berkshire Life Ins. Co., 176 Ohio St. 395, 199 N. E. 2d 863 (1964); Nevarov v. Caldwell, 161 Cal.
App. 2d 762, 327 P. 2d 111 (1958).

〔20〕 Spettigue v. Mahoney, 8 Ariz. App. 281, 445 P. 2d 557 (1968); Albernaz v. City of Fall River, 346
Mass. 336, 191 N. E. 2d 771 (1963). See also Flanagan, Offensive Collateral Estoppel: Inefficiency and Foolish
Consistency, 1982 Ariz. St. L. J. 45.

禁止非当事人进攻性地主张间接再诉禁止其原理有两方面。首先，在这些场合放弃相互性原则将会促使人们在诉讼提起之后持一种观望态度。如果起诉获得成功，那么他们将通过主张间接再诉禁止而利用该判决，而倘若不成功，他们又会通过主张正当程序权利来使争点得到重新诉讼。这种结局对被告而言总有些不公平。第二种担心由布雷纳德·柯里（Brainerd Currie）教授提出，那就是在重复提起诉讼的情况下有可能造成对单一事件出现相矛盾的、违反常规的判决，比如飞机相撞或者公共汽车事故。[21] 如果首先作出的某些判决支持被告，那么其他的受伤乘客可以依据正当程序规则就被告的疏忽问题继续进行诉讼。但是，如果从根本上放弃相互性原则并且后面出现了支持原告的判决，那么接下来的请求人都可以依靠该一认定。即使该裁决有可能脱离了常规。为了避免这一可能，有人认为必须对间接再诉禁止的效力加以否决。[22]

在何时想要放弃相互性原则这一问题上，并不是所有的管辖区就划出几条线那么简单。某些法院，比如纽约，[23] 采纳了一种流动性（fluid）方法。对于任何一个非当事人想要从主张间接再诉禁止当中获益的案件，法院必须就第一次诉讼是否对那些据以提出不容否认的争点进行了充分而且公平的诉讼、因此在第二次诉讼中不可能得出不同的结论作出认定。[24] 这种方法给出的假设是允许进行争点排除，因为论证第一次机会不公平并且第二次诉讼出现的不同结果何在的责任加在了反对适用争点排除的当事人身上。[25]

1979 年联邦最高法院为联邦法院评断非当事人提出间接再诉禁止给出了一些指导方针。几年前该法院在 Blonder – Tongue Laboratories, Inc. v. University of

---

〔21〕 Currie, Mutuality of Collateral Estoppel: Limits of the Bernhard Doctrine, 9 Stan. L. Rev. 281, 289 (1957).

〔22〕 State Farm Fire & Cas. Co. v. Century Home Components, Inc., 275 Or. 97, 550 P. 2d 1185 (1976).

显然，拇指规则并不是解决据以作出第一次判决的裁决有可能错误这一问题的惟一方式。See Taylor v. Hawkinson, 47 Cal. 2d 893, 306 P. 2d 797 (1957)（当判决可能源自一份和解裁决时，间接再诉禁止效力被否决）。

〔23〕 不容否认的相互性在纽约的情况参见5 J. Weinstein, A. Miller & H. Korn, New York Civil Practice 5011. 32 – 42.

〔24〕 See Waitkus v. Pomeroy, 31 Colo. App. 396, 506 P. 2d 392 (1972), reversed on other grounds 183 Colo. 344, 517 P. 2d 396 (1973); B. R. DeWitt, Inc. v. Hall, 19 N. Y. 2d 141, 278 N. Y. S. 2d 596, 225 N. E. 2d 195 (1967); Israel v. Wood Dolson Co., 1 N. Y. 2d 116, 151 N. Y. S. 2d 1, 134 N. E. 2d 97 (1956).

〔25〕 State Farm Fire & Cas. Co. v. Gentury Home Components, Inc., 275 Or. 97, 550 P. 2d 1185 (1976); Schwartz v. Public Administrator of Bronx County, 24 N. Y. 2d 65, 298 N. Y. S. 2d 955, 246 N. E. 2d 725 (1969). But see Waitkus v. Pomeroy, 31 Colo. App. 396, 506 P. 2d 392 (1972), reversed on other grounds 183 Colo. 344, 517 P. 2d 396 (1973).

708　Illinois Foundation 一案[26]中对该案的防御性场合放弃相互性原则给予了认可，裁决专利权人将被排除就已经在先前的诉讼中被宣告无效的专利权的有效性问题针对其他的侵权人再行争讼。对于某项合理的政策而言这一结论是必要的。如同大法官怀特（White）在代表联邦最高法院作的判决意见书中所述，"在任何一个案件中，倘若被告由于相关性原则而被迫就请求的实体问题作出完全的防御，而该请求却在第一次诉讼当中已经得到充分争讼并且原告败诉了，那么就引起一个可争辩的资源配置错误问题。"[27]　此后不久，在 Parklane Hosiery Company v. Shore 案中，[28] 联邦最高法院碰到了一个问题，即非当事人是否可以对先前诉讼中的被告攻击性的主张间接再诉禁止——一个对于下级法院而言最为棘手的场合。按照大法官斯图尔特（Stewart）的观点，最高法院支持了间接再诉禁止的适用，但是发出了一份告诫书（caveat），其内容如下："一般的规则应该是，如果原告在先前的诉讼中能够很容易地合并进来，或者……使用攻击性的不容否认将对被告不公平，那么庭审法官不应该许可使用攻击性的不容否认。"[29]　因此，该法院认可了在联邦法院完全放弃相互性原则这一做法。这样就替代了庭审法官用以判断是否允许非当事人在特殊案件中主张争点排除的裁量性标准，在该特殊案件中常常会产生一些促使某些法院或者评论员拒绝使用争点排除的问题或者顾虑。

　　专门提到四种因素。第一，非当事人能够并入先前的诉讼吗？[30]　如果能，那么不容否认就不合适了，因为它的适用将助长诉讼参加者的观望心态并最终会增加诉讼的总数。[31]　第二，是否在第一次诉讼之时能够预见到下面的诉讼因而被告总是有动力并且精力充沛地对该诉讼作出防御？[32]　第三，是否所依赖的判决与先前对抗该被告的判决保持一致所以不用害怕出现多数请求人（multiple-

---

　　[26]　402 U. S. 313, 91 S. Ct. 1434, 28 L. Ed. 2d 788 (1971).

　　[27]　402 U. S. at 329, 91 S. Ct. at 1443. 之所以会出现这种资源配置错误，原因是"被告的时间和金钱被这些可选择的用途——生产性的，或者则就是——就已经得到决定的争点再次诉讼所支配。"并且，"只要不相关的被告所维持的支出反映了某种赌博的征兆或者是'从下级法院的立场来看缺乏纪律和无私'，就允许原告再次诉讼，这样做不会给程序规则的改革打下有价值的或者明智的基础。"Ibid.

　　[28]　439 U. S. 322, 99 S. Ct. 645, 58 L. Ed. 2d 552 (1979).

　　[29]　439 U. S. at 331, 99 S. Ct. at 651–652.

　　[30]　这一问题在帕克兰案中很容易回答，因为在第一次诉讼程序是私诉（private）当事人可以进行合并的证券交易委员会（SEC）诉讼。

　　[31]　法院评注道："如果在第一次诉讼中不参加进来的话，潜在的当事人只会赢不会输。"439 U. S. at 330, 99 S. Ct. at 651.

　　[32]　关于可预见性这一争点，比较一下 Zdanok v. Glidden Co., 327 F. 2d 944 (2d Cir. 1964), cert. denied 377 U. S. 934, with Berner v. British Commonwealth Pac. Airlines, Ltd., 346 F. 2d 532 (2d Cir. 1965), cert. deined 382 U. S. 983.

　　有关这一因素如何在连续的雇佣歧视诉讼当中适用参见 Meredith v. Beech Aircraft Corp., 18 F. 3d 890 (10th Cir. 1994).

claimant）现象？[33] 第四，对被告而言，在第二次诉讼中是否有第一次程序中不 709
具备的程序性机会可以利用，故而如果争点再次提出就有可能产生不一样的结
果？对于最后一点，联邦最高法院提供了某些指导性意见。首先，对于帕克兰
（Parklane）案中提出的、第二次诉讼中运用陪审团审理就是一个程序性机会的
观点，它专门表示了拒绝，并宣称"陪审团的存在与否基本上是中立性的
……。"[34] 大法官斯图尔特认为，当被告被迫在一个不方便的法院作出防御并且
无法进行完全的披露或提出证人的时候，这种不适合实施争点排除的情况就产生
了。[35] 分析以上四种因素时应该充分评价初审法官是否让被告在享有充分而公
平的机会进行第一次防御故而适用间接再诉禁止并无不当。

帕克兰案所确立的标准的独到之处在于它对以上这些因素作出了直接的回
应。如前所述，许多州法院已经放弃了相互性原则，但是在遇到这些问题的时
候，它们要么将背离相互性原则的情形限定于某些场合，要么适用一般性标准，
要求就第一次诉讼的公平性进行评价。而在如何评价公正与否这一问题上，帕克
兰案提供了专门的指导性意见。[36]

帕克兰案所确立的标准其成功之处在于适用起来很方便。[37] 简单扫视一下
这一标准就会发现仍然有一些模棱两可之处。[38] 譬如第一个因素——简单合并
（easy joinder）——尽管判断某一个特殊的当事人持观望态度常常可能很简单，
这就好比该当事人最初在第一次起诉时被合并进来而后却得到一个诉的分离
（severance）时，在其他诉讼当中没有将其合并的原因不会清楚一样。多数情况
下法院不采取强制参加（compulsory intervention）的原则。他们允许当事人对纠

---

〔33〕 尤其在在某些多数请求人案件中（就像在帕克兰案中那样），可以在第一次判决作出之后主张
间接再诉禁止，因为不存在与该判决不一致的判决，这一因素无法发挥作用。尽管第一次判决本身是否是
反常规的这一点我们还不能确定，但是通过对那些要求在第一次诉讼中认定已经给予充分、公正的机会的
其他因素的分析，可以回答这一问题。

〔34〕 439 U. S. at 332 n. 19, 99 S. Ct. at 652 n. 19. 对陪审团审理以及间接再诉禁止的讨论参见 Sha-
piro & Coquillette, The Fetish of Jury Trial in Civil Cases: A Comment on Rachal v. Hill, 85 Harv. L. Rev. 442
（1971）; Note, Mutuality of Estoppel and the Seventh Amendment: The Effect of Parklane Hosiery, 66 Cornell L.
Q. 1002 (1979).

〔35〕 439 U. S. at 331 n. 15, 99 S. Ct. at 651 n. 15.

〔36〕 《判决重述（二）》29（1982）采纳了帕克兰案标准来决定当有新人出现在第一次诉讼中时是否
使用争点排除规则。

〔37〕 有关对帕克兰案的意义的讨论参见 Callen & Kadue, To Bury Mutuality, Not to Praise It: An Analy-
sis of Collteral Estoppel After Parklane hosiery Co. v. Shore, 31 Hast. L. J. 755 (1980); Statman, The Defensive
Use of Collateral Estoppel in Multidistrict Litigation After Parklane, 83 Dick. L. Rev. 469 (1979). 有关对进攻性
地使用非相互性间接再诉禁止不成功的领域的有趣分析，参见 Green, The Inability of Offensive Collateral Es-
toppel to Fulfill Its Promise: An Examination of Estoppel in Asbestos Litigation, 70 Iowa L. Rev. 141 (1984).

〔38〕 最容易适用的是第三点，因为当不一致判决出现时应该能很明显地看出来。See, e. g., Stande-
fer v. U. S., 447 U. S. 10, 23 n. 17, 100 S. Ct. 1999, 2007 n. 17, 64 L. Ed. 2d 689 (1980); Hardy v.
Johns - Manville Sales Corp., 681 F. 2d 334 (5th Cir. 1982).

710 纷实行自我控制，并赋予其策略性的判决权利。因此，如果当事人在第一次诉讼程序当中基于策略性考虑而没有参加进来，但是又不仅仅观望等待一个有利的结果的出现，那么就不应该从间接再诉禁止原则中得到好处。[39] 相反，对于非当事人所作的在第一次诉讼当中不加入进来的决定仅从事实上进行考究，就能说明这一考虑是否值得否决排除效力。[40]

依据帕克兰案确立的规则，为了维护判决的可靠性和公正性，法院必须逐案审查是否有必要许可那些重复诉讼的出现；对此没有、同时也不应该有一个准确的公式可利用。这一方法有待修正，理由是它允许法院在保护当事人利益的时候保留对间接再诉禁止的利用。但是，帕克兰案标准仅仅在联邦法院才可使用。[41] 州法院并没有义务遵照最高法院的指示。[42] 因此，有必要仔细搜寻一下该作出判决的法院所适用的法律来看它是否放弃了相互性原则，以及，如果已经放弃，在处理方式上的差别程度何在。

D. 先例判决的制度间（intersystem）问题

14.15 不同制度间执行判决承认原则

纵观整个这一章，如果当事人要依靠先前法院作出的判决，那么由司法上发展而来请求权及争点的排除规则将决定该判决在何种程度上具有约束力。如果第一次诉讼的听审是在某个司法管辖区进行的，而第二次又是在另一个管辖区进行的，那么对第一次判决的尊重与否是由充分诚意与信赖（full faith and credit）原则来支配的。[1] 充分诚意与信赖原则因此而可以看成是不同体制下的先例判决

---

〔39〕 See, e. g., Starker v. U. S., 602 F. 2d 1341 (9ᵗʰ Cir. 1979)（战术性的考虑，足以解释不合并的原因）. See generally Note, Offensive Assertion of Collateral Estoppel by Persons Opting Out of a Class Action, 31 Hast. L. J. 1189 (1980).

〔40〕 Collins v. Seaboard Coastline R. R. Co., 681 F. 2d 1333 (11ᵗʰ Cir. 1982)（对于妻子为何没有将其配偶权受到损害的请求合并到其丈夫针对铁路公司提出的人身伤害请求当中，对此要求进行探究）.

〔41〕 有关相互性原则在联邦法院受到的对待参见 18 C. Wright, A. Miller & E. Cooper, Jurisdiction and Related Matters 4463–65.

〔42〕 See Davidson v. Lonoke Production Credit Ass'n, 695 F. 2d 1115 (8ᵗʰ Cir. 1982)，该案当中针对相互性和间接再诉禁止问题对阿肯色州的判例作过有趣的分析，其中包括为什么阿肯色州最高法院有可能会遵循帕克兰案的指引。

〔1〕 充分诚意与信赖原则在某些精彩的文章当中得到了探讨。See Carrington, Collateral Estoppel and Foreign Judgments, 24 Ohio St. L. J. 381 (1963); Casad, Intersystem Issue Preclusion and the Restatement (Second) of Judgments, 66 Cornell L. Q. 510 (1981); Degnan, Federalized Res Judicata, 85 Yale L. J. 741 (1976); Lilly, The Symmetry of Preclusion, 54 Ohio St. L. J. 289 (1993); Scoles, Interstate Preclusion by Prior Litigation, 74 Nw. U. L. Rev. 742, 748 (1979).

尽管在州际案件中充分诚意与信赖原则支配着所有的争点排除问题，但是它们不能控制"判决执行的时间、方式以及机构。" Baker v. General Motors Corp., 522 U. S. 222, 118 S. Ct. 657, 665, 139 L. Ed. 2d 580 (1998). 关于判决如何执行参见下文 15.7–15.8.

的保障。[2]

《美国宪法》第 4 条第 1 款要求每一个州必须赋予其他任何一个州的判决以 711
充分的信赖和诚意。这一原则在《美国注释法典》的第 1738 节得到了确立并且
其范围有所扩大。[3] 该条规定，一个州法院赋予另一个州法院判决的效力必须
与判决法院相同。而且，联邦法院给予任何一州法院判决的尊重必须与作出判决
的法院在其所在的州得到的相同。尽管制定法和宪法都没有提到当州法院对联邦
法院的判决应承担怎样的义务，但还是一致认可其相同强行性效力，因而州法院
必须赋予这些判决以其在联邦法院所产生的相同效力。[4] 维护这种强行效力非
常重要，如果缺乏它的话，任何一个司法制度将可以任意地漠视来自于其他制度
的判决。因而，被当作了一项"国家性的一体化强制措施。"[5]

有人认为，应该制定一些例外规则来阻止在不同法院作出的先前判决产生一
般的约束效力，但这个问题不是法院基于政策上的考虑就可以裁量拒绝这么简
单，而是要看是否存在可以无视宪法和制定法所规定的充分诚意与信赖义务的政
策。而且，例外情形在数量上必须很少。当某个州法院正在执行另外的州法院判
决时，只有宪法上的强制性命令在效力上才可以盖过《宪法》第 4 条规定的义
务。例如，如果在第一次诉讼中缺乏对人管辖权因而无法确立正当程序，此时就
可以承认充分诚意与信赖义务的例外情形。[6] 然而，如果争点是在州法院和联
邦法院之间提出，那么，必须予以回答的问题就不相同了。由于在那种情况下遵
守充分诚意与信赖仅仅是制定法上的义务，所以国会可以基于其他的立法目的而 712
决定予以放弃或者变更其要求，[7] 并且法院必须考虑它是否已经这样做了。[8]

〔2〕 当涉及到外国判决效力时，遵循礼让（comity）原则。而赋予外国判决的效力问题不在本文的
讨论范围之内。有关这一问题的延伸处理，参见 E. Scoles & P. Hay, Conflict of Laws 24. 3 – 24. 7 and 24.
33 – 24. 45 (2d ed. 1992).

〔3〕 28 U. S. C. A. 1738.

〔4〕 Stoll v. Gottlieb, 305 U. S. 165, 59 S. Ct. 134, 83 L. Ed. 104 (1938); Gerscent City Live – Stock
Co. v. Butcher's Union Slaughter – House Co. , 120 U. S. 141, 7 S. Ct. 472, 30 L. Ed. 614 (1887); Embru v.
Palmer, 107 U. S. (17 Otto) 3, 2 S. Ct. 25, 27 L. Ed. 346 (1882); Loveridge v. Fred Meyer, Inc. , 72 Wn.
App. 720, 864 P. 2d 417 (1993).

〔5〕 Magnolia Petroleum Co. v. Hunt, 320 U. S. 430, 439, 64 S. Ct. 208, 214, 88 L. Ed. 149 (1943).

〔6〕 Pennoyer v. Neff, 95 U. S. (5 Otto) 714, 24 L. Ed. 565 (1877); Restatement Second of Judgments
81 (1982). 然而，甚至以缺乏管辖权为由对判决进行的攻击也将限于争点在第一次诉讼中没有争讼的场
合。参见上文 14. 7 注释 29 – 38 当中的讨论。

〔7〕 Restatement Second of Judgments 86, comment d (1982).

〔8〕 See Migra v. Warren City School Dist. Bd. of Educ. , 465 U. S. 75, 104 S. Ct. 892, 79 L. Ed. 2d
56 (1984)（《美国注释法典》第 42 标题卷第 1983 节并非是一个例外规定，既判事项原则排除了针对先前
在州法院忽略了的联邦请求进行诉讼）; Kermer v. Chemical Constr. Corp. , 456 U. S. 461, 102 S. Ct. 1883,
72 L. Ed. 2d 262 (1982)（《权利法案》第七章不是一个例外规定；间接再诉禁止原则排除了雇佣歧视请
求）; Allen v. McCurry, 449 U. S. 90, 101 S. Ct. 411, 66 L. Ed. 2d 308 (1980)（州法院判决必须产生间接
再诉禁止效力，从而排除了根据《美国注释法典》第 42 标题卷第 1983 节进行的联邦诉讼）。

正如先前所讨论过的，尽管在各种不同情况下均有人提出某些实体性的制定法要求不能适用既判事项原则或者间接再诉禁止原则，到今天这种观点已经很少得到支持。[9] 充分诚意与信赖原则已经占据了主流。

不同制度间的排除案件中存在的主要困难是，当就既判事项原则或间接再诉禁止原则是否得到正确适用作出决定时，应该诉诸于何种法律。[10] 适用何种法律是一个非常重要的问题，因为，正如本章中先前所论证过的，不同管辖区的法院之间经常就这两个原则的范围发生争论。比如，作出判决的法院所适用的法律可能规定，由单一的事件发生人身伤害和财产损害构成一个诉因，或者只有判决当中的当事人才能主张间接再诉禁止。然而就该判决提出主张的法院的适用的法律则可能规定人身伤害和财产损害构成两个诉因，或者说其管辖区已经放弃了相互性原则，允许非当事人针对先前的当事人主张间接再诉禁止。使用何种法律将决定某个特定的判决是否排除进一步的诉讼。

《美国注释法典》第 1738 节在所有这些情况下都必须逐条适用。因此，考查一些判决法院在所有的约束效力问题上所适用的法律很有必要。[11] 当州法院的判决后来在联邦法院被提出时，[12] 以及当联邦法院判决后来在州法院诉讼当中被提出时，[13] 确是如此。甚至在作出判决的法院由于错误而没能赋予先前的判决以排除效力的情况下，判决被提出的法院也有义务受其约束。[14]

如果一份判决由某州的联邦法院作出而争点排除问题却产生在另一个州的联

---

〔9〕 参见上文 14. 8 和 14. 12。一个被认为是践踏《美国注释法典》第 1738 节规定的制定法政策的例子参见 U. S. Fidelity & Guar. Co. v. Hendry Corp. , 391 F. 2d 13 (5ᵗʰ Cir. 1968), cert. Denied 393 U. S. 978.

〔10〕 对这一问题的有价值探讨参见 Degnan, Federalized Res Judicata, 85 Yale L. J. 741 (1976); Vestal, Res Judicata/ Preclusion by Judgment: The Law Applied in the Federal Courts, 66 Mich. L. Rev. 1723 (1968).

〔11〕 有关对联邦系统中在既判事项方面的法律适用更详细的讨论参见 18 C. Wright, A. Miller & E. Cooper, Jurisdiction and Related Matters 4466 – 73.

〔12〕 See Growe v. Emison, 507 U. S. 25, 113 S. Ct. 1075, 122 L. Ed. 2d 388 (1993); Marrese v. American Academy of Orthopaedic Surgeons, 470 U. S. 373, 105 S. Ct. 1327, 84 L. Ed. 2d 274 (1985); Oklahoma Packing Co. v. Oklahoma Gas & Elec. Co. , 309 U. S. 4, 8, 60 S. Ct. 215, 217, 84 L. Ed. 537 (1940); Aquatherm Indus. , Inc. v. Florida Power & Light Co. , 84 F. 3d 1388 (11ᵗʰ Cir. 1996).

在 Matsushita Elec. Industrial Co. v. Epstein, 516 U. S. 367, 116 S. Ct. 873, 134 L. Ed. 2d 6 (1996) 案中，联邦法院对州法院判决在推理方面的要求得到了强调。在该案当中，法院认为，特拉华州法院作出的集团诉讼和解判决有权在加利福尼亚联邦法院进行的集团诉讼中获得充分的诚意与信赖，即使该提出的请求是在联邦法院的专属管辖权范围内。该决定在 Kahan & Silberman, Matsushita and Beyond: The Role of State Courts in Class Actions Involving Exclusive Federal Claims, 1996 Sup. Ct. Rev. 219, and Casenote, 110 Harv. L. Rev. 297 (1996) 中受到了批评。

〔13〕 See the cases cited in note 4, above.

〔14〕 Parsons Steel, Inc. v. First Alabama Bank, 474 U. S. 518, 106 S. Ct. 768, 88 L. Ed. 2d 877 (1986)（第二次判决没有对第一次判决给予充分的诚意与信赖，这对于该争点将产生排除效力，并且只有通过在第二个州提出上诉才能使其得到纠正）。

邦法院，那么适用法律的渊源就已经产生了特殊的问题。此时充分诚意与信赖原则已不再起作用，因为判决的承认问题仅仅隶属于一种司法制度——联邦制度。[15] 因此，起作用的应该是联邦法律。正如德格南（Degnan）教授所奉劝的那样，[16] 即使第一次诉讼是联邦上的变更诉讼，该判决的范围也应该由联邦法律来掌握，而不能参照联邦法院所在的州的州法律来作出决定。[17] 虽然存在权力的冲突，至少在最后一种情况下，[18]《二次判决重述》[19] 同样还是赞成有关联邦法院判决的排除效力的决定由联邦法、而不是由联邦最高法院在 Erie Railroad Company v. Tompkins 一案中的判决推出来的某些原则来控制。[20]

14. 16—15. 0 保留作补充材料用。

---

　〔15〕　Baldwin v. Iowa State Traveling Men's Ass'n, 283 U. S. 522, 51 S. Ct. 517, 75 L. Ed. 1244 (1931).

　〔16〕　Degnan, Federalized Res Judicata, 85 Yale L. J. 741 (1976).

　〔17〕　J. Z. G. Resources, Inc. v. Shelby Ins. Co. , 84 F. 3d 211 (6th Cir. 1996); Havoco of Ameican, Ltd. v. Freeman, Atkins & Coleman, Ltd. , 58 F. 3d 303 (7th Cir. 1995); Adkins v. Allstate Ins. Co. , 729 F. 2d 974 (4th Cir. 1984); Hardy v. Johns – Manville Sales Corp. , 681 F. 2d 334 (5th Cir. 1982); Aerojet – General Corp. v. Askew, 511 F. 2d 710 (5th Cir. 1975), cert. denied 423 U. S. 908.

　〔18〕　E. g. , Follette v. Wal – Mart Stores, Inc. , 41 F. 3d 1234 (8th Cir. 1994), cert. denied 516 U. S. 814; McCarty v. First of Georgia Ins. Co. , 713 F. 2d 609 (10th Cir. 1983); Provident Tradesmens Bank & Trust Co. v. Lumbermens Mut. Cas. Co. , 411 F. 2d 88 (3d Cir. 1969).

　〔19〕　Restatement Second of Judgments 87 (1982).

　〔20〕　304 U. S. 64, 58 S. Ct. 817, 82 L. Ed. 1188 (1938). Erie 原则在上文 4. 1 – 4. 7 当中进行了讨论。

▼
▼
▼

第十五章

判决的担保与执行

本章目录

714

15.1 概述

由于在法院判决作出之前被告有可能通过将财产置于法院控制之外这样的途径来处置其财产，或者实施某些有可能使原告的救济愿望落空的行为，各州已有规定，在特定的场合下，原告可以采取某些保护性措施———一般称之为临时性救济措施———使纠纷实体问题的终局判决先搁置起来。[1] 原告通过使用其中的一种措施可以确保其胜诉时在损害赔偿方面可供执行的财产，[2] 或者在申请禁制令救济的情况下，事物的现状能够在诉讼待决时得到保存。[3]

---

〔1〕　在法律的这一领域，对其他程序制度起支配作用的联邦规则一般遵从于州的法律规定，所以，甚至是在联邦法院，在决定大多数的临时性救济措施的实际范围以及可利用性时必须考虑到州法律。一个例外就是预备禁制令。参见下文 15.4。

〔2〕　See 15.2 – 15.3, and 15.5 – 15.6, below.

〔3〕　See 15.4, below.

利用任何一种临时性救济措施时首先要提的一个问题是，该制定法上的程序是否合乎正当程序标准，该标准要求在当事人的财产被剥夺之前履行告知义务并且赋予其听审的机会，即便该剥夺是临时性的也须如此。联邦最高法院在评估临时性救济措施时对正当程序标准的表述在前章已经讨论。[4] 就这些标准的发展状况而言，每一种标准之间实际的界限仍然不清，这对临时性救济措施程序要求的设定所产生的影响不可小视。最高法院仅仅宣布了一次，各州在宪法允许的范围内就很快地对其制定法进行了修改，而所有这些变化已经引起了混乱。本章将对当今临时性救济措施的一般结构和范围作一番探究。

与诉讼过程的末尾部分相对应的就是判决的执行。如果败诉的被告不按照判决所确定内容对原告履行其义务时，州的制定法规定了一系列用以发现判决债务人的财产及其收取的程序。[5] 如果采用的是禁制令救济，那么不管其是预备性的还是终局性的，法院都有权以藐视法庭而无视其判决为由采取强制执行措施。[6] 尽管对州法律规定的各种复杂的判决执行程序以及藐视法庭程序进行详尽考察并非本文的任务，但还是简单讨论一下每一种执行程序的运作及其适合的场合。

A. 临时性救济措施

15.2 扣押 (Attachment)

扣押是指法院在原告的协助下，指令法院官员（通常是地方警官）没收或控制被告财产的程序。[1] 该程序是用来在被告不应诉时获得对被告的管辖权[2] 或防止被告损害可能用来履行判决的财产的价值。[3]

大多数州允许在具体的、有限的情况下采取这种临时性救济措施。[4] 譬如，纽约州仅仅允许在以下五种情况下采取扣押措施：（1）被告是在该州既没有住所同时也没有资格在该州从事商业活动的外国公司；（2）被告是该州的居民但

〔4〕 See 3.21, above.
〔5〕 See 15.7, below. Here, too, state law dominates. See note 1 above.
〔6〕 See 15.8, below.
〔1〕 这一小节当中对临时性救济措施的描述同样也适合于其他专门性的扣押措施，比如属于对无形扣押的、对在第三人手中的债务人的财产的扣押以及最初产生于衡平法、如今在某些州以制定法形式存在的扣押债务人财产令。
〔2〕 See 3.16, above.
〔3〕 Mindlin v. Gehrlein's Marina, Inc., 58 Misc. 2d 153, 295 N. Y. S. 2d 172 (1968); Elliott v. Great Atl. & Pac. Tea Co., 11 Misc. 2d 133, 171 N. Y. S. 2d 217 (1957), affirmed 11 Misc. 2d 136, 179 N. Y. S. 2d 127 (1958).
〔4〕 关于在十个欧洲国家得到临时性救济措施的简易程序以及途径，参见 How to Gain Prejudgment Attachment, Int'l Fin. L. Rev. 29 (Oct. 1983).

716   是尽了最大努力仍不能将传票送达被告；（3）被告为了欺骗原告而转让、隐匿、处置、抵押或者将财产转移出该州，或者将要实施这些行为；（4）该诉讼是由受害人或者刑事受害人的代理人提起；或者（5）诉因以被赋予充分诚意与信赖或者得到该州承认的判决为基础。[5] 加利福尼亚州甚至规定了更为狭窄的限制性条件，而仅仅允许在涉及商业交易的案件当中实施扣押。[6]

制定法上针对扣押措施规定的这些准则反映出，法院在作出实体决定前剥夺诉讼参加人的财产权总是小心翼翼的，并且总是要针对寻求该救济的一方进行严格的解释。[7] 而且，扣押措施的应用被表述为法院的一项自由裁量权，即便在制定法标准已经得到满足的情况下，法院也可以拒绝采取该措施。[8] 比如，当对扣押的许可将是强迫性的或者将对被告造成难以弥补的损害时，法院可以不予许可。[9]

在某一个特定的司法管辖区获得扣押命令（通常是指"令状"或者"许可令"）必须仔细考察其程序是否满足宪法上规定的、在诉讼中给予被告公平的告知以及听审的机会这一正当程序要求。[10] 要得到扣押许可令，州制定法通常要求起诉人提出宣誓书以及其他文书来证明其具有诉因以及一个或者更多的州制定法上规定的获得扣押许可令的理由。[11] 在有些州，发出该令状不一定要起

---

〔5〕 N. Y. – McKinney's CPLR 6201. See generally 7A J. Weinstein, H. Korn & A. Miller, New York Civil Practice 6201. 01 – 6201. 17.

〔6〕 West's Ann. Cal. Code Civ. Proc. 483. 010.

〔7〕 Yorkwood Savs. & Loan Ass'n v. Thomas, 379 So. 2d 798 (La. App. 1980); Englebrecht v. Development Corp. for Evergreen Valley, 361 A. 2d 908 (Me. 1976); Landewit v. Spadea, 32 Misc. 2d 995, 224 N. Y. S. 2d 782 (1962).

〔8〕 Elloitt v. Great Atl. & Pac. Tea Co. , 11 Misc. 2d 133, 171 N. Y. S. 2d 217 (1957), affirmed 11 Misc. 2d 136, 179 N. Y. S. 2d 127 (1958).

〔9〕 Waterman – Bic Pen Corp. v. L. E. Waterman Pen Co. , 19 Misc. 2d 421, 190 N. Y. S. 2d 48 (1959), reversed on other grounds 8 A. D. 2d 378, 187 N. Y. S. 2d 872 (1959).

〔10〕 See 3. 21, above.

〔11〕 E. g. , West's Ann. Cal. Code Civ. Proc. 484. 020; N. Y. – McKinney's CPLR 6212 (a). See Connolly v. Sharpe, 49 N. C. App. 152, 270 S. E. 2d 564 (1980).

在附加了利息和费用的诉讼当中，扣押措施仅仅在诉求的范围内才有效。正由于这一点，一些州同样要求原告说明其想要从被告那里获得的赔偿数额。See Buxbaum v. Assicurazioni Generali, 175 Misc. 785, 25 N. Y. S. 2d 357 (1941). 其他州则仅仅要求原告说明由扣押担保的数额。See West's Ann. Cal. Code Civ. Proc. 484. 020 (b).

诉。[12] 但是，如果在文书当中清楚地显示原告的诉因最终没能成立，那么法院可以拒绝发出扣押令状。[13]

最为常见的情况是，在发出扣押令状之前，寻求该救济的当事人必须向法院缴纳保证金以确保出现扣押错误时，被告可以得到因扣押而造成的损害赔偿。[14] 如果扣押由于出现某种重大的违规行为或者不适当而被撤消时，比如缺乏管辖权，那么可以针对获得该扣押救济的当事人提起侵害诉讼；[15] 然而，如果仅仅是存在某些错误，那么只在原告有义务提供担保的范围内对被告实施赔偿。[16]

扣押令状通常是向被告的财产所在地的地方警官发出，而不管该财产是不动产还是动产，是有形财产还是无形财产。该地方警官受令后便将该财产或被告享有的债权实施扣押。[17] 可以扣押的财产在其类别上的惟一限制就是，扣押的财产必须是能够为履行判决而可供执行的。[18] 例如，在一些管辖区，未确定的债务不能被扣押，因为在该条件满足之前没有任何东西可以履行判决。[19] 这一限制的预设显然是：既然扣押的目的是为原告胜诉的判决提供担保，那么有必要予以保证的是那些用以执行该判决的财产。

通常，财产被扣押的被告有机会重新取得被扣押的财产。在经过对原告以及地方警官的告知，支付了地方警官的相关费用，并且对法院提供了与扣押财产价值相当或者制定法规定的更高数额的担保之后，被告可以请求解除扣押。[20] 此

---

〔12〕 Great Lakes Carbon Corp. v. Fontana, 54 A. D. 2d 548, 387 N. Y. S. 2d 115 (1976); Beltran Assocs., Inc. v. Steamaster Automatic Boiler Co., 92 N. Y. S. 2d 691 (1949); N. Mex. Stat. Ann. 1978, 42 - 9 - 4. See also Ala. Code 1975, 6 - 6 - 140 (在提出扣押申请的 15 天内必须起诉)。

实际上，由于该令状是在宣誓书的基础上发出的，如果提起诉讼的话，其中的某些缺陷有可能会被忽视。See United Steel Warehouse Corp. v. Del - Penn Steel Co., 212 N. Y. S. 2d 157 (1961); Brown v. Chaminade Velours, Inc., 176 Misc. 238, 26 N. Y. S. 2d 1009 (1941), affirmed 261 App. Div. 1071, 26 N. Y. S. 2d 1012 (1941)。

〔13〕 Bernstein v. Van Heyghen Freres Societe Anonyme, 163 F. 2d 246 (2d Cir. 1947), cert. denied 332 U. S. 772; American Reserve Ins. Co. v. China Ins. Co., 297 N. Y. 322, 79 N. E. 2d 425 (1948). See also Good v. Paine Furniture Co., 35 Conn. Sup. 24, 391 A. 2d 741 (1978)。

〔14〕 West's Fla. Stat. Ann. 76. 12; N. Mex. Stat. Ann. 1978, 42 - 9 - 4, 42 - 9 - 7。

〔15〕 See Pourney v. Seabaugh, 604 S. W. 2d 646 (Mo. App. 1980); Audit Servs. Inc. v. Haugen, 181 Mont. 9, 591 P. 2d 1105 (1979)。

〔16〕 Subin v. U. S. Fidelity & Guar. Co., 12 A. D. 2d 49, 208 N. Y. S. 2d 278 (1960)。

〔17〕 尽管地方警官采取的扣押直接导致该警官取得了对该财产的照管权，但是如果该照管实际上无法操作，那么就必须告知该财产出于法院的支配之下。关键是该地方警官的行动是否足以使该财产置于被告的控制之外，以便让法院认定该扣押措施已经完成。See National Am. Corp. v. Federal Republic of Nigeria, 448 F. Supp. 622 (S. D. N. Y. 1978), affirmed on other grounds 597 F. 2d 314 (2d Cir. 1979); State ex. Rel. Mather v. Carnes, 551 S. W. 2d 272 (Mo. App. 1977)。

〔18〕 关于执行参见下文 15. 7。

〔19〕 See, e. g., Javorek v. Superior Ct., 17 Cal. 3d 629, 131 Cal. Rptr. 768, 552 P. 2d 728 (1976)。

〔20〕 Official Code Ga. Ann. 18 - 3 - 33; Minn. Stat. Ann. 570. 131。

717

718 外，一些州还明确规定请求解除扣押并不构成一般应诉[21]因此被告仍可保留对法院对其享有的对人管辖权提出异议的权利。[22]

15. 3 民事拘留（Civil Arrest）

从历史上看，民事拘留这种程序性救济——拘传被告人到庭听取有罪判决的令状（the capias ad respondendum）是将被告监管起来并对其身体实施限制一直等到有人保释或者判决作出，从而获得对被告的管辖权的制度。由于该措施实施过程当中出现了滥用现象，从而导致众多的州立法机构对民事拘留措施的适用要么禁止要么进行限制。[1] 甚至在那些保留民事拘留的管辖区，如今法院也不太看好这种临时性救济措施，原因是这种救济措施的激烈性——实际上是准刑罚性（quasi - penal）。[2]

例如，在 1979 年以前当该项制度在纽约被废除时，当地的法院裁定除非有清楚的证据表明被告符合制定法规定的范围并且有必要对原告的利益进行保护，该救济措施的适用不得许可。[3] 而且，如果通过其他的临时性救济措施——最典型的是扣押——也能对原告提供完全的保护，那么不能发出民事拘留命令。[4] 纽约法院同样裁量认定某些特定的人能够免于该项措施。[5] 例如对公共官员不能采取民事拘留措施，理由是假如承担公共职责的人不能够履行该职责的话，那么公共利益将面临危险。[6] 与此相似，在许多州，自愿进入该州作为证人或者作为民事诉讼当事人的非居民在出庭或者进出法庭时免于遭受民事拘留，并且规定作这些日程安排只能花费某个合理的时间。[7]

原告要想得到一个民事拘留命令，就必须在法院起诉并提出起诉状和证明满足制定法上规定的一个或多个救济理由的宣誓书。有时候，制定法要求该宣誓书详细列明据以计算要求被告提供的保释金总数的事实。[8] 并且，法院可以责令原告就被告由于错误拘留而可能遭受的损失提供担保。

---

〔21〕 N. Y. – McKinney's CPLR 6222.

〔22〕 有关对管辖权挑战的程序的讨论参见上文 3. 26。

〔1〕 E. g., N. J. S. A. 2A：15 – 41, 15 – 42; S. C. Code 1976, 15 – 17 – 20.

〔2〕 North Cent. Investment Co. v. Vander Vorste, 81 S. D. 340, 135 N. W. 2d 23 (1965).

〔3〕 Todd – Buick, Inc. v. Smith, 118 Misc. 102, 192 N. Y. S. 459 (1922), affirmed 202 App. Div. 774, 194 N. Y. S. 985 (1922).

〔4〕 Ibid.

〔5〕 Rosenblatt v. Rosenblatt, 110 Misc. 525, 180 N. Y. S. 463 (1920); Kutner v. Hodnett, 59 Misc. 21 109 N. Y. S. 1068 (1908).

〔6〕 Family Finance Corp. v. Starke, 36 N. Y. S. 2d 858 (1942).

〔7〕 Turner v. McGee, 217 Ga. 769, 125 S. E. 2d 36 (1962).

〔8〕 See Allison v. Ventura County 68 Cal. App. 3d 689, 137 Cal. Rptr 542 (1977)（当依照一份有缺陷的、没有列明保释金数额或者拘留原告的理由的许可令状而对原告实施拘留时，当事人可以就错误监禁起诉）。

如果拘留命令得到准许，原告的律师可以将其交给地方警官。该命令将指令 719
地方警官立即拘留被告并将其带至法庭听审。通常情况下该命令同样也会说明将
被告从监管当中释放出来所需要的保释金的数额。该被告必须在制定法所制定的
期间内获得听审的机会，否则将被释放。[9]

提供法院指定的保释金并且保证其随时到案接受讯问之后，被告可以脱离监
管而获得释放。该保释金必须用以保证原告在被告拒绝履行判决时获得相应的
赔偿。

15.4 预防性禁令（Preliminary Injunctions）

预防性禁令[1]和临时限制令是法院在庭审之前为了保护原告的权利在诉讼
的进行期间免受不可挽回的伤害而发出的命令。这些命令可以视各个案件的紧急
情况而自由变化其形式，因此它是一种极其灵活的救济方式。比如，它们可以要
求延长诉讼的过程，要求遵守一定的行为标准，或者不为一定的行为。虽然可以
要求被告采取积极行动，但是临时限制令和预防性禁制令的特点是，它们首先用
于诉讼期间维持现状。[2]

原告只要能够向法院证明被告在以一种有可能对原告造成无可挽回的伤害的
方式行动，或者是将不会形成终局性的实体判决，那么原告就可以得到预防性禁
制令。[3] 在对被告进行适用预防性禁制令救济方式的告知之后，在听审阶段进
行这种证明将受到要求。[4] 原告如果能够证明在听审之前有可能受到即时的、
无可挽回的伤害就可得到临时限制令。[5] 由于临时限制令的目的是在原告和被 720
告一同获得听审之前保护原告的权利，因此在操作上需要单方面的许可。在法院
必须对是否发出临时限制令作出决定之前并非所有的当事人都获得了告知，这一
事实对缺席者带来了严重不公正的可能。因此，在一些管辖区，立法者对临时限

---

〔9〕 Cf. Thurston v. Leno, 124 Vt. 298, 204 A. 2d 106 (1964)（在民事诉讼当中被拘留的被告必须被
赋予改变扣押状况或者提供担保的机会，并且在其收监之前必须要确定听审的时间）。

〔1〕 预防性禁制令有时同样作为中间性或者临时性禁制令而提到。

〔2〕 Benson Hotel Corp. v. Woods, 168 F. 2d 694, 696 (8th Cir. 1948); Hoppman v. Riverview Equities
Corp., 16 A. D. 2d 631, 226 N. Y. S. 2d 805 (1962); Board of Higher Educ. of City of New York v. Marcus,
63 Misc. 2d 268, 311 N. Y. S. 2d 579 (1970).

〔3〕 N. Y. - McKinney's CPLR 6301. See generally Bell v. Gitlitz, 38 A. D. 2d 656, 327 N. Y. S. 2d
437 (1971); Graham v. Board of Supervisors, Erie County, 49 Misc. 2d 459, 267 N. Y. S. 2d 383 (1966),
modified on other grounds 25 A. D. 2d 250, 269 N. Y. S. 2d 477 (1966), appeal dismissed 17 N. Y. 2d 866,
271 N. Y. S. 2d 295, 218 N. E. 2d 332 (1966). 在预备性救济场合有关无可挽回的伤害这一条件的适用问
题参见 D. Laycock, The Death of the Irreparable Injury Rule 110 – 132 (1991).

〔4〕 关于在联邦法院得到预防性禁制令的程序的描述参见 11 A C. Wright, A. Miller & M. Kane, Civ-
il 2d 2949.

〔5〕 See, e. g., U. S. v. Washington Post Co., 446 F. 2d 1322 (D. C. Cir. 1971). See generally 11 A
C. Wright, A. Miller & M. Kane, Civil 2d 2951, 它就得到临时限制令的理由进行了讨论。

制令的许可附加了一些条件，并且在发出这些令状的程序的适用上也是小心翼翼。并且，临时限制令的效力一直保持到就预防性禁制令的动议而举行的听审得到许可的时候为止。[7]

对一项预防性禁制令或者临时限制令的动议是许可还是否决，这取决于法院的自由裁量权。[8] 然而，这种裁量权不能实施，除非原告能够初步证明他具有对抗被告的诉因。[9] 由于临时限制令甚至会给被告造成实质性的伤害而且它是形成于纠纷的实体决定作出之前，因此只有当原告能够证明其享有清楚的权利情形时，法院才会裁量进行预备性救济。[10] 如果案件事实尚处于争议之中，法院一般拒绝许可这种救济。[11]

如果原告所要求的预防性禁制令与在庭审的末尾阶段有可能获得的救济具有实质上的相同性，[12] 并且该救济将不会获得除非有清楚的证据证明其必要性，这时法院同样可进行最后警告。[13] 这就是说，申请人必须能够证明在实体判决作出之前他有可能受到无可挽回的伤害。[14] 在考虑必要性的时候，法院将对给当事人带来的相对麻烦进行权衡。[15] 如果一项禁令给被告造成的损失将大于给

721

---

〔7〕 许多授权发出临时限制命令的规则都规定，这些命令只在有限的时间内有效，一般是10天，除非法院"基于得到证明的正当理由"或者得到另一方当事人的同意的时候才予以延长。E. g., Official Code Ga. Ann. 9–11–65（b）（）；Vernon's Ann. Mo. Civ. Proc. Rule 92. 01（b）（命令根据其条款而到期，没有超过10天）. 在实践当中这意味着该命令的效力保持到预防性禁制令听审时为止。

〔8〕 R & J Botting Co. v. Rosenthal, 40 A. D. 2d 911, 337 N. Y. S. 2d 783（1972）；McHugo v. Kozak, 18 Misc. 2d 53, 188 N. Y. S. 2d 253（1958）.

〔9〕 Growther v. Seaborg, 415 F. 2d 437（10th Cir. 1969）；Weisner v. 791 Park Ave. Corp., 7 A. D. 2d 75, 180 N. Y. S. 2d 734（1958）, reversed on other grounds 6 N. Y. 2d 426, 190 N. Y. S. 2d 70, 160 N. E. 2d 720（1959）. 法院运用各种各样的公式来说明，预备性救济的使用必须要能够证明在实体上胜诉的可能性。See 11 A C. Wright, A. Miller & M. Kane, Civil 2d 2948. 3 nn. 2–3.

〔10〕 Dymo Indus., Inc. v. Tapeprinter, Inc., 326 F. 2d 141, 143（9th Cir. 1964）；Valentine v. Indianapolis – Marion County Bldg. Authority, 355 F. Supp. 1240（S. D. Ind. 1973）；Russian Church of Our Lady of Kazan v. Dunkel, 34 A. D. 2d 799, 311 N. Y. S. 2d 533（1970）.

〔11〕 See Miller v. American Tel & Tel Corp., 344 F. Supp. 344（E. D. Pa. 1972）；Tuvim v. 10 E. 30 Corp., 75 Misc. 2d 612 345 N. Y. S. 2d 258（1971）, modified on other grounds 38 A. D. 2d 895, 329 N. Y. S. 2d 275（1972）, affirmed 32 N. Y. 2d 541, 347 N. Y. S. 2d 13, 300 N. E. 2d 397（1973）；Jaymar's Inc. v. Schwartz, 37 Misc. 2d 314, 235 N. Y. S. 2d 449（1962）.

〔12〕 Baily v. Romney, 359 F. Supp. 596（D. D. C. 1972）；Acorn Employment Serv., Inc. v. Moss, 261 App. Div. 178, 24 N. Y. S. 2d 669（1941）, appeal denied 261 App. Div. 897, 26 N. Y. S. 2d 315（1941）.

〔13〕 Russian Church of Our Lady of Kazan v. Dunkel, 34 A. D. 2d 799, 311 N. Y. S. 2d 533（1970）；McKesson & Robbins Inc. v. New York State Bd. of Pharmacy, 226 N. Y. S. 2d 271（1962）.

〔14〕 Compare Omega Importing Corp. v. Petri – Kine Camera Co., 451 F. 2d 1190（2d Cir. 1971）（商标侵权案件当中的产品之间的混乱和赔偿案件中得不到完全补偿的损失都构成无可挽回的伤害）, with Cheese Shop Int'l, Inc. v. Wirth, 304 F. Supp. 861（N. D. Ga. 1969）（缔约人不合格导致的违约的威胁不构成无可挽回的伤害）.

〔15〕 Board of Trustees of Community Collego District No. 508 v. Bakalis, 64 Ill. App. 3d 967, 21 Ill. Dec. 732, 382 N. E. 2d 26（1978）；Mantle Men & Namath Girls, Inc. v. LCR Temporaries, Inc., 39 A. D. 2d 681, 331 N. Y. S. 2d 987（1972）；Gilbert v. Burnside, 6 A. D. 2d 834, 175 N. Y. S. 2d 989（1958）.

原告造成的损失，那么发出禁令的要求将受到拒绝。[16] 在特定案件中分析这种相对伤害时，法院可能会同时考虑给当事人和公众福祉造成的伤害。[17]

预防性禁制令和临时限制令是衡平法上的救济方式；因此，当原告在制定法上享有足够的救济途径时，衡平法上的救济不可赋予这一格言就可利用了。[18] 例如，在一个早先的案件，投机性的购买了棒球比赛门票的人，以及在该比赛看似客满的时候正以实际价格将其转售的人，寻求预防性禁制令以限制该棒球俱乐部拒绝接纳那些从他们手上买票的人进入。法院拒绝许可该预防性禁制令，理由是这些投机者可以基于这些门票的价格发动诉讼诉称棒球俱乐部错误地拒绝兑现，故而属于在法律上有足够的救济途径。[19]

虽然预防性禁制令和临时限制令对时在案件的实体判决形成之前予以准许的，在其生效期间它们具有一项永久性禁令所具有的所有强制力。故而，这些命令约束被告、被告的受雇人、代理人以及那些与被告有关联或者为了被告的利益而行动的人，正如一份永久性判决将呈现的那样。[20] 并且，如果不遵守该禁令将按照蔑视法庭论处。[21]

15.5 临时财产管理人（Temporary Receivers）

指定临时财产管理人是指原告（在一些州是对作为诉讼标的的财产具有利益的任何人）要求法院指定有能力的人对被告的一部分或全部财产实施管理，一直到主要纠纷解决为止的程序。[1] 当财产存在从该州转移、灭失、受损或毁坏等实质性危险时，制定法允许为该财产指定临时托管人。[2] 然而，在实际当中，是被告现实或者潜在的破产促使当事人申请将被告的财产交给托管人。

---

〔16〕 Herwald v. Schweiker, 658 F. 2d 359 (5th Cir. 1981); Gilbert v. Burnside, 6 A. D. 2d 834, 175 N. Y. S. 2d 989 (1958); Chapman v. Hapeman, 8 Misc. 2d 19, 167 N. Y. S. 2d 342 (1957).

〔17〕 See Yakus v. U. S., 321 U. S. 414, 440, 64 S. Ct. 660, 675, 88 L. Ed. 834 (1944); DePina v. Educational Testing Serv., 31 A. D. 2d 744, 297 N. Y. S. 2d 472 (1969); International Ry. Co. v. Barone, 246 App. Div. 450, 284 N. Y. S. 122 (1935).

〔18〕 See A. L. K. Corporation v. Columbia Pictures Indus., Inc., 440 F. 2d 761 (3d Cir. 1971); People v. Teague, 83 Ill. App. 3d 990, 39 Ill. Dec. 463, 404 N. E. 2d 1054 (1980); Mantle Men & Namath Girls, Inc. v. LCR Temporaries, Inc., 39 A. D. 2d 681, 331 N. Y. S. 2d 987 (1972). 有关什么构成足够的充足的法律救济参见11 A C. Wright, A. Miller & M. Kane, Civil 2d 2944.

〔19〕 Levine v. Brooklyn Nat. League Baseball Club, 179 Misc. 22, 36 N. Y. S. 2d 474 (1942).

〔20〕 关于一项禁制令约束的是谁的讨论，参见11 A C. Wright, A. Miller & M. Kane, Civil 2d 2956.

〔21〕 See 15. 8, below.

〔1〕 指定财产的临时管理人对其他的救济方式而言是辅助性的，不能在诉讼当中单独使用。Petit-pren v. Taylor School District, 104 Mich. App. 283, 304 N. W. 2d 553 (1981); Nigro v. First Nat. Bank of Boston, 7 Mass. App. Ct. 903, 387 N. E. 2d 1196 (1979); Northampton Nat. Bank of Easton v. Piscanio, 475 Pa. 57, 379 A. 2d 870 (1977).

〔2〕 Fed. Civ. Proc. Rule 66; West's Ann. Cal. Code Civ. Proc. 564; N. Y. – McKinney's CPLR 6401. See generally 12 C. Wright, A. Miller & Marcus, Civil 2d 2981–86.

在诉讼期间是否需要指定财产管理人由法院裁量决定。[3] 由于财产管理意味着对被告和平行使其财产权的一种干预，因而在一般情况下不指定财产管理人，除非有清楚的、令人信服的证据表明必须这样做，[4] 比如能够证明财产存在受到无可挽回的伤害的可能。[5]

财产管理人是法院内部接受专门指派的官员。他时刻服从法院的调遣，并且仅仅拥有指派命令授予的权力。财产管理人应该证明其公正对待所有针对处于照管中的财产主张利益的请求。[6] 作为法院的一名官员，财产管理人将其权力或者责任委派给他人是非法的。[7] 他与那些对财产主张利益的人存在一种信托关系，并且必须按照信托关系当中受托人的标准行事。[8]

拥有财产管理人的资格的个人必须具备无懈可击的声望。将要成为财产管理人的人有义务对所有有关其声望及诚实度的个人情况积极向法院进行告知，如果没有这样做或者忽略了这一点，则被认为是对法院的欺诈。[9] 此外，州制定法一般还要求财产管理人就其诚实、公正地履行了被授予财产管理职责进行宣誓，[10] 并且通常还要求缴纳由法院确定数额的保证金。该保证金是对财产管理人所承担责任的最高限度，即当其在权限范围内行事时发生了偶发事件而必须承担的责任。如果财产管理人越权行事，那么他必须对所有得到证明的损害承担个人责任。[11]

15. 6 案件待决通知（Notice of Pendency）

待决通知同样与未决诉讼（lis pendens）有关，它指的是原告在涉及财产的诉讼中用以保证在诉讼过程中不会发生任何事情致使处于争议中的、被告的财产所有权产生瑕疵的一种机制。提交案件待决通知就意味着告知各方该财产的所有

---

[3] Theatres of America, Inc. v. State, 577 S. W. 2d 542 (Tex. Civ. App. 1979); Liebman & Co. v. Institutional Investors Trust, 406 A. 2d 37 (Del. 1979).

[4] See Commodity Futures Trading Comm'n v. Comvest Trading Corp. , 481 F. Supp. 438 (D. Mass. 1979); Northampton Nat. Bank of Easton v. Piscanio, 475 Pa. 57, 379 A. 2d 870 (1977); Saull v. Seplowe, 218 N. Y. S. 2d 777 (1961).

[5] S. Z. B. Corporation v. Ruth, 14 A. D. 2d 678, 219 N. Y. S. 2d 889 (1961).

[6] Continental Ins. Co. v. Equitable Trust Co. , 229 App. Div. 657, 243 N. Y. S. 200 (1930), affirming 137 Misc. 28, 244 N. Y. S. 377 (1930).

[7] In re Stoll - Meyer Woodcrafters Inc. , 84 N. Y. S. 2d 757 (1948).

[8] Slack v. McAtee, 175 Misc. 393, 23 N. Y. S. 2d 785 (1940).

[9] Cohen v. Hechtman, 187 Misc. 994, 66 N. Y. S. 2d 305 (1946).

[10] E. g., N. Y. - McKinney's CPLR 6403. See generally 7A J. Weinstein, H. Korn & A. Miller, New York Civil Practice 6403. 01 - 6403. 06.

[11] See Becknell v. McConnell, 142 Ga. App. 567, 236 S. E. 2d 546 (1977); State Through State Bd. of Equalization v. Stewart, 272 Cal. App. 2d 345, 77 Cal. Rptr. 418 (1969); Birch - Field v. Davenport Shore Club, Inc. , 223 App. Div. 767, 227 N. Y. S. 624 (1928).

权正在争议之中。[1] 该通知并非是一种禁令，同时也不能阻止财产的转让；但是，它表明在案件待决通知后对财产获得的与该财产有关的任何权益在原告胜诉时都服从于原告的利益。[2] 因此产权通知可以看成是对潜在的抵押权人以及买方所具有的利益，因为要判断一项财产是不是未决诉讼的标的物，必须就待决通知对该财产记录进行仔细审查。[3]

对于任何一个诉讼，只要其判决将影响到不动产的所有权、或其占有、使用，除了在简易程序中提起的返还不动产诉讼之外，都可提出待决诉讼。[4] 有少数州同样许可在影响到私人财产的诉讼中使用。[5] 而要判断是否属于其判决将影响到财产的所有权或者财产的使用的诉讼，法院将对起诉进行表面审查。[6] 倘若从表面上看诉讼基于与财产无关的理由而发生，即便在起诉书当中提到或者描述过该财产，待决诉讼就是不正确的。[7] 诉讼本身在某些方面必须与财产的所有权或者使用权有关或者由其控制；如果仅仅是判决的履行程序有可能影响到其对财产的拥有是不够的。因此，案件待决通知不能基于某个金钱赔偿诉讼、[8] 私人义务诉讼[9] 或者追偿不动产谈判当中原告所提供服务的合理价值的诉讼[10]的预期而提出。

像所有的临时性救济措施一样，待决程序必须符合正当程序要求，在被告的财产受到影响之前以某种形式进行告知或进行听审。[11] 而且，案件待决通知必须由财产所在地的县（法院）书记官提出，同时附上起诉书的副本。[12] 通知本身包含诉讼当事人的姓名、诉讼的对象以及对受到影响的财产的描述。该县

724

〔1〕 See Albertson v. Raboff, 46 Cal. 2d 375, 295 P. 2d 405 (1956).

〔2〕 Bagnall v. Suburbia Land Co. , 579 P. 2d 914 (Utah 1978); Fidddlers Green Ass'n v. Construction Corp. of Long Island, Inc. , 20 Misc. 2d 473, 190 N. Y. S. 2d 17 (1959), reversed on other grounds 12 A. D. 2d 501, 207 N. Y. S. 2d 81 (1960).

〔3〕 E & E Hauling, Inc. v. DuPage County, 33 Ill. Dec. 536, 77 Ill. App. 3d 1017, 396 N. E. 2d 1260 (1979).

〔4〕 E. g. , N. Y. –McKinney's CPLR II II 6501. See Hammersley v. District Court In & For Routt County, 199 Colo. 442, 610 P. 2d 94 (1980) （执行改良建筑标准的程序）. See generally 7A J. Weinstein, H. Korn & A. Miller, New York Civil Practice 6501. 01－6501. 15.

〔5〕 E. g. , West's Fla. Stat. Ann. 48. 23; Ohio Rev. Code 2703. 26.

〔6〕 See Boca Raton Land Dev. , Inc. v. Sparling, 397 So. 2d 1053 (Fla. App. 1981); Siegel v. Silverstone, 250 App. Div. 784, 294 N. Y. S. 385 (1937); Starkie v. Nib Constr. Corp. , 235 App. Div. 699, 255 N. Y. S. 401 (1932).

〔7〕 Zanfardino v. Newberg, 145 N. Y. S. 2d 15 (1955).

〔8〕 Bramall v. Wales, 29 Wn. App. 390, 628 P. 2d 511 (1981); Oster v. Bishop, 20 Misc. 2d 446, 186 N. Y. S. 2d 737 (1959).

〔9〕 Zanfardino v. Newberg, 145 N. Y. S. 2d 15 (1955).

〔10〕 Ryan v. La Rosa, 22 Misc. 2d 125, 202 N. Y. S. 2d 802 (1960).

〔11〕 See Kukanskis v. Griffith, 180 Conn. 501, 430 A. 2d 21 (1980).

〔12〕 See Dunn v. Stack, 394 So. 2d 1076 (Fla. App. 1981).

（法院）书记官须将待决通知记录下来并且按照其与受影响财产的关系编入索引。根据某些制定法，该通知还必须邮寄给所有的不利当事人以及记录的所有者才能产生效力。[13] 如今对于每一个州所设定的条件应该加以参考，因为近年来为了和联邦最高法院的正当程序条款保持一致，许多州的程序已经发生了改变。[14]

B. 判决的强制执行

15.7 执行和扣押（Executions and Levies）

对于那些试图从其对手手中寻求赔偿的人而言，一份有利的实体判决仅仅是争斗的开始，其后就转入了一场持久的、困难重重的谋求赔偿的战斗。对被告不利的判决的登记通常只是对案件事实以及赔偿责任数额的宣告。很多被告履行对其不利的判决时不那么主动，因此启动收款程序（collection proceeding）是判决债权人的责任。

各州制定法规定了一定数量的措施以使判决债权人能够征得赔偿。[1] 其中具有代表性的一般称之为执行程序，其形式随履行判决的判决债务人的财产性质的不同而有所变化。但是，一般说来，执行的文件由法院的书记官[2]或者，在某些管辖区由判决债权人[3]的代理人签发，授权地方警官扣押或者控制判决债务人的财产。[4]

可以强制执行的只限于特定类型的财产。首先，执行只能针对被告有可能自动转移或转让的财产。许多管辖区规定，对不确定的剩余地产权（contingent remainders）而言，由于其仅仅代表了一种预期利益，因此既不能留置也不能扣押。[5] 而且，执行的对象只能是在执行的当时判决债务人对其具有财产利益的财产。[6] 这样一来，虽然执行能及于依据现有合同尚未到期的金钱，但是它不能及于执行结束之后因履约而支付给判决债务人的资金。[7] 该原则在纽约州发

---

〔13〕 E. g., West's Ann. Cal. Code Civ. Proc. 405. 22.

〔14〕 See 3. 21, above.

〔1〕 这一领域内的规则大多数是州法律创立的。联邦法院所使用的任何一种程序都是其所在的州设立的程序。See Fed. Civ. Proc. Rule 69 (a).

〔2〕 Neb. Rev. St. 25 -1501.

〔3〕 N. Y. -McKinney's CPLR 5230 (b).

〔4〕 有关执行不是在作出判决的法院所在的管辖区内进行时可能发生的状况的讨论参见下注 39 -43。

〔5〕 See Halbach, Creditors'Rights Against Contingent Remainders, 43 Minn. L. Rev. 217 (1958).

〔6〕 Kazanjian v. Jamaica Sav. Bank. 105 Misc. 2d 228, 432 N. Y. S. 2d 62 (1980) (保证金证书是现有的债务)。

〔7〕 In re Lindenwald Bottling Corp., 23 N. Y. S. 2d 768 (1940).

生的一起对被透支银行账户的执行被宣布无效的案件当中，可谓是陷入了逻辑上的困境。[8] 在执行时，没有要求该银行进行支付，同时也没有对该账户设定留置。从那以后保证金就不用支付给判决债权人。

最后，当判决债权人欲执行的财产不完全属于判决债务人，或者该债务人以代表人名义被诉从而导致对其个人财产的执行时，一些特殊的问题就产生了。比如，在某个管辖区允许合伙企业以其自己的名称被诉，尽管不是所有的合伙人都应诉了，作出的判决也将对抗所有的合伙人。但是判决的执行仅仅及于该合伙财产而不及于合伙人的个人财产除非他们以其个人名义应诉。[9] 并且，在某些州，夫妻共同共有（tenancy by the entirety）中对财产的执行在夫妻关系存续期间无效。[10] 因此有必要仔细考量一下各州的法律以确定哪些财产、谁的财产可以执行。

除了上述限制之外，州制定法还规定了特定种类的财产可以免于执行。一个通常的规定就是，为了保证判决债务人及其家人能够正当生活并维持最低生活标准，对某些类型的个人财产可以免于执行。[11] 由于维护公共健康和安全的需要具有优位价值，市政财产同样被认为是免于执行。[12]

在大多数州，如果判决债权人在强制执行程序被启动之前等候时间过长，那么该判决的有效期将届满。[13] 但是，在某些情况下，比如判决债务人离开了管辖区，直到超过了该届满期才有可能启动收款程序。这一债务人缺席现象有可能通过征收过境税的州制定法得以解决。[14] 或者，有些州允许判决债权人申请告知令状（scire facias），[15] 该令状一旦得到许可，那么在申请另外一个告知令状

726

〔8〕 Douglas v. Fassoulis, 17 Misc. 2d 911, 186 N. Y. S. 2d 537 (1959).

〔9〕 Detrio v. U. S., 264 F. 2d 658 (5th Cir. 1959); Martinoff v. Triboro Roofing Co., 228 N. Y. S. 2d 139 (1962). Compare First Nat. Bank of Southglenn v. Energy Fuels Corp., 200 Colo. 540, 618 P. 2d 1115 (1980)（在共同共有案件中对不动产的执行仅仅代表判决债务人的利益）。

〔10〕 Bostian v. Jones, 244 S. W. 2d I (Mo. 1951).

〔11〕 See, e. g., N. Y. - McKinney's CPLR 5205 (a). New York enforcement practice is discussed at length in Volume 6 of J. Weinstein, H. Korn & A. Miller, New York Civil Practice. See the discussion of the Alaska exemption statutes in Gutterman v. First Nat. Bank of Anchorage, 597 P. 2d 969 (Alaska 1979). See generally Vukowich, Debtor's Exemption Rights, 62 Geo. L. J. 779 (1974).

〔12〕 Union Reddi - Mix Co. v. Specialty Concrete Constractor, 476 S. W. 2d 160 (Mo. App. 1972); Burgess v. Kansas City, 259 S. W. 2d 702 (Mo. App. 1953). Compare Fed. Civ. Proc. Rule 69 (b)（对税务官员以及国会议员的执行受到限制）。

〔13〕 E. g., West's Ann. Cal. Code Civ. Proc. 337. 5 (10 years); So. Dak. Codified Laws 15 - 18 - 1 (20 years).

〔14〕 E. g., Vernon's Tex. Code. Ann Civ. Prac. Rem. Code 16. 063; West's Rev. Code Wash. Ann. 4. 16. 180.

〔15〕 See Nowels v. Bergstedt, 120 Ariz. 112, 584 P. 2d 576 (App. 1978); Driscoll v. Konze, 322 S. W. 2d 824 (Mo. 1959), cert. denied 360 U. S. 931; Kennedy v. Boden, 241 Mo. App. 86, 231 S. W. 2d 862 (1950).

的期限届满时，可以使最初的判决在一段时间内重新产生效力。如果该程序反复使用，就能让判决一直保持效力直到发现债务人及其财产。

执行令状带有权力性质因为它授权判决债权人对判决债务人的裁判采取直接的强制执行手段。[16] 当该执行令交给地方警官实施时，就相当于对作为执行义务人的判决债务人的个人财产采取留置措施。[17] 执行令授权地方警官查封或者扣押属于该判决债务人所有的任何财产。[18] 通常情况下对地方警官依据该执行令采取扣押措施限定了时间。在纽约，无论是否已经执行完毕，地方警官都必须在收到执行令之日起六天内将执行令回呈（return）给合适的书记官或者支持收款部门（support collection unit）。[19] 地方警官的此种回呈必须根据执行令进行。

应该提示的是，地方警官或者其代理人为了进行有效扣押而对该财产实施查封是很有必要的。总之该财产要置于地方警官的控制之下。[20] 譬如有一个案件，[21] 执行令交给了助理警官，该警官于是去到一座旧的校舍，该校舍最近已经被判决债务人买下。该助理警官告诉该债务人该财产已被扣押，校舍的任何部分以及位于其中的财物都不能从该地基挪走。接下来，该判决债务人拆掉了校舍并将其搬走了。法院认为该助理警官的口头通知足以构成有效的扣押命令，该债务人故意无视该命令的行为应当视为藐视法庭而受到惩罚。

如果判决要求的是交付某种特定财产，就像法院作出的完成特定行为的命令一样，该执行令将对该需要偿还的财产作出描述，指令地方警官在判决债务人处没收该财产，并且命令将该财产交付给执行令当中所指称的人。[22] 如果在该地方警官的辖区内不能发现该特定财产，并且判决允许交付某个动产或其等价物，那么地方警官可以依据职权将其辖区内的某项财产扣押起来，好比执行某个金钱判决一样。

如果对判决的执行寻求的是金钱损害赔偿，地方警官通常将财产出售而不是

---

〔16〕 Rosenthal v. Graves, 168 Misc. 845, 6 N. Y. S. 2d 766 (1938).
在某些场合下这种直接的强制手段并不切实可行，原因是当判决债务人提出的财产在其家中，因而地方警官将阻止其进入和没收。在这些案件当中，该债权人可以申请法院发出支付命令指令将该财产交出。E. g., N. Y. —McKinney's CPLR 5225. 如果不遵守法院的此项命令将构成藐视法庭。

〔17〕 Art－Camera－Pix, Inc. v. Cinecom Corp., 64 Misc. 2d 764, 315 N. Y. S. 2d 991 (1970)；Meyerhardt v. Heinzelman, 71 N. Y. S. 2d 692 (1947), affirmed 272 App. Div. 800, 71 N. Y. S. 2d 925 (1947).

〔18〕 如果对主要诉讼的管辖权是建立在财产扣押基础上的，那么只能对基于管辖权目的而被扣押的财产予以执行。Benadon v. Antonio, 10 A. D. 2d 40, 197 N. Y. S. 2d 1 (1960), modified on other grounds 10 A. D. 2d 929, 205 N. Y. S. 2d 800 (1960).

〔19〕 N. Y. － McKinney's CPLR 5230 (c).

〔20〕 Alcor, Inc. v. Balanoff, 45 A. D. 2d 795, 357 N. Y. S. 2d 160 (1974).

〔21〕 Burton v. Jurgensen, 138 Misc. 69, 244 N. Y. S. 320 (1930).

〔22〕 N. Y. － McKinney's CPLR 5102.

将其交给判决债权人。多数制定法规定该出售必须以公开拍卖的方式进行。[23]
由于能够保证对于该财产有一个公平的价格，在一些州如果警官认为竞买人的人
数还不够的话，可以让拍卖延期举行。除此之外，还要求地方警官只能以现金买
卖的方式出售。[24] 在扣除了警官的费用以及拍卖的其他费用之后，拍卖所得的
收益用来履行判决。如果尚有剩余，则将其交给判决债务人。

如果出售或者通知的程序存在瑕疵将导致拍卖无效，并且假如判决债权对这
些瑕疵有所警觉并允许出售继续进行的话，那么债权人要对此侵占行为负责。与
此形成对照的是，在某个案件中地方警官在判决债务人的农场中扣押了他的个人
财产。在执行出售时，判决债务人的妻子提出了抗辩，称她对正在出售的财产享
有一半的利益，并且没有按照制定法的规定在六天前、而是在出售当天才对她进
行通知。法院认为，判决债权人对这些瑕疵已经了解，因此在继续出售期间他的
默许行为以及他对收益的接受行为构成了侵占。[25]

执行扣押并不限于判决债务人占有的财产；它还可以针对第三人实施。当发
生这种情况时，该程序通常称之为案外债务人财产扣押执行程序（garnishee exe-
cution）。一般认为，由于执行令并非法院发出的一种命令，第三人未将财产交付
地方警官时不能处以藐视法庭。[26] 但是，假如是不遵守限制通知令——书记官
或者支持收款部门发出的禁止第三人转移判决债务人财产的指令——该第三人将
在该财产价值的范围内对判决债权人承担责任。[27]

判决债权人同样还可以申请执行判决债务人的收入。假如对判决债务人采取
执行收入措施，而该债务人没有支付执行令当中特别规定的分期付款的款项，对
于这样一种情况一些州规定，地方警官可以向有义务向判决债务人支付收入的人
出示已经签署的执行令的副本。该第三人———一般是判决债务人的雇主——则必
须停止支付判决债务人特定比例或者特定数额的工资，如同最初已经开始对该债
务人执行一样。[28] 第三人如果没有依据执行令对其停止支付，将有可能对该没

---

〔23〕 在出售之前，一般要求地方警官在一定的期限内通过某些方式发布公告。E. g., N. J. Stat.
Ann. 2A: 17 - 33, 17 - 34, 17 - 35; N. Y. - McKinney's CPLR 5233.

〔24〕 Flagship State Bank of Jacksonville v. Garantzas, 352 So. 2d 1259 (Fla. App. 1977), cert. denied
361 So. 2d 830 (Fla.); Watson & Pittinger v. Hoboken Planing Mills Co., 156 App. Div. 8, 140 N. Y. S. 822
(1913).

〔25〕 White v. Page, 275 App. Div. 871, 88 N. Y. S. 2d 373 (1949), reargument denied 275 App. Div.
972, 91 N. Y. S. 2d 515 (1949).

〔26〕 Smith v. Top Notch Bakers, Inc., 206 Misc. 265, 134 N. Y. S. 2d 744 (1954), affirmed 286 App.
Div. 1016, 144 N. Y. S. 2d 536 (1955), appeal denied 1 A. D. 2d 785, 149 N. Y. S. 2d 226 (1956).

〔27〕 N. Y. - McKinney's CPLR 5222.

〔28〕 Neb. Rev. St. 25 - 1558; N. Y. - McKinney's CPLR 5102.

有支付的款项承担责任。[29]

除了采取执行收入———一般称之为扣押第三人手中的工资———这一措施之外，判决债权人还可要求法院发出要求被告分期付款以履行判决的命令。[30] 关于被告在使用这种救济方式之前是否必须首先使用普通的扣押第三人手中财产程序存在一些混乱。有一些案例认为，[31] 假如没有一个合理的机会通过其他的方式取得判决，法院将不允许对判决债务人直接起诉命令其分期付款；但其他的一些案例[32] 则主张将程序选择的机会完全留给判决债权人。如果相关的制定法没有明确要求必须是申请执行收入没有成功才能准予发出分期付款命令，那么后一观点更具可行性。很清楚的是，判决债权人可以仅仅使用以上两种程序当中的一种。她不能同时从执行收入和分期付款命令当中获得收入。[33]

不管采用何种执行形式，判决债权人都应该有机会就他本人及其家庭的合理需求提供证明。法院可以裁量决定从判决债务人的工资中扣除的确切数额。[34] 实际上，甚至判决债务人支付特定数额的合同都不具有支配性，尤其是签订合同后情势发生了变化。[35] 但是，一些州的立法对法院宣告从工资收入当中扣除特定比例或者固定数额款项的裁量权作了限制，[36] 而且国会也已经实施一项法律要求任何一个法院———州或者联邦———都不能授权扣除判决债务人的工资而使其余额少于其家庭支出的 75% 或者少于最低小时工资的 30 倍，无论哪一种情况下的数额更多都是这样。[37]

有些州针对不动产的判决执行程序所适用的规则不同于适用于个人财产或收入的规则。譬如，当执行令交给地方警官时，可以对个人财产进行留置，但是当判决和不动产所在地的县（法院）书记官一同登记时，可以对不动产进行留置。[38] 最为重要的是适用的程序要恰当，因为在登记当中出现的、对善意买受

---

〔29〕 Flaherty Assocs. , Inc. v. Fairway Motor Sales, Inc. , 23 N. Y. S. 2d 34 (1940).

〔30〕 N. Y. - McKinney's CPLR 5226.

〔31〕 Industrial Bank of Commerce v. Kelly, 28 Misc. 2d 889, 215 N. Y. S. 2d 644 (1961); Adirondack Furniture Corp. v. Crennell, 167 Misc. 599, 5 N. Y. S. 2d 840 (1938); Metropolitan Life Ins. Co. v. Zaroff 157 Misc. 796, 284 N. Y. S. 665 (1935).

〔32〕 Olson v. Olson, 275 App. Div. 60, 87 N. Y. S. 2d 709 (1949); Yamamoto v. Costello, 73 Misc. 2d 592, 342 N. Y. S. 2d 33 (1973); Goodman v. Owen, 28 Misc. 2d 1045, 214 N. Y. S. 2d 963 (1961).

〔33〕 McDonnell v. McDonnell, 281 N. Y. 480, 24 N. E. 2d 134 (1939).

〔34〕 Wood v. Paolino, 116 R. I. 106, 352 A. 2d 397 (1976); Uni - Serv Corp. v. Linker, 62 Misc. 2d 861, 311 N. Y. S. 2d 726 (1970); Amato v. Amato, 45 N. Y. S. 2d 371 (1943).

〔35〕 Wells v. Hollister, 265 App. Div. 603, 40 N. Y. S. 2d 166 (1943).

〔36〕 Colo. Rev. Stat. Ann. 26 - 2 - 106; Utah Rules Civ. Proc. , Rule 64 D (d).

〔37〕 15 U. S. C. A. 1673.

〔38〕 Asher v. U. S. , 436 F. Supp. 22 (N. D. III. 1976), affirmed 570 F. 2d 682 (7th Cir. 1978); N. Y. - McKinney's CPLR 5203.

人形成误导的错误使得该买受人对该财产享有优先于判决债权人的权利。

以上所有关于判决执行讨论的假定是：在作出主要判决的法院辖区内该财产是可以查获的。如果判决债权人必须在管辖区之外寻找财产，那么传统上的做法是该债权人必须在财产发现地法院就该判决提起诉讼，理由是法院不能在其自身辖区之外发布命令。[39] 尽管美国《宪法》当中的充分诚意与信赖条款[40]保证了多数情况下寻求执行的法院将不会并就实体问题对案件重新判决，但是提起一个新的诉讼并执行完毕的代价是昂贵的并且比一般的执行更加复杂。为了改善这一点，现行的一项联邦制定法对联邦法院之间的判决登记进行了规定。[41] 某些州还吸收了《统一外国金钱判决强制执行法》（the Uniform Enforcement of Foreign Money Judgment Act）的内容，[42] 允许州法院之间的执行适用类似的简化程序。[43] 然而，如果没有这些特殊的制定法上的程序规定，要想跨州执行判决就必须就该判决正式提起诉讼以便在发出执行令的州获得一个新的判决。

当地方警官所扣押的财产被判决债务人之外的人主张时，便产生了执行中的另外的问题。发生这种情况后，对地方警官监管的财产主张利益的个人可以发动一个用以获得关于谁具有优先利益的司法判决的程序。[44] 如果事实争点尚处于争议之中，那么将命令进行单独审理。只要该财产的价值或者效用不会受到损害，在这些程序的进展期间该财产仍然由地方警官监管。

执行当中更为普遍的困难是如何确定判决债务人财产的位置。必须记住的是典型的民时判决宣告的是责任及其数额，但是并没有命令败诉方支付金钱或者实际地做任何事情。因此采取顽抗态度的判决债务人通过隐匿财产或者欺诈性的转让就可阻挠判决的执行。

对于执行过程的这种可以感知的不充分性，衡平法院创立了两种救济途径，这两种途径如今在所有的管辖区通过制定法或者法院判决得到适用。第一种途径在《统一反欺诈转让法》（the Uniform Fraudulent Conveyance）当中得到例示，该法规定判决债务人以低于财产价值的价格转让财产而导致其自身破产的交易行

---

〔39〕 National Equipment Rental, Ltd. v. Coolidge Bank & Trust Co., 348 So. 2d 1236 (Fla. App. 1977). See generally Pennoyer v. Neff, 95 U. S. (5 Otto) 714, 24 L. Ed. 565 (1878).

〔40〕 U. S. C. A. Const. Art. IV. 1. Full faith and credit is discussed in 14. 15, above.

〔41〕 28 U. S. C. A. 1963.

〔42〕 13 Uniform Laws Ann. 152.

〔43〕 E. g., N. Y. —McKinney's CPLR 5401 to 5408.

〔44〕 E. g., N. Y – McKinney's CPLR 5239.

使用这种救济方式的应该是主张利益的人而非企图诱使判决债务人抵制扣押的人。如果采取后一种方案，那么财产有可能会以某种方式出售，该判决债务人将被看成是藐视法庭。Burton v. Jurgensen, 138 Misc. 69, 244 N. Y. S. 320 (1930).

为无效。该法已经得到广泛采纳。[45] 防止滥用的第二种救济途径通常涉及辅助程序。如果能够证明地方警官不能确定判决债务人可供执行的财产的位置，那么根据该债务人的宣誓所揭发的财产安置的地点，并追索已经消失或转移的财产，对其进行检查。[46]

以上这些措施仍然是衡平法上的创举。因此，它们不属于陪审团审理的范围，并且它们继续使判决产生出藐视法庭制裁的强制性权力。没有宣誓或者不遵从对庭后判决披露进行答复的传票因此要以藐视法庭论处。[47]

15．8 藐视法庭

正如本章前几节所注，当事人若不遵守直接的法院命令将被宣告有罪而受到藐视法庭的惩罚。[1] 从历史上看，藐视法庭是强制执行衡平法院发出的命令的正式程序。与扣押掌握判决债务人工资的第三人财产或者扣押财产以供执行不同，援引藐视法庭针对的是藐视法庭的人，而不是他的财产。

处理藐视法庭的诉讼程序有两种形式：民事程序和刑事程序。这两种程序的区别在于援引藐视法庭的目的的不同。[2] 如果其目的是补救性的，而且救济是为了强迫藐视者完成法院命令要求其作为或不作为的行为，那么这种藐视法庭是民事性质的。[3] 如果其目的是维护法庭的权威并惩罚藐视者违背其命令的行为，那么该藐视法庭是刑事性质的。[4] 对藐视法庭的制裁措施可以是罚款或者监禁，或是两者并罚。但是这些制裁措施以何种形式执行取决于藐视法庭的性质如何。虽然罚款或者关押不可避免地带有惩罚性和威慑效力，但在民事藐视法庭的场

---

〔45〕 Uniform Fraudulent Converyance Act, 7A Uniform Laws Ann. 427. 25 个州再加上维京岛，已经采纳了该法，其他州则通过法院判决得出了相同的结论。该实践的广泛认可反映在《联邦民事诉讼规则》第 18 条（b）当中。

〔46〕 E. g., Fed. Civ. Proc. Rule 69. See U. S. v. Earl Phillips Coal Co., 66 F. R. D. 101（E. D. Tenn. 1975）; 12 C. Wright, A. Miller & R. Marcus, Civil 2d 3014.

〔47〕 In re Fellerman, 149 Fed. 244（S. D. N. Y. 1907）; But cf. Fromme v. Gray, 148 N. Y. 695, 43 N. E. 215（1896）（只是拒绝证明而不是伪誓，才可以藐视法庭论处）。

〔1〕 藐视法庭可以作为诸如发生在发现程序当中的违例行为、不遵守终局禁令判决、或者不遵守法院作出的提交可供执行的财产等违背预备法院命令行为的救济措施。后面这两种类型的行为在现今的场合当中才有利害关系，尽管讨论过的所有原则均适用于藐视法庭的所有形式。

〔2〕 Shillitani v. U. S., 384 U. S. 364, 86 S. Ct. 1531, 16 L. Ed. 2d 622（1966）; Penfield Co. of California v. SEC, 330 U. S. 585, 67 S. Ct. 918, 91 L. Ed. 1117（1947）; Ex parte Grossman, 267 U. S. 87, 45 S. Ct. 332, 69 L. Ed. 527（1925）; Gompers v. Buck's Stove & Range Co., 221 U. S. 418, 31 S. Ct. 492, 55 L. Ed. 797（1911）.

〔3〕 Shillitani v. U. S., 384 U. S. 364, 86 S. Ct. 1531, 16 L. Ed. 2d 622（1966）; Nye v. U. S., 313 U. S. 33, 61 S. Ct. 810, 85 L. Ed. 1172（1941）; McCrone v. U. S., 307 U. S. 61, 59 S. Ct. 685, 83 L. Ed. 1108（1939）; Latrobe Steel Co. v. United Steelworkers of America, AFL－CIO, 545 F. 2d 1336（3d Cir. 1976）.

〔4〕 U. S. v. United Mine Workers of America, 330 U. S. 258, 67 S. Ct. 677, 91 L. Ed. 884（1947）; In re Osborne, 344 F. 2d 611（9th Cir. 1965）.

合，由于罚款一般是支付给受害人一方，所以从本质上看首先是具有赔偿性质[5] 其数额必须刚好足够赔偿法院命令的受益方因为藐视者不服从而受到的损失。与罚款的情形一样，关押同样也带有强迫或惩罚的目的。民事藐视法庭这一制度必须要能够强迫藐视者遵守法院命令。[6] 732

有关拉扎勒斯（Lazarus）一案的情况就很好的说明了民事藐视法庭中的关押和刑事藐视法庭中的监禁之间的差异。藐视者拒绝依照法院的命令在大陪审团面前回答问题。法庭命令将其监禁一直到他同意回答问题为止。监禁措施的采取需以继续拒绝回答为条件，这表明了此种藐视的民事性。关押并不具有惩罚性，因为藐视者持有关押室的钥匙。如果命令将藐视者监禁一段固定的时间，其中没有终止的机会，那么该藐视法庭就是刑事性的，在刑事藐视法庭程序当中可以获得程序性保护。[8]

除了时间的短暂以及程序的简易这些特征之外，民事藐视法庭诉讼程序与其他民事诉讼程序相类似，并且受管辖区内的一般民事程序规则的约束。该程序一般被看成初始诉讼程序的延续。如果藐视者并非主要诉讼的实际当事人，那么他必须有效应诉以使其归属于该法院的管辖权范围之内。而倘若藐视者是主要诉讼的当事人，那么不需要使用新的程序因为他已经在该法院的管辖权范围内，但此时需要进行告知。[9]

民事藐视法庭程序是在私人场合提起——而不是官方。通常情况下在起诉书当中必须说明法院对其具有事物管辖权的根据。由于纯粹的民事藐视法庭程序维护的是私人的利益，因而该程序可以在任何时候基于起诉人的要求而终止。[10] 然而，民事藐视法庭程序与普通法上的通常诉讼程序在证明责任上面存在差别。通常诉讼程序中对责任的裁定是根据优势证据而作出；而在某些管辖区，个人民事藐视法庭的成立需具备清楚而且令人信服的证据。[11]

对民事藐视法庭的裁定具有中间性，因而，在遵循终局判决规则的管辖区，733

---

〔5〕　In re D. I. Operating Co. , 240 F. Supp. 672 (D. Nev. 1965).

〔6〕　Shillitani v. U. S. , 384 U. S. 364, 86 S. Ct. 1531, 16 L. Ed. 2d 622 (1966); Skinner v. White, 505 F. 2d 685 (5th Cir. 1974).

〔8〕　See the discussion at notes 16 – 24, below.

〔9〕　James v. Powell, 32 A. D. 2d 517, 298 N. Y. S. 2d 840 (1969).

〔10〕　Flight Engineers Int'l Ass'n v. Eastern Air Lines, Inc. , 301 F. 2d 756 (5th Cir. 1962).

〔11〕　Stringfellow v. Haines, 309 F. 2d 910 (2d Cir. 1962); Telling v. Bellows – Claude Neon Co. , 77 F. 2d 584 (6th Cir. 1935), cert. denied 296 U. S. 594; Louisiana Educ. Ass'n v. Richland Parish School Bd. , 421 F. Supp. 973 (W. D. La. 1976), affirmed without opinion 585 F. 2d 518 (5th Cir. 1978); Coca – Cola Co. v. Feulner, 7 F. Supp. 364 (S. D. Tex. 1934).

一些法院将所有的藐视法庭程序视为准刑事程序因而要承担刑事上的"排除合理怀疑"证明标准。Ross v. Superior Court of Sacramento County, 19 Cal. 3d 899, 141 Cal. Rptr. 133, 569 P. 2d 727 (1977); Paasch v. Brown, 199 Neb. 683, 260 N. W. 2d 612 (1977).

比如联邦法院，对该裁定的只能等到主要诉讼的终局判决作出之后才能进行。[12]
但是，如果藐视者不是主要诉讼的当事人，[13] 或者该藐视行为在本质上同时具
有刑事性和民事性，[14] 那么该藐视法庭判决就是终局的，对其可以提起即时
上诉。

本节的前部分曾经指出过，刑事藐视法庭的首要目的是强制遵从法院的权威
并对藐视它的人实施惩罚。正因为刑事藐视法庭具有惩罚性，因此要求有故意的
成分，就像对刑事定罪的要求一样。因此，蓄意是刑事藐视法庭的根本要素。[15]

由于民事藐视法庭和刑事藐视法庭这两种程序之间的不同在于制裁目的的不
同而非主要诉讼的本质，刑事藐视法庭程序不管是对于刑事案件还是民事案件都
具有辅助性质。[16] 而且，同一个行为可能同时构成民事和刑事藐视法庭，除非
被诉称的藐视者被告知当事人不能就受到刑事指控还是民事指控作出决定。因
此，藐视法庭程序当中的通知程序应该告知受到指控的藐视者该程序是哪一种性
质。[17] 该结论是美国联邦最高法院在 Gompers v. Buck's Stove & Range Company
一案中得出来的，[18] 在此案中该法院说道："他不仅有权就他受到的指控的性质
获得告知，还有权了解这是一项刑事指控（charge），而非民事控告（suit）。"[19]
当某个藐视法庭程序兼具民事和刑事两种性质时，在程序上它将被视为旨在保护
受控诉方的彻底的刑事程序。[20]

---

[12]　McCrone v. U. S. , 307 U. S. 61, 59 S. Ct. 685, 83 L. Ed. 1108 (1939)；Fox v. Capital Co. , 299
U. S. 105, 57 S. Ct. 57, 81 L. Ed. 67 (1936).

[13]　Bessette v. W. B. Conkey Co. , 194 U. S. 324, 24 S. Ct. 665, 48 L. Ed. 997 (1904).

[14]　Penfield Co. of California v. SEC, 330 U. S. 585, 67 S. Ct. 918, 91 L. Ed. 1117 (1947)；Union
Tool Co. v. Wilson, 259 U. S. 107, 42 S. Ct. 427, 66 L. Ed. 848 (1922).

[15]　U. S. v. United Mine Workers of America, 330 U. S. 258, 67 S. Ct. 677, 91 L. Ed. 884 (1947)；
Chapman v. Pacific Tel. & Tel. Co. , 613 F. 2d 193 (9th Cir. 1975)；In re Joyce, 506 F. 2d 373 (5th Cir.
1975)；Shook v. Shook, 242 Ga. 55, 247 S. E. 2d 855 (1978). But see U. S. v. Schlicksup Drug Co. , 206 F.
Supp. 801 (S. D. Ill. 1962).

[16]　Walker v. City of Birmingham, 388 U. S. 307, 87 S. Ct. 1824, 18 L. Ed. 2d 1210 (1967)；U. S.
v. United Mine Workers of America, 330 U. S. 258, 67 S. Ct. 677, 91 L. Ed. 884 (1947).

[17]　如果对藐视行为进行了充分描述并且藐视者不会在程序性质上发生混乱，那么对程序的通知当
中不需要包含"刑事"这一词语。See FTC v. Gladstone, 450 F. 2d 913 (5th Cir. 1971).

[18]　221 U. S. 418, 31 S. Ct. 492, 55 L. Ed. 797 (1911).

[19]　221 U. S. at 446, 31 S. Ct. at 500.

[20]　Penfield Co. of California v. SEC, 330 U. S. 585, 67 S. Ct. 918, 91 L. Ed. 1117 (1947)；Nye v.
U. S. , 313 U. S. 33, 61 S. Ct. 810, 85 L. Ed. 1172 (1941).

和民事藐视法庭程序不同，刑事藐视法庭程序完全是单独的诉讼。[21] 它完
全由法院或者起诉机构发动和控制。如果政府针对个人提出犯下公共罪行的指
控，那么该诉讼的进行与一个刑事案件没有什么不同。[22] 刑事藐视法庭程序的
惩罚性特征说明，在通常的刑事诉讼程序当中各种正当程序权利以及宪法性的保
护措施同样适用。[23] 比如联邦最高法院所坚持的，除了轻微违法行为以外，在
刑事藐视法庭程序当中享有获得陪审团审理的宪法性权利。[24] 并且，刑事藐视
法庭程序还必须重新确定管辖区以及审判地点。不管藐视法庭权威的行为发生在
何地，法院都应该有能力对行为人进行惩罚，因此审判地一般不会有什么问题。

最后，还必须考虑一下对藐视法庭程序进行考察的范围。包括联邦法院制度
在内的许多司法制度都规定，主要的法院命令的合法性在刑事藐视法庭程序当中
通常不会受到质疑。甚至当该命令是针对已经承认违反法院命令的人作出也是如
此，该被违反的法院命令不具有宪法性而且是由缺乏命令权的法院作出的。[25]
这一看似苛刻的规则的正当性在于，违反法院命令事关重大，不能采取求助于自
身的方式来对其进行挑战，而且法院在决定是否主张管辖权的时候享有维持现状
的权力。[26] 法院据说是有权决定管辖权问题。

然而在某些场合，拒绝对主要命令的合法性问题提出疑问仅限于用以维持现
状的命令。因此，对于那些要求采取积极行动的命令，允许其相对人在刑事藐视
法庭程序当中对这些命令的合法性提出质疑。[27] 此外，刑事藐视者在违反该命
令之前如果曾经试图使其无效却没如愿，那么可以对该主要命令的合法性提出质

〔21〕 根据所涉及的是直接刑事藐视法庭还是间接刑事藐视法庭，所适用的程序有所变化。例如，
《联邦刑事诉讼规则》第42条（a）规定，如果法官能够确信他或者是她被看到或者被听到有现实的藐视
行为——而且该行为在法院出庭时已经承认，那么直接的藐视法庭总体而言就是惩罚性的。这种总括性的
权力允许法官对扰乱法庭秩序的行为进行即时终止，而无须确定一个具体时间来就该藐视指控举行听审。
See Sacher v. U. S., 343 U. S. 1, 72 S. Ct. 451, 96 L. Ed. 717 (1952); In re Osborne, 344 F. 2d 611 (9th
Cir. 1965); Skolnick v. Indiana, 180 Ind. App. 253, 388 N. E. 2d 1156 (1979), cert. denied 445 U. S. 906.
因为藐视法庭在多数情况下是没有遵守某项禁令或者交付财产的某项命令、基于法庭之外的行为而发生，
因而这些总括性的权力并不具有可利用性。
〔22〕 See generally 3 C. Wright, Criminal 2d 707 – 15.
〔23〕 See In re Oliver, 333 U. S. 257, 68 S. Ct. 499, 92 L. Ed. 682 (1948); Armentrout v. Dondanville,
24 Ill. Dec. 688, 67 Ill. App. 3d 1021, 385 N. E. 2d 829 (1979).
〔24〕 Bloom v. Illinois, 391 U. S. 194, 88 S. Ct. 1477, 20 L. Ed. 2d 522 (1968); In the Matter of Ev-
ans, 411 A. 2d 984 (D. C. App. 1980).
〔25〕 Walker v. City of Birmingham, 388 U. S. 307, 87 S. Ct. 1824, 18 L. Ed. 2d 1210 (1967); U. S.
v. United Mine Workers of America, 330 U. S. 258, 67 S. Ct. 677, 91 L. Ed. 884 (1947).
〔26〕 See generally 13A C. Wright, A. Miller & E. Cooper, Jurisdiction and Related Matters 2d 3537.
〔27〕 Maness v. Meyers, 419 U. S. 449, 95 S. Ct. 584, 42 L. Ed. 2d 574 (1975); U. S. v. Thompson,
319 F. 2d 665 (2d Cir. 1963); In re Stern, 235 F. Supp. 680 (S. D. N. Y. 1964).

735 疑。[28] 联邦最高法院在 Walker v. City of Birmingham 案中对此作出了强调。[29] 在该案中，该法院拒绝审查一份试图阻止对种族平等问题进行公众讨论的主要州法院命令的合宪性问题，理由是该藐视者在违反该命令前并没有作出使该命令无效的努力。但是，该法院确实又说："如果请求人在禁令被违反之前曾经在阿拉巴马州法院对此提出过质疑，并且遭遇到迟延或者其宪法性请求受到挫败，这个案件将引发相当不同的宪法性状态。"[30] 遵循同样的逻辑，最高法院在 United States v. Ryan 案[31]中裁定，由于对取消大陪审团发出的提交书面文件传票（subpoena duces tecum）传票的动议予以否决的命令不得提起上诉，所以可能会有人拒绝服从该命令，并且在提起藐视法庭诉讼时对其合法性问题提出质疑。

不仅如此，尽管联邦最高法院对司法制度限制刑事藐视法庭的审查范围表示了支持，还是有某些州没有这样做，而是允许藐视者以管辖权、[32] 非法性[33]以及合宪性[34]为依据对主要命令提出质疑。所以，在决定何种审查范围为可行时有必要结合当地法。

在藐视法庭具有民事性时，在刑事藐视法庭程序当中对主要命令提出质疑的能力更具可用性。一些法院允许在民事藐视法庭程序当中对命令本身进行审查，其理论根据是，既然制裁旨在从法院命令当中受益，那么假如该主要命令无效的话就不应该施加该措施，因为最初的原告无权强制执行该命令。[35]

---

[28] In re Green, 369 U. S. 689, 82 S. Ct. 1114, 8 L. Ed. 2d 198 (1962).

[29] 388 U. S. 307, 87 S. Ct. 1824, 18 L. Ed. 2d 1210 (1967).

[30] 388 U. S. at 318, 87 S. Ct. at 1831.

[31] 402 U. S. 530, 91 S. Ct. 1580, 29 L. Ed. 2d 85 (1971).

[32] Armentrout v. Dondanville, 24 Ill. Dec. 688, 67 Ill. App. 3d 1021, 385 N. E. 2d 829 (1979); Mellor v. Cook, 597 P. 2d 882 (Utah 1979).

[33] State ex rel. Girard v. Percich, 557 S. W. 2d 25 (Mo. App. 1977).

[34] In re Berry, 68 Cal. 2d 137, 65 Cal. Rptr. 273, 436 P. 2d 273 (1968); Board of Medical Examiners v. Terminal – Hudson Electronics, Inc., 73 Cal. App. 3d 376, 140 Cal. Rptr. 757 (1977).

[35] U. S. v. United Mine Workers of America, 330 U. S. 258, 294 – 95, 67 S. Ct. 677, 696, 91 L. Ed. 884 (1947); ITT Community Dev. Corp. v. Barton, 569 F. 2d 1351 (5th Cir. 1978); Latrobe Steel Co. v. United Steelworkers of America, AFL – CIO, 545 F. 2d 1336 (3d Cir. 1976). But compare City of Lebanon v. Townsend, 120 N. H. 836, 424 A. 2d 201 (1980) (当事人对直接上诉从来没有提出过质疑时，不允许进行间接攻击)。

▼
▼
▼

第十六章

特殊程序：集团诉讼、
派生诉讼以及确定竞合权利诉讼

本章目录

736

A. 集团诉讼（Class Action）

1. 概 述

16. 1 目的和历史

集团诉讼是由具有足够的利益相关性的、数量众多的个人或组织提起、或者针对改革人或组织提起的诉讼，因而它与一系列或者单个的诉讼相比更富于效率，能够在一次单一的诉讼当中就多数人的权利或者责任进行判决。[1] 在现代，尽管具有争议性，但集团诉讼还是成为一种极其受欢迎的程序。在联邦法院，它被广泛用于反托拉斯诉讼、证券诉讼、环境诉讼，以及反对种族和性别歧视诉讼、涉及政府利益的诉讼当中；并且，在20世纪90年代，集团诉讼在产品责任案件以及毒品侵权案件当中运用的频率不断上升。

人们常常将集团诉讼活动的这种增长态势归因于1966年《联邦民事诉讼规则》第23条的修改。[2] 但这一趋势也许反映了上面曾经提到过的实体法领域当中的原则性变化、社会性诉讼已经得到增长，以及基于获得法院裁决或者制定法上规定的律师费的目的而运用集团诉讼方面所散发出来的吸引力。[3] 无论是基于以上何种或哪些种原因，集团诉讼都给司法制度以及相当一部分集团当事人添加上了额外的负担，这使得有人作为一个"弗兰肯斯坦魔鬼（Frankenstein monster）"对其提出了挑战。[4] 另一方面，在帮助具有小额请求的人们维护其权利或者促使某些重要的社会问题获得诉讼方面，该程序又或许是惟一可行的途径。近年来，随着大量的全国性或者多国性的产品责任以及欺诈消费者集团诉讼的出现给传统诉讼以及集团诉讼相关规则提出了挑战，集团诉讼的赞成者与反对者之间的争论已经逐步升级。这些诉讼所提出来的重要问题关系到个人支配其自身请

---

[1] See generally Developments in the Law – Class Actions, 89 Harv. L. Rev. 1318 (1976).

在那些在单一法院基于集中或者协调对待的目的而许可诉讼移转（transfer）以及单个诉讼合并（consolidation）的程序当中也可找到集团诉讼的替代形式。但是，如今该替代形式受到某些限制。首先，诉讼移转限制在单一的管辖制度范围内因而州不同法院之间的、以及州际的之间法院的诉讼合并就不可能实现。其次，在联邦法院，诉讼合并只能是基于审前目的而进行。28 U. S. C. A. 1407. 再次，当事人的请求必须具备足够数额值得分别对其作出裁决，因此与集团诉讼不同的是，它不能为小额请求人提供救济。1993年，美国法律学会采纳了增加诉讼移转和合并的效用的提案。See ALI, Complex Litigation：Statutory Recommendations and Analysis (1994).

[2] See, e. g., American Bar Association, Report of Pound Conference Follow Up Task Force 30, reprinted in 74 F. R. D. 159, 194 (1976).

[3] Miller , Of Frankenstein Monsters and Shining Knights：Myth, Reality and the "Class Action Problem," 92 Harv. L. Rev. 664 (1979).

[4] 该术语最先是由首席法官伦巴德（Lumbard）在Eisen v. Carlisle & Jacquelin, 391 F. 2d 555, 572 (2d Cir. 1968) 一案中发表的反对判决意见当中为了描述该案而使用的。从那以后，其他的法官和作者将其用于一般意义上指称集团诉讼。

求的权利、法院对集团诉讼制度进行调整以使其判决的约束力覆盖到众多的纠纷者的权力、以及律师在引导或者解决这些官司当中所担负的角色。[5] 许多提案纷纷要求进行一些改革使该局势稳定下来，并且解决该争论背后的一些政策性问题。[6] 但是直到今天，主要改革措施并没有被采纳。[7]

现代集团诉讼的前身是据称为息讼状（bill of peace）的程序。[8] 它由英国衡评法院发展而来，通过该程序，一定数量的具有小额请求的个人组成一个利益单元在实现其衡平法上的权利时不受到阻碍；同时一个相当的违规者群体也不会从免于诉讼当中得到好处。如果原告能够证明，该群体具有一定的规模因而进行诉讼合并是不可能的或者不具有可操作性，该群体当中所有的人对即将进行诉讼的争点享有共同利益，并且名义上的当事人能够充分代表那些没有参加诉讼的人的利益，那么，就允许使用息讼状。[9] 假如这些条件都符合，那么诉讼就将在代表性的（representational）基础上进行，而且，不管其是否为该诉讼实际上的当事人，该终局判决将约束所有的集团成员。

由于集团诉讼发源于英国衡平法院，因而它仅仅在衡平法上得到认识。这一限制可以追溯到早期的美国实践。[10] 然而，当19世纪这些州的法令导致普通法

738

---

〔5〕 针对这些问题的讨论参见 Coffee, Class Wars: The Dilemma of the Mass Tort Class Action, 95 Colum. L. Rev. 1343 (1995); Green, Advancing Individual Rights Through Group Justice, 30 U. C. Davis L. Rev. 791 (1997); Marcus, They Can't Do That, Can They? Tort Reform Via Rule 23, 80 Cornell L. Rev. 85 (1995); Shapiro, Class Actions: The Class as Party and Client, 73 Notre Dame L. Rev. 913 (1998).

〔6〕 某些提案已经成为了制定法，参见 Mullenix, Class Resolution of the Mass Tort Case: A Proposed Federal Procedure Act, 64 Texas L. Rev. 1039 (1986); Rowe, Beyond the Class Action Rule: An Inventory of Statutory Possibilities to Improve the Federal Class Action, 71 N. Y. U. L. Rev. 186 (1996)。其他的提案则集中在《联邦规则》第23条的修改上。See, e. g., Cooper, Rule 23: Challenges to the Rulemaking Process, 71 N. Y. U. L. Rev. 13 (1996).

〔7〕 1996年，该民事规则的顾问委员会提出了规则第23修正案以征求意见。1997年10月，该委员会决定停止大多数提案，将这些问题留待将来考虑并仅向联邦最高法院提交了有关许可对某些集团认证裁决提起中间上诉的修正案。该规定在上文13. 3当中进行了讨论。

〔8〕 Z. Chafee, Some Problems in Equity 200 – 01 (1950); Walsh, Equity 118, at 553 – 60 (1930); Yeazell, Form Group Litigation to Class Action: Part Ⅰ: The Industrialization of Group Litigation, 27 U. C. L. A. L. Rev. 514 (1980); Developments in the Law—Multiparty Litigation in the Federal Courts, 71 Harv. L. Rev. 874 (1958).

〔9〕 Adair v. New River Co., 11 Ves. Jr. 429, 443 – 45, 32 Eng. Rep. 1153, 1158 – 59 (Ct. Ch. 1805) (dictum).

〔10〕 有关19世纪的美国案件是如何融合成英国息讼状机制的描述，参见 Yeazell, Form Group Litigation to Class Action: Part Ⅱ: Interest, Class, and Representation, 27 U. C. L. A. L. Rev. 1067 (1980).

和衡平法的融合之时，集团诉讼就与普通法上的诉讼一样可以利用了。[11]

在普通法和衡平法融合之前，1938 年联邦法院对集团诉讼的运用由联邦衡平规则支配。缺席的集团成员是否受法院判决的约束，或者该程序是否仅仅起到任意合并的作用，该联邦衡平规则从来没有给出过明确的答复。[12] 联邦最高法院在 Supreme Tribe of Ben – Hur v. Cauble 一案[13] 中作出的判决曾一度使得这种混乱得以缓解，在该案中，一份影响到某互助互益组织基金的支配和处置的判决及于该组织所有成员。法院陈述说："如果该判决要产生效力并且避免出现彼此矛盾的判决，那么它必须及于所有的集团成员。"[14] 尽管有这一声明，联邦集团诉讼中的判决能够产生多大的效力仍然令人怀疑。[15]

1938 年《联邦民事诉讼规则》第 23 条的颁布代表着在联邦制度当中扩展集团诉讼用途的一种尝试，在普通法上以及衡平法上都可运用。根据集团成员之间权利义务关系的不同，规则第 23 条将集团诉讼分为三类。其中，当集团成员之间具有"不可分割的"或者"共同的"权利，或者享有在诉讼的第一位权利人拒绝行使其权利时的第二位权利，此时可以运用"真正的（true）"集团诉讼。而倘若集团成员之间的权利是"单独的"，并且诉讼目的是为了得到影响特定相关财产的判决，那么准予使用"混合的（hybrid）"集团诉讼。被称之为"虚假的（spurious）"的集团诉讼同样要求集团成员之间的权利义务关系是"单独的"；但是，当不存在影响该"某一些"权利的共同的法律或事实问题，并且可以寻求共同救济时，可以进行"虚假的"集团诉讼。[16]

毫无疑问，这三类集团诉讼当中最具争议性的是"虚假的"集团诉讼，它

---

〔11〕 Stearns Coal & Lumber Co. v. Van Winkle, 221 Fed. 590（C. C. A. Ky. 1915），cert. denied 241 U. S. 670；Colt v. Hicks, 97 Ind. App. 177，179 N. E. 335（1932）.

多数州法令规定，如果能够证明人数众多的一方具有共同或者一般的利益，或者该体团的规模是如此庞大因而将每一个人合并到单一的诉讼当中来无法操作，那么集团诉讼将被允许。See, e. g., West's Ann. Cal. Code Civ. Proc. 382；R. I. Sup. Ct. Rules Civ. Proc., Rule 23. 其他州的法令则要求既要证明群体当中所有人之间利益的共同性，又要证明将其合并的不可操作性。See, e. g., Conn. Gen. Stat. 5519（1930）；Fla. Stat. Ann. 63. 14（1931）.

〔12〕《衡平规则》第 48 条——从 1842 年到 1912 年施行——有一些总结性条文："……在这样的案件当中所作的判决对那些没有参加诉讼的人的请求和权利而言应该不会造成不公正。"尽管有这一语句，联邦最高法院至少在一个案件中约束所有的当事人而不论其是否出庭。Smith v. Swormstedt, 57 U. S.（16 How.）288，14 L. Ed. 942（1853）.

〔13〕 255 U. S. 356，41 S. Ct. 338，65 L. Ed. 673（1921）.

〔14〕 255 U. S. at 367，41 S. Ct. at 342.

〔15〕 关于 1938 年以前集团诉讼的历史发展情况的更为广泛的讨论，参见 7A C. Wright, A. Miller & M. Kane, Civil 2d 1751.

〔16〕 有关对最初的联邦规则 23 所形成的实践的彻底描述参见 7A C. Wright, A. Miller & M. Kane, Civil 2d 1752.

和任意合并没有什么差别因为只有名义上的当事人才受法院判决的约束。[17] 这主要发端于寻求共同救济这一要求。一些法院宣称，如果参加诉讼的人享有获得损害赔偿的个体权利，那么就不能使用集团诉讼；但是，一种更可接受的观点是，如果集团成员寻求的是相同种类的救济，或者该相同种类救济针对的是集团成员，那么条件就足够了。[18]

最初的《联邦规则》第 23 条遇到的主要困难是期望用来界定这三类集团诉讼的、权利义务关系的模糊性和概念性特点。[19] 产生的第二个问题是，一旦存在这种必不可少的权利义务关系，那么集团诉讼就会得到维持而无须证明那些共同问题的意义重大性或者与个人争点（individual issues）相比的优位性。这一不足之处就使得被承载了过多的实质性个人争点的集团诉讼还是被保留下来，从而司法的经济性无法得到保证。为了改进这一问题，集团诉讼规则的内容没有就地区法官如何处理个人争点作出任何指示，而且，从字面上看，似乎并没有允许法院将这些个人争点进行分离以便单独对其作出决定的意思。

正由于不满对集团诉讼进行这种任意的、概念性的三重分割，才导致了民事规则顾问委员会（Advisory Committee on Civil Rules）对《联邦规则》第 23 条进行修订，并于 1966 年取得成果。现在的联邦民诉规则反映的则是从功能发挥的角度判断集团诉讼是否适当这么一种尝试。[20] 而且，该规则给予了法院有关如何操作集团诉讼的实质性的指示。[21] 自 1966 年以来，一些州已经对其集团诉讼规则进行了修订，将体现在现行《联邦民事诉讼规则》第 23 条当中的方法囊括

740

----

〔17〕 在涉及《公平劳动标准法》（Fair Labor Standards Act）的诉讼中，"虚假的"集团诉讼很受欢迎，比如，Pentland v. Dravo Corp.，152 F. 2d 851（3d Cir. 1945）（）；mass torts, e. g.，Kainz v. Anheuser – Busch, Inc.，194 F. 2d 737（7th Cir. 1952），cert. denied 344 U. S. 820；and antitrust matters, e. g.，Kainz v. Anheuser – Busch, Inc.，194 F. 2d 737（7th Cir. 1952），cert. denied 344 U. S. 820.

〔18〕 不管是寻求损害赔偿还是衡平救济，只要所有集团成员行动一致就满足该共同救济要求，该要求反对的情形是，集团成员当中一部分寻求损害赔偿，其余部分却提出禁制令救济请求。Oppenheimer v. F. J. Young & Co.，144 F. 2d 387（2d Cir. 1944）.

〔19〕 在以下各种各样的观点当中，这种混乱情形得到了印证：Deckert v. Independence Shares Corp.，27 F. Supp. 763（E. D. Pa. 1939），reversed 108 F. 2d（3d Cir. 1939），affirmed 311 U. S. 282，61 S. Ct. 229，85 L. Ed. 189（1940），on remand 39 F. Supp. 592（E. D. Pa. 1941），affirmed 123 F. 2d 979（3d Cir. 1941）. 原告主张，代表了受到欺诈的债权人的利益的诉讼是"混合的"集团诉讼。被告则宣称该诉讼是"虚假的"。地区法院仅仅表明这是一个集团令状。巡回上诉法庭推翻了初审判决，并将该诉讼定性为"虚假的"集团诉讼。该案到了联邦最高法院后判决被维持，但是该最高法院并没有对其进行定性。根据要求，该地区法院法官将该诉讼归入了"混合"集团诉讼并成为终局判决。当该案第二次被上诉到巡回上诉法庭时，该上诉法庭宣称名称并不重要。

〔20〕 尽管现行《联邦民事诉讼规则》第 23 条仍旧将集团诉讼分为三种类型，那只不过是与其前身类似处终结的地方，并且，那种试图将前者的实践或者诸如"真正的"、"混合的"以及"虚假的"这样的标签永久保存下来的设想将是不合适的。对现行联邦规定的讨论参见下文 16. 2。

〔21〕 See 16. 5, below.

了进来，并作了一些例外性规定。[22] 因此，理解联邦实践具有非常大的作用。

2. 条 件

16. 2 联邦集团诉讼的条件

判断将一个案件作为集团诉讼来看待是否正确通常要经历两个阶段。首先，某些程序性条件是否达到。[1] 其次，该特定的集团诉讼是否合乎该规则所列出的几种集团诉讼类型。[2] 虽然对所有这些问题以及产生于上述两个阶段的疑问进行细致的考察超出了本文的范围，下面仍将对每一阶段进行简要的讨论。

在联邦法院进行任何一种类型的集团诉讼之前，对下面所有的问题都必须作出肯定的回答：（1）是否存在一个可以辨识的集团？（2）声称代表该集团的人是否是集团成员？（3）该集团是否有足够大的规模致使合并不具有可操作性？（4）所有的集团成员是否存在共同的法律或事实问题？（5）该集团的代表所进行的主张和防御是否同样属于其他集团成员？（6）该代表人是否能充分代表和保护没有参加诉讼的集团成员的利益？在一般情况下，这些条件是否达到由法官裁量决定。[3] 只要以上任何一个条件没有达到——并且要求按照集团诉讼对待的当事人负有证明这些条件全都具备的责任——那么案件不能在集团的基础上进行。[4]

过去，当涉及集团原告时，一些联邦法院同样要求诉讼代表人说明其有在案件实体问题上获胜的重大可能，或者在诉讼被允许作为集团诉讼进行之前说明他们的请求并非是细小琐碎的。[5] 隐含在这一要求背后的原理显而易见就是，确保一项实质性请求在极其耗金钱耗时的集团诉讼机制开始运转之前就已经存在。这种做法很不确定。对集团原告而言，要求其对一些实质性请求预先进行证明是

---

〔22〕 See 16. 3, below.

〔1〕 See Fed. Civ. Proc. Rule 23 (a). The Rule 23 (a). The requirements are examined in detail in 7A C. Wright, A. Miller & M. Kane, Civil 2d 1759 – 71.

〔2〕 See Fed. Civ. Proc. Rule 23 (a). The Rule 23 (b). The Rule 23 (b) categories are examined in detail in 7A C. Wright, A. Miller & M. Kane, Civil 2d 1772 – 80; 7B C. Wright, A. Miller & M. Kane, Civil 2d 1781 – 84.

〔3〕 Coley v. Clinton, 635 F. 2d 1364 (8ᵗʰ Cir. 1980); Gold Strike Stamp Co. v. Christensen, 436 F. 2d 791 (10ᵗʰ Cir. 1970).

〔4〕 Williams v. Weinberger, 360 F. Supp. 1349 (N. D. Ga. 1973); Southern v. Board of Trustees for Dallas Independent School District, 318 F. Supp. 355 (N. D. Tex. 1970), affirmed per curiam 461 F. 2d 1267 (5ᵗʰ Cir. 1972). 然而，如果该集团能够重新定义或者更换代表人以符合这些条件的话，该诉讼没能符合所有条件的失误并不必然导致撤消。Geraghty v. U. S. Parole Comm'n, 719 F. 2d 1199 (3d Cir. 1983), cert. denied 465 U. S. 1103; DeBremaecker v. Short, 433 F. 2d 733 (5ᵗʰ Cir. 1970); Shivelhood v. Davis, 336 F. Supp. 1111 (D. Vt. 1971).

〔5〕 Milberg v. Western Pacific R. R. Co., 51 F. R. D. 280 (S. D. N. Y. 1970); Dolgow v. Anderson, 43 F. R. D. 472 (E. D. N. Y. 1968), grant of summary judgment reversed 438 F. 825 (2d Cir. 1970).

对其施加的不恰当的初始性负担，与按照通常模式进行的诉讼相比，它将显得非常麻烦而且是对资源的一种更大浪费。幸运的是，联邦最高法院在 Eisen v. Carlisle & Jacquelin 一案[6]中的判决排除了这种做法。

不言自明的是，在集团诉讼获得许可之前必须有一个可以辨识的集团存在[7]。这不意味着对被代表群体当中的每一位成员都必须进行辨识，甚至都不意味着在诉讼的开端该每一位成员都具有可辨识性[8]。而应当是，集团的大体轮廓要能够清楚地描绘出来以便让法院评判某些特定的个人是否是其成员[9]。事实上，为了将诉讼通知送达集团成员或者分配可以获得担保的追偿，不得不作出这种形式的决定。在集团的范围或者本质上出现任何严重的含糊都同样会给判决约束对象的确定带来麻烦。

第二个条件要求作为代表人本身是集团当中的一员，它是以这样一个观念为前提的，那就是如果他们本人与诉讼结果利害攸关，那么这些代表人才有可能担负起全部的指控或者辩护任务[10]。集团成员资格能够为诉讼代表人充分维护未参加诉讼成员的利益提供了某些保证[11]。这同样可以看成是一个固定不变的条件。然而并非要求所有的代表人都必须是集团成员；只要代表人其中有一个是集

742

---

　〔6〕　417 U. S. 156, 94 S. Ct. 2140, 40 L. Ed. 2d 732 (1974).

　〔7〕　In re A. H. Robins Co. , 880 F. 2d 709 (4ᵗʰ Cir. 1989), cert. denied 493 U. S. 959; United Bhd. Of Carpenters & Joiners of America, Local 899 v. Phoenix Assocs. , Inc. , 152 F. R. D. 518 (D. W. Va. 1994). 有关对集团的可辨识性的讨论参见 7A C. Wright, A. Miller & M. Kane, Civil 2d 1760。

　〔8〕　Carpenter v. Davis, 424 F. 2d 257 (5ᵗʰ Cir. 1970); Ashe v. Board of Elections in City of New York, 124 F. R. D. 45 (E. D. N. Y. 1989).

　〔9〕　比较 Hilao v. Estate of Marcos, 103 F. 2d 767 (9ᵗʰ Cir. 1996) (在 14 年的照看期受到折磨、简易执行或者"消失"的菲律宾公民或其继承人组成的集团能够得到足够确认) 和 Newton v. Southern Wood Piedmont Co. , 163 F. R. D. 625 (S. D. Ga. 1995) (将那些暴露于从木材用植物提取的化学物品并由此患上角化症的人纳入一个集团似乎过于模棱两可)。

　〔10〕　将该条件适用于非法人组织，比如劳工联盟，要在集团诉讼中代表其成员进行诉讼，这一开始就会有问题，因为从技术上看，假如它不是为其自身寻求寻求救济的话，该组织并非是集团成员。See, e. g. , Air Line Stewards & Stewardesses Ass'n, Local 550 v. American Airlines, Inc. , 490 F. 2d 636 (7ᵗʰ Cir. 1973), cert. denied 416 U. S. 993. 如果该组织从其成员那里获得特别提起诉讼的授权，或者是该组织基于保护某种特定的利益而成立，而该利益恰恰又是诉讼的主题，那么法院允许提起该诉讼。See Norwalk CORE v. Norwalk Redevelopment Agency, 395 F. 2d 920 (2d Cir. 1968). 如今在联邦法院，由非法人组织提起或者针对非法人组织提起的诉讼当中出现的多数问题是按照联邦规则 23. 2 的规定来处理的。该规定在 7A C. Wright, A. Miller & M. Kane, Civil 2d 1861 中进行了讨论。

　〔11〕　代表人不具备成员资格常常被视为缺乏充分的代表资格。See, e. g. , Alexander v. Yale University, 631 F. 2d 178 (2d Cir. 1980); Phillips v. Brock, 652 F. Supp. 1372 (D. Md. 1987), vacated on other grounds 854 F. 2d 673 (4ᵗʰ Cir. 1988).

团成员即可。[12]

提起集团诉讼的第三个条件是该集团必须有足够大的规模故而将所有的人合并进来不具有可操作性。[13] 这一条件——有时不那么优雅地称之为人数的众多性（numerosity）——所要求的仅仅是极其困难或麻烦的合并；对不可能性的证明没有必要。[14] 该条件反映出的想法就是避免不可能达到司法经济性的集团诉讼。假如某个纠纷能够通过单个诉讼或者其他的合并程序得到合情合理的、卓有成效的和高效率的解决，那么就没有理由要启动代价不菲的集团诉讼机制。但如果合并无法操作并且司法制度有可能要承受数量众多的个人诉讼，此时以集团诉讼的方式来处理该纠纷也许会具有重大的经济意义。

在决定合并的可行性方面起重要作用的不是数量而是某些因素。这些因素其中包括：（1）诉讼的性质及其复杂性；[15]（2）个人请求的范围；[16] 以及（3）集团成员在地理位置上的分布。[17] 除此之外，集团成员资格的变动可能也是一个适当的考虑因素，因为要求某个人加入到处于相似境况的众多人员当中但其身份却不断发生改变——比如由于出生、死亡或者职业的迅速改变而导致的变化——是令人无法忍受的。

集团诉讼成立的第四个条件是必须存在能够将各集团成员仅仅连在一起的共同的法律或事实问题。[18] 但是并不需要所有的法律或事实问题都是共同的或集团性的。[19] 例如，在主张某种模式的歧视行为时，虽然该行为可能会以不同的

[12] Hunter v. Atchison, T. & S. F. Ry. Co., 188 F. 2d 294 (7th Cir. 1951), cert. denied 342 U. S. 819. 但是对比一下 La Mar v. H & B Novelty & Loan Co., 489 F. 2d 461 (9th Cir. 1973) 一案中的判决，在根据《诚实贷款法》以典当商为被告提起的诉讼当中，法院认为原告仅仅能代表那些被同一个典当商侵害的人，结果要求组成单独的集团对每一个典当商提起诉讼。

[13] Fed. Civ. Proc. Rule 23 (a) (1).

[14] Robidoux v. Celani, 987 F. 2d 931 (2d Cir. 1993); Roman v. Korson, 152 F. R. D. 101 (W. D. Mich. 1993).

[15] E. g., Patrykus v. Gomilla, 121 F. R. D. 357 (N. D. Ill. 1988); Armstead v. Pingree, 629 F. Supp. 273 (M. D. Fla. 1986).

[16] E. g., Dirks v. Clayton Brokerage Co. of St. Louis, Inc., 105 F. R. D. 125 (D. Minn. 1985); Leist v. Shawano County, 91 F. R. D. 64 (E. D. Wis. 1981).

[17] E. g., Garcia v. Gloor, 618 F. 2d 264 (5th Cir. 1980), cert. denied 449 U. S. 1113; Markham v. White, 171 F. R. D. 217 (N. D. Ill. 1997); Gentry v. C & D Oil Co., 102 F. R. D. 490 (W. D. Ark. 1984).

[18] Fed. Civ. Proc. Rule 23 (a) (2).

[19] Forbush v. J. C. Penney, 994 F. 2d 1101 (5th Cir. 1993); Cox v. American Cast Iron Pipe Co., 784 F. 2d 1546 (11th Cir. 1986), cert. denied 479 U. S. 883.

方式影响到不同的集团成员，该条件依然成立。[20] 另一方面，假如要主张的是一个孤立的事件，而它并不包含任何共同的政策或实践，那么就不符合该条件。[21]

集团诉讼成立的第五个条件是诉讼代表人提出的请求或者辩护必须是所有集团成员的典型请求或者辩护——"典型性（typicality）"条件。[22] 立法者规定这一条件想要达到的目的并不完全清楚。[23] 判断具有典型性的依据常常是，诉讼代表人提出的请求或者辩护与集团成员的请求或辩护不存在对立性（antagonism）。[24] 但是在实践当中，这一公式和后面将要讨论的、代表人必须充分维护未参加诉讼的集团成员的利益这一条件难以区分开来。或许典型性和代表的充分性这两个条件之间出现重叠是有意识的。[25] 德格南教授这样形容道："……对抗制的自信在于，只要诉讼者倾尽全力维护其自身的利益从而自然而然地使作为其同伴的集团成员从中受益，它就能很好地发挥作用。"[26] 法院因此而规定代表人的请求不需要与没有参加诉讼的集团成员的请求相一致，[27] 而且，只要代表人的请求和辩护以及该集团是源于同一个事件或者基于相同的法律理论，那么典型性条件就成立。[28] 只有当该诉讼代表人的请求与其他集团成员的请求之间存在

744

---

〔20〕 E. g., Jordan v. County of Los Angeles, 669 F. 2d 1311（9th Cir. 1982）；Christman v. American Cyanamid Co., 92 F. R. D. 441（D. W. Va. 1981）；Molthan v. Temple University of Commonwealth Sys. of Higher Educ., 83 F. R. D. 368（E. D. Pa. 1979）. 有关已经存在共同法律或事实问题的不同事实模式的广泛讨论参见 7A C. Wright, A. Miller & M. Kane, Civil 2d 1763。

〔21〕 E. g., Stewart v. Winter, 87 F. R. D. 760（N. D. Miss. 1980），affirmed 669 F. 2d 328（5th Cir. 1982）.

〔22〕 Fed. Civ. Proc. Rule 23（a）（3）.

〔23〕 关于对典型性条件的更为详细的讨论参见 7A C. Wright, A. Miller & M. Kane, Civil 2d 1764。

〔24〕 E. g., Inmates of the Attica Correctional Facility v. Rockefeller, 453 F. 2d 12（2d Cir. 1971）；Tenants Associated for a Better Spaulding（TABS）v. U. S. Dep't of Housing & Urban Dev.（HUD）, 97 F. R. D. 726（N. D. Ill. 1983）.

〔25〕 See Rosado v. Wyman, 322 F. Supp. 1173, 1193（E. D. N. Y. 1970），affirmed on other grounds 437 F. 2d 619（2d Cir. 1970），affirmed without opinion 402 U. S. 991, 91 S. Ct. 2169, 29 L. Ed. 2d 157（1971）. See also Gonzales v. Cassidy, 474 F. 2d 67（5th Cir. 1973）.

〔26〕 Degnan, Foreword: Adequacy of Representation in Class Actions, 60 Calif. L. Rev. 705, 716（1972）.

〔27〕 Markham v. White, 171 F. R. D. 217（N. D. Ill. 1997）；Jones v. Blinziner, 536 F. Supp. 1181（N. D. Ind. 1982）. But compare Insley v. Joyce, 330 F. Supp. 1228（N. D. Ill. 1971）［集团诉讼被否决，原因是利益不具有同延性（coextensive）］.

〔28〕 E. g., Baby Neal for & by Kanter v. Casey, 43 F. 3d 48（3d Cir. 1994）（强制城市人口服务部门遵守与儿童保障服务条款有关的制定法或者宪法的诉讼）；Haley v. Medtronic, Inc., 169 F. R. D. 643（C. D. Cal. 1996）（以宣称受有缺陷首位开发者指引的制造商为被告提起的产品责任诉讼）；Holland v. Steele, 92 F. R. D. 58（N. D. Ga. 1981）（对被告提出的拒绝所有的囚犯在监狱接受律师咨询的政策进行挑战的集团诉讼）；In re Screws Antitrust Litigation, 91 F. R. D. 52（D. Mass. 1981）（克莱顿法诉讼）。

显著差异时，才视为缺乏典型性。[29]

　　成立集团诉讼的最后一个条件是，名义上的代表人公正而且充分地维护未参加诉讼的集团成员的利益。[30] 这个条件有一个正当程序的尺度。对效率和司法经济性的考虑使得在集团诉讼场合放松了对到庭权利和接受判决义务的要求，因而法院尤其关心那些没有到庭的成员是否得到适当的代理。[31] 除非在确保代表的充分性方面非常小心，缺席的集团成员可以存在宪法性瑕疵为由免受不利判决的约束。如果发生这种情况，那么最初出于成效性和经济性的考虑而得到许可的集团诉讼将归于无效。[32]

745　　代表人无需从集团成员那里得到明确的诉讼授权即可作为他们的代表进行作为。[33] 更进一步讲，与其说代表的充分性取决于代表人的数量不如说取决于代表人及其律师的品质。[34] 代表人的品质如何既依赖于名义上的代表人又依赖于

---

　　[29] E. g., Kalodner v. Michaels Stores, Inc., 172 F. R. D. 200 (N. D. Tex. 1997)（在证券欺诈诉讼中当代理人是一位进行独一无二的防御的"职业性原告"时，被视为缺乏典型性）。

　　联邦最高法院裁定基于所谓的歧视性理由而拒绝提升的雇员不能提起集团诉讼来挑战雇主的整个业务。由于没有证明在其他领域比如租用领域，歧视同种模式存在，所以缺乏典型性。Genneral Telephone Co. of the Southwest v. Falcon, 457 U. S. 147, 102 S. Ct. 2364, 72 L. Ed. 2d 740 (1982). 关于 Falcon 案的判决对下级法院使用规则第 23 条的影响，参见 7A C. Wright, A. Miller & M. Kane, Civil 2d 1771.

　　[30] Fed. Civ. Proc. Rule 23 (a) (4).

　　[31] 如果现有的代表不具有充分性，那么法院无需撤消诉讼。它可以将该集团分成若干个子集团，每一个子集团拥有其自身的代表。In re Mut. Savs. Bank Secs. Litigation, 166 F. R. D. 377 (E. D. Mich. 1996)；它还可以缩小或者重新定义该集团以避免利益发生冲突。Gibb v. Delta Drilling Co., 104 F. R. D. 59 (N. D. Tex. 1984)；或者是另外指定代表人 Brewer v. Swinson, 837 F. 2d 802 (8th Cir. 1988)，或者另外的律师 Cullen v. New York State Civil Service Comm'n, 566 F. 2d 846 (2d Cir. 1977).

　　[32] See Gonzales v. Cassidy, 474 F. 2d 67 (5th Cir. 1973).

　　[33] Mason v. Garris, 360 F. Supp. 420 (N. D. Ga. 1973), judgment amended 364 F. Supp. 452 (1973). 在代表人没有获得特别授权的情况下，其代表的充分性或多或少有些假想的意味。Anderson v. City of Albany, 321 F. 2d 649 (5th Cir. 1963).

　　[34] Korn v. Franchard Corp., 456 F. 2d 1206 (2d Cir. 1972)；Twyman v. Rockville Housing Authority, 99 F. R. D. 314 (D. Md. 1983).

所选择的律师。[35] 后者要求对人数众多性进行审查，[36] 其中包括律师的经验，尤其是涉及特定诉讼当中特殊领域的经验，[37] 以及呈交给法院的文书的质量。[38] 名义上的当事人的道德水平（stature）、提起诉讼的动机以及他们对诉讼结果享有的利益同样有可能被考虑。[39] 由于维持一个集团诉讼所花费的时间较长而且有可能需要大笔资金，代表人的能力不仅仅在于坚持还在于使诉讼充满活力地进行下去，这一点关系重大。尽管代表人个人请求的范围并不具有决定意义，[40] 但法院也许会考虑该代表人是否拥有充足的财政手段来吸纳到诉讼的必要开销。[41]

746

在判断代表的充分性方面最具争议性的因素是在代表人与其他的集团成员之

---

〔35〕 为客观起见，一些法院裁定一个人不能同时担任集团的律师和代表人。See Wagner v. Taylor, 836 F. 2d 578 (D. C. Cir. 1987); Zylstra v. Safeway Stores, Inc., 578 F. 2d 102 (5th Cir. 1987); Brick v. CPC International, Inc., 547 F. 2d 185 (2d Cir. 1976).

由于在证券欺诈集团诉讼当中出现一些滥用现象，并且考虑到这些诉讼从本质上看是由律师而非委托人操控的，因此国会于 1995 年通过了一项特别立法，要求法院对作为集团最佳诉讼代表人的主要原告（leading plaintiff）进行辨别并予以指定，而不仅仅要求其是充分的代表人。该法律同样还规定了指定第一律师的特殊条件。Pub. L. 104 – 67, Dec. 22, 1995, 109 Stat. 737 – 765. 对该补充性的制定法上的条件的详细讨论参见 7B C. Wright, A. Miller & M. Kane, Civil 2d 1806.

〔36〕 面对集团律师产生出一些严重的伦理性问题，法院和评论员已经将注意力集中在监查律师行为以避免发生利益冲突的方法和手段上。See generally Garth, Conflict and Dissent in Class Actions: A Suggested Perspective, 77 Nw. U. L. Rev. 492 (1982); Rhode, Class Conflicts in Class Actions, 34 Stan. L. Rev. 1183 (1982); Note, Conflicts of Interest in Class Representation Vis – à – vis Class Representative and Class Counsel, 33 Wayne L. Rev. 141 (1986). 有关法院在评价集团律师的品质方面所考虑的因素的讨论参见 7A C. Wright, A. Miller & M. Kane, Civil 2d 1769. 1.

〔37〕 See, e. g., Lynch v. Rank, 604 F. Supp. 30 (N. D. Cal. 1984). 或许并不令人奇怪，本人集团诉讼被认为缺乏代表的充分性。Oxendine v. Williams, 509 F. 2d 1405 (4th Cir. 1975).

〔38〕 See, e. g., Wiiliams v. Balcor Pension Investors, 150 F. R. D. 109 (N. D. Ill. 1993); Aguinaga v. John Morrel & Co., 602 F. Supp. 1270 (D. Kan. 1985).

〔39〕 Epstein v. Weiss, 50 F. R. D. 387, 392 (E. D. La. 1970). 事实上的当事人应该有能力独立完成判决。因此，一些法院裁定在代表人和律师之间不能存在任何重大的亲属或者财政关系。See in re Goldchip Funding Co., 61 F. R. D. 592 (M. D. Pa. 1974). 有人争辩说将注意力放在名义上的当事人的个人特征上是不合适的。参见 Burns, Decorative Figureheads: Eliminating Class Representative in Class Actions, 42 Hast. L. J. 165 (1990).

〔40〕 See, e. g., Eisen v. Carlisle & Jacquelin, 391 F. 2d 555 (2d Cir. 1968)（代表人的请求是 90 美元）; In re South Central States Bakery Prods. Antitrust Litigation, 86 F. R. D. 407 (M. D. La. 1980). 相反，在 1995 年国会通过的用以指导证券欺诈集团诉讼的立法规定当中，作为提起这些诉讼的新条件的一部分，要求指定主要原告并假定他是在经济上最具利害关系的个人。15 U. S. C. A. 77z – 1 (a) (3) (B) (ⅲ); 15 U. S. C. A. 78u – 4 (a) (3) (B) (ⅲ).

〔41〕 对比一下 McGowan v. Faulkner Concrete Pipe Co., 659 F. 2d 554 (5th Cir. 1981)（在两年内原告没有要求告知，同时被告也没有能力为文书复印支付 421 美元，因而有正当理由否决集团资格认证）和 George v. Beneficial Finance Co. of Dallas, 81 F. R. D. 4 (N. D. Tex. 1977)（原告的律师所供职的法律基金会能够为诉讼提供足够的财政支持）。

认可审查代表人的财政上的充分性为合法产生了一些争议，这些争议涉及到发现代表人的财产的权利以及与律师的财政安排问题。See 7A C. Wright, A. Miller & M. Kane, Civil 2d 1767.

间是否存在彼此冲突或对立的利益。但是，进入到纠纷核心区域的任何一种冲突或对立都将是致命性的。[42]

在这方面的典型案例是 Hansberry v. Lee 一案，[43] 该案中集团成员要求取消一项种族限制协议得到了伊利诺伊州最高法院的支持，其结果受先前一个案件判决的约束，该案由认可该协议效力的众多屋主当中的一名屋主提起，禁止其他认可该协议的屋主实施违反该协议的行为。该协议本身显示，只有当 90% 的屋主进行了签署时才有效。在第一次诉讼当中，这一事实由原告和被告进行了约定，尽管事实上在协议上签名的人少于 70%。美国联邦最高法院认为，那些试图对种族限制协议实施挑战的人不受先前判决的约束，理由是集团诉讼代表人没有充分的代表这些人的利益，代表人的目的是要确立协议的有效性，而不是将其取消。

这是一个明显的教训。像在 Hansberry 案中那样，要想保证既没有冲突也没有恶意串通的情形，就必须对代表人与其他集团成员、代表人与相对一方的关系进行仔细的司法考量。基本的目标是要让法院确认该代表将直截了当、充满活力地实施诉讼。[44] 因此，该充分性要求的一个很麻烦的方面是，在集团一方是被告的诉讼当中，一名不情愿的代表人，基于不情愿这一事实，是否具有与集团成员相对立的利益，以至于该诉讼不应该在代表性的基础上继续进行下去。[45]

如果刚刚讨论过的集团诉讼条件全都满足，那么法院必须进入到下一个调查阶段：该诉讼是否属于《联邦规则》第 23 条（b）所允许的案件类别当中的一种。规则第 23 条（b）（1）列出的第一类允许在下列情况下提起集团诉讼：（a）单独进行诉讼可能会导致相矛盾（inconsistent）或者不一致的（varying）判决，这将对与该集团对立的一方当事人确立不同的行为标准；或者（b）对集团个别成员的判决会在实际上处置非判决当事人的其他集团成员的利益。[46] 以上这两种标准没有必要同时满足，并且也不会计较满足的是哪一条标准。事实上，在众多申请强制性或者禁制性救济的诉讼当中，以上这两种因素通常都存在。粗略的

---

[42] Berman v. Narragansett Racing Ass'n, 414 F. 2d 311 (1st Cir. 1969), cert. denied 396 U. S. 1037; Redmond v. Commerce Trust Co., 144 F. 2d 140 (8th Cir. 1944), cert. denied 323 U. S. 776. 关于什么足以构成对立性以挫败集团资格认证的更为详细的讨论参见 7A C. Wright, A. Miller & M. Kane, Civil 2d 1768.

[43] 311 U. S. 32, 61 S. Ct. 115, 85 L. Ed. 22 (1940).

[44] 如果仅仅存在一种较为隐蔽的动机不足以构成利益冲突。First Am. Corp. v. Foster, 51 F. R. D. 248 (N. D. Ga. 1970).

[45] Research Corp. v. Pfister Associated Growers, Inc., 301 F. Supp. 497 (N. D. Ill. 1969). 对非情愿代表人问题的更深入讨论参见 7A C. Wright, A. Miller & M. Kane, Civil 2d 1770.

[46] See Generally 7A C. Wright, A. Miller & M. Kane, Civil 2d 1772 – 74.

设想一下，这种类别的诉讼可以看成是"克服不利的（anti - prejudice）"集团诉讼。[47] 倘若单个诉讼将导致对集团相对一方或者集团本身的成员产生偏见，那么允许将其作为集团诉讼对待。

注重实效的审查决定着是否存在不利。假如具备单独提起诉讼的现实可能性时，[48] 以及出于法律或者实践的需要，要求以相同的、关系到每一个集团成员的方式进行该单个的或者整体的诉讼时，对方当事人才能受到单个判决的约束。在那种情况下，单独诉讼所产生的不同的结果或许会驱使处于防御地位的当事人违反其相对于某些集团成员的法定义务。[49] 倘若其中的风险仅仅是对方当事人不得不对某些请求人进行损害赔偿而非其他，这就好比一次群体事故之后提起单个诉讼一样，这时不利不能成立。[50]

与此相似，为了论证不利的存在，没有参加诉讼的集团成员无需证明，基于请求权和争点的排除它将受到单个判决的法律上的约束。[51] 然而，单个诉讼的效力应该不单单是遵循先例原则所产生的效果。[52] 譬如，当单个的集团成员在有限的共同资金范围之外要求追偿时，规则第 23 条（b）（1）就可能适用。如果该资金比例在单个的诉讼当中按照先到先得、后到后得的原则进行分配，那么在某些集团成员得到就他们的请求进行诉讼的机会之前，该资金可能已经被彻底耗尽。[53] 因此在实践当中单个诉讼有可能会威胁到集团成员的权利。

---

〔47〕 规则第 23 条（b）（1）规定的集团 7A C. Wright, A. Miller & M. Kane, Civil 2d 1768. 诉讼标准与联邦规则第 19 条规定的、基于公正判决的需要而决定何时需要当事人所依据的标准之间存在相似之处，这一点应该引起注意。后面在上文 6. 5 当中进行了讨论。

〔48〕 如果集团成员的单个请求非常之小，那么就不存在什么重复诉讼的风险。See Eisen v. Carlisle & Jacquelin, 391 F. 2d 555 (2d Cir. 1968).

〔49〕 Larionoff v. U. S., 533 F. 2d 1167 (D. C. Cir. 1976), affirmed 431 U. S. 864, 97 S. Ct. 2150, 53 L. Ed. 2d 48 (1977)（海军士兵提起的追索可变的延长服役奖金的诉讼）；Kjeldahl v. Block, 579 F. Supp. 1130 (D. D. C. 1983)（针对农业部长拒绝执行由制定法规定的贷款计划而提起的诉讼）；Collins v. Bolton, 287 F. Supp. 393 (N. D. III. 1968)（一种制定法上的估价）。

〔50〕 规则 23（b）（1）试图在全国性的产品责任诉讼当中得到集团资格认证，其依据的理论是，集团诉讼是确保所有的成员获得赔偿的惟一途径，这是因为在单个进行诉讼的情况下，他们会很快控制被告的财产。总体上说，法院已经设定了一个很高的门槛拒绝进行认证，理由是证明被告可能破产的证据不充分。See, e. g., In re School Asbestos Litigation, 789 F. 2d 996 (3d Cir. 1986)；In re Northern District of Cal. Dalkon Shield IUD Prods. Liability Litigation, 693 F. 2d 847 (9th Cir. 1982), cert. Denied 459 U. S. 1171. But see In re "Agent Orange" Prod. Liability Litigation, 100 F. R. D. 718 (E. D. N. Y. 1983), mandamus denied sub nom. In re Diamond Shamrock Chemicals Co., 725 F. 2d 858 (2d Cir. 1984), cert. Denied 465 U. S. 1067. E. g., In re Joint E. & S. District Asbestos Litigation, 982 F. 2d 721 (2d Cir. 1992).

〔51〕 La Mar v. H & B Novelty & Loan Co., 489 F. 2d 461 (9th Cir. 1973)；Rodriguez v. Barcelo, 358 F. Supp. 43 (D. Puerto Rico 1973).

〔52〕 Larionoff v. U. S., 533 F. 2d 1167 (D. C. Cir. 1976), affirmed on the merits 431 U. S. 864, 97 S. Ct. 2150, 53 L. Ed. 2d 48 (1977)；LaMar v. H & B Novelty & Loan Co., 489 F. 2d 461 (9th Cir. 1973).

〔53〕 See, e. g., In re Drexel Burnham Lambert Group, Inc., 960 F. 2d 285 (2d Cir. 1992)；In re Greenman Secs. Litigation, 94 F. R. D. 273 (S. D. Fla. 1982). See also note 50, above.

在《联邦规则》第 23 条（b）（2）当中规定的集团诉讼的第二种类型,[54] 允许下列情形下的集团诉讼的存在：（1）与集团相对的一方当事人基于一般适用于整个集团的理由而作为或者不作为；或者（2）该集团代表人正在寻求终局性禁制令或者相当的宣告性救济。[55] 正是规则第 23 条当中的这类诉讼经常被用于民权诉讼以及其他的宪法性诉讼,[56] 尽管某个寻求变更被告行为的诉讼同样有资格。[57] 假如集团相对一方针对集团成员以一种一致性的方式采取行动从而形成某种行为模式,[58] 或者该当事人强加了一种影响到所有集团成员的规章性的方案,[59] 就符合规则第 23 条（b）（2）规定的条件。并非每一个集团成员都将受到由该相对方提起的诉讼的直接影响或者由此感到苦恼。[60] 就像一个攻击公共机构着装法规的案件可能会出现的情况一样。而且，该寻求的救济必须具有终局性；仅仅申请预防性禁制令或者临时限制命令是不够的。但是，如果除了要求禁制令或者宣告性救济之外，申请人还要求获得损害赔偿金，根据规则第 23 条（b）（2）的规定，只要寻求的赔偿被认为是附带性的，就不会使集团认证受到挫败。[61]

以上三种集团诉讼的类型当中最具争议性的是《联邦规则》第 23 条（b）（3）所准许的"共同的问题"或者"损害"集团诉讼。[62] 支撑集团诉讼的三个要素是：（1）与那些影响到单个集团成员的问题相比，共同的法律或事实问题必须占据优势地位；（2）集团诉讼程序必须优于其他的纠纷判决方式；以及

---

〔54〕 对这种类型更为详尽的探讨参见 7A C. Wright, A. Miller & M. Kane, Civil 2d 1775–76.

〔55〕 该规则显示出仅仅准许集团寻求禁止行为的诉讼，多数法院裁定禁止某个集团从事或者不从事某些行为的诉讼超出了其范围。E. g., Thompson v. Board of Educ. Of Romeo Community Schools, 709 F. 2d 1200（6th Cir. 1983）；Paxman v. Campbell, 612 F. 2d 848（4th Cir. 1980），cert. Denied 449 U. S. 1129；Stewart v. Winter, 87 F. R. D. 760（N. D. Miss. 1980），affirmed on other grounds 669 F. 2d 328（5th Cir. 1982）.

〔56〕 E. g., Riley v. Nevada Supreme Court, 763 F. Supp. 446（D. Nev. 1991）（死刑案件当中对内华达州程序规则进行挑战的诉讼）；Singleton v. Drew, 485 F. Supp. 1020（E. D. Wis. 1980）（要求获得正当程序以抵制公共住房申请人的诉讼）.

〔57〕 E. g., Califano v. Yamasaki, 442 U. S. 682, 99 S. Ct. 2545, 61 L. Ed. 2d 176（1979）（社会安全法诉讼）；Environmental Defense Fund, Inc. v. Corps of Engineers of U. S. Army, 348 F. Supp. 916（N. D. Miss. 1972），affirmed on other grounds 492 F. 2d 1123（5th Cir. 1974）（环境诉讼）；Van Gemert v. Boeing Co., 259 F. Supp. 125（S. D. N. Y. 1966）（要求将债券兑换成普通股份的诉讼）.

〔58〕 See, e. g., Ashmus v. Calderon, 935 F. Supp. 1048（N. D. Cal. 1996）.

〔59〕 See, e. g., Sorenson v. Concannon, 893 F. Supp 1469（D Or 1994）.

〔60〕 See, e. g., Johnson v. American Credit Co. of Georgia, 581 F. 2d 526（5th Cir. 1978）；Hess v. Hughes, 500 F. Supp. 1054（D. Md. 1980）.

〔61〕 Eubanks v. Billington, 110 F. 3d 87（D. C. Cir. 1997）；Probe v. State Teachers'Retirement Sys., 780 F. 2d 776（9th Cir. 1986），cert. Denied 476 U. S. 1170.

〔62〕 对规则 23（b）（3）所规定的条件的更详细的讨论参见 7A C. Wright, A. Miller & M. Kane, Civil 2d 1777–80；7B C. Wright, A. Miller & M. Kane, Civil 2d 1781–84.

（3）必须就诉讼机构以及退出诉讼的权利对集团成员给予切合实际的最佳通知（best notice practicable）。[63]

共同问题集团诉讼（common question class action）反映了一种将两种有些对立的政策包容起来的尝试。一方面，对司法经济性和诉讼效率的追求趋向于将法律上和事实上相类似的诉讼合成一个诉讼，以避免裁判的重复和浪费。实际上，采用集团诉讼的处理方式可以让那些请求过于细小而不能进行单个诉讼的人得以通过集合性诉讼来维护其权利。[64] 另一方面，当某个个体无法操控即将对其构成影响的诉讼，并且被迫与其他成百甚至上千的人共用一个律师时，传统的正当程序以及程序公正的观念也许会陷入危险之中。[65]

要求共同的法律或事实问题优于仅仅影响到单个集团成员的问题，是想在这些对立的政策当中寻求一种平衡。[66] 甚至当单个的问题可能比共同问题消耗更多的时间时，只要这样做将比让当事人在单独的诉讼当中接受单个的判决在实质上更富于效率，仍旧可以允许进行集团诉讼。[67] 因此，法院经常通过调查是否存在一个意义重大的、事实或法律争点的共同内核来接近该占优势的问题，[68] 但这种共同的内核不一定包括所有将在案件当中得到处理的争点。[69] 例如，在涉及证券欺诈以及违反反托拉斯法的案件当中，[70] 如果被告受到挑战的行为源于一个单一的、集团性的行为过程、故而制定法上的责任这一争点对集团而言具有共同性，优势就可能成立，即使可能存在独立的单个争点，如损害赔偿，以及

750

---

〔63〕 这三个条件并没有在规则第 23 条（b）（3）当中予以正式规定，但是根据该细分，它在规则第 23 条（c）（2）当中强制性地用于所有的诉讼。由于没有能力或者不愿意对集团成员进行诉讼通知而致使大量的案件被撤消，因此为了使共同问题集团诉讼能够成立，应该将通知作为一种相互平等（co－equal）的条件来看待。

〔64〕 Comment, Rule 23: Catergories of Subsection（b）, in The Class Action—A Symposium, 10 B. C. Ind & Com. L. Rev. 539, 555 (1969).

〔65〕 Frankel, Some Preliminary Observations Concerning Civil Rule 23, 43 F. R. D. 39, 43 (1967).

〔66〕 对比一下联邦民诉规则第 23 条（a）（2），它仅仅要求存在该共同问题，而不要求占据优势。参见前注 18 – 21 种的讨论。

〔67〕 Compare Minnesota v. U. S. Steel Corp., 44 F. R. D. 559, 569 (D. Minn. 1968)（集团诉讼得到了准许），with Bonner v. Texas City Independent School Dist. Of Texas City, Texas, 305 F. Supp. 600, 61 (S. D. Tex. 1969)（集团诉讼没有得到准许）。

〔68〕 Esplin v. Hirschi, 402 F. 2d 94, 99 (10th Cir. 1968); cert. Denied 394 U. S. 928; Kristiansen v. John Mullins & Sons, Inc., 59 F. R. D. 99 (E. D. N. Y. 1973); Illinois v. Harper & Row Publishers, Inc., 301 F. Supp. 484, 488 n. 7 (N. D. Ill. 1969).

〔69〕 Lockwood Motors, Inc. v. General Motors Corp., 162 F. R. D. 569 (D. Minn. 1995); Kleiner v. First Nat. Bank of Atlanta, 97 F. R. D. 683 (N. D. Ga. 1983).

〔70〕 更充分的讨论参见 7B C. Wright, A. Miller & M. Kane, Civil 2d 1781.

证券案件中的信赖问题。[71] 另一方面，产品责任诉讼常常是无法满足这种条件，因为因果关系以及损害赔偿额这些争点的个体性特征盖过了任何共同问题。[72]

关于这一点，实际上联邦最高法院在 1997 年 Amchem Products, Inc. v. Windsor 案[73] 的判决当中就曾经强调过，该案涉及对遍及全国的未来石棉矿当事人集团的和解协议效力进行认证的问题。[74] 最高法院认为，与集团成员在不同的时间段、不同程度地暴露于不同的石棉产品当中这些单个性问题相比，暴露于石棉矿当中对人们健康产生的影响这一共同争点更加具有优势，那些已经受到不同的损害或者根本还没有受到损害的成员同样如此。而适用于各个请求人的各个州的法律互有差异使这一问题得到加剧。[75]

在规则第 23 条（b）（3）规定的诉讼当中，除了发现优势性问题之外，法院还必须考虑是否还有比集团诉讼更好的、其他的纠纷解决方法。最常见的其他判决程序包括，将该争议进行以获得单个判决、通过确定竞合权利诉讼（interpleader)[76] 或者诉讼参加[77] 将没有参加诉讼的集团成员合并进来、将单独的诉讼予以合并得到共同判决、转移到一个单一的法院进行合并性的及协调性的审前活动、[78] 将事项呈交给某个行政实体、[79] 以及将请求当中的一个或多个作为一个试验性案件来处理。[80] 如果将这些替代性办法进行一番对比就会发现，如果某个集团诉讼所带来的好处值得花费必要的司法能源来操作它并且值得冒群体诉讼的风险，那么该集团诉讼就应该进行下去。

联邦规则罗列了一份没有穷尽的需要斟酌的因素清单，以帮助法院作出上述

---

[71] E. g., Kirkpatrick v. J. C. Bradford & Co., 827 F. 2d 718 (11ᵗʰ Cir. 1987)（通过积极的行为和不作为而导致的不当代理的共同过程）；Stephenson v. Bell Atlantic Corp., 177 F. R. D. 279 (D. N. J. 1997)（反托拉斯诉讼所要求的对反竞争性行为以及垄断定价行为的相同证明）。

[72] See, e. g., Raye v. Medtronic Corp. 696 F. Supp. 1273 (D. Minn. 1988)；Caruso v. Celsius Insulation Resources, Inc., 10 F. R. D. 530 (M. D. Pa. 1984)；Payton v. Abbot Labs., 100 F. R. D. 336 (D. Mass. 1983).

[73] 521 U. S. 591, 117 S. Ct. 2231, 13 L. Ed. 2d 689 (1997).

[74] 这份集团和解判决所隐含的意义在下文 16. 7 当中讨论。

[75] 其他的法院同样规定，部分地由于各个州法律没有满足该优势性条件而产生的群体性侵权诉讼必须予以适用。See, e. g., Cast no v. American Tobacco Co., 84 F. 3d 7 (5ᵗʰ Cir. 1996)；In the Matter of Rhon Poulenc Rorer Inc., 51 F. 3d 1293 (7ᵗʰ C 1995), cert. Denied 516 U. S. 867.

[76] See 16. 10 - 16. 13, below.

[77] See 6. 10, above.

[78] 该程序由 28 U. S. C. A. 1407 所规定；仅仅在联邦制度当中它才是一项替代性措施，并且只允许基于审前目的而转移。

[79] Schaffner v. Chemical Bank, 339 F. Supp. 329, 337 (S. D. N. Y. 1972). See, e. g., Pattillo v. Schlesinger, 625 F. 2d 262 (9ᵗʰ Cir. 1980).

[80] See, e. g., Yeager's Fuel, Inc. v. Pennsylvania Power & Light Co., 162 F. R. D. 482 (E. D. Pa. 1995)；Perez v. Government of Virgin Islands, 109 F. R. D. 384 (D. Vi, 1986).

评断。[81] 这些因素试图将法官的注意力集中到共同问题集团诉讼的目标上来，并确保以一种最具效率的程序来开展集团诉讼。因此需要法官调查单个的集团成员在操控关系到其权利的单个诉讼的攻击或防御当中是否具有某种利益。[82] 对操控单个诉讼有强烈愿望可能说明对代表不满意，或者有可能引领很大一部分集团成员退出（opt-out）集团诉讼，[83] 由此而对集团诉讼程序的效用构成损害。与此类似，法官还将考虑与该纠纷有关的其他诉讼是否处于待决状态。[84] 除非这些待决的诉讼被禁止或被中止，或者它们将对纠纷作出一个有效的判决，除此之外对司法制度而言该集团诉讼将是一个额外的负担。[85] 并且，单个诉讼未决这一事实本身就为某些集团成员在操控涉及其权利的诉讼过程上具有利益提供了证明。

　　法院可能会考虑的第三个因素是，是否有将争议在一次诉讼当中予以解决的愿望。它要求对允许进行集团诉讼是否会使重复劳动的潜在可能性以及产生相互矛盾结果的可能性降到最小估量。[86] 它同样还要求估量为集团诉讼选择的法庭地是否代表了解决该争议的适当地点。法庭地是否适当取决于利害关系当事人的公民身份、证人和证据是否可及以及该法院日程安排情况。[87]

　　第四个因素，同时也是关注得最为集中的因素就是，要求法院对那些开展集团诉讼有可能产生的管理上的困难作出估计。[88] 它要求在其他要素当中，对集团的规模、诉讼通知任务的繁重性、参加者的潜在数量以及特殊的单个争点的提出这些因素予以考虑。由此而可能产生的困难和代表人判决所带来的好处之间形成对抗之势。[89]

752

　　共同问题集团诉讼的最后一个条件是，就该诉讼以及选择退出的权利向得到确认的集团成员进行了切合实际的最佳诉讼通知。在联邦法院，要求对经过合理

---

　　[81]　See Fed. Civ. Proc. Rule 23 (b) (3) (A-D).

　　[82]　See, e. g., Commander Properties Corp. v. Beech Aircraft Corp., 164 F. R. D. 529 (D. Kan. 1995).

　　[83]　选择退出的权利在《联邦民事诉讼规则》第23条 (c) (2) 当中进行了规定。

　　[84]　See Kamm v. California City Dev. Co., 509 F. 2d 205 (9ᵗʰ Cir. 1975) (州法院诉讼待决)。

　　[85]　联邦法院不能对正在进行的州法院诉讼实施禁止。28 U. S. C. A 2283. 《联邦规则》第23条被认为不是反诉禁令法 (anti-suit injunction statute) 的一条例外规定。In re Federal Skywalk Cases, 680 F. 2d 1175 (8ᵗʰ Cir. 1982); In re Corrugated Container Antitrust Litigation (Three J. Farms, Inc.), 659 F. 2d 1332 (5ᵗʰ Cir. 1981), cert. Denied 456 U. S. 936.

　　[86]　Carpenter v. Hall, 311 F. Supp. 1099, 1112 (S. D. Tex. 1970).

　　[87]　See Hobbs v. Northeast Airlines, Inc., 50 F. R. D. 76 (E. D. Pa. 1970).

　　[88]　对可管理性 (manageability) 的适用问题一个有趣而又有限定性的分析参见 In re Hotel Telephone Charges, 500 F. 2d 86 (9ᵗʰ Cir. 1974).

　　[89]　Chevalier v. Baird Savs. Ass'n, 72 F. R. D. 140 (E. D. Pa. 1976); In re Memorex Sec. Cases, 61 F. R. D. 88, 103 (N. D. Cal. 1973); Brennan v. Midwestern United Life Ins. Co., 259 F. Supp. 673 (N. D. Ind. 1966).

的努力可以确定的每一个集团成员给予通知。[90] 由通知而导致的一些问题在下一小节当中讨论。[91] 在这一点上有必要引起注意的是，在大规模的集团诉讼当中，遵守这一通知要求所付出的成本具有禁止性意义因而该诉讼的提起受到排除。

在一个集团诉讼中，刚才讨论的集团诉讼种类当中的两种或者所有的三种类型所包含的条件可能都能满足。只有在根据"共同问题"和其他种类集团诉讼当中的一种进行集团认证的时候才产生某些麻烦。[92] 在那种情况下，许多法院裁定，由于在共同问题诉讼当中存在给予特殊诉讼通知这一要求并且选择退出具有优先性，不将该诉讼归入该种类当中反而更快捷一些。[93] 有人争辩说，参与到"共同问题"集团诉讼当中来的特殊的程序性防卫措施在适用时不应该展现快捷性，尽管如此，只要集团成员之间存在更为密切的联系，并且提出了符合规则第 23 条（b）（1）或（b）（2）[94] 所规定的标准的主张，那么即使没有这些添加的防卫措施，这些认证也具有正当性。

16.3 州集团诉讼条件

尽管州和州之间在提起集团诉讼的确切性条件上面互有差异，现有的制定法类型仍可大致分为四类。[1] 其中最普遍的两种形式由联邦实践形成。一些法院将 1983 年修订后的《联邦规则》第 23 条吸收进来作为其集团诉讼规则，并根据集团主张的利益类型将集团诉讼划分为"真正的"、"混合的"以及"虚假的"三种类型。[2] 然而，更常见的是，各州已经制定了 1966 年《联邦规则》第 23 条的修订版本。[3] 尤其是在这些州，不说具有绝对的效力，联邦法院对各

753

---

〔90〕 Eisen v. Carlisle & Jacquelin, 417 U. S. 156, 94 S. Ct. 2140, 40 L. Ed. 2d 732 (1974).

〔91〕 See 16. 6, below.

〔92〕 没有必要选择将某个诉讼是归入（b）（1）还是（b）（2）中的诉讼种类，因为这些通知条款以及约束效力在两种类型诉讼上是一致的。

〔93〕 DeBoer v. Mellon Mortgage Co. , 64 F. 3d 1171 (8th Cir. 1995), cert. Denied 517 U. S. 1156; Tober v. Charnita, Inc. , 58 F. R. D. 74 (M. D. Pa. 1973); Walker v. City of Houston, 341 F. Supp. 1124 (S. D. Tex. 1971).

〔94〕 规则 23（b）（1）或（b）（2）所列诉讼的条件在前注 46 - 61 当中进行了讨论。

〔1〕 关于 1971 年以前州集团诉讼实践的精彩讨论参见 Homburger, State Class Actions and the Federal Rule, 71 Colum. L. Rev. 609 (1971).

〔2〕 E. g. , Mich. Gen. Ct. Rule 1963, 208. See also Official Code Ga. Ann. 9 - 11 - 23（只有"真正的"和"混合的"集团诉讼得到准许）. 该法在 Casurella & Bevis, Class Action Law in Georgia: Emerging Trends in Litigation, Certification, and Settlement, 49 Mercer L. Rev. 39 (1997) 一文当中进行了评论。西弗吉尼亚州于 1978 年修改了其集团诉讼规则，结合 1938 年《联邦规则》设定的条件，对符合《联邦规则》第 23 条（b）（1）情况的诉讼的合并、以及得到另外授权的情况下获得集团救济的某些利益作出了通常性规定。See W. Va. Rules Civ. Proc. , Rule 23 (a).

〔3〕 E. g. , Ala. Rules Civ. Proc. , Rule 23; Alaska Rules Civ. Proc. , Rule 23; Fla - West's F. S. A. Rules Civ. Proc. Rule 1. 220; Idaho Rules Civ. Proc. , Rule 23 (a); 12 Okl. St. Ann. 2023.

种不同条件的解释也可以说是风行一时。

　　州集团诉讼制度的第三种类型在《加利福尼亚民事程序法典》第 382 条当中得到了例证，它作出了一条简单规定"当该问题是许多人的共同的或者一般利益问题、或者当事人人数众多，因而全部到庭诉讼实际上不可能时，其中的一人或者多数人可以代表全体的利益进行起诉或者辩护。"[4] 加利福尼亚州的规定与那些追随联邦法律的州的规定之间最显著的区别在于，加利福尼亚州的法院不需确定某个特定的诉讼是否归属于某一指明的集团诉讼种类。假如对加利福尼亚州法律的适用情况进行一番简单扫视，就会发现有另外一番见识存在。

　　首先要指明的是，该法仅仅提出两个条件：成员之间的利益的共同性以及合并实际上无法进行。除此之外，这些条件还隐含了一点那就是，加利福尼亚州法院坚持证明存在一个可以识别的集团。[5] 如同联邦法院的情形一样，[6] 这并不意味着代表人必须有能力一开始就对每一个集团成员进行确认。[7]

　　要满足该法的条件，最主要的障碍在于证明存在足以获得集团诉讼的利益共同性。某些州将该条件解释为集团成员之间必须具有某些私人的联系，[8] 在放弃了这种做法之后，加利福尼亚州最高法院裁定，如果在那些影响到集团成员的法律或事实问题当中存在一个可以确认的集团，以及一种可以定义的利益，那么该条件就得到满足。[9] 这是一个平衡标准——法院不仅要掂量通过进行集团诉讼而得到的经济性利益，与此相对，它还要站在集团成员的立场上考虑代表的充分性和利益的结合度。[10] 有趣的是，加利福尼亚州法院在对这些因素进行估量的时候，却仰仗联邦集团诉讼的条件以及在联邦法院所作的相应解释。[11] 因此，

754

---

　　[4]　加利福尼亚州的这条规定本来是《菲尔德法典》（Field Code）当中的条款，该条款最早在 1849 年由纽约州采纳。纽约州已经放弃了这种方法。参见上文注释 19 的讨论。但是，仍然有一些州保留了类似的规定。E. g. , Neb. Rev. St. 25 – 319；Wis. Stat. Ann. 803. 08.

　　[5]　Lazar v. Hertz Corp. , 143 Cal. App. 3d 128, 191 Cal. Rptr. 849 (1983)；Hebbard v. Colgrove, 28 Cal. App. 3d 1017, 105 Cal. Rptr. 172 (1972).

　　[6]　See 16. 2 at nn. 7 – 9, above.

　　[7]　Daar v. Yellow Cab Co. , 67 Cal. 2d 695, 63 Cal. Rptr. 724, 433 P. 2d 732 (1967).

　　[8]　See Hall v. Coburn Corp. of America, 26 N. Y. 2d 396, 311 N. Y. S. 2d 281, 259 N. E. 2d 720 (1970)；Society Milion Athena, Inc. v. National Bank of Greece, 281 N. Y. 282, 22 N. E. 2d 374 (1939).

　　[9]　Daar v. Yellow Cab Co. , 67 Cal. 2d 695, 63 Cal. Rptr. 724, 433 P. 2d 732 (1967).

　　[10]　比较一下 Vasquez v. Superior Court, 4 Cal. 3d 800, 94 Cal. Rptr. 796, 484 P. 2d 964 (1971)（基于欺诈而提起的消费者集团诉讼得到了支持），以及 Caro v. Procter & Gamble Co. , 18 Cal. App. 4th 644, 22 Cal. Rptr. 2d 419 (1993)（指控在桔汁含量标记以及广告上有欺诈和欺骗行为的集团诉讼没有获得准许）。

　　[11]　除了在判决上仰仗于联邦法律及其指示之外，一些高级法院还采纳了当地的规则，而这些规则在很大程度上又参照了《联邦规则》第 23 条的规定。See, e. g. , Los Angeles County Superior Court Class Action Manual, Rules 401 – 470. 而且，《加利福尼亚州消费者法律救济法》当中也有一些针对消费者集团诉讼的条款，这些条款当中规定的条件和联邦规则 23 (a) 当中的相一致。West's Ann. Cal. Civ. Code 1781.

为了找寻既有的利益共同性，加利福尼亚州的法官试图探究是否存在共同的法律或事实问题、[12] 代表人的利益相对于其他集团成员的利益而言是否具有典型性、以及该代表人是否会充分地维护没有参加诉讼的集团成员的利益。[13] 通过考察由该集团提出的共同问题相对于单个判决的问题而言是否具有优势，司法的经济性就得到了保证。[14] 所以，联邦法律尽管有影响力却并不具有约束力，[15] 加利福尼亚州的法官可以根据时代的变化而调整集团诉讼条件，因而它们享有更多的裁量权，记住这一点很重要。

应予确认的集团诉讼制度的最后一种类型在那些依据联邦做法新近对法律进行了修改的州得到了确立。与《联邦规则》第 23 条相似，这些法律通常是采取一种务实的手段。它们不仅仅规定了条件，而且还规定了有关诉讼通知、诉讼费用、救济的类型以及其他的管理方面的事项。[16] 为了使集团认证简单化，这些规定通常除去了对集团诉讼必须符合某一特定类型的要求，[17] 而这在《联邦规则》第 23 条（b）当中是必不可少的。[18] 譬如在纽约州，对所有的集团诉讼而言，仅仅要求共同的法律或事实问题占据优势，并且集团救济优于其他可利用的判决机制。[19]

16.4 对人以及事物管辖权条件

在集团诉讼场合，为了满足对人[1]以及事物管辖权[2]要求而考察法院应该如何对待没有参加诉讼的集团成员时会产生一些特殊的问题和疑问。

---

〔12〕 Gerhard v. Stephens, 68 Cal. 2d 864, 69 Cal. Rptr. 612, 442 P. 2d 692 (1968); Slakey Bros. Sacramento, Inc. v. Parker, 265 Cal. App. 2d 204, 71 Cal. Rptr. 269 (1968).

〔13〕 San Jose v. Superior Court of Santa Clara County, 12 Cal. 3d 447, 115 Cal. Rptr. 797, 525 P. 2d 701 (1974).

〔14〕 Weaver v. Pasadena Tournament of Roses Ass'n, 32 Cal. 2d 833, 198 P. 2d 514 (1948); Silva v. Block, 49 Cal. App. 4th 345. 56 Cal. Rptr. 2d 613 (1996); Kennedy v. Baxter Healthcare Corp. , 43 Cal. App. 4th 799 50 Cal. Rptr. 2d 736 (1996); Lazar v. Hertz Corp. , 143 Cal. App. 3d 128, 191 Cal. Rptr 849 (1983).

〔15〕 最值一提的是，加利福尼亚州法院没有跟随这联邦上的指引而要求在共同问题损害赔偿集团诉讼当中进行个别通知，参见下文 16.6 中的注释 20 - 21。加利福尼亚州还允许可变性（fluid）追偿的存在，参见下文 16.5 注释 25 - 29。

〔16〕 See, e. g., N. Y. - McKinney's CPLR 901 - 909. 制定法上的指引最广泛地反映在如今被北达科他州（North Dakota）采纳的《统一集团诉讼规则》（the Uniform Class Action Rule）当中. See N. D. Rule Civ. Proc. , Rule 23 (f) - (r).

〔17〕 See, e. g., Mass. Rules Civ. Proc. , Rule 23; R. I. Sup. Ct. Rules Civ. Proc. , Rule 23. 新墨西哥集团诉讼规则当中包含了与现行的联邦规则第 23 条相似的条款，不同的是它去掉了条第 23 条（b）（3）所规定的类型。Rule 1 - 023 N. M. R. A. 1998. 相反，被北达科他州采纳的《统一集团诉讼规则》尽管去掉了对集团诉讼类别的规定，还是列出了判断按照集团诉讼处理是否能公正、有效地作出纠纷裁判时需要考虑的 13 个因素。N. D. Rules Civ. Proc. , Rule 23 (c).

〔18〕 See 16. 2, above.

〔19〕 N. Y. - McKinney's CPLR 901a.

〔1〕 See generally Chapter 3, above.

〔2〕 See generally Chapter 2, above.

　　在对人管辖权问题上早期的联邦判决裁定，当集团一方是被告时，只要法院正确地获得对诉讼代表人享有的对人管辖权，那么所有的非名义当事人就要受到本案判决的约束。[3] 而有关对那些缺席的原告是否需要获得对人管辖权的问题却从来没有提出过。但是，随着时间的流逝，法院[4]和评论者们[5]开始仔细考察所有那些缺席的集团成员是否必须满足传统的对人管辖权要求，是否涉及某个原告或者被告集团。[6] 这一问题已经变得非常重要，因为联邦最高法院对利用联邦集团救济所作的限制迫使更多的诉讼者走进了州法院，[7] 从而导致如今这些州法院要面对涉及各州的纠纷，而将这些纠纷归入到要求主张对人管辖权的传统诉讼框架当中去又不是那么容易。而且忙于这些问题的州法院并不赞成这种解决办法。[8]

　　这一问题最终由联邦最高法院在 Phillips Petroleum Company v. Shutts 一案[9]当中得到解决。该法院认为，为了得到一份能够约束不在该州境内的缺席原告，没有必要满足最低限度联系标准，该标准约束的是不在该州境内的被告。最高法院裁定，集团诉讼原告具有与被告完全不同的姿态，因为施加在他们身上的负担与施加在被告身上的负担不相同。该法院还特别评注道："对于错误判决所带来的痛苦，该诉讼中的原告无论哪里都不能够为其自身作出防卫，"而且"……与民事诉讼中的被告不同，集团诉讼原告并不需要保护他们自己。"[10] 最后，最高

---

　　〔3〕　Canuel v. Oskoian, 23 F. R. D. 307 (D. R. I. 1959), affirmed on other grounds 269 F. 2d 311 (1st Cir. 1959); Griffin v. Illinois Cent. R. R. Co., 88 F. Supp. 552 (N. D. III. 1949); Salvant v. Louisville & N. R. Co., 83 F. Supp. 391 (W. D. Ky. 1949).

　　〔4〕　In re Northern District of California "Dalkon Shield" IUD Prods. Liability Litigation, 526 F. Supp. 887 (N. D. Cal. 1981), class certification reversed on other grounds 693 F. 2d 847 (9th Cir. 1982), cert. Denied 459 U. S. 1171; Schlosser v. Allis Chalmers Corp., 86 Wis. 2d 226, 271 N. W. 2D 879 (1978); Shutts v. Phillips Petroleum Co., 222 Kan. 527, 567 P. 2d 1292 (1977), cert. Denied 434 U. S. 1068.

　　〔5〕　See Note, Multistate Plaintiff Class Actions: Jurisdiction and Certification, 92 Harv. L. Rev. 718 (1979); Comment, Toward a Policy – Based Theory of State Court Jurisdiction Over Class Action, 56 Texas L. Rev. 1033 (1978).

　　〔6〕　统一集团诉讼制度给出了一个解决该问题的有趣的方法，该方法也被北达科他州采纳。该制度认为，只有在当在诉讼中主张管辖权是为了对抗该人，或者这些成员所居住的州试图通过集团诉讼规则或者法律来使其居民服从于北达科他州的管辖权时，才应该主张针对缺席成员的对人管辖权。换句话说，管辖权的前提是互惠。See N. D. Rules Civ. Proc. Rule 23 (f).

　　〔7〕　尤其是，联邦最高法院作出判决禁止通过集合的方式来满足争议数量上的要求，参见下文注释18 – 27，并在损害赔偿诉讼当中要求原告承担单个诉讼通知而产生的费用，参见下文16. 6注释9 – 1，这些都具有这种效果。

　　〔8〕　Miner v. Gillette Co., 87 III. 2d 7, 56 III. Dec. 886, 428 N. E. 2d 478 (1981), cert. Dismissed 459 U. S. 86 (1982); Schlosser v. Allis – Chalmers Corp., 86 Wis. 2d 226, 271 N. W. 2d 879 (1978).

　　〔9〕　472 U. S. 797, 105 S. Ct. 2965, 86 L. Ed. 2d 628 (1985). Shutts案在 Miller & Crump, Jurisdiction and Choice of Law in Multistate Class Actions After Phillips Petroleum Co. v. Shutts, 96 Yale L. J. 1 (1986) 一文当中得到了广泛考察。

　　〔10〕　472 U. S. at 809, 105 S. Ct. at 2973.

法院指出，为缺席的集团成员规定的其他程序性保护措施，包括诉讼通知以及选择退出诉讼的机会，[11] 满足了正当程序的要求，因而这些缺席的原告没有必要像被告一样从州法院管辖权那里得到保护。[12]

沙特斯（Shutts）案所涉及的仅仅是州法院为了作出约束性判决而获得对缺席原告集团成员的对人管辖权的必要性问题。在一个脚注当中，该法院特别将该判决限制于原告集团诉讼，而没有说明如何处理由缺席的被告集团成员提出的争点问题。[13] 同时也没有回答用于州集团诉讼的正当程序限制是否也适用于联邦集团诉讼。当然，迄今为止，由于在正当程序要求的满足方面沙特斯案允许州法院依赖于程序性条件而非对人管辖权，很清楚如果缺席的集团原告使用相类似的保护措施的话，联邦法院同样也不要求适用最低限度联系标准以得到能约束他们的判决。[14] 但是，他们是否可以使用次一级或者其他的程序来满足正当程序要求，仍然是值得追问的。[15]

根据《联邦规则》第 23 条，关于针对集团诉讼的联邦事物管辖权有两个问题。第一，应该由谁的公民身份来决定是否存在异籍管辖？第二，单个集团成员的请求是否可以进行累计以达到所要求的纠纷条件中的诉讼标的额？

第一个问题很好解决，因为只要审查名义上的代表人的公民身份就可决定是否运用联邦异籍案件管辖权。[16] 鉴于完全的异籍条件，[17] 对所有集团成员的公民身份都予以考虑将严重损害集团诉讼的可利用度。

转到第二个问题，依照美国联邦最高法院的判决，每一个集团成员都必须拥有一个能够满足纠纷诉讼标的额的请求，[18] 除了集团成员正在寻求行使某个单

757

---

[11] 关于得到具有约束力的集团诉讼判决的必要条件的讨论参见下文 16.8。

[12] 有一个有趣的案件和沙特斯案有所区别，缺席的当事人来自亚利桑那州，当对方当事人在宾夕法尼亚州地区法院寻求禁令以阻止这些缺席原告在亚利桑那州起诉时，他们获得的程序性保护少于沙特斯案中缺席原告所获得的保护，参见 In re Real Estate Title & Settlement Servs. Antitrust Litigation, 869 F. 2d 760 (3 Cir. 1989), cert. Denied 493 U. S. 821.

[13] 472 U. S. at 811 n. 3, 105 S. Ct. at 2974 n. 3.

[14] 某些法院裁定，缺席的成员如果没有选择退出或者参与了集团的争辩，那么就表示默示同意法院对他们的管辖权。See, e. g., White v. National Football League, 41 F. 3d 402 (8ᵗʰ Cir. 1994), cert. Denied 515 U. S. 1137; In re Prudential Ins. Co. of America Sales Practices Litigation, 962 F. Supp. 450 (D. N. J. 1997).

[15] 更完全的讨论参见 7B C. Wright, A. Miller & M. Kane, Civil 2d 1789.

[16] Supreme Tribe of Ben – Hur v. Cauble, 255 U. S. 356, 41 S. Ct. 338, 65 L. Ed. 673 (1921).

[17] 完全的异籍规则在上文 2.5 当中进行了讨论。

[18] 然而要指出的是，只有当具有"法律确定性"的某个请求少于管辖权的数额时，纠纷条件所要求的标的额条件才没有达到。See St. Paul Mercury Indem. Co. v. Red Cab Co., 303 U. S. 283, 289, 58 S. Ct. 586, 82 L. Ed. 845 (1938). 因此，在 In re School Asbestos Litigation, 921 F. 2d 1310 (3d Cir. 1990), cert. Denied 499 U. S. 976 当中，当原告承认少量的学校地区不能证明必需的赔偿数额时，上诉法院维持了地区法院所作的将争议数额的确定推迟到开庭审理时的判决，而不是要决定这些地区是哪一些。

一的资格或者某项权利，而他们对该资格或权利具有共同的、不可分的利益。[19] 不幸的是，这一标准保留了 1966 年以前集团诉讼实践当中的许多概念主义。在那个时候，如果该集团成员的权利是不可分割的或者共同的，那么允许在"真正的"集团诉讼当中实行累计。而在"虚假的"或者"混合的"集团诉讼当中不允许实行累计，理由是该集团成员的权利本质上是"单独的"。[20] 有人希望这些独断的以及概念化的差异能够被新的规则所消除。

在由具有小额请求的人提起的联邦集团诉讼当中，即使所主张的、由被告引起的损害额总数具有实质性，不累计（no aggregation）规则具有特殊的抑制效力。联邦最高法院在 Zahn v. International Paper Company 中作出的判决论证了该结果的存在，[21] 该案当中，4 名名义代表人——每一名拥有一个超过了管辖权数额的请求——代表他们自己以及数百名其他的同样坐落于湖滨地带、声称其由于被告的污染行为而受到损伤的业主提起诉讼。每一位被代表的湖滨业主所主张的权利不超过 1 万美元从而要求其满足异籍法规的要求，[22] 并且他们的请求被看成是单独的而非不可分割的或共同的，因此联邦法院据说是没有事物管辖权。[23]

在《联邦规则》第 23 条（b）（2）规定的申请禁令救济的集团诉讼当中，至少是在矫正种族歧视的诉讼中，不累计规则没有什么效力，因为这些诉讼没有对纠纷标的额的要求。[24] 而且，作为相当少见的例外，联邦法律所确定的某些诉讼当中也由于没有对纠纷标的额的要求而出现相同的情况。[25] 此外，《联邦规则》第 23 条（b）（1）规定之下的异籍诉讼将不会受到赞恩（Zahn）案的影

758

---

〔19〕　Zahn v. International Paper Co. , 414 U. S. 291, 94 S. Ct. 505, 38 L. Ed. 2d 511（1973）；Snyder v. Harris, 394 U. S. 332, 89 S. Ct. 1053, 22 L. Ed. 2d 319（1969）.

〔20〕　See 16. 1, above.

〔21〕　414 U. S. 291, 94 S. Ct. 505, 38 L. Ed. 2d 511（1973）. Zahn 案在 14A C. Wright, A. Miller & E. Cooper, Jurisdiction and Related Matters 2d 3705 当中得到了更为透彻的讨论；Riddell & Davis, Ancillary Jurisdiction and the Jurisdictional Amount Requirement, 50 Notre Dame Law. 346（1974）；Thies, Zahn v. International Paper Co. The Non – Aggregation Rule in Jurisdictional Amount Cases, 35 La. L. Rev. 89（1974）；Note, Unnamed Plaintiffs in Federal Class Action Zahn v. International Paper Co. Further Restricts the Availability of the Class Suit, 35 Ohio St. L. J. 190（1974）.

〔22〕　现行的异籍法规要求纠纷标的数额大于 75 000 美元。28 U. S. C. A. 1332（a）.

〔23〕　有大量的案件试图将可以进行累计的请求和不可累计的请求区分开来。比较 Gallagher v. Continental Ins. Co. , 502 F. 2d 827（10th Cir. 1974）（允许累计），和 Burns v. Massachusetts Mut. Life Ins. Co. , 820 F. 2d 246（8th Cir. 1987）（不允许累计）。

〔24〕　28 U. S. C. A. 1343.

〔25〕　关于联邦问题案件当中对纠纷标的额的要求的讨论参见上文 2. 8。

响，因为这些诉讼当中集团成员的权利通常被认为是不可分割或者共同的。[26] 因此，不累计规则产生影响最大的是在共同问题损害赔偿集团诉讼当中，此时的管辖权建立在异籍的基础之上，并且单个的请求数额不是很大——比如消费者诉讼和环境诉讼。不累计规则的应用意味着这些诉讼必须在也许有能力、或者没有能力将其作为集团诉讼来操作的州法院提起。[27]

1990 年颁布补充管辖权（supplemental jurisdiction）法规[28]产生的问题是，它是否偷偷地否决了赞恩案，因而现在只需代表人当中的一人拥有满足管辖权标的数额要求的请求就可提起集团诉讼，而其他集团成员所拥有的数额更小的请求则被看成是补充性的。[29] 在这一问题上法院分成了两派，因为从相关立法历史来看，并没有变更集团诉讼实践的想法，但是它没有将集团诉讼包含进来作为该法规明确规定的例外情形当中的一种，这显然就说明该法规有另外的意思。[30]

3. 特殊程序和问题

759

16. 5 集团诉讼中的程序

由于集团诉讼容纳了如此多的人的权利[1]并且常常提出一些期待解决的高度复杂的问题，因而法院必须运用特殊的程序来对诉讼实施管理或者控制，以确

---

　　[26] E. g., Eliasen v. Green Bay & W. R. R. Co., 93 F. R. D. 408（E. D. Wis. 1982），affirmed without opinion 705 F. 2d 461（7th Cir. 1983），cert. Denied 464 U. S. 874；Cass Clay, Inc. v. Northwestern Public Serv. Co., 63 F. R. D. 34（D. S. D. 1974）. 但是，联邦规则第 23 条（b）（1）没有先前的"真正的"集团诉讼那么广泛，只有在集团成员的权利为"不可分割"或"共同的"时才允许进行累计。

　　[27] See generally 16. 3, above.

　　[28] 28 U. S. C. A. 1367. 该法规在上文 2. 13 - 2. 14 当中进行了讨论。

　　[29] Compare Snider v. Stimson Lumber Co., 914 F. Supp. 388（E. D. Cal. 1996）（Zahn authoritative），with In re Prudential Ins. Co. of America Sales Practices Litigation, 962 F. Supp. 450（D. N. J. 1997）（Zahn overruled）.

　　[30] See Arthur & Freer, Grasping At Burnt Straws: The Disaster of the Supplemental Jurisdiction Statute, 40 Emory L. J. 963, 981（1991）；Rowe, Burbank & Mengler, Compounding or Creating Confusion About Supplemental Jurisdiction? A Reply to Professor Freer, 40 Emory L. J. 943, 960（1991）.

　　[1] 关于集团诉讼判决的约束力参见下文 16. 8.

保所有的利益相关者都能够获得公正地代表。[2] 尤其是，正如在下面的两小节当中所讨论的，有关缺席集团成员的诉讼通知[3]以及集团和解[4]已经发展出一些特殊的规则。这一节讨论的是已经出现的其他一些程序问题，并探究从认证过程一直到赔偿数额的分配，庭审法官所采用的管理措施的范围是如何。

法院要面对的第一个问题就是资格认证（certification）过程本身。作为集团诉讼提起的诉讼开始以后，法院就要对该诉讼是否应该以这种形式继续进行下去进行审查。[5] 尽管该审查既可以由原告申请也可以由被告申请，[6] 法院不需要等待动议的提出。事实上，即使没有任何一方提出质询，法官也有义务审查该诉讼是否可以维持集团诉讼方式。[7] 由于法院作出该诉讼是正确的集团诉讼这一认证之后，没有机会对那些非当事人集团成员进行通报，因此认证应该在非常早的诉讼阶段进行，以确保集团成员能获得一个富有意义的机会退出诉讼、出庭诉讼或者对代表人提出异议。

作出集团诉讼资格判决的时间因每一个案件的事实和具体情况的不同而不同。在任何情况下，维持某个诉讼的集团诉讼资格的有利判决都不是终局性的；将来发生的任何情况有可能促使法院推翻其作出的决定并命令将该集团诉讼主张从诉答文书当中删除。[8]

760

---

　〔2〕　在集团诉讼中，所有诉讼共通的某些问题得到了特殊的考虑。例如，在集团诉讼中获得陪审团审理的权利就有某些问题，因为集团诉讼制度最初是一种衡平法上的创造，而在衡平法上是不用陪审团审理的。See Industrial Waxes, Inc. v. International Rys. Of Cent. America, 193 F. Supp. 783, 786 n. 8 (S. D. N. Y. 1961)。但是，联邦最高法院在 Ross v. Bernhard, 396 U. S. 531, 90 S. Ct. 733, 24 L. Ed. 2d 729 (1970) 一案中的判决却对股东派生诉讼当中获得陪审团审理的权利表示了支持，并解释说如果诉讼当中的基础性争点的性质对此非常有要求的话，在如今利用陪审团审理并不难。法官惟一要考虑的是，是否提起了一个正确的、衡平法上仍然有效的集团诉讼。获得陪审团审理的权利在上文第 11 章当中进行了讨论。如果要求陪审团审理，在某些案件当中将会遇到的问题是，在仍然保留个人获得陪审团审理的情况下，如何针对集团争点引导庭审。See, e. g., In re Fibreboard Corp., 893 F. 2d 706 (5th Cir. 1990); In re Estate of Marcos Human Rights Litigation, 910 F. Supp. 1460 (D. Haw. 1995), affirmed 103 F. 3d 767 (9th Cir. 1996)。
　在集团诉讼当中所遇到的共同问题的另一个例子是，法院作出的众多预备集团诉讼命令得到即时的上诉审查的权利。参见上文第 13 章。
　〔3〕　See 16. 6, below.
　〔4〕　See 16. 7, below.
　〔5〕　在纽约州，申请认证的动议必须在提出答辩后的 60 天内提出。N. Y. – McKinney's CPLR 902. 对联邦法院认证过程的更详细讨论参见 7B C. Wright, A. Miller & M. Kane, Civil 2d 1785.
　〔6〕　Cook County College Teachers Union, Local 1600, Am. Federation of Teachers, AFL – CIO v. Byrd, 456 F. 2d 882 (7th Cir. 1972), cert. Denied 409 U. S. 848.
　〔7〕　Gore v. Turner, 563 F. 2d 159 (5th Cir. 1977).
　从理论上说，即使没有当事人的要求，法官也有权对集团诉讼进行认证。但这一过程也会充满问题，因为它将导致不情愿的诉讼代表人以及集团律师。See, e. g., In re Northern District of Cal. Dalkon Shield IUD Prods. Liability Litigation, 693 F. 2d 847 (9th Cir. 1982), cert. Denied 459 U. S. 1171.
　〔8〕　E. g., Forehand v. Florida State Hosp. At Chattahoocchee, 89 F. 3d 1562 (11th Cir. 1996); Hervey v. City of Little Rock, 787 F. 2d 1223 (8th Cir. 1986).

如果与集团诉讼有关的某些案件尚处于未决状态，那么在进行认证时将这些案件也囊括在内在什么时候具有可行性？[9] 并且，在作出认证之前实行必要披露是否有可能？[10] 这些问题也需要予以考虑。但在联邦法院，认证判决可以不依赖于针对案件实体问题的预备质询。[11] 在少数情况下，认证可以一直拖延到实体判决作出之后进行，[12] 但是必须保证这种结果对所有相关者的公正性。[13]

在集团诉讼认证方面法院拥有广泛的自由裁量权。除了那些特别提到的相关规则以及法规之外，还有一些因素需要考虑。[14] 比如，一些法院在遇到潜在的、要求禁令救济的集团诉讼时，就已经审查集团救济是否必要，以及如果该诉讼在单个的基础上进行，那么有必要发出的某种禁制令是否会让所有受到该挑战性作法或者政策影响的人从中受益。[15]

庭审法官在制作基于认证而发出的命令方面同样具有合理的灵活性。譬如，法院可以决定仅就某些特殊的争点或者某些当事人以集团形式进行诉讼，[16] 或者将集团分成若干个副集团（subclasses），[17] 每一个副集团都拥有自己的诉讼

〔9〕 Berland v. Mack, 48 F. R. D. 121, 126（S. D. N. Y. 1969）（由于证券交易委员会（SEC）的请求未决，认证推迟了2年进行）。

〔10〕 See, e. g., Chateau de Ville Productions, Inc. v. Tams – Witmark Music Library, Inc., 586 F. 2d 962（2d Cir. 1978）; Connett v. Justus Enterprises of Kansas, Inc., 125 F. R.. D. 166（D. Kan. 1988）.

〔11〕 Eisen v. Carlisle & Jacquelin, 417 U. S. 156, 94 S. Ct. 2140, 40 L. Ed. 2d 732（1974）.

〔12〕 Alexander v. Aero Lodge No. 735, Int'l Ass'n of Machinists & Aerospace Workers, AFL – CIO, 565 F. 2d 1364（6ᵗʰ Cir. 1977）, cert. Denied 436 U. S. 946; McLaughlin v. Wohlgemuth, 535 F. 2d 251（3d Cir. 1976）. But see Peritz v. Liberty Loan Corp., 523 F. 2d 349（7ᵗʰ Cir. 1975）.

〔13〕 See Watson v. Secretary of HEW, 562 F. 2d 386（6ᵗʰ Cir. 1977）; Nance v. Union Carbide Corp., Consumer Products Div., 540 F. 2d 718（4ᵗʰ Cir. 1976）, cert. Denied 431 U. S. 953.

〔14〕 In re A. H. Robins Co., 880 F. 2d 709, 740（4ᵗʰ Cir. 1989）, cert. Denied 493 U. S. 959; Bermudez v. U. S. Department of Agriculture, 490 F. 2d 718（D. C. Cir. 1973）, cert. Denied 414 U. S. 1104; Carter v. Butz, 479 F. 2d 1084（3d Cir. 1973）, cert. Denied 414 U. S. 1103.

〔15〕 E. g., Kansas Health Care Ass'n v. Kansas Dep't of Social & Rehailitation Servs., 31 F. 3d 1536（10ᵗʰ Cir. 1994）; Donovan v. University of Texas at El Paso, 643 F. 2d 1201（5ᵗʰ Cir. 1981）. But see Fujishima v. Board of Educ., 460 F. 2d 1355（7ᵗʰ Cir. 1972）. See generally 7B C. Wright, A. Miller & M. Kane, Civil 2d 1785. 2.

〔16〕 See Fed. Civ. Proc. Rule 23（4）（A）. E. g., Jenkins v. Raymark Indus., Inc., 782 F. 2d 468（5ᵗʰ Cir. 1986）; Stong v. Bucyrus Erie Co., 481 F. Supp. 760（E. D. Wis. 1979）; McCoy v. Salem Mortage Co., 74 F. R. D. 8（E. D. Mich. 1976）.
针对特殊的争点所作出创设出副集团的判决在方式上必须能够避免侵犯到或者忽略那些容易受到共同判决或者陪审团审理影响的单个性争点。比较 Castano v. American Tobacco Co., 84 F. 3d 734（5ᵗʰ Cir. 1996）, and In the Matter of Rhone – Poulenc Rorer, Inc., 51 F. 3d 1293（7ᵗʰ Cir. 1995）, cert. Denied 516 U. S. 867（推翻了副集团的划分），和 In re Telectronics Pacing Sys., Inc., 172 F. R. D. 271（S. D. Ohio 1997）（支持副集团的划分）。

〔17〕 See Fed. Civ. Proc, RULE 23（C）（4）（B）.

代表人和律师。[18] 组成副集团对于管理非常复杂的集团诉讼特别有用。[19] 通过这一途径，即使案件中的其他争点不得不针对每个集团成员进行单独判决，对整个集团而言具有共同性的某个单一的争点判决它们的优势以及经济性也能够得到保障。[20]

认证过程仅仅是对集团诉讼那些内在问题实施管理的开端。众多集团诉讼的复杂性以及所面临的侵犯缺席集团成员正当程序权利的危险产生出这样一种一般性认识：在这些案件当中的许多方面，庭审法官必须合理行使其控制和管理权。相应地，《联邦规则》第23条（d）没有穷尽地罗列了法院在集团诉讼过程当中可能会发出的各种命令的类型。此外，由美国司法会议发行的《复杂诉讼指南》（Manual for Complex Litigation）对法官可用来有效管理集团诉讼的众多程序作出了详尽的描述。

要正确领会赋予法官的这一广泛权力，有必要对联邦规则细节内容进行斟酌。第一，为了促进案件处理的逻辑性和效率，庭审法官可以发出确定诉讼进行阶段的命令，并采取措施防止证据或辩论过程中出现不恰当的重复或者混乱。[21] 第二，为了保护集团成员利益以及提高诉讼引导的公正性，法官可以发出就诉讼的某一步骤、所提出的判决范围、对代表人资质的满意情况作出表示的机会、以及基于任何目的以另外的面貌参加进来向集团成员进行通知的命令。[22] 第三，庭审法官有权对诉讼代表人或者参加人规定条件。[23] 第四，法院可以命令关于

762

---

〔18〕 在组成副集团时，法院必须就每一个副集团都符合认证条件作出确认。

〔19〕 E. g., In re Baldwin－United Corp., 770 F. 2d 328（2d Cir. 1985）（为了达成即将到来的、依据联邦多地区程序合并进行案件的和解，集团认证获得通过）。
法院将集团分成若干个副集团或者命令进行部分集团诉讼的权力继续贯穿该诉讼 See In re NASAQ Market－Makers Antitrust Litigation, 172 F. R. D. 119（S. D. N. Y. 1997）；Johnson v. ITT－Thompson Indus., Inc., 323 F. Supp. 1258（N. D. Miss. 1971）；Sol S. Turnoff Drug Distributors, Inc. v. N. Y. Nederlandsche Combinatie Voor Chemische Industrie, 51 F. R. D. 227, 233（E. D. PA. 1970）。

〔20〕 对法院命令部分进行集团诉讼或者建立副集团的权力的更详细的讨论参见7B C. Wright, A. Miller & M. Kane, Civil 2d 1790.

〔21〕 Fed. Civ. Proc. Rule 23（d）（1）. 关于在管理集团诉讼过程当中的灵活而可以想象得到的、可实现的程序的分析，参见7B C. Wright, A. Miller & M. Kane, Civil 2d 1792.

〔22〕 Fed. Civ. Proc. Rule 23（d）（2）. See 7B C. Wright, A. Miller & M. Kane, Civil 2d 1793.
集团诉讼可能会给那些没有实际到庭的人产生重大影响，因此，和通常的只有两名当事人的诉讼相比，集团成员为了保护自己的利益而要求参加进来这种可能性更大一些。实际上有人提出，非当事人集团成员享有参加到共同问题集团诉讼当中来的一种自动权利。Cohn, The New Federal Rules of Civil Procedure, 54 Geo. L. J. 1204（1966）；Comment, The Litigant and the Absentee in Federal Multiparty Practice, 116 U. Pa. L. Rev. 531（1968）. 尽管如此，还是形成了一种一致意见那就是，缺席的集团成员只有在满足通常的诉讼参加条件的情况下才能参加进来。See Kaplan, Continuing Work of the Civil Committee; 1966 Amendments of the Federal Rules of Civil Procedure（I）, 81 Harv. L. Rev. 356, 392 n. 137（1967）. 诉讼参加在上文6. 10当中进行了讨论。

〔23〕 Fed. Civ. Proc. Rule 23（d）（3）. 对需要向集团代表人和诉讼参加人剔除条件的场合的汇总参见7B C. Wright, A. Miller & M. Kane, Civil 2d 1794.

该诉讼的代表性特征而提出的所有主张从诉答文书当中删除，让该诉讼以单个诉讼的形式继续进行。[24]

除了《联邦规则》第23条（d）特别授权作出的这些命令种类之外，法官们还可以制作涉及赔偿的特殊命令。在如何以一种有效而且低廉的方式来操控集团损害赔偿救济、同时又不对赔偿总额构成负面作用这一问题上，法院遇到了很大的麻烦。在各种各样的消费者集团诉讼当中，一些额外的补偿问题被提了出来，这种诉讼当中尽管责任很容易确定，但是，是否可以通过一种经济的方法确定公众的人数从而分配赔偿金这一点还不是很清楚。解决这一难题的方法最早产生于加利福尼亚州法院，而且被称之为"流动性补偿（fluid recovery）"方法或"近似补偿（cy pres recovery）"方法。[25] 根据这一方法，法院可以根据被告自己的非法收益或过多要价（overcharges）记录对被告必须偿付的损害赔偿总额进行评估。[26] 然后，命令被告减少将来某个阶段的价钱直到该赔偿总数已经消耗完为止。通过这种方式，同一个一般性的受到伤害的公众集团——比如所有的出租车乘客或者马铃薯片的食客——就可从该赔偿金当中获益，即使该得到确认的受害者可能得不到赔偿。[27] 这种改变了传统的赔偿额计算和评估方式的方法受到了强烈攻击并在一些联邦法院受到抵制，其理由是它超越了联邦规则所赋予的权限范围。[28] 联邦最高法院也没有对其有效性作出规定，因而在州法院它仍是

763

---

[24] Fed. Civ. Proc. Rule 23（d）（4）.

[25] See State v. Levi Strauss & Co., 41 Cal. 3d 460, 224 Cal. Rptr. 605, 715 P. 2d 564（1986）; Daar v. Yellow Cab Co., 67 Cal. 2d 695, 63 Cal. Rptr. 724, 433 P. 2d 732（1967）. See generally McCall, Sturdevant, Kaplan & Hillebrand, Greater Representation for California Consumers – Fluid Recovery, Consumer Trust Funds, and Representative Actions, 46 Hast. L. J. 797（1995）; Comment, Damage Distribution in Class Actions: The Cy Pres Remedy, 39 U. Chi. L. Rev. 448（1972）.

[26] 在总额上或者根据被告的记录，该损害赔偿在本质上必须是可计算的。否则赔偿额计算的管理就无法进行。See Devidian v. Automotive Service Dealers Ass'n, 35 Cal. App. 3d 978, 111 Cal. Rptr. 228（1973）.

[27] 虽然流动性补偿这一概念已经认识到从赔偿金当中得到好处的人并不一定就是受到伤害的人，假如没有办法像确定受伤集团那样来确定具有相同利益和特征的、现在的使用人集团的话，这一概念就不能使用。See Blue Chip Stamps v. Superior Court of Los Angeles County, 18 Cal. 3d 381, 134 Cal. Rptr. 393, 556 P. 2d 755（1976）.

[28] 抵制流动性补偿观念的联邦法院一般是在集团认证阶段表述这一问题的，裁决该方法不能用于克服那些导致认证错误的问题。See, e. g., Eisen v. Carlisle & Jacquelin, 479 F. 2d 1005（2d Cir. 1973）, affirmed on other grounds 417 U. S. 156, 94 S. Ct. 2140, 40 L. Ed. 2d 732（1974）; In re Coordinated Pretrial Proceedings in Antibiotic Antitrust Actions, 410 F. Supp. 706（D. Minn. 1975）. 但是，第九和第十巡回法庭赞成在集团获胜之后将该流动性补偿方法用于那些没有被主张的款项的分配。See Six（6）Mexican Workers v. Arizona Citrus Growers, 904 F. 2d 1301（9th Cir. 1990）; Nelson v. Greater Gadsden Housing Authority, 802 F. 2d 405（11th Cir. 1986）. 该方法还同样用于分配没有被主张的和解款项。See, e. g., In re Wells Fargo Secs. Litigation, 991 F. Supp. 1193（N. D. Cal. 1998）.

一种可行的司法管理措施。[29]

众多的现代集团诉讼的管理现象反映出它们最具争议性的问题可能是什么。许多法官认为不应该要求他们沉浸于与这些诉讼有关的管理职责当中。[30] 但是，假如这些法官没有参与到这些庞大而又复杂的案件的调控当中来的话，不可避免要产生的后果就是，这些案件将仍将杂乱无章的、不确定地留在法院日程安排表上，并且，和将其交给法官进行严格的裁量相比，它们终将消耗更多的时间和精力。许多律师对法院的司法管理同样表示理解，原因是它与传统的诉讼模式不相同，在传统模式当中，律师支配着诉讼的方向及其进程，而法官则充当中立的仲裁人。[31] 如果集团诉讼要在大规模案件当中产生效用，毫无疑问法官必须和律师协作以加快诉讼进程。并且，必须采用新的技术和辅助人员——或许是司法行政官和法官助理的更广泛运用。

16.6 通知

和集团诉讼其他条件一样，有关对缺席集团成员进行未决通知的规则反映出在不牺牲单个集团成员的重要权利的情况下保证集团诉讼的功效的愿望。充分的通知有助于保证所作的每一份判决的约束效力，[1] 因而避免重复诉讼。所以，至关重要的问题是，何以构成对缺席集团成员的充分的通知。回答这一问题需要进行下列两方面探询：首先，要探询制定法或者规则要求的通知规定；其次，要探询适用充分通知的宪法上的正当程序标准。[2]

最普通的通知规定存在于《联邦规则》第 23 条以及州的类似条款当中。[3] 这些要求通知缺席的集团成员的规定在该条下面的（c）（2）以及（d）（2）项。如果法院根据规则 23（b）（3）允许某个集团诉讼——亦即涉及集团成员的共同法律或事实问题的损害赔偿集团诉讼——法院必须把注意力放在对集团成员"根据当时的具体情况给予切合实际的最佳诉讼通知，其中包括对所有通过合理努力可以确认的集团成员给予单个通知。"[4] 《联邦规则》第 23 条（d）（2）是一条裁量性的通知规定。它授权法院"为了保护集团成员或者为诉讼的公正行为＊＊＊"而命令通知。通知的方式和范围由法院裁量决定，当然要服

764

---

〔29〕 某些州的集团诉讼规则甚至还对流动性补偿方法进行特别授权。E. g., N. D. Rules Civ. Proc., Rule 23（o）（3）.

〔30〕 See, for example, the comments of Judge Sneed in La Mar v. H & B Novelty & Loan Co., 489 F. 2d 461（9th Cir. 1973）.

〔31〕 See 1. 1, above.

〔1〕 See 16. 8, below.

〔2〕 对民事诉讼中通知的一般要求的讨论参见上文 3. 19 - 3. 21.

〔3〕 E. g., Ariz. Rules Civ. Proc., Rule 23.

〔4〕 See generally 7B C. Wright, A. Miller & M. Kane, Civil 2d 1786.

从于正当程序要求。

首先来看强制性通知规定，怎样才构成"切合实际的最佳通知"必须逐案分析决定。[5] 规则第 23 条所设定的条件并非要依从于程序的某些仪式。[6] 如果集团非常庞大，通过一般的邮寄就可通知，而对于那些经过合理努力仍然不能确认的集团成员则可采用公告的方式通知；基本的要求是所选择的方式必须是预计可到达缺席集团成员。[7] 在确认集团成员的时候，该"合情合理的努力"标准同样有些不确定。但是，如果存在能够确认集团成员的文书，比如股东、业主、纳税人或者其他人的名单，那么必须对该文书上列名的所有集团成员进行单个通知。[8]

对得到确认的集团成员进行单个通知这一条件可能会给集团原告的代表人添加沉重的经济负担，从而导致该诉讼不能以集团诉讼方式进行。因此，当集团规则很大而单个成员请求很小时，作为维护国会作出的某些政策的一项制度，比如通过私人来实施反托拉斯法、证券法、环境法以及消费者保护法，其效能就会因为该条件的存在而被大大削弱。所以，规则第 23 条当中的单个通知条件已经由联邦最高法院逐字作了解释。

在 Eisen v. Carlisle & Jacquelin 案中，[9] 第二巡回法庭坚持、并且得到联邦最高法院赞同的是，联邦规则第 23 条（c）（2）要求的是单个的通知必须送达给所有得到确认的集团成员。该案中集团原告的数量达到了 600 万，其中超过 200 万的原告通过对计算机统计数据的分析"很容易得到确认"，[10] 而且单个通知的费用估计达到了 225000 美元。[11] 公告通知再加上对部分集团成员的单个通知被认为是不充分的，而且送达通知的费用不允许转嫁到被告头上，即使庭审法

〔5〕 West Virginia v. Chas. Pfizer & Co., 440 F. 2d 1079 (2d Cir. 1971), cert. Denied 404 U. S. 871; In re Four Seasons Secs. Law Litigation, 63 F. R. D. 422 (W. D. Okl. 1974), opinion supplemented 64 F. R. D. 325 (1974), affirmed 525 F. 2d 500 (10th Cir. 1975).

〔6〕 Advisory Committee Note to the 1966 Amendments to Rul 23, reprinted in 39 F. R. D. 98, 107 (1966).

〔7〕 See Mullane v. Central Hanover Bank & Trust Co., 339 U. S. 306, 70 S. Ct. 652, 94 L. Ed. 865 (1950). Mullane is discussed in 3. 19, above.

〔8〕 See, e. g., Mader v. Armel, 402 F. 2d 158 (6th Cir. 1968), cert. Denied 394 U. S. 930; Bunch v. Barnett, 62 F. R. D. 615 (D. S. D. 1974); Korn v. Franchard Corp., 50 F. R. D. 57 (S. D. N. Y. 1970), appeal dismissed 443 F. 2d 1301 (2d Cir. 1971).

〔9〕 479 F. 2d 1005 (2d Cir. 1973), petition for rehearing en banc denied 479 F. 2d 1020 (2d Cir. 1973), affirmed 417 U. S. 156, 94 S. Ct. 2140, 40 L. Ed. 2d 732 (1974). See also Bennet, Eisen v. Carlisle & Jacquelin: Supreme Court Calls for Revamping of Class Action Strategy, 1974 Wis. L. Rev. 801; Dam, Class Action Notice: Who Needs It?, 1974 Sup. Ct. Rrev. 97.

〔10〕 479 F. 2d at 1008.

〔11〕 417 U. S. at 167, 94 S. Ct. at 2147. 最高法院指出，"规则第 23 条当中并没有说可以对该通知条件进行任意裁减来适合特殊原告的口袋书。" 417 U. S. at 176, 94 S. Ct. at 2152.

院判决原告集团有可能在实体上获胜。[12]

艾森（Eisen）案对实践产生的影响在 Oppenheimer Fund, Inc. v. Sanders 案中得到延伸，联邦最高法院对此认为，从披露的要求来看，确认集团诉讼成员的责任不能转嫁到给集团相对一方，因为该告知的内容不能与诉讼的标的有关。[13]命令被告承担确认费用是对自由裁量权的滥用："法院不应该对构成艾森案基础的原则偏离得太远……代表人原告应该承担所有与送达诉讼通知有关的费用，因为是他寻求集团诉讼。"[14]

很重要的一点是，审理艾森案的法院援引的是对规则第 23 条的解释，而不　766是宪法。[15] 该规则的起草者[16]认为它所规定的通知标准是受正当程序观念的指引，而联邦最高法院在 Mullance v. Central Hanover Bank & Trust Company 案当中作出的判决就体现了该正当程序观念。[17] 然而，根据艾森案中法院的解释，规则第 23 条（c）（2）规定的通知标准比正当程序要求更为严格：在艾森案中，财政上的考虑被认为是不相关的，[18] 而在马伦尼（Mullane）案中通知的费用却是决定正当程序所要求的通知形式的一个因素。[19] 因此，或许不令人感到奇怪的是，许多州并不认为它们受艾森案的约束，或是在解释它们的规定时更为自由，不需要对所有的集团成员进行单个通知，[20] 或是采纳那些赋予法院自由裁

---

[12]　417 U. S. at 177, 94 S. Ct. at 2152. 对初审法官为了决定是否转嫁送达通知的部分费用到被告头上而试图评价原告在实体上胜诉的可能性这一做法，最高法院明确表示不赞成，裁定在规则第 23 条当中没有规定这种预备实体判决的权力。

[13]　437 U. S. 340, 351–52, 98 S. Ct. 2380, 2390, 57 L. E. 2d 253（1978）. 但是比较一下 Hoffmann–La Roche Inc. v. Sperling, 493 U. S. 165, 110 S. Ct. 482, 107 L. Ed. 2d 480（1989），该案中联邦最高法院支持了地区法院根据《反雇佣年龄歧视法》（the Age Discrimination in Employment Act）作出的、准许就所有的坐落位置类似的雇员的姓名和地址进行披露的命令。

披露条件的正确范围由联邦民诉规则第 26 条（b）（1）规定，并且在上文 7. 2 当中进行了讨论。

[14]　437 U. S. at 359, 98 S. Ct. a 2392（per Powell, J.）. 最高法院确实指出，当被告能够比代表人原告更富效率、或者更经济地确认集团成员时，根据联邦规则第 23 条（d）的规定，法院可以命令被告进行确认。但是，不能要求被告支付认证费用，除非该费用不多。

关于一个转嫁送达诉讼通知责任的有趣案件参见 Mountain States Tel. & Tel. Co. v. District Court, 778 P. 2d 667（Colo. 1989），cert. Denied 493 U. S. 983，该案中，州最高法院支持了要求被告电话公司将规则第 23 条（c）（2）所要求的通知装入账单当中邮寄给大约 1500 万用户这一命令，因为这种方式可以大笔地减少送达诉讼通知的费用。该法院注意到，Mountain Bell 公司可以通知集团成员，而这对于它本身而言没有额外花费，而只要将集团通知放入账单信封当中按照惯例送达给它的用户就行了。

[15]　"……很大地背离了正当程序要求，规则第 23 条的命令很明显走到了对立面。"417 U. S. at 177. 94 S. Ct. at 2152.

[16]　See Advisory Committee Note to the 1966 Amendments to Rule 23, reprinted in 39 F. R. D. 98, 107（1966）. But see Comment, Adequate Representation, Notice and the New Class Action Rule: Effectuating Remedies Provided by the Securities Laws, 116 U. Pa. L. Rev. 889（1968）.

[17]　339 U. S. 306, 70 S. Ct. 652, 94 L. Ed. 865（1950）. Mullane is discussed in c 3. 19, above.

[18]　417 U. S. at 176, 94 S. Ct. at 2152.

[19]　339 U. S. at 313–20, 70 S. Ct. at 657–60.

[20]　Cartt v. Superior Court, 50 Cal. App. 3d 960, 124 Cal. Rptr. 376（1975）.

量权决定是否应该要求单个诉讼通知的条款。[21]

《联邦规则》第 23 条仅仅要求在基于其中的（b）（3）项规定提起的损害赔偿诉讼当中予以强制性通知。作为规则或者制定法上的事项，涉及不可分割的利益，或者根据规则第 23 条（b）（1）和规则第 23 条（b）（2）申请禁制令或宣告性救济的集团诉讼，分别归属于规则第 23 条（d）（2）所规定的裁量性（discretionary）通知规定范围。[22] 给予这种裁量对待反映了规则第 23 条（b）所列举的集团诉讼的本质所在。[23] 在头两类集团诉讼当中，和规则第 23 条（b）（3）规定的集团诉讼相比，其集团的结合度一般更强。（b）（1）或者（b）（2）中集团的每一个成员常常受到另一个集团成员提起的单个诉讼判决的影响。而且，在这些集团当中，与单个集团成员相关的特殊的辩护或争点更少一些。因此，更加可能的情况是，名义上的代表人通过提出它们自己的请求来保护那些缺席集团成员的利益，法院则需要更少地关心是否能肯定集团的每一个成员都得到了诉讼通知和出庭的机会。[24] 此外（b）（1）和（b）（2）规定的诉讼中集团成员不可能将他们自己排除在诉讼之外，[25] 因而不需要确定他们懂得所享有的选择退出的权利。当然，如果有必要这样做，"为了保护集团成员或者为诉讼的公正行为"，法院拥有裁量权命令在这些诉讼当中送达该通知。[26]

在规则第 23 条（b）（3）规定的诉讼中，仅仅由于其请求提出了共同的法律或事实问题，集团成员之间才发生联系。通常在他们之间没有任何先前存在的或者正发生的法律上的联系，并且单个的成员有着不一样的救济目标。结合度的

---

〔21〕 E. g. , Mass. Rules Civ. Proc. Rule 23 (d); N. Y. – McKinney's CPLR 904. 然而比较一下 N. D. Rules Civ. Proc. , Rule 23 (g) (4)，该规则要求对拥有超过 100 美元赔偿请求，以及可以通过合理的勤勉得到确认的集团成员进行单个通知。

〔22〕 在少数州，在所有的集团诉讼当中某些形式的通知是强制性的。See Fla. West'F. S. A. Rules Civ. Proc. Rule . 220 (d) (1); N. D. Rules Civ. Proc. , Rule 23 (g) (1).

〔23〕 See 16. 2 at nn. 46 – 94, above.

〔24〕 See, e. g. , the Court's reasoning Mullane v. Central Hanover Bank & Trust Co. , 339 U. S. 306, 70 S. Ct. 652, 94 L. Ed. 865 (1950).

〔25〕 在对 Phillips Petroleum Co. v. Shutts, 472 U. S. 797, 105 S. Ct. 2965, 86 L. Ed. 2d 628 (1985) 案主流观点的注释当中，联邦最高法院将正当程序要求赋予一名缺席的原告以选择退出集团诉讼的机会这一观点限于 "那些寻求约束已知的原告、全部或者主要涉及金钱判决的集团诉讼。" Id. At 811 n. 3, 105 S. Ct. at 2974 n. 3. 该法院 "没有就其他类型的集团诉讼，比如寻求衡平救济的诉讼，发表任何观点。" Id.

从那以后，某些法院明确表示，在主要寻求衡平救济的诉讼当中，甚至寻求金钱损害赔偿的案件，不存在宪法上的选择从集团诉讼中退出的权利，See, e. g. , Colt Indus. Shareholder Litigation v. Colt Indus. , Inc. , 77 N. E. 2d. 185, 565 N. Y. S. 2d 755, 566 N. E. 2d 1160 (Ct. App. 1991); Nottingham Partners v. Dana, 564 A. 2d 1089 (Del. 1989).

〔26〕 Fed. Civ. Proc. Rule 23 (d) (2). See Berman v. Narragansett Racing Ass'n, 48 F. R. D. 333, 338 (D. R. I. 1969).

缺乏造成越来越担心缺席成员的利益是否与那些诉讼代表人的利益相一致。[27] 并且，规则第 23 条（b）（3）中的判决约束的只是没有明确要求退出诉讼的集团成员，所以诉讼通知告知了集团成员退出诉讼的权利因而不受所作判决的约束。作为一种选择，通知允许他们就是否与其律师一道出庭诉讼作出决定，如果他们认为那样做会更好地保护其利益的话。[28]

然而这些差别可能很重要，某些形式的通知在所有的集团诉讼当中是否都应该是强制性的，法院尚未统一地解决该问题。尽管一些法院已经作出决定不要求进行通知，[29] 其他法院则规定，通知是强制性的，[30] 但在实际当中可作为正当程序问题来要求。[31] 正是由于此混乱情况的存在，对于某些通知而言，要求采取更好或者更保险的措施来确保非名义集团成员的利益能够得到充分保护。

无论如何，法院的裁量权仍然得到保留的领域，是诉讼通知的方式和形式，而不是那些完全以共同问题为基础的事项。只有从案件的事实来看有必要并且其费用不会高到使原告望而却步时，才需要单个通知。尽管送达通知的方式会因具体案件的不同而有所差别，公告送达再加上对随机范围的集团成员的实际通知，

768

---

〔27〕 一些法院认为，基于共同问题集团诉讼的本质，它很有可能侵犯了缺席集团成员的正当程序权利，使其在没有接到通知的情况下受到集团判决的约束。Appleton Elec. Co. v. Advance United Expressways, 494 F. 2d 126 (7th Cir. 1974); Lynch v. Sperry Rand Corp., 62 F. R. D. 78, 85 n. 8 (S. D. N. Y. 1973). See also the discussion in 16. 8, below.

〔28〕 《联邦规则》第 23 条（c）（2）特别规定通知必须告知集团成员：（1）如果他要求在某个特定的日期之前被排除出集团的话，可以选择退出诉讼；（2）判决将约束所有没有要求退出的集团成员；以及（3）没有要求退出的成员可以通过律师出庭诉讼。

一些法院同样要求在通知包含要求接受通知的人提出证明其请求的证据的内容。E. g., Kyriazi v. Western Elec. Co., 647 F. 2d 388 (3d Cir. 1981). 但这种做法等于是宣称接受通知的人如果没有明确表示退出则将看成是集团的一部分，这不管从哲学上还是从特定语言上似乎都和规则相冲突。See Korn v. Franchard Corp., 50 F. R. D. 57 (S. D. N. Y. 1970), appeal dismissed 443 F. 2d 1301 (2d Cir. 1971). 当然，责任确定之后，单个的成员要分享该赔偿金就必须对其请求提出证据予以证明。

〔29〕 Johnson v. General Motors Corp., 598 F. 432 (5th Cir. 1979); Elliott v. Weinberger, 564 F. 2d 1219 (9th Cir. 1977), affirmed in part, reversed in part on other grounds sub nom. Califano v. Yamasaki, 442 U. S. 682, 99 S. Ct. 2545, 61 L. Ed. 2d 176 (1979); W. P. v. Poritz, 931 F. Supp. 1187 (D. N. J. 1996); McKay County Election Comm'rs for Pulaski County, Arkansas, 158 F. R. D. 620 (D. Ark. 1994).

比较一下纽约州的做法，在申请禁制令或者宣告性救济的诉讼当中不需要通知，除非法院认为有必要保护集团成员的利益而且发现其成本具有可禁止性。N. Y. - McKinney's CPLR 904 (a).

〔30〕 Eisen v. Carlisle & Jacquelin, 391 F. 2d 555 (2d Cir. 1968); Hoston v. U. S. Gypsum Co., 67 F. R. D. 650 (D. La. 1975); Alexander v. Avco Corp., 380 F. Supp. 1282 (M. D. Tenn. 1974).

〔31〕 Eisen v. Carlisle & Jacquelin, 391 F. 2d 555, 564 (2d Cir. 1968); López v. Wyman, 329 F. Supp. 483 (W. D. N. Y. 1971), affirmed without opinion 404 U. S. 1055, 92 S. Ct. 736, 30 L. Ed. 2d 743 (1972). 关于作出有约束力的集团判决是否需要进行通知的讨论参见下文 16. 8。

即认为给予了充分通知。[32] 在某些情况下甚至电话或者无线广播通知都被认为是适当的。[33] 关键是要建立一种最大可能到达、和告知最大数量集团成员的通知制度体系。

16.7 撤诉和和解

为了给缺席的集团成员提供额外的保护，大多数集团诉讼条款都特别要求法院对由集团当事人提出来的和解以及集团请求的撤诉进行批准。[1] 这样做的目的是防止因集团代表人怯懦或者被对对方当事人收买而实施非正义的、或者不公平的和解。[2] 在和解领域实行司法干预的规定在美国法上是独一无二的，因为它们与当事人有权在他们认为合适的时候和解、中止或者终结诉讼这样一个一般原则相左。

通常法官并不参与到和解谈判当中来。只是在和解协议提案形成之后法院才就该协议条款的公正性进行评价，[3] 并指出它是否代表了所有将受到其影响的人的最佳利益。[4] 在和解协议的审查过程中，法官只能对批准或者不批准整个提案作出表态。[5] 与评价公正性有关的因素包括：（1）对该和解协议表示反对的集团成员的范围；[6]（2）该集团在诉讼中获胜的可能性；（3）案件事实和法

---

〔32〕 See, e. g., In re Agent Orange Prods. Liability Litigation, 818 F. 2d 145, 168－69 (2d Cir. 1987); cert. Denied 484 U. S. 1004; Montelongo v. Meese, 803 F. 2d 1341 (5ᵗʰ Cir. 1986); In re Cherry's Petition to Intervene, 164 F. R. D. 630 (E. D. Mich. 1996). 根据某些州的集团诉讼规则，在决定通知的方式上法院被赋予了完全的裁量权，并且将法院的注意力集中到通知的费用、当事人所拥有的资源以及决定对谁授权对单个成员的利害关系这些因素上。See, e. g., West's Ann. Cal. Civ. Code 1781 (d) (California Consumers Legal Remedies Act); N. Y. － McKinney's CPLR 904 (c).

〔33〕 See N. D. Rules Civ. Proc., Rule 23 (g) (5).

〔1〕 Fed. Civ. Proc. Rule 23 (e); Ariz. Rules. Civ. Proc., Rule 23 (e); Mass. Rules Civ. Proc., Rule 23 (c); N. Y. － McKinney's CPLR 908.

〔2〕 See generally, Note, Abuse in Plaintiff Class Action Settlements: The Need for a Guardian During Pretrial Settlement Negotiations, 84 Mich. L. Rev. 308 (1985).

为公正起见，反对和解的人可以披露某些与引导和解谈判有关的事项。See In re General Motors Corp. Engine Interchange Litigation, 594 F. 2d 1106, 1123 (7ᵗʰ Cir. 1979), cert. Denied 444 U. S. 870.

〔3〕 Zerkle v. Cleveland－Cliffs Iron Co., 52 F. R. D. 151, 159 (S. D. N. Y. 1971); Matthies v. Seymour Mfg. Co., 23 F. R. D. 64, 77 (D. Conn. 1958), reversed on other grounds 270 F. 2d 365 (2d Cir. 1959).

〔4〕 Young v. Katz, 447 F. 2d 431 (5ᵗʰ Cir. 1971); Wainwright v. Kraftco Corp., 53 F. R. D. 78 (N. D. Ga. 1971).

〔5〕 Evans v. Jeff D., 475 U. S. 717, 106 S. Ct. 1531, 89 L. Ed. 2d 747 (1986).

〔6〕 反对者的出现可以帮助法院评价该和解协议的公正性，原因是它产生了各种相关因素的对立面。See In re Corrugated Container Antitrust Litigation, 643 F. 2d 195 (5ᵗʰ Cir. 1981). 显而易见，提出反对的集团成员不止一人这一事实说明了该和解协议提案是不合适的，参见 In re Chicken Antitrust Litigation Am. Poultry, 669 F. 2d 228 (5ᵗʰ Cir. 1982); In re Southern Ohio Correctional Facility, 173 F. R. D. 205 (S. D. Ohio 1997); 尽管如此，法官应该对他们的利益进行怎样的权衡这一点尚不清楚。See generally Rhode, Class Conflict in Class Actions, 34 Stan. L. Rev. 1183 (1982).

律争点的复杂程度；（4）与有可能得到赔偿的数额相比较的该和解协议所确定的赔偿额；（5）提起该诉讼所需的费用；（6）和解协议的分配计划和有可能获得通过的程度；以及（7）通知缺席集团成员的程序是否适当。[7]

被提议的和解通知必须送达给集团成员以让他们有机会参加进来，并对法院确认那些愿意继续将该诉讼作为集团诉讼进行下去的集团成员、让最初的代表人退出诉讼提出反对或者提供协助。[8] 在通知已经送达的情况下，在整个和解过程中疏于通过提出异议或者其他方式保护其权利[9]的集团成员，将不能通过上诉[10]或者间接性[11]攻击该和解协议。

要将和解协议告知给缺席的集团成员其花费是很昂贵的，而且要得到司法批准也有相当的困难，因而很多律师希望避免这种做法而试图在集团认证之前了结诉讼。但是，多数法院在认证之前的阶段就以集团诉讼方式对待，目的是让司法批准条件得到应用。[12]

但是，对和解协议进行预先认证也会产生一些严重的问题，因为它要求法院在尚未对集团的范围和成员资格作出裁定的情况下就评价和解协议的公正性。而且，在集团和解的场合，是否应该满足一般的认证要求也是一个问题。况且律师之前同样存在潜在冲突，因而即使对抗性的集团认证争点全部得以呈现，也不会给法院带来好处。

基于以上这些考虑，下级法院没有就是否、或者如何处理集团和解认证达成

770

---

〔7〕　有关法院在审查某一特定提案的公正性时需要考虑的因素的更为充分的讨论参见 7B C. Wright, A. Miller & M. Kane, Civil 2d 1797. 1.

〔8〕　通知的内容以及分配方式一般属于法官的裁量范围，但是必须确认是否通过最佳的、可能的形式对利益攸关的集团成员实行了有效告知。但是，在审查欺诈集团诉讼时，国会于 1995 年颁布一些需要遵守的特殊条件。15 U. S. C. A. 77z‑1 (a) (7)；15 U. S. C. A. 78u‑4 (a) (7).

〔9〕　集团和解提供给集团成员的方式有选择退出诉讼以及提出其自己的单个请求。See, e. g., Holmes v. Continental Can Co. , 706 F. 2d 1144 (11th Cir. 1983). 比较一下 Officers for Justice v. Civil Service Comm'n of City & County of San Francisco, 688 F. 2d 615 (9th Cir. 1982), cert. Denied 459 U. S. 1217 (在没有提供选择退出程序的情况下批准了和解协议不是滥用裁量权), 和 Nottingham Partners v. Dana, 564 A. 2d 1089 (Del. 1989) (即使是涉及某些金钱损害赔偿，也不存在宪法性的、退出 (b) (2) 规定的和解的权利).

〔10〕　Shults v. Champion Int'l Corp. , 35 F. 3d 1056 (6th Cir. 1994)；Marshall v. Holiday Magic, Inc. , 550 F. 2d 1173 (9th Cir. 1977).

〔11〕　In re Antibiotic Antitrust Actions, 333 F. Supp. 296 (S. D. N. Y. 1971), affirmed per curiam sub nom. Connors v. Chas. Pfizer & Co. 450 F. 2d 1119 (2d Cir. 1971), cert. Denied 408 U. S. 930.

〔12〕　E. g. , Baker v. America's Mortgage Servicing, Inc. , 58 F. 3d 321 (7th Cir. 1995)；Diaz v. Trust Territory of Pacific Islands, 876 F. 2d 1401 (9th Cir. 1989)；Shelton v. Pargo, Inc. , 582 F. 2d 1298, 1308 n. 31 (4th Cir. 1978). 然而，对方当事人可以在没有得到司法批准的情况下和单个的集团成员协商和解，甚至其最终的和解结果是减少请求人的数量从而使得集团认证不可行。See In re General Motors Corp. Engine Interchange Litigation, 594 F. 2d 1106 (7th Cir. 1979), cert. Denied 444 U. S. 870；Weight Watchers of Philadelphia, Inc. v. Weight Watchers Int'l, Inc. , 455 F. 2d 770 (2d Cir. 1972).

共识。联邦最高法院在 1997 年 Amchem Products, Inc. v. Windsor 案的判决中提出了这一问题。[13] 最高法院裁定该案当中的集团可以根据《联邦规则》第 23 条进行认证，但是审理该案的法院应该特别注意审查该诉讼是否满足规则 23 的要求以确保缺席成员的权利得到充分保护。[14] 可是，有一个地区在将规则第 23 条应用于集团和解时出现了不同于庭审时的情况，因此影响到法院对认证的分析许可。这发生在根据规则第 23 条（b）（3）对优势进行评估的时候，该规则一般要求法院考虑以集团诉讼方式进行诉讼时可能出现的管理问题。如果案件将以和解结案而没有审理的可能，管理事项必须不相关，这样就不会潜在地妨碍作出符合优势性要求因而构成和解集团这一裁决。

16.8 集团诉讼判决的约束力

当集团诉讼的所有要求和条件都达到时，结果的判定将对所有的集团成员发生效力而不论其是否实际上参加了诉讼。[1] 相对于任何没有出庭诉讼的人不受任何判决的约束这个一般原则而言，它是个例外情况。[2] 它反映了一种认识就是，一个负荷过重的司法制度必须有能力避免多数当事人诉讼所带来的迟延以及花费。需要进行集团诉讼的状况其实反映出一种妥协，亦即个人支配对其构成影响的民事诉讼这一通常性权利在司法效率要求面前有所牺牲。[3]

但是，集团诉讼判决的效力通常不像前文所认为的那样明了。由于法院不能预先决定其判决的既判事项效力，[4] 因此集团诉讼条款一般仅仅规定法院的判

---

〔13〕 521 U. S. 591, 117 S. Ct. 2231, 138 L. Ed. 2d 689 (1997).

〔14〕 就安切姆（Amchem）案本身来看，联邦最高法院认为集团认证有错误，理由是从现有集团的庞大规模来看，在代表和通知的充分性方面存在严重的问题。而且，安切姆案带来的另一个问题是，集团判决是否可以形成将来缺席成员请求的和解。该问题一直困扰着法院，第五巡回审判法庭试图将一个针对类似争点的判决与安切姆案区分开来，该判决正在接受最高法院的审查。See Flanagan v. Ahearn, 134 F. 3d 668 (5th Cir. 1998), cert. Granted sub nom. Ortiz v. Fibreboard Corp. , U. S , 118 S. Ct. 2339.

〔1〕 Cooper v. Federal Reserve Bank of Richmond, 467 U. S. 867, 104 S. Ct. 2794, 81 L. Ed. 2d 718 (1984); Hansberry v. Lee, 311 U. S. 32, 61 S. Ct. 115, 85 L. Ed. 22 (1940); Supreme Tribe of Ben – Hur v. Cauble, 255 U. S. 356, 41 S. Ct. 338, 65 L. Ed. 673 (1921). See generally 7B C. Wright, A. Miller & M. Kane, Civil 2d 1789.

〔2〕 See Chapter 14, above.

〔3〕 某些法院甚至认为，如果名义代表人符合条件，缺席的集团成员不能对判决提起上诉。See, e. g. , Walker v. City of Mesquite , 858 F. 2d 1071 (5th Cir. 1988); Guthrie v. Evans, 815 F. 2d 626 (11th Cir. 1987).

〔4〕 Gonzales v. Cassidy, 474 F. 2d 67 (5th Cir. 1973); Battle v. Liberty Nat. Life Ins. Co. , 770 F. Supp. 1499 (N. D. Ala. 1991), affirmed per curiam 974 F. 2d 1279 (11th Cir. 1992), cert. Denied 509 U. S. 906.

决应该对集团成员予以确定和描述，以使将来的任何判决的约束效力得到明确。[5] 即使在判决当中得到特别列名，缺席的集团成员如果能够论证该代表不具有充分性[6]或者通知不充分，[7] 也不受其约束；以上任何一种情况当中该成员的正当程序权利都受到了侵犯。[8]

772

在 1985 年 Philips Petroleum Company v. Shutts 案所作的判决当中，[9] 联邦最高法院列举了联邦规则第 23 条（b）（3）规定的损害赔偿集团诉讼当中，[10] 法院对其不享有管辖权的，[11] 缺席的原告若受法院判决的约束，必须符合的四种情况，与正当程序要求保持了一致。其一，缺席的成员必须接到通知并有获得听证的机会。其二，该通知必须符合 Mullane v. Certral Hanover Bank & Trust Com-

---

[5] E. g., Fed. Civ. Proc. Rule. 23 (c) (3).《规则制定授权法》规定，没有任何一条规则能够扩大、缩减或者修改任何一项实体权利。28 U. S. C. A. 2072. 因此，如果联邦规则被解释为允许法院对其判决的既判效力预先作出决定，就将违背该法案，因为牵涉到判决范围的事项在本质上通常被认为是实体性的。

[6] 比较一下 Grigsby v. North Mississippi Medical Center, Inc. , 586 F. 2d 457（5ᵗʰ Cir. 1978），以及 Gonzales v. Cassidy, 474 F. 2d 67（5ᵗʰ Cir. 1973）（代表不充分），和 Dosier v. Miami Valley Broadcasting Corp. , 656 F > 2d 1295（9ᵗʰ Cir. 1981），以及 Fowler v. Birmingham News Co. , 608 F. 2d 1055（5ᵗʰ Cir. 1979）（代表不充分）. 代表的充分性在上文 16. 2 注释 30 - 45 当中进行了详细讨论。

在一个案件当中，第九巡回审判法庭认为，联邦上的原告可以代表不充分为由间接攻击州法院作出的、作为全部和解协议一部分的集团诉讼判决，即便州法院认为该代表具有充分性也是如此。Epstein v. MCA, Inc. , 126 F. 3d 1235（9ᵗʰ Cir. 1997）. 该判决在 Kahan & Silberman, The Inadequate Search for "Adequacy" in Class Actions：A Critique of Epstein v. MCA, Inc. , 73 N. Y. U. L. Rev. 765（1998）一文中受到了批评。

[7] See Anderson v. John Morrell & Co. , 830 F. 2d 872（8ᵗʰ Cir. 1987）；Penson v. Terminal Transport Co. , 634 F. 2d 989（5ᵗʰ Cir. 1981）；Pearson v. Easy Living, Inc. , 534 F. Supp. 884（S. D. Ohio 1981）.

[8] 某些法院认为，通知可以弥补代表当中的某些失误。In re Four Seasons Secs. Laws Litigation, 493 F. 2d 1288（10ᵗʰ Cir. 1974）. 相反，如果集团成员得到充分代表，则接收通知当中的失误可能受到忽视。Johnson v. American Airlines, Inc. , 157 Cal. App. 3d 427, 203 Cal. Rptr. 638（1984）. 对该问题的讨论参见 Note, Collateral Attack on the Binding Effect of Class Action Judgments, 87 Harv. L. Rev. 589（1974）；Comment, The Importance of Being Adequate：Due Process Requirements in Class Actions Under Federal Rule 23, 123 U. Pa. L. Rev. 1217（1975）.

[9] 472 U. S. 797, 105 S. Ct. 2965, 86 L. Ed. 2d 628（1985）.

[10] 沙特斯案件是根据与《联邦规则》第 23 条（b）（3）类似的规则提起的堪萨斯州集团诉讼。法院特别将其判决限定于损害赔偿诉讼，而且关于禁制令救济或者那些根据规则第 23 条（b）（1）提起的诉讼是否有必要满足同样的要求，法院没有发表任何观点。472 U. S. at 811 n. 3 105 S. Ct. at 2974 n. 3. 因此，一些下级法院将沙特斯案限制于根据规则第 23 条（b）（3）提起的诉讼并规定集团诉讼判决具有约束力，即便集团成员没有选择退出诉讼的权利。参见 In re Joint E. & S. District Asbestos Litigation, 78 F. 3d 764（2d Cir. 1996）；Brown v. Ticor Title Ins. Co. , 982 F. 2d 386（9ᵗʰ Cir. 1992）, cert. Dismissed 511 U. S. 117；White v. National Football League, 822 F. Supp. 1389（D. Minn. 1993）, affirmed 41 F. 3d 402（8ᵗʰ Cir. 1994）. 但是，是否存在宪法上的退出诉讼的权利从而避免受到集团诉讼判决效力的约束，对法院而言仍是一个棘手的问题。See, e. g., Colt Indus. Shareholder Litigation v. Colt Indus. , Inc. , 77 N. Y. 2d 185, 565 N. Y. S. 2d 755, 566 N. E. 2d 1160（1991）.

[11] 因其关系到集团诉讼当中的对人管辖权的要求而对沙特斯案进行的讨论参见上文 16. 4.

pany 案确立的标准。[12] 其三，缺席的集团成员必须被赋予选择退出诉讼的机会，并且最终，名义上的代表人必须充分地代表该集团。尽管法院对这些条件的陈述已经是相当直截了当，有关法院裁决的范围，以及在所有的案件当中是否都必须满足以上四个条件依然存在一些问题。[13] 例如，假如该集团仅仅由任命的（in-state）原告组成因而不存在对人管辖权的限制问题，那么通过与马伦尼案相一致的充分的代表及通知机制就能满足正当程序的要求，即便某个特殊的集团成员从未实际地接到通知也不构成影响。由于问题还存在这样或那样的解释，[14] 关于集团成员何时、并且是否可以有效地逃脱集团诉讼判决的约束效力仍然非常含糊。

作为一种另外的提示，有些法院总结道，如果缺席的集团成员在其利益得到充分代表的情况下受到不利判决的约束，与集团相对的一方当事人同样应该能够通过证明集团成员的正当程序权利被否决来避免该判决，即使法院得出的结论有利于该集团也是如此。[15] 但是这种方法带有在如今不名誉的相互不容否认的意味，[16] 由于违背了公正性和逻辑性之要求，这在许多司法管辖区受到抵制，不应在集团诉讼场合得到接纳。无论是从判决中受益还是受到判决的负担均同等对待所有的当事人，这一需要并没有相关的政策性根据予以支持。在集团诉讼当中鼓励居于对立地位的当事人实施攻击将导致诉讼的多样化——这恰恰是程序力争避免的不幸。理所当然要注意非集团当事人程序上的公正。要做到这一点，首先是确保集团诉讼当事人就争点问题进行了完全的争讼，并且没有理由相信该集团的对立一方仅仅针对那些到庭的集团成员进行防御。

另一个尚未解决的问题是，共同问题集团诉讼当中选择退出的人在后来可以就有利于集团的诉讼结果主张利益。[17] 尽管这一问题提出了许多和一般的相互

---

[12]　339 U. S. 306, 70 S. Ct. 652, 94 L. Ed. 865 (1950).

[13]　自从沙特斯案以来，为了满足正当程序的要求是否必须规定选择退出诉讼的权利这一问题已经两次呈到了联邦最高法院的面前，但在两个案件当中最高法院最终都认为是没有远见的许可而予以驳回，并就该问题的重要性发表了观点。See Adams v. Robertson, 520 U. S. 83, 117 S. Ct. 1028, 137 L. Ed. 2d 203 (1997); Ticor Title Ins. Co. v. Brown, 511 U. S. 117, 114 S. Ct. 1359, 128 L. Ed. 2d 33 (1994).

[14]　有关对 Shutts 案的更详尽的考察参见7B C. Wright, A. Miller & M. Kane, Civil 2d 1789.

[15]　McCarthy v. Director of Selective Serv. Sys., 322 F. Supp. 1032 (E. D. Wis. 1970), affirmed on other grounds 460 F. 2d 1089 (7th Cir. 1972); Pasquier v. Tarr, 318 F. Supp. 1350 (E. D. La. 1970), affirmed 444 F. 2d 116 (5th Cir. 1971).

[16]　对相互不容否认的讨论参见上文 14. 14.

[17]　比较 Saunders v. Naval Air Rework Facility, 608 F. 2d 1308 (9th Cir. 1979)（间接再诉禁止得到允许），和 Premier Elec. Constr. Co. v. National Elec. Contractors Ass'n, 814 F. 2d 358 (7th Cir. 1987)（不许间接再诉禁止）. See generally George, Sweet Use of Adversity: Parklane Hosiery and the Collateral Class Action, 32 Stan. L. Rev. 655 (1980); Note, Offensive Assertion of Collateral Estoppel by Persons Opting Out of a Class Action, 31 Hast. L. J. 1189 (1980).

不容否认观念相同的顾虑，但在选择退出的场合，仍然有两个额外的因素可以就准相互对待（quasi – mutuality treatment）的本质进行一些说明。首先，如果允许选择退出的成员就有理的判决主张利益，那么就不存在退出的理由。普遍地选择退出将有损于集团诉讼制度的效用；有是它还会急剧减少集团规模以至于余下的成员的合并成为可能，集团诉讼由于本质条件之一得不到满足而导致失败。其次，作为一项历史性因素，联邦规则第 23 条在 1966 年修订后的条款和可比较的州集团诉讼条款一样，被解释为允许所谓的"一条道的诉讼参加（one – way intervention）"，允许缺席的集团成员一直等到有利判决作出之后才参加进来；而不利的判决就受到忽视。1966 年的修订条款就是要结束这种做法。[18]

774

B.　股东派生诉讼（Shareholder Derivative Suits）

16. 9 股东派生诉讼

股东派生诉讼是指当通常负有维护公司权利职责的人——一般是公司经理——拒绝履行该职责时，股东为了维护公司的利益提起的诉讼。由于它是代表人诉讼，许多与司法效率有关的政策性问题、以及集团诉讼当中产生的判决对缺席成员的约束力问题在派生诉讼场合同样相关。[1] 而且，一如集团诉讼当中的情形，为了保证派生诉讼正确提起以及该股东原告乃是基于公司利益而提起诉讼的恰当人选，必须满足一些特殊的条件。[2] 此外，大多数派生诉讼条款都要求和解得到许可之前由法院予以批准，并且，任何和解及撤诉的提案都必须在法院的指导下通知股东。[3] 以下是对某些特殊的派生诉讼条件和规则的大致考察。

派生诉讼原告所提出的请求从技术上来看属于公司，因此原告必须主张该损害对于公司而言是特殊的，并且间接伤害了股东的利益。[4] 要判断是否属于派生诉讼，常用的方法就是审查该损害是否为对股东权利的侵害而与对公司的损害相对立；只有后者才有资格按照派生诉讼对待。[5] 譬如如果受到指控的行为给公司带来了损失，但仅仅是减少了股东所持股票的市场价格，那么该请求就属于公司，可以提起派生诉讼。[6] 另一方面，请求强迫公司宣告分立的诉讼仅仅是

---

〔18〕　See Kaplan, Continuing Work of the Civil Committee: 1966 Amendments of the Federal Rules of Civil Procedure (I), 81 Harv. L. Rev. 356, 391 n. 136 (1967).

〔1〕　See 16. 1 and 16. 8, above.

〔2〕　对提起股东派生诉讼条件的全面讨论参见 7C C. Wright, A. Miller & M. Kane, Civil 2d 1821 – 41.

〔3〕　See 7C C. Wright, A. Miller & M. Kane, Civil 2d 1839. 对集团诉讼和解的讨论参见上文 16. 7.

〔4〕　Reifsnyder v. Pittsburgh Outdoor Advertising Co. , 405 Pa. 142, 173 A. 2d 319 (1961).

〔5〕　寻求股东自身权利救济的诉讼可以作为集团诉讼提起。

〔6〕　Lewis v. Chiles, 719 F. 2d 1044 (9th Cir. 1983); Smith v. Bramwell, 146 Or. 611, 31 P. 2d 647 (1934).

为了维护股东的权利，而非公司的权利，这不是一个合适的派生诉讼。[7]

为了保证在得到授权的人没有维护公司权利的情况下提起派生诉讼的必要性，《联邦规则》23. 1 以及大多数的州派生诉讼条款均要求原告主张已经要求董事会提起诉讼。[8] 并且，在应用商业判决规则时，多数法院裁定，如果董事会基于某个诚实的商业判决而不同意提起诉讼，那么派生诉讼就得不到支持。[9] 这一要求条件因而促使争议在不经过诉讼的情况下在公司内部得以解决。另者，如果原告能够证明那样做没有效用，那么该要求条件就将被免除。[10] 没有效用的证明可以是主张该董事会的大多数人由那些被指控行动不当的董事所操纵。[11]

一些州的规则同样要求对股东提出起诉要求。[12] 该要求背后的原理是，股东可以决定将那些愿意提起诉讼的董事替换董事会，或者股东将决定批准董事会作出的拒绝起诉的决定，因而从整体上避免诉讼。[13] 因此在一些州，当董事会没有经过认可的不当行为已经被主张，或者当股东的分布非常分散、因而当事人在提起派生诉讼之前不得不忙于消耗精力的代理人活动时，不需要对股东提出这种要求。[14] 然而，其他一些管辖区——很明显是为了避免"恶意股东诉讼（strike suits）"[15]——当起诉人主张欺诈，而这一般不会得到批准时，要求提出这种要求。[16]

《联邦规则》23. 1 以及相当的州条款提出的第三个要求是，原告在公司的不当交易发生期间必须持有股票，或者原告的股权必须是依法转移给他。[17] 即

---

〔7〕 Doherty v. Mutual Warehouse Co. , 245 F. 2d 609 (5ᵗʰ Cir. 1957).

〔8〕 See 7C C. Wright, A. Miller & M. Kane, Civil 2d 1831.

〔9〕 Evangelist v. Fidelity Management & Research Co. , 554 F. Supp. 87 (D. Mass. 1982); Rosengarten v. International Tel. & Tel. Corp. , 466 F. Supp. 817 (S. D. N. Y. 1979).

〔10〕 Nussbacher v. Continental Illinois Nat. Bank & Trust Co. of Chicago, 518 F. 2d 873 (7ᵗʰ Cir. 1975); Brooks Pontiac, Inc. , 143 Mont. 256, 389 P. 2d 185 (1964); Bartlett v. New York, N. H. & H. R. Co. , 221 Mass. 530, 109 N. E. 452 (1915).

〔11〕 See, e. g. , Lewis v. Curtis, 671 F. 2d 779 (3d Cir. 1982), cert. Denied 459 U. S. 880; Ono v. Itoyama, 884 F. Supp. 892 (D. N. J. 1995).

〔12〕 《联邦规则》23. 1 没有将股东要求的条件包含在内。而与州法律不同的是，它要求"如果有必要"，原告需提出为了得到股东批准而付出种种努力的事实抗辩。

〔13〕 Halprin v. Babbitt, 303 F. 2d 138 (1ˢᵗ Cir. 1962).

〔14〕 Mayer v. Adams, 37 Del. Ch. 298, 141 A. 2d 458 (1958); Levitt v. Johnson, 334 F. 2d 815 (1ˢᵗ Cir. 1964), cert. Denied 379 U. S. 961.

〔15〕 "恶意股东诉讼"是指由不具有善意请求的人提起的诉讼。其原理是通过负担沉重的审前程序来困扰公司以谋求有利可图的庭外和解。

〔16〕 Claman v. Robertson, 164 Ohio St. 61, 128 N. E. 2d 429 (1955).

〔17〕 See 7C C. Wright, A. Miller & M. Kane, Civil 2d 1828. 因为只有股东才能提起派生诉讼，所以在诉讼提起的时候原告同样必须是股东。Lewis v. Knutson, 699 F. 2d 230 (5ᵗʰ Cir. 1983); Kauffman v. Dreyfus Fund, Inc. , 434 F. 2d 727 (3d Cir. 1970), cert. Denied 401 U. S. 974. See 7C C. Wright, A. Miller & M. Kane, Civil 2d 1826.

使原告主张的是一系列不当交易，也可以仅仅基于交易在原告持有股票时发生而提起派生诉讼。[18] 作此要求的目的在于防止诉讼购买的发生。[19] 在联邦法院该要求同样防止共谋异籍管辖权。[20]

在某些州，第四个要求强令原告证明他们持有特定数额美元或者特定比例的公司股票。[21] 此外，对派生诉讼的原告而言，还必须提供保证金以弥补对方当事人的花费。[22] 隐含在这些要求背后的政策又是阻碍"恶意股东诉讼"。要求原告在被告的公司拥有实质性的资产或者支付大笔费用对那些怯懦的原告以及琐碎的请求而言形成了阻碍。[23]

原告在派生诉讼当中维护的是公司的权利，因而诉讼的结果对其他股东有实质性的影响。如果原告败诉，那么该公司的权利将永远落空，股东也将因此而败诉。[24] 当然，相反的情况也是实实在在的：如果原告成功地维护了公司的权利，股东也将间接地从中受益，基于这一原因，派生诉讼的原告还必须证明她将公正、充分地代表其他股东的利益，这类似于集团诉讼当中对代表人的充分性的要求。[25]

尽管有一些特殊的问题或者疑问产生，其他适用于派生诉讼的程序规则一般说来与民事诉讼当中的规则相同。[26] 例如，由于公司是诉讼的最终受益者那么它必定是一方当事人。而又由于其董事会拒绝提起诉讼，那么它最初就是名义上

776

777

---

〔18〕 See McDonough v. American Int'l Corp., 905 F. Supp. 1016 (M. D. Fla. 1995); Brambles USA, Inc., v. Blocker, 731 F. Supp. 643 (D. Del. 1990). 当出现一系列交易时，这一限制就给法院确定如何构成单一的交易带来了棘手的问题。比较 Herald Co. v. Seawell, 472 F. 2d 1081 (10th Cir. 1972) (拒绝持续性错误地将原告购买股票的日期提前)，和 Bateson v. Magna Oil Corp., 414 F. 2d 128 (5th Cir. 1969), cert. Denied 397 U. S. 911 (运用持续性错误的理论)。

〔19〕 Cohen v. Beneficial Indus. Loan Corp., 337 U. S. 541, 556, 69 S. Ct. 1221, 1230, 93 L. Ed. 1528 (1949); Home Fire Ins. Co. v. Barber, 67 Neb. 644, 93 N. W. 1024 (1903).

〔20〕 Hawes v. City of Oakland, 104 U. S. (14 Otto) 450, 26 L. Ed. 827 (1881).

〔21〕 N. Y. – McKinney's Bus. Corp. Law 627.

〔22〕 West's Ann. Cal. Corp. Code 800 (c); N. Y. – McKinney's Bus. Corp. Law 627. Federal Rule 23. 1 联邦规则23. 1对保证金要求保持了沉默。但是，一些联邦法律赋予法院命令提交保证金的权力。See, e. g., Fed. Secs. Act of 1933, 11 (e), 15 U. S. C. A. 77 k (e) and Fed. Secs. Exchange Act of 1934, 9 (e), 15 U. S. C. A. 78 (e). 还可参见下文注释41。

〔23〕 有人争辩道，如果是为了阻碍意志薄弱的原告和琐碎的请求，那么与提交保证金这一要求相比，一份对庭外和解的禁令则是一种更好的救济方式。Hornstein, New Aspects of Stockholders' Derivative Suits, 47 Colum. L. Rev. 1 (1947). 在多数管辖区，要求对派生诉讼的和解协议予以司法批准。

〔24〕 对股东派生诉讼判决效力的讨论，参见7C C. Wright, A. Miller & M. Kane, Civil 2d 1840.

〔25〕 对代表的充分性条件的讨论，参见上文16. 2中注释30 – 45。

〔26〕 在本书当中的其他地方讨论了两个问题与诉答文书和陪审团审理有关。虽然一般而言诉答状没有必要进行验证，但是派生诉讼当中的做法有些例外。参见上文5. 11。虽然派生诉讼由衡平法上发展而来，而衡平法上不存在陪审团审理，在如今，如果公司据以提起诉讼的基础性的请求在普通法上得到认可，那么派生诉讼当中允许使用陪审团审理。Ross v. Bernhard, 396 U. S. 531, 90 S. Ct. 733, 24 L. Ed. 2d 729 (1970). 参见上文11. 5。

的被告。然而，公司的最终利益与股东的利益相关，因此它应该重新列为原告当事人。问题是在联邦异籍案件当中，这种重新列名几乎总是对法院的事物管辖权构成破坏，原因是该公司的州籍至少和其董事会当中的某些成员的州籍相同，而这些成员在诉讼当中被列为单个的被告。基于上述困难，并且从现实上看公司被那些关心他们自身利益胜过关心公司利益的人所操纵，解决的办法是，如果公司的经理反对原告的意见，并且其行为有可能损害到他们的权利，那么不管其最终利益如何，对该公司不能重新列名。[27]

为异籍管辖权而设定的对争议标的额的要求同样获得了类似的、实践性的解释。因为公司是最终的受益者，是否满足管辖权上的标的额的要求取决于公司给予的潜在补偿。[28] 而且，无论其请求的大小以及公民身份如何，单个的股东都可以参加到诉讼当中来。[29]

在联邦法院，某项特殊的审判地条款允许在公司提起诉讼的任何一个管辖区提起派生诉讼。[30] 该法规从语句上看似乎很明白，然而到了复杂的事实场合却给法院的解释带来了诸多困难。[31]

特殊的审判地条款的一个范例如下。身为 A 州的公民和居民的原告以在 B 州从事商业活动的股份有限公司的名义提起派生诉讼，将身为 B 州的公民和居民的个人 X、Y 及 Z 列为被告。在 1991 年一般审判地条款修改以前，允许在提出请求的州或者所有的原告或被告居住的州提起派生诉讼。假如请求不是在 B 州提出，那么该诉讼只能在 A 州提起，而此地并不方便审理。[32] 该特殊的法令允许将 B 州列为审判地，因为那里是该公司提起诉讼的地方，像原告那样将其居住地列为审判地。[33] 尤其是，由于其中的某些人与该公司的州籍相同，因而该公司将不会在联邦法院起诉这些单个的被告。所以，在决定该公司在何处起诉

---

[27] Koster v. (American) Lumbermens Mut. Cas. Co., 330 U. S. 518, 67 S. Ct. 828, 91 L. Ed. 1067 (1947); Doctor v. Harrington, 196 U. S. 579, 25 S. Ct. 355, 49 L. Ed. 606 (1905); 7C C. Wright, A. Miller & M. Kane, Civil 2d 1822.

[28] Koster v. (American) Lumbermens Mut. Cas. Co., 330 U. S. 518, 67 S. Ct. 828, 91 L. Ed. 1067 (1947); Bernstein v. Levenson, 437 F. 2d 756 (4th Cir. 1971); 7C C. Wright, A. Miller & M. Kane, Civil 2d 1823.

[29] Weinstock v. Kallet, 11 F. R. D. 270 (S. D. N. Y. 1951).

[30] 28 U. S. C. A. 1401.

[31] 另外一条联邦上的派生诉讼法令允许在提起诉讼所在的州之外的地方就该公司进行诉讼。28 U. S. C. A. 1695. 这一规定形成的解释就是，它仅仅适用于某一特殊的审判地条款有效的诉讼。King v. Wall & Beaver Street Corp., 145 F. 2d 377 (D. C. Cir. 1944); Greenberg v. Giannini, 140 F. 2d 550 (2d Cir. 1944).

[32] 对修改后的审判地条件的探讨参见上文 2. 15.

[33] Van Gelder v. Taylor, 621 F. Supp. 613 (N. D. Ill. 1985); Dowd v. Front Range Mines, Inc., 242 F. Supp. 591 (D. Colo. 1965). See also 7C C. Wright, A. Miller & M. Kane, Civil 2d 1825.

这些单个的被告时，法院只会审查审判地的限制条件，而不会顾及缺乏异籍条件这一事实。

最后必须引起注意的是，虽然多数公司法由州制定，但是大部分的派生诉讼还是在联邦法院提起。由于法院行使的常常是异籍管辖权，这就导致在联邦法院产生了一大堆法律适用问题。[34]《联邦规则》23.1 规定的某些情形当中明确规定了某些条件，并且，在那种情况下起作用的是联邦法上的要求，而不管州法律的规定是否与此相反。例如，同时期的所有权规则的适用、甚至法院所在的州并没有与此相当的要求时的情形就是如此。[35] 另一方面，如果联邦规则很明确是遵从于州法律，比如对股东提出要求的情形，那就适用州法律。[36] 更多的情况是，联邦规则并没有作出规定但是存在某些特殊的州条款，这就提出了一个疑问，即联邦法院是否应该遵从该州的规则，因为它要规范的是公司，而不是州法院的程序。[37]

要对这个最后的问题作出判断，有必要仔细审查所涉及的规则的类型及所要投入的行动，还有就是审查在这一问题上忽视州法律是否具有联邦上的利益，以及具有怎样的联邦利益。虽然某些联邦法院允许衡平法上的股票持有者在不当行为期间无需顾及州法律的规定而提起派生诉讼，[38] 但主流的观点是，该州法律应该支配股东身份的确定，因为谁是股东这一问题不仅仅是纯粹的程序规则这么简单。[39] 有关对董事的要求问题也得出了类似的结论。联邦最高法院裁定，规则 23.1 仅仅列出了对起诉状的要求，至于是否必须提出要求，以及何以构成充分的要求或者构成没有提出要求时的正当理由，这些最终取决于涉及怎样规范公司的判决因而在异籍诉讼中这些问题适用州法律。[40] 最后，联邦最高法院裁定，联邦法院应该适用州的诉讼费用担保（security - for - expenses）法，要求在允许诉讼继续进行之前提供保证金。[41] 该法院认为该法是一条实体性的规则，理由是在被告败诉时由其承担费用，这样一来就创设出一种不存在相反情形时的责

779

---

〔34〕 当基础性请求依据的是联邦法而且法院行使的是联邦问题管辖权时，州法律可以不予考虑。See, e. g., Levitt v. Johnson, 334 F. 2d 815 (1st Cir. 1964), cert. Denied 379 U. S. 961.

〔35〕 See 7C C. Wright, A. Miller & M. Kane, Civil 2d 1829.

〔36〕 See note 12, above.

〔37〕 联邦异籍管辖权诉讼当中，确定法律适用的标准在上文 4.3 - 4.4 当中进行了讨论。

〔38〕 HFG Company v. Pioneer Pub. Co., 162 F. 2d 536 (7th Cir. 1947).

〔39〕 Gallup v. Caldwell, 120 F. 2d 90 (3d Cir. 1941)；Rosenfeld v. Schwitzer Corp., 251 F. Supp. 758 (S. D. N. Y. 1966). See 7C C. Wright, A. Miller & M. Kane, Civil 2d 1829.

〔40〕 Kamen v. Kemper Financial Servs., Inc., 500 U. S. 90, 111 S. Ct. 1711, 114 L. Ed. 2d 152 (1991).

〔41〕 Cohen v. Beneficial Industrial Loan Corp., 337 U. S. 541, 69 S. Ct. 1221, 93 L. Ed. 1528 (1949). See 7C C. Wright, A. Miller & M. Kane, Civil 2d 1835.

任，并且对原告而言，提供保证金能够对其维持主要诉讼的权利产生不小的影响。

C. 确定竞合权利诉讼 （Interpleader）

16. 10 目的和历史

确定竞合权利诉讼是一种衡平法的程序，通过这种程序，实际占有财产的人（通常称之为争议财物保管人）（stakeholder）在面临针对该财产（争议财物）的相互冲突的请求人时，将所有的请求人带入单一的诉讼当中。因此，确定竞合权利诉讼是一种用来保护争议财物保管人的诉讼合并形式[1] 假如没有这种程序，争议财物保管人也许不得不去猜测、也许该猜测并不正确，哪一个请求人有权获得该争议财物，其结局是出现裁决彼此矛盾的多重诉讼，因此而出现多重责任。即便争议财物保管人的猜测是正确的也要冒风险，该风险就是每一位请求人提起的若干个诉讼将使其卷入烦恼和损失当中。故而，除了保护争议财物保管人这一功能之外，通过将若干个纠纷压缩成一个纠纷，确定竞合权利诉讼还能起到保存司法资源的作用。由于请求人寻求的是对有限基金的分享，确定竞合权利诉讼同样还能避免出现"竞相获得判决（race to judgment）"的情况。最后，由于在通常情况下争议财物或者价值相等的款项将存放于法院，因此经常发生在金钱判决强制执行过程当中的迟延以及花费将被大大消除。[2]

确定竞合权利诉讼的起源可以追溯到英国法院的普通法枝系，但它已经成为了一种衡平法上的创造。[3] 直到20世纪，其用途才受到限制，对它的限制及要求可以分为两类：发端于衡平法上法哲学原则的限制和发端于管辖权和审判地考虑的限制。确定竞合权利诉讼的"严格"诉状受制于四个衡平法上的条件：（1）所有的当事人必须针对要求确定竞合权利诉讼的人主张相同的东西、债务或者义务；（2）所有请求人的相反的所有权或权利必须独立或派生于共同的渊源；（3）原告争议财物保管人不能对确定竞合权利诉讼标的主张任何利益（争议财物）；以及（4）寻求救济的人必须对请求人当中的任何一个都不负有独立的责任——该争议财物保管人在他们中间必须处于完全中立的地位。[4] 虽然严格遵守这些条件能够减少确定竞合权利诉讼的运用，当程序乃"具有确定竞合权利诉讼本

780

---

〔1〕 Sanders v. Armour Fertilizer Works, 292 U. S. 190, 54 S. Ct. 677, 78 L. Ed. 1206 (1934).

〔2〕 State Farm Fire & Cas. Co. v. Tashire, 386 U. S. 523, 533, 87 S. Ct. 1199, 1205, 18 L. Ed. 2d 270 (1967).

〔3〕 Rogers, Historical Origins of Interpleader, 51 Yale L. J. 924 (1942).

〔4〕 最常引用的、对这些要求的叙述参见 J. N. Pomeroy, Equity Jurisprudence 1322, at 906 (5th ed. Symons 1941). In Hazard & Moskovitz, A Historical and Critical Analysis of Interpleader, 52 Calif. L. Rev. 706, 708 (1964), 作者将 Pomeroy 的叙述批评为 "不加批判的阅读和不加批判的思考的产物"。

质的诉状"时，衡平法院还是愿意放宽这些条件。在这样一个案件当中，原告
——争议财物保管人没有必要公正无私，但是可以援引"获得衡平法上的救济
的某些超出针对其提出的多重请求之外的特殊理由。"[5]

　　司法管辖权以及审判地问题以及它们对确定竞合权利诉讼施加的限制在 New
York Life Insurance Company v. Dunlevy 案件当中得到了说明，[6] 该案在 1916 年
由美国联邦最高法院作出判决。在邓利维（Dunlevy）案中，最高法院认为确定
竞合权利诉讼是一种对人诉讼，因此债务扣押———一种生活保险政策诉讼——不
足以作为对非居民请求人主张对物管辖权的根据。对所有的请求人以及争议财物
保管人都要求享有对人管辖权。所以，除非所有的请求人对该管辖权表示同意，
法院不能保证争议财物保管人得到完全的保护。就邓利维案本身而言，进行确定
竞合权利诉讼的法院没有获得对请求人之一的对人管辖权，因而该诉讼中作出的
判决就不能被赋予完全的诚实和信赖，保险公司不得不基于同一个政策进行两次
支付。

　　州际商业活动当中发生的案件清楚地说明：除非所有的请求人都居住在审判
地所在的州或是同意在此进行诉讼，否则不能运用确定竞合权利诉讼。在邓利维
案期间，联邦地区法院获得对人管辖权的权力一般与这些法院所在的州的边界相
联系，因此居住在审判法院所在的州的范围之外的请求人不受确定竞合权利诉讼
判决的约束，除非他们同意出庭。州法院面临着同样的难题，[7] 因此，不止一
次地履行同一责任不能保证寻求确定竞合权利诉讼的争议财物保管人得到完全的
保护（而且，由于要求争议财物保管人一方与请求人一方的州籍完全不相同，[8]
只要该争议财物保管人和请求人当中的某一个来自于相同的州，那么，因为缺乏
异籍条件联邦法院就不能听审该诉讼）。

781

　　衡平法上的最后一个限制性条件在现在的联邦实践以及大多数的州几乎都已
消除；不仅如此，后面将更深入讨论的是，在确定竞合权利诉讼以及具有确定竞
合权利诉讼本质的诉讼当中，国会对管辖权和审判地要求已经有所放松。[9] 邓
利维案的判决没有获得广泛好评，由此而引发了对确定竞合权利诉讼的改革。在

---

〔5〕　C. Wright, Law of Federal Courts 74, at 532 (5th ed. 1994).
〔6〕　241 U. S. 518, 36 S. Ct. 613, 60 L. Ed. 1140 (1916).
〔7〕　近来的情况是，这些州对长臂管辖权进行了扩展。参见上文 3. 12－3. 13。但是，确定竞合权
利诉讼当中对州管辖权的领土性限制仍然存在。参见下文 16. 12。
〔8〕　See 16. 12, below.
〔9〕　Ibid.

多产而又雄辩的扎卡赖亚·查菲（Zachariah Chafee）教授的带领下，[10] 这场改革导致了 1936 年《联邦确定竞合权利诉讼法》（the Federal Interpleader Act）的出台，[11] 其中查菲教授是主要起草人，以及《联邦民事诉讼规则》第 22 条的形成。关于制定法上的确定竞合权利诉讼（statutory interpleader）是否将成为惟一的权威类型出现了一些争论，[12] 在这之后，主流的观点是该制定法上的和规则上的确定竞合权利诉讼（rule interpleader）并存并且互为补充。[13]

该制定法和规则都明确废除了先前历史上对确定竞合权利诉讼的头两个条件。第三个条件，即争议财物保管人必须没有私心，被规则予以明确废除。虽然制定法没有涉及这一条件，但一般认为该条件不再适用，因为它与该制定法所采用的自由手段不相一致。[14]

第四个条件，即争议财物保管人不能对请求人当中的任何一个主张独立的责任，经受住了变化的考验。该条件本身是出于这样一种考虑，即争议财物保管人将不会去帮对其有独立责任的请求人的忙。查菲教授似乎认为该第四个条件已经由该规则和制定法暗示废除，[15] 而且它在英国的实践当中也受到抵制，[16] 但是某些美国法院仍然坚持保留该条件。[17] 因而，如果主张一位保险公司争议财物保管人因为在提出请求时不诚实而对其投保人负有独立的责任，那么法院将对与所声称的不诚实请求有关的事实作出判决；如果该请求不成立，即命令进行确定竞合

---

[10] 20 年来查菲教授撰写了一些始终经典性的、对确定竞合权利诉讼进行探讨的论文，它们有：Chafee, Modernizing Interpleader, 30 Yale L. J. 814 (1921); Chafee, Interstate Interpleader, 33 Yale L. J. 685 (1924); Chafee, Interpleader in the United States Courts, 41 Yale L. J. 1134 (1932), 42 Yale L. J. 41 (1932); Chafee, The Federal Interpleader Act of 1936, I & II, 45 Yale L. J. 963, 1161 (1936); Chafee, Federal Interpleader Since the Act of 1936, 49 Yale L. J. 377 (1940); Chafee, Broadening the Second Stage of Interpleader, 56 Harv. L. Rev. 541, 929 (1943).

[11] 49 Stat. 1096 (1936); Judicial Code 24 (26), 28 U. S. C. A. 41 (26). 该确定竞合权利诉讼制定法如今已编入《美国注释法典》第 28 标题卷 1355, 1397, and 2361 节。

[12] 比较 Eagle, Star & British Dominions v. Tadlock, 14 F. Supp. 933, 940 (S. D. Cal. 1936)，和 Security Trust & Savs. Bank v. Walsh, 91 F. 2d 481 (9th Cir. 1937)，Eagle 案当中的主流意见认为该制定法上的确定竞合权利诉讼废除了早先的衡平法版本。

[13] 7 C. Wright, A. Miller & M. Kane, Civil 2d 1701.

[14] See Pan Am. Fire & Cas. Co. v. Revere, 188 F. Supp. 474, 479 (E. D. La. 1960); 7 C. Wright, A. Miller & M. Kane, Civil 2d 1701.

[15] 没有独立的责任这一要求被看成是对请求具有共同的渊源这一限制的特定应用。因此，取消该条件从其寓意来讲同样对前者构成了影响。See Chafee, Federal Interpleader Since.

[16] Ex parte Mersey Docks & Harbour Bd., 1 Q. B. 546 (1899).
the Act of 1936, 49 Yale L. J. 377, 412 (1940). See also Note, The Independent Liability Rule as a Bar to Interpleader in the Federal Courts, 65 Yale L. J. 715, 719 (1956).

[17] Nevada Eight – Eight, Inc. v. Title Ins. Co. of Minnesota, 753 F. Supp. 1516 (D. Nev. 1990); Poland v. Atlantis Credit Corp., 179 F. Supp. 863 (S. D. N. Y. 1960); American – Hawaiian S. S. Co. (Del.) v. Bowring & Co., 150 F. Supp. 449 (S. D. N. Y. 1957). See also McKeithen v. S. S. Frosta, 430 F. Supp. 899, 901 (E. D. La. 1977).

权利诉讼，但是假如该请求有效，便有足够的理由否决应用确定竞合权利诉讼。

现代程序制度具有灵活性和适应性，因而还存在其他的途径来解决由争议财物保管人独立责任而可能产生的偏见问题。因此，有人主张，独立的责任这一条件仅仅是源自古代的一个条件，故而不应该再保留它而构成对确定竞合权利诉讼的阻碍。[18] 故而，美国法院日渐接受了此观点并放弃了这一条件也许就不足为奇了。[19]

16．11 现代的确定竞合权利诉讼：实践和程序

联邦法院存在两种不同的确定竞合权利诉讼形式，[1] 而且州与州之间的确定竞合权利诉讼也互有迥异，[2] 尽管如此，确定竞合权利诉讼程序还是存在一些共通的基本原则和特点。首先，任何确定竞合权利诉讼的进行可分为两个阶段。第一阶段，法院对争议财物保管人提出的确定竞合权利诉讼命令申请进行审查。如果没有可以阻碍发出该命令的事项，那么将进入第二个阶段即对实体问题的审查，在这期间请求人他们自己决一雌雄。如果争议财物保管人与纠纷的最终结局没有利益关系，那么就在第一阶段结束时撤出，并服从于法院对该争议财物的照管。如果争议财物保管人具有某种利益——比如保险公司想要对请求人提出的支付请求进行抗议，理由是尚未给付保险费，政策因此而出现失误——那么仍然保留在诉讼当中作为另外的请求人参加到第二个阶段当中来。

与历史上的确定竞合权利诉讼不同，争议财物保管人不一定要面对那些已经主张的实际的请求。即使请求人当中的一个或者多个对争议财物提出了正式的要求，如今仍然有办法进行救济。在第一个阶段的重心是确定是否应该给予这种救济，而不是争议财物保管人正在面对或者可能面对的请求的实体问题。所以，无论是侵权还是合同当中的请求都不需要清算或者缩减，以此来作出确定是否应该许可进行确定竞合权利诉讼这一初始问题的判决。[3]

某些或者所有的请求不需要在申请确定竞合权利诉讼的同时予以提出，但是争议财物保管人必须能够证明这些请求人彼此之间是"敌对（adverse）"的。敌

783

---

〔18〕 C. Wright, Law of Federal Courts 74, at 533 (5th ed. 1994)；7C C. Wright, A. Miller & M. Kane, Civil 2d 1706.

〔19〕 Libby, McNeill, & Libby v. City Nat. Bank, 592 F. S 504 (9th Cir. 1978)；Dakota Livestock Co. v. Keim, 552 F. 2d 1302 (8th Cir. 1977)；Knoll v. Socony Mobil Oil Co., 369 F. 2d 425, 428 - 29 (10th Cir. 1966), cert. Denied 386 U. S. 977；Stuyvesant Ins. Co. v. Dean Constr. Co., 254 F. Supp. 102, 109 (S. D. N. Y. 1966), affirmed per curiam sub nom. Stuyvesant Ins. Co. v. Kelly, 382 F. 2d 991 (2d Cir. 1967).

〔1〕 制定法上的确定竞合权利诉讼与规则上的确定竞合权利诉讼之间的主要差别在于适用于这两种诉讼的管辖权和审判地条件。参见下文 16．12。

〔2〕 See, e. g., West's Ann. Cal. Code Civ. Proc 386；N. Y. - McKinney's CPLR 216.

〔3〕 7 C. Wright, A. Miller & M. Kane, Civil 2d 1704.

对性在确定竞合权利诉讼制定法当中有明确要求。[4] 然而，即便制定法上没有在语言上作明确规定也必须符合该要求，这是因为，倘若请求人对争议财物享有的利益不具有敌对性，就没有必要对争议财物保管人或请求人进行保护了。[5] 虽然在确定竞合权利诉讼得到许可之前一直对请求的实体问题进行审查是通常的做法，然而，一旦争议财物保管人明显不会受到多重责任或者多重诉讼的威胁，法院将驳回确定竞合权利诉讼的申请。其结果是，假如争议财物保管人举出了两名请求人而其中的一人已经将其请求停了下来，[6] 或者请求所针对的不是同一基金，[7] 或者是争议财物保管人对这两名请求人都负有法律上的责任，[8] 那么确定竞合权利诉讼通常会被否决。

但是，当请求不具有技术上的敌对性，而是当它们聚集起来时超过了争议财物保管人所主张的有限的基金范围时，可以利用确定竞合权利诉讼。[9] 例如，一个保险公司提出一个每次事故支付保险金的最高额度达 1 万美元的汽车保险政策。如果其投保人发生了一起与公共汽车相撞的严重事故，该公司可以提起确定竞合权利诉讼，要求法院确定在众多主张伤害的公共汽车乘客之间分配 1 万美元的方案。即使法院作出判决认定一名请求人的请求有价值不能说明其他请求人的请求在法律上有效，然而在实际操作当中，如果不进行确定竞合权利诉讼，满足形成判决这第一个请求将导致基金损耗致使余下的请求人无利可图。

784 　　按照传统的做法，争议财物保管人要么需将金钱或者财产置于法院的控制之下，要么提供足以保证遵从将来任何处置该争议财物的命令的保证金。在联邦法院，该要求在互证权利制定法当中仍然得到保留，[10] 而且被视为适用制定法上的确定竞合权利诉讼的管辖权条件。然而，《联邦规则》第 22 条却没有寄存的

---

〔4〕 28 U. S. C. A. 1335 (a) (1).

〔5〕 Indianapolis Colts v. Mayor & City Council of Baltimore, 741 F. 2d 954 (7th Cir. 1984), cert. Denied 470 U. S. 1052; 7 C. Wright, A. Miller & M. Kane, Civil 2d 1705.

〔6〕 Bierman v. Marcus, 246 F. 2d 200 (3d Cir. 1957), cert. Denied 356 U. S. 933 (1958); John Hancock Mut. Life Ins. Co. v. Beardslee, 216 F. 2d 457 (7th Cir. 1954), cert. Denied 348 U. S. 964.

〔7〕 See, e. g., Wausau Ins. Cos. v. Gifford, 954 F. 2d 1098 (5th Cir. 1992); Interfirst Bank Dallas, N. A. v. Purolator Courier Corp., 608 F. Supp. 351 (N. D. Tex. 1985).

〔8〕 See, e. g., Bradley v. Kochenash, 44 F. 3d 166 (2d Cir. 1995); General Elec. Credit Corp. v. Grubbs, 447 F. 2d 286 (5th Cir. 1971), reversed on other grounds 405 U. S. 699, 92 S. Ct. 1344, 31 L. Ed. 2d 612 (1972).

〔9〕 State Farm Fire & Cas. Co. v. Tashire, 386 U. S. 523, 87 S. Ct. 1199, 18 L. Ed. 2d 270 (1967). See also Cory v. White, 457 U. S. 85, 102 S. Ct. 2325, 72 L. Ed. 2d 694 (1982).

〔10〕 28 U. S. C. A. 2361. 尽管法院在执行该寄存要求时很严格，在一般情况下还是在以不遵从为由撤消该诉讼之前赋予其第二次遵从的机会。See, e. g., Prudential Ins. Co. of America v. Bennett, 299 F. Supp. 451 (S. D. Ga. 1969); American Smelting & Refining Co. v. Naviera Andes Peruana, S. A., 182 F. Supp. 897 (S. D. N. Y. 1959).

规定。[11] 当然，即使该规则没有作此要求，地区法院享有衡平法上的接收该寄存的权力。[12]

寄存的数额通常要求与针对该争议财物提出的最大的请求的价值相当。[13]争议财物保管人对该争议财物主张利益这一事实并不能推断出该寄存抵销了其请求。[14] 相反，遵守该寄存要求也不构成对利益的放弃；[15] 确定竞合权利诉讼的第二个阶段将决定争议财物保管人请求的实体问题。一旦该实体问题得到确定，争议财物及其任何孳息[16] 将分配给这些享有优先权的请求人。

确定竞合权利诉讼救济并不限于由作为原告的争议财物保管人发动的原始诉讼。面临多重责任威胁的被告同样可以利用。[17] 因此，作为被告的争议财物保管人也可以通过交叉请求或者反请求的方式争取到确定竞合权利诉讼。[18] 法院还认为，争议财物保管人可以参加到请求人之间正在进行的诉讼当中来，[19] 或者提出一个确定竞合权利诉讼请求作为第三方当事人请求。[20] 让作为被告的争议财物保管人利用确定竞合权利诉讼的目的在于允许其避免发动单独的确定竞合权利诉讼所经历的繁琐程序，从而保证两个诉讼产生相同的结果。当然，如果被告基于原始诉讼而产生的同一义务而有可能要负担多重责任时，被告只能利用确定竞合权利诉讼；由于和已经进入诉讼的当事人缺乏一种联系，他不能通过反请

---

〔11〕 不幸的是，关于当争议财物保管人希望避免寄存该争议财物时应该适用何种形式的确定竞合权利诉讼，联邦规则上的以及制定法上的确定竞合权利诉讼对保证金的不同要求导致了争议的产生。7 C. Wright, A. Miller & M. Kane, Civil 2d 1716.

〔12〕 Corrigan Dispatch Co. v. Casa Guzman, S. A., 569 F. 2d 300 (5th Cir. 1978)；Bank of China v. Wells Fargo Bank & Union Trust Co., 209 F. 2d 467 (9th Cir. 1953).

〔13〕 In re Sinking of M/V Ukola, 806 F. 2d 1 (1st Cir. 1986)；National Union Fire Ins. Co. v. Ambassador Group. Inc., 691 F. Supp. 618 (E. D. N. Y. 1988).

〔14〕 See Metal Transport Corp. v. Pacific Venture S. S. Corp., 288 F. 2d 363 (2d Cir. 1961).

〔15〕 Moseley v. Sunshine Biscuits, Inc., 110 F. Supp. 157 (W. D. Mo. 1952)；John Hancock Mut. Life Ins. Co. v. Yarrow, 95 F. Supp. 185 (E. D. Pa. 1951)；Johnston v. All State Roofing & Paving Co., 557 P. 2d 770, 773 n. 13 (Alaska 1976).

〔16〕 See Webb's Fabulous Pharmacies, Inc. v. Beckwith, 449 U. S. 155, 101 S. Ct. 446, 66 L. Ed. 2d 358 (1980)，该案中联邦最高法院废止了某个州的制定法，并宣布将从确定竞合权利诉讼寄存财产获得的所有收益作为该县（法院）书记官的收入这一做法违反了宪法第五修正案。449 U. S. at 164, 101 S. Ct. at 452.

〔17〕 See, e. g., West's Ann. Cal. Code Civ. Proc. 386 (b).

〔18〕 Grubbs v. General Elec. Credit Corp., 405 U. S. 699, 705 n. 2, 92 S. Ct. 1344, 1349 n. 2, 31 L. Ed. 2d 612 (1972).《联邦规则》22 (1) 特别规定："承担类似责任的被告可以通过交叉请求或者反请求获得确定竞合权利诉讼。"虽然联邦确定竞合权利诉讼制定法没有类似的语言，法院也认为争议财物保管人可以通过反请求的方式利用制定法上的确定竞合权利诉讼。See, e. g., Humble Oil & Refining Co. v. Copeland, 398 F. 2d 364 (4th Cir. 1968)；New York Life Ins. Co. v. Welch, 297 F. 2d 787 (D. C. Cir. 1961)；Walmac Co. v. Isaacs, 220 F. 2d 108 (1st Cir. 1955).

〔19〕 Mallonee v. Fahey, 117 F. Supp. 259 (S. D. Cal. 1953).

〔20〕 Home Ins. Co. of New York v. Kirkevold, 160 F. 2d 938 (9th Cir. 1947).

求或交叉请求来获得确定竞合权利诉讼。[21]

最后，尽管联邦法院的适用法律问题在其他地方更加严重，[22] 需要指出的是，对于州和联邦确定竞合权利诉讼制定法的程序要求当中不一致的地方，联邦法院将受联邦法律的支配。[23] 即便联邦法院所在的州仍然保留较早的衡平法上的限制性条件，而且将这些限制性条件应用于案件事实时该法院地的州的法院不会对确定竞合权利诉讼予以许可，联邦法院也可以依据制定法或者规则允许进行确定竞合权利诉讼。但是，在请求人对争议财物享有的权利得到争讼的确定竞合权利诉讼的第二个阶段，除了请求本身依赖于某些联邦上的权利这样相当稀少的情形，州法律将支配对这些实质性争点的判决。[24]

在考虑诉讼中是否运用陪审团审理时，确定竞合权利诉讼程序各个不同阶段之间的区别同样很重要。最初作为一种衡平法上的救济方式，从确定竞合权利诉讼所具有的悠久历史当中可以总结出在该诉讼当中由陪审团进行审理是不合适的。[25] 但是，联邦最高法院在 Beacon Theatres, Inc. v. Westover 案[26] 当中的观点是，在一个已经融合的制度当中，获得陪审团审理的权利不能简单地通过将诉讼贴上"普通法上的"或者"衡平法上的"这样一些标签来确定，而要求法院审查对诉讼中的每一个争点而言，运用陪审团审理是否合适。[27] 在确定竞合权利诉讼程序提出的三个基本争点当中，第一个争点——是否允许进行确定竞合权利诉讼——由于它是一个纯粹的衡平法上的争点，因而对法院而言总是成为了一个问题。[28] 第二个问题——哪一个请求人有资格得到基金——另一方面而言这类问题是，如果不进行确定竞合权利诉讼而在法院提起"普通法"诉讼（"legal" action）的话，或许会得到陪审团审理。如果是这样，那么当他们有可能非

---

[21] Grubbs v. General Elec. Credit Corp., 405 U. S. 699, 705 n. 2 92 S. Ct. 1344, 1349 n. 2, 31 L. Ed. 2d 612 (1972).

[22] See Chapter 4, below.

[23] 7 C. Wright, A. Miller & M. Kane, Civil 2d 1713. See generally Hanna v. Plumer, 380 U. S. 460, 85 S. Ct. 1136, 14 L. Ed. 2d 8 (1965).

[24] See Great Falls Transfer & Storage Co. v. Pan Am. Petroleum Corp., 353 F. 2d 348 (10th Cir. 1965); Kerrigan's Estate v. Joseph E. Seagram & Sons, Inc., 199 F. 2d 694 (3d Cir. 1952); Metropolitan Life Ins. Co. v. MaCall, 509 F. Supp. 439 (W. D. Pa. 1981).

此外，联邦最高法院裁定在制定法上的确定竞合权利诉讼中，在确定请求人的权利适用哪一个州的法律时，联邦法院也必须参照法院地所在的州对法律的选择。Griffin v. McCoach, 313 U. S. 498, 61 S. Ct. 1023, 85 L. Ed. 1481 (11941). Griffin is discussed in 4. 5, above.

[25] 此种观念在首席大法官塔夫脱（Taft）对 Liberty Oil Co. v. Condon Nat. Bank, 260 U. S. 235, 241, 43 S. Ct. 118, 120, 67 L. Ed. 232 (1922) 提出的附带意见当中得到了加强。

[26] 359 U. S. 500, 79 S. Ct. 948, 3 L. Ed. 2d 988 (1959).

[27] 参见上文 11. 5 – 11. 6 的讨论。

[28] Savannah Bank & Trust Co. v. Block, 175 F. Supp. 798, 801 (S. D. Ga. 1959); American – Hawaiian S. S. Co. (Del.) v. Bowring & Co., 150 F. Supp. 449 (S. D. N. Y. 1957).

确定竞合权利诉讼程序当中获得陪审团审理时，在确定竞合权利诉讼当中否决请求人得到陪审团审理的权利就不合情理了。[29] 至于争议财物保管人对请求人所负担的责任的本质和范围问题，历史性的观点和系统的观点均主张这些争点应该交给陪审团审理，除非在涉及相同事项的非确定竞合权利诉讼当中陪审团审理不可利用。[30]

16. 12　司法管辖权和审判地

当所有的请求人都居住在一个单一的州时，州法院确定竞合权利诉讼很容易利用。可是，如果当事人更愿意在联邦法院进行诉讼或者请求人的分布非常广泛，那么，在存在个人以及事物管辖权限制的情况下，确定在何地进行诉讼就提出了一些非常重要的问题。而且，在联邦法院，规则上的确定竞合权利诉讼与制定法上的确定竞合权利诉讼之间的主要差异在于适用于每一种类型确定竞合权利诉讼管辖权和审判地都各有其特殊性。因此，要判断在某个特定的法院是否可以进行确定竞合权利诉讼，就有必要理解这些差异。

如前所述，美国联邦最高法院在 New York Life Insurance Company v. Dunlevy 案[1]当中明确表示，对每一位非居民的请求人必须获得对人管辖权，这样才能作出涉及到其权利的有约束力的判决。在实践当中，这一条件就限制了州法院将确定竞合权利诉讼用于仅仅涉及居民请求人的诉讼。之所以会造成这种结果有两个原因。第一，大多数州没有可通过解释及于这些请求人的长臂法，因为一般的长臂法声明，在州确定的诉讼地从事商业行为、实施侵权行为或者从事其他某些行为的个人或者实体提出被告没有超出州法院的管辖权范围。[2] 而且，即使在那些由制定法赋予管辖权的州，[3] 要让管辖权主张得到支持，必须符合最低限度联系、公平对抗和实质正义这些正当程序要求。[4] 由于在大多数确定竞合权利诉讼当中请求人从根本上说处于被动地位，因而该标准无法满足。[5] 因此，

787

---

[29]　7 C. Wright, A. Miller & M. Kane, Civil 2d 1718.

[30]　Ross v. Bernhard. 396 U. S. 531, 90 S. Ct. 733, 24 L. Ed. 2d 729 (1970); Pan Am. Fire & Cas. Co. v. Revere, 188 F. Supp. 474, 483 (E. D. La. 1960); Savannah Bank & Trust Co. v. Block, 175 F. Supp. 798, 801 (S. D. Ga. 1959); John Hancock Mut. Life Ins. Co. v. Yarrow, 95 F. Supp. 185, 188 (E. D. Pa. 1951).

[1]　241 U. S. 518, 36 S. Ct. 613, 60 L. Ed. 1140 (1916). See 16. 10, above.

[2]　对各种类型长臂法的讨论参见上文 3. 12—3. 13。

[3]　E. g., West's Ann. Cal. Code Civ. Proc. 410. 10 (只要宪法允许，就准予行使长臂管辖权)。

[4]　对主张州法院管辖权的现行宪法性要求的讨论参见上文 3. 10—3. 11。

[5]　对一种满足该标准的独创性方法的探讨参见 Atkinson v. Superior Court, 49 Cal. 2d 338, 316 P. 2d 960 (1957), cert. Denied 357 U. S. 569 (per Traynor, J.)，尽管该案在某种程度上受到其特殊事实的限制。

除非非居民请求人同意州法院的确定竞合权利诉讼管辖权，[6] 一般而言州法院不是可行的诉讼地。

联邦规则上的确定竞合权利诉讼受到类似的对人管辖权条件的限制。规则上的确定竞合权利诉讼的送达完全受联邦规则第4条的约束。[7] 该规定授权联邦地区法院实施送达，由此而在法院所在的州的边界范围内或者依据州法律而获得对人管辖权。[8] 这表明联邦法院可以利用州的长臂法，但是，正如刚才讨论过的，这并没有提供任何可以到达非居民请求人的任何重要机会。[9]

与此形成对照的是，国会依据联邦确定竞合权利诉讼制定法为全国范围内对所有请求人的送达作出了规定。[10] 因而，在制定法上的确定竞合权利诉讼当中，只有那些无法找到[11] 或者居住在美国境外[12] 的请求人，该制定法才无法及于他们。[13] 并且，根据该制定法主张管辖权不需要以最低限度联系标准来衡量，因为它代表了一种联邦法院管辖权主张，而不是州法院的管辖权主张，而且它由国会命令因而仅仅受《正当程序第五修正案》（Fifth Amendment Due Process）的支配。[14] 该联邦制定法的目的是保护争议财物保管人免受多重责任的烦扰，[15] 而由于邓利维案的缘故，州法院不能提供此种保护，在这些场合下主张管辖权很明显将逃过宪法的审查。

788

---

〔6〕 纽约州确定竞合权利诉讼制定法规定，对所有的非居民请求人必须通过邮寄传票和起诉状复印件的方式进行诉讼通知，以此来促成请求人的同意。法院于是将该确定竞合权利诉讼案件中止了1年，除非有请求人参加进来（由此而同意法院的管辖权）或者在其他地方起诉。N. Y. – McKinney's CPLR 216. 如果某个请求人没有进入到诉讼当中来或者没有在其他地方起诉，那么他的请求将受到 New York 案件的阻却，在任何一个存在借款制定法的州也是如此。

〔7〕 See 7 C. Wright, A. Miller & M. Kane, Civil 2d 1711.

〔8〕 Fed. Civ. Proc. Rule 4 (k) (1) (A).

〔9〕 如果确定竞合权利诉讼是防御性的，并且争议财物保管人通过反请求或者交叉请求的方式进行确定竞合权利诉讼，那么可以提供一个非常有限的机会。根据规则第19条，如果有必要，额外的请求人可以依照规则第13条（h）和规则第4条进行合并，因而有权在离传唤状发出地不足100英里的范围内进行送达，甚至跨越州的边界。See Fed. Civ. Proc. Rule 4 (k) (1) (B).

〔10〕 28 U. S. C. A. 2361.

〔11〕 U. S. v. Swan's Estate, 441 F. 2d 1082 (5th Cir. 1971); Metropolitan Life Ins. Co. v. Dumpson, 194 F. Supp. 9 (S. D. N. Y. 1961).

〔12〕 Cordner v. Metropolitan Life Ins. Co. , 234 F. Supp. 765, 767 n. 2 (S. D. N. Y. 1964).

〔13〕 对居住于外国的请求人主张管辖权可以利用《联邦规则》第4条（f）来完成，该规则支配着境外送达。See generally 4A C. Wright & A. Miller, Civil 2d 1133－36.

〔14〕 有关对人管辖权适用法律问题的讨论，参见上文3. 18。

〔15〕 在涉及州法院是否享有通过行使州法院的归还（escheat）权力，来对放弃有形个人财产作出决定的管辖权问题的案件当中，联邦最高法院说道，正当程序观念禁止在州的范围内强制财产所有者放弃财产，除非该财产得到保护而不会有基于某个请求而接连产生针对同一财产的责任的可能性。Western Union Tel. Co. v. Pennsylvania, 368 U. S. 71, 82 S. Ct. 199, 7 L. Ed. 2d 139 (1961). 虽然最高法院没有将归还诉讼的原理扩展到私人诉讼，但是在评估主张管辖权是否适当时，多重责任的威胁是一个重要的考量因素。See Harris v. Balk, 198 U. S. 215, 25 S. Ct. 625, 49 L. Ed. 1023 (1905); Atkinson v. Superior Court, 49 Cal. 2d 338, 316 P. 2d 960 (1957), cert. Denied 357 U. S. 569.

对非居民请求人也能获得对人管辖权这说明，希望在联邦法院制定法上的确定竞合权利诉讼程序当中起诉的争议财物保管人，通常被提起了规则上的确定竞合权利诉讼，尽管如此，这两种形式的联邦确定竞合权利诉讼之间还是存在重要差别，而事物管辖权和审判地对这两者的选择有影响。首先，就制定法上的确定竞合权利诉讼而言，事物管辖权由请求人相互之间州籍不同而决定。[16] 在 Treinies v. Sunshine Mining Company 案中[17]联邦最高法院指出，确定竞合权利诉讼的实际争议存在于请求人之间，与争议财物保管人的州籍不相干。在 1967 年的 State Farm Fire & Casualty Company v. Tashier 案当中[18]最高法院则走得更远，认为所有需要要求的是"最低程度的异籍（inimal diversity）"——仅有一名请求人必须与其他请求人的州籍不相同。

自从塔舍尔（Tashire）案之后下级法院裁定，如果案件当中所有的请求人都是同一个州的公民但是具有利益的争议财物保管人是不同州的公民，那么符合最低程度的异籍要求；显然在这种扩张解释背后的原理是，和案件的处理有利益关系的争议财物保管人最终成为一名请求人，从而创设出最低程度的异籍。[19]最低程度异籍标准的利用扩展了确定竞合权利诉讼的可利用性，由此和创设制定法上的确定竞合权利诉讼的主要目的保持了一致。而对争议标的额的要求又进一步加强了制定法上的确定竞合权利诉讼的利用度；根据该制定法，诉讼的最低标的额为 500 美元。[20]

另一方面在联邦法院，规则上的确定竞合权利诉讼的事物管辖权要求与支配其他民事诉讼的要求相同。必须是存在联邦问题[21]或是争议财物保管人和所有的其他请求人的州籍完全不相同。[22] 假如管辖权是以异籍为前提的，那么争议的标的额必须超过 75000 美元。[23]

要注意的是，就制定法上的确定竞合权利诉讼和规则上的确定竞合权利诉讼 789

---

〔16〕 28 U. S. C. A. 1335.

〔17〕 308 U. S. 66, 60 S. Ct. 44, 84 L. Ed. 85 (1939). On the same subject, see Pan Am. Fire & Cas. Co. v. Revere, 188 F. Supp. 474 (E. D. La. 1960).

〔18〕 386 U. S. 523, 87 S. Ct. 1199, 18 L. Ed. 2d 270 (1967).

〔19〕 Mt. Hawley Ins. Co. v. Federal Savs. & Loan Ins. Corp. , 695 F. Supp. 469 (C. D. Cal. 1987). See also 7 C. Wright, A. Miller & M. Kane, Civil 2d 1710.

〔20〕 28 U. S. C. A. 1335.

〔21〕 See, e. g. , Commercial Union Ins. Co. v. U. S. , 999 F. 2d 581 (D. C. Cir. 1993); St. Louis Union Trust Co. v. Stone, 570 F. 2d 833, 835 (8th Cir. 1978); Bank of China v. Wells Fargo Bank & Union Trust Co. , 209 F. 2d 467 (9th Cir. 1953).

〔22〕 See, e. g. , Angst v. Royal Maccabees Life Ins. Co. , 77 F. 3d 701 (3d Cir. 1996); Aetna Life & Cas. Co. v. Spain, 556 F. 2d 747 (5th Cir. 1977); First Nat. Bank & Trust Co. of Oklahoma City, Oklahoma v. McKeel, 387 F. 2d 741 (10th Cir. 1967).

〔23〕 28 U. S. C. A. 1332.

而言，争议财物的价值决定着是否符合该标的额要求。[24] 如果是针对该争议财物的价值而将请求聚合起来以达到该最低数额要求是不够的，因为可能的追偿总数有必要限定在争议财物的范围之内，争议财物是要求得到救济的依据。

在确定竞合权利诉讼当中，联邦问题管辖权非常受限制，因为对某特定的基金或者争议财物享有的权利要在联邦法上找到其渊源非同寻常。故而，如果争议财物保管人和请求人当中的任何一个是同一个州的公民，或者所涉及的标的额超过了 75 000 美元，那么不能利用规则上的确定竞合权利诉讼而必须运用制定法上的确定竞合权利诉讼。应用规则上的确定竞合权利诉讼的限制的一个例外情况是，通过强制性的反请求或者交叉请求的方式主张确定竞合权利诉讼。在那种场合，确定竞合权利诉讼请求可以在法院的补充管辖权范围内提出，此时可以不用顾及完全的异籍要求和标的额要求。[25]

应用于制定法上的和规则上的确定竞合权利诉讼地审判地规则不同，同样对这其中的每一种制度都构成了影响。[26] 支配制定法上的确定竞合权利诉讼地审判地规则允许在一个或多个请求人住所地的司法地区提起该诉讼。[27] 而决定审判地的是住所地而不是州籍，因此如果请求人当中的一名是公司，那么哪怕出于异籍的考虑而不认为其是公民，在该公司的组建地、商业许可地以及正在从事交易的任何一个地点都可以提起制定法上的确定竞合权利诉讼。[28] 要记住的是，利用制定法上的确定竞合权利诉讼的争议财物保管人可以使用全国性的送达程序，这一宽泛而又自由的审判地条款就给予了争议财物保管人一个宽广的诉讼地选择空间。[29]

790　　与制定法上的确定竞合权利诉讼形成对照，依据《联邦规则》第 22 条提起的诉讼其审判地由适用于一般的联邦民事诉讼的审判地制定法所支配。根据联邦

〔24〕 See 6247 Atlas Corp. v. Marine Ins. Co. , 155 F. R. D. 454 (S. D. N. Y. 1994).

〔25〕 See, e. g. , Guy v. Citizens Fidelity Bank & Trust Co. , 429 F. 2d 828 (6ᵗʰ Cir. 1970) ; Ciechanowciz v. Bowery Savings Bank , 19 F. R. D. 367 (S. D. N. Y. 1956). 对补充管辖权的讨论参见上文 2. 14。

〔26〕 像一般的民事诉讼中的情形一样，即使审判地不正确，确定竞合权利诉讼也可以移交给其他任何一个有可能提出诉讼的司法地区。28 U. S. C. A. 1404 (a). Preston Corp. v. Raese, 335 F. 2d 827 (4ᵗʰ Cir. 1964) ; Fidelity & Cas. Co. of New York v. Levic, 222 F. Supp. 131 (W. D. Pa. 1963). See generally 2. 17, above.

〔27〕 28 U. S. C. A. 1397.

〔28〕 Gannon v. American Airlines, Inc. , 251 F. 2d 476 (10ᵗʰ Cir. 1957) ; Moseley v. Sunshine Biscuits, Inc. , 110 F. Supp. 157 (W. D. Mo. 1952).

〔29〕 1988 年对一般审判地规则进行了修改，28 U. S. C. A. 1391 (c)，将公司的住所地确定为"诉讼开始时服从于对人管辖权的任何司法地区"，如果它可以适用的话，那么制定法上的确定竞合权利诉讼当中的审判地的范围将进一步扩展，因为在全国范围内有效的审判地将被权威界定。这种扩展是否适当已经受到质疑。See Welkowitz, Some Thoughts on Corporate Venue and other Foibles, 10 Whittier L. Rev. 721 (1989).

问题管辖权，当所有的被告居住在同一个州时，在某个作为被告的请求人居住的地区，审判地是正确的，或者在引发该请求的事件或不作为的实质部分发生的地方，审判地也是正确的。[30] 在确定竞合权利诉讼场合请求在哪里产生毫无疑义，这一观念带来的结果是，只有当所有的请求人居住在同一个地区——一个不太普遍的现象——审判地才会正确。异籍诉讼中的审判地面临着类似的限制。[31]

16. 13 针对其他司法程序的联邦禁制令

自从 1926 年第一个确定竞合权利诉讼法正式通过，[1] 国会已经授权联邦法院发布禁制令限制其他与确定竞合权利诉讼的标的有关的程序。[2] 该联邦禁制令性权力的目的是为了保留确定竞合权利诉讼救济的效力。允许联邦法院禁止涉及相同事项的其他程序，从而防止多重诉讼的出现，并减少作出相互矛盾判决或者不公平分配基金的可能性。[3]

对禁制令性权力的这种制定法上的许可不适用于依据规则第 22 条规定的确定竞合权利诉讼，理由是该制定法的语言很清楚地表明它仅仅适用于制定法上的确定竞合权利诉讼案件。而且，法院只有在争议财物保管人已经按照制定法的要求寄存财物或者提供保证金的情况下才能运用该权力。[4] 禁制令发出之后，法院可以继续听审该案件，而且如果合适，可以解除原告争议财物保管人的进一步责任；[5] 它同样还可以使该禁制令成为永久性的。[6]

尽管制定法没有对规则上的确定竞合权利诉讼案件当中联邦法院禁止州法院程序作出明确规定，但是一般认为根据《美国注释法典》第 28 标题卷第 2283 节的规定联邦法院可以拥有该权力。[7] 依据该制定法，联邦法院可以发布中止某个 "有必要帮助其管辖权，或者想要保护或使其判决生效" 的州法院正在进行的诉讼的命令。就州法院进行的诉讼而言，它们可能被看成是干涉了联邦法院

791

---

〔30〕　28 U. S. C. A. 1391（b）.

〔31〕　28 U. S. C. A. 1391（a）.

在被告寻求确定竞合权利诉讼的案件当中，作为原告的请求人通过首先提起初始诉讼而有效地放弃了审判地异议，尽管审判地仍然要为某些额外的请求人而确立。See 7 C. Wright, A. Miller & M. Kane, Civil 2d 1712.

〔1〕　44 Stat. 416（1926）.

〔2〕　体现这一授权的现行制定法上的规定是《美国注释法典》第 28 标题卷第 2361 节。它授权法院在确定竞合权利诉讼中限制所有的请求人在州或者联邦法院发动影响该财产、文据或者相关义务的诉讼。

〔3〕　7 C. Wright, A. Miller & M. Kane, Civil 2d 1717.

〔4〕　Austin v. Texas – Ohio Gas. Co., 218 F. 2d 739（5ᵗʰ Cir. 1955）. 对寄存和保证金要求的讨论参见上文 16. 11。above.

〔5〕　Baron Bros. Co. v. Stewart, 182 F. Supp. 893（S. D. N. Y. 1960）.

〔6〕　See, e. g., Francis I. du Pont & Co. v. Sheen, 324 F. 2d 3（3d Cir. 1963）；Melton v. White, 848 F. Supp. 1513（D. Okl. 1994）.

〔7〕　7 C. Wright, A. Miller & M. Kane, Civil 2d 1717.

操控争议财物分配的权力，针对它们而发布禁制令没有超出这一权力。[8] 同样，联邦法院可以禁止确定竞合权利诉讼的当事人向另一个联邦法院提起诉讼，或者在确定竞合权利诉讼中阻止当事人提起州法院诉讼，[9] 这些命令当中的任何一种都没有违反针对进行州诉讼的联邦禁令的禁止性要求。

但是必须指出，虽然法院有权发布禁制令，但它也可以拒绝这样做。出于联邦主义的考虑，在发布针对州法院诉讼程序的禁制令上联邦法院总是显得不太情愿。因此，发布禁制令的权力要小心运用。[10] 比如，如果不存在关系到确定竞合权利诉讼的标的的实际的诉讼威胁，法院也许会拒绝发布禁制令。[11] 并且，所发布的任何一项禁制令的范围将非常狭窄，只能禁止那些对争议财物保管人构成威胁的诉讼；并不是所有的相关诉讼都有必要予以禁止。[12] 这一点由联邦最高法院在 State Farm Fire and Casualty Company v. Tashire 案当中作了强调。[13] 该法院裁定，初审法院滥用了其自由裁量权，某保险公司以对投保人拥有未了结的侵权请求的人为相对一方寻求确定竞合权利诉讼时，初审法院禁止所有的请求人在其他任何诉讼地对已确定的投保人提出其请求。只有当其禁止请求人在任何一个诉讼地主张对保险收益的权利而非确定竞合权利诉讼时，该禁制令才是正确的。正如该法院所注明的那样，"在该制定法体系当中不存在任何东西……则要求允许在这一模式中让次要部分支配或决定全局吧！"[14]

即便根据该确定竞合权利诉讼制定法，寻求禁制令救济的通常程序控制着禁制令的应用，确定竞合权利诉讼案件当中，这些支配着禁制令的通知和听审要求的联邦规则是否也可应用于禁制令尚存在一些问题。[15] 在全国性的确定竞合权利诉讼程序当中，尽管对通知和听审要求的严格遵守也许不可能以足够快的速度让法院命令发生效力，但是倘若有理由相信有保护一个或更多的请求人的利益、并就确定竞合权利诉讼是否适当形成一个合理的结论的必要，那么这些要求就不

---

〔8〕 See, e. g., General Ry. Signal Co. v. Corcoran, 921 F. 2d 700 (7th Cir. 1991); Truck – A – Tune, Inc. v. Re, 856 F. Supp. 77 (D. Conn. 1993), affirmed on other grounds 23 F. 3d 60 (2d Cir. 1994).

〔9〕 Pan Am. Fire & Cas. Co. v. Revere, 188 F. Supp. 474, 483 n. 46 (E. D. La. 1960).

〔10〕 See Comment, Deference to State Courts in Federal Interpleader Actions, 47 U. Chi. L. Rev. 824 (1980).

〔11〕 Walmac Co. v. Isaacs, 220 F. 2d 108 (1st Cir. 1955) (dictum).

〔12〕 See, e. g., Emcasco Ins. Co. v. Davis, 753 F. Supp. 1458 (D. Ark. 1990); Empire Fire & Marine Ins. Co. v. Crisler, 405 F. Supp. 990 (S. D. Miss. 1976).

〔13〕 386 U. S. 523, 87 S. Ct. 1199, 18 L. Ed. 2d 270 (1967).

〔14〕 386 U. S. at 535, 87 S. Ct. at 1206.

〔15〕 Holcomb v. Aetna Life Ins. Co., 228 F. 2d 75, 82 (10th Cir. 1955), cert. Denied 350 U. S. 986. 法院遵从于规则 65 (e) 的语言，该规则并没有更改任何制定法，包括 "确定竞合权利诉讼当中和预备禁制令有关的 Title 28, U. S. C., sec. 2361 条款……"。

应该被抛弃。[16]

---

〔16〕　Prudential Ins. Co. v. Shawver, 208 F. Supp. 464（W. D. Mo. 1962）; 7 C. Wright, A. Miller & M. Kane, Civil 2d 1717.

附录

▼

▼

▼

关于 Westlaw ®
（西方法律出版公司）的民事诉讼法检索

（四）使用 KeyCite（钥匙援引）

（五）最新发展

一、导　言

Westlaw 的《民事诉讼法》（第三版），为有关民事诉讼法中最复杂问题的分析提供了坚实的基础。无论您的检索需要查对规则、法规、判例、专家评述还是其他材料，西方出版公司的图书（West books）和 Westlaw 都是很好的资料，西方出版公司的图书和 Westlaw 是您最棒的资料信息源。

为让您时刻把握最新动态，Westlaw 随时为您提供最新数据库，有了 West-law，您的指端就拥有无可比拟的法律文件检索资源。

补充资源

如果您以前没有使用过 Westlaw，或有一些未包括在本附录中的问题，可查阅《西方法律出版公司参考手册》（*Westlaw Reference Manual*），或者直接拨打 1－800－REF－ATTY（1－800－733－2889）至西方法律集团推荐律师团（Westlaw Group Reference Attorneys），西方法律集团推荐律师团有着经过科学培训、并取得执照的律师，他们会全天二十四小时对您在 Westlaw 检索中遇到的问题提供帮助。

二、Westlaw Database（西方法律出版公司数据库）

Westlaw 的任一数据库都是按一叫"标志符（*Identifier*）"的字母缩写编排的，使用该标志符您可以查阅到其代表的数据库。网上您在《Westlaw 指南》上可查到所有数据库的"标志符（Identifier）"，也可在专门出版的《*Westlaw* 数据库指南》上查阅。当您需要了解更为详尽的数据库信息，可用"范围（Scope）"查询。"范围（Scope）"上覆盖有信息、相关数据库目录以及重要的检索线索。用"范围（Scope）"查询方法是，在数据库上直接点击"Scope"键。

下表中列出了有关民事诉讼法的 Westlaw 数据库，如要 Westlaw 数据库的全部详细目录，可在网上查询《Westlaw 指南》或者查阅出版的《*Westlaw* 数据库指南》。因 Westlaw 不断进行资料更新，您也可网上查询"Welcome to Westlaw（欢迎到 Westlaw）"窗口或者《Westlaw 目录》，以便获取最新的数据库信息。

精选的 Westlaw 数据库

数据库	标志符	起止范围
联邦规则、法令和法规		
联邦规则	US－RULES	最新资料

联邦法令	US – ORDERS	最新资料
联邦诉讼程序规则和程序顾问委员会记录	US – RULESCOMM	随委员会而定
美国注释法典 ®	USCA	最新资料
美国公法	US – PL	最新资料
议会法案	CONG – BILLTXT	当前议会
联邦和州兼有的判例法		
联邦和州兼有的判例法	ALLCASES	1945 年起
1945 年前的联邦和州兼有的判例法	ALLCASES – OLD	1789 – 1944
联邦判例法		
联邦判例法	ALLFEDS	1945 年起
1945 年前的联邦判例法	ALLFEDS—OLD	1789 – 1944
美国联邦最高法院判例	SCT	1945 年起
1945 年前的美国联邦最高法院判例	SCT—OLD	1789 – 1944
美国联邦上诉法院判例	CTA	1945 年起
1945 年前的美国联邦上诉法院判例	CTA—OLD	1789 – 1944
美国联邦地区法院判例	DCT	1945 年起
1945 年前的美国联邦地区法院判例	DCT—OLD	1789 – 1944
州规则、法令和法规		
个别州法院规则	XX – RULES（XX 指州的两字母的邮政缩写）	随州而定
州法院规则	RULES – ALL	随州而定
个别州法院法令	XX – ORDERS（XX 指州的两字母的邮政缩写）	随州而定
州法院法令	ORDERS – ALL	随州而定

个别州注释法规	XX – ST – ANN（XX 指州的两字母的邮政缩写）	随州而定
州注释法规	XX – ST – ANN	随州而定
州判例法		
州判例法	ALLSTATES	1945 年起
1945 年前的州判例法	ALLSTATES – OLD	1821 – 1944
个别州判例法	XX – CS XX（指州的两字母的邮政缩写）	随州而定
论著、期刊和搜索工具		
论著、期刊——全部法律评论、论著及律师杂志	TP – ALL	随出版单位而定
联邦诉讼规则判决（论文选自西方出版公司的判例汇编）	FEDRDTP	从 1986 年第 108 卷起
诉讼——法律评论、论著及律师杂志	LIT – TP	随出版单位而定
美国开业律师学会主办的诉讼与行政程序——诉讼教程手册系列	PIT – LIT	1984 年 6 月起
法律重述——冲突法	REST – CONF	最新资料
法律重述——裁判	REST – JUDG	最新资料
加利福尼亚州诉讼程序	WITPROC	第 1 – 8 卷：第三版 第 9 – 10 卷：第四版
路透集团（Rutter Group）——加利福尼亚州诉讼程序指南：多元数据（Multibase）	TRG – CA	最新版本
路透集团（Rutter Group）——加利福尼亚州诉讼程序指南：替代纠纷解决程序	TRG – CAADR	1997 年版
路透集团（Rutter Group）——加利福尼亚州诉讼程序指南：民事上诉与令状	TRG – CACIVAPP	1998 年版

路透集团（Rutter Group）——加利福尼亚州诉讼程序指南：审前民事诉讼程序	TRG – CACIVP	1998 年版
路透集团（Rutter Group）——加利福尼亚州诉讼程序指南：民事审理与证据	TRG – CACIVEV	1997 年版
路透集团（Rutter Group）——加利福尼亚州诉讼程序指南：判决与债务的强制执行	TRG – CADEBT	1998 年版
路透集团（Rutter Group）——加利福尼亚州诉讼程序指南：联邦民事审前程序	TRG – CAFEDCIVP	1998 年版
路透集团（Rutter Group）——加利福尼亚州诉讼程序指南：联邦上诉第九巡回审判庭民事上诉程序	TRG – CA9CIR	1998 年版
路透集团（Rutter Group）——德克萨斯州诉讼程序指南：多元数据（Multibase）	TRG – TX	最新版本
路透集团（Rutter Group）——德克萨斯州诉讼程序指南：联邦民事审前程序（联邦上诉第五巡回审判庭版本）	TRG – TXFCIVP	1998 年版
路透集团（Rutter Group）——德克萨斯州诉讼程序指南：德克萨斯州民事诉讼证据	TRG – TXEV	1997 年版
路透集团（Rutter Group）——德克萨斯州程序规则指南：证据开示	TRG – TXDIS	1997 年版
West's ® McKinney's ® 格式——民事程序法与诉讼规则索引	NYFORMSIDX – CPLR	从 1997 年 7 月起最新资料
新闻与最新事件		
新闻总汇	ALLNEWS	随信息来源而定
Westlaw 专题要点——诉讼	WTH – LTG	最新资料

西方出版公司指南		
西方出版公司法律指南——法院	WLD – COURT	最新资料
西方出版公司法律指南——法官	WLD – JUDGE	最新资料
西方出版公司法律指南——诉讼	WLD – LIT	最新资料

三、用援引追溯检索文件：查找（Find）和跳跃（Jump）

（一）查找（Find）

"查找（Find）"是一种 Westlaw 服务，它让您能通过输入援引来追溯检索文件。"查找（Find）"允许您在不打开或改变数据库的情况下在 Westlaw 的任何位置追溯检索文件。"查找（Find）"适合检索很多文件，诸如规则（含州和联邦）、《美国注释法典》、州制定法、判例法（含州和联邦）、行政法资料、论著或者期刊。

使用"查找（Find）"，只需打开"查找（Find）"服务并输入援引标志即可。现举例如下：

所要查找的文件	打开"查找（Find）"并输入援引标志
国际鞋业公司诉华盛顿州（《美国联邦最高法院判例汇编》第 66 卷第 154 页）（1945 年）（*International Shoes Co. v. State of Washington*, 66 *S. Ct.* 154(1945)）	66 sct 154
美利坚合众国诉欧佛海运（《美国联邦诉讼规则判例》第 179 卷第 156 页）（*United States v. Offshore Marine*, 179 *F. R. D.* 156）	179 frd 156
谢弗诉穆迪（《美国西南区判例汇编》第二套丛书，第 705 卷第 318 页）（*Schaeffer v. Moody*, 705 *S. W. 2d* 318）	705 sw2d 318
《联邦民事诉讼程序规则》第 11 条规则（*Federal Rules of Civil Procedure*, Rule 11）	frcp rule 11

《美国注释法典》第 28 标题卷第 1367　　　　28 usca 1367
节（28 U. S. C. A. 1367）

《加利福尼亚州民事诉讼法》第 86 节　　　　ca civ pro 86
（California Code of Civil Procedure 86）

如需要"查找（Find）"所能检索到的出版物的全部目录及其缩写，请查阅《"查找"出版物目录（Find Publications Lists）》，方法是在打开"查找（Find）"后，点击"Pubs List"键。

（二）跳跃（Jump）

使用跳跃标志（> or f），可以在 Westlaw 上立即从一个定位转移到另一定位。例如，使用跳跃标志"Jump"，就可让您从您查看的法规、判例或法律评论文章直接到所援引的法规、判例或文章；或从某一眉批到判决意见中的相应原文；或从某一法规索引数据库到该法规的全文。

四、用日常通用语言检索：即 WIN ®（Westlaw 为日常通用语）

概述

用 WIN 检索，可让您用日常通用语言所表述的问题也能追溯检索相关文件。如果您是 Westlaw 的新用户，用"日常通用语言（Natural Languages）"会让您十分轻松地追溯到您手头的对口判例；如果您是 Westlaw 的老用户，用"日常通用语言（Natural Languages）"检索又为您提供了一个有价值的可供选择的好方法。

当您进入"日常通用语言（Natural Languages）"的说明时，Westlaw 可自动地核对法律短语并转换普通词语，使其按说明中的术语进行改变。这样，Westlaw 可按您的说明中的概念检索，概念可包含重要术语、短语、法律援引、或标题和钥匙号。Westlaw 可追溯检索紧密与您说明匹配的 20 种文件，而且是从最相匹配的文件开始。

（一）日常通用语言（Natural Languages）检索

打开某数据，诸如联邦判例法（ALLFEDS），如屏幕上已列出术语和连接标志查询编辑（Terms and Connector Query Editor），直接点击"Search Type（检索类型）"，然后选择"Natural Language（日常通用语言检索）"。在"日常通用语言表述编辑（Natural Language Description Editor）"上，输入"日常通用语言（Natural Languages）"，如："间接禁止翻供事实的申请书有何法律要件？"，输入：

What are requirements of the application of collateral estoppel

（二）下一个指令

Westlaw 显示紧密与您的说明匹配的 20 种文件，而且从最相匹配的文件开始。如果您想查阅此 20 个以外的文件，点击鼠标右键，从弹出的菜单中选择"下一组 10 个文件（Next 10 Documents）"，或在浏览菜单中选择"下一组 10 个文件（Next 10 Documents）"。

（三）日常通用语言浏览指令

1. 最佳模式

在您检索结果中，如要显示每一文件的最佳部分（即与您所表述最相匹配的部分），点击鼠标右键，从所弹出的菜单中选择"下一最佳（Next Best）"或点击"Best f."。

2. 标准浏览指令

用标准 Westlaw 浏览指令，您也可以浏览到用"日常通用语言（Natural Languages）"所检索到的成果，诸如援引目录、位置所在、页码模式和术语模式。当您在术语模式上浏览用"日常通用语言（Natural Languages）"所检索的文件时，每个与您说明最相似文件匹配的五个对应部分即会显示出来。

五、用术语和连接标志检索

概 述

用术语和连接标志检索，您进入"查询（query）"，其中包含来自您问题的关键术语和限定这些术语间关系的连接标志。

在您想追溯检索已知某些细节（诸如：标题、事实等）的文件时，用术语和连接标志检索十分方便；当您想追溯检索某一特定问题的相关文件时，用术语和连接标志检索也相当顺畅。如果在您打开某一数据，如"日常通用说明表述编辑（Natural Language Description Editor）"已在屏幕上显示，此时则可直接点击"Search Type（检索类型）"，然后选择"Term Search（术语检索）"。

（一）术语检索

1. 复数和所有格检索

当您进入某术语的单数形式时，其复数形式可自动检索，无论该术语的复数是规则变化还是不规则变化。例如，当您输入 child（小孩的单数）时，即可追溯检索 children（小孩的复数）。但如果输入是某术语的复数形式时，您将追溯检索不到该术语的单数形式。

如果您输入某术语的非所有格形式，Westlaw 还会自动检索其所有格。然而，如果您输入的是其所有格形式，则您只能检索到所有格。

2. 自动相同检索

某些术语有替代形式或相同词语，例如：阿拉伯数字的"5"和英语"five"的"五"就是相同词语。Westlaw 能自动检索其相同词语。《Westlaw 参考手册》有相同词语表。

3. 复合词、缩写词与首字母缩略词检索

当某一复合词是您的检索术语时，用连接号能检索到该词的所有形式。例如，用"cross – claim（交叉请求）"术语能检索到"cross – claim"、"cross claim"、"crossclaim"。

当用缩写词或者首字母缩略词作为检索术语时，在其每一字母后用句号（小圆点），就能检索到该术语的所有的形式。例如：术语"f. r. c. p."能检索到"frcp"、"f r c p"和"f. r. c. p."。注意，该缩写词并不能检索到"federal rule of civil procedure"或者"Fed. Rules Civ. Proc."（《联邦民事诉讼程序规则》），所以在检索诸如"federal rule of civil procedure"或者"Fed. Rules Civ. Proc."（《联邦民事诉讼程序规则》），记着对于您的查询可增加替换术语，诸如"federal rule of civil procedure"或"Fed. Rules Civ. Proc."

4. 词根扩展符号与通用符号检索

当用术语和连接标志检索法时，在其词根后输入扩展符"！"后，就会生成该词根全部其他术语形式。例如，在查询中的词根"discover"后加入"！"

$$\text{discover! /5 scope}$$

即是指令 Westlaw 检索诸如术语"discover"、"discovered"、"discoverable"和"discovery"之类的术语。

通用符号"∗"代表任一字母，可以插入某术语的中间或末尾。例如，术语

$$\text{withdr} * \text{w}$$

的输入可以检索"withdraw"和"withdrew"，而在词根"jur"后加两个星号

$$\text{jur} * *$$

是指令 Westlaw 检索在该词根后加入两个字母的全部其他形式。此时，诸如"jury"或"juror"之类的术语通过"查询（query）"都能检索出来。然而，如果该术语根后超过两个字母的术语（如：jurisdiction），就检索不到。不过，复数词常常可以检索到，即使该词根后附有两个以上的字母。

5. 词组检索

要检索某一具体的短语，可在其前后加引号。例如，检索"supplemental jurisdiction（补充的司法管辖权）"，输入"supplemental jurisdiction"。当您正在使用术语和连接标志检索法时，只有在您确定所要检索的术语词组不能改变成其他顺序时，您才应该用加引号的词组检索法。

（二）替代术语检索

为了解决您的问题，在挑选术语时，推敲相关替代术语十分必要。例如，在检索术语"supplemental"时，您也许也想到检索"ancillary"和"pendent"另外两个可替代术语。您应该考虑将同义词和反义词作为替代术语检索。您也可使用 Westlaw 同类词词典来增加替代术语解决您的问题。

（三）连接标志检索

为了解决您的问题，在选择替代术语后，使用连接标志去具体限定在所检索文件中术语间存在的关系。连接标志具体说明如下：

使用	用以下术语检索文件	例如
&（and）	两个术语	diversity & counter – claim
or（或空格）	其中一个术语或者两个术语	abstention abstain ∗ ∗ ∗
/p	同一段中检索术语	discovery /p "order for protection"
/s	同一句中检索术语	interplead ∗ ∗ /s statut ∗ ∗ ∗
+s	同一句中最先检索的术语在第二个术语前	burden +s prov ∗ ∗ ∗ proof
/n	在"n"数目术语内可相互检索术语（"n"代表数目）	summary /3 judgment
+n	第一个检索术语在"n"个的第二个术语前（"n"代表数目）	pennoyer +3 neff
" "	所检索的术语如同在引号内的	

相同顺序出现	"res judicata"
％　　按"％"符号检索术语	attorney lawyer /5 client /s privileg! ％
	sy, di（work – product）

（四）栏目限定检索

概述

每个 Westlaw 数据库上的文件是由几个不同部分或不同栏目组成，有的栏目可能含有援引，有的可能含有标题，还有的栏目可能含有概要，等等。并非所有的数据库都有同样的栏目。同时，由于数据库的不同，相同名称的栏目却可能有不同类型的资料。

要查阅某一栏目具体数据库及其内容清单时，请查看该数据库的"Scope（范围）"。不过，在某些数据库里，并不是每一栏目都适用于检索每个文件。

在某一具体栏目内只追溯含有您要检索术语的那些文件时，可限制您对那个栏目的检索。对具体栏目进行限制的方法是：输入栏目名称或缩写，接着将您检索的术语用括号括起来。例如，在联邦最高法院判例数据库中检索标题为"伯格·金公司诉路德威克兹（*Burger King Corporation v. Rudzewicz*）"案判例时，可在标题（ti）栏目上检索您的术语。此时，输入：

ti（"burger king" & rudzewicz）

下面讨论的栏目适用于 Westlaw 数据库，您可使用便于检索民事诉讼程序问题。

判决摘要和概要栏目：

判决摘要（di）和概要（sy），是 West（西方版）的律师编辑对判例法数据库所增加的栏目，它概括了判例的要点。概要栏目有对判例的简要叙述；而判决摘要栏目则有主题和眉批栏目，并拥有 West（西方版）编辑人员使用的完整的分层次概念体系，以便对具体的 West（西方版）判决摘要和钥匙号的眉批进行分类。因为仅限于在概要和判决摘要主题栏目的检索，而使您的检索结果只能是在案件中与主要争点相关术语的某些判例。

如果有以下情况，要考虑将检索限定在一至两个栏目内：

（1）您用普通术语或两个含义以上的术语进行检索，需要缩小您的检索范围；或

（2）用较小数据库也无法限定您的检索范围。

例如，在检索与联邦法院管辖权有关的、探讨非法人单位主要营业地的美国上诉法院判例时，打开美国联邦上诉法院判例数据库（CTA），输入"查询（query）"如下：

sy, di（principal/s business/p unincorporated/p jurisdiction）

眉批栏目

眉批栏目是判决摘要栏目的一部分，但不包括主题号、层次分类信息或钥匙号。眉批栏目包括判例法律要点的一句概述，及判决意见书的主笔法官提供的任何支持性援引。当要检索某一具体法规条文或规则号时，用眉批栏目限定检索十分方便。例如，检索联邦判例的眉批，这些判例均有援引自《美国注释法典》第 28 标题卷第 1441 节，只需打开联邦判例法数据库（ALLFEDS），并按"查询（query）"输入：

he（28 +5 1441）

主题栏目

主题栏目也是判决摘要栏目的一部分。该栏目含有层次分类信息，包括 West（西方版）

的判决摘要主题名称和钥匙号。如有以下情况，您可在判例法数据库中检索术语达到主题栏目：

(1) 判决摘要栏目检索出限制过多的文件；

(2) 您想用按一个以上主题分类的判决摘要来检索判例。

例如，主题"竞合权利诉讼（Interpleader）"主题号为222，为了检索美国联邦上诉法院判例，探讨在竞合权利诉讼问题中律师费用，只需打开美国联邦上诉法院判例数据库（CTA），并输入"查询（query）"如下：

to（222）/p attorney/3 fee

要检索按一个以上主题和钥匙号分类的判例时，在主题栏目内检索您的术语。例如，检索判例探讨"remittitur（减少赔偿额）"时，其可能会分类到法院（106）、联邦民事诉讼（107a）、联邦法院（170b）或者审前程序（307a）等。此时，在其他主题中，输入"查询（query）"如下：

to（remittitur）

为了检索到West（西方版）的判决摘要主题和与其相应的主题号的完整目录，可打开"Key Number Service（钥匙号服务）"：点击"Key Number Service（钥匙号服务）"栏，或在服务菜单内选择"Key Number Service（钥匙号服务）"

> 注意：单行本判决意见、未被West（西方版）制作成的判例汇编的判例、以及来自主题服务的判例并不包含判决摘要、眉批和主题栏目
> 起始和案件说明栏目

在某一含有法规、规则和规章的数据库上检索时，限定您检索的"prelim（pr）（起始）"和"caption（ca）（案件说明）"栏目，可检索到您要的文件。该文件中您的术语十分重要，足以在某节名称或某题目中显示。例如，检索与竞合诉讼有关的联邦法规，可打开美国注释法典数据库（USCA），然后输入：

pr，ca（interpleader）

（五）日期限定检索

用Westlaw，您能检索到在某一具体日期、或在之前、之后、以及在一定时间内所决定或签发的文件。以下范例查询出所含日期的限制：

da（1999）& amend! /5 complaint pleading

da（aft 1995）& amend! /5 complaint pleading

da（9/26/1998）& amend! /5 complaint pleading

您也可以通过在某一具体日期、或在该日之后、以及在这些日期范围内来检索增加在数据库的文件。以下范例查询出含有增加日期的限制：

ad（aft 1996）& amend! /5 complaint pleading

ad（aft 2－1－1998 & bef 2－17－1998）& amend! /5 complaint pleading

六、用主题和钥匙号检索

要追溯检索提出具体法律要点的判例，可用主题和钥匙号，如同您的检索术语一样。如

果您手头已有一当前判例，就可从某一适当数据库中的相关眉批上，用主题和钥匙号，检索到含有按那个主题和钥匙号分类的眉批的另一判例。例如，要检索含有按主题 267（Motions 动议）和钥匙号 33（Quashing or dismissal 撤消或驳回）分类的眉批的州法院判例，打开州判例法数据库（ALLSTATES）后，并进入以下查询：

267k33

如要检索 West（西方版）判决摘要主题和钥匙号的完整细目，可打开 "Key Number Service（钥匙号服务）"：点击 "Key Number Service" 键，或在服务菜单中选择 "Key Number Service"

> 注意：单行本判决意见、未被 West（西方版）制作成的判例汇编的判例、以及来自主题服务的判例均未含有 West（西方版）的主题和钥匙号

七、用法律援引集服务（Citator Service）核对检索

概　述

法律援引集服务是一个十分有用的工具，它能确保所检索到的判例就是有效的法律；同时，帮您追溯检索判例、立法或可援引判例、规则、法规的论著；还可帮您核对您援引的拼写和形式是否正确。

（一）KeyCite ®（关键援引或钥匙援引）检索

KeyCite 是出自西方集团（West Group）的援引检索服务，它汇集全部判例法于 Westlaw 数据库。KeyCite 能帮助您追溯某判例的历史，检索全部判例目录和选定援引某判例的二次文献（secondary sources），并追查到判例中选定已决的法律上的争点。

在 KeyCite 涵盖范围内，它可提供任一判例的直接历史，消极方面的间接历史。"The History of the Case（判例历史）"窗口展示此判例的直接上诉史，以及它的消极方面的间接史。其负面的间接史是指在其先例的价值上有着消极影响，在直接上诉渠道以外的那些判例。这一历史也包括有关参考资料——涉及相同当事人、相同事实的判决意见，但不涉及不同争点。

除判例史外，KeyCite 的判例援引（Citation to the Case）窗口还列出在 Westlaw 上的所有判例及二次文献，诸如法律评论文章和援引了判决的 ALR ®（《美国判例汇编》）注释。这些援引的参考资料，一旦增加到 Westlaw，就会立即添加到 KeyCite 上。所有 Westlaw 上援引的判例都包括在 KeyCite 之中，即使是未公开发表的判决意见。

为了援引核对，KeyCite 的检索结果将提供判例名称、并列援引（parallel citation）。包括许多活页服务资料的援引、判决的法院、备审案件目录号和存档日期。

（二）Westlaw 作为法律援引集

对于法律援引集服务上没有涵盖的援引，包括诸如重述和论著等有说服力的二级法律根据（secondary authority），将 Westlaw 作为法律援引集检索您要的法律根据的判例。

将 Westlaw 作为法律援引集，您能检索到援引的具体法规、规则、规章、机关决议或其他权威性的文件。例如，要检索援引《美国注释法典》第 28 标题卷第 1334 节的联邦判例，可打开 ALLFEDS（联邦判例法数据库），输入"查询（query）"如下：

28 +5 1334

八、用 Westlaw 检索——范例

（一）检索法律评论文章

最新法律评论文章对开始检索法律问题通常是一种有效场所。因为，第一，可作为通向新主题或过时的评论的一种最佳入门服务，而且它还提供专门术语帮您制定"查询（query）"；第二，可作为查找主要有关法律根据（诸如规则、法规和判例等）的查找工具服务；第三，在一定情况下，可作为说服性的次级权威根据服务。

假如您需要获得有关补充管辖权方面更多的背景资料，解决办法如下：

1. 检索与您的问题相关的最新法律评论文章，打开"Litigation – Law Review、Texts & BarJournal（诉讼——法律评论、论著及律师杂志）"数据库（LTG – TP）。使用日常通用语言检索法，输入如下表述：

supplemental jurisdiction

2. 如您已知某一具体出版物上某篇文章的援引，可用"Find（查找）"进行检索。为了在"Find（查找）"上知道更多信息，参阅本附录三（一）部分。例如，要检索《贝勒法律评论》第 49 卷第 1069 页（49 Baylor L. Rev. 1069）上的文章，请打开"Find（寻找）"栏并输入：

49 baylor l rev 1069

3. 如您已知某篇文章的标题但不清楚其刊载的具体刊物名称，请打开"LTG – TP"（诉讼——法律评论、论著及律师杂志数据库），然后在标题栏内检索该标题中的关键术语。例如，要检索文章《Pandora's Box or treasure Chest?: Circuit Courts Face 28 U. S. C. 1367's Effect on Multi – Plaintiff Diversity Action》（潘多拉盒子或珍宝箱？巡回法庭判决文义《美国注释法典》第 28 标题卷第 1367 节的"关于多方原告异籍诉讼的影响"），可输入下列术语和连接标志查询：

ti（pandora & treasure）

（二）检索规则或法规

假如您想检索衣阿华州有关处理撤消判决的规则或法规，办法如下：

1. 打开"IA – ST – ANN"（衣阿华州制定法注释数据库），在起始和标题（prelim and caption）栏目内，用术语和连接标志检索法，检索您所需术语：

pr，ca（vacat! & judgment）

2. 当您已知某一具体规则或法规的援引，可用"Find（寻找）"检索。例如，检索《衣阿华州注释法典》第 624 A. 3（Iowa Code Ann. 624A. 3），打开"Find（寻找）"后，输入：

ia st 624a. 3

3. 如要查看法规前后的条文，可使用目录表服务。在起始和标题栏目内，选择跳跃（Jump maker）检索。即使用此方法或"Find（寻找）"未能检索到，您还可以用"Documents in Sequence（按顺列文件）"检索到第 624 A. 3。直击"Docs in Seq"键即可。

4. 当您在 Westlaw 上检索某法规时，如果因立法修订或废止，网上还是可以查到被更新的内容。要显示该立法规定，在"Update"（跟上形势）信息栏中选定跳跃标志。

因为单行法注释复印本在它们充分编辑加工之前被加到 Westlaw 上时，还没来得及进行编辑升级，因此不能检索跟上形势的注释复印本。要检索到它们，请打开 "US – PL"（美国公法数据库）或 "XX – LEGIS"（州的立法服务数据库，XX 指州的两字母的邮政缩写）。然后输入 ci（slip）和表述术语，如：ci（slip）& vacat! /p judgment。单行法注释复印本文件在几个工作日后即会被经编辑加工的文本所取代。跟上形势栏内也不能检索到刚制定的新法规或者没有编入并涵萱制定法领域的标题。要检索这种法规，打开 "US – PL" 或某州的立法服务数据库，然后输入包括描述新法规的术语的 "查询（query）"。

（三）检索判例法

假如您想检索衣阿华州法院宣布缺席判决无效方面的衣阿华州判例法，办法如下：

1. 打开 "IA – CS（衣阿华州判例法数据库）"，打出 "Natural Language（日常通用语言）"，按下列表述输入：

vacating a default judgment

2. 当您已知某一具体判例的援引时，可用 "Find（寻找）" 检索。如要详细了解 "Find（寻找）" 信息，请参阅本附录三（一）部分。例如，要检索有关 "*Hastings v. Espinosa* 340 N. W. 2d 603（Ia. Ct. App. 1983）"（《西北区判例汇编》第 2 套丛书第 340 卷第 603 页（衣阿华州上诉法院判例汇编 1983 年））判例。打开 "Find（寻找）" 栏，并输入：

340 nw2d 603

3. 如果您发现某一标题和钥匙号对您（手头案件）直接适用时，即可使用此标题和钥匙号检索补充的判例来研讨法律争点。例如，要检索在被分类在标题 228（判决）和钥匙号 143（3）（错误、惊奇或总之可以原谅的过失）下含有的眉批判例时，输入以下 "查询（query）"：

228k143（3）

4. 要检索由某特定法官作出的判例，增加一个法官栏（ju）限定于您的 "查询（query）"。例如，检索由哈利斯大法官（Justice Harris）所作的判例，该判例含有在标题 228（判决）下的眉批，输入以下 "查询（query）"：

ju（harris）& to（228）

（四）使用 KeyCite（钥匙援引）

设想在您的判例法文件检索中要检索的判例是 "*Suss v. Schammel* 375 N. W. 2d 252（Ia. 1985）"（索斯诉斯凯梅尔一案，《西北区判例汇编》第 2 套丛书第 375 卷第 252 页（衣阿华州判例汇编 1983 年））时，您想确认该判例是否为有效的法律并查阅已援引该判例的其他判例。此时，办法如下：

用 KeyCite 检索索斯诉斯凯梅尔一案的直接史和消极间接史。要浏览该案的同时点击 KeyCite。

用 KeyCite 展示索斯案援引的材料。从 "判例史（History of the Case）" 起即点击 "Citation to the Case（判例援引）"

（五）最新发展

作为贵单位诉讼方面的专家，您希望随时把握法律领域的最新发展概况。但如何有效做到这一点呢？方法是：

随时把握诉讼程序领域的最新发展的最有效方法之一是：打开"Westlaw Topical Highlights – Litigation database（WTH – LTG）（Westlaw 专题重点——诉讼数据库（WTH – LTG））"。该数据库含有最新法律发展概要，还包括法院判决、民事诉讼以及该领域的变化。有些概要还包括建议的查询，它将西方版的标题和钥匙号已被证实影响的范围与西方版的判例眉批合并一起去检索补充的相关判例。

当您打开 WTH – LTG 时，您可直接检索到最近两周内增加到该数据库的文件清单。

要阅读该文件判决概要，双击在清单上项目词条。

要阅读该文件全文，打开"Find（寻找）"即可浏览概要。

要检索该数据库，在搜索菜单上选择"New Search（最新搜索）"，然后在术语与连接标志查询编辑（Terms and Connector Query Editor）上输入 query。例如，要检索有关研讨联邦案件移送管辖权（federal removal jurisdiction）方面的资料，可输入"查询（query）"如下：

remov! /s jurisdiction

译者说明：本附录主要涉及 Westlaw 的计算机检索法律文件，包括判例、判决意见、制定法、民诉程序等等。首先"打开"access 或"输入"type，或"击"click、"双击"double – click，后面往往为术语或数据库的缩略语，这时我们将术语或数据库缩略语置于译文之前，便于读者重视实际操作，别无他意。例如：

打开 IA – CS（Iowa Cases Database）（依阿华州判例数据库）

又如：击 Docs in Seg（Document in Sequence）（后续文件）键。

夏登峻 马登科 译

2003. 12. 25.

▼
▼
▼

索 引

图书在版编目(CIP)数据

民事诉讼法/(美)弗兰德泰尔等著;夏登峻等译.3 版.
– 北京:中国政法大学出版社,2004
(美国法律文库)
ISBN 7-5620-2655-6

Ⅰ.民... Ⅱ.①弗...②夏... Ⅲ.民事诉讼法 – 美国 –
高等学校 – 教材 Ⅳ.D971.251

中国版本图书馆 CIP 数据核字(2004)第 107835 号

书	名	民事诉讼法(第三版)
出 版 人		李传敢
出版发行		中国政法大学出版社
经 销		全国各地新华书店
承 印		北京博诚印刷厂
开 本		787×960 1/16
印 张		51.5
字 数		945 千字
版 本		2003 年 12 月第 1 版 2003 年 12 月第 1 次印刷
印 数		0 001—5 000
书 号		ISBN 7-5620-2655-6/D·2615
定 价		68.00 元

社 址 北京市海淀区西土城路 25 号 邮政编码 100088
电 话 (010)62229563(发行部) 62229278(总编室) 62229803(邮购部)
电子信箱 zf5620@263.net
网 址 http://www.cuplpress.com (网络实名:中国政法大学出版社)

☆ ☆ ☆ ☆